Dr. Oetker

# 1000

## Rezepte – gut & günstig

Dr. Oetker

# 1000 Rezepte – gut & günstig

Dr. Oetker Verlag

# Rezepte – gut und günstig

Sie möchten maximalen Genuss bei minimalen Kosten?
Oder ist Ihr Budget am Ende des Monats eher knapp bemessen?
Ganz gleich aus welchem Grund Sie sparen möchten oder müssen:
Gut und günstig – ist kein Widerspruch.

Appetitliche Gerichte für jeden Tag und verführerisch duftende Kuchen für den Nachmittagskaffee sind bei guter Planung kein Problem für den schmalen Geldbeutel.

Clever, der Saison entsprechend, einzukaufen hilft Ihnen, preiswerte und schmackhafte Gerichte auf den Tisch zu bringen. Dass dabei nicht auf Genuss und Abwechslung verzichtet werden muss, zeigen die 1000 Rezepte in diesem Buch. Und das alles für weniger als 2,50 Euro pro Portion.

Scharfe Gemüsesuppe, Spaghetti-Salat, Putenbrust in Curry-Kokos-Milch oder Grießpudding mit Brombeerkompott – von der Suppe bis zum Dessert: Hier sparen Sie nicht am Genuss.

Selbst ein perfekt vorbereitetes 3-Gänge-Menü für den Hochzeitstag oder ein Essen mit Freunden, zubereitet mit frischen Zutaten und Tiefgekühltem aus Ihrem Vorrat, reißt kein Loch in die Haushaltskasse.

Selbstverständlich bewegen sich auch die Kosten für eine Kaffeetafel im Limit. Probieren Sie: Wattekuchen mit Mandarinen, Beerentörtchen und Heidelbeer-Vanille-Muffins.

Varianten und Tipps unter den Rezepten sorgen für Abwechslung mit Kostenkontrolle.

Alle Gerichte sind erprobt und so beschrieben, dass sie leicht nachzukochen sind.

Kapitel 01

Rezepte 01–100

Salate und Rohkost

Blumenkohlsalat

## Blumenkohlsalat

4 Portionen

pro Portion 0,90 Euro

*Zubereitungszeit:* 35 Minuten, ohne Abkühl- und Durchziehzeit

1 Blumenkohl (etwa 750 g)
Salz

**Für die Remouladensauce:**
2 hart gekochte Eier
1 frisches, rohes Eigelb (Größe M)
125 ml Speiseöl
2 EL Weißweinessig oder Zitronensaft
1 TL mittelscharfer Senf
2 EL klein geschnittene Kräuter, z. B. Kerbel, Schnittlauch
etwas Zucker

*Pro Portion:*
E: 7 g, F: 36 g, Kh: 3 g,
kJ: 1610, kcal: 384

**1.** Vom Blumenkohl die Blätter entfernen und den Strunk abschneiden. Den Blumenkohl in Röschen teilen, abspülen und abtropfen lassen.
**2.** Salzwasser in einem Topf zum Kochen bringen, die Blumenkohlröschen hinzufügen, wieder zum Kochen bringen und in 8–10 Minuten bissfest garen. Blumenkohlröschen in ein Sieb geben, abtropfen und erkalten lassen.
**3.** Für die Remouladensauce die Eier pellen, halbieren und jeweils das Eigelb herauslösen. Eigelb durch ein Sieb streichen, mit dem rohem Eigelb und 1 Prise Salz verrühren. Dann die Hälfte des Speiseöls tropfenweise unterschlagen, sodass eine feste Masse entsteht. Dann Essig oder Zitronensaft und Senf hinzufügen. Restliches Speiseöl unterrühren.
**4.** Das hart gekochte Eiweiß in kleine Würfel schneiden, mit den Kräutern unter die Sauce rühren, mit Salz und Zucker abschmecken.
**5.** Die erkalteten Blumenkohlröschen vorsichtig mit der Sauce vermengen und den Salat zugedeckt im Kühlschrank gut durchziehen lassen.
**6.** Den Salat vor dem Servieren evtl. nochmals mit Salz und Zucker abschmecken.

***Hinweis:*** Nur ganz frisches Eigelb für die Sauce verwenden, das nicht älter als 5 Tage ist (Legedatum beachten!). Den Salat im Kühlschrank aufbewahren und innerhalb 24 Stunden verzehren.

## Brunnenkressesalat
4 Portionen

*Zubereitungszeit:* 30 Minuten

2 Bund Brunnenkresse
(etwa 300 g)
4 Scheiben Weißbrot
(je etwa 20 g)
75 g Butter

pro Portion 2,15 Euro

**Für die Salatsauce:**
150 g Crème fraîche
2–3 EL Limettensaft
Salz
gem. Pfeffer
Zucker
3 hart gekochte Eier
2 EL gehackte Petersilie
2 EL klein geschnittener Dill

*Pro Portion:*
E: 9 g, F: 32 g, Kh: 13 g,
kJ: 1573, kcal: 377

**1.** Brunnenkresse verlesen, gelbe Blätter und dicke Stiele entfernen. Kresse abspülen und gut abtropfen lassen.
**2.** Weißbrotscheiben entrinden und in kleine Würfel schneiden. Butter in einer Pfanne zerlassen. Brotwürfel darin von allen Seiten rösten, herausnehmen, etwas abkühlen lassen und in eine Schüssel geben. Kresse untermischen.
**3.** Für die Salatsauce Crème fraîche mit Limettensaft verrühren. Mit Salz, Pfeffer und Zucker würzen.
**4.** Eier pellen und klein hacken. Petersilie, Dill und zwei Drittel der gehackten Eier unter die Sauce rühren. Die Sauce auf dem Salat verteilen. Mit den restlichen gehackten Eiern bestreuen.

***Tipps:*** Den Salat nach Belieben mit Radieschenscheiben und gekochtem Ei garnieren. Brunnenkresse ist ein Salat im frühen Frühjahr. Der Geschmack ist pikant, rettichartig und bitter-scharf.

## Andalusischer Salat
4 Portionen

*Zubereitungszeit:* 35 Minuten

je 1 grüne, gelbe und rote
Paprikaschote
4 Tomaten (etwa 600 g)
9 abgetropfte, grüne Oliven,
mit Paprika gefüllt
3 hart gekochte Eier
1 Gemüsezwiebel
8–10 Blätter Kopfsalat

pro Portion 1,85 Euro

**Für die Salatsauce:**
3 EL Kräuteressig
1/2 gestr. TL Salz
grob gem. Pfeffer
1 Msp. Knoblauchpulver
gerebelter Oregano
1 EL Weinbrand
4 EL Speiseöl, z. B. Olivenöl

*Pro Portion:*
E: 10 g, F: 17 g, Kh: 14 g,
kJ: 1093, kcal: 260

**1.** Paprikaschoten halbieren, entstielen, entkernen und die weißen Scheidewände entfernen. Schoten abspülen, abtropfen lassen und in feine Streifen schneiden.
**2.** Tomaten abspülen, abtrocknen, halbieren und die Stängelansätze herausschneiden. Tomaten in Scheiben schneiden.
**3.** Die Oliven in Scheiben schneiden. Eier pellen, in Scheiben schneiden. Zwiebel abziehen, zuerst in dünne Scheiben schneiden, dann in Ringe teilen. Salatblätter abspülen und gut abtropfen lassen oder trocken schleudern.
**4.** Für die Salatsauce Essig mit Salz, Pfeffer, Knoblauch, Oregano und Weinbrand verrühren, das Speiseöl unterschlagen.
**5.** Eine große Salatplatte oder 4 Teller mit den Salatblättern auslegen. Darauf Tomaten-, Oliven- und Eierscheiben, Paprikastreifen und Zwiebelringe anrichten. Salat mit der Salatsauce beträufeln und servieren.

Brunnenkressesalat

Andalusischer Salat

Endivien-Paprika-Salat

Harzer-Käse-Salat mit Curry-Vinaigrette

## Endivien-Paprika-Salat

4 Portionen

pro Portion 1,05 Euro

*Zubereitungszeit:* 30 Minuten

1 Kopf Endiviensalat
2 rote Paprikaschoten (etwa 300 g)
10 grüne Oliven, mit Paprika gefüllt

**Für die Salatsauce:**
1 Zwiebel
1 hart gekochtes Ei
2 EL Weißweinessig
1 TL mittelscharfer Senf
4 EL Olivenöl
Salz, gem. Pfeffer
Zucker, Paprikapulver rosenscharf

*Pro Portion:*
E: 5 g, F: 14 g, Kh: 6 g,
kJ: 702, kcal: 168

**1.** Den Salat putzen, abspülen und gut abtropfen lassen oder trocken schleudern. Den Salat in Streifen schneiden.
**2.** Paprikaschoten halbieren, entstielen, entkernen und die weißen Scheidewände entfernen. Die Schoten abspülen, abtropfen lassen und in feine Streifen schneiden. Oliven in Scheiben schneiden.
**3.** Für die Salatsauce Zwiebel abziehen und fein würfeln. Ei pellen und halbieren. Das Eigelb herauslösen und zerdrücken. Das Eiweiß in feine Würfel schneiden und beiseitelegen.
**4.** Essig mit Senf, Zwiebelwürfeln und Eigelb verrühren. Olivenöl unterschlagen. Die Sauce mit Salz, Pfeffer, Zucker und Paprika würzen und mit den Salatzutaten vermischen. Den Salat mit den beiseitegelegten Eiweißwürfeln bestreuen und sofort servieren.

## Harzer-Käse-Salat mit Curry-Vinaigrette

4 Portionen

*Zubereitungszeit:* 20 Minuten

**Für die Curry-Vinaigrette:**
3 EL Sherryessig (30 g)
1 Prise Zucker
1/4 TL Currypulver
2 EL Kürbiskernöl (20 g)
3–4 EL Distel- oder Sonnenblumenöl
Salz, gem. Pfeffer

pro Portion 2,15 Euro

400 g Harzer Käse
1 Bund Radieschen (etwa 250 g)
2 rote Zwiebeln
4 mittelgroße Tomaten
1 kleiner Kopf Frisée-Salat (etwa 280 g)
50 g Radieschensprossen

*Pro Portion:*
E: 32 g, F: 15 g, Kh: 5 g,
kJ: 1209, kcal: 289

**1.** Für die Vinaigrette Essig mit Zucker und Curry verrühren. Beide Ölsorten unterschlagen. Die Vinaigrette mit Salz und Pfeffer abschmecken.
**2.** Käse in Scheiben schneiden. Radieschen putzen, abspülen, abtropfen lassen und in Scheiben schneiden. Zwiebeln abziehen, zuerst in feine Scheiben schneiden, dann in Ringe teilen. Tomaten abspülen, abtrocknen, halbieren und die Stängelansätze herausschneiden. Tomatenhälften in Spalten schneiden.
**3.** Salat putzen und evtl. welke, äußere Blätter entfernen. Salat abspülen, abtropfen lassen oder trocken schleudern und in mundgerechte Stücke zupfen. Die Sprossen verlesen, abspülen und abtropfen lassen.
**4.** Radieschenscheiben, Tomatenspalten, Zwiebelringe und Salat mischen und auf Tellern verteilen. Die Käsescheiben und Sprossen darauf anrichten. Die Curry-Vinaigrette zum Salat reichen.

## Feldsalat mit Grapefruit und Rosmarin-Honig-Dressing

4 Portionen

pro Portion 1,60 Euro

*Zubereitungszeit:* 30 Minuten

2 EL gestiftelte Mandeln
1 rosa Grapefruit

**Für das Rosmarin-Honig-Dressing:**
1 Stängel Rosmarin
1 Schalotte
2 EL Weißweinessig
1 TL flüssiger Honig
5 EL Distelöl
Salz, gem. Pfeffer
1 gelbe Paprikaschote
150 g Feldsalat
1 kleiner Kopf Lollo rossa
50 g frischer Parmesan (am Stück)

*Pro Portion:*
E: 9 g, F: 21 g, Kh: 10 g,
kJ: 1142, kcal: 273

**1.** Mandeln in einer Pfanne ohne Fett unter Rühren hellbraun rösten, herausnehmen und auf einem Teller erkalten lassen.
**2.** Grapefruit so schälen, dass die weiße Haut mitentfernt wird. Grapefruit mit einem scharfen Messer filetieren, dabei den Saft für das Dressing auffangen.
**3.** Für das Dressing den Rosmarin abspülen und trocken tupfen, die Nadeln von dem Stängel zupfen. Die Nadeln klein schneiden. Schalotte abziehen und sehr fein würfeln. Aufgefangenen Grapefruitsaft mit Essig und Honig verrühren, Rosmarin und Schalottenwürfel unterrühren. Distelöl unterschlagen. Das Dressing mit Salz und Pfeffer würzen.
**4.** Paprikaschote halbieren, entstielen, entkernen und die weißen Scheidewände entfernen. Schote abspülen, abtropfen lassen und in feine Streifen schneiden.
**5.** Feldsalat putzen und die Wurzelansätze abschneiden. Lollo rossa putzen. Salate abspülen und gut abtropfen lassen oder trocken schleudern. Salatblätter in mundgerechte Stücke zupfen.
**6.** Parmesan mit einem Sparschäler oder einem Käsehobel in feine Späne hobeln. Salate, Grapefruitfilets und Paprikastreifen in einer Schüssel mischen. Dressing untermengen. Den Salat mit Mandeln und Parmesanhobeln bestreut servieren.

## Heringssalat mit Senf-Dill-Dressing

4–6 Portionen

*Zubereitungszeit:* 40 Minuten

**Für das Senf-Dill-Dressing:**
200 g saure Sahne
150 g Joghurt (3,5 % Fett)
2–3 TL milder Senf
1 Prise Zucker
Salz, gem. Pfeffer

pro Portion 2,15 Euro

1/2 Bund Dill
200 g gut abgetropfte Gewürz- oder Salzgurken
200 g gut abgetropfter, eingelegter Kürbis (aus dem Glas)
250 g gut abgetropfte Bismarckheringsfilets (aus dem Glas)
2 Äpfel
1 Kopf Eichblatt- oder Kopfsalat
4–6 hart gekochte Eier

*Pro Portion:*
E: 18 g, F: 17 g, Kh: 13 g,
kJ: 1219, kcal: 291

**1.** Für das Dressing saure Sahne mit Joghurt und Senf verrühren, mit Zucker, Salz und Pfeffer würzen. Dill abspülen und trocken tupfen (von 1 Dillstängel die Spitzen abzupfen und zum Garnieren beiseitelegen). Von den restlichen Stängeln die Spitzen abzupfen, klein schneiden und unter das Dressing rühren.
**2.** Gurken, Kürbisstücke und Heringsfilets in kleinere Stücke schneiden. Äpfel abwaschen, abtrocknen, vierteln und entkernen. Die Apfelviertel mit der Schale in Spalten schneiden. Gurken-, Kürbis-, Heringsstücke und Apfelspalten in einer Schüssel vorsichtig vermischen.
**3.** Salat putzen, abspülen, gut abtropfen lassen oder trocken schleudern und in mundgerechte Stücke zupfen. Eier pellen und in Spalten schneiden.
**4.** Salatblätter auf einer Platte anrichten. Den Heringssalat und die Eierspalten darauf verteilen und mit den beiseitegelegten Dillspitzen garnieren.

***Tipp:*** Wer es weniger sauer mag, nimmt Matjes- statt Bismarckhering.

Feldsalat mit Grapefruit und Rosmarin-Honig-Dressing

Heringssalat mit Senf-Dill-Dressing

## Löwenzahnsalat mit Orangen und Putenbrust

8–10 Portionen

pro Portion 1,60 Euro

*Zubereitungszeit:* 40 Minuten
*Garzeit:* 5–6 Minuten

500 g Löwenzahnblätter
750 g Putenbrustfilet
Salz, gem. Pfeffer
5 EL Speiseöl

**Für die Salatsauce:**
2 Knoblauchzehen
4 EL Himbeeressig
rosa Pfefferbeeren
etwas Zucker
6 EL Olivenöl
4 EL Sonnenblumenöl
2–3 rote Zwiebeln
4 Orangen

*Pro Portion:*
E: 9 g, F: 22 g, Kh: 10 g,
kJ: 1202, kcal: 287

**1.** Die Löwenzahnblätter unter fließendem kalten Wasser abspülen, evtl. etwas zerkleinern und gut abtropfen lassen.
**2.** Putenbrustfilet unter fließendem kalten Wasser abspülen, trocken tupfen und in breite Streifen schneiden. Mit Salz und Pfeffer würzen. Jeweils etwas Speiseöl in einer Pfanne erhitzen. Die Putenbruststreifen darin portionsweise von beiden Seiten 5–6 Minuten braten, aus der Pfanne nehmen und warm stellen.
**3.** Für die Sauce Knoblauch abziehen und durch eine Knoblauchpresse drücken. Essig mit Pfefferbeeren, Zucker und Knoblauch verrühren, beide Ölsorten unterschlagen.
**4.** Die Zwiebeln abziehen, zuerst in dünne Scheiben schneiden, dann in Ringe teilen. Die Orangen so schälen, dass die weiße Haut mitentfernt wird. Orangen filetieren, den Saft dabei auffangen. Orangensaft unter die Salatsauce rühren.
**5.** Löwenzahnblätter mit Orangenfilets und Zwiebelringen auf Tellern anrichten. Die Sauce daraufträufeln, Putenbruststreifen darauf verteilen.

Löwenzahnsalat mit Orangen und Putenbrust

## Rucola-Spargel-Salat mit Croûtons

4 Portionen

pro Portion 2,10 Euro

*Zubereitungszeit:* 50 Minuten

500 g weißer Spargel
250 ml Wasser
1 gestr. TL Salz
1 Prise Zucker
1 TL Butter

Rucola-Spargel-Salat mit Croûtons

150 g Cocktailtomaten
100 g Rucola (Rauke)

**Für die Salatsauce:**
150 g Joghurt (1,5 % Fett)
4 EL Spargelfond (von dem Spargel)
150 g Crème fraîche
2 EL Zitronensaft
Salz, gem. Pfeffer
1/2 TL Zucker
je 1 EL gehackte Dillspitzen
und Petersilienblättchen

**Für die Croûtons:**
4 Scheiben Toastbrot
60 g Butter

*Pro Portion:*
E: 6 g, F: 25 g, Kh: 18 g,
kJ: 1383, kcal: 332

**1.** Den weißen Spargel von oben nach unten schälen. Darauf achten, dass die Schalen vollständig entfernt, die Köpfe aber nicht verletzt werden. Die unteren Enden abschneiden (holzige Stellen vollkommen entfernen).
**2.** Spargel abspülen, abtropfen lassen und in etwa 3 cm lange Stücke schneiden. Wasser mit Salz, Zucker und Butter in einem Topf zum Kochen bringen. Spargelstücke hinzufügen, wieder zum Kochen bringen und je nach Spargeldicke in 8–10 Minuten bissfest garen.
**3.** Die Spargelstücke in einem Sieb abtropfen lassen, dabei den Spargelfond auffangen und 4 Esslöffel Fond abmessen. Tomaten abspülen, abtrocknen, vierteln und die Stängelansätze herausschneiden.
**4.** Rucola putzen und die dicken Stiele abschneiden. Rucola abspülen, gut abtropfen lassen und etwas kleiner zupfen.
**5.** Für die Salatsauce Joghurt mit Spargelfond, Crème fraîche, Zitronensaft, Salz, Pfeffer, Zucker, Dill und Petersilie verrühren.
**6.** Für die Croûtons Toastbrot entrinden und klein würfeln. Butter in einer Pfanne zerlassen, die Toastbrotwürfel darin von allen Seiten goldgelb rösten.

Rotkohl-Rohkost-Salat

Rohkostsalat

**7.** Rucola, Spargel- und Tomatenstücke auf Tellern anrichten, mit der Sauce beträufeln und mit Croûtons bestreuen.

***Tipp:*** Zum Servieren den Salat mit abgespülten, trocken getupften Dillspitzen garnieren.

## Rotkohl-Rohkost-Salat

4 Portionen

*Zubereitungszeit:* 35 Minuten

pro Portion 1,35 Euro

600 g Rotkohl
2 Orangen (etwa 450 g)

**Für die Sauce:**
1 Banane (etwa 150 g)
300 g Joghurt (1,5 % Fett)
1 EL Nussöl
2 EL Schnittlauchröllchen
Salz
gem. Pfeffer
15 g Pinienkerne

*Pro Portion:*
E: 6 g, F: 6 g, Kh: 20 g,
kJ: 709, kcal: 170

**1.** Rotkohl putzen, vierteln und den Strunk herausschneiden. Rotkohl auf einem Gemüsehobel hobeln. Die Orangen so schälen, dass die weiße Haut mitentfernt wird. Orangen filetieren, dabei den Saft auffangen.
**2.** Für die Sauce die Banane schälen, in Stücke schneiden, mit Joghurt und Nussöl in einen hohen Rührbecher geben und fein pürieren. Die Sauce mit aufgefangenem Orangensaft und Schnittlauchröllchen verrühren, mit Salz und Pfeffer würzen.
**3.** Rotkohl mit Orangenfilets mischen, die Sauce daraufgeben und den Salat mit Pinienkernen bestreut servieren.

***Tipp:*** Die Pinienkerne in einer Pfanne leicht anrösten.

## Rohkostsalat

4 Portionen

pro Portion 2,25 Euro

*Zubereitungszeit:* 55 Minuten

200 g kleine Strauchtomaten
1 Zucchini (etwa 350 g)
1 Bund Radieschen
200 g Sojabohnensprossen
250 g Champignons
2 EL Olivenöl
1 EL Zitronensaft

**Für die Sauce:**
150 g Crème fraîche
4 EL Schlagsahne
1 EL Sherryessig
Salz, gem. Pfeffer
etwas Zucker
2 EL gehackte Kräuter, z. B. Kerbel, Estragon, Basilikum

*Pro Portion:*
E: 6 g, F: 31 g, Kh: 11 g,
kJ: 1493, kcal: 357

**1.** Tomaten abspülen, abtropfen lassen, kreuzweise einschneiden, kurz in kochendes Wasser legen und mit kaltem Wasser abschrecken. Tomaten häuten, halbieren und die Stängelansätze herausschneiden. Tomaten achteln.
**2.** Zucchini abspülen, abtrocknen und die Enden abschneiden. Zucchini mit einem Messer, Sparschäler oder einer Aufschnittmaschine der Länge nach in dünne Scheiben schneiden. Die Radieschen putzen, abspülen, abtropfen lassen und in Scheiben schneiden.
**3.** Sojabohnensprossen verlesen, in ein Sieb geben, mit heißem Wasser abspülen und abtropfen lassen. Champignons putzen, evtl. kurz abspülen und gut abtropfen lassen. Champignons in Scheiben schneiden und mit Olivenöl und Zitronensaft beträufeln. Die vorbereiteten Salatzutaten auf Tellern oder einer großen Platte anrichten.
**4.** Für die Sauce Crème fraîche mit Sahne und Essig verrühren, mit Salz, Pfeffer und Zucker würzen. Kräuter unterrühren. Sauce über die Salatzutaten geben und sofort servieren.

***Tipp:*** Der Rohkostsalat schmeckt lecker zu kurz gebratenem oder gegrilltem Fleisch.

Penne-Salat mit Kräuterpesto

Bulgursalat

## Penne-Salat mit Kräuterpesto

6 Portionen

pro Portion 1,30 Euro

*Zubereitungszeit: 60 Minuten, ohne Abkühl- und Durchziehzeit*

5 l Wasser
5 gestr. TL Salz
500 g Penne (Röhrennudeln)
50 g Sonnenblumenkerne
je 400 g Blumenkohl-, Brokkoli- und Romanescoröschen
200 g Cocktailtomaten

**Für das Kräuterpesto:**
100 g TK-Kräuter der Provence
2 EL weißer Balsamico-Essig
Salz, gem. Pfeffer
3 Knoblauchzehen
200 ml Olivenöl

*Pro Portion:*
E: 18 g, F: 39 g, Kh: 66 g,
kJ: 2893, kcal: 691

**1.** Wasser in einem großen Topf zugedeckt zum Kochen bringen. Dann Salz und Nudeln hinzugeben. Die Nudeln im geöffneten Topf bei mittlerer Hitze nach Packungsanleitung bissfest garen, dabei gelegentlich umrühren.

**2.** Anschließend die Nudeln in ein Sieb geben, mit heißem Wasser abspülen und abtropfen lassen. Sonnenblumenkerne in einer Pfanne ohne Fett unter Wenden anrösten, herausnehmen und auf einem Teller erkalten lassen.

**3.** Blumenkohl, Brokkoli und Romanesco putzen, in Röschen teilen. Die Röschen abspülen, abtropfen lassen, in mundgerechte Stücke schneiden und getrennt nacheinander in kochendem Salzwasser bissfest garen. Blumenkohl etwa 8 Minuten, Brokkoli und Romanesco etwa 5 Minuten.

**4.** Das Gemüse in ein Sieb geben, mit kaltem Wasser abschrecken und abtropfen lassen. Tomaten abspülen, kreuzweise einschneiden und mit kochendem Wasser übergießen. Nach 1–2 Minuten herausnehmen und mit kaltem Wasser abschrecken. Tomaten häuten, halbieren und evtl. die Stängelansätze herausschneiden. Nudeln, Blumenkohl-, Brokkoli-, Romanescostücke und Tomatenhälften in einer Schüssel vorsichtig mischen.

**5.** Für das Pesto Kräuter der Provence in eine Schüssel geben. Essig, Salz und Pfeffer unterrühren. Knoblauch abziehen, in kleine Würfel schneiden und hinzufügen. Olivenöl unterschlagen. Pesto mit den Salatzutaten vermengen. Den Salat zugedeckt im Kühlschrank 1–2 Stunden durchziehen lassen, dabei gelegentlich umrühren.

**6.** Salat nochmals mit den Gewürzen abschmecken und mit Sonnenblumenkernen bestreut servieren.

## Bulgursalat

10–12 Portionen

pro Portion 0,90 Euro

*Zubereitungszeit: 40 Minuten, ohne Einweich- und Durchziehzeit*

300 g Bulgur (Hartweizengrieß)
1 l kochendes Wasser
5–6 milde, grüne Spitzpaprika (erhältlich in türkischen Lebensmittelläden)
1 Bund Frühlingszwiebeln
750 g kleine Rispentomaten
2 kleine Salatgurken

**Für die Marinade:**
je 1 Bund Petersilie und Minze
4–5 EL Zitronensaft
etwa 1 gestr. TL Salz
gem. schwarzer Pfeffer
1 gestr. TL Paprikapulver edelsüß
8 EL Olivenöl

evtl. 1 Kopf Römer-Salat
evtl. einige Minzeblättchen

*Pro Portion:*
E: 4 g, F: 8 g, Kh: 25 g,
kJ: 801, kcal: 191

**1.** Bulgur in eine Schüssel geben, mit kochendem Wasser übergießen, erkalten und weitere 2–3 Stunden stehen lassen. Bulgur evtl. in einem Sieb abtropfen lassen.

**2.** Spitzpaprika halbieren, entstielen, entkernen und die weißen Schei-

dewände entfernen. Schoten abspülen, trocken tupfen und in schmale Streifen schneiden.
**3.** Die Frühlingszwiebeln putzen, abspülen, abtropfen lassen und in etwa 1 cm dicke Scheiben schneiden.
**4.** Tomaten abspülen, trocken tupfen und vierteln. Evtl. die Stängelansätze herausschneiden. Salatgurken heiß abspülen, abtrocknen und die Enden abschneiden. Gurken halbieren und in kleine Würfel schneiden.
**5.** Für die Marinade Petersilie und Minze abspülen, trocken tupfen. Die Blättchen von den Stängeln zupfen. Blättchen klein schneiden. Zitronensaft mit Salz, Pfeffer und Paprika verrühren. Olivenöl unterschlagen. Petersilie und Minze unterrühren.
**6.** Bulgur mit den vorbereiteten Salatzutaten in eine große Schüssel geben. Die Marinade darauf verteilen und vorsichtig, aber gut untermischen. Den Salat mindestens 1 Stunde durchziehen lassen.
**7.** Nach Belieben Salat putzen, abspülen und trocken tupfen. Die dicken Rippen herausschneiden. Die Salatblätter auf einer großen Servierplatte verteilen. Den Bulgursalat darauf anrichten. Evtl. mit abgespülten und trocken getupften Minzeblättchen garnieren.

## Kopfsalat mit Matjestatar

4 Portionen

pro Portion **2,45** Euro

*Zubereitungszeit:* 45 Minuten

Salz
200 g TK- Erbsen
4 milde Matjesfilets (etwa 500 g)
1 grüner Apfel
1 EL Zitronensaft
4 Frühlingszwiebeln
1 Bund Schnittlauch
1 EL abgetropfte Kapern (aus dem Glas)
1 EL körniger Senf
gem. Pfeffer
2 EL Butter
12 runde Pumpernickeltaler (etwa 120 g)

1 Kopfsalat
4 Radieschen
125 g saure Sahne
1/2 TL Zucker
1 EL Zitronensaft

*Pro Portion:*
E: 30 g, F: 34 g, Kh: 28 g,
kJ: 2245, kcal: 536

**1.** Salzwasser in einem Topf zum Kochen bringen, die gefrorenen Erbsen darin kurz blanchieren, in ein Sieb geben, mit kaltem Wasser abschrecken und abtropfen lassen.
**2.** Matjesfilets unter fließendem kalten Wasser abspülen, trocken tupfen und fein hacken. Den Apfel abwaschen, abtrocknen, vierteln, entkernen und mit der Schale fein würfeln. Die Apfelwürfel mit dem Zitronensaft vermischen.
**3.** Die Frühlingszwiebeln putzen, abspülen, abtropfen lassen und klein schneiden. Schnittlauch abspülen, trocken tupfen und in feine Röllchen schneiden. Kapern und Erbsen getrennt fein hacken.
**4.** Matjes mit Apfelwürfeln, Frühlingszwiebelstücken, Schnittlauchröllchen, Erbsen und Kapern vermengen. Matjestatar mit Senf und Pfeffer abschmecken.
**5.** Butter in einer Pfanne zerlassen. Die Pumpernickeltaler darin von beiden Seiten anbraten, herausnehmen und auf Küchenpapier abtropfen lassen.
**6.** Den Salat putzen und die äußeren, welken Blätter entfernen. Salatblätter vom Strunk zupfen, in reichlich Wasser gründlich waschen, aber nicht drücken. Salat in einem Sieb gut abtropfen lassen oder trocken schleudern. Blätter in mundgerechte Stücke zupfen.
**7.** Radieschen putzen, abspülen, abtropfen lassen und in Streifen schneiden. Saure Sahne mit etwas Zucker, Zitronensaft und 1 Prise Salz glatt rühren.
**8.** Die Salatblätter mit der sauren Sahne vermischen und auf 4 Tellern verteilen. Vom Matjestatar mit 2 Teelöffeln Nocken abstechen oder Tatar zu kleinen Häufchen formen und um oder auf den Salat legen. Danach die Radieschenstreifen daraufstreuen. Die Pumpernickeltaler dazureichen.

Kopfsalat mit Matjestatar

## Salatteller mit Sprossen

8–10 Portionen

pro Portion 2,00 Euro

*Zubereitungszeit:* 60 Minuten

250 g Feldsalat
1 Kopf Lollo bionda
200 g Radieschensprossen
375 g frische Champignons
350 g kleine Tomaten

**Für die Sauce:**
6–8 EL Estragonessig
2–3 TL körniger Senf
Salz, gem. Pfeffer
150 ml Sonnenblumenöl

2 EL Estragonblättchen
60 g Pinienkerne

*Pro Portion:*
E: 5 g, F: 21 g, Kh: 4 g,
kJ: 969, kcal: 231

**1.** Feldsalat putzen und die Wurzelenden abschneiden. Lollo bionda ebenfalls putzen. Beide Salate abspülen und gut abtropfen lassen. Lollo bionda in mundgerechte Stücke zupfen.
**2.** Die Radieschensprossen abspülen und abtropfen lassen. Champignons putzen, evtl. kurz abspülen, trocken tupfen und in dünne Scheiben schneiden. Tomaten abspülen, abtropfen lassen, halbieren oder vierteln und die Stängelansätze herausschneiden.
**3.** Für die Sauce Essig und Senf verrühren, mit Salz und Pfeffer würzen, Öl unterschlagen.
**4.** Die vorbereiteten Salatzutaten auf einer großen Platte anrichten, die Sauce darauf verteilen.
**5.** Estragonblättchen abspülen und trocken tupfen. Pinienkerne in einer Pfanne ohne Fett leicht anrösten. Estragonblättchen und Pinienkerne auf den Salat streuen.

## Tortellini-Salat mit knusprigem Speck

4 Portionen

pro Portion 2,45 Euro

*Zubereitungszeit:* 25 Minuten

500 g frische Tortellini mit Käsefüllung (aus dem Kühlregal)
1 Schalotte
50 g Frühstücksspeck in feinen Scheiben (Bacon)

**Für das Dressing:**
3 EL Olivenöl
75 ml Gemüsebrühe
3–4 EL Weißweinessig
1 TL flüssiger Honig
Salz
gem. Pfeffer

50 g Rucola (Rauke)
1 kleiner Radicchio
100 g Cocktailtomaten
1/4 Zuckermelone, z.B. Galia
2 EL abgetropfte Kapern (aus dem Glas)

*Pro Portion:*
E: 15 g, F: 22 g, Kh: 47 g,
kJ: 1892, kcal: 452

**1.** Die Tortellini nach Packungsanleitung zubereiten. In der Zwischenzeit Schalotte abziehen und in kleine Würfel schneiden. Eine Pfanne erhitzen, die Speckscheiben darin knusprig braten, herausnehmen und auf Küchenpapier abtropfen lassen.
**2.** Für das Dressing das Olivenöl zum verbliebenen Bratfett in die Pfanne geben und erhitzen. Die Schalottenwürfel kurz darin andünsten. Brühe, Essig und Honig unterrühren, mit Salz und Pfeffer würzen.
**3.** Tortellini in ein Sieb geben, mit kaltem Wasser abspülen, abtropfen lassen, in eine große Salatschüssel geben und mit dem Dressing mischen.
**4.** Rucola putzen und die dicken Stiele abschneiden. Radicchio putzen, halbieren und den Strunk herausschneiden. Salatblätter abspülen, gut abtropfen lassen oder trocken schleudern. Die Salatblätter in mundgerechte Stücke zupfen.
**5.** Tomaten abspülen, abtrocknen, halbieren und die Stängelansätze

Salatteller mit Sprossen

Tortellini-Salat mit knusprigem Speck

Spaghetti-Salat

Tortellini-Salat

herausschneiden. Melone entkernen und schälen. Das Fruchtfleisch in Würfel schneiden.

**6.** Rucola, Radicchio, Tomatenhälften, Kapern und Melonenwürfel zu den Tortellini in die Schüssel geben und untermischen. Den Salat nochmals mit Salz und Pfeffer abschmecken. Die Speckscheiben grob zerbröseln und den Salat damit anrichten.

## Spaghetti-Salat

6–8 Portionen

*Zubereitungszeit:* 30 Minuten

pro Portion 1,20 Euro

5 l Wasser
5 gestr. TL Salz
500 g Spaghetti
200 g abgetropfte, getrocknete Tomaten in Öl
200 g abgetropfte, schwarze Oliven (mit Stein)
2 Knoblauchzehen
2 EL Tomatenmark
1/2 Topf Basilikum
6 EL Olivenöl
Salz
gem. Pfeffer
120 g frisch gehobelter Parmesan

*Pro Portion:*
E: 18 g, F: 27 g, Kh: 60 g,
kJ: 2350, kcal: 562

**1.** Wasser in einem großen Topf zugedeckt zum Kochen bringen. Dann Salz und Spaghetti hinzugeben. Die Nudeln im geöffneten Topf bei mittlerer Hitze nach Packungsanleitung bissfest kochen lassen, dabei gelegentlich umrühren. Nudeln in ein Sieb geben, mit kaltem Wasser abspülen und abtropfen lassen.

**2.** Tomaten in feine Streifen schneiden. Die Oliven entsteinen und halbieren. Knoblauch abziehen und durch eine Knoblauchpresse drücken. Knoblauch mit Tomatenstreifen, Olivenhälften und Tomatenmark in einer großen Schüssel gut vermischen. Die Spaghetti unterheben.

**3.** Basilikum abspülen und trocken tupfen. Blättchen von den Stängeln zupfen. Blättchen klein schneiden, mit Olivenöl vermischen, mit Salz und Pfeffer würzen und unter den Spaghetti-Salat geben. Salat mit Parmesan bestreuen und servieren.

## Tortellini-Salat

2 Portionen

pro Portion 2,45 Euro

*Zubereitungszeit:* 20 Minuten, ohne Abkühl- und Durchziehzeit

250 g frische Tortellini mit Käsefüllung (aus dem Kühlregal)
125 g Tomaten
75 g Kochschinken, in Scheiben

**Für die Salatsauce:**
1/2–1 Knoblauchzehe
1–2 EL weißer Balsamico-Essig
Salz
gem. Pfeffer
1 Prise Zucker
2–3 EL Olivenöl
einige TK-Schnittlauchröllchen

*Pro Portion:*
E: 21 g, F: 24 g, Kh: 41 g,
kJ: 1932, kcal: 461

**1.** Die Tortellini nach Packungsanleitung zubereiten. Dann die Tortellini in ein Sieb geben, kurz mit kaltem Wasser abspülen, abtropfen und erkalten lassen.

**2.** Tomaten abspülen, trocken tupfen, vierteln und die Stängelansätze herausschneiden. Tomaten entkernen und in Spalten schneiden. Schinken in kleine Würfel schneiden.

**3.** Für die Salatsauce Knoblauch abziehen und zerdrücken. Essig mit Knoblauch verrühren, mit Salz, Pfeffer und Zucker würzen. Das Olivenöl unterschlagen. Die Schnittlauchröllchen unterrühren.

**4.** Tortellini, Schinken- und Tomatenwürfel mit der Sauce in einer Schüssel vorsichtig mischen. Tortellini-Salat etwa 30 Minuten durchziehen lassen.

**5.** Anschließend den Tortellini-Salat evtl. nochmals mit Salz und Pfeffer abschmecken.

Grüner Salat mit geräucherter Forelle

## Grüner Salat mit geräucherter Forelle

4 Portionen

pro Portion 1,90 Euro

*Zubereitungszeit:* 30 Minuten

1 gestr. TL Salz
450 g TK-Erbsen
125 g Schmand (Sauerrahm)
2 EL grobkörniger Senf
3 EL Weißweinessig
Salz, gem. Pfeffer
1 TL Zucker
4 geräucherte Forellenfilets (ohne Haut, je etwa 50 g)
2 Köpfe grüner Salat
4 TL Kürbiskernöl
4 TL Kürbiskerne

*Pro Portion:*
E: 23 g, F: 18 g, Kh: 19 g,
kJ: 1381, kcal: 330

**1.** Wasser in einem Topf zugedeckt zum Kochen bringen. Dann Salz und Erbsen hinzufügen, wieder zum Kochen bringen und die Erbsen etwa 5 Minuten garen. Anschließend die Erbsen in ein Sieb geben, mit kaltem Wasser abschrecken und gut abtropfen lassen.

**2.** In der Zwischenzeit den Backofen vorheizen.
*Ober-/Unterhitze:* etwa 160 °C
*Heißluft:* etwa 140 °C

**3.** Schmand mit Senf und Essig verrühren, mit Salz, Pfeffer und Zucker abschmecken.

**4.** Die Forellenfilets auf ein Backblech (mit Backpapier belegt) legen. Das Backblech in den vorgeheizten Backofen schieben. Die Forellenfilets 5–7 Minuten erwärmen.

**5.** Salate putzen und die äußeren, welken Blätter entfernen. Salatblätter vom Strunk zupfen, in reichlich Wasser gründlich waschen, aber nicht drücken. Salat in einem Sieb gut abtropfen lassen oder trocken schleudern. Salatblätter in mundgerechte Stücke zupfen.

**6.** Erbsen und Kopfsalat vorsichtig mit dem Schmand-Dressing vermischen und in 4 Salatschüsseln verteilen. Forellenfilets in größere Stücke zupfen und daraufgeben. Jede Salatportion mit 1 Teelöffel Kürbiskernöl beträufeln und mit 1 Teelöffel Kürbiskernen bestreut servieren.

***Tipp:*** Wenn Sie geräucherten Fisch nicht so gern essen, dann bereiten Sie diesen Salat mit frischem Fischfilet, z. B. Seelachsfilet, zu. Das Fischfilet unter fließendem kalten Wasser abspülen, trocken tupfen, mit Salz und Pfeffer würzen. 1–2 Esslöffel Olivenöl in einer Pfanne erhitzen. Die Fischfilets darin von beiden Seiten braten und zum Salat servieren.

## Gebratener Paprikasalat

pro Portion 2,10 Euro

4 Portionen (ohne Foto)

*Zubereitungszeit:* 40 Minuten, ohne Durchziehzeit

je 2 große, rote, grüne und gelbe Paprikaschoten (etwa 1 1/2 kg)
8 EL Olivenöl
4 Knoblauchzehen
6–8 Stängel Oregano
Saft von 1 Limette
Salz, gem. Pfeffer
evtl. etwas Olivenöl

*Pro Portion:*
E: 4 g, F: 21 g, Kh: 15 g,
kJ: 1118, kcal: 267

**1.** Paprikaschoten halbieren, entstielen, entkernen und die weißen Scheidewände entfernen. Schoten abspülen, gut abtropfen lassen und in mundgerechte Stücke schneiden.

**2.** Jeweils etwas Olivenöl in einer großen Pfanne erhitzen. Die Paprikastücke darin portionsweise unter Rühren anbraten. Die Paprikastücke jeweils aus der Pfanne nehmen und in eine große Schüssel geben.

**3.** Knoblauch abziehen und in dünne Scheiben schneiden. Die Knoblauchscheiben in dem verbliebenen Bratfett anbraten.

**4.** Oregano abspülen und trocken tupfen (1–2 Stängel zum Garnieren beiseitelegen). Blättchen von den Stängeln zupfen, klein schneiden.
**5.** Knoblauchscheiben und Oregano zu den Paprikastücken in die Schüssel geben und untermischen. Limettensaft unterrühren. Den Salat mit Salz und Pfeffer würzen. Evtl. noch etwas Olivenöl unterrühren. Den Paprikasalat zugedeckt in den Kühlschrank stellen und etwa 1 Stunde durchziehen lassen. Paprikasalat mit den beiseitegelegten Oreganostängeln garniert servieren.

## Gurkensalat

4 Portionen

pro Portion 0,55 Euro

*Zubereitungszeit:* 20 Minuten, ohne Durchziehzeit

2 Salatgurken (je etwa 400 g)
1/2 Bund Dill
2 EL Weißweinessig
Salz, gem. Pfeffer
1 TL Zucker
3 EL Olivenöl

*Pro Portion:*
E: 1 g, F: 8 g, Kh: 4 g,
kJ: 379, kcal: 91

**1.** Gurken schälen und die Enden abschneiden. Gurken in dünne Scheiben schneiden oder hobeln.
**2.** Dill abspülen und trocken tupfen. Die Spitzen von den Stängeln zupfen, Spitzen klein schneiden.
**3.** Essig mit Salz, Pfeffer und Zucker verrühren, Olivenöl unterschlagen und Dill unterrühren.
**4.** Die Gurkenscheiben in eine Schüssel geben, mit der Sauce gut vermengen und den Salat etwa 15 Minuten durchziehen lassen. Den Salat nochmals mit Salz und Pfeffer abschmecken.

## Zaziki-Kartoffel-Salat

4 Portionen

*Zubereitungszeit:* 25 Minuten, ohne Abkühl- und Durchziehzeit

600 g festkochende Kartoffeln
250 g Zaziki (aus dem Kühlregal)
1/2 Salatgurke (etwa 300 g)
Salz
2 kleine Zwiebeln
2–3 Knoblauchzehen
etwa 15 abgetropfte, schwarze Oliven, entsteint
100 g Schafskäse
gem. Pfeffer

pro Portion 0,95 Euro

*Pro Portion:*
E: 10 g, F: 18 g, Kh: 28 g,
kJ: 1333, kcal: 319

**1.** Kartoffeln gründlich waschen, knapp mit Wasser bedeckt in einem Topf, zugedeckt zum Kochen bringen und in 20–25 Minuten gar kochen. Die garen Kartoffeln abgießen, mit kaltem Wasser abschrecken, pellen und erkalten lassen.
**2.** Die kalten Kartoffeln in dünne Scheiben schneiden, in eine Schüssel geben, mit dem Zaziki vermengen und etwas durchziehen lassen.
**3.** Gurkenhälfte abspülen, abtrocknen und das Ende abschneiden. Gurkenhälfte grob raspeln, mit Salz bestreuen und etwa 15 Minuten stehen lassen.
**4.** Zwiebeln und Knoblauch abziehen, in Würfel schneiden und unter die Kartoffelscheiben heben. Oliven in Streifen und Schafskäse würfeln.
**5.** Die Gurkenraspel gut ausdrücken, mit Olivenstreifen und Schafskäsewürfeln unter den Salat heben, mit Salz und Pfeffer abschmecken.

***Tipp:*** Für eine Variante ohne Oliven und Schafskäse 1 Bund klein geschnittene Radieschen, mittelalte Goudawürfel und 1/2 klein geschnittenes Bund Dill zum Salat geben.

Gurkensalat

Zaziki-Kartoffel-Salat

## Gurkenteller alla Mamma

4 Portionen

pro Portion 0,95 Euro

*Zubereitungszeit:* 20 Minuten

130 g abgetropfter Tunfisch in Sonnenblumenöl (aus der Dose)
etwa 50 ml Gemüsebrühe
3 EL Zitronensaft
Salz, gem. Pfeffer
1 Knoblauchzehe
½ Zwiebel
5 EL Joghurt (3,5 % Fett)
2 mittelgroße Tomaten
1 ½ mittelgroße Salatgurken
evtl. einige frische Basilikumblättchen oder Dillspitzen

*Pro Portion:*
E: 9 g, F: 6 g, Kh: 6 g,
kJ: 507, kcal: 121

**1.** Den Tunfisch mit einer Gabel grob zerzupfen. Tunfisch mit Brühe, Zitronensaft, etwas Salz und Pfeffer in einen hohen Rührbecher geben und mit einem Pürierstab pürieren. Knoblauch abziehen und durch eine Knoblauchpresse drücken. Zwiebelhälfte abziehen und sehr fein würfeln. Knoblauch und Zwiebelwürfel zu dem Tunfischpüree geben.
**2.** Joghurt unterrühren, evtl. etwas Brühe hinzugeben. Die Tunfischcreme mit Salz, Pfeffer und evtl. Zitronensaft abschmecken.
**3.** Tomaten abspülen, trocken tupfen, halbieren und die Stängelansätze herausschneiden. Tomatenhälften in kleine Würfel schneiden. Gurken (nach Belieben schälen) abspülen, trocken tupfen und die Enden abschneiden. Gurken in feine Scheiben hobeln.
**4.** Vier Salatteller mit den Gurkenscheiben auslegen. Die Tunfischcreme daraufträufeln. Die Tomatenwürfel darauf verteilen. Nach Belieben Basilikumblättchen oder Dillspitzen abspülen und trocken tupfen. Die Gurkenteller damit garnieren.

Gurkenteller alla Mamma

## Nudelsalat mit Gorgonzola-Creme

4–6 Portionen

pro Portion 2,45 Euro

*Zubereitungszeit:* 60 Minuten, ohne Abkühlzeit

5 l Wasser
5 gestr. TL Salz
500 g Spiralnudeln
500 g Staudensellerie
500 g grüner Spargel
Salz
200 g Cocktailtomaten
70 g Pinienkerne

**Für die Gorgonzola-Creme:**
150 g Gorgonzola
300 g Crème fraîche
2 EL Salatmayonnaise
gem. Pfeffer

einige Basilikumblättchen

*Pro Portion:*
E: 22 g, F: 36 g, Kh: 64 g,
kJ: 2782, kcal: 667

**1.** Wasser in einem großen Topf zugedeckt zum Kochen bringen. Dann Salz und Nudeln hinzugeben. Die Nudeln im geöffneten Topf bei mittlerer Hitze nach Packungsanleitung bissfest kochen lassen, dabei gelegentlich umrühren.
**2.** Anschließend Nudeln in ein Sieb geben, mit kaltem Wasser abspülen, abtropfen und erkalten lassen.
**3.** Den Sellerie putzen und die harten Außenfäden abziehen. Selleriestangen abspülen, abtropfen lassen und in dünne Scheiben schneiden. Von dem Spargel nur das untere Drittel schälen und die Enden abschneiden. Spargel abspülen, abtropfen lassen und ebenfalls in dünne Scheiben schneiden.
**4.** Salzwasser in einem Topf zum Kochen bringen. Die Sellerie- und Spargelscheiben darin etwa 2 Minuten blanchieren. Anschließend in ein Sieb geben, mit kaltem Wasser abschrecken und abtropfen lassen.

Nudelsalat mit Gorgonzola-Creme

Nudelsalat mit Huhn und Mango

**5.** Tomaten abspülen, trocken tupfen, halbieren und die Stängelansätze herausschneiden. Die vorbereiteten Salatzutaten in eine Schüssel geben und mischen.
**6.** Pinienkerne in einer Pfanne ohne Fett unter Rühren hellbraun rösten, herausnehmen und auf einem Teller erkalten lassen.
**7.** Für die Creme Gorgonzola durch ein feines Sieb streichen, mit Crème fraîche und Mayonnaise verrühren, mit Salz und Pfeffer würzen. Creme unter die Salatzutaten heben und den Salat abschmecken.
**8.** Basilikumblättchen abspülen und trocken tupfen. Den Salat mit Pinienkernen und Basilikumblättchen bestreut servieren.

## Nudelsalat mit Huhn und Mango

6 Portionen

pro Portion 2,40 Euro

*Zubereitungszeit:* 45 Minuten, ohne Abkühl- und Durchziehzeit

3 l Wasser
3 gestr. TL Salz
600 g kleine mit Ricotta gefüllte Ravioli (Fertigprodukt aus dem Kühlregal)
500 g Hähnchenbrustfilets
500 ml Gemüsebrühe
1 reife Mango (etwa 400 g)
1 kleines Bund Schnittlauch-Knoblauch oder Schnittlauch
240 g abgetropfte Artischockenherzen (aus der Dose)

**Für die Marinade:**
Saft von 2 Limetten
Salz, gem. Pfeffer
6 EL Speiseöl, z. B. Walnussöl

je 1 milde, rote und grüne Peperoni

*Pro Portion:*
E: 29 g, F: 13 g, Kh: 40 g,
kJ: 1690, kcal: 403

**1.** Wasser in einem großen Topf zugedeckt zum Kochen bringen. Dann Salz und Ravioli hinzugeben. Die Ravioli im geöffneten Topf bei mittlerer Hitze nach Packungsanleitung bissfest kochen, dabei gelegentlich umrühren.
**2.** Anschließend die Ravioli in ein Sieb geben, mit heißem Wasser abspülen, abtropfen, erkalten lassen.
**3.** Die Hähnchenbrustfilets unter fließendem kalten Wasser abspülen und trocken tupfen. Brühe in einem Topf zum Kochen bringen. Hähnchenbrustfilets hinzugeben, wieder zum Kochen bringen und zugedeckt etwa 20 Minuten bei schwacher Hitze garen.
**4.** Hähnchenfilets aus der Brühe nehmen, abtropfen und abkühlen lassen. Anschließend die Hähnchenbrustfilets in Scheiben oder Würfel schneiden.
**5.** Mango längs halbieren und den Stein herauslösen. Mangohälften schälen und das Fruchtfleisch in Würfel schneiden. Den Schnittlauch-Knoblauch oder Schnittlauch abspülen, trocken tupfen und in Röllchen schneiden.
**6.** Die Ravioli, Fleischscheiben oder -würfel, Mangowürfel und Artischockenherzen in einer großen Schüssel mischen.
**7.** Für die Marinade Limettensaft mit Salz und Pfeffer verrühren. Speiseöl unterschlagen. Die Marinade zu den Salatzutaten geben und untermengen. Den Salat zugedeckt etwa 2 Stunden in den Kühlschrank stellen und durchziehen lassen.
**8.** Peperoni abspülen, trocken tupfen, längs halbieren, entkernen und in Streifen schneiden.
**9.** Nudelsalat mit Huhn und Mango vor dem Servieren mit Peperonistreifen garnieren und mit Schnittlauchröllchen bestreuen.

***Tipps:*** Ravioli können auch durch Tortellini ausgetauscht werden. Eine große Platte mit Kopfsalatblättern auslegen und den Salat darauf anrichten.

Paprikasalat mit Schafskäse

Nudelsalat mit Spargel und Shrimps

## Paprikasalat mit Schafskäse

6 Portionen

pro Portion 1,35 Euro

*Zubereitungszeit:* 40 Minuten

750 g grüne Spitzpaprikaschoten
1 Zwiebel
150 g Schafskäse
75 g abgetropfte, schwarze Oliven (ohne Stein)

**Für die Sauce:**
100 ml Zitronensaft
Salz
1/4 TL gem. Kreuzkümmel (Cumin)
1/4–1/2 TL Pul Biber (geschrotete Pfefferschoten)
1/2 gestr. TL Zucker
40 ml Olivenöl
3 EL Sesamsamen
1/2 Bund glatte Petersilie

*Pro Portion:*
E: 7 g, F: 20 g, Kh: 6 g,
kJ: 976, kcal: 233

**1.** Die Paprikaschoten entstielen, entkernen und die weißen Scheidewände entfernen. Schoten abspülen, abtrocknen und in dünne Ringe schneiden. Evtl. Reste der weißen Scheidewände aus den Ringen herausschneiden und die restlichen Kerne entfernen.
**2.** Zwiebel abziehen und in feine Würfel schneiden. Schafskäse ebenfalls würfeln. Die vorbereiteten Salatzutaten mit den Oliven in eine Schüssel geben.
**3.** Für die Sauce den Zitronensaft mit Salz, Kreuzkümmel, Pul Biber und Zucker verrühren, Olivenöl unterschlagen, Sesam unterrühren. Die Sauce mit den Salatzutaten vermischen.
**4.** Petersilie abspülen und trocken tupfen. Die Blättchen von den Stängeln zupfen. Blättchen klein schneiden und unter den Salat mischen.

## Nudelsalat mit Spargel und Shrimps

4 Portionen

pro Portion 2,10 Euro

*Zubereitungszeit:* 30 Minuten, ohne Auftau- und Abkühlzeit

175 g TK-Shrimps
3 l Wasser
3 gestr. TL Salz
300 g Muschelnudeln
250 g grüner Spargel
Salz

**Für die Sauce:**
2 Zwiebeln, 5 EL Distelöl
etwas Spargelfond (von dem Spargel)
gem. Pfeffer
1 Prise Zucker
2 EL Zitronensaft

12 Cocktailtomaten
1 Bund Schnittlauch

*Pro Portion:*
E: 20 g, F: 10 g, Kh: 56 g,
kJ: 1687, kcal: 403

**1.** Shrimps nach Packungsanleitung auftauen lassen, anschließend unter fließendem kalten Wasser abspülen und trocken tupfen.
**2.** Wasser in einem großen Topf zugedeckt zum Kochen bringen. Dann Salz und Nudeln hinzugeben. Die Nudeln im geöffneten Topf bei mittlerer Hitze nach Packungsanleitung bissfest kochen, dabei gelegentlich umrühren. Die Nudeln in ein Sieb geben, mit kaltem Wasser abspülen, abtropfen und erkalten lassen.
**3.** Vom grünen Spargel das untere Drittel schälen und die unteren Enden abschneiden. Spargelstangen abspülen, abtropfen lassen und in etwa 4 cm lange Stücke schneiden. Salzwasser in einem Topf zum Kochen bringen. Die Spargelstücke darin etwa 5 Minuten bissfest garen. Dann die Spargelstücke in ein Sieb geben, dabei die Brühe auffangen. Spargel mit kaltem Wasser abschrecken und abtropfen lassen.
**4.** Für die Sauce Zwiebeln abziehen und fein würfeln. Distelöl in einer Pfanne erhitzen. Zwiebelwürfel in die Pfanne geben und andünsten, mit etwas Spargelfond ablöschen. Sauce mit Salz, Pfeffer, Zucker und Zitronensaft abschmecken.
**5.** Nudeln, Spargel und Shrimps mit der Sauce vermischen und auf Tellern anrichten. Tomaten abspülen, trocken tupfen, halbieren und die Stängelansätze herausschneiden. Schnittlauch abspülen, trocken tupfen und in feine Röllchen schneiden.
**6.** Salat mit Tomaten und Schnittlauchröllchen garniert servieren.

## Nudelsalat mit Schinkenröllchen

4 Portionen

pro Portion 1,35 Euro

*Zubereitungszeit:* 30 Minuten

1 1/4 l Wasser
1 gestr. TL Salz
125 g Hartweizennudeln, z. B. Spirelli
600 g Zucchini
1 EL Speiseöl, z. B. Olivenöl
Salz
gem. Pfeffer
100 g Rucola (Rauke)
1/2 Bund glatte Petersilie

**Für die Salatsauce:**
2 EL mittelscharfer Senf
2 EL saure Sahne (10 % Fett)
2 Msp. gem. Piment
1 EL Olivenöl

285 g abgetropfter Gemüsemais (aus der Dose)

4 Scheiben Kochschinken ohne Fettrand (je etwa 30 g)

*Pro Portion:*
E: 15 g, F: 9 g, Kh: 36 g,
kJ: 1225, kcal: 293

Nudelsalat mit Schinkenröllchen

**1.** Das Wasser in einem Topf zugedeckt zum Kochen bringen. Dann Salz und Nudeln hinzugeben. Die Nudeln im geöffneten Topf bei mittlerer Hitze nach Packungsanleitung bissfest kochen, dabei gelegentlich umrühren.
**2.** In der Zwischenzeit Zucchini abspülen, abtrocknen und die Enden abschneiden. Zucchini in etwa 5 cm lange dünne Streifen schneiden.
**3.** Speiseöl in einer Pfanne erhitzen. Die Zucchinistreifen darin unter Rühren anbraten, mit Salz und Pfeffer würzen, aus der Pfanne nehmen.
**4.** Die garen Nudeln in ein Sieb geben, mit kaltem Wasser abspülen und abtropfen lassen.
**5.** Den Rucola putzen und die dicken Stiele abschneiden. Rucola abspülen und trocken schleudern (etwas Rucola zum Garnieren beiseitelegen). Petersilie abspülen und trocken tupfen. Die Blättchen von den Stängeln zupfen. Rucola und Petersilie in Streifen schneiden.
**6.** Für die Salatsauce den Senf mit saurer Sahne und Piment verrühren, mit Salz und Pfeffer würzen, Olivenöl unterschlagen.
**7.** Die Nudeln mit Mais, Rucola und Petersilie vermischen. Salatsauce unterrühren.

Rettich-Rote-Bete-Salat

**8.** Zucchinistreifen auf die Schinkenscheiben legen, aufrollen und auf dem Salat anrichten. Den Salat mit dem beiseitegelegten Rucola garniert servieren.

## Rettich-Rote-Bete-Salat

pro Portion 1,45 Euro

4 Portionen

*Zubereitungszeit:* 30 Minuten, ohne Durchziehzeit

500 g Rettich
1 Rote Bete (etwa 200 g)

**Für die Sauce:**
3 EL weißer Balsamico-Essig
Salz
gem. Pfeffer
1–2 TL flüssiger Honig
4–5 EL Walnussöl

50 g Walnusskernhälften
1 Bund Rucola (Rauke)

*Pro Portion:*
E: 4 g, F: 21 g, Kh: 11 g,
kJ: 1063, kcal: 255

**1.** Rettich putzen, schälen, abspülen und abtropfen lassen. Rote Bete gründlich waschen und schälen (am besten mit Einweghandschuhen). Rettich und Rote Bete mit einem Gemüsehobel in feine Streifen hobeln und in einer Schüssel mischen.
**2.** Für die Sauce Essig mit Salz, Pfeffer und Honig verrühren. Walnussöl unterschlagen. Die Sauce unter die Gemüsestreifen mischen. Den Salat mindestens 30 Minuten durchziehen lassen.
**3.** Walnusskernhälften hacken. Rucola putzen und die dicken Stiele abschneiden. Rucola abspülen, gut abtropfen lassen oder trocken schleudern und die Blätter etwas kleiner zupfen. Rucola unter den Salat heben. Den Salat mit Walnusskernen bestreuen und servieren.

## Retro-Heringssalat

8 Portionen

*Zubereitungszeit:* 25 Minuten, ohne Einlege- und Durchziehzeit

4 Salzheringe (je etwa 250 g)
2 Äpfel
2 Zwiebeln
500 g abgetropfte Rote Bete (aus dem Glas)
4 Gewürzgurken
200 g Schweinebraten-Aufschnitt
4 geh. EL Salatmayonnaise
8 EL Schlagsahne
2–4 EL Himbeersaft
Salz, gem. Pfeffer

pro Portion 1,65 Euro

*Pro Portion:*
E: 19 g, F: 21 g, Kh: 9 g,
kJ: 1286, kcal: 307

**1.** Heringe in eine Schale legen und etwa 24 Stunden wässern (dabei das Wasser ab und zu erneuern).
**2.** Heringe aus der Schale nehmen. Heringe innen und außen unter fließendem kalten Wasser abspülen, abtrocknen, enthäuten, entgräten und in Stücke schneiden.
**3.** Die Äpfel schälen, vierteln und entkernen. Zwiebeln abziehen. Rote Bete, Äpfel, Zwiebeln, Gurken und Bratenaufschnitt in kleine Würfel schneiden, in eine Schüssel geben und vermengen. Heringsstücke hinzufügen.
**4.** Mayonnaise mit Sahne und Saft verrühren und unter die Salatzutaten heben. Den Salat zugedeckt über Nacht im Kühlschrank durchziehen lassen.
**5.** Heringssalat vor dem Servieren mit Salz und Pfeffer abschmecken.

***Tipp:*** Den Salat mit abgespülter, trocken getupfter Petersilie, Apfelspalten und Zwiebelringen garnieren.

## Rohkostteller

4 Portionen

pro Portion 1,40 Euro

*Zubereitungszeit:* 70 Minuten

je 200 g Weiß- und Rotkohl
1 EL Weißweinessig
Salz, gem. Pfeffer
4 EL Sonnenblumenöl
1 EL Schnittlauchröllchen
150 g Kopfsalat oder Feldsalat
2 hart gekochte Eier
2 EL Weißweinessig
4 EL Sonnenblumenöl
1 EL fein gehackte Kräuter, z.B. Dill und Petersilie
8 kleine, feste Tomaten
100 g Doppelrahmfrischkäse
2–3 EL Schlagsahne

*Pro Portion:*
E: 9 g, F: 33 g, Kh: 6 g,
kJ: 1510, kcal: 360

**1.** Weißkohl und Rotkohl putzen, vierteln und jeweils den Strunk herausschneiden. Weißkohl und Rotkohl getrennt auf einem Gemüsehobel hobeln. Anschließend mit einer Teigrolle glasig rollen oder stampfen, damit der Kohl zart wird. Den Kohl jeweils mit Essig, Salz, Pfeffer und Sonnenblumenöl abschmecken. Zusätzlich Schnittlauchröllchen unter den Weißkohl heben.
**2.** Salat putzen, abspülen und trocken tupfen. Eier pellen, Eigelb herauslösen und das Eiweiß in kleine Würfel schneiden. Salat mit Essig, Sonnenblumenöl und Salz würzen, Kräuter und Eiweißwürfel unterheben. Den Salat kuppelartig in die Mitte eines großen Tellers geben. Die beiden Kohlsorten abwechselnd als Kranz um den Salat legen.
**3.** Tomaten abspülen, trocken tupfen und jeweils einen Deckel abschneiden. Tomaten vorsichtig aushöhlen. Frischkäse mit Sahne verrühren, herausgelöstes Eigelb durch ein Sieb streichen und unterrühren. Frischkäsemasse evtl. mit Salz und Pfeffer würzen. Die Masse in einen Spritzbeutel mit kleiner Lochtülle geben und in die ausgehöhlten Tomaten spritzen. Die Tomaten als Abschluss auf den Tellerrand oder evtl. auch in die Mitte des Tellers setzen.

***Tipp:*** Den Salat zugedeckt im Kühlschrank 1 Tag durchziehen lassen.

Retro-Heringssalat

Rohkostteller

## Amerikanischer Salat

2 Portionen

*Zubereitungszeit:* 20 Minuten

**Für das Joghurtdressing:**
150 g Joghurt (1,5 % Fett)
3 EL gemischte, klein geschnittene Kräuter, z. B. Petersilie, Schnittlauch
1 EL Obstessig oder Zitronensaft
Salz, gem. Pfeffer, Zucker

2 Bananen (je etwa 200 g)
3 rote Äpfel (je etwa 150 g)
150 g Staudensellerie
300 g Eisbergsalat

pro Portion 2,00 Euro

*Pro Portion:*
E: 7 g, F: 3 g, Kh: 60 g,
kJ: 1274, kcal: 307

**1.** Für das Dressing den Joghurt in einer Schüssel glatt rühren. Kräuter und Obstessig oder Zitronensaft zum Joghurt geben und unterrühren. Dressing mit Salz, Pfeffer und Zucker abschmecken.
**2.** Bananen schälen und in Scheiben schneiden. Die Äpfel abwaschen, abtrocknen, vierteln, entkernen und mit der Schale in Scheiben schneiden. Sellerie putzen und die harten Außenfäden abziehen. Stangen abspülen und abtropfen lassen. Sellerie in feine Scheiben schneiden. Die Bananen-, Apfel- und Selleriescheiben mit dem Joghurtdressing vermischen.
**3.** Den Eisbergsalat putzen, abspülen, gut abtropfen lassen und in etwa 2 cm breite Streifen schneiden. Salatstreifen unter den Salat mischen und sofort servieren.

## Salamisalat

4 Portionen

pro Portion 2,45 Euro

*Zubereitungszeit:* 30 Minuten, ohne Abkühlzeit

500 g Blumenkohl
Salz
40 g Pinienkerne
250 g Chicorée
2 EL Zitronensaft
gem. Pfeffer
150 g Salami, in feinen Scheiben
8 EL Frenchdressing (Fertigprodukt)
50 g Parmesan (am Stück)

*Pro Portion:*
E: 22 g, F: 25 g, Kh: 6 g,
kJ: 1487, kcal: 355

**1.** Vom Blumenkohl die Blätter entfernen und den Strunk abschneiden. Den Blumenkohl in Röschen teilen, abspülen und abtropfen lassen.
**2.** Salzwasser in einem Topf zum Kochen bringen, die Blumenkohlröschen hinzufügen, wieder zum Kochen bringen und in 8–10 Minuten bissfest garen. Blumenkohlröschen herausnehmen, mit kaltem Wasser abschrecken, in ein Sieb geben, abtropfen und erkalten lassen.
**3.** Inzwischen Pinienkerne in einer Pfanne ohne Fett unter Rühren goldbraun rösten, herausnehmen und auf einem Teller abkühlen lassen.
**4.** Chicorée längs halbieren und die Strünke keilförmig herausschneiden. Chicorée abspülen, abtropfen lassen und quer in Streifen schneiden, mit Zitronensaft und Pfeffer vermischen.
**5.** Salamischeiben halbieren oder in breite Streifen schneiden. Blumenkohlröschen, Chicorée-, Salamistreifen und Pinienkerne in einer Schüssel mischen und portionsweise auf Tellern anrichten. Frenchdressing auf den Salat geben.
**6.** Parmesan in feine Scheiben hobeln und auf den Salat streuen.

***Tipp:*** Anstelle von fertigem Frenchdressing kann der Salat auch mit einer selbst gemachten Currysauce serviert werden. Dazu 150 g Joghurt (3,5 % Fett) mit 2 Esslöffeln Salatmayonnaise verrühren und mit 1 Teelöffel Currypulver, etwas Salz, Zucker und Pfeffer würzen.

Ananas-Kraut-Salat mit Paprikastreifen

Apfel-Sellerie-Rohkost

## Ananas-Kraut-Salat mit Paprikastreifen

12 Portionen

pro Portion 0,55 Euro

*Zubereitungszeit:* 30 Minuten, ohne Durchziehzeit

1 1/2 kg Weißkohl
Salz
2 rote Paprikaschoten
350 g Ananasstücke (aus der Dose)
2 große Zwiebeln
8 EL Olivenöl
8 EL Kräuteressig
2 EL mittelscharfer Senf
gem. Pfeffer
je 1/2–1 TL gem. Piment und Kümmelsamen

*Pro Portion:*
E: 2 g, F: 7 g, Kh: 14 g,
kJ: 550, kcal: 131

**1.** Von dem Weißkohl die groben, äußeren Blätter lösen. Kohl vierteln und den Strunk herausschneiden. Kohlviertel auf einer stabilen Haushaltsreibe oder mit der Küchenmaschine in sehr feine Streifen hobeln bzw. schneiden. Kohlstreifen in eine große Schüssel geben. 2–3 Esslöffel Salz hinzugeben, mit den Händen gut durchkneten, bis die Kohlstreifen leicht glasig werden. Kohlstreifen etwa 1 Stunde durchziehen lassen.
**2.** Paprikaschoten halbieren, entstielen, entkernen und die weißen Scheidewände entfernen. Schoten abspülen, trocken tupfen, in feine Streifen schneiden. Von den Ananasstücken den Saft auffangen. Ananasstücke evtl. etwas kleiner schneiden.
**3.** Die Kohlstreifen in ein Sieb geben, etwas abtropfen lassen und wieder zurück in die Schüssel geben. Paprikastreifen und Ananasstücke gut untermischen.
**4.** Die Zwiebeln abziehen, zuerst in dünne Scheiben schneiden, dann in Ringe teilen. Olivenöl in einer Pfanne erhitzen. Die Zwiebelringe darin kurz andünsten, herausnehmen und zum Ananas-Kraut-Salat in die Schüssel geben. Das verbliebene Bratfett (Olivenöl) mit Essig, Senf, Pfeffer, Piment und Kümmel verrühren. Die Hälfte des Ananassaftes unterrühren. Marinade zum Ananas-Kraut-Salat geben, gut untermischen und etwa 30 Minuten durchziehen lassen.
**5.** Den Ananas-Kraut-Salat vor dem Servieren nochmals mit Salz und Pfeffer abschmecken.

***Tipps:*** Dieser Salat lässt sich prima vorbereiten und ist ideal, wenn Sie eine große Anzahl Gäste erwarten.

## Apfel-Sellerie-Rohkost

4 Portionen

*Zubereitungszeit:* 20 Minuten

**Für die Marinade:**
Saft von 2 Zitronen (100–120 ml)
2 EL flüssiger Honig
Salz
gem. Piment

pro Portion 1,95 Euro

4 Äpfel (etwa 600 g)
800 g Knollensellerie
40 g Walnusskernhälften
250 g Joghurt (1,5 % Fett)
100 g Kasseler Aufschnitt oder geräucherter Putenbrustaufschnitt

*Pro Portion:*
E: 12 g, F: 10 g, Kh: 32 g,
kJ: 1130, kcal: 270

**1.** Für die Marinade Zitronensaft mit Honig verschlagen, mit Salz und Piment abschmecken.
**2.** Äpfel abwaschen, abtrocknen, vierteln und entkernen. Den Sellerie schälen, abspülen und gut abtropfen lassen. Apfelviertel mit der Schale und Sellerie in feine Streifen schneiden oder grob raspeln, unter die Marinade rühren.
**3.** Von den Walnusskernhälften 4 Stück beiseitelegen, die restlichen

Walnusskernhälften grob hacken. Joghurt glatt rühren und unter die Apfel-Sellerie-Mischung rühren.
**4.** Apfel-Sellerie-Rohkost mit Kasseler Aufschnitt oder Putenbrustaufschnitt anrichten und mit den beiseitegelegten Walnusskernhälften garniert und gehackten Walnusskernen bestreut servieren.

## Feldsalat mit Preiselbeersauce

4 Portionen

*Zubereitungszeit:* 25 Minuten

pro Portion 1,75 Euro

150 g Feldsalat
2 Äpfel, z. B. Elstar
2 EL Zitronensaft
200 g Kasseler Aufschnitt

**Für die Sauce:**
3 EL Preiselbeeren (aus dem Glas)
2 EL Himbeeressig
Salz, gem. Pfeffer
2 EL Nussöl
2 EL Rapsöl

*Pro Portion:*
E: 12 g, F: 19 g, Kh: 10 g,
kJ: 1161, kcal: 277

**1.** Den Feldsalat putzen und die Wurzelenden abschneiden. Salat abspülen, gut abtropfen lassen und trocken schleudern. Äpfel abwaschen, abtrocknen, vierteln und entkernen. Die Apfelviertel mit der Schale der Länge nach in dünne Spalten schneiden und sofort mit Zitronensaft beträufeln. Kasseler Aufschnitt in feine Streifen schneiden.
**2.** Für die Sauce Preiselbeeren mit Himbeeressig, Salz und Pfeffer verrühren. Beide Öle unterschlagen.
**3.** Feldsalat, Apfelspalten und Kasselerstreifen auf Tellern anrichten und mit der Sauce beträufeln.

## Flämischer Salat

4 Portionen

*Zubereitungszeit:* 30 Minuten, ohne Durchziehzeit

600 g kleine, gegarte Pellkartoffeln
6 Matjesfilets (je etwa 70 g)
2 Chicorée (je 150 g)

pro Portion 2,05 Euro

**Für die Sauce:**
2 Zwiebeln
2 Stängel Estragon
1/2 Bund Kerbel
6 EL Gemüsebrühe
4 EL Weißweinessig
1 gestr. TL Salz
gem. Pfeffer
6 EL Distelöl

*Pro Portion:*
E: 23 g, F: 32 g, Kh: 22 g,
kJ: 1956, kcal: 467

**1.** Kartoffeln pellen, zuerst in etwa ½ cm dicke Scheiben, dann in Streifen schneiden. Matjesfilets würfeln, dabei evtl. vorhandene Gräten entfernen.
**2.** Chicorée putzen, abspülen, abtropfen lassen und längs halbieren. Die Strünke keilförmig herausschneiden. Chicorée in Streifen schneiden, mit Kartoffelstreifen und Matjeswürfeln in eine Schüssel geben.
**3.** Für die Sauce Zwiebeln abziehen und fein würfeln. Estragon und Kerbel abspülen, trocken tupfen. Die Blättchen von den Stängeln zupfen, Blättchen klein schneiden.
**4.** Brühe mit Essig, Salz und Pfeffer verrühren. Distelöl unterschlagen. Zwiebelwürfel und Kräuter unterrühren. Salatzutaten mit der Sauce mischen und den Salat zugedeckt etwa 30 Minuten durchziehen lassen.
**5.** Den Salat vor dem Servieren vorsichtig vermengen und evtl. nochmals abschmecken.

Feldsalat mit Preiselbeersauce

Flämischer Salat

## Gegrillter Salat mit Käse

pro Portion 1,05 Euro

6 Portionen

*Zubereitungszeit:* 15 Minuten

3 Romana-Salatkopfherzen
125 g Kräuterbutter (1 Rolle)
100 g fein ger. Cheddar oder alter Gouda
Salz
gem. Pfeffer
6 TL Crema di Balsamico

*Pro Portion:*
E: 5 g, F: 19 g, Kh: 4 g,
kJ: 836, kcal: 202

**1.** Die Salatkopfherzen putzen, abspülen und gut abtropfen lassen. Die Salatkopfherzen halbieren und die Hälften leicht aufspreizen, damit sich die Butter beim Grillen besser im Salat verteilen kann. Die Butter in 18 dünne Scheiben schneiden.
**2.** Dann die Salathälften mit den Schnittflächen nach unten auf den gefetteten Grillrost des heißen Grills (am Rand, wo die Hitze nicht zu stark ist oder in gefettete Grill-Aluschalen) legen und 2–3 Minuten grillen.
**3.** Ist der Salat leicht gebräunt, die Salathälften wenden und mit jeweils 3 Kräuterbutterscheiben belegen. Geriebenen Käse daraufstreuen (dabei darauf achten, dass kein Käse in die Glut fällt), mit Salz und Pfeffer würzen und weitere etwa 3 Minuten grillen. Ist der Käse leicht geschmolzen, die Salathälften vorsichtig vom Grill nehmen und auf eine Platte oder einen Teller legen. Gegrillten Salat mit etwas Crema di Balsamico beträufeln und servieren.

Gegrillter Salat mit Käse

## Gemüsesalat im Reisblatt mit Erdnuss-Sauce

pro Portion 2,10 Euro

4 Portionen

*Zubereitungszeit:* 60 Minuten

4 dünne Frühlingszwiebeln (etwa 50 g)
etwa 150 g Möhren
2 Stangen Staudensellerie
100 g Sojasprossen
1 kleine Salatgurke (etwa 100 g)
1 Bund Koriander
1 Bund Minze
12 Blatt getrocknetes Reispapier (16 cm, erhältlich im Asialaden)

100 g geschälte, ungesalzene Erdnusskerne
1 kleine Chilischote
1 Knoblauchzehe
200 ml Kokosmilch
Salz
1 EL brauner Zucker
2 EL Sojasauce
Saft von 2 Limetten

*Pro Portion:*
E: 12 g, F: 21 g, Kh: 27 g,
kJ: 1453, kcal: 348

**1.** Die Frühlingszwiebeln putzen, abspülen, abtropfen lassen und in etwa 5 cm lange, sehr dünne Streifen schneiden. Die Möhren putzen, schälen, abspülen, abtropfen lassen und ebenfalls in sehr dünne Streifen schneiden. Sellerie putzen und die harten Außenfäden abziehen. Sellerie abspülen, abtropfen lassen und in schmale Streifen schneiden. Sojasprossen putzen, abspülen und abtropfen lassen. Die Gurke abspülen, abtrocknen und die Enden abschneiden. Gurke längs halbieren und die Kerne mit einem Löffel herausschaben. Gurkenhälften in dünne Streifen schneiden.
**2.** Koriander und Minze abspülen, trocken tupfen. Die Blättchen von den Stängeln zupfen.
**3.** Reispapierblätter einzeln 1–2 Minuten in nasse Geschirrtücher eingeschlagen, Reispapierblätter weich werden lassen. Zuerst einige Kräuterblättchen in die Mitte der Reispapierblätter geben, dann jeweils 1 Esslöffel der Gemüsestreifen daraufgeben. Die Seiten einschlagen. Die belegten Reispapierblätter vorsichtig aufrollen (wie eine Roulade) und mit der Öffnung nach unten auf eine Platte legen.
**4.** Die Erdnusskerne in einer Pfanne ohne Fett unter Rühren hellbraun rösten und auf einen Teller geben. Chilischote abspülen, trocken tupfen, entstielen und in Ringe schnei-

Gemüsesalat im Reisblatt mit Erdnuss-Sauce

Reissalat „Orientalische Art"

den. Knoblauch abziehen und durch eine Knoblauchpresse drücken. Erdnusskerne, Chiliringe und Knoblauch in einer Küchenmaschine zu einer glatten Paste verarbeiten.

**5.** Die Erdnusspaste mit der Kokosmilch in einem Topf verrühren und unter Rühren aufkochen lassen. Die Erdnuss-Sauce mit Salz, braunem Zucker, Sojasauce und Limettensaft abschmecken.

**6.** Die Gemüsestreifen mit der Erdnuss-Sauce servieren.

## Reissalat „Orientalische Art"

4 Portionen

pro Portion 2,15 Euro

*Zubereitungszeit:* 50 Minuten, ohne Abkühlzeit

100 g Langkornreis
Salz
200 g TK-Erbsen

4 kleine Hähnchenbrustfilets (je etwa 125 g)
gem. Pfeffer
6 EL Sesamöl
evtl. Currypulver
135 g abgetropfte Champignons (aus dem Glas)
4 Tomaten
2 Frühlingszwiebeln
2 Äpfel
2 EL Zitronensaft
einige grüne Salatblätter

**Für die Sauce:**
150 g Joghurt (3,5 % Fett)
2 EL Salatmayonnaise
1–2 EL Obstessig
2 gestr. TL Currypulver
etwas Zucker

*Pro Portion:*
E: 36 g, F: 20 g, Kh: 38 g,
kJ: 2075, kcal: 495

**1.** Den Reis in kochendes Salzwasser geben und nach Packungsanleitung bissfest kochen. Den Reis in ein Sieb geben, mit kaltem Wasser übergießen und gut abtropfen lassen. Erbsen in kochendem Salzwasser etwa 4 Minuten garen, anschließend in ein Sieb geben, mit kaltem Wasser abschrecken und abtropfen lassen.

**2.** Die Hähnchenbrustfilets unter fließendem kalten Wasser abspülen, trocken tupfen, mit Salz und Pfeffer würzen. Die Hälfte des Sesamöls in einer Pfanne erhitzen. Die Hähnchenbrustfilets darin von beiden Seiten 10–15 Minuten braten, herausnehmen, nach Belieben mit Curry bestreuen und etwas abkühlen lassen. Die Hähnchenbrustfilets dann in Scheiben schneiden.

**3.** Champignons in Scheiben schneiden. Tomaten abspülen, abtrocknen, halbieren und die Stängelansätze herausschneiden. Tomaten achteln. Frühlingszwiebeln putzen, abspülen, abtropfen lassen und in Scheiben schneiden. Die Äpfel abwaschen, abtrocknen, vierteln, entkernen und mit der Schale in dünne Scheiben schneiden, mit Zitronensaft beträufeln.

**4.** Die Salatblätter abspülen und trocken tupfen. Die vorbereiteten Salatzutaten auf den Salatblättern anrichten, mit dem restlichen Sesamöl beträufeln, mit Salz und Pfeffer bestreuen.

**5.** Für die Sauce Joghurt mit Mayonnaise, Essig und Curry verrühren, mit Salz, Pfeffer und Zucker abschmecken. Die Sauce zum Salat reichen.

***Tipps:*** Sie können die Salatzutaten auch mit der Sauce vermischen und den Salat etwas durchziehen lassen. Den Salat vor dem Servieren evtl. nochmals mit Salz, Pfeffer und Curry abschmecken.

## Räucherlachs-Reis-Salat

pro Portion 2,25 Euro

4 Portionen

*Zubereitungszeit:* 30 Minuten, ohne Abkühl- und Durchziehzeit

**Zum Vorbereiten:**
1 l Gemüsebrühe
175 g Wildreis-Langkornreis-Mischung

**Für das Dressing:**
200 g Joghurt (3,5 % Fett)
100 g saure Sahne
Salz, gem. Pfeffer
1 gestr. TL Currypulver

**Für den Salat:**
2 Frühlingszwiebeln
140 g abgetropfter Gemüsemais (aus der Dose)
1/2 Kopf- oder Endiviensalat
75 g Radieschensprossen
150 g geräucherter Lachs, in Scheiben

*Pro Portion:*
E: 16 g, F: 8 g, Kh: 43 g,
kJ: 1309, kcal: 313

**1.** Zum Vorbereiten Gemüsebrühe zugedeckt in einem Topf zum Kochen bringen. Die Reismischung darin nach Packungsanleitung ausquellen lassen. Den Reis in ein Sieb geben, mit kaltem Wasser abspülen und gut abtropfen lassen. Anschließend den Reis in eine große Schüssel geben und abkühlen lassen, dabei gelegentlich umrühren.
**2.** In der Zwischenzeit für das Dressing Joghurt mit saurer Sahne verrühren, mit Salz, Pfeffer und Curry abschmecken.
**3.** Für den Salat Frühlingszwiebeln putzen, abspülen, gut abtropfen lassen und in feine Scheiben schneiden.
**4.** Dressing mit dem Reis vermengen, Mais und Frühlingszwiebelscheiben unterrühren. Reissalat zugedeckt etwa 30 Minuten im Kühlschrank durchziehen lassen.
**5.** Den Salat putzen, abspülen und gut abtropfen lassen oder trocken schleudern. Salat in mundgerechte Stücke zupfen. Sprossen abspülen und gut abtropfen lassen.
**6.** Den Reissalat nochmals mit Salz, Pfeffer und Curry abschmecken. 4 Portionsschälchen mit dem Salat auslegen. Den Reissalat darauf verteilen und die Lachsscheiben dekorativ daraufgeben. Zuletzt die Sprossen in kleinen Häufchen daraufsetzen und den Salat servieren.

## Schneller Kartoffelsalat

pro Portion 0,80 Euro

2 Portionen

*Zubereitungszeit:* 15 Minuten, ohne Durchziehzeit

375 g gegarte Pellkartoffeln
2 abgetropfte Gewürzgurken (aus dem Glas)
200 g fertiger Fleischsalat (aus dem Kühlregal)
etwas Gurkenflüssigkeit
Salz, gem. Pfeffer
1 Prise Zucker
2 hart gekochte Eier

*Pro Portion:*
E: 15 g, F: 41 g, Kh: 32 g,
kJ: 2390, kcal: 567

**1.** Die Kartoffeln pellen, in Würfel schneiden und in eine große Schüssel geben. Gurken in dünne Scheiben schneiden und zu den Kartoffelwürfeln geben.
**2.** Fleischsalat mit etwas Gurkenflüssigkeit verrühren und untermischen. Den Kartoffelsalat mit Salz, Pfeffer und Zucker abschmecken.
**3.** Die Eier pellen und in Achtel schneiden. Einige Eierspalten zum

Garnieren beiseitelegen. Die restlichen Eierspalten vorsichtig unter den Salat heben. Den Salat zugedeckt im Kühlschrank etwas durchziehen lassen.
**4.** Den Salat evtl. nochmals mit Salz, Pfeffer, Zucker und etwas Gurkenflüssigkeit abschmecken. Den Kartoffelsalat mit den beiseitegelegten Eierspalten garnieren und genießen.

## Eisbergsalat mit Ziegenkäse und Sherry-Pflaumen

4 Portionen (ohne Foto)

*Zubereitungszeit:* 35 Minuten

150 g entsteinte Backpflaumen
3 EL Sherry
1 kleiner Kopf Eisbergsalat
150 g Cocktailtomaten
200 g schnittfester Ziegenkäse

**Für die Salatsauce:**
2 EL Schlagsahne
1–2 EL Sherry
1 EL flüssiger Honig
3 EL Sherryessig
Salz, gem. Pfeffer
50 ml Olivenöl

pro Portion 2,25 Euro

80 g Frühstücksspeck in Scheiben (Bacon)

*Pro Portion:*
E: 21 g, F: 33 g, Kh: 28 g,
kJ: 2093, kcal: 502

**1.** Pflaumen halbieren, mit Sherry beträufeln und etwa 20 Minuten durchziehen lassen.
**2.** In der Zwischenzeit Eisbergsalat putzen, vierteln, abspülen und gut abtropfen lassen. Salat in mundgerechte Stücke schneiden. Tomaten abspülen und trocken tupfen. Ziegenkäse in Würfel schneiden. Salat, Tomaten und Käsewürfel vorsichtig vermischen und auf einer großen Platte anrichten.
**3.** Für die Salatsauce die Sahne mit Sherry, Honig und Essig verrühren, mit Salz und Pfeffer abschmecken. Olivenöl unterschlagen.
**4.** Den Speck in einer erhitzten Pfanne ohne Fett kross braten. Den Speck auf dem Salat verteilen, die Pflaumenhälften daraufgeben und den Salat mit der Sauce servieren.

## Spätzle-Pfifferlings-Salat

4 Portionen

*Zubereitungszeit:* 25 Minuten

2 l Wasser
1 gestr. TL Salz
200 g Spätzle

pro Portion 2,45 Euro

**Für die Vinaigrette:**
1 Stange Porree (Lauch)
2 EL Speiseöl, z. B. Rapsöl
225 g gut abgetropfte Pfifferlinge (aus der Dose)
175 ml Gemüsebrühe
3 EL Balsamico-Essig
1 TL körniger Senf
Salz, gem. Pfeffer
200 g geräucherter Putenbrustaufschnitt
200 g Cocktailtomaten
1 Bund glatte Petersilie

*Pro Portion:*
E: 20 g, F: 8 g, Kh: 40 g,
kJ: 1314, kcal: 313

**1.** Wasser in einem großen Topf zugedeckt zum Kochen bringen. Dann Salz und Spätzle hinzugeben. Die Spätzle im geöffneten Topf bei mittlerer Hitze nach Packungsanleitung garen, dabei gelegentlich umrühren.
**2.** Für die Vinaigrette in der Zwischenzeit Porree putzen, die Stange längs halbieren, gründlich waschen und abtropfen lassen. Porree in sehr feine Streifen schneiden.
**3.** Die garen Spätzle in ein Sieb geben, mit kaltem Wasser abspülen und abtropfen lassen.
**4.** Speiseöl in einer Pfanne erhitzen. Porreestreifen und Pfifferlinge darin andünsten. Brühe hinzugießen. Essig und Senf unterrühren, mit Salz und Pfeffer würzen. Die Spätzle in einer großen Salatschüssel mit der Vinaigrette vermischen.
**5.** Putenbrustaufschnitt in Streifen schneiden. Tomaten abspülen, abtrocknen, halbieren und die Stängelansätze herausschneiden. Petersilie abspülen und trocken tupfen. Die Blättchen von den Stängeln zupfen.
**6.** Putenbruststreifen, Tomatenhälften und Petersilienblättchen unter die Spätzle heben. Den Salat nochmals mit Salz, Pfeffer und evtl. etwas Essig abschmecken.

Spätzle-Pfifferlings-Salat

## Chicorée-Petersilien-Salat mit Kartoffelrösti

4 Portionen

pro Portion 2,00 Euro

*Zubereitungszeit:* 50 Minuten, ohne Abkühlzeit

**Zum Vorbereiten:**
1 kg festkochende Kartoffeln

**Für den Salat:**
1 Bund Radieschen (etwa 350 g)
1 Bund glatte Petersilie
1/2 Salatgurke (etwa 250 g)
Salz
2 Chicorée (etwa 500 g)
2–3 EL Weißweinessig
gem. Pfeffer
1–2 TL flüssiger Honig
1 TL mittelscharfer Senf
5 EL Olivenöl

**Für die Rösti:**
6–8 EL Olivenöl
50 g Sonnenblumenkerne

**Für die pochierten Eier:**
1 l Wasser
3 EL Weißweinessig
8 Eier (Größe M)

*Pro Portion:*
E: 24 g, F: 49 g, Kh: 44 g,
kJ: 2994, kcal: 714

**1.** Zum Vorbereiten Kartoffeln gründlich waschen, in einem Topf knapp mit Wasser bedeckt zum Kochen bringen und zugedeckt in etwa 25 Minuten gar kochen. Die Kartoffeln abgießen, mit kaltem Wasser abspülen, abtropfen lassen, heiß pellen und erkalten lassen.
**2.** Für den Salat in der Zwischenzeit die Radieschen putzen, abspülen, abtropfen lassen und in Scheiben schneiden. Petersilie abspülen und trocken tupfen. Die Blättchen von den Stängeln zupfen.
**3.** Die Salatgurke waschen, trocken tupfen und die Enden abschneiden. Die Gurke der Länge nach halbieren und mit einem Teelöffel die Kerne herauskratzen. Die Gurke quer in dünne Scheiben schneiden, leicht mit Salz bestreuen und zum Saftziehen stehen lassen. Chicorée von den schlechten Blättern befreien. Chicorée halbieren und die bitteren Strünke keilförmig herausschneiden. Die Chicoréehälften quer in etwa 1 cm breite Streifen schneiden.
**4.** Essig mit Salz, Pfeffer, Honig und Senf verrühren. Olivenöl unterschlagen. Die Sauce abschmecken.
**5.** Den Backofen vorheizen.
*Ober-/Unterhitze:* etwa 80 °C
*Heißluft:* etwa 60 °C
**6.** Für die Rösti die vorbereiteten, gegarten Kartoffeln auf der groben Seite der Haushaltsreibe raspeln. 1 Esslöffel des Olivenöls in einer beschichteten Pfanne (Ø 16 cm) erhitzen. Jeweils ein Viertel der Kartoffelraspel und der Sonnenblumenkerne in die Pfanne geben, kurz anbraten. Mit Salz und Pfeffer würzen. Die Röstimasse mit einem Pfannenwender zu einer runden Platte, einem Rösti, formen, zusammendrücken und etwa 3 Minuten bei schwacher bis mittlerer Hitze braten.
**7.** Den Rösti auf einen Teller stürzen und wieder zurück in die Pfanne gleiten lassen. Etwas von dem restlichen Olivenöl in die Pfanne geben. Den Rösti von der zweiten Seite weitere etwa 3 Minuten braten. Den fertigen Rösti auf ein Backblech legen und im vorgeheizten Backofen warm halten. Anschließend auf die gleiche Weise 3 weitere Rösti zubereiten.
**8.** Für die pochierten Eier Wasser mit Essig in einem Topf zum Kochen bringen. Eier einzeln in einer Kelle aufschlagen, vorsichtig in das siedende (nicht sprudelnd kochende) Wasser gleiten lassen. Das Eiweiß sofort mit 2 Löffeln an das Eigelb schieben und formen. Bei schwacher Hitze etwa 4 Minuten ohne Deckel gar ziehen lassen (maximal 4 Eier auf einmal garen).
**9.** Gegarte Eier mit einem Schaumlöffel herausnehmen, kurz in kaltes Wasser tauchen, abtropfen lassen und die Ränder glatt schneiden. Die restlichen Eier genauso garen.
**10.** Gurkenscheiben etwas abtropfen lassen, mit den restlichen, vorbereiteten Salatzutaten in eine Salatschüssel geben und mit der Salatsauce vermischen. Rösti evtl. kurz unter dem Backofengrill rösten und auf 4 Teller legen. Jeweils 1 Salatportion und 2 Eier auf dem Rösti anrichten. Sofort servieren.

Chicorée-Petersilien-Salat mit Kartoffelrösti

Chicoréesalat mit blauen Trauben

Spargel-Kartoffel-Salat

## Chicoréesalat mit blauen Trauben

pro Portion 1,40 Euro

8–10 Portionen

*Zubereitungszeit:* 70 Minuten

**Für die Sauce:**
400 g Joghurt (3,5 % Fett)
Saft von 2 Zitronen
2 EL gehackte Zitronenmelisse
Salz, Zucker

75 g Sonnenblumenkerne
8–10 kleine Chicorée
4–5 Orangen
4–5 Äpfel
400 g blaue Weintrauben

*Pro Portion:*
E: 7 g, F: 8 g, Kh: 28 g,
kJ: 968, kcal: 232

**1.** Für die Sauce Joghurt mit Zitronensaft, Zitronenmelisse und 1 Prise Salz verrühren, mit etwas Zucker abschmecken. Sonnenblumenkerne in einer Pfanne ohne Fett unter Rühren anrösten, herausnehmen und auf einem Teller erkalten lassen.
**2.** Chicorée putzen, abspülen, abtropfen lassen und längs halbieren. Den Strunk jeweils keilförmig herausschneiden. Chicorée quer halbieren. Die Blätter abzupfen. Die Orangen so schälen, dass die weiße Haut mitentfernt wird. Orangen halbieren und in Scheiben schneiden.
**3.** Die Äpfel abwaschen, abtrocknen oder nach Belieben schälen, vierteln und entkernen. Apfelviertel in dünne Scheiben schneiden. Die vorbereiteten Salatzutaten auf 8–10 Tellern oder einer großen Platte anrichten. Die Sauce daraufgeben.
**4.** Weintrauben abspülen, abtropfen lassen, entstielen und auf dem Salat verteilen. Den Salat mit Sonnenblumenkernen bestreuen.

## Spargel-Kartoffel-Salat

pro Portion 2,48 Euro

4 Portionen

*Zubereitungszeit:* 50 Minuten

750 g kleine, festkochende Kartoffeln
800 g weißer Spargel
250 ml Wasser
1 gestr. TL Salz
1 TL Butter, 1 Prise Zucker
100 g Zuckerschoten
2 EL Weißweinessig
180 ml heiße Gemüsebrühe
gem. Pfeffer
1/2 Topf Kerbel, Salz
1/2 TL scharfer Senf
1–2 EL Zitronensaft
100 ml Olivenöl
einige Cocktailtomaten

*Pro Portion:*
E: 10 g, F: 26 g, Kh: 31 g,
kJ: 1700, kcal: 406

**1.** Die Kartoffeln gründlich waschen, knapp mit Wasser bedeckt in einem Topf, zugedeckt zum Kochen bringen und in 15–20 Minuten gar kochen. Kartoffeln abgießen, mit kaltem Wasser abschrecken, abtropfen lassen, heiß pellen, abkühlen lassen und in Scheiben schneiden.
**2.** Den Spargel von oben nach unten schälen. Darauf achten, dass die Schalen vollständig entfernt, die Köpfe aber nicht verletzt werden. Die unteren Enden abschneiden (holzige Stellen vollkommen entfernen). Den Spargel abspülen, abtropfen lassen und in Stücke schneiden.
**3.** Wasser mit Salz, Butter und Zucker in einem großen Topf zum Kochen bringen. Spargelstücke hinzufügen, wieder zum Kochen bringen und zugedeckt in etwa 12 Minuten bissfest garen.
**4.** Von den Zuckerschoten die Enden abschneiden, evtl. abfädeln. Zuckerschoten abspülen, abtropfen lassen und etwa 2 Minuten vor Ende der Garzeit zu den Spargelstücken in den Topf geben und mitgaren lassen. Zuckerschoten und Spargelstücke in einem Sieb gut abtropfen lassen und in eine Schüssel geben.
**5.** Essig mit Brühe und Pfeffer verrühren, zu den noch warmen Zuckerschoten und Spargelstücken geben und unterrühren.
**6.** Kerbel abspülen und trocken tupfen. Die Blättchen von den Stängeln zupfen (einige Blättchen beiseitelegen). Kerbelblättchen mit Salz, Pfeffer, Senf, Zitronensaft und Olivenöl in einen Rührbecher geben und mit einem Pürierstab fein pürieren.
**7.** Die Kartoffelscheiben in die Schüssel geben. Die Kerbelsauce vorsichtig untermischen.
**8.** Tomaten abspülen, trocken tupfen, halbieren, entkernen und die Stängelansätze herausschneiden. Den Salat mit den beiseitegelegten Kerbelblättchen und Tomatenhälften garniert servieren.

Antipasti-Salat

Asiatischer Schichtsalat

## Antipasti-Salat

4 Portionen

pro Portion 2,45 Euro

*Zubereitungszeit:* 20 Minuten, ohne Durchziehzeit

250 g Cocktailtomaten
einige gemischte Stängel Kräuter, z. B. je 3–4 Stängel Basilikum, Thymian, Rosmarin
1 Knoblauchzehe
3 EL Balsamico-Essig
Salz, gem. Pfeffer
7 EL Olivenöl
je 170 g abgetropfte, grüne und schwarze Oliven (ohne Stein, aus Gläsern)
250 g abgetropfte, kleine Mozzarellakugeln

*Pro Portion:*
E: 13 g, F: 44 g, Kh: 7 g,
kJ: 2001, kcal: 478

**1.** Cocktailtomaten abspülen, trocken tupfen, halbieren und die Stängelansätze herausschneiden. Tomatenhälften in eine Schüssel geben.
**2.** Kräuterstängel abspülen und trocken tupfen. Die Blättchen bzw. Nadeln von den Stängeln zupfen. Blättchen und Nadeln klein schneiden. Den Knoblauch abziehen und fein würfeln.
**3.** Balsamico-Essig mit Kräutern und Knoblauch verrühren, mit Salz und Pfeffer würzen. Olivenöl unterschlagen. Das Dressing mit Oliven, Mozzarellakugeln und Cocktailtomaten mischen.
**4.** Den Salat zugedeckt in den Kühlschrank stellen und etwa 1 Stunde durchziehen lassen, dabei gelegentlich umrühren.

***Tipps:*** Servieren Sie ofenwarmes Ciabatta-Brot dazu. Der Salat eignet sich sehr gut als Vorspeise für 6–8 Personen.

## Asiatischer Schichtsalat

pro Portion 0,95 Euro

10–12 Portionen

*Zubereitungszeit:* 60 Minuten, ohne Abkühl- und Durchziehzeit

100 g Glasnudeln
1 kleiner Chinakohl (etwa 300 g)
1 Salatgurke
2 rote Pfefferschoten

**Für die Marinade:**
5 EL Reisweinessig
3 EL Limettensaft
6 EL Sojasauce
2 TL rote Currypaste (erhältlich im Asialaden)
6 EL Sesamöl
Salz
gem. Pfeffer
2 EL Zucker
150 g geraspelte Möhren
175 g abgetropfte Mungobohnen-Sprossen (aus der Dose)
250 g Bio-Tofu

*Pro Portion:*
E: 5 g, F: 8 g, Kh: 14 g,
kJ: 642, kcal: 153

**1.** Die Glasnudeln nach Packungsanleitung garen. Anschließend in einem Sieb gut abtropfen und erkalten lassen.
**2.** Chinakohl putzen. Kohl vierteln und den Strunk herausschneiden. Die Kohlviertel in schmale Streifen schneiden, abspülen und sehr gut abtropfen lassen. Die Salatgurke abspülen, abtrocknen und die Enden abschneiden. Salatgurke halbieren, entkernen und in dünne Scheiben schneiden. Pfefferschoten abspülen, abtrocknen, halbieren und in kleine Würfel schneiden. Gurkenscheiben mit den Pfefferschotenwürfeln vermischen.
**3.** Für die Marinade Essig mit Limettensaft, Sojasauce und Currypaste verrühren. Sesamöl unterschlagen. Mit Salz, Pfeffer und Zucker würzen.
**4.** Zwei Drittel der Chinakohlstreifen in eine große, hohe Glasschüssel (4–5-Liter-Inhalt) geben. Möhrenraspel darauf verteilen. Mit gut 2 Esslöffeln der Marinade beträufeln. Die Gurken-Pfefferschoten-Mischung daraufgeben. Wieder mit etwa 3 Esslöffeln der Marinade beträufeln.

**5.** Zuerst die Mungobohnen-Sprossen, dann die Glasnudeln daraufgeben. Restliche Chinakohlstreifen darauf verteilen und mit der Hälfte der restlichen Marinade beträufeln.
**6.** Tofu zerbröseln, mit der restlichen Marinade verrühren und als Abschluss auf die Chinakohlstreifen geben. Den Schichtsalat mit Frischhaltefolie zugedeckt in den Kühlschrank stellen und mindestens 5–6 Stunden durchziehen lassen.

***Tipp:*** Statt Tofu kann auch Fetakäse verwendet werden.

## Artischockenherzen mit Tomaten und Oliven

4 Portionen

pro Portion 2,00 Euro

*Zubereitungszeit:* 25 Minuten, ohne Durchziehzeit

16 abgetropfte Artischockenherzen (aus der Dose)
16 Cocktailtomaten
je 85 g abgetropfte, grüne und schwarze Oliven (ohne Stein, aus Gläsern)
2 Knoblauchzehen
3 EL Balsamico-Essig
Salz, gem. Pfeffer
5 EL Olivenöl

*Pro Portion:*
E: 4 g, F: 23 g, Kh: 7 g,
kJ: 1083, kcal: 258

**1.** Die Artischockenherzen vierteln. Tomaten abspülen, trocken tupfen, halbieren und die Stängelansätze herausschneiden. Artischockenviertel, Tomatenhälften und Oliven in eine Schüssel geben und vermischen.
**2.** Knoblauch abziehen und durch eine Knoblauchpresse drücken. Essig mit Knoblauch, Salz und Pfeffer verrühren. Öl unterschlagen. Marinade zu den vorbereiteten Salatzutaten geben und untermischen. Den Salat unter gelegentlichem Umrühren etwa 30 Minuten durchziehen lassen.

***Tipp:*** Nach Belieben den Salat mit vorbereiteten Basilikumblättchen garnieren.

## Apfel-Käse-Salat

5 Portionen

pro Portion 1,30 Euro

*Zubereitungszeit:* 20 Minuten

2 kleine Äpfel, z. B. Jonagold
1–2 rote Zwiebeln
250 g Radieschen
250 g Bergkäse
100 g Emmentaler
1 kleines Bund Schnittlauch
Salz, gem. Pfeffer
2 EL Weißweinessig
1 EL mittelscharfer Senf
3 EL Olivenöl
1 Prise Zucker
30 g frischer Meerrettich

*Pro Portion:*
E: 18 g, F: 26 g, Kh: 6 g,
kJ: 1390, kcal: 332

**1.** Äpfel abwaschen und abtrocknen. Äpfel nach Belieben schälen. Äpfel halbieren und entkernen. Die Apfelhälften auf einem Gemüsehobel in feine Scheiben hobeln.
**2.** Zwiebeln abziehen und in feine Scheiben schneiden. Radieschen putzen, abspülen, abtropfen lassen und ebenfalls in feine Scheiben schneiden.
**3.** Die beiden Käsesorten in kleine Würfel schneiden. Schnittlauch abspülen, trocken tupfen und in Röllchen schneiden.
**4.** Vorbereitete Salatzutaten in eine Salatschüssel geben. Mit Salz und Pfeffer bestreuen und vermischen.
**5.** Essig mit Senf verrühren, Olivenöl unterschlagen. Mit Salz und Zucker abschmecken.
**6.** Den Meerrettich schälen, fein reiben und unter die Marinade rühren. Die Marinade unter den Salat heben. Den Salat mit Salz und Pfeffer abschmecken.

Artischockenherzen mit Tomaten und Oliven

Apfel-Käse-Salat

## Bunter Wurstsalat mit Mozzarella-Kugeln

4 Portionen

pro Portion 1,95 Euro

*Zubereitungszeit:* 20 Minuten, ohne Durchziehzeit

300 g feine Geflügel-Fleischwurst (im Stück oder als Aufschnittscheiben)
200 g abgetropfte Mini-Mozzarella-Kugeln
1 Bund Radieschen
265 g abgetropfter Gemüsemais (aus der Dose)

**Für die Vinaigrette:**
1/2 Bund glatte Petersilie
1 Bund Schnittlauch
75 ml Gemüsebrühe
4 EL Weißweinessig
1 EL körniger Senf
Salz
evtl. 1 Prise gem. Piment
4 EL Olivenöl

*Pro Portion:*
E: 22 g, F: 35 g, Kh: 11 g,
kJ: 1881, kcal: 450

**1.** Von der Fleischwurst die Pelle abziehen. Fleischwurst in feine Scheiben oder Streifen schneiden. Mozzarella-Kugeln evtl. halbieren.

**2.** Die Radieschen putzen, abspülen, abtropfen lassen und in Scheiben schneiden. Radieschenscheiben und Mais in eine Salatschüssel geben. Wurstscheiben oder -streifen und Mozzarella-Hälften hinzugeben und untermischen.

**3.** Für die Vinaigrette Petersilie und Schnittlauch abspülen und trocken tupfen. Von der Petersilie die Blättchen von den Stängeln zupfen. Blättchen klein schneiden. Schnittlauch in feine Röllchen schneiden.

**4.** Die Gemüsebrühe mit Essig, Senf, 1 Prise Salz und evtl. Piment in einer Schüssel verrühren, Olivenöl unterschlagen. Die Petersilie und Schnittlauchröllchen unterrühren. Die Vinaigrette zu den Salatzutaten in die Schüssel geben und untermischen. Den Wurstsalat etwa 10 Minuten durchziehen lassen.

***Tipps:*** Für alle, die nicht so gerne Fleisch essen, können Sie die Wurst durch etwa 250 g frische Champignons ersetzen. Dafür Champignons putzen, evtl. kurz abspülen, trocken tupfen und nach Belieben halbieren. 2 Esslöffel Speiseöl in einer Pfanne erhitzen. Champignons darin anbraten, herausnehmen, mit etwas Zitronensaft beträufeln und zum Salat geben. Wenn Radieschen bei Ihren Kindern nicht so großen Anklang finden, dann statt der Radieschen 1/2 Salatgurke schälen, in Würfel schneiden und unter den Salat mischen.

Bunter Wurstsalat mit Mozzarella-Kugeln

## Caesars Salat

pro Portion 1,35 Euro

4 Portionen (ohne Foto)

*Zubereitungszeit:* 30 Minuten, ohne Abkühlzeit

4 Scheiben Toastbrot
30 g Butter

**Für das Dressing:**
1 Knoblauchzehe
200 g Salatmayonnaise
50 g Schlagsahne
1–2 EL ger. Parmesan
1 EL Weißweinessig
Salz, gem. Pfeffer

1 Römersalat
50 g frisch gehobelter Parmesan

*Pro Portion:*
E: 9 g, F: 43 g, Kh: 16 g,
kJ: 2052, kcal: 490

**1.** Toastbrot in Würfel schneiden. Butter in einer Pfanne zerlassen, die Brotwürfel darin von allen Seiten hellbraun rösten, herausnehmen und auf einem Teller erkalten lassen.

**2.** Für das Dressing Knoblauch abziehen. Mayonnaise mit Sahne, Knoblauch, Parmesan und Essig in einen hohen Rührbecher geben und pürieren. Dressing mit Salz und Pfeffer abschmecken.

**3.** Römersalat putzen, die Blätter vom Strunk zupfen, abspülen, abtropfen lassen oder trocken schleudern. Den Salat in mundgerechte Stücke zupfen.

**4.** Den Salat mit dem Dressing beträufeln, mit Parmesan und Brotwürfeln bestreuen.

***Tipp:*** Salat mit frischem Baguette servieren.

Herings-Eier-Salat

Gemüsesalat, süßsauer

## Herings-Eier-Salat

4 Portionen

*Zubereitungszeit:* 30 Minuten, ohne Durchziehzeit

pro Portion 1,20 Euro

8 Heringsfilets (etwa 480 g, süßsauer eingelegt)
1 Gemüsezwiebel
3 hart gekochte Eier
1 kleine Chilischote
150 g Crème légère oder Schmand (Sauerrahm)
1 TL flüssiger Honig oder Zucker
2 EL Currypulver, indisch
Salz, gem. Pfeffer
1 hart gekochtes Ei

*Pro Portion:*
E: 31 g, F: 33 g, Kh: 10 g,
kJ: 1901, kcal: 451

**1.** Die Heringsfilets gut abtropfen lassen und in etwa 3 cm breite Stücke schneiden. Die Zwiebel abziehen, halbieren, in feine Scheiben schneiden. Die Eier pellen und mit einem Eierschneider in Scheiben schneiden.
**2.** Chilischote halbieren, entstielen, entkernen, abspülen und abtropfen lassen. Chili in sehr kleine Stücke schneiden. Crème légère oder den Schmand mit Honig oder Zucker, Curry und Chili verrühren, mit Salz und Pfeffer abschmecken.
**3.** Die Sauce mit den Heringsfilets, Zwiebelscheiben und den Eierscheiben vorsichtig vermischen (damit der Salat nicht zu matschig wird) und zugedeckt etwa 24 Stunden in den Kühlschrank stellen.
**4.** Das Ei pellen und in Scheiben schneiden. Den Salat anrichten und mit den Eierscheiben garnieren.

## Gemüsesalat, süßsauer

pro Portion 1,25 Euro

8–10 Portionen

*Zubereitungszeit:* 60 Minuten, ohne Durchziehzeit

400 g Möhren
700 g festkochende Kartoffeln
400 g Zucchini
1 kleiner Staudensellerie
800 g Fleischtomaten
5 EL Speiseöl, 200 ml Gemüsebrühe
340 g gut abgetropfte Ananasstücke (aus der Dose)
3–4 EL Mango-Chutney
3–4 EL milder Essig, z. B. Kräuteressig
4–5 EL Gemüsesud (von dem gegarten Gemüse)
2 gestr. TL gem. Kreuzkümmel (Cumin)
Salz, gem. Pfeffer
2 gestr. TL Currypulver
1 gestr. TL Zucker

*Pro Portion:*
E: 4 g, F: 2 g, Kh: 26 g,
kJ: 592, kcal: 141

**1.** Möhren putzen. Möhren und Kartoffeln schälen, abspülen, abtropfen lassen und würfeln.
**2.** Zucchini abspülen, trocken tupfen und die Enden abschneiden. Zucchini in Würfel schneiden. Staudensellerie putzen und die harten Außenfäden abziehen. Sellerie in Streifen oder Würfel schneiden. Tomaten abspülen, abtropfen lassen, vierteln und die Stängelansätze herausschneiden. Tomatenviertel entkernen und würfeln.
**3.** Speiseöl in einem großen Bräter erhitzen. Die Möhren- und Kartoffelwürfel darin unter Rühren andünsten. Die Brühe hinzugießen, zum Kochen bringen und etwa 10 Minuten dünsten.
**4.** Zucchiniwürfel und Staudenselleriewürfel oder -streifen hinzufügen und in weiteren etwa 5 Minuten bissfest garen. Anschließend das gegarte Gemüse in einem Sieb gut abtropfen lassen, dabei den Sud auffangen. Das Gemüse in eine Salatschüssel geben.
**5.** Die Ananasstücke etwas kleiner schneiden. Das Mango-Chutney mit dem Essig, dem Gemüsesud, Kreuzkümmel, Salz, Pfeffer, Curry und Zucker verrühren, mit den Tomatenwürfeln und Ananasstücken zum Gemüse geben und unterheben.
**6.** Den Salat etwa 60 Minuten durchziehen lassen, anschließend nochmals mit den Gewürzen abschmecken und servieren.

Indianersalat

## Kartoffelsalat mit Kresse

pro Portion 1,80 Euro

4 Portionen (ohne Foto)

*Zubereitungszeit:* 25 Minuten, ohne Abkühl- und Durchziehzeit
*Garzeit:* 20–25 Minuten

750 g festkochende Kartoffeln

**Für die Sauce:**
375 ml Gemüsebrühe
3 EL weißer Balsamico-Essig
Salz, gem. Pfeffer
4 EL Olivenöl

190 ml abgetropfter Karottensalat (aus dem Glas)
500 g Champignons
4 EL Olivenöl
2 Kästchen rote Daikonkresse

*Pro Portion:*
E: 10 g, F: 21 g, Kh: 33 g,
kJ: 1484, kcal: 354

**1.** Die Kartoffeln gründlich waschen, knapp mit Wasser bedeckt in einem Topf zum Kochen bringen und zugedeckt in 20–25 Minuten gar kochen. Kartoffeln abgießen, abdämpfen, heiß pellen und lauwarm abkühlen lassen. Die Kartoffeln in Scheiben schneiden, in eine Schüssel geben.
**2.** Für die Sauce die Brühe mit Essig, Salz und Pfeffer verrühren. Olivenöl unterschlagen. Karottensalat und die Sauce zu den Kartoffeln geben und gut untermischen. Den Salat etwa 30 Minuten durchziehen lassen.
**3.** In der Zwischenzeit Champignons putzen, evtl. kurz abspülen, trocken tupfen und in Scheiben schneiden. Olivenöl in einer Pfanne erhitzen. Die Champignonscheiben darin in 2 Portionen unter Rühren hellbraun braten. Mit Pfeffer würzen. Champignonscheiben abkühlen lassen und unter den Kartoffelsalat heben.
**4.** Kresse abspülen, trocken tupfen und vom Beet schneiden. Den Salat mit Salz und Pfeffer würzen. Kresse unterheben.

## Indianersalat

8 Portionen

pro Portion 1,50 Euro

*Zubereitungszeit:* 40 Minuten, ohne Durchziehzeit

1 kg gekochte Pellkartoffeln (vom Vortag)
500 g Tomaten
1 frische Ananas (Fruchtfleisch etwa 400 g)
4 Bananen
Saft von 2 Zitronen

**Für die Salatsauce:**
400 g Salatmayonnaise
300 g saure Sahne
3–4 EL Zitronensaft
3 TL mittelscharfer Senf
Salz, gem. Pfeffer
1 TL Paprikapulver edelsüß
1 Prise Zucker

*Pro Portion:*
E: 5 g, F: 30 g, Kh: 39 g,
kJ: 1913, kcal: 457

**1.** Kartoffeln pellen und in Würfel schneiden. Die Tomaten abspülen, kreuzweise einschneiden und kurz in kochendes Wasser legen. Tomaten mit kaltem Wasser abschrecken, häuten, halbieren, entkernen und die Stängelansätze herausschneiden. Tomatenhälften in Würfel schneiden.
**2.** Von der Ananas Blatt- und Strunkende entfernen. Ananas längs halbieren und den holzigen Mittelstrunk herausschneiden. Ananas schälen und das Fruchtfleisch würfeln.
**3.** Bananen schälen und in Scheiben schneiden. Bananenscheiben mit Zitronensaft beträufeln. Die vorbereiteten Salatzutaten in eine Schüssel geben und vorsichtig vermischen.
**4.** Für die Salatsauce Mayonnaise mit saurer Sahne, Zitronensaft und Senf verrühren, mit Salz, Pfeffer, Paprika und Zucker würzen. Die Sauce vorsichtig unter die Salatzutaten heben. Den Salat etwas durchziehen lassen und nochmals mit den Gewürzen abschmecken.

## Italienischer Nudelsalat

pro Portion 2,48 Euro

4 Portionen

*Zubereitungszeit:* 30 Minuten, ohne Durchziehzeit

2 l Wasser
2 gestr. TL Salz
200 g Nudeln, z. B. Rädchen
150 g italienische Salami

**Für die Salatsauce:**
2–3 EL Zitronensaft
1 gestr. TL Salz
1 gestr. TL Zucker
etwas Cayennepfeffer
gem. Pfeffer
6–7 EL Olivenöl

240 g abgetropfte Maiskölbchen (aus dem Glas)
1 Kopf Radicchio
1 Bund Rucola (Rauke)
etwa 10 abgetropfte, grüne Oliven (ohne Stein)

*Pro Portion:*
E: 16 g, F: 31 g, Kh: 43 g, kJ: 2147, kcal: 513

**1.** Wasser in einem großen Topf zugedeckt zum Kochen bringen. Salz und Nudeln hinzugeben. Nudeln im geöffneten Topf bei mittlerer Hitze nach Packungsanleitung bissfest kochen, dabei gelegentlich umrühren.
**2.** Anschließend die Nudeln in ein Sieb geben, mit heißem Wasser abspülen und abtropfen lassen.
**3.** Salami in feine Würfel schneiden.
**4.** Für die Sauce Zitronensaft mit Salz, Zucker und Pfeffer verrühren. Olivenöl unterschlagen.
**5.** Die Nudeln, Maiskölbchen und Salamiwürfel in einer Schüssel vermischen. Die Salatsauce unterrühren. Den Salat zugedeckt in den Kühlschrank stellen und etwa 30 Minuten durchziehen lassen.
**6.** Radicchio putzen, abspülen, trocken tupfen und in Streifen schneiden. Rucola verlesen und die dicken Stiele abschneiden. Rucola abspülen, gut trocken schleudern und evtl. etwas kleiner zupfen.
**7.** Radicchiostreifen und Oliven kurz vor dem Servieren unter den Salat heben. Den Salat nochmals mit den Gewürzen abschmecken und mit Rucola anrichten.

## Miniwürstchensalat

6 Portionen

pro Portion 1,50 Euro

*Zubereitungszeit:* 30 Minuten

500 g abgetropfte Mini-Cocktail-Würstchen (aus dem Glas)
1 Bund Radieschen
190 g abgetropfte Gewürzgurken (aus dem Glas)
1 grüne Paprikaschote

**Für das Dressing:**
4 EL Obstessig
Salz
gem. Pfeffer
8 EL Speiseöl
z. B. Rapsöl

185 g abgetropfte Silberzwiebeln (aus dem Glas)
1–2 EL TK-Schnittlauchröllchen

*Pro Portion:*
E: 12 g, F: 35 g, Kh: 4 g, kJ: 1624, kcal: 388

**1.** Die Würstchen diagonal halbieren. Radieschen putzen, abspülen, abtropfen lassen und in Scheiben schneiden. Gewürzgurken in Scheiben schneiden.
**2.** Paprikaschote halbieren, entstielen, entkernen und die weißen Scheidewände entfernen. Schote abspülen, abtropfen lassen und in feine Würfel schneiden.
**3.** Für das Dressing Essig mit Salz und Pfeffer verrühren, das Speiseöl unterschlagen, evtl. nochmals abschmecken. Das Dressing mit den vorbereiteten Salatzutaten und den Silberzwiebeln vermischen. Den Salat mit Schnittlauchröllchen bestreut servieren.

***Tipps:*** Dazu passt ein kräftiges Bauernbrot. Der Salat schmeckt auch gut mit angebratenem Leberkäse.

Italienischer Nudelsalat

Miniwürstchensalat

## Ravioli-Salat

6 Portionen

pro Portion **2,20** Euro

*Zubereitungszeit:* 35 Minuten, ohne Durchziehzeit

500 g Ravioli 4 Formaggi (aus dem Kühlregal)
8 Stangen Staudensellerie
250 g Cocktailtomaten
2 rote Zwiebeln
etwa 25 abgetropfte, schwarze Oliven, entsteint

**Für die Salatsauce:**
2 Knoblauchzehen
3 geh. TL Crema di Rucola oder Pesto (aus dem Glas)
Salz, gem. Pfeffer
etwas Zitronensaft
5 EL Olivenöl

40 g frisch gehobelter Parmesan
evtl. einige Basilikumblättchen

*Pro Portion:*
E: 14 g, F: 28 g, Kh: 44 g,
kJ: 2049, kcal: 488

**1.** Ravioli nach Packungsanleitung zubereiten. Ravioli in ein Sieb geben, mit kaltem Wasser abspülen und gut abtropfen lassen.
**2.** Sellerie putzen und die harten Außenfäden abziehen. Selleriestangen abspülen, abtropfen lassen und in schmale Scheiben schneiden. Tomaten abspülen, abtrocknen, halbieren und die Stängelansätze herausschneiden. Tomaten je nach Größe vierteln. Die Zwiebeln abziehen und in Streifen schneiden. Oliven evtl. halbieren.
**3.** Für die Salatsauce den Knoblauch abziehen und durch eine Knoblauchpresse drücken. Den Knoblauch mit Crema di Rucola oder Pesto, Salz, Pfeffer und Zitronensaft verrühren, Olivenöl unterschlagen.
**4.** Ravioli, Selleriescheiben, Tomatenviertel, Zwiebelstreifen und Oliven in eine Schüssel geben, mit der Sauce übergießen und gut vermischen. Den Salat etwa 1 Stunde durchziehen lassen.
**5.** Den Salat vor dem Servieren mit gehobeltem Parmesan bestreuen und nach Belieben mit abgespülten, trocken getupften Basilikumblättchen garnieren.

## Spinatsalat mit Buttermilchdressing

8–10 Portionen

pro Portion **2,00** Euro

*Zubereitungszeit:* 50 Minuten

1 kg junger Blattspinat
300 g Cocktailtomaten
300 g Champignons
2 Bund Frühlingszwiebeln

**Für das Buttermilchdressing:**
125 g Buttermilch
3 EL Zitronensaft
Salz, gem. Pfeffer
etwas Zucker
100 ml Speiseöl, z. B. Sonnenblumenöl

250 g zerbröselter Edelpilzkäse
5 TL Sesamsamen

*Pro Portion:*
E: 11 g, F: 21 g, Kh: 7 g,
kJ: 1137, kcal: 272

**1.** Spinat verlesen und die dicken Stiele entfernen. Spinat gründlich waschen und abtropfen lassen. Blätter evtl. etwas kleiner schneiden.
**2.** Cocktailtomaten abspülen, trocken tupfen, halbieren oder vierteln. Champignons putzen, evtl. kurz abspülen, gut abtropfen lassen und in Scheiben schneiden.
**3.** Frühlingszwiebeln putzen, abspülen, abtropfen lassen und in feine Scheiben schneiden.
**4.** Für das Buttermilchdressing Buttermilch mit Zitronensaft verrühren, mit Salz, Pfeffer und Zucker würzen, Speiseöl unterschlagen.
**5.** Den Spinat mit Cocktailtomaten, Champignon- und Frühlingszwiebelscheiben in einer Schüssel oder auf Tellern anrichten, mit dem Buttermilchdressing übergießen, mit Edelpilzkäsebröseln und Sesam bestreuen und sofort servieren.

Ravioli-Salat

Spinatsalat mit Buttermilchdressing

Rosenkohl-Champignon-Salat mit Curry und Koriander

Mozzarella-Salat mit Currywaffeln

## Rosenkohl-Champignon-Salat mit Curry und Koriander

4 Portionen (als Vorspeise)

*Zubereitungszeit:* 30 Minuten

500 g Rosenkohl
Salz
2 EL Distelöl
2 TL Currypulver
125 g Rosinen
100 ml Gemüsebrühe
150 g rosé Champignons
1 Fleischtomate
4 Stängel Koriander

pro Portion 0,80 Euro

*Pro Portion:*
E: 7 g, F: 6 g, Kh: 27 g,
kJ: 813, kcal: 194

**1.** Von dem Rosenkohl die äußeren Blätter entfernen und etwas vom Strunk abschneiden. Röschen am Strunk kreuzförmig einschneiden, abspülen und abtropfen lassen. Die Rosenkohlröschen halbieren.
**2.** Den Rosenkohl in kochendem Salzwasser bissfest garen.
**3.** Rosenkohl mit kaltem Wasser abschrecken, abtropfen lassen und in eine Schüssel geben.
**4.** Distelöl in einem kleinen Topf erhitzen. Curry und Rosinen darin andünsten. Gemüsebrühe hinzugießen und aufkochen lassen. Die Brühe auf dem Rosenkohl verteilen, gut vermischen und auf einer Platte anrichten.
**5.** Champignons putzen, evtl. kurz abspülen, gut trocken tupfen und in dünne Scheiben schneiden oder hobeln. Die Tomate abspülen, vierteln, entkernen und den Stängelansatz herausschneiden. Tomate in kleine Würfel schneiden.
**6.** Die Champignonscheiben und Tomatenwürfel auf dem Rosenkohl verteilen. Koriander abspülen und trocken tupfen. Die Blättchen von den Stängeln zupfen. Den Rosenkohl-Champignon-Salat mit Korianderblättchen garniert servieren.

## Mozzarella-Salat mit Currywaffeln

8 Portionen

pro Portion 2,48 Euro

*Zubereitungszeit:* 45 Minuten

**Für den Teig:**
1 rote Peperoni
150 g Butter (zimmerwarm)
Salz, 3 EL Currypulver, mild
4 Eier (Größe L, zimmerwarm)
200 g Weizenmehl
100 ml Milch (3,5 % Fett)

**Für den Salat:**
1 Bio-Limette (unbehandelt, ungewachst)
150 g Joghurt (3,5 % Fett)
1–2 EL Wasabi-Paste (erhältlich im Asialaden)
450 g abgetropfte Mini-Mozzarella-Kugeln
4 Stängel Koriander
125 g Babysalat-Mix

**Außerdem:**
etwas Speiseöl für das Waffeleisen

*Pro Portion:*
E: 18 g, F: 33 g, Kh: 24 g,
kJ: 1923, kcal: 460

**1.** Das Waffeleisen vorheizen. Den Backofen vorheizen.
*Ober-/Unterhitze:* etwa 80 °C
**2.** Für den Teig Peperoni abspülen, trocken tupfen und den Stängelansatz entfernen. Peperoni fein hacken.
**3.** Die Butter in einer Rührschüssel mit etwas Salz, Curry und Peperoni weiß-schaumig schlagen. Die Eier einzeln mit je 2 Esslöffeln Mehl unterrühren. Das restliche Mehl und die Milch unterrühren.
**4.** Das Waffeleisen mit Speiseöl bestreichen. Aus dem Teig 8 Waffeln backen. Für jede Waffel 4 Esslöffel Teig in die Mitte des Waffeleisens geben und etwa 4 Minuten backen. Die fertigen Waffeln herausnehmen und im vorgeheizten Backofen warm halten.
**5.** In der Zwischenzeit für den Salat Limette heiß abwaschen, abtrocknen und die Schale fein abreiben. Die Limette halbieren, den Saft auspressen und 3 Esslöffel Saft davon abmessen.
**6.** Limettenschale, -saft, Joghurt, Wasabi-Paste und etwas Salz verrühren. Mozzarella hinzugeben. Koriander abspülen und trocken tupfen. Die Blättchen von den Stängeln zupfen. Blättchen klein schneiden und untermischen.
**7.** Baby-Salate putzen, abspülen, trocken tupfen oder trocken schleudern. Mozzarella-Salat mit den Salatblättern auf den Waffeln anrichten und sofort servieren.

Scharfer Kürbissalat mit Harissa und Minze

## Scharfer Kürbissalat mit Harissa und Minze

4 Portionen

pro Portion 2,32 Euro

*Zubereitungszeit:* 45 Minuten, ohne Durchziehzeit

**Für die Vinaigrette:**
1 Bio-Orange
(unbehandelt, ungewachst)
1 Orange
50 g getrocknete Soft-Feigen
1–2 EL Harissa (Gewürzpaste, ersatzweise Cayennepfeffer)
5 EL flüssiger Honig,
z. B. Akazienhonig
200 ml Orangensaft
(von den Orangen)
5 EL Zitronensaft
Salz
9 EL Olivenöl

1,2 kg Hokkaido-Kürbis
250–300 ml Wasser

**Für den Walnuss-Joghurt:**
4 Frühlingszwiebeln (etwa 80 g)
30 g Walnusskerne
6 Stängel Dill
500 g Sahnejoghurt (10 % Fett)

4 Stängel glatte Petersilie
2 Stängel Minze

*Pro Portion:*
E: 9 g, F: 43 g, Kh: 49 g,
kJ: 2600, kcal: 621

**1.** Für die Vinaigrette Bio-Orange heiß abwaschen, abtrocknen und ein Achtel der Schale mit einem Zestenreißer abziehen. Beide Orangen halbieren, den Saft auspressen und 200 ml Saft abmessen. Die Feigen in kleine Würfelchen schneiden, mit Harissa, Honig, Orangensaft, -schale, Zitronensaft und Salz verrühren. 6 Esslöffel Olivenöl unterschlagen.
**2.** Den Kürbis abspülen, abtropfen lassen, halbieren und die Kerne mit einem Löffel herausschaben. Den Kürbis mit der Schale zuerst in etwa 2 cm breite Scheiben, dann in Würfel schneiden. Restliches Olivenöl in einer weiten Pfanne erhitzen. Kürbiswürfel darin bei starker Hitze etwa 4 Minuten von allen Seiten leicht anbraten. Mit Wasser ablöschen und ganz einkochen lassen, bis die Kürbiswürfel gar, aber noch etwas bissfest sind. Pfanne von der Kochstelle nehmen. Die Vinaigrette untermischen. Die Pfanne mit einem Deckel verschließen. Kürbiswürfel mindestens 30 Minuten durchziehen lassen.
**3.** Für den Walnuss-Joghurt die Frühlingszwiebeln putzen, abspülen, abtropfen lassen und in feine Scheiben schneiden. Die Walnusskerne grob hacken. Dill abspülen und trocken tupfen. Die Spitzen von den Stängeln zupfen. Spitzen fein schneiden. Joghurt mit Frühlingszwiebelscheiben, Walnusskernen und Dill verrühren, mit Salz würzen.
**4.** Petersilie und Minze abspülen und trocken tupfen. Die Blättchen von den Stängeln zupfen. Blättchen grob zerschneiden und unter den Kürbissalat mischen. Den Kürbissalat mit dem Walnuss-Joghurt anrichten und servieren.

## Linsensalat mit gebratener Blutwurst

4 Portionen

pro Portion 2,45 Euro

*Zubereitungszeit:* 45 Minuten

150 g kleine, französische Linsen
(Puy-Linsen)
1 Knoblauchzehe
1 Lorbeerblatt
1 kleine Zwiebel
1 Möhre
100 g Knollensellerie
1 kleine Stange Porree (Lauch)
20 g Butter

**Für das Dressing:**
3 EL Rotweinessig
1 EL flüssiger Honig
Salz, gem. Pfeffer
4 EL Sonnenblumenöl

2 Äpfel, z. B. Delicius
300 g geräucherte Blutwurst
2–3 EL Sonnenblumenöl
einige Spritzer Crema di Balsamico

*Pro Portion:*
E: 19 g, F: 38 g, Kh: 28 g,
kJ: 2220, kcal: 531

**1.** Die Linsen abspülen und abtropfen lassen. Die Linsen nach Packungsanleitung mit der abgezogenen Knoblauchzehe und dem Lorbeerblatt gar, aber noch bissfest kochen. Anschließend die Linsen in einem Sieb abtropfen lassen.

**2.** Zwiebel abziehen und fein würfeln. Möhre und Sellerie putzen, schälen, abspülen, abtropfen lassen und in feine Würfel schneiden. Den Porree putzen, die Stange längs halbieren, gründlich waschen, abtropfen lassen und in kleine Stücke schneiden.

**3.** Die Butter in einer Pfanne zerlassen. Zwiebel-, Möhren-, Selleriewürfel und Porreestücke darin andünsten. Die Linsen hinzufügen und noch 3–4 Minuten mitdünsten. Die Linsen-Gemüse-Mischung in eine Schüssel füllen.

**4.** Für das Dressing Essig mit Honig verrühren, mit Salz und Pfeffer würzen. Sonnenblumenöl unterschlagen. Das Dressing unter die noch warme Linsen-Gemüse-Mischung rühren. Den Salat etwas abkühlen lassen.

**5.** Äpfel waschen, abtrocknen, vierteln, entkernen und mit der Schale in schmale Spalten schneiden. Die Blutwurst enthäuten und in etwa 1 cm dicke Scheiben schneiden. Das Sonnenblumenöl in einer Pfanne erhitzen. Die Apfelspalten darin von beiden Seiten kurz anbraten und herausnehmen. Dann die Blutwurstscheiben in die Pfanne geben und von beiden Seiten braten.

**6.** Den Linsensalat mit den Apfelspalten und Blutwurstscheiben auf Tellern anrichten und mit etwas Crema di Balsamico beträufeln.

## Tomatensalat mit überbackenem Ziegenkäse

4–6 Portionen

pro Portion 2,25 Euro

*Zubereitungszeit:* 30 Minuten, ohne Durchziehzeit

240 g abgetropfte, weiße Bohnenkerne (aus der Dose)

**Für das Dressing:**
einige Stängel Kräuter,
z. B. Zitronenthymian und Basilikum
4–5 EL Limettensaft
3–4 TL Apfeldicksaft
oder 2–3 TL flüssiger Honig
Salz
gem. Pfeffer
1/2 Knoblauchzehe
3–4 EL Olivenöl

1 kleine Fenchelknolle
800 g Fleischtomaten
300 g Ziegenkäserolle
(Weichkäse mit weißem Edelpilz aus Ziegenmilch)
2–3 TL Apfeldicksaft oder
2 TL flüssiger Honig
30 g Pinienkerne

*Pro Portion:*
E: 16 g, F: 25 g, Kh: 21 g,
kJ: 1601, kcal: 383

**1.** Bohnenkerne in ein Sieb geben, mit kaltem Wasser abspülen und gut abtropfen lassen.

**2.** Für das Dressing Kräuter abspülen und trocken tupfen. Einige Kräuterspitzen bzw. Blättchen zum Garnieren beiseitelegen. Von den restlichen Stängeln die Blättchen abzupfen und klein schneiden.

**3.** Limettensaft mit Apfeldicksaft oder Honig, Salz und Pfeffer verrühren. Knoblauch abziehen, durch eine Knoblauchpresse drücken und mit den Kräutern hinzufügen. Olivenöl unterschlagen. Das Dressing mit den Bohnen vermischen.

**4.** Fenchel putzen, abspülen und abtropfen lassen. Die Fenchelknolle halbieren und in sehr feine Streifen schneiden. Tomaten abspülen, abtrocknen, halbieren und die Stängelansätze herausschneiden. Tomaten in Spalten schneiden und mit den Fenchelstreifen auf einer Platte anrichten. Bohnen darauf verteilen, alles etwa 15 Minuten ziehen lassen.

**5.** Den Backofengrill vorheizen.

**6.** Käse in etwa 1 ½ cm dicke Scheiben schneiden und mit den Schnittflächen nach oben in eine Auflaufform (gefettet) setzen. Käse mit Apfeldicksaft oder Honig beträufeln und mit Pinienkernen bestreuen.

**7.** Die Form auf dem Rost unter den vorgeheizten Backofengrill schieben und den Käse kurz übergrillen, bis die Pinienkerne leicht gebräunt sind.

**8.** Die Käsescheiben aus der Form nehmen und auf dem Salat anrichten. Salat mit den beiseitegelegten Kräutern garnieren.

Linsensalat mit gebratener Blutwurst

Tomatensalat mit überbackenem Ziegenkäse

## Austernpilz-Bohnen-Salat

pro Portion 2,40 Euro

4 Portionen

*Zubereitungszeit:* 30 Minuten, ohne Durchziehzeit

300 g junge, grüne Bohnen
Salz
400 g Austernpilze
2 EL Butter
Salz, gem. Pfeffer

**Für die Sauce:**
1–2 EL Sherryessig
1 EL Crème fraîche
1 TL Zucker
4 EL Olivenöl
1 EL gehackte Kerbelblättchen
1 EL gehackte Estragonblättchen

*Pro Portion:*
E: 3 g, F: 18 g, Kh: 8 g,
kJ: 1002, kcal: 239

**1.** Von den Bohnen die Enden abschneiden, evtl. abfädeln. Bohnen abspülen und abtropfen lassen. Salzwasser in einem Topf zum Kochen bringen und die Bohnen darin in 10–12 Minuten bissfest garen.
**2.** Die Austernpilze putzen, evtl. kurz abspülen, gut trocken tupfen und in dünne Streifen schneiden. Butter in einer Pfanne zerlassen. Die Pilzstreifen darin etwa 5 Minuten unter Rühren dünsten, anschließend mit Salz und Pfeffer würzen.
**3.** Für die Sauce Essig mit Crème fraîche, Zucker, Salz und Pfeffer verrühren. Olivenöl unterschlagen. Kerbel- und Estragonblättchen unterrühren. Die Sauce mit den Salatzutaten vorsichtig vermengen, Salat kurz durchziehen lassen. Den Salat lauwarm servieren.

## Apfel-Möhren-Salat mit Honig-Sesam-Dressing

pro Portion 1,45 Euro

4 Portionen

*Zubereitungszeit:* 20 Minuten

1 Bio-Zitrone
(unbehandelt, ungewachst)
1 Orange
2–3 TL flüssiger Akazienhonig
1 Prise gem. Zimt
1–2 EL Sesamöl oder Rapsöl
2 Äpfel
1 Bund Möhren (etwa 500 g)
3 Sesam-Krokant-Riegel
(je 25 g, Fertigprodukt aus dem Reformhaus, Naturkostladen oder Drogerie-Markt)

*Pro Portion:*
E: 3 g, F: 10 g, Kh: 25 g,
kJ: 856, kcal: 205

**1.** Zitrone heiß abwaschen, abtrocknen und die Schale abreiben. Von der Zitronenschale 1 Teelöffel abmessen. Zitrone und Orange halbieren und jeweils den Saft auspressen. Zitronen- und Orangensaft in eine Schüssel geben. 1 Teelöffel Zitronenschale, Honig und Zimt hinzufügen, mit einem Schneebesen gut verrühren. Sesam- oder Rapsöl unterschlagen.
**2.** Äpfel heiß abwaschen, abtrocknen, vierteln, entkernen und mit der Schale in dünne Spalten schneiden. Apfelspalten zu dem Dressing in die Schüssel geben.
**3.** Die Möhren putzen, schälen, abspülen, abtropfen lassen, in dünne Scheiben oder Streifen schneiden, zu den Apfelspalten geben und gut untermischen.
**4.** Den Salat in eine Salatschüssel geben. Krokant-Riegel zerbröseln und kurz vor dem Servieren auf den Salat streuen.

***Tipp:*** Eine herzhafte Variante: 2 Eier hart kochen, mit kaltem Wasser abschrecken, pellen und sehr fein würfeln. Mit Zitronen-, Orangensaft, Salz, Pfeffer und Speiseöl zu einem Dressing verrühren. 1 Bund Schnittlauch abspülen, trocken tupfen, in feine Röllchen schneiden und unter das Dressing rühren. Möhrenscheiben oder -streifen und Apfelspalten hinzugeben, gut untermischen. Krokantbrösel dann weglassen.

Austernpilz-Bohnen-Salat

Apfel-Möhren-Salat mit Honig-Sesam-Dressing

## Avocado-Möhren-Salat

4 Portionen

*Zubereitungszeit:* 30 Minuten

pro Portion 1,40 Euro

4 Möhren
2 Frühlingszwiebeln
2 Avocados

**Für die Sauce:**
2 EL Zitronensaft
1 TL mittelscharfer Senf
Salz, gem. Pfeffer
Zucker
6 EL Olivenöl

*Pro Portion:*
E: 3 g, F: 38 g, Kh: 8 g,
kJ: 1678, kcal: 401

**1.** Möhren putzen, schälen, abspülen, abtropfen lassen und grob raspeln oder in feine Stifte schneiden. Frühlingszwiebeln putzen, abspülen, abtropfen lassen und in schräg in Scheiben schneiden.
**2.** Avocados halbieren und jeweils den Stein herauslösen. Die Avocadohälften schälen und in Spalten oder Stücke schneiden. Die vorbereiteten Salatzutaten in eine Schüssel geben und vermischen.
**3.** Für die Sauce Zitronensaft mit Senf, Salz, Pfeffer und etwas Zucker verrühren. Olivenöl unterschlagen. Die Salatzutaten mit der Sauce vermengen. Den Salat auf Tellern anrichten und sofort servieren.

***Tipp:*** Nach Belieben einige Chicorée- und Radicchioblätter abspülen, trocken tupfen, auf Tellern verteilen. Salat auf den Blättern anrichten.

## Blattsalat mit Hähnchenbrust

4 Portionen

pro Portion 2,15 Euro

*Zubereitungszeit:* 45 Minuten

2 Hähnchenbrustfilets (je etwa 200 g)
3 EL Sojasauce
1 TL flüssiger Honig
gem. Pfeffer
2 Möhren
2 Frühlingszwiebeln
250 g Cocktailtomaten
500 g verschiedene Salate, z. B. Frisée, Rucola, Radicchio

**Für das Salatdressing:**
2–3 EL Weißweinessig
Salz, 1 Prise Zucker
5 EL Olivenöl
1–2 EL gemischte, klein geschnittene Kräuter, z. B. Petersilie, Kerbel, Schnittlauch

2 EL Speiseöl, z. B. Olivenöl

*Pro Portion:*
E: 26 g, F: 15 g, Kh: 9 g,
kJ: 1163, kcal: 278

**1.** Die Hähnchenbrustfilets unter fließendem kalten Wasser abspülen, trocken tupfen und in mundgerechte Stücke schneiden. Die Sojasauce mit Honig verrühren.
**2.** Sauce mit den Hähnchenstücken vermischen, mit Pfeffer würzen und zugedeckt im Kühlschrank 20–30 Minuten marinieren.
**3.** In der Zwischenzeit Möhren putzen, schälen, abspülen, abtropfen lassen, zuerst längs in dünne Scheiben, dann in kleine Stifte schneiden. Frühlingszwiebeln putzen, abspülen, abtropfen lassen und in dünne Scheiben schneiden. Die Cocktailtomaten abspülen, abtrocknen, halbieren und die Stängelansätze herausschneiden.
**4.** Von den Salaten die äußeren, welken Blätter entfernen. Rucola verlesen und dicke Stängel abschneiden. Salate abspülen, trocken tupfen oder trocken schleudern und in mundgerechte Stücke zupfen.
**5.** Für das Salatdressing Essig mit Salz, Pfeffer und Zucker verrühren. Olivenöl unterschlagen, Kräuter unterrühren. Möhrenstifte mit Frühlingszwiebelscheiben, Tomatenhälften, Salaten und dem Salatdressing mischen.
**6.** Speiseöl in einer großen Pfanne erhitzen. Die marinierten Hähnchenstücke darin von allen Seiten etwa 5 Minuten braten, mit Salz würzen und anschließend auf dem Salat anrichten.

Blattsalat in Caesar-Schmand-Dressing mit Polentaschnitten

Brokkoli-Lachs-Salat

## Blattsalat in Caesar-Schmand-Dressing mit Polentaschnitten

4 Portionen

*Zubereitungszeit:* 40 Minuten, ohne Abkühlzeit

pro Portion **1,90** Euro

1 rote Peperoni
500 ml Gemüsebrühe
450 ml Milch (3,5 % Fett)
2 EL Currypulver, mild
Salz
200 g Polenta (Maisgrieß)
7 Stängel Koriander
425 g gut abgetropfter Gemüsemais (aus der Dose)
7 EL Olivenöl

**Für das Dressing:**
1 Knoblauchzehe
2 EL Dijon-Senf
4 EL Zitronensaft
200 g Schmand (Sauerrahm)
Cayennepfeffer

100 g Frisée-Salat
100 g Radicchio
200 g Romana-Salatherzen
40 g Parmesan (am Stück)

*Pro Portion:*
E: 19 g, F: 40 g, Kh: 63 g,
kJ: 2892, kcal: 689

**1.** Die Peperoni halbieren, entstielen, entkernen, abspülen, trocken tupfen und fein hacken. 450 ml Gemüsebrühe mit Milch, Curry, Peperoni und etwas Salz in einem Topf zum Kochen bringen.
**2.** 150 g Polenta langsam einrieseln lassen und dabei schnell mit einem Schneebesen unterrühren. Polenta zugedeckt bei schwacher Hitze etwa 20 Minuten ausquellen lassen, dabei ab und zu umrühren.
**3.** Koriander abspülen und trocken tupfen. Blättchen von den Stängeln zupfen. Blättchen grob zerschneiden und mit dem Gemüsemais unter die gegarte Polenta rühren.
**4.** Eine eckige Auflaufform (etwa 20 x 35 cm) mit 1 Esslöffel Olivenöl ausstreichen. Die Polentamasse etwa 2 cm hoch hineingeben, glatt streichen und vollständig erkalten lassen.
**5.** Die Polenta vorsichtig aus der Form lösen und mit einem scharfen Messer in etwa 20 Schnitten teilen.
**6.** Für das Dressing Knoblauch abziehen und durch eine Knoblauchpresse drücken. Knoblauch mit Senf, Zitronensaft, restlicher Gemüsebrühe, Schmand, Salz und Cayennepfeffer verrühren.
**7.** Die Salate putzen, abspülen und gut abtropfen lassen. Die Salatblätter in kleinere Stücke zupfen oder schneiden. Danach den Parmesan dünn hobeln.
**8.** Die Polentastücke dünn in dem restlichen Maisgrieß (Polenta) wenden. Je die Hälfte des restlichen Olivenöls in 2 großen Pfannen erhitzen. Die Polentaschnitten darin von allen Seiten bei starker Hitze goldbraun braten und herausnehmen.
**9.** Den vorbereiteten Salat mit dem Dressing mischen, mit den Polentaschnitten auf Tellern anrichten und mit Parmesan bestreuen.

## Brokkoli-Lachs-Salat

8–10 Portionen

*Zubereitungszeit:* 50 Minuten, ohne Durchziehzeit

pro Portion **1,90** Euro

1 kg Brokkoli
5–6 mittelgroße Möhren
Salz
300 g schmale Bandnudeln
etwas Kurkuma (Gelbwurz)
1 EL Speiseöl
450 g Stremel-Lachs (geräuchertes Lachsfilet)

**Zum Marinieren:**
2–3 EL weißer Balsamico-Essig
gem. Pfeffer
etwas Zucker

1/2 gestr. TL mittelscharfer Senf
5 EL Speiseöl,
z. B. Olivenöl

**Für die Sauce:**
4 EL Salatmayonnaise
300 g Joghurt (3,5 % Fett)
4 hart gekochte Eier
100 g Kochschinken
2 EL Schnittlauchröllchen
etwas mittelscharfer Senf

*Pro Portion:*
E: 24 g, F: 24 g, Kh: 29 g,
kJ: 1865, kcal: 446

**1.** Brokkoli putzen, in Röschen teilen, abspülen und abtropfen lassen. Möhren putzen, schälen, abspülen, abtropfen lassen und in Scheiben schneiden. Die Brokkoliröschen und Möhrenscheiben nacheinander in kochendem Salzwasser in 5–8 Minuten bissfest kochen. Brokkoliröschen und Möhrenscheiben jeweils in ein Sieb geben, mit kaltem Wasser abschrecken und abtropfen lassen.
**2.** Bandnudeln in reichlich kochendem Salzwasser mit Kurkuma und Speiseöl nach Packungsanleitung bissfest kochen. Nudeln in ein Sieb geben, kurz mit warmem Wasser abspülen und gut abtropfen lassen.
**3.** Lachs in mundgerechte Streifen oder Stücke schneiden, dabei die Haut entfernen.
**4.** Zum Marinieren Essig mit Salz, Pfeffer, Zucker und Senf in einer Schüssel verrühren. Speiseöl unterschlagen. Brokkoliröschen und Möhrenscheiben in die Marinade legen und etwa 30 Minuten durchziehen lassen.
**5.** Für die Sauce Mayonnaise und Joghurt verrühren. Eier pellen, klein würfeln. Schinken ebenfalls in kleine Würfel schneiden und zur Joghurtmayonnaise geben. Schnittlauchröllchen unterheben. Die Sauce mit Salz, Pfeffer, Zucker und Senf würzen.
**6.** Bandnudeln in eine große Schüssel geben. Mariniertes Gemüse darauf verteilen und mit Lachs belegen. Die Sauce in Klecksen daraufgeben.

## Warmer Kürbissalat mit Bergkäse

4 Portionen

pro Portion 1,40 Euro

*Zubereitungszeit:* 30 Minuten

40 g Kürbiskerne
600 g Speisekürbis, z. B. Hokkaido
2 EL Sonnenblumenöl
150 ml Gemüsebrühe
40 g getrocknete Aprikosen
4 EL Obstessig
2 EL Walnussöl
3 EL Sonnenblumenöl
1 EL Paprikapulver edelsüß
1/2 TL Chiliflocken
Salz
125 g Feldsalat
70 g Bergkäse

*Pro Portion:*
E: 10 g, F: 30 g, Kh: 12 g,
kJ: 1497, kcal: 358

**1.** Kürbiskerne in einer Pfanne ohne Fett unter Rühren rösten, herausnehmen und auf einen Teller geben.
**2.** Kürbis abspülen, abtropfen lassen, halbieren, Kerne und Innenfasern entfernen. Kürbis zuerst in etwa 2 cm breite Steifen, dann in Würfel schneiden.
**3.** Sonnenblumenöl in einer Pfanne erhitzen. Die Kürbiswürfel darin bei starker Hitze von allen Seiten etwa 4 Minuten anbraten. Gemüsebrühe hinzugießen, den Kürbis einige Minuten garen, bis die Gemüsebrühe verdampft und der Kürbis noch bissfest ist.
**4.** In der Zwischenzeit Aprikosen in sehr kleine Stücke schneiden. Essig mit Nuss- und Sonnenblumenöl verschlagen. Aprikosenstückchen unterrühren, mit Paprika, Chiliflocken und Salz würzen.
**5.** Die Pfanne von der Kochstelle nehmen. Vinaigrette zu den Kürbiswürfeln in die Pfanne geben und untermischen.
**6.** Feldsalat verlesen und die Wurzelenden abschneiden. Feldsalat abspülen, gut abtropfen lassen oder trocken schleudern.
**7.** Bergkäse entrinden, mit einem Sparschäler in dünne Blättchen hobeln. Feldsalat auf einer Platte oder portionsweise auf Tellern verteilen. Kürbiswürfel daraufgeben, mit Kürbiskernen und Bergkäse bestreut servieren.

Warmer Kürbissalat mit Bergkäse

## Bohnen-Schinken-Salat

4 Portionen

pro Portion 1,75 Euro

*Zubereitungszeit:* 30 Minuten, ohne Durchziehzeit

Salz
750 g TK-Dicke Bohnen
200 g Kochschinken

**Für die Salatsauce:**
150 g Crème fraîche
2 EL Joghurt (3,5 % Fett)
2 EL Weißweinessig
1 EL Worcestersauce
Salz
Paprikapulver edelsüß
geschroteter schwarzer Pfeffer
4–5 Salatblätter
1 EL Schnittlauchröllchen

*Pro Portion:*
E: 24 g, F: 29 g, Kh: 27 g,
kJ: 2052, kcal: 491

**1.** Salzwasser in einem Topf zum Kochen bringen, die gefrorenen Bohnen hinzufügen, wieder zum Kochen bringen und zugedeckt bei mittlerer Hitze in etwa 10 Minuten bissfest kochen. Dann die Bohnen in ein Sieb geben, mit kaltem Wasser abschrecken und gut abtropfen lassen.
**2.** Den Schinken in nicht zu kleine Würfel schneiden.
**3.** Für die Salatsauce Crème fraîche mit Joghurt, Essig und Worcestersauce verrühren, mit Salz, Paprika und Pfeffer würzen.
**4.** Die Sauce mit den Salatzutaten vermengen. Den Salat etwas durchziehen lassen.
**5.** Die Salatblätter abspülen und trocken tupfen. Den Salat in einer Schale anrichten und mit den Salatblättern garnieren. Den Salat mit Schnittlauchröllchen bestreuen und mit etwas Paprika bestäuben.

## Bohnensalat

2 Portionen

pro Portion 1,00 Euro

*Zubereitungszeit:* 25 Minuten, ohne Durchziehzeit

125 g Kidneybohnen (aus der Dose)
125 g weiße Bohnen (aus der Dose)
70 g Gemüsemais (aus der Dose)
1 kleine, grüne Paprikaschote (etwa 150 g)
100 g Tomaten
1 kleine, rote Zwiebel
50 g Frischkäse mit Joghurt (13 % Fett)
50 ml Milch (3,5 % Fett)
1–2 EL Limetten-oder Zitronensaft
Salz
gem. Pfeffer
einige Blätter Eisbergsalat (etwa 60 g)

*Pro Portion:*
E: 17 g, F: 6 g, Kh: 31 g,
kJ: 1047, kcal: 250

**1.** Kidneybohnen, weiße Bohnen und Gemüsemais in einem Sieb mit kaltem Wasser abspülen und gut abtropfen lassen.
**2.** Paprikaschote halbieren, entstielen, entkernen und die weißen Scheidewände entfernen. Schote abspülen, abtropfen lassen und in Würfel schneiden. Die Tomaten abspülen, abtrocknen, halbieren und die Stängelansätze herausschneiden. Tomaten in dünne Scheiben schneiden. Zwiebel abziehen, zunächst in feine Scheiben schneiden, dann in Ringe teilen.
**3.** Den Frischkäse mit der Milch und ½ Esslöffel von dem Limetten-oder Zitronensaft in einen hohen Rührbecher geben und mit einem Mixer (Rührstäbe) verrühren. Die Sauce mit Salz, Pfeffer und nach Belieben mit etwas Limetten- oder Zitronensaft würzen. Die Sauce mit der Bohnen-Paprika-Mischung vermengen. Den Salat zugedeckt etwa 1 Stunde durchziehen lassen.

Bohnen-Schinken-Salat

Bohnensalat

Blattsalat

Camembertsalat

**4.** Die Salatblätter abspülen, gut abtropfen lassen oder trocken tupfen und eine Schüssel oder Portionsschälchen damit auslegen. Den Bohnensalat nochmals mit Limetten- oder Zitronensaft, Salz und Pfeffer abschmecken und darin anrichten.

## Blattsalat

4 Portionen

pro Portion 1,35 Euro

*Zubereitungszeit:* 20 Minuten

750 g gemischte Blattsalate (aus dem Kühlregal)
150 g Chicorée

**Für die Vinaigrette:**
1 Zwiebel
2–3 EL Kräuteressig
Salz
1 Prise Zucker
zerstoßene, getrocknete grüne Pfefferkörner
6 EL Olivenöl
1–2 EL klein geschnittene Kräuter, z. B. Petersilie, Schnittlauch, Kerbel

*Pro Portion:*
E: 2 g, F: 16 g, Kh: 6 g,
kJ: 732, kcal: 174

**1.** Salate abspülen, gut abtropfen lassen oder trocken schleudern und in mundgerechte Stücke zupfen.
**2.** Von dem Chicorée die äußeren, welken Blätter entfernen. Chicorée längs halbieren, abspülen, abtropfen lassen und die bitteren Strünke keilförmig herausschneiden. Chicorée in Streifen schneiden, in eine Schüssel geben und mit den Salaten mischen.
**3.** Für die Vinaigrette Zwiebel abziehen und in feine Würfel schneiden. Essig mit Salz, Zucker und Pfefferkörnern verrühren. Olivenöl unterschlagen. Zwiebelwürfel und Kräuter unterrühren. Die Vinaigrette über die Salatzutaten geben, vorsichtig vermengen und sofort servieren.

## Camembertsalat

2 Portionen

pro Portion 1,85 Euro

*Zubereitungszeit:* 35 Minuten, ohne Durchziehzeit

1 Rahm-Camembert (125 g)

**Für die Salatsauce:**
2 EL Weißweinessig, 1 EL Wasser
Salz, gem. Pfeffer, Zucker
2 EL Speiseöl, z. B. Rapsöl
1 EL gemischte, klein geschnittene Kräuter, z. B. Kresse, Dill, Petersilie

250 g Fenchelknolle
100 g Knollensellerie
1 säuerlicher Apfel
4–5 Kopfsalatblätter
einige Spritzer Zitronensaft
1 EL grob gehackte Walnusskerne

*Pro Portion:*
E: 18 g, F: 30 g, Kh: 15 g,
kJ: 1759, kcal: 419

**1.** Camembert in Scheiben schneiden und in eine Schüssel geben.
**2.** Für die Salatsauce Essig mit Wasser verrühren, mit Salz, Pfeffer und Zucker würzen, Speiseöl unterschlagen. Kräuter unterrühren.
**3.** Sauce mit den Camembertscheiben vermischen und etwa 30 Minuten durchziehen lassen.
**4.** Fenchelknolle putzen, abspülen, abtropfen lassen, halbieren und in Scheiben schneiden. Das Fenchelgrün beiseitelegen.
**5.** Knollensellerie schälen, abspülen und abtropfen lassen. Apfel schälen, vierteln und entkernen. Sellerie und Apfel in Streifen schneiden, zu den Camembertscheiben in die Schüssel geben, unterrühren und nochmals gut durchziehen lassen.
**6.** Salatblätter abspülen und gut abtropfen lassen oder trocken schleudern. Beiseitegelegtes Fenchelgrün abspülen und trocken tupfen.
**7.** Die Salatblätter kurz vor dem Servieren auf 2 Teller legen. Camembertsalat darauf anrichten, mit Salz, Pfeffer und Zitronensaft würzen, mit Walnusskernen bestreuen und mit Fenchelgrün garnieren.

## Eiersalat mit Gorgonzola-Dressing

4 Portionen

pro Portion 2,48 Euro

*Zubereitungszeit:* 30 Minuten, ohne Abkühlzeit

500 g grüner Spargel
150 g Staudensellerie
250 ml Wasser
1 gestr. TL Salz
1 Prise Zucker

**Für das Gorgonzola-Dressing:**
150 g Gorgonzola
125 ml Milch (3,5 % Fett)
100 g Joghurt (1,5 % Fett)
Salz, gem. Pfeffer

2 EL Walnusskernhälften
6 hart gekochte Eier
1 kleiner Kopf Eichblattsalat
1 kleiner Kopf Radicchio

*Pro Portion:*
E: 25 g, F: 27 g, Kh: 9 g,
kJ: 1570, kcal: 375

**1.** Von dem Spargel das untere Drittel schälen und die Enden abschneiden. Spargelstangen abspülen, abtropfen lassen und in etwa 3 cm lange Stücke schneiden. Sellerie putzen und die harten Außenfäden abziehen. Sellerie abspülen, abtropfen lassen und in dünne Scheiben schneiden.
**2.** Wasser mit Salz und Zucker in einem Topf zum Kochen bringen. Die Spargelstücke darin 5–7 Minuten kochen. Dann die Selleriescheiben hinzufügen und noch etwa 1 Minute mitkochen lassen. Spargelstücke und Selleriescheiben in ein Sieb geben, mit kaltem Wasser abschrecken, abtropfen und erkalten lassen.
**3.** Für das Dressing Gorgonzola in Stücke schneiden oder zerbröseln. Milch in einem Topf erwärmen. Gorgonzola hinzufügen und unter Rühren schmelzen. Die Käsesauce erkalten lassen.
**4.** Joghurt unter die Sauce rühren, das Dressing mit Salz und Pfeffer abschmecken.
**5.** Walnusskernhälften grob hacken und in einer Pfanne ohne Fett kurz rösten, herausnehmen und auf einem Teller erkalten lassen. Eier pellen und vierteln.
**6.** Die Salate putzen und die welken Blätter entfernen. Salate abspülen und gut abtropfen lassen. Radicchio vierteln. Salate in mundgerechte Stücke zupfen.
**7.** Die Salate, Spargel- und Selleriestücke sowie Eierspalten auf einer Platte anrichten. Das Dressing daraufgeben. Den Eiersalat mit Walnusskernen bestreuen und servieren.

## Glasnudel-Möhren-Salat

2 Portionen (ohne Foto)

*Zubereitungszeit:* 25 Minuten, ohne Durchziehzeit

pro Portion 1,60 Euro

125 g Glasnudeln
3 Möhren (etwa 300 g)
1 1/2 EL Speiseöl, z. B. Soja-, Erdnuss- oder Rapsöl
1–2 Knoblauchzehen
140 g abgetropfter Gemüsemais (aus der Dose)
3–4 EL Sojasauce
gem. Pfeffer
etwa 1/4 TL gem. Ingwer

*Pro Portion:*
E: 6 g, F: 10 g, Kh: 71 g,
kJ: 1673, kcal: 399

**1.** Glasnudeln nach Packungsanleitung zubereiten. Anschließend in ein Sieb geben, mit kaltem Wasser abspülen und gut abtropfen lassen. Die Glasnudeln nach Belieben mit einer Küchenschere in Stücke schneiden.
**2.** Die Möhren putzen, schälen, abspülen und abtropfen lassen. Möhren in dünne Stifte (etwa 5 cm lang) schneiden. Das Speiseöl in einer großen Pfanne oder einem Wok erhitzen. Die Möhrenstifte darin bei mittlerer bis starker Hitze in 2–3 Minuten anbraten, dabei gelegentlich umrühren. Knoblauch abziehen und durch eine Knoblauchpresse drücken oder sehr fein hacken und zu den Möhrenstiften geben, etwa 2 Minuten mit anbraten, dabei ab und zu umrühren.
**3.** Den Mais in eine Schüssel geben. Das Möhrengemüse mit den Glasnudeln hinzufügen, die Zutaten gut vermischen. Den Glasnudel-Möhren-Salat mit 3 Esslöffeln Sojasauce sowie Pfeffer und Ingwer abschmecken. Den Salat zugedeckt etwa 1 Stunde in den Kühlschrank stellen und durchziehen lassen.
**4.** Glasnudel-Möhren-Salat vor dem Servieren nochmals mit der Sojasauce und den Gewürzen abschmecken.

## Salat mit gebackenen Austernpilzen

4 Portionen

pro Portion 2,20 Euro

*Zubereitungszeit:* 30 Minuten

250 g gemischter Salat, z. B. Eichblatt, Lollo rosso, Frisée, Feldsalat

**Für das Dressing:**
3–4 EL Sherryessig
1 EL flüssiger Honig
Salz, gem. Pfeffer
6 EL Olivenöl

500 g Austernpilze
8 EL Olivenöl
8 EL Balsamico-Essig
1 EL flüssiger Honig

*Pro Portion:*
E: 4 g, F: 27 g, Kh: 8 g,
kJ: 1239, kcal: 296

**1.** Salate putzen, abspülen, gut abtropfen lassen oder trocken schleudern und in mundgerechte Stücke zupfen.
**2.** Den Backofen vorheizen.
*Ober-/Unterhitze:* etwa 240 °C
*Heißluft:* etwa 220 °C
**3.** Für das Dressing Essig mit Honig, Salz und Pfeffer verrühren. Olivenöl unterschlagen.
**4.** Austernpilze putzen und die harten Stiele abschneiden. Pilze evtl. kurz abspülen, gut trocken tupfen und in Stücke schneiden.
**5.** Die Pilzstücke auf einem Backblech (mit Backpapier belegt) verteilen. Pilzstücke mit Salz und Pfeffer bestreuen und mit Olivenöl beträufeln. Das Backblech in den vorgeheizten Backofen schieben. Die Pilzstücke etwa 10 Minuten backen (die Pilze sollten dann an manchen Stellen knusprig sein).
**6.** Das Backblech auf einen Rost stellen. Die Pilzstücke mit Balsamico-Essig beträufeln und mit etwas Honig überziehen.
**7.** Den vorbereiteten Salat mit dem Dressing mischen und mit den Austernpilzen auf Tellern anrichten. Den Salat sofort servieren.

## Couscous-Salat

4 Portionen

*Zubereitungszeit:* 20 Minuten, ohne Kühlzeit

pro Portion 1,30 Euro

140 g Couscous
200 ml kochendes Wasser
300 g mittelgroße Tomaten
1 Salatgurke (etwa 500 g)
2 Schalotten (etwa 50 g)
1/2 Bio-Zitrone (unbehandelt, ungewachst)
2 EL Olivenöl
Salz, gem. Pfeffer

4 Eier (Größe M)
je 3 Stängel glatte Petersilie und Minze

*Pro Portion:*
E: 12 g, F: 11 g, Kh: 29 g,
kJ: 1130, kcal: 270

**1.** Couscous in einen Topf geben, mit 200 ml kochendem Wasser übergießen und zugedeckt etwa 5 Minuten quellen lassen.
**2.** In der Zwischenzeit Tomaten abspülen, abtrocknen, halbieren und die Stängelansätze herausschneiden. Tomatenhälften klein würfeln. Gurke schälen und die Enden abschneiden. Gurke halbieren und in kleine Würfel schneiden. Schalotten abziehen und in sehr kleine Würfel schneiden. Die vorbereiteten Salatwürfel in eine Schüssel geben.
**3.** Den gequollenen Couscous mit 2 Gabeln auflockern und zu den Salatwürfeln in die Schüssel geben. Zitrone heiß abwaschen, abtrocknen und etwa 1 Teelöffel Zitronenschale fein abreiben. Von einer Zitronenhälfte den Saft auspressen. Die Zitronenschale mit dem -saft und dem Öl verschlagen, zum Salat geben. Zutaten gut vermischen, mit Salz und Pfeffer würzen, zugedeckt 2–3 Stunden in den Kühlschrank stellen.
**4.** Vor dem Servieren die Eier wachsweich kochen, mit kaltem Wasser abschrecken, etwas abkühlen lassen, pellen und halbieren. Petersilie und Minze abspülen und trocken tupfen. Blättchen von den Stängeln zupfen, klein schneiden. Die Kräuter unter den kalt gestellten Salat heben. Salat mit den Eierhälften servieren.

Salat mit gebackenen Austernpilzen

Couscous-Salat

## Kichererbsensalat
2 Portionen

*Zubereitungszeit:* 20 Minuten

pro Portion 2,45 Euro

285 g abgetropfte Kichererbsen (aus der Dose)
1 reife Avocado
Saft von 1 Limette
1 rote Zwiebel
1/2 Granatapfel
1 Orange
3 EL Olivenöl
Salz, gem. Pfeffer
4 Stängel Pfefferminze

*Pro Portion:*
E: 14 g, F: 46 g, Kh: 39 g,
kJ: 2623, kcal: 627

**1.** Kichererbsen in ein Sieb geben, mit kaltem Wasser abspülen und abtropfen lassen.
**2.** Avocado halbieren und den Stein herauslösen. Avocado schälen und in kleine Würfel schneiden, sofort mit dem Limettensaft vermischen.
**3.** Die Zwiebel abziehen und in feine Scheiben schneiden. Die Granatapfelkerne aus der Frucht lösen und von allen weißen Häuten befreien.
**4.** Die Orange so schälen, dass die weiße Haut mitentfernt wird. Orange in Stücke schneiden.
**5.** Kichererbsen, Avocadowürfel, Zwiebelscheiben, Granatapfelkerne und Orangenstücke mit dem Olivenöl in einer Schüssel vermischen, mit Salz und Pfeffer würzen.
**6.** Pfefferminze abspülen und trocken tupfen. Die Blättchen von den Stängeln zupfen. Einige Blättchen zum Garnieren beiseitelegen. Die restlichen Blättchen klein schneiden und unter den Salat geben.
**7.** Den Salat mit den beiseitegelegten Pfefferminzblättchen garnieren und servieren.

## Kohlrabisalat „Asia"
2 Portionen

*Zubereitungszeit:* 20 Minuten, ohne Abkühlzeit

pro Portion 0,90 Euro

1 kleine Zwiebel
10 g frischer Ingwer
oder etwa 1/2 TL gem. Ingwer
2 Kohlrabi (etwa 650 g)
1 kleines Bund Frühlingszwiebeln (etwa 150 g)
1 EL Sonnenblumenöl
100 ml Gemüsebrühe
Salz, gem. Pfeffer
1–2 TL Zitronensaft
evtl. 1/2 TL süßer Senf

*Pro Portion:*
E: 5 g, F: 6 g, Kh: 15 g,
kJ: 561, kcal: 134

**1.** Die Zwiebel abziehen, den Ingwer schälen und beides fein würfeln. Den Kohlrabi schälen, abspülen, abtropfen lassen, zuerst in Scheiben und anschließend in schmale Stifte schneiden.
**2.** Frühlingszwiebeln putzen, abspülen, abtropfen lassen und schräg in feine Scheiben schneiden.
**3.** Sonnenblumenöl in einem Topf erhitzen. Zwiebel- und Ingwerwürfel bzw. gemahlenen Ingwer darin bei mittlerer Hitze unter Rühren in etwa 2 Minuten andünsten. Kohlrabistifte hinzufügen und etwa 1 Minute mitdünsten lassen. Die Brühe mit etwas Salz hinzufügen. Die Zutaten zum Kochen bringen und zugedeckt 8–12 Minuten bei schwacher Hitze garen, bis die Kohlrabistifte noch etwas bissfest sind. Dabei gelegentlich umrühren.
**4.** Die Frühlingszwiebelscheiben unter die Kohlrabistifte rühren. Den Salat mit Salz, Pfeffer, Zitronensaft und nach Belieben mit dem Senf abschmecken. Den Kohlrabisalat abkühlen lassen, nochmals mit den Gewürzen abschmecken und auf Tellern anrichten.

Kichererbsensalat

Kohlrabisalat „Asia"

Korsischer Tomatensalat

Lauwarmer Linsen-Pilz-Salat

***Tipp:*** Für knapp 10 Cent 2 Esslöffel Sonnenblumenkerne in einer kleinen Pfanne ohne Fett unter Rühren goldbraun rösten und auf einem Teller abkühlen lassen. Die Sonnenblumenkerne zum Schluss auf den Kohlrabisalat streuen.

## Korsischer Tomatensalat

pro Portion 2,05 Euro

4 Portionen

*Zubereitungszeit:* 20 Minuten

800 g Fleischtomaten (etwa 4 Stück)
2 Zwiebeln
4 Knoblauchzehen
1/2 Bund glatte Petersilie
3 EL abgetropfte Kapern (aus dem Glas)
12 abgetropfte, schwarze Oliven (ohne Stein)
4 EL Olivenöl
Salz, gem. Pfeffer

*Pro Portion:*
E: 3 g, F: 16 g, Kh: 8 g,
kJ: 787, kcal: 187

**1.** Tomaten abspülen, abtrocknen, halbieren und die Stängelansätze herausschneiden. Tomaten in Scheiben schneiden und dachziegelartig auf einer runden Platte anrichten.
**2.** Zwiebeln und Knoblauch abziehen, beides fein würfeln oder in dünne Scheiben schneiden.
**3.** Petersilie abspülen und trocken tupfen. Blättchen von den Stängeln zupfen. Blättchen klein schneiden.
**4.** Die Zwiebel- und Knoblauchwürfel oder -scheiben mit Petersilie, Kapern und Oliven auf den Tomatenscheiben verteilen. Den Tomatensalat mit Olivenöl beträufeln und mit Salz und Pfeffer bestreuen.

## Lauwarmer Linsen-Pilz-Salat

pro Portion 2,45 Euro

4 Portionen

*Zubereitungszeit:* 40 Minuten

knapp 500 ml Gemüsebrühe
75 g rote Linsen
3 Frühlingszwiebeln
75 g magerer Frühstücksspeck in dünnen Scheiben (Bacon)
5–6 EL Balsamico-Essig
2 TL körniger Senf
Zucker, Salz, gem. Pfeffer
1 kleiner Kopf Salat, z. B. Frisée
500 g gemischte Pilze, z. B. Pfifferlinge, Champignons, Steinpilze, Kräutersaitlinge
1 Knoblauchzehe
2 EL Olivenöl
1/2 Bund frische Kräuter, z. B. Petersilie oder Kerbel
1 kleiner, säuerlicher Apfel

*Pro Portion:*
E: 12 g, F: 7 g, Kh: 16 g,
kJ: 764, kcal: 183

**1.** Gemüsebrühe in einem Topf zum Kochen bringen, Linsen hinzugeben und nach Packungsanleitung garen.
**2.** In der Zwischenzeit die Frühlingszwiebeln putzen, abspülen, abtropfen lassen und in Scheiben schneiden. Speck in einer Pfanne ohne Fett knusprig braten, herausnehmen und auf Küchenpapier abtropfen lassen. Den Essig vorsichtig zum Bratfett in die Pfanne geben und sofort verrühren. Senf, Zucker, Salz und Pfeffer unterrühren. Die Frühlingszwiebelscheiben und Linsen (evtl. mit restlicher Gemüsebrühe) untermischen.
**3.** Den Salat putzen, abspülen und gut abtropfen lassen. Salat in mundgerechte Stücke zupfen. Pilze putzen, evtl. kurz abspülen und gut abtropfen lassen. Pilze, je nach Größe, halbieren oder vierteln.
**4.** Knoblauch abziehen und fein hacken. Olivenöl in einer Pfanne erhitzen. Die Pilze darin unter Wenden bei starker Hitze etwa 3 Minuten braten. Knoblauch hinzugeben und bei mittlerer Hitze weitere etwa 2 Minuten braten. Mit Salz und Pfeffer würzen.
**5.** Die Kräuter abspülen und trocken tupfen. Die Blättchen von den Stängeln zupfen, Blättchen klein schneiden. Apfel abwaschen, abtrocknen oder nach Belieben schälen, halbieren, entkernen und in feine Spalten schneiden. Apfelspalten, Pilze und Kräuter unter den lauwarmen Linsensalat heben.
**6.** Den Linsensalat mit dem Blattsalat und den Speckscheiben anrichten.

Melonensalat in Grün

Kräutersalat mit Ziegenkäse

## Melonensalat in Grün
4 Portionen

*Zubereitungszeit:* 30 Minuten

1 Ogen-Melone
(etwa 250 g Fruchtfleisch)
1 Kopf Frisée-Salat
150 g Feldsalat

pro Portion 1,55 Euro

**Für die Sauce:**
Saft von 1 Zitrone
Salz, gem. weißer Pfeffer
1 TL Zucker
3–4 EL Sonnenblumenöl

*Pro Portion:*
E: 2 g, F: 9 g, Kh: 9 g,
kJ: 548, kcal: 131

**1.** Melone halbieren und entkernen. Aus dem Fruchtfleisch kleine Kugeln ausstechen oder das Fruchtfleisch schälen und in Würfel schneiden.
**2.** Frisée-Salat putzen und die Blätter vom Strunk lösen. Die Salatblätter abspülen, trocken schleudern und in mundgerechte Stücke zupfen.
**3.** Feldsalat verlesen und die Wurzelenden abschneiden. Salat abspülen und gut abtropfen lassen oder trocken schleudern.
**4.** Die beiden Salate vorsichtig miteinander vermischen und in eine Schüssel geben. Die Melonenkugeln oder -würfel daraufgeben.
**5.** Für die Sauce den Zitronensaft mit Salz, Pfeffer und Zucker verrühren, Sonnenblumenöl unterschlagen. Die Sauce evtl. nochmals abschmecken und auf den Salat träufeln.

## Kräutersalat mit Ziegenkäse

2 Portionen

pro Portion 2,45 Euro

*Zubereitungszeit:* 20 Minuten

100 g junger Spinat
1 Kästchen Kresse
einige Blätter junger Löwenzahnsalat
einige Blätter glatte Petersilie
4 Scheiben Frühstücksspeck (Bacon)
1 Taler Ziegenfrischkäse (40 g)

**Für die Vinaigrette:**
1 EL Weißweinessig
Salz, gem. Pfeffer
1 Prise Zucker
2 Prisen gerebelter Estragon
1/2 TL mittelscharfer Senf
3 EL Speiseöl

*Pro Portion:*
E: 5 g, F: 25 g, Kh: 2 g,
kJ: 1077, kcal: 259

**1.** Spinatblätter putzen, gründlich waschen und trocken tupfen. Dicke Stiele abschneiden. Kresse abspülen, trocken tupfen und abschneiden. Löwenzahn- und Petersilienblätter abspülen und trocken tupfen.
**2.** Den Backofengrill vorheizen.
**3.** Speckscheiben in einer Pfanne ohne Fett ausbraten, herausnehmen und auf Küchenpapier abtropfen lassen.
**4.** Ziegenfrischkäse unter dem vorgeheizten Backofengrill kurz übergrillen oder kurz in einer Pfanne erhitzen.
**5.** Die vorbereiteten Salatzutaten auf einer runden Platte anrichten.
**6.** Für die Vinaigrette Essig mit Salz, Pfeffer, Zucker, Estragon und Senf verrühren. Speiseöl unterschlagen.
**7.** Den angerichteten Salat mit der Vinaigrette beträufeln.
**8.** Ziegenkäse und Speckscheiben dekorativ darauflegen und sofort servieren.

## Mediterraner Salat mit Oregano

8 Portionen

pro Portion 2,15 Euro

*Zubereitungszeit:* 40 Minuten

400 g Zucchini
400 g rote und gelbe Cocktailtomaten
2 Knoblauchzehen
6 Stängel Oregano
4 EL Olivenöl
je 170 g abgetropfte, schwarze und grüne Oliven (ohne Stein)
110 g abgetropfte Kapernäpfel
80 g Pinienkerne
Salz, gem. Pfeffer
4 EL Crema di Balsamico
je 1 roter und gelber Chicorée (je etwa 100 g)
1 Kopf Römersalat (etwa 300 g)
2–3 EL Olivenöl

*Pro Portion:*
E: 5 g, F: 26 g, Kh: 6 g,
kJ: 1166, kcal: 278

**1.** Zucchini abspülen, abtrocknen und die Enden abschneiden. Zucchini längs halbieren und in Scheiben schneiden.
**2.** Tomaten abspülen, abtropfen lassen und halbieren. Die Stängelansätze herausschneiden. Knoblauch abziehen und durch eine Knoblauchpresse drücken oder in sehr kleine Würfel schneiden.
**3.** Oregano abspülen und trocken tupfen. Von 2 Stängeln die Spitzen abzupfen und zum Garnieren beiseitelegen. Die Blättchen von den restlichen Stängeln zupfen. Blättchen klein schneiden.
**4.** Olivenöl in einer großen Pfanne erhitzen. Oliven, Kapernäpfel, Zucchinischeiben, Pinienkerne und Tomatenhälften darin unter Rühren leicht andünsten, mit Oregano, Salz, Pfeffer, Knoblauch und Crema di Balsamico abschmecken.
**5.** Chicorée und Römersalat putzen. Den Chicorée längs halbieren und die Strünke keilförmig herausschneiden. Salatblätter abspülen, abtropfen lassen, trocken tupfen und auf einer Platte anrichten.
**6.** Angebratene Salatzutaten darauf verteilen. Salat mit Olivenöl beträufeln und mit den beiseitegelegten Oreganospitzen garnieren.

## Pasta-Salat mit Mini-Chili-Frikadellen

4 Portionen

pro Portion 1,60 Euro

*Zubereitungszeit:* 25 Minuten

2 l Wasser
2 gestr. TL Salz
200 g Penne (Röhrennudeln)

**Für das Dressing:**
125 g Aioli (Knoblauch-Mayonnaise, z. B. aus dem Kühlregal)
150 g Joghurt (3,5 % Fett)
1 EL Tomatenketchup
Salz
gem. Pfeffer

300 g Mini-Frikadellen, z. B. aus Geflügelfleisch (aus dem Kühlregal)
3–4 EL Thai-Chili-Sauce (aus dem Glas)
1 Kolben gegarter Mais (vakuumverpackt) oder 140 g abgetropfter Gemüsemais (aus der Dose)
1 rote Paprikaschote
175 g Römer- oder Eisbergsalat
150–175 ml heiße Gemüsebrühe

*Pro Portion:*
E: 21 g, F: 21 g, Kh: 56 g, kJ: 2121, kcal: 507

**1.** Wasser in einem Topf zugedeckt zum Kochen bringen. Dann Salz und Nudeln hinzugeben. Die Nudeln im geöffneten Topf bei mittlerer Hitze nach Packungsanleitung kochen lassen, dabei gelegentlich umrühren.
**2.** Anschließend die Nudeln in ein Sieb geben, mit kaltem Wasser abspülen und abtropfen lassen.
**3.** In der Zwischenzeit für das Dressing Aioli mit Joghurt und Ketchup in einer großen Salatschüssel verrühren, mit Salz und Pfeffer würzen. Die Nudeln gut mit dem Dressing vermischen.
**4.** Die Mini-Frikadellen mit der Chili-Sauce mischen. Den Maiskolben in Scheiben schneiden. Paprikaschote halbieren, entstielen, entkernen und die weißen Scheidewände entfernen. Schote abspülen, abtropfen lassen und in kleine Würfel schneiden.
**5.** Den Salat putzen und die Blätter vom Strunk zupfen. Salatblätter abspülen, gut abtropfen lassen und in mundgerechte Stücke zupfen. Heiße Brühe zu den Nudeln in die Salatschüssel geben und gut unterrühren. Die Nudeln nochmals mit Salz und Pfeffer abschmecken. Restliche vorbereitete Salatzutaten untermischen. Den Salat mit den Mini-Chili-Frikadellen anrichten.

Mediterraner Salat mit Oregano

Pasta-Salat mit Mini-Chili-Frikadellen

## Pilz-Glasnudel-Salat

4 Portionen

*Zubereitungszeit:* 30 Minuten, ohne Durchziehzeit

100 g Glasnudeln
1 Salatgurke
150 g Möhren

pro Portion 2,25 Euro

**Für die Sauce:**
1 kleines Stück frischer Ingwer
1 Knoblauchzehe
3 Limetten
2 EL Weißweinessig
2–3 EL Sojasauce
1 Prise Zucker
1 Msp. Sambal Oelek
4–5 EL Speiseöl, z. B. Distelöl

150 g Shiitakepilze
150 g Austernpilze
3 Frühlingszwiebeln
75 g Mungobohnen-Sprossen
Salz

*Pro Portion:*
E: 4 g, F: 11 g, Kh: 37 g,
kJ: 1119, kcal: 266

**1.** Glasnudeln nach Packungsanleitung zubereiten, abgießen, mit kaltem Wasser abschrecken und abtropfen lassen. Gurke schälen und die Enden abschneiden. Gurke längs halbieren, entkernen und in etwa 1 cm breite Streifen schneiden. Möhren putzen, schälen, abspülen, abtropfen lassen und in feine Streifen schneiden.
**2.** Für die Sauce Ingwer schälen, Knoblauch abziehen, beides sehr fein hacken. Limetten halbieren und den Saft auspressen. Limettensaft mit Essig, Sojasauce, Zucker, Ingwer, Knoblauch und Sambal Oelek in einer Schüssel verrühren, 3 Esslöffeln des Speiseöls unterschlagen.
**3.** Nudeln, Gurken- und Möhrenstreifen zu der Vinaigrette in die Schüssel geben und untermischen. Den Salat etwa 30 Minuten durchziehen lassen.
**4.** Pilze putzen, evtl. kurz abspülen und gut trocken tupfen. Große Pilze in grobe Streifen schneiden. Frühlingszwiebeln putzen, abspülen, abtropfen lassen und in kleine Stücke schneiden. Sprossen verlesen, abspülen und abtropfen lassen. Sprossen in kochendem Wasser kurz blanchieren und abtropfen lassen.
**5.** Restliches Speiseöl in einer großen Pfanne erhitzen. Shiitake- und Austernpilze darin unter Rühren kräftig anbraten. Sprossen, Frühlingszwiebelstücke und Pilze unter den Salat mischen. Salat nochmals mit Sojasauce und evtl. Salz abschmecken.

## Dänischer Salat

4 Portionen

*Zubereitungszeit:* 30 Minuten, ohne Abkühl- und Durchziehzeit

pro Portion 1,60 Euro

2 l Wasser
2 gestr. TL Salz
200 g kleine Nudeln, z. B. Gabelspaghetti

4 hart gekochte Eier
200 g Kochschinken
300 g TK-Erbsen
Salz
1 roter Apfel

**Für die Salatsauce:**
100 g Salatmayonnaise
150 g Joghurt (3,5 % Fett)
gem. Pfeffer
Zucker
Currypulver

265 g abgetropfter Spargel mit Köpfen (aus dem Glas)

**Nach Belieben zum Garnieren:**
einige Apfelspalten

*Pro Portion:*
E: 31 g, F: 24 g, Kh: 52 g,
kJ: 2426, kcal: 579

Pilz-Glasnudel-Salat

Dänischer Salat

Risottosalat

1. Wasser in einem großen Topf zugedeckt zum Kochen bringen. Dann Salz und Nudeln hinzugeben. Die Nudeln im geöffneten Topf bei mittlerer Hitze nach Packungsanleitung bissfest garen, dabei gelegentlich umrühren.
2. Anschließend die Nudeln in ein Sieb geben, mit heißem Wasser abspülen und abtropfen lassen.
3. Eier pellen und in Spalten schneiden. Schinken in Streifen schneiden.
4. Erbsen in kochendem Salzwasser etwa 5 Minuten gar kochen, anschließend in ein Sieb geben und mit kaltem Wasser abschrecken. Erbsen gut abtropfen und erkalten lassen. Den Apfel abspülen, abtrocknen, vierteln, entkernen und in Spalten schneiden.
5. Für die Sauce die Mayonnaise mit Joghurt verrühren, mit Salz, Pfeffer, Zucker und Curry würzen.
6. Vorbereitete Salatzutaten mit den Spargelstücken in einer Schüssel mischen, die Sauce unterheben. Den Salat zugedeckt etwa 1 Stunde in den Kühlschrank stellen und durchziehen lassen.
7. Den Salat evtl. nochmals mit den Gewürzen abschmecken und nach Belieben mit Apfelspalten garnieren.

## Risottosalat

2–4 Portionen

pro Portion 0,95 Euro

*Zubereitungszeit: 40 Minuten, ohne Abkühlzeit*

300 g Möhren
3 Zwiebeln
1–2 Knoblauchzehen
3 EL Olivenöl
170 g Risottoreis, z. B. Arborio
400 ml Gemüsebrühe

**Für die Sauce:**
200 ml Gemüsebrühe
5–6 EL Weißweinessig
Salz
gem. Pfeffer
3 EL Olivenöl

1 Bund Radieschen
100 g gehackter TK-Blattspinat (Minis)

*Pro Portion:*
E: 8 g, F: 21 g, Kh: 55 g,
kJ: 1863, kcal: 445

1. Möhren putzen, schälen, abspülen, abtropfen lassen und in Scheiben schneiden. Zwiebeln abziehen, halbieren und in Streifen schneiden. Knoblauch abziehen und in Scheiben schneiden.
2. Olivenöl in einem Topf erhitzen. Reis, Die Zwiebelstreifen und Knoblauchscheiben darin unter Rühren andünsten. Etwas Gemüsebrühe hinzugießen. Den Reis zugedeckt etwa 5 Minuten bei schwacher Hitze garen. Dann die Möhrenscheiben hinzugeben und alles zugedeckt noch etwa 15 Minuten garen. Während der Garzeit die restliche Brühe nach und nach hinzugießen.
3. Für die Sauce die Gemüsebrühe mit Essig, Salz und Pfeffer verrühren. Olivenöl unterschlagen.
4. Radieschen putzen (bei 4 Radieschen die kleinen, zarten Blätter nicht abschneiden und beiseitelegen), abspülen, abtropfen lassen und in Scheiben schneiden.
5. Den unaufgetauten Spinat unter den Risottoreis heben. Den Topf von der Kochstelle nehmen, Risotto lauwarm abkühlen lassen.
6. Die Radieschenscheiben und die Sauce unter den Risottoreis heben. Salat mit Salz und Pfeffer würzen.
7. Beiseitegelegte Radieschen abspülen und trocken tupfen. Den Risottosalat anrichten und mit den Radieschen garnieren.

Wurst-Käse-Salat

Tomaten-Mango-Salat

## Wurst-Käse-Salat

2 Portionen

*Zubereitungszeit:* 20 Minuten, ohne Durchziehzeit

pro Portion 1,20 Euro

125 g Zwiebeln
125 g Emmentaler
175 g Fleischwurst
40 g abgetropfte Gewürzgurken (aus dem Glas)

**Für die Sauce:**
1 EL Weißweinessig
1 EL Wasser
1/2 TL mittelscharfer Senf
Salz, gem. Pfeffer
etwas Zucker
2 EL Sonnenblumenöl

1/2 EL Schnittlauchröllchen

*Pro Portion:*
E: 29 g, F: 48 g, Kh: 4 g,
kJ: 2357, kcal: 563

**1.** Die Zwiebeln abziehen, zunächst in Scheiben schneiden, dann in Ringe teilen. Die Zwiebelringe in kochendes Wasser geben, etwa 2 Minuten kochen, dann in ein Sieb geben und abtropfen lassen.
**2.** Den Emmentaler entrinden und in Streifen schneiden. Die Fleischwurst enthäuten. Fleischwurst und Gewürzgurken in Scheiben schneiden.
**3.** Für die Sauce Essig mit Wasser, Senf, Salz, Pfeffer und Zucker verrühren. Das Sonnenblumenöl unterschlagen. Die Salatzutaten mit der Sauce vermengen. Den Salat etwa 1 Stunde durchziehen lassen, dann mit Schnittlauchröllchen bestreut servieren.

## Tomaten-Mango-Salat

4 Portionen

*Zubereitungszeit:* 40 Minuten, ohne Durchziehzeit

2 reife Mangos (je etwa 350 g)
6 Tomaten (etwa 500 g)
einige Stängel Koriander
40 g gesalzene, geröstete Cashewkerne

pro Portion 1,95 Euro

**Für die Sauce:**
3 EL Limetten- oder Zitronensaft
1 EL Zucker
Salz, gem. Pfeffer
6 EL Olivenöl

*Pro Portion:*
E: 4 g, F: 21 g, Kh: 29 g,
kJ: 1395, kcal: 334

**1.** Die Mangos halbieren, das Fruchtfleisch jeweils vom Stein schneiden, schälen und in Scheiben schneiden.
**2.** Tomaten abspülen, abtrocknen, halbieren und die Stängelansätze herausschneiden. Tomaten in Scheiben schneiden. Koriander abspülen und trocken tupfen. Die Blättchen von den Stängeln zupfen, Blättchen grob zerschneiden. Cashewkerne grob hacken.
**3.** Die Tomaten- und Mangoscheiben abwechselnd dachziegelartig auf einer Platte anrichten.
**4.** Für die Sauce den Limetten- oder Zitronensaft mit Zucker, Salz und Pfeffer verrühren, Olivenöl unterschlagen. Sauce auf die Tomaten- und Mangoscheiben träufeln. Den Salat mit Koriander und Cashewkernen bestreuen.
**5.** Den Salat bis zum Verzehr etwa 10 Minuten stehen lassen.

***Tipp:*** Drücken Sie vorsichtig auf die Schale, um den Reifegrad einer Mango festzustellen: Gibt sie nach, ist die Mango reif.

## Trauben-Apfel-Salat mit Kapern

pro Portion 2,10 Euro

1 Portion

*Zubereitungszeit:* 15 Minuten, ohne Durchziehzeit

1 EL Sonnenblumenkerne
300 g kernlose, helle Weintrauben
1 EL abgetropfte Kapern
1 großer, süßlicher Apfel, z. B. Red Delicious oder Royal Gala
1/2 EL Apfelessig
Salz, gem. Pfeffer
1 Prise Zucker
1 EL Sonnenblumenöl

*Pro Portion:*
E: 7 g, F: 15 g, Kh: 68 g,
kJ: 1860, kcal: 446

**1.** Die Sonnenblumenkerne in einer Pfanne ohne Fett unter Rühren goldbraun rösten, auf einen Teller geben und abkühlen lassen.
**2.** In der Zwischenzeit Weintrauben abspülen, abtropfen lassen und evtl. mit Küchenpapier trocken tupfen. Die Weintrauben entstielen und je nach Größe längs halbieren oder vierteln und mit den Kapern in einer Schüssel mischen.
**3.** Apfel abwaschen, abtrocknen, vierteln und entkernen. Apfelviertel mit der Schale zuerst in Spalten, dann quer in Stücke schneiden. Die Apfelstücke und Sonnenblumenkerne mit den Weintrauben und Kapern vorsichtig mischen.
**4.** Apfelessig mit Salz, Pfeffer und Zucker verrühren, Sonnenblumenöl unterschlagen. Die Marinade auf dem Salat verteilen. Den Salat zugedeckt etwa 30 Minuten durchziehen lassen.
**5.** Salat vor dem Servieren nochmals mit den Gewürzen abschmecken.

## Staudenselleriesalat

8–10 Portionen

*Zubereitungszeit:* 60 Minuten

pro Portion 1,45 Euro

etwa 1 kg Staudensellerie
Salz
3 Birnen
3 Äpfel
2 rote Paprikaschoten

**Für die Gorgonzola-Creme:**
200 g Gorgonzola
150 g Crème fraîche
5 EL Milch
4–5 EL Weinbrand
etwas Zucker, gem. Pfeffer

80 g gehackte Haselnusskerne

*Pro Portion:*
E: 8 g, F: 18 g, Kh: 15 g,
kJ: 1102, kcal: 263

**1.** Staudensellerie putzen und die harten Außenfäden abziehen. Selleriestangen abspülen, abtropfen lassen und in etwa 1 cm große Stücke schneiden. Das zarte Blattgrün fein schneiden und beiseitelegen.
**2.** Salzwasser in einem großen Topf zum Kochen bringen. Die Selleriestücke darin etwa 2 Minuten blanchieren. Anschließend in ein Sieb geben, mit kaltem Wasser abspülen und abtropfen lassen.
**3.** Die Birnen und Äpfel abwaschen, abtrocknen, vierteln, entkernen und mit der Schale in kleine Würfel schneiden. Paprikaschoten halbieren, entstielen, entkernen und die weißen Scheidewände entfernen. Schoten abspülen, abtropfen lassen und ebenfalls klein würfeln.
**4.** Für die Gorgonzola-Creme Gorgonzola in einer Salatschüssel mit einer Gabel fein zerdrücken. Crème fraîche, Milch, Weinbrand, Salz, Zucker und Pfeffer gut unterrühren.
**5.** Die vorbereiteten Salatzutaten mit dem beiseitegelegten Selleriegrün vermischen. Gorgonzola-Creme unterheben. Den Salat nochmals abschmecken, mit Haselnusskernen bestreuen und servieren.

Trauben-Apfel-Salat mit Kapern

Staudenselleriesalat

## Nudelsalat mit Sesam

4 Portionen (ohne Foto)

*Zubereitungszeit:* 20 Minuten, ohne Durchziehzeit

pro Portion 1,50 Euro

1 1/2 l Wasser
1 1/2 gestr. TL Salz
150 g Bandnudeln
50 g Sesamsamen
50 g Luzerne- oder Alfalfasprossen
2–3 EL Weißweinessig
3–4 TL Sojasauce
1 EL Zucker
Salz
gem. Pfeffer
2 EL Sonnenblumenöl
1–2 TL dunkles Sesamöl

*Pro Portion:*
E: 16 g, F: 28 g, Kh: 62 g,
kJ: 2366, kcal: 566

**1.** Wasser in einem Topf zugedeckt zum Kochen bringen. Dann Salz und Nudeln hinzugeben. Die Nudeln im geöffneten Topf bei mittlerer Hitze nach Packungsanleitung bissfest garen, dabei gelegentlich umrühren. Anschließend die Nudeln in ein Sieb geben, mit heißem Wasser abspülen und abtropfen lassen.
**2.** Sesam in einer Pfanne ohne Fett unter Rühren goldbraun rösten. Die Sprossen in ein Sieb geben, mit kaltem Wasser abspülen und abtropfen lassen.
**3.** Essig mit Sojasauce verrühren, mit Zucker, Salz und Pfeffer würzen. Beide Ölsorten unterschlagen.
**4.** Nudeln mit dem gerösteten Sesam und drei Viertel der Sprossen in eine Schüssel geben und mit der Sauce vermischen. Den Salat mindestens 1 Stunde durchziehen lassen.
**5.** Den Salat evtl. nochmals mit den Gewürzen abschmecken und mit den restlichen Sprossen garnieren.

## Chinesischer Spaghetti-Salat

2 Portionen

pro Portion 1,00 Euro

*Zubereitungszeit:* 30 Minuten, ohne Abkühl- und Durchziehzeit

2 l Wasser
2 gestr. TL Salz
200 g Spaghetti
1 Bund Frühlingszwiebeln (etwa 250 g)
1 EL Sojaöl (ersatzweise Sonnenblumen- oder Olivenöl)
3–4 EL Sojasauce
1–2 TL China-Gewürzmischung
Salz, gem. Pfeffer
1 Prise Zucker

Chinesischer Spaghetti-Salat

*Pro Portion:*
E: 17 g, F: 8 g, Kh: 83 g,
kJ: 1992, kcal: 477

**1.** Wasser in einem Topf zugedeckt zum Kochen bringen. Dann Salz und Spaghetti hinzugeben. Die Spaghetti im geöffneten Topf bei mittlerer Hitze nach Packungsanleitung bissfest kochen, dabei gelegentlich umrühren. Anschließend die Spaghetti in ein Sieb geben, mit kaltem Wasser abspülen und abtropfen lassen. Spaghetti nach Belieben mit einer Küchenschere mehrmals in Stücke schneiden.
**2.** In der Zwischenzeit die Frühlingszwiebeln putzen, abspülen, abtropfen lassen und in feine Scheiben schneiden.
**3.** Das Sojaöl mit 3 Esslöffeln Sojasauce, China-Gewürz, Salz, Pfeffer und Zucker in einer kleinen Schüssel gut verrühren. Die abgekühlten Spaghetti mit den Frühlingszwiebelscheiben und der Sauce gut vermischen. Den Salat zugedeckt mindestens 1 Stunde in den Kühlschrank stellen und durchziehen lassen.
**4.** Den Salat vor dem Servieren nochmals mit der restlichen Sojasauce und den Gewürzen abschmecken.

## Zartweizensalat mit Tomaten, Oliven und krossem Speck

4 Portionen

pro Portion 1,50 Euro

*Zubereitungszeit:* 25 Minuten, ohne Abkühlzeit

250 g Zartweizen
4 mittelgroße Tomaten
8 getrocknete Tomaten, in Öl
4 Frühlingszwiebeln
10 Stängel Basilikum
4 EL kleine, rotbraune Oliven (ohne Stein)
6 EL Olivenöl (oder abgetropftes Öl von den eingelegten Tomaten)

Zartweizensalat mit Tomaten, Oliven und krossem Speck

Brotsalat mit Rucola

Salz
gem. Pfeffer
8 Scheiben Südtiroler Speck
(oder Frühstücksspeck, etwa 55 g)

*Pro Portion:*
E: 15 g, F: 19 g, Kh: 55 g,
kJ: 1887, kcal: 451

**1.** Zartweizen nach Packungsanleitung zubereiten und erkalten lassen.
**2.** Tomaten abspülen, abtrocknen, vierteln und die Stängelansätze herausschneiden. Tomaten entkernen. Das Fruchtfleisch würfeln.
**3.** Getrocknete Tomaten in einem Sieb abtropfen lassen, dabei das Öl auffangen. Tomaten in feine Streifen schneiden.
**4.** Frühlingszwiebeln putzen, abspülen, abtropfen lassen und in Scheiben schneiden. Basilikum abspülen und trocken tupfen. Blättchen von den Stängeln zupfen. Einige Blättchen zum Garnieren beiseitelegen. Restliche Blättchen klein schneiden.
**5.** Den Zartweizen mit Tomatenwürfeln, getrockneten Tomatenstreifen, Frühlingszwiebelscheiben, Basilikum, Oliven und 2 Esslöffeln des Olivenöls (oder aufgefangenen Öls der getrockneten Tomaten) vermischen. Salat mit Salz und Pfeffer würzen.
**6.** Das restliche Olivenöl in einer kleinen Pfanne erhitzen. Die Speckscheiben darin kross braten, dann aus der Pfanne nehmen und kurz auf Küchenpapier abtropfen lassen. Den Salat mit Speckscheiben und den beiseitegelegten Basilikumblättchen anrichten und servieren.

## Brotsalat mit Rucola
2 Portionen

*Zubereitungszeit:* 40 Minuten

pro Portion 2,48 Euro

1 Bio-Zitrone
(unbehandelt, ungewachst)
2–3 Stängel Basilikum
50 g Rucola (Rauke)
1 Knoblauchzehe
5 EL Olivenöl
Meersalz
gem. schwarzer Pfeffer
75 g Ciabatta
100 g grüne Bohnen
12 Cocktailtomaten
1/2 rote Paprikaschote, in Streifen
6–8 Kalamata-Oliven
20 g Parmesan

*Pro Portion:*
E: 10 g, F: 32 g, Kh: 29 g,
kJ: 1894, kcal: 451

**1.** Zitrone heiß abwaschen und abtrocknen. Die Hälfte der Zitronenschale fein abreiben. Die Zitrone halbieren und den Saft auspressen. 3 Esslöffel Saft abmessen und beiseitestellen. Basilikum abspülen und trocken tupfen. Die Blättchen von den Stängeln zupfen. Rucola putzen und die dicken Stiele entfernen. Rucola abspülen und abtropfen lassen.
**2.** Je ein Drittel des Rucolas und der Basilikumblättchen grob zerkleinern. Den restlichen Rucola und die Basilikumblättchen zugedeckt in den Kühlschrank stellen. Knoblauch abziehen und grob zerkleinern.
**3.** Den Backofengrill vorheizen.
**4.** Grob zerkleinerten Rucola und Basilikum mit Knoblauch, 4 Esslöffeln des Olivenöls, 2 Esslöffeln Wasser und Meersalz im Blitzhacker fein pürieren. Zitronenschale und grob gemahlenen Pfeffer untermischen.
**5.** Ciabatta in sehr dünne Scheiben schneiden. Die Brotscheiben nebeneinander auf ein Backblech legen. Das Backblech unter den vorgeheizten Backofengrill schieben. Die Brotscheiben von beiden Seiten goldbraun rösten.
**6.** Von den Bohnen die Enden abschneiden, evtl. abfädeln. Bohnen abspülen, abtropfen lassen und in kochendem Salzwasser etwa 8 Minuten garen. Dann in ein Sieb geben und gut abtropfen lassen.
**7.** Die Tomaten abspülen, trocken tupfen, halbieren und evtl. die Stängelansätze herausschneiden. Die Tomatenhälften in kleine Stücke schneiden.
**8.** Restliches Olivenöl in einer weiten Pfanne erhitzen. Die Paprikastreifen darin etwa 1 Minute bei starker Hitze unter Rühren anbraten. Dann die Bohnen, Oliven und Tomatenstücke hinzugeben und unter Rühren etwa 1 Minute mitgaren lassen.
**9.** Beiseitegestellten Zitronensaft unter das Kräuteröl rühren. Kalt gestellte Basilikumblättchen, Rucola, die warme Bohnen-Paprika-Mischung und die gerösteten Brotscheiben locker mit dem Kräuteröl mischen, evtl. nachwürzen.
**10.** Den Salat in einer Schale anrichten. Parmesan dünn hobeln. Brotsalat damit bestreuen.

Kapitel 02

Rezepte 101–200

# Suppen und Eintöpfe

Bohnensuppe mit Hack

## Bohnensuppe mit Hack

4 Portionen

*Zubereitungszeit:* 25 Minuten
*Garzeit:* etwa 30 Minuten

530 g abgetropfte, weiße Bohnen (aus der Dose)
100 g Speckwürfel (aus dem Kühlregal)
400 g Gehacktes (halb Rind-, halb Schweinefleisch)
3 Zwiebeln
Salz
gem. Pfeffer
Paprikapulver edelsüß
750 ml Fleischbrühe
800 g Pizzatomaten (aus der Dose)
1–2 EL Chilisauce
4 EL Crème fraîche

pro Portion 2,05 Euro

*Pro Portion:*
E: 35 g, F: 33 g, Kh: 32 g, kJ: 2347, kcal: 560

**1.** Bohnen in ein Sieb geben, mit kaltem Wasser abspülen und abtropfen lassen. Speckwürfel in einem großen Topf auslassen. Gehacktes hinzugeben und unter Rühren kräftig darin anbraten. Dabei die Fleischklümpchen mit einer Gabel zerdrücken.

**2.** Zwiebeln abziehen, in kleine Würfel schneiden, zur Hackfleischmasse geben und mit anbraten. Mit Salz, Pfeffer und Paprika würzen. Mit Brühe ablöschen. Die weißen Bohnen und die Tomaten mit dem Saft hinzugeben. Die Zutaten zum Kochen bringen. Die Suppe etwa 30 Minuten bei mittlerer Hitze kochen lassen.

**3.** Die Bohnensuppe mit Chilisauce abschmecken und in Teller füllen. Jeweils 1 Esslöffel Crème fraîche daraufgeben.

## Deftiger Gemüseeintopf

4 Portionen (ohne Foto)

*Zubereitungszeit:* 25 Minuten
*Garzeit:* etwa 80 Minuten

pro Portion 2,05 Euro

400 g Schweinefleisch (aus der Schulter)
750 g Kartoffeln
je 1 rote und grüne Paprikaschote
250 g Zucchini
250 g Tomaten
3 Zwiebeln
4 Knoblauchzehen

4 EL Speiseöl
2 Lorbeerblätter
1 EL gehackte Rosmarinnadeln
Salz, gem. Pfeffer
125 ml Fleischbrühe
125 ml trockener Weißwein

*Pro Portion:*
E: 27 g, F: 22 g, Kh: 36 g,
kJ: 2079, kcal: 496

**1.** Schweinefleisch mit Küchenpapier trocken tupfen und in Würfel schneiden. Kartoffeln schälen, abspülen, abtropfen lassen und in Scheiben schneiden.
**2.** Paprikaschoten halbieren, entstielen, entkernen und die weißen Scheidewände entfernen. Schoten abspülen, abtropfen lassen und grob zerkleinern. Zucchini abspülen, abtrocknen und die Enden abschneiden. Die Tomaten abspülen, trocken tupfen, halbieren und die Stängelansätze herausschneiden. Die Zucchini und Tomaten in Scheiben schneiden. Zwiebeln und Knoblauch abziehen, klein würfeln.
**3.** Den Backofen vorheizen.
*Ober-/Unterhitze:* etwa 180 °C
*Heißluft:* etwa 160 °C
**4.** Speiseöl in einem Schmortopf erhitzen, die Fleischwürfel darin von allen Seiten anbraten, Lorbeerblätter und Rosmarinnadeln hinzufügen, mit Salz und Pfeffer würzen.
**5.** Die Kartoffelscheiben, Zwiebel-, Knoblauchwürfel, Paprikastücke, Zucchini- und Tomatenscheiben auf die Fleischwürfel schichten. Dabei jede Schicht mit Salz und Pfeffer bestreuen, Fleischbrühe und Weißwein hinzugießen. Den Schmortopf zugedeckt auf dem Rost in den vorgeheizten Backofen schieben. Den Gemüse-Eintopf etwa 80 Minuten garen.

## Erbsen-Buttermilch-Suppe

pro Portion 0,70 Euro

1 Portion

*Zubereitungszeit:* 20 Minuten, ohne Kühlzeit
*Garzeit:* 8–9 Minuten

1 Schalotte
2 EL Olivenöl
einige getrocknete, rote Chilibrösel
200 ml Gemüsebrühe
75 g TK-Erbsen
gem. Meersalz
1 gestr. TL Speisestärke
5 Minzeblättchen
50 g Buttermilch

*Pro Portion:*
E: 9 g, F: 21 g, Kh: 17 g,
kJ: 1210, kcal: 289

**1.** Schalotte abziehen und in kleine Würfel schneiden. 1 Esslöffel des Olivenöls in einem Topf erhitzen. Die Schalottenwürfel und die Chilibrösel darin andünsten. Brühe hinzugießen, zum Kochen bringen und etwa 5 Minuten kochen lassen.
**2.** Die gefrorenen Erbsen hinzugeben, mit Meersalz würzen. Die Suppe wieder zum Kochen bringen und 3–4 Minuten kochen lassen.
**3.** Speisestärke mit etwas Wasser anrühren, in die Suppe rühren und unter Rühren einmal aufkochen lassen. Minzeblättchen abspülen und trocken tupfen. 3 Minzeblättchen in die Suppe geben. Die Suppe mit einem Pürierstab sehr fein pürieren.
**4.** Die Suppe im kalten Wasserbad kalt rühren, dann Buttermilch unterrühren. Die Suppe evtl. mit Meersalz abschmecken.
**5.** Restliche Minzeblättchen in feine Streifen schneiden. Die Suppe damit bestreuen und mit dem restlichen Olivenöl beträufeln. Die Suppe in eine Suppentasse geben.

**Tipp:** Die Suppe kann bereits am Vortag zubereitet werden.

Erbsen-Buttermilch-Suppe

## Gemischter Kohleintopf

4 Portionen (ohne Foto)

*Zubereitungszeit:* 20 Minuten
*Garzeit:* etwa 45 Minuten

700 g Blumenkohl
400 g Rosenkohl
350 g Wirsing
300 g Chinakohl
100 g Butterschmalz
1 Msp. ger. Muskatnuss
2 EL Kümmelsamen
1 Lorbeerblatt
1 1/2 EL Pfefferkörner
2 gestr. EL gekörnte Brühe
400 ml Wasser
100 g ger. Emmentaler

pro Portion 1,30 Euro

*Pro Portion:*
E: 18 g, F: 34 g, Kh: 12 g,
kJ: 1788, kcal: 247

**1.** Von dem Blumenkohl die Blätter entfernen und den Strunk abschneiden. Den Blumenkohl in Röschen teilen, abspülen und abtropfen lassen.
**2.** Den Rosenkohl von den äußeren, schlechten Blättern befreien, etwas vom Strunk abschneiden, den Strunk kreuzförmig einschneiden. Rosenkohl abspülen und abtropfen lassen.
**3.** Vom Wirsing und Chinakohl die äußeren, welken Blätter entfernen. Wirsing achteln und Chinakohl halbieren. Vom Wirsing und Chinakohl den Strunk herausschneiden. Den Kohl abspülen, abtropfen lassen und in kleine Stücke schneiden.
**4.** Butterschmalz in einem großen Topf erhitzen. Zuerst die Blumenkohlröschen darin etwa 7 Minuten von allen Seiten anbraten. Dann den Rosenkohl und zuletzt die Kohlstücke hinzugeben und weitere etwa 10 Minuten schmoren. Mit Muskat, Kümmel, Lorbeerblatt und Pfefferkörnern würzen. Brühe und Wasser hinzugeben. Die Zutaten zum Kochen bringen und zugedeckt bei schwacher Hitze etwa 20 Minuten garen.
**5.** Käse unter den fertigen Eintopf rühren und etwa 5 Minuten ziehen lassen. Das Lorbeerblatt entfernen.

## Frische Erbsensuppe mit Würstchen

10 Portionen

pro Portion 1,40 Euro

*Zubereitungszeit:* 40 Minuten
*Garzeit:* etwa 35 Minuten

3 Zwiebeln
400 g Kartoffeln
1 Bund Suppengrün (Möhren, Sellerie, Porree, Petersilie)
3 EL Speiseöl
Salz, gem. Pfeffer
2 1/2 l Wasser
2 geh. TL Instant-Gemüsebrühe
1 1/2 kg TK-Erbsen
300 g Schlagsahne
ger. Muskatnuss
1 Prise Zucker
10 Wiener Würstchen

*Pro Portion:*
E: 24 g, F: 36 g, Kh: 27 g,
kJ: 2220, kcal: 530

**1.** Zwiebeln abziehen und in kleine Würfel schneiden. Kartoffeln schälen, abspülen, abtropfen lassen und in kleine Würfel schneiden. Suppengrün putzen, schälen, abspülen, abtropfen lassen und grob würfeln. Die Petersilie grob zerschneiden.
**2.** Speiseöl in einem großen Topf erhitzen. Zwiebel- und Gemüsewürfel darin portionsweise unter Rühren andünsten. Kartoffelwürfel hinzugeben. Mit Salz und Pfeffer würzen. Wasser hinzugießen und zum Kochen bringen. Gemüsebrühe hinzugeben. Die Zutaten zugedeckt etwa 30 Minuten bei schwacher bis mittlerer Hitze kochen lassen.
**3.** 1 kg der gefrorenen Erbsen in die Brühe geben, wieder zum Kochen bringen und etwa 5 Minuten mitkochen lassen. Die Suppe mit einem Pürierstab fein pürieren und nochmals aufkochen lassen. Restliche gefrorene Erbsen hinzugeben. Sahne unterrühren. Die Erbsensuppe nochmals unter Rühren kräftig aufkochen lassen. Mit Salz, Pfeffer, Muskat und Zucker abschmecken.

Frische Erbsensuppe mit Würstchen

Erbseneintopf mit geräucherten Tofuwürstchen

Gemischter Bohneneintopf mit Mettklößchen

**4.** Die Würstchen in die Suppe geben und etwa 4 Minuten miterhitzen.

## Erbseneintopf mit geräucherten Tofuwürstchen

4 Portionen

*Zubereitungszeit:* 45 Minuten
*Garzeit:* etwa 15 Minuten

pro Portion 1,80 Euro

2 Zwiebeln
400 g Möhren
200 g Staudensellerie
2 EL Pflanzenöl
600 g frisch gepalte Erbsen oder TK-Erbsen
Salz, gem. Pfeffer
1,2 l Gemüsebrühe
4 Stängel Liebstöckel
4 geräucherte Tofuwürstchen

*Pro Portion:*
E: 22 g, F: 11 g, Kh: 27 g,
kJ: 1257, kcal: 301

**1.** Zwiebeln abziehen und in kleine Würfel schneiden. Möhren putzen, schälen, abspülen, abtropfen lassen und in Scheiben schneiden. Staudensellerie putzen und die harten Außenfäden abziehen. Selleriestangen abspülen, abtropfen lassen und würfeln.
**2.** Pflanzenöl in einem Topf erhitzen. Zwiebelwürfel darin andünsten. Die Möhrenscheiben, Selleriewürfel und die Erbsen hinzugeben. Mit Salz und Pfeffer würzen. Gemüsebrühe hinzugießen und zum Kochen bringen. Den Eintopf zugedeckt etwa 15 Minuten kochen lassen.
**3.** Liebstöckel abspülen und trocken tupfen. Blättchen von den Stängeln zupfen. Blättchen klein schneiden.
**4.** Die Tofuwürstchen in den Eintopf geben und miterhitzen. Liebstöckel unterrühren. Den Erbseneintopf anrichten und servieren.

## Gemischter Bohneneintopf mit Mettklößchen

4 Portionen

pro Portion 1,65 Euro

*Zubereitungszeit:* 15 Minuten, ohne Einweichzeit
*Garzeit:* etwa 60 Minuten

100 g getrocknete, rote Bohnen
100 g getrocknete Wachtelbohnen
100 g getrocknete, weiße Bohnen
2 l Gemüsebrühe
250 g Kartoffeln
je 1 kleine, grüne und gelbe Paprikaschote

**Für die Mettklößchen:**
300 g Thüringer Mett (gewürztes Schweinemett)
1 EL klein geschnittene Petersilie
Salz, gem. Pfeffer
Paprikapulver edelsüß

**Zum Bestreuen:**
1 EL klein geschnittene Petersilie

*Pro Portion:*
E: 35 g, F: 19 g, Kh: 42 g,
kJ: 2009, kcal: 480

**1.** Alle Bohnen in ein hohes Gefäß geben, mit reichlich kaltem Wasser bedecken und über Nacht einweichen.
**2.** Die Bohnen in einem Sieb abtropfen lassen und in einen großen Topf geben. Brühe hinzugießen und zum Kochen bringen. Die Bohnen zugedeckt etwa 45 Minuten garen.
**3.** In der Zwischenzeit Kartoffeln schälen, abspülen, abtropfen lassen und in kleine Würfel schneiden. Die Paprikaschoten halbieren, entstielen, entkernen und die weißen Scheidewände entfernen. Schoten abspülen, abtropfen lassen und in kleine Würfel schneiden.
**4.** Kartoffel- und Paprikawürfel zu den Bohnen in den Topf geben, wieder zum Kochen bringen und den Bohneneintopf weitere etwa 10 Minuten garen.
**5.** Für die Klößchen Mett und Petersilie mit einer Gabel verkneten und mit abgespülten Händen zu kleinen Klößchen formen. Die Mettklößchen in den Eintopf geben und etwa 5 Minuten mitgaren. Den Bohneneintopf mit Salz, Pfeffer und Paprika würzen, mit Petersilie bestreuen.

**Tipp:** Den Bohneneintopf jeweils in einen tiefen Teller geben, mit je 1 Esslöffel Crème fraîche und einem abgespülten, trocken getupften Thymianstängel garnieren.

Gemüsesuppe mit Grießnocken

## Gemüsesuppe mit Grießnocken

4 Portionen

*Zubereitungszeit:* 40 Minuten
*Garzeit:* etwa 60 Minuten

**Für die Gemüsesuppe:**
3 Zwiebeln
2 Knoblauchzehen
2 Bund Suppengrün (Sellerie, Möhren, Porree)
etwa 100 g Petersilienwurzeln
50 ml Speiseöl, z. B. Rapsöl
3 l Wasser
1 gestr. EL Salz
2 Lorbeerblätter
1 TL Pfefferkörner

pro Portion 1,25 Euro

**Für die Grießnocken:**
500 ml Milch (3,5 % Fett)
25 g Butter
1/2 gestr. TL Salz
ger. Muskatnuss
100 g Hartweizengrieß
1 Ei (Größe M)
Salz

1/2 Bund Schnittlauch

*Pro Portion:*
E: 9 g, F: 24 g, Kh: 26 g, kJ: 1487, kcal: 355

**1.** Für die Suppe die Zwiebeln und den Knoblauch abziehen, in kleine Würfel schneiden. Suppengrün putzen, schälen, abspülen und abtropfen lassen. Das Suppengrün grob würfeln. Petersilienwurzeln putzen, schälen, abspülen, abtropfen lassen und ebenfalls würfeln.
**2.** Speiseöl in einem großen Topf erhitzen. Zwiebel- und Knoblauchwürfel darin andünsten. Vorbereitete Gemüsewürfel hinzugeben und unter Rühren kurz mit andünsten.
**3.** Das Wasser hinzugießen. Salz, Lorbeerblätter und Pfefferkörner hinzufügen. Die Zutaten zum Kochen bringen. Das Gemüse ohne Deckel etwa 60 Minuten bei schwacher bis mittlerer Hitze kochen lassen.
**4.** Für die Grießnocken in der Zwischenzeit Milch, Butter, Salz und Muskat in einem Topf zum Kochen bringen. Grieß unter Rühren einstreuen und unter Rühren einmal gut aufkochen. Grieß 3–4 Minuten bei schwacher Hitze kochen lassen, bis ein dicker Grießbrei entstanden ist.
**5.** Den Grießbrei in eine Rührschüssel geben, Ei unterrühren. Mit Salz und Muskat abschmecken.
**6.** Salzwasser in einem Topf zum Kochen bringen. Mithilfe von 2 Esslöffeln Nocken von dem Grießbrei abstechen und in das kochende Salzwasser geben. Die Nocken etwa 4 Minuten bei schwacher Hitze gar ziehen lassen. Die Nocken sind gar, wenn sie an der Oberfläche schwimmen.
**7.** Grießnocken mit einer Schaumkelle aus dem Salzwasser nehmen, abtropfen lassen und auf einen Teller legen. Den Schnittlauch abspülen, trocken tupfen und in feine Röllchen schneiden.
**8.** Die Gemüsebrühe durch ein Sieb in einen Topf gießen. Die Nocken in die Brühe geben und etwa 4 Minuten erhitzen. Die Suppe auf Tellern anrichten und mit Schnittlauchröllchen bestreut servieren.

***Tipps:*** Falls die Nocken beim Garen auseinanderfallen, zusätzlich 1 Esslöffel Speisestärke unter den Grießbrei rühren. Es ist ratsam, zuerst eine Probenocke zuzubereiten.

## Gemüsesuppe mit Pesto

4 Portionen

*Zubereitungszeit:* 20 Minuten, ohne Einweichzeit
*Garzeit:* etwa 55 Minuten

250 g getrocknete, weiße Bohnen
2 Fleischtomaten
3 kleine, feste Zucchini (etwa 400 g)
2 Stangen Staudensellerie
3 Zwiebeln
250 g grüne Bohnen
1 l Gemüsebrühe
1 Kochbeutel Langkornreis (125 g)
Salz

pro Portion 2,48 Euro

**Für das Pesto:**
4 große Knoblauchzehen
3 Bund Basilikum, gem. Pfeffer
4 EL ger. Parmesan
125 ml Olivenöl

*Pro Portion:*
E: 20 g, F: 5 g, Kh: 53 g,
kJ: 1471, kcal: 351

**1.** Bohnen über Nacht in reichlich kaltem Wasser einweichen.
**2.** Tomaten kreuzweise einschneiden und mit kochendem Wasser übergießen. Nach 1–2 Minuten herausnehmen und mit kaltem Wasser abschrecken. Tomaten häuten, halbieren und die Stängelansätze herausschneiden. Tomaten vierteln.
**3.** Zucchini abspülen, abtrocknen und die Enden abschneiden. Staudensellerie putzen und die harten Außenfäden abziehen. Selleriestangen abspülen und abtropfen lassen. Zucchini und Sellerie in Scheiben schneiden. Zwiebeln abziehen und vierteln. Von den Bohnen die Enden abschneiden, evtl. abfädeln. Bohnen abspülen, abtropfen lassen und in Stücke schneiden oder brechen.
**4.** Die Brühe in einem Topf zum Kochen bringen. Die abgetropften, weißen Bohnen hinzufügen, zum Kochen bringen und zugedeckt bei mittlerer Hitze etwa 40 Minuten kochen lassen. Die Zucchini-, Selleriescheiben, Zwiebelviertel und grüne Bohnen hinzugeben und zugedeckt etwa 15 Minuten mitgaren lassen. Tomatenviertel etwa 5 Minuten vor Ende der Garzeit hinzufügen.
**5.** In der Zwischenzeit den Reis in kochendem Salzwasser nach Packungsanleitung garen.
**6.** Für das Pesto Knoblauch abziehen. Basilikum abspülen und trocken tupfen. Die Blättchen von den Stängeln zupfen. Basilikumblättchen mit Knoblauch, Salz und Pfeffer in einen hohen Rührbecher geben und mit einem Pürierstab zu einer Paste verrühren. Parmesan unterarbeiten. Olivenöl nach und nach unterschlagen. Pesto nochmals mit Salz und Pfeffer abschmecken.
**7.** Den garen Reis in einem Sieb abtropfen lassen und den Beutel aufschneiden. Den Reis kurz vor dem Servieren in die Suppe geben und unterrühren. Die Suppe mit 1–2 Teelöffeln Pesto verfeinern.

## Gemüse-Fisch-Eintopf

4 Portionen

*Zubereitungszeit:* 35 Minuten, ohne Auftauzeit
*Garzeit:* etwa 30 Minuten

500 g TK-Kabeljaufilet
375 g Kartoffeln
100 g Zwiebeln
3 EL Olivenöl
250 g TK-Brechbohnen
Salz, gem. Pfeffer
250 ml Fisch- oder Gemüsebrühe
250 g Champignons
1–2 EL Zitronensaft
125 ml Weißwein
2 EL Rosmarinnadeln

pro Portion 1,35 Euro

*Pro Portion:*
E: 28 g, F: 9 g, Kh: 17 g,
kJ: 1186, kcal: 283

**1.** Kabeljaufilet nach Packungsanleitung auftauen lassen.
**2.** Kartoffeln schälen, abspülen, abtropfen lassen und in Würfel schneiden. Zwiebeln abziehen und in Scheiben schneiden.
**3.** Olivenöl in einem Topf erhitzen. Die Zwiebelwürfel darin andünsten. Die gefrorenen Bohnen und Kartoffelwürfel hinzufügen, kurz mitdünsten lassen, mit Salz und Pfeffer würzen.
**4.** Brühe hinzugießen und zum Kochen bringen. Das Gemüse und die Kartoffelwürfel darin zugedeckt etwa 20 Minuten dünsten.
**5.** In der Zwischenzeit die Champignons putzen, evtl. kurz abspülen, trocken tupfen und in Scheiben schneiden.
**6.** Das Kabeljaufilet kurz unter fließendem kalten Wasser abspülen, trocken tupfen, mit Zitronensaft beträufeln und mit Salz würzen. Kabeljaufilet in nicht zu kleine Stücke schneiden.
**7.** Champignonscheiben, Fischstücke und Weißwein zum vorgegarten Gemüse in den Topf geben und noch etwa 10 Minuten bei schwacher Hitze gar ziehen lassen.
**8.** Den Eintopf mit Salz und Pfeffer abschmecken und mit Rosmarinnadeln bestreuen.

Gemüsesuppe mit Pesto

Gemüse-Fisch-Eintopf

## Hühnerbrühe

6–8 Portionen

pro Portion 1,20 Euro

*Zubereitungszeit:* 30 Minuten, ohne Kühlzeit
*Garzeit:* 1 1/2–2 Stunden

1 Suppenhuhn (etwa 1 1/2 kg)
2–3 l Wasser, 1 gestr. EL Salz
1 Bund Suppengrün (Sellerie, Möhren, Porree)
1 Knoblauchzehe
10 weiße Pfefferkörner
2 Lorbeerblätter
1 Kräutersträußchen (3 Stängel Petersilie, 2–3 Stängel Thymian)

*Pro Portion:*
E: 17 g, F: 17 g, Kh: 2 g,
kJ: 954, kcal: 229

**1.** Suppenhuhn innen und außen unter fließendem kalten Wasser abspülen und trocken tupfen. Wenn nötig, Innereien entfernen.
**2.** Wasser in einem großen Topf zum Kochen bringen. Das Huhn in das kochende Wasser geben und wieder zum Kochen bringen. Dabei den Schaum mit einer Schaumkelle abschöpfen. Das Huhn 1 1/2–2 Stunden kochen lassen. Wenn nötig, etwas kaltes Wasser hinzugießen. Salz hinzugeben.
**3.** Sellerie und Möhren putzen, schälen, abspülen, abtropfen lassen und grob zerkleinern. Porree putzen, die Stange längs halbieren, gründlich waschen, abtropfen lassen und in etwa 2 cm breite Stücke schneiden. Knoblauch abziehen.
**4.** Vorbereitetes Suppengrün mit Knoblauch, Pfefferkörnern und Lorbeerblättern nach etwa 1 Stunde Garzeit in die Brühe geben und mitgaren lassen.
**5.** Kräutersträußchen abspülen und trocken tupfen. Etwa 15 Minuten vor Ende der Garzeit das Kräutersträußchen in die Brühe geben und ziehen lassen.
**6.** Das Huhn aus der Suppe nehmen. Brühe durch ein feines Sieb gießen.
**7.** Das Huhn etwas abkühlen lassen, enthäuten, das Fleisch von den Knochen lösen, in Stücke schneiden und als Suppeneinlage nutzen. Oder für einen Salat oder Sandwich verwenden.

## Gemüsesuppe mit weißen Bohnen

4 Portionen

pro Portion 1,05 Euro

*Zubereitungszeit:* 50 Minuten
*Garzeit:* etwa 20 Minuten

1/2 Gemüsezwiebel
1 Knoblauchzehe
250 g Staudensellerie (etwa 4 Stangen)
4 EL Olivenöl
gerebelter Oregano
1 l Gemüsebrühe
125 g Spaghetti
125 g TK-Erbsen
2 Tomaten
315 g abgetropfte, weiße Bohnen (aus der Dose)
Salz, gem. Pfeffer
einige Basilikumblättchen

*Pro Portion:*
E: 12 g, F: 11 g, Kh: 38 g,
kJ: 1261, kcal: 301

**1.** Zwiebel und Knoblauch abziehen, in kleine Würfel schneiden. Staudensellerie putzen und die harten Außenfäden abziehen. Sellerie abspülen, abtropfen lassen und in kleine Stücke schneiden.
**2.** Olivenöl in einem großen Topf erhitzen. Zwiebel-, Knoblauchwürfel, Oregano und Selleriestücke darin andünsten. Brühe hinzugießen, zum Kochen bringen und zugedeckt etwa 10 Minuten kochen lassen.
**3.** Spaghetti einmal durchbrechen, mit den gefrorenen Erbsen in die Brühe geben, wieder zum Kochen bringen und etwa 10 Minuten unter gelegentlichem Rühren kochen.
**4.** Tomaten kreuzweise einschneiden und mit kochendem Wasser übergießen. Nach 1–2 Minuten herausnehmen und mit kaltem Wasser abschrecken. Tomaten häuten,

Hühnerbrühe

Gemüsesuppe mit weißen Bohnen

halbieren und die Stängelansätze herausschneiden. Tomatenhälften entkernen und in Würfel schneiden. Tomatenwürfel mit den Bohnen in die Suppe geben und nochmals erhitzen. Mit Salz und Pfeffer würzen.
**5.** Die Gemüsesuppe in eine Terrine füllen, mit abgespülten und trocken getupften Basilikumblättchen bestreuen und sofort servieren.

## Kartoffel-Porree-Suppe (kalt)

4 Portionen (ohne Foto)

*Zubereitungszeit:* 25 Minuten, ohne Kühlzeit
*Garzeit:* etwa 15 Minuten

600 g Kartoffeln
300 g Porree (Lauch)
1 Petersilienwurzel (etwa 70 g)
300 g Möhren
2 EL Olivenöl
1 l Gemüsebrühe
Salz
125 g Schlagsahne
gem. Pfeffer
1 EL Schnittlauchröllchen

pro Portion 0,80 Euro

*Pro Portion:*
E: 6 g, F: 15 g, Kh: 27 g,
kJ: 1137, kcal: 271

**1.** Kartoffeln schälen, abspülen, abtropfen lassen und in Würfel schneiden. Den Porree putzen, die Stangen längs halbieren, gründlich waschen, abtropfen lassen und in sehr dünne Streifen schneiden.
**2.** Petersilienwurzel und Möhren putzen, schälen, abspülen und abtropfen lassen. Die Petersilienwurzel und zwei Drittel der Möhren würfeln.
**3.** Olivenöl in einem Topf erhitzen, die Kartoffelwürfel, Porreestreifen, Petersilienwurzel- und Möhrenwürfel darin portionsweise andünsten, Gemüsebrühe hinzugießen. Die Zutaten zum Kochen bringen. Die Suppe zugedeckt etwa 15 Minuten kochen lassen. Den Topf von der Kochstelle nehmen. Die Suppe mit einem Pürierstab oder im Mixer pürieren, abkühlen lassen und dann zugedeckt in den Kühlschrank stellen.
**4.** Die restlichen Möhren auf dem Gemüsehobel in sehr dünne Scheiben schneiden und leicht mit Salz würzen.
**5.** Vor dem Servieren Sahne unter die Suppe rühren. Die Suppe mit Salz und Pfeffer würzen. Mit Möhrenscheiben und Schnittlauchröllchen garnieren.

***Tipps:*** Dazu passt Roggenbaguette. Die Kartoffel-Porree-Suppe als Vorspeise reichen oder an heißen Tagen als leichte Mahlzeit servieren.

Kichererbsensuppe mit Aromaöl-Tropfen und Minze

## Kichererbsensuppe mit Aromaöl-Tropfen und Minze

4 Portionen

pro Portion 0,95 Euro

*Zubereitungszeit:* 30 Minuten

**Für das Gewürzöl:**
6 EL Olivenöl
1 TL gem. Schwarzkümmel
1 TL gem. Kurkuma (Gelbwurz)
2 TL Paprikapulver rosenscharf

250 g Kichererbsen (aus der Dose)
100 g Zwiebeln
2 geh. TL gem. Kreuzkümmel (Cumin)
400 ml Gemüsebrühe
100 g Schlagsahne
10 Minzeblättchen
Salz
3 EL Zitronensaft
Cayennepfeffer
8 dünne Scheiben Fladenbrot (je etwa 30 g)

*Pro Portion:*
E: 11 g, F: 26 g, Kh: 44 g,
kJ: 1933, kcal: 462

**1.** Für das Gewürzöl 2 Esslöffel Olivenöl mit Schwarzkümmel, Kurkuma und Paprika verrühren.
**2.** Kichererbsen in ein Sieb geben, mit kaltem Wasser abspülen und gut abtropfen lassen. Zwiebeln abziehen und klein würfeln. Restliches Olivenöl in einem Topf erhitzen. Die Zwiebelwürfel darin kräftig andünsten. Cumin hinzugeben und mitdünsten lassen. Kichererbsen hinzugeben. Brühe und Sahne hinzugießen. Die Zutaten zum Kochen bringen und etwa 5 Minuten kochen lassen.
**3.** Die Minzeblättchen abspülen und trocken tupfen. Die Suppe mit Salz, Zitronensaft und Cayennepfeffer pikant würzen. Zwei Drittel der Minzeblättchen hinzugeben. Die Suppe mit einem Pürierstab sehr fein und cremig pürieren.
**4.** Den Backofengrill vorheizen.
**5.** Die Fladenbrotscheiben unter dem vorgeheizten Backofengrill kurz goldbraun rösten und anschließend in Streifen schneiden. Die restlichen Minzeblättchen in Streifen schneiden. Die Kichererbsensuppe in Tellern verteilen und mit dem Gewürzöl beträufeln. Mit den Minzestreifen garnieren und mit den Fladenbrotstreifen servieren.

## Leichter Kartoffel-Möhren-Topf

4 Portionen (ohne Foto)

*Zubereitungszeit:* 25 Minuten
*Garzeit:* etwa 20 Minuten

pro Portion 1,60 Euro

500 g Kartoffeln
500 g Möhren
400 g Schweinefleisch (Nackenstück, ohne Knochen)
2 Zwiebeln
3 EL Speiseöl
Salz, gem. Pfeffer
1 TL gem. Kurkuma (Gelbwurz)
500 ml Gemüsebrühe

*Pro Portion:*
E: 22 g, F: 22 g, Kh: 25 g,
kJ: 1608, kcal: 383

**1.** Die Kartoffeln schälen, abspülen, abtropfen lassen und in Würfel schneiden. Möhren putzen, schälen, abspülen, abtropfen lassen und in Scheiben schneiden.
**2.** Schweinefleisch mit Küchenpapier trocken tupfen und in etwa 2 cm große Würfel schneiden. Zwiebeln abziehen und klein würfeln.
**3.** Speiseöl in einem breiten Topf erhitzen, die Fleischwürfel darin von allen Seiten braun anbraten. Die Zwiebelwürfel hinzugeben und mitdünsten lassen. Anschließend die Kartoffelwürfel und Möhrenscheiben hinzugeben und unter Rühren andünsten, mit Salz, Pfeffer und Kurkuma würzen.
**4.** Gemüsebrühe hinzugießen und zum Kochen bringen. Den Kartoffel-Möhren-Topf zugedeckt etwa 20 Minuten garen.

***Tipp:*** Wenn Sie Kurkuma nicht gern mögen, würzen Sie die Suppe einmal mit frischem, klein geschnittenen Majoran. Statt des Schweinefleischs können Sie auch in Würfel geschnittenen Kasseler Nacken verwenden. Würzen Sie dann zusätzlich mit einem Lorbeerblatt.

Königinsuppe

## Königinsuppe

4 Portionen

*Zubereitungszeit:* 25 Minuten, ohne Abkühlzeit
*Garzeit:* etwa 25 Minuten

pro Portion 0,80 Euro

200 g Hähnchenbrust
1 l Hühnerbrühe
150 g Blumenkohl
40 g Butter, 40 g Weizenmehl
1 EL gem. Mandeln
1 Eigelb (Größe M)
125 g Schlagsahne
Salz, gem. Pfeffer
einige Petersilienblättchen

*Pro Portion:*
E: 17 g, F: 23 g, Kh: 10 g,
kJ: 1293, kcal: 309

**1.** Hähnchenbrust kurz unter fließendem kalten Wasser abspülen und trocken tupfen. Die Hälfte der Hühnerbrühe in einem Topf zum Kochen bringen. Die Hähnchenbrust darin etwa 10 Minuten garen.
**2.** Blumenkohl putzen, abspülen, abtropfen lassen und in kleine Röschen teilen. Blumenkohlröschen zum Hähnchenfleisch in den Topf geben und 3–5 Minuten mitgaren lassen. Hähnchenfleisch und Blumenkohlröschen mit einer Schaumkelle aus dem Topf nehmen und beiseitelegen. Brühe beiseitestellen.
**3.** Die Butter in einem Topf zerlassen, Mehl und Mandeln darin unter Rühren so lange erhitzen, bis das Mehl hellgelb ist.
**4.** Nach und nach die restliche kalte Hühnerbrühe (500 ml) hinzugießen und mit einem Schneebesen durchschlagen. Dabei darauf achten, dass keine Klümpchen entstehen. Die Suppe unter Rühren zum Kochen bringen. Die beiseitegestellte Hühnerbrühe (von der gekochten Hähnchenbrust) unterrühren, zum Kochen bringen und etwa 10 Minuten kochen lassen.
**5.** Das beiseitegelegte Hähnchenfleisch in Würfel schneiden, zusammen mit den Blumenkohlröschen in die Suppe geben und erhitzen.
**6.** Das Eigelb mit Sahne verschlagen, unter die Suppe rühren und erhitzen (Suppe nicht mehr kochen lassen). Suppe mit Salz und Pfeffer würzen.
**7.** Die Suppe in Suppenschalen anrichten und mit abgespülten und trocken getupften Petersilienblättchen garnieren.

## Lammeintopf mit Graupen

4 Portionen (ohne Foto)

*Zubereitungszeit:* 20 Minuten
*Garzeit:* etwa 55 Minuten

pro Portion **2,20** Euro

400 g Lammschulter (ohne Knochen)
1,2 l Gemüsebrühe
100 g Knollensellerie
300 g Möhren
500 g Kartoffeln
1 Stange Porree (Lauch)
100 g Blumenkohl
Salz, gem. Pfeffer
gerebelter Thymian
1 abgezogene Knoblauchzehe
100 g gegarte Graupen

*Pro Portion:*
E: 25 g, F: 7 g, Kh: 29 g,
kJ: 1203, kcal: 287

**1.** Lammfleisch mit Küchenpapier trocken tupfen und in Würfel schneiden. Gemüsebrühe in einem Topf zum Kochen bringen, die Lammfleischwürfel darin etwa 35 Minuten garen.
**2.** Sellerie und Möhren putzen. Kartoffeln, Sellerie und Möhren schälen, abspülen, abtropfen lassen, in Würfel schneiden und zu den Fleischwürfeln in die Brühe geben, wieder zum Kochen bringen und weitere etwa 15 Minuten kochen lassen.
**3.** Den Porree putzen, die Stange längs halbieren, gründlich waschen, abtropfen lassen und in Streifen schneiden. Blumenkohl putzen, abspülen, abtropfen lassen und in Röschen teilen.
**4.** Porreestreifen und Blumenkohlröschen in den Eintopf geben, mit Salz, Pfeffer, Thymian und gehacktem Knoblauch würzen. Graupen hinzufügen. Den Eintopf noch einige Minuten bei schwacher Hitze kochen.

***Tipp:*** Vor dem Servieren 1–2 Esslöffel gehackte, frische Minze in den Eintopf geben.

## Kürbis-Linsen-Eintopf

4 Portionen

*Zubereitungszeit:* 25 Minuten
*Garzeit:* 30–35 Minuten

pro Portion **1,60** Euro

3 Zwiebeln
2 Knoblauchzehen
500 g Kürbis, z. B. Hokkaido
200 g Staudensellerie
450 g Kartoffeln
100 g getrocknete Tellerlinsen
2 EL Kürbiskernöl
1 l Gemüsebrühe
200 g Wiener Würstchen
1/2 Bund Zitronenthymian
Salz
gem. Pfeffer
evtl. 2 EL Kürbiskernöl

*Pro Portion:*
E: 18 g, F: 18 g, Kh: 34 g,
kJ: 1536, kcal: 367

**1.** Zwiebeln und Knoblauch abziehen. Zwiebeln in feine Würfel schneiden, Knoblauch hacken. Kürbis abspülen, abtropfen lassen, entkernen und in Stücke schneiden. Staudensellerie putzen und die harten Außenfäden abziehen. Selleriestangen abspülen, abtropfen lassen und in Würfel schneiden. Kartoffeln schälen, abspülen, abtropfen lassen und ebenfalls würfeln.
**2.** Tellerlinsen in ein Sieb geben und mit kaltem Wasser abspülen. Das Kürbiskernöl in einem Topf erhitzen. Zwiebelwürfel und Knoblauch darin andünsten. Kürbis-, Sellerie-, Kartoffelwürfel und Linsen hinzufügen. Gemüsebrühe hinzugießen und zum Kochen bringen. Den Eintopf zugedeckt 20–25 Minuten bei mittlerer Hitze kochen.
**3.** In der Zwischenzeit Wiener Würstchen in Scheiben schneiden. Zitronenthymian abspülen und trocken tupfen. Die Blättchen von den Stängeln zupfen. Würstchenscheiben und Zitronenthymianblättchen in den Eintopf geben und zugedeckt weitere etwa 10 Minuten garen.
**4.** Die Eintopf mit Salz und Pfeffer abschmecken und nach Beleiben mit Kürbiskernöl beträufeln.

Kürbis-Linsen-Eintopf

## Pikanter Linsentopf mit Tofusaitling

4 Portionen

pro Portion 2,45 Euro

*Zubereitungszeit:* 30 Minuten, ohne Einweichzeit
*Garzeit:* etwa 25 Minuten

**Zum Vorbereiten:**
250 g getrocknete Puy-Linsen (französische Berglinsen)

1 Bund Suppengrün (Sellerie, Möhren, Porree)
1 Zwiebel
2 Knoblauchzehen
1 Chilischote
2 große, festkochende Kartoffeln (etwa 300 g)
2 EL Butter
1 EL Zucker
3 EL Balsamico-Essig
1 1/2 l Gemüsebrühe
Salz
1 Stängel Rosmarin
2 Stängel Thymian
gem. schwarzer Pfeffer
4 geräucherte Tofusaitlinge (Tofuwürstchen)
1/2 Bund glatte Petersilie
evtl. einige Stängel Thymian

*Pro Portion:*
E: 29 g, F: 14 g, Kh: 57 g,
kJ: 1998, kcal: 474

**1.** Zum Vorbereiten Linsen in kaltem Wasser über Nacht einweichen.
**2.** Suppengrün putzen, abspülen, abtropfen lassen und in kleine Würfel schneiden. Zwiebel und Knoblauch abziehen, ebenfalls klein würfeln. Chilischote abspülen, trocken tupfen, entstielen und in feine Ringe schneiden. Die Kartoffeln schälen, abspülen, abtropfen lassen und in Würfel schneiden.
**3.** Butter in einem großen Topf zerlassen, Zucker darin karamellisieren. Vorbereitete Gemüsewürfel mit Zwiebel-, Knoblauchwürfeln, Chiliringen und Kartoffelwürfeln portionsweise hinzugeben und andünsten. Mit Balsamico-Essig ablöschen, Gemüsebrühe sofort hinzugießen. Die eingeweichten Linsen abtropfen lassen und hinzugeben. Mit Salz würzen.
**4.** Rosmarin und Thymian abspülen, trocken tupfen und ebenfalls hinzugeben. Zutaten zum Kochen bringen. Eintopf zugedeckt etwa 25 Minuten bei schwacher Hitze kochen lassen.
**5.** Die Kräuterstängel aus dem Eintopf nehmen. Den Eintopf mit Salz, Pfeffer und evtl. mit etwas Balsamico-Essig abschmecken. Die Tofusaitlinge in den Eintopf geben und miterhitzen.
**6.** In der Zwischenzeit die Petersilie abspülen und trocken tupfen. Die Blättchen von den Stängeln zupfen. Blättchen klein schneiden.
**7.** Den Eintopf mit den Tofusaitlingen in Suppenschalen anrichten und mit der Petersilie bestreut servieren. Nach Belieben mit abgespülten, trocken getupften Thymianstängeln garnieren.

***Beilage:*** Frisches Roggenbrot.

Pikanter Linsentopf mit Tofusaitling

## Schlesische Kartoffelsuppe

4 Portionen (ohne Foto)

pro Portion 1,25 Euro

*Zubereitungszeit:* 50 Minuten
*Garzeit:* etwa 35 Minuten

1 Zwiebel
75 g durchwachsener Speck
2–3 EL Speiseöl
250 g Knollensellerie
200 g Porree (Lauch)
500 g Kartoffeln
1 l Gemüsebrühe
2 Paar Wiener Würstchen mit Knoblauch (etwa 400 g)
2–3 Gewürzgurken
Salz, gem. Pfeffer

*Pro Portion:*
E: 21 g, F: 35 g, Kh: 20 g,
kJ: 2024, kcal: 483

**1.** Die Zwiebel abziehen und klein würfeln. Speck ebenfalls in Würfel schneiden. Speiseöl in einem Topf erhitzen, Zwiebel- und Speckwürfel darin andünsten.
**2.** Sellerie putzen, schälen, abspülen, abtropfen lassen und in Würfel schneiden. Porree putzen, die Stangen längs halbieren, gründlich waschen, abtropfen lassen, in Streifen schneiden. Die Kartoffeln schälen,

abspülen, abtropfen lassen und in Würfel schneiden.

**3.** Selleriewürfel, Porreestreifen und Kartoffelwürfel zu der Speck-Zwiebel-Masse in den Topf geben und unter Rühren mitdünsten lassen. Gemüsebrühe hinzugießen und zum Kochen bringen. Die Kartoffelsuppe in etwa 35 Minuten gar kochen.

**4.** Würstchen und Gewürzgurken in Scheiben schneiden. Kurz vor Ende der Garzeit in die Suppe geben und miterhitzen. Mit Salz und Pfeffer abschmecken.

Rindssuppe mit Grießnocken

## Rindssuppe mit Grießnocken

10 Portionen

*Zubereitungszeit:* 40 Minuten
*Garzeit:* etwa 4 Stunden

1,2 kg Suppenfleisch,
z. B. hohe Rippe oder Beinscheibe
4 l Wasser
1 Bund Suppengrün
(Sellerie, Möhren, Porree)
1 Zwiebel
1 Bund Petersilie
1 Gewürznelke
2 Lorbeerblätter
10 Pfefferkörner
2 gestr. TL Salz

pro Portion 1,35 Euro

**Für die Grießnocken:**
1 l Milch (3,5 % Fett)
50 g Butter
1 gestr. TL Salz
ger. Muskatnuss
200 g Hartweizengrieß
2 Eier (Größe M)
Salz

1 Bund Schnittlauch

*Pro Portion:*
E: 32 g, F: 25 g, Kh: 21 g,
kJ: 1813, kcal: 434

**1.** Suppenfleisch kurz unter fließendem kalten Wasser abspülen, trocken tupfen. Wasser in einem großen Topf zum Kochen bringen. Das Suppenfleisch hineinlegen und einmal kräftig aufkochen lassen. Den Schaum mit einer Schaumkelle abschöpfen.

**2.** Suppengrün putzen, schälen, abspülen, abtropfen lassen, in Stücke schneiden und zum Fleisch in den Topf geben.

**3.** Die Zwiebel halbieren und mit der Schnittfläche nach unten in einer heißen Pfanne ohne Fett bräunen lassen. Zwiebelhälften herausnehmen und zu dem Suppenfleisch in den Topf geben.

**4.** Petersilie abspülen, trocken tupfen und in die Suppe legen. Gewürznelke, Lorbeerblätter, Pfefferkörner und Salz hinzugeben. Die Suppe zum Kochen bringen und etwa 3 Stunden ohne Deckel bei schwacher Hitze kochen lassen. Die Suppe mit Salz abschmecken.

**5.** Das gegarte Suppenfleisch aus der Brühe nehmen und etwas abkühlen lassen. Suppe durch ein Sieb in einen Topf gießen. Gemüse, Petersilie und Gewürze entfernen.

**6.** Suppenfleisch von den Knochen lösen, in kleine Stücke schneiden und in die Suppe geben. Die Suppe auf Zimmertemperatur abkühlen lassen und zugedeckt in den Kühlschrank stellen. Die Suppe entfetten.

**7.** Für die Grießnocken Milch, Butter, Salz und Muskat in einem Topf zum Kochen bringen. Grieß unter Rühren einstreuen, unter Rühren einmal stark aufkochen und 3–4 Minuten bei schwacher Hitze kochen lassen, bis ein dicker Grießbrei entstanden ist.

**8.** Den Grießbrei in eine Rührschüssel geben und die Eier unterrühren. Mit Salz und Muskat abschmecken.

**9.** Reichlich Salzwasser in einem Topf zum Kochen bringen. Mit zwei abgespülten Esslöffeln Nocken von dem Grießbrei abstechen und in das siedende Salzwasser geben. Die Nocken etwa 4 Minuten bei schwacher Hitze gar ziehen lassen. Die Nocken sind gar, wenn sie an der Oberfläche schwimmen.

**10.** Grießnocken mit einer Schaumkelle aus dem Salzwasser nehmen, abtropfen lassen und auf ein Backblech legen. Die Nocken mit Frischhaltefolie zudecken und bis zum Servieren kalt stellen.

**11.** Vor dem Servieren Schnittlauch abspülen, trocken tupfen und in feine Röllchen schneiden. Die Rindsuppe erhitzen, evtl. nachwürzen. Die Nocken hinzugeben und etwa 4 Minuten miterhitzen.

**12.** Die Suppe auf Tellern anrichten und mit Schnittlauchröllchen bestreut servieren.

Schokoladensuppe

## Schokoladensuppe

4 Portionen

*Zubereitungszeit:* 20 Minuten, ohne Ziehzeit

pro Portion 0,30 Euro

**Für die Suppe:**
1 Pck. Dr. Oetker Pudding-Pulver Schokoladen-Geschmack
75 g Zucker
1 Prise Salz
1 l Milch (3,5 % Fett)
1 Eigelb (Größe M)

*Pro Portion:*
E: 10 g, F: 11 g, Kh: 39 g,
kJ: 1220, kcal: 291

**1.** Für die Suppe Pudding-Pulver mit Zucker und Salz mischen. Nach und nach mit mindestens 6 Esslöffeln von der Milch glatt rühren. Eigelb unterrühren. Restliche Milch in einem Topf zum Kochen bringen.
**2.** Dann den Topf von der Kochstelle nehmen und das angerührte Pudding-Pulver mit einem Schneebesen einrühren. Den Topf wieder auf die Kochstelle geben und alles unter Rühren kurz aufkochen.

***Tipps:*** Einen besonderen Geschmack erhält die Suppe, wenn Sie 1 kleine Stange Zimt mitkochen. Die Suppe mit Raspelschokolade bestreut servieren.

Scharfe Gemüsesuppe

## Scharfe Gemüsesuppe

12 Portionen

*Zubereitungszeit:* 50 Minuten
*Garzeit:* etwa 20 Minuten

pro Portion 1,00 Euro

2 Bund Suppengrün (Sellerie, Möhren, Porree)
6 Zwiebeln
4 Knoblauchzehen
2 Chilischoten
3 Stangen Porree (Lauch)
5 EL Speiseöl, z. B. Sonnenblumenöl
4–5 gestr. EL Tomatenmark
Salz
gem. Pfeffer
300 g grüne TK-Bohnen
2 1/2 l Gemüsebrühe
1,6 kg stückige Tomaten (aus der Dose)
500 g abgetropfte Kidneybohnen (aus der Dose)
1–2 TL Paprikapulver rosenscharf
1 Bund klein geschnittene Petersilie

*Pro Portion:*
E: 9 g, F: 5 g, Kh: 17 g,
kJ: 637, kcal: 152

**1.** Vom Suppengrün Sellerie und Möhren putzen, schälen, abspülen, abtropfen lassen und in kleine Würfel schneiden. Porree putzen, die Stangen längs halbieren, gründlich waschen, abtropfen lassen und in kleine Stücke schneiden.
**2.** Zwiebeln und Knoblauch abziehen, fein würfeln. Von den Chilischoten die Stängelansätze abschneiden. Schoten längs aufschneiden und die Kerne mit einem spitzen Messer herausschaben. Schoten abspülen, trocken tupfen und in Ringe schneiden.
**3.** Porree putzen, die Stangen längs halbieren, waschen, abtropfen lassen und in Streifen schneiden.
**4.** Das Speiseöl in einem großen Topf erhitzen. Vorbereites Suppengrün, Zwiebel- und Knoblauchwürfel darin evtl. portionsweise andünsten. Das Tomatenmark unterrühren und kurz mitdünsten, mit Salz und Pfeffer würzen. Porreestreifen, die gefrorenen Bohnen und Chiliringe unterrühren. Die Gemüsebrühe hinzugießen. Die Zutaten zum Kochen bringen. Die Suppe zugedeckt etwa 5 Minuten bei mittlerer Hitze kochen lassen.
**5.** Die stückigen Tomaten unterrühren, wieder zum Kochen bringen. Die Suppe zugedeckt weitere etwa 8 Minuten bei mittlerer Hitze kochen lassen, bis das Gemüse gar ist. Dabei gelegentlich umrühren.
**6.** In der Zwischenzeit Kidneybohnen in ein Sieb geben, mit kaltem Wasser abspülen und abtropfen lassen.
**7.** Kidneybohnen in die Suppe geben und kurz erwärmen.
**8.** Die Suppe mit Salz, Pfeffer und Paprika abschmecken und mit Petersilie bestreuen.

## Zucchini-Kokos-Suppe

4 Portionen

*Zubereitungszeit:* 30 Minuten

pro Portion 1,20 Euro

2 Knoblauchzehen
2 Zwiebeln
4 kleine Zucchini
2 EL Speiseöl, z. B. Sonnenblumenöl
600 ml Gemüsebrühe
400 ml ungesüßte Kokosmilch
100 g Schafskäse
einige Stängel Schnittlauch
gem. Zitronengras
Salz, gem. Pfeffer

*Pro Portion:*
E: 10 g, F: 28 g, Kh: 8 g,
kJ: 1317, kcal: 317

**1.** Knoblauch und Zwiebeln abziehen, beides fein würfeln. Zucchini abspülen, abtrocknen und die Enden abschneiden. Zucchini klein würfeln.
**2.** Speiseöl in einem Topf erhitzen, Knoblauch- und Zwiebelwürfel darin andünsten. Die Zucchiniwürfel hinzugeben und unter Rühren kurz mitdünsten.
**3.** Die Gemüsebrühe und Kokosmilch hinzugießen. Die Zutaten unter gelegentlichem Rühren zum Kochen bringen und zugedeckt etwa 5 Minuten bei schwacher Hitze kochen lassen.
**4.** In der Zwischenzeit Schafskäse in kleine Würfel schneiden. Schnittlauch abspülen, trocken tupfen und in feine Röllchen schneiden. Schafskäsewürfel und Schnittlauchröllchen mit etwas Zitronengras kurz in der Suppe erhitzen.
**5.** Die Suppe mit Salz, Pfeffer und evtl. Zitronengras pikant abschmecken und heiß servieren.

Zucchini-Kokos-Suppe

## Spitzkohleintopf mit Tomaten

4 Portionen (ohne Foto)

*Zubereitungszeit:* 20 Minuten
*Garzeit:* etwa 30 Minuten

pro Portion 1,45 Euro

1,2 kg Spitzkohl
750 g Kartoffeln
500 g Tomaten
3 EL Speiseöl
375 ml heißes Wasser
Salz
gem. Pfeffer

**Für die Fleischklößchen:**
1 Brötchen (Semmel) vom Vortag
1 kleine Zwiebel
250 g Gehacktes (halb Rind-, halb Schweinefleisch)
1 Ei (Größe M)

*Pro Portion:*
E: 24 g, F: 20 g, Kh: 42 g,
kJ: 1910, kcal: 455

**1.** Spitzkohl putzen und den Strunk herausschneiden. Spitzkohl in Streifen schneiden, abspülen und abtropfen lassen. Kartoffeln schälen, abspülen, abtropfen lassen, in Würfel schneiden. Tomaten kreuzweise einschneiden und mit kochendem Wasser übergießen. Nach 1–2 Minuten herausnehmen und mit kaltem Wasser abschrecken. Tomaten häuten, halbieren und die Stängelansätze herausschneiden. Tomatenhälften entkernen und in Würfel schneiden.
**2.** Speiseöl in einem Topf erhitzen. Spitzkohlstreifen und Kartoffelwürfel hinzugeben und unter Rühren kurz andünsten. Heißes Wasser hinzugießen, mit Salz und Pfeffer würzen. Die Zutaten zum Kochen bringen, zugedeckt etwa 20 Minuten garen.
**3.** In der Zwischenzeit für die Klößchen Brötchen in kaltem Wasser einweichen und gut ausdrücken. Zwiebel abziehen und in kleine Würfel schneiden. Das Gehackte in eine Schüssel geben. Brötchen, Zwiebelwürfel und Ei hinzugeben und unterkneten. Mit Salz und Pfeffer würzen.
**4.** Aus der Hackfleischmasse mit angefeuchteten Händen etwa 20 Klößchen formen. Fleischklößchen und Tomatenwürfel in den Eintopf geben und 5–10 Minuten mitgaren lassen.
**5.** Den garen Eintopf mit Salz abschmecken und nach Belieben noch etwas Wasser hinzufügen.

**Tipp:** Noch einfacher ist es, wenn Sie statt frischer Tomaten geschälte aus der Dose verwenden. Dann die Tomaten in der Dose mit einer Gabel zerteilen und mit der Flüssigkeit in die Suppe geben.

## Süßkartoffelsuppe mit Backobst und Bacon

4 Portionen

*Zubereitungszeit:* 25 Minuten
*Garzeit:* etwa 20 Minuten

pro Portion 0,95 Euro

100 g Zwiebeln
20 g frischer Ingwer
300 g Süßkartoffeln
8 Pimentkörner
5 Wacholderbeeren
30 g Butter
150 ml Möhrensaft
100 ml Orangensaft
500 ml Geflügelbrühe, Salz
40 g Meerrettichwurzel
1/2 Bund Schnittlauch
50 g gemischtes Backobst
4 Scheiben Bacon (Frühstücksspeck)
je 1 TL fein abgeriebene
Bio-Orangen- und -Zitronenschale
(unbehandelt, ungewachst)

*Pro Portion:*
E: 5 g, F: 8 g, Kh: 30 g,
kJ: 912, kcal: 218

**1.** Zwiebeln abziehen. Ingwer schälen. Zwiebeln und Ingwer in kleine Würfel schneiden.

**2.** Die Süßkartoffeln dick schälen, abspülen, abtropfen lassen und in grobe Würfel schneiden. Pimentkörner und Wacholderbeeren grob zerstoßen.

**3.** Butter in einem Topf zerlassen. Die vorbereiteten Zutaten darin kräftig unter Rühren andünsten. Möhren-, Orangensaft und Brühe hinzugießen, mit Salz würzen.

**4.** Die Zutaten zum Kochen bringen und etwa 20 Minuten ohne Deckel kochen lassen.

**5.** In der Zwischenzeit den Meerrettich schälen, abspülen und abtropfen lassen. Schnittlauch abspülen, trocken tupfen und in feine Röllchen schneiden. Backobst klein würfeln.

**6.** Die Baconscheiben nebeneinander in einer erhitzten Pfanne von beiden Seiten knusprig ausbraten, herausnehmen und auf Küchenpapier abtropfen lassen.

**7.** Die Suppe fein pürieren und durch ein feines Sieb in einen Topf gießen. Die Rückstände im Sieb gut ausdrücken. Orangen- und Zitronenschale unterrühren. Die Suppe evtl. nochmals mit Salz abschmecken.

**8.** Die Suppe nochmals erhitzen. Backobstwürfel hineingeben. Die Suppe anrichten. Meerrettichwurzel daraufreiben und mit Schnittlauchröllchen bestreuen. Baconscheiben dazureichen.

Süßkartoffelsuppe mit Backobst und Bacon

## Weißkohleintopf

4 Portionen (ohne Foto)

*Zubereitungszeit:* 30 Minuten
*Garzeit:* etwa 40 Minuten

pro Portion 1,40 Euro

500 g Rindfleisch
(Gulaschfleisch)
1,2 kg Weißkohl
500 g Kartoffeln
250 g Möhren
4 EL Speiseöl
100 g Zwiebeln
Salz, gem. Pfeffer
1 TL Kümmelsamen
500 ml Wasser

*Pro Portion:*
E: 31 g, F: 17 g, Kh: 30 g,
kJ: 1704, kcal: 406

**1.** Das Rindfleisch mit Küchenpapier trocken tupfen und in kleine Würfel schneiden.

**2.** Von dem Weißkohl die schlechten Blätter entfernen. Weißkohl vierteln und den Strunk herausschneiden. Weißkohlviertel abspülen, abtropfen lassen, in kleine Stücke schneiden.

**3.** Kartoffeln schälen, abspülen, abtropfen lassen und in Würfel schneiden. Möhren putzen, schälen, abspülen, abtropfen lassen und in Stifte schneiden.

**4.** Speiseöl in einem Topf erhitzen. Die Fleischwürfel darin von allen Seiten leicht braun anbraten. Zwiebeln abziehen, in kleine Würfel schneiden, zu den angebratenen Fleischwürfeln in den Topf geben und mit andünsten. Mit Salz und Pfeffer würzen.

**5.** Weißkohlstücke, Kartoffelwürfel, Möhrenstifte und Kümmelsamen hinzufügen, Wasser hinzugießen. Die Zutaten zum Kochen bringen und zugedeckt etwa 40 Minuten garen.

**6.** Den Eintopf nochmals mit den Gewürzen abschmecken.

Kartoffelsuppe mit Wiener Würstchen

Würzige Kartoffel-Bohnen-Suppe

## Kartoffelsuppe mit Wiener Würstchen

4 Portionen

pro Portion 2,20 Euro

*Zubereitungszeit:* 30 Minuten, ohne Kühlzeit
*Garzeit:* etwa 20 Minuten

1 Bund Suppengrün (Möhren, Porree, Sellerie)
750 g mehligkochende Kartoffeln
2 EL Sonnenblumenöl
1 l Gemüsebrühe
1 Lorbeerblatt
1 TL gerebelter Majoran
Salz, gem. Pfeffer
500 g Wiener Würstchen (aus dem Glas)

*Pro Portion:*
E: 23 g, F: 40 g, Kh: 26 g, kJ: 2350, kcal: 561

**1.** Suppengrün putzen, schälen, abspülen, abtropfen lassen und grob würfeln.
**2.** Kartoffeln schälen, abspülen, abtropfen lassen und klein schneiden.
**3.** Sonnenblumenöl in einem großen Topf erhitzen. Zuerst das vorbereitete Suppengrün darin unter Rühren andünsten, dann die Kartoffelstücke hinzufügen und kurz mitdünsten.
**4.** Brühe hinzugießen. Lorbeerblatt und Majoran hinzugeben. Die Zutaten zum Kochen bringen. Die Suppe zugedeckt bei mittlerer Hitze etwa 20 Minuten kochen lassen, dabei gelegentlich umrühren. Evtl. etwas Gemüsebrühe nachgießen.
**5.** Das Lorbeerblatt entfernen. Die Suppe mit einem Kartoffelstampfer etwas zerdrücken oder etwa ein Viertel der Suppe in einen Rührbecher geben, pürieren und wieder unter die Suppe rühren. Die Suppe mit Salz und Pfeffer abschmecken. Die Wiener Würstchen in der Suppe erhitzen.

## Würzige Kartoffel-Bohnen-Suppe

4 Portionen

*Zubereitungszeit:* 45 Minuten

300 g Kartoffeln
2 Zwiebeln (etwa 150 g)
500 g abgetropfte, weiße Bohnenkerne (aus der Dose)
2–3 EL Speiseöl
4 Salbeiblättchen
1 l Gemüsebrühe
Salz, gem. Pfeffer
100 g Pfifferlinge
350 g rosa Champignons
100 g Cabanossi

pro Portion 1,95 Euro

*Pro Portion:*
E: 16 g, F: 15 g, Kh: 31 g, kJ: 1340, kcal: 319

**1.** Kartoffeln schälen, abspülen, abtropfen lassen und in Würfel schneiden. Zwiebeln abziehen und klein würfeln. Bohnen in ein Sieb geben, mit kaltem Wasser abspülen und abtropfen lassen.
**2.** Zwei Esslöffel Speiseöl in einem großen Topf erhitzen. Die Zwiebel- und Kartoffelwürfel darin unter Rühren andünsten.
**3.** Bohnen und abgespülte, trocken getupfte Salbeiblättchen hinzugeben und unter Rühren kurz mitdünsten lassen.
**4.** Brühe hinzugießen, mit Salz und Pfeffer würzen. Zutaten zum Kochen bringen und zugedeckt etwa 30 Minuten bei schwacher Hitze kochen lassen.
**5.** In der Zwischenzeit die Pfifferlinge und Champignons putzen, evtl. kurz abspülen und trocken tupfen. Große Pilze halbieren oder vierteln.
**6.** Cabanossi in Scheiben schneiden, in einer Pfanne ohne Fett von beiden Seiten knusprig anbraten und herausnehmen.
**7.** Die Pilze in dem Bratfett (evtl. noch 1 Esslöffel Speiseöl hinzufügen) kräftig unter Rühren anbraten, mit Salz und Pfeffer würzen.
**8.** Pilze und Cabanossischeiben in die Suppe geben und kurz mitkochen lassen.
**9.** Die Suppe vor dem Servieren nochmals mit Salz und Pfeffer abschmecken.

Meerrettichsuppe mit Quitten und Ingwer-Sirup

## Meerrettichsuppe mit Quitten und Ingwer-Sirup

4 Portionen

pro Portion 1,95 Euro

*Zubereitungszeit:* 50 Minuten

50 g frischer Ingwer
60 g Zucker
60 g Butter
300 ml Apfelsaft, naturtrüb
10 Wacholderbeeren
5 Pimentkörner
200 ml Weißwein
400 ml Gemüsefond
2 Quitten (je etwa 250 g)
125 g Schalotten
350 g Schlagsahne (mind. 30 % Fett)
Salz
gem. schwarzer Pfeffer
50 g frischer Meerrettich

*Pro Portion:*
E: 4 g, F: 41 g, Kh: 40 g,
kJ: 2455, kcal: 587

**1.** Den Ingwer schälen und sehr klein würfeln. Den Zucker in einem kleinen Topf bei mittlerer Hitze goldbraun schmelzen lassen. 20 g Butter hinzugeben und kurz aufschäumen lassen, die Ingwerwürfel unterrühren. 100 ml Apfelsaft hinzugießen, zum Kochen bringen und etwa 5 Minuten sirupartig einkochen lassen. Den Topf von der Kochstelle nehmen.

**2.** Die Wacholderbeeren und Pimentkörner im Mörser grob zerstoßen, mit Weißwein, restlichem Apfelsaft und Gemüsefond in einem Topf zum Kochen bringen. Die Quitten schälen, längs vierteln, entkernen und die Blütenansätze entfernen. Quitten in etwa 2 cm dicke Spalten schneiden, in den Fond geben und 3–4 Minuten bei schwacher Hitze weich kochen.

**3.** Die Quittenspalten mit einem Schaumlöffel aus dem Fond nehmen, mit 20 g der restlichen Butter und 3 Esslöffeln des Fonds in eine Pfanne geben, beiseitestellen.

**4.** Die Schalotten abziehen und fein würfeln. Restliche Butter in einem Topf zerlassen. Schalottenwürfel darin andünsten. Restlichen Quittenfond und 250 g Sahne hinzugießen. Mit Salz und etwas Pfeffer würzen. Die Zutaten zum Kochen bringen und etwa 10 Minuten kochen lassen.

**5.** In der Zwischenzeit Meerrettich schälen und fein reiben. Restliche Sahne halb steif schlagen und in den Kühlschrank stellen. Die Quittenspalten in der beiseitegestellten Pfanne bei schwacher bis mittlerer Hitze erhitzen.

**6.** Von dem geriebenen Meerrettich 2 Esslöffel abnehmen und beiseitestellen. Restlichen Meerrettich zu der Suppe in den Topf geben und ganz kurz mit aufkochen lassen. Die geschlagene Sahne hinzugeben. Die Suppe mit einem Pürierstab schaumig mixen. Den Topf von der Kochstelle nehmen.

**7.** Die Quittenspalten aus der Pfanne nehmen, in vorgewärmten Tellern verteilen und mit der Suppe auffüllen. Mit dem Ingwer-Sirup beträufeln und dem beiseitegestellten Meerrettich bestreuen.

## Orientalische Möhren-Sesam-Suppe

4 Portionen

pro Portion 1,15 Euro

*Zubereitungszeit:* 30 Minuten

**Zum Vorbereiten für die Bifteki:**
50 g Bulgur (Hartweizengrütze)
125 ml heiße Gemüsebrühe

**Für die Suppe:**
2 Knoblauchzehen
3 EL Olivenöl
2 EL TK-Zwiebelwürfel
2 EL geschälte Sesamsamen
1 Lorbeerblatt
je 3 Gewürznelken und Pimentkörner
je 1 Prise gem. Koriander und Kreuzkümmel (Cumin)
750 g TK-Möhrenscheiben
750 ml heiße Gemüsebrühe
Salz, gem. Pfeffer

**Für die Bifteki:**
400 g Rindergehacktes
1 Ei (Größe M)
1 Prise grob geschroteter Chili
1 Prise gem. Zimt
40 g Rosinen

200 g passierte Tomaten (aus der Dose)
480 g abgetropfte, abgespülte Kichererbsen (aus der Dose)

**Außerdem:**
4–8 Holzspieße (etwa 10 cm lang)

*Pro Portion:*
E: 37 g, F: 31 g, Kh: 54 g,
kJ: 2695, kcal: 643

**1.** Bulgur und Brühe in einem Topf zum Kochen bringen und bei schwacher Hitze etwa 8 Minuten kochen. Bulgurmasse aus dem Topf nehmen und etwas abkühlen lassen.
**2.** Für die Suppe Knoblauch abziehen, klein würfeln. 2 Esslöffel des Olivenöls in einem Topf erhitzen. Zwiebelwürfel, die Hälfte der Knoblauchwürfel und Sesam darin andünsten. Lorbeerblatt, Gewürznelken, Pimentkörner, Koriander, Cumin und die gefrorenen Möhren hinzugeben, unter Rühren kurz mitdünsten lassen. Die Brühe hinzugießen, zum Kochen bringen. Mit Salz und Pfeffer würzen. Die Zutaten etwa 10 Minuten garen.
**3.** In der Zwischenzeit für die Biftaki die Bulgurmasse mit dem Gehackten in eine Schüssel geben. Ei, Salz, Pfeffer, Chili und Zimt hinzugeben. Die Zutaten zu einem glatten Teig verkneten. Rosinen unterarbeiten. Aus der Masse kleine Bällchen oder 6–7 cm lange Röllchen formen. Restliches Olivenöl in einer Pfanne erhitzen. Die Hackfleischbällchen oder -röllchen darin von allen Seiten braun braten.
**4.** Lorbeerblatt, Nelken und Pimentkörner aus der Suppe entfernen. Etwa zwei Drittel der Möhren mit einem Schaumlöffel aus der Suppe nehmen und beiseitestellen. Passierte Tomaten zu den Möhrenscheiben in den Topf geben und zum Kochen bringen. Die Suppe pürieren und mit den Gewürzen abschmecken. Kichererbsen und beiseitegestellte Möhrenscheiben in die Suppe geben, zum Kochen bringen und unter Rühren nochmals etwa 3 Minuten kochen. Die Bifteki auf Spieße stecken. Die Suppe in Tellern verteilen. Die Spieße an den Tellerrand legen.

***Tipps:*** Die Suppe nach Belieben mit abgespülten und trocken getupften Salbeiblättchen garnieren. Soll es einmal schneller gehen, ersetzen Sie die Bifteki durch 400 g Gyrosfleisch. Dafür das Fleisch in einer Pfanne anbraten, in die fertige Suppe geben.

## Käsesuppe mit Croûtons und Frühlingszwiebeln

10 Portionen

*Zubereitungszeit:* 50 Minuten
*Garzeit:* etwa 5 Minuten

100 g Butter oder Margarine
70 g Weizenmehl
500 ml Weißwein
500 ml Gemüsebrühe
1 l Milch (3,5 % Fett)
Salz, gem. Pfeffer
ger. Muskatnuss
3 Knoblauchzehen
240 g Greyerzer
240 g Emmentaler
1 Bund Frühlingszwiebeln

pro Portion 1,15 Euro

**Für die Croûtons:**
8 Scheiben Weißbrot
50 g Butter

*Pro Portion:*
E: 20 g, F: 31 g, Kh: 21 g,
kJ: 1987, kcal: 475

**1.** Butter oder Margarine in einem Topf zerlassen. Mehl hinzufügen und unter Rühren so lange erhitzen, bis es hellgelb ist. Nach und nach Wein, Brühe und Milch hinzugießen. Mit einem Schneebesen durchschlagen. Dabei darauf achten, dass keine Klümpchen entstehen. Mit Salz, Pfeffer und Muskat würzen.
**2.** Knoblauch abziehen, halbieren und in die Suppe geben. Suppe zum Kochen bringen und etwa 5 Minuten bei schwacher Hitze kochen lassen. Die Knoblauchhälften entfernen.
**3.** Greyerzer und Emmentaler auf einer Haushaltsreibe grob reiben und unter die Suppe rühren. Die Suppe unter Rühren erhitzen, bis der Käse geschmolzen ist.
**4.** Die Frühlingszwiebeln putzen, abspülen, abtropfen lassen und in feine Scheiben schneiden.
**5.** Für die Croûtons Weißbrotscheiben entrinden und in Würfel schneiden. Butter in einer großen Pfanne zerlassen. Die Brotwürfel darin von allen Seiten anrösten, herausnehmen und mit Salz bestreuen.
**6.** Käsesuppe nochmals mit Salz, Pfeffer und Muskat abschmecken. Mit Frühlingszwiebelscheiben und Croûtons anrichten.

Orientalische Möhren-Sesam-Suppe

Käsesuppe mitCroûtons und Frühlingszwiebeln

## Kartoffel-Pilz-Topf
4 Portionen

*Zubereitungszeit:* 45 Minuten

pro Portion **2,30** Euro

1 Möhre (etwa 150 g)
1 1/2 kg große, festkochende Kartoffeln
300 g Zwiebeln
30 g getrocknete Steinpilze
6 Wacholderbeeren
7 EL Olivenöl
1 TL gerebelter Thymian
300 ml Gemüsebrühe
700 g braune Champignons
60 g Buchweizen
Salz , gem. Pfeffer
1/2 Bund glatte Petersilie

*Pro Portion:*
E: 15 g, F: 19 g, Kh: 62 g,
kJ: 2036, kcal: 486

**1.** Die Möhre putzen, schälen, abspülen, abtropfen lassen, längs halbieren und in dünne Scheiben schneiden.
**2.** Kartoffeln schälen, abspülen, abtropfen lassen und in etwa 2 cm große Würfel schneiden.
**3.** Zwiebeln abziehen und in Streifen schneiden. Steinpilze in einem Sieb abspülen und abtropfen lassen. Wacholderbeeren in einem Mörser grob zerstoßen.
**4.** Zwei Esslöffel des Olivenöls in einem großen Topf erhitzen. Möhrenscheiben, Zwiebelstreifen, Steinpilze, Thymian und Wacholderbeeren darin unter Rühren andünsten.
**5.** Kartoffelwürfel und Brühe hinzugeben, zum Kochen bringen und zugedeckt etwa 20 Minuten bei mittlerer Hitze dünsten.
**6.** In der Zwischenzeit die Champignons putzen, evtl. kurz abspülen und trocken tupfen. Champignons je nach Größe halbieren oder vierteln.
**7.** Einen Esslöffel des restlichen Olivenöls in einer kleinen Pfanne erhitzen. Buchweizen darin bei mittlerer Hitze rösten, bis er duftet. Buchweizen mit Salz würzen und etwas abkühlen lassen. Anschließend im Mörser grob zerstoßen.
**8.** Restliches Olivenöl in einer großen Pfanne erhitzen. Champignons darin etwa 3 Minuten bei starker Hitze anbraten. Mit Salz und Pfeffer würzen. Sobald die Champignons Flüssigkeit abgeben, die Champignons mit der Flüssigkeit zu den Kartoffelwürfeln in den Topf geben und etwa 5 Minuten mitgaren.
**9.** Petersilie abspülen und trocken tupfen. Die Blättchen von den Stängeln zupfen. Die Blättchen in breite Streifen schneiden.
**10.** Den Kartoffel-Pilz-Topf aufkochen. Die Hälfte der Petersilienstreifen unterrühren. Den Kartoffel-Pilz-Topf mit Salz und Pfeffer würzen, mit Buchweizen und restlichen Petersilienstreifen bestreuen.

## Gulaschsuppe
4 Portionen

*Zubereitungszeit:* 10 Minuten
*Garzeit:* etwa 85 Minuten

pro Portion **1,05** Euro

250 g Zwiebeln
250 g schieres Rindfleisch für Gulasch
3 EL Speiseöl
Salz
gem. Pfeffer
Paprikapulver edelsüß
2 EL Tomatenmark
etwa 1 l heißes Wasser
je 1 rote und 1 gelbe Paprikaschote
1–2 Spritzer Tabasco
1 EL Schnittlauchröllchen

*Pro Portion:*
E: 15 g, F: 11 g, Kh: 8 g,
kJ: 816, kcal: 195

**1.** Zwiebeln abziehen und in Würfel schneiden. Rindfleisch mit Küchenpapier trocken tupfen und in etwa 2 cm große Stücke schneiden.
**2.** Speiseöl in einem Topf erhitzen. Die Fleischwürfel darin von allen Seiten kräftig anbraten. Zwiebelwürfel hinzufügen und mitbraten.
**3.** Mit Salz, Pfeffer und Paprika würzen. Das Tomatenmark unterrühren. 1 Liter heißes Wasser hinzugießen und zum Kochen bringen. Das Fleisch zugedeckt etwa 60 Minuten bei mittlerer Hitze garen.

Kartoffel-Pilz-Topf

Gulaschsuppe

**4.** In der Zwischenzeit Paprikaschoten halbieren, entstielen, entkernen und die weißen Scheidewände entfernen. Schoten abspülen, abtropfen lassen und in Streifen schneiden. Paprikastreifen zum Fleisch geben und weitere etwa 15 Minuten mitgaren. Sollte zu viel Flüssigkeit verdampfen, evtl. noch etwas Wasser hinzugießen.
**5.** Gulaschsuppe mit Salz, Pfeffer, Paprika und Tabasco abschmecken, in Tellern anrichten und mit Schnittlauchröllchen bestreut servieren.

## Suppentopf „Provencale“

pro Portion 2,25 Euro

4 Portionen (ohne Foto)

*Zubereitungszeit:* 50 Minuten

1 Zwiebel
1 Knoblauchzehe
750 g Kartoffeln
400 g Lammschulter (ohne Knochen)
2 EL Speiseöl
1 TL gerebelter Majoran
1 1/4 l Gemüsebrühe
450 g TK-Suppengemüse
300 g mittelgroße Tomaten
Salz
gem. Pfeffer

*Pro Portion:*
E: 26 g, F: 13 g, Kh: 31 g,
kJ: 1465, kcal: 349

**1.** Zwiebel und Knoblauch abziehen. Zwiebel in kleine Würfel schneiden, Knoblauch hacken. Kartoffeln schälen, abspülen, abtropfen lassen, in etwa 1 1/2 cm große Würfel schneiden.
**2.** Lammschulter mit Küchenpapier trocken tupfen, in Streifen schneiden. Speiseöl in einem großen Topf erhitzen. Die Fleischstreifen darin von allen Seiten braun anbraten.
**3.** Zwiebelwürfel, Knoblauch und Majoran hinzugeben und andünsten. Die Brühe hinzugießen und zum Kochen bringen.
**4.** Das gefrorene Suppengemüse und die Kartoffelwürfel in die kochende Brühe geben und wieder zum Kochen bringen. Den Suppentopf zugedeckt etwa 20 Minuten garen.
**5.** In der Zwischenzeit die Tomaten kreuzweise einschneiden und mit kochendem Wasser übergießen. Nach 1–2 Minuten herausnehmen und mit kaltem Wasser abschrecken. Tomaten häuten, halbieren und die Stängelansätze herausschneiden. Tomaten entkernen, in Spalten schneiden und kurz vor Ende der Garzeit in den Eintopf geben. Den Eintopf kurz aufkochen lassen, dann mit Salz und Pfeffer würzen.

Gemüsetopf mit Brätbällchen

## Gemüsetopf mit Brätbällchen

pro Portion 1,45 Euro

2 Portionen

*Zubereitungszeit:* 25 Minuten
*Garzeit:* etwa 15 Minuten

800 ml Fleischbrühe
1 feine, ungebrühte Bratwurst (etwa 150 g)
3 Frühlingszwiebeln
1 dicke Möhre (etwa 150 g)
1 große Kartoffel (etwa 200 g)
1 Kohlrabi
2 EL Olivenöl
Salz, gem. Pfeffer

*Pro Portion:*
E: 15 g, F: 30 g, Kh: 23 g,
kJ: 1740, kcal: 416

**1.** Fleischbrühe in einem Topf zum Kochen bringen. Den Topf von der Kochstelle nehmen.
**2.** Die Bratwurstmasse aus der Haut drücken, kleine Klößchen daraus formen und in die heiße Brühe geben oder direkt aus der Bratwurst kleine Klößchen in die heiße Brühe drücken. Die Klößchen in der Brühe gar ziehen lassen.
**3.** In der Zwischenzeit Frühlingszwiebeln putzen, abspülen und abtropfen lassen. Das dunkle Grün abschneiden und beiseitelegen. Die restlichen Stücke in etwa 1 cm dicke Scheiben schneiden.
**4.** Möhre putzen. Kartoffel, Möhre und Kohlrabi schälen, abspülen, abtropfen lassen und in etwa 1 cm große Würfel schneiden.
**5.** Olivenöl in einem Topf erhitzen. Das vorbereitete Gemüse darin unter Rühren andünsten. Die Fleischbrühe mit den Klößchen hinzugeben und alles zum Kochen bringen. Die Suppe zugedeckt etwa 15 Minuten bei mittlerer Hitze kochen.
**6.** Die Suppe evtl. mit Salz und Pfeffer würzen. Das beiseitegelegte Frühlingszwiebelgrün in feine Ringe schneiden. Den Eintopf mit Frühlingszwiebelringen bestreuen und servieren.

Brasilianischer Bohneneintopf

Chili con Sojaschnetzel

## Brasilianischer Bohneneintopf

(Zubereitung im Schnellkochtopf)
4 Portionen

*Zubereitungszeit:* 30 Minuten, ohne Einweichzeit
*Garzeit:* 25–30 Minuten, ohne Ankochzeit

pro Portion 1,75 Euro

150 g getrocknete, weiße Bohnen
1 1/2 l kaltes Wasser
1–2 Zwiebeln (etwa 100 g)
1 Knoblauchzehe
600 g Suppenfleisch (vom Rind)
400 g Wirsing oder Weißkohl
250 g Kartoffeln
100 g Langkornreis
1–2 Gemüse-Brühwürfel (für je 500 ml Flüssigkeit)
Salz
gem. Pfeffer
3–4 EL Limettensaft
1 EL klein geschnittene Petersilie

*Pro Portion:*
E: 43 g, F: 14 g, Kh: 43 g,
kJ: 1992, kcal: 476

**1.** Am Vortag die weißen Bohnen in kaltem Wasser nach Packungsanleitung einweichen.
**2.** Zwiebeln und Knoblauch abziehen, fein würfeln. Die eingeweichten Bohnen mit der Flüssigkeit und den Zwiebel- und Knoblauchwürfeln in den Schnellkochtopf geben.
**3.** Suppenfleisch kurz unter fließendem kalten Wasser abspülen, abtropfen lassen und ebenfalls in den Schnellkochtopf geben. Die Zutaten im offenen Schnellkochtopf zum Kochen bringen und evtl. abschäumen. Den Schnellkochtopf nach Herstelleranleitung verschließen und erhitzen. Wenn die gewählte Schnellgarstufe erreicht ist, die Zutaten etwa 17 Minuten garen.
**4.** In der Zwischenzeit Kohl putzen, vierteln, abspülen und abtropfen lassen. Den Strunk herausschneiden. Kohl in Streifen schneiden. Kartoffeln schälen, abspülen, abtropfen lassen und in Würfel schneiden.
**5.** Nach der 1. Garzeit den Topf nach Herstelleranleitung öffnen. Fleisch herausnehmen. Kohlstreifen, Kartoffelwürfel, Reis und Brühwürfel in den Topf geben und unterrühren. Mit Salz und Pfeffer würzen.
**6.** Das Fleisch wieder in den Topf geben. Den Schnellkochtopf wieder nach Herstelleranleitung verschließen und erhitzen. Wenn die gewählte Schnellgarstufe erreicht ist, die Zutaten weitere 8–10 Minuten garen.
**7.** Nach der 2. Garzeit den Topf nach Herstelleranleitung öffnen. Das Suppenfleisch herausnehmen und in kleine Stücke schneiden. Die Fleischstücke wieder in den Eintopf geben. Den Eintopf evtl. nochmals mit Salz und Pfeffer sowie Limettensaft abschmecken, mit Petersilie bestreut servieren.

***Hinweis:*** Die gewählte Schnellgarstufe kann je nach Modell, Hersteller bzw. Alter des Schnellkochtopfes unterschiedlich angezeigt werden.

## Chili con Sojaschnetzel

4 Portionen

*Zubereitungszeit:* 35 Minuten, ohne Quellzeit
*Garzeit:* etwa 15 Minuten

pro Portion 1,90 Euro

150 g Sojaschnetzel, fein
950 ml Gemüsebrühe
100 g Zwiebeln
2 Knoblauchzehen
1/2–1 rote Chilischote
je 300 g rote und grüne Paprikaschoten
4 EL Olivenöl
1 TL gem. Kreuzkümmel (Cumin)
1 TL Paprikapulver edelsüß
500 g passierte Tomaten (aus der Dose)
285 g abgetropfter Gemüsemais (aus der Dose)
250 g abgetropfte Kidneybohnen (aus der Dose)
Salz

5 Stängel glatte Petersilie
3 Stängel Koriander
150 g saure Sahne

*Pro Portion:*
E: 32 g, F: 19 g, Kh: 38 g,
kJ: 1958, kcal: 467

**1.** Die Sojaschnetzel in einer großen Schüssel mit 450 ml kochender Gemüsebrühe übergießen. Sojaschnetzel etwa 30 Minuten quellen lassen.
**2.** Zwiebeln und Knoblauch abziehen. Die Zwiebeln in kleine Würfel und den Knoblauch in dünne Scheiben schneiden. Chilischote entstielen, abspülen, trocken tupfen und mit den Kernen in dünne Ringe schneiden. Paprikaschoten halbieren, entstielen, entkernen und die weißen Scheidewände entfernen. Schoten abspülen, abtropfen lassen und in etwa 2 cm große Stücke schneiden.
**3.** Olivenöl in einem weiten Topf erhitzen. Die Zwiebelwürfel und Knoblauchscheiben darin kräftig andünsten. Kreuzkümmel und Paprika unterrühren, ganz kurz mitrösten lassen. Chilischotenringe unterrühren. Die restliche Gemüsebrühe mit den passierten Tomaten hinzugeben. Sojaschnetzel und die Paprikastücke unterheben. Chili zum Kochen bringen und etwa 15 Minuten bei schwacher Hitze kochen lassen.
**4.** Mais und Kidneybohnen in ein Sieb geben, mit kaltem Wasser abspülen und gut abtropfen lassen.
**5.** Mais und Kidneybohnen nach etwa 10 Minuten Garzeit zum Chili in den Topf geben und mitkochen lassen. Chili mit Salz abschmecken.
**6.** Petersilie und Koriander abspülen und trocken tupfen. Blättchen von den Stängeln zupfen. Petersilienblättchen klein schneiden, Korianderblättchen grob zerschneiden. Petersilie unter das Chili mischen. Das Chili auf Tellern anrichten und je einen Klecks saure Sahne hineingeben. Mit Koriander bestreuen.

***Tipp:*** Servieren Sie zu dem Chili Taco-Chips oder warme Tortillafladen.

## Bunter Eintopf
4 Portionen

*Zubereitungszeit:* 65 Minuten

250 g Rindfleisch (Nacken)
250 g Schweinefleisch (aus der Schulter)
2 EL Speiseöl
80 g Schalotten
Salz, gem. Pfeffer
Paprikapulver edelsüß
750 ml Fleischbrühe
1 Lorbeerblatt
500 g Kartoffeln
500 g grüne Bohnen
2 kleine, rote Paprikaschoten
34 Stängel Bohnenkraut
200 g Champignons
3 Stängel Petersilie
4 EL Olivenöl

pro Portion 2,15 Euro

*Pro Portion:*
E: 31 g, F: 32 g, Kh: 27 g,
kJ: 2170, kcal: 519

**1.** Rind- und Schweinefleisch mit Küchenpapier trocken tupfen, in etwa 1 1/2 cm große Würfel schneiden.
**2.** Speiseöl in einem Topf erhitzen, die Fleischwürfel darin von allen Seiten etwa 10 Minuten anbraten.
**3.** Schalotten abziehen, in Spalten schneiden und kurz mit andünsten.
**4.** Fleischwürfel mit Salz, Pfeffer und Paprika würzen, Fleischbrühe hinzugießen, verrühren und zum Kochen bringen. Lorbeerblatt hinzugeben. Die Fleischwürfel zugedeckt etwa 30 Minuten garen.
**5.** Kartoffeln schälen, abspülen, abtropfen lassen und in Würfel schneiden. Von den Bohnen die Enden abschneiden, evtl. abfädeln. Bohnen abspülen, abtropfen lassen und in Stücke schneiden oder brechen.
**6.** Paprikaschoten halbieren, entstielen, entkernen und die weißen Scheidewände entfernen. Paprika abspülen, abtropfen lassen und in kurze Streifen schneiden. Bohnenkraut abspülen und trocken tupfen.
**7.** Die Kartoffelwürfel und Bohnen nach etwa 30 Minuten Garzeit der Fleischwürfel in den Topf geben, wieder zum Kochen bringen und etwa 5 Minuten kochen lassen.
**8.** Paprikastreifen und Bohnenkraut in die Suppe geben, zum Kochen bringen und etwa 15 Minuten kochen.
**9.** Champignons putzen, evtl. kurz abspülen, abtropfen lassen und in Scheiben schneiden. Die Petersilie abspülen und trocken tupfen. Die Blättchen von den Stängeln zupfen, Blättchen grob zerschneiden.
**10.** Jeweils die Hälfte des Olivenöls in einer Pfanne erhitzen. Die Champignonscheiben darin in 2 Portionen anbraten, mit Salz und Pfeffer würzen. Champignonscheiben und Petersilie in den Eintopf geben. Den Eintopf mit Salz und Pfeffer abschmecken.

Bunter Eintopf

## Belgischer Rindfleischtopf

6 Portionen (ohne Foto)

*Zubereitungszeit:* 60 Minuten
*Garzeit:* etwa 90 Minuten

pro Portion 1,90 Euro

70 g fetter Speck
750 g Rindfleisch
Salz, gem. Pfeffer
1 TL gerebelter Thymian
2 Lorbeerblätter
500 ml Rotwein
400 g Möhren
250 g Petersilienwurzeln
120 g Zwiebeln
750 g kleine, festkochende Kartoffeln
300 g Porree (Lauch)
evtl. einige Rosmarinnadeln
125 ml Fleischbrühe
gem. Piment (Nelkenpfeffer)

*Pro Portion:*
E: 30 g, F: 17 g, Kh: 25 g,
kJ: 1786, kcal: 426

**1.** Speck in Würfel schneiden und in einer Pfanne ohne Fett etwas ausbraten.
**2.** Rindfleisch mit Küchenpapier trocken tupfen und in Würfel schneiden, in 2 Portionen in dem Speckfett von allen Seiten anbraten, mit Salz, Pfeffer und Thymian würzen.
**3.** Die Lorbeerblätter und die Hälfte des Rotweins hinzufügen und zum Kochen bringen. Die Fleischwürfel zugedeckt etwa 1 Stunde schmoren, dabei gelegentlich umrühren. Den restlichen Rotwein nach und nach hinzugießen.
**4.** Möhren und Petersilienwurzeln putzen, schälen, abspülen, abtropfen lassen und in Scheiben schneiden. Zwiebeln abziehen und in Spalten schneiden.
**5.** Die Kartoffeln schälen, abspülen, abtropfen lassen und in schmale Spalten schneiden. Das vorbereitete Gemüse mit den Kartoffelspalten zu den Fleischwürfeln in den Topf geben und zum Kochen bringen, mit Salz und Pfeffer würzen. Den Rindfleischtopf zugedeckt etwa 20 Minuten garen.
**6.** Porree putzen, die Stangen längs halbieren, gründlich waschen, abtropfen lassen und in 1–2 cm dicke Streifen schneiden. Porreestreifen, nach Belieben Rosmarinnadeln und die Fleischbrühe in den Eintopf geben und aufkochen. Den Eintopf weitere 8–10 Minuten garen. Mit Salz, Pfeffer und Piment abschmecken. Lorbeerblätter entfernen.

## Ungarische Sauerkrautsuppe

4 Portionen

pro Portion 1,80 Euro

*Zubereitungszeit:* 45 Minuten
*Garzeit:* etwa 25 Minuten

75 g durchwachsener Speck
2 EL Speiseöl
2 Zwiebeln
2 Knoblauchzehen
500 g Sauerkraut
750 ml Fleischbrühe
1/2 TL Kümmelsamen
1 Lorbeerblatt
4 Mettwürstchen (etwa 400 g)
250 g abgetropfte, weiße Bohnen (aus der Dose)
2 EL Tomatenmark
1/2 EL Paprikapulver edelsüß
Salz, gem. Pfeffer

*Pro Portion:*
E: 26 g, F: 47 g, Kh: 15 g,
kJ: 2447, kcal: 589

**1.** Speck in kleine Würfel schneiden. Speiseöl in einem Topf erhitzen. Die Speckwürfel darin auslassen. Zwiebeln und Knoblauch abziehen, klein würfeln, zum Speckfett geben und andünsten.
**2.** Das Sauerkraut locker zupfen, mit Fleischbrühe, Kümmelsamen, Lorbeerblatt und Mettwürstchen zu den Speckzwiebeln in den Topf geben. Zutaten zum Kochen bringen. Die Suppe etwa 25 Minuten garen.
**3.** Weiße Bohnen in einem Sieb abspülen, abtropfen lassen, mit Toma-

Ungarische Sauerkrautsuppe

tenmark und Paprika in die Suppe geben, mit Salz und Pfeffer würzen. Die Suppe einmal aufkochen lassen.
**4.** Die gegarten Würstchen aus der Suppe nehmen, in Scheiben schneiden und wieder in die Suppe geben. Die Suppe in Tellern anrichten und servieren.

## Blumenkohl-Käse-Suppe

pro Portion 1,35 Euro

4 Portionen (ohne Foto)

*Zubereitungszeit:* 20 Minuten
*Garzeit:* 20–25 Minuten

1 Blumenkohl (etwa 900 g)
350 g Kartoffeln, Salz
250 ml Gemüse-Kochwasser
125 ml Milch (3,5 % Fett)
500 ml heiße Gemüsebrühe
gem. weißer Pfeffer
ger. Muskatnuss
200 g Doppelrahm-Frischkäse
100 g abgetropftes Krabbenfleisch (aus dem Kühlregal)
1 EL klein geschnittene Petersilie

*Pro Portion:*
E: 17 g, F: 18 g, Kh: 18 g,
kJ: 1257, kcal: 300

**1.** Von dem Blumenkohl die Blätter entfernen und den Strunk abschneiden. Blumenkohl in Röschen teilen, abspülen und abtropfen lassen. Kartoffeln schälen, abspülen, abtropfen lassen und in Würfel schneiden.
**2.** Kartoffelwürfel und Blumenkohlröschen in einen Topf geben, knapp mit Wasser bedeckt zum Kochen bringen, Salz hinzufügen. Kartoffelwürfel und Blumenkohlröschen in 20–25 Minuten weich kochen, anschließend in einem Sieb abtropfen lassen, dabei das Kochwasser auffangen und 250 ml abmessen.
**3.** Blumenkohlröschen und Kartoffelwürfel pürieren. Abgemessenes Kochwasser, Milch und Brühe hinzugießen, unter Rühren aufkochen lassen, mit Salz, Pfeffer und Muskat würzen.
**4.** Die Suppe 2–3 Minuten bei schwacher Hitze kochen lassen, Frischkäse unterrühren und darin schmelzen. Krabben in die Suppe geben und kurz miterhitzen. Die Suppe mit den Gewürzen abschmecken, anrichten und mit Petersilie bestreut servieren.

***Tipps:*** Sie können statt des Blumenkohls auch Brokkoli verwenden und die Krabben durch Kochschinkenwürfel ersetzen. Die Suppe lässt sich gut vorbereiten.

Dicke-Bohnen-Eintopf mit Kasseler

## Dicke-Bohnen-Eintopf mit Kasseler

pro Portion 1,85 Euro

4 Portionen

*Zubereitungszeit:* 25 Minuten
*Garzeit:* etwa 20 Minuten

150 g Zwiebeln
1 Knoblauchzehe
750 g Kartoffeln
200 g Knollensellerie
400 g Kasseler Nacken
3 EL Speiseöl
gerebelter Thymian
600 g TK-Dicke Bohnen
750 ml Gemüsebrühe
1 Bund Schnittlauch
Salz, gem. Pfeffer
Paprikapulver rosenscharf

*Pro Portion:*
E: 40 g, F: 18 g, Kh: 45 g,
kJ: 2110, kcal: 503

**1.** Zwiebeln abziehen und in Streifen schneiden. Knoblauch abziehen und fein hacken. Kartoffeln schälen, abspülen, abtropfen lassen und in kleine Würfel schneiden. Sellerie putzen, schälen, abspülen, abtropfen lassen und in etwa 1 cm große Würfel schneiden.
**2.** Kasseler abspülen, trocken tupfen und in etwa 1 1/2 cm große Würfel schneiden. Speiseöl in einem Topf erhitzen, die Kasselerwürfel darin anbraten, Zwiebelstreifen, Knoblauch und Thymian hinzugeben, kurz mitbraten lassen.
**3.** Kartoffel-, Selleriewürfel und die gefrorenen Bohnen hinzugeben, Gemüsebrühe hinzugießen. Die Zutaten zum Kochen bringen. Den Eintopf zugedeckt etwa 20 Minuten bei schwacher Hitze garen.
**4.** Schnittlauch abspülen, trocken tupfen und in kleine Röllchen schneiden. Den Eintopf mit Salz, Pfeffer und Paprika würzen, in Tellern verteilen und mit Schnittlauchröllchen bestreut servieren.

Hühnersuppe mit Eierstich und Parmesanklößchen

## Hühnersuppe mit Eierstich und Parmesanklößchen

pro Portion **1,35** Euro

10 Portionen

*Zubereitungszeit:* 60 Minuten, ohne Abkühlzeit
*Garzeit:* Suppe etwa 3 Stunden

4 l Wasser
1 Suppenhuhn (etwa 1,2 kg)
1 Bund Suppengrün (Sellerie, Möhren, Porree)
1 Zwiebel
1 Bund Petersilie
3 Stängel Rosmarin
1/2 Stange Zimt
10 Pfefferkörner
2 gestr. TL Salz

**Für den Eierstich:**
4 Eier (Größe M)
200 g Schlagsahne
200 ml Milch (3, 5 % Fett)
1 1/2 gestr. TL Salz
1/2 TL frisch ger. Muskatnuss

800 g Blumenkohl
Salz

**Für die Parmesanklößchen:**
60 g trockenes Toastbrot
2 Stängel Petersilie
100 g Parmesan
1 Ei (Größe M)
gem. Pfeffer
evtl. etwas Speisestärke

*Pro Portion:*
E: 23 g, F: 26 g, Kh: 7 g,
kJ: 1482, kcal: 354

**1.** Wasser in einem Topf zum Kochen bringen. Suppenhuhn von innen und außen unter fließendem kalten Wasser abspülen, in das kochende Wasser legen und einmal kräftig aufkochen lassen. Die Brühe abschäumen.
**2.** Das Suppengrün putzen, schälen, abspülen, abtropfen lassen und in Stücke schneiden. Die Zwiebel abspülen, abtrocknen und halbieren. Die Zwiebelhälften mit der Schnittseite nach unten in eine Pfanne ohne Fett legen und bräunen. Das Suppengrün mit den Zwiebelhälften zu dem Suppenhuhn in den Topf geben.
**3.** Petersilie und Rosmarin abspülen, trocken tupfen. Mit Zimtstange, Pfefferkörnern und Salz zu dem Suppenhuhn geben. Die Suppe ohne Deckel etwa 3 Stunden bei schwacher Hitze kochen lassen. Das Huhn während der Garzeit zwischendurch umdrehen.
**4.** Das gare Suppenhuhn aus der Brühe nehmen und etwas abkühlen lassen. Das Fleisch von den Knochen lösen. Die Haut entfernen. Das Fleisch in Stücke schneiden. Die Brühe durch ein Sieb in einen Topf gießen. Gemüse, Kräuter und Gewürze entfernen. Das Hühnerfleisch in die Brühe geben, Suppe abkühlen lassen und in den Kühlschrank stellen.
**5.** Den Backofen vorheizen.
*Ober-/Unterhitze:* etwa 140 °C
*Heißluft:* etwa 120 °C
**6.** Eine Fettpfanne in den vorgeheizten Backofen schieben und etwa 1 cm hoch mit Wasser füllen.
**7.** Für den Eierstich Eier, Sahne, Milch, Salz und Muskat in einer Schüssel verschlagen, abschmecken und in eine Kastenform (25 x 11 cm, gefettet, Boden mit Backpapier belegt) gießen. Die Form mit Alufolie zudecken und in die mit Wasser gefüllte Fettpfanne stellen. Eierstich etwa 50 Minuten stocken lassen. Den Eierstich auf Festigkeit prüfen. Eierstich abkühlen lassen, aus der Form lösen und auf eine Platte stürzen. Eierstich in Würfel schneiden und bis zum Servieren zugedeckt in den Kühlschrank stellen.
**8.** Blumenkohl putzen und in Röschen teilen. Blumenkohlröschen abspülen, abtropfen lassen und in kochendem Salzwasser etwa 8 Minuten bissfest kochen. Blumenkohlröschen in ein Sieb geben, mit kaltem Wasser abspülen und abtropfen lassen. Blumenkohlröschen in die kalte Brühe geben.
**9.** Für die Parmesanklößchen Toastbrot in kleine Stücke teilen, in einem Blitzhacker fein zerkleinern und in eine Rührschüssel geben. Petersilie abspülen und trocken tupfen. Die Blättchen von den Stängeln zupfen. Blättchen klein schneiden. Parmesan fein reiben. Petersilie, Käse und Ei zu dem zerkleinerten Toastbrot geben. Mit Salz und Pfeffer würzen. Die Zutaten gut verkneten und zu einer Rolle formen. Von der Rolle kleine Klößchen abstechen und zu Kugeln formen. Die Klößchen in kochendem Salzwasser etwa 4 Minuten bei schwacher Hitze gar ziehen lassen. Sie sind gar, wenn sie an der Oberfläche schwimmen. Sollten die Klöße auseinanderfallen, etwas Speisestärke unter den Teig kneten. Es ist ratsam, ein Probe-Klößchen zu garen.
**10.** Die Klößchen mit einer Schaumkelle herausnehmen, auf einen Teller

legen und abkühlen lassen. Die Klößchen mit Frischhaltefolie zudecken und bis zum Servieren in den Kühlschrank stellen.

**11.** Die Suppe vor dem Servieren erhitzen. Parmesanklößchen hineingeben und etwa 5 Minuten miterhitzen. Die Suppe in eine Servierschale füllen, Eierstich hinzugeben, servieren.

***Beilage:*** Ofenfrisches Baguette.

***Tipp:*** Zum Abkühlen der Suppe den Topf schräg stellen und ohne Deckel abkühlen lassen, sonst kann die Suppe sauer werden.

## Kichererbsensuppe mit Kartoffeln

pro Portion 1,40 Euro

4 Portionen

*Zubereitungszeit:* 30 Minuten
*Garzeit:* etwa 15 Minuten

600 g mehligkochende Kartoffeln
1 1/4 l Gemüsebrühe
100 g Frühlingszwiebeln
2 Möhren (200 g)
etwa 800 g abgetropfte Kichererbsen (aus der Dose)
Salz
gem. Pfeffer

*Pro Portion:*
E: 19 g, F: 6 g, Kh: 57 g,
kJ: 1513, kcal: 362

**1.** Die Kartoffeln schälen, abspülen, abtropfen lassen und klein würfeln.
**2.** Kartoffelwürfel mit der Brühe in einem großen Topf zum Kochen bringen und zugedeckt etwa 10 Minuten bei schwacher Hitze kochen lassen.
**3.** Frühlingszwiebeln putzen, abspülen, abtropfen lassen und in feine Scheiben schneiden.
**4.** Möhren putzen, schälen, abspülen, abtropfen lassen und in dünne Scheiben schneiden.
**5.** Kichererbsen, Frühlingszwiebel- und Möhrenscheiben ebenfalls in die Brühe geben und zugedeckt etwa 5 Minuten mitkochen lassen.
**6.** Die Suppe mit Salz und Pfeffer abschmecken.

## Kräutersuppe

pro Portion 1,55 Euro

4 Portionen

*Zubereitungszeit:* 25 Minuten
*Garzeit:* etwa 15 Minuten

4 Bund verschiedene Kräuter, z. B. Kerbel, Dill, Petersilie, Basilikum
100 g Blattspinat oder
50 g gehackter TK-Spinat
1 Kästchen Kresse
300 g Kartoffeln
1 Bund Frühlingszwiebeln
1 EL Butter
Salz, gem. Pfeffer
800 ml Gemüsebrühe
125 g Schlagsahne
ger. Muskatnuss

*Pro Portion:*
E: 4 g, F: 15 g, Kh: 16 g,
kJ: 931, kcal: 223

**1.** Kräuter abspülen und trocken tupfen. Die Blättchen bzw. Spitzen von den Stängeln zupfen, Kräuterstängel klein schneiden. Spinat (TK-Spinat auftauen lassen) putzen und die harten Stiele entfernen. Spinat gründlich waschen, trocken tupfen.
**2.** Kresse abspülen und trocken tupfen. Kresse bis auf einen kleinen Rest zum Garnieren mit einer Schere abschneiden. Kartoffeln schälen, abspülen, abtropfen lassen und klein würfeln. Frühlingszwiebeln putzen, abspülen, abtropfen lassen und in feine Scheiben schneiden.
**3.** Butter in einem Topf zerlassen, klein geschnittene Kräuterstängel, Frühlingszwiebelscheiben und Kartoffelwürfel darin unter Rühren andünsten, mit Salz und Pfeffer würzen. Brühe hinzugießen und zum Kochen bringen. Zutaten etwa 15 Minuten bei schwacher Hitze leicht kochen.
**4.** Kräuterblättchen bzw. -spitzen klein schneiden, frischen Spinat hacken. Kräuter und Spinat zur Suppe in den Topf geben und alles mit einem Pürierstab gut pürieren. Sahne in die Suppe geben und kurz erwärmen, aber nicht mehr kochen lassen.
**5.** Die Suppe mit Salz, Pfeffer und Muskat abschmecken. Restliche Kresse abschneiden. Die Suppe in Tellern anrichten und mit Kresse garniert servieren.

Kichererbsensuppe mit Kartoffeln

Kräutersuppe

## Leichte Brokkolicremesuppe

4 Portionen

pro Portion 1,20 Euro

*Zubereitungszeit:* 15 Minuten
*Garzeit:* etwa 15 Minuten

1 kg Brokkoli
300 ml heiße Gemüsebrühe
500 ml Milch (3,5 % Fett)
4 EL Instant-Haferflocken
Salz, gem. weißer Pfeffer
ger. Muskatnuss
1 Stängel Dill
100 g gegartes Krabbenfleisch (aus dem Kühlregal)
geschroteter, weißer Pfeffer

*Pro Portion:*
E: 17 g, F: 6 g, Kh: 20 g,
kJ: 865, kcal: 206

**1.** FVom Brokkoli die Blätter entfernen. Brokkoli in kleine Röschen teilen. Die Stängel abschneiden, schälen und klein schneiden. Brokkoliröschen und -stücke abspülen und abtropfen lassen.
**2.** Brühe, Brokkoliröschen und -stücke in einen Topf geben, zum Kochen bringen und zugedeckt etwa 15 Minuten bei schwacher Hitze garen.
**3.** In der Zwischenzeit die Milch erhitzen.
**4.** Den garen Brokkoli in der Brühe mit einem Pürierstab pürieren. Nach und nach die Milch zum Brokkolipüree geben und so lange pürieren, bis eine glatte Cremesuppe entstanden ist. Instant-Haferflocken mit einem Schneebesen unterrühren, nochmals kurz unter Rühren aufkochen lassen. Die Suppe mit Salz, Pfeffer und Muskat abschmecken. Dill abspülen und trocken tupfen. Die Spitzen von dem Stängel zupfen.
**5.** Die Krabben in tiefen Tellern oder Suppentassen verteilen. Brokkolicremesuppe daraufgeben, mit geschrotetem Pfeffer und den Dillspitzen garnieren.

## Milchsuppe mit Schneeklößchen

4 Portionen

pro Portion 0,45 Euro

*Zubereitungszeit:* 20 Minuten, ohne Ziehzeit

1 Pck. Dr. Oetker Pudding-Pulver Vanille- oder Sahne-Geschmack
60 g Zucker, 1 Prise Salz
1 l Milch (3,5 % Fett)
1 Eigelb (Größe M)
1/2 Bio-Zitrone (unbehandelt, ungewachst)

**Für die Schneeklößchen:**
1 Eiweiß (Größe M)
1 schwach geh. TL Zucker

*Pro Portion:*
E: 9 g, F: 9 g, Kh: 34 g,
kJ: 1174, kcal: 281

**1.** Das Pudding-Pulver mit Zucker und Salz mischen. Nach und nach mit mindestens 6 Esslöffeln von der Milch glatt rühren. Eigelb unterrühren.
**2.** Zitrone heiß abwaschen und abtrocknen. Die Schale von der 1/2 Zitrone mit einem Sparschäler so abschälen, dass nur die gelbe Schale und nicht das Weiße abgeschält wird.
**3.** Die Milch mit der Zitronenschale in einem großen Topf zum Kochen bringen.
**4.** Dann den Topf von der Kochstelle nehmen und das angerührte Pudding-Pulver mit einem Schneebesen einrühren.
**5.** Den Topf wieder auf die Kochstelle geben und alles unter Rühren kurz aufkochen. Die Zitronenschale aus der Suppe entfernen.
**6.** Für die Schneeklößchen Eiweiß mit Zucker steif schlagen. Mit 2 Teelöffeln kleine Klößchen abstechen, auf die Suppe in den Topf geben und zugedeckt etwa 5 Minuten gar ziehen lassen (Flüssigkeit muss sich leicht bewegen).

Leichte Brokkolicremesuppe

Milchsuppe mit Schneeklößchen

Möhrensuppe mit roten Linsen und Minze

## Möhrensuppe mit roten Linsen und Minze

4 Portionen

*Zubereitungszeit:* 20 Minuten
*Garzeit:* 8–10 Minuten

750 g Möhren
1 kleines Stück frischer Ingwer (etwa 10 g)
1/2 rote Peperoni
1 1/2 EL Speiseöl, z. B. Sonnenblumenöl
100 g rote Linsen
gem. Pfeffer
1 Msp. gem. Kardamom
1 l Gemüsebrühe
5–6 Pfefferminzblättchen
Salz, ger. Muskatnuss

pro Portion 0,50 Euro

*Pro Portion:*
E: 9 g, F: 5 g, Kh: 21 g,
kJ: 682, kcal: 163

**1.** Möhren putzen, schälen, abspülen, abtropfen lassen und in kleine Würfel schneiden. Ingwer schälen und fein würfeln. Peperoni halbieren, entstielen, entkernen und die weißen Scheidewände entfernen. Peperoni abspülen, trocken tupfen und die Hälfte der Peperoni in feine Streifen schneiden.
**2.** Speiseöl in einem Topf erhitzen. Möhren-, Ingwerwürfel und Peperonistreifen darin etwa 5 Minuten unter gelegentlichem Rühren andünsten.
**3.** Linsen, Pfeffer und Kardamom hinzufügen und etwa 2 Minuten mitdünsten lassen. Die Brühe hinzugießen. Die Zutaten zum Kochen bringen und zugedeckt 8–10 Minuten bei schwacher Hitze kochen lassen.
**4.** In der Zwischenzeit Minzeblättchen abspülen und trocken tupfen. Die Suppe vor dem Servieren mit Salz und Muskat abschmecken und mit den Minzeblättchen bestreuen.

## Pilz-Reis-Suppe

4 Portionen (ohne Foto)

*Zubereitungszeit:* 45 Minuten
*Garzeit:* etwa 1 1/2 Stunden

500 g Rindfleisch (Beinscheibe oder Hohe Rippe)
1 1/2 l kaltes Wasser, Salz
1 Bund Suppengrün (etwa 400 g, Sellerie, Möhren, Porree)
50 g Langkornreis
250 g Champignons
3 Stängel Estragon
1 EL Butter
gem. Pfeffer
ger. Muskatnuss
125 g abgetropfte Spargelstücke (aus dem Glas)

pro Portion 2,05 Euro

*Pro Portion:*
E: 24 g, F: 11 g, Kh: 12 g,
kJ: 1014, kcal: 242

**1.** Rindfleisch kurz unter fließendem kalten Wasser abspülen und trocken tupfen. Wasser in einem Topf zum Kochen bringen, Rindfleisch hinzugeben und zum Kochen bringen, Salz hinzufügen. Die Brühe abschäumen, Rindfleisch zugedeckt etwa 30 Minuten vorgaren.
**2.** In der Zwischenzeit Suppengrün putzen, abspülen, abtropfen lassen, klein schneiden, zum Rindfleisch in den Topf geben, wieder zum Kochen bringen und zugedeckt etwa 1 Stunde mitgaren lassen.
**3.** Rindfleisch aus der Brühe nehmen, von den Knochen lösen und das Fleisch etwas abkühlen lassen. Die Brühe durch ein Sieb gießen. 100 ml der Brühe in einen kleinen Topf geben und zum Kochen bringen, Reis hineingeben, umrühren, aufkochen und zugedeckt bei schwacher Hitze in etwa 12 Minuten bissfest garen.
**4.** Die Champignons putzen, evtl. kurz abspülen, trocken tupfen und in Scheiben schneiden. Estragon abspülen und trocken tupfen. Die Blättchen von den Stängeln zupfen, Blättchen klein schneiden.
**5.** Butter in einer Pfanne zerlassen, die Champignonscheiben darin unter Rühren andünsten, mit Salz würzen. Die Hälfte des Estragons hinzufügen, die Champignonscheiben etwa 8 Minuten garen.
**6.** Das Rindfleisch in kleine Stücke schneiden.
**7.** Restliche Brühe in dem Topf zum Kochen bringen, mit Salz, Pfeffer und Muskat würzen. Spargelstücke, Reis, Fleischstücke und die Champignonscheiben in die Brühe geben. Die Suppe kurz aufkochen lassen und mit den Gewürzen abschmecken. Die Suppe anrichten und mit restlichem Estragon bestreuen.

## Reitersuppe

10–12 Portionen
(ohne Foto)

pro Portion **1,64** Euro

*Zubereitungszeit:* 40 Minuten
*Garzeit:* etwa 30 Minuten

1 Gemüsezwiebel (etwa 400 g)
2 rote Paprikaschoten
3 EL Speiseöl, z. B. Sonnenblumenöl
1 kg Gehacktes (halb Rind-, halb Schweinefleisch)
140 g Tomatenmark
500 g passierte Tomaten (Tetrapak)
800 ml Ochsenschwanzsuppe (aus Dosen)
400 g Champignonscheiben (aus Glas oder Dose)
350 g abgetropfte Ananasstücke (aus der Dose)
125 ml Tomatenketchup
Salz, gem. Pfeffer
evtl. 5–6 EL Madeira oder Rotwein oder trockener Sherry
2 EL Schnittlauchröllchen

*Pro Portion:*
E: 23 g, F: 22 g, Kh: 19 g,
kJ: 1538, kcal: 368

**1.** Gemüsezwiebel abziehen, halbieren und in Würfel schneiden. Paprikaschoten halbieren, entstielen, entkernen und die weißen Scheidewände entfernen. Schoten abspülen, abtropfen lassen und in Streifen schneiden.
**2.** Speiseöl in einem großen Topf erhitzen. Gehacktes hinzufügen und unter Rühren leicht anbraten. Dabei die Fleischklümpchen mit einer Gabel zerdrücken. Zwiebelwürfel und Paprikastreifen hinzugeben. Die Zutaten etwa 15 Minuten dünsten.
**3.** Tomatenmark unterrühren. Die passierten Tomaten und die Ochsenschwanzsuppe hinzugeben. Jeweils die leeren Dosen (von der Ochsenschwanzsuppe) mit Wasser füllen und ebenfalls hinzugießen.
**4.** Champignonscheiben mit der Flüssigkeit und die Ananasstücke in den Topf geben und unter die Zutaten mischen. Ketchup unterrühren.
**5.** Die Zutaten zum Kochen bringen und etwa 15 Minuten bei mittlerer Hitze kochen lassen. Die Suppe mit Salz, Pfeffer und nach Belieben mit Madeira, Rotwein oder Sherry abschmecken.
**6.** Die Reitersuppe mit Schnittlauchröllchen bestreut servieren.

Quer durch den Garten

## Quer durch den Garten

4–6 Portionen

pro Portion **1,76** Euro

*Zubereitungszeit:* 50 Minuten
*Garzeit:* etwa 25 Minuten

400 g Kasseler Nacken (ohne Knochen)
250 g Möhren
250 g Kohlrabi
250 g Fenchelknolle
500 g Kartoffeln
30 g Butterschmalz
600 ml Gemüsebrühe
1 Bund Frühlingszwiebeln
200 g Champignons
150 g Crème fraîche mit frischen Kräutern
Salz, gem. Pfeffer
gem. Koriander
2 EL klein geschnittener Dill
1 EL klein geschnittene Petersilie

*Pro Portion:*
E: 20 g, F: 22 g, Kh: 24 g,
kJ: 1557, kcal: 372

**1.** Kasseler mit Küchenpapier trocken tupfen und in 1–1 1/2 cm große Würfel schneiden.
**2.** Möhren und Kohlrabi putzen, schälen, abspülen, abtropfen lassen und in Würfel schneiden. Fenchelknolle putzen, abspülen, abtropfen lassen und das Grün beiseitelegen. Die Fenchelkolle halbieren und in kleine Würfel schneiden. Kartoffeln schälen, abspülen, abtropfen lassen und in Würfel schneiden
**3.** Butterschmalz in einem großen Topf erhitzen. Die Fleischwürfel darin von allen Seiten anbraten. Das vorbereitete Gemüse und die Kartoffelwürfel evtl. portionsweise hinzugeben und 4–5 Minuten unter Rühren andünsten.
**4.** Brühe hinzugießen und zum Kochen bringen. Alles zugedeckt etwa 15 Minuten bei mittlerer Hitze garen.
**5.** In der Zwischenzeit Frühlingszwiebeln putzen, abspülen, abtropfen lassen und in Scheiben schneiden. Champignons putzen, evtl. kurz abspülen, trocken tupfen und in dünne Scheiben schneiden. Beides in den Eintopf geben und etwa 3 Minuten

mitgaren. Beiseitegelegtes Fenchelgrün fein schneiden.

**6.** Crème fraîche und Fenchelgrün unter den Eintopf rühren. Den Eintopf mit Salz, Pfeffer und Koriander würzen. Dill und Petersilie unterrühren. Den Eintopf anrichten und sofort servieren.

## Rheinischer Suppentopf

pro Portion 1,30 Euro

4 Portionen

*Zubereitungszeit:* 25 Minuten
*Garzeit:* 60–70 Minuten

500 g Rindfleisch (Gulaschfleisch)
3 EL Speiseöl
1 l Fleischbrühe
etwa 250 g Knollensellerie
300 g frische, grüne Bohnen
250 g Kartoffeln
1 Stange Porree (Lauch)
Salz, gem. Pfeffer
1–2 EL klein geschnittene Petersilie

*Pro Portion:*
E: 38 g, F: 28 g, Kh: 16 g,
kJ: 2101, kcal: 502

**1.** Rindfleisch mit Küchenpapier trocken tupfen und in Würfel schneiden.

**2.** Speiseöl in einem Topf erhitzen. Fleischwürfel darin von allen Seiten anbraten. Fleischbrühe hinzugießen und zum Kochen bringen. Die Fleischwürfel zugedeckt 45–50 Minuten garen.

**3.** In der Zwischenzeit Sellerie putzen, schälen, abspülen, abtropfen lassen und in Würfel schneiden. Von den Bohnen die Enden abschneiden, evtl. abfädeln. Bohnen abspülen, abtropfen lassen, in Stücke brechen oder schneiden. Kartoffeln schälen, abspülen, abtropfen lassen und würfeln. Porree putzen, die Stange gründlich waschen, abtropfen lassen und in Streifen schneiden.

**4.** Vorbereitetes Gemüse und Kartoffelwürfel zu den Fleischwürfeln in den Topf geben, alles wieder zum Kochen bringen und weitere 15–20 Minuten kochen lassen.

**5.** Die Suppe mit Salz und Pfeffer würzen und mit Petersilie bestreut servieren.

## Porree-Eintopf

4 Portionen

pro Portion 2,30 Euro

*Zubereitungszeit:* 35 Minuten
*Garzeit:* 15–17 Minuten

1 kg Porree (Lauch)
250 g Möhren
250 g Knollensellerie
1 Zwiebel
750 g mehligkochende Kartoffeln
3 EL Speiseöl
1 l Gemüsebrühe
4 geräucherte Mettwürstchen (etwa 400 g)
Salz, gem. Pfeffer
2 EL klein geschnittene Petersilie

*Pro Portion:*
E: 24 g, F: 43 g, Kh: 36 g,
kJ: 2643, kcal: 636

**1.** Porree putzen, die Stangen längs halbieren, gründlich waschen, abtropfen lassen und in etwa 2 cm breite Streifen schneiden. Möhren putzen, schälen, abspülen, abtropfen lassen und in Scheiben schneiden. Sellerie schälen, abspülen, abtropfen lassen und in Würfel schneiden. Zwiebel abziehen und klein würfeln. Kartoffeln schälen, abspülen, abtropfen lassen, ebenfalls würfeln.

**2.** Das Speiseöl in einem großen Topf erhitzen. Möhrenscheiben, Sellerie- und Zwiebelwürfel darin andünsten. Kartoffelwürfel, Gemüsebrühe und die Mettwürstchen hinzufügen und zum Kochen bringen. Den Eintopf etwa 10 Minuten bei mittlerer Hitze kochen lassen.

**3.** Porreestreifen hinzufügen, den Eintopf mit Salz und Pfeffer würzen, wieder zum Kochen bringen und in 5–7 Minuten fertig garen.

**4.** Die Mettwürstchen aus dem Eintopf nehmen, in Scheiben schneiden und wieder in den Eintopf geben. Den Eintopf mit Salz und Pfeffer abschmecken und mit Petersilie bestreut servieren.

Rheinischer Suppentopf

Porree-Eintopf

# Kohlrabi-Apfel-Süppchen

pro Portion **1,15** Euro

4 Portionen

*Zubereitungszeit:* 35 Minuten
*Garzeit:* etwa 15 Minuten

2 mittelgroße Kohlrabi (geschält etwa 400 g)
1 großer Apfel, z. B. Boskop oder Elstar
1 kleine Zwiebel
2 EL Butter
1 EL Weizenmehl
750 ml Gemüsebrühe
Salz
250 g Schlagsahne
Zucker
Zitronensaft
40 g Radieschensprossen
4 EL Crème fraîche

*Pro Portion:*
E: 6 g, F: 36 g, Kh: 16 g,
kJ: 1739, kcal: 417

**1.** Die Kohlrabi putzen, schälen, abspülen, abtropfen lassen und grob würfeln. Den Apfel heiß abwaschen, abtrocknen, vierteln und entkernen. Apfelviertel mit der Schale grob zerkleinern. Die Zwiebel abziehen und klein würfeln.
**2.** Butter in einem Topf zerlassen. Die Kohlrabiwürfel und Apfelstücke darin unter Rühren andünsten. Mit Mehl bestäuben und kurz mitdünsten lassen. Brühe hinzugießen, mit Salz würzen. Die Zutaten zum Kochen bringen und etwa 15 Minuten bei schwacher Hitze kochen lassen.
**3.** Topf von der Kochstelle nehmen. Die Sahne hinzugießen. Suppe mit einem Pürierstab fein pürieren und anschließend durch ein feines Sieb (Haarsieb) passieren. Mit Salz, Zucker und Zitronensaft abschmecken.
**4.** Radieschensprossen abspülen und trocken tupfen. Das Kohlrabi-Apfel-Süppchen in Suppentassen anrichten, mit Crème fraîche und den Radieschensprossen garnieren.

***Tipp:*** Die Suppe zusätzlich mit abgespülten, trocken getupften Kräuterblättchen und Apfelspalten garnieren.

Kohlrabi-Apfel-Süppchen

# Rotbarschfilet süßsauer

4 Portionen

*Zubereitungszeit:* 30 Minuten, ohne Auftauzeit
*Garzeit:* etwa 60 Minuten

pro Portion **2,40** Euro

360 g TK-Rotbarschfilet
3 Zwiebeln
500 g Kartoffeln
200 g Porree (Lauch)
2 TL Senfkörner
2 Lorbeerblätter
Salz
gem. Pfeffer
375 ml Gemüsebrühe
400 g Kürbisstücke (aus dem Glas)
1/2 Bund Dill
6 EL Kürbissud (aus dem Glas)
Cayennepfeffer
1 Prise Zucker

*Pro Portion:*
E: 21 g, F: 4 g, Kh: 24 g,
kJ: 931, kcal: 222

**1.** Rotbarschfilet nach Packungsanleitung auftauen lassen.
**2.** Zwiebeln abziehen und in Spalten schneiden. Kartoffeln schälen, abspülen, abtropfen lassen und der Länge nach in dünne Spalten schneiden. Den Porree putzen, die Stangen längs halbieren, gründlich waschen, abtropfen lassen und in Streifen schneiden.
**3.** Vorbereitete Zutaten mit Senfkörnern und Lorbeerblättern in einen gewässerten Römertopf geben, vermischen, mit Salz und Pfeffer würzen.
**4.** Die Gemüsebrühe hinzugießen. Den Römertopf mit dem Deckel verschließen und auf dem Rost in den kalten Backofen schieben. Den Backofen aufheizen.
*Ober-/Unterhitze:* etwa 200 °C
*Heißluft:* etwa 180 °C
**5.** Das Gemüse mit den Kartoffeln etwa 45 Minuten garen.
**6.** In der Zwischenzeit von den Kürbisstücken den Sud auffangen und

Rotbarschfilet süßsauer

Wintersuppe mit Graupen und weißen Bohnen

6 Esslöffel abmessen. Rotbarschfilet kurz unter fließendem kalten Wasser abspülen, trocken tupfen, in mundgerechte Stücke schneiden und mit Salz würzen.

**7.** Nach etwa 45 Minuten Garzeit die Fisch- und Kürbisstücke zum Gemüse und den Kartoffeln in den Römertopf geben und vorsichtig untermischen. Rotbarschfilet süßsauer ohne Deckel bei gleicher Backofentemperatur in weiteren etwa 15 Minuten fertig garen.

**8.** Dill abspülen und trocken tupfen. Die Spitzen von den Stängeln zupfen, Spitzen klein schneiden und unter das fertige Gericht mischen. Kürbissud unterrühren. Den Eintopf mit Salz, Cayennepfeffer und Zucker abschmecken.

## Wintersuppe mit Graupen und weißen Bohnen

4 Portionen

*Zubereitungszeit:* 45 Minuten, ohne Einweichzeit
*Garzeit:* Suppe etwa 60 Minuten

250 g getrocknete kleine, weiße Bohnen
150 g Perlgraupen
Salz
1 Zwiebel
5 Stängel Liebstöckel
3 l Gemüsebrühe
1 Lorbeerblatt
50 g Staudensellerie
100 g Porree (Lauch)
250 g Möhren
200 g Wirsing
100 g Backobst
gem. schwarzer Pfeffer
4 EL frisch geraspelter Meerrettich

pro Portion 1,25 Euro

*Pro Portion:*
E: 23 g, F: 3 g, Kh: 68 g,
kJ: 1656, kcal: 392

**1.** Am Vortag Bohnen in eine Schüssel geben und mit kaltem Wasser übergießen, sodass sie ganz bedeckt sind. Bohnen über Nacht einweichen.

**2.** Am nächsten Tag Graupen in ein Sieb geben und so lange mit kaltem Wasser abspülen, bis das Wasser fast klar abläuft. Wasser in einem Topf zum Kochen bringen, etwas Salz hinzugeben. Graupen darin etwa 40 Minuten kochen lassen. Anschließend in ein Sieb geben, mit kaltem Wasser abspülen und abtropfen lassen.

**3.** Eingeweichte Bohnen abtropfen lassen. Die Zwiebel abziehen. Liebstöckel abspülen und trocken tupfen. Brühe mit Bohnen, Lorbeerblatt, 2 Stängeln Liebstöckel und der ganzen Zwiebel in einem großen Topf zum Kochen bringen. Die Bohnen ohne Deckel etwa 45 Minuten kochen lassen, bis sie weich sind. Die Suppe zwischendurch abschäumen.

**4.** In der Zwischenzeit Staudensellerie putzen und die harten Außenfäden abziehen. Selleriestange abspülen, abtropfen lassen, in dünne Scheiben schneiden. Porree putzen, die Stange längs halbieren, gründlich waschen, abtropfen lassen und in dünne Streifen schneiden. Die Möhren putzen, schälen, abspülen, abtropfen lassen und klein würfeln.

**5.** Wirsing putzen, vierteln und den Strunk herausschneiden. Von den Wirsingblättern die dicken Rippen entfernen. Wirsingblätter abspülen, abtropfen lassen und in mundgerechte Stücke schneiden. Backobst fein würfeln.

**6.** Zwiebel, Lorbeerblatt und Liebstöckel aus der Brühe nehmen. Die Selleriescheiben, Porreestreifen, Möhrenwürfel und Wirsing zu der Brühe mit den Bohnen geben, mit Salz und Pfeffer würzen. Die Suppe wieder zum Kochen bringen und weitere etwa 15 Minuten ohne Deckel kochen lassen.

**7.** Von den restlichen Liebstöckelstängeln die Blätter abzupfen. Blätter grob zerschneiden. Die Graupen in die Suppe geben und miterhitzen. Zuletzt Backobstwürfel unterheben. Die Suppe in Tellern anrichten und servieren. Meerrettich dazureichen.

Tomaten-Kokos-Suppe

## Tomaten-Kokos-Suppe
4 Portionen

*Zubereitungszeit:* 20 Minuten
*Garzeit:* 8–10 Minuten

pro Portion 2,20 Euro

etwa 40 g frischer Ingwer
2 EL Speiseöl
2 gestr. TL rote Currypaste
480 g gut abgetropfte, geschälte Tomaten (aus der Dose)
800 ml Kokosmilch
2 TL gekörnte Gemüse- oder Geflügelbrühe
1/2 TL gem. Kreuzkümmel (Cumin)
1 Msp. Chilipulver
Schale und Saft von 1 Bio-Limette (unbehandelt, ungewachst)
1 Prise Zucker
150 g Crème légère
1 Handvoll frisch gehackte Korianderblättchen

*Pro Portion:*
E: 6 g, F: 45 g, Kh: 10 g,
kJ: 1979, kcal: 479

**1.** Den Ingwer schälen und auf einer Haushaltsreibe fein reiben.
**2.** Speiseöl in einem Topf erhitzen. Den Ingwer und die Currypaste darin kurz unter Rühren andünsten. Abgetropfte Tomaten, Kokosmilch, gekörnte Brühe und Cumin hinzugeben. Die Zutaten unter Rühren aufkochen lassen. Den Topf von der Kochstelle nehmen. Die Tomaten-Kokos-Masse pürieren und nochmals 8–10 Minuten unter gelegentlichem Rühren bei schwacher Hitze kochen lassen.
**3.** Suppe mit Chili, Limettenschale, -saft und 1 Prise Zucker abschmecken. Die Suppe in 4 Suppentellern verteilen. Mit je 1 Teelöffel Crème légère und etwas gehacktem Koriander anrichten.

***Beilage:*** Frisches Fladenbrot.

## Wirsingtopf mit Lamm
4 Portionen (ohne Foto)

*Zubereitungszeit:* 50 Minuten
*Garzeit:* 30–35 Minuten

pro Portion 2,35 Euro

350 g Lammfleisch (ohne Knochen, Hals oder Schulter)
2 Zwiebeln
3 EL Speiseöl
Salz
gem. Pfeffer
500 ml Gemüsebrühe
1/2 Kopf Wirsing (etwa 400 g)
200 g Porree (Lauch)
300 g Möhren
750 g festkochende Kartoffeln
Paprikapulver edelsüß
4 Scheiben Bacon (Frühstücksspeck)
3 EL klein geschnittene Petersilie

*Pro Portion:*
E: 26 g, F: 18 g, Kh: 33 g,
kJ: 1688, kcal: 403

**1.** Das Lammfleisch mit Küchenpapier trocken tupfen und in Würfel schneiden. Zwiebeln abziehen und in kleine Würfel schneiden.
**2.** Das Speiseöl in einem Topf erhitzen, die Lammfleischwürfel darin von allen Seiten kräftig anbraten, mit Salz und Pfeffer würzen.
**3.** Die Zwiebelwürfel hinzugeben und kurz mit anbraten. Die Brühe hinzugießen und zum Kochen bringen. Die Fleischwürfel zugedeckt bei schwacher Hitze etwa 20 Minuten garen.
**4.** Von dem Wirsing die äußeren schlechten Blätter entfernen, den Wirsing vierteln und den Strunk herausschneiden. Kohlviertel abspülen, abtropfen lassen und in feine Streifen schneiden.
**5.** Den Porree putzen, die Stangen längs halbieren, gründlich waschen, abtropfen lassen und in Streifen schneiden.
**6.** Möhren putzen, schälen, abspülen, abtropfen lassen und in dünne Scheiben schneiden.
**7.** Die Kartoffeln schälen, abspülen, abtropfen lassen und in Scheiben schneiden. Das vorbereitete Gemüse mit den Kartoffelscheiben zu den Fleischwürfeln in den Topf geben, untermischen und mit Paprika würzen. Den Wirsingtopf zum Kochen bringen und 10–15 Minuten garen.
**8.** Den Bacon in einer beschichteten Pfanne bei mittlerer Hitze knusprig ausbraten und auf Küchenpapier abtropfen lassen.
**9.** Den Wirsingtopf mit Salz und Pfeffer abschmecken, mit Petersilie bestreuen und mit Baconscheiben anrichten.

## Cremesuppe mit Staudensellerie

4 Portionen (ohne Foto)

*Zubereitungszeit:* 20 Minuten

30 g Butter
30 g Weizenmehl
1 l Gemüsebrühe
150 g Crème fraîche
3 Stangen Staudensellerie
150 g geräucherter Tofu
1 EL Olivenöl
1 TL Senfkörner
Salz
gem. weißer Pfeffer

pro Portion 0,95 Euro

*Pro Portion:*
E: 8 g, F: 23 g, Kh: 11 g,
kJ: 1193, kcal: 287

**1.** Butter in einem Topf zerlassen, Mehl darin unter Rühren so lange erhitzen, bis es hellgelb ist.
**2.** Gemüsebrühe und Crème fraîche hinzufügen und mit einem Schneebesen durchschlagen. Darauf achten, dass keine Klümpchen entstehen. Die Suppe unter Rühren zum Kochen bringen und etwa 5 Minuten unter gelegentlichem Rühren kochen lassen.
**3.** Staudensellerie putzen und die harten Außenfäden abziehen. Selleriestangen abspülen, abtropfen lassen und in sehr dünne Scheiben schneiden. Selleriegrün beiseitelegen. Tofu in kleine Würfel schneiden.
**4.** Das Olivenöl in einer Pfanne erhitzen. Selleriescheiben und Tofuwürfel darin kurz unter Rühren anbraten. Senfkörner im Mörser grob zerstoßen auf die Tofu-Sellerie-Mischung streuen und kurz mitbraten lassen.
**5.** Suppe kurz aufkochen lassen, mit Salz und Pfeffer würzen. Beiseitegelegtes Selleriegrün klein schneiden und mit der Tofu-Sellerie-Mischung auf die Suppe streuen.

***Tipp:*** Anstelle von Tofu können Sie auch Kasseleraufschnitt oder geräucherte Putenbrust verwenden.

## Vegetarischer Linseneintopf

4 Portionen

*Zubereitungszeit:* 25 Minuten
*Garzeit:* 30–35 Minuten

3 Zwiebeln
2 Knoblauchzehen
200 g Staudensellerie
600 g Kartoffeln
100 g getrocknete Tellerlinsen
2 EL Kürbiskernöl
1 l Gemüsebrühe
1/2 Bund Zitronenthymian
Salz, gem. Pfeffer
1 EL klein geschnittene Petersilie
40 g geraspelter Parmesan
evtl. 2 EL Kürbiskernöl

pro Portion 1,40 Euro

*Pro Portion:*
E: 13 g, F: 9 g, Kh: 33 g,
kJ: 1118, kcal: 267

**1.** Zwiebeln und Knoblauch abziehen. Zwiebeln in feine Würfel schneiden, Knoblauch hacken. Staudensellerie putzen und die harten Außenfäden abziehen. Selleriestangen abspülen, abtropfen lassen und in Würfel schneiden. Kartoffeln schälen, abspülen, abtropfen lassen und ebenfalls würfeln.
**2.** Tellerlinsen in ein Sieb geben und mit kaltem Wasser abspülen. Kürbiskernöl in einem Topf erhitzen. Zwiebelwürfel und den Knoblauch darin andünsten. Sellerie-, Kartoffelwürfel, Linsen und Gemüsebrühe hinzufügen. Die Zutaten zum Kochen bringen und zugedeckt 20–25 Minuten bei mittlerer Hitze kochen.
**3.** Inzwischen den Zitronenthymian abspülen und trocken tupfen. Die Blättchen von den Stängeln zupfen, in den Eintopf geben und zugedeckt noch weitere etwa 10 Minuten garen.
**4.** Den Eintopf mit Salz und Pfeffer abschmecken und in Suppenschalen verteilen. Den Eintopf mit Petersilie und Parmesan bestreuen und nach Belieben mit Kürbiskernöl beträufeln.

Vegetarischer Linseneintopf

## Tomatensuppe mit Mozzarellaklößchen

4 Portionen

*Zubereitungszeit:* 30 Minuten
*Garzeit:* etwa 15 Minuten

pro Portion 1,85 Euro

**Für die Suppe:**
1 1/2 kg Fleischtomaten
2 Zwiebeln
2 Knoblauchzehen
2 EL Speiseöl, z. B. Olivenöl
500 ml Gemüse- oder Geflügelfond
1 Prise Zucker
Salz
gem. Pfeffer
Cayennepfeffer
1 Lorbeerblatt
getrockneter, gerebelter Oregano

**Für die Mozzarellaklößchen:**
250 g abgetropfter Mozzarella
1 Topf Basilikum

einige Basilikumblättchen

*Pro Portion:*
E: 15 g, F: 19 g, Kh: 13 g,
kJ: 1216, kcal: 289

**1.** Für die Suppe Tomaten abspülen, abtropfen lassen, halbieren und die Stängelansätze herausschneiden. Tomatenhälften in Würfel schneiden. Zwiebeln und Knoblauch abziehen, fein würfeln.
**2.** Speiseöl in einem Topf erhitzen. Zwiebel- und Knoblauchwürfel darin unter Rühren andünsten. Tomatenwürfel, Fond, Zucker, Salz, Pfeffer, Cayennepfeffer, Lorbeerblatt und Oregano hinzufügen. Die Zutaten zum Kochen bringen und zugedeckt etwa 15 Minuten bei schwacher Hitze kochen lassen.
**3.** In der Zwischenzeit für die Klößchen Mozzarella grob zerkleinern und pürieren. Basilikum abspülen und trocken tupfen. Die Blättchen von den Stängeln zupfen, Blättchen klein schneiden unter die Mozzarellamasse kneten, mit Salz und Pfeffer würzen. Aus der Mozzarellamasse mit angefeuchteten Händen 18–24 Klößchen formen und in Suppentellern verteilen.
**4.** Das Lorbeerblatt aus der Suppe entfernen. Die Suppe pürieren und anschließend durch ein Sieb streichen. Die Suppe aufkochen und nochmals mit den Gewürzen abschmecken. Die Suppe in die Teller auf die Klöße geben und mit abgespülten, trocken getupften Basilikumblättchen bestreut servieren.

**Tipp:** Anstelle von frischen Tomaten können Sie auch 800 g geschälte Tomaten (aus der Dose) verwenden.

Tomatensuppe mit Mozzarellaklößchen

## Zwiebelsuppe

2 Portionen

*Zubereitungszeit:* 25 Minuten
*Garzeit:* 45–60 Minuten

pro Portion 2,48 Euro

2 große Gemüsezwiebeln
50 g Butter, Salz
1 EL Port- oder Weißwein
1 EL Balsamico-Essig
600 ml Gemüsebrühe
1 Lorbeerblatt
1 Bund Suppengrün
(Möhren, Sellerie, Porree)
1 Stängel Thymian

**Für die Käsecroûtons:**
4 Scheiben Baguette oder
2 Scheiben Toastbrot
etwa 90 g ger. Gruyère

gem. Pfeffer
2 TL klein geschnittene Petersilie

*Pro Portion:*
E: 20 g, F: 47 g, Kh: 31 g,
kJ: 2682, kcal: 641

**1.** Die Zwiebeln abziehen, zuerst in dünne Scheiben schneiden, dann in Ringe teilen. Butter in einem Topf zerlassen und leicht bräunen lassen. Die Zwiebelringe darin unter Rühren 10–15 Minuten anbraten, bis sie weich und braun sind. Mit Salz würzen.
**2.** Zwiebelringe mit Wein und Essig ablöschen. Darauf achten, dass sich die Röststoffe vom Boden lösen. Evtl. mit einem Holzschaber/-spachtel loskratzen. Brühe und Lorbeerblatt hinzugeben.

Zwiebelsuppe

Pikante Maiscremesuppe mit gebratenen Tofuspießen

**3.** Das Suppengrün putzen, schälen, abspülen und abtropfen lassen. Thymian abspülen und trocken tupfen. Suppengrün und den Thymianstängel mit Küchengarn zusammenbinden, in die Suppe geben und zum Kochen bringen. Suppe 45–60 Minuten mit schräg aufliegendem Deckel kochen lassen.

**4.** Den Backofen vorheizen.
*Ober-/Unterhitze:* etwa 220 °C
*Heißluft:* etwa 200 °C

**5.** In der Zwischenzeit Käsecroûtons vorbereiten. Dafür Baguette- oder Toastbrotscheiben dick mit dem geriebenen Käse bestreuen und auf ein Backblech legen.

**6.** Das Backblech kurz vor Ende der Zwiebelsuppen-Kochzeit in den vorgeheizten Backofen schieben. Die Brotscheiben so lange überbacken, bis der Käseberg flach geschmolzen ist. Das Backblech aus dem Backofen nehmen.

**7.** Nach Belieben geschmolzenen Käse so lange mit einem Küchenbrenner bearbeiten, bis der Käse Blasen wirft und braun wird.

**8.** Suppengrün mit dem Thymianstängel und Lorbeerblatt aus der Suppe entfernen. Die Zwiebelsuppe nochmals mit Salz und Pfeffer abschmecken.

**9.** Die Zwiebelsuppe in Suppentassen oder -teller füllen. Jeweils einen gebrannten Croûton in der Suppe schwimmen lassen. Die Zwiebelsuppe mit Petersilie bestreuen.

## Pikante Maiscremesuppe mit gebratenen Tofuspießen

4 Portionen

*Zubereitungszeit:* 40 Minuten

pro Portion 1,70 Euro

285 g abgetropfter Gemüsemais (aus der Dose)
1 Zwiebel
1 kleine, rote Chilischote
2 EL Butter
750 ml Gemüsebrühe
Salz
1 Bio-Limette (unbehandelt, ungewachst)
200 g Tofu (natur, aus dem Kühlregal)
2 EL Sesamöl
2 EL Teriyaki-Sauce
250 g Schlagsahne
gem. weißer Pfeffer
2 EL Olivenöl
4 Stängel Thai-Basilikum
8 Stängel Koriander

**Außerdem:**
8 kleine Holzspieße

*Pro Portion:*
E: 12 g, F: 33 g, Kh: 14 g,
kJ: 1690, kcal: 404

**1.** Mais in ein Sieb geben, mit kaltem Wasser abspülen und abtropfen lassen. Die Zwiebel abziehen und klein würfeln. Chilischote abspülen, trocken tupfen und in feine Ringe schneiden.

**2.** Butter in einem Topf zerlassen. Zwiebelwürfel, Chiliringe und Mais darin unter Rühren andünsten. Gemüsebrühe hinzugießen, mit Salz würzen. Die Zutaten zum Kochen bringen und etwa 10 Minuten bei mittlerer Hitze kochen lassen.

**3.** In der Zwischenzeit die Limette heiß abwaschen, abtrocknen und die Schale abreiben. Limette halbieren und den Saft auspressen. Den Tofu in gleich große Würfel schneiden und in eine Schale legen. Aus Sesamöl, Teriyaki-Sauce, Limettenschale und 2 Esslöffeln Limettensaft eine Marinade zubereiten und auf den Tofuwürfeln verteilen.

**4.** Die Sahne in die Maissuppe geben und nach Geschmack fein oder grob pürieren. Die Maiscremesuppe mit Salz, Pfeffer und Limettensaft abschmecken.

**5.** Die Tofuwürfel auf den Holzspießen verteilen. Olivenöl in einer Pfanne erhitzen. Die Tofuspieße darin von allen Seiten braten.

**6.** Basilikum abspülen und trocken tupfen. Die Blättchen von den Stängeln zupfen. Blättchen in Streifen schneiden. Koriander abspülen und trocken tupfen. Die Blättchen von den Stängeln zupfen.

**7.** Die Suppe in Suppenschalen anrichten, mit Basilikumstreifen bestreuen und mit Korianderblättchen garnieren. Tofuspieße dazureichen.

Paprika-Sahne-Suppe

Kartoffelsuppe

## Paprika-Sahne-Suppe

4 Portionen

*Zubereitungszeit:* 20 Minuten
*Garzeit:* etwa 15 Minuten

2 Paprikaschoten (etwa 400 g)
200 g Zwiebeln, 200 g Sauerkraut
2 EL Speiseöl
1 l heiße Gemüsebrühe
1 gestr. EL Speisestärke
125 ml Schlagsahne
Salz, Zucker
Cayennepfeffer
1–2 EL Weißwein

pro Portion 0,80 Euro

*Pro Portion:*
E: 4 g, F: 16 g, Kh: 11 g,
kJ: 876, kcal: 210

**1.** Paprikaschoten halbieren, entstielen, entkernen und die weißen Scheidewände entfernen. Schoten abspülen, abtropfen lassen und in Streifen schneiden. Zwiebeln abziehen und fein würfeln. Sauerkraut zerzupfen und fein schneiden.
**2.** Speiseöl in einem Topf erhitzen, Zwiebelwürfel darin hellgelb andünsten. Paprikastreifen und Sauerkraut hinzufügen und kurz mitdünsten lassen. Brühe hinzugießen und zum Kochen bringen. Alles zugedeckt etwa 15 Minuten bei mittlerer Hitze garen.
**3.** Speisestärke mit Sahne anrühren, in die Suppe rühren und unter Rühren aufkochen lassen. Die Suppe mit Salz, Zucker, Cayennepfeffer und Weißwein abschmecken.

## Kartoffelsuppe

4–6 Portionen

*Zubereitungszeit:* 15 Minuten
*Garzeit:* 20–30 Minuten

500 g mehligkochende Kartoffeln
100 g Knollensellerie
1 Zwiebel
100 g Porree (Lauch)
40 g Butter
800 ml Gemüse- oder Fleischbrühe
150 g Crème fraîche
etwas gerebelter Majoran
etwas ger. Muskatnuss
Salz, gem. weißer Pfeffer

pro Portion 0,65 Euro

*Pro Portion:*
E: 4 g, F: 16 g, Kh: 15 g,
kJ: 924, kcal: 222

**1.** Kartoffeln und Sellerie schälen, abspülen, abtropfen lassen und in Würfel schneiden. Zwiebel abziehen, halbieren und ebenfalls in Würfeln schneiden.
**2.** Porree putzen, die Stange längs einschneiden, gründlich waschen und abtropfen lassen. Porree in möglichst feine Streifen schneiden.
**3.** Die Butter in einem Topf zerlassen. Die Zwiebelwürfel darin glasig dünsten. Kartoffel-, Selleriewürfel und Porreestreifen hinzugeben und kurz mitdünsten. Die Brühe hinzugießen. Die Zutaten zum Kochen bringen und zugedeckt bei mittlerer bis schwacher Hitze in 20–30 Minuten gar kochen.
**4.** Anschließend die Suppe mit einem Pürierstab pürieren, nochmals kurz erhitzen, dann die Crème fraîche unterrühren.
**5.** Die Kartoffelsuppe mit gerebeltem Majoran, Muskat, Salz und Pfeffer abschmecken.

***Tipps:*** Für Kartoffelsuppe mit westfälischem Kaviar die Suppe mit 2 Teelöffeln Mohnsamen bestreuen. Auch Schnippelschinken, fein geschnittener Räucherlachs oder einfach nur Croûtons schmecken lecker in der Suppe. Besonders luftig wird die Kartoffelsuppe, wenn Sie statt Crème fraîche 100 g cremig aufgeschlagene Sahne unter die Suppe heben.

## Rindfleisch-Gemüse-Eintopf

pro Portion 2,10 Euro

2 Portionen (ohne Foto)

*Zubereitungszeit:* 30 Minuten
*Garzeit:* etwa 82 Minuten

750 ml Wasser
Salz
250 g Rindfleisch (ohne Knochen), z. B. Hohe Rippe
1 Lorbeerblatt
3 Wacholderbeeren
1 abgezogene, halbierte Zwiebel
150 g Kohlrabi
150 g Knollensellerie

200 g Kartoffeln
1/2 Blumenkohl
2 Tomaten (etwa 150 g)
gem. Pfeffer
je einige Stängel Kerbel, Basilikum und Schnittlauch

*Pro Portion:*
E: 34 g, F: 11 g, Kh: 22 g,
kJ: 1378, kcal: 330

**1.** Wasser in einem Topf zum Kochen bringen. Salz hinzufügen.
**2.** Rindfleisch mit Küchenpapier trocken tupfen, mit Lorbeerblatt, Wacholderbeeren und Zwiebelhälfte in den Topf geben, wieder zum Kochen bringen. Rindfleisch zugedeckt etwa 70 Minuten garen.
**3.** In der Zwischenzeit Kohlrabi und Sellerie putzen, schälen, abspülen und abtropfen lassen. Kartoffeln schälen, abspülen, abtropfen lassen. Kohlrabi, Sellerie und Kartoffeln in Würfel schneiden.
**4.** Von dem Blumenkohl die Blätter entfernen und Strunk abschneiden. Den Blumenkohl in Röschen teilen, abspülen und abtropfen lassen. Das vorbereitete Gemüse mit den Kartoffelwürfeln in die Brühe geben und etwa 12 Minuten mitgaren lassen.
**5.** Tomaten kreuzweise einschneiden und mit kochendem Wasser übergießen. Nach 1–2 Minuten herausnehmen und mit kaltem Wasser abschrecken. Tomaten häuten, halbieren und die Stängelansätze herausschneiden. Tomaten grob zerkleinern.
**6.** Das gare Rindfleisch aus der Brühe nehmen, etwas abkühlen lassen und in Würfel schneiden.
**7.** Tomatenstücke und Fleischwürfel in den Eintopf geben und kurz miterhitzen. Den Eintopf mit Salz und Pfeffer abschmecken.
**8.** Kräuter abspülen und trocken tupfen. Die Blättchen von den Kerbel- und Basilikumstängeln zupfen, Blättchen klein schneiden. Schnittlauch in Röllchen schneiden.
**9.** Den Rindfleisch-Gemüse-Eintopf in Suppentassen anrichten und mit den Kräutern servieren.

## Japanischer Tofu-Eintopf

2 Portionen

pro Portion 2,40 Euro

*Zubereitungszeit:* 25 Minuten

etwa 500 ml Wasser
2 EL Weißweinessig
150 g Schwarzwurzeln
100 g Möhren
100 g vorwiegend festkochende Kartoffeln
100 g weißer Rettich (ersatzweise Knollensellerie oder Petersilienwurzel)
400 ml Gemüsebrühe
1/2 Bund Frühlingszwiebeln
100 g Shiitakepilze, 200 g Tofu
1 EL dunkles Sesamöl
1 EL Sojasauce
Cayennepfeffer

*Pro Portion:*
E: 20 g, F: 11 g, Kh: 24 g,
kJ: 1155, kcal: 276

**1.** Wasser mit Essig in einer Schüssel verrühren. Schwarzwurzeln unter fließendem kalten Wasser gründlich abbürsten, dünn schälen, abspülen und abtropfen lassen. Schwarzwurzeln zuerst in etwa 3 cm lange Stücke, dann in dünne Stifte schneiden. Schwarzwurzeln sofort in das Essigwasser legen, damit sie weiß bleiben.
**2.** Möhren putzen, schälen, abspülen und abtropfen lassen. Kartoffeln schälen, abspülen und abtropfen lassen. Rettich (Sellerie bzw. Petersilienwurzel) schälen, abspülen und abtropfen lassen. Die vorbereiteten Zutaten längs vierteln und dann in dünne Scheiben schneiden. Schwarzwurzeln in ein Sieb geben und abtropfen lassen.
**3.** Gemüsebrühe in einem Topf zum Kochen bringen. Die vorbereiteten Gemüse- und Kartoffelscheiben in die heiße Brühe geben, wieder zum Kochen bringen und zugedeckt etwa 5 Minuten bei schwacher Hitze kochen lassen.
**4.** In der Zwischenzeit Frühlingszwiebeln putzen, abspülen, abtropfen lassen und in etwa 1 cm lange Stücke schneiden. Die Shiitakepilze putzen, evtl. kurz abspülen, gut trocken tupfen und die Stiele herausdrehen oder abschneiden. Die Pilzköpfe in feine Streifen schneiden. Tofu in Würfel schneiden.
**5.** Frühlingszwiebelstücke, Pilzstreifen und Tofuwürfel in den Eintopf geben und kurz aufkochen. Den Eintopf mit Sesamöl, Sojasauce und Cayennepfeffer abschmecken, in Suppenschalen anrichten und servieren.

***Tipp:*** Shiitakepilze wachsen zwar ganzjährig, sind aber nicht immer im Handel erhältlich. Stattdessen können Sie Champignons verwenden.

Japanischer Tofu-Eintopf

## Hirsetopf mit Spargel und Brokkoli

4 Portionen

*Zubereitungszeit:* 50 Minuten
*Garzeit:* etwa 20 Minuten

pro Portion **2,30** Euro

500 g grüner Spargel
800 g Brokkoli
3 Zwiebeln (etwa 150 g)
800 ml Gemüsebrühe
350 g Hirse
40 g Butterschmalz
1–2 TL Currypulver
250 ml Milch (3,5 % Fett)
40 g gehobelte Mandeln
etwa 50 g Parmesan
grobes Meersalz
gem. Pfeffer
ger. Muskatnuss

*Pro Portion:*
E: 25 g, F: 25 g, Kh: 68 g,
kJ: 2529, kcal: 603

**1.** Von dem Spargel das untere Drittel schälen und die Enden abschneiden. Stangen abspülen, abtropfen lassen und in etwa 5 cm lange Stücke schneiden.
**2.** Von dem Brokkoli die Blätter entfernen. Brokkoli abspülen, abtropfen lassen und in kleine Röschen teilen. Brokkolistiele schälen und in Würfel schneiden. Zwiebeln abziehen und in Streifen schneiden.
**3.** Brühe in einem Topf zum Kochen bringen. Spargelstücke, Brokkoliröschen und -würfel hinzugeben, wieder zum Kochen bringen und etwa 3 Minuten bei mittlerer Hitze vorgaren.
**4.** In der Zwischenzeit Hirse in ein Sieb geben, unter fließendem kalten Wasser abspülen und abtropfen lassen. Vorgegarte Spargelstücke, Brokkoliröschen und -würfel in einem Sieb abtropfen lassen, dabei die Brühe auffangen.
**5.** Die Hälfte von dem Butterschmalz in einem Topf erhitzen. Zwiebelstreifen und Hirse darin unter Rühren andünsten. Aufgefangene Brühe und Curry hinzugeben, unter Rühren zum Kochen bringen. Hirse zugedeckt etwa 15 Minuten bei schwacher Hitze garen. Milch nach und nach unterrühren.
**6.** Mandeln in einer Pfanne ohne Fett goldbraun rösten, herausnehmen und auf einem Teller abkühlen lassen. Parmesan reiben.
**7.** Restliches Butterschmalz in einer Pfanne erhitzen. Die Spargelstücke, Brokkoliröschen und -würfel darin unter Rühren anbraten. Mit Meersalz würzen.
**8.** Zwei Drittel des geriebenen Parmesans unter den Hirsetopf rühren. Mit Salz, Pfeffer und Muskat würzen. Mit restlichem Parmesan bestreuen. Das Gemüse auf dem Hirsetopf verteilen und mit gerösteten Mandeln bestreuen.

Hirsetopf mit Spargel und Brokkoli

## Steckrübensuppe mit Salami

4 Portionen

*Zubereitungszeit:* 30 Minuten
*Garzeit:* 20–25 Minuten

pro Portion **0,85** Euro

400 g Steckrübe
200 g Möhren
1 Zwiebel
3 Schalotten
1 EL Butter
1 l Gemüsebrühe
150 g Crème fraîche
Salz, gem. Pfeffer
100 g Salami (am Stück)
2 EL Butter
1/2 Bund glatte Petersilie

*Pro Portion:*
E: 9 g, F: 32 g, Kh: 10 g,
kJ: 1516, kcal: 364

**1.** Die Steckrübe und Möhren schälen, abspülen, abtropfen lassen und in Würfel schneiden. Zwiebel und Schalotten abziehen, halbieren und in Scheiben schneiden.
**2.** Butter in einem Topf zerlassen. Die Zwiebelscheiben darin andünsten. Steckrübe und Möhren zugeben, etwa 2 Minuten mit andünsten. Brühe hin-

Steckrübensuppe mit Salami

Kartoffel-Ingwer-Suppe

zufügen, zum Kochen bringen. Gemüse in 20–25 Minuten gar kochen.
**3.** Gemüse pürieren. Crème fraîche unterrühren. Die Suppe mit Salz und Pfeffer abschmecken.
**4.** Salami in etwa 1 cm große Würfel schneiden. Butter in einer Pfanne zerlassen. Salamiwürfel und Schalottenscheiben darin anbraten.
**5.** Die Petersilie abspülen, trocken tupfen und die Blättchenvon den Stängeln zupfen. Blättchen in feine Streifen schneiden. Die Suppe mit Salamiwürfeln, mit Schalottenscheiben und Petersilie bestreut servieren.

## Kartoffel-Ingwer-Suppe

pro Portion 1,00 Euro

10 Portionen

*Zubereitungszeit:* 90 Minuten, ohne Abkühlzeit
*Garzeit:* 2 1/2 Stunden

**Zum Vorbereiten:**
1 Suppenhuhn (etwa 1 kg)
1 Bund Suppengrün
(Sellerie, Möhren, Porree)
Salz, schwarze Pfefferkörner
1 Bund Petersilie
4 l Wasser

2 Zwiebeln
100 g frischer Ingwer
1,2 kg festkochende Kartoffeln
4 EL Speiseöl
200 g Schlagsahne
Zucker
1 Bund Koriander

*Pro Portion:*
E: 38 g, F: 31 g, Kh: 18 g,
kJ: 2127, kcal: 508

**1.** Zum Vorbereiten am Vortag das Suppenhuhn innen und außen unter fließendem kalten Wasser abspülen und abtropfen lassen.
**2.** Suppengrün putzen, schälen, abspülen, abtropfen lassen und grob zerkleinern. Petersilie abspülen und trocken tupfen.
**3.** Wasser in einem großen Topf zum Kochen bringen. Das Suppenhuhn in das kochende Wasser geben, wieder zum Kochen bringen und evtl. abschäumen. Das vorbereitete Suppengrün, Salz, Pfefferkörner und die Petersilie zum Huhn in den Topf geben, zum Kochen bringen, etwa 2 Stunden bei schwacher Hitze ohne Deckel leicht kochen lassen. Darauf achten, dass das Suppenhuhn mit der Brühe bedeckt ist. Den Topf auf einen Rost stellen, die Suppe abkühlen lassen.
**4.** Das lauwarme Suppenhuhn aus der Brühe nehmen. Das Fleisch von den Knochen lösen, von Haut und Sehnen befreien und zugedeckt in den Kühlschrank stellen. Die Brühe durch ein Sieb gießen und bis zum nächsten Tag zugedeckt in den Kühlschrank stellen.
**5.** Das erhärtete Fett von der Suppenoberfläche abnehmen.
**6.** Die Zwiebeln abziehen und in grobe Würfel schneiden. Ingwer schälen und in kleine Würfel schneiden. Die Kartoffeln schälen, abspülen und abtropfen lassen. 700 g Kartoffeln in grobe Würfel schneiden. Restliche Kartoffeln beiseitestellen.
**7.** Speiseöl in einem großen Topf erhitzen. Zwiebelwürfel darin glasig dünsten. Ingwer- und Kartoffelwürfel hinzugeben und unter Rühren kurz andünsten. Zwei Drittel der kalt gestellten Hühnerbrühe hinzugießen und zum Kochen bringen. Die Suppe zugedeckt etwa 30 Minuten bei schwacher Hitze garen.
**8.** In der Zwischenzeit die beiseitegestellten Kartoffeln in etwa 1 cm große Würfel schneiden. Die restliche Brühe zum Kochen bringen, die kleinen Kartoffelwürfel hineingeben und 8–10 Minuten garen.
**9.** Sahne zur Brühe mit den Zwiebel-, Ingwer-, Kartoffelwürfeln geben (Punkt 7) und einmal aufkochen lassen. Die Suppe mit einem Pürierstab fein pürieren. Die kleinen Kartoffelwürfel mit der Brühe hinzugeben.
**10.** Das kalt gestellte Hühnerfleisch klein schneiden und ebenfalls hinzugeben. Die Suppe aufkochen lassen, mit Salz und Zucker abschmecken. Sollte die Suppe zu dick sein, noch etwas Wasser oder Gemüsebrühe hinzugeben.
**11.** Koriander abspülen und trocken tupfen. Blättchen von den Stängeln zupfen, grob zerkleinern. Die Suppe mit Koriander bestreut servieren.

Gelbe Linsensuppe mit Joghurt

Eintopf von grünen und weißen Bohnen mit gebratenen Salbeiblättchen

## Gelbe Linsensuppe mit Joghurt

2 Portionen

pro Portion 0,80 Euro

*Zubereitungszeit:* 45 Minuten

1 kleine Zwiebel
1 Knoblauchzehe
1 TL Speiseöl, z. B. Sonnenblumenöl
2 Prisen gem. Kreuzkümmel (Cumin)
2 Prisen gem. Koriander
2 Prisen Cayennepfeffer
100 g getrocknete, gelbe oder rote Linsen
400 ml Gemüsebrühe
140 g abgetropfter Gemüsemais (aus der Dose)
15 g Rosinen
Salz
gem. Pfeffer
einige Spritzer frisch gepresster Zitronen- oder Limettensaft
evtl. 3 Stängel glatte Petersilie
75 g Joghurt (3,5 % Fett)

*Pro Portion:*
E: 17 g, F: 6 g, Kh: 42 g,
kJ: 1248, kcal: 298

**1.** Zwiebel und Knoblauch abziehen, in feine Würfel schneiden. Speiseöl in einem Topf erhitzen, die Zwiebelwürfel darin kurz andünsten. Dann den Knoblauch hinzugeben und kurz mitdünsten. Kreuzkümmel, Koriander und Cayennepfeffer gut unterrühren.
**2.** Linsen und Gemüsebrühe hinzugeben, verrühren und zum Kochen bringen. Linsen zugedeckt nach Packungsanleitung in etwa 10 Minuten bei schwacher Hitze gar kochen, dabei gelegentlich umrühren.
**3.** Mais und Rosinen hinzugeben und gut unterrühren. Die Suppe mit Salz, Pfeffer und Zitronen- oder Limettensaft abschmecken.
**4.** Nach Belieben Petersilie abspülen und trocken tupfen. Die Blättchen von den Stängeln zupfen, Blättchen klein schneiden. Die Suppe vor dem Servieren mit Petersilie bestreuen. Den Joghurt glatt rühren und in einem Extraschälchen dazureichen.

***Beilage:*** Baguette oder Ciabatta.

## Eintopf von grünen und weißen Bohnen mit gebratenen Salbeiblättchen

4 Portionen

*Zubereitungszeit:* 60 Minuten
*Garzeit:* etwa 25 Minuten

pro Portion 2,25 Euro

2 kleine, rote Zwiebeln
2 Knoblauchzehen
300 g grüne Bohnen (Brechbohnen)
300 g Schneidebohnen (breite Bandbohnen)
300 g festkochende Kartoffeln
2 EL Olivenöl
1 1/2 l Gemüsebrühe
Salz
gem. Pfeffer
4 Stängel Bohnenkraut
16 Cocktailtomaten
1 Bund Salbei
3 EL Olivenöl
230 g abgetropfte, weiße Bohnen (aus der Dose)

*Pro Portion:*
E: 11 g, F: 7 g, Kh: 31 g,
kJ: 966, kcal: 230

**1.** Die Zwiebeln abziehen und in Würfel schneiden. Knoblauch abziehen und ebenfalls klein würfeln.
**2.** Von den Bohnen die Enden abschneiden. Bohnen evtl. abfädeln, abspülen, abtropfen lassen und schräg in Stücke schneiden. Kartoffeln schälen, abspülen, abtropfen lassen und in Würfel schneiden.
**3.** Olivenöl in einem großen Topf erhitzen. Zwiebel- und Knoblauchwürfel darin andünsten. Bohnenstücke und Kartoffelwürfel hinzugeben, kurz mit andünsten. Gemüsebrühe hinzugießen. Mit Salz und Pfeffer würzen. Die Zutaten zum Kochen bringen. Bohnenkraut abspülen, trocken tupfen und zu den Bohnen und Kartoffeln in den Topf geben. Den Eintopf zugedeckt etwa 20 Minuten bei schwacher Hitze kochen lassen.
**4.** Cocktailtomaten abspülen, trocken tupfen und evtl. die Stängelansätze herausschneiden. Salbei abspülen und trocken tupfen. Blättchen von den Stängeln zupfen.
**5.** Olivenöl in einer Pfanne erhitzen. Die Salbeiblättchen darin von beiden Seiten knusprig braun braten.
**6.** Nach etwa 20 Minuten Garzeit die weißen Bohnen und Cocktailtomaten in den Eintopf geben, wieder zum Ko-

chen bringen und weitere etwa 5 Minuten kochen lassen. Den Eintopf mit Salz und Pfeffer abschmecken. Bohnenkrautstängel herausnehmen.

**7.** Den Eintopf in tiefen Tellern anrichten und mit den Salbeiblättchen garnieren.

## Bayerische Leberknödelsuppe

pro Portion 1,55 Euro

4 Portionen

*Zubereitungszeit:* 30 Minuten, ohne Quellzeit
*Garzeit:* etwa 10 Minuten

3–4 Brötchen (Semmeln) vom Vortag (180–200 g)
100 ml Milch (3,5 % Fett)
Salz, gem. Pfeffer
125 g Kalbsleber
2 Schalotten
2 Stängel Majoran
oder 1/2 TL gerebelter Majoran
2 EL Butter
2 Eigelb (Größe M)
1 1/2 l Rindfleischbrühe

*Pro Portion:*
E: 13 g, F: 14 g, Kh: 30 g,
kJ: 1267, kcal: 303

**1.** Die Brötchen in sehr kleine Würfel schneiden und in eine Schale geben. Die Milch mit Salz und Pfeffer würzen, kurz aufkochen lassen. Die heiße Milch über die Brotwürfel gießen und mit einem Holzlöffel gut vermengen. Brötchenmasse mindestens 30 Minuten quellen lassen, dabei gelegentlich umrühren.

**2.** Kalbsleber kurz unter fließendem kalten Wasser abspülen und trocken tupfen, evtl. von Haut, Sehnen und Röhren befreien. Die Leber in kleine Würfel schneiden.

**3.** Schalotten abziehen und fein würfeln. Majoran abspülen und trocken tupfen. Die Blättchen von den Stängeln zupfen.

**4.** Butter in einer kleinen Pfanne zerlassen. Die Schalottenwürfel darin andünsten. Die Schalottenwürfel mit Majoranblättchen und Eigelb unter die Brotmasse rühren. Die Leberwürfel fein pürieren und ebenfalls unter die Brotmasse rühren. Die Masse mit Salz und Pfeffer würzen.

**5.** Aus der Lebermasse mit angefeuchteten Händen 8 Knödel (Klöße) formen. Die Masse muss fest genug sein, um daraus Klöße formen zu können. Ist die Masse zu fest, dann kann noch etwas warme Milch hinzugegeben werden. Ist die Masse zu weich, einige Semmelbrösel unterarbeiten.

**6.** Leberknödel in kochendes Salzwasser geben, in etwa 10 Minuten gar ziehen lassen (dabei sollte sich das Wasser nur noch leicht bewegen).

**7.** Die Rindfleischbrühe in einem Topf erhitzen. Leberknödel mit einer Schaumkelle aus dem Topf nehmen, mit der Brühe in Tellern anrichten.

## Gemüse-Nudel-Suppe

4 Portionen

pro Portion 1,05 Euro

*Zubereitungszeit:* 30 Minuten
*Garzeit:* etwa 8 Minuten

120 g Möhren
100 g Zucchini
100 g Staudensellerie
40 g Butter
750 ml Gemüsebrühe
50 g Muschelnudeln
gem. Pfeffer, ger. Muskatnuss
3–4 Stängel Basilikum

*Pro Portion:*
E: 4 g, F: 10 g, Kh: 12 g,
kJ: 662, kcal: 158

**1.** Möhren putzen, schälen, abspülen und abtropfen lassen. Zucchini abspülen, abtrocknen und die Enden abschneiden. Sellerie putzen und die harten Außenfäden abziehen. Sellerie abspülen und abtropfen lassen. Möhren, Zucchini und Sellerie in feine Streifen schneiden.

**2.** Butter in einem Topf zerlassen. Die Gemüsestreifen darin unter Rühren andünsten. Brühe hinzugießen und aufkochen lassen.

**3.** Die Nudeln einrühren, wieder zum Kochen bringen und die Suppe etwa 8 Minuten kochen lassen. Mit Pfeffer und Muskat abschmecken.

**4.** Basilikum abspülen und trocken tupfen. Die Blättchen von den Stängeln zupfen. Blättchen klein schneiden und in die Suppe geben.

## Hühnersuppentopf

4 Portionen

*Zubereitungszeit:* 8 Minuten,
*Garzeit:* 5–7 Minuten

680 g Hühnerbrühe mit Fleischeinlage (aus dem Glas)
500 ml Wasser
100 g Suppennudeln, z. B. Fadennudeln
Salz
gem. Pfeffer
2 EL klein geschnittene Petersilie

pro Portion 0,90 Euro

*Pro Portion:*
E: 7 g, F: 4 g, Kh: 23 g,
kJ: 689, kcal: 165

**1.** Hühnerbrühe durch ein Sieb in einen Topf gießen, das Fleisch beiseitelegen. Die Brühe mit Wasser auffüllen und erhitzen.
**2.** Suppennudeln hineingeben und 5–7 Minuten garen.
**3.** Das beiseitegelegte Hühnerfleisch in mundgerechte Stücke schneiden, in die Suppe geben und etwa 2 Minuten erhitzen. Die Suppe vor dem Servieren mit Salz und Pfeffer abschmecken und mit Petersilie bestreuen.

## Erbsensuppe für Eilige

4 Portionen

*Zubereitungszeit:* 15 Minuten
*Garzeit:* etwa 10 Minuten

1 Zwiebel
2 EL Butter oder Margarine
500 g TK-Erbsen
150 g TK-Suppengemüse
500 ml Gemüsebrühe
Saft von 1/2 Zitrone
200 g Schlagsahne
Salz, gem. Pfeffer
ger. Muskatnuss
evtl. einige EL Kartoffelpüree-Flockenpulver
4–6 TL Crème fraîche, z. B. mit feinen Kräutern

pro Portion 0,80 Euro

*Pro Portion:*
E: 11 g, F: 27 g, Kh: 22 g,
kJ: 1614, kcal: 386

**1.** Zwiebel abziehen und in kleine Würfel schneiden. Butter oder Margarine in einem Topf zerlassen. Die Zwiebelwürfel darin glasig dünsten. Gefrorene Erbsen und gefrorenes Suppengrün hinzugeben, unter Rühren kurz mit andünsten.
**2.** Gemüsebrühe, Zitronensaft und Sahne hinzugießen. Mit Salz, Pfeffer und Muskat würzen. Die Zutaten zum Kochen bringen und etwa 10 Minuten bei schwacher Hitze kochen lassen.
**3.** Nach Belieben einige Erbsen aus der Brühe nehmen und beiseitelegen. Restliche Erbsen mit dem Suppengemüse in der Brühe fein pürieren. Nach Belieben etwas Kartoffelpüree-Flockenpulver in die Suppe rühren, bis eine feine Bindung entstanden ist. Die Cremesuppe etwa 1/2 Minute unter Rühren kochen lassen. Beiseitegelegte Erbsen wieder hinzugeben. Die Cremesuppe mit Salz, Pfeffer und Muskat abschmecken.
**4.** Die Suppe in tiefen Tellern verteilen und mit je einem Klecks Crème fraîche garnieren.

***Tipps:*** Der Klassiker zu der Erbsensuppe: Wiener Würstchen. Die feine, frische Erbsencremesuppe schmeckt aber auch mit wachsweichem Ei oder geräucherten Lachsstreifen. Besonders praktisch: Wenn nicht alle zur gleichen Zeit am Mittagstisch erscheinen können, lässt sich diese Suppe in Portionen zugedeckt in der Mikrowelle erwärmen.

Hühnersuppentopf

Erbsensuppe für Eilige

## Spargel-Eier-Topf

4 Portionen (ohne Foto)

*Zubereitungszeit:* 25 Minuten
*Garzeit:* etwa 10 Minuten

175 g Spargelstücke (aus dem Glas)
etwa 250 ml Gemüsebrühe
300 g Champignons
6 hart gekochte Eier
40 g Butter oder Margarine
Salz, gem. Pfeffer
25 g Weizenmehl
1 Eigelb (Größe M)
3 EL Weißwein
Zucker
Zitronensaft
1 EL klein geschnittene Petersilie

pro Portion 1,30 Euro

*Pro Portion:*
E: 15 g, F: 18 g, Kh: 8 g,
kJ: 1074, kcal: 257

**1.** Von den Spargelstücken die Flüssigkeit auffangen und mit der Gemüsebrühe auf 375 ml auffüllen.
**2.** Champignons putzen, evtl. kurz abspülen und trocken tupfen. Die Champignons in Scheiben schneiden. Eier pellen, in Scheiben schneiden oder sechsteln.
**3.** 20 g Butter oder Margarine in einem Topf zerlassen. Champignonscheiben darin unter Rühren kurz andünsten. Mit Salz und Pfeffer würzen. Die Champignonscheiben mit der Schaumkelle herausnehmen und auf einen Teller geben.
**4.** Restliche Butter zum verbliebenen Bratfett in den Topf geben und zerlassen. Mehl hinzugeben und unter Rühren so lange erhitzen, bis es hellgelb ist. Die abgemessene Flüssigkeit (Brühe und Spargelwasser) unter Rühren nach und nach hinzugießen, mit einem Schneebesen durchschlagen. Dabei darauf achten, dass keine Klümpchen entstehen. Sauce unter Rühren zum Kochen bringen und etwa 10 Minuten bei schwacher Hitze unter gelegentlichem Rühren kochen lassen.
**5.** Die angedünsteten Champignonscheiben, Spargelstücke und Eierscheiben oder -sechstel in der Sauce erwärmen.
**6.** Eigelb mit Weißwein verschlagen, mit 4 Esslöffeln der Sauce verrühren, dann vorsichtig unter die restliche Sauce rühren. Den Spargel-Eier-Topf mit Salz, Pfeffer, Zucker und Zitronensaft abschmecken und mit Petersilie bestreuen.

Feurige Tomatensuppe

## Feurige Tomatensuppe

8 Portionen

*Zubereitungszeit:* 60 Minuten

300 g Zwiebeln
3–4 Knoblauchzehen
2 gelbe Paprikaschoten
(etwa 400 g)
3 EL Olivenöl
2 Lorbeerblätter
1 TL gerebelter Oregano
750 ml Fleischbrühe
1 kg Fleischtomaten
125 ml Weißwein
100 g Tomatenmark
8 Scheiben Bacon
(Frühstücksspeck, etwa 100 g)
1/2 TL Paprikapulver rosenscharf
1 TL Zucker
Salz, Tabasco
4 cl Tequila

pro Portion 1,15 Euro

*Pro Portion:*
E: 4 g, F: 8 g, Kh: 8 g,
kJ: 619, kcal: 148

**1.** Zwiebeln und Knoblauch abziehen. Zwiebeln in Würfel schneiden, Knoblauch fein hacken. Paprikaschoten halbieren, entstielen, entkernen und die weißen Scheidewände entfernen. Schoten abspülen, abtropfen lassen und in Würfel schneiden.
**2.** Olivenöl in einem breiten Topf erhitzen. Zwiebelwürfel, Knoblauch, Lorbeerblätter, Oregano und Paprikawürfel darin andünsten. Brühe hinzugießen und zum Kochen bringen. Die Zutaten etwa 15 Minuten garen.
**3.** In der Zwischenzeit die Tomaten kreuzweise einschneiden und mit kochendem Wasser übergießen. Nach 1–2 Minuten herausnehmen und mit kaltem Wasser abschrecken. Tomaten häuten, halbieren und die Stängelansätze herausschneiden. Die Tomaten entkernen und in Würfel schneiden. Weißwein, Tomatenwürfel und -mark in die Suppe geben und weitere etwa 5 Minuten kochen lassen.
**4.** Baconscheiben in einer beschichteten Pfanne bei mittlerer Hitze knusprig braten und auf Küchenpapier abtropfen lassen.
**5.** Die Lorbeerblätter entfernen. Die Suppe mit Paprika, Zucker, Salz und Tabasco würzen.
**6.** Die Suppe in Suppentassen oder -tellern anrichten. Die Speckscheiben auf die Suppe geben.
**7.** Tequila in einem kleinen Topf erhitzen, auf die Suppe geben und anzünden (flambieren), servieren.

Grüner Schmortopf

## Mangoldcremesuppe mit Chorizo

4 Portionen

*Zubereitungszeit:* 50 Minuten

pro Portion 1,30 Euro

1 Schalotte
700 g Mangold
800 ml Gemüsebrühe
30 g Butter, 30 g Weizenmehl
70 g Chorizo
(spanische Paprikawurst)
1 Bio-Zitrone
(unbehandelt, ungewachst)
200 g Schlagsahne
Salz, gem. Pfeffer
ger. Muskatnuss
1 EL Speiseöl

*Pro Portion:*
E: 10 g, F: 32 g, Kh: 10 g,
kJ: 1563, kcal: 374

**1.** Die Schalotte abziehen und klein würfeln. Mangold putzen und die breiten, weißen Stängel keilförmig aus den Blättern herausschneiden. Blätter und Stängel gründlich waschen, abtropfen lassen.
**2.** Von beiden Seiten der Stängel die feine Haut mit einem Messer abziehen. Die Stängel in etwa 2 cm breite Stücke schneiden.
**3.** Brühe in einem Topf zum Kochen bringen. Die Stängel, Schalottenwürfel und drei Viertel der Mangoldblätter in die Brühe geben und wieder zum Kochen bringen. Mangold etwa 10 Minuten garen.
**4.** Inzwischen Butter und Mehl auf einem Teller mit einer Gabel verkneten, in den Kühlschrank stellen.
**5.** Von der Chorizo evtl. die Haut abziehen und die Wurst in sehr dünne Scheiben schneiden. Zitrone heiß abwaschen, abtrocknen und die Hälfte der Schale mit einem Juliennereißer abziehen. Die Zitrone halbieren und den Saft auspressen.
**6.** Den garen Mangold mit einem Pürierstab in der Brühe pürieren. Mehlbutter unter ständigem Rühren in kleinen Portionen in die kochende

## Grüner Schmortopf

4 Portionen

*Zubereitungszeit:* 90 Minuten, ohne Saftziehzeit
*Garzeit:* etwa 70 Minuten

2 Salatgurken (etwa 700 g)
2 Zucchini (etwa 400 g)
100 g Staudensellerie
250 g TK-Dicke-Bohnen
2 TL Senfkörner
1 gestr. TL Salz
20 g Butter
250 g Blattspinat
150 g rote Zwiebeln
1 EL Speiseöl
1 EL Zucker
Salz, gem. Pfeffer
ger. Muskatnuss
150 g Crème fraîche

pro Portion 1,35 Euro

*Pro Portion:*
E: 12 g, F: 20 g, Kh: 23 g,
kJ: 1410, kcal: 336

**1.** Gurken schälen und die Enden abschneiden. Gurken längs halbieren, entkernen und in etwa 1 cm dicke Streifen schneiden. Zucchini abspülen, abtrocknen und die Enden abschneiden. Zucchini längs halbieren und in etwa 1 cm breite Scheiben schneiden. Staudensellerie putzen und die harten Außenfäden abziehen. Selleriestangen abspülen, abtropfen lassen und in etwa 1 cm breite Stücke schneiden.
**2.** Gurkenstreifen, Zucchinischeiben, Selleriestücke, die gefrorenen dicken Bohnen, Senfkörner und Salz in einen gewässerten Römertopf mischen und etwa 15 Minuten zum Saftziehen stehen lassen.
**3.** Butter in Flöckchen auf dem Gemüse verteilen. Den Römertopf mit dem Deckel verschließen und auf dem Rost in den kalten Backofen schieben.
**4.** Den Backofen aufheizen.
*Ober-/Unterhitze:* etwa 200 °C
*Heißluft:* etwa 180 °C
**5.** Eintopf etwa 60 Minuten garen.
**6.** In der Zwischenzeit Spinat verlesen, dicke Stiele entfernen. Spinat gründlich waschen, abtropfen lassen und in breite Streifen schneiden. Zwiebeln abziehen, zuerst in Scheiben schneiden, dann in Ringe teilen.
**7.** Nach Ende der Garzeit die Spinatstreifen unter den Eintopf mischen. Den Römertopf wieder mit dem Deckel verschließen und weitere etwa 10 Minuten auf dem Rost in den ausgeschalteten Backofen schieben.
**8.** Speiseöl in einer Pfanne erhitzen. Die Zwiebelringe darin anbraten. Zucker daraufstreuen und karamellisieren lassen. Den Schmortopf mit Salz, Pfeffer und Muskat abschmecken. Mit Crème fraîche und den karamellisierten Zwiebeln anrichten.

Suppe geben und etwa 5 Minuten bei schwacher Hitze kochen lassen, bis die Mehlbutter ganz aufgelöst ist.

**7.** Die Sahne unterrühren. Die Suppe mit Salz, Pfeffer, Muskat und einem Spritzer Zitronensaft abschmecken.

**8.** Die restlichen Mangoldblätter in sehr feine Streifen schneiden. Speiseöl in einer kleinen Pfanne erhitzen, die Mangoldstreifen darin kurz anbraten. Die Zitronenschale hinzugeben.

**9.** Die Suppe in Suppenschalen verteilen. Mangoldstreifen und Zitronenschale mit den Chorizoscheiben auf der Suppe anrichten.

## Graupen-Wirsing-Topf mit Kräuterdip

pro Portion 1,45 Euro

2 Portionen

*Zubereitungszeit:* 40 Minuten
*Garzeit:* 20–25 Minuten

1 kleine Zwiebel
400 g Wirsing
20 g Butter oder Margarine
600 ml Gemüsebrühe
75 g Perlgraupen
400 g Tomaten
Salz, gem. Pfeffer

**Für den Kräuterdip:**
1 EL Crème fraîche (etwa 30 g)
1 Knoblauchzehe
1 EL dunkler Balsamico-Essig
1 EL TK-Petersilie
Cayennepfeffer

*Pro Portion:*
E: 11 g, F: 14 g, Kh: 39 g, kJ: 1402, kcal: 335

**1.** Die Zwiebel abziehen und in kleine Würfel schneiden. Von dem Wirsing die äußeren Blätter entfernen. Den Wirsing je nach Größe halbieren, vierteln oder achteln. Wirsingstücke abspülen und abtropfen lassen. Den Strunk herausschneiden, Wirsing in feine Streifen schneiden.

**2.** Butter oder Margarine in einem Topf zerlassen. Zwiebelwürfel darin unter gelegentlichem Rühren in etwa 2 Minuten andünsten. Wirsingstreifen hinzugeben und ebenfalls unter gelegentlichem Rühren etwa 3 Minuten dünsten.

**3.** Gemüsebrühe hinzugießen, Graupen hinzufügen und unterrühren. Die Zutaten zum Kochen bringen und zugedeckt bei schwacher Hitze etwa 15 Minuten kochen lassen.

**4.** In der Zwischenzeit die Tomaten kreuzweise einschneiden und mit kochendem Wasser übergießen. Nach 1–2 Minuten herausnehmen und mit kaltem Wasser abschrecken. Tomaten häuten, vierteln, entkernen und die Stängelansätze herausschneiden. Tomatenviertel in kleine Würfel schneiden.

**5.** Nach etwa 15 Minuten Garzeit die Tomatenwürfel unter den Graupen-Wirsing-Topf rühren. Die Zutaten wieder zum Kochen bringen und in 5–10 Minuten fertig garen.

**6.** Für den Kräuterdip in der Zwischenzeit Crème fraîche in eine kleine Schüssel geben. Knoblauch abziehen, durch eine Knoblauchpresse drücken und hinzugeben. Essig und Petersilie unterrühren. Den Dip mit Salz, Pfeffer oder etwas Cayennepfeffer abschmecken.

**7.** Graupen-Wirsing-Topf in 2 tiefen Tellern verteilen, jeweils 1 gehäuften Esslöffel Kräuterdip dazureichen oder unter den Eintopf rühren.

***Tipp:*** Perlgraupen sind zerteilte, geschälte und polierte Gerstenkörner. Im Supermarkt werden sie meistens in mittlerer Größe angeboten. Sie sind eine gute und günstige Alternative für Risottoreis. Wie Reis dünstet man sie erst in Fett an, gibt nach und nach Brühe dazu und lässt sie quellen.

Mangoldcremesuppe mit Chorizo

Graupen-Wirsing-Topf mit Kräuterdip

## Rosenkohlcremesuppe

4 Portionen

*Zubereitungszeit:* 45 Minuten

pro Portion **0,80** Euro

500 g Rosenkohl
250 ml Salzwasser
1 Laugenbrezel
30 g Butter
500 ml Gemüsebrühe
1 Eigelb (Größe M)
1 EL Crème fraîche
Salz
1 Prise Zucker
Cayennepfeffer
ger. Muskatnuss
1 EL klein geschnittene Petersilie

*Pro Portion:*
E: 8 g, F: 11 g, Kh: 16 g,
kJ: 833, kcal: 199

**1.** Rosenkohl putzen und die Röschen am Strunk kreuzförmig einschneiden. Den Rosenkohl abspülen, abtropfen lassen und in kochendem Salzwasser etwa 10 Minuten garen.

**2.** In der Zwischenzeit Brezeln in Scheiben schneiden. Die Butter in einer Pfanne zerlassen, die Brezelscheiben darin unter Wenden goldbraun rösten, herausnehmen und auf einen Teller geben.

**3.** Kurz vor Ende der Garzeit der Rosenkohlröschen etwa 10 Röschen mit einem Schaumlöffel aus dem Topf nehmen und beiseitelegen. Die restlichen Rosenkohlröschen in dem Kochsud pürieren.

**4.** Die Brühe hinzugießen und zum Kochen bringen. Eigelb und Crème fraîche mit 3 Esslöffeln der Suppe verrühren, dann unter die restliche Suppe schlagen und erhitzen (nicht mehr kochen lassen).

**5.** Die Suppe mit Salz, Zucker, Cayennepfeffer und Muskat abschmecken. Beiseitegelegten Rosenkohl in Viertel schneiden oder in Blätter zerteilen und in die Suppe geben. Die Suppe mit Petersilie und nach Belieben mit etwas Cayennepfeffer bestreuen und servieren. Die Croûtons dazureichen.

Rosenkohlcremesuppe

## Sommerliche Zwiebelsuppe mit Hackfleisch

4 Portionen

*Zubereitungszeit:* 45 Minuten

pro Portion **2,05** Euro

300 g Möhren
500 g Kartoffeln
1 Staude Staudensellerie
3 EL Olivenöl
400 g Gehacktes (halb Rind-, halb Schweinefleisch)
Salz, gem. Pfeffer
600 ml Gemüsebrühe
4 Bund Frühlingszwiebeln
1 Bund Kerbel

*Pro Portion:*
E: 23 g, F: 24 g, Kh: 28 g,
kJ: 1789, kcal: 427

**1.** Möhren putzen. Möhren und Kartoffeln schälen, abspülen, abtropfen lassen und in Scheiben schneiden. Staudensellerie putzen und die harten Außenfäden abziehen. Sellerie abspülen und abtropfen lassen. Das Grün beiseitelegen. Selleriestangen in Scheiben schneiden.

**2.** Das Olivenöl in einem großen Topf erhitzen.Das Gehackte darin unter Rühren anbraten, dabei die Fleischklümpchen mit einer Gabel zerdrücken. Gehacktes mit Salz und Pfeffer würzen und mit einer Schaumkelle aus dem Topf nehmen.

**3.** Möhren-, Kartoffel- und Selleriescheiben in dem Bratfett unter Rühren andünsten, die Brühe hinzugießen und zum Kochen bringen. Die Zutaten etwa 20 Minuten garen.

**4.** In der Zwischenzeit die Frühlingszwiebeln putzen, abspülen, abtropfen lassen, in Scheiben schneiden. Selleriegrün klein schneiden. Kerbel abspülen und trocken tupfen. Die Blättchen von den Stängeln zupfen.

**5.** Frühlingszwiebeln, Selleriegrün und Hackfleisch zum Gemüse in den Topf geben. Die Suppe aufkochen lassen, mit Salz und Pfeffer würzen. Suppe in Tellern anrichten und mit Kerbelblättchen garniert servieren.

Sommerliche Zwiebelsuppe mit Hackfleisch

Sauerkrauteintopf mit Fischfilet

## Pilzsuppe

4 Portionen (ohne Foto)

*Zubereitungszeit:* 30 Minuten

pro Portion 1,20 Euro

500 g Champignons (weiß oder braun)
1 Zwiebel
35 g Butter oder Margarine
35 g Weizenmehl
1 l Gemüsebrühe
150 g Crème fraîche
Salz, gem. Pfeffer
1 EL gehackte Basilikumblättchen

*Pro Portion:*
E: 7 g, F: 19 g, Kh: 9 g,
kJ: 976, kcal: 235

**1.** Champignons putzen, evtl. kurz abspülen, trocken tupfen und in Scheiben oder Stücke schneiden. Zwiebel abziehen und klein würfeln.
**2.** Butter oder Margarine in einem Topf zerlassen. Zwiebelwürfel und Pilzscheiben oder -stücke darin unter Rühren andünsten. Mit Mehl bestäuben, unterrühren und kurz mitdünsten lassen.
**3.** Gemüsebrühe hinzugießen, mit einem Schneebesen gut durchschlagen. Dabei darauf achten, dass keine Klümpchen entstehen.
**4.** Die Suppe zum Kochen bringen. Die Pilzsuppe ohne Deckel etwa 5 Minuten bei schwacher Hitze gar kochen, dabei gelegentlich umrühren.
**5.** Crème fraîche unterrühren. Die Suppe mit Salz und Pfeffer würzen. Die Suppe in Tellern anrichten und mit Basilikum bestreut servieren.

***Tipp:*** Sie können die Suppe entweder mit etwas Sherry oder etwas Currypulver, 1 Prise Zucker und 1–2 Teelöffeln Zitronensaft geschmacklich verändern.

## Sauerkrauteintopf mit Fischfilet

2–3 Portionen

*Zubereitungszeit:* 15 Minuten
*Garzeit:* 15–20 Minuten

pro Portion 2,35 Euro

500 g Kartoffeln
1 Zwiebel
4 EL Speiseöl, z. B. Sonnenblumenöl
100 g gewürfelter Schinken (aus dem Kühlregal)
500 g Sauerkraut
4 Wacholderbeeren
500 ml Gemüsebrühe
1 Lorbeerblatt
250 g TK-Seelachsfilet (aufgetaut)
Salz
gem. Pfeffer
Zucker
1 EL Schnittlauchröllchen

*Pro Portion:*
E: 35 g, F: 22 g, Kh: 29 g,
kJ: 1969, kcal: 470

**1.** Die Kartoffeln schälen, abspülen, abtropfen lassen und in kleine Würfel schneiden. Zwiebel abziehen und klein würfeln.
**2.** Speiseöl in einem Topf erhitzen. Schinkenwürfel darin 2–3 Minuten unter gelegentlichem Rühren anbraten, mit einer Schaumkelle herausnehmen und auf einen Teller legen.
**3.** Zwiebel- und Kartoffelwürfel in dem verbliebenen Bratfett 2–3 Minuten unter Rühren dünsten. Sauerkraut hinzugeben und kurz mitdünsten lassen.
**4.** Wacholderbeeren im Mörser grob zerstoßen. Zusammen mit Brühe und Lorbeerblatt zum Sauerkraut geben. Die Zutaten zum Kochen bringen und zugedeckt 15–20 Minuten garen.
**5.** Fischfilet kurz unter fließendem kalten Wasser abspülen, trocken tupfen und in mundgerechte Stücke schneiden. Die Fischstücke mit Salz und Pfeffer bestreuen, in den Sauerkrauteintopf geben und 5–7 Minuten bei schwacher Hitze gar ziehen lassen.
**6.** Die Schinkenwürfel wieder in den Sauerkrauteintopf geben. Den Eintopf vorsichtig umrühren, mit Salz, Pfeffer und Zucker abschmecken. Den Eintopf mit Schnittlauchröllchen bestreut servieren.

## Spargel-Reis-Suppe

4 Portionen (ohne Foto)

*Zubereitungszeit:* 50 Minuten

125 g Langkornreis
250 ml Salzwasser
500 g weißer Spargel
250 ml Wasser
1 Prise Salz
1 Prise Zucker
30 g Butter
20 g Weizenmehl
750 ml Hühnerbrühe
gem. Pfeffer, Salz, ger. Muskatnuss
einige Spritzer Zitronensaft

pro Portion **1,05** Euro

*Pro Portion:*
E: 5 g, F: 7 g, Kh: 31 g,
kJ: 871, kcal: 209

**1.** Reis in kochendem Salzwasser zugedeckt bei mittlerer Hitze 12–15 Minuten garen. Den garen Reis in einem Sieb abtropfen lassen.
**2.** Spargel von oben nach unten dünn schälen, dabei darauf achten, dass die Schalen vollständig entfernt, die Köpfe aber nicht verletzt werden. Die unteren Enden abschneiden. Spargel abspülen, abtropfen lassen und in etwa 3 cm lange Stücke schneiden.
**3.** Wasser in einem Topf zum Kochen bringen, Salz und Zucker hinzufügen. Spargelstücke darin etwa 8 Minuten garen. Spargelstücke in einem Sieb abtropfen lassen, dabei das Spargelwasser auffangen.
**4.** Die Butter in einem Topf zerlassen. Mehl darin unter Rühren erhitzen, bis es hellgelb ist. Die Hühnerbrühe nach und nach hinzugießen und mit einem Schneebesen kräftig durchschlagen, dabei darauf achten, dass keine Klümpchen entstehen. Die Suppe zum Kochen bringen und bei schwacher Hitze etwa 5 Minuten unter gelegentlichem Rühren kochen lassen.
**5.** Spargelwasser mit den Spargelstücken unterrühren. Reis ebenfalls in die Suppe geben und nochmals kurz erwärmen. Die Suppe mit Pfeffer, Salz, Muskat und Zitronensaft abschmecken.

Sellerie-Kartoffel-Eintopf mit Kichererbsen und Petersilienöl

## Sellerie-Kartoffel-Eintopf mit Kichererbsen und Petersilienöl

4 Portionen

*Zubereitungszeit:* 20 Minuten
*Garzeit:* etwa 20 Minuten

400 g festkochende Kartoffeln
500 g Knollensellerie
200 g Möhren
1 Zwiebel
2 EL Butter
1 1/2 l Gemüsebrühe
240 g abgetropfte Kichererbsen (aus der Dose)
1 Bund glatte Petersilie
200 ml mildes Olivenöl
Salz
grob gem. schwarzer Pfeffer

pro Portion **1,15** Euro

*Pro Portion:*
E: 10 g, F: 26 g, Kh: 30 g,
kJ: 1640, kcal: 392

**1.** Die Kartoffeln schälen, abspülen, abtropfen lassen und in Würfel schneiden. Knollensellerie putzen, schälen, abspülen, abtropfen lassen, halbieren und ebenfalls in Würfel schneiden. Möhren putzen, schälen, abspülen, abtropfen lassen und würfeln. Die Zwiebel abziehen und in kleine Würfel schneiden.
**2.** Die Butter in einem Topf zerlassen, Zwiebelwürfel darin andünsten. Kartoffel-, Sellerie- und Möhrenwürfel darin unter Rühren andünsten. Gemüsebrühe hinzugießen und zum Kochen bringen. Den Eintopf zugedeckt etwa 20 Minuten bei mittlerer Hitze kochen lassen.
**3.** Die Kichererbsen nach etwa 15 Minuten Garzeit zum Eintopf in den Topf geben und mitgaren lassen.
**4.** In der Zwischenzeit die Petersilie abspülen und trocken tupfen. Die Blättchen von den Stängeln zupfen. Blättchen grob zerschneiden und in einen hohen Rührbecher geben. Olivenöl mit gut 1 Prise Salz hinzufügen und mit dem Pürierstab zu einem glatten, grünen Öl mixen.
**5.** Den Eintopf mit Salz und grob gemahlenem Pfeffer abschmecken, in Tellern oder Bowls verteilen. Mit je 1–2 Esslöffeln (je etwa 15 g) des Petersilienöls garnieren und sofort servieren.

*Tipp:* Das restliche Petersilienöl zugedeckt im Kühlschrank aufbewahren und nach Belieben für Pasta oder Salate verwenden.

## Szegediner Krautsuppe

4 Portionen (ohne Foto)

*Zubereitungszeit:* 20 Minuten
*Garzeit:* etwa 30 Minuten

pro Portion 1,40 Euro

1 Zwiebel
1 Knoblauchzehe
100 g durchwachsener Speck
1/2 TL Kümmelsamen
1 EL Paprikapulver edelsüß
2 EL Tomatenmark
1 l Fleischbrühe
500 g geräucherte Schweinerippchen
500 g Sauerkraut (aus der Dose)
Salz
gem. Pfeffer
Zucker
150 g saure Sahne

*Pro Portion:*
E: 19 g, F: 17 g, Kh: 7 g,
kJ: 1086, kcal: 259

**1.** Zwiebel und Knoblauch abziehen. Zwiebel in Würfel schneiden, Knoblauch fein hacken. Speck in kleine Würfel schneiden.
**2.** Speckwürfel in einem Topf ohne Fett goldbraun anbraten. Zwiebelwürfel, Knoblauch, Kümmel und Paprika hinzugeben und kurz anbraten. Tomatenmark unterrühren und andünsten. Brühe hinzugießen, kurz aufkochen lassen. Rippchen in die Brühe geben.
**3.** Sauerkraut hinzufügen und die Zutaten zum Kochen bringen. Den Eintopf zugedeckt bei mittlerer Hitze etwa 30 Minuten garen.
**4.** Das Fleisch herausnehmen, von den Knochen lösen, klein schneiden und wieder in die Suppe geben.
**5.** Die Suppe mit Salz, Pfeffer, Paprika und Zucker würzen. Saure Sahne dazureichen.

## Russische Suppe

4–6 Portionen

*Zubereitungszeit:* 50 Minuten

375 ml Gurkensaft (entspricht etwa dem Saft 1 ungeschälten Gurke, frisch aus dem Entsafter/Zentrifuge)
450 g saure Sahne
1 Salatgurke (etwa 400 g)
je 1/2 rote und grüne Paprikaschote
200 g abgetropfte Rote Bete (aus dem Glas)
2 hart gekochte Eier
2 Bund Schnittlauch
3 EL Wodka
Salz
gem. Pfeffer

pro Portion 1,08 Euro

*Pro Portion:*
E: 7 g, F: 12 g, Kh: 6 g,
kJ: 840, kcal: 201

**1.** Den Gurkensaft mit saurer Sahne verrühren.
**2.** Die Salatgurke waschen, abtrocknen und die Enden abschneiden.
**3.** Gurke mit der Schale längs halbieren und die Kerne mit einem Teelöffel entfernen. Paprikahälften entstielen, entkernen und die weißen Scheidewände entfernen. Paprikahälften abspülen und abtropfen lassen.
**4.** Gurke, Paprika und Rote Bete in kleine Würfel schneiden.
**5.** Eier pellen und ebenfalls klein würfeln. Schnittlauch abspülen, trocken tupfen und in Röllchen schneiden. Jeweils 1 Esslöffel der Gurken-, Paprika-, Rote Bete- und Eierwürfel beiseitelegen. Die restlichen Würfel mit den Schnittlauchröllchen unter den mit Sahne verrührten Gurkensaft rühren.
**6.** Die Suppe mit Wodka, Salz und Pfeffer abschmecken und gut gekühlt servieren. Die beiseitegelegten Gurken-, Paprika-, Rote Bete- und Eierwürfel in je ein Schälchen geben und dazureichen.

Russische Suppe

## Wirsing-Schichttopf

4–6 Portionen

*Zubereitungszeit:* 60 Minuten
*Garzeit:* etwa 45 Minuten

1 Kopf Wirsing (etwa 1 kg)
150 g Zwiebeln
600 g Kartoffeln
400 g Kasseler Nacken (ohne Knochen)
2 kleine Mettwürste (Rauchenden)
30 g Schweineschmalz
Salz, gem. Pfeffer
Kümmelsamen
250 g Thüringer Mett (gewürztes Schweinemett)
100 ml Weißwein
400 ml Gemüsebrühe
150 g Crème fraîche
2 EL klein geschnittene Petersilie

pro Portion 1,98 Euro

*Pro Portion:*
E: 36 g, F: 45 g, Kh: 23 g,
kJ: 2768, kcal: 663

**1.** Wirsing putzen und die äußeren, schlechten Blätter entfernen. Den Wirsing vierteln und den Strunk herausschneiden. Wirsingviertel abspülen, abtropfen lassen und in etwa 2 cm breite Streifen schneiden.
**2.** Zwiebeln abziehen und klein würfeln. Kartoffeln schälen, abspülen, abtropfen lassen und in Scheiben schneiden.
**3.** Kasseler Nacken mit Küchenpapier trocken tupfen, in etwa 1 1/2 cm große Würfel schneiden. Mettwürste in Scheiben schneiden.
**4.** Schweineschmalz in einem großen Topf erhitzen. Zwiebelwürfel darin andünsten. Ein Drittel der Wirsingstreifen hinzugeben, mit Salz, Pfeffer und Kümmelsamen würzen. Die Kasselerwürfel darauf verteilen und mit den Mettwurstscheiben belegen. Ein Drittel der Kartoffelscheiben und ein Drittel der Kohlstreifen daraufgeben. Wieder mit Salz, Pfeffer und Kümmelsamen würzen.
**5.** Mett in kleine Stücke zupfen und auf den Kohlstreifen verteilen. Die restlichen Kartoffelscheiben und Kohlstreifen daraufschichten. Mit Salz, Pfeffer und Kümmelsamen würzen. Wein und Brühe verrühren und über die eingeschichteten Zutaten gießen.
**6.** Die Zutaten zum Kochen bringen und zugedeckt etwa 30 Minuten garen. Crème fraîche auf den Schichttopf geben und weitere etwa 15 Minuten garen.
**7.** Wirsing-Schichttopf mit Petersilie bestreut servieren.

Wirsing-Schichttopf

## Tomateneintopf mit Grießklößen

4 Portionen

*Zubereitungszeit:* 1 3/4 Stunden
*Garzeit:* etwa 75 Minuten

3 Zwiebeln (etwa 150 g)
2 Knoblauchzehen
1 kg Fleischtomaten
150 g Chorizo (spanische Paprikawurst)
500 ml Gemüsebrühe

250 ml Wasser
1 EL Olivenöl
80 g Hartweizengrieß
Salz
ger. Muskatnuss
1 Ei (Größe M)
350 g gelbe Zucchini
1 Bund Oregano
1 Prise Zucker
30 g ger. alter Gouda

pro Portion 2,05 Euro

*Pro Portion:*
E: 19 g, F: 23 g, Kh: 26 g,
kJ: 1635, kcal: 390

**1.** Zwiebeln und Knoblauch abziehen, fein würfeln. Tomaten abspülen, trocken tupfen, halbieren und die Stängelansätze herausschneiden. Tomatenhälften grob würfeln. Chorizo in Scheiben schneiden.

Tomateneintopf mit Grießklößen

Rote Linsensuppe mit Kaffir-Zitronenblättern

**2.** Die vorbereiteten Zutaten mit der Gemüsebrühe in einen gewässerten Römertopf geben und vermischen. Den Römertopf mit dem Deckel verschließen und auf dem Rost in den kalten Backofen schieben. Den Backofen aufheizen.

*Ober-/Unterhitze:* etwa 200 °C
*Heißluft:* etwa 180 °C

**3.** Den Tomateneintopf etwa 75 Minuten garen.

**4.** In der Zwischenzeit Wasser und Olivenöl in einem Topf aufkochen. Grieß einrühren und kurz aufkochen lassen. Den Topf von der Kochstelle nehmen. Grieß mit Salz und Muskat würzen, das Ei unterrühren. Die Grießmasse etwas abkühlen lassen.

**5.** Zucchini abspülen, abtrocknen und die Enden abschneiden. Zucchini in Stücke schneiden. Oregano abspülen und trocken tupfen. Die Blättchen von den Stängeln zupfen, Blättchen klein schneiden.

**6.** Nach etwa 60 Minuten Garzeit Zucchinistücke und Oregano unter den vorgegarten Eintopf rühren, mit Salz und Zucker abschmecken. Aus der Grießmasse mithilfe von 2 angefeuchteten Teelöffeln Klöße abstechen und auf den Eintopf setzen. Die Klöße mit Gouda bestreuen. Den Eintopf ohne Deckel in etwa 15 Minuten fertig garen.

***Tipp:*** Chorizo ist eine sehr scharfe, spanische Paprikawurst. Sie können auch ersatzweise Cabanossi (italienische Knoblauchwürstchen) verwenden, die milder im Geschmack sind.

## Rote Linsensuppe mit Kaffir-Zitronenblättern

pro Portion 0,75 Euro

10 Portionen

*Zubereitungszeit:* 30 Minuten
*Garzeit:* etwa 30 Minuten

1 Bund Suppengrün (Sellerie, Möhren, Porree)
2 Zwiebeln
3 EL Speiseöl
je 1 TL gem. Kreuzkümmel (Cumin), gem. Koriander, gem. Ingwer
3 l Hühnerbrühe
Salz, Zucker
200 g rote Linsen
400 ml Kokosmilch
10 Kaffir-Zitronenblätter
3 EL Sesamöl

*Pro Portion:*
E: 8 g, F: 14 g, Kh: 15 g,
kJ: 896, kcal: 214

**1.** Das Suppengrün putzen, schälen, abspülen, abtropfen lassen und in kleine Stücke schneiden. Zwiebeln abziehen, in grobe Würfel schneiden.

**2.** Speiseöl in einem großen Topf erhitzen. Die Gewürze hinzugeben und unter Rühren aufschäumen lassen. Das vorbereitete Suppengrün und die Zwiebelwürfel hinzugeben, unter Rühren andünsten. Hühnerbrühe hinzugießen und zum Kochen bringen. Mit Salz und 1 Prise Zucker würzen. Das Gemüse etwa 20 Minuten bei schwacher Hitze kochen lassen, bis es weich ist.

**3.** Die Hälfte der roten Linsen und die Kokosmilch hinzugeben, weitere etwa 10 Minuten kochen lassen. Den Topf von der Kochstelle nehmen. Die Linsensuppe mit einem Pürierstab fein pürieren.

**4.** Die Kaffir-Zitronenblätter abspülen, trocken tupfen und in die Suppe geben. Die Suppe mit Salz und 1 Prise Zucker abschmecken.

**5.** Wasser in einem Topf zum Kochen bringen. Die restlichen roten Linsen darin etwa 2 Minuten bissfest kochen. Linsen in ein Sieb geben, mit kaltem Wasser abspülen, abtropfen lassen und in die heiße Suppe geben, evtl. nochmals kurz erhitzen.

**6.** Die Suppe mit Sesamöl beträufeln und servieren.

Sauerkrautsuppe mit Cabanossi

## Sauerkrautsuppe mit Cabanossi

4 Portionen

*Zubereitungszeit:* 30 Minuten
*Garzeit:* etwa 30 Minuten

2 Zwiebeln
1 Knoblauchzehe
750 g Sauerkraut
500 g festkochende Kartoffeln
2 EL Speiseöl, z. B. Sonnenblumenöl
1 EL Tomatenmark
1 EL Paprikapulver edelsüß
1 1/4 l Fleischbrühe
1 rote Paprikaschote
300 g Cabanossi
gem. Pfeffer
Cayennepfeffer
2 TL Zucker

pro Portion 1,40 Euro

*Pro Portion:*
E: 17 g, F: 29 g, Kh: 25 g,
kJ: 1826, kcal: 437

**1.** Zwiebeln und Knoblauch abziehen, Zwiebeln klein würfeln, Knoblauch fein hacken. Sauerkraut abtropfen lassen und fein schneiden oder hacken. Kartoffeln schälen, abspülen, abtropfen lassen und würfeln.
**2.** Speiseöl in einem großen Topf erhitzen. Zwiebel- und Knoblauchwürfel darin andünsten. Sauerkraut hinzugeben und kurz mitdünsten lassen. Tomatenmark und Paprika unterrühren. Kartoffelwürfel und die Brühe hinzugeben, zum Kochen bringen und zugedeckt etwa 20 Minuten bei mittlerer Hitze garen.
**3.** In der Zwischenzeit die Paprikaschote halbieren, entstielen, entkernen und die weißen Scheidewände entfernen. Schote abspülen, abtropfen lassen und in Streifen schneiden. Cabanossi in Scheiben schneiden.
**4.** Paprikastreifen und Cabanossischeiben zur Suppe in den Topf geben. Die Suppe weitere etwa 10 Minuten garen.
**5.** Die Suppe mit Pfeffer, Cayennepfeffer und Zucker abschmecken, in Tellern anrichten und servieren.

## Schmortopf mit Rindfleisch und Linsen

4 Portionen (ohne Foto)

*Zubereitungszeit:* 25 Minuten
*Garzeit:* etwa 30 Minuten

pro Portion 1,45 Euro

150 g Zwiebeln
2 Knoblauchzehen
200 g Tellerlinsen
3 EL Olivenöl
500 g Rindergulasch
Salz, gem. Pfeffer
750 ml Wasser
1 Lorbeerblatt
350 g Möhren
2 Stangen Staudensellerie
400 g stückige Tomaten (aus der Dose)
1 TL gem. Koriander
1/2 TL gem. Kreuzkümmel (Cumin)

*Pro Portion:*
E: 40 g, F: 16 g, Kh: 31 g,
kJ: 1793, kcal: 428

**1.** Zwiebeln und Knoblauch abziehen. Zwiebeln in Würfel schneiden, Knoblauch fein hacken. Linsen in ein Sieb geben, mit kaltem Wasser abspülen und abtropfen lassen.
**2.** Olivenöl in einem breiten Topf erhitzen. Rindergulasch darin von allen Seiten kräftig anbraten, mit Salz und Pfeffer würzen und aus dem Topf nehmen.
**3.** Zwiebelwürfel und Knoblauch in dem verbliebenen Bratfett kurz anbraten, mit Wasser ablöschen. Linsen und Lorbeerblatt hinzugeben und zum Kochen bringen. Die Linsen zugedeckt bei mittlerer Hitze etwa 10 Minuten vorgaren.
**4.** In der Zwischenzeit die Möhren putzen, schälen, abspülen, abtropfen lassen und in Würfel schneiden. Staudensellerie putzen und die harten Außenfäden abziehen. Selleriestangen abspülen, abtropfen lassen und in Scheiben schneiden.
**5.** Möhrenwürfel, Selleriescheiben und das angebratene Gulaschfleisch mit dem entstandenen Bratensaft zu den Linsen in den Topf geben, wieder zum Kochen bringen und etwa 15 Minuten garen.
**6.** Stückige Tomaten mit der Flüssigkeit, Koriander und Kreuzkümmel in den Schmortopf geben und zum Kochen bringen. Den Eintopf zugedeckt bei mittlerer Hitze etwa 5 Minuten garen. Nochmals mit den Gewürzen abschmecken.

## Spinatsuppe mit Mozzarella

4 Portionen

pro Portion 0,70 Euro

*Zubereitungszeit:* 30 Minuten
*Garzeit:* etwa 15 Minuten

400 g frischer Blattspinat
1 mittelgroße Zwiebel
30 g Butter oder Margarine
1 Knoblauchzehe
750 ml Gemüsebrühe
125 g abgetropfter Mozzarella
Salz, gem. Pfeffer

*Pro Portion:*
E: 9 g, F: 13 g, Kh: 2 g,
kJ: 664, kcal: 159

**1.** Spinat verlesen und die dicken Stiele abschneiden. Spinat gründlich waschen, gut abtropfen lassen und in Streifen schneiden. Zwiebel abziehen und in kleine Würfel schneiden.
**2.** Butter oder Margarine in einem Topf zerlassen. Zwiebelwürfel darin andünsten. Knoblauch abziehen, durch eine Knoblauchpresse drücken und mit den Spinatstreifen zu den Zwiebelwürfeln geben. Brühe hinzugießen und zum Kochen bringen. Die Suppe etwa 10 Minuten bei schwacher Hitze kochen lassen.
**3.** Mozzarella in Scheiben schneiden, in die Suppe geben und einige Minuten schmelzen lassen. Suppe mit Salz und Pfeffer abschmecken.

## Gemüseeintopf mit Fleischklößchen

4 Portionen

*Zubereitungszeit:* 45 Minuten
*Garzeit:* etwa 25 Minuten

375 g Möhren
375 g mehligkochende Kartoffeln
375 g grüne Bohnen
250 g Blumenkohl
250 g Tomaten
2 Zwiebeln
3 Stängel Basilikum
4–5 EL Speiseöl
Salz
gem. Pfeffer
500 ml heiße Gemüsebrühe
300 g frische Bratwurstmasse
2 EL klein geschnittene Petersilie

pro Portion 1,90 Euro

*Pro Portion:*
E: 15 g, F: 32 g, Kh: 25 g,
kJ: 1870, kcal: 447

**1.** Möhren putzen, schälen, abspülen und abtropfen lassen. Kartoffeln schälen, abspülen und abtropfen lassen. Möhren und Kartoffeln in Würfel schneiden. Von den Bohnen die Enden abschneiden, evtl. abfädeln. Bohnen abspülen, abtropfen lassen und in Stücke schneiden oder brechen.
**2.** Von dem Blumenkohl die Blätter entfernen, den Strunk abschneiden. Blumenkohl in Röschen teilen, abspülen und abtropfen lassen. Tomaten kreuzweise einschneiden und mit kochendem Wasser übergießen. Nach 1–2 Minuten herausnehmen und mit kaltem Wasser abschrecken. Tomaten häuten, vierteln und die Stängelansätze herausschneiden.
**3.** Zwiebeln abziehen und würfeln. Basilikum abspülen und trocken tupfen. Die Blättchen von den Stängeln zupfen. Blättchen fein schneiden und zum Garnieren beiseitelegen. Basilikumstängel klein schneiden.
**4.** Speiseöl in einem Topf erhitzen. Zwiebel-, Kartoffelwürfel und Bohnen darin etwa 5 Minuten unter Rühren dünsten. Mit Salz und Pfeffer würzen. Klein geschnittene Basilikumstängel und Brühe hinzufügen, zum Kochen bringen und zugedeckt etwa 5 Minuten bei mittlerer Hitze kochen.
**5.** Möhrenwürfel und Blumenkohlröschen hinzugeben und zugedeckt etwa 10 Minuten mitgaren.
**6.** Die Bratwurstmasse aus der Haut drücken, mit abgespülten Händen zu Klößchen formen, in die Suppe geben und weitere etwa 5 Minuten mitgaren.
**7.** Tomatenviertel hinzufügen und noch etwa 2 Minuten miterhitzen. Den Eintopf mit Salz und Pfeffer abschmecken. Mit Petersilie und Basilikum bestreut servieren.

***Tipp:*** Die Bratwurstmasse durch Mett oder gewürztes Hackfleisch ersetzen.

Spinatsuppe mit Mozzarella

Gemüseeintopf mit Fleischklößchen

## Maissuppe

2 Portionen

pro Portion 1,20 Euro

*Zubereitungszeit:* 25 Minuten
*Garzeit:* 10–12 Minuten

1 mittelgroße Zwiebel
1 rote Paprikaschote
1 EL Butter oder Margarine
285 g abgetropfter Gemüsemais (aus der Dose)
1 TL Weizenmehl
250 ml Gemüsebrühe
250 g Schlagsahne
Salz, gem. Pfeffer
Currypulver

*Pro Portion:*
E: 9 g, F: 50 g, Kh: 31 g,
kJ: 2585, kcal: 619

**1.** Zwiebel abziehen und in feine Würfel schneiden. Paprikaschote halbieren, entstielen, entkernen und die weißen Scheidewände entfernen. Die Schote abspülen, trocken tupfen und klein würfeln.
**2.** Butter oder Margarine in einem Topf zerlassen. Zwiebel- und Paprikawürfel darin andünsten. Mais hinzufügen und kurz mitdünsten lassen. Das Gemüse mit Mehl bestäuben und unter gelegentlichem Rühren etwa 2 Minuten dünsten.
**3.** Gemüsebrühe und Sahne hinzugießen. Die Zutaten zum Kochen bringen und zugedeckt bei schwacher Hitze 8–10 Minuten kochen lassen.
**4.** Die Maissuppe mit Salz, Pfeffer und Curry würzen.

## Spanischer Hähnchentopf

8 Portionen

pro Portion 2,35 Euro

*Zubereitungszeit:* 60 Minuten
*Garzeit:* etwa 30 Minuten

2 küchenfertige Hähnchen (je etwa 1,2 kg)
Salz
gem. Pfeffer
6 EL Olivenöl
800 g rote Paprikaschoten
2 Knoblauchzehen
300 g Langkornreis
2 TL gerebelter Thymian
2 1/2 l Gemüsebrühe
600 g TK-Erbsen
4 EL Tomatenmark
350 g TK-Champignonscheiben
1 Topf Basilikum
Paprikapulver rosenscharf

*Pro Portion:*
E: 63 g, F: 33 g, Kh: 46 g,
kJ: 3082, kcal: 737

**1.** Hähnchen in jeweils 8 Teile teilen, unter fließendem kalten Wasser abspülen und trocken tupfen. Danach Hähnchenteile mit Salz und Pfeffer würzen.
**2.** Olivenöl in einem großen Bräter erhitzen. Die Hähnchenteile darin von allen Seiten kräftig anbraten und herausnehmen.
**3.** Paprikaschoten halbieren, entstielen, entkernen und die weißen Scheidewände entfernen. Die Schoten abspülen, abtropfen lassen und in etwa 2 cm breite Streifen schneiden. Knoblauch abziehen und klein würfeln.
**4.** Anschließend Paprikastreifen und Knoblauchwürfel in den Bräter geben und in dem verbliebenen Bratfett andünsten.
**5.** Reis und Thymian unterrühren und mitdünsten, mit 1 1/2 Liter Brühe auffüllen und kurz aufkochen. Die Hähnchenteile darauflegen. Die Zutaten im Bräter zugedeckt etwa 20 Minuten garen.
**6.** Die Hähnchenteile aus dem Bräter nehmen und zugedeckt warm halten. Gefrorene Erbsen, Tomatenmark, restliche Brühe und gefrorene Champignonscheiben unterrühren, zum Kochen bringen und zugedeckt etwa 10 Minuten bei mittlerer Hitze garen.
**7.** Basilikum abspülen und trocken tupfen. Die Blättchen von den Stängeln zupfen, Blättchen in Streifen schneiden. Den Hähnchentopf mit Salz, Pfeffer und Paprika würzen, Basilikumstreifen unterrühren. Den Eintopf mit dem Hähnchenfleisch anrichten.

Maissuppe

## Gyrossuppe

10 Portionen

pro Portion 2,40 Euro

*Zubereitungszeit:* 75 Minuten, ohne Durchziehzeit

**Zum Vorbereiten:**
6 EL Olivenöl
1 1/2 kg Schweinegeschnetzeltes (Gyros, fertig gewürzt)
400 g Schlagsahne
400 ml Wasser

300 g Zwiebeln
je 4 rote und grüne Paprikaschoten (1,7 kg)
5 EL Olivenöl
1 1/2 l Wasser
3 Beutel Zwiebelsuppenpulver (für je 750 ml Flüssigkeit)
500 ml Zigeuner- oder Chilisauce (aus dem Glas)
250 g Schmelzkäse
Salz, gem. Pfeffer
1–2 TL gerebelter Thymian

*Pro Portion:*
E: 36 g, F: 55 g, Kh: 26 g,
kJ: 3133, kcal: 748

**1.** Am Vortag das Geschnetzelte in 3 Portionen anbraten. Dafür je 2 Esslöffel Olivenöl in einer großen Pfanne erhitzen. Ein Drittel der Fleischstreifen darin etwa 3 Minuten unter häufigem Wenden braten, anschließend in eine große Auflaufform geben.
**2.** Die Sahne mit Wasser verrühren. Das Fleisch mit der Sahneflüssigkeit übergießen und mit Frischhaltefolie zugedeckt über Nacht im Kühlschrank durchziehen lassen.
**3.** Am nächsten Tag Zwiebeln abziehen, halbieren und in feine Scheiben schneiden. Paprikaschoten halbieren, entstielen, entkernen und die weißen Scheidewände entfernen. Die Schoten abspülen, abtropfen lassen und in schmale Streifen schneiden.
**4.** Die Hälfte des Olivenöls in einem großen, hohen Topf erhitzen. Die Hälfte der Zwiebelscheiben und Paprikastreifen darin unter Rühren andünsten, anschließend herausnehmen und beiseitelegen. Die restlichen Zwiebelscheiben und Paprikastreifen in dem restlichen Olivenöl andünsten. Das beiseitegelegte Gemüse wieder hinzufügen.
**5.** Wasser hinzugießen und alles zum Kochen bringen. Zwiebelsuppenpulver unter Rühren in die kochende Flüssigkeit rühren und bei schwacher Hitze 5–8 Minuten kochen lassen, dabei ab und zu umrühren.
**6.** Die Zigeuner- oder Chilisauce, den Schmelzkäse und die marinierten Fleischstreifen in die Suppe geben. Alle Zutaten unter Rühren zum Kochen bringen, bis der Käse gut geschmolzen ist.
**7.** Die Gyrossuppe mit Salz, Pfeffer und Thymian pikant abschmecken.

***Tipps:*** Typisch für Gyros ist, dass das Fleisch mit Knoblauch und Gyros-Gewürzsalz gewürzt wurde. Sollte der typische Geschmack fehlen, so fügen Sie 3–4 Knoblauchzehen hinzu. Dafür Knoblauchzehen abziehen, durch eine Knoblauchpresse drücken und zum Fleisch geben. Evtl. mit Gyros-Gewürzsalz (Fertigprodukt) abschmecken. Geschnetzeltes immer portionsweise anbraten, so wird es nicht zäh. Für eine milde Variante statt Zigeuner- oder Chilisauce Tomatenketchup verwenden.

Melonen-Hähnchen-Pfanne

## Melonen-Hähnchen-Pfanne

4 Portionen

pro Portion 2,25 Euro

*Zubereitungszeit:* 25 Minuten

500 g Hähnchenbrustfilet
1 EL Currypulver
1 EL helle Sojasauce
1 EL Speisestärke
1 rote Zwiebel
1 Kantalupe-, Ogen- oder Honigmelone
100 g roher Schinken, in Scheiben
1/2 Bund Schnittlauch
8 EL Sojaöl
400 g TK-Champignonscheiben
Salz

*Pro Portion:*
E: 34 g, F: 23 g, Kh: 17 g,
kJ: 1721, kcal: 412

**1.** Hähnchenbrustfilet kurz unter fließendem kalten Wasser abspülen, trocken tupfen und in dünne Streifen schneiden. Filetstreifen mit Curry, Sojasauce und Speisestärke vermengen.

**2.** Zwiebel abziehen und in kleine Würfel schneiden. Melone halbieren und die Kerne mit einem Löffel entfernen. Melone achteln und die Schale abschneiden. Vom Melonenfruchtfleisch 400 g abwiegen und das Fruchtfleisch in etwa 2 cm große Würfel schneiden.

**3.** Die Schinkenscheiben in Streifen schneiden. Schnittlauch abspülen, trocken tupfen und einige Halme zum Garnieren beiseitelegen. Restlichen Schnittlauch in Röllchen schneiden.

**4.** Das Sojaöl in einem Wok erhitzen, die Hähnchenstreifen darin anbraten. Zwiebelwürfel und die gefrorenen Champignonscheiben hinzufügen, unter Rühren etwa 5 Minuten mitbraten.

**5.** Schinkenstreifen und Melonenwürfel ebenfalls in den Wok geben, unterrühren und kurz erhitzen.

**6.** Melonen-Hähnchen-Pfanne vor dem Servieren mit Salz abschmecken und die Schnittlauchröllchen unterheben. Melonen-Hähnchen-Pfanne mit den beiseitegelegten Schnittlauchhalmen garnieren.

***Tipp:*** Servieren Sie 8-Minuten-Reis oder Glasnudeln dazu.

## Rot geschmorter Schweinebauch

4 Portionen

pro Portion 2,15 Euro

*Zubereitungszeit:* 10 Minuten, ohne Abkühlzeit
*Garzeit:* etwa 40 Minuten

1 kg Schweinebauch (mit Schwarte)
2 l Wasser, 6 EL Speiseöl
2 Sternanis
500 ml Fleischbrühe
80 g süße Bohnenpaste
80 ml helle Sojasauce
2 EL Zucker
250 ml Reiswein
1/2 gestr. TL Salz
2 Frühlingszwiebeln
1 EL Sesamöl

*Pro Portion:*
E: 45 g, F: 90 g, Kh: 19 g,
kJ: 4584, kcal: 1095

**1.** Den Schweinebauch mit Küchenpapier trocken tupfen und evtl. die Borsten entfernen. Wasser in einem Topf zum Kochen bringen und den Schweinebauch hinzugeben, wieder zum Kochen bringen und zugedeckt etwa 15 Minuten bei schwacher Hitze kochen. Schweinebauch herausnehmen und in kaltem Wasser etwa 30 Minuten abkühlen lassen.
**2.** Schweinbauch aus dem Wasser nehmen, in einem Sieb abtropfen lassen und dann in mundgerechte Stücke schneiden.
**3.** Das Speiseöl in einem Wok erhitzen. Sternanis darin anbraten. Fleischbrühe, Bohnenpaste, Sojasauce, Zucker, Reiswein und Salz hinzugeben, unterrühren, zum Kochen bringen und etwa 5 Minuten kochen lassen.
**4.** Die Schweinebauchstücke hinzugeben und etwa 20 Minuten bei schwacher Hitze schmoren. Anschließend die Sauce bei starker Hitze einkochen lassen.
**5.** Frühlingszwiebeln putzen, abspülen, abtropfen lassen, in etwa 5 cm lange Stücke schneiden, hinzugeben und kurz aufkochen lassen. Sesamöl in die Sauce geben und den geschmorten Schweinebauch sofort servieren.

***Tipps:*** Sternanis ist seit mehr als 3000 Jahren in China als Heilmittel und Gewürz bekannt, wurde aber erst sehr spät nach Europa gebracht. Sternanis duftet streng nach Anis und schmeckt brennend würzig. Er wird bei uns hauptsächlich als Backgewürz in der Küche eingesetzt. In Frankreich wird das ätherische Öl zum Aromatisieren von Likören verwendet, z. B. von Aperitifs.

## Omeletts mit Schnittknoblauch und Schafskäse

2 Portionen

pro Portion 1,85 Euro

*Zubereitungszeit:* 10 Minuten

4 Eier (Größe M)
Salz, gem. Pfeffer
1 kleines Bund Schnittknoblauch
200 g Schafskäse, 40 g Butter

*Pro Portion:*
E: 32 g, F: 48 g, Kh: 1 g,
kJ: 2340, kcal: 558

**1.** Die Eier in einer Rührschüssel verschlagen, mit Salz und Pfeffer würzen. Schnittknoblauch abspülen, trocken tupfen und in feine Ringe schneiden. Den Schafskäse in etwa 1 1/2 cm große Würfel schneiden. Schnittknoblauchringe und Schafskäsewürfel unter die verschlagenen Eier rühren.
**2.** Die Hälfte der Butter in einer Pfanne (Ø 22–24 cm) zerlassen. Die Hälfte der Eiermasse hineingeben und zugedeckt bei schwacher Hitze 4–5 Minuten stocken lassen. Omelett vorsichtig wenden, von der zweiten Seite kurz anbraten, herausnehmen und warm stellen. Das zweite Omelett auf die gleiche Weise zubereiten.

Rot geschmorter Schweinebauch

Omeletts mit Schnittknoblauch und Schafskäse

## Pytt i panne

2 Portionen

pro Portion 1,95 Euro

*Zubereitungszeit:* 20 Minuten

400 g gegarte Pellkartoffeln
1–2 Zwiebeln
150 g Kochschinken
2 Gewürzgurken
30 g Butter oder Margarine
125 ml Bratensauce (Fertigprodukt)
150 g Crème fraîche
1 EL gehackte Petersilie

*Pro Portion:*
E: 24 g, F: 38 g, Kh: 36 g,
kJ: 2472, kcal: 593

**1.** Kartoffeln pellen und in Scheiben schneiden. Zwiebeln abziehen und in kleine Würfel schneiden. Kochschinken und Gurken ebenfalls klein würfeln.
**2.** Butter oder Margarine in einer Pfanne zerlassen. Kartoffelscheiben, Zwiebel-, Schinken- und Gurkenwürfel darin unter Rühren anbraten. Bratensauce und Crème fraîche unterrühren, kurz erhitzen.
**3.** Pytt i panne mit Petersilie bestreuen und servieren.

***Tipp:*** Für dieses Gericht können Sie sehr gut Reste einer selbst hergestellten Bratensauce verwenden.

## Schweinefleisch auf Möhrenscheiben

4 Portionen

pro Portion 2,40 Euro

*Zubereitungszeit:* 40 Minuten

1 kg Möhren
1 Zwiebel
50 g Butter
200 ml Mineralwasser
mit Kohlensäure
Salz
gem. Pfeffer
Zucker
600 g Schweinefilet
1/2 Bund Kerbel
3 EL Speiseöl
1/2 TL rosa Pfefferbeeren

*Pro Portion:*
E: 35 g, F: 23 g, Kh: 14 g,
kJ: 1725, kcal: 412

**1.** Möhren putzen, schälen, abspülen, abtropfen lassen und in Scheiben schneiden. Zwiebel abziehen und klein würfeln. Butter in einer Pfanne zerlassen, Zwiebelwürfel darin glasig dünsten. Möhrenscheiben hinzugeben und mit andünsten. Mit Mineralwasser ablöschen, mit Salz, Pfeffer und Zucker würzen, zum Kochen bringen und zugedeckt etwa 8 Minuten garen.
**2.** Das Schweinefilet mit Küchenpapier trocken tupfen, häuten, evtl. vom Fett befreien. Das Filet in dünne Medaillons schneiden. Kerbel abspülen und trocken tupfen. Die Blättchen von den Stängeln zupfen.
**3.** Das Speiseöl in einer großen Pfanne erhitzen. Die Medaillons darin von beiden Seiten 3–4 Minuten braten, mit Salz und Pfeffer würzen, aus der Pfanne nehmen und zugedeckt warm stellen. Die Möhrenscheiben zum verbliebenen Bratfett in die Pfanne geben und darin schwenken.
**4.** Pfefferbeeren zwischen den Fingern zerreiben und über die Möhrenscheiben streuen. Die Medaillons auf den Möhrenscheiben anrichten und mit Kerbelblättchen garnieren.

## Oliven-Tunfisch-Pfanne mit Ravioli

4 Portionen

pro Portion 2,25 Euro

*Zubereitungszeit:* 35 Minuten

4 Fleischtomaten (etwa 400 g)
160 g abgetropfte, grüne Oliven (ohne Stein)
400 g Ravioli Formaggio (Nudeltaschen mit Käsefüllung, aus dem Kühlregal)

Pytt i panne

Schweinefleisch auf Möhrenscheiben

Oliven-Tunfisch-Pfanne mit Ravioli

560 g abgetropfter Tunfisch im eigenen Saft (aus Dosen)
2 EL Olivenöl
40 g Butter
einige Stängel Basilikum
Salz
gem. Pfeffer

*Pro Portion:*
E: 41 g, F: 48 g, Kh: 33 g,
kJ: 3069, kcal: 733

**1.** Tomaten abspülen, abtrocknen, halbieren und die Stängelansätze herausschneiden. Tomatenhälften in grobe Würfel schneiden. Oliven halbieren.
**2.** Ravioli in ein Sieb geben, mit kaltem Wasser abspülen (um ein Zusammenkleben zu verhindern) und abtropfen lassen. Den Tunfisch evtl. in etwas kleinere Stücke teilen.
**3.** Olivenöl in einer großen Pfanne erhitzen. Tomatenwürfel, Olivenhälften und Tunfischstücke darin unter vorsichtigem Rühren kräftig andünsten. Butter und Ravioli hinzufügen, vorsichtig unterheben. Die Oliven-Tunfisch-Pfanne weitere 5–10 Minuten dünsten.
**4.** In der Zwischenzeit das Basilikum abspülen und trocken tupfen. Die Blättchen von den Stängeln zupfen. Blättchen klein schneiden.
**5.** Die Oliven-Tunfisch-Pfanne mit Salz und Pfeffer herzhaft würzen. Basilikum unterheben. Die Oliven-Tunfisch-Pfanne mit Ravioli servieren.

## Schweinefleisch süßsauer

4 Portionen

pro Portion 1,60 Euro

*Zubereitungszeit:* 35 Minuten

450 g Schweineschnitzel
1 EL Currypulver
2 TL Sambal Oelek
1 rote Paprikaschote
1 Stange Porree (Lauch)
300 g frisches Ananasfruchtfleisch (aus dem Kühlregal)
6 EL Erdnussöl
4 EL Reisessig oder Weißweinessig
1 EL brauner Zucker
150 g Tomatenketchup
einige Stängel glatte Petersilie
Salz

*Pro Portion:*
E: 28 g, F: 18 g, Kh: 28 g,
kJ: 1623, kcal: 388

**1.** Das Schnitzelfleisch mit Küchenpapier trocken tupfen und in dünne Streifen schneiden. Die Fleischstreifen mit Curry und Sambal Oelek vermischen.
**2.** Paprikaschote halbieren, entstielen, entkernen und die weißen Scheidewände entfernen. Schote abspülen, abtropfen lassen und in kleine Stücke schneiden.
**3.** Porree putzen, die Stange längs halbieren, gründlich waschen und abtropfen lassen. Den Porree in etwa 2 cm lange Stücke schneiden oder Porree aufblättern und in dreieckige Stücke schneiden.
**4.** Ananas in etwa 1 cm große Würfel schneiden. Das Erdnussöl in einem Wok erhitzen und die Fleischstreifen darin von allen Seiten anbraten. Die Fleischstreifen an die Außenwände des Woks schieben oder herausnehmen und warm halten.
**5.** Die Paprikastücke in den Wok geben und anbraten. Ananaswürfel und Porreestücke hinzufügen und unter Rühren ebenfalls kurz anbraten. Essig, Zucker und Ketchup gut unterrühren.
**6.** Petersilie abspülen und trocken tupfen. Die Blättchen von den Stängeln zupfen. Etwa die Hälfte der Blättchen klein schneiden und mit den Fleischstreifen unterrühren.
**7.** Das Schweinefleisch süßsauer mit Salz abschmecken und mit den restlichen Petersilienblättchen garniert servieren.

***Tipp:*** Zusätzlich können noch 2 geschälte und in Spalten geteilte Mandarinen unter Punkt 5 mit untergerührt werden.

***Abwandlung:*** Für eine Variante mit Fisch z. B. 400 g Welsfilet verwenden. Den Fisch wie das Fleisch in Streifen schneiden und vorsichtig vermischen. Ananas durch 1 in Würfel geschnittene Zucchini ersetzen und das Ganze mit Koriander garnieren.

Schweinefleisch süßsauer

Räucherfischpfanne

Westfälische Schnitzel

## Räucherfischpfanne

2–3 Portionen

*Zubereitungszeit:* 30 Minuten

700 g gegarte, festkochende Pellkartoffeln
150 g Cocktailtomaten (etwa 16 Tomaten)
1 Bund Frühlingszwiebeln
4 EL Speiseöl
250 g geräucherte Forellenfilets (ohne Haut und Gräten)
1/2 Bund Dill
Salz
gem. Pfeffer
Saft von 1/2 Zitrone

pro Portion 2,40 Euro

*Pro Portion:*
E: 27 g, F: 19 g, Kh: 57 g,
kJ: 2165, kcal: 518

**1.** Die Kartoffeln pellen und in Scheiben schneiden. Tomaten abspülen, trocken tupfen, halbieren und die Stängelansätze herausschneiden.
**2.** Frühlingszwiebeln putzen, abspülen, abtropfen lassen und in etwa 2 cm lange Stücke schneiden.
**3.** Speiseöl in einer Pfanne erhitzen. Kartoffelscheiben darin unter Wenden braun anbraten. Frühlingszwiebelstücke hinzugeben. Die Zutaten unter gelegentlichem Rühren etwa 10 Minuten garen.
**4.** In der Zwischenzeit die Forellenfilets in etwa 2 cm breite Stücke schneiden. Dill abspülen und trocken tupfen. Die Spitzen von den Stängeln zupfen. Spitzen klein schneiden.
**5.** Tomatenhälften vorsichtig unter die Kartoffel-Frühlingszwiebel-Mischung heben und kurz mitbraten.
**6.** Dill unter das Gemüse rühren. Die Forellenfiletstücke vorsichtig unterheben und miterwärmen. Räucherfischpfanne mit Salz, Pfeffer und Zitronensaft pikant abschmecken.

## Westfälische Schnitzel

8–10 Portionen

*Zubereitungszeit:* 60 Minuten

2 mittelgroße Gemüsezwiebeln
8 Scheiben Schwarzbrot (etwa 500 g)
250 g westfälischer, roher Schinken
1 Bund Schnittlauch
3 Fleischtomaten
8–10 Schweineschnitzel (je etwa 120 g)
Salz, gem. Pfeffer
8 EL Speiseöl, z. B. Rapsöl
50 g Butter oder Margarine

pro Portion 1,40 Euro

*Pro Portion:*
E: 36 g, F: 18 g, Kh: 23 g,
kJ: 1683, kcal: 400

**1.** Zwiebeln abziehen, halbieren und in kleine Würfel schneiden. Schwarzbrot fein zerbröseln. Den Schinken ebenfalls in kleine Würfel schneiden.
**2.** Schnittlauch abspülen, trocken tupfen und in Röllchen schneiden. Tomaten kreuzweise einschneiden und mit kochendem Wasser übergießen. Nach 1–2 Minuten herausnehmen und mit kaltem Wasser abschrecken. Tomaten häuten, halbieren und die Stängelansätze herausschneiden. Tomaten in Würfel schneiden, dabei die Kerne entfernen.
**3.** Schnitzel mit Küchenpapier trocken tupfen, mit Salz und Pfeffer würzen.
**4.** Etwas von dem Speiseöl in einer großen Pfanne erhitzen. Die Schnitzel darin portionsweise von beiden Seiten etwa 15 Minuten braten. Schnitzel herausnehmen, auf eine vorgewärmte Platte legen und zugedeckt warm stellen.
**5.** Butter oder Margarine in dem verbliebenen Bratfett zerlassen. Die Schinken- und Zwiebelwürfel darin andünsten. Brotbrösel und Tomatenwürfel hinzugeben und kurz mit andünsten.
**6.** Schinken-Brot-Masse auf den Schnitzeln verteilen, mit Salz und Pfeffer würzen. Westfälische Schnitzel mit Schnittlauchröllchen bestreut servieren.

## Thüringer Rostbrätel

6 Stück

*Zubereitungszeit:* 15 Minuten, ohne Marinierzeit
*Grillzeit:* 5–10 Minuten

1 kg Schweinekamm (ohne Knochen)
2–3 Zwiebeln
1 Knoblauchzehe
200 g mittelscharfer Senf
500 ml Bier, z. B. Pils
Salz, gem. Pfeffer
gerebelter Majoran

pro Stück 1,85 Euro

*Pro Stück:*
E: 35 g, F: 16 g, Kh: 2 g,
kJ: 1232, kcal: 295

**1.** Den Schweinekamm mit Küchenpapier trocken tupfen und in 6 gleich dicke Scheiben schneiden.
**2.** Zwiebeln und Knoblauch abziehen. Die Knoblauchzehe durch eine Knoblauchpresse drücken. Zwiebeln zuerst in Scheiben schneiden, dann in Ringe teilen. Zwiebelringe mit Knoblauch, Senf und etwa 200 ml von dem Bier verrühren. Marinade mit Salz, Pfeffer und Majoran würzen.
**3.** Die Fleischscheiben in eine Schale geben und mit der Marinade übergießen. Das Fleisch zugedeckt im Kühlschrank 1–2 Tage durchziehen lassen, evtl. die Fleischeiben einmal wenden.
**4.** Die Fleischscheiben kurz abtropfen lassen und auf dem vorgeheizten Grillrost 5–10 Minuten grillen (je nach Fleischdicke), dabei mit dem restlichen Bier ablöschen.

***Tipp:*** Das Fleisch in der Pfanne braten. Dazu in einer großen Pfanne 2 Esslöffel Speiseöl erhitzen. Die Fleischscheiben darin portionsweise mit den Zwiebeln 5–10 Minuten braten, dabei einmal wenden.

## Rosinen-Spitzkohl-Pfanne mit Hackfleisch

4 Portionen

pro Portion 1,30 Euro

*Zubereitungszeit:* 30 Minuten
*Garzeit:* etwa 15 Minuten

1 kg Spitzkohl
1 Gemüsezwiebel
1 EL Speiseöl
500 g Gehacktes (halb Rind-, halb Schweinefleisch)
Salz, gem. Pfeffer
Currypulver
Paprikapulver edelsüß
250 ml Fleischbrühe
1/2 TL Kümmelsamen
75 g Rosinen

*Pro Portion:*
E: 29 g, F: 24 g, Kh: 22 g,
kJ: 1764, kcal: 421

**1.** Spitzkohl putzen, vierteln und den Strunk herausschneiden. Kohlviertel in Streifen schneiden, abspülen und abtropfen lassen. Die Gemüsezwiebel abziehen, halbieren und würfeln.
**2.** Speiseöl in einer großen Pfanne erhitzen. Zwiebelwürfel darin unter Rühren andünsten. Das Gehackte hinzugeben und unter Rühren anbraten. Dabei die Fleischklümpchen mit einer Gabel zerdrücken, mit Salz, Pfeffer, Curry und Paprika würzen.
**3.** Nach und nach die Spitzkohlstreifen hinzugeben und unter gelegentlichem Rühren mit anbraten. Nach und nach auch etwas Fleischbrühe hinzugießen.
**4.** Kümmelsamen und Rosinen unterrühren. Restliche Fleischbrühe hinzugießen.
**5.** Das Ganze zugedeckt etwa 15 Minuten garen. Dann die Pfanne nochmals mit den Gewürzen abschmecken und servieren.

***Beilage:*** Vollkorn- oder Roggenbrötchen.

# Kartoffel-Fisch-Nuggets

4 Portionen

pro Portion 0,95 Euro

*Zubereitungszeit:* 40 Minuten
*Garzeit:* etwa 25 Minuten

375 g mehligkochende Kartoffeln
125 g Möhren
Salz
175 g festes Fischfilet, z. B. Seelachs, Lachs (frisch oder TK)
2 EL Zitronensaft
4 EL Schlagsahne
1 Ei (Größe M)
1 Eigelb (Größe M)
gem. Pfeffer
evtl. 1/2 TL gerebelter Thymian oder Majoran
5–6 EL Vollkorn-Semmelbrösel
3 EL Butterschmalz oder Speiseöl

*Pro Portion:*
E: 15 g, F: 20 g, Kh: 28 g,
kJ: 1466, kcal: 350

**1.** Die Kartoffeln schälen, abspülen, abtropfen lassen. Möhren putzen, schälen, abspülen, abtropfen lassen. Kartoffeln und Möhren in gleich große Stücke schneiden und in einen Topf geben. So viel Wasser hinzugießen, dass die Kartoffel- und Möhrenstücke knapp mit Wasser bedeckt sind. 1/2 Teelöffel Salz hinzufügen. Die Zutaten zum Kochen bringen und zugedeckt etwa 20 Minuten garen.
**2.** Fischfilet (TK-Fischfilet vorher auftauen lassen) kurz unter fließendem kalten Wasser abspülen, trocken tupfen und in sehr kleine Würfel schneiden. Fischwürfel mit Zitronensaft beträufeln.
**3.** Die garen Kartoffel- und Möhrenstücke abgießen, dabei etwas Kochwasser auffangen. Sahne zu den Kartoffel- und Möhrenstücken geben und mit einem Kartoffelstamper fein zerdrücken. Etwas abkühlen lassen.
**4.** Ei und Eigelb verschlagen, mit den Fischwürfeln zum Püree geben und gut untermischen. Sollte das Püree etwas zu fest sein – es muss sich allerdings noch formen lassen – evtl. etwas von dem aufgefangenen Kochwasser unterrühren. Das Püree mit Salz, Pfeffer, Thymian oder Majoran kräftig würzen.
**5.** Aus der Masse mit angefeuchteten Händen kleine Nuggets oder Frikadellen formen, in Semmelbröseln wenden.
**6.** Jeweils etwas Butterschmalz oder Speiseöl in einer großen Pfanne erhitzen. Nuggets oder Frikadellen darin portionsweise von beiden Seiten knusprig braten und herausnehmen.

Kartoffel-Fisch-Nuggets

***Beilage:*** Senfsauce (Fertigprodukt) und Tomaten- oder Gurkensalat.

***Tipps:*** Auch wenn zur Mittagszeit nicht alle pünktlich am Tisch erscheinen können: Diese würzigen Fisch-Nuggets lassen sich prima vorbereiten und dann portionsweise knusprig frisch aus der Pfanne servieren. Zusätzlich 2 Esslöffel Röstzwiebeln, 2 Esslöffel Sonnenblumenkerne oder 2–3 Esslöffel frisch geriebenen Parmesan unter das Püree (siehe Punkt 4) geben.

# Knusprige Fischstückchen mit pikanter Sauce

4 Portionen

pro Portion 1,80 Euro

*Zubereitungszeit:* 40 Minuten, ohne Auftauzeit

**Zum Vorbereiten:**
750 g TK-Pangasiusfilet

**Für die pikante Sauce:**
1 Stange Porree (Lauch)
20 g frischer Ingwer
2 Knoblauchzehen
2 Chilischoten
1–2 EL Sojaöl
2 EL Reisessig oder Weißweinessig
200 ml Gemüsebrühe
1 EL Sojabohnenpaste
3 EL Sojasauce

1 Eiweiß
2 EL Speisestärke
2 TL China-Gewürzzubereitung

**Zum Frittieren:**
350 ml Sojaöl

*Pro Portion:*
E: 30 g, F: 14 g, Kh: 7 g,
kJ: 1164, kcal: 278

**1.** Das Fischfilet nach Packungsanleitung auftauen lassen.

Knusprige Fischstückchen mit pikanter Sauce

Hähnchen-Champignon-Geschnetzeltes

**2.** Für die Sauce Porree putzen, die Stange längs halbieren, gründlich waschen und abtropfen lassen. Porree in feine Streifen schneiden. Ingwer schälen, Knoblauch abziehen. Ingwer und Knoblauch fein würfeln.
**3.** Chilischoten halbieren, entstielen, entkernen. Die Schoten abspülen, trocken tupfen und fein würfeln.
**4.** Sojaöl in einem Wok erhitzen. Knoblauch, Chili und Ingwer darin anbraten. Essig, Gemüsebrühe, Sojabohnenpaste und Sojasauce unterrühren, kurz aufkochen lassen. Porree hinzufügen und kurz miterhitzen. Die Sauce aus dem Wok in ein vorgewärmtes Gefäß füllen und warm halten.
**5.** Aufgetautes Fischfilet kurz unter fließendem kalten Wasser abspülen, trocken tupfen und in etwa 4 x 3 cm große Stücke schneiden. Eiweiß mit einem Mixer (Rührstäbe) zu feinem Schnee schlagen, Speisestärke und China-Gewürzzubereitung unterrühren. Die Fischstücke durch die Eiweißmischung ziehen.
**6.** Zum Frittieren Sojaöl in dem Wok erhitzen. Die Fischstückchen darin portionsweise jeweils in etwa 3 Minuten goldbraun frittieren. Die frittierten Fischstückchen mit einer Schaumkelle herausnehmen, auf Küchenpapier abtropfen lassen und warm stellen.
**7.** Die Fischstückchen mit der pikanten Sauce servieren.

***Beilage:*** Naturreis.

***Tipps:*** Statt der China-Gewürzzubereitung kann auch Currypulver, Paprikapulver edelsüß, Pfeffer und Kreuzkümmel (Cumin) zum Würzen verwendet werden. Fischstückchen nach Belieben mit abgespülten und trocken getupften Kräuterblättchen garnieren.

## Hähnchen-Champignon-Geschnetzeltes

4 Portionen

pro Portion 1,75 Euro

*Zubereitungszeit:* 35 Minuten

500 g Hähnchenbrustfilet
300 g Champignons
400 g Möhren
1 Stange Porree (Lauch)
1–2 EL Olivenöl
Salz
gem. Pfeffer
¼ TL Currypulver oder
Paprikapulver edelsüß
250 ml Gemüsebrühe
1 EL Zitronensaft
1 EL Weizenmehl
1/2 Topf Kerbel
150 g saure Sahne

*Pro Portion:*
E: 36 g, F: 9 g, Kh: 9 g,
kJ: 1090, kcal: 261

**1.** Hähnchenbrustfilet kurz unter fließendem kalten Wasser abspülen, trocken tupfen und in schmale Streifen schneiden. Champignons putzen, evtl. kurz abspülen, gut abtropfen lassen oder trocken tupfen und in Scheiben schneiden.
**2.** Möhren putzen, schälen, abspülen, abtropfen lassen und in kleine Würfel schneiden. Porree putzen, die Stange längs halbieren, gründlich waschen, abtropfen lassen und in Streifen schneiden.
**3.** Olivenöl in einem Wok erhitzen. Die Hähnchenstreifen darin unter Rühren anbraten, mit Salz, Pfeffer und Curry oder Paprika würzen. Die Hähnchenstreifen herausnehmen und warm stellen.
**4.** Porreestreifen und Champignonscheiben in den Wok geben und unter Rühren anbraten. Möhrenwürfel hinzugeben und mitbraten lassen. Das Gemüse mit Salz, Pfeffer und Curry oder Paprika würzen.
**5.** Brühe und Zitronensaft hinzugießen und unterrühren. Das Gemüse zugedeckt zum Kochen bringen und 2–3 Minuten garen. Mehl mit etwas Wasser anrühren und unter das Gemüse rühren, kurz aufkochen lassen. Die Hähnchenstreifen wieder in den Wok geben und bei schwacher Hitze erhitzen.
**6.** Kerbel abspülen und trocken tupfen. Die Blättchen von den Stängeln zupfen, klein schneiden. Saure Sahne unter das Geschnetzelte rühren, das Geschnetzelte nochmals mit den Gewürzen abschmecken und mit Kerbel bestreut servieren.

Gyrosgeschnetzeltes mit Spätzle

Hähnchen-Paella

## Gyrosgeschnetzeltes mit Spätzle

4 Portionen

pro Portion 1,95 Euro

*Zubereitungszeit:* 25 Minuten

3 EL Speiseöl, z. B. Sonnenblumenöl
500 g Geschnetzeltes nach Gyros-Art
1 Zwiebel
470 g abgetropfte Champignonscheiben (aus der Dose)
Salz
gem. Pfeffer
500 g frische Spätzle (aus dem Kühlregal)
200 g Schmand (Sauerrahm)
2 TL Paprikapulver edelsüß

*Pro Portion:*
E: 39 g, F: 42 g, Kh: 37 g,
kJ: 2830, kcal: 676

**1.** Einen Esslöffel des Speiseöls in einer Pfanne erhitzen. Das Gyrosfleisch darin unter Rühren kräftig anbraten, herausnehmen, auf einen Teller geben und beiseitestellen.
**2.** Die Zwiebel abziehen und in Würfel schneiden. Die Zwiebelwürfel in dem verbliebenen Bratfett andünsten.
**3.** Die Champignonscheiben hinzugeben und kurz mitdünsten lassen. Mit Salz und Pfeffer würzen. Champignonscheiben zugedeckt 4–5 Minuten dünsten.
**4.** Restliches Speiseöl in einer weiteren Pfanne erhitzen. Die Spätzle hinzugeben und nach Packungsanleitung leicht anbraten.
**5.** Gyrosfleisch, Schmand und nach Belieben etwas Wasser zu den Champignonscheiben in die Pfanne geben und erhitzen. Mit Paprika, Salz und Pfeffer abschmecken.
**6.** Gyrosgeschnetzeltes mit Spätzle auf Tellern anrichten und sofort servieren.

## Hähnchen-Paella

2–3 Portionen

*Zubereitungszeit:* 30 Minuten
*Garzeit:* etwa 30 Minuten

pro Portion 2,48 Euro

2 Hähnchenkeulen
4 Hähnchenflügel
Salz, gem. Pfeffer
Paprikapulver edelsüß
2 EL Olivenöl
1 rote Paprikaschote (etwa 175 g)
100 g Zuckerschoten
1/2 Bund Frühlingszwiebeln
150 g Cocktailtomaten
1 TL Olivenöl
125 g Paella- oder Risottoreis
1 TL Kurkuma (Gelbwurz)
350 ml Hühner- oder Gemüsebrühe
1 TL gerebelter Thymian oder Oregano

*Pro Portion:*
E: 44 g, F: 36 g, Kh: 52 g,
kJ: 2954, kcal: 706

**1.** Hähnchenkeulen halbieren, mit den Flügeln kurz unter fließendem kalten Wasser abspülen, trocken tupfen, mit Salz, Pfeffer und Paprika würzen.
**2.** Olivenöl in einer großen Pfanne erhitzen. Hähnchenkeulen und -flügel darin von allen Seiten goldbraun anbraten und etwa 10 Minuten bei mittlerer Hitze unter gelegentlichem Wenden weiterbraten.
**3.** In der Zwischenzeit die Paprikaschote halbieren, entstielen, entkernen und die weißen Scheidewände entfernen. Die Schote abspülen, abtropfen lassen und in kleine Würfel schneiden. Von den Zuckerschoten die Enden abschneiden, evtl. abfädeln. Die Zuckerschoten abspülen und trocken tupfen. Größere Schoten schräg halbieren.
**4.** Frühlingszwiebeln putzen, abspülen, abtropfen lassen und in 2–3 cm lange Stücke schneiden. Tomaten abspülen, trocken tupfen und die Stängelansätze herausschneiden.
**5.** Die angebratenen Hähnchenkeulen und -flügel aus der Pfanne nehmen und beiseitelegen, evtl. Fett abgießen.
**6.** Paprikawürfel, Zuckerschoten und Frühlingszwiebelstücke in der Pfanne kurz unter Rühren anbraten, herausnehmen, mit Salz und Pfeffer würzen, beiseitestellen.
**7.** Olivenöl in die Pfanne geben und erhitzen. Den Reis darin unter Rühren andünsten. Kurkuma unterrühren. Brühe und beiseitegelegte Hähnchenteile hinzugeben, zum Kochen bringen. Den Reis mit den Hähnchenteilen etwa 20 Minuten garen. Nach etwa 10 Minuten Garzeit das beisei-

tegestellte Gemüse zu dem Reis und den Hähnchenteilen in die Pfanne geben und mitgaren lassen.

**8.** Kurz vor Ende der Garzeit die Tomaten hinzugeben und miterhitzen. Thymian oder Oregano unterrühren.

## Geschmorter Tofu

4 Portionen

*Zubereitungszeit:* 40 Minuten

pro Portion 1,80 Euro

500 g Tofu
150 ml Speiseöl
1 rote Paprikaschote (etwa 200 g)
1 gelbe Paprikaschote (etwa 200 g)
4 Zwiebeln, 2–3 Knoblauchzehen
2 EL Speiseöl
2–3 Msp. Sambal Oelek
2–3 EL Sojasauce
2 TL gem. Koriander
2 EL Reis-Essig (5 %)
1 TL Zucker
250 ml Hühnerbrühe
Salz, evtl. etwas Zucker
einige Korianderblättchen

*Pro Portion:*
E: 22 g, F: 15 g, Kh: 14 g,
kJ: 1157, kcal: 276

**1.** Tofu in etwa 1 cm kleine Würfel schneiden. Das Speiseöl in einem Wok erhitzen.

**2.** Die Tofuwürfel darin in 2 Portionen etwa 2 Minuten goldbraun frittieren, mit einem Schaumlöffel herausnehmen und auf Küchenpapier abtropfen lassen. Das Öl in ein Vorratsgefäß zurückgießen.

**3.** Paprikaschoten halbieren, entstielen, entkernen und die weißen Scheidewände entfernen. Schoten abspülen, abtropfen lassen und in feine Streifen schneiden. Zwiebeln und Knoblauch abziehen, in kleine Würfel schneiden.

**4.** Speiseöl (2 Esslöffel) in dem Wok erhitzen. Die Zwiebel- und Knoblauchwürfel darin andünsten. Sambal Oelek, Sojasauce, Koriander, Reis-Essig und Zucker unterrühren. Paprikastreifen hinzugeben und alles 2–3 Minuten dünsten.

**5.** Hühnerbrühe hinzugießen, zum Kochen bringen und 2–3 Minuten kochen lassen. Die frittierten Tofuwürfel untermischen und erhitzen. Mit Salz und nach Belieben mit Zucker abschmecken. Den geschmorten Tofu mit abgespülten und trocken getupften Korianderblättchen bestreut servieren.

## Gebratener Reis mit Schweinefleisch

4 Portionen

pro Portion 2,05 Euro

*Zubereitungszeit:* 40 Minuten

400 g Schweinenacken
(mager und ohne Knochen)
2 EL Austernsauce
2 EL helle Sojasauce
2 TL Speisestärke
200 g Langkornreis
300 g Zwiebeln
1 Knoblauchzehe
400 g Champignons
1 grüne Chilischote
1/2 Bund glatte Petersilie
6 EL Sojaöl

*Pro Portion:*
E: 30 g, F: 25 g, Kh: 47 g,
kJ: 2235, kcal: 535

**1.** Das Fleisch mit Küchenpapier trocken tupfen, zuerst in dünne Scheiben, dann in schmale Streifen schneiden. Die Fleischstreifen mit Austernsauce, Sojasauce und Speisestärke vermischen.

**2.** Reis nach Packungsanleitung bissfest-körnig kochen, anschließend in ein Sieb geben und abtropfen lassen.

**3.** Zwiebeln und Knoblauch abziehen. Knoblauch fein hacken. Die Zwiebeln halbieren und in Scheiben schneiden. Champignons putzen, evtl. kurz abspülen und gut abtropfen lassen. Die Champignons in dünne Scheiben schneiden.

**4.** Chilischote entstielen und entkernen. Schote abspülen, trocken tupfen und in feine Ringe schneiden. Petersilie abspülen und trocken tupfen. Die Blättchen von den Stängeln zupfen. Blättchen fein schneiden.

**5.** Das Sojaöl in einem Wok erhitzen. Die Fleischstreifen darin unter Rühren anbraten. Zwiebelscheiben, Knoblauch und Chiliringe unterrühren. Die Champignonscheiben ebenfalls unterrühren und kurz mitbraten. Den gegarten Reis in den Wok geben und unter Rühren kurz mit anbraten.

**6.** Den gebratenen Reis mit Schweinefleisch mit Petersilie bestreuen und servieren.

Geschmorter Tofu

Gebratener Reis mit Schweinefleisch

## Bayerische Würstelpfanne

4 Portionen

pro Portion 1,90 Euro

*Zubereitungszeit:* 25 Minuten
*Garzeit:* etwa 15 Minuten

600 g gegarte Pellkartoffeln
3 Zwiebeln
4 Paar Wiener Würstchen
2–3 Gewürzgurken
1 EL Butter
3 EL Speiseöl
Salz
gem. Pfeffer
1 TL Majoran, frisch oder gerebelt
30 g Butter
4 Eier (Größe M)
1–2 EL Schnittlauchröllchen

*Pro Portion:*
E: 24 g, F: 46 g, Kh: 24 g,
kJ: 2560, kcal: 611

**1.** Kartoffeln pellen und in Würfel schneiden. Zwiebeln abziehen und klein würfeln. Würstchen in Scheiben schneiden. Gewürzgurken ebenfalls in Würfel schneiden.
**2.** Butter und Speiseöl in einer Pfanne erhitzen. Die Kartoffelwürfel darin von allen Seiten anbraten. Wenn sie Farbe genommen haben, Zwiebelwürfel, Würstchenscheiben und Gurkenwürfel hinzugeben, etwa 10 Minuten unter gelegentlichem Wenden mit anbraten. Mit Salz, Pfeffer und Majoran würzen.
**3.** Die Butter in einer Pfanne zerlassen. Die Eier vorsichtig aufschlagen und nebeneinander in das Fett gleiten lassen. Eiweiß mit Salz bestreuen und die Eier etwa 5 Minuten bei mittlerer Hitze braten.
**4.** Die Würstelpfanne mit den Spiegeleiern anrichten und mit Schnittlauchröllchen bestreut servieren.

## Gebratener Feta auf Blattspinat

4 Portionen

pro Portion 1,15 Euro

*Zubereitungszeit:* 30 Minuten

20 g Pinienkerne
1 Zwiebel, 1 Knoblauchzehe
5 EL Speiseöl, z. B. Sonnenblumenöl
675 g TK-Spinat (aufgetaut)
100 ml Wasser
4 Tomaten
400 g Fetakäse
1 Ei (Größe L)
3–4 EL Semmelbrösel
1/2–1 TL gerebelter Thymian
Salz, gem. Pfeffer
ger. Muskatnuss

*Pro Portion:*
E: 26 g, F: 34 g, Kh: 11 g,
kJ: 1934, kcal: 461

**1.** Pinienkerne in einer Pfanne ohne Fett unter Rühren goldbraun rösten, herausnehmen, auf einen Teller geben und beiseitestellen.
**2.** Zwiebel und Knoblauch abziehen, beides fein würfeln. 1 Esslöffel des Speiseöls in einem Topf erhitzen. Die Zwiebel- und Knoblauchwürfel darin unter Rühren in 2–3 Minuten goldgelb dünsten.
**3.** Den Spinat mit Wasser hinzugeben, zum Kochen bringen und zugedeckt bei mittlerer Hitze 8–10 Minuten unter gelegentlichem Rühren garen.
**4.** Tomaten abspülen, abtrocknen, halbieren und die Stängelansätze herausschneiden. Tomaten grob würfeln. Etwa 5 Minuten vor Ende der Garzeit die Tomatenwürfel zum Spinat geben.
**5.** Fetakäse in 4 Portionen teilen. Ei mit einer Gabel in einem tiefen Teller verschlagen. Semmelbrösel mit Thymian in einem zweiten Teller vermischen. Käsestücke zuerst in dem verschlagenen Ei, dann in der Semmelbröselmischung wenden. Panade etwas andrücken.
**6.** Restliches Speiseöl in der Pfanne erhitzen. Käsestücke darin bei mittlerer bis starker Hitze von jeder Seite 3–4 Minuten goldbraun braten.
**7.** Das Spinatgemüse mit Salz, Pfeffer und Muskat abschmecken und mit dem Käse anrichten. Spinatgemüse mit Pinienkernen bestreuen.

Bayerische Würstelpfanne

Gebratener Feta auf Blattspinat

## Allgäuer Krautspätzle

4 Portionen

*Zubereitungszeit:* 35 Minuten
Garzeit: 10–15 Minuten

pro Portion 0,65 Euro

250 g Weizenmehl
3 Eier (Größe M)
1/2 gestr. TL Salz
etwa 100 ml Wasser oder Milch
3 l Wasser
3 gestr. TL Salz
1 Zwiebel, 50 g Butter
500 g Weinsauerkraut
125 ml Gemüsebrühe
gerebelter Majoran
Salz, gem. Pfeffer
2 EL Butter

*Pro Portion:*
E: 14 g, F: 25 g, Kh: 48 g,
kJ: 1996, kcal: 477

**1.** Mehl in eine Rührschüssel geben, in die Mitte eine Vertiefung drücken. Eier, Salz und Wasser oder Milch verschlagen, etwas in die Vertiefung geben, von der Mitte aus mit einem Holzlöffel verrühren.
**2.** Nach und nach die Eier-Flüssigkeit hinzugießen, den Teig so lange rühren, bis er eine zähe, dickflüssige Konsistenz hat und Blasen wirft.
**3.** Das Wasser in einem großen Topf zugedeckt zum Kochen bringen. Salz hinzugeben. Den Teig portionsweise mit einem Spätzlehobel oder durch eine Spätzlepresse in das kochende Salzwasser geben und 3–5 Minuten gar kochen (sie sind gar, wenn sie an der Oberfläche schwimmen).
**4.** Die Spätzle in ein Sieb geben, mit kaltem Wasser abschrecken und abtropfen lassen. Spätzle zugedeckt warm stellen.
**5.** Zwiebel abziehen und fein würfeln. Butter in einer großen Pfanne zerlassen. Die Zwiebelwürfel darin glasig dünsten. Das Sauerkraut locker zupfen und zu den Zwiebeln in die Pfanne geben. Gemüsebrühe hinzugießen. Das Sauerkraut 10–15 Minuten dünsten, mit Majoran, Salz und Pfeffer abschmecken.
**6.** Butter zerlassen. Spätzle mit dem Sauerkraut vermengen, zerlassene Butter daraufträufeln.

## Auberginen-Kartoffel-Tortilla

4 Portionen

pro Portion 1,70 Euro

*Zubereitungszeit:* 25 Minuten, ohne Ziehzeit
*Garzeit:* etwa 15 Minuten

1 mittelgroße Aubergine
1 gestr. TL Salz
4 Kartoffeln
100 ml Olivenöl
Salz, gem. Pfeffer
125 g Kochschinken
170 g abgetropfte Champignonköpfe (aus der Dose)
100 g ger. Butterkäse
1 TL gerebelter Oregano
1 EL Basilikumstreifen
4 Eier (Größe M)
1/2 Bund Petersilie

*Pro Portion:*
E: 25 g, F: 38 g, Kh: 19 g,
kJ: 2159, kcal: 515

**1.** Die Aubergine abspülen, trocken tupfen und den Stängelansatz entfernen. Die Aubergine halbieren, in dünne Scheiben schneiden und mit Salz bestreuen. Auberginenscheiben etwa 15 Minuten ziehen lassen, dann nochmals trocken tupfen.
**2.** Die Kartoffeln schälen, abspülen, abtropfen lassen und in dünne Scheiben schneiden. Etwas Olivenöl in einer Pfanne erhitzen. Kartoffelscheiben darin von beiden Seiten anbraten, herausnehmen und warm stellen.
**3.** Das restliche Olivenöl in die Pfanne geben. Die Auberginenscheiben darin von beiden Seiten anbraten, herausnehmen und mit den Kartoffelscheiben vermischen. Kartoffel-Auberginen-Masse mit Salz und Pfeffer kräftig würzen.
**4.** Den Schinken klein würfeln, mit den Champignonköpfen, dem Käse, Oregano und den Basilikumstreifen unter die Auberginen-Kartoffel-Masse mischen.
**5.** Die Eier verschlagen, mit Salz und Pfeffer würzen und in die Pfanne geben. Die Auberginen-Kartoffel-Masse auf der Eiermasse verteilen und zugedeckt etwa 15 Minuten stocken lassen.
**6.** Petersilie abspülen und trocken tupfen. Die Blättchen von den Stängeln zupfen. Blättchen klein schneiden. Tortilla mit Petersilie bestreut servieren.

Buntes Nudel-Durcheinander

Champignon-Omelett

## Buntes Nudel-Durcheinander

2 Portionen

pro Portion 1,34 Euro

*Zubereitungszeit:* 30 Minuten

2 1/2 l Wasser
2 gestr. TL Salz
200 g bunte Nudeln, z. B. Spirelli
je 1 rote und grüne Paprikaschote
2 Eier (Größe M)
4 EL Milch
Salz, gem. Pfeffer
Paprikapulver edelsüß
2 TL Speiseöl

*Pro Portion:*
E: 27 g, F: 19 g, Kh: 101 g,
kJ: 2907, kcal: 695

**1.** Wasser in einem großen Topf zugedeckt zum Kochen bringen. Dann Salz und Nudeln hinzugeben. Die Nudeln im geöffneten Topf bei mittlerer Hitze nach Packungsanleitung bissfest kochen, dabei gelegentlich umrühren.
**2.** In der Zwischenzeit Paprikaschoten halbieren, entstielen, entkernen und die weißen Scheidewände entfernen. Schoten abspülen, abtropfen lassen und in schmale Streifen schneiden. Eier und Milch verschlagen, mit Salz, Pfeffer und Paprika würzen.
**3.** Die garen Nudeln in ein Sieb geben, mit heißem Wasser abspülen und abtropfen lassen.
**4.** Speiseöl in einer großen Pfanne erhitzen. Paprikastreifen darin unter mehrmaligem Wenden etwa 2 Minuten dünsten. Nudeln hinzufügen. Die Eiermilch gleichmäßig darauf verteilen. Die Masse bei schwacher Hitze in etwa 5 Minuten stocken lassen, evtl. einmal wenden. Buntes Nudel-Durcheinander sofort servieren.

## Champignon-Omelett

2 Portionen

*Zubereitungszeit:* 30 Minuten

pro Portion 2,45 Euro

**Für die Füllung:**
400 g Champignons
70 g durchwachsener Speck
20 g Margarine oder 2 EL Speiseöl
Salz
gem. Pfeffer
2 EL gehackte Petersilie

**Für die Omeletts:**
6 Eier (Größe M)
2 EL Milch
30 g Butter oder Margarine

*Pro Portion:*
E: 34 g, F: 48 g, Kh: 5 g,
kJ: 2389, kcal: 571

**1.** Für die Füllung die Champignons putzen, evtl. kurz abspülen, trocken tupfen und in Scheiben schneiden. Speck in Würfel schneiden.
**2.** Margarine oder Speiseöl in einer Pfanne erhitzen. Die Speckwürfel darin auslassen, Champignonscheiben hinzufügen und unter Rühren gar dünsten. Mit Salz und Pfeffer würzen. Petersilie unterrühren. Champignonmasse herausnehmen und warm stellen.
**3.** Für die Omeletts Eier mit Salz und Milch verschlagen. Die Hälfte der Butter oder Margarine in der gesäuberten Pfanne zerlassen. Die Hälfte der Eiermasse hineingeben und zugedeckt bei schwacher Hitze stocken lassen. Die untere Seite muss bräunlich gebacken sein.
**4.** Omelett auf einen vorgewärmten Teller gleiten lassen. Die Hälfte der Champignonmasse daraufgeben. Das Omelett zusammenklappen und warm stellen. Das zweite Omelett auf die gleiche Weise zubereiten.

***Tipp:*** Die Omeletts mit abgespülten, trocken getupften Petersilienblättchen garnieren.

## Hähnchenpfanne mit Honig und Senf

2–3 Portionen

pro Portion 2,25 Euro

*Zubereitungszeit:* 30 Minuten
*Garzeit:* etwa 30 Minuten

4 Hähnchenbrustfilets (je etwa 140 g)
8 Stängel Zitronenthymian
2 EL Olivenöl
60 g Pinienkerne
1–2 EL flüssiger Honig
1 EL mittelscharfer Senf
4 EL Sojasauce
1/2 TL frisch gehackter oder geraspelter Ingwer
Salz
gem. Pfeffer

*Pro Portion:*
E: 61 g, F: 23 g, Kh: 13 g,
kJ: 2107, kcal: 504

**1.** Die Hähnchenbrustfilets kurz unter fließendem kalten Wasser abspülen, trocken tupfen und in Streifen schneiden. Zitronenthymian abspülen und trocken tupfen. 4 Stängel zum Garnieren beiseitelegen. Die Blättchen von den restlichen Stängeln zupfen.
**2.** Olivenöl in einer großen Pfanne erhitzen. Fleischstreifen darin von beiden Seiten kross anbraten. Pinienkerne, Honig, Senf und Sojasauce unterrühren. Thymianblättchen und Ingwer hinzufügen.
**3.** Die Hähnchenpfanne mit Salz und Pfeffer würzen, mit den beiseitegelegten Zitronenthymianstängeln garniert servieren.

***Tipp:*** Statt Hähnchenbrustfilets können Sie auch Putenbrustfilets oder Schweinefilet verwenden.

## Bigosch

4 Portionen

pro Portion 2,48 Euro

*Zubereitungszeit:* 30 Minuten
*Garzeit:* etwa 40 Minuten

500 g Schweinenacken (ohne Knochen)
75 g durchwachsener Speck
2 Cabanossi (je etwa 90 g)
1 rote Paprikaschote
1 Gemüsezwiebel
300 g Weißkohl
5 EL Speiseöl, z. B. Rapsöl
2 EL Tomatenmark
1 Lorbeerblatt
Salz, gem. Pfeffer
Kümmelsamen
gerebelter Majoran
500 ml heiße Fleischbrühe
200 g abgetropfte, gemischte Pilze (aus der Dose)

*Pro Portion:*
E: 39 g, F: 44 g, Kh: 10 g,
kJ: 2452, kcal: 588

**1.** Schweinefleisch mit Küchenpapier trocken tupfen, in etwa 3 cm große Würfel schneiden. Speck fein würfeln. Cabanossi in Scheiben schneiden.
**2.** Die Paprikaschote halbieren, entstielen, entkernen und die weißen Scheidewände entfernen. Die Schote abspülen, abtropfen lassen und in kleine Würfel schneiden.
**3.** Gemüsezwiebel abziehen, halbieren und fein würfeln. Die schlechten, äußeren Blätter von dem Weißkohl entfernen. Kohl vierteln und den Strunk herausschneiden. Kohlviertel in Streifen schneiden, abspülen und abtropfen lassen.
**4.** Speiseöl in einer hitzebeständigen, hohen Pfanne oder einem Bräter erhitzen. Die Speckwürfel darin auslassen. Dann die Fleischwürfel und Wurstscheiben darin anbraten. Paprika-, Zwiebelwürfel und Kohlstreifen hinzugeben und unter Rühren andünsten.
**5.** Tomatenmark unterrühren. Lorbeerblatt hinzufügen und mit Salz, Pfeffer, Kümmel und Majoran würzen. Fleischbrühe hinzugießen und zum Kochen bringen. Bigosch zugedeckt etwa 40 Minuten bei mittlerer Hitze garen. Kurz vor Ende der Garzeit Pilze hinzugeben und miterhitzen.

Hähnchenpfanne mit Honig und Senf

Bigosch

# Hirsepfanne mit Schnittlauchsauce

4 Portionen

pro Portion **1,45** Euro

*Zubereitungszeit:* 40 Minuten, ohne Quellzeit

2 Knoblauchzehen
2 grüne Pfefferschoten
4 EL Olivenöl
Currypulver
200 g Hirse
500 ml Gemüsebrühe
Meersalz
250 g Frühlingszwiebeln
250 g Möhren
250 g Zucchini

**Für die Schnittlauchsauce:**
150 g Joghurt (3,5 % Fett)
250 g Schlagsahne
Salz
gem. Pfeffer
Knoblauchpulver
2 Bund Schnittlauch

*Pro Portion:*
E: 11 g, F: 34 g, Kh: 49 g,
kJ: 2294, kcal: 549

**1.** Knoblauch abziehen und zerdrücken. Pfefferschoten halbieren, entstielen, entkernen und die weißen Scheidewände entfernen. Schoten abspülen, abtropfen lassen, quer in dünne Streifen schneiden.
**2.** Einen Esslöffel Olivenöl in einer großen Pfanne erhitzen. Knoblauch und Pfefferschotenstreifen darin andünsten. Curry unterrühren und leicht mitdünsten lassen.
**3.** Hirse unterrühren, Brühe hinzugießen. Mit Salz würzen. Hirse zugedeckt etwa 20 Minuten bei mittlerer Hitze quellen lassen.
**4.** Die Frühlingszwiebeln putzen, abspülen, abtropfen lassen und in dünne Scheiben schneiden. Möhren putzen, schälen, abspülen, abtropfen lassen und würfeln. Die Zucchini abspülen, abtrocknen und die Enden abschneiden. Zucchini würfeln.
**5.** Restliches Olivenöl in einer Pfanne erhitzen. Das vorbereitete Gemüse darin zugedeckt dünsten (Möhren etwa 10 Minuten, die Frühlingszwiebeln und Zucchini 4–5 Minuten).
**6.** Das Gemüse locker unter die Hirsemasse heben, evtl. nochmals mit Salz würzen. Die Hirsepfanne etwa 2 Minuten ziehen lassen.
**7.** Für die Schnittlauchsauce Joghurt mit Sahne verrühren, mit Salz, Pfeffer und etwas Knoblauch würzen.
**8.** Schnittlauch abspülen, trocken tupfen, in feine Röllchen schneiden und unter die Sauce rühren.
**9.** Die Sauce getrennt zur Hirsepfanne servieren.

# Leber mit Zwiebeln

4 Portionen

*Zubereitungszeit:* 30 Minuten

pro Portion **1,05** Euro

5 Zwiebeln
4 Scheiben Schweineleber (je 100–120 g)
20 g Weizenmehl
3 EL Speiseöl, z. B. Sonnenblumen- oder Rapsöl
Salz
gem. Pfeffer
gerebelter Majoran
evtl. einige Kerbelblättchen

*Pro Portion:*
E: 23 g, F: 13 g, Kh: 9 g,
kJ: 1027, kcal: 246

**1.** Zwiebeln abziehen, zunächst in dünne Scheiben schneiden, dann in Ringe teilen. Leber mit Küchenpapier trocken tupfen, evtl. Sehnen und Röhren entfernen. Leber in Mehl wenden. Nicht anhaftendes Mehl leicht abschütteln.
**2.** Die Hälfte des Speiseöls in einer Pfanne erhitzen. Die Leberscheiben portionsweise hineinlegen und von jeder Seite 2–3 Minuten braten. Die Leber nach dem Braten mit Salz, Pfeffer und Majoran würzen. Leber auf einer vorgewärmten Platte anrichten und zugedeckt warm stellen.

Hirsepfanne mit Schnittlauchsauce

Leber mit Zwiebeln

**3.** Restliches Speiseöl in dem verbliebenen Bratfett erhitzen. Die Zwiebelringe hineingeben und unter Rühren bei mittlerer Hitze etwa 2 Minuten braten. Die Zwiebelringe mit Salz und Pfeffer würzen und mit der Leber anrichten.
**4.** Die Leber nach Belieben mit abgespülten, trocken getupften Kerbelblättchen garniert servieren.

Orecchiette-Blumenkohl-Pfanne

## Orecchiette-Blumenkohl-Pfanne

4 Portionen

pro Portion 1,25 Euro

*Zubereitungszeit:* 30 Minuten

2 Eier (Größe M)
2 Frühlingszwiebeln
50 g roher Schinken, in dünnen Scheiben
30 g Butter
2 EL Semmelbrösel
1 TL fein abgeriebene Schale von 1 Bio-Zitrone (unbehandelt, ungewachst)
1 Blumenkohl
2 EL Speiseöl, z. B. Rapsöl
200 ml Gemüsebrühe
125 g Schlagsahne
Salz
gem. Pfeffer
ger. Muskatnuss
2 1/2–3 l Wasser
2 1/2–3 gestr. TL Salz
250–300 g Orecchiette (Öhrchennudeln)

1–2 TL Weizenmehl
1 EL kaltes Wasser

*Pro Portion:*
E: 19 g, F: 26 g, Kh: 59 g, kJ: 2303, kcal: 551

**1.** Eier in kochendem Wasser in etwa 8 Minuten wachsweich kochen. Die Eier mit kaltem Wasser abschrecken und warm stellen.
**2.** In der Zwischenzeit Frühlingszwiebeln putzen, abspülen, abtropfen lassen und in Scheiben schneiden. Schinken in Streifen schneiden.
**3.** Die Butter in einer großen Pfanne zerlassen. Schinkenstreifen darin knusprig braten, herausnehmen und auf Küchenpapier abtropfen lassen. Semmelbrösel und Zitronenschale in dem verbliebenen Bratfett unter Rühren goldbraun rösten, herausnehmen und auf einem Teller abkühlen lassen.
**4.** Vom Blumenkohl die Blätter entfernen und den Strunk abschneiden. Den Blumenkohl in kleine Röschen teilen, abspülen, abtropfen lassen.
**5.** Speiseöl zum Bratfett in die Pfanne geben und erhitzen. Blumenkohlröschen darin unter vorsichtigem Wenden leicht anbraten. Frühlingszwiebelscheiben hinzugeben und kurz mit anbraten. Brühe und Sahne hinzugießen, mit Salz, Pfeffer und Muskat würzen. Die Zutaten zum Kochen bringen und zugedeckt 8–10 Minuten garen.
**6.** In der Zwischenzeit Wasser in einem großen Topf zugedeckt zum Kochen bringen. Salz und Nudeln hinzugeben. Die Nudeln im geöffneten Topf bei mittlerer Hitze nach Packungsanleitung bissfest garen, dabei gelegentlich umrühren.
**7.** Mehl mit Wasser anrühren, unter Rühren zu den Blumenkohlröschen geben und unter gelegentlichem Rühren 2–3 Minuten kochen lassen. Die garen Nudeln in ein Sieb geben, mit heißem Wasser abspülen und abtropfen lassen. Nudeln zu den Blumenkohlröschen in die Pfanne geben und gut vermischen. Nochmals mit den Gewürzen abschmecken. Eier pellen und halbieren. Orecchiette mit Blumenkohl, Eierhälften, Semmelbröseln und Schinkenstreifen auf Tellern anrichten.

***Tipp:*** Das Gericht schmeckt auch lecker mit Brokkoliröschen. Dann die Brokkoliröschen kurz anbraten und anschließend nur etwa 3 Minuten garen.

***Extra-Tipps:*** Blumenkohl hat einen festen weißen Kopf und ist im Geschmack sehr mild. Er enthält wenig Kohlenhydrate, dafür aber wichtige Mineralstoffe wie Kalium, Vitamin C und Folsäure. 100 g Blumenkohl liefern nur etwa 23 kcal. Blumenkohl sollte nach der Ernte möglichst schnell zubereitet werden. Im Gemüsefach des Kühlschranks hält er sich maximal 1 Woche.

Schmorpfanne mit Leberkäse und Gurken

Zitronenkartoffeln mit Petersilie

## Schmorpfanne mit Leberkäse und Gurken

4 Portionen

pro Portion 1,45 Euro

*Zubereitungszeit:* 20 Minuten

4 Scheiben Leberkäse (je etwa 125 g)
2 rote Zwiebeln (etwa 320 g)
2 Schmorgurken oder Salatgurken (etwa 500 g)
1/2 Bund glatte Petersilie
2 EL Speiseöl
Salz, gem. Pfeffer

*Pro Portion:*
E: 23 g, F: 33 g, Kh: 6 g,
kJ: 1731, kcal: 414

**1.** Die Leberkäsescheiben halbieren und in etwa fingerdicke Streifen schneiden. Zwiebeln abziehen, halbieren und in Spalten schneiden.
**2.** Gurken schälen, längs halbieren, die Kerne mit einem Löffel herausschaben. Gurkenhälften in etwa 1 cm dicke Scheiben schneiden.
**3.** Die Petersilie abspülen und trocken tupfen. Die Blättchen von den Stängeln zupfen, grob zerkleinern.
**4.** Speiseöl in einer großen Pfanne erhitzen. Zunächst die Zwiebelspalten darin anbraten. Dann die Gurkenscheiben hinzugeben und kurz unter Rühren mitbraten. Zuletzt die Leberkäsestreifen in die Pfanne geben und unter Wenden ebenfalls kurz mitbraten lassen.
**5.** Die Schmorpfanne mit etwas Salz und Pfeffer würzen. Petersilie unterheben.

***Tipps:*** Besondere Würze und leichte Schärfe bekommt die Schmorpfanne, wenn Sie sie vor dem Servieren mit frisch geriebenem Meerrettich bestreuen. Servieren Sie nach Belieben Laugengebäck dazu.

## Zitronenkartoffeln mit Petersilie

4 Portionen

pro Portion 0,55 Euro

*Zubereitungszeit:* 30 Minuten, ohne Marinierzeit

750 g kleine, festkochende Kartoffeln
1 Bio-Zitrone (unbehandelt, ungewachst)

**Für die Marinade:**
1/2 Bund glatte Petersilie
1 Knoblauchzehe
1/2 TL Fenchelsamen
125 ml Hühnerbrühe
6 EL Olivenöl
1–2 EL Sherryessig
Salz, gem. Pfeffer
1–2 TL brauner Zucker

*Pro Portion:*
E: 4 g, F: 15 g, Kh: 29 g,
kJ: 1148, kcal: 274

**1.** Kartoffeln gründlich waschen, knapp mit Wasser bedeckt, zugedeckt zum Kochen bringen und 20–25 Minuten garen. Kartoffeln abgießen, mit kaltem Wasser abschrecken, abtropfen lassen und heiß pellen.
**2.** In der Zwischenzeit Zitrone heiß abwaschen, abtrocknen, längs halbieren und in dünne Spalten schneiden, dabei die Kerne entfernen.
**3.** Für die Marinade Petersilie abspülen und trocken tupfen. Die Blättchen von den Stängeln zupfen. Blättchen in schmale Streifen schneiden. Den Knoblauch abziehen und durch eine Knoblauchpresse drücken. Fenchel im Mörser zerdrücken.
**4.** Die Hühnerbrühe mit dem Olivenöl in einer großen Pfanne zum Kochen bringen. Die Pfanne von der Kochstelle nehmen. Essig, Petersilienstreifen, Knoblauch und Fenchel unterrühren. Kartoffeln und Zitronenspalten hinzugeben und etwa 2 Minuten bei mittlerer Hitze darin schwenken. Mit Salz, Pfeffer und Zucker würzen.
**5.** Zitronenkartoffeln in eine Schüssel geben und mindestens 2 Stunden durchziehen lassen. Zitronenkartoffeln mit Salz, Pfeffer und Zucker abschmecken.

## Tortilla

4 Portionen

pro Portion **2,00** Euro

*Zubereitungszeit:* 25 Minuten
*Garzeit:* etwa 20 Minuten

1 kg Kartoffeln
2 Knoblauchzehen
je 1 rote und grüne Paprikaschote
1 Bund Frühlingszwiebeln
5 EL Olivenöl
Salz
gem. Pfeffer
100 g geraspelter Manchego (spanischer Schafskäse)
15 abgetropfte, grüne Oliven (ohne Stein)
8 Eier (Größe M)
Cayennepfeffer

*Pro Portion:*
E: 26 g, F: 33 g, Kh: 41 g,
kJ: 2400, kcal: 573

**1.** Kartoffeln schälen, abspülen, abtropfen lassen und in etwa 2 cm große Würfel schneiden. Knoblauch abziehen und sehr klein würfeln.
**2.** Paprikaschoten halbieren, entstielen, entkernen und die weißen Scheidewände entfernen. Schoten abspülen, abtropfen lassen und in Würfel schneiden. Frühlingszwiebeln putzen, abspülen, abtropfen lassen und danach in 1/2 cm große Scheiben schneiden.
**3.** Das Olivenöl in einer großen Pfanne erhitzen. Die Kartoffelwürfel darin etwa 5 Minuten bei starker Hitze von allen Seiten anbraten, kräftig mit Salz und Pfeffer würzen. Die Kartoffelwürfel zugedeckt etwa 8 Minuten bei mittlerer Hitze braten.
**4.** Knoblauch und Paprikawürfel unterrühren, kurz mit anbraten. Frühlingszwiebelscheiben, Manchego und Oliven hinzugeben und erhitzen.
**5.** Eier mit Salz und Cayennepfeffer verschlagen, auf der Kartoffel-Gemüse-Masse verteilen und zugedeckt etwa 6 Minuten bei schwacher Hitze stocken lassen. Tortilla in der Pfanne servieren.

## Orientalische Putenpfanne

4 Portionen

pro Portion **2,25** Euro

*Zubereitungszeit:* 50 Minuten

400 g Putenbrustfilet
40 g Butter oder Margarine
15 g Weizenmehl
1 Stange Porree (Lauch)
2 Stangen Staudensellerie
1 Paprikaschote
150 g Champignons
30 g Butter oder Margarine
Salz, gem. Pfeffer
1 EL Currypulver
etwas gem. Ingwer
250 ml Gemüsebrühe
2 EL Mango-Chutney
1 EL Sojasauce
30 g Cashewkerne

*Pro Portion:*
E: 30 g, F: 20 g, Kh: 14 g,
kJ: 1499, kcal: 359

**1.** Das Putenbrustfilet kurz unter fließendem kalten Wasser abspülen, trocken tupfen und in Streifen schneiden.
**2.** Butter oder Margarine in einer großen Pfanne zerlassen. Fleischstreifen darin portionsweise von allen Seiten anbraten, mit Mehl bestäuben und kurz mitbraten lassen. Fleischstreifen herausnehmen und warm stellen.
**3.** Den Porree putzen, die Stange längs halbieren, gründlich waschen, abtropfen lassen und in Streifen schneiden. Sellerie putzen und die harten Außenfäden abziehen. Selleriestangen abspülen, abtropfen lassen und in kleine Stücke schneiden.
**4.** Paprikaschote halbieren, entstielen, entkernen und die weißen Scheidewände entfernen. Schote abspülen, abtropfen lassen und in Streifen schneiden. Champignons putzen, evtl. kurz abspülen, trocken tupfen und vierteln.
**5.** Die Butter oder Margarine zu dem verbliebenen Bratfett in die Pfanne geben und zerlassen. Vorbereitete Gemüsezutaten darin unter Rühren bissfest dünsten. Mit Salz, Pfeffer, Curry und Ingwer würzen. Brühe hinzugießen, zum Kochen bringen und etwa 5 Minuten garen.
**6.** Putenstreifen, Mango-Chutney und Sojasauce unterrühren, nochmals erhitzen. Nach Belieben Cashewkerne in einer Pfanne ohne Fett unter Rühren hellbraun rösten. Orientalische Putenpfanne auf Tellern anrichten und mit den Cashewkernen bestreut servieren.

Tortilla

Orientalische Putenpfanne

## Schweine-Mini-Rouladen

pro Portion 1,85 Euro

4–6 Portionen

*Zubereitungszeit:* 35 Minuten
*Garzeit:* etwa 3 Stunden

1 Zwiebel, 250 g Chicorée
1 EL Rapsöl
100 g gewürfelter Kochschinken
50 g Orangenmarmelade
Salz, gem. Pfeffer
8 kleine Schweineschnitzel (je etwa 120 g)
50 g süßer Senf
2 EL Rapsöl
300 ml heiße Gemüsebrühe
1–2 EL Crème fraîche

**Außerdem:**
Holzstäbchen

*Pro Portion:*
E: 49 g, F: 13 g, Kh: 9 g,
kJ: 1477, kcal: 353

**1.** Zwiebel abziehen und fein würfeln. Chicorée von den schlechten Blättern befreien. Chicorée der Länge nach halbieren und die bitteren Strünke keilförmig herausschneiden. Chicorée abspülen, abtropfen lassen und in feine Streifen schneiden.

**2.** Rapsöl in einer Pfanne erhitzen. Zwiebelwürfel darin glasig dünsten. Die Chicoréestreifen hinzufügen und zugedeckt etwa 5 Minuten mitdünsten lassen.
**3.** Schinkenwürfel und Marmelade unterrühren, kurz aufkochen lassen, mit Salz und Pfeffer würzen. Die Chicoréemasse in einem Sieb abtropfen lassen, den Sud dabei auffangen und beiseitestellen.
**4.** Den Backofen vorheizen.
*Ober-/Unterhitze:* etwa 80 °C
**5.** Einen großen, feuerfesten Teller oder eine Auflaufform mit niedrigem Rand auf dem Rost auf mittlerer Einschubleiste miterwärmen.
**6.** Die Schnitzel mit Küchenpapier trocken tupfen und nebeneinander auf eine Arbeitsfläche legen. Schnitzel mit Salz bestreuen und mit Senf bestreichen. Chicoréemasse auf den Schnitzelscheiben verteilen und diese von der kurzen Seite her aufrollen, mit Holzstäbchen feststecken.
**7.** Rapsöl in einer Pfanne erhitzen. Die Rouladen evtl. portionsweise von allen Seiten darin etwa 8 Minuten gut anbraten. Anschließend die Rouladen auf dem vorgewärmten Teller oder in der Auflaufform in den vorgeheizten Backofen schieben und etwa 3 Stunden garen. Die Pfanne mit dem Bratensatz beiseitestellen.

Schweine-Mini-Rouladen

**8.** Etwa 20 Minuten vor Ende der Garzeit die beiseitegestellte Pfanne mit dem Bratensatz erhitzen. Die Brühe und den beiseitegestellten Chicoréesud in den Bratensatz rühren und kurz aufkochen lassen. Crème fraîche unterrühren. Die Sauce mit Salz und Pfeffer abschmecken.
**9.** Die Rouladen aus dem Backofen nehmen. Holzstäbchen entfernen. Ausgetretenen Bratensaft in die Sauce rühren.

***Beilage:*** Kartoffeln, Tomatensalat mit Frühlingszwiebelscheiben.

## Rübenschnitzel mit Feldsalat-Kartoffelpüree

pro Portion 1,60 Euro

4 Portionen

*Zubereitungszeit:* 60 Minuten

800 g Steckrüben
Salz
1,6 kg festkochende Kartoffeln
300 g Zwiebeln
40 g Butter
125 g Feldsalat
100 g Weizenmehl
300 g Semmelbrösel
2 EL gem. Koriander
2 Eier (Größe M)
150 ml Speiseöl, z. B. Maiskeimöl
gem. Pfeffer

*Pro Portion:*
E: 20 g, F: 24 g, Kh: 119 g,
kJ: 3284, kcal: 783

**1.** Steckrüben putzen, schälen, abspülen, abtropfen lassen, in etwa 1 cm breite Scheiben schneiden. Steckrübenscheiben zugedeckt in kochendem Salzwasser etwa 13 Minuten weich kochen. Anschließend mit einer Schaumkelle herausnehmen, in einem Sieb gut abtropfen und erkalten lassen. Kartoffeln schälen, abspülen, abtropfen lassen, in grobe Stücke schneiden, in einem

Rübenschnitzel mit Feldsalat-Kartoffelpüree

Putencurry mit Mango

Topf mit etwas Salzwasser zugedeckt in 15–20 Minuten weich kochen.

**2.** In der Zwischenzeit Zwiebeln abziehen, klein würfeln und in zerlassener Butter goldbraun braten. Die Pfanne von der Kochstelle nehmen.

**3.** Den Backofen vorheizen.
*Ober-/Unterhitze: etwa 80 °C*

**4.** Den Feldsalat putzen und die Wurzelenden abschneiden. Feldsalat in einzelne Blätter teilen, gründlich abspülen und gut abtropfen lassen. Mehl in einen Teller geben. Semmelbrösel mit Koriander in einem tiefen Teller vermischen. Die Eier in einem tiefen Teller verschlagen. Die Steckrübenscheiben zuerst in Mehl wenden, dann durch die verschlagenen Eier ziehen, am Tellerrand abstreifen und zuletzt in Semmelbröseln wenden. Die Panade leicht andrücken. Jeweils die Hälfte des Speiseöls in 2 großen Pfannen erhitzen. Schnitzel darin von jeder Seite bei mittlerer bis starker Hitze goldbraun und knusprig braten.

**5.** Schnitzel herausnehmen, auf Küchenpapier abtropfen lassen und auf einem Backblech (mit Backpapier belegt) verteilen. Das Backblech in den vorgeheizten Backofen schieben, die Schnitzel warm halten.

**6.** Die angebratenen Zwiebeln wieder in der Pfanne erhitzen. Die Feldsalatblätter darin kurz zusammenfallen lassen. Die Kartoffelstücke abgießen, wieder zurück in den Topf geben. Die Zwiebel-Feldsalat-Mischung hinzugeben und alles mit einem Kartoffelstampfer grob zerstampfen. Mit Salz und Pfeffer würzen.

**7.** Das Feldsalat-Kartoffelpüree auf vorgewärmten Tellern anrichten. Die Schnitzel gestapelt darauflegen.

***Tipp:*** Mit einer **Meerrettichsauce** aus 250 g Crème fraîche, 4 Esslöffeln Sahnemeerrettich, Salz und 2 Esslöffeln Schnittlauchröllchen servieren (zusätzlich 0,65 Euro pro Portion).

## Putencurry mit Mango

4 Portionen

*Zubereitungszeit:* 40 Minuten

500 ml Wasser
200 g Basmati- oder Duftreis
1/2 gestr. TL Salz
1 Zwiebel
1 Knoblauchzehe
700 g Putenschnitzel
5 EL Rapsöl
1–2 EL Currypulver
400 ml Gemüse- oder Hühnerbrühe
Saft von 1 Limette
1 Mango
1 Stange Porree (Lauch)
1–2 TL Speisestärke
1 EL Wasser
Salz
gem. Pfeffer

pro Portion 2,35 Euro

*Pro Portion:*
E: 48 g, F: 15 g, Kh: 53 g,
kJ: 2290, kcal: 548

**1.** Wasser mit Reis und Salz in einem Topf zum Kochen bringen. Den Reis zugedeckt bei schwacher Hitze etwa 8 Minuten quellen lassen, dabei gelegentlich umrühren. Den Reis warm halten.

**2.** In der Zwischenzeit Zwiebel und Knoblauch abziehen. Die Zwiebel in Scheiben schneiden. Knoblauch in feine Würfel schneiden. Putenschnitzel kurz unter fließendem kalten Wasser abspülen, trocken tupfen und in 1–2 cm große Würfel schneiden.

**3.** Rapsöl in einem Wok erhitzen, die Fleischwürfel darin portionsweise von allen Seiten anbraten. Zwiebelscheiben und Knoblauchwürfel ebenfalls in den Wok geben, kurz mitbraten lassen und mit Curry bestäuben. Die Zutaten unter Rühren noch etwa 2 Minuten braten, dann die Brühe und den Limettensaft unterrühren. Putencurry zum Kochen bringen und etwa 5 Minuten garen.

**4.** Mango halbieren, das Fruchtfleisch vom Stein schneiden, das Fruchtfleisch schälen und in kleine Würfel schneiden. Porree putzen, die Stange längs halbieren, gründlich waschen und abtropfen lassen. Porree in feine Streifen schneiden, zum Putencurry geben und kurz mitgaren.

**5.** Speisestärke mit Wasser anrühren, unter das Putencurry rühren und unter Rühren kurz aufkochen lassen, die Mangowürfel unterrühren. Das Putencurry mit Salz und Pfeffer gut abschmecken und mit dem Reis servieren.

## Leber „Berliner Art"

4 Portionen

*Zubereitungszeit:* 25 Minuten

4 Scheiben Schweineleber
(je 100–120 g)
20 g Weizenmehl
50 g Margarine
Salz
2 Zwiebeln
evtl. etwas Brühe
2 Äpfel
50 g Zucker
2 cl Calvados (Apfelbranntwein)

pro Portion 1,35 Euro

*Pro Portion:*
E: 22 g, F: 15 g, Kh: 28 g,
kJ: 1467, kcal: 351

**1.** Die Leber kurz unter fließendem kalten Wasser abspülen, mit Küchenpapier trocken tupfen, von der feinen Haut befreien, evtl. Sehnen und Röhren entfernen. Die Leberscheiben in Mehl wenden.
**2.** Die Margarine in einer Pfanne zerlassen. Die Leber darin evtl. in 2 Portionen von jeder Seite 2–3 Minuten braten. Leber mit Salz würzen, aus der Pfanne nehmen, warm stellen.
**3.** Die Zwiebeln abziehen, zuerst in feine Scheiben schneiden, dann in Ringe teilen. Zwiebelringe in die Pfanne geben und in dem verbliebenen Bratfett unter Wenden 8–10 Minuten bräunen lassen. Evtl. etwas Brühe hinzugeben.
**4.** In der Zwischenzeit die Äpfel schälen, achteln und entkernen. Zucker in einer Pfanne karamellisieren lassen (leicht bräunen). Apfelspalten hinzugeben, kurz durchschwenken und dann mit Calvados ablöschen.
**5.** Die Leber mit den Zwiebelringen und den Apfelspalten auf einer vorgewärmten Platte anrichten.

***Beilage:*** Kartoffelpüree und grüner Blattsalat.

***Tipp:*** Sie können die Apfelspalten vor dem Ablöschen mit 1 Esslöffel Madras-Currypulver bestäuben und nochmals durchschwenken.

## Kasseler Koteletts

4 Portionen

*Zubereitungszeit:* 15 Minuten

4 Kasseler Koteletts (je etwa 200 g)
1 EL mittelscharfer Senf
gem. Pfeffer
2 EL Olivenöl
1 Zwiebel
3 EL Orangensaft

pro Portion 1,85 Euro

*Pro Portion:*
E: 29 g, F: 16 g, Kh: 3 g,
kJ: 1142, kcal: 272

**1.** Kasseler Koteletts mit Küchenpapier trocken tupfen, mit Senf von beiden Seiten bestreichen und mit Pfeffer würzen. Öl in einer Pfanne erhitzen. Die Koteletts darin von beiden Seiten etwa 5 Minuten braten.
**2.** In der Zwischenzeit Zwiebel abziehen, auf einer Haushaltsreibe reiben und mit Orangensaft verrühren. Die Koteletts nach der Hälfte der Garzeit mit der Hälfte der Zwiebel-Orangen-Mischung bestreichen. Die Koteletts wenden und mit der restlichen Mischung bestreichen.

***Beilage:*** Bratkartoffeln und Möhrengemüse.

## Nürnberger Bratwurstspieße mit Sauerkraut

4 Portionen (4 Spieße)

*Zubereitungszeit:* 45 Minuten

**Für das Sauerkraut:**
40 g Butter oder Margarine
2 kleine Zwiebeln
770 g Sauerkraut mit Ananas
(aus der Dose)
Salz
gem. Pfeffer
2 Lorbeerblätter
3 Gewürznelken
evtl. etwas Ananassaft
(aus der Dose)
1 Kartoffel

pro Portion 1,50 Euro

**Für die Spieße:**
3 kleine Zwiebeln
3 Scheiben Ananas (frisch oder abgetropft aus der Dose)
16 Nürnberger Bratwürste
3 EL Speiseöl

**Außerdem:**
4 Holzspieße

*Pro Portion:*
E: 62 g, F: 44 g, Kh: 13 g,
kJ: 3133, kcal: 749

**1.** Für das Sauerkraut Butter oder Margarine in einem Topf zerlassen. Zwiebeln abziehen, in Würfel schneiden und in der Butter oder Margarine andünsten.
**2.** Sauerkraut mit der Flüssigkeit hinzufügen, mit Salz und Pfeffer würzen. Lorbeerblätter, Gewürznelken und nach Belieben etwas Ananassaft hinzufügen. Das Sauerkraut zugedeckt etwa 25 Minuten garen.
**3.** Die Kartoffel schälen, abspülen, abtropfen lassen und nach etwa 15 Minuten Garzeit mit einer Haushaltsreibe in das Sauerkraut reiben und unterrühren. Sauerkraut fertig garen. Nach Ende der Garzeit Lorbeerblätter und Gewürznelken entfernen. Das Sauerkraut mit Salz und Pfeffer abschmecken.
**4.** Für die Spieße Zwiebeln abziehen und vierteln. Ananas in dicke Stücke schneiden. Die beiden Zutaten abwechselnd mit den Nürnberger Bratwürsten auf 4 Holzspieße stecken.
**5.** Das Speiseöl in zwei Pfannen erhitzen, die Spieße darin 8–10 Minuten unter Wenden braten.
**6.** Das Sauerkraut zu den Spießen servieren.

## Marinierter Fisch mit Gemüse

pro Portion **2,00** Euro

3 Portionen

*Zubereitungszeit:* 40 Minuten, ohne Auftau- und Durchziehzeit

400 g TK-Seelachsfilet

**Für die Marinade:**
1 Knoblauchzehe
3 EL Sojasauce
2 EL Wasser
1 EL Speisestärke
Saft von 1/2 Zitrone
1 TL Zucker, Salz

200 g Zucchini
200 g Möhren
1 Bund Frühlingszwiebeln
150 ml Speiseöl
3 EL Sojaöl
125 ml Fischfond
100 ml Weißwein
2 EL Sojasauce
Sambal Oelek

*Pro Portion:*
E: 30 g, F: 16 g, Kh: 19 g,
kJ: 1524, kcal: 365

**1.** Seelachsfilet etwa 30 Minuten antauen lassen, damit es sich schneiden lässt.
**2.** Für die Marinade in der Zwischenzeit Knoblauch abziehen und fein hacken. Sojasauce mit Wasser, Speisestärke, Zitronensaft, Zucker, Salz und Knoblauch in einer Schüssel verrühren.
**3.** Das Seelachsfilet kurz unter fließendem kalten Wasser abspülen, trocken tupfen, in Stücke schneiden und in der Marinade etwa 30 Minuten ziehen lassen.
**4.** Zucchini putzen, abspülen, abtropfen lassen und die Enden abschneiden. Zucchini in dünne Scheiben schneiden. Die Möhren putzen, schälen, abspülen, abtropfen lassen und in dünne Scheiben schneiden. Frühlingszwiebeln putzen, abspülen, abtropfen lassen und in Stücke schneiden.
**5.** Das Speiseöl (150 ml) in einem Wok erhitzen. Die Fischstücke aus der Marinade nehmen, trocken tupfen, in 2 Portionen jeweils 1–2 Minuten in dem erhitzten Speiseöl frittieren. Die Fischstücke mit einem Schaumlöffel herausnehmen und auf Küchenpapier abtropfen lassen. Das Öl in ein Vorratsgefäß zurückgießen.
**6.** Drei Esslöffel Sojaöl in dem Wok erhitzen. Das vorbereitete Gemüse darin etwa 5 Minuten unter Rühren dünsten.
**7.** Die Marinade mit dem Fischfond und Weißwein hinzugeben und zum Kochen bringen. Mit Sojasauce, Sambal Oelek und Salz scharf abschmecken. Die Fischfiletstücke hinzufügen, sofort servieren.

Nürnberger Bratwurstspieße mit Sauerkraut

Marinierter Fisch mit Gemüse

## Bauernfrühstück

3 Portionen

*Zubereitungszeit:* 20 Minuten, ohne Abkühlzeit
*Garzeit:* 20–25 Minuten

750 g festkochende Kartoffeln
Salz
75 g durchwachsener Speck
30 g Butter oder Margarine
4 Zwiebeln
gem. Pfeffer
3 Eier (Größe M)
3 EL Milch
Paprikapulver edelsüß
ger. Muskatnuss
125 g Schinkenspeck
2 EL Schnittlauchröllchen

pro Portion 1,55 Euro

*Pro Portion:*
E: 15 g, F: 41 g, Kh: 31 g,
kJ: 2417, kcal: 577

**1.** Kartoffeln gründlich waschen, knapp mit Wasser bedeckt, zugedeckt zum Kochen bringen, Salz hinzufügen. Kartoffen in 20–25 Minuten gar kochen. Kartoffeln abgießen, abdämpfen, pellen und erkalten lassen. Anschließend die erkalteten Kartoffeln in Scheiben schneiden.
**2.** Den Speck fein würfeln, in einer Pfanne ohne Fett auslassen. Butter oder Margarine darin zerlassen.
**3.** Die Zwiebeln abziehen, fein würfeln, hinzugeben und anbraten. Die Kartoffelscheiben hinzugeben und von allen Seiten anbraten, mit Salz und Pfeffer würzen.
**4.** Eier mit Milch, Salz, Pfeffer, Paprika und Muskat verschlagen. Schinkenspeck würfeln und zusammen mit den Schnittlauchröllchen zu den angebratenen Kartoffeln in die Pfanne geben. Die Eiermilch über die gebräunten Kartoffeln geben und bei schwacher Hitze stocken lassen.

## Käsepfannkuchen mit Speck und Sirup

4 Stück

*Zubereitungszeit:* 50 Minuten, ohne Ruhezeit

200 g Weizenmehl
3 Eier (Größe M)
250 ml Milch (3,5 % Fett)
250 ml Mineralwasser mit Kohlensäure
Salz
16 Scheiben Frühstücksspeck (Bacon, etwa 70 g)
60 g Butter
200 g mittelalter Gouda, in Scheiben
70 g heller Sirup (Brotaufstrich)

pro Stück 0,90 Euro

*Pro Stück:*
E: 25 g, F: 38 g, Kh: 54 g,
kJ: 2799, kcal: 668

**1.** Das Mehl in eine Rührschüssel geben. Eier mit Milch und Mineralwasser verschlagen, mit Salz würzen. Die Eiermilch nach und nach unter Rühren zum Mehl geben. Darauf achten, dass keine Klümpchen entstehen. Den Teig 20–30 Minuten ruhen lassen.
**2.** Vier Speckscheiben in einer großen, beschichteten Pfanne anbraten. Knapp ein Viertel der Butter darin zerlassen.
**3.** Ein Viertel des Teiges darauf verteilen und von der unteren Seite goldbraun backen. Den Pfannkuchen wenden. Bevor der Pfannkuchen gewendet wird, wieder etwas Butter in die Pfanne geben.
**4.** Die gebackene Seite mit 4 Käsescheiben belegen. Pfannkuchen fertig backen, dabei den Käse schmelzen lassen. Oder die Pfanne unter den vorgeheizten Backofengrill schieben und den Käse kurz gratinieren. Pfannkuchen herausnehmen und warm stellen.
**5.** Aus dem restlichen Teig wie beschrieben weitere 3 Pfannkuchen backen.
**6.** Die Käsepfannkuchen mit kühlem, hellem Sirup servieren.

Bauernfrühstück

Käsepfannkuchen mit Speck und Sirup

Asiapfanne

Asiatische Hähnchenbrust mit Pilzen

## Asiapfanne

4 Portionen

pro Portion **2,45** Euro

*Zubereitungszeit:* 30 Minuten
*Garzeit:* etwa 15 Minuten

500 g Seelachsfilet
Saft von 1/2 Zitrone
1 TL Austernsauce
1 Stange Porree (Lauch)
1 kleiner Spitzkohl (etwa 500 g)
1 rote Paprikaschote
2 Möhren
1 walnussgroßes Stück Ingwer
2 Knoblauchzehen
2 EL Sonnenblumenöl
125 ml Sojasauce
Fünf-Gewürze-Pulver

*Pro Portion:*
E: 31 g, F: 9 g, Kh: 13 g,
kJ: 1087, kcal: 260

**1.** Das Seelachsfilet kurz unter fließendem kalten Wasser abspülen, trocken tupfen, in Streifen schneiden. Die Fischstreifen mit Zitronensaft und Austernsauce beträufeln.
**2.** Porree putzen, die Stange längs halbieren, gründlich waschen, abtropfen lassen und in feine Streifen schneiden. Den Spitzkohl vierteln und den Strunk herausschneiden. Kohlviertel in Streifen schneiden, abspülen und abtropfen lassen.
**3.** Paprikaschote halbieren, entstielen, entkernen und die weißen Scheidewände entfernen. Schote abspülen, abtropfen lassen und in feine Streifen schneiden. Möhren putzen, schälen, abspülen, abtropfen lassen und in dünne Stifte schneiden. Ingwer schälen. Den Knoblauch abziehen. Ingwer und Knoblauch in sehr kleine Stücke schneiden.
**4.** Jeweils die Hälfte des Sonnenblumenöls in einer großen Pfanne oder in einem Wok erhitzen. Das vorbereitete Gemüse in 2 Portionen jeweils etwa 5 Minuten unter Rühren braten. Gemüse herausnehmen, mit Sojasauce und Fünf-Gewürze-Pulver würzen.
**5.** Dann die Fischstreifen in die Pfanne oder den Wok geben und unter vorsichtigem Rühren etwa 3 Minuten garen. Gemüse wieder hinzugeben und kurz erhitzen, evtl. nochmals mit den Gewürzen abschmecken.

## Asiatische Hähnchenbrust mit Pilzen

4 Portionen

pro Portion **2,40** Euro

*Zubereitungszeit:* 45 Minuten

4 Möhren (etwa 400 g)
Salz
1 Bund Frühlingszwiebeln (etwa 200 g)
350 g kleine Champignons
600 g Hähnchenbrustfilet
2 EL Speiseöl
Paprikapulver edelsüß
gem. Pfeffer
2 Knoblauchzehen
1 walnussgroßes Stück Ingwer
200 ml Asia-Sauce „Sweet & Sour“
Chiliflocken
2 EL flüssiger Honig
4 EL Sojasauce
70 g gesalzene, geröstete Erdnusskerne

*Pro Portion:*
E: 46 g, F: 16 g, Kh: 34 g,
kJ: 2126, kcal: 508

**1.** Die Möhren putzen, schälen, abspülen, abtropfen lassen und würfeln. Möhrenwürfel in kochendem Salzwasser etwa 5 Minuten garen, in ein Sieb geben, mit kaltem Wasser abschrecken und abtropfen lassen.
**2.** Frühlingszwiebeln putzen, abspülen, abtropfen lassen und in etwa 3 cm lange Stücke schneiden. Champignons putzen, evtl. kurz abspülen, trocken tupfen und halbieren.
**3.** Hähnchenbrustfilet kurz unter fließendem kalten Wasser abspülen, trocken tupfen und in mundgerechte Würfel schneiden.
**4.** Speiseöl in einem großen Wok erhitzen. Fleischwürfel darin von allen Seiten leicht anbraten, mit Paprika und Pfeffer würzen. Vorbereitetes Gemüse hinzugeben unter Rühren kurz mitbraten lassen.
**5.** Knoblauch abziehen. Ingwer schälen. Knoblauch und Ingwer in sehr kleine Würfel schneiden. Die Asia-Sauce mit den Knoblauch- und Ingwerwürfeln zu der Fleisch-Gemüse-Masse geben und unterrühren. Mit Salz, Pfeffer, Chiliflocken, Honig und Sojasauce kräftig abschmecken. Erdnusskerne unterheben. Die Hähnchenpfanne zugedeckt etwa 10 Minuten garen.

Frühlingsrollen mit Chinakohl-Hähnchen-Füllung

Asiatisch mariniertes Lammfleisch

## Frühlingsrollen mit Chinakohl-Hähnchen-Füllung

4 Portionen

pro Portion **1,85** Euro

*Zubereitungszeit:* 50 Minuten, ohne Auftauzeit

16 TK-Frühlingsrollen-Teig-Platten (etwa 21,5 x 21,5 cm)
300 g Hähnchenbrustfilet
1 EL Austernsauce
1 EL Fischsauce
2 TL Speisestärke
2 TL Sambal Manis (süßlich-scharfe indonesische Chilipaste)
400 g Chinakohl
100 g Möhren, 1 Zwiebel
2 hart gekochte Eier
6 EL Erdnussöl
1 Eiweiß

**Zum Frittieren:**
500 ml Erdnussöl

*Pro Portion:*
E: 29 g, F: 34 g, Kh: 41 g,
kJ: 2452, kcal: 584

**1.** Die Teigplatten aufeinandergelegt und mit einem feuchten Küchentuch bedeckt auftauen lassen (Packungsanleitung beachten).
**2.** Hähnchenbrustfilet kurz unter fließendem kalten Wasser abspülen, trocken tupfen und in feine Streifen schneiden. Die Hähnchenstreifen mit Austernsauce, Fischsauce, Speisestärke und Sambal Manis vermischen.
**3.** Den Chinakohl putzen, halbieren oder vierteln und den Stunk herausschneiden. Chinakohl abspülen, gut abtropfen lassen und in feine Streifen schneiden. Möhren putzen, schälen, abspülen und in kleine Würfel schneiden. Zwiebel abziehen und ebenfalls klein würfeln. Eier pellen, halbieren und grob hacken.
**4.** Erdnussöl in einem Wok erhitzen. Die Hähnchenstreifen darin von allen Seiten anbraten. Dann die Möhren- und Zwiebelwürfel hinzufügen und unter Rühren kurz mitbraten. Die Chinakohlstreifen kurz unterrühren, dann die Chinakohl-Hähnchen-Masse sofort aus dem Wok nehmen und erkalten lassen. Die gehackten Eier unterheben.
**5.** Das Eiweiß mit einer Gabel verschlagen. Die Teigblätter auf der Arbeitsfläche ausbreiten, immer 2 Teigplatten mit einer Spitze nach unten aufeinanderlegen.
**6.** Jeweils 2 Esslöffel von der Chinakohl-Hähnchen-Masse auf die Mitte des unteren Teigplatten-Drittels geben. Die untere Spitze auf die Füllung klappen und bis etwa zur Hälfte der Teigplatte einrollen. Dann die seitlichen Spitzen zur Mitte einschlagen und die Platte ganz aufrollen. Die obere Teigspitze mit dem verschlagenen Eiweiß bestreichen und auf der Teigrolle andrücken.
**7.** Zum Frittieren das Erdnussöl in einem Wok auf etwa 180 °C erhitzen. Je 2 Teigrollen mit der Naht nach unten in das erhitzte Erdnussöl geben. Die Rollen nacheinander je 3–5 Minuten frittieren. Dabei die Teigrollen jeweils einmal wenden. Die frittierten Teigrollen auf Küchenpapier etwas abtropfen lassen und warm servieren.

**Tipps:** Die Frühlingsrollen mit einer Chili- oder Sojasauce servieren. Zum Garnieren eignet sich Thai-Basilikum. Sollte die Füllung zu feucht sein, können einfach 2–3 Esslöffel Semmelbrösel untergerührt werden. Für die richtige Frittiertemperatur des Öls einen Holzlöffelstiel in das Fett halten. Wenn sich um den Holzlöffelstiel Bläschen bilden, ist die richtige Temperatur erreicht.

## Asiatisch mariniertes Lammfleisch

4 Portionen

pro Portion **1,95** Euro

*Zubereitungszeit:* 35 Minuten

400 g Lammrücken (ohne Knochen, Lammlachs)
1 Sternanis
2 TL Szechuan-Pfeffer
3 getrocknete Chilischoten oder 1/2 TL Chiliflocken
1 TL Koriandersamen
2 TL Speisestärke
2 Knoblauchzehen

100 g Zwiebeln
400 g Zucchini
300 g Auberginen
250 g Tomaten
6 EL Sojaöl
Salz

*Pro Portion:*
E: 23 g, F: 30 g, Kh: 12 g,
kJ: 1700, kcal: 406

**1.** Lammlachs mit Küchenpapier trocken tupfen und in dünne Scheiben schneiden. Sternanis, Szechuan-Pfeffer, Chili und Koriander in einem Mörser zerstoßen. Gewürzmischung mit den Fleischscheiben und der Speisestärke vermischen.
**2.** Knoblauch und Zwiebeln abziehen, in kleine Würfel schneiden. Zucchini, Auberginen und Tomaten abspülen und trocken tupfen. Von den Zucchini und Auberginen die Enden bzw. Stängelansätze abschneiden. Zucchini und Auberginen in etwa 1 cm große Würfel schneiden. Tomaten halbieren und die Stängelansätze herausschneiden. Tomaten in kleine Würfel schneiden.
**3.** Vier Esslöffel des Sojaöls in einem Wok erhitzen. Die Fleischscheiben darin von beiden Seiten anbraten und aus dem Wok nehmen. Nach und nach restliches Sojaöl hinzufügen und zuerst Zwiebel- und Knoblauchwürfel, dann die Auberginenwürfel darin unter Rühren kurz anbraten. Anschließend die Zucchiniwürfel hinzufügen und mit anbraten.
**4.** Tomatenwürfel kurz unterrühren, die Fleischscheiben ebenfalls wieder in den Wok geben, unterrühren und nochmals kurz erhitzen. Das marinierte Lammfleisch mit Salz abschmecken und sofort servieren.

***Tipps:*** Einige gebratene Lammscheiben zum Servieren auf Spieße stecken. Szechuan-Pfeffer, auch Chinesischer oder Japanischer Pfeffer genannt, ist in der asiatischen Küche weit verbreitet. Das Gewürz hat einen scharfen Geschmack mit leichtem Zitronenaroma.

## Currykartoffeln

2 Portionen

pro Portion 0,65 Euro

*Zubereitungszeit:* 20 Minuten
*Garzeit:* etwa 30 Minuten

500 g festkochende Kartoffeln
4 EL Speiseöl, z. B. Sonnenblumenöl
Salz
2 Zwiebeln
1–2 Knoblauchzehen
1 kleines Stück frischer Ingwer
3 TL Currypulver
200 ml Wasser
2–4 EL Sesamsamen

*Pro Portion:*
E: 9 g, F: 32 g, Kh: 38 g,
kJ: 2008, kcal: 479

**1.** Kartoffeln schälen, abspülen, abtropfen lassen und in grobe Würfel schneiden. Das Speiseöl in einer Pfanne erhitzen. Kartoffelwürfel hinzufügen, mit Salz würzen und unter gelegentlichem Wenden 10–12 Minuten bei mittlerer Hitze goldbraun braten.
**2.** In der Zwischenzeit die Zwiebeln und den Knoblauch abziehen, in kleine Würfel schneiden. Ingwer schälen, abspülen, abtropfen lassen und sehr fein hacken (etwa 2 Teelöffel werden benötigt). Danach Zwiebel- und Knoblauchwürfel mit dem gehackten Ingwer zu den Kartoffelwürfeln in die Pfanne geben und weitere etwa 5 Minuten unter gelegentlichem Wenden braten.
**3.** Curry hinzufügen. Wasser hinzugießen. Die Currykartoffeln zugedeckt etwa 12 Minuten unter gelegentlichem Wenden bei mittlerer Hitze garen.
**4.** Currykartoffeln mit Salz und Curry abschmecken und mit Sesam bestreuen.

***Beilage:*** Feldsalat mit Nusskernen, Spiegel- oder Rühreier.

Currykartoffeln

## Hähnchenbrust mit Orangenminze und Ingwer

4 Portionen

pro Portion **1,70** Euro

*Zubereitungszeit:* 40 Minuten, ohne Marinier- und Quellzeit

4 Hähnchenbrustfilets (je etwa 130 g)
1 kleines Stück frischer Ingwer (etwa 50 g)
3 Stängel Orangenminze
2 Limetten
320 g Couscous (Instant)
400 ml kochendes Wasser
4 EL Olivenöl
Salz
gem. Pfeffer
1 Bund glatte Petersilie
einige Blättchen Orangenminze
1 EL rote Pfefferbeeren

*Pro Portion:*
E: 42 g, F: 10 g, Kh: 52 g,
kJ: 1949, kcal: 463

**1.** Hähnchenbrustfilets kurz unter fließendem kalten Wasser abspülen, trocken tupfen, quer halbieren und in eine flache Schale legen.
**2.** Ingwer schälen, abspülen, trocken tupfen und klein würfeln.
**3.** Minze abspülen, trocken tupfen und grob zerkleinern. Limetten halbieren und den Saft auspressen, mit Ingwerwürfeln oder -raspeln und Orangenminze vermischen.
**4.** Die Marinade auf den Fleischstücken verteilen. Mit Frischhaltefolie zugedeckt etwa 1 Stunde marinieren.
**5.** Couscous in eine große Schüssel geben, mit kochendem Wasser übergießen und mindestens 10 Minuten quellen lassen, dabei ab und zu umrühren.
**6.** Zwei Esslöffel des Olivenöls in einer Pfanne erhitzen. Die marinierten Fleischstücke mit Salz und Pfeffer würzen, in die Pfanne geben und in 8–10 Minuten von beiden Seiten leicht braten.
**7.** In der Zwischenzeit die Petersilie abspülen und trocken tupfen. Die Blättchen von den Stängeln zupfen. Blättchen grob zerschneiden.
**8.** Restliches Olivenöl in einer zweiten Pfanne erhitzen. Den gequollenen Couscous darin unter Rühren anbraten, mit Salz und Pfeffer würzen. Die Petersilie unterrühren.
**9.** Hähnchenbrustfiletstücke mit dem Couscous in einer Schale anrichten. Mit abgespülten und trocken getupften Orangenminzeblättchen und roten Pfefferbeeren garnieren.

***Tipps:*** Statt frischem Ingwer kann auch Ingwer in Sirup zum Marinieren verwendet werden. Dieses Gericht lässt sich auch mit Kalbsfilet oder mit festem Fischfilet, z. B. Pangasiusfilet, zubereiten.

## Hähnchenflügel, ungarisch

4 Portionen

pro Portion **2,20** Euro

*Zubereitungszeit:* 25 Minuten
*Garzeit:* 10–15 Minuten

800 g Hähnchenflügel
Salz, gem. Pfeffer
2 TL Paprikapulver edelsüß
800 g bunte Paprikaschoten
1 Zwiebel (etwa 100 g)
2 EL Speiseöl
200 ml Gemüse- oder Geflügelbrühe
200 g Schlagsahne
2 EL Schmand (Sauerrahm)
1 EL Zitronensaft

*Pro Portion:*
E: 21 g, F: 41 g, Kh: 9 g,
kJ: 2024, kcal: 484

**1.** Die Hähnchenflügel kurz unter fließendem kalten Wasser abspülen, trocken tupfen, mit Salz, Pfeffer und 1 Teelöffel Paprikapulver würzen.
**2.** Die Paprikaschoten halbieren, entstielen, entkernen und die weißen Scheidewände entfernen. Die Schoten abspülen, abtropfen lassen und in grobe Würfel schneiden. Zwiebel abziehen und in Scheiben schneiden.
**3.** Speiseöl in einer großen Pfanne erhitzen. Hähnchenflügel darin evtl. portionsweise von allen Seiten gut anbraten.

Hähnchenbrust mit Orangenminze und Ingwer

Hähnchenflügel, ungarisch

Kartoffelschmarren

Hähnchenleberpfanne „Saltimbocca"

**4.** Paprikawürfel und Zwiebelscheiben hinzugeben und mitbraten. Das restliche Paprikapulver daraufstäuben, unterrühren und das Ganze mit Salz und Pfeffer würzen.
**5.** Brühe und Sahne hinzugießen, unterrühren und zum Kochen bringen. Die Hähnchenflügel 10–15 Minuten bei schwacher Hitze garen. Die Sauce sollte dabei eine leicht cremige Konsistenz bekommen. Zuletzt Schmand und Zitronensaft unterrühren.

## Kartoffelschmarren

4 Portionen

*Zubereitungszeit:* 35 Minuten, ohne Abkühlzeit
*Bratzeit:* etwa 15 Minuten

pro Portion 0,70 Euro

1,2 kg Kartoffeln
Salz
1 TL Kümmelsamen
gem. Pfeffer
ger. Muskatnuss
160 g Weizenmehl
6 EL Olivenöl
1 Bund Schnittlauch

*Pro Portion:*
E: 10 g, F: 16 g, Kh: 72 g,
kJ: 1980, kcal: 472

**1.** Kartoffeln gründlich waschen, in einem Topf knapp mit Wasser bedeckt, zugedeckt zum Kochen bringen, Salz und Kümmel hinzugeben. Kartoffeln zugedeckt etwa 20 Minuten kochen lassen, dann abgießen, abdämpfen und warm pellen. Kartoffeln erkalten lassen.
**2.** Kartoffeln grob raffeln, in eine große Schüssel geben, mit Salz, Pfeffer und Muskat würzen. Weizenmehl untermischen (alle Kartoffelraspel müssen mehliert sein).
**3.** Olivenöl in einer großen Pfanne erhitzen. Kartoffelmasse hineingeben und bei mittlerer Hitze unter ständigem vorsichtigen Rühren in etwa 15 Minuten knusprig braun braten.
**4.** Den Schnittlauch abspülen, trocken tupfen und in kleine Röllchen schneiden. Den Kartoffelschmarren mit Schnittlauchröllchen bestreut servieren.

## Hähnchenleberpfanne „Saltimbocca"

4 Portionen

pro Portion 1,50 Euro

*Zubereitungszeit:* 35 Minuten

12 Hähnchenlebern
4 Scheiben Frühstücksspeck
1 kleiner, roter Apfel
2 mittelgroße Zwiebeln
8 Salbeiblättchen
4 EL Olivenöl
Salz, gem. Pfeffer
2 EL Butter
6 EL Portwein
1 EL Fleischextrakt

*Pro Portion:*
E: 31 g, F: 28 g, Kh: 9 g,
kJ: 1817, kcal: 434

**1.** Die Lebern putzen, evtl. Sehnen entfernen. Lebern kurz unter fließendem kalten Wasser abspülen, trocken tupfen und zugedeckt in den Kühlschrank stellen. Speck in feine Streifen schneiden.
**2.** Apfel abwaschen, abtrocknen, vierteln, entkernen und mit der Schale klein würfeln. Zwiebeln abziehen und ebenfalls klein würfeln. Die Salbeiblättchen abspülen, trocken tupfen und klein schneiden.
**3.** Zwei Esslöffel des Olivenöls in einem Wok erhitzen. Lebern darin bei mittlerer Hitze rosa braten, herausnehmen, mit Salz und Pfeffer würzen. Lebern warm stellen.
**4.** Restliches Olivenöl und die Butter in dem Wok erhitzen, Speckstreifen darin anbraten. Apfel- und Zwiebelwürfel hinzufügen und mit anbraten. Portwein hinzugießen, den Fleischextrakt darin auflösen. Lebern in der Sauce glasieren. Nochmals mit Salz und Pfeffer abschmecken, Salbei unterheben. Die Hähnchenleberpfanne auf Tellern anrichten und servieren.

***Tipps:*** Die Hähnchenleberpfanne eignet sich sehr gut als Vorspeise. Dazu passt Feldsalat oder Löwenzahnsalat gut. Wer es gern süßlich mag, gibt mit dem Portwein noch 1–2 Esslöffel Rosinen oder 100 g kernlose Trauben hinzu.

Schweinekoteletts mit Tomaten

## Schweinekoteletts mit Tomaten

pro Portion 1,90 Euro

4 Portionen

*Zubereitungszeit:* 20 Minuten
*Garzeit:* etwa 30 Minuten

4 Schweinekoteletts (je etwa 150 g)
Salz, gem. Pfeffer
5 EL Olivenöl
2 Zwiebeln
2 Knoblauchzehen
5 große Tomaten
125 ml trockener Weißwein
2 EL Tomatenmark
1 TL gerebelter Oregano
1 TL gerebelter Thymian
einige Stängel Basilikum

*Pro Portion:*
E: 28 g, F: 19 g, Kh: 5 g,
kJ: 1364, kcal: 325

**1.** Den Backofen vorheizen.
*Ober-/Unterhitze:* 80 °C
Einen feuerfesten Teller oder eine Auflaufform mit niedrigem Rand auf dem Rost auf mittlerer Einschubleiste miterwärmen.

**2.** Schweinekoteletts unter fließendem kalten Wasser abspülen, trocken tupfen, mit Salz und Pfeffer würzen.

**3.** Olivenöl in einer Pfanne erhitzen. Die Koteletts darin etwa 2 Minuten von jeder Seite gut anbraten. Dann die Koteletts nebeneinander auf dem vorgewärmten Teller oder in der Auflaufform auf dem Rost in den vorgeheizten Backofen schieben. Die Koteletts etwa 30 Minuten garen. Die Pfanne mit dem Bratensatz beiseitestellen.

**4.** Zwiebeln und Knoblauch abziehen und in kleine Würfel schneiden. Tomaten abspülen, abtropfen lassen, halbieren und die Stängelansätze herausschneiden. Tomaten in Stücke schneiden.

**5.** Beiseitegestellte Pfanne mit dem Bratensatz erwärmen. Zwiebel- und Knoblauchwürfel darin anbraten. Wein und Tomatenmark unterrühren. Die Tomatenstücke hinzufügen und etwa 5 Minuten schmoren lassen. Tomatengemüse mit Salz, Pfeffer, Oregano und Thymian würzen.

**6.** Basilikum abspülen und trocken tupfen. Die Blättchen von den Stängeln zupfen. Einige Blättchen zum Garnieren beiseitelegen. Restliche Blättchen fein schneiden und unter das Tomatengemüse rühren.

**7.** Die Koteletts mit dem Tomatengemüse und mit den beiseitegelegten Basilikumblättchen garniert servieren.

## Lammcurry

pro Portion 2,45 Euro

4 Portionen

*Zubereitungszeit:* 30 Minuten, ohne Durchziehzeit
*Garzeit:* etwa 15 Minuten

400 g Lammfleisch
(aus Schulter oder Keule)
1 Chilischote
2 EL Currypulver
1 gestr. TL Salz
350 g Möhren
200 g Zwiebeln
2 Knoblauchzehen
100 g Zuckerschoten
1 Stängel Zitronengras
oder 1 TL gem. Zitronengras
5 EL Erdnussöl
100 ml Passionsfrucht-
oder Maracujanektar
250 ml Fleischbrühe
2 TL Speisestärke
1 EL Wasser
50 g Schlagsahne

*Pro Portion:*
E: 23 g, F: 23 g, Kh: 18 g,
kJ: 1538, kcal: 367

**1.** Das Lammfleisch mit Küchenpapier trocken tupfen, Fett und Sehnen entfernen. Das Fleisch in dünne Streifen schneiden.

**2.** Chilischote halbieren, entstielen, entkernen. Schote abspülen, trocken tupfen und in feine Würfel schneiden bzw. hacken. Die Fleischstreifen mit Curry, Salz und Chili vermischen und zugedeckt im Kühlschrank etwa 3 Stunden durchziehen lassen.

**3.** Möhren putzen, schälen, abspülen, abtropfen lassen und in feine Scheiben schneiden. Zwiebeln und Knoblauch abziehen, in feine Würfel schneiden.

**4.** Von den Zuckerschoten die Enden abschneiden, evtl. abfädeln. Schoten abspülen, abtropfen lassen und halbieren.

**5.** Vom Zitronengras die losen Blätter entfernen und das obere Drittel abschneiden. Zitronengras abspülen, trocken tupfen und in hauchdünne Scheiben schneiden.

**6.** Erdnussöl in einem Wok erhitzen. Lammstreifen darin unter Rühren anbraten, Zwiebel- und Knoblauchwürfel unterrühren. Möhrenscheiben hinzugeben und mit anbraten. Nektar und Brühe unterrühren, zum Kochen bringen und etwa 15 Minuten bei schwacher Hitze garen.

**7.** Die Speisestärke mit kaltem Wasser anrühren und unter das Lammcurry rühren. Zitronengras und Zuckerschoten unter das Curry rühren, nochmals kurz unter Rühren aufkochen lassen. Sahne unterrühren und das Lammcurry sofort servieren.

***Tipp:*** Statt Passionsfruchtnektar können Sie auch Mango-Maracuja-Nektar oder Orangensaft verwenden.

## Zwiebelpfannkuchen mit Kokossauce

4 Portionen

pro Portion 0,95 Euro

*Zubereitungszeit:* 35 Minuten

**Für den Zwiebelteig:**
350 g Zwiebeln
3 EL Klebereis (gegart)
8 EL Weizenmehl
125 ml Wasser
1 Prise Salz
1/2 TL Zucker
2 EL Speiseöl

**Für die Kokossauce:**
375 ml ungesüßte Kokosmilch
2 EL Tomatenketchup
1 1/2 gestr. TL Sambal Oelek
1 1/2 EL Zucker
1/2 gestr. TL Salz
1/4 TL gem. weißer Pfeffer

5 EL Speiseöl
2 Frühlingszwiebeln
1 EL Speiseöl

*Pro Portion:*
E: 6 g, F: 37 g, Kh: 40 g,
kJ: 2139, kcal: 514

**1.** Für den Zwiebelteig Zwiebeln abziehen, in kleine Stücke schneiden und in einer Schüssel mit Klebereis, Mehl, Wasser, Salz, Zucker und Speiseöl zu einem Teig vermengen.

**2.** Für die Sauce Kokosmilch, Ketchup, Sambal Oelek, Zucker, Salz und Pfeffer in einer Schale verrühren.

**3.** Zwei Esslöffel Speiseöl in einem Wok mit flachem Boden oder in einer Pfanne erhitzen. Die Hälfte der Zwiebelteigmasse in die Pfanne geben, sodass der Boden gleichmäßig bedeckt ist. Den Pfannkuchen von beiden Seiten bei mittlerer Hitze etwa 5 Minuten goldbraun backen.

**4.** Wieder 2 Esslöffel Speiseöl in dem Wok oder in der Pfanne erhitzen. Die restliche Teigmasse hineingeben und einen zweiten Pfannkuchen auf die gleiche Weise zubereiten. Die Pfannkuchen warm stellen.

**5.** Frühlingszwiebeln putzen, abspülen, abtropfen lassen und in Scheiben schneiden. Einige Frühlingszwiebelscheiben zum Garnieren beiseitelegen. Restliches Speiseöl in dem Wok oder in der Pfanne erhitzen, die Frühlingszwiebeln darin anbraten.

**6.** Die Saucenmischung hinzugießen, unter Rühren aufkochen lassen und bei schwacher Hitze etwa 2 Minuten kochen lassen.

**7.** Zum Servieren die Sauce über die Pfannkuchen gießen oder dazureichen. Die Zwiebelpfannkuchen mit den beiseitegelegten Frühlingszwiebeln garnieren.

Lammcurry

Zwiebelpfannkuchen mit Kokossauce

## Pangasiusfilet in Tomaten-Kohl-Sauce

4 Portionen

*Zubereitungszeit:* 35 Minuten, ohne Auftauzeit

pro Portion 2,00 Euro

750 g TK- Pangasiusfilet
2 TL China-Gewürzzubereitung
800 g Spitzkohl oder Wirsing
300 g Tomaten
100 g Zwiebeln
2 Knoblauchzehen
20 g frischer Ingwer
8 EL Sojaöl
3 EL Tomatenmark
75 ml Gemüsebrühe
75 ml Reiswein
2 EL Sojasauce
1 TL Zucker

*Pro Portion:*
E: 34 g, F: 25 g, Kh: 14 g,
kJ: 1816, kcal: 433

**1.** Das Fischfilet nach Packungsanleitung auftauen. Anschließend kurz unter fließendem kalten Wasser abspülen, trocken tupfen und in etwa 2 x 3 cm große Stücke schneiden (evtl. vorhandene Gräten entfernen). Fischstücke mit der China-Gewürzzubereitung vorsichtig vermischen oder bestreuen.

**2.** Spitzkohl oder Wirsing putzen, vierteln und den Strunk herausschneiden. Den Kohl abspülen, gut abtropfen lassen und in schmale Streifen schneiden.

**3.** Tomaten abspülen, abtrocknen, halbieren, entkernen und die Stängelansätze herausschneiden. Die Tomatenhälften in Würfel schneiden. Zwiebeln und Knoblauch abziehen, in kleine Würfel schneiden. Ingwer schälen und ebenfalls klein würfeln.

**4.** Von dem Sojaöl 4 Esslöffel in einem Wok erhitzen. Die Fischstücke darin von allen Seiten anbraten und aus dem Wok nehmen. Restliches Sojaöl in den Wok geben, die Kohlstreifen darin unter Rühren anbraten. Ingwer-, Zwiebel- und Knoblauchwürfel unterrühren, mit andünsten.

**5.** Tomatenmark und Tomatenwürfel unterrühren. Brühe und Reiswein hinzugießen. Das Gemüse mit Sojasauce, Zucker und China-Gewürzzubereitung abschmecken. Die Fischstücke wieder in den Wok geben, kurz erwärmen und das Pangasiusfilet in Tomaten-Kohl-Sauce servieren.

## Leberkäse mit Gemüse

4 Portionen

*Zubereitungszeit:* 25 Minuten

pro Portion 1,60 Euro

500 g Möhren
1 Zwiebel
600 g Leberkäse, in dicken Scheiben
300 g Äpfel
500 g abgetropfte, weiße Riesenbohnen (aus der Dose)
4 EL Speiseöl, z. B. Sonnenblumenöl
125 ml Gemüsebrühe
einige Stängel Basilikum
Salz, gem. Pfeffer

*Pro Portion:*
E: 43 g, F: 51 g, Kh: 51 g,
kJ: 3689, kcal: 881

**1.** Möhren putzen, schälen, abspülen und abtropfen lassen. Möhren der Länge nach halbieren und schräg in Scheiben schneiden. Zwiebel abziehen, halbieren und in Streifen schneiden. Leberkäsescheiben in kurze Streifen schneiden. Äpfel abspülen, abtropfen lassen, vierteln und entkernen. Apfelviertel quer in Scheiben schneiden. Bohnen in ein Sieb geben, mit kaltem Wasser abspülen und abtropfen lassen.

Pangasiusfilet in Tomaten-Kohl-Sauce

Leberkäse mit Gemüse

Lagerfeuerpfanne

Schweineleber in Balsamico-Oregano-Sauce

**2.** Zwei Esslöffel des Speiseöls in einem Wok oder einer großen, beschichteten Pfanne erhitzen. Die Leberkäsestreifen darin rundherum kräftig anbraten und herausnehmen.
**3.** Restliches Speiseöl in dem Wok oder der Pfanne erhitzen. Zwiebelstreifen und Möhrenscheiben darin unter Rühren anbraten. Apfelscheiben hinzugeben und mitdünsten lassen. Danach Gemüsebrühe, Bohnen und Leberkäsestreifen hinzufügen. Das Ganze bei schwacher Hitze etwa 5 Minuten kochen lassen, dabei gelegentlich umrühren.
**4.** Basilikum abspülen und trocken tupfen. Die Blättchen von den Stängeln zupfen. Basilikumblättchen in den Wok geben. Das Gericht mit Salz und Pfeffer abschmecken.

## Lagerfeuerpfanne

4 Portionen

*Zubereitungszeit:* 30 Minuten
*Garzeit:* etwa 15 Minuten

pro Portion **2,05** Euro

450 g TK-Rösti

2 EL Speiseöl
500 g Rindergeschnetzeltes
Salz, gem. Pfeffer
300 g abgetropfte Kidneybohnen (aus der Dose)
370 g stückige Tomaten mit Kräutern und Würze (Tetrapak)
1 TL Pfeffersaucenpulver (aus der Dose)

*Pro Portion:*
E: 35 g, F: 22 g, Kh: 45 g,
kJ: 2234, kcal: 534

**1.** Rösti im vorgeheizten Backofen nach Packungsanleitung zubereiten.
**2.** In der Zwischenzeit das Speiseöl in einer Pfanne erhitzen. Geschnetzeltes mit Salz und Pfeffer würzen und in dem erhitzten Speiseöl von allen Seiten 5–10 Minuten anbraten.
**3.** Kidneybohnen mit den stückigen Tomaten hinzugeben und einige Minuten bei mittlerer Hitze mitgaren lassen.
**4.** Das Pfeffersaucenpulver unter die Feuerpfanne rühren und unter Rühren aufkochen lassen.
**5.** Die Lagerfeuerpfanne zu den Rösti servieren.

## Schweineleber in Balsamico-Oregano-Sauce

4 Portionen

pro Portion **2,00** Euro

*Zubereitungszeit:* 25 Minuten

500 g Schweineleber, in Scheiben
2 Frühlingszwiebeln (etwa 130 g)
1 kleines Bund Oregano
2 EL Olivenöl
Salz, gem. Pfeffer
20 g Butter
2 EL dunkler Balsamico-Essig
200 ml Rindfleischfond oder -brühe
4 EL Crema di Balsamico
einige Oreganoblättchen

*Pro Portion:*
E: 27 g, F: 15 g, Kh: 12 g,
kJ: 1238, kcal: 296

**1.** Die Leberscheiben kurz unter fließendem kalten Wasser abspülen, trocken tupfen und in kleine Stücke oder Streifen schneiden.
**2.** Die Frühlingszwiebeln putzen, abspülen, abtropfen lassen und in Scheiben schneiden. Oregano abspülen und trocken tupfen. Die Blättchen von den Stängeln zupfen. Blättchen grob zerkleinern.
**3.** Olivenöl in einer Pfanne erhitzen. Leberstücke oder -streifen darin von allen Seiten anbraten, herausnehmen, mit Salz und Pfeffer würzen. Leberstücke oder -streifen auf einen vorgewärmten Teller legen und warm halten.
**4.** Die Butter in dem verbliebenen Bratfett zerlassen. Frühlingszwiebelscheiben und Oregano darin andünsten. Mit Balsamico-Essig und Fond oder Brühe ablöschen. Die Sauce zum Kochen bringen und um die Hälfte einkochen lassen. Die Sauce mit Salz, Pfeffer und Crema di Balsamico abschmecken.
**5.** Warm gestellte Leberstücke oder -streifen nochmals in der Sauce erhitzen.
**6.** Schweineleber mit abgespülten und trocken getupften Oreganoblättchen bestreut servieren.

***Tipp:*** Wem die Sauce zu dünn erscheint, kann sie mit etwas braunem Saucenbinder andicken.

Roh gebratene Schwarzwurzeln mit Rosenkohl und Sesam

Frittierte Hähnchenwürfel „Indonesische Art“

## Roh gebratene Schwarzwurzeln mit Rosenkohl und Sesam

4 Portionen

*Zubereitungszeit:* 45 Minuten

2 Bio-Zitronen (unbehandelt, ungewachst)
1 l kaltes Wasser
600 g Schwarzwurzeln
300 g Rosenkohl
2 EL Olivenöl
Salz, gem. schwarzer Pfeffer
1 große Tomate
2 EL geröstete Sesamsamen
1 EL schwarzer Sesamsamen (erhältlich im Asialaden)

pro Portion 0,95 Euro

*Pro Portion:*
E: 6 g, F: 12 g, Kh: 5 g,
kJ: 634, kcal: 152

**1.** Die Zitronen heiß abwaschen, abtrocknen und die Schale fein abreiben. Zitronen halbieren und den Saft auspressen. Den Zitronensaft mit Wasser in einer Schüssel verrühren. Die Schwarzwurzeln unter fließendem kalten Wasser gründlich abbürsten, mit einem Sparschäler sorgfältig schälen (dabei am besten Einweghandschuhe tragen, um sich vor dem sehr klebrigen Saft zu schützen), abspülen und abtropfen lassen. Die Wurzeln in das Zitronenwasser legen, damit die Stangen weiß bleiben.

**2.** Von dem Rosenkohl die äußeren Blätter entfernen und etwas vom Strunk abschneiden. Röschen am Strunk kreuzförmig einschneiden, abspülen und gut abtropfen lassen. Rosenkohlröschen halbieren.

**3.** Die Schwarzwurzeln abspülen, abtropfen lassen und schräg in etwa 3 cm lange Stücke schneiden. Olivenöl in einer großen Pfanne erhitzen. Die Schwarzwurzelstücke darin etwa 10 Minuten unter mehrmaligem Wenden knackig braun braten. Mit Salz, Pfeffer und Zitronenschale würzen.

**4.** In der Zwischenzeit den Rosenkohl in kochendem Wasser 1–2 Minuten blanchieren und mit kaltem Wasser abschrecken. Die Tomate abspülen, trocken tupfen, vierteln und entkernen. Tomate klein würfeln.

**5.** Nach etwa 5 Minuten Bratzeit, wenn die Schwarzwurzeln anfangen braun zu werden (sie sollen knackig sein), den Rosenkohl hinzugeben und etwa 5 Minuten mitbraten lassen. Das Gemüse nochmals mit Salz, Pfeffer und Zitronenschale abschmecken. Zuletzt den gerösteten und schwarzen Sesam mit den Tomatenwürfeln unterrühren. Das Gemüse anrichten und sofort servieren.

## Frittierte Hähnchenwürfel „Indonesische Art“

pro Portion 2,43 Euro

4 Portionen

*Zubereitungszeit:* 40 Minuten

400 g Hähnchenbrustfilet
1 Ei (Größe M)
2 TL Speisestärke
2 TL Sambal Manis (süßlich-scharfe indonesische Chilipaste)
150 g Sojabohnensprossen
1 rote Paprikaschote
1 Bund Frühlingszwiebeln
1 Knoblauchzehe
20 g frischer Ingwer
350 ml Sojaöl
180 g abgetropfte Bambusstreifen (aus dem Glas)
50 ml Hühner- oder Gemüsebrühe
100 ml Reiswein
2–3 EL Sojasauce

*Pro Portion:*
E: 29 g, F: 6 g, Kh: 14 g,
kJ: 1004, kcal: 240

**1.** Hähnchenbrustfilet kurz unter fließendem kalten Wasser abspülen, trocken tupfen und in etwa 3 cm große Würfel schneiden. Ei in einer Schale verschlagen, Speisestärke

und Sambal Manis unterrühren. Die Hähnchenwürfel darin wenden.
2. Sojabohnensprossen verlesen, in ein Sieb geben, mit kaltem Wasser abspülen und abtropfen lassen.
3. Paprikaschote halbieren, entstielen, entkernen und die weißen Scheidewände entfernen. Schote abspülen, abtropfen lassen, klein würfeln.
4. Frühlingszwiebeln putzen, abspülen, abtropfen lassen und in feine Scheiben schneiden. Knoblauch abziehen. Ingwer schälen. Knoblauch und Ingwer in feine Würfel schneiden.
5. Das Sojaöl in einem Wok erhitzen. Die Hähnchenwürfel darin portionsweise jeweils etwa 3 Minuten frittieren. Die Hähnchenwürfel mit einer Schaumkelle herausnehmen, auf Küchenpapier abtropfen lassen und warm stellen. Verbliebenes Bratfett aus dem Wok in einen Topf gießen.
6. Den Wok wieder auf die Kochstelle stellen, die Paprikawürfel darin unter Rühren anbraten. Dann Knoblauch- und Ingwerwürfel unterrühren. Frühlingszwiebelscheiben und Bambussprossen hinzufügen und kurz mit andünsten. Sojabohnensprossen, Brühe, Reiswein und Sojasauce unterrühren, kurz aufkochen lassen.
7. Das Gemüse zu den frittierten Hähnchenwürfeln servieren.

## Putengulasch mit Sauerkraut und Möhren

4 Portionen

pro Portion 2,48 Euro

*Zubereitungszeit:* 40 Minuten

**Für das Gulasch:**
600 g Putenbrustfilet
1 Zwiebel
4 Möhren (etwa 400 g)
2 EL Sonnenblumenöl
Salz, gem. Pfeffer
Paprikapulver edelsüß
850 g Sauerkraut (aus der Dose)
1 Lorbeerblatt
250 ml Gemüsebrühe

**Für das Kartoffelpüree:**
1 Beutel Instant-Kartoffelpüree (für 500 ml Flüssigkeit)
375 ml Wasser
etwa 1/2 gestr. TL Salz
125 ml Milch (3,5 % Fett)
20 g Butter oder Margarine
1 EL gehackte TK-Petersilie
ger. Muskatnuss
1 kleiner Apfel (etwa 150 g, möglichst rotschalig)

*Pro Portion:*
E: 48 g, F: 15 g, Kh: 28 g,
kJ: 1884, kcal: 451

1. Das Putenbrustfilet kurz unter fließendem kalten Wasser abspülen und trocken tupfen. Das Filet in etwa 2 cm große Würfel schneiden. Zwiebel abziehen und klein würfeln. Möhren putzen, schälen, abspülen, abtropfen lassen und schräg in dünne Scheiben schneiden.
2. Sonnenblumenöl in einer großen Pfanne erhitzen. Die Fleischwürfel darin von allen Seiten anbraten. Mit Salz, Pfeffer und Paprika würzen. Die Fleischwürfel aus der Pfanne nehmen und beiseitestellen.
3. Zwiebelwürfel und Möhrenscheiben im verbliebenen Bratfett unter gelegentlichem Rühren etwa 3 Minuten bei mittlerer Hitze dünsten. Das Sauerkraut etwas auseinanderzupfen, mit dem Lorbeerblatt hinzufügen. Die Gemüsebrühe hinzugießen. Zutaten gut verrühren und zum Kochen bringen.
4. Die beiseitegestellten Fleischwürfel zu dem Sauerkraut in die Pfanne geben. Das Gulasch zugedeckt etwa 15 Minuten bei mittlerer Hitze garen.
5. In der Zwischenzeit für das Kartoffelpüree Kartoffelpüreepulver mit Wasser, Salz, Milch und Butter oder Margarine nach Packungsanleitung zubereiten. Petersilie unterrühren. Das Püree evtl. mit Salz und Muskat abschmecken.
6. Apfel abwaschen, abtrocknen, vierteln, entkernen und mit der Schale in dünne Spalten schneiden. Apfelspalten etwa 5 Minuten vor Ende der Garzeit zum Gulasch geben und vorsichtig unterrühren. Gulasch zugedeckt fertig garen. Das Lorbeerblatt entfernen.
7. Putengulasch mit Salz und Pfeffer abschmecken, mit Kartoffelpüree anrichten und servieren.

Putengulasch mit Sauerkraut und Möhren

# Kartoffelspalten mit roten Zwiebeln

4 Portionen

pro Portion 0,60 Euro

*Zubereitungszeit:* 35 Minuten

1 kg fast gar gekochte Pellkartoffeln
2 rote Zwiebeln
2–3 Stängel Rosmarin
4 EL Olivenöl
3–4 Lorbeerblätter
Salz
gem. Pfeffer

*Pro Portion:*
E: 5 g, F: 10 g, Kh: 37 g,
kJ: 1096, kcal: 261

**1.** Die Pellkartoffeln pellen, je nach Größe halbieren oder vierteln. Zwiebeln abziehen, in Scheiben schneiden. Rosmarin abspülen und trocken tupfen. Rosmarinstängel etwas kleiner zupfen.
**2.** Olivenöl in einer großen Pfanne erhitzen. Kartoffelspalten darin etwa 15 Minuten unter mehrmaligem Wenden goldbraun anbraten. Zwiebelscheiben und Lorbeerblätter hinzugeben, kurz mitbraten lassen. Rosmarin untermischen, sofort servieren.

# Hähnchenbrustfilet mit glasierten Möhren und Couscous

2 Portionen

pro Portion 2,25 Euro

*Zubereitungszeit:* 30 Minuten

2 Hähnchenbrustfilets
(je etwa 150 g)
Salz, gem. Pfeffer
2 EL Olivenöl
1 Bund junge Möhren (etwa 500 g)
1 EL Butter, Zucker
150–200 ml Wasser
100 g Couscous (Instant)
1 Bio-Limette
(unbehandelt, ungewachst)
1 EL Butter
4 Stängel Pfefferminze

*Pro Portion:*
E: 42 g, F: 21 g, Kh: 50 g,
kJ: 2379, kcal: 569

**1.** Die Hähnchenbrustfilets unter fließendem kalten Wasser abspülen, trocken tupfen, mit Salz und Pfeffer würzen.
**2.** Olivenöl in einer Pfanne erhitzen. Hähnchenbrustfilets darin von beiden Seiten anbraten und dann von jeder Seite etwa 5 Minuten braten.
**3.** In der Zwischenzeit Möhren putzen, das Grün bis auf etwa 2 cm abschneiden. Möhren schälen, abspülen und abtropfen lassen. Butter in einer großen Pfanne zerlassen. Zucker hinzufügen und unter Rühren schmelzen.
**4.** Die Möhren in die Pfanne geben, kurz durchschwenken, sodass sie mit der Butter-Zucker-Mischung überzogen sind. Die Möhren mit Salz würzen. Wasser hinzugießen und die Möhren zugedeckt etwa 5 Minuten garen.
**5.** Couscous nach Packungsanleitung zubereiten. Limette heiß abspülen, abtrocknen und halbieren. Etwas Limettenschale abreiben. Von einer Limettenhälfte den Saft auspressen, die andere Hälfte in Scheiben schneiden und zum Garnieren beiseitelegen.
**6.** Die Butter unter den Couscous rühren. Couscous mit Salz, Limettensaft und -schale abschmecken.
**7.** Pfefferminze abspülen, trocken tupfen. Blättchen von 2 Stängeln zupfen. Die Blättchen fein schneiden und unter das Couscous geben.
**8.** Hähnchenbrustfilets mit glasierten Möhren und Couscous anrichten, mit den restlichen Pfefferminzestängeln und beiseitegelegten Limettenscheiben garniert servieren.

Kartoffelspalten mit roten Zwiebeln

Hähnchenbrustfilet mit glasierten Möhren und Couscous

Kartoffelpfanne mit Fetakäse

Grünkernbratling auf gebratenen Wurzeln

## Kartoffelpfanne mit Fetakäse

4 Portionen

pro Portion 1,85 Euro

*Zubereitungszeit:* 35 Minuten
*Garzeit:* 25–30 Minuten

je 1 kleine, rote und gelbe Paprikaschote
1 Stange Porree (Lauch)
800 g Kartoffeln
1 Knoblauchzehe
80 g Butterschmalz
200 g Fetakäse
1 Topf Thymian
Salz
gem. Pfeffer

*Pro Portion:*
E: 13 g, F: 32 g, Kh: 31 g,
kJ: 1973, kcal: 471

**1.** Paprikaschoten halbieren, entstielen, entkernen und die weißen Scheidewände entfernen. Schoten abspülen, abtropfen lassen und in Streifen schneiden. Porree putzen, die Stange längs halbieren, gründlich waschen, abtropfen lassen und in Streifen schneiden.
**2.** Kartoffeln schälen, abspülen, abtropfen lassen und in dünne Scheiben schneiden. Knoblauch abziehen und in Scheiben schneiden.
**3.** Die Hälfte des Butterschmalzes in einer großen Pfanne erhitzen. Die Kartoffelscheiben darin unter Wenden 15–20 Minuten goldbraun braten.
**4.** Fetakäse in Würfel schneiden. Thymian abspülen und trocken tupfen. Die Blättchen von den Stängeln zupfen. Gebratene Kartoffeln mit Salz und Pfeffer würzen, aus der Pfanne nehmen.
**5.** Restliches Butterschmalz in dem verbliebenen Bratfett erhitzen. Die Knoblauchscheiben, Paprika- und Porreestreifen darin etwa 10 Minuten unter Wenden andünsten, mit Salz und Pfeffer würzen. Kartoffeln, Käsewürfel und Thymianblättchen untermengen. Die Kartoffelpfanne nochmals erhitzen und servieren.

## Grünkernbratling auf gebratenen Wurzeln

4 Portionen

pro Portion 1,45 Euro

*Zubereitungszeit:* 30 Minuten, ohne Quellzeit

250 ml Gemüsebrühe
75 g Grünkernschrot
4 Frühlingszwiebeln
1/2 Bund Kerbel
2 Bund Möhren (je etwa 500 g)
6 Pastinaken (je etwa 200 g)
75 g blütenzarte Haferflocken
2 Eier (Größe M)
2 EL Weizenmehl
Salz, gem. Pfeffer
3 EL Olivenöl
2 EL Butter
1/2 Bund Petersilie

*Pro Portion:*
E: 15 g, F: 22 g, Kh: 78 g,
kJ: 2417, kcal: 575

**1.** Die Gemüsebrühe in einem Topf zum Kochen bringen. Grünkernschrot hinzugeben und bei schwacher Hitze etwa 20 Minuten ausquellen lassen.
**2.** Die Frühlingszwiebeln putzen, abspülen, abtropfen lassen und in feine Scheiben schneiden. Kerbel abspülen und trocken tupfen. Die Blättchen von den Stängeln zupfen. Blättchen klein schneiden. Möhren und Pastinaken putzen, schälen, abspülen, abtropfen lassen und längs vierteln.
**3.** Den gequollenen Grünkernschrot in eine Schüssel geben. Frühlingszwiebelscheiben, Kerbel, Haferflocken, Eier und Mehl hinzugeben. Die Zutaten gut vermengen. Mit Salz und Pfeffer würzen.
**4.** Aus der Grünkernmasse 8 gleich große Bratlinge formen.
**5.** Zwei Esslöffel des Olivenöls in einer Pfanne erhitzen. Bratlinge darin vorsichtig bei schwacher Hitze von jeder Seite etwa 4 Minuten braten.
**6.** Das restliche Olivenöl mit der Butter in einem Topf erhitzen. Die Möhren- und Pastinakenstreifen darin unter mehrmaligem Rühren anbraten, bis das Gemüse anfängt braun zu werden. Mit Salz würzen. Petersilie abspülen und trocken tupfen. Die Blättchen von den Stängeln zupfen. Blättchen klein schneiden. Das Gemüse mit der Petersilie bestreuen und mit den Grünkernbratlingen anrichten.

## Bratkartoffeln mit Cocktailwürstchen

4 Portionen

pro Portion **1,35** Euro

*Zubereitungszeit:* 30 Minuten

750 g gegarte Pellkartoffeln
150 g Champignons
1/2 Bund Schnittlauch
3 EL Sonnenblumenöl
200 g abgetropfte Cocktailwürstchen (aus dem Glas)
Salz, gem. Pfeffer
1/2 TL gerebelter Majoran
1/2 TL Kümmelsamen

*Pro Portion:*
E: 11 g, F: 18 g, Kh: 23 g,
kJ: 1230, kcal: 295

**1.** Pellkartoffeln pellen und in Scheiben schneiden. Champignons putzen, evtl. kurz abspülen, gut abtropfen lassen und in Scheiben schneiden. Schnittlauch abspülen, trocken tupfen und in feine Röllchen schneiden.
**2.** Sonnenblumenöl in einer großen Pfanne erhitzen. Kartoffelscheiben darin unter Wenden hellbraun anbraten. Die Pilzscheiben unterrühren und mit anbraten. Zuletzt die Würstchen hinzugeben und unter mehrmaligen Wenden mitbraten lassen.
**3.** Die Bratkartoffeln mit Cocktailwürstchen mit Salz, Pfeffer, Majoran und Kümmel würzen, anrichten und mit Schnittlauchröllchen bestreuen.

## Bierkotelett mit Rosmarin

4 Portionen

pro Portion **2,00** Euro

*Zubereitungszeit:* 30 Minuten

4 Schweine-Lummerkoteletts (Kotelett mit Filetstück, je etwa 200 g)
je 1 TL Paprikapulver edelsüß und rosenscharf
8–10 kleine Schalotten
2 EL Speiseöl
1–2 Stängel frischer Rosmarin
1 TL Butter
Salz
250 ml Bier
gem. Pfeffer
Zucker

*Pro Portion:*
E: 36 g, F: 15 g, Kh: 5 g,
kJ: 1338, kcal: 319

**1.** Die Koteletts kurz unter fließendem kalten Wasser abspülen und trocken tupfen. Mit Paprika edelsüß und rosenscharf würzen. Schalotten abziehen.
**2.** Das Speiseöl in einer großen Pfanne erhitzen. Die Koteletts darin von jeder Seite etwa 2 Minuten braten. Rosmarin abspülen und trocken tupfen, mit der Butter zu den Koteletts in die Pfanne geben und kurz mitdünsten lassen. Die Koteletts mit Salz würzen.
**3.** Schalotten hinzufügen. Angebratene Koteletts mit Bier beträufeln und 1–2 Minuten braten. Danach wieder mit Bier beträufeln und weitere 1–2 Minuten braten. Koteletts auf diese Weise insgesamt 7–8 Minuten braten, bis das Bier aufgebraucht ist. Die Koteletts während der Bratzeit ab und zu wenden.
**4.** Die Koteletts mit den Schalotten aus der Pfanne nehmen. Die Sauce mit Salz, Pfeffer und 1 Prise Zucker abschmecken. Die Koteletts mit den Schalotten und der Sauce servieren.

## Bruschetta-Pfanne

4 Portionen

*Zubereitungszeit:* 45 Minuten

250 g Ciabatta
200 g luftgetrockneter italienischer Schinken (im Stück)
600 g Fleischtomaten
4 Knoblauchzehen
2 Schalotten (etwa 160 g)
6 EL Olivenöl
1/2 Topf Basilikum
Salz, gem. Pfeffer

pro Portion **2,15** Euro

*Pro Portion:*
E: 16 g, F: 18 g, Kh: 38 g,
kJ: 1603, kcal: 382

**1.** Ciabatta in mittelgroße Würfel schneiden. Schinken klein würfeln.

**2.** Tomaten abspülen, trocken tupfen, halbieren und die Stängelansätze herausschneiden. Tomatenhälften in Würfel schneiden.
**3.** Knoblauch und Schalotten abziehen. Knoblauch in dünne Scheiben, Schalotten in Streifen schneiden.
**4.** Vier Esslöffel des Olivenöls in einer Pfanne erhitzen. Die Brotwürfel darin von allen Seiten leicht bräunen. Die Knoblauchscheiben hinzugeben und mitbräunen lassen.
**5.** Die Hälfte der Brotwürfel aus der Pfanne nehmen und beiseitestellen. Das restliche Olivenöl in die Pfanne geben und erhitzen.
**6.** Schalottenstreifen, Schinken- und Tomatenwürfel hinzugeben und unter gelegentlichem Rühren 5–10 Minuten dünsten.
**7.** In der Zwischenzeit das Basilikum abspülen und trocken tupfen. Die Blättchen von den Stängeln zupfen. Einige Blättchen zum Garnieren beiseitelegen. Restliche Blättchen in Streifen schneiden.
**8.** Die Basilikumstreifen unter die Bruschetta-Pfanne mischen, mit Salz und Pfeffer würzen.
**9.** Beiseitegestellte Brotwürfel darauf verteilen, mit den Basilikumblättchen garnieren und sofort servieren, damit die Brotwürfel knusprig bleiben.

## Cabanossi-Reis-Pfanne

2 Portionen

pro Portion **2,45** Euro

*Zubereitungszeit:* 45 Minuten

1/2 Zwiebel
1 Knoblauchzehe
2 EL Olivenöl
100 g Risottoreis, z. B. Arborio-Reis
1 gestr. TL Currypulver
5–6 EL (etwa 70 ml) Weißwein
250 ml Gemüsebrühe
2 kleine Tomaten (etwa 100 g)
100 g Zuckerschoten
170 g Cabanossi (geräucherte Knoblauchwurst)
Salz
gem. Pfeffer

*Pro Portion:*
E: 18 g, F: 36 g, Kh: 47 g, kJ: 2538, kcal: 604

**1.** Zwiebel und Knoblauch abziehen, klein würfeln. Olivenöl in einer beschichteten Pfanne erhitzen. Zwiebel- und Knoblauchwürfel darin anbraten. Risottoreis und Curry hinzufügen und unter Rühren so lange anbraten, bis die Reiskörner glasig sind.
**2.** Jeweils die Hälfte des Weißweins und der Brühe hinzufügen. Den Reis ohne Deckel garen, bis die Flüssigkeit vom Reis aufgenommen wurde, dabei ab und zu umrühren. Dann die restliche Flüssigkeit hinzufügen und etwa 10 Minuten weitergaren.
**3.** In der Zwischenzeit die Tomaten kreuzweise einschneiden und mit kochendem Wasser übergießen. Nach 1–2 Minuten herausnehmen und mit kaltem Wasser abschrecken. Tomaten häuten, halbieren und die Stängelansätze herausschneiden. Tomatenhälften in Spalten schneiden.
**4.** Von den Zuckerschoten die Enden abschneiden, evtl. abfädeln. Schoten abspülen und abtropfen lassen. Große Zuckerschoten quer halbieren.
**5.** Die Cabanossi schräg in Scheiben schneiden. Tomatenspalten, Zuckerschoten und Cabanossischeiben zum Reis geben, unterrühren und zugedeckt etwa 5 Minuten garen. Ist die Brühe vollkommen verdampft, noch etwas Wasser hinzufügen.
**6.** Die Cabanossi-Reis-Pfanne mit Salz und Pfeffer abschmecken.

***Tipp:*** So geht es noch schneller: Statt der frischen, gehäuteten, entkernten und in Spalten geschnittenen Tomaten 2 Esslöffel stückige Tomaten (aus der Dose) nehmen.

Bruschetta-Pfanne

Cabanossi-Reis-Pfanne

## Ente mit Chili

4 Portionen

*Zubereitungszeit:* 35 Minuten, ohne Marinierzeit

pro Portion **2,45** Euro

400 g Entenbrustfilet

**Für die Marinade:**
2 EL Sojasauce
3 TL Kartoffelstärke
2 EL Eiweiß, 2 EL Speiseöl

**Für die Sauce:**
2 EL Erdnussöl
3 EL Sojasauce
1 TL Maismehl
3 EL Reiswein
2 EL Reis-Essig (5 %)
2 EL Austernsauce
3 EL süße Sojasauce
3 EL Wasser

30 g frischer Ingwer
2 Frühlingszwiebeln
2–3 frische, rote Chilischoten
150 ml Speiseöl
2 EL Speiseöl

*Pro Portion:*
E: 22 g, F: 16 g, Kh: 8 g,
kJ: 1121, kcal: 268

**1.** Das Entenbrustfilet kurz unter fließendem kalten Wasser abspülen, trocken tupfen, in Scheiben schneiden und in eine flache Schale legen.
**2.** Für die Marinade Sojasauce, Kartoffelstärke, Eiweiß und Speiseöl verrühren. Die Entenbrustscheiben mit der Marinade übergießen und etwa 15 Minuten ziehen lassen.
**3.** Für die Sauce Erdnussöl, Sojasauce, Maismehl, Reiswein, Reis-Essig, Austernsauce, Sojasauce und Wasser in einer Schale verrühren.
**4.** Ingwer schälen und fein würfeln. Frühlingszwiebeln putzen, abspülen, abtropfen lassen und in Streifen schneiden. Chilischoten putzen, längs aufschneiden, entkernen, abspülen, trocken tupfen und in feine Streifen schneiden.
**5.** Das Speiseöl (150 ml) in einem Wok erhitzen. Die Entenbrustscheiben kurz abtropfen lassen und in dem Speiseöl in 3 Portionen jeweils etwa 1 Minute frittieren, herausnehmen und auf Küchenpapier abtropfen lassen. Das Öl in ein Vorratsgefäß zurückgießen.
**6.** 2 Esslöffel Speiseöl in dem Wok erhitzen, Ingwerwürfel darin leicht braun anbraten. Entenbrustscheiben, Frühlingszwiebel- und Chilistreifen hineingeben, etwa 2 Minuten braten.
**7.** Die Saucenmischung umrühren, zu den Entenbrustscheiben in den Wok geben und unter Rühren kurz aufkochen lassen.

## Schweineschnitzel „Bäuerliche Art"

4 Portionen

*Zubereitungszeit:* 55 Minuten

4 Schweineschnitzel
(aus der Keule, je etwa 160 g)
Salz, gem. Pfeffer
2–3 EL Olivenöl

pro Portion **2,45** Euro

**Für das Gemüseragout:**
300 g kleine, weiße Champignons
700 g festkochende Kartoffeln
500 g Brechbohnen
100 g magerer Speck
3–4 EL Olivenöl

1/2 Bund Schnittlauch

*Pro Portion:*
E: 37 g, F: 22 g, Kh: 12 g,
kJ: 1626, kcal: 389

**1.** Den Backofen vorheizen.
*Ober-/Unterhitze:* etwa 140 °C
*Heißluft:* etwa 120 °C
**2.** Die Schweineschnitzel mit Küchenpapier trocken tupfen, mit Salz und Pfeffer würzen.
**3.** Das Olivenöl in einer großen Pfanne erhitzen. Die Schnitzel darin von beiden Seiten je etwa 3 Minuten an-

Ente mit Chili

Schweineschnitzel „Bäuerliche Art"

Exotische Reispfanne

braten, herausnehmen, auf eine feuerfeste Platte legen und auf dem Rost in den vorgeheizten Backofen schieben. Die Schnitzel etwa 20 Minuten garen.
**4.** In der Zwischenzeit für das Gemüseragout Champignons putzen, evtl. kurz abspülen und abtropfen lassen. Große Champignons evtl. halbieren oder vierteln. Kartoffeln schälen, abspülen, abtropfen lassen und in Würfel schneiden. Von den Bohnen die Enden abschneiden, evtl. abfädeln. Die Bohnen abspülen, abtropfen lassen und in Stücke brechen oder schneiden.
**5.** Salzwasser in einem Topf zum Kochen bringen. Die Kartoffelwürfel und Bohnen darin 10–15 Minuten kochen. Kartoffelwürfel und Bohnen in ein Sieb geben, abtropfen lassen. Speck in kleine Würfel schneiden.
**6.** Olivenöl in einer großen Pfanne erhitzen. Speck-, Kartoffelwürfel, Bohnen und Champignons evtl. in 2 Portionen hinzugeben und unter Wenden kräftig anbraten, mit Salz und Pfeffer würzen und evtl. einige Esslöffel Wasser hinzufügen.
**7.** Schnittlauch abspülen, trocken tupfen und in Röllchen schneiden. Schnitzel mit dem Ragout anrichten und mit Schnittlauchröllchen bestreut servieren.

## Exotische Reispfanne
4 Portionen

*Zubereitungszeit:* 50 Minuten

pro Portion 2,15 Euro

250 g Langkornreis
500 ml Salzwasser
1 rote Paprikaschote
3 Frühlingszwiebeln
400 g Putenschnitzel
1 kleines Stück frischer Ingwer
1 Knoblauchzehe
6 EL Sonnenblumenöl
50 g Sonnenblumenkerne
Salz
50 ml Gemüsebrühe
2 EL Sojasauce, 1/2 TL Sambal Oelek
150 g aufgetaute TK-Erbsen
190 g abgetropfte Maiskölbchen (aus dem Glas)

*Pro Portion:*
E: 31 g, F: 31 g, Kh: 74 g,
kJ: 2976, kcal: 710

**1.** Den Reis in kochendem Salzwasser 15–20 Minuten garen, evtl. abgießen und erkalten lassen.
**2.** Paprikaschote vierteln, entstielen, entkernen und die weißen Scheidewände entfernen. Schote abspülen, abtropfen lassen und quer in Streifen schneiden. Frühlingszwiebeln putzen, abspülen, abtropfen lassen und mit dem zarten Grün in etwa 1 cm breite Scheiben schneiden.
**3.** Putenschnitzel kurz unter fließendem kalten Wasser abspülen, trocken tupfen und in dünne Streifen schneiden. Ingwer schälen, Knoblauch abziehen, beide Zutaten sehr fein hacken.
**4.** Zwei Esslöffel Sonnenblumenöl in einem Wok erhitzen. Die Sonnenblumenkerne darin unter Rühren goldbraun rösten, herausnehmen, mit Salz würzen und beiseitestellen.
**5.** Einen Esslöffel des restlichen Sonnenblumenöls in dem Wok erhitzen. Die Fleischstreifen zusammen mit den Ingwer- und Knoblauchstückchen unter Rühren darin scharf anbraten, herausnehmen und warm stellen. Das restliche Sonnenblumenöl in dem Wok erhitzen. Den garen Reis darin etwa 5 Minuten unter Rühren braten.
**6.** In der Zwischenzeit Gemüsebrühe, Sojasauce und Sambal Oelek verrühren. Paprikastreifen, Frühlingszwiebelscheiben und Erbsen zum Reis in den Wok geben und 3 Minuten mitbraten lassen.
**7.** Mit der Brühemischung ablöschen. Maiskölbchen und die Fleischstreifen hinzugeben und einmal aufkochen lassen. Mit Sonnenblumenkernen bestreuen und sofort servieren.

Putenbrust in Curry-Kokos-Milch

Geschmortes Schweinefleisch mit Möhren

## Putenbrust in Curry-Kokos-Milch

4 Portionen

pro Portion **2,48** Euro

*Zubereitungszeit:* 40 Minuten

450 g Putenschnitzel
3 Stängel Zitronengras
1–2 Chilischoten
2 TL Currypulver
1 TL gem. Kreuzkümmel (Cumin)
1 gestr. TL Salz
2 Knoblauchzehen
2 Stangen Porree (Lauch)
1 rote Paprikaschote
6 EL Sojaöl
400 ml Kokosmilch
Saft von 1 Limette
1 EL kaltes Wasser
2 TL Speisestärke

*Pro Portion:*
E: 31 g, F: 34 g, Kh: 10 g,
kJ: 1952, kcal: 470

**1.** Die Putenschnitzel kurz unter fließendem kalten Wasser abspülen, trocken tupfen und in feine Streifen schneiden. Vom Zitronengras die losen Blätter entfernen und das obere Drittel abschneiden. Zitronengras abspülen, trocken tupfen und in hauchdünne Scheiben schneiden.
**2.** Chilischoten halbieren, entstielen, entkernen. Schoten abspülen, trocken tupfen und in feine Würfel schneiden.
**3.** Putenstreifen mit Zitronengrasscheiben, Chiliwürfeln, Curry, Kreuzkümmel und Salz vermischen.
**4.** Knoblauch abziehen und in feine Würfel schneiden. Den Porree putzen, die Stangen längs halbieren, gründlich waschen und abtropfen lassen. Porree in etwa 1 cm lange Stücke schneiden.
**5.** Paprikaschote halbieren, entstielen, entkernen und die weißen Scheidewände entfernen. Schote abspülen, abtropfen lassen und in dünne Streifen schneiden.
**6.** Das Sojaöl in einem Wok erhitzen. Die Fleischstreifen darin von allen Seiten anbraten. Knoblauch und Paprikastreifen hinzufügen und kurz mit anbraten.
**7.** Kokosmilch und Limettensaft hinzugießen und kurz aufkochen lassen. Dann Porreestücke unterrühren. Wasser mit Speisestärke anrühren, unterrühren und kurz aufkochen lassen. Putenbrust in Curry-Kokos-Milch servieren.

***Beilage:*** Basmatireis.

***Tipp:*** Statt Knoblauch Schnittknoblauch verwenden. Diesen abspülen, trocken tupfen, in Röllchen schneiden und zum Schluss vorsichtig mit unterrühren.

## Geschmortes Schweinefleisch mit Möhren

4 Portionen

*Zubereitungszeit:* 20 Minuten
*Garzeit:* etwa 20 Minuten

500 g Schweinenacken (ohne Knochen)
200 g Möhren, 5 EL Speiseöl
20 g frischer Ingwer
1 TL Speisestärke
80 ml Sojasauce
125 ml Pflaumenwein
20 g brauner Kandiszucker
500 ml heiße Fleischbrühe
1 gestr. TL Salz
einige Petersilienblättchen

pro Portion **1,85** Euro

*Pro Portion:*
E: 25 g, F: 29 g, Kh: 13 g,
kJ: 1771, kcal: 422

**1.** Den Schweinenacken mit Küchenpapier trocken tupfen und in Würfel schneiden. Möhren putzen, schälen, abspülen, abtropfen lassen und in Würfel schneiden.
**2.** Drei Esslöffel Speiseöl in einem Wok erhitzen. Die Fleischwürfel darin von allen Seiten etwa 2 Minuten braten, herausnehmen und auf Küchenpapier abtropfen lassen.
**3.** Restliches Speiseöl zum verbliebenen Bratfett in den Wok geben und

erhitzen. Ingwer schälen, in 3 Scheiben schneiden, in den Wok geben und anbraten. Die Speisestärke mit den angebratenen Fleischwürfeln und dem entstandenen Bratensaft mischen, zu den Ingwerscheiben in den Wok geben und etwa 1 Minute unter Rühren braten.
**4.** Sojasauce darauf verteilen, Möhrenwürfel unterrühren, zum Kochen bringen und zugedeckt etwa 2 Minuten schmoren.
**5.** Pflaumenwein, Kandiszucker und Fleischbrühe hinzufügen, wieder zum Kochen bringen und etwa 20 Minuten kochen lassen. Mit Salz würzen.
**6.** Das geschmorte Schweinefleisch mit abgespülten und trocken getupften Petersilienblättchen garnieren und heiß servieren.

## Bratwurst

pro Portion 1,00 Euro

4 Portionen

*Zubereitungszeit:* 15 Minuten

4 vorgebrühte oder frische Bratwürste (je etwa 120 g)
2 EL Speiseöl, z. B. Sonnenblumenöl

*Pro Portion:*
E: 15 g, F: 32 g, Kh: 0 g,
kJ: 1427, kcal: 341

**1.** Die Bratwürste mit Küchenpapier trocken tupfen. Frische Bratwürste rundherum mehrmals mit einer Gabel einstechen.
**2.** Speiseöl in einer Pfanne erhitzen. Die Bratwürste darin ohne Deckel unter gelegentlichem Wenden von beiden Seiten bei mittlerer Hitze etwa 10 Minuten braun braten.

## Schweinesteaks mit Thymian und Wacholder

pro Portion 1,95 Euro

4 Portionen

*Zubereitungszeit:* 40 Minuten
*Bratzeit:* etwa 5 Minuten

je 200 g kernlose, grüne und blaue Weintrauben
2 Schalotten
4 Stängel Thymian
4 Wacholderbeeren
4 Schweinerückensteaks (je etwa 140 g)
Salz
gem. Pfeffer
2 EL Speiseöl
40 g Butter
200 ml Bratenfond

**Zum Garnieren:**
einige Stängel Thymian

*Pro Portion:*
E: 30 g, F: 27 g, Kh: 8 g,
kJ: 1668, kcal: 399

**1.** Weintrauben abspülen, trocken tupfen, entstielen und halbieren. Die Schalotten abziehen und in kleine Würfel schneiden.
**2.** Thymian abspülen und trocken tupfen. Die Blättchen von den Stängeln zupfen. Blättchen klein schneiden. Anschließend die Wacholderbeeren zerdrücken und fein hacken.
**3.** Steaks mit Küchenpapier trocken tupfen. Mit Salz und Pfeffer würzen.
**4.** Speiseöl in einer Pfanne erhitzen. Die Steaks darin von beiden Seiten etwa 5 Minuten braten. Die Steaks herausnehmen, auf einen Teller legen und warm stellen.
**5.** Butter in dem verbliebenen Bratfett in der Pfanne zerlassen. Die Schalottenwürfel darin andünsten. Wacholderbeeren, Thymian und die Weintraubenhälften hinzugeben und mit andünsten. Bratenfond hinzugießen, zum Kochen bringen und um die Hälfte einkochen lassen.
**6.** Die Steaks mit der Sauce auf Tellern anrichten. Mit abgespülten und trocken getupften Thymianstängeln garniert servieren.

***Beilage:*** Kartoffelpüree mit Sahne und Käse überbacken.

Bratwurst

Schweinesteaks mit Thymian und Wacholder

## Putenpfanne mit Mandeln

pro Portion 2,48 Euro

2 Portionen

*Zubereitungszeit:* 25 Minuten, ohne Abkühlzeit

2 Putenschnitzel (je etwa 150 g)
2 Bio-Zitronen (unbehandelt, ungewachst)
2 mittelgroße, rote Zwiebeln
8 Stängel Zitronenthymian
2 EL abgezogene, ganze Mandeln
4 EL Speiseöl, z. B. Olivenöl
Salz
gem. Pfeffer

*Pro Portion:*
E: 41 g, F: 30 g, Kh: 5 g,
kJ: 1917, kcal: 458

**1.** Putenschnitzel kurz unter fließendem kalten Wasser abspülen, trocken tupfen und in fingerdicke Streifen schneiden.
**2.** Die Zitronen heiß abwaschen und abtrocknen. Von 1 Zitrone die Schale zur Hälfte fein abreiben. Die restliche Schale mit einem scharfen Messer so abschneiden, dass die weiße Haut mitentfernt wird. Zitronenfilets herausschneiden. Abgeriebene Zitronenschale und -filets beiseitelegen.
**3.** Die Zwiebeln abziehen, halbieren und in Spalten schneiden. Thymian abspülen und trocken tupfen. Einige Thymianstängel zum Garnieren beiseitelegen. Von den restlichen Stängeln die Blättchen abzupfen.
**4.** Die Mandeln im Wok oder in einer beschichteten Pfanne ohne Fett unter Rühren leicht bräunen, herausnehmen und auf einem Teller erkalten lassen.
**5.** Die zweite Zitrone mit Schale vierteln und in Stücke schneiden. Speiseöl in dem Wok oder in der Pfanne erhitzen. Zitronenstücke darin bei mittlerer Hitze anbraten, bis sie gut gebräunt sind. Die Zitronenstücke mit dem Speiseöl in ein Sieb geben, dabei das Öl auffangen.
**6.** Das Zitronenöl wieder in den Wok oder in die Pfanne geben und erhitzen. Die Fleischstreifen darin unter Rühren bei mittlerer Hitze anbraten. Mit Salz und Pfeffer würzen. Die Zwiebelspalten hinzufügen und unter Rühren kurz mitdünsten lassen.
**7.** Gebräunte Mandeln mit 1 Messerspitze von der beiseitegelegten Zitronenschale und den Thymianblättchen zu den Fleischstreifen geben und unterrühren. Das Ganze mit Salz, Pfeffer und etwas Zitronenschale abschmecken.
**8.** Putenstreifen mit den Zwiebelspalten und Mandeln auf Tellern anrichten. Mit den beiseitegelegten Zitronenfilets und Thymianstängeln garnieren.

Putenpfanne mit Mandeln

## Mozzarellapfanne

2–3 Portionen

pro Portion 1,30 Euro

*Zubereitungszeit:* 45 Minuten

4 große Kartoffeln (etwa 600 g)
1 Zwiebel
3 EL Olivenöl
Salz
gem. Pfeffer
einige Stängel frischer oder 1/2 TL gerebelter Thymian
etwa 350 g Zucchini
1 1/2 abgetropfte Mozzarella-Kugeln (je Kugel 125 g) oder 200 g abgetropfte Mini-Mozzarella-Kugeln
200 g Cocktailtomaten

*Pro Portion:*
E: 21 g, F: 27 g, Kh: 34 g,
kJ: 1997, kcal: 477

**1.** Kartoffeln schälen, abspülen und abtropfen lassen. Die Kartoffeln in Scheiben oder Spalten schneiden.
**2.** Die Zwiebel abziehen, zuerst in Scheiben schneiden, dann in Ringe teilen.
**3.** Olivenöl in einer großen Pfanne erhitzen. Kartoffelscheiben oder -spalten mit den Zwiebelwürfeln hinzugeben und unter Wenden anbraten. Mit Salz und Pfeffer würzen.
**4.** Thymianstängel abspülen und trocken tupfen.
**5.** Den Thymian und etwa 8 Esslöffel Wasser zu den Kartoffelscheiben oder -spalten in die Pfanne geben

Mozzarellapfanne

Bunte Pilzpfanne mit Hähnchenbrustfilet

und zugedeckt etwa 10 Minuten bei mittlerer Hitze garen. Dabei die Kartoffelscheiben oder -spalten gelegentlich wenden, evtl. noch etwas Wasser hinzufügen.

**6.** Die Zucchini abspülen, abtrocknen und die Enden abschneiden. Die Zucchini in Scheiben schneiden.

**7.** Die Zucchinischeiben zu den Kartoffelscheiben oder -spalten geben und weitere etwa 5 Minuten ohne Deckel unter Wenden braten.

**8.** Die Mozzarella-Kugeln in kleine Stücke schneiden oder die Mini-Mozzarella-Kugeln halbieren.

**9.** Tomaten abspülen, trocken tupfen, evtl. halbieren und die Stängelansätze herausschneiden.

**10.** Tomaten und Mozzarellastücke auf die Kartoffelscheiben oder -spalten in die Pfanne setzen. Den Deckel darauflegen.

**11.** Die Mozzarellapfanne noch etwa 3 Minuten bei ausgeschalteter Kochstelle ziehen lassen. Nochmals mit Salz und Pfeffer abschmecken.

***Tipps:*** Ganz pikant: Statt Mozzarella 4 Scheiben kräftigen Ziegenkäse auf die Kartoffelscheiben oder -spalten setzen und erwärmen. Für Fleisch-Fans fertig gekaufte Mini-Frikadellen oder zusätzlich kleine Rinder- oder Putensteaks extra braten und zu der Mozzarellapfanne reichen.

## Bunte Pilzpfanne mit Hähnchenbrustfilet

4 Portionen

pro Portion **1,45** Euro

*Zubereitungszeit:* 45 Minuten

20 g Mu-err-Pilze
140 g abgetropfte Bambusschösslinge (aus der Dose)
300 g Porree (Lauch)
300 g rote Paprikaschoten
400 g Hähnchenbrust
150 g Shiitakepilze
250 ml Hühnerbrühe
3 EL Speiseöl
2–3 EL Tomatenketchup
1 EL Reis-Essig (5 %)
1 TL Weißweinessig
1 EL Zucker
4 EL Asia-Sauce, süßsauer, oder Sojasauce
1/2 TL Sambal Oelek
4 EL Speiseöl
1–2 TL Fünf-Gewürze-Pulver

*Pro Portion:*
E: 28 g, F: 19 g, Kh: 25 g,
kJ: 1628, kcal: 390

**1.** Die Mu-err-Pilze nach Packungsanleitung einweichen. Die Bambusschösslinge in Scheiben schneiden.

**2.** Porree putzen, die Stangen längs halbieren, gründlich waschen, abtropfen lassen und in feine Streifen schneiden. Paprikaschoten halbieren, entstielen, entkernen und die weißen Scheidewände entfernen. Schoten abspülen, abtropfen lassen und in feine Streifen schneiden.

**3.** Hähnchenbrust kurz unter fließendem kalten Wasser abspülen, trocken tupfen und in Streifen schneiden. Shiitakepilze putzen, evtl. kurz abspülen, trocken tupfen und in Streifen schneiden.

**4.** Die Hühnerbrühe mit Speiseöl, Ketchup, Reis-Essig, Weißweinessig, Zucker, Asia-Sauce oder Sojasauce und Sambal Oelek verrühren. Eingeweichte Mu-err-Pilze abtropfen lassen, putzen und je nach Größe etwas kleiner schneiden.

**5.** Die Hälfte des Speiseöls in einem Wok erhitzen. Fleischstreifen und Shiitakepilze darin unter Rühren anbraten und herausnehmen. Das restliche Speiseöl in dem Wok erhitzen. Das vorbereitete Gemüse und Mu-err-Pilze darin unter Rühren 5–8 Minuten dünsten. Die mit Gewürzen verrührte Hühnerbrühe hinzugeben und zum Kochen bringen. Fleischstreifen und Shiitakepilze wieder in den Wok geben, zum Kochen bringen und 1–2 Minuten kochen lassen.

**6.** Die Pilzpfanne mit Sojasauce, Sambal Oelek und Fünf-Gewürze-Pulver abschmecken.

## Bratwurstklößchen

3–4 Portionen

*Zubereitungszeit:* 20 Minuten

4 frische Bratwürstchen (etwa 500 g)
4 EL Speiseöl
2 EL Paprikapaste
(aus dem Reformhaus)
250 ml Wasser
evtl. 1 EL Schmand (Sauerrahm)
380 g abgetropfter Puszta-Salat
(aus Gläsern)
125 g Schlagsahne
Salz
gem. Pfeffer
Paprikapulver edelsüß

pro Portion 1,40 Euro

*Pro Portion:*
E: 23 g, F: 60 g, Kh: 9 g,
kJ: 2773, kcal: 662

**1.** Die Bratwurstmasse jeweils aus dem Darm drücken und zu kleinen Kugeln formen. Das Speiseöl in einer Pfanne erhitzen. Bratwurstklößchen darin von allen Seiten anbraten.
**2.** Die Paprikapaste mit dem Wasser und nach Belieben mit Schmand verrühren und zu den Bratwurstklößchen in den Topf geben. Den Puszta-Salat mit der Sahne hinzugeben, untermischen. Die Masse erhitzen, mit Salz, Pfeffer und Paprika abschmecken.

***Beilage:*** TK-Rösti oder Reis.

## Curry-Hähnchen-Pfanne

pro Portion 1,30 Euro

4 Portionen

*Zubereitungszeit:* 30 Minuten

3 Hähnchenbrustfilets
(je etwa 200 g)
Salz, evtl. 1 Prise gem. Piment
1 Stange Porree (Lauch, etwa 200 g)
3 Möhren (etwa 300 g)
20 g Butterschmalz
gem. Pfeffer
1–2 TL Currypulver
150 ml Gemüsebrühe
etwa 1 EL Limettensaft
1 TL flüssiger Honig (etwa 10 g)
150 g Joghurt (3,5 % Fett)

*Pro Portion:*
E: 38 g, F: 8 g, Kh: 8 g,
kJ: 1086, kcal: 260

**1.** Hähnchenbrustfilets kurz unter fließendem kalten Wasser abspülen, trocken tupfen und in Streifen schneiden. Hähnchenstreifen mit etwas Salz und evtl. 1 Prise Piment würzen. Porree putzen. Die Stange längs halbieren, gründlich waschen und abtropfen lassen.
**2.** Möhren putzen, schälen, abspülen und abtropfen lassen. Porree in Streifen und Möhren in feine Scheiben schneiden.
**3.** Butterschmalz in einer Pfanne erhitzen. Die Fleischstreifen darin von allen Seiten knusprig braun braten. Porreestreifen und Möhrenscheiben hinzufügen, kurz mit anbraten, mit Salz, Pfeffer und Curry würzen. Gemüsebrühe hinzugießen. Limettensaft und Honig unterrühren.
**4.** Die Zutaten zum Kochen bringen und zugedeckt 5–7 Minuten bei schwacher Hitze kochen lassen. Die Pfanne von der Kochstelle nehmen. Joghurt unter die Hähnchenpfanne rühren (nicht mehr kochen lassen). Die Hähnchenpfanne mit Curry, Salz und Piment würzig abschmecken.

## Champignon-Rührei mit Lachs

pro Portion 1,75 Euro

2 Portionen

*Zubereitungszeit:* 15 Minuten

200 g Champignons
2 Tomaten (etwa 100 g)
75 g Räucherlachs
2 Eier (Größe M)
3 EL Mineralwasser (medium)
Salz, gem. Pfeffer
15 g Joghurt-Butter (65 % Fett)
2 Scheiben Vollkornbrot
(je etwa 45 g)
1 EL Schnittlauchröllchen

*Pro Portion:*
E: 20 g, F: 15 g, Kh: 19 g,
kJ: 1251, kcal: 298

**1.** Champignons putzen, evtl. kurz abspülen, abtropfen lassen und in Scheiben schneiden. Tomaten abspülen, abtrocknen, vierteln und die Stängelansätze herausschneiden. Lachs in Streifen schneiden.
**2.** Eier mit Wasser verschlagen, mit Salz und Pfeffer würzen. Knapp die Hälfte der Butter in einer kleinen Pfanne zerlassen.
**3.** Champignonscheiben darin kurz unter Rühren anbraten. Verschlagene Eier unter Rühren hinzufügen und stocken lassen.
**4.** Die Brotscheiben mit der restlichen Butter bestreichen, mit Rührei und Lachsstreifen belegen und mit Schnittlauchröllchen bestreuen. Die Tomatenviertel dazureichen.

***Tipps:*** Zusätzlich die Brotscheiben mit Schnittlauchhalmen garnieren. Zum Mitnehmen das Rührei erkalten lassen und die Zutaten getrennt verpackt mitnehmen. Die Tomaten im Ganzen mitnehmen.

***Rezeptvariante:*** Für **Champignon-Rührei mit Kräutern** den Lachs weglassen. Dafür 2–3 Esslöffel klein geschnittene, gemischte Kräuter (z. B. Petersilie, Schnittlauch) mit 1 kleinen, abgezogenen, fein gehackten Knoblauchzehe unter die verschlagenen Eier rühren. Das Rührei wie beschrieben zubereiten.

## Champignonpfanne mit Rucola

pro Portion 1,90 Euro

4 Portionen

*Zubereitungszeit:* 35 Minuten
*Garzeit:* 8–10 Minuten

4 Zwiebeln
1–2 Knoblauchzehen
500 g braune Champignons
300 g weiße Champignons
1 EL Olivenöl
Salz, gem. Pfeffer
1 TL Weizenmehl
50 g gem. Mandeln
200 g Schlagsahne
1 kleines Bund Rucola (Rauke, 40 g)

*Pro Portion:*
E: 13 g, F: 26 g, Kh: 7 g,
kJ: 1269, kcal: 304

**1.** Zwiebeln und Knoblauch abziehen. Die Zwiebeln in dünne Spalten, Knoblauch in dünne Scheiben schneiden. Beide Champignonsorten putzen, evtl. kurz abspülen und trocken tupfen. Die Champignons je nach Größe halbieren oder vierteln.
**2.** Olivenöl in einer großen Pfanne erhitzen. Zwiebelspalten und Knoblauchscheiben darin andünsten. Die Champignons portionsweise hinzugeben und unter mehrmaligem Wenden anbraten. Mit Salz und Pfeffer würzen.
**3.** Die Champignonmasse mit Mehl bestäuben und mit den Mandeln bestreuen, kurz mitdünsten lassen. Die Sahne hinzugießen und zum Kochen bringen. Champignons zugedeckt 8–10 Minuten garen.
**4.** Rucola putzen und die harten Stiele entfernen. Den Rucola abspülen, trocken tupfen und evtl. etwas kleiner zupfen. Champignons mit Rucola auf Tellern anrichten, sofort servieren.

Champignon-Rührei mit Lachs

Champignonpfanne mit Rucola

## Chinesische Leberpfanne

pro Portion **2,40** Euro

4 Portionen

*Zubereitungszeit:* 45 Minuten

500 g Schweineleber, in Scheiben
2 EL Sojasauce
1 EL Sherry, gem. Pfeffer
3 Zwiebeln, 150 g Austernpilze
1 rote Paprikaschote
1 Stange Porree (Lauch)
4 EL Speiseöl
300 g abgetropfte Bambussprossen in Streifen (aus der Dose)
5 EL Sojasauce
Salz

*Pro Portion:*
E: 31 g, F: 16 g, Kh: 9 g,
kJ: 1291, kcal: 309

**1.** Schweineleberscheiben von Haut und Röhren befreien. Die Leber kurz unter fließendem kalten Wasser abspülen, trocken tupfen und in etwa 1/2 cm breite Streifen schneiden.
**2.** Sojasauce mit Sherry und Pfeffer verrühren, unter die Leberstreifen rühren und einige Minuten durchziehen lassen.
**3.** In der Zwischenzeit Zwiebeln abziehen, längs halbieren und in Scheiben schneiden. Austernpilze putzen, evtl. kurz abspülen, trocken tupfen und in schmale Streifen schneiden.
**4.** Paprikaschote halbieren, entstielen, entkernen und die weißen Scheidewände entfernen. Schote abspülen, abtropfen lassen und in Streifen schneiden. Porree putzen, die Stange längs halbieren, gründlich waschen, abtropfen lassen und in feine Streifen schneiden.
**5.** Speiseöl in einem Wok erhitzen. Zwiebelscheiben, Paprika-, Porree-, Pilzstreifen und Bambussprossen darin etwa 1 Minute unter Rühren dünsten.
**6.** Die Leberstreifen hinzufügen und unter Rühren 3–5 Minuten braten, Sojasauce unterrühren. Die Leberpfanne mit Salz und Pfeffer abschmecken.

## Geflügelleberpfanne

4 Portionen

pro Portion **1,20** Euro

*Zubereitungszeit:* 35 Minuten
*Garzeit:* etwa 30 Minuten

750 g kleine Kartoffeln
30 g Butter
4 EL Speiseöl
Salz
250 g kleine Zwiebeln
500 g Möhren
2 Lorbeerblätter
250 g Porree (Lauch)
gem. Pfeffer
1 TL gerebelter Thymian
500 g Geflügelleber, z. B. Putenleber
30 g Butter
einige glatte Petersilienblättchen

*Pro Portion:*
E: 31 g, F: 24 g, Kh: 38 g,
kJ: 2079, kcal: 496

**1.** Kartoffeln schälen, abspülen und trocken tupfen. Butter in einer großen Pfanne zerlassen, Speiseöl miterhitzen. Die Kartoffeln darin etwa 10 Minuten rundherum braten, mit Salz würzen.
**2.** Die Zwiebeln abziehen. Möhren putzen, schälen, abspülen, abtropfen lassen und in dicke Scheiben schneiden. Zwiebeln, Möhrenscheiben und Lorbeerblätter zu den Kartoffeln in die Pfanne geben und etwa 10 Minuten unter gelegentlichem Rühren mitbraten lassen.
**3.** Porree putzen, die Stangen längs halbieren, gründlich waschen, abtropfen lassen, in Streifen schneiden und hinzufügen, weitere etwa 10 Minuten garen lassen, mit Pfeffer und Thymian würzen.
**4.** In der Zwischenzeit Leber unter fließendem kalten Wasser abspülen und trocken tupfen, evtl. Sehnen und Röhren entfernen.
**5.** Butter in einer weiteren Pfanne zerlassen. Leber darin etwa 5 Minuten von beiden Seiten braten, herausnehmen und unter die Kartoffel-Gemüse-Masse heben.

Chinesische Leberpfanne

Geflügelleberpfanne

Currywurst de Luxe mit Garnelen

Geflügel-Wurst-Pfanne

6. Die Petersilienblättchen abspülen, trocken tupfen. Geflügelleberpfanne (Lorbeerblätter entfernen) mit Petersilienblättchen garniert servieren.

## Currywurst de Luxe mit Garnelen

pro Portion **2,05** Euro

4 Portionen

*Zubereitungszeit:* 20 Minuten, ohne Auftauzeit

etwa 200 g TK-Garnelen (ohne Schale)
4 Rostbratwürste (je etwa 120 g)
2 Frühlingszwiebeln
1/2 rote Chilischote
1 EL Olivenöl
300 ml Tomaten-Curry-Sauce, z. B. selbst gemachte Sauce
Currypulver

*Pro Portion:*
E: 31 g, F: 39 g, Kh: 15 g,
kJ: 2230, kcal: 533

**1.** Garnelen nach Packungsanleitung auftauen lassen.
**2.** Bratwürste in Scheiben schneiden. Frühlingszwiebeln putzen, abspülen, abtropfen lassen und schräg in etwa 1 cm lange Stücke schneiden.
**3.** Chilihälfte entstielen, entkernen, abspülen, abtropfen lassen und in kleine Stücke schneiden.
**4.** Die Garnelen kurz unter fließendem kalten Wasser abspülen und trocken tupfen. Große Garnelen halbieren.
**5.** Das Olivenöl in einem Wok erhitzen. Die Bratwurstscheiben darin unter Rühren anbraten. Garnelen, Frühlingszwiebel- und Chilistücke hinzugeben und kurz unter Rühren mitbraten lassen. Dann die Hitze reduzieren und die Tomaten-Curry-Sauce unterrühren.
**6.** Currywurst de Luxe in 4 Portionsschalen oder auf einer Platte anrichten und mit Curry bestäuben.

***Tipp:*** Für eine **selbst gemachte Tomaten-Curry-Sauce** 100 ml Wasser in einen Topf geben. Je etwa knapp 1/4 Teelöffel Currypulver und Zucker sowie 1 Prise Paprikapulver rosenscharf und etwas Sambal Oelek unterrühren. Das Ganze zum Kochen bringen. Den Topf von der Kochstelle nehmen. 200 g Tomatenketchup einrühren und die Sauce unter ständigem Rühren nochmals kurz aufkochen lassen. Sauce nochmals abschmecken.

## Geflügel-Wurst-Pfanne

pro Portion **2,20** Euro

4 Portionen

*Zubereitungszeit:* 30 Minuten
*Garzeit:* etwa 15 Minuten

1 Gemüsezwiebel (etwa 300 g)
1–2 Knoblauchzehen
250 g Hähnchenbrustfilet
250 g Geflügel-Fleischwurst
3 EL Speiseöl
Salz, gem. Pfeffer
600 g TK-Rahm-Königsgemüse
250 ml Wasser
1 Bund Petersilie
Paprikapulver rosenscharf

*Pro Portion:*
E: 29 g, F: 29 g, Kh: 15 g,
kJ: 1832, kcal: 438

**1.** Gemüsezwiebel und Knoblauch abziehen. Zwiebel halbieren und in Würfel schneiden. Knoblauch ebenfalls würfeln. Hähnchenbrustfilet kurz unter fließendem kalten Wasser abspülen, trocken tupfen und in Würfel schneiden. Von der Fleischwurst die Pelle abziehen. Fleischwurst ebenfalls würfeln.
**2.** Das Speiseöl in einem Wok erhitzen. Fleisch- und Wurstwürfel darin etwa 5 Minuten unter Rühren braten. Anschließend mit einer Schaumkelle herausnehmen. Mit Salz und Pfeffer würzen.
**3.** Zwiebel- und Knoblauchwürfel in dem verbliebenen Bratfett kurz anbraten. Das gefrorene Königsgemüse und Wasser hinzufügen, zum Kochen bringen. Das Gemüse 5–6 Minuten bei schwacher Hitze unter gelegentlichem Rühren kochen lassen.
**4.** In der Zwischenzeit Petersilie abspülen und trocken tupfen. Einige Stängel zum Garnieren beiseitelegen. Restliche Blättchen von den Stängeln zupfen und klein schneiden.
**5.** Fleisch-, Wurstwürfel und Petersilie zum Gemüse in den Wok geben und erhitzen. Mit Salz, Pfeffer und Paprika abschmecken. Die Geflügel-Wurst-Pfanne mit der beiseitegelegten Petersilie garniert servieren.

Gefüllte Kartoffelplätzchen

**Beilage: Erbsen in Parmesansauce** (2 Portionen). Dafür 1/2 Zwiebel und 1 Knoblauchzehe abziehen, klein würfeln. Zwiebel- und Knoblauchwürfel in 1/2 Esslöffel zerlassener Butter glasig dünsten. 300 g TK-Erbsen hinzugeben, kurz mitdünsten lassen. 125 g Schlagsahne hinzugießen, aufkochen lassen, mit Salz und Pfeffer würzen. Erbsen zugedeckt bei schwacher Hitze etwa 10 Minuten garen, dabei ab und zu umrühren. Zuletzt 50 g frisch geriebenen Parmesan-Käse unterrühren.

**Abwandlung:** Statt der Tomaten- eine **Kräuterfüllung** zubereiten. Dafür je 1 Bund Petersilie und Schnittlauch abspülen, trocken tupfen. Die Blättchen von den Petersilienstängeln zupfen und klein schneiden. Den Schnittlauch in feine Röllchen schneiden. Kräuter mit Knoblauch und Käseraspeln vermengen. Die Kartoffelplätzchen wie im Rezept beschrieben füllen und braten.

## Gefüllte Kartoffelplätzchen

2 Portionen (8 Plätzchen)

pro Portion 1,00 Euro

*Zubereitungszeit:* 45 Minuten, ohne Abkühlzeit

**Für die Kartoffelplätzchen:**
600 g mehligkochende Kartoffeln
Salz
1/2 Zwiebel
gem. Pfeffer
ger. Muskatnuss

**Für die Füllung:**
1 Knoblauchzehe
60 g abgetropfte, getrocknete Tomaten in Öl
1/2 Bund glatte Petersilie
30 g frisch geraspelter Emmentaler

4 EL Olivenöl

*Pro Portion:*
E: 12 g, F: 27 g, Kh: 44 g,
kJ: 1994, kcal: 476

**1.** Für die Kartoffelplätzchen die Kartoffeln schälen, abspülen, abtropfen lassen, in einem großen Topf knapp mit Wasser bedeckt, zugedeckt zum Kochen bringen, Salz hinzufügen. Kartoffeln etwa 10 Minuten kochen lassen.
**2.** Kartoffeln abgießen, abdämpfen, etwas abkühlen lassen und auf einer Haushaltsreibe grob raspeln.
**3.** Zwiebelhälfte abziehen und fein würfeln. Zwiebelwürfel mit den Kartoffelraspeln vermengen. Mit Salz, Pfeffer und Muskat würzen.
**4.** Für die Füllung Knoblauch abziehen und durch eine Knoblauchpresse drücken. Tomaten in kleine Würfel schneiden.
**5.** Petersilie abspülen und trocken tupfen. Die Blättchen von den Stängeln zupfen. Blättchen klein schneiden. Petersilie, Knoblauch und Tomatenwürfel mit den Käseraspeln vermischen.
**6.** Aus dem Kartoffelteig eine Rolle formen und in 16 gleich große Stücke teilen. Teigstücke etwas flach drücken. 8 Teigplatten mit je 2 Teelöffeln von der Füllung belegen, mit einer zweiten Teigplatte belegen und etwas andrücken. Die gefüllten Teigplatten zu runden Plätzchen formen.
**7.** Olivenöl in einer großen Pfanne erhitzen. Die Kartoffelplätzchen darin von jeder Seite 5–6 Minuten knusprig braun braten.

## Sommergemüse mit Schupfnudeln

4 Portionen

pro Portion 1,05 Euro

*Zubereitungszeit:* 30 Minuten

30 g Sonnenblumenkerne
1 kleiner Spitzkohl (etwa 600 g)
4–5 Möhren (400–500 g)
300 g Zucchini
15 g Butter oder Margarine
1 TL Zucker
Salz, gem. Pfeffer
ger. Muskatnuss
1 EL Zitronensaft
500 g Schupfnudeln (aus dem Kühlregal)
150 g saure Sahne (10 % Fett)
100 ml Wasser
2 gestr. EL heller Saucenbinder

*Pro Portion:*
E: 13 g, F: 13 g, Kh: 56 g,
kJ: 1658, kcal: 393

1. Sonnenblumenkerne in einer Pfanne ohne Fett unter Rühren anrösten, herausnehmen und auf einen Teller geben.
2. Spitzkohl putzen, halbieren und den Strunk herausschneiden. Spitzkohlhälften abspülen, gut abtropfen lassen und in fingerbreite Streifen schneiden. Möhren putzen, schälen, abspülen und abtropfen lassen. Zucchini abspülen, abtrocknen und die Enden abschneiden. Möhren und Zucchini in feine Stifte schneiden.
3. Jeweils etwas Butter oder Margarine in einer großen Pfanne zerlassen. Kohlstreifen, Möhren- und Zucchinistifte darin portionsweise unter Rühren andünsten. Gemüse mit Zucker, Salz, Pfeffer und Muskat würzen. Zitronensaft und etwa 4 Esslöffel Wasser hinzugeben und zum Kochen bringen. Gemüse zugedeckt etwa 5 Minuten bei schwacher Hitze garen, dabei gelegentlich umrühren.
4. Den Deckel abnehmen. Das Gemüse bei starker Hitze braten, bis die Flüssigkeit fast verdampft ist. Schupfnudeln hinzugeben und unter vorsichtigem Wenden anbraten. Die saure Sahne mit Wasser und dem Saucenbinder verrühren, unter vorsichtigem Rühren unter die Gemüse-Schupfnudel-Mischung rühren und anschließend unter Rühren kurz aufkochen lassen.
5. Die Sommergemüse-Pfanne nochmals mit Salz, Pfeffer und Muskat abschmecken, mit Sonnenblumenkernen bestreut sofort servieren.

## Gemüse-Schnitzel-Pfanne

pro Portion 1,40 Euro

4 Portionen

*Zubereitungszeit:* 40 Minuten
*Garzeit:* etwa 30 Minuten

800 g Kartoffeln
5 EL Speiseöl
Salz, gem. Pfeffer
Paprikapulver edelsüß
3 Schweineschnitzel (je etwa 150 g)
2 mittelgroße Zwiebeln
je 1 rote und gelbe Paprikaschote
1 mittelgroße Zucchini (etwa 150 g)
4 EL Crème fraîche

*Pro Portion:*
E: 31 g, F: 23 g, Kh: 33 g,
kJ: 1934, kcal: 463

1. Die Kartoffeln schälen, abspülen, abtropfen lassen und in Stifte schneiden. 2 Esslöffel des Speiseöls in einer Pfanne erhitzen. Die Kartoffelstifte darin etwa 10 Minuten unter gelegentlichem Wenden anbraten. Mit Salz, Pfeffer und Paprika würzen. Die Kartoffelstifte aus der Pfanne nehmen und warm stellen.
2. Schnitzel mit Küchenpapier trocken tupfen und in Streifen schneiden. Die Fleischstreifen in dem verbliebenen Bratfett von allen Seiten kross anbraten. Mit Salz, Pfeffer und Paprika würzen, aus der Pfanne nehmen und warm stellen.
3. Die Zwiebeln abziehen, halbieren und in Scheiben schneiden. Paprikaschoten halbieren, entstielen, entkernen und die weißen Scheidewände entfernen. Die Schoten abspülen, abtropfen lassen und in Streifen schneiden. Zucchini abspülen, abtrocknen und die Enden abschneiden. Zucchini in Scheiben schneiden.
4. Restliches Speiseöl in dem verbliebenen Bratfett in der Pfanne erhitzen. Zucchini-, Zwiebelscheiben und Paprikastreifen darin unter gelegentlichem Rühren andünsten.
5. Warm gestellte Kartoffelstifte und Schnitzelstreifen zu dem Gemüse in die Pfanne geben, etwas Wasser hinzufügen. Die Gemüse-Schnitzel-Pfanne zugedeckt etwa 10 Minuten garen. Anschließend nochmals mit den Gewürzen abschmecken.
6. Das Gericht auf Tellern anrichten. Auf jede Portion 1 Esslöffel Crème fraîche geben und nach Belieben mit Pfeffer bestreuen.

Sommergemüse mit Schupfnudeln

Gemüse-Schnitzel-Pfanne

## Spitzkohl-Fleischwurst-Pfanne mit Spätzle

4 Portionen

pro Portion 1,35 Euro

*Zubereitungszeit:* 30 Minuten

1 Knoblauchzehe
1 große Zwiebel (etwa 100 g)
1 kleiner Spitzkohl (etwa 700 g)
400 g Fleischwurst, 3 EL Olivenöl
125 ml Fleischbrühe
100 g Schlagsahne
Salz, gem. Pfeffer
evtl. Kümmelsamen
500 g frische Spätzle
(aus dem Kühlregal)

*Pro Portion:*
E: 25 g, F: 44 g, Kh: 40 g,
kJ: 2717, kcal: 650

**1.** Knoblauch und Zwiebel abziehen, fein würfeln. Vom Spitzkohl die äußeren, schlechten Blätter entfernen. Kohl vierteln und den Strunk herausschneiden. Den Spitzkohl kurz abspülen, gut abtropfen lassen und in Streifen schneiden.
**2.** Die Fleischwurst enthäuten und in grobe Streifen schneiden.
**3.** Das Olivenöl in einem Topf erhitzen. Knoblauch- und Zwiebelwürfel darin andünsten.
**4.** Die Kohlstreifen hinzufügen und unter gelegentlichem Rühren mit andünsten.
**5.** Die Brühe und Sahne hinzugießen. Die Zutaten zum Kochen bringen und zugedeckt etwa 5 Minuten garen. Der Kohl sollte noch bissfest sein.
**6.** Kohl mit Salz, Pfeffer und evtl. Kümmel abschmecken. Spätzle unterheben. Die Fleischwurststreifen hinzufügen und etwa 5 Minuten miterhitzen. Spitzkohl-Fleischwurst-Pfanne evtl. nochmals mit den Gewürzen abschmecken.

## Reis-Kohlrabi-Puffer mit Schinkenquark

2 Portionen

pro Portion 0,80 Euro

*Zubereitungszeit:* 25 Minuten

1 kleine Zwiebel
1 kleiner Kohlrabi
(etwa 150 g)
200 g gegarter, abgekühlter Reis
(vom Vortag)
20 g Weizenmehl
1 Ei (Größe M)
Salz
gem. Pfeffer
1 1/2 EL Speiseöl,
z. B. Sonnenblumenöl

**Für den Schinkenquark:**
125 g Speisequark (20 % Fett)
2 EL Milch
1 EL Schinkenwürfel
(aus dem Kühlregal)
etwa 1/2 TL Paprikapulver edelsüß
oder rosenscharf

*Pro Portion:*
E: 19 g, F: 16 g, Kh: 41 g,
kJ: 1609, kcal: 385

**1.** Zwiebel abziehen und in kleine Würfel schneiden. Kohlrabi schälen, abspülen, abtropfen lassen und auf der Haushaltsreibe grob raspeln.
**2.** Den vorgegarten Reis in eine Schüssel geben und mit Zwiebelwürfeln, Kohlrabiraspeln, Mehl und Ei gut vermischen. Masse mit Salz und Pfeffer kräftig würzen.
**3.** Das Speiseöl in einer großen Pfanne erhitzen. Jeweils etwa 1–1 1/2 gut gehäufte Esslöffel der Reismasse zu kleinen, dicken Puffern darin verstreichen (insgesamt 6 Stück). Die Reis-Kohlrabi-Puffer von jeder Seite bei mittlerer bis starker Hitze in etwa 4 Minuten goldbraun braten.
**4.** Für den Schinkenquark Quark mit der Milch glatt rühren. Die Schinkenwürfel unterheben, mit Salz, Pfeffer und Paprika würzen. Die Reis-Kohlrabi-Puffer mit dem Schinkenquark anrichten.

Spitzkohl-Fleischwurst-Pfanne mit Spätzle

Reis-Kohlrabi-Puffer mit Schinkenquark

Gemüsepfanne mit Kochschinken

Försterpfanne

## Gemüsepfanne mit Kochschinken

4 Portionen

pro Portion 2,25 Euro

*Zubereitungszeit:* 40 Minuten

1 Bund Frühlingszwiebeln
2 Möhren
200 g Porree (Lauch)
150 g Sojasprossen
250 g Kochschinken, in Scheiben
50 g Glasnudeln
Salz
4 EL Speiseöl
140 g abgetropfte Bambusstreifen (aus der Dose)
190 g abgetropfte Maiskölbchen (aus dem Glas)
100 ml Hühnerbrühe
2 EL Sojasauce
1 EL Weißweinessig
1/2 TL Fünf-Gewürze-Pulver
1/2 TL Sambal Oelek

*Pro Portion:*
E: 20 g, F: 13 g, Kh: 26 g,
kJ: 1282, kcal: 306

**1.** Frühlingszwiebeln putzen, abspülen und abtropfen lassen. Die Frühlingszwiebeln in etwa 1 cm breite Stücke schneiden. Möhren putzen, schälen, abspülen, abtropfen lassen und in dünne Scheiben schneiden.
**2.** Porree putzen, die Stangen längs halbieren, gründlich waschen, abtropfen lassen und in Stücke schneiden. Sojasprossen verlesen, in ein Sieb geben, mit kaltem Wasser abspülen und abtropfen lassen. Schinken in Stücke schneiden.
**3.** Glasnudeln in kochendes Salzwasser geben und 3–4 Minuten ziehen lassen. Die Nudeln in einem Sieb abtropfen lassen und warm stellen.
**4.** Speiseöl in einem Wok erhitzen. Möhrenscheiben darin andünsten. Porree-, Frühlingszwiebelstücke, Bambusstreifen, Maiskölbchen und Sojasprossen hinzufügen und unter Rühren 3–4 Minuten andünsten.
**5.** Schinkenstücke hinzufügen. Hühnerbrühe, Sojasauce und Essig hinzugießen und aufkochen lassen. Glasnudeln unterrühren. Die Gemüsepfanne mit Fünf-Gewürze-Pulver und Sambal Oelek abschmecken.

## Försterpfanne

4 Portionen

pro Portion 1,20 Euro

*Zubereitungszeit:* 25 Minuten

750 g gegarte Salzkartoffeln
100 g fetter Speck
1 Zwiebel
250 g TK-Champignonscheiben
Salz
gem. Pfeffer
4 Eier (Größe M)
5 EL Milch
ger. Muskatnuss
2 EL TK-Gemischte Kräuter
evtl. etwas Butter
je 1 EL Schnittlauchröllchen und klein geschnittene Petersilie

*Pro Portion:*
E: 15 g, F: 28 g, Kh: 39 g,
kJ: 1967, kcal: 471

**1.** Kartoffeln in Scheiben und Speck in Würfel schneiden. Speckwürfel in einer großen Pfanne ohne Fett knusprig ausbraten.
**2.** Zwiebel abziehen, zuerst in Scheiben schneiden, dann in Ringe teilen. Die Zwiebelringe zu den Speckwürfeln in die Pfanne geben und glasig dünsten. Kartoffel- und gefrorene Champignonscheiben hinzufügen, unter Wenden braun braten, mit Salz und Pfeffer würzen.
**3.** Eier mit Milch verschlagen, mit Salz und Muskat würzen. Kräuter unterrühren. Die Eiermilch auf der Kartoffel-Champignon-Masse verteilen und bei mittlerer Hitze stocken lassen. Evtl. etwas Butter in die Pfanne geben (die Eiermasse darf nicht trocken werden). Die Försterpfanne ist fertig, wenn die untere Seite leicht gebräunt ist.
**4.** Die Försterpfanne mit Schnittlauchröllchen und Petersilie bestreuen und am besten in der Pfanne servieren.

Gebratene Steckrüben mit Mie-Nudeln

Fruchtige Melonen-Hähnchen-Pfanne

## Gebratene Steckrüben mit Mie-Nudeln

4 Portionen

pro Portion **1,25** Euro

*Zubereitungszeit:* 40 Minuten

1 kg Steckrübe
2 Knoblauchzehen
30 g frischer Ingwer
3 Stangen Porree (Lauch)
4 EL Erdnussöl
3 EL geschälte Sesamsamen
150 ml Reiswein oder Gemüsebrühe
120 g Tomatenketchup
2 EL helle Sojasauce
1 TL Sambal Manis (süßlich-scharfe indonesische Chilipaste)
Salz
200 g Mie-Nudeln (asiatische Instant-Nudeln)

*Pro Portion:*
E: 15 g, F: 19 g, Kh: 59 g,
kJ: 1998, kcal: 476

**1.** Die Steckrübe schälen, abspülen, abtropfen lassen und in etwa 1 cm kleine Würfel schneiden. Knoblauch abziehen. Ingwer schälen. Knoblauch und Ingwer in kleine Würfel schneiden.

**2.** Porree putzen, die Stangen längs halbieren, gründlich waschen und abtropfen lassen. Die Stangen in feine Streifen schneiden.

**3.** Das Erdnussöl in einem Wok erhitzen. Die Steckrübenwürfel darin unter Rühren anbraten, Knoblauch- und Ingwerwürfel hinzugeben, Sesam mit anrösten.

**4.** Reiswein oder Gemüsebrühe und Ketchup unterrühren, mit Sojasauce, Sambal Manis und Salz würzen. Die Steckrübenpfanne etwa 10 Minuten kochen lassen.

**5.** Die Mie-Nudeln nach Packungsanleitung zubereiten. Die Nudeln anschließend in einem Sieb abtropfen lassen und warm halten.

**6.** Die Porreestreifen unter die Steckrüben rühren und kurz erhitzen. Die Nudeln ebenfalls kurz unterrühren oder getrennt dazureichen.

***Tipp:*** Zusätzlich noch einige fein geschnittene Thai-Basilikumblätter vor dem Servieren unterrühren.

## Fruchtige Melonen-Hähnchen-Pfanne

4 Portionen

pro Portion **2,45** Euro

*Zubereitungszeit:* 25 Minuten

400 g Hähnchenbrustfilet
1 EL Currypulver
1 EL helle Sojasauce
1 EL Speisestärke
1 rote Zwiebel
400 g Champignons
1/2 Kantalupe-, Ogen- oder Honigmelone
100 g roher Schinken, in Scheiben
1/2 Bund Schnittlauch
5 EL Sojaöl
Salz

*Pro Portion:*
E: 33 g, F: 15 g, Kh: 9 g,
kJ: 1241, kcal: 297

**1.** Hähnchenbrustfilet kurz unter fließendem kalten Wasser abspülen und trocken tupfen. Filet in dünne Streifen schneiden, mit Curry, Sojasauce und Speisestärke vermischen.

**2.** Zwiebel abziehen und in kleine Würfel schneiden. Champignons putzen, evtl. kurz abspülen und abtropfen lassen. Champignons in Scheiben schneiden.
**3.** Melone entkernen und die Schale abschneiden. Vom Melonenfruchtfleisch 100 g abwiegen und in etwa 2 cm große Würfel schneiden. Schinkenscheiben in Streifen schneiden.
**4.** Schnittlauch abspülen, trocken tupfen und einige Halme zum Garnieren beiseitelegen. Restlichen Schnittlauch in Röllchen schneiden.
**5.** Sojaöl in einem Wok oder in einer beschichteten Pfanne erhitzen. Die Hähnchenstreifen darin von allen Seiten anbraten. Zwiebelwürfel und Champignonscheiben hinzufügen und unter Rühren bei mittlerer Hitze weitere etwa 5 Minuten braten.
**6.** Schinkenstreifen und Melonenstücke ebenfalls in den Wok (Pfanne) geben, vorsichtig unterrühren und kurz erhitzen. Melonen-Hähnchen-Pfanne mit Salz abschmecken, die Schnittlauchröllchen unterrühren.
**7.** Die Melonen-Hähnchen-Pfanne mit den beiseitegelegten Schnittlauchhalmen garniert servieren.

***Tipps:*** Die restliche Melone mit Parmaschinken und Grissini-Brotstangen als Vorspeise servieren oder zum Dessert reichen.

## Fischpfanne „Schanghai"

pro Portion 1,85 Euro

4 Portionen

*Zubereitungszeit:* 30 Minuten, ohne Auftauzeit

600 g TK-Seelachsfilet
Salz
1 EL Speisestärke
5–6 EL Speiseöl
500 g TK-Pfannengemüse asiatisch
290 ml süße Chilisauce
1–2 EL Limettensaft

*Pro Portion:*
E: 32 g, F: 24 g, Kh: 44 g,
kJ: 2194, kcal: 523

**1.** Seelachsfilet nach Packungsanleitung auftauen lassen. Anschließend kurz unter fließendem kalten Wasser abspülen und trocken tupfen.
**2.** Das Seelachsfilet mit Salz würzen, dann quer in etwa 2 cm breite Streifen schneiden und in der Speisestärke wenden. Speiseöl in einer Pfanne erhitzen. Die Fischstreifen darin von allen Seiten anbraten, herausnehmen und warm stellen.
**3.** Pfannengemüse in der Pfanne nach Packungsanleitung zubereiten und etwa 10 Minuten bei schwacher Hitze garen.
**4.** Die süße Chilisauce, die warm gestellten Fischstreifen und den Limettensaft unter das Gemüse heben und kurz aufkochen lassen.

***Tipp:*** Anstelle der fertigen Sauce 2 Esslöffel Sojasauce, 2 Esslöffel Reiswein und 200 ml Hühnerbrühe zu dem Chinagemüse geben, mit Salz und Pfeffer würzen, zum Kochen bringen und zugedeckt etwa 10 Minuten bei schwacher Hitze garen. 1 Teelöffel Speisestärke mit 1 Teelöffel Wasser anrühren, in die Sauce geben und unter Rühren kurz aufkochen lassen. Die Fischstreifen hinzugeben und kurz in der Sauce erwärmen.

Fischpfanne „Schanghai"

# Hähnchen mit Gemüse „Ginza"

pro Portion 2,20 Euro

4 Portionen

*Zubereitungszeit: 40 Minuten, ohne Durchziehzeit*

6 getrocknete Shiitakepilze
400 g Hähnchenbrust (ohne Haut und Knochen)
3 El Sojasauce
2 EL trockener Sherry
1/4 Kopf Chinakohl oder zarter Wirsing
150 g Zuckerschoten
1 Stange Staudensellerie
50 g Bambussprossen
6 Cocktailtomaten
1 Stück frischer Ingwer
1 Knoblauchzehe
4 EL Erdnussöl
2 EL trockener Sherry
etwa 200 ml Hühnerbrühe
2 TL Speisestärke
2 EL Wasser
3 EL Sojasauce
gem. Pfeffer
1 Prise Zucker

*Pro Portion:*
E: 19 g, F: 26 g, Kh: 19 g, kJ: 1729, kcal: 414

**1.** Shiitakepilze nach Packungsanleitung einweichen. Hähnchenbrust kurz unter fließendem kalten Wasser abspülen, trocken tupfen, in etwa 1 cm große Würfel schneiden und in eine Schale geben. Sojasauce und Sherry verrühren, die Fleischwürfel damit beträufeln und etwa 60 Minuten durchziehen lassen.
**2.** Chinakohl putzen, den Strunk herausschneiden, den Kohl in Streifen schneiden, abspülen und abtropfen lassen. Von den Zuckerschoten die Enden abschneiden, evtl. abfädeln. Schoten abspülen und abtropfen lassen. Staudensellerie putzen und die harten Außenfäden abziehen. Selleriestangen abspülen, abtropfen lassen und in Streifen schneiden.
**3.** Bambussprossen in ein Sieb geben, mit kaltem Wasser abspülen und abtropfen lassen. Die Bambussprossen in kleine Stücke schneiden. Cocktailtomaten abspülen, trocken tupfen, halbieren und die Stängelansätze herausschneiden. Ingwer schälen und auf einer Haushaltsreibe reiben. Knoblauch abziehen und fein hacken. Die eingeweichten Shiitakepilze in einem Sieb abtropfen lassen und etwas zerkleinern.
**4.** Die Hälfte des Erdnussöls in einem Wok erhitzen. Ingwer und Knoblauch darin kurz andünsten. Chinakohlstreifen, Pilzstücke, Selleriestreifen und Bambussprossen hinzugeben, etwa 2 Minuten unter ständigem Rühren braten, herausnehmen und beiseitestellen.
**5.** Restliches Erdnussöl in dem Wok erhitzen, die marinierten Fleischwürfel hineingeben und 3–5 Minuten unter Rühren braten. Anschließend mit Sherry beträufeln. Das gebratene Gemüse, die Zuckerschoten und Cocktailtomaten hinzugeben und kurz miterhitzen. Hühnerbrühe hinzufügen. Speisestärke mit Wasser anrühren, unter die Gemüse-Fleisch-Masse rühren und unter Rühren aufkochen lassen. Hähnchen mit Gemüse mit Sojasauce, Pfeffer und Zucker abschmecken.

Hähnchen mit Gemüse „Ginza"

***Tipp:*** Mit Reis oder ganz feinen Nudeln servieren.

Fisch-Gemüse-Pfanne

Eier-Gemüse-Pfanne

## Fisch-Gemüse-Pfanne

4 Portionen

*Zubereitungszeit:* 40 Minuten

etwa 480 g Welsfilet
4 dicke, festkochende Kartoffeln (etwa 400 g)
2 Möhren (etwa 300 g)
1 Kohlrabi (etwa 400 g)
2 EL Olivenöl
40 g Butter
Salz
grob gem. Pfeffer
Saft von 1 Limette
einige Thai-Basilikumblättchen

pro Portion 2,40 Euro

*Pro Portion:*
E: 22 g, F: 27 g, Kh: 18 g,
kJ: 1698, kcal: 406

**1.** Fischfilet kurz unter fließendem kalten Wasser abspülen, trocken tupfen und in etwa 3 cm große Würfel schneiden.
**2.** Kartoffeln schälen, Möhren putzen, schälen. Kohlrabi schälen. Kartoffeln, Möhren und Kohlrabi abspülen, abtropfen lassen, zuerst in Scheiben, dann in schmale Streifen schneiden.
**3.** Das Olivenöl in einer großen Pfanne erhitzen. Die Gemüse- und Kartoffelstreifen darin von allen Seiten leicht anbraten.
**4.** Fischwürfel hinzugeben, unter vorsichtigem Rühren 5–10 Minuten mitgaren lassen.
**5.** Butter unter die Fisch-Gemüse-Pfanne rühren. Die Fisch-Gemüse-Pfanne mit Salz, grob gemahlenem Pfeffer und Limettensaft würzen.
**6.** Fisch-Gemüse-Pfanne mit abgespülten und trocken getupften Basilikumblättchen garnieren.

***Tipp:*** Das Welsfilet durch Lachsfilet oder Heilbuttfilet ersetzen.

## Eier-Gemüse-Pfanne

4 Portionen

*Zubereitungszeit:* 25 Minuten
*Garzeit:* etwa 15 Minuten

pro Portion 1,70 Euro

2 Zwiebeln
2 Knoblauchzehen
3 Fleischtomaten
je 1 rote, gelbe und grüne Paprikaschote
2 Möhren
3 EL Olivenöl
2 EL Tomatenketchup
1 EL Harissa (afrikanische Gewürzpaste)
Salz, gem. Pfeffer
gerebelter Thymian
8 Eier (Größe M)

*Pro Portion:*
E: 17 g, F: 20 g, Kh: 19 g,
kJ: 1351, kcal: 323

**1.** Zwiebeln und Knoblauch abziehen, in kleine Würfel schneiden. Tomaten abspülen, abtropfen lassen, halbieren und die Stängelansätze herausschneiden. Die Tomatenhälften in grobe Würfel schneiden. Paprikaschoten halbieren, entstielen, entkernen und die weißen Scheidewände entfernen. Schoten abspülen, abtropfen lassen und klein würfeln. Die Möhren putzen, schälen, abspülen, abtropfen lassen und in Scheiben schneiden.
**2.** Das Olivenöl in einer großen Pfanne erhitzen. Knoblauch- und Zwiebelwürfel darin andünsten. Tomaten-, Paprikawürfel und Möhrenscheiben hinzugeben, zum Kochen bringen und etwa 15 Minuten bei mittlerer Hitze garen. Das Gemüse mit Ketchup, Harissa, Salz, Pfeffer und Thymian würzen.
**3.** Eier vorsichtig aufschlagen und auf das gegarte Gemüse setzen. Die Eier stocken lassen. Die Eier-Gemüse-Pfanne sofort servieren.

***Tipps:*** Harissa-Paste erhalten Sie im Asialaden oder Supermarkt. Sie kann auch durch Chilisauce ersetzt werden.

Kapitel 04

Rezepte 301–400

# Hackfleisch

Schwedische Köttbullar

## Schwedische Köttbullar

4 Portionen

*Zubereitungszeit:* 40 Minuten, ohne Quellzeit

pro Portion 1,15 Euro

100 g Semmelbrösel
250 ml Milch (3,5 % Fett)
1 Zwiebel
600 g Rindergehacktes
1 Ei (Größe M)
1/2 gestr. TL Salz
gem. Pfeffer
3 EL Speiseöl, z. B. Sonnenblumenöl
3 abgetropfte Gewürzgurken (aus dem Glas)
etwa 150 g Schlagsahne
1–2 EL Gurkensud (aus dem Glas)
Salz

*Pro Portion:*
E: 38 g, F: 45 g, Kh: 25 g,
kJ: 2736, kcal: 653

**1.** Die Semmelbrösel mit Milch in einer Schüssel gut verrühren und etwa 30 Minuten quellen lassen.
**2.** Zwiebel abziehen und auf der Haushaltsreibe fein reiben oder in sehr kleine Würfel schneiden. Das Gehackte in eine Schüssel geben. Semmelbröselmasse und Ei hinzufügen. Die Zutaten zu einem geschmeidigen Teig verarbeiten. Mit Salz und Pfeffer würzen.
**3.** Aus der Hackfleischmasse mit angefeuchteten Händen walnussgroße Bällchen formen.
**4.** Speiseöl in einer Pfanne erhitzen. Köttbullar darin evtl. portionsweise von allen Seiten unter gelegentlichem Wenden bei mittlerer Hitze 8–10 Minuten braten. Köttbullar aus der Pfanne nehmen und zugedeckt warm stellen.
**5.** Von den Gurken 1–2 Esslöffel Gurkensud auffangen. Gurken in kleine Würfel schneiden, mit Sahne und dem Gurkensud zum verbliebenen Bratfett in die Pfanne geben, unter Rühren aufkochen und etwa 2 Minuten einkochen lassen. Die Sauce mit Salz und Pfeffer würzen.
**6.** Köttbullar in die Sauce geben und kurz erwärmen.

***Tipps:*** Statt eingelegter Gurken Perlzwiebeln oder Senffrüchte verwenden. Noch preiswerter wird es, wenn Sie statt Rindergehacktes gemischtes Gehacktes (halb Rind-, halb Schweinefleisch) verwenden.

## Gehacktes-Porree-Topf

4 Portionen

*Zubereitungszeit:* 20 Minuten
*Garzeit:* 12–15 Minuten

2 Stangen Porree (Lauch)
3 EL Speiseöl
500 g Gehacktes (halb Rind-, halb Schweinefleisch)
Salz, gem. Pfeffer
500 ml Fleisch- oder Gemüsebrühe
250 g Gabelspaghetti

pro Portion 1,05 Euro

*Pro Portion:*
E: 34 g, F: 30 g, Kh: 46 g,
kJ: 2476, kcal: 591

**1.** Den Porree putzen, die Stangen längs halbieren, gründlich waschen und abtropfen lassen. Den Porree in Streifen schneiden.
**2.** Speiseöl in einer großen, beschichteten Pfanne oder einem großen Topf erhitzen. Das Gehackte darin unter Rühren anbraten, dabei die Fleischklümpchen mit einer Gabel zerdrücken. Das Gehackte mit Salz und Pfeffer würzen.
**3.** Porreestreifen, Brühe und Gabelspaghetti hinzufügen, zum Kochen bringen und zugedeckt etwa 8 Minuten bei mittlerer Hitze garen, dabei zwischendurch umrühren. Mit Salz und Pfeffer abschmecken.

***Tipp:*** Geben Sie noch 2 geputzte, fein gewürfelte Möhren mit dem Porree hinzu.

## Penne mit Wirsingsauce und Mettbällchen

4 Portionen

pro Portion 0,93 Euro

*Zubereitungszeit:* 35 Minuten

500 g Wirsing
200 g Möhren
2 EL Rapsöl
250 g Thüringer Mett (gewürztes Schweinemett)
100 ml Gemüsebrühe

3 l Wasser
3 gestr. TL Salz
300 g Penne (Röhrennudeln)

1–2 EL Crème fraîche
Salz, gem. Pfeffer
ger. Muskatnuss

*Pro Portion:*
E: 24 g, F: 21 g, Kh: 57 g,
kJ: 2169, kcal: 520

**1.** Vom Wirsing die äußeren, welken Blätter entfernen. Kohl vierteln und den Strunk herausschneiden. Wirsingviertel abspülen, abtropfen lassen und in feine Streifen schneiden.
**2.** Möhren putzen, schälen, abspülen, abtropfen lassen und in dünne Scheiben schneiden. Rapsöl in einer großen Pfanne erhitzen. Von dem Mett mit einem Teelöffel kleine Klößchen abstechen und in dem erhitzten Rapsöl von allen Seiten knusprig braun braten.
**3.** Wirsingstreifen mit den Möhrenscheiben zu den Klößchen in die Pfanne geben, unter Rühren kurz andünsten. Die Gemüsebrühe hinzugießen und zum Kochen bringen. Die Wirsingsauce zugedeckt etwa 5 Minuten kochen lassen, dabei gelegentlich umrühren.
**4.** In der Zwischenzeit das Wasser in einem großen Topf zugedeckt zum Kochen bringen. Dann Salz und Nudeln hinzugeben. Die Nudeln im geöffneten Topf bei mittlerer Hitze nach Packungsanleitung kochen lassen, dabei gelegentlich umrühren.
**5.** Crème fraîche unter die Wirsingsauce rühren. Die Sauce weitere etwa 3 Minuten kochen lassen.
**6.** Gare Nudeln in ein Sieb geben, mit heißem Wasser abspülen und abtropfen lassen.
**7.** Die Wirsingsauce mit Salz, Pfeffer und Muskatnuss würzen. Die Nudeln vorsichtig unterheben und sofort servieren.

Gehacktes-Porree-Topf

Penne mit Wirsingsauce und Mettbällchen

## Kohlrabitopf mit Bratwurstklößchen

8–10 Portionen

pro Portion 0,97 Euro

*Zubereitungszeit:* 55 Minuten
*Garzeit:* etwa 25 Minuten

1 kg Kohlrabi
50 g Butter
2 l Gemüsebrühe
250 g Schlagsahne
1 Pck. Kartoffelpüreepulver (für 3 Portionen)
4 grobe, ungebrühte Bratwürste (je etwa 100 g)
Salz
gem. Pfeffer
etwas Currypulver
2 EL glatte Petersilienstreifen

*Pro Portion:*
E: 9 g, F: 25 g, Kh: 12 g,
kJ: 1284, kcal: 307

**1.** Kohlrabi putzen, schälen, abspülen, abtropfen lassen und halbieren. Kohlrabi zuerst in Scheiben, dann in Stifte schneiden.
**2.** Butter in einem großen Topf zerlassen. Kohlrabistifte darin unter Rühren andünsten.
**3.** Gemüsebrühe und Sahne hinzufügen, zum Kochen bringen. Die Suppe etwa 15 Minuten bei schwacher Hitze unter gelegentlichem Rühren kochen lassen. Kartoffelpüreepulver unterrühren.
**4.** Die Bratwurstmasse portionsweise aus der Haut drücken und daraus kleine Klößchen formen. Die Bratwurstklößchen ebenfalls in die Suppe geben.
**5.** Die Klößchen etwa 10 Minuten in der Suppe bei schwacher Hitze gar ziehen lassen.
**6.** Den Kohlrabitopf mit Salz, Pfeffer und Curry abschmecken und mit Petersilienstreifen bestreut servieren.

Kohlrabitopf mit Bratwurstklößchen

## Pizza mit Zwiebelmett und Schnittlauch

4 Portionen

pro Portion 1,04 Euro

*Zubereitungszeit:* 40 Minuten, ohne Teiggehzeit
*Backzeit:* 22–25 Minuten

**Für den Hefeteig:**
300 g Weizenmehl (Type 550)
Salz
1 TL Dr. Oetker Trockenbackhefe
225 ml lauwarmes Wasser

**Für den Belag:**
250 g rote Zwiebeln
1 TL Kümmelsamen, ganz
75 g Emmentaler (am Stück)
75 g Crème fraîche
100 g Schinken-Zwiebelmettwurst
gem. schwarzer Pfeffer
1/2 Bund Schnittlauch

etwas Weizenmehl zum Bestäuben

*Pro Portion:*
E: 19 g, F: 18 g, Kh: 60 g,
kJ: 2035, kcal: 487

**1.** Für den Teig das Mehl in eine Rührschüssel geben, mit 1 Teelöffel Salz und Trockenbackhefe sorgfältig vermischen. Lauwarmes Wasser hinzugeben.
**2.** Nun die Zutaten mit einem Mixer (Knethaken) zunächst kurz auf niedrigster, dann auf höchster Stufe zu einem glatten Teig verarbeiten. Den Teig zugedeckt an einem warmen Ort etwa 90 Minuten gehen lassen.
**3.** In der Zwischenzeit für den Belag die Zwiebeln abziehen, längs halbieren und quer in sehr dünne Scheiben schneiden.
**4.** Zwiebelscheiben in eine Schüssel geben. Etwa 1 Teelöffel Salz und den Kümmel gut untermischen. Zwiebelscheiben mindestens 60 Minuten ziehen lassen. Käse grob reiben und beiseitestellen.
**5.** Den Backofen vorheizen.
*Ober-/Unterhitze:* etwa 240 °C
*Heißluft:* etwa 220 °C
**6.** Den gegangenen Teig mit etwas Mehl bestäuben, aus der Schüssel nehmen und auf einem Backblech (mit Backpapier belegt) zu einem etwa 1 cm dicken Fladen ausrollen oder mit den Händen zu einem Fladen formen.
**7.** Den Teigfladen zunächst mit Crème fraîche bestreichen. Die Zwiebelscheiben daraufgeben. Zwiebelmettwurst in kleine Stücke zupfen und gleichmäßig darauf verteilen.

Pizza mit Zwiebelmett und Schnittlauch

Lammhackbraten mit Bohnen-Tomaten-Gemüse

**8.** Mit dem beiseitegestellten Käse bestreuen und mit grob gemahlenem Pfeffer würzen.
**9.** Die Form auf dem Rost in den vorgeheizten Backofen schieben. Die Zwiebelpizza 22–25 Minuten backen.
**10.** In der Zwischenzeit Schnittlauch abspülen, trocken tupfen und in Röllchen schneiden.
**11.** Die Zwiebelpizza mit Schnittlauchröllchen bestreut servieren.

***Tipps:*** Verwenden Sie für den Belag statt des Emmentalers geriebenen Mozzarella und bestreuen Sie die Pizza vor dem Servieren mit abgespülten, in Streifen geschnittenen Basilikumblättchen.

## Lammhackbraten mit Bohnen-Tomaten-Gemüse

6 Portionen

pro Portion 2,48 Euro

*Zubereitungszeit:* 45 Minuten
*Garzeit:* 3 1/2–4 Stunden

220 g Zwiebeln
3 Knoblauchzehen
50 g getrocknete Tomaten
1 kg Lammgehacktes
2 Eier (Größe M)
Salz, gem. Pfeffer
1 TL gerebelter Thymian oder Rosmarin
1/2 TL Chiliflocken
200 g Schafskäse
2 EL Olivenöl
960 g abgetropfte, weiße Bohnen (aus Dosen)
400 g passierte Tomaten (Tetrapak)
100 g abgetropfte, schwarze Oliven (ohne Stein)
2–3 Tomaten

*Pro Portion:*
E: 53 g, F: 46 g, Kh: 36 g,
kJ: 3224, kcal: 769

**1.** Den Backofen vorheizen.
*Ober-/Unterhitze:* etwa 95 °C
**2.** Zwiebeln und Knoblauch abziehen, klein würfeln. Tomaten in feine Streifen schneiden.
**3.** Gehacktes in eine Schüssel geben. Etwa die Hälfte der Zwiebel- und Knoblauchwürfel, Eier und Tomatenstreifen hinzufügen. Die Zutaten gut unterkneten. Mit Salz, Pfeffer, Thymian oder Rosmarin und Chili würzen. Die Hackfleischmasse halbieren und mit angefeuchteten Händen jeweils zu einem länglichen Laib formen. In jeden Fleischlaib längs eine Vertiefung eindrücken. Schafskäse in 3 gleich große, längliche Stücke schneiden. Je 1 Käsestück in die Vertiefungen der Fleischlaibe legen und mit der Hackfleischmasse umschließen, sodass jeweils ein 6–7 cm hoher Laib entsteht.
**4.** Olivenöl in einem Bräter erhitzen. Die Fleischlaibe darin nacheinander von allen Seiten je etwa 10 Minuten gut anbraten, dann aus dem Bräter nehmen. Restliche Zwiebel- und Knoblauchwürfel in den Bräter geben, kurz anbraten.
**5.** Bohnen mit den passierten Tomaten in den Bräter geben. Oliven hinzufügen und unterrühren. Die Zutaten kurz aufkochen lassen. Die Fleischlaibe auf das Gemüse in den Bräter legen.
**6.** Den Bräter auf dem Rost in den vorgeheizten Backofen (unteres Drittel) schieben. Die Lammhackbraten 3 1/2–4 Stunden garen.
**7.** Tomaten abspülen, abtrocknen, halbieren und die Stängelansätze herausschneiden. Tomaten in Spalten schneiden. Restlichen Schafskäse in kleine Stücke schneiden. Den Lammhackbraten in Scheiben schneiden, mit dem Bohnen-Tomaten-Gemüse, Käsestückchen und Tomatenspalten auf Tellern anrichten und servieren.

***Tipps:*** Der Lammhackbraten sollte nach der Garzeit eine Kerntemperatur von etwa 80 °C erreicht haben. Lammhackbraten mit einem abgespülten, trocken getupften Rosmarinzweig garniert servieren.

Hack-Tandoori-Suppe

Hackbällchen in Bohnenragout

## Hack-Tandoori-Suppe

4 Portionen

*Zubereitungszeit:* 25 Minuten

pro Portion 1,08 Euro

1 EL Olivenöl
300 g Rindergehacktes
1 Knoblauchzehe
1 TL Tomatenmark
Salz
gem. Pfeffer
1–2 TL Tandoori-Gewürz (Pulver oder Paste, aus dem Glas)
800 ml heiße Gemüsebrühe
500 g vorbereitetes Kürbisfruchtfleisch, z. B. Butternut, gelber Zentner oder Hokkaido
250 g TK-Blumenkohlröschen
1 Bund Frühlingszwiebeln
200 g Schlagsahne
4 TL Crème fraîche

*Pro Portion:*
E: 21 g, F: 32 g, Kh: 15 g,
kJ: 1793, kcal: 429

**1.** Olivenöl in einem Topf erhitzen. Gehacktes darin unter Rühren anbraten. Dabei die Fleischklümpchen mit einer Gabel zerdrücken.
**2.** Knoblauch abziehen, in kleine Würfel schneiden und hinzugeben. Tomatenmark unterrühren und mit anbraten. Die Hackfleischmasse mit Salz, Pfeffer und Tandoori-Gewürz würzen. Brühe hinzugießen und zum Kochen bringen.
**3.** Das Kürbisfruchtfleisch in 1–2 cm große Würfel schneiden. Kürbiswürfel und gefrorene Blumenkohlröschen in die Suppe geben, wieder zum Kochen bringen. Zutaten bei schwacher Hitze etwa 10 Minuten kochen lassen.
**4.** Frühlingszwiebeln putzen, abspülen, abtropfen lassen und in Scheiben schneiden. Frühlingszwiebelscheiben und Sahne in die Suppe geben und unterrühren. Die Suppe wieder zum Kochen bringen und weitere etwa 5 Minuten kochen lassen. Mit Salz und Pfeffer abschmecken.
**5.** Die Hack-Tandoori-Suppe in tiefen Tellern oder Suppentassen verteilen und mit je 1 Teelöffel Crème fraîche garnieren.

## Hackbällchen in Bohnenragout

(Römertopf®, 3-Liter-Inhalt)

4 Portionen

*Zubereitungszeit:* 30 Minuten
*Garzeit:* etwa 50 Minuten

pro Portion 2,05 Euro

600 g Gehacktes (halb Rind-, halb Schweinefleisch)
1 Ei (Größe M)
Salz, gem. Pfeffer
Knoblauchpulver
2–3 EL Rapsöl
250 g Chili-Bohnen (aus der Dose)
250 g Kidneybohnen (aus der Dose)
250 g abgetropfte, dicke, weiße Bohnen (aus der Dose)
1 TL Paprikapulver edelsüß
1 TL gem. Koriander
1 Bund Petersilie
370 g stückige Tomaten (aus der Dose)

*Pro Portion:*
E: 44 g, F: 34 g, Kh: 26 g,
kJ: 2445, kcal: 583

**1.** Gehacktes in eine Schüssel geben, das Ei unterarbeiten, mit Salz, Pfeffer und Knoblauch würzen.
**2.** Aus der Hackfleischmasse mit angefeuchteten Händen kleine Bällchen (je etwa 30 g) formen.
**3.** Rapsöl in einer großen Pfanne erhitzen. Hackbällchen darin von allen Seiten anbraten.
**4.** Die Chili- und Kidneybohnen mit dem Saft und weiße Bohnen (ohne Saft) in einer Schüssel mischen. Mit Salz, Pfeffer, Paprika, Koriander und Knoblauch würzen.
**5.** Petersilie abspülen und trocken tupfen. Blättchen von den Stängeln zupfen (einige Blättchen zum Garnieren beiseitelegen). Blättchen klein schneiden.
**6.** Tomatenstücke und Petersilie unter die Bohnenmischung rühren, in einen gewässerten Römertopf® (3-Liter-Inhalt) geben. Angebratene Hackbällchen auf dem Bohnenragout verteilen.
**7.** Den Römertopf® mit dem Deckel verschließen und auf dem Rost in den kalten Backofen (unteres Drittel) schieben.
*Ober-/Unterhitze:* etwa 200 °C
*Heißluft:* etwa 180 °C
**8.** Die Hackbällchen in Bohnenragout etwa 50 Minuten garen.
**9.** Die Hackbällchen mit dem Bohnenragout anrichten und mit den beiseitegelegten Petersilienblättchen garniert servieren.

## Grüne Spaghetti in Gemüse-Hack-Sauce

4 Portionen

pro Portion 1,45 Euro

*Zubereitungszeit:* 40 Minuten, ohne Durchziehzeit

2 kleine Zwiebeln
2 kleine Zucchini (je etwa 200 g)
1 Aubergine (etwa 250 g)
1 kleine Fenchelknolle (etwa 200 g)
4 mittelgroße Tomaten
2 EL Olivenöl
400 g Lammgehacktes
(evtl. beim Metzger vorbestellen)
Salz, gem. Pfeffer
einige frische Thymian- und Majoranblättchen
je 3 l Wasser
je 3 gestr. TL Salz
600 g grüne oder weiße Spaghetti

*Pro Portion:*
E: 39 g, F: 24 g, Kh: 112 g,
kJ: 3477, kcal: 831

**1.** Zwiebeln abziehen. Zucchini und Aubergine abspülen, abtrocknen und die Enden bzw. den Stängelansatz abschneiden. Die Fenchelknolle putzen, abspülen, abtropfen lassen und halbieren. Tomaten abspülen, trocken tupfen, halbieren und die Stängelansätze herausschneiden. Das vorbereitete Gemüse klein würfeln.
**2.** Olivenöl in einer großen Pfanne erhitzen. Lammgehacktes, Zwiebel- und Fenchelwürfel darin unter Rühren anbraten. Zucchini-, Auberginen- und Tomatenwürfel hinzufügen, gut durchdünsten lassen. Mit Salz und Pfeffer würzen. Abgespülte, trocken getupfte Thymian- und Majoranblättchen unterheben. Lammhack-Gemüse-Pfanne zugedeckt etwa 10 Minuten garen, evtl. etwas Wasser hinzugießen.
**3.** Wasser in einem großen Topf zugedeckt zum Kochen bringen. Dann Salz und Spaghetti hinzugeben. Die Spaghetti in 2 Portionen im geöffneten Topf bei mittlerer Hitze nach Packungsanleitung bissfest kochen, dabei gelegentlich umrühren. Anschließend die Spaghetti in ein Sieb geben, mit heißem Wasser abspülen und abtropfen lassen.
**4.** Die Spaghetti vorsichtig unter die Sauce rühren und einige Minuten ziehen lassen. Nochmals mit den Gewürzen abschmecken und servieren.

## Hack-Gemüse-Pfanne

4 Portionen

*Zubereitungszeit:* 35 Minuten
*Garzeit:* etwa 20 Minuten

pro Portion 1,45 Euro

500 g Wirsing
400 g Steckrübe
250 g Möhren
1 Bund Frühlingszwiebeln
Salz
1 Brötchen (Semmel) vom Vortag
500 g Gehacktes (halb Rind-, halb Schweinefleisch)
1 Ei (Größe M)
gem. Pfeffer
2 EL Olivenöl
400 ml Gemüsebrühe
1/2 Bund glatte Petersilie

*Pro Portion:*
E: 32 g, F: 28 g, Kh: 21 g,
kJ: 1936, kcal: 463

**1.** Wirsing putzen, vierteln und den Strunk herausschneiden. Wirsing abspülen, abtropfen lassen und in feine Streifen schneiden. Die Steckrübe schälen, abspülen, abtropfen lassen und in Würfel schneiden. Möhren putzen, schälen, abspülen, abtropfen lassen, in Scheiben schneiden.
**2.** Frühlingszwiebeln putzen, abspülen, abtropfen lassen und in etwa 2 cm lange Stücke schneiden.
**3.** Salzwasser in einem Topf zum Kochen bringen. Die Steckrübenwürfel darin etwa 5 Minuten garen, anschließend in ein Sieb geben, mit kaltem Wasser abschrecken und abtropfen lassen.
**4.** Brötchen in kaltem Wasser einweichen und gut ausdrücken. Gehacktes in eine Schüssel geben. Brötchen und Ei gut unterkneten. Mit Salz und Pfeffer würzen. Aus der Hackfleischmasse mit angefeuchteten Händen kleine Bällchen formen.
**5.** Olivenöl in einem Bräter erhitzen. Die Hackbällchen darin in 2 Portionen von allen Seiten anbraten. Das vorbereitete Gemüse hinzugeben und unter Rühren mit anbraten. Brühe hinzugießen. Mit Salz und Pfeffer würzen. Die Hack-Gemüse-Pfanne zugedeckt etwa 15 Minuten kochen lassen.
**6.** Petersilie abspülen und trocken tupfen. Die Blättchen von den Stängeln zupfen und klein schneiden. Die Petersilie unter die Hack-Gemüse-Pfanne rühren und sofort servieren.

Grüne Spaghetti in Gemüse-Hack-Sauce

Hack-Gemüse-Pfanne

## Hackbällchen mit Kräuterreis

4 Portionen

pro Portion **1,40** Euro

*Zubereitungszeit:* 35 Minuten

250 g Naturreis, Salz
je 500 g Kohlrabi und Möhren
500 g Thüringer Mett
(gewürztes Schweinemett)
1–2 EL Speiseöl,
z. B. Sonnenblumenöl
25 g TK-8-Kräuter-Mischung
gem. Pfeffer

*Pro Portion:*
E: 30 g, F: 31 g, Kh: 55 g,
kJ: 2569, kcal: 611

**1.** Naturreis in kochendem Salzwasser nach Packungsanleitung garen, in ein Sieb geben, abtropfen lassen.
**2.** In der Zwischenzeit Kohlrabi und Möhren putzen, schälen, abspülen, abtropfen lassen und in Stifte schneiden.
**3.** Aus dem Thüringer Mett mit angefeuchteten Händen kleine Bällchen formen.
**4.** Speiseöl in einem Wok oder einer Pfanne erhitzen. Die Hackbällchen darin portionsweise von allen Seiten anbraten und herausnehmen.
**5.** Gemüsestifte in dem verbliebenen Bratfett unter Rühren 3–4 Minuten braten. Hackbällchen wieder hinzugeben und das Ganze bei mittlerer Hitze unter gelegentlichem Wenden weitere etwa 3 Minuten braten.
**6.** Reis und Kräuter hinzugeben, noch etwa 5 Minuten braten, dabei gelegentlich vorsichtig umrühren.
**7.** Das Ganze vor dem Servieren mit Salz und Pfeffer würzen.

## Spaghetti alla bolognese

4–6 Portionen

pro Portion **1,45** Euro

*Zubereitungszeit:* 50 Minuten

3 Zwiebeln
2 Knoblauchzehen
100 g Möhren
100 g Staudensellerie
300 g Zucchini
3 EL Olivenöl
400 g Schweinegehacktes
240 g geschälte Tomaten
(aus der Dose)
1/2 EL Salz
1 EL Zucker, gem. Pfeffer
je 1 TL gerebelter Thymian
und Oregano
400 g pürierte Tomaten
(aus der Dose)
1 Topf Basilikum
5 l Wasser
5 gestr. TL Salz
500 g Spaghetti

*Pro Portion:*
E: 32 g, F: 21 g, Kh: 82 g,
kJ: 2705, kcal: 646

**1.** Zwiebeln und Knoblauch abziehen, in kleine Würfel schneiden. Möhren putzen, schälen, abspülen. Sellerie putzen und die harten Außenfäden abziehen. Sellerie abspülen. Zucchini abspülen und die Enden abschneiden. Möhren, Sellerie und Zucchini abtropfen lassen und klein würfeln.
**2.** Olivenöl in einem großen Topf erhitzen. Zwiebel- und Knoblauchwürfel darin andünsten. Gehacktes hinzufügen und unter ständigem Rühren etwa 5 Minuten anbraten. Dabei die Fleischklümpchen mit einer Gabel zerdrücken. Möhren-, Sellerie- und Zucchiniwürfel unterrühren. Tomaten mit dem Saft hinzugeben.
**3.** Die Zutaten unter Rühren zum Kochen bringen und etwa 5 Minuten unter Rühren kochen lassen. Mit Salz, Zucker, Pfeffer, Thymian und Oregano würzen. Tomatenpüree unterrühren. Die Sauce mit den Gewürzen abschmecken und warm stellen.
**4.** Basilikum abspülen und trocken tupfen. Die Blättchen von den Stängeln zupfen, evtl. grob zerschneiden.
**5.** Das Wasser in einem großen Topf zugedeckt zum Kochen bringen. Dann Salz und Spaghetti hinzugeben. Die Spaghetti im geöffneten Topf bei mittlerer Hitze nach Packungsanleitung bissfest kochen, dabei gele-

Hackbällchen mit Kräuterreis

Spaghetti alla bolognese

Schichtmittag

Hackbällchen in Kräutersahne

gentlich umrühren. Spaghetti in ein Sieb geben, mit heißem Wasser abspülen und abtropfen lassen.

**6.** Spaghetti mit der Sauce auf Tellern anrichten und mit Basilikum bestreut sofort servieren.

## Schichtmittag

4 Portionen

pro Portion **1,30** Euro

*Zubereitungszeit:* 40 Minuten
*Garzeit:* 70–90 Minuten

1 kleiner Weißkohl (etwa 750 g)
600 g festkochende Kartoffeln
1 Gemüsezwiebel
4 EL Speiseöl
Salz, gem. Pfeffer
evtl. gem. Kümmelsamen
500 g Thüringer Mett
(gewürztes Schweinemett)
125 ml Gemüsebrühe
40 g Butter

*Pro Portion:*
E: 29 g, F: 47 g, Kh: 28 g,
kJ: 2726, kcal: 651

**1.** Weißkohl putzen, vierteln und den Strunk herausschneiden. Die Kohlviertel in feine Streifen schneiden, abspülen und abtropfen lassen. Die Weißkohlstreifen in kochendem Wasser 3–5 Minuten kochen lassen. Anschließend die Kohlstreifen in einem Sieb abtropfen lassen.

**2.** Kartoffeln schälen, abspülen, abtropfen lassen und in Scheiben schneiden. Gemüsezwiebel abziehen, halbieren und in dünne Scheiben schneiden.

**3.** Das Speiseöl in einem Topf erhitzen. Die Hälfte der Weißkohlstreifen darin andünsten, mit Salz, Pfeffer und nach Belieben mit Kümmel würzen. Die Hälfte der Kartoffel- und Zwiebelscheiben daraufgeben. Das Mett auseinanderzupfen und darauf verteilen.

**4.** Restliche Kartoffel- und Zwiebelscheiben und zuletzt die restlichen Weißkohlstreifen einschichten, mit den Gewürzen bestreuen. Gemüsebrühe hinzugießen. Butter in Flöckchen daraufsetzen.

**5.** Schichtmittag zugedeckt bei schwacher Hitze 70–90 Minuten garen.

## Hackbällchen in Kräutersahne

4 Portionen

pro Portion **1,40** Euro

*Zubereitungszeit:* 40 Minuten

500 g Gehacktes (halb Rind-, halb Schweinefleisch)
2 Eier (Größe M)
4 EL Semmelbrösel
Salz, gem. Pfeffer
1 l Rinderbrühe

**Für die Kräutersahne:**
50 g Butter
30 g Weizenmehl
500 ml Brühe
(von den Gehacktesbällchen)
250 g Schlagsahne
4 EL gehackte Kräuter
(Schnittlauch, Dill, Petersilie)
2 EL Crème double

*Pro Portion:*
E: 32 g, F: 59 g, Kh: 16 g,
kJ: 3023, kcal: 723

**1.** Gehacktes in eine Schüssel geben. Eier und Semmelbrösel unterkneten. Mit Salz und Pfeffer würzen. Aus der Hackfleischmasse mit angefeuchteten Händen Bällchen formen. Brühe in einem Topf zum Kochen bringen. Die Hackbällchen hinzugeben und bei schwacher Hitze etwa 10 Minuten gar ziehen lassen. Bällchen mit einem Schaumlöffel aus der Brühe nehmen und warm stellen. Brühe durch ein Sieb in einen Topf gießen und 500 ml abmessen.

**2.** Für die Kräutersahne Butter zerlassen. Mehl hinzufügen und unter Rühren so lange erhitzen, bis es hellgelb ist. Die Brühe hinzugießen, mit einem Schneebesen gut durchschlagen. Dabei darauf achten, dass keine Klümpchen entstehen. Die Sauce etwa 5 Minuten unter gelegentlichem Rühren kochen lassen. Sahne hinzugießen, wieder zum Kochen bringen und um ein Drittel einkochen lassen. Mit Salz und Pfeffer würzen, Kräuter unterrühren.

**3.** Die Sauce mit Crème double verfeinern. Die Hackbällchen in die Sauce geben und nochmals erhitzen.

Süßsaure Hacksuppe

Toast „Anatolia"

## Süßsaure Hacksuppe

8–10 Portionen

*Zubereitungszeit:* 50 Minuten

pro Portion 1,78 Euro

1 Gemüsezwiebel
4 Knoblauchzehen
7 EL Speiseöl
1 1/2 kg Gehacktes (halb Rind-, halb Schweinefleisch)
Salz
gem. Pfeffer
250 g Langkornreis
3 l Gemüsebrühe
500 g Zucchini
300 g Cocktailtomaten
500 ml süßsaure Asia-Sauce
250 g TK-Erbsen
Cayennepfeffer

*Pro Portion:*
E: 39 g, F: 36 g, Kh: 44 g,
kJ: 2755, kcal: 657

**1.** Zwiebel und Knoblauch abziehen. Die Zwiebel halbieren und in grobe Würfel schneiden. Knoblauch klein schneiden.
**2.** Jeweils 1–2 Esslöffel des Speiseöls in einer Pfanne erhitzen. Gehacktes darin portionsweise unter Rühren anbraten. Dabei die Fleischklümpchen mit einer Gabel zerdrücken. Mit Salz und Pfeffer würzen.
**3.** Das restliche Speiseöl in einem großen Topf erhitzen. Zwiebelwürfel, Knoblauch und Reis darin unter Rühren andünsten. Brühe hinzugießen und zum Kochen bringen. Den Langkornreis zugedeckt etwa 8 Minuten bei schwacher Hitze garen.
**4.** Inzwischen die Zucchini abspülen, abtrocknen und die Enden abschneiden. Die Zucchini der Länge nach halbieren, in Scheiben schneiden.
**5.** Cocktailtomaten abspülen, trocken tupfen und halbieren, evtl. die Stängelansätze herausschneiden.
**6.** Gehacktes, Asia-Sauce und Zucchinischeiben zu dem Reis in den Topf geben.
**7.** Die Suppe wieder zum Kochen bringen und weitere etwa 5 Minuten kochen lassen.
**8.** Tomatenhälften und die gefrorenen Erbsen in die Suppe geben und wieder zum Kochen bringen.
**9.** Die Suppe nochmals etwa 5 Minuten kochen lassen und mit Cayennepfeffer abschmecken.

## Toast „Anatolia"

10 Portionen

pro Portion 1,08 Euro

*Zubereitungszeit:* 45 Minuten
*Backzeit:* 12–15 Minuten

1 großes, ovales Fladenbrot
2–3 mittelgroße Zwiebeln
2 Knoblauchzehen
1 rote Paprikaschote
50 g abgetropfte, schwarze Oliven
200 g Schafskäse
1 Bund glatte Petersilie
800 g Lammgehacktes
2 Eier (Größe M)
Salz, gem. Pfeffer
Pul Biber
(geschrotete Pfefferschoten)
4 EL Olivenöl

*Pro Portion:*
E: 25 g, F: 17 g, Kh: 31 g,
kJ: 1564, kcal: 372

**1.** Das Fladenbrot in etwa 20 Scheiben schneiden. Die Zwiebeln und den Knoblauch abziehen, in feine Würfel schneiden. Paprikaschote halbieren, entstielen, entkernen und die weißen Scheidewände entfernen. Die Schote abspülen, abtropfen lassen und in kleine Würfel schneiden.
**2.** Oliven halbieren und die Steine entfernen. Die Oliven fein würfeln. Schafskäse in kleine Würfel schneiden. Petersilie abspülen und trocken tupfen. Blättchen von den Stängeln zupfen. Blättchen klein schneiden.
**3.** Lammgehacktes in eine Schüssel geben. Die Eier, Zwiebel-, Knoblauch-, Paprikawürfel, Petersilie, Oliven und die Hälfte der Schafskäsewürfel hinzugeben und gut untermengen. Die Hackfleischmasse mit Salz, Pfeffer und Pul Biber würzen.
**4.** Den Backofen vorheizen.
*Ober-/Unterhitze:* etwa 200 °C
*Heißluft:* etwa 180 °C
**5.** Die Hackfleischmasse gleichmäßig auf den Fladenbrotscheiben verstreichen und mit den restlichen Schafskäsewürfeln bestreuen. Die Fladenbrotscheiben auf 2 Backbleche (mit Backpapier belegt) legen und mit Olivenöl beträufeln.
**6.** Die Backbleche nacheinander (bei Heißluft zusammen) in den vorgeheizten Backofen schieben. Toasts 12–15 Minuten backen.
**7.** Toasts mit dem Backpapier auf einem Kuchenrost erkalten lassen.

## Wirsing-Mett-Knödel mit Zwiebelschmelze

4 Portionen

pro Portion 1,47 Euro

*Zubereitungszeit:* 40 Minuten, ohne Quellzeit
*Garzeit:* etwa 15 Minuten

**Für die Zwiebelschmelze:**
200 g Zwiebeln
160 g Butter, Salz

**Für die Wirsing-Mett-Knödel:**
1 Kopf Wirsing (vorbereitet etwa 300 g)
500 g Weizentoastbrot
200 ml Milch (3,5 % Fett)
2 Eier (Größe M)
200 g Thüringer Mett (gewürztes Schweinemett)
gem. schwarzer Pfeffer
ger. Muskatnuss

50 g frischer Meerrettich
10 Schnittlauchhalme

*Pro Portion:*
E: 27 g, F: 55 g, Kh: 68 g,
kJ: 3633, kcal: 869

**1.** Für die Zwiebelschmelze 150 g Zwiebeln abziehen und klein würfeln. 130 g der Butter in einem kleinen Topf zerlassen. Die Zwiebelwürfel mit etwas Salz hinzugeben und bei mittlerer Hitze etwa 10 Minuten unter Rühren goldbraun rösten.
**2.** Für die Knödel Wirsing putzen und den Strunk keilförmig herausschneiden. Den Wirsing vierteln, grob zerkleinern und in kochendem Salzwasser in etwa 5 Minuten weich kochen.
**3.** Den garen Wirsing in ein Sieb geben, mit kaltem Wasser abschrecken und gut abtropfen lassen. Mit den Händen kräftig ausdrücken, er soll so trocken wie möglich sein.
**4.** Die restlichen Zwiebeln abziehen und klein würfeln. Restliche Butter in einer Pfanne zerlassen. Die Zwiebelwürfel darin kräftig andünsten. Die Pfanne beiseitestellen.
**5.** Toastbrot zuerst in etwa 2 cm dicke Scheiben, dann in etwa 2 cm große Würfel schneiden.
**6.** Die Milch erhitzen. Brot-, Zwiebelwürfel, Milch, Eier, Mett, Wirsing, Salz, Pfeffer und Muskat in einer Schüssel gut verkneten und etwa 10 Minuten quellen lassen.
**7.** Aus der Knödelmasse mit angefeuchteten Händen 12 glatte Knödel formen. Wasser in einem großen Topf zum Kochen bringen, dann Salz hinzufügen. Die Knödel in das kochende Salzwasser geben und bei schwacher Hitze etwa 15 Minuten gar ziehen lassen (das Wasser darf sich nur leicht bewegen).
**8.** In der Zwischenzeit Meerrettich schälen, abspülen, trocken tupfen und fein reiben. Schnittlauch abspülen, trocken tupfen und in Röllchen schneiden. Die beiseitegestellte Zwiebelbutter nochmals erwärmen.
**9.** Die Knödel mit einer Schaumkelle aus dem Topf nehmen, gut abtropfen lassen und auf vorgewärmten Tellern verteilen. Die Knödel mit der Zwiebelschmelze beträufeln, mit Schnittlauch und Meerrettich bestreuen.

## Ungarische Pilzfrikadellen

4 Portionen

pro Portion 1,45 Euro

*Zubereitungszeit:* 25 Minuten
*Bratzeit:* etwa 10 Minuten

250 g Champignons
400 g Schweinegehacktes
1 Knoblauchzehe
1 Zwiebel
3–4 EL TK-Petersilie
1 Ei (Größe M)
Salz
2 gestr. TL Paprikapulver edelsüß
1/2 TL Paprikapulver rosenscharf
3 EL Speiseöl, z. B. Sonnenblumenöl

*Pro Portion:*
E: 24 g, F: 29 g, Kh: 2 g,
kJ: 1507, kcal: 360

**1.** Champignons putzen, evtl. kurz abspülen und trocken tupfen. Champignons in kleine Stücke schneiden. Gehacktes in eine Schüssel geben und mit den Pilzstücken vermengen.
**2.** Knoblauch und Zwiebel abziehen, in kleine Würfel schneiden. Petersilie, Ei, Knoblauch- und Zwiebelwürfel zur Gehacktes-Pilz-Masse geben und gut unterkneten. Mit Salz und Paprika würzen.
**3.** Aus der Hackfleischmasse mit angefeuchteten Händen kleine Frikadellen formen.
**4.** Das Speiseöl in einer Pfanne erhitzen. Frikadellen darin unter mehrmaligem Wenden etwa 10 Minuten braten.

Wirsing-Mett-Knödel mit Zwiebelschmelze

Ungarische Pilzfrikadellen

## Zwiebelmett-Pizza

4 Portionen

*Zubereitungszeit:* 25 Minuten
*Backzeit:* etwa 12 Minuten je Backblech

pro Portion 1,52 Euro

**Für den Teig:**
300 g Weizenmehl
1 gestr. TL Salz
1 TL Zucker
175 ml Milch (3,5 % Fett)

**Für den Belag:**
400 g abgetropfte, stückige Tomaten (aus der Dose)
Salz, gem. schwarzer Pfeffer
Zucker
2 EL Olivenöl
400 g Zwiebelmett
200 g ger. Gouda oder Mozzarella
1 mittelgroße Zwiebel
12 Stängel Thymian

*Pro Portion:*
E: 38 g, F: 35 g, Kh: 67 g,
kJ: 3097, kcal: 740

**1.** Für den Teig das Mehl in eine Rührschüssel geben. Salz, Zucker und Milch hinzufügen. Zutaten mit einem Mixer (Knethaken) zunächst kurz auf niedrigster, dann auf höchster Stufe zu einem glatten Teig verarbeiten. Den Teig kurz ruhen lassen.

**2.** Für den Belag stückige Tomaten mit einem Pürierstab pürieren. Tomatensauce mit Salz, Pfeffer, 1 Prise Zucker und Olivenöl abschmecken.

**3.** Den Backofen vorheizen.
*Ober-/Unterhitze:* etwa 220 °C
*Heißluft:* etwa 200 °C

**4.** Den Teig in 4 gleich große Portionen teilen und auf einer leicht bemehlten Arbeitsfläche zu je einem flachen, runden Fladen ausrollen. Jeweils 2 Fladen auf ein Backblech (mit Backpapier belegt) legen.

**5.** Die Teigfladen mit der Tomatensauce bestreichen. Zwiebelmett aus der Haut drücken, mit den Händen in kleine Stücke zupfen und auf der Tomatensauce verteilen. Mit Käse bestreuen. Die Zwiebel abziehen, in Streifen schneiden und auf die Pizzen legen.

**6.** Die Backbleche nacheinander (bei Heißluft zusammen) in den vorgeheizten Backofen schieben. Die Pizzen etwa 12 Minuten je Backblech knusprig braun backen.

**7.** In der Zwischenzeit Thymian abspülen und trocken tupfen. Die Thymianstängel nach etwa 10 Minuten Backzeit auf den Pizzen verteilen und die Pizzen fertig backen.

**8.** Die Pizzen vom Backpapier lösen und auf Pizzatellern verteilen. Die Pizzen mit Pfeffer bestreuen. Sofort servieren.

Zwiebelmett-Pizza

## Scharfe Bohnensuppe

2–4 Portionen

*Zubereitungszeit:* 10 Minuten
*Garzeit:* etwa 25 Minuten

pro Portion 1,68 Euro

1 Zwiebel
1–2 TL Speiseöl, z. B. Sonnenblumenöl
250 g Gehacktes (halb Rind-, halb Schweinefleisch
100 g gewürfelter, durchwachsener Speck oder Bacon
2 geh. EL Tomatenmark
1 geh. TL Paprikapulver edelsüß
500 ml Hühner- oder Gemüsebrühe
530 g gut abgetropfte, weiße Bohnen mit Suppengrün (aus der Dose)
Salz, gem. Pfeffer
etwa 2 Stängel Petersilie
1 frische Chilischote
2–3 EL rote Paprikawürfel

*Pro Portion:*
E: 37 g, F: 17 g, Kh: 27 g,
kJ: 1730, kcal: 414

**1.** Zwiebel abziehen und in kleine Würfel schneiden.

**2.** Speiseöl in einer Pfanne erhitzen. Gehacktes darin unter Rühren scharf anbraten. Dabei die Fleischklümpchen mit einer Gabel zerdrücken.

**3.** Zwiebel- und Speckwürfel hinzugeben, kurz mitdünsten lassen. Tomatenmark und Paprika hinzufügen, ebenfalls kurz mit andünsten.

**4.** Brühe hinzugießen, zum Kochen bringen und etwa 10 Minuten bei mittlerer Hitze kochen lassen.

**5.** Weiße Bohnen zur Suppe in den Topf geben, wieder zum Kochen bringen und weitere etwa 15 Minuten kochen lassen. Die Suppe mit Salz und Pfeffer abschmecken.

**6.** Petersilie abspülen und trocken tupfen. Die Blättchen von den Stängeln zupfen und grob zerschneiden.

**7.** Chilischote halbieren, entstielen, entkernen, abspülen, trocken tupfen und sehr klein schneiden.

**8.** Die Suppe in Suppentassen anrichten. Mit Petersilie, Chili und Paprikawürfeln garnieren.

Scharfe Bohnensuppe

Russischer Hacktopf

## Russischer Hacktopf

12 Portionen

*Zubereitungszeit:* 50 Minuten
*Garzeit:* etwa 15 Minuten

pro Portion **1,05** Euro

4 große Zwiebeln
5 EL Speiseöl
1,6 kg Rindergehacktes
3 Stangen Porree (Lauch)
800 g passierte Tomaten (aus Dosen)
500 ml Fleischbrühe
1 EL mittelscharfer Senf
1 EL Paprikapulver edelsüß
1 gestr. TL Salz, gem. Pfeffer
450 g saure Sahne

*Pro Portion:*
E: 31 g, F: 27 g, Kh: 7 g,
kJ: 1646, kcal: 392

**1.** Zwiebeln abziehen und in kleine Würfel schneiden. Speiseöl in einem großen, breiten Topf erhitzen. Zwiebelwürfel darin andünsten.
**2.** Das Gehackte hinzugeben und bei starker Hitze unter Rühren krümelig anbraten. Dabei die Fleischklümpchen mit einer Gabel zerdrücken.
**3.** Porree putzen, die Stangen längs halbieren, gründlich waschen, abtropfen lassen und in feine Streifen schneiden. Porree mit passierten Tomaten, Fleischbrühe, Senf, Paprika, Salz und Pfeffer zum angebratenen Gehackten in den Topf geben. Den Hacktopf zum Kochen bringen und zugedeckt etwa 15 Minuten bei schwacher Hitze unter mehrmaligem Rühren garen.
**4.** Den Hacktopf mit den Gewürzen abschmecken. Die saure Sahne kurz vor dem Servieren darauf verteilen.

## Portugiesischer Hackbraten

pro Portion **1,85** Euro

4 Portionen (ohne Foto)

*Zubereitungszeit:* 55 Minuten
*Garzeit:* etwa 60 Minuten

1 Brötchen (Semmel) vom Vortag
1 mittelgroße Zwiebel
einige Stängel Petersilie
1 Knoblauchzehe
1 gestr. TL Salz
3 Sardellenfilets
500 g Gehacktes (halb Rind-, halb Schweinefleisch)
2 EL abgetropfte Kapern (aus dem Glas)
1 Ei (Größe M)
40 g Semmelbrösel
gem. Pfeffer
Paprikapulver edelsüß
gem. Kümmelsamen
50 g durchwachsener, geräucherter Speck
30 g Butterschmalz
1 große Zwiebel
1 Stange Porree (Lauch)
1 Möhre
125 ml Rotwein

*Pro Portion:*
E: 32 g, F: 34 g, Kh: 19 g,
kJ: 2207, kcal: 527

**1.** Brötchen in kaltem Wasser einweichen. Zwiebel abziehen und sehr klein würfeln. Petersilie abspülen und trocken tupfen. Die Blättchen von den Stängeln zupfen. Blättchen klein schneiden. Den Knoblauch abziehen und mit Salz zu einer Paste zerreiben.
**2.** Sardellenfilets kurz unter fließendem kalten Wasser abspülen, trocken tupfen und in sehr kleine Würfel schneiden. Das eingeweichte Brötchen gut ausdrücken.
**3.** Das Gehackte in eine Schüssel geben. Brötchen, Zwiebelwürfel, Petersilie, Knoblauchpaste, Sardellenwürfel, Kapern, Ei und Semmelbrösel zum Gehackten in die Schüssel geben. Die Zutaten zu einem Fleischteig verkneten. Mit Pfeffer, Paprika und Kümmel würzen.
**4.** Den Backofen vorheizen.
*Ober-/Unterhitze:* etwa 200 °C
*Heißluft:* etwa 180 °C
**5.** Den Hackfleischteig mit angefeuchteten Händen zu einem Laib formen. Den Speck in kleine Würfel schneiden. Das Butterschmalz in einem Bräter erhitzen. Die Speckwürfel darin auslassen.
**6.** Zwiebel abziehen, klein würfeln. Porree putzen, die Stange längs halbieren, gründlich waschen, abtropfen lassen und in Stücke schneiden. Möhre putzen, schälen, abspülen, abtropfen lassen und in kleine Würfel schneiden.
**7.** Den vorbereiteten Hackfleischlaib in den Bräter legen. Den Bräter mit dem Deckel verschließen und auf dem Rost in den vorgeheizten Backofen schieben. Den Hackbraten etwa 60 Minuten garen.
**8.** Nach etwa 20 Minuten Garzeit etwas von dem Rotwein hinzufügen, dann das vorbereitete Gemüse hinzugeben und mitgaren lassen. Nach weiteren etwa 20 Minuten den restlichen Rotwein hinzugießen. Den Hackbraten mit dem Gemüse fertig garen.

Sauerkraut-Mett-Puffer

## Sauerkraut-Mett-Puffer

4 Portionen

pro Portion **2,10** Euro

*Zubereitungszeit:* 45 Minuten
*Bratzeit:* etwa 20 Minuten

**Für den Salat:**
250 g Feldsalat
40 g Kürbiskerne
4 EL Obstessig
Salz, gem. schwarzer Pfeffer
1 TL Zucker
4 EL Kürbiskernöl

10 Schnittlauchhalme

**Für die Sauerkraut-Mett-Puffer:**
200 g Sauerkraut (aus der Dose)
50 g Frühlingszwiebeln
2 Stängel Majoran
100 g Weizenmehl
2 Eier (Größe M)
200 ml Milch (3,5 % Fett)
40 g ger. Bergkäse oder Emmentaler
200 g Thüringer Mett
(gewürztes Schweinemett)

6 EL Sonnenblumenöl

*Pro Portion:*
E: 25 g, F: 49 g, Kh: 24 g,
kJ: 2677, kcal: 640

**1.** Für den Salat Feldsalat putzen und die Wurzelansätze abschneiden. Feldsalat gründlich abspülen, gut trocken tupfen oder trocken schleudern. Die Kürbiskerne in einer Pfanne ohne Fett unter Rühren goldbraun rösten, herausnehmen und auf einem Teller erkalten lassen. Essig mit Salz, Pfeffer und etwas Zucker verrühren, Kürbiskernöl unterschlagen. Schnittlauch abspülen, trocken tupfen und in feine Röllchen schneiden.
**2.** Den Backofen vorheizen.
*Ober-/Unterhitze:* etwa 80 °C
*Heißluft:* etwa 60 °C
**3.** Für die Puffer das Sauerkraut mit den Händen gut ausdrücken und anschließend grob hacken. Frühlingszwiebeln putzen, abspülen, abtropfen lassen und in sehr feine Scheiben schneiden. Majoran abspülen und trocken tupfen. Die Blättchen von den Stängeln zupfen. Blättchen klein schneiden.
**4.** Mehl, Eier und Milch in einer Rührschüssel mit dem Schneebesen glatt rühren. Sauerkraut, Frühlingszwiebelscheiben, Majoran, Käse und das Mett hinzugeben und mit einem Holzlöffel gleichmäßig unterrühren, bis das Mett gut verteilt ist. Die Masse leicht mit Salz und kräftig mit Pfeffer würzen.
**5.** Dann aus der Sauerkraut-Mett-Masse insgesamt 12 Puffer backen. Dafür jeweils 2 Esslöffel des Sonnenblumenöls in einer großen Pfanne erhitzen. 4 Portionen von der Sauerkraut-Mett-Masse mit einem Löffel in die Pfanne geben. Die Portionen sofort flach drücken und zu einem Puffer (Ø 8–9 cm) formen. Die Puffer von jeder Seite 2–3 Minuten goldbraun braten, herausnehmen und auf einen Teller legen.
**6.** Die fertigen Puffer im vorgeheizten Backofen warm halten. Restliche Puffer ebenso zubereiten.
**7.** Den Feldsalat mit der Vinaigrette mischen und mit den Kürbiskernen in Schälchen anrichten. Die Sauerkraut-Mett-Puffer mit den Schnittlauchröllchen bestreuen und mit dem Salat servieren.

## Majoran-Hackbällchen auf Gemüsestreifen

(Zubereitung im Bambusdämpfer, Ø etwa 26 cm)

4 Portionen

pro Portion **1,35** Euro

*Zubereitungszeit:* 35 Minuten
*Dämpfzeit:* etwa 15 Minuten

2 Scheiben Toastbrot
1 rote Zwiebel
2 Knoblauchzehen
1 Topf Majoran
500 g Rindergehacktes
1 Ei (Größe M)
1 EL körniger Senf
Salz, gem. Pfeffer
1 Stange Porree (Lauch)
2 dicke Möhren, 1 EL Butter
2 EL Sonnenblumenkerne

20 kleine Stücke Pergamentpapier

*Pro Portion:*
E: 32 g, F: 26 g, Kh: 13 g,
kJ: 1711, kcal: 409

**1.** Toastbrotscheiben in kaltem Wasser einweichen. Zwiebel und Knoblauch abziehen, klein würfeln. Majoran abspülen und trocken tupfen. Einige Stängel zum Garnieren beiseitelegen. Von den restlichen Stängeln die Blättchen abzupfen. Blättchen klein schneiden. Die abgezupften Stängel beiseitelegen.
**2.** Toastbrotscheiben ausdrücken. Das Gehackte in eine Schüssel geben. Brotscheiben, Ei, Senf, Zwiebel-, Knoblauchwürfel und die Hälfte des klein geschnittenen Majorans hinzufügen. Die Zutaten gut verkneten. Mit Salz und Pfeffer würzen.
**3.** Aus der Hackfleischmasse mit angefeuchteten Händen etwa 20 gleich große Bällchen formen. Diese in dem restlichen, klein geschnittenen Majoran wälzen.
**4.** Von den Hackbällchen jeweils 10 Stück auf den Pergamentpapierstücken in je einen Dämpfeinsatz legen. Die Einsätze aufeinanderstellen und mit dem Deckel verschließen.

**5.** Eine große Pfanne oder einen Wok etwa 3 cm hoch mit Wasser füllen, die abgezupften, beiseitegelegten Majoranstängel hinzufügen und zum Kochen bringen. Den Bambusdämpfer hineinsetzen. Hackbällchen etwa 15 Minuten dämpfen.
**6.** Porree putzen, die Stange längs halbieren, gründlich waschen und abtropfen lassen. Möhren abspülen, abtropfen lassen, mit dem Porree in dünne Streifen schneiden.
**7.** Butter in einer Pfanne zerlassen. Gemüsestreifen darin unter Rühren andünsten, evtl. etwas Wasser hinzugießen. Das Gemüse etwa 5 Minuten dünsten, anschließend mit Salz und Pfeffer abschmecken.
**8.** Sonnenblumenkerne in einer Pfanne ohne Fett hellbraun rösten und unter die Gemüsestreifen rühren.
**9.** Die Hackbällchen auf dem Gemüse anrichten und mit den Majoranstängeln garniert servieren.

## Räuberbraten mit Steckrüben

6–8 Portionen

pro Portion 1,90 Euro

*Zubereitungszeit:* 40 Minuten
*Garzeit:* etwa 4 Stunden

1 Brötchen (Semmel) vom Vortag
100 g Zwiebeln
2 Knoblauchzehen
1 1/4 kg Gehacktes (halb Rind-, halb Schweinefleisch)
80 g gewürfelter Schinkenspeck
2 Eier (Größe M)
1 EL mittelscharfer Senf
1 EL ger. Meerrettich
Salz
gem. Pfeffer
5 EL Speiseöl
z. B. Rapsöl
250 ml Barbecue-Sauce
200 ml Fleischbrühe

250 g rote Paprikaschoten
1 1/4 kg Steckrübe
150 ml Wasser
1/2 gestr. TL Salz
1 EL Zucker
60 g Butter
einige Stängel glatte Petersilie

*Pro Portion:*
E: 43 g, F: 40 g, Kh: 28 g,
kJ: 2691, kcal: 642

**1.** Den Backofen vorheizen.
*Ober-/Unterhitze:* etwa 95 °C
**2.** Brötchen in kaltem Wasser einweichen und ausdrücken. Zwiebeln und Knoblauch abziehen, in kleine Würfel schneiden. Gehacktes in eine Schüssel geben. Die Zwiebel-, Knoblauch-, Schinkenspeckwürfel, Eier, Senf und Meerrettich hinzugeben. Die Zutaten zu einem Teig verkneten. Mit Salz und Pfeffer würzen.
**3.** Aus dem Fleischteig mit angefeuchteten Händen 2 längliche Laibe (je etwa 7 cm dick) formen. Speiseöl in einem Bräter erhitzen. Die Fleischlaibe darin (evtl. nacheinander) von allen Seiten etwa 10 Minuten gut anbraten.
**4.** Barbecue-Sauce und Fleischbrühe zum Hackbraten in den Bräter gießen und kurz zum Kochen bringen. Den Bräter auf dem Rost in den vorgeheizten Backofen (unteres Drittel) schieben. Die beiden Hackbraten etwa 4 Stunden garen.
**5.** Etwa 2 Stunden vor Ende der Garzeit die Paprikaschoten halbieren, entstielen, entkernen und die weißen Scheidewände entfernen. Die Schoten abspülen, abtropfen lassen und in feine Streifen schneiden. Die Paprikastreifen auf die Hackbraten legen und mitgaren lassen.
**6.** Etwa 30 Minuten vor Ende der Garzeit Steckrübe putzen, schälen, abspülen, abtropfen lassen und in etwa 2 cm große Würfel schneiden. Steckrübenwürfel mit Wasser, Salz, Zucker und Butter in einem Topf zum Kochen bringen. Zugedeckt etwa 10 Minuten bei schwacher Hitze garen.
**7.** Petersilie abspülen und trocken tupfen. Die Blättchen von den Stängeln zupfen. Blättchen klein schneiden. Das Gemüse mit Salz und Pfeffer abschmecken, Petersilie unterrühren.
**8.** Die Räuberbraten aus dem Bräter nehmen, in Scheiben schneiden und mit den Steckrüben und der Sauce servieren.

Majoran-Hackbällchen auf Gemüsestreifen

Räuberbraten mit Steckrüben

## Italienische Frikadellen
2 Portionen

*Zubereitungszeit:* 25 Minuten
*Bratzeit:* etwa 10 Minuten

pro Portion 1,30 Euro

1 kleine Zwiebel
1 Knoblauchzehe
1 1/2 EL Speiseöl, z. B. Sonnenblumenöl
50 g Rucola (Rauke)
1 Zucchini (etwa 200 g)
300 g Gehacktes (halb Rind-, halb Schweinefleisch)
1 1/2 EL TK-italienische Kräuter
1 EL Semmelbrösel, 1 Ei (Größe S)
Salz, gem. Pfeffer

*Pro Portion:*
E: 36 g, F: 34 g, Kh: 8 g,
kJ: 2013, kcal: 481

**1.** Zwiebel und Knoblauch abziehen, beides fein würfeln.
**2.** 1/2 Esslöffel Speiseöl in einer großen Pfanne erhitzen. Die Zwiebel- und Knoblauchwürfel darin unter Rühren etwa 2 Minuten glasig dünsten. Anschließend herausnehmen, auf Küchenpapier abtropfen und etwas abkühlen lassen.
**3.** In der Zwischenzeit Rucola putzen und dicke Stiele abschneiden. Rucola abspülen, gut abtropfen lassen oder trocken schleudern. Rucola klein schneiden. Zucchini abspülen, abtrocknen und die Enden abschneiden. Die Zucchini grob raspeln.
**4.** Das Gehackte in eine Schüssel geben. Zwiebel-Knoblauch-Masse, Rucola, Zucchiniraspel, Kräuter, Semmelbrösel und das Ei hinzufügen. Die Zutaten gut vermengen, mit Salz und Pfeffer kräftig würzen.
**5.** Aus der Hackfleischmasse mit angefeuchteten Händen 6 Bällchen formen und etwas flach drücken.
**6.** Das restliche Speiseöl in der Pfanne erhitzen. Die Frikadellen darin von beiden Seiten bei mittlerer bis starker Hitze in etwa 10 Minuten braun und gar braten. Die Frikadellen warm oder kalt servieren.

## Hamburger-Donuts mit Ananas

pro Portion 1,08 Euro

8–10 Portionen

*Zubereitungszeit:* 35 Minuten
*Grillzeit:* 12–16 Minuten

2 Brötchen (Semmeln) vom Vortag
1 kg Gehacktes (halb Rind-, halb Schweinefleisch)
2 Eier (Größe M)
2 mittelgroße Zwiebeln
4 geh. TL Salz
2 Msp. gem. Pfeffer
2 TL Tomatenketchup
etwas Worcestersauce
16 gut abgetropfte Ananasscheiben (aus der Dose)
etwas Speiseöl, z. B. Sonnenblumenöl

**Außerdem:**
evtl. Alufolie

*Pro Portion:*
E: 14 g, F: 16 g, Kh: 10 g,
kJ: 1075, kcal: 257

**1.** Brötchen in kaltem Wasser einweichen und ausdrücken. Gehacktes in eine Schüssel geben. Eier und Brötchen gut unterkneten. Zwiebeln abziehen, fein würfeln, unterarbeiten.
**2.** Die Hackfleischmasse mit Salz, Pfeffer, Ketchup und Worcestersauce pikant abschmecken. Die Ananasscheiben jeweils so mit dem Hackfleischteig umhüllen, dass der Ananasring in der Mitte frei bleibt.
**3.** Die Donuts auf einen heißen, mit Alufolie belegten Grillrost legen. Donuts mit Speiseöl bestreichen und von jeder Seite 6–8 Minuten grillen.

## Hackfleischtorte
4–6 Portionen

pro Portion 1,05 Euro

*Zubereitungszeit:* 30 Minuten
*Garzeit:* etwa 40 Minuten

500 ml Gemüse- oder Fleischbrühe
100 g Maisgrieß (Polenta)
1 Brötchen (Semmel) vom Vortag
1 Zwiebel
1 Knoblauchzehe
500 g Gehacktes (halb Rind-, halb Schweinefleisch)

Italienische Frikadellen

Hamburger-Donuts mit Ananas

Hackfleischtorte

Hacknester

1 Ei (Größe M)
Salz, gem. Pfeffer
100 g Möhren
200 g TK-Erbsen
150 g Schafskäse
1 Kästchen Kresse

*Pro Portion:*
E: 32 g, F: 27 g, Kh: 27 g,
kJ: 2018, kcal: 481

**1.** 375 ml Brühe in einem Topf zum Kochen bringen. Den Maisgrieß einstreuen und bei schwacher Hitze etwa 15 Minuten quellen lassen.
**2.** In der Zwischenzeit den Backofen vorheizen.
*Ober-/Unterhitze:* etwa 200 °C
*Heißluft:* etwa 180 °C
**3.** Brötchen in kaltem Wasser einweichen und ausdrücken. Zwiebel abziehen, in kleine Würfel schneiden. Knoblauch abziehen und durch eine Knoblauchpresse drücken. Gehacktes in eine Schüssel geben. Brötchen, Zwiebelwürfel, Knoblauch und Ei hinzugeben, die Zutaten gut unterkneten. Mit Salz und Pfeffer würzen.
**4.** Den Maisbrei in eine Springform (Ø 24 cm, gefettet) geben und glatt streichen. Den Hackfleischteig darauf verteilen. Die Form auf dem Rost in den vorgeheizten Backofen schieben. Die Hackfleischtorte etwa 30 Minuten garen.
**5.** In der Zwischenzeit die Möhren putzen, schälen, abspülen, gut abtropfen lassen und in kleine Würfel schneiden.
**6.** Die restliche Brühe in einem Topf zum Kochen bringen. Die Erbsen und Möhrenwürfel hinzugeben, wieder zum Kochen bringen und etwa 3 Minuten garen.
**7.** Erbsen und Möhrenwürfel in einem Sieb abtropfen lassen und zugedeckt beiseitestellen.
**8.** Den Schafskäse zerbröseln, mit den beiseitegestellten Erbsen und Möhrenwürfeln nach etwa 30 Minuten Garzeit auf der Hackfleischtorte verteilen.
**9.** Die Hackfleischtorte bei gleicher Backofentemperatur in weiteren etwa 10 Minuten fertig garen.
**10.** Kresse abspülen, trocken tupfen und vom Beet schneiden. Die Hackfleischtorte vor dem Servieren mit Kresse bestreuen.

## Hacknester

4 Portionen

pro Portion **1,65** Euro

*Zubereitungszeit:* 30 Minuten
*Überbackzeit:* etwa 10 Minuten

1 Brötchen (Semmel) vom Vortag
1 Zwiebel
500 g Gehacktes (halb Rind-, halb Schweinefleisch)
1 Ei (Größe M)
1 TL gerebelter Thymian
1 Msp. Paprikapulver rosenscharf
Salz, gem. Pfeffer
4 EL Speiseöl, 300 g Tomaten
200 g Schafskäse

*Pro Portion:*
E: 36 g, F: 37 g, Kh: 10 g,
kJ: 2141, kcal: 511

**1.** Brötchen in kaltem Wasser einweichen und gut ausdrücken. Zwiebel abziehen und in kleine Würfel schneiden.
**2.** Gehacktes in eine Schüssel geben. Ei, Brötchen und Zwiebelwürfel gut unterkneten. Mit Thymian, Paprika, Salz und Pfeffer würzen.
**3.** Aus der Hackfleischmasse mit angefeuchteten Händen 8 Frikadellen formen. In die Mitte der Frikadellen je eine Vertiefung drücken.
**4.** Speiseöl in einer Pfanne erhitzen. Die Frikadellen darin von der unteren Seite anbraten, herausnehmen und auf ein Backblech (mit Backpapier belegt) setzen.
**5.** Den Backofengrill vorheizen.
**6.** Tomaten kreuzweise einschneiden, mit kochendem Wasser übergießen. Nach 1–2 Minuten herausnehmen und mit kaltem Wasser abschrecken. Tomaten häuten, halbieren und die Stängelansätze herausschneiden. Die Tomaten in kleine Würfel schneiden. Schafskäse zerbröseln.
**7.** Tomatenwürfel mit den Käsebröseln vermischen und in die Vertiefungen der Frikadellen füllen.
**8.** Das Backblech unter den vorgeheizten Backofengrill schieben und die Hacknester etwa 10 Minuten überbacken.
**9.** Die Hacknester vom Backblech nehmen und auf Tellern anrichten.

## Shepherd's Pie

3 Portionen

*Zubereitungszeit:* 30 Minuten
*Garzeit:* Bolognesesauce
35–40 Minuten
*Garzeit:* Shepherd's Pie
15–20 Minuten

3 EL Speiseöl, z. B. Olivenöl
500 g Gehacktes (halb Rind-, halb Schweinefleisch)
1 Gemüsezwiebel
2 Knoblauchzehen
1 Fleischtomate
100 g Möhrenwürfel
200 ml Rotwein
240 g geschälte Tomaten (aus der Dose)
1 Pck. Kartoffelpüree (Fertigprodukt, für 3 Portionen)
Salz, gem. Pfeffer
Paprikapulver edelsüß
1 Handvoll frisch gehackte Kräuter

pro Portion 2,25 Euro

*Pro Portion:*
E: 38 g, F: 45 g, Kh: 33 g,
kJ: 3044, kcal: 727

**1.** Das Speiseöl in einer Pfanne erhitzen. Gehacktes darin unter Rühren kräftig anbraten. Dabei die Fleischklümpchen mit einer Gabel zerdrücken. Zwiebel und Knoblauch abziehen. Zwiebel halbieren. Zwiebelhälften und Knoblauch in kleine Würfel schneiden, zu dem Gehackten geben und mit anbraten.
**2.** Die Tomate abspülen, trocken tupfen, halbieren und den Stängelansatz herausschneiden. Tomate in Stücke schneiden, zusammen mit den Möhrenwürfeln zur Hackfleischmasse in die Pfanne geben und unter gelegentlichem Rühren etwa 5 Minuten mitdünsten lassen.
**3.** Rotwein und geschälte Tomaten mit der Flüssigkeit hinzugeben, zum Kochen bringen und 30–35 Minuten bei nicht zu starker Hitze einkochen lassen.
**4.** Den Backofen vorheizen.
*Ober-/Unterhitze:* etwa 220 °C
*Heißluft:* etwa 200 °C

Shepherd's Pie

**5.** In der Zwischenzeit Kartoffelpüree nach Packungsanleitung zubereiten. Bolognesesauce mit Salz, Pfeffer und Paprika pikant würzen und in eine große oder 3 kleine, feuerfeste Formen (gefettet) füllen. Das noch warme Kartoffelpüree mit einem Löffel locker auf der Bolognesesauce verteilen. Die Form auf dem Rost in den vorgeheizten Backofen schieben. Shepherd's Pie 15–20 Minuten garen.
**6.** Shepherd's Pie mit den frisch gehackten Kräutern bestreuen.

## Glasnudelsalat mit geröstetem Hackfleisch

4 Portionen

*Zubereitungszeit:* 45 Minuten, ohne Abkühlzeit

1 rote Chilischote
1 Knoblauchzehe
1/2 Bund Koriander
1 EL Speiseöl, z. B. Maiskeimöl
500 g Gehacktes (halb Rind-, halb Schweinefleisch)
Salz
1–2 EL Sojasauce
1 EL Fischsauce
Zucker
200 g Glasnudeln
1 EL Sojasauce
200 g Zuckerschoten
1 Bund Frühlingszwiebeln

pro Portion 2,15 Euro

**Für die Limettenmarinade:**
1/2 rote Chilischote
40 ml Limettensaft

einige Römersalatblätter

*Pro Portion:*
E: 28 g, F: 23 g, Kh: 54 g,
kJ: 2280, kcal: 542

**1.** Chilischote abspülen, trocken tupfen und klein schneiden. Knoblauch abziehen und ebenfalls klein schneiden. Koriander abspülen und trocken tupfen. Die Blättchen von den Stängeln zupfen. Blättchen für die Marinade beiseitelegen. Die Korianderstängel klein hacken.
**2.** Speiseöl in einer großen Pfanne erhitzen. Das Gehackte hineingeben, mit Salz, Soja-, Fischsauce, Chilischote, Knoblauch und 1 Prise Zucker würzen. Die Zutaten bei starker Hitze unter Rühren kräftig braun anbraten. Dabei die Fleischklümpchen mit einer Gabel zerdrücken. Klein gehackte Korianderstängel unterrühren. Die Hackfleischmasse herausnehmen, in eine Schüssel geben und erkalten lassen.
**3.** Die Glasnudeln nach Packungsanleitung zubereiten, anschließend mit einer Küchenschere in Stücke schneiden. Die Glasnudeln mit Salz und Sojasauce abschmecken und zur Hackfleischmasse in die Schüssel geben.
**4.** Von den Zuckerschoten die Enden abschneiden, evtl. abfädeln. Zuckerschoten abspülen, abtropfen lassen

und in feine Streifen schneiden. Die Frühlingszwiebeln putzen, abspülen, abtropfen lassen, in feine Scheiben schneiden. Zuckerschotenstreifen und Frühlingszwiebelscheiben zu der Glasnudel-Hackfleisch-Masse geben und vorsichtig unterheben.

**5.** Für die Marinade die Chilischotenhälfte entstielen, entkernen, abspülen, trocken tupfen und fein hacken. Chili mit 1/2 Teelöffel Salz und 1 Prise Zucker unter den Limettensaft rühren. Beiseitegelegte Korianderblätter (einige Blättchen abnehmen) grob zerzupfen.

**6.** Die Limettenmarinade kurz vor dem Servieren auf dem Salat verteilen und gut untermischen. Römersalatblätter abspülen und trocken tupfen. Den Salat auf den Römersalatblättern anrichten, mit den abgenommenen Korianderblättchen bestreuen und sofort servieren.

## Hack-Pot-Pie

pro Portion 1,60 Euro

4 Portionen

*Zubereitungszeit:* 65 Minuten
*Backzeit:* 15–17 Minuten

1 grüne Chilischote
2 Knoblauchzehen
175 g Frühlingszwiebeln
1 rote Paprikaschote (etwa 200 g)
3 EL Speiseöl
250 g Gehacktes (halb Rind-, halb Schweinefleisch)
Salz
2 EL frische Thymianblättchen
500 ml Hühnerbrühe, z. B. aus Bio-Brühwürfeln
150 g Crème fraîche
200 g abgetropfter Gemüsemais (aus der Dose)
50 g Cheddar-Käse
200 g Weizenmehl
50 g Polenta (Maisgrieß)
1 EL Zucker
2 gestr. TL Dr. Oetker Backin
¾ TL Natron
70 g Schweineschmalz (aus dem Kühlschrank)
125 g Buttermilch

*Pro Portion:*
E: 25 g, F: 48 g, Kh: 58 g,
kJ: 3204, kcal: 767

**1.** Chilischote entstielen, abspülen, trocken tupfen und in feine Ringe schneiden. Knoblauch abziehen und in dünne Scheiben schneiden. Frühlingszwiebeln putzen, abspülen, gut abtropfen lassen und in dünne Scheiben schneiden.

**2.** Paprikaschote halbieren, entstielen, entkernen und die weißen Scheidewände entfernen. Schote abspülen, trocken tupfen und in etwa 1 cm große Würfel schneiden.

**3.** Speiseöl in einer großen Pfanne erhitzen. Gehacktes darin bei starker Hitze unter Rühren etwa 4 Minuten leicht anbraten. Dabei die Fleischklümpchen mit einer Gabel zerdrücken. Knoblauchscheiben, Chiliringe, Frühlingszwiebelscheiben und Paprikawürfel hinzugeben und mit Salz würzen.

**4.** Die Zutaten unter Rühren etwa 4 Minuten kräftig andünsten. Thymian unterrühren. Brühe hinzugießen. Crème fraîche und Mais hinzugeben, einmal kräftig aufkochen lassen.

**5.** Eintopf in 4 feuerfesten Schüsseln (z. B. Bowls, Ø etwa 16 cm) verteilen. Den Cheddar grob raffeln und gleichmäßig daraufstreuen.

**6.** Die Schüsseln auf ein Backblech (mit Backpapier belegt) stellen.

**7.** Den Backofen vorheizen.
*Ober-/Unterhitze:* etwa 220 °C
*Heißluft:* etwa 200 °C

**8.** Mehl mit Polenta, etwa 1 Teelöffel Salz, Zucker, Backpulver und Natron in einer Schüssel mischen. Das kalte Schweineschmalz in kleine Würfel schneiden, mit den Fingern gleichmäßig eher unterreiben als kneten, bis der Teig kleine Streusel bildet. Die Buttermilch hinzugeben und rasch unterkneten, nicht gründlich durchkneten.

**9.** Den weichen Teig auf eine gut bemehlte Arbeitsfläche geben. Teig gut mit Mehl bestäuben und etwa 1 cm dick ausrollen.

**10.** Aus dem Teig 4 runde Platten (Ø etwa 14 cm) ausstechen. Teigplatten direkt auf den Eintopf legen.

**11.** Backblech in den vorgeheizten Backofen schieben. Hack-Pot-Pie in 15–17 Minuten goldbraun backen.

**12.** Hack-Pot-Pie in den Schüsseln servieren.

Glasnudelsalat mit geröstetem Hackfleisch

Hack-Pot-Pie

## Gefüllte Schmorgurken
4 Portionen

*Zubereitungszeit:* 40 Minuten, ohne Abkühlzeit
*Garzeit:* etwa 35 Minuten

pro Portion 2,45 Euro

**Für die Füllung:**
4 EL Speiseöl
600 g Gehacktes (halb Rind-, halb Schweinefleisch)
2 Möhren
1 Stange Porree (etwa 200 g)
1 EL Butter, 1 EL Speiseöl
2 Knoblauchzehen
200 g Schmand (Sauerrahm)
1 Bund Dill
Salz, gem. Pfeffer

4 kleine Schmorgurken (je etwa 250 g)
1 EL Semmelbrösel
2 EL ger. Parmesan
2 große Fleischtomaten
125 ml Gemüsebrühe

*Pro Portion:*
E: 37 g, F: 56 g, Kh: 14 g, kJ: 2975, kcal: 710

**1.** Für die Füllung Speiseöl in einer großen Pfanne erhitzen. Gehacktes darin unter Rühren anbraten, dabei die Fleischklümpchen mit einer Gabel zerdrücken.
**2.** Möhren putzen, schälen, abspülen, abtropfen lassen, grob raspeln oder würfeln. Porree putzen, die Stange längs halbieren, gründlich waschen, abtropfen lassen und in dünne Streifen schneiden. Butter in einem Topf zerlassen, Speiseöl miterhitzen. Möhrenraspel oder -würfel und Porreestreifen darin unter Rühren gar dünsten, abkühlen lassen. Knoblauch abziehen und durch eine Knoblauchpresse drücken.
**3.** Den Backofen vorheizen.
*Ober-/Unterhitze:* etwa 200 °C
*Heißluft:* etwa 180 °C
**4.** Angebratene Hackfleischmasse, gegartes Gemüse, Knoblauch und Schmand in einer Schüssel gut vermengen. Dill abspülen und trocken tupfen. Die Spitzen von den Stängeln zupfen. Spitzen klein schneiden und unter Hackfleisch-Gemüse-Masse rühren. Mit Salz und Pfeffer würzen.
**5.** Die Gurken schälen, abspülen und trocken tupfen. Für die Deckel von jeder Gurke der Länge nach das obere Drittel abschneiden. Gurkendeckel und untere Gurkenstücke mit einem Teelöffel entkernen. Die unteren Gurkenstücke nebeneinander in eine große, flache Auflaufform legen. Füllung in die unteren Gurkenstücke geben. Semmelbrösel mit dem Käse mischen und daraufstreuen. Die Gurkendeckel darauflegen.
**6.** Dann die Tomaten kreuzweise einschneiden und mit kochendem Wasser übergießen. Nach 1–2 Minuten herausnehmen und mit kaltem Wasser abschrecken. Tomaten häuten, halbieren und die Stängelansätze herausschneiden. Tomaten in Würfel schneiden und in die Zwischenräume der Gurkenhälften legen. Brühe hinzugießen. Form auf dem Rost in den vorgeheizten Backofen schieben. Die Gurken etwa 35 Minuten garen.

## Deutsches Beefsteak
4 Portionen

*Zubereitungszeit:* 30 Minuten
*Bratzeit:* etwa 10 Minuten

pro Portion 0,85 Euro

4 mittelgroße Zwiebeln

500 g Gehacktes (halb Rind-, halb Schweinefleisch)
1 Ei (Größe M)
Salz, gem. Pfeffer
Knoblauchpfeffer
Paprikapulver edelsüß
mittelscharfer Senf
40 g Pflanzenfett

*Pro Portion:*
E: 27 g, F: 30 g, Kh: 4 g, kJ: 1638, kcal: 391

**1.** Zwiebeln abziehen, halbieren, in Scheiben schneiden und beiseitelegen.
**2.** Gehacktes in eine Schüssel geben und mit dem Ei vermengen, mit Salz, Pfeffer, Knoblauchpfeffer, Paprika und Senf würzen.
**3.** Aus der Hackfleischmasse mit angefeuchteten Händen runde Bällchen formen, etwas flach drücken und mit einem Messer gitterförmig einkerben.

Gefüllte Schmorgurken

Deutsches Beefsteak

Hack-Tomaten-Bällchen

Hackbällchen-Pilz-Salat

**4.** Pflanzenfett in einer Pfanne erhitzen. Die Fleischbällchen darin etwa 10 Minuten von beiden Seiten braun braten, herausnehmen, auf einer vorgewärmten Platte warm stellen.
**5.** Beiseitegelegte Zwiebelscheiben in dem verbliebenen Bratfett unter Wenden bräunen. Mit Salz und Pfeffer würzen.
**6.** Die Zwiebelscheiben auf den Beefsteaks verteilen und sofort servieren.

## Hack-Tomaten-Bällchen

pro Portion 1,35 Euro

4 Portionen

*Zubereitungszeit:* 35 Minuten

**Für die Hack-Tomaten-Bällchen:**
600 g Gehacktes (halb Rind-, halb Schweinefleisch)
1 gestr. TL mittelscharfer Senf
1 Ei (Größe M)
40 g Semmelbrösel
Salz, gem. Pfeffer
Paprikapulver edelsüß
12 kleine Cocktailtomaten

4 EL Speiseöl

**Für die Tomaten-Kräuter-Sauce:**
1 Zwiebel
2 EL Speiseöl
400 g stückige Tomaten (aus der Dose)
1 EL Tomatenmark
25 g gemischte TK-Kräuter

*Pro Portion:*
E: 34 g, F: 38 g, Kh: 14 g,
kJ: 2219, kcal: 529

**1.** Für die Hack-Tomaten-Bällchen Gehacktes in eine Schüssel geben. Senf, Ei und Semmelbrösel hinzufügen und gut unterkneten. Mit Salz, Pfeffer und Paprika würzen. Cocktailtomaten abspülen, abtrocknen und evtl. die Stängelansätze herausschneiden.
**2.** Hackfleischmasse in 12 Portionen teilen. In jede Teigportion 1 Tomate geben, mit dem Fleischteig umschließen und zu einem Bällchen formen.
**3.** Speiseöl in einer großen Pfanne erhitzen. Die Bällchen darin von allen Seiten etwa 10 Minuten anbraten, herausnehmen und warm stellen.
**4.** Für die Sauce Zwiebel abziehen und in kleine Würfel schneiden. Speiseöl in der gesäuberten Pfanne erhitzen, Zwiebelwürfel darin andünsten. Tomatenstücke und Tomatenmark hinzufügen, zum Kochen bringen und etwas einkochen lassen. Die Sauce mit Salz und Pfeffer abschmecken. Kräuter unterrühren.
**5.** Hack-Tomaten-Bällchen mit der Tomaten-Kräuter-Sauce servieren.

## Hackbällchen-Pilz-Salat

pro Portion 1,52 Euro

8–10 Portionen

*Zubereitungszeit:* 45 Minuten, ohne Auftau- und Abkühlzeit

450 g TK-Erbsen
1 Gemüsezwiebel (etwa 250 g)
2 Knoblauchzehen
4 EL Sonnenblumenöl
200 g Schinkenwürfel (aus dem Kühlregal)
185 g abgetropfte Pfifferlinge (aus dem Glas)
460 g abgetropfte Champignons (aus Dose oder Glas)
300 g Geflügel-Hackbällchen (aus dem Kühlregal)
8 EL Rotweinessig
Salz
gem. schwarzer Pfeffer
100 ml Sonnenblumenöl
1 Bund glatte Petersilie

*Pro Portion:*
E: 15 g, F: 24 g, Kh: 11 g,
kJ: 1354, kcal: 323

**1.** Die Erbsen nach Packungsanleitung auftauen lassen. Gemüsezwiebel und Knoblauch abziehen, in kleine Würfel schneiden.
**2.** Sonnenblumenöl in einer Pfanne erhitzen. Die Zwiebel- und Knoblauchwürfel darin goldbraun anrösten. Die Schinkenwürfel hinzugeben und kurz mit andünsten. Schinken-Zwiebel-Mischung herausnehmen und in eine Salatschüssel geben.
**3.** Die Erbsen in die Pfanne geben und etwa 3 Minuten garen. Erbsen etwas abkühlen lassen, anschließend zu der Schinken-Zwiebel-Mischung in die Salatschüssel geben.
**4.** Pfifferlinge, Champignons und Geflügel-Hackbällchen ebenfalls hinzufügen. Die Zutaten vermengen.
**5.** Den Rotweinessig mit Salz und Pfeffer verrühren, Sonnenblumenöl unterschlagen. Die Salatsauce mit den Salatzutaten vermengen.
**6.** Petersilie abspülen und trocken tupfen. Die Blättchen von den Stängeln zupfen. Blättchen klein schneiden und unter den Hackbällchen-Pilz-Salat heben.

## Hackbraten mit Quark

8 Portionen

*Zubereitungszeit:* 30 Minuten
*Garzeit:* 45–50 Minuten

1 Zwiebel
1 kg Gehacktes (halb Rind-, halb Schweinefleisch)
250 g Magerquark
2 TL Tomatenmark
2 TL mittelscharfer Senf
4 EL Semmelbrösel
2 Eier (Größe M)
Salz, gem. Pfeffer
1 TL Paprikapulver edelsüß
2 EL Tomatenmark
500 ml Fleischbrühe
1 TL gerebelter Oregano oder Thymian

pro Portion **0,83** Euro

*Pro Portion:*
E: 31 g, F: 23 g, Kh: 6 g,
kJ: 1489, kcal: 355

**1.** Den Backofen vorheizen.
*Ober-/Unterhitze:* etwa 200 °C
*Heißluft:* etwa 180 °C
**2.** Die Zwiebel abziehen und in kleine Würfel schneiden. Gehacktes in eine Schüssel geben. Zwiebelwürfel, Quark, Tomatenmark, Senf, Semmelbrösel und Eier hinzugeben. Die Zutaten gut unterkneten. Mit Salz, Pfeffer und Paprika würzen.
**3.** Die Hackfleischmasse halbieren, mit angefeuchteten Händen zu 2 flachen, länglichen Laiben formen und nebeneinander in eine Fettpfanne (gefettet) legen. Die Fettpfanne in den vorgeheizten Backofen (unteres Drittel) schieben. Die Hackbraten 45–50 Minuten garen.
**4.** Tomatenmark mit Brühe und Oregano oder Thymian verrühren. Etwa 20 Minuten vor Ende der Garzeit zu den Hackbraten in die Fettpfanne geben, die Hackbraten fertig garen.
**5.** Die garen Hackbraten herausnehmen und warm stellen.
**6.** Den Bratensaft durch ein Sieb streichen, evtl. nochmals mit Salz, Pfeffer und Paprika abschmecken. Die Hackbraten in Scheiben schneiden und mit der Sauce servieren.

## Hackbraten auf Kartoffelgratin

pro Portion **1,10** Euro

4 Portionen (ohne Foto)

*Zubereitungszeit:* 30 Minuten
*Garzeit:* etwa 60 Minuten

**Für den Hackbraten:**
1 Brötchen (Semmel) vom Vortag
500 g Gehacktes (halb Rind-, halb Schweinefleisch)
1 Ei (Größe M)
1 TL mittelscharfer Senf
1 geh. TL Kräuter der Provence
Salz, gem. Pfeffer

**Für das Gratin:**
1 kg mehligkochende Kartoffeln
ger. Muskatnuss
200 ml Milch (3,5 % Fett)

*Pro Portion:*
E: 33 g, F: 25 g, Kh: 41 g,
kJ: 2209, kcal: 527

**1.** Brötchen in kaltem Wasser einweichen und gut ausdrücken. Gehacktes in eine Schüssel geben. Brötchen, Ei, Senf und Kräuter der Provence gut unterkneten. Mit Salz und Pfeffer kräftig würzen. Hackfleischteig mit angefeuchteten Händen zu einem flachen, länglichen Laib formen.
**2.** Den Backofen vorheizen.
*Ober-/Unterhitze:* etwa 180 °C
*Heißluft:* etwa 160 °C
**3.** Für das Gratin die Kartoffeln schälen, abspülen, abtropfen lassen und in dünne Scheiben hobeln. Die Kartoffelscheiben mit Salz, Pfeffer und Muskat kräftig würzen.
**4.** Kartoffelscheiben in eine große Auflaufform (gefettet) schichten. Die Milch zu den Kartoffelscheiben gießen. Die Form auf dem Rost in den vorgeheizten Backofen schieben. Das Gratin etwa 15 Minuten vorgaren.
**5.** Dann in die Mitte des Gratins eine leichte, längliche Vertiefung eindrücken. Den Fleischlaib in die Vertiefung legen. Die Form wieder zurück auf dem Rost in den heißen Backofen schieben. Den Hackbraten auf Kartoffelgratin bei gleicher Backofentemperatur weitere etwa 45 Minuten garen.
**6.** Den Hackbraten aus der Form nehmen und in Scheiben schneiden. Die Fleischscheiben wieder auf das Gratin legen, in der Form servieren.

## Hackfleischröllchen mit Minze

pro Stück **0,35** Euro

8 Stück

*Zubereitungszeit:* 25 Minuten
*Bratzeit:* etwa 10 Minuten

3 Stängel Minze
1 Schalotte
1 Knoblauchzehe
300 g Gehacktes (halb Rind-, halb Schweinefleisch)
4 EL Semmelbrösel
1 Ei (Größe M)
Salz
gem. Pfeffer
Paprikapulver rosenscharf
4 EL Olivenöl

*Pro Stück:*
E: 9 g, F: 9 g, Kh: 6 g,
kJ: 580, kcal: 138

**1.** Minze abspülen und trocken tupfen. Die Blättchen von den Stängeln zupfen (einige Blättchen beiseitelegen). Blättchen klein schneiden.
**2.** Schalotte und Knoblauch abziehen. Schalotte grob hacken und Knoblauch durch eine Knoblauchpresse drücken. Das Gehackte in eine Schüssel geben. Schalottenwürfel, Knoblauch, 2 Esslöffel Semmelbrösel, Ei und klein geschnittene Minze hinzufügen. Mit Salz, Pfeffer und Paprika würzen. Die Zutaten zu einem Teig verkneten und mit den Gewürzen abschmecken.
**3.** Den Hackfleischteig in 8 Portionen teilen. Jede Fleischportion mit angefeuchteten Händen zu einer etwa 10 cm langen Rolle mit spitzen Enden formen. Die Fleischröllchen in den restlichen Semmelbröseln wenden und andrücken.
**4.** Olivenöl in einer Pfanne erhitzen. Die Hackfleischröllchen darin unter mehrmaligem Wenden etwa 10 Minuten bei mittlerer Hitze braten. Hackfleischröllchen mit einem Pfannenwender herausnehmen und auf Küchenpapier abtropfen lassen.
**5.** Die Hackfleischröllchen auf einer Platte anrichten und mit den beiseitegelegten Minzeblättchen garnieren. Heiß oder kalt servieren.

## Kohlrouladen

pro Portion 1,30 Euro

4 Portionen

*Zubereitungszeit:* 30 Minuten
*Garzeit:* etwa 45 Minuten

Salzwasser (auf 1 l Wasser 1 TL Salz)
1 Kopf Wirsing oder Weißkohl (etwa 1 1/2 kg)
1 Brötchen (Semmel) vom Vortag
1 Zwiebel
375 g Rindergehacktes
1 Ei (Größe M)
etwa 1 TL mittelscharfer Senf
Salz, gem. Pfeffer
4 EL Speiseöl, z. B. Rapsöl
500 ml Gemüsebrühe
1–2 TL Speisestärke
2 EL kaltes Wasser

**Außerdem:**
Küchengarn

*Pro Portion:*
E: 23 g, F: 25 g, Kh: 12 g,
kJ: 1517, kcal: 362

**1.** In einem großen Topf reichlich Salzwasser zum Kochen bringen. In der Zwischenzeit von dem Wirsing oder Weißkohl die äußeren, welken Blätter entfernen. Den Kohlkopf abspülen, abtropfen lassen und den Strunk keilförmig herausschneiden. Den Kohlkopf so lange in das kochende Wasser legen, bis sich die äußeren Blätter lösen. So lange wiederholen, bis sich etwa 12 große Blätter lösen lassen und etwas weich sind. Die Blätter trocken tupfen, die dicken Blattrippen flach schneiden.
**2.** Für die Füllung Brötchen in kaltem Wasser einweichen und ausdrücken. Zwiebel abziehen, klein würfeln. Das Gehackte in eine Schüssel geben. Zwiebelwürfel, Ei und Senf unterkneten. Mit Salz und Pfeffer würzen.
**3.** Jeweils 2–3 große Kohlblätter übereinanderlegen. Je ein Viertel der Hackfleischmasse daraufgeben. Die Blätter seitlich einschlagen und aufrollen. Die Rouladen mit Küchengarn umwickeln.
**4.** Speiseöl in einem Topf erhitzen. Die Rouladen darin von allen Seiten anbraten. Gemüsebrühe hinzugießen und zum Kochen bringen. Die Rouladen zugedeckt bei schwacher Hitze etwa 45 Minuten garen, dabei gelegentlich wenden.
**5.** Die garen Rouladen aus dem Topf nehmen, Küchengarn entfernen. Die Rouladen auf einer vorgewärmten Platte anrichten und warm stellen.
**6.** Speisestärke mit Wasser anrühren. Den Bratenfond aufkochen lassen, angerührte Speisestärke mit einem Schneebesen unterrühren. Die Sauce nochmals unter Rühren aufkochen und etwa 5 Minuten bei schwacher Hitze unter gelegentlichem Rühren kochen lassen. Die Sauce mit Salz und Pfeffer abschmecken. Die Kohlrouladen mit der Sauce servieren.

Hackfleischröllchen mit Minze

Kohlrouladen

## Asiatische Hackbällchen

40 Stück

pro Stück **0,21** Euro

*Zubereitungszeit:* 25 Minuten

1 Zwiebel
1 Knoblauchzehe
40 g abgetropfter, eingelegter Ingwer (in Sirup)
500 g Rindergehacktes
2 EL Sojasauce
Salz
1 Prise gem. Zimt
1/2 TL gem. Koriander
1 l Speiseöl

*Pro Stück:*
E: 3 g, F: 2 g, Kh: 1 g,
kJ: 141, kcal: 34

**1.** Zwiebel und Knoblauch abziehen und in kleine Würfel schneiden. Ingwer ebenfalls klein würfeln. Gehacktes in eine Schüssel geben. Zwiebel-, Knoblauch-, Ingwerwürfel und Sojasauce hinzugeben und gut unterkneten. Die Hackfleischmasse mit Salz, Zimt und Koriander kräftig würzen. Aus der Hackfleischmasse mit angefeuchteten Händen kleine Bällchen (Ø etwa 3 cm) formen.
**2.** Das Speiseöl in einer Fritteuse auf etwa 180 °C erhitzen. Die Hackbällchen darin portionsweise in 4–5 Minuten goldbraun ausbacken, dabei die Bällchen jeweils einmal wenden.
**3.** Dann die Hackbällchen mit einer Schaumkelle herausnehmen, auf Küchenpapier abtropfen lassen und auf Tellern anrichten.

## Bauernpastete

4–6 Portionen

pro Portion **1,35** Euro

*Zubereitungszeit:* 35 Minuten
*Garzeit:* etwa 30 Minuten

500 g grobe Bratwurst (ungebrüht)
1 EL Speiseöl, z. B. Olivenöl
500 g säuerliche Äpfel, z. B. Boskop oder Cox Orange
30 g Butter
500 g gekochte Pellkartoffeln
1 mittelgroße Zwiebel
2 Eier (Größe M)
125 ml Milch (3,5 % Fett)
1 gestr. TL Salz
1 Msp. Paprikapulver edelsüß

*Pro Portion:*
E: 21 g, F: 37 g, Kh: 25 g,
kJ: 2159, kcal: 515

**1.** Die Bratwurstmasse aus der Pelle herausdrücken. Speiseöl in einer Pfanne erhitzen. Die Bratwurstmasse darin unter gelegentlichem Rühren braten.
**2.** Äpfel schälen, achteln und entkernen. Butter in einem Topf zerlassen. Apfelstücke darin zugedeckt kurz andünsten.
**3.** Den Backofen vorheizen.
*Ober-/Unterhitze:* etwa 180 °C
*Heißluft:* etwa 160 °C
**4.** Kartoffeln pellen und würfeln. Zwiebel abziehen und klein würfeln. Bratwurstmasse aus der Pfanne nehmen. Kartoffel- und Zwiebelwürfel in dem verbliebenen Bratfett unter mehrmaligem Wenden anbraten.
**5.** Nacheinander die Kartoffel-, Apfel- und zuletzt die Bratwurstmasse in eine hohe Auflaufform (etwa 2-Liter-Inhalt, gefettet) oder in zwei Pastetenformen (gefettet) schichten.
**6.** Eier mit Milch verschlagen, mit Salz und Paprika würzen. Die Eiermilch über die eingeschichteten Zutaten gießen. Die Form auf dem Rost in den vorgeheizten Backofen (unteres Drittel) schieben. Die Pastete etwa 30 Minuten garen.

## Bunter Hackbraten

(Römertopf®, 3-Liter-Inhalt)
4 Portionen

*Zubereitungszeit:* 35 Minuten
*Garzeit:* etwa 70 Minuten

pro Portion **1,95** Euro

2 Scheiben Toastbrot
1 Zwiebel
2–3 Möhren
1 Bund Frühlingszwiebeln
700 g Gehacktes (halb Rind-, halb Schweinefleisch)

Asiatische Hackbällchen

Bauernpastete

Bunter Hackbraten

Cheeseburger

75 g Speisequark (10 % Fett)
2 Eier (Größe M)
2–3 TL mittelscharfer Senf
2 EL gehackte Petersilie
Salz, gem. Pfeffer
285 g abgetropfter Gemüsemais (aus der Dose)
70 g Frühstücksspeck in dünnen Scheiben (Bacon)
125 ml Gemüsebrühe
100 g Crème fraîche
1–2 EL dunkler Saucenbinder

*Pro Portion:*
E: 48 g, F: 45 g, Kh: 31 g,
kJ: 2998, kcal: 718

**1.** Toastbrotscheiben in kaltem Wasser einweichen. Zwiebel abziehen und würfeln. Die Möhren putzen, schälen, abspülen, abtropfen lassen und in Würfel schneiden. Frühlingszwiebeln putzen, abspülen, abtropfen lassen und in dünne Scheiben schneiden.
**2.** Die Toastbrotscheiben ausdrücken. Das Gehackte in eine Schüssel geben. Quark, Eier, Toastbrotscheiben, Senf und Petersilie hinzugeben. Die Zutaten zu einem Teig verkneten. Mit Salz und Pfeffer würzen. Zwiebel-, Möhrenwürfel, Frühlingszwiebelscheiben und Mais unterarbeiten.
**3.** Den Fleischteig zu einem Laib formen, in einen gewässerten Römertopf® legen und mit Speckscheiben belegen. Den Römertopf® mit dem Deckel verschließen, auf dem Rost in den kalten Backofen schieben.
*Ober-/Unterhitze:* etwa 200 °C
*Heißluft:* etwa 180 °C
**4.** Den Hackbraten etwa 70 Minuten garen.
**5.** Etwa 15 Minuten vor Ende der Garzeit den Deckel abnehmen und den Hackbraten fertig garen.
**6.** Den Hackbraten aus dem Römertopf nehmen, auf eine Platte legen und warm stellen.
**7.** Die Garflüssigkeit aus dem Römertopf® in einen Topf gießen. Brühe und Crème fraîche unterrühren und aufkochen lassen. Die Sauce mit Saucenbinder nach Packungsanleitung andicken. Mit Pfeffer und Senf abschmecken.
**8.** Hackbraten in Scheiben schneiden und mit der Sauce servieren.

## Cheeseburger

4 Portionen

pro Portion 1,35 Euro

*Zubereitungszeit:* 30 Minuten

4 Hamburger-Brötchen mit Sesam
1 Brötchen (Semmel) vom Vortag
400 g Gehacktes (halb Rind-, halb Schweinefleisch)
1 Ei (Größe M)
Salz, gem. Pfeffer
1 gestr. TL mittelscharfer Senf
3 EL Speiseöl
3 Tomaten
1 Gemüsezwiebel
einige grüne Salatblätter, z. B. Frisée
2 abgetropfte Gewürzgurken
2 EL Salatmayonnaise
8 Scheiblettenkäse
2 EL Tomatenketchup

*Pro Portion:*
E: 39 g, F: 42 g, Kh: 54 g,
kJ: 3157, kcal: 754

**1.** Hamburger-Brötchen halbieren und unter dem vorgeheizten Grill kurz von beiden Seiten grillen.
**2.** Brötchen in kaltem Wasser einweichen und gut ausdrücken. Gehacktes in eine Schüssel geben. Ei und Brötchen hinzugeben, gut unterkneten. Mit Salz, Pfeffer und Senf würzen. Aus der Hackfleischmasse mit angefeuchteten Händen 4 flache Hamburger (etwas größer als die Brötchen) formen. Speiseöl in einer Pfanne erhitzen. Die Hamburger von jeder Seite etwa 5 Minuten bei mittlerer Hitze braten, herausnehmen und etwas abkühlen lassen.
**3.** Die Tomaten abspülen, abtrocknen und die Stängelansätze herausschneiden. Die Tomaten in Scheiben schneiden. Zwiebel abziehen, halbieren und in dünne Scheiben schneiden. Salatblätter abspülen, trocken tupfen. Gurken in Scheiben schneiden.
**4.** Die unteren Brötchenhälften mit Mayonnaise bestreichen. Die Salatblätter darauflegen. Zuerst Tomaten-, dann die Zwiebelscheiben darauf verteilen, mit jeweils 1 Scheibe Käse belegen. Die belegten Brötchenhälften unter dem vorgeheizten Grill kurz grillen, bis der Käse etwas zerlaufen ist. Hamburger daraufgeben, wieder mit je 1 Scheibe Käse belegen. Gurkenscheiben darauf verteilen, mit Ketchup bestreichen, obere Brötchenhälften darauflegen.

## Cevapcicispieße
4 Spieße

*Zubereitungszeit:* 30 Minuten, ohne Marinierzeit
*Garzeit:* etwa 10 Minuten

500 g Schweinegehacktes
1 EL Buchweizenmehl
Salz, gem. Pfeffer
1 TL Paprikapulver edelsüß
1 Zwiebel
2 Knoblauchzehen
3 EL Speiseöl
1 Bund glatte Petersilie
1 frische Peperoni
1 gelbe Paprikaschote
1 rote Zwiebel
2 Knoblauchzehen
3 EL Olivenöl
geschrotete, rote Pfefferbeeren

**Außerdem:**
4 Schaschlik- oder Holzspieße

*Pro Stück:*
E: 25 g, F: 43 g, Kh: 8 g,
kJ: 2168, kcal: 518

**1.** Das Gehackte in eine Schüssel geben, Buchweizenmehl unterarbeiten. Mit Salz, Pfeffer und Paprika würzen.
**2.** Zwiebel und Knoblauch abziehen, in kleine Würfel schneiden.
**3.** Speiseöl in einer Pfanne erhitzen, die Zwiebelwürfel darin glasig dünsten. Knoblauchwürfel hinzugeben und kurz mit andünsten.
**4.** Petersilie abspülen und trocken tupfen. Blättchen von den Stängeln zupfen. Blättchen klein schneiden, zu den Zwiebel- und Knoblauchwürfeln geben, kurz umrühren und unter die Hackfleischmasse mischen.
**5.** Peperoni halbieren, entstielen, entkernen und die Scheidewände entfernen. Peperoni abspülen, fein hacken, zum Fleischteig geben und untermischen. Aus der Hackfleischmasse mit angefeuchteten Händen fingerlange Röllchen formen.
**6.** Paprikaschote halbieren, entstielen, entkernen und die weißen Scheidewände entfernen. Schote abspülen, trocken tupfen und in größere Stücke schneiden. Die rote Zwiebel abziehen, vierteln und in einzelne Schichten zerlegen.
**7.** Die Fleischröllchen abwechselnd mit den Paprikastücken und Zwiebelspalten auf 4 Spieße stecken.
**8.** Knoblauch abziehen, durch eine Knoblauchpresse in eine Schüssel drücken, Olivenöl unterrühren. Die Hackfleischröllchen mit dem Knoblauchöl bestreichen und etwa 30 Minuten durchziehen lassen.
**9.** Cevapcicispieße mit Pfefferbeeren bestreuen, auf den heißen Grillrost legen, etwa 5 Minuten grillen, wenden, nochmals mit dem Knoblauchöl bestreichen und in etwa 5 Minuten fertig grillen.

## Chinesische Gemüsesuppe mit Hackbällchen
4 Portionen

*Zubereitungszeit:* 50 Minuten
*Garzeit:* 10–12 Minuten

1 Zwiebel, 10 g frischer Ingwer
400 g Möhren
1 Stange Porree (Lauch, etwa 200 g)
1 rote Paprikaschote (etwa 200 g)
1 kleiner Knollensellerie (etwa 200 g)
300 g Chinakohl
100 g Sprossen-Mix oder Sojabohnensprossen

**Für die Hackfleischbällchen:**
10 g frischer Ingwer
200 g Schweinegehacktes
Salz
2 EL Speisestärke
1/2 EL Wasser

1–2 EL Speiseöl
1 l Gemüsebrühe
2–3 TL Sojasauce
gem. Pfeffer
etwa 1/2 TL China-Gewürzmischung

*Pro Portion:*
E: 16 g, F: 16 g, Kh: 18 g,
kJ: 1189, kcal: 284

**1.** Zwiebel abziehen und in kleine Würfel schneiden. Den Ingwer schälen, abspülen, abtropfen lassen und ebenfalls klein würfeln. Möhren putzen, schälen, abspülen, abtropfen lassen und schräg in dünne Scheiben schneiden. Porree putzen, die Stange längs halbieren, gründlich waschen und abtropfen lassen. 20 g Porree (ein etwa 4 cm langes Stück) für die Hackbällchen beiseitelegen. Restlichen Porree in feine Streifen schneiden. Paprikaschote halbieren, entstielen, entkernen und die weißen Scheidewände entfernen. Die Schote abspülen, abtropfen lassen und in schmale Streifen schneiden.
**2.** Sellerie schälen, abspülen, abtropfen lassen und in Rauten schnei-

den. Dafür Sellerie zuerst in dünne Scheiben, dann jede Scheibe schräg und längs in etwa 1 1/2 cm breite Stücke schneiden. Chinakohl putzen, den Kohl vierteln und den Strunk herausschneiden. Kohlviertel abspülen, abtropfen lassen und in schmale Streifen schneiden. Die Sprossen in ein Sieb geben, mit kochendem Wasser übergießen, abtropfen lassen und beiseitestellen.

**3.** Für die Hackbällchen den beiseitegelegten Porree klein scheiden. Ingwer schälen, abspülen und ebenfalls klein schneiden. Das Gehackte in eine Schüssel geben. Porree-, Ingwerstückchen, Salz, Speisestärke und Wasser hinzufügen. Die Zutaten mit einem Mixer (Knethaken) zunächst kurz auf niedrigster, dann auf höchster Stufe gut durcharbeiten. Aus dem Fleischteig mit angefeuchteten Händen etwa 20 walnussgroße Bällchen formen und beiseitelegen.

**4.** Das Speiseöl in einem Topf erhitzen. Zwiebel- und Ingwerwürfel darin andünsten. Die Möhrenscheiben, Porree-, Paprikastreifen und Sellerierauten hinzufügen, unter Rühren mitdünsten lassen. Die Brühe hinzugießen. Die Zutaten zum Kochen bringen. Das Gemüse zugedeckt etwa 5 Minuten garen.

**5.** Chinakohlstreifen, Sprossen und Hackbällchen in die Suppe geben, wieder zum Kochen bringen und weitere 5–7 Minuten garen, dabei gelegentlich umrühren. Suppe vor dem Servieren mit Sojasauce, Salz, Pfeffer und Chinagewürz abschmecken.

## Crêpes-Taschen mit Zwiebel-Mett-Füllung

6 Stück

*Zubereitungszeit:* 50 Minuten, ohne Ruhezeit

pro Stück 0,98 Euro

**Für den Crêpes-Teig:**
150 g Weizenmehl
2 Eier (Größe M)
250 ml Milch (3,5 % Fett)
100 ml Mineralwasser mit Kohlensäure
1 gestr. TL Salz

**Für die Füllung:**
300 g Gemüsezwiebeln
2 EL Speiseöl, z. B. Rapsöl
250 g Schweinemett
Salz
gem. Pfeffer
Chilipulver
1 Bund glatte Petersilie

6 EL Speiseöl, z. B. Rapsöl
125 g Frühstücksspeck in Scheiben (Bacon)

*Pro Stück:*
E: 18 g, F: 30 g, Kh: 23 g, kJ: 1783, kcal: 427

**1.** Für den Crêpes-Teig Mehl in eine Rührschüssel geben. Eier mit Milch, Mineralwasser und Salz verschlagen. Nach und nach unter Rühren zum Mehl geben. Darauf achten, dass keine Klümpchen entstehen. Den Teig 20–30 Minuten ruhen lassen.

**2.** Für die Füllung Zwiebeln abziehen, halbieren und in Scheiben schneiden. Das Speiseöl in einer Pfanne erhitzen. Die Zwiebelscheiben darin unter Rühren andünsten. Mett hinzugeben und unter Rühren anbraten. Dabei die Fleischklümpchen mit einer Gabel zerdrücken. Mit Salz, Pfeffer und Chili würzen.

**3.** Petersilie abspülen und trocken tupfen. Die Blättchen von den Stängeln zupfen. Blättchen klein schneiden und unter die Zwiebel-Mett-Masse rühren.

**4.** Etwas Speiseöl in einer Pfanne (Ø 28 cm) erhitzen. Den Teig gut durchrühren und eine dünne Teiglage mit einer drehenden Bewegung gleichmäßig auf dem Boden der Pfanne verteilen. Crêpe von beiden Seiten goldgelb backen und warm stellen. Bevor der Crêpe gewendet wird, etwas Speiseöl in die Pfanne geben. Aus dem restlichen Teig weitere 5 Crêpes backen.

**5.** Den Backofengrill vorheizen.

**6.** Crêpes jeweils zur Hälfte gleichmäßig mit der Zwiebel-Mett-Masse belegen. Die andere Hälfte darüberlegen und dann zu einem Dreieck zusammenklappen, sodass eine Tasche entsteht.

**7.** Die Crêpes-Taschen auf ein Backblech (gefettet) legen und jeweils mit 1 Scheibe Frühstücksspeck belegen. Das Backblech unter dem vorgeheizten Grill (etwa 230 °C) in den Backofen schieben. Crêpes so lange backen, bis der Speck knusprig ist. Crêpes-Taschen sofort servieren.

Chinesische Gemüsesuppe mit Hackbällchen

Crêpes-Taschen mit Zwiebel-Mett-Füllung

## Bunter Hackeintopf

4 Portionen

*Zubereitungszeit:* 25 Minuten
*Garzeit:* 20–25 Minuten

375 g festkochende Kartoffeln
1 l Fleisch- oder Gemüsebrühe
1 kg TK-Suppengemüse
Salz, gem. Pfeffer
1 Brötchen (Semmel) vom Vortag
1 mittelgroße Zwiebel
500 g Gehacktes (halb Rind-, halb Schweinefleisch)
1 TL mittelscharfer Senf
1 EL gehackte Petersilie

pro Portion 1,70 Euro

*Pro Portion:*
E: 31 g, F: 22 g, Kh: 30 g,
kJ: 1858, kcal: 443

**1.** Kartoffeln schälen, abspülen, abtropfen lassen und klein würfeln.
**2.** Die Brühe in einem Topf zum Kochen bringen. Die Kartoffelwürfel und das gefrorene Suppengemüse in die Brühe geben, mit Salz und Pfeffer würzen. Die Zutaten zum Kochen bringen und zugedeckt etwa 10 Minuten kochen lassen.
**3.** In der Zwischenzeit das Brötchen in kaltem Wasser einweichen und gut ausdrücken. Zwiebel abziehen, klein würfeln.
**4.** Das Gehackte in eine Schüssel geben. Brötchen, Zwiebelwürfel und Senf hinzugeben und gut unterkneten. Mit Salz und Pfeffer würzen.
**5.** Aus der Hackfleischmasse mit angefeuchteten Händen kleine Bällchen formen. Die Bällchen in den Eintopf geben und in 10–15 Minuten gar ziehen lassen. Den Hackeintopf mit Petersilie bestreuen und sofort servieren.

## Currybuletten

4 Portionen

pro Portion 1,80 Euro

*Zubereitungszeit:* 30 Minuten
*Bratzeit:* 5–6 Minuten

3 EL geröstete, gesalzene Erdnusskerne (40 g)
10–12 Minzeblättchen
50 g Schalotten
600 g Gehacktes (halb Rind-, halb Schweinefleisch)
2 TL mildes Currypulver
1–2 EL Sambal Oelek
Salz, 2 EL Speiseöl
250 g Joghurt (1,5 % Fett)
1 EL Zitronensaft
1 reife Avocado
2 Sesamkringel (erhältlich in türkischen Lebensmittelläden)

*Pro Portion:*
E: 37 g, F: 48 g, Kh: 22 g,
kJ: 2793, kcal: 667

**1.** Die Erdnusskerne klein hacken. Minzeblättchen abspülen und trocken tupfen. 5 Minzeblättchen klein schneiden. Restliche Blättchen beiseitelegen. Die Schalotten abziehen und in kleine Würfel schneiden.
**2.** Gehacktes in eine Schüssel geben. Erdnusskerne, klein geschnittene Minze, Schalottenwürfel, Curry, Sambal Oelek und Salz hinzufügen. Die Zutaten mit dem Gehackten gut vermischen. Hackfleischmasse in einen Einwegspritzbeutel oder großen Gefrierbeutel füllen und eine etwa 4 cm große Ecke abschneiden.
**3.** Hackfleischmasse direkt auf ein Schneidbrett zu langen Rollen spritzen und mit einem Messer in etwa 8 cm lange Röllchen schneiden. Das Speiseöl in einer Pfanne erhitzen. Die Röllchen darin von allen Seiten 5–6 Minuten bei mittlerer Hitze goldbraun braten, herausnehmen und auf Küchenpapier abtropfen lassen.
**4.** Beiseitegelegte Minzeblättchen klein schneiden. Joghurt mit Zitronensaft und Salz glatt rühren, Minze unterrühren.
**5.** Avocado halbieren und den Stein herausnehmen. Das Fruchtfleisch mit einem Esslöffel aus der Schale lösen. Avocado in kleine Stücke schneiden und sofort unter den Joghurt heben.
**6.** Currybuletten mit dem Avocado-Joghurt und mit den Sesamkringeln servieren.

Bunter Hackeintopf

Currybuletten

Bohnensuppe „Cevapcici“

Fit-Brötchen

## Bohnensuppe „Cevapcici“

pro Portion 2,05 Euro

4–6 Portionen

*Zubereitungszeit:* 40 Minuten
*Garzeit:* etwa 25 Minuten

500 g grüne Bohnen
2 Bund Suppengrün
(Sellerie, Möhren, Porree)
500 g Kartoffeln
2 EL Butter
750 ml Fleischbrühe
gerebeltes Bohnenkraut
2 rote Paprikaschoten
420 g weiße Bohnen (aus der Dose)
250 g Thüringer Mett
(gewürztes Schweinemett)
2 EL gehackte Kräuter

*Pro Portion:*
E: 21 g, F: 19 g, Kh: 36 g,
kJ: 1713, kcal: 409

**1.** Von den Bohnen die Enden abschneiden, evtl. abfädeln. Bohnen abspülen, abtropfen lassen und in Stücke schneiden. Suppengrün putzen, abspülen, abtropfen lassen. Sellerie und Möhren in Würfel schneiden. Porree in Streifen schneiden. Kartoffeln schälen, abspülen, abtropfen lassen und ebenfalls würfeln.
**2.** Die Butter in einem Topf zerlassen. Bohnenstücke und vorbereitetes Gemüse darin unter Rühren andünsten. Brühe hinzugießen, Kartoffelwürfel und Bohnenkraut hinzugeben. Die Zutaten zum Kochen bringen und zugedeckt etwa 15 Minuten kochen lassen.
**3.** Paprikaschoten halbieren, entstielen, entkernen und die weißen Scheidewände entfernen. Schoten abspülen, abtropfen lassen und in Streifen schneiden. Paprikastreifen und weiße Bohnen mit dem Sud in die Suppe geben und aufkochen lassen. Mett mit angefeuchteten Händen zu Klößchen formen. Klößchen ebenfalls hinzugeben und etwa 10 Minuten mitgaren lassen.
**4.** Die Suppe mit gehackten Kräutern bestreuen und sofort servieren.

## Fit-Brötchen

pro Stück 1,45 Euro

4 Stück

*Zubereitungszeit:* 30 Minuten
*Bratzeit:* etwa 7 Minuten

1 kleine Zwiebel
300 g Gehacktes (halb Rind-, halb Schweinefleisch)
1 Ei (Größe M)
2 EL blütenzarte Haferflocken
1 EL Semmelbrösel
1 gestr. TL Salz
gem. Pfeffer
1 TL mittelscharfer Senf
1 EL Speiseöl, z. B. Rapsöl
1 große Fleischtomate
4 Blätter Eisbergsalat
4 Hafer-Vollkorn-Baguettebrötchen
8 TL Joghurt-Salatcreme
4 TL Tomatenketchup
8 dünne Scheiben Salatgurke

*Pro Stück:*
E: 23 g, F: 22 g, Kh: 42 g,
kJ: 1923, kcal: 459

**1.** Die Zwiebel abziehen und in kleine Würfel schneiden. Gehacktes in eine Schüssel geben. Zwiebelwürfel, Ei, Haferflocken und Semmelbrösel hinzufügen. Alles mit Salz, Pfeffer und Senf würzen. Die Zutaten zu einem glatten Teig verkneten.
**2.** Den Hackfleischteig in 4 Portionen teilen und daraus mit leicht angefeuchteten Händen flache, glatte Burger formen.
**3.** Das Speiseöl in einer großen Pfanne erhitzen. Die Burger darin etwa 4 Minuten bei mittlerer Hitze braten. Dann die Burger wenden und in weiteren etwa 3 Minuten bei schwacher Hitze fertig braten. Danach die Burger aus der Pfanne nehmen und etwas abkühlen lassen.
**4.** In der Zwischenzeit die Tomate abspülen, abtrocknen und den Stängelansatz herausschneiden. Die Tomate in 8 dünne Scheiben schneiden. Salatblätter abspülen und mit Küchenpapier trocken tupfen.
**5.** Brötchen waagerecht aufschneiden. Die oberen Brötchenhälften jeweils mit 2 Teelöffeln Salatcreme bestreichen. Dann den Ketchup auf die Brötchenunterhälften streichen.
**6.** Den Salat auf den Brötchenunterhälften verteilen und je 1 Burger daraufsetzen. Tomaten- und vorbereitete Gurkenscheiben darauflegen und mit den oberen Brötchenhälften belegen.

Fleisch-Apfel-Spießchen

Farmersteak

## Fleisch-Apfel-Spießchen

pro Stück **0,74** Euro

8 Spieße

*Zubereitungszeit:* 30 Minuten
*Grillzeit:* etwa 12 Minuten

400 g Gehacktes (halb Rind-, halb Schweinefleisch)
1 Zwiebel, 1 Ei (Größe M)
3–4 EL Semmelbrösel
Salz, gem. Pfeffer
Paprikapulver edelsüß
2 EL Rosinen
200 g durchwachsener Speck
2 mittelgroße, feste Äpfel (etwa 400 g)
20 g zerlassene Butter
evtl. einige Basilikumblättchen

**Außerdem:**
8 Holzspieße
evtl. Alu-Grillschale

*Pro Stück:*
E: 31 g, F: 27 g, Kh: 25 g,
kJ: 1942, kcal: 464

**1.** Gehacktes in eine Schüssel geben. Zwiebel abziehen und in kleine Würfel schneiden. Zwiebelwürfel, Ei, Semmelbrösel, Salz, Pfeffer und Paprika zum Gehackten geben. Die Zutaten gut vermengen. Rosinen unterkneten. Aus der Gehacktesmasse mit angefeuchteten Händen kleine Bällchen formen.
**2.** Speck in grobe Würfel schneiden. Äpfel abwaschen, abtrocknen, halbieren, entkernen und mit der Schale in Achtel schneiden. Apfelspalten mit Butter bestreichen.
**3.** Abwechselnd Fleischbällchen, Speckwürfel und Apfelspalten auf Holzspieße stecken.
**4.** Die Spieße auf den heißen Grillrost (evtl. in eine gefette Grillschale) legen und unter mehrmaligem Wenden etwa 12 Minuten grillen.
**5.** Die Spieße nach Belieben mit abgespülten, trocken getupften Basilikumblättchen garniert servieren.

## Farmersteak

pro Portion **1,05** Euro

12 Portionen

*Zubereitungszeit:* 45 Minuten
*Grillzeit:* etwa 16 Minuten

2 Brötchen (Semmeln) vom Vortag
4 Zwiebeln
1 1/2 kg Gehacktes (halb Rind-, halb Schweinefleisch)
2 EL gehackte Petersilie
1 EL mittelscharfer Senf
100 g grob gehackte Erdnusskerne
3 Eier (Größe M)
Salz, gem. Pfeffer
Paprikapulver edelsüß
3 grüne Paprikaschoten

**Außerdem:**
Alufolie

*Pro Portion:*
E: 30 g, F: 26 g, Kh: 7 g,
kJ: 1603, kcal: 383

**1.** Brötchen in kaltem Wasser einweichen und gut ausdrücken. Zwiebeln abziehen und in kleine Würfel schneiden.
**2.** Gehacktes in eine Schüssel geben. Brötchen, Zwiebelwürfel, Petersilie, Senf, Erdnusskerne und Eier gut unterkneten. Mit Salz, Pfeffer und Paprika würzen.
**3.** Aus der Hackfleischmasse mit angefeuchteten Händen 12 Steaks formen, auf den heißen Holzkohlegrill (mit Alufolie belegt) legen und von jeder Seite etwa 8 Minuten grillen.
**4.** In der Zwischenzeit die Paprikaschoten vierteln, entstielen, entkernen und die weißen Scheidewände entfernen. Die Schoten abspülen, abtropfen lassen, in sehr kleine Würfel schneiden und auf die gegrillten Steaks streuen.

## Grüne Gemüsesuppe

4 Portionen

pro Portion **2,00** Euro

*Zubereitungszeit:* 45 Minuten

500 g grüne Bohnen
40 g Butter
500 g Brokkoli
1 großer Kohlrabi
750 ml Gemüsebrühe
250 g Thüringer Mett (gewürztes Schweinemett)
150 g TK-Erbsen
1 l Wasser
1 gestr. TL Salz
150 g Buchstabennudeln
2 EL gehackte Petersilie
Salz
gem. Pfeffer

*Pro Portion:*
E: 27 g, F: 24 g, Kh: 42 g,
kJ: 2086, kcal: 498

**1.** Von den Bohnen die Enden abschneiden, evtl. abfädeln. Die Bohnen abspülen, abtropfen lassen und in Stücke schneiden. Die Butter in einem Topf zerlassen. Bohnenstücke darin etwa 5 Minuten unter Rühren andünsten, evtl. noch 2–3 Esslöffel Wasser hinzugeben.

**2.** In der Zwischenzeit von dem Brokkoli die Blätter entfernen. Brokkoli in kleine Röschen teilen. Den Strunk schälen und in Stücke schneiden. Brokkoliröschen und -stücke abspülen, abtropfen lassen. Den Kohlrabi schälen, abspülen und abtropfen lassen. Kohlrabi klein schneiden.

**3.** Die Brokkoliröschen, -stücke und Kohlrabistücke zu den Bohnen in den Topf geben, kurz mitdünsten lassen. Brühe hinzugießen, zum Kochen bringen und zugedeckt 8–10 Minuten kochen lassen.

**4.** Aus dem Schweinemett mit angefeuchteten Händen kleine Klößchen formen. Die Mettklößchen mit den gefrorenen Erbsen zum Gemüse geben und in etwa 5 Minuten gar ziehen lassen.

**5.** In der Zwischenzeit Wasser in einem Topf zugedeckt zum Kochen bringen. Dann Salz und Nudeln hinzugeben. Die Nudeln im geöffneten Topf bei mittlerer Hitze nach Packungsanleitung bissfest kochen, dabei gelegentlich umrühren. Dann die Nudeln in ein Sieb geben, mit heißem Wasser abspülen und abtropfen lassen.

**6.** Anschließend Nudeln und Petersilie in die Suppe geben, alles nochmals kurz erhitzen. Vor dem Servieren die Suppe mit Salz und Pfeffer abschmecken.

## Paprikakraut-Topf

4–6 Portionen

*Zubereitungszeit:* 30 Minuten
*Garzeit:* 25–30 Minuten

pro Portion 1,75 Euro

1 kg Weißkohl
3 Zwiebeln
200 g Speckwürfel (aus dem Kühlregal)
2 EL Paprikapulver edelsüß
500 ml Fleischbrühe
100 g Crème fraîche
1 EL Tomatenmark
Salz, gem. Pfeffer
500 g Kartoffeln

**Für die Fleischklößchen:**
1 Brötchen (Semmel) vom Vortag
1 Zwiebel
375 g Rindergehacktes
1 Ei (Größe M)
Paprikapulver edelsüß
2 EL Speiseöl

2 EL gehackte Petersilie
2–3 EL Crème fraîche

*Pro Portion:*
E: 30 g, F: 36 g, Kh: 30 g,
kJ: 2343, kcal: 561

**1.** Vom Weißkohl die äußeren Blätter entfernen. Den Kohl vierteln und den Strunk herausschneiden. Kohlviertel fein hobeln, abspülen und abtropfen lassen. Zwiebeln abziehen, in kleine Würfel schneiden. Speckwürfel in einem großen Topf auslassen, die Zwiebelwürfel hinzugeben, andünsten und mit Paprika würzen. Weißkohlstreifen evtl. in 2 Portionen hinzufügen und mitdünsten lassen.

**2.** Brühe hinzugießen. Crème fraîche und Tomatenmark unterrühren, mit Salz und Pfeffer würzen. Die Zutaten zum Kochen bringen und etwa 10 Minuten garen.

**3.** Kartoffeln schälen, abspülen, abtropfen lassen und in Würfel schneiden. Die Kartoffelwürfel in den Eintopf geben, wieder zum Kochen bringen und weitere 15–20 Minuten garen.

**4.** Für die Fleischklößchen in der Zwischenzeit Brötchen in kaltem Wasser einweichen und ausdrücken. Zwiebel abziehen und klein würfeln.

**5.** Das Gehackte in eine Schüssel geben. Brötchen, Zwiebelwürfel und Ei hinzugeben und gut unterkneten. Mit Salz, Pfeffer und Paprika würzen. Aus der Hackfleischmasse mit angefeuchteten Händen Klößchen formen.

**6.** Speiseöl in einer Pfanne erhitzen. Die Klößchen darin von allen Seiten goldbraun braten, herausnehmen und in den garen Eintopf geben.

**7.** Den Paprikakraut-Topf anrichten und mit Petersilie bestreut servieren. Crème fraîche dazureichen.

Grüne Gemüsesuppe

Paprikakraut-Topf

## Geflügelklößchen mit Zuckerschoten

4 Portionen

pro Portion **2,45** Euro

*Zubereitungszeit:* 50 Minuten
*Garzeit:* Klößchen 5–7 Minuten je Portion

400 g Gehacktes vom Hähnchen
4 EL Semmelbrösel
1 Ei (Größe M)
Salz, gem. Pfeffer
200 ml Geflügelfond oder -brühe
200 g Schlagsahne
ger. Muskatnuss
1 EL gehackte Petersilie
300 g Zuckerschoten

*Pro Portion:*
E: 28 g, F: 23 g, Kh: 21 g,
kJ: 1698, kcal: 406

**1.** Das Gehackte in eine Schüssel geben. Mit Semmelbröseln, Ei, Salz und Pfeffer zu einem glatten Fleischteig verarbeiten.
**2.** Dann Geflügelfond oder -brühe in einem Topf erhitzen. Von dem Hackfleischteig mit angefeuchteten Händen kleine Klößchen formen, portionsweise in den Fond oder die Brühe geben, 5–7 Minuten gar ziehen lassen. Klößchen mit einer Schaumkelle herausnehmen und warm stellen.
**3.** Verbliebenen Geflügelfond oder die Geflügelbrühe mit Sahne auffüllen, zum Kochen bringen und etwas einkochen lassen. Mit Salz, Pfeffer und Muskat würzen. Petersilie unterrühren. Die Geflügelklößchen in der Sauce erhitzen.
**4.** Von den Zuckerschoten die Enden abschneiden, evtl. abfädeln. Die Zuckerschoten abspülen, abtropfen lassen und in kochendem Salzwasser etwa 3 Minuten blanchieren. Die Zuckerschoten mit eiskaltem Wasser abschrecken, in einem Sieb abtropfen lassen, mit der Sauce und den Geflügelklößchen mischen.

## Gefüllte Brötchen

4 Portionen

*Zubereitungszeit:* 20 Minuten
*Backzeit:* etwa 20 Minuten

pro Portion **1,30** Euro

4 Brötchen (Semmeln)
1 Zwiebel
400 g Gehacktes (halb Rind-, halb Schweinefleisch)
1 Ei (Größe M)
1 EL Semmelbrösel
1 EL Speiseöl
Salz, gem. Pfeffer
1/2 TL gerebelter Oregano
4 Scheiben Chester-Käse
einige Tomatenspalten
evtl. einige Kräuterblättchen

*Pro Portion:*
E: 36 g, F: 33 g, Kh: 23 g,
kJ: 2219, kcal: 530

**1.** Den Backofen vorheizen.
*Ober-/Unterhitze:* etwa 200 °C
*Heißluft:* etwa 180 °C
**2.** Brötchen waagerecht in der Mitte durchschneiden. Brötchenhälften etwas aushöhlen. Die Zwiebel abziehen und in kleine Würfel schneiden. Das Gehackte in eine Schüssel geben. Zwiebelwürfel, Ei, Semmelbrösel und Speiseöl hinzufügen. Die Zutaten gut verkneten, mit Salz, Pfeffer und Oregano würzen.
**3.** Den Fleischteig in den Brötchenhälften verteilen und auf ein Backblech (mit Backpapier belegt) legen. Das Backblech in den vorgeheizten Backofen schieben. Die Brötchenhälften etwa 15 Minuten backen.
**4.** Backblech auf einen Rost stellen. Die Brötchenhälften mit je 1 Käsescheibe belegen. Backblech wieder in den heißen Backofen schieben. Die Käsescheiben so lange bei gleicher Backofentemperatur überbacken, bis der Käse anfängt zu zerlaufen.
**5.** Die Brötchen mit Tomatenspalten und abgespülten, trocken getupften Kräuterblättchen garnieren.

Geflügelklößchen mit Zuckerschoten

Gefüllte Brötchen

Gefüllte Fleischbällchen

Deutsche Hacksteaks à la Mayer

## Gefüllte Fleischbällchen

12 Portionen

pro Portion 1,05 Euro

*Zubereitungszeit:* 40 Minuten

2 Brötchen (Semmeln) vom Vortag
2 Zwiebeln
250 g Fetakäse
1 kg Gehacktes (halb Rind-, halb Schweinefleisch)
1 EL Zitronensaft
2 Eier (Größe M)
2 EL gehackte Petersilie
1 EL gehackte Minze
Salz, gem. Pfeffer
4 EL Weizenmehl
1 kg Ausbackfett oder 1 l Speiseöl

*Pro Portion:*
E: 22 g, F: 24 g, Kh: 9 g,
kJ: 1428, kcal: 341

**1.** Die Brötchen in kaltem Wasser einweichen. Die Zwiebeln abziehen und in kleine Würfel schneiden. Fetakäse ebenfalls klein würfeln. Eingeweichte Brötchen ausdrücken.
**2.** Das Gehackte in eine Schüssel geben. Brötchen, Zwiebelwürfel, Zitronensaft und Eier hinzufügen. Die Zutaten gut verkneten. Petersilie und Minze unterarbeiten. Mit Salz und Pfeffer würzen.
**3.** Von der Hackfleischmasse mit einem Esslöffel kleine Portionen abstechen und mit bemehlten Händen flach drücken. Jeweils 1 Käsewürfel daraufgeben und mit dem Fleischteig umhüllen. Die Fleischbällchen leicht in Mehl wenden.
**4.** Ausbackfett oder Speiseöl in einer Fritteuse auf etwa 180 °C erhitzen. Die Fleischbällchen darin portionsweise unter mehrmaligem Wenden frittieren, mit einer Schaumkelle herausnehmen und auf Küchenpapier abtropfen lassen.

***Tipp:*** Sie können die Fleischbällchen auch im erhitzten Speiseöl in einer großen Pfanne von allen Seiten braun braten.

## Deutsche Hacksteaks à la Mayer

4 Portionen

pro Portion 1,80 Euro

*Zubereitungszeit:* 40 Minuten

7 Zwiebeln
600 g Rindergehacktes
1 Ei (Größe M)
Salz
Paprikapulver edelsüß
gerebelter Thymian
1 kg Kartoffeln
60 g Gänseschmalz
gem. Pfeffer
50 g Butter
20 g Butter oder Margarine
4 Eier (Größe M)

*Pro Portion:*
E: 44 g, F: 57 g, Kh: 37 g,
kJ: 3533, kcal: 843

**1.** Zwiebeln abziehen, davon 3 Zwiebeln in kleine Würfel schneiden. Das Gehackte in eine Schüssel geben. 2 gewürfelte Zwiebeln und das Ei unterkneten. Mit Salz, Paprika und Thymian würzen.
**2.** Die Kartoffeln schälen, abspülen, trocken tupfen und in dünne Scheiben schneiden. Gänseschmalz in einer Pfanne erhitzen. Die Kartoffelscheiben darin unter Wenden knusprig braun braten. Mit Salz und Pfeffer würzen. Gegen Ende der Garzeit die restlichen Zwiebelwürfel hinzugeben.
**3.** In der Zwischenzeit aus der Hackfleischmasse mit angefeuchteten Händen 4 Hacksteaks formen.
**4.** Butter in einer zweiten Pfanne zerlassen. Die Hacksteaks darin etwa 10 Minuten von beiden Seiten braten, herausnehmen und warm stellen.
**5.** Die restlichen 4 Zwiebeln in feine Scheiben schneiden und in dem verbliebenen Bratfett unter Rühren garen.
**6.** Butter oder Margarine in einer weiteren Pfanne zerlassen. Die Eier aufschlagen und nebeneinander in das Fett gleiten lassen. Eiweiß mit Salz bestreuen. Die Eier etwa 5 Minuten bei mittlerer Hitze braten.
**7.** Die Hacksteaks mit Zwiebelscheiben, Spiegeleiern und Bratkartoffeln servieren.

Chorizo-Hack-Spieße mit Gazpacho-Salat

Gebratenes „Club-Sandwich" mit Geflügelhack

## Chorizo-Hack-Spieße mit Gazpacho-Salat

4 Portionen

pro Portion 2,48 Euro

*Zubereitungszeit:* 60 Minuten

**Für den Gazpacho-Salat:**
200 g Baguette
10 EL Olivenöl
1 kleine, rote Zwiebel
300 g Tomaten
2 gelbe Paprikaschoten (etwa 400 g)
1 Salatgurke (etwa 350 g)
1 Knoblauchzehe
1/2 Bund glatte Petersilie
1 Bio-Zitrone
(unbehandelt, ungewachst)
Salz, gem. schwarzer Pfeffer

**Für die Chorizo-Hack-Spieße:**
500 g Gehacktes (halb Rind-, halb Schweinefleisch)
50 g Chorizo-Aufschnitt
(spanische Paprikasalami)
2 Stängel Oregano
1–2 TL Paprikapulver rosenscharf

**Außerdem:**
12 Holzspieße

*Pro Portion:*
E: 35 g, F: 49 g, Kh: 38 g,
kJ: 3069, kcal: 733

**1.** Für den Salat Baguette zuerst in dünne Scheiben, dann in etwa 2 cm große Würfel schneiden. 4 Esslöffel des Olivenöls in einer Pfanne erhitzen. Die Brotwürfel darin von allen Seiten goldbraun rösten.

**2.** Die Zwiebel abziehen, längs halbieren und quer in dünne Scheiben schneiden. Die Tomaten abspülen, trocken tupfen, halbieren und die Stängelansätze herausschneiden. Paprikaschoten halbieren, entstielen, entkernen und die weißen Scheidewände entfernen. Die Schoten abspülen und trocken tupfen. Gurke schälen und die Enden abschneiden. Die Gurke abspülen und trocken tupfen. Tomaten, Paprika und die Salatgurke in kleine Würfel schneiden.

**3.** Knoblauch abziehen und klein würfeln. Petersilie abspülen und trocken tupfen. Die Blättchen von den Stängeln zupfen. Die Hälfte der Petersilienblättchen klein schneiden, den Rest beiseitelegen.

**4.** Die vorbereiteten Salatzutaten in einer Schüssel mischen.

**5.** Die Zitrone heiß abwaschen, abtrocknen und die Schale fein abreiben. Zitronenschale für die Hackfleischzubereitung beiseitelegen.

**6.** Zitrone halbieren, den Saft auspressen und 4 Esslöffel Saft abmessen. Den Zitronensaft und 4 Esslöffel des restlichen Olivenöls mit den Salatzutaten vermischen, mit Salz und Pfeffer würzen. Den Salat etwa 20 Minuten durchziehen lassen.

**7.** Für die Spieße in der Zwischenzeit Gehacktes in eine Schüssel geben. Chorizo sehr klein würfeln. Oregano abspülen und trocken tupfen. Die Blättchen von den Stängeln zupfen. Oregano und beiseitegelegte Petersilienblättchen klein schneiden.

**8.** Chorizowürfel mit Oregano, Petersilie, beiseitegelegter Zitronenschale, Salz, Pfeffer und Paprika zum Gehackten geben und gut unterkneten.

**9.** Die Hackmasse in 12 gleich große Portionen teilen. Hackportionen jeweils mit leicht angefeuchteten Händen zu je 1 ovalen, flachen Bulette formen und auf Holzspieße stecken.

**10.** Restliches Olivenöl in 2 großen Pfannen erhitzen. Spieße darin von jeder Seite etwa 5 Minuten braten.

**11.** Kurz vor dem Servieren die gerösteten Brotwürfel unter den Salat heben. Die Chorizo-Hack-Spieße mit dem Gazpacho-Salat servieren.

## Gebratenes „Club-Sandwich" mit Geflügelhack

4 Portionen

pro Portion 2,25 Euro

*Zubereitungszeit:* 45 Minuten

400 g Hähnchenbrustfilet
1/2 Bund Dill
Salz, gem. schwarzer Pfeffer
3 EL Meerrettich (aus Glas oder Tube)
3 EL mittelscharfer Senf
8 Sandwichbrotscheiben
(etwa 320 g)
6 EL Sonnenblumenöl
8 Scheiben Bacon
(Frühstücksspeck, etwa 150 g)

250 g Tomaten
50 g schöne Römersalatblätter

**Außerdem:**
evtl. 8 Holzspieße

*Pro Portion:*
E: 37 g, F: 29 g, Kh: 42 g,
kJ: 2417, kcal: 577

**1.** Hähnchenbrustfilet unter fließendem kalten Wasser abspülen, trocken tupfen und in etwa 2 cm große Würfel schneiden. Hähnchenfleischwürfel im Blitzhacker zerkleinern.
**2.** Dill abspülen und trocken tupfen. Die Spitzen von den Stängeln zupfen. Spitzen klein schneiden.
**3.** Dill mit Salz, Pfeffer, Meerrettich und Senf zum Geflügelhack geben und untermischen.
**4.** Den Backofen vorheizen.
*Ober-/Unterhitze:* etwa 180 °C
*Heißluft:* etwa 160 °C
**5.** Die Geflügelhackmasse auf die Hälfte der Sandwichbrotscheiben streichen und mit den restlichen Scheiben belegen, leicht andrücken.
**6.** Fünf Esslöffel des Sonnenblumenöls in einer großen Pfanne erhitzen. Die Sandwiches von jeder Seite bei starker Hitze goldbraun anbraten, herausnehmen und auf ein Backblech (mit Backpapier belegt) legen.
**7.** Das Backblech in den vorgeheizten Backofen schieben. Die Sandwiches etwa 10 Minuten backen.
**8.** In der Zwischenzeit restliches Sonnenblumenöl in einer Pfanne erhitzen. Die Baconscheiben darin von jeder Seite knusprig braten.
**9.** Die Tomaten abspülen, trocken tupfen und die Stängelansätze herausschneiden. Tomaten in Scheiben schneiden.
**10.** Römersalatblätter abspülen, trocken tupfen und klein schneiden.
**11.** Die Sandwiches vom Backblech nehmen und einmal diagonal durchschneiden.
**12.** Sandwiches übereinandergelegt anrichten. Mit Salat, Tomaten- und Baconscheiben belegen. Nach Belieben mit Holzspießen feststecken.

## Geflügelfrikadellen auf buntem Paprikasalat

8 Portionen

*Zubereitungszeit:* 40 Minuten, ohne Durchziehzeit

**Für die Geflügelfrikadellen:**
1 Brötchen (Semmel) vom Vortag
600 g Geflügelgehacktes
(evtl. beim Metzger vorbestellen)
1 Ei (Größe M)
Salz, gem. Pfeffer
Paprikapulver edelsüß
1 Bund Petersilie
4 EL Speiseöl

pro Portion 1,45 Euro

**Für den Paprikasalat:**
je 2 rote, grüne und gelbe Paprikaschoten
2 Zwiebeln
4 EL Weißweinessig
6 EL Speiseöl

1 Bund Thymian

*Pro Portion:*
E: 18 g, F: 16 g, Kh: 10 g,
kJ: 1076, kcal: 257

**1.** Für die Geflügelfrikadellen das Brötchen in kaltem Wasser einweichen und ausdrücken. Geflügelgehacktes in eine Schüssel geben. Brötchen und das Ei gut unterkneten. Mit Salz, Pfeffer und Paprika würzen.
**2.** Petersilie abspülen und trocken tupfen. Die Blättchen von den Stängeln zupfen. Blättchen klein schneiden und unter den Hackfleischteig kneten. Aus der Hackfleischmasse mit angefeuchteten Händen 8 kleine Frikadellen formen.
**3.** Speiseöl in einer großen Pfanne erhitzen. Die Frikadellen darin von beiden Seiten braten, herausnehmen und erkalten lassen.
**4.** Für den Paprikasalat die Paprikaschoten halbieren, entstielen, entkernen und die weißen Scheidewände entfernen. Schoten abspülen, abtropfen lassen, klein würfeln und in kochendem Salzwasser etwa 2 Minuten blanchieren. Paprikawürfel in einem Sieb abtropfen lassen. Zwiebeln abziehen und in kleine Würfel schneiden.
**5.** Essig mit Speiseöl in einer Schüssel verrühren, mit Salz und Pfeffer würzen. Paprikawürfel hinzugeben und etwa 1 Stunde durchziehen lassen.
**6.** Thymian abspülen und trocken tupfen. Die Blättchen von den Stängeln zupfen.
**7.** Den Salat auf einem Teller anrichten. Frikadellen darauf verteilen. Mit Thymianblättchen garnieren.

Geflügelfrikadellen auf buntem Paprikasalat

## Gefüllte Kohlblätter

4 Portionen

*Zubereitungszeit:* 65 Minuten, ohne Abkühlzeit
*Garzeit:* etwa 50 Minuten

pro Portion 2,48 Euro

Salzwasser
(auf 1 l Wasser 1 gestr. TL Salz)
1 Rotkohl (1600–1800 g)
600 g Bratwurstbrät
300 g Zwiebeln
200 g weiße oder rosa Champignons
4 EL Speiseöl
Salz, gem. Pfeffer
gem. Kümmelsamen
1 Bund Suppengrün (etwa 500 g, küchenfertig vorbereitet, z. B. Möhren, Porree, Sellerie)
200 ml Fleischbrühe
einige Majoranblättchen

*Pro Portion:*
E: 24 g, F: 48 g, Kh: 13 g,
kJ: 2433, kcal: 581

**1.** Salzwasser in einem großen, weiten Topf zum Kochen bringen. In der Zwischenzeit vom Rotkohl die äußeren, welken Blätter entfernen. Den Rotkohl abspülen, den Strunk unten keilförmig herausschneiden.

**2.** Rotkohl so lange in kochendes Wasser legen, bis sich die äußeren Blätter lösen. Diesen Vorgang wiederholen, bis sich etwa 8 Blätter lösen lassen und etwas weich sind. Die Blätter abtropfen lassen und trocken tupfen. Dicke Blattrippen flach schneiden.

**3.** Bratwurstbrät in eine Schüssel geben. Die Zwiebeln abziehen, halbieren und würfeln. Champignons putzen, evtl. kurz abspülen, abtropfen lassen und klein schneiden.

**4.** Zwei Esslöffel des Speiseöls in einer Pfanne erhitzen. Die Hälfte der Zwiebelwürfel darin glasig dünsten. Die Champignonstücke hinzugeben und mit andünsten, etwas abkühlen lassen.

**5.** Den Backofen vorheizen.
*Ober-/Unterhitze:* etwa 180 °C
*Heißluft:* etwa 160 °C

**6.** Die Champignonmasse zu dem Bratwurstbrät in die Schüssel geben und gut unterkneten. Mit Salz, Pfeffer und Kümmel würzen.

**7.** Das vorbereitete Suppengrün in Würfel schneiden. Restliches Speiseöl in einem Bräter erhitzen. Suppengrünwürfel und die restlichen Zwiebelwürfel darin unter Rühren andünsten. Brühe hinzugießen. Den Bräter von der Kochstelle nehmen.

**8.** Jeweils 2 Rotkohlblätter übereinanderlegen. Die Brät-Champignon-Masse darauf verteilen. Die Blätter seitlich einschlagen und aufrollen. Die Rouladen mit der Nahtseite nach unten auf das angedünstete Gemüse legen.

**9.** Den Bräter auf dem Rost in den vorgeheizten Backofen schieben. Die gefüllten Rotkohlblätter etwa 50 Minuten garen.

**10.** Die gefüllten Rotkohlblätter mit dem Gemüse anrichten und mit abgespülten, trocken getupften Majoranblättchen garniert servieren.

Gefüllte Kohlblätter

## Hackbraten mit Püree und Porreegemüse

4 Portionen

pro Portion 1,65 Euro

*Zubereitungszeit:* 75 Minuten
*Garzeit:* etwa 50 Minuten

1 Brötchen (Semmel)vom Vortag
1 Zwiebel
50 g Sonnenblumenkerne
600 g Gehacktes (halb Rind-, halb Schweinefleisch)
1 Ei (Größe M)
1 TL Currypulver
1 TL gem. Koriander
Salz, gem. Pfeffer
2 EL Semmelbrösel
2 EL Tomatenmark
300 ml Gemüsebrühe

3 Stangen Porree (Lauch)
1 EL Butter
100 g Schlagsahne
1 Pck. Kartoffelpüree
(für 3 Portionen)
375 ml Wasser
125 ml Milch (3,5 % Fett)

*Pro Portion:*
E: 42 g, F: 46 g, Kh: 43 g,
kJ: 3165, kcal: 755

**1.** Den Backofen vorheizen.
*Ober-/Unterhitze:* etwa 200 °C
*Heißluft:* etwa 180 °C

**2.** Das Brötchen in kaltem Wasser einweichen. Zwiebel abziehen und klein würfeln. Sonnenblumenkerne fein hacken. Das Brötchen ausdrücken und etwas auseinanderzupfen.

Hackbraten mit Püree und Porreegemüse

Hack-Käse-Strudel

**3.** Gehacktes in eine Schüssel geben. Zwiebelwürfel, Sonnenblumenkerne, Ei, Curry und Koriander hinzufügen. Die Zutaten zu einem Teig verkneten. Mit Salz und Pfeffer würzen.
**4.** Semmelbrösel auf die Arbeitsfläche streuen. Den Hackfleischteig daraufgeben, zu einem länglichen Laib formen und in eine feuerfeste Form (gefettet) geben. Form ohne Deckel auf dem Rost in den vorgeheizten Backofen schieben. Den Hackbraten etwa 50 Minuten garen.
**5.** Tomatenmark unter die Brühe rühren. Nach etwa 30 Minuten Garzeit die Brühe-Tomatenmark-Mischung zu dem Hackbraten in die Form gießen und den Hackbraten fertig garen.
**6.** In der Zwischenzeit den Porree putzen, die Stangen längs halbieren, gründlich waschen, abtropfen lassen und in Streifen schneiden. Butter in einem Topf zerlassen. Porreestreifen darin unter Rühren andünsten. Mit Salz und Pfeffer würzen. Sahne hinzugießen, zum Kochen bringen und etwa 5 Minuten garen.
**7.** Kartoffelpüree nach Packungsanleitung mit Wasser und Milch zubereiten.
**8.** Den Hackbraten aus der Form nehmen, in Scheiben schneiden und warm stellen. Die Sauce durch ein Sieb passieren und mit den Gewürzen abschmecken. Den Hackbraten mit Püree und dem Porreegemüse anrichten. Die Sauce dazureichen.

## Hack-Käse-Strudel

4 Portionen

pro Portion 1,25 Euro

*Zubereitungszeit:* 45 Minuten, ohne Auftau- und Abkühlzeit
*Garzeit:* Strudel etwa 45 Minuten

**Für den Teig:**
450 g TK-Blätterteig (6 Platten)

**Für die Füllung:**
je 1 rote und grüne Paprikaschote (je etwa 150 g)
1 große Zwiebel (etwa 100 g)
1–2 Tomaten
2 EL Speiseöl
250 g Rindergehacktes
Salz, gem. schwarzer Pfeffer
1 geh. EL Tomatenmark
100 g Kräuterschmelzkäse-Zubereitung

**Zum Bestreichen und Bestreuen:**
1 Eigelb
1 EL Wasser
Paprikapulver edelsüß

*Pro Portion:*
E: 25 g, F: 47 g, Kh: 48 g,
kJ: 3000, kcal: 717

**1.** Für den Teig Blätterteigplatten nebeneinander nach Packungsanleitung auftauen lassen. Blätterteigplatten wieder aufeinanderlegen, auf einer leicht bemehlten Arbeitsfläche zu einem Rechteck (etwa 30 x 40 cm) ausrollen.
**2.** Für die Füllung die Paprikaschoten halbieren, entstielen, entkernen und weiße Scheidewände entfernen. Schoten abspülen und abtropfen lassen. Zwiebel abziehen. Tomaten abspülen, trocken tupfen und die Stängelansätze herausschneiden. Paprikaschoten, Zwiebel und Tomaten in kleine Würfel schneiden.
**3.** Den Backofen vorheizen.
*Ober-/Unterhitze:* etwa 200 °C
*Heißluft:* etwa 180 °C
**4.** Speiseöl in einer großen Pfanne erhitzen. Die vorbereiteten Gemüsewürfel hinzugeben und unter Rühren etwa 5 Minuten dünsten. Gehacktes hinzufügen, dabei die Fleischklümpchen mit einer Gabel zerdrücken. Die Gemüse-Hackfleisch-Masse nochmals kurz erhitzen. Mit Salz und Pfeffer würzen. Tomatenmark unterrühren. Die Gemüse-Hackfleisch-Masse erkalten lassen.
**5.** Kräuterschmelzkäse auf das Blätterteig-Rechteck streichen, die Gemüse-Hackfleisch-Masse darauf verteilen. Den Teig von der längeren Seite her aufrollen und auf ein Backblech (gefettet, mit Backpapier belegt) legen.
**6.** Zum Bestreichen Eigelb mit Wasser verschlagen. Den Strudel damit bestreichen und mit Paprika bestreuen. Das Backblech in den vorgeheizten Backofen schieben. Den Strudel etwa 45 Minuten garen.
**7.** Den Hack-Käse-Strudel vom Backblech nehmen, sofort servieren.

Mettkuchen

Kräuterspieße „Bulgarische Art"

## Mettkuchen

15 Stücke

pro Stück **0,34** Euro

*Zubereitungszeit:* 40 Minuten
*Backzeit:* 45–55 Minuten

100 g Staudensellerie
1 Möhre (etwa 100 g)
5 Stängel Basilikum

**Für den Teig:**
100 g Weizenmehl (Type 550)
30 g Vollkorn-Weizengrieß
3 gestr. TL Dr. Oetker Backin
30 g ger. Parmesan
50 ml Milch (3,5 % Fett)
2 Eier (Größe M)
75 ml Olivenöl
300 g Thüringer Mett
(gewürztes Schweinemett)

*Pro Stück:*
E: 6 g, F: 12 g, Kh: 7 g,
kJ: 666, kcal: 159

**1.** Staudensellerie putzen und die harten Außenfäden abziehen. Sellerie abspülen, abtropfen lassen und in sehr dünne Scheiben schneiden. Die Möhre putzen, schälen, abspülen und abtropfen lassen. Möhre in sehr kleine Würfel schneiden.
**2.** Basilikum abspülen und trocken tupfen. Die Blättchen von den Stängeln zupfen, Blättchen in feine Streifen schneiden.
**3.** Den Backofen vorheizen.
*Ober-/Unterhitze:* etwa 180 °C
*Heißluft:* etwa 160 °C
**4.** Für den Teig das Mehl mit Grieß, Backpulver und Parmesan in einer Rührschüssel mischen. Milch, Eier und Olivenöl hinzugeben. Zutaten mit einem Mixer (Rührstäbe) unterrühren. Die Möhrenwürfel, Selleriescheiben und Basilikumstreifen unter den Teig rühren. Mett mit einem Messer in kleine Brocken teilen, auf den Teig geben und mit einem Löffel vorsichtig unterrühren, sodass kleine Mettbrocken erhalten bleiben.
**5.** Den Teig in eine Kastenform (25 x 11 cm, gefettet, mit Semmelbröseln ausgestreut) füllen und glatt streichen. Die Form in den vorgeheizten Backofen schieben, den Mettkuchen 45–55 Minuten backen.
**6.** Die Form auf einen Rost stellen. Den Mettkuchen etwa 10 Minuten in der Form stehen lassen, dann auf einen mit Backpapier belegten Kuchenrost stürzen. Mettkuchen umdrehen und erkalten lassen.

## Kräuterspieße „Bulgarische Art"

8 Spieße

pro Stück **0,90** Euro

*Zubereitungszeit:* 40 Minuten
*Grillzeit:* etwa 12 Minuten

300 g Gehacktes (halb Lamm-, halb Schweinefleisch)
1 Zwiebel, 1 Knoblauchzehe
1 Ei (Größe M)
80 g Semmelbrösel
2 TL Paprikapulver edelsüß
Salz, gem. Pfeffer
je 2 grüne und rote Paprikaschoten (je etwa 150 g)
200 g kleine, feste, braune Champignons
1 große Zwiebel
4 Stängel Kerbel
2 Stängel Thymian

**Außerdem:**
8 Holz- oder Metallspieße
1–2 EL Maiskeimöl

*Pro Stück:*
E: 10 g, F: 10 g, Kh: 11 g,
kJ: 718, kcal: 172

**1.** Das Gehackte in eine Schüssel geben. Zwiebel und Knoblauchzehe abziehen, in kleine Würfel schneiden. Zwiebel-, Knoblauchwürfel, Ei und Semmelbrösel zum Gehackten geben und gut unterkneten. Mit Paprika, Salz und Pfeffer würzen. Aus der Hackfleischmasse mit angefeuchteten Händen 24 Bällchen formen.
**2.** Paprikaschoten halbieren, entstielen entkernen und die weißen Scheidewände entfernen. Die Schoten abspülen, abtropfen lassen und längs in Achtel schneiden, diese nochmals quer halbieren. Champignons putzen, evtl. kurz abspülen und trocken tupfen. Zwiebel abziehen, in Achtel schneiden und diese nochmals quer halbieren.
**3.** Die Hackfleischbällchen abwechselnd mit den Champignons, Paprika- und Zwiebelstücken auf die Spieße stecken und mit dem Maiskeimöl bestreichen.
**4.** Die Spieße auf den heißen Grillrost legen und unter mehrmaligem Wenden etwa 12 Minuten grillen.
**5.** Kräuter abspülen, trocken tupfen und in kleinere Stängel zupfen. Die Kräuterspieße auf Tellern anrichten. Die Kräuterstängel in die Spieße stecken und servieren.

## Hackfleischeier

4 Portionen (ohne Foto)

*Zubereitungszeit:* 30 Minuten

2 EL Speiseöl, z. B. Olivenöl
400 g Lamm- oder Rindergehacktes
250 g Zwiebeln
2 Knoblauchzehen
1 grüne Paprikaschote
2–3 Tomaten
Salz, gem. Pfeffer
Cayennepfeffer
1 TL Paprikapulver edelsüß
8 Eier (Größe M)

pro Portion 1,30 Euro

*Pro Portion:*
E: 34 g, F: 31 g, Kh: 8 g,
kJ: 1864, kcal: 445

**1.** Speiseöl in einer großen Pfanne erhitzen. Das Gehackte darin unter ständigem Rühren etwa 5 Minuten anbraten. Dabei Fleischklümpchen mit einer Gabel etwas zerkleinern.
**2.** Zwiebeln abziehen und in kleine Würfel schneiden. Knoblauch abziehen und durch eine Knoblauchpresse drücken. Zwiebelwürfel und den Knoblauch zur Hackfleischmasse geben, kurz mit anbraten.
**3.** Paprikaschote halbieren, entstielen, entkernen und die weißen Scheidewände entfernen. Schote abspülen, abtropfen lassen und in kleine Würfel schneiden. Paprikawürfel zur Hackfleischmasse in die Pfanne geben und zugedeckt etwa 6 Minuten bei schwacher Hitze dünsten.
**4.** Tomaten abspülen, abtrocknen, halbieren und die Stängelansätze herausschneiden. Tomaten in Würfel schneiden und unter die Hackfleischmasse rühren. Mit Salz, Pfeffer, Cayennepfeffer und Paprika kräftig würzen.
**5.** Eier aufschlagen, gleichmäßig auf die Hackfleisch-Gemüse-Masse setzen und zugedeckt so lange garen, bis die Spiegeleier gar sind, mit Salz bestreuen.
**6.** Die Hackfleischeier nochmals mit Salz und Pfeffer abschmecken und servieren.

## Hacksauce „Jägerart“

4 Portionen

*Zubereitungszeit:* 40 Minuten

pro Portion 2,25 Euro

100 g geräucherter, durchwachsener Speck
40 g Butterschmalz
250 g Rindergehacktes
1 Zwiebel
400 g geschälte Tomaten (aus der Dose)
125 ml Rotwein
Salz, gem. Pfeffer
Cayennepfeffer
Kräuter der Provence
230 g abgetropfte Mischpilze (aus der Dose)
2 EL Preiselbeeren (aus dem Glas)
2 EL Weinbrand

5 l Wasser
5 gestr. TL Salz
500 g grüne Bandnudeln

3 Tomaten
1 Stängel Thymian
einige Basilikumblättchen

*Pro Portion:*
E: 35 g, F: 28 g, Kh: 96 g,
kJ: 3395, kcal: 810

**1.** Den Speck in Würfel schneiden. Butterschmalz in einer Pfanne erhitzen. Speckwürfel darin auslassen. Gehacktes hinzugeben und darin unter Rühren anbraten. Dabei die Fleischklümpchen mit einer Gabel zerdrücken. Zwiebel abziehen, in kleine Würfel schneiden und mit anbraten.
**2.** Tomaten mit dem Saft und Rotwein zu der Hackfleischmasse geben und unterrühren. Mit Salz, Pfeffer, Cayennepfeffer und Kräutern der Provence würzen. Die Zutaten zum Kochen bringen und etwa 15 Minuten kochen lassen.
**3.** Pilze mit Preiselbeeren und Weinbrand unter die Sauce rühren, wieder zum Kochen bringen und weitere etwa 5 Minuten kochen lassen. Mit Salz, Pfeffer und Cayennepfeffer abschmecken.
**4.** In der Zwischenzeit das Wasser in einem großen Topf zugedeckt zum Kochen bringen. Dann Salz und Nudeln hinzugeben. Die Nudeln im geöffneten Topf bei mittlerer Hitze nach Packungsanleitung bissfest kochen, dabei gelegentlich umrühren. Anschließend die Nudeln in ein Sieb geben, mit heißem Wasser abspülen und abtropfen lassen.
**5.** Tomaten abspülen, trocken tupfen und die Stängelansätze herausschneiden. Tomaten halbieren, entkernen und in Würfel schneiden. Thymianstängel und Basilikumblättchen abspülen, trocken tupfen.
**6.** Die Bandnudeln mit der Hacksauce auf Tellern anrichten. Die Sauce mit den Tomatenwürfeln bestreuen. Mit dem Thymianstängel und den Basilikumblättchen garnieren.

Hacksauce „Jägerart“

## Feuriger Bohnentopf
12 Portionen

*Zubereitungszeit:* 45 Minuten
*Garzeit:* etwa 20 Minuten

pro Portion 1,45 Euro

7 EL Speiseöl
1,2 kg Gehacktes (halb Rind-, halb Schweinefleisch)
4 große Zwiebeln
je 2 gelbe und rote Paprikaschoten
1 grüne Paprikaschote
5 EL Tomatenmark
750 ml Gemüsebrühe
510 g abgetropfte, rote Bohnen (aus Dosen)
425 g Gemüsemais (aus der Dose)
300 ml Chilisauce
Salz, gem. Pfeffer

*Pro Portion:*
E: 26 g, F: 23 g, Kh: 19 g,
kJ: 1633, kcal: 390

**1.** Das Speiseöl in einem großen Topf erhitzen. Gehacktes darin portionsweise unter Rühren anbraten. Dabei die Fleischklümpchen mit einer Gabel zerdrücken. Zwiebeln abziehen und in kleine Würfel schneiden. Paprikaschoten halbieren, entstielen, entkernen und die weißen Scheidewände entfernen. Schoten abspülen, abtropfen lassen, in Würfel schneiden.
**2.** Zwiebel- und Paprikawürfel zum Gehackten in den Topf geben und etwa 10 Minuten unter mehrmaligem Rühren schmoren lassen. Tomatenmark unterrühren, Brühe hinzugießen, zum Kochen bringen und etwa 10 Minuten garen.
**3.** Bohnen, Mais mit dem Sud und Chilisauce in die Suppe geben, unter Rühren aufkochen lassen. Mit Salz und Pfeffer abschmecken.

## Königsberger Klopse
4 Portionen

*Zubereitungszeit:* 25 Minuten
*Garzeit:* etwa 25 Minuten

1 Brötchen (Semmel) vom Vortag
1 Zwiebel
500 g Gehacktes (halb Rind-, halb Schweinefleisch)
1 Ei oder Eiweiß (Größe S)
2 TL mittelscharfer Senf
Salz, gem. Pfeffer
750 ml Gemüsebrühe

pro Portion 1,35 Euro

**Für die Sauce:**
30 g Butter oder Margarine
30 g Weizenmehl
500 ml Kochbrühe (von den Klopsen)
1 Eigelb (Größe S)
2 EL Milch
20 g abgetropfte Kapern (aus dem Glas)
etwas Zucker
etwas Zitronensaft
evtl. etwas Dill

*Pro Portion:*
E: 30 g, F: 30 g, Kh: 14 g,
kJ: 1878, kcal: 448

**1.** Brötchen in kaltem Wasser einweichen und ausdrücken. Zwiebel abziehen und klein würfeln. Gehacktes in eine Schüssel geben. Brötchen, Zwiebelwürfel, Ei oder Eiweiß und Senf hinzufügen. Die Zutaten gut verkneten. Mit Salz und Pfeffer würzen.
**2.** Die Gemüsebrühe in einem Topf zum Kochen bringen. Aus der Hackfleischmasse mit angefeuchteten Händen 8–10 Klopse formen. Klopse in die kochende Gemüsebrühe geben, wieder zum Kochen bringen, evtl. abschäumen. Klopse zugedeckt bei schwacher Hitze etwa 15 Minuten gar ziehen lassen (die Brühe muss sich leicht bewegen).
**3.** Die Klopse mit einem Schaumlöffel aus der Brühe nehmen. Die Brühe durch ein Sieb in einen Topf gießen und 500 ml für die Sauce abmessen.
**4.** Für die Sauce Butter oder Margarine in einem Topf zerlassen. Mehl unter Rühren darin so lange erhitzen, bis es hellgelb ist. Abgemessene Brühe hinzugießen und mit einem Schneebesen durchschlagen. Dabei darauf achten, dass keine Klümpchen entstehen. Die Sauce zum Kochen bringen und bei schwacher Hitze etwa 5 Minuten leicht kochen lassen, dabei gelegentlich umrühren.
**5.** Eigelb mit Milch verschlagen und langsam in die Sauce einrühren (abziehen). Die Sauce aber nicht mehr kochen lassen. Kapern hinzufügen. Die Sauce mit Salz, Pfeffer, Zucker und Zitronensaft abschmecken.
**6.** Die Klopse in die Sauce geben und etwa 5 Minuten bei schwacher Hitze ziehen lassen. Königsberger Klopse nach Belieben mit abgespültem, trocken getupftem Dill bestreuen und servieren.

Feuriger Bohnentopf

Königsberger Klopse

Gefüllte Chicoréehälften

Kräuterfrikadellen auf Toast

## Gefüllte Chicoréehälften

2 Portionen

pro Portion 1,60 Euro

*Zubereitungszeit:* 20 Minuten

2 TL Zitronensaft
250 ml Fleischbrühe
2 Chicorée (etwa 500 g)
2 Frühlingszwiebeln
2 EL Speiseöl
200 g Rindergehacktes
1 rote Paprikaschote (etwa 100 g)
Salz, gem. Pfeffer
Paprikapulver rosenscharf
2–3 EL Schlagsahne

evtl. Holzstäbchen

*Pro Portion:*
E: 24 g, F: 30 g, Kh: 11 g,
kJ: 1722, kcal: 411

**1.** Zitronensaft mit Brühe in einem breiten Topf zum Kochen bringen.
**2.** Den Chicorée von den schlechten Blättern befreien, halbieren und die bitteren Strünke keilförmig herausschneiden.
**3.** Die Chicoréehälften in der Brühe von jeder Seite 2–3 Minuten dünsten, dazu die Hälften evtl. mit Holzstäbchen zusammenhalten.
**4.** Frühlingszwiebeln putzen, abspülen, abtropfen lassen und in feine Scheiben schneiden.
**5.** Speiseöl in einer beschichteten Pfanne erhitzen. Das Gehackte darin unter Rühren anbraten. Dabei die Fleischklümpchen mit einer Gabel zerdrücken. Anschließend die Frühlingszwiebelscheiben hinzugeben. Die Hackfleischmasse unter Rühren etwa 4 Minuten braten.
**6.** In der Zwischenzeit die Paprikaschote halbieren, entstielen, entkernen und die weißen Scheidewände entfernen. Schote abspülen, abtropfen lassen und in kleine Würfel schneiden.
**7.** Paprikawürfel zur Hackfleischmasse geben und etwa 1 Minute mitgaren lassen. Mit Salz, Pfeffer und Paprika würzen.
**8.** Die Chicoréehälften mit der Hackfleischmasse füllen und mit der Sahne beträufeln. Sofort servieren.

## Kräuterfrikadellen auf Toast

4 Portionen

pro Portion 1,95 Euro

*Zubereitungszeit:* 40 Minuten

**Für die Sauce:**
125 g Magerquark
150 g Crème fraîche
Salz, gem. Pfeffer
2 EL gehackte Kräuter, z. B. Petersilie, Estragon, Schnittlauch

1 1/2 Zwiebeln
500 g Gehacktes (halb Rind-, halb Schweinefleisch)
125 g Magerquark
1 EL Schnittlauchröllchen
1 EL gehackte Petersilie
1 Ei (Größe M)
80 g Semmelbrösel
50 g Butterschmalz
2 Tomaten
250 g Salatgurke
4 Scheiben Toastbrot
einige Salatblätter
1/2 Zwiebel
1 kleines Bund Schnittlauch

*Pro Portion:*
E: 39 g, F: 45 g, Kh: 32 g,
kJ: 2882, kcal: 689

**1.** Für die Sauce Quark und Crème fraîche verrühren, mit Salz und Pfeffer würzen. Kräuter unterrühren.
**2.** Für die Frikadellen Zwiebeln abziehen und in kleine Würfel schneiden. Gehacktes in eine Schüssel geben. Quark, Schnittlauchröllchen, Petersilie, Ei und die Hälfte der Semmelbrösel hinzugeben. Die Zutaten gut vermengen. Mit Salz und Pfeffer würzen.
**3.** Aus der Gehacktesmasse mit angefeuchteten Händen 4 Frikadellen formen. Die restlichen Semmelbrösel in einen flachen Teller geben. Frikadellen darin wälzen.
**4.** Butterschmalz in einer Pfanne erhitzen. Die Frikadellen darin von allen Seiten etwa 10 Minuten braten.
**5.** Tomaten abspülen, trocken tupfen und die Stängelansätze herausschneiden. Die Tomaten in Scheiben schneiden. Gurke abspülen, abtrocknen und die Enden abschneiden. Die Gurke in Scheiben schneiden. Toastbrotscheiben toasten.
**6.** Salatblätter abspülen und trocken tupfen. Zwiebelhälfte abziehen, zuerst in dünne Scheiben schneiden, dann in Ringe teilen. Die Frikadellen mit Salatblättern, Tomatenscheiben, Zwiebelringen und Gurkenscheiben auf den Toastbrotscheiben anrichten.
**7.** Schnittlauch abspülen und trocken tupfen. Die Hälfte davon in Röllchen schneiden. Die Kräuterfrikadellen mit Schnittlauchhalmen garnieren und mit Schnittlauchröllchen bestreut servieren. Die Sauce dazureichen.

# Hack-Steinpilz-Quiche mit Dill

10 Stücke

pro Stück **1,24** Euro

*Zubereitungszeit:* 50 Minuten, ohne Kühlzeit
*Backzeit:* etwa 50 Minuten

**Für den Teig:**
250 g Weizenmehl
Salz
125 g kalte Butterwürfel
1 Ei (Größe M)
3 EL Wasser

**Für die Füllung:**
20 g getrocknete Steinpilze
200 ml kochendes Wasser
75 g Zwiebeln
1–2 Knoblauchzehen
3 EL Sonnenblumenöl
500 g Gehacktes (halb Rind-, halb Schweinefleisch)
50 ml trockener Weißwein
6 Stängel Dill
175 g Emmentaler (am Stück)
3 Eier (Größe M)
300 g Schmand (Sauerrahm)
4 EL mittelscharfer Senf
gem. schwarzer Pfeffer
einige Zweige Dill

**Außerdem:**
Hülsenfrüchte, z. B. Erbsen, Linsen, zum Blindbacken

*Pro Stück:*
E: 22 g, F: 38 g, Kh: 21 g,
kJ: 2154, kcal: 515

Hack-Steinpilz-Quiche mit Dill

**1.** Für den Teig Mehl mit 1/2 Teelöffel Salz und Butterwürfeln in eine Rührschüssel geben und mit einem Mixer (Knethaken) zunächst kurz auf niedrigster, dann auf höchster Stufe zu einer krümeligen Masse verarbeiten. Ei und 3 Esslöffel Wasser hinzugeben, kurz zu einem glatten Teig verkneten. Den Teig in Frischhaltefolie gewickelt etwa 1 Stunde in den Kühlschrank stellen.
**2.** In der Zwischenzeit für die Füllung die Steinpilze in einer kleinen Schüssel mit 200 ml kochendem Wasser übergießen, mindestens 25 Minuten quellen lassen. Zwiebeln und Knoblauch abziehen, klein würfeln.
**3.** Steinpilze in einem Sieb abtropfen lassen, dabei das Steinpilzwasser auffangen. Steinpilze fein hacken.
**4.** Sonnenblumenöl in einer großen Pfanne erhitzen. Das Gehackte mit den Zwiebel- und Knoblauchwürfeln darin unter Rühren etwa 4 Minuten bei starker Hitze anbraten. Dabei die Fleischklümpchen mit einer Gabel zerdrücken. Gehacktes mit Salz würzen und die Steinpilze untermischen. Weißwein und das Steinpilzwasser hinzugießen, zum Kochen bringen und so lange einkochen lassen, bis fast keine Flüssigkeit mehr vorhanden ist. Pfanne von der Kochstelle nehmen. Die Hackfleisch-Pilz-Masse erkalten lassen.
**5.** Den Teig auf der bemehlten Arbeitsfläche zu einer runden Platte (Ø etwa 32 cm) ausrollen und in eine Tarteform (Ø 28 cm, gefettet) legen, dabei den Rand andrücken, evtl. gerade schneiden. Boden mehrmals mit einer Gabel einstechen. Teig in der Form nochmals etwa 30 Minuten in den Kühlschrank stellen.
**6.** Den Backofen vorheizen.
*Ober-/Unterhitze:* etwa 200 °C
*Heißluft:* etwa 180 °C
**7.** Dill abspülen und trocken tupfen. Die Spitzen von den Stängeln zupfen. Spitzen klein schneiden. Käse fein reiben. Dill, Käse, Eier, Schmand und Senf in einer Schüssel glatt verrühren, mit Salz und Pfeffer würzen. Die Hackfleisch-Pilz-Masse untermischen.
**8.** Den kalt gestellten Teig mit Backpapier belegen und Hülsenfrüchte darauf verteilen. Die Form auf dem Rost in den vorgeheizten Backofen schieben. Den Teig etwa 15 Minuten vorbacken (blindbacken). Anschließend das Backpapier mit den Hülsenfrüchten entfernen. Den Boden weitere etwa 5 Minuten backen.
**9.** Die Form auf einen Rost stellen. Die vorbereitete Hackfleischmasse auf dem vorgebackenen Boden verteilen.
**10.** Die Form wieder auf dem Rost in den heißen Backofen (untere Schiene) schieben. Die Quiche bei gleicher Backofentemperatur in etwa 28 Minuten goldbraun backen.
**11.** Dill abspülen und trocken tupfen. Die Spitzen von den Stängeln zupfen. Spitzen etwas kleiner zupfen.
**12.** Die Form auf einen Rost stellen. Die Quiche leicht abkühlen lassen, dann aus der Form lösen und auf eine Platte setzen.
**13.** Quiche mit Dillspitzen bestreuen und anschließend in 10 Stücke schneiden. Hack-Steinpilz-Quiche am besten noch heiß oder lauwarm servieren.

## Frikadellen mit Möhrengemüse

4 Portionen

pro Portion 1,35 Euro

*Zubereitungszeit:* 40 Minuten

**Für die Frikadellen:**
1 Brötchen (Semmel) vom Vortag
2 Zwiebeln
600 g Gehacktes (halb Rind-, halb Schweinefleisch)
1 Ei (Größe M)
Salz, gem. Pfeffer
Paprikapulver edelsüß
40 g Butterschmalz, Margarine oder 5 EL Speiseöl, z. B. Sonnenblumenöl

**Für das Möhrengemüse:**
750 g TK-Möhren
50 g Butter
1–2 EL TK-Petersilie

*Pro Portion:*
E: 34 g, F: 42 g, Kh: 19 g,
kJ: 2454, kcal: 586

**1.** Für die Frikadellen das Brötchen in kaltem Wasser einweichen. Zwiebeln abziehen und fein würfeln. Das Brötchen gut ausdrücken.
**2.** Gehacktes in eine Schüssel geben. Brötchen, Zwiebelwürfel und Ei hinzufügen und gut unterkneten, mit Salz, Pfeffer und Paprika würzen. Aus der Hackfleischmasse mit angefeuchteten Händen 8 Frikadellen formen.
**3.** Für das Möhrengemüse Möhren nach Packungsanleitung garen und in einem Sieb abtropfen lassen. Butter in einem Topf zerlassen, die Möhren darin schwenken. Möhren mit Salz und Pfeffer abschmecken, dann die Petersilie unterrühren.
**4.** Butterschmalz, Margarine oder Speiseöl in einer Pfanne erhitzen. Die Frikadellen darin bei mittlerer Hitze von beiden Seiten 10–15 Minuten unter gelegentlichem Wenden braun braten. Frikadellen mit dem Möhrengemüse anrichten und servieren.

## Frikadellen mit Käsehaube

4 Portionen

pro Portion 1,60 Euro

*Zubereitungszeit:* 30 Minuten
*Garzeit:* etwa 35 Minuten

1 Brötchen (Semmel) vom Vortag
2 mittelgroße Zwiebeln
500 g Gehacktes (halb Rind-, halb Schweinefleisch)
1 Ei (Größe M)
2 EL Mango-Chutney
Salz, gem. Pfeffer
1 Kästchen Kresse
2 EL Olivenöl
8 abgetropfte Pfirsichhälften (aus der Dose)
8 Scheiben Käse, z. B. Gouda (je etwa 20 g)

*Pro Portion:*
E: 38 g, F: 39 g, Kh: 31 g,
kJ: 2630, kcal: 2685

**1.** Brötchen in kaltem Wasser einweichen und gut ausdrücken. Zwiebeln abziehen und in kleine Würfel schneiden. Das Gehackte in eine Schüssel geben. Brötchen, Zwiebelwürfel, Ei und Mango-Chutney hinzugeben. Die Zutaten gut verkneten, mit Salz und Pfeffer würzen.
**2.** Den Backofen vorheizen.
*Ober-/Unterhitze:* etwa 200 °C
*Heißluft:* etwa 180 °C
**3.** Kresse abspülen, trocken tupfen und vom Beet schneiden. Die Hälfte davon unter die Hackfleischmasse mischen und die restliche Kresse beiseitelegen.
**4.** Ein Backblech mit dem Olivenöl bestreichen. Aus der Hackfleischmasse mit angefeuchteten Händen 8 Bällchen formen, etwas flach drücken und auf das Backblech legen.
**5.** Das Backblech in den vorgeheizten Backofen schieben. Die Frikadellen etwa 15 Minuten garen. Dann die Frikadellen wenden und weitere etwa 15 Minuten garen.
**6.** Je 1 Pfirsichhälfte mit der Wölbung nach oben auf 1 Frikadelle legen, mit je 1 Käsescheibe belegen und mit etwas Pfeffer bestreuen. Die belegten Frikadellen im Backofen noch etwa 5 Minuten überbacken.
**7.** Die Frikadellen mit der beiseitegelegten Kresse garniert servieren.

Frikadellen mit Möhrengemüse

Frikadellen mit Käsehaube

## Hacktaschen

4 Portionen (etwa 10 Stück)

*Zubereitungszeit:* 50 Minuten, ohne Abkühlzeit
*Garzeit:* etwa 25 Minuten

**Für den Quark-Öl-Teig:**
300 g Weizenmehl (Type 550)
1 Pck. Dr. Oetker Backin
150 g Magerquark
100 ml Milch (3,5 % Fett)
100 ml Speiseöl
Salz

pro Portion 1,15 Euro

1 kleine Zwiebel
1 kleine, gelbe oder grüne Paprikaschote
20 g Butter
250 g Gehacktes (halb Rind-, halb Schweinefleisch)
2 Tomaten
3 EL gehackte Kräuter, z. B. Petersilie, Liebstöckel, Thymian
gem. Pfeffer
150 g saure Sahne
1 Ei (Größe M)
2 EL Milch

*Pro Portion:*
E: 30 g, F: 47 g, Kh: 65 g, kJ: 3370, kcal: 805

Hacktaschen

**1.** Für den Teig das Mehl mit Backpulver in einer Rührschüssel mischen. Quark, Milch, Speiseöl und Salz hinzufügen. Die Zutaten mit einem Mixer (Knethaken) zunächst kurz auf niedrigster, dann auf höchster Stufe in etwa 1 Minute zu einem glatten Teig verarbeiten. Den Teig auf einer bemehlten Arbeitsfläche zu einer Rolle formen und zugedeckt in den Kühlschrank legen.
**2.** In der Zwischenzeit die Zwiebel abziehen und klein würfeln. Paprikaschote halbieren, entstielen, entkernen und die weißen Scheidewände entfernen. Schote abspülen, trocken tupfen und klein würfeln.
**3.** Butter in einer Pfanne zerlassen. Zwiebel- und Paprikawürfel darin andünsten. Gehacktes hinzufügen und unter Rühren anbraten. Dabei die Fleischklümpchen mit einer Gabel zerdrücken.
**4.** Den Backofen vorheizen.
*Ober-/Unterhitze:* etwa 200 °C
*Heißluft:* etwa 180 °C
**5.** Die Tomaten kreuzweise einschneiden und mit kochendem Wasser übergießen. Nach 1–2 Minuten herausnehmen und mit kaltem Wasser abschrecken. Tomaten häuten, halbieren und die Stängelansätze herausschneiden. Die Tomaten entkernen, in Würfel schneiden und mit den Kräutern unter die Hackfleischmasse rühren. Mit Salz und Pfeffer würzen. Die Hackfleischmasse erkalten lassen, saure Sahne unterheben. Ei trennen. Eiweiß verschlagen.
**6.** Teig auf der bemehlten Arbeitsfläche ausrollen und etwa 10 runde Platten (Ø 12–15 cm) ausstechen. Jeweils auf eine Teigplattenhälfte etwa 1 Esslöffel von der Hackfleischmasse geben. Die Teigränder mit verschlagenem Eiweiß bestreichen, Teigplatten zusammenklappen, die Ränder mit einer Gabel andrücken.
**7.** Das Eigelb mit Milch verschlagen. Die Teigtaschen damit bestreichen, auf ein Backblech (mit Backpapier belegt) legen. Das Backblech in den vorgeheizten Backofen schieben. Die Hacktaschen etwa 25 Minuten garen.

## Käse-Hack-Rouladen

4–6 Portionen

*Zubereitungszeit:* 50 Minuten
*Garzeit:* Rouladen etwa 15 Minuten
*Garzeit:* Gemüse etwa 15 Minuten

**Für die Rouladen:**
1 Brötchen (Semmel) vom Vortag
1 Zwiebel
1–2 Knoblauchzehen
600 g Rindergehacktes
1 Ei (Größe M)
Salz, gem. Pfeffer
Paprikapulver edelsüß
4 dünne Scheiben durchwachsener, geräucherter Speck (etwa 80 g)
4 Scheiben Ziegenkäse (je etwa 20 g)
1 Bund glatte Petersilie
1 großer Apfel (etwa 200 g)
2–3 EL Speiseöl

pro Portion 2,03 Euro

**Für das Gemüse:**
750 g Staudensellerie
30 g Butter
125 ml Fleischbrühe
250 g rotschalige Äpfel

**Außerdem:**
4 Bögen Alufolie

*Pro Portion:*
E: 42 g, F: 38 g, Kh: 25 g, kJ: 2549, kcal: 610

**1.** Für die Rouladen die Brötchen in kaltem Wasser einweichen und ausdrücken. Zwiebel und Knoblauch abziehen. Zwiebel in kleine Würfel schneiden. Knoblauch durch eine Knoblauchpresse drücken.
**2.** Den Backofen vorheizen.
*Ober-/Unterhitze:* etwa 200 °C
*Heißluft:* etwa 180 °C
**3.** Gehacktes in eine Schüssel geben. Brötchen, Zwiebelwürfel, Knoblauch und Ei hinzugeben. Die Zutaten gut verkneten. Die Hackfleischmasse mit Salz, Pfeffer und Paprika würzen.
**4.** Die Hackfleischmasse in 4 Portionen teilen. Die einzelnen Hackfleischportionen mit angefeuchteten Händen auf je 1 Bogen Alufolie zu einem Rechteck (etwa 9 x 22 cm) formen.

Käse-Hack-Rouladen

Kapernklöße in pikanter Nudelsauce

Jeweils 1 Scheibe Speck und 1 Scheibe Käse darauflegen.
**5.** Petersilie abspülen und trocken tupfen. Die Blättchen von den Stängeln zupfen. Apfel abwaschen, abtrocknen, entkernen und vierteln.
**6.** Je 1 Apfelstück und einige Petersilienblättchen auf die Käsescheiben legen, mit angefeuchteten Händen zu einer Roulade aufrollen und in der Alufolie einwickeln. Darauf achten, dass der Käse gut in der Roulade „verpackt" ist.
**7.** Speiseöl in einer Pfanne erhitzen. Die Rouladen-Päckchen darin von allen Seiten anbraten, herausnehmen und auf ein Backblech legen. Das Backblech in den vorgeheizten Backofen schieben. Die Käse-Hack-Rouladen etwa 15 Minuten garen.
**8.** Für das Gemüse in der Zwischenzeit Sellerie putzen und die harten Außenfäden abziehen. Den Sellerie abspülen, abtropfen lassen und in 1–2 cm lange Stücke schneiden.
**9.** Butter in einem Topf zerlassen. Selleriestücke darin etwa 5 Minuten unter mehrmaligem Wenden andünsten. Die Brühe hinzugießen, zum Kochen bringen und zugedeckt etwa 10 Minuten garen.
**10.** Äpfel abwaschen, abtrocknen, vierteln, entkernen und mit der Schale in Scheiben schneiden. Apfelscheiben nach etwa 10 Minuten Garzeit zum Selleriegemüse geben und mitgaren lassen.
**11.** Die Rouladen vom Backblech nehmen und die Alufolie entfernen. Die Käse-Hack-Rouladen mit dem Gemüse anrichten und servieren.

## Kapernklöße in pikanter Nudelsauce

4 Portionen

*Zubereitungszeit:* 50 Minuten

**Für die Klöße:**
1 Brötchen (Semmel) vom Vortag
1 Zwiebel
500 g Gehacktes (halb Rind-, halb Schweinefleisch)
1 Ei (Größe M)
50 g abgetropfte Kapern (aus dem Glas)
Salz, gem. Pfeffer
ger. Muskatnuss
500 ml Fleischbrühe

pro Portion 2,30 Euro

**Für die Sauce:**
1 Gemüsezwiebel
3 Fleischtomaten
4 EL Speiseöl
2 EL Weizenmehl
250 ml Fleischbrühe (von den Klößen)

2 1/2 l Wasser
2 1/2 gestr. TL Salz
250 g Nudeln, z. B. breite Bandnudeln

*Pro Portion:*
E: 38 g, F: 34 g, Kh: 64 g,
kJ: 2993, kcal: 715

**1.** Für die Klöße Brötchen in kaltem Wasser einweichen und gut ausdrücken. Zwiebel abziehen und klein würfeln. Gehacktes in eine Schüssel geben. Brötchen, Zwiebelwürfel und Ei hinzugeben.
**2.** Die Zutaten gut verkneten. Kapern untermischen. Mit Salz, Pfeffer und Muskat würzen.
**3.** Aus der Hackfleischmasse mit angefeuchteten Händen 8 gleich große Klöße formen.
**4.** Fleischbrühe in einem Topf zum Kochen bringen. Fleischklöße hineingeben und etwa 10 Minuten ziehen lassen. Klöße mit einer Schaumkelle herausnehmen und warm stellen. Von der Brühe 250 ml abmessen.
**5.** Für die Sauce die Gemüsezwiebel abziehen, halbieren und in Würfel schneiden. Die Tomaten kreuzweise einschneiden und mit kochendem Wasser übergießen. Nach 1–2 Minuten herausnehmen und mit kaltem Wasser abschrecken. Tomaten häuten, halbieren und die Stängelansätze herausschneiden. Tomaten entkernen und in Würfel schneiden.
**6.** Speiseöl in einer Pfanne erhitzen. Die Zwiebelwürfel darin glasig dünsten. Tomatenwürfel hinzufügen und mit andünsten. Zwiebel-Tomaten-Masse mit Mehl bestäuben, die abgemessene Brühe hinzugießen, unter Rühren aufkochen lassen. Sauce mit Salz, Pfeffer und Muskat würzen.
**7.** Das Wasser in einem großen Topf zugedeckt zum Kochen bringen. Dann Salz und Nudeln hinzugeben. Die Nudeln im geöffneten Topf bei mittlerer Hitze nach Packungsanleitung bissfest kochen, dabei gelegentlich umrühren. Anschließend die Nudeln in ein Sieb geben, mit heißem Wasser abspülen und abtropfen lassen.
**8.** Die Nudeln mit den Klößen und der Sauce anrichten.

Mini-Burger „Madras"

## Weiße-Bohnen-Hackauflauf

pro Portion 1,85 Euro

4 Portionen (ohne Foto)

*Zubereitungszeit:* 25 Minuten
*Garzeit:* etwa 20 Minuten

150 g durchwachsener Speck
500 g Zwiebeln
375 g Schweinegehacktes
Salz, gem. weißer Pfeffer
530 g abgetropfte, weiße Bohnen (aus Dosen)
1 Ei (Größe M)
125 ml Gemüsebrühe
125 g Schlagsahne
4 EL Semmelbrösel
40 g Butter

*Pro Portion:*
E: 40 g, F: 53 g, Kh: 37 g,
kJ: 3292, kcal: 787

**1.** Speck klein würfeln. Zwiebeln abziehen, zuerst in Scheiben schneiden, dann in Ringe teilen. Speckwürfel in einer Pfanne auslassen. Zwiebelringe hinzugeben und glasig dünsten. Speckwürfel und Zwiebelringe aus der Pfanne nehmen.
**2.** Den Backofen vorheizen.
*Ober-/Unterhitze:* etwa 200 °C
*Heißluft:* etwa 180 °C
**3.** Gehacktes in die Pfanne geben und in dem Speckfett unter Rühren anbraten. Dabei die Fleischklümpchen mit einer Gabel zerdrücken. Mit Salz und Pfeffer würzen.
**4.** Die Hälfte der Bohnen in eine Auflaufform (gefettet) geben. Speckwürfel und Zwiebelringe daraufgeben. Die Hackfleischmasse darauf verteilen und mit den restlichen Bohnen belegen.
**5.** Ei mit Brühe und Sahne verschlagen, evtl. mit Salz und Pfeffer würzen. Den Auflauf damit übergießen und mit Semmelbröseln bestreuen. Butter in Flöckchen daraufsetzen. Die Form auf dem Rost in den vorgeheizten Backofen schieben. Den Auflauf etwa 20 Minuten garen.

## Mini-Burger „Madras"

12 Stück

*Zubereitungszeit:* 40 Minuten, ohne Abkühlzeit

6 kleine Ananasscheiben (aus der Dose)
12 kleine Hamburger-Brötchen
600 g Gehacktes (halb Rind-, halb Schweinefleisch)
Salz, gem. Pfeffer

pro Stück 0,65 Euro

**Für die Currysauce:**
1 kleine Zwiebel
1 kleine Banane
4 EL Speiseöl oder Butter
1 TL Currypulver
200 g Schlagsahne
etwas Ananassaft (aus der Dose)

*Pro Stück:*
E: 14 g, F: 19 g, Kh: 34 g,
kJ: 1501, kcal: 358

**1.** Von den Ananasscheiben Saft auffangen und für die Sauce beiseitestellen. Die Hamburger-Brötchen nach Packungsanleitung aufbacken. Hamburger-Brötchen erkalten lassen.
**2.** Gehacktes in eine Schüssel geben, mit Salz und Pfeffer würzen. Aus der Gehacktesmasse mit angefeuchteten Händen 12 kleine Hamburger formen.
**3.** Für die Sauce Zwiebel abziehen und in kleine Würfel schneiden. Die Banane schälen und ebenfalls in kleine Würfel schneiden.
**4.** Von dem Speiseöl oder der Butter 2 Esslöffel in einem kleinen Topf erhitzen. Zwiebel- und Bananenwürfel darin andünsten und mit Curry bestäuben. Sahne und etwas von dem beiseitegestellten Ananassaft hinzufügen, zum Kochen bringen und etwa 10 Minuten unter gelegentlichem Rühren etwas einkochen lassen.
**5.** Restliches Speiseöl oder restliche Butter in einer Pfanne erhitzen. Die Hamburger und die Ananasscheiben darin 8–10 Minuten von beiden Seiten braten. Die Hamburger und die Ananasscheiben erkalten lassen.
**6.** Hamburger-Brötchen waagerecht durchschneiden. Die unteren Brötchenhälften mit jeweils 1 Hamburger und 1/2 Ananasscheibe belegen. Etwas von der Currysauce daraufgeben, mit jeweils der oberen Brötchenhälfte bedecken. Restliche Currysauce dazureichen.

## Paprikaschoten mit Hack-Reis-Füllung

4 Portionen

*Zubereitungszeit:* 30 Minuten
*Garzeit:* etwa 45 Minuten

4 große Paprikaschoten (etwa 1 kg)

**Für die Füllung:**

pro Portion 1,05 Euro

125 ml Wasser
Salz
50 g Langkornreis (Parboiled)
1 kleine Zwiebel
375 g Gehacktes (halb Rind-, halb Schweinefleisch)
1 Ei (Größe M)
gem. Pfeffer

**Für die Sauce:**
2 Gemüsezwiebeln (je etwa 125 g)
1 Knoblauchzehe
1 Stängel Thymian
4 EL Olivenöl
400 g geschälte Tomaten
(aus der Dose)
125 ml Gemüsebrühe
Zucker

*Pro Portion:*
E: 25 g, F: 28 g, Kh: 28 g,
kJ: 1935, kcal: 461

**1.** Von den Paprikaschoten einen Deckel abschneiden. Die Schoten entkernen und die weißen Scheidewände entfernen. Deckel und Schoten abspülen und trocken tupfen.
**2.** Für die Füllung das Wasser mit etwas Salz in einem Topf zum Kochen bringen. Reis darin nach Packungsanleitung zubereiten, der Reis sollte noch körnig sein.
**3.** Zwiebel abziehen und in kleine Würfel schneiden. Gehacktes in eine Schüssel geben. Reis, Zwiebelwürfel und Ei unterarbeiten. Die Hackfleischmasse mit Salz und Pfeffer würzen und in den Paprikaschoten verteilen.
**4.** Für die Sauce Zwiebeln abziehen, halbieren und klein würfeln. Knoblauch abziehen und fein hacken. Thymian abspülen und trocken tupfen. Olivenöl in einem Bratentopf erhitzen. Zwiebelwürfel, Knoblauch und Thymianstängel darin andünsten.
**5.** Gefüllte Paprikaschoten nebeneinander in den Topf stellen. Die Paprikadeckel auf die Füllung legen. Die Paprikaschoten zugedeckt etwa 20 Minuten garen.
**6.** Die Tomaten mit dem Saft zwischen den Paprikaschoten verteilen. Brühe hinzugießen und kurz aufkochen lassen. Die Paprikaschoten zugedeckt bei schwacher Hitze weitere etwa 25 Minuten garen.
**7.** Die Paprikaschoten herausnehmen, auf einer vorgewärmten Platte anrichten und warm stellen.
**8.** Den Thymianstängel aus dem Tomatensud herausnehmen. Den Sud mit einem Pürierstab pürieren. Die Sauce mit Salz, Pfeffer und Zucker abschmecken.
**9.** Die Paprikaschoten mit der Tomatensauce auf Tellern anrichten und servieren.

## Zigeuner-Hackklößchen

pro Portion 1,15 Euro

6 Portionen

*Zubereitungszeit:* 30 Minuten

**Für die Hackklößchen:**
750 g Gehacktes (halb Rind-, halb Schweinefleisch)
1 Zwiebel
1 Ei (Größe M)
80 g Semmelbrösel
Salz
gem. Pfeffer
Paprikapulver edelsüß
2 EL Speiseöl, z. B. Sonnenblumenöl

**Für das Gemüse:**
1/2 Gemüsezwiebel
1 rote Paprikaschote
2 gelbe Paprikaschoten
1–2 EL Speiseöl,
z. B. Sonnenblumenöl
125 ml Gemüsebrühe
1 EL Tomatenmark
3 EL Tomatenketchup
1 gestr. TL Speisestärke

*Pro Portion:*
E: 28 g, F: 28 g, Kh: 20 g,
kJ: 1845, kcal: 440

**1.** Für die Klößchen Gehacktes in eine Schüssel geben. Die Zwiebel abziehen und fein würfeln. Zwiebelwürfel, Ei und Semmelbrösel zum Gehackten geben und gut unterkneten. Mit Salz, Pfeffer und Paprika würzen. Aus der Hackfleischmasse mit angefeuchteten Händen 12 Klößchen formen.
**2.** Sonnenblumenöl in einer großen Pfanne erhitzen. Die Klößchen darin bei mittlerer Hitze etwa 10 Minuten braun und gar braten.
**3.** In der Zwischenzeit für das Gemüse die Zwiebelhälfte abziehen und in Streifen schneiden. Paprikaschoten halbieren, entstielen, entkernen und die weißen Scheidewände entfernen. Schoten abspülen, abtropfen lassen und in Stücke schneiden.
**4.** Speiseöl in einem Topf erhitzen. Die Zwiebelwürfel und Paprikastücke darin unter Rühren andünsten. Gemüsebrühe hinzugießen und zum Kochen bringen. Gemüse etwa 5 Minuten garen.
**5.** Tomatenmark und -ketchup unterrühren, mit Salz, Pfeffer und Paprika abschmecken.
**6.** Speisestärke mit etwas Wasser anrühren und unter das Gemüse rühren. Das Gemüse nochmals kurz aufkochen lassen und mit den Klößchen servieren.

Paprikaschoten mit Hack-Reis-Füllung

Zigeuner-Hackklößchen

## Sweet-Potatoe-Top-Pie

pro Portion 2,45 Euro

4 Portionen

*Zubereitungszeit:* 35 Minuten
*Backzeit:* etwa 10 Minuten

400 g Kartoffeln
600 g Süßkartoffeln
Salz
3 Stängel Minze
2 TL gem. Ingwer
fein abgeriebene Schale von 1/2 Bio-Limette (unbehandelt, ungewachst)
2 rote Paprikaschoten (etwa 400 g)
1 Bund Frühlingszwiebeln
2 EL Sonnenblumenöl
600 g Gehacktes (halb Rind-, halb Schweinefleisch)
1–2 TL Paprikapulver edelsüß
1 TL gem. Piment (Nelkenpfeffer)
1 Msp. gem. Zimt
ger. Muskatnuss
1–2 TL gem. Kreuzkümmel (Cumin)
2 EL brauner Rum
Cayennepfeffer

*Pro Portion:*
E: 35 g, F: 36 g, Kh: 53 g,
kJ: 2902, kcal: 693

**1.** Alle Kartoffeln schälen, abspülen und abtropfen lassen. Süßkartoffeln in etwa 3 cm große Stücke, restliche Kartoffeln in etwa 2 cm große Stücke schneiden. Dann alle Kartoffelstücke in kochendem Salzwasser in etwa 15 Minuten gar kochen. Anschließend in einem Sieb abtropfen lassen, dabei etwas Kochwasser auffangen. Alle Kartoffelstücke in eine Schüssel geben und mit dem Kartoffelstampfer zu einem feinen Püree zerdrücken oder durch eine Kartoffelpresse drücken. 2–3 Esslöffel Kochwasser unterrühren.
**2.** Minze abspülen und trocken tupfen. Die Blättchen von den Stängeln zupfen. Blättchen klein schneiden. Minze, 1 Teelöffel Ingwer und Limettenschale zum Püree geben und gut untermischen. Mit etwas Salz würzen.
**3.** Den Backofen vorheizen.
*Ober-/Unterhitze:* etwa 250 °C
*Heißluft:* etwa 230 °C
**4.** Paprikaschoten halbieren, entstielen, entkernen und die weißen Scheidewände entfernen. Schoten abspülen, abtropfen lassen und in etwa 1 cm breite Streifen schneiden.
**5.** Frühlingszwiebeln putzen, abspülen, abtropfen lassen und in etwa 1 cm breite Scheiben schneiden.
**6.** Das Sonnenblumenöl in einer großen Pfanne oder einem Topf erhitzen. Das Gehackte darin unter Rühren bei starker Hitze goldbraun braten. Dabei die Fleischklümpchen mit einer Gabel zerdrücken.
**7.** Die Paprikastreifen und Frühlingszwiebelscheiben unterrühren, etwa 2 Minuten kräftig mit andünsten.
**8.** Den restlichen Ingwer, Paprika, Piment, Zimt, Muskat und Kreuzkümmel unterrühren, leicht mitrösten lassen. Mit Rum ablöschen. Mit Salz, Cayennepfeffer leicht scharf würzen.
**9.** Die Hackfleischmasse in 4 feuerfeste Gratinformen (gefettet) geben. Das Kartoffelpüree darauf verteilen.
**10.** Die Formen auf dem Rost in den vorgeheizten Backofen schieben. Pie etwa 10 Minuten backen.

## Paprika-Hack-Pfanne

4 Portionen

*Zubereitungszeit:* 25 Minuten
*Garzeit:* 8–9 Minuten

je 1 rote, gelbe und grüne Paprikaschote (je etwa 150 g)
250 g Tomaten
2 EL Speiseöl
500 g Rindergehacktes
Salz, gem. Pfeffer
1 TL Currypulver
2–3 EL Wasser
150 g Crème fraîche

pro Portion 1,90 Euro

*Pro Portion:*
E: 28 g, F: 34 g, Kh: 8 g,
kJ: 1883, kcal: 451

**1.** Paprikaschoten halbieren, entstielen, entkernen und die weißen Scheidewände entfernen. Schoten abspülen, trocken tupfen und in sehr feine Streifen schneiden.
**2.** Tomaten kreuzweise einschneiden und mit kochendem Wasser übergießen. Nach 1–2 Minuten herausnehmen und mit kaltem Wasser abschrecken. Die Tomaten häuten, halbieren

Sweet-Potatoe-Top-Pie

Paprika-Hack-Pfanne

und die Stängelansätze herausschneiden. Tomaten achteln.
**3.** Speiseöl in einer Pfanne erhitzen. Das Gehackte darin unter Rühren kräftig anbraten. Dabei die Fleischklümpchen mit einer Gabel zerdrücken. Paprikastreifen hinzugeben, mit Salz, Pfeffer und Curry würzen, Wasser hinzugeben.
**4.** Die Zutaten zum Kochen bringen und etwa 5 Minuten garen.
**5.** Tomatenspalten hinzugeben und noch weitere 3–4 Minuten mitgaren lassen.
**6.** Crème fraîche vor dem Servieren auf die Paprika-Hack-Pfanne geben.

## Frikadellen (Buletten, Fleischpflanzl)

3–4 Portionen

pro Portion 1,30 Euro

*Zubereitungszeit:* 35 Minuten, ohne Abkühlzeit
*Bratzeit:* etwa 10 Minuten

1 Brötchen (Semmel) vom Vortag
2 Zwiebeln
1–2 EL Speiseöl, z. B. Sonnenblumenöl
600 g Gehacktes (halb Rind-, halb Schweinefleisch)
1 Ei (Größe M)
Salz, gem. Pfeffer
Paprikapulver edelsüß
40 g Butterschmalz oder Margarine

*Pro Portion:*
E: 36 g, F: 40 g, Kh: 11 g,
kJ: 2275, kcal: 543

**1.** Brötchen in kaltem Wasser einweichen und gut ausdrücken. Zwiebeln abziehen und klein würfeln.
**2.** Speiseöl in einer Pfanne erhitzen. Die Zwiebelwürfel darin unter Rühren 2–3 Minuten glasig dünsten, aus der Pfanne nehmen und auf einem Teller etwas abkühlen lassen.
**3.** Gehacktes in eine Schüssel geben. Brötchen, abgekühlte Zwiebelwürfel und das Ei gut unterkneten. Mit Salz, Pfeffer und Paprika würzen.

Frikadellen (Buletten, Fleischpflanzl)

**4.** Aus der Hackfleischmasse mit angefeuchteten Händen 6–8 große oder 8–10 kleine Frikadellen formen.
**5.** Butterschmalz oder Margarine in der Pfanne erhitzen. Die Frikadellen darin etwa 10 Minuten von beiden Seiten unter gelegentlichem Wenden bei mittlerer Hitze braun braten.

## Fleischbällchen in Mischgemüse

4 Portionen

pro Portion 1,10 Euro

*Zubereitungszeit:* 50 Minuten
*Garzeit:* etwa 20 Minuten

500 g Möhren
500 g Chinakohl
1 Vollkorn-Brötchen (Semmel) vom Vortag
400 g Rindergehacktes
1 Ei (Größe M)
1 TL mittelscharfer Senf
100 g Magerquark
1 EL gerebelter Oregano
Salz, gem. Pfeffer
Paprikapulver edelsüß
ger. Muskatnuss
2 EL Olivenöl
einige Stängel Petersilie

*Pro Portion:*
E: 28 g, F: 21 g, Kh: 14 g,
kJ: 1517, kcal: 363

Fleischbällchen in Mischgemüse

**1.** Möhren putzen, schälen, abspülen und abtropfen lassen. Chinakohl putzen, den Kohl vierteln und den Strunk herausschneiden. Die Kohlviertel abspülen und abtropfen lassen. Möhren und Kohl in etwa gleich große Streifen schneiden. Brötchen in kaltem Wasser einweichen und gut ausdrücken.
**2.** Gehacktes in eine Schüssel geben. Brötchen, Ei, Senf, Quark und Oregano hinzufügen. Die Zutaten gut unterkneten. Mit Salz, Pfeffer, Paprika und Muskat kräftig würzen.
**3.** Aus der Hackfleischmasse mit angefeuchteten Händen kleine Bällchen formen. Das Olivenöl in einer großen Pfanne erhitzen. Die Fleischbällchen darin von allen Seiten etwa 10 Minuten braun braten, herausnehmen und warm stellen.
**4.** Die Möhren- und Kohlstreifen in die Pfanne geben und in dem verbliebenen Bratfett unter mehrmaligem Wenden andünsten. Gemüse mit Salz, Pfeffer, Paprika und Muskat würzen. Das Gemüse zugedeckt bei schwacher Hitze etwa 10 Minuten garen, evtl. etwas Wasser hinzugießen.
**5.** Petersilie abspülen und trocken tupfen. Blättchen von den Stängeln zupfen und klein schneiden. Warm gestellte Fleischbällchen und Petersilie zu dem Gemüse geben, untermischen. Evtl. nochmals mit den Gewürzen abschmecken und servieren.

Frikadellen im Ciabatta-Brötchen

## Frikadellen im Ciabatta-Brötchen

12 Stück

pro Stück 0,73 Euro

*Zubereitungszeit:* 45 Minuten, ohne Abkühlzeit

1 Brötchen (Semmel) vom Vortag
1 Zwiebel, 1 Bund Petersilie
500 g Schweinegehacktes
1 Ei (Größe M)
2 TL Senf, z. B. Dijon-Senf
1 TL Pul Biber
(geschrotete Pfefferschoten)
Salz, gem. Pfeffer
6 EL Olivenöl
6 Ciabatta-Brötchen zum Aufbacken
2 abgetropfte, saure Gurken
200 g Salatmayonnaise
1 TL Zaziki-Gewürzmischung
12 Salatblätter, z. B. Lollo bionda

*Pro Stück:*
E: 12 g, F: 20 g, Kh: 21 g,
kJ: 1398, kcal: 333

**1.** Brötchen in kaltem Wasser einweichen und gut ausdrücken. Zwiebel abziehen und in kleine Würfel schneiden. Petersilie abspülen und trocken tupfen. Blättchen von den Stängeln zupfen. Blättchen klein schneiden.
**2.** Gehacktes in eine Schüssel geben. Brötchen, Zwiebelwürfel, Petersilie, Ei und Senf hinzugeben und gut unterkneten. Mit Pul Biber, Salz und Pfeffer würzen.
**3.** Aus der Hackfleischmasse mit angefeuchteten Händen 12 flache Frikadellen formen. Olivenöl in einer großen Pfanne erhitzen. Die Frikadellen darin von beiden Seiten in etwa 10 Minuten knusprig braun braten. Frikadellen herausnehmen und abkühlen lassen.
**4.** Die Ciabatta-Brötchen nach Packungsanleitung aufbacken und anschließend etwas abkühlen lassen.
**5.** Gurken in kleine Würfel schneiden, mit Mayonnaise und Zaziki-Gewürzmischung verrühren. 1 Esslöffel von der Gurken-Mayonnaise zum Garnieren beiseitelegen. Salatblätter abspülen und trocken tupfen.
**6.** Ciabatta-Brötchen waagerecht aufschneiden und die Schnittseiten jeweils mit der Gurken-Mayonnaise bestreichen. Zuerst Salatblätter darauflegen, dann jeweils 1 Frikadelle daraufgeben. Zum Garnieren je einen kleinen Tupfen der beiseitegelegten Gurken-Mayonnaise daraufsetzen.

## Frikadellen in Pilz-Zwiebel-Sauce

4 Portionen (ohne Foto)

*Zubereitungszeit:* 25 Minuten

250 g Langkornreis (2 Kochbeutel)
230 g abgetropfte Champignons
(aus dem Glas)
1 EL Butterschmalz
500 g Mini-Frikadellen
(aus dem Kühlregal)
500 ml Wasser
1 Pck. Zwiebelsuppe (für 750 ml)
2 Tomaten
4 EL Schlagsahne
Salz
gem. Pfeffer
Paprikapulver edelsüß
1 EL TK-Petersilie

pro Portion 1,85 Euro

*Pro Portion:*
E: 26 g, F: 41 g, Kh: 68 g,
kJ: 3178, kcal: 752

**1.** Den Reis nach Packungsanleitung zubereiten. Anschließend die Kochbeutel aus dem Wasser nehmen, aufschneiden, den Reis entnehmen und warm stellen.
**2.** Große Champignons evtl. halbieren oder vierteln.
**3.** Butterschmalz in einer Pfanne zerlassen. Champignons darin unter Rühren anbraten. Frikadellen hinzugeben. Wasser hinzugießen und zum Kochen bringen. Zwiebelsuppenpulver einrühren, aufkochen lassen und zugedeckt bei schwacher Hitze etwa 5 Minuten unter gelegentlichem Rühren kochen lassen.
**4.** In der Zwischenzeit die Tomaten abspülen, abtropfen lassen, vierteln und Stängelansätze herausschneiden. Tomaten in Würfel schneiden.
**5.** Die Tomatenwürfel und Sahne in die Sauce geben und nochmals unter Rühren aufkochen lassen. Pilz-Zwiebel-Sauce mit Salz, Pfeffer und Paprika würzen.
**6.** Frikadellen in der Pilz-Zwiebel-Sauce mit dem Reis auf Tellern anrichten und mit Petersilie bestreut servieren.

## Gefüllte Kohlrabi

4 Portionen

*Zubereitungszeit:* 45 Minuten
*Garzeit:* etwa 40 Minuten

4 dicke Kohlrabi (je etwa 400 g)
2 Scheiben Toastbrot
(etwa 60 g)
etwas Milch oder Wasser
400 g Geflügelgehacktes
(evtl. beim Metzger vorbestellen)
1 Ei (Größe M)
Salz
gem. Pfeffer
1/2 Bund Petersilie
2 Fleischtomaten (etwa 300 g)
1 Gemüsezwiebel (etwa 300 g)
4 EL Olivenöl
200 ml Gemüsebrühe

pro Portion 2,30 Euro

*Pro Portion:*
E: 32 g, F: 16 g, Kh: 23 g,
kJ: 1539, kcal: 367

**1.** Kohlrabi putzen, schälen, abspülen, trocken tupfen und mit einem Kugelausstecher oder einem Teelöffel so aushöhlen, dass ein etwa 1/2 cm breiter Rand stehen bleibt. Das ausgehöhlte Kohlrabifleisch klein schneiden und beiseitelegen.
**2.** Toastbrotscheiben in eine Schale legen, mit Milch oder Wasser übergießen und kurz einweichen. Das Gehackte in eine Schüssel geben. Toastbrot ausdrücken, mit dem Ei zum Gehackten geben und gut untermischen. Mit Salz und Pfeffer würzen.
**3.** Petersilie abspülen und trocken tupfen. Die Blättchen von den Stängeln zupfen. Einige Blättchen zum Garnieren beiseitelegen. Restliche Blättchen klein schneiden und unter die Hackfleischmasse arbeiten.
**4.** Tomaten abspülen, abtrocknen, vierteln und die Stängelansätze herausschneiden. Tomaten in kleine Stücke schneiden.
**5.** Salzwasser in einem großen Topf zum Kochen bringen. Die ausgehöhlten Kohlrabi darin 5–8 Minuten vorgaren, anschließend in ein Sieb geben, mit kaltem Wasser abschrecken und abtropfen lassen. Die Kohlrabi mit der Hackfleischmasse füllen.
**6.** Den Backofen vorheizen.
*Ober-/Unterhitze:* etwa 200 °C
*Heißluft:* etwa 180 °C
**7.** Zwiebel abziehen, halbieren und in kleine Würfel schneiden. Das Olivenöl in einem Bräter erhitzen. Die Zwiebelwürfel darin glasig dünsten. Das beiseitegelegte Kohlrabifleisch und die Tomatenstücke hinzugeben, kurz mit andünsten. Brühe hinzugießen und kurz aufkochen lassen.
**8.** Die gefüllten Kohlrabi in den Bräter setzen. Den Bräter auf dem Rost in den vorgeheizten Backofen schieben. Die Kohlrabi etwa 40 Minuten garen.
**9.** Die gefüllten Kohlrabi mit dem Gemüse aus dem Bräter nehmen.
**10.** Kohlrabi mit den beiseitegelegten Petersilienblättchen garnieren und sofort servieren.

## Hackklößchen in Tomatensauce

4 Portionen

pro Portion 1,05 Euro

*Zubereitungszeit:* 50 Minuten
*Garzeit:* 15–20 Minuten

**Für die Tomatensauce:**
3 mittelgroße Zwiebeln
1 Knoblauchzehe
3 EL Olivenöl
500 g passierte Tomaten (Tetrapak)
1–2 EL Tomatenmark
Salz
gem. Pfeffer
Cayennepfeffer
Zucker

**Für die Hackklößchen:**
2 mittelgroße Zwiebeln
1–2 Knoblauchzehen
500 g Rindergehacktes
1 Ei (Größe M)
Paprikapulver edelsüß
einige Spritzer Tabasco
1 TL gerebelter Majoran
2 EL Butter oder
4 EL Olivenöl

*Pro Portion:*
E: 30 g, F: 32 g, Kh: 12 g,
kJ: 1906, kcal: 454

**1.** Für die Sauce Zwiebeln und Knoblauch abziehen, in Scheiben schneiden. Das Olivenöl in einer Pfanne erhitzen. Zwiebel- und Knoblauchscheiben darin etwa 5 Minuten bei schwacher Hitze dünsten. Passierte Tomaten und Tomatenmark hinzufügen. Mit Salz, Pfeffer, Cayennepfeffer und Zucker würzen.
**2.** Die Zutaten zum Kochen bringen und etwa 10 Minuten kochen lassen. Die Sauce anschließend in eine flache Auflaufform (gefettet) füllen.
**3.** Den Backofen vorheizen.
*Ober-/Unterhitze:* etwa 180 °C
*Heißluft:* etwa 160 °C
**4.** Für die Hackklößchen Zwiebeln und Knoblauch abziehen. Zwiebeln klein würfeln. Knoblauch durch eine Knoblauchpresse drücken.
**5.** Gehacktes in eine Schüssel geben. Ei, Zwiebelwürfel und Knoblauch gut unterkneten. Mit Salz, Pfeffer, Cayennepfeffer, Paprika, Tabasco und Majoran kräftig würzen. Aus der Hackfleischmasse mit angefeuchteten Händen kleine Klößchen formen.
**6.** Butter oder Olivenöl in einer Pfanne zerlassen bzw. erhitzen. Hackklößchen darin von allen Seiten braun anbraten, herausnehmen und auf Küchenpapier abtropfen lassen.
**7.** Hackklößchen in die Sauce legen. Form auf dem Rost in den vorgeheizten Backofen schieben. Die Hackklößchen 15–20 Minuten garen.
**8.** Hackklößchen in Tomatensauce auf Tellern anrichten und servieren.

Gefüllte Kohlrabi

Hackklößchen in Tomatensauce

## Gefüllte Kohlrabi mit pikantem Hack

4 Portionen

pro Portion **1,95** Euro

*Zubereitungszeit:* 45 Minuten
*Garzeit:* etwa 30 Minuten

4 große Kohlrabi (je etwa 400 g)
etwa 500 ml Gemüsebrühe
1 Brötchen (Semmel) vom Vortag
1 Zwiebel
1 Knoblauchzehe
1 Bund Schnittlauch
500 g Gehacktes (halb Rind-, halb Schweinefleisch)
1 Ei (Größe M)
2 EL scharfer Senf
1 EL abgetropfte, fein gehackte Kapern (aus dem Glas)
1 Msp. Chilipulver
Salz, gem. Pfeffer
2 große Möhren
1 Stange Porree (Lauch)
2 EL Butter

*Pro Portion:*
E: 35 g, F: 34 g, Kh: 24 g,
kJ: 2275, kcal: 542

**1.** Von den Kohlrabi das zarte Grün entfernen und beiseitelegen.
**2.** Die Kohlrabi putzen, schälen, abspülen und abtropfen lassen. An der oberen Seite der Kohlrabi jeweils einen „Deckel" abschneiden. Kohlrabi am besten mit einem Kugelausstecher so aushöhlen, dass ein etwa 1/2 cm breiter Rand stehen bleibt. Das ausgehöhlte Kohlrabifruchtfleisch fein hacken.
**3.** Die Gemüsebrühe in einem großen Topf zum Kochen bringen. Ausgehöhlte Kohlrabi darin etwa 10 Minuten vorgaren. Die Kohlrabi mit einem Schaumlöffel herausnehmen, mit kaltem Wasser abschrecken und abtropfen lassen. Die Gemüsebrühe beiseitestellen.
**4.** Das Brötchen in kaltem Wasser einweichen. Zwiebel und Knoblauch abziehen, fein würfeln. Den Schnittlauch abspülen, trocken tupfen und in feine Röllchen schneiden. Eingeweichtes Brötchen gut ausdrücken.
**5.** Gehacktes in eine Schüssel geben. Brötchen, Zwiebel-, Knoblauchwürfel, Ei, Senf, Kapern, Chili, Schnittlauchröllchen und das klein gehackte Kohlrabifleisch hinzufügen. Die Zutaten mit dem Gehackten gut verkneten, mit Salz und Pfeffer würzen.
**6.** Die ausgehöhlten Kohlrabi mit der Hackfleischmasse füllen. Evtl. übrig gebliebene Hackfleischmasse zu kleinen Bällchen formen.
**7.** Den Backofen vorheizen.
*Ober-/Unterhitze:* etwa 200 °C
*Heißluft:* etwa 180 °C
**8.** Möhren putzen, schälen, abspülen und abtropfen lassen. Porree putzen, die Stange längs halbieren, gründlich waschen und abtropfen lassen. Möhren, Porree und die Kohlrabideckel in feine Stücke schneiden.
**9.** Das beiseitegelegte Kohlrabigrün abspülen, trocken tupfen und etwas zum Garnieren beiseitelegen. Restliches Kohlrabigrün fein schneiden. Butter in einer Pfanne zerlassen. Möhren-, Porree-, Kohlrabistücke und Kohlrabigrün darin unter Rühren andünsten, mit Salz und Pfeffer würzen.
**10.** Das Gemüse und evtl. die kleinen Hackbällchen in eine Auflaufform (gefettet) geben. Die gefüllten Kohlrabi daraufsetzen. Von der beiseitegestellten Gemüsebrühe 200 ml abmessen und hinzugießen. Die Form auf dem Rost in den vorgeheizten Backofen schieben. Die Kohlrabi etwa 30 Minuten garen.
**11.** Zum Servieren die gefüllten Kohlrabi nach Belieben mit dem beiseitegelegten Kohlrabigrün garnieren.

Gefüllte Kohlrabi mit pikantem Hack

## Griechischer Hackbraten

4 Portionen

pro Portion **2,25** Euro

*Zubereitungszeit:* 40 Minuten, ohne Abkühlzeit
*Garzeit:* etwa 50 Minuten

1 Brötchen (Semmel) vom Vortag
75 g durchwachsener Speck
1 EL Speiseöl
2 Zwiebeln
2 Knoblauchzehen
600 g Rindergehacktes
2 Eier (Größe M)
1 EL Tomatenmark
1 EL gehackte Petersilie
2 EL Schnittlauchröllchen
Salz
gem. Pfeffer
Paprikapulver rosenscharf
100 g Schafskäse
3 EL Schlagsahne
gerebelter Thymian
gerebeltes Basilikum
3 EL Olivenöl
3 Lorbeerblätter
1–2 EL Pinienkerne

**Für den Tomatenketchup:**
2 Zwiebeln
2 Knoblauchzehen
500 g passierte Tomaten (Tetrapak)
3 EL Rotweinessig
2 TL Dijon-Senf
1 EL Zucker
1 TL gem. Zimt
Chilipulver

*Pro Portion:*
E: 44 g, F: 57 g, Kh: 18 g,
kJ: 3198, kcal: 764

**1.** Brötchen in kaltem Wasser einweichen und gut ausdrücken. Den Speck in Würfel schneiden.
**2.** Speiseöl in einer Pfanne erhitzen, die Speckwürfel darin ausbraten.
**3.** Die Zwiebeln abziehen und in kleine Würfel schneiden. Knoblauch abziehen und zerdrücken.
**4.** Zwiebelwürfel und Knoblauch zu den Speckwürfeln in die Pfanne geben und glasig dünsten. Anschließend in eine Schüssel geben und etwas abkühlen lassen.
**5.** Den Backofen vorheizen.
*Ober-/Unterhitze:* etwa 200 °C
*Heißluft:* etwa 180 °C
**6.** Das Gehackte zu der Speck-Zwiebel-Masse in die Schüssel geben. Brötchen, Eier, Tomatenmark, Petersilie und Schnittlauchröllchen hinzufügen. Die Zutaten gut vermengen, mit Salz, Pfeffer und Paprika würzen.
**7.** Schafskäse zerbröseln, mit Sahne, Thymian und Basilikum verrühren.
**8.** Die Hälfte der Hackfleischmasse in eine flache Auflaufform (gefettet) geben und glatt streichen.
**9.** Schafskäsemasse darauf verteilen, dabei einen 1–2 cm breiten Rand frei lassen. Restliche Hackfleischmasse daraufgeben, glatt streichen und mit Olivenöl beträufeln.
**10.** Die Form auf dem Rost in den vorgeheizten Backofen schieben. Den Hackbraten etwa 50 Minuten garen. Nach etwa 40 Minuten Garzeit die Lorbeerblätter und Pinienkerne auf dem Hackbraten verteilen und den Hackbraten fertig garen.
**11.** Für den Ketchup inzwischen Zwiebeln und Knoblauch abziehen, klein würfeln. Tomaten, Essig, Zwiebel- und Knoblauchwürfel in einem Topf zum Kochen bringen und zugedeckt etwa 15 Minuten dünsten.
**12.** Die Tomatensauce durch ein Sieb streichen. Mit Salz, Senf, Zucker und Zimt würzen. Die Sauce wieder zum Kochen bringen und in 20–30 Minuten dicklich einkochen lassen. Ketchup vor dem Servieren nochmals mit Salz, Pfeffer und Chili würzen.
**13.** Den Hackbraten anrichten und mit dem Ketchup servieren.

Griechischer Hackbraten

Hack-Zucchini-Involtini aus dem Ofen

## Hack-Zucchini-Involtini aus dem Ofen

4 Portionen

pro Portion **2,00** Euro

*Zubereitungszeit:* 50 Minuten
*Garzeit:* 30–35 Minuten

75 g Pecorino (ohne Rinde)
75 g Cantuccini (ital. Mandelgebäck)
6 Stängel Basilikum
350 g Gehacktes (halb Rind-, halb Schweinefleisch)
2 Eier (Größe M)
fein abgeriebene Schale von 1 Bio-Zitrone (unbehandelt, ungewachst)
Salz, gem. schwarzer Pfeffer
2 große Zucchini (je etwa 300 g)
4 EL Olivenöl
4 Stängel glatte Petersilie
30 g Pistazienkerne, geröstet und gesalzen
einige Basilikumblättchen

*Pro Portion:*
E: 32 g, F: 40 g, Kh: 19 g,
kJ: 2334, kcal: 557

**1.** Pecorino in etwa 1 cm große Würfel schneiden und mit den Cantuccini im Blitzhacker fein zerbröseln. Basilikum abspülen und trocken tupfen. Von 4 Basilikumstängeln die Blättchen abzupfen und klein schneiden. Restliche Stängel beiseitelegen.
**2.** Den Backofen vorheizen.
*Ober-/Unterhitze:* etwa 180 °C
*Heißluft:* etwa 160 °C
**3.** Das Gehackte in eine Schüssel geben. Zwei Drittel (etwa 100 g) der Käse-Cantuccini-Brösel, Eier, Zitronenschale, klein geschnittenes Basilikum, Salz und Pfeffer hinzugeben. Die Zutaten gut verkneten.
**4.** Die Zucchini abspülen, abtrocknen und die Enden abschneiden. Zucchini der Länge nach in 20 jeweils 3–4 mm dicke Scheiben schneiden oder hobeln. Auf dem unteren Teil der Zucchinischeiben jeweils etwas von der Hackfleischmasse verteilen und aufrollen.
**5.** Zucchini-Hack-Röllchen aufrecht, mit der offenen Seite nach oben dicht an dicht in eine feuerfeste Form oder Auflaufform (mit 1 Esslöffel Olivenöl bestrichen) setzen.
**6.** Petersilie abspülen und trocken tupfen. Blättchen von den Stängeln zupfen. Von den beiseitegelegten Basilikumstängeln ebenfalls die Blättchen abzupfen. Die Petersilien- und Basilikumblättchen grob zerschneiden. Mit den Pistazienkernen und den restlichen Käse-Cantuccini-Bröseln nochmals in den Blitzhacker geben und fein zerbröseln. 1 Esslöffel des restlichen Olivenöls untermischen. Die Bröselmasse auf den Hack-Zucchini-Röllchen (Involtini) verteilen.
**7.** Die Form auf dem Rost in den vorgeheizten Backofen (unteres Drittel) schieben. Hack-Zucchini-Involtini 30–35 Minuten garen.
**8.** Falls die Bröselmasse zu dunkel wird, sie locker mit Alufolie belegen.
**9.** Hack-Zucchini-Involtini auf Tellern anrichten und vor dem Servieren jeweils mit dem restlichen Olivenöl beträufeln, mit grob gemahlenem Pfeffer bestreuen und mit abgespülten, trocken getupften Basilikumblättchen garnieren.

Hackbraten mit grünem Pfeffer und Möhren

## Hackbraten mit grünem Pfeffer und Möhren

4 Portionen

*Zubereitungszeit:* 30 Minuten, ohne Ruhezeit
*Garzeit:* etwa 50 Minuten

pro Portion 1,95 Euro

350 g Möhren
2 EL Butter

1 Brötchen (Semmel) vom Vortag
1 mittelgroße Zwiebel
250 g durchwachsener Speck
600 g Gehacktes (halb Rind-, halb Schweinefleisch)
2 Eier (Größe M)
1 TL gerebelter Majoran
1 TL gerebelter Thymian
Salz
frisch geschroteter, weißer Pfeffer
2 EL abgetropfte, grüne Pfefferkörner (in Lake, aus dem Glas)
1 Bund gehackte Petersilie
1 EL abgetropfte, grüne Pfefferkörner (in Lake, aus dem Glas)

**Für die Sauce:**
125 ml Fleischbrühe
2 EL dunkler Saucenbinder
1 EL abgetropfte, grüne Pfefferkörner in Lake (aus dem Glas)

*Pro Portion:*
E: 45 g, F: 55 g, Kh: 22 g,
kJ: 3194, kcal: 762

**1.** Möhren putzen, schälen, abspülen, abtropfen lassen und in Würfel schneiden. Butter in einem Topf zerlassen. Möhrenwürfel darin unter Rühren andünsten, etwas Wasser hinzufügen. Möhrenwürfel 8–10 Minuten garen.
**2.** Brötchen in kaltem Wasser einweichen und gut ausdrücken. Zwiebel abziehen, Speck und Zwiebel klein würfeln.
**3.** Den Backofen vorheizen.
*Ober-/Unterhitze:* etwa 200 °C
*Heißluft:* etwa 180 °C
**4.** Das Gehackte in eine Schüssel geben. Brötchen, Zwiebel-, Speckwürfel und Eier hinzugeben. Die Zutaten gut verkneten. Mit Majoran, Thymian, Salz und Pfeffer würzen. Pfefferkörner untermischen.
**5.** Die Petersilie abspülen und trocken tupfen. Die Blättchen von den Stängeln zupfen, klein schneiden.
**6.** Die Hälfte der Hackfleischmasse in eine Kastenform (25 x 11 cm, gefettet) geben und glatt streichen. Möhrenwürfel darauf verteilen und mit Petersilie bestreuen. Restliche Hackfleischmasse darauf verteilen und glatt streichen.
**7.** In die Teigoberfläche mit einem scharfen Messer der Länge nach eine Vertiefung eindrücken. Pfefferkörner in die Vertiefung drücken.
**8.** Die Form auf dem Rost in den vorgeheizten Backofen schieben. Den Hackbraten etwa 50 Minuten garen.
**9.** Form auf einen Rost stellen. Den Hackbraten etwa 5 Minuten ruhen lassen, dann aus der Form nehmen, evtl. in Scheiben schneiden, auf einer vorgewärmten Platte anrichten und anschließend warm stellen.
**10.** Für die Sauce die Schmorflüssigkeit durch ein Sieb gießen und mit der Fleischbrühe in einem Topf zum Kochen bringen.
**11.** Dann den Saucenbinder mit einem Schneebesen einrühren und unter Rühren kurz aufkochen lassen. Pfefferkörner unterrühren. Die Sauce mit Salz und Pfeffer abschmecken.
**12.** Den Hackbraten mit grünem Pfeffer und Möhren mit der Sauce servieren.

## Hackbraten in Burgundersauce

6 Portionen

*Zubereitungszeit:* 45 Minuten
*Garzeit:* etwa 60 Minuten

1 Brötchen (Semmel) vom Vortag
3 Zwiebeln
1 Bund Petersilie
1 kg Gehacktes (halb Rind-, halb Schweinefleisch)
2 Eier (Größe M)
1 TL Tomatenmark
1 TL mittelscharfer Senf
1 gestr. TL Salz
1/2 EL gerebelter Thymian
1/2 TL Paprikapulver edelsüß
120 g dünne Scheiben durchwachsener Speck
1 Gemüsezwiebel
375 ml Burgunder-Rotwein
2 mittelgroße Tomaten (etwa 250 g)
20 g Weizenmehl
5 EL Schlagsahne

pro Portion 2,00 Euro

**Außerdem:**
Küchengarn

*Pro Portion:*
E: 40 g, F: 39 g, Kh: 13 g,
kJ: 2529, kcal: 604

**1.** Das Brötchen in kaltem Wasser einweichen und gut ausdrücken. Zwiebeln abziehen und in kleine Würfel schneiden. Petersilie abspülen und trocken tupfen. Die Blättchen von den Stängeln zupfen. Blättchen klein schneiden.

**2.** Den Backofen vorheizen.
*Ober-/Unterhitze:* etwa 180 °C
*Heißluft:* etwa 160 °C

**3.** Das Gehackte in eine Schüssel geben. Brötchen, Zwiebelwürfel, Petersilie, Eier, Tomatenmark und Senf hinzufügen. Die Zutaten zu einem Teig verkneten. Mit Salz, Thymian und Paprika würzen.

**4.** Den Hackfleischteig mit angefeuchteten Händen zu einem Laib formen, mit Speckscheiben belegen, mit Küchengarn umwickeln und in eine Fettpfanne oder einen großen Bräter legen.

**5.** Die Zwiebel abziehen, halbieren, in Stücke schneiden und zum Hackbraten geben. Wein hinzugießen. Die Fettpfanne oder den Bräter auf dem Rost in den vorgeheizten Backofen schieben. Hackbraten etwa 60 Minuten garen.

**6.** In der Zwischenzeit die Tomaten kreuzweise einschneiden und mit kochendem Wasser übergießen. Nach 1–2 Minuten herausnehmen und mit kaltem Wasser abschrecken. Die Tomaten häuten, halbieren und die Stängelansätze herausschneiden. Tomaten in Würfel schneiden. Tomaten nach etwa 50 Minuten Garzeit zum Hackbraten geben. Hackbraten fertig garen.

**7.** Den Hackbraten herausnehmen und vom Küchengarn befreien. Hackbraten in Scheiben schneiden und auf einer vorgewärmten Platte anrichten.

**8.** Den Bratensaft durch ein Sieb in einen kleinen Topf gießen. Mehl mit der Sahne anrühren. Das angerührte Mehl mit einem Schneebesen in den Bratensaft rühren und unter Rühren nochmals kurz aufkochen lassen. Mit Salz und Paprika abschmecken. Den Hackbraten mit der Sauce servieren.

## Gemüseeintopf mit Mettklößchen

4 Portionen

*Zubereitungszeit:* 60 Minuten
*Garzeit:* 20–25 Minuten

pro Portion 1,55 Euro

2 mittelgroße Zwiebeln
4 große Möhren
2 Stangen Porree (Lauch)
500 g Kartoffeln
250 g Zucchini
50 g Butter
1 Lorbeerblatt
je 1 TL gehackter Rosmarin und Thymian
Salz, gem. Pfeffer
ger. Muskatnuss
750 ml Gemüsebrühe
500 g Thüringer Mett (gewürztes Schweinemett)
2 EL gehackte Petersilie

*Pro Portion:*
E: 30 g, F: 39 g, Kh: 26 g,
kJ: 2424, kcal: 579

**1.** Zwiebeln abziehen und in kleine Würfel schneiden. Möhren putzen, schälen, abspülen, abtropfen lassen und ebenfalls klein würfeln. Porree putzen, die Stangen längs halbieren, gründlich waschen, abtropfen lassen und in Streifen schneiden.

**2.** Kartoffeln schälen, abspülen, abtropfen lassen und würfeln. Zucchini abspülen, abtrocknen und die Enden abschneiden. Zucchini in Scheiben schneiden.

**3.** Die Butter in einem großen Topf zerlassen. Zwiebel-, Möhren- und Kartoffelwürfel darin portionsweise andünsten. Die Porreestreifen hinzufügen und kurz mitdünsten lassen. Lorbeerblatt, Rosmarin und Thymian hinzugeben. Mit Salz, Pfeffer und Muskat würzen.

**4.** Brühe hinzugießen. Die Zutaten zum Kochen bringen und zugedeckt etwa 15 Minuten garen. Lorbeerblatt entfernen.

**5.** Aus dem Mett mit angefeuchteten Händen kleine Klößchen formen. Die Mettklößchen mit den Zucchinischeiben in den Eintopf geben, in 5–10 Minuten gar ziehen lassen. Die Suppe mit Petersilie bestreut servieren.

Hackbraten in Burgundersauce

Gemüseeintopf mit Mettklößchen

## Hackstrudel

4 Portionen

*Zubereitungszeit:* 40 Minuten, ohne Ruhe- und Abkühlzeit
*Garzeit:* 20–30 Minuten

**Für den Teig:**
125 g Weizenmehl
1 Prise Salz
1 Ei (Größe M)
2 EL lauwarmes Wasser
knapp 2 EL Speiseöl

pro Portion 1,76 Euro

1 Bund Petersilie
1 Bund Majoran
2 Zwiebeln
250 g Champignons
20 g Butter
500 g Rindergehacktes
Salz, gem. Pfeffer
ger. Muskatnuss
30 g zerlassene Butter
1 Eigelb (Größe M)

*Pro Portion:*
E: 34 g, F: 36 g, Kh: 27 g,
kJ: 2389, kcal: 571

**1.** Für den Teig Mehl in eine Rührschüssel geben. Restliche Zutaten hinzufügen und mit einem Mixer (Knethaken) zunächst kurz auf niedrigster, dann auf höchster Stufe zu einem glatten Teig verarbeiten. In einem kleinen Topf Wasser kochen, das Wasser ausgießen und den Topf abtrocknen. Den Teig auf Backpapier in den heißen Topf legen. Den Topf mit einem Deckel verschließen, Teig etwa 30 Minuten ruhen lassen.
**2.** Petersilie und Majoran abspülen, trocken tupfen. Die Blättchen von den Stängeln zupfen. Blättchen klein schneiden. Zwiebeln abziehen und in kleine Würfel schneiden. Champignons putzen, evtl. kurz abspülen, trocken tupfen und in dünne Streifen schneiden.
**3.** Butter in einer Pfanne zerlassen. Gehacktes darin unter Rühren anbraten. Dabei die Fleischklümpchen mit einer Gabel zerdrücken. Zwiebelwürfel und Champignonstreifen unterrühren. Die Hackfleischmasse mit Salz, Pfeffer und Muskat würzen. Die Pfanne von der Kochstelle nehmen, Kräuter unterrühren. Hackfleischmasse erkalten lassen.
**4.** Den Backofen vorheizen.
*Ober-/Unterhitze:* etwa 180 °C
*Heißluft:* etwa 160 °C
**5.** Den Teig auf einem bemehlten Geschirrtuch dünn zu einem Rechteck (etwa 30 x 40 cm) ausrollen und mit zerlassener Butter bestreichen. Auf zwei Drittel der Teigplatte die Hackfleischmasse verteilen (an den Seiten etwa 3 cm frei lassen). Die frei gelassenen Teigränder der langen Seiten auf die Füllung klappen. Den Teig mithilfe des Tuches von der kurzen Seite her aufrollen und an den Enden gut zusammendrücken. Den Strudel auf ein Backblech (gefettet, mit Backpapier belegt) legen.
**6.** Eigelb verschlagen. Den Strudel damit bestreichen. Das Backblech in den vorgeheizten Backofen schieben. Den Strudel 20–30 Minuten garen.
**7.** Den Strudel vom Backblech nehmen, in Scheiben schneiden, anrichten und sofort servieren.

Hackstrudel

## Hackbraten „Falscher Hase"

4 Portionen

pro Portion 1,60 Euro

*Zubereitungszeit:* 25 Minuten
*Garzeit:* etwa 60 Minuten

2 Brötchen (Semmeln) vom Vortag
2 mittelgroße Zwiebeln
750 g Gehacktes (halb Rind-, halb Schweinefleisch)
2 Eier (Größe M)
1 geh. TL mittelscharfer Senf
1 EL gehackte Petersilie
Salz, gem. Pfeffer
1 EL Semmelbrösel
3 weich gekochte Eier
40 g durchwachsener Speck, in dünne Scheiben geschnitten
500 ml heiße Fleischbrühe
1 mittelgroße Zwiebel
1 mittelgroße Tomate
25 g Speisestärke

*Pro Portion:*
E: 33 g, F: 29 g, Kh: 18 g,
kJ: 1948, kcal: 465

**1.** Brötchen in kaltem Wasser einweichen und gut ausdrücken. Zwiebeln abziehen, klein würfeln. Gehacktes in eine Schüssel geben. Brötchen, Zwiebelwürfel, Eier, Senf und Petersilie hinzugeben. Die Zutaten gut unterkneten. Mit Salz und Pfeffer würzen.
**2.** Den Backofen vorheizen.
*Ober-/Unterhitze:* etwa 200 °C
*Heißluft:* etwa 180 °C
**3.** Semmelbrösel auf die Arbeitsfläche streuen. Die Hackfleischmasse daraufgeben und zu einem Rechteck (etwa 20 x 30 cm) formen. Gekochte Eier pellen und längs hintereinander

Hackbraten „Falscher Hase"

Hackbraten mit Kürbiskernen

in die Mitte des Fleischteiges legen. Den Fleischteig von der längeren Seite her aufrollen und zu einem Laib formen. Den Fleischlaib in einen Bräter (gefettet) legen.

**4.** Die Speckscheiben nebeneinander auf den Fleischlaib legen und etwas eindrücken. Den Bräter auf dem Rost in den vorgeheizten Backofen (unteres Drittel) schieben. Den Hackbraten etwa 60 Minuten garen.

**5.** Sobald der Bratensatz anfängt zu bräunen, heiße Brühe hinzugießen. Den Fleischlaib ab und zu mit dem Bratensatz begießen. Verdampfte Flüssigkeit nach und nach durch heiße Brühe ersetzen.

**6.** Zwiebel abziehen und vierteln. Tomate abspülen, abtropfen lassen, vierteln und den Stängelansatz herausschneiden. Zwiebel- und Tomatenviertel nach etwa 30 Minuten Garzeit zum Hackbraten in den Bräter geben und mitgaren lassen.

**7.** Den garen Hackbraten aus dem Bräter nehmen und zugedeckt warm stellen.

**8.** Den Bratensatz evtl. mit etwas Wasser loskochen, durch ein Sieb gießen, mit Wasser auf etwa 500 ml auffüllen und in einem Topf zum Kochen bringen. Die Speisestärke mit 3 Esslöffeln Wasser anrühren und in die Sauce rühren. Sauce unter Rühren aufkochen, mit Salz und Pfeffer würzen. Den in Scheiben geschnittenen Hackbraten mit der Sauce servieren.

## Hackbraten mit Kürbiskernen

8–10 Portionen

pro Portion **2,15** Euro

*Zubereitungszeit:* 50 Minuten
*Garzeit:* etwa 1 1/2 Stunden

2 Brötchen (Semmeln) vom Vortag
200 g rote Zwiebeln
1 1/2 kg Schweinegehacktes
Salz
gem. Pfeffer
4 Eier (Größe M)
90 g geschälte Kürbiskerne
2 EL mittelscharfer Senf
200 g geraspelter Mozzarella
4 EL Semmelbrösel
1 TL gerebelter Thymian
700 g Tomaten
1 Bund Frühlingszwiebeln
1 Bund Basilikum

*Pro Portion:*
E: 50 g, F: 54 g, Kh: 13 g,
kJ: 3338, kcal: 797

**1.** Den Backofen vorheizen.
*Ober-/Unterhitze:* etwa 180 °C
*Heißluft:* etwa 160 °C

**2.** Brötchen in kaltem Wasser einweichen. Zwiebeln abziehen und in feine Würfel schneiden. Gehacktes in eine große Schüssel geben, mit Salz und Pfeffer würzen.

**3.** Die Brötchen gut ausdrücken, mit Zwiebelwürfeln, Eiern, Kürbiskernen und Senf zu dem Gehackten in die Schüssel geben und zu einem Fleischteig verkneten.

**4.** Mozzarella, Semmelbrösel und Thymian untermischen. Die Hackfleischmasse zu einem Laib formen und in eine Fettpfanne (gefettet) legen. Die Fettpfanne in den vorgeheizten Backofen (unteres Drittel) schieben. Den Hackbraten etwa 50 Minuten garen.

**5.** In der Zwischenzeit Tomaten abspülen, abtrocknen, vierteln und die Stängelansätze herausschneiden. Tomaten in grobe Würfel schneiden.

**6.** Frühlingszwiebeln putzen, abspülen, abtropfen lassen und in feine Scheiben schneiden. Basilikum abspülen und trocken tupfen. Blättchen von den Stängeln zupfen. Blättchen in feine Streifen schneiden.

**7.** Die Backofentemperatur um etwa 20 °C reduzieren. Die Tomatenwürfel zum Braten in die Fettpfanne geben und alles noch weitere etwa 40 Minuten garen.

**8.** Garen Braten aus der Fettpfanne nehmen, auf eine vorgewärmte Platte legen, zugedeckt etwa 10 Minuten ruhen lassen. Die Frühlingszwiebelscheiben in die Fettpfanne geben und im ausgeschalteten Backofen etwa 10 Minuten miterwärmen.

**9.** Das Tomaten-Zwiebel-Gemüse mit Salz und Pfeffer abschmecken, anrichten und mit Basilikumstreifen bestreuen. Den Hackbraten in Scheiben schneiden und mit dem Gemüse servieren.

Kapitel 05

Rezepte 401–500

# Aufläufe und Gratins

Kartoffeltorte mit Oregano

## Kartoffeltorte mit Oregano

pro Portion 1,35 Euro

4 Portionen

*Zubereitungszeit:* 30 Minuten
*Garzeit:* etwa 60 Minuten

800 g festkochende Kartoffeln
1 Bund Oregano
Salz
gem. Pfeffer
Knoblauchpulver
400 g Schlagsahne
6 Eier (Größe M)
100 g ger. Käse, z. B. Gouda oder fester Mozzarella

einige Zweige blühender Oregano

*Pro Portion:*
E: 23 g, F: 48 g, Kh: 28 g,
kJ: 2689, kcal: 642

**1.** Den Backofen vorheizen.
*Ober-/Unterhitze:* etwa 200 °C
*Heißluft:* etwa 180 °C

**2.** Die Kartoffeln schälen, abspülen, abtropfen lassen und in sehr dünne Scheiben schneiden oder hobeln.

**3.** Oregano abspülen und trocken tupfen. Die Blättchen von den Stängeln zupfen. Die Blättchen klein schneiden.

**4.** Kartoffelscheiben mit Oregano bestreuen, mit Salz, Pfeffer und Knoblauch würzen. Sahne und Eier verschlagen, mit Salz, Pfeffer und Knoblauch würzen.

**5.** Zwei Springformen (Ø 18 cm) so mit Alufolie auslegen, dass dabei ein etwa 7 cm hoher Rand entsteht. Die Alufolie an dem Formrand andrücken, sodass die Formen dicht sind.

**6.** Jeweils die Hälfte der Kartoffelscheiben in eine Form schichten. Je die Hälfte der Eier-Sahne-Mischung darauf verteilen, sodass die Kartoffelscheiben ganz bedeckt sind.

**7.** Formen auf ein Backblech stellen und in den vorgeheizten Backofen schieben. Die Kartoffeltorten etwa 60 Minuten garen.

**8.** Kartoffeltorten nach etwa 45 Minuten Garzeit mit Käse bestreuen und fertig garen.

**9.** Die Kartoffeltorten etwa 10 Minuten in den Formen stehen lassen, dann aus den Formen lösen und in Stücke schneiden.

**10.** Oreganozweige vorsichtig abspülen und trocken tupfen. Die Kartoffeltorten mit den Oreganozweigen garniert sofort servieren.

## Pizza-Toasts

pro Stück 0,45 Euro

8–10 Stück

*Zubereitungszeit:* 15 Minuten
*Überbackzeit:* etwa 10 Minuten

8–10 Scheiben Vollkorn-Toast
2 Fleischtomaten
1 EL TK-Knoblauch-Kräuter-Mischung oder 1/2–1 TL Pizza-Gewürz-Mischung
1 EL Olivenöl
Salz, gem. Pfeffer
4–5 kleine Scheiben Kochschinken oder Salami
200–250 g abgetropfter Mozzarella

*Pro Stück:*
E: 13 g, F: 8 g, Kh: 12 g,
kJ: 723, kcal: 172

**1.** Den Backofen vorheizen.
*Ober-/Unterhitze:* etwa 200 °C
*Heißluft:* etwa 180 °C
**2.** Toastbrotscheiben im Toaster leicht rösten, abkühlen lassen und auf einem Backblech (mit Backpapier belegt) verteilen.
**3.** Tomaten abspülen, trocken tupfen, halbieren und die Stängelansätze herausschneiden. Tomatenhälften in kleine Würfel schneiden, in ein Sieb geben und abtropfen lassen.
**4.** Die Tomatenwürfel mit der Kräuter- oder Gewürz-Mischung und Olivenöl verrühren, mit Salz und Pfeffer würzen. Die Tomatenwürfel auf den Toastbrotscheiben verteilen.
**5.** Schinken- oder Salamischeiben halbieren, auf die Tomatenwürfel legen. Mozzarella in feine Scheiben schneiden und darauf verteilen. Das Backblech in den vorgeheizten Backofen schieben. Pizza-Toasts etwa 10 Minuten goldbraun überbacken.

## Fleischkäse-Gemüse-Auflauf

4 Portionen

pro Portion 2,10 Euro

*Zubereitungszeit:* 25 Minuten
*Garzeit:* etwa 35 Minuten

1 Stange Porree (Lauch)
1 rote Paprikaschote
3 EL Speiseöl
285 g abgetropfter Gemüsemais (aus der Dose)
150 g TK-Erbsen
Salz
gem. Pfeffer
Cayennepfeffer
4 Scheiben Fleischkäse (je etwa 100 g)

**Für die Sauce:**
4 Eier (Größe M)
200 g Schlagsahne
100 g geraspelter Emmentaler

*Pro Portion:*
E: 29 g, F: 59 g, Kh: 21 g,
kJ: 3180, kcal: 760

**1.** Den Backofen vorheizen.
*Ober-/Unterhitze:* etwa 200 °C
*Heißluft:* etwa 180 °C
**2.** Den Porree putzen, die Stange längs halbieren, gründlich waschen, abtropfen lassen und in Streifen schneiden. Paprikaschote halbieren, entstielen, entkernen und die weißen Scheidewände entfernen. Die Schote abspülen, abtropfen lassen und in Streifen schneiden.
**3.** Speiseöl in einem weiten Topf oder in einer Pfanne erhitzen. Die Porree- und Paprikastücke darin andünsten. Mais und die gefrorenen Erbsen hinzufügen und mitdünsten lassen. Alles mit Salz, Pfeffer und Cayennepfeffer würzen. Evtl. etwas Wasser hinzufügen.
**4.** Den Fleischkäse in Streifen schneiden und unter die Gemüsemischung heben. Die Gemüse-Fleischkäse-Mischung in eine Auflaufform geben.
**5.** Für die Sauce die Eier mit Sahne verschlagen, mit Salz, Pfeffer und Cayennepfeffer würzen. Die Sauce auf der Gemüse-Fleischkäse-Mischung verteilen und mit Emmentaler bestreuen.
**6.** Die Form auf dem Rost in den vorgeheizten Backofen schieben. Den Auflauf etwa 35 Minuten garen.

Pizza-Toasts

Fleischkäse-Gemüse-Auflauf

## Hackauflauf mit Möhren und Blumenkohl

4 Portionen

*Zubereitungszeit:* 50 Minuten
*Garzeit:* etwa 35 Minuten

pro Portion 1,65 Euro

1 kleiner Blumenkohl
250 g Möhren
500 ml Salzwasser
1 Zwiebel
1 EL Butterschmalz
400 g Rindergehacktes
Salz, gem. Pfeffer
Currypulver
gerebelter Thymian
Paprikapulver edelsüß
100 g durchwachsener Speck
1 EL Speiseöl
25 g Weizenmehl
250 ml Milch (3,5 % Fett)
125 ml Gemüse-Kochflüssigkeit
2 Ecken Schmelzkäse
1/2 Bund Thymian

*Pro Portion:*
E: 32 g, F: 38 g, Kh: 15 g,
kJ: 2195, kcal: 524

**1.** Von dem Blumenkohl die Blätter und schlechten Stellen entfernen. Den Strunk abschneiden. Blumenkohl in Röschen teilen, abspülen und abtropfen lassen. Möhren putzen, schälen, abspülen, abtropfen lassen und in dünne Scheiben schneiden.
**2.** Salzwasser in einem Topf zum Kochen bringen. Blumenkohlröschen darin zugedeckt etwa 4 Minuten garen. Anschließend die Möhrenscheiben hinzugeben, mit den Blumenkohlröschen weitere etwa 4 Minuten garen. Anschließend das Gemüse in ein Sieb geben, dabei die Kochflüssigkeit auffangen und 125 ml abmessen.
**3.** Zwiebel abziehen und klein würfeln. Butterschmalz in einer Pfanne zerlassen, Rindergehacktes darin unter Rühren anbraten. Dabei die Fleischklümpchen mit einer Gabel zerdrücken. Zwiebelwürfel hinzufügen und mitbraten lassen. Mit Salz, Pfeffer, Curry, Thymian und Paprika würzen.
**4.** Den Backofen vorheizen.
*Ober-/Unterhitze:* etwa 200 °C
*Heißluft:* etwa 180 °C
**5.** Die Blumenkohlröschen, Möhrenscheiben und die Hackfleischmasse abwechselnd in eine feuerfeste Form (gefettet) oder Auflaufform (gefettet) schichten.
**6.** Den Speck in kleine Würfel schneiden. Speiseöl in einem Topf erhitzen, Speckwürfel darin braun anbraten, Mehl unterrühren. Milch und die abgemessene Gemüse-Kochflüssigkeit hinzugießen und unterrühren. Dabei darauf achten, dass keine Klümpchen entstehen. Die Sauce unter Rühren zum Kochen bringen und unter gelegentlichem Rühren etwa 5 Minuten bei schwacher Hitze kochen lassen. Mit Salz und Pfeffer abschmecken. Schmelzkäse zerkleinern und unter Rühren in der Sauce schmelzen lassen.
**7.** Die Käsesauce auf dem Auflauf verteilen. Die Form auf dem Rost in den vorgeheizten Backofen schieben. Den Auflauf etwa 35 Minuten garen.
**8.** Thymian abspülen und trocken tupfen. Blättchen von den Stängeln zupfen. Hackauflauf mit Thymianblättchen bestreut servieren.

Hackauflauf mit Möhren und Blumenkohl

## Quark-Nudel-Auflauf

4 Portionen (ohne Foto)

*Zubereitungszeit:* 25 Minuten
*Garzeit:* etwa 45 Minuten

pro Portion 1,50 Euro

2 l Wasser
2 gestr. TL Salz
200 g Spaghetti
250 g Magerquark
150 g Crème fraîche
3 Eier (Größe M)
1 TL gem. Kümmelsamen
2 EL Schnittlauchröllchen
Salz, gem. Pfeffer
2 geräucherte Mettwürstchen (Rauchenden)
50 g durchwachsener Speck, in dünnen Scheiben
evtl. einige Schnittlauchröllchen

*Pro Portion:*
E: 30 g, F: 38 g, Kh: 38 g,
kJ: 2702, kcal: 645

**1.** Wasser in einem Topf zugedeckt zum Kochen bringen. Dann Salz und Nudeln hinzugeben. Die Nudeln im geöffneten Topf bei mittlerer Hitze nach Packungsanleitung kochen lassen, dabei gelegentlich umrühren.
**2.** Den Backofen vorheizen.
*Ober-/Unterhitze:* etwa 200 °C
*Heißluft:* etwa 180 °C
**3.** Anschließend die Nudeln in ein Sieb geben, mit heißem Wasser abspülen und abtropfen lassen.
**4.** Quark mit Crème fraîche, Eiern, Kümmel und Schnittlauchröllchen verrühren und mit Salz und Pfeffer würzen.
**5.** Die Mettwürstchen in Scheiben schneiden. Wurstscheiben mit den Spaghetti unter die Quarkmasse heben und in eine feuerfeste Form (gefettet) geben.
**6.** Die Speckscheiben auf die Quark-Spaghetti-Masse legen. Die Form auf dem Rost in den vorgeheizten Backofen schieben. Den Auflauf etwa 45 Minuten garen.
**7.** Den Auflauf nach Belieben mit Schnittlauchröllchen bestreuen und servieren.

Putenauflauf

Ofengemüse mit Käsehaube

## Putenauflauf

4 Portionen

*Zubereitungszeit:* 20 Minuten
*Garzeit:* 40–50 Minuten

pro Portion 2,45 Euro

400 g Putenschnitzel
400 g Champignons
1 große Zwiebel
1 Stange Porree (Lauch)
230 g Basmati-Wildreis-Mischung
Salz, gem. Pfeffer
350 ml Hühnerbrühe
150 ml trockener Weißwein
150 g Schlagsahne

*Pro Portion:*
E: 36 g, F: 16 g, Kh: 48 g,
kJ: 2107, kcal: 502

**1.** Die Putenschnitzel kurz unter fließendem kalten Wasser abspülen, trocken tupfen und in Streifen schneiden.
**2.** Champignons putzen, evtl. kurz abspülen, trocken tupfen und in Scheiben schneiden. Zwiebel abziehen und in kleine Würfel schneiden.
**3.** Den Porree putzen. Die Stange längs halbieren, gründlich waschen, abtropfen lassen und in etwa 2 cm lange Stücke schneiden.
**4.** Den Backofen vorheizen.
*Ober-/Unterhitze:* etwa 200 °C
*Heißluft:* etwa 180 °C
**5.** Putenstreifen mit Champignonscheiben, Zwiebelwürfeln, Porreestücken und Reis vermengen, mit Salz und Pfeffer würzen. Die Zutaten in eine etwas höhere Auflaufform (gefettet) geben. Hühnerbrühe mit Wein und Sahne verrühren, über die Zutaten gießen und gut umrühren.
**6.** Die Form auf dem Rost in den vorgeheizten Backofen schieben. Den Auflauf 40–50 Minuten garen, dabei nach etwa 30 Minuten Garzeit den Auflauf einmal gut umrühren.

## Ofengemüse mit Käsehaube

pro Portion 1,48 Euro

4 Portionen

*Zubereitungszeit:* 40 Minuten
*Garzeit:* etwa 45 Minuten

3 Möhren (etwa 250 g)
1 ¼ kg große Kartoffeln
1 mittelgroße Zucchini (etwa 250 g)
1 Stange Porree (etwa 250 g)
Salz
gem. Pfeffer
125 ml Gemüsebrühe
100 ml fettarme Milch (1,5 % Fett)
150 g Crème légère
2 Eier (Größe M)
gem. Kümmelsamen
ger. Muskatnuss
1 Bund Schnittlauch
100 g Gratin-Käse (42 % Fett)

*Pro Portion:*
E: 20 g, F: 16 g, Kh: 55 g,
kJ: 1843, kcal: 441

**1.** Den Backofen vorheizen.
*Ober-/Unterhitze:* etwa 200 °C
*Heißluft:* etwa 180 °C
**2.** Die Möhren putzen. Möhren und Kartoffeln schälen, abspülen, abtropfen lassen und in dünne Scheiben schneiden oder hobeln. Zucchini abspülen, abtrocknen und die Enden abschneiden. Die Zucchini ebenfalls in Scheiben schneiden. Porree putzen, die Stange längs halbieren, gründlich waschen, abtropfen lassen und in Streifen schneiden.
**3.** Salzwasser in einem Topf zum Kochen bringen. Kartoffel- und Möhrenscheiben darin etwa 5 Minuten vorgaren, mit einem Schaumlöffel herausnehmen und abtropfen lassen. Die Zucchinischeiben und Porreestreifen hinzugeben und 1–2 Minuten vorgaren, abtropfen lassen.
**4.** Das Gemüse in eine Auflaufform (gefettet) einschichten, die einzelnen Schichten mit Salz und Pfeffer bestreuen. Gemüsebrühe, Milch, Crème légère und Eier verschlagen, mit Salz, Kümmel, Muskat und Pfeffer kräftig würzen.
**5.** Schnittlauch abspülen, trocken tupfen, in feine Röllchen schneiden und unter die Eiermilch rühren. Die Eiermilch auf dem Gemüse verteilen und den Gratin-Käse daraufstreuen.
**6.** Die Form auf dem Rost in den vorgeheizten Backofen schieben. Das Ofengemüse etwa 45 Minuten garen.
**7.** Das Ofengemüse vor Ende der Garzeit evtl. mit Alufolie zudecken, damit der Käse nicht zu dunkel wird.

Ravioli-Käse-Auflauf

Reisauflauf mit Schafskäse

## Ravioli-Käse-Auflauf

4 Portionen

*Zubereitungszeit:* 15 Minuten
*Garzeit:* etwa 40 Minuten

1,6 kg Ravioli in Tomatensauce (aus Dosen)
1 Bund Frühlingszwiebeln
20 g Speisestärke
200 g ger. Emmentaler

pro Portion 1,20 Euro

*Pro Portion:*
E: 23 g, F: 22 g, Kh: 70 g,
kJ: 2412, kcal: 573

**1.** Den Backofen vorheizen.
*Ober-/Unterhitze:* etwa 200 °C
*Heißluft:* etwa 180 °C

**2.** Ravioli in einem Sieb abtropfen lassen, dabei die Tomatensauce auffangen. Frühlingszwiebeln putzen, abspülen, abtropfen lassen und in Scheiben schneiden.

**3.** Die Speisestärke unter die Tomatensauce rühren, dabei darauf achten, dass keine Klümpchen entstehen. Die Hälfte des Käses und zwei Drittel der Frühlingszwiebelscheiben unterrühren.

**4.** Die Ravioli in einer Auflaufform (etwa 20 x 30 cm, etwa 2,5-Liter-Inhalt, gefettet) verteilen. Angerührte Tomatensauce gleichmäßig darauf verteilen und restlichen Käse daraufstreuen.

**5.** Die Form auf dem Rost in den vorgeheizten Backofen schieben. Den Ravioli-Käse-Auflauf etwa 40 Minuten garen.

**6.** Die Form aus dem Backofen nehmen. Den Auflauf etwas abkühlen lassen und servieren.

## Reisauflauf mit Schafskäse

pro Portion 1,24 Euro

6 Portionen

*Zubereitungszeit:* 60 Minuten
*Garzeit:* etwa 60 Minuten

750 ml Wasser
1 gestr. TL Salz
300 g Langkornreis
3 Tomaten (etwa 300 g)
1 Zucchini (etwa 200 g)
einige Stängel Oregano
1 Knoblauchzehe
2 EL Olivenöl
400 g Lamm- oder Rindergehacktes
Salz, gem. Pfeffer
100 g Schafskäse
500 ml Milch (3,5 % Fett)
6 Eier (Größe M)

*Pro Portion:*
E: 29 g, F: 28 g, Kh: 45 g,
kJ: 2351, kcal: 561

**1.** Wasser in einem Topf zum Kochen bringen. Salz und Reis hinzufügen und zugedeckt wieder zum Kochen bringen. Reis nach Packungsanleitung ausquellen lassen. Den garen Reis in ein Sieb geben und gut abtropfen lassen.

**2.** In der Zwischenzeit die Tomaten abspülen, abtrocknen, halbieren und die Stängelansätze herausschneiden. Die Zucchini abspülen, abtrocknen und die Enden abschneiden. Zucchini und Tomaten in Würfel schneiden.

**3.** Oregano abspülen und trocken tupfen. Die Blättchen von den Stängeln zupfen. Einige Blättchen zum Garnieren beiseitelegen. Restliche Blättchen klein schneiden. Knoblauch abziehen und durch eine Knoblauchpresse drücken.

**4.** Den Backofen vorheizen.
*Ober-/Unterhitze:* etwa 180 °C
*Heißluft:* etwa 160 °C

**5.** Olivenöl in einer großen Pfanne erhitzen. Das Gehackte darin unter Rühren anbraten, dabei die Fleischklümpchen mit einer Gabel etwas zerdrücken. Knoblauch hinzugeben, mit Salz und Pfeffer würzen.

**6.** Den Schafskäse würfeln oder zerbröseln. Milch mit Eiern verschlagen, mit Salz und Pfeffer würzen.

**7.** Reis, Zucchini-, Tomatenwürfel und Oregano zum Gehackten geben und gut vermischen. Die Masse in eine große Auflaufform (gefettet) geben und mit der Eiermilch übergießen. Schafskäsebrösel darauf verteilen.

**8.** Die Form auf dem Rost in den vorgeheizten Backofen schieben. Den Auflauf etwa 60 Minuten garen.

**9.** Den Auflauf vor dem Servieren mit den beiseitegelegten Oreganoblättchen garnieren.

## Wurzelgemüse-Auflauf

4 Portionen

*Zubereitungszeit:* 30 Minuten
*Garzeit:* etwa 40 Minuten

pro Portion 1,55 Euro

400 g Steckrüben
400 g Knollensellerie
400 g Möhren
Salz
150 g Blauschimmelkäse, z. B. Gorgonzola, Roquefort
400 g Schlagsahne
4 Eier (Größe M)
1/2 Pck. gehackte TK-Petersilie
gem. Pfeffer

*Pro Portion:*
E: 19 g, F: 49 g, Kh: 11 g,
kJ: 2409, kcal: 577

**1.** Den Backofen vorheizen.
*Ober-/Unterhitze:* etwa 180 °C
*Heißluft:* etwa 160 °C
**2.** Steckrüben, Knollensellerie und Möhren putzen, schälen, abspülen, abtropfen lassen und klein würfeln.
**3.** Gemüsewürfel in kochendem Salzwasser 3–5 Minuten bissfest garen, in ein Sieb geben, abtropfen lassen.
**4.** Blauschimmelkäse mit einer Gabel zerdrücken, mit Sahne, Eiern und Petersilie verrühren. Mit Salz und Pfeffer würzen.
**5.** Die Gemüsewürfel in eine Auflaufform (gefettet) geben. Die Käse-Eier-Sahne darauf verteilen. Die Form auf dem Rost in den vorgeheizten Backofen schieben. Den Auflauf etwa 40 Minuten garen.
**6.** Auflauf evtl. nach etwa 30 Minuten Garzeit mit Backpapier zudecken.

## Tomaten-Ciabatta-Lasagne

pro Portion 2,00 Euro

4 Portionen

*Zubereitungszeit:* 40 Minuten
*Garzeit:* etwa 40 Minuten

1 Ciabatta vom Vortag
4 EL Olivenöl
375 g abgetropfter Mozzarella
5 mittelgroße, reife Tomaten
1 Knoblauchzehe
1 kleines Bund Basilikum
Salz, gem. Pfeffer
250 g passierte Tomaten (Tetrapak)
100 g ger. Parmesan oder Pizza-Käse

*Pro Portion:*
E: 35 g, F: 38 g, Kh: 43 g,
kJ: 2769, kcal: 658

**1.** Den Backofen vorheizen.
*Ober-/Unterhitze:* etwa 200 °C
*Heißluft:* etwa 180 °C
**2.** Brot in dünne Scheiben schneiden, von beiden Seiten mit Olivenöl beträufeln, auf ein Backblech (mit Backpapier belegt) legen und in den vorgeheizten Backofen schieben. Brotscheiben etwa 10 Minuten rösten. Das Brot einmal wenden.
**3.** Mozzarella in dünne Scheiben schneiden. Tomaten abspülen, abtrocknen, halbieren und die Stängelansätze herausschneiden. Tomaten ebenfalls in dünne Scheiben schneiden. Knoblauch abziehen, halbieren und eine große Auflaufform (gefettet) damit ausreiben.
**4.** Basilikum abspülen und trocken tupfen. Blättchen von den Stängeln zupfen. Evtl. einige Basilikumblättchen zum Garnieren beiseitelegen.
**5.** Die Hälfte der Brot- und Tomatenscheiben in die vorbereitete Auflaufform legen. Einige Basilikumblättchen darauflegen, mit Salz und Pfeffer würzen. Die Hälfte der Mozzarellascheiben, die passierten Tomaten (250 g) und die Hälfte des geriebenen Käses daraufschichten, mit Salz und Pfeffer würzen. Die restlichen Zutaten in gleicher Reihenfolge einschichten, mit Mozzarellascheiben und geriebenem Käse abschließen.
**6.** Die Form auf dem Rost in den vorgeheizten Backofen schieben. Die Lasagne etwa 30 Minuten garen.
**7.** Lasagne nach Belieben vor dem Servieren mit den beiseitegelegten Basilikumblättchen bestreuen.

Wurzelgemüse-Auflauf

Tomaten-Ciabatta-Lasagne

## Zucchiniauflauf mit süßsaurer Sauce

4 Portionen

*Zubereitungszeit:* 60 Minuten, ohne Abkühlzeit
*Garzeit:* etwa 30 Minuten

pro Portion 1,45 Euro

500 g Zucchini
2 EL Speiseöl
Salz
gem. Pfeffer
2 Knoblauchzehen
1 EL Weißweinessig
125 ml Weißwein
250 g Tomaten
125 g Schlagsahne
1/2 TL gem. Ingwer
100 g ger. Gouda
1 Zwiebel
400 g Gehacktes (halb Rind-, halb Schweinefleisch)
1 Ei (Größe M)
20 g Butter

*Pro Portion:*
E: 30 g, F: 46 g, Kh: 7 g,
kJ: 2434, kcal: 582

**1.** Zucchini abspülen, abtrocknen und die Enden abschneiden. Zucchini in Scheiben schneiden. Speiseöl in einer großen Pfanne erhitzen. Die Zucchinischeiben darin kurz von beiden Seiten anbraten, mit Salz und Pfeffer würzen.
**2.** Knoblauch abziehen, durch eine Knoblauchpresse drücken und auf den Zucchinischeiben verteilen. Den Essig und Wein hinzugießen und aufkochen lassen. Zucchinischeiben aus der Pfanne nehmen. Pfanne mit dem Sud beiseitestellen.
**3.** Den Backofen vorheizen.
*Ober-/Unterhitze:* etwa 180 °C
*Heißluft:* etwa 160 °C
**4.** Tomaten kreuzweise einschneiden und mit kochendem Wasser übergießen. Nach 1–2 Minuten herausnehmen und mit kaltem Wasser abschrecken. Tomaten häuten, halbieren und die Stängelansätze herausschneiden. Tomaten entkernen und in Würfel schneiden.
**5.** Die Sahne mit Ingwer verrühren, mit den Tomatenwürfeln zu dem Zucchinisud in die Pfanne geben und etwas einkochen lassen. Die Sauce etwas abkühlen lassen, dann Käse unterrühren.
**6.** Die Zwiebel abziehen und klein würfeln. Gehacktes in eine Schüssel geben. Zwiebelwürfel und Ei hinzugeben und zu einem Fleischteig verkneten, mit Salz und Pfeffer würzen.
**7.** Die Zucchinischeiben abwechselnd mit dem Hackfleischteig und jeweils etwas Tomaten-Käse-Sauce in eine Auflaufform (gefettet) schichten. Die oberste Schicht sollte aus Zucchinischeiben bestehen (Zucchinischeiben nach Belieben dachziegelartig anordnen). Die restliche Sauce darauf verteilen und Butter in Flöckchen daraufsetzen.
**8.** Die Form auf dem Rost in den vorgeheizten Backofen schieben. Den Auflauf etwa 30 Minuten garen.

## Zucchini mit Couscous-Füllung

4 Portionen

*Zubereitungszeit:* 45 Minuten
*Garzeit:* 15–20 Minuten

pro Portion 1,65 Euro

2 Zwiebeln
2 Knoblauchzehen
3 EL Olivenöl
800 g stückige Tomaten (aus der Dose)
1 Bund Majoran
3 Fleischtomaten
4 mittelgroße Zucchini (je etwa 250 g)
Salz, gem. Pfeffer
300 ml Gemüsebrühe
250 g Instant-Couscous
Cayennepfeffer
100 g ger. Manchego oder Emmentaler

Zucchiniauflauf mit süßsaurer Sauce

Zucchini mit Couscous-Füllung

*Pro Portion:*
Ɛ: 23 g, F: 18 g, Kh: 52 g,
kJ: 1955, kcal: 463

**1.** Zwiebeln und Knoblauch abziehen, in kleine Würfel schneiden. Olivenöl in einem Topf erhitzen. Die Zwiebel- und Knoblauchwürfel darin andünsten. Die stückigen Tomaten hinzufügen, zum Kochen bringen und unter gelegentlichem Rühren etwa 10 Minuten leicht kochen lassen.
**2.** Majoran abspülen und trocken tupfen. Die Blättchen von den Stängeln zupfen, Majoranblättchen klein schneiden.
**3.** Tomaten kreuzweise einschneiden und mit kochendem Wasser übergießen. Nach 1–2 Minuten herausnehmen und mit kaltem Wasser abschrecken. Die Tomaten häuten, halbieren und Stängelansätze herausschneiden. Anschließend die Tomaten in Stücke schneiden.
**4.** Zucchini abspülen, abtrocknen und die Enden abschneiden. Zucchini halbieren. Zucchinihälften mit einem Löffel leicht aushöhlen und das Fruchtfleisch in Würfel schneiden.
**5.** Den Backofen vorheizen.
*Ober-/Unterhitze:* etwa 200 °C
*Heißluft:* etwa 180 °C
**6.** Majoran unter die Tomatensauce rühren, mit Salz und Pfeffer würzen. Die Sauce halbieren und eine Hälfte beiseitestellen. Die Gemüsebrühe unter die zweite Saucenhälfte rühren und zum Kochen bringen. Couscous, Zucchiniwürfel und Tomatenstücke hinzufügen, mit Salz und Cayennepfeffer würzen. Den Topf von der Kochstelle nehmen.
**7.** Die ausgehöhlten Zucchinihälften auf ein Backblech (mit Backpapier belegt) legen, mit Salz und Pfeffer bestreuen. Die Zucchinihälften mit der Couscous-Zucchini-Tomaten-Masse füllen und mit Käse bestreuen. Das Backblech in den vorgeheizten Backofen schieben und die Zucchini 15–20 Minuten garen.
**8.** Die beiseitegestellte Tomatensauce erhitzen. Die gefüllten Zucchini mit der Sauce servieren.

Überbackene Farfalle mit Tomaten-Pesto-Ragout

## Überbackene Farfalle mit Tomaten-Pesto-Ragout

4 Portionen

pro Portion 1,90 Euro

*Zubereitungszeit:* 25 Minuten
*Backzeit:* 15–20 Minuten

2 1/2 l Wasser
2 1/2 gestr. TL Salz
250 g Farfalle (Schleifennudeln)

300 g Hähnchenbrustfilet
Salz, gem. Pfeffer
1/2 Bund Frühlingszwiebeln
6 kleine Fleischtomaten
1 mittelgroße Aubergine
2 EL Olivenöl
1 Prise Zucker
3 EL Basilikum-Pesto (aus dem Glas)
125 g abgetropfter Mozzarella
4–5 EL ger. Parmesan

*Pro Portion:*
Ɛ: 42 g, F: 26 g, Kh: 57 g,
kJ: 2700, kcal: 644

**1.** Das Wasser in einem großen Topf zugedeckt zum Kochen bringen. Dann Salz und Nudeln hinzugeben. Die Nudeln im geöffneten Topf bei mittlerer Hitze nach Packungsanleitung kochen lassen, dabei gelegentlich umrühren.
**2.** Anschließend die Nudeln in ein Sieb geben, mit heißem Wasser abspülen und abtropfen lassen.
**3.** In der Zwischenzeit Hähnchenbrustfilet kurz unter fließendem kalten Wasser abspülen, trocken tupfen und in schmale Streifen schneiden. Hähnchenstreifen mit Salz und Pfeffer würzen.
**4.** Die Frühlingszwiebeln putzen, abspülen, abtropfen lassen und in Scheiben schneiden. Tomaten abspülen, trocken tupfen, halbieren und die Stängelansätze herausschneiden. Tomatenhälften in grobe Stücke schneiden. Aubergine abspülen, abtrocknen und den Stängelansatz abschneiden. Die Aubergine in Würfel schneiden.
**5.** Den Backofen vorheizen.
*Ober-/Unterhitze:* etwa 180 °C
*Heißluft:* etwa 160 °C
**6.** Einen Esslöffel Olivenöl in einer Pfanne erhitzen. Die Hähnchenfleischstreifen und Frühlingszwiebelscheiben darin kräftig unter Rühren anbraten und herausnehmen. Restliches Olivenöl zum verbliebenen Bratfett in die Pfanne geben und erhitzen. Auberginenwürfel darin kräftig anbraten. Tomatenstücke hinzugeben und mit den Auberginenwürfeln etwa 4 Minuten unter Rühren dünsten, mit Salz, Pfeffer und Zucker würzen. Pesto unterrühren.
**7.** Die Nudeln mit den Hähnchenfleischstreifen, Frühlingszwiebelscheiben und dem Tomaten-Ragout in einer Auflaufform (gefettet) gut vermischen. Mozzarella in feine Scheiben schneiden, darauf verteilen und mit Parmesan bestreuen.
**8.** Die Form auf dem Rost in den vorgeheizten Backofen schieben. Den Auflauf 15–20 Minuten überbacken.

Tortellini-Auflauf mit Pesto

Provenzalischer Auflauf

## Tortellini-Auflauf mit Pesto

pro Portion **1,70** Euro

4 Portionen

*Zubereitungszeit:* 20 Minuten
*Garzeit:* etwa 20 Minuten

etwa 2 l Wasser
2 Tomaten (etwa 100 g)
3 Scheiben Frühstücksspeck (Bacon, etwa 30 g)
1 EL Olivenöl, 2 gestr. TL Salz
500 g frische Tortellini (aus dem Kühlregal, je nach Belieben mit Käse-, Spinat- oder Fleischfüllung)
200 g TK-Erbsen
100 ml Milch (3,5 % Fett)
200 g Sahne zum Kochen (15 % Fett)
4 EL rotes Pesto (aus dem Glas)
Salz, gem. Pfeffer
50 g ger. Parmesan

*Pro Portion:*
E: 23 g, F: 33 g, Kh: 48 g,
kJ: 2438, kcal: 585

**1.** Das Wasser in einem großen Topf zugedeckt zum Kochen bringen. In der Zwischenzeit Tomaten abspülen, abtrocknen, halbieren und die Stängelansätze herausschneiden. Tomaten entkernen und würfeln.
**2.** Frühstücksspeck in grobe Stücke schneiden. Die Speckstücke in einer Pfanne ohne Fett knusprig braten und herausnehmen. Olivenöl in der Pfanne erhitzen. Tomatenwürfel hinzugeben und kurz dünsten.
**3.** Den Backofen vorheizen.
*Ober-/Unterhitze:* etwa 200 °C
*Heißluft:* etwa 180 °C
**4.** Salz und Tortellini in das kochende Wasser geben. Tortellini nach Packungsanleitung garen. Die gefrorenen Erbsen in der letzten Minute zu den Tortellini in den Topf geben und miterhitzen. Tortellini und Erbsen in ein Sieb geben und abtropfen lassen.
**5.** Tortellini mit den Erbsen, Tomatenwürfeln und etwa der Hälfte der Speckstücke in einer großen, flachen Auflaufform (gefettet) verteilen.
**6.** Milch mit Sahne und 2 Esslöffeln Pesto verrühren, mit Salz und Pfeffer würzen. Pestosahne auf die Tortellini-Mischung gießen. Das restliche Pesto, Parmesan und die restlichen Speckstücke darauf verteilen.
**7.** Die Form auf dem Rost in den vorgeheizten Backofen (unteres Drittel) schieben. Den Auflauf etwa 20 Minuten garen.

## Provenzalischer Auflauf

pro Portion **2,45** Euro

4 Portionen

*Zubereitungszeit:* 50 Minuten
*Garzeit:* etwa 60 Minuten

4 mittelgroße Tomaten (etwa 500 g)
2 Fenchelknollen (etwa 500 g)
Salz
500 g Hähnchenbrustfilet
2–3 EL Olivenöl
gem. Pfeffer
2 Knoblauchzehen
1/2 Bund Rosmarin
oder 1/2 TL gerebelter Rosmarin
250 g Schlagsahne
4 Eier (Größe M)
85 g abgetropfte, grüne Oliven (ohne Stein)
evtl. 1–2 Stängel Rosmarin

*Pro Portion:*
E: 41 g, F: 31 g, Kh: 10 g,
kJ: 2033, kcal: 485

**1.** Tomaten abspülen, abtropfen lassen, halbieren und die Stängelansätze herausschneiden. Tomatenhälften in große Würfel schneiden. Fenchelknollen putzen, abspülen, abtropfen lassen, halbieren und würfeln.
**2.** Fenchelwürfel in kochendem Salzwasser etwa 3 Minuten blanchieren, in ein Sieb geben, mit kaltem Wasser abspülen und gut abtropfen lassen.
**3.** Hähnchenbrustfilet kurz unter fließendem kalten Wasser abspülen, trocken tupfen und in Würfel schneiden. Olivenöl in einer Pfanne erhitzen. Die Fleischwürfel darin von allen Seiten anbraten. Mit Salz und Pfeffer würzen.
**4.** Den Backofen vorheizen.
*Ober-/Unterhitze:* etwa 180 °C
*Heißluft:* etwa 160 °C
**5.** Knoblauch abziehen und in sehr kleine Würfel schneiden. Rosmarin abspülen und trocken tupfen. Die Nadeln von den Stängeln zupfen.
**6.** Sahne, Eier, Knoblauchwürfel und Rosmarin verschlagen, mit Salz und Pfeffer würzen. Tomaten-, Fenchelwürfel und Oliven mit den Fleischwürfeln vermischen und in eine flache Auflaufform (gefettet) oder Fettpfanne (gefettet) geben. Die Sahne-Eier-Sauce darauf verteilen. Die Form auf dem Rost oder die Fettpfanne in den vorgeheizten Backofen schieben. Den Auflauf etwa 60 Minuten garen.
**7.** Den Auflauf nach Belieben mit abgespülten und trocken getupften Rosmarinstängeln garnieren und sofort servieren.

## Maisauflauf

4 Portionen

pro Portion **1,30** Euro

*Zubereitungszeit:* 35 Minuten
*Garzeit:* etwa 40 Minuten

570 g abgetropfter Gemüsemais (aus der Dose)
50 g Butter, 25 g Weizenmehl
250 ml Milch (3,5 % Fett)
125 ml Gemüsebrühe
Salz, gem. Pfeffer
1 TL Paprikapulver edelsüß
2 TL Zitronensaft
4 hart gekochte Eier
400 g Tomaten
2 dünne Stangen Porree (Lauch, etwa 300 g)
200 g abgetropfter Mozzarella

*Pro Portion:*
E: 25 g, F: 30 g, Kh: 29 g, kJ: 2112, kcal: 505

**1.** Mais in einem Sieb abspülen und abtropfen lassen. Butter in einem Topf zerlassen. Mehl darin unter Rühren so lange erhitzen, bis es hellgelb ist. Milch und Brühe hinzugießen, mit einem Schneebesen gut durchschlagen. Dabei darauf achten, dass keine Klümpchen entstehen. Die Sauce zum Kochen bringen und bei schwacher Hitze etwa 5 Minuten kochen lassen. Die Sauce mit Salz, Pfeffer, Paprika und Zitronensaft würzen.
**2.** Den Backofen vorheizen.
*Ober-/Unterhitze:* etwa 200 °C
*Heißluft:* etwa 180 °C
**3.** Eier pellen und in kleine Stücke hacken. Tomaten kreuzweise einschneiden und mit kochendem Wasser übergießen. Nach 1–2 Minuten herausnehmen und mit kaltem Wasser abschrecken. Tomaten häuten, halbieren, Stängelansätze heraus-, Tomaten in Scheiben schneiden.
**4.** Porree putzen, die Stangen längs halbieren, gründlich waschen, gut abtropfen lassen und in Streifen schneiden. Mozzarella in sehr dünne Scheiben schneiden.
**5.** Mais, Porree, Tomatenscheiben, Eierstückchen, die Sauce und die Hälfte der Mozzarellascheiben dekorativ in eine flache, runde Auflaufform (gefettet) füllen. Restliche Mozzarellascheiben darauflegen. Die Form auf dem Rost in den vorgeheizten Backofen schieben. Den Auflauf etwa 40 Minuten garen.

## Nudelauflauf mit Gemüse und Schinken

4 Portionen

*Zubereitungszeit:* 30 Minuten
*Garzeit:* etwa 45 Minuten

pro Portion **1,40** Euro

2 1/2 l Wasser
2 1/2 gestr. TL Salz
250 g Nudeln, z. B. Penne
250 ml Fleisch- oder Gemüsebrühe
300 g TK-Italienisches Pfannengemüse, 2 Fleischtomaten
200 g Kochschinken
125 ml Milch (3,5 % Fett)
3 Eier (Größe M)
Salz, gem. Pfeffer
100 g ger. Mozzarella

*Pro Portion:*
E: 33 g, F: 24 g, Kh: 54 g, kJ: 2498, kcal: 596

**1.** Das Wasser in einem großen Topf zugedeckt zum Kochen bringen. Salz und Nudeln hinzugeben. Nudeln im geöffneten Topf bei mittlerer Hitze nach Packungsanleitung kochen lassen, dabei gelegentlich umrühren.
**2.** Anschließend die Nudeln in ein Sieb geben, mit heißem Wasser abspülen und abtropfen lassen.
**3.** Den Backofen vorheizen.
*Ober-/Unterhitze:* etwa 180 °C
*Heißluft:* etwa 160 °C
**4.** Brühe in einem Topf zum Kochen bringen. Das gefrorene Pfannengemüse hinzugeben, wieder zum Kochen bringen und etwa 2 Minuten kochen lassen.
**5.** Tomaten kreuzweise einschneiden und mit kochendem Wasser übergießen. Nach 1–2 Minuten herausnehmen und mit kaltem Wasser abschrecken. Tomaten häuten, halbieren und die Stängelansätze herausschneiden. Die Tomaten in Würfel schneiden. Schinken ebenfalls würfeln.
**6.** Milch mit Eiern in einer großen Schüssel verschlagen, mit Salz und Pfeffer würzen. Danach Tomaten-, Schinkenwürfel und das Pfannengemüse mit der Brühe hinzufügen.
**7.** Die Schinken-Gemüse-Masse abwechselnd mit den Nudeln in eine große, flache Auflaufform (gefettet) geben und mit Käse bestreuen.
**8.** Die Form auf dem Rost in den vorgeheizten Backofen schieben. Den Auflauf etwa 45 Minuten garen.

Maisauflauf

Nudelauflauf mit Gemüse und Schinken

## Linsen-Fisch-Auflauf

1–2 Portionen

*Zubereitungszeit:* 25 Minuten
*Backzeit:* etwa 30 Minuten

1 Stange Porree (Lauch, etwa 200 g)
1 1/2 EL Speiseöl
400 g Linsen mit Suppengrün (aus der Dose)
1 Scheibe Weizentoastbrot
50 g Schinkenwürfel (aus dem Kühlregal)
15 g Butter
1/2 Pck. Dr. Oetker Finesse Geriebene Zitronenschale
1 EL gehackte, gemischte Kräuter, z. B. Petersilie, Thymian, Schnittlauch
300 g Seelachs- oder Rotbarschfilet
1 EL Zitronensaft
Salz, gem. Pfeffer
75 g Crème fraîche

pro Portion **2,10** Euro

*Pro Portion:*
E: 62 g, F: 38 g, Kh: 53 g,
kJ: 3400, kcal: 815

**1.** Den Backofen vorheizen.
*Ober-/Unterhitze:* etwa 200 °C
*Heißluft:* etwa 180 °C

**2.** Porree putzen, die Stange längs halbieren, gründlich waschen und abtropfen lassen. Porree in Streifen schneiden. Speiseöl in einer Pfanne erhitzen. Porreestreifen darin andünsten. Linsen mit der Flüssigkeit sorgfältig unterrühren und aufkochen lassen.

**3.** Toastbrotscheibe entrinden und zerbröseln. Schinkenwürfel in einer Pfanne ohne Fett knusprig ausbraten. Butter hinzufügen und zerlassen. Die Brotbrösel darin goldbraun rösten. Zitronenschale und Kräuter hinzugeben.

**4.** Das Fischfilet kurz unter fließendem kalten Wasser abspülen, trocken tupfen und in Portionsstücke schneiden. Mit Zitronensaft beträufeln, mit Salz und Pfeffer würzen.

**5.** Crème fraîche unter die Linsen-Porree-Mischung rühren, mit Salz würzen und in eine flache Auflaufform (gefettet) geben. Fischfiletstücke darauflegen und mit der Schinken-Brösel-Masse bestreuen. Die Form auf dem Rost in den vorgeheizten Backofen schieben. Den Auflauf etwa 30 Minuten backen.

Linsen-Fisch-Auflauf

## Maultaschenauflauf

4 Portionen

*Zubereitungszeit:* 70 Minuten, ohne Ruhezeit
*Garzeit:* etwa 20 Minuten

300 g Weizenmehl
2 Eier (Größe M)
4 EL Wasser
1 gestr. TL Salz

pro Portion **1,95** Euro

**Für die Füllung:**
1 Zwiebel, 1 EL Speiseöl
300 g Gehacktes (halb Rind-, halb Schweinefleisch)
1 Ei (Größe M)
2 EL gehackte Petersilie
Salz, gem. Pfeffer

1 Eiweiß (Größe M)
1 l Fleischbrühe

**Für die Champignon-Tomaten-Sauce:**
4 Frühlingszwiebeln
200 g Champignons
30 g Butter
4 große Tomaten
etwas gerebelter Thymian
1 EL Weizenmehl
150 g Crème fraîche
1 Bund Schnittlauch
200 g frisch ger. Gouda
20 g Butter

*Pro Portion:*
E: 52 g, F: 66 g, Kh: 66 g,
kJ: 4735, kcal: 1132

**1.** Weizenmehl in eine Rührschüssel geben. Eier, Wasser und Salz hinzufügen. Die Zutaten mit einem Mixer (Knethaken) zu einem glatten Teig verarbeiten. Den Teig in Frischhaltefolie gewickelt etwa 1 Stunde ruhen lassen.

**2.** In der Zwischenzeit für die Füllung Zwiebel abziehen und in kleine Würfel schneiden. Speiseöl in einer Pfanne erhitzen. Zwiebelwürfel darin glasig dünsten. Gehacktes hinzufügen, unter ständigem Rühren kurz anbraten. Dabei die Fleischklümpchen mit einer Gabel zerdrücken. Hackfleischmasse etwas abkühlen lassen.

**3.** Ei und Petersilie unter die Hackfleischmasse rühren. Mit Salz und Pfeffer würzen.

**4.** Maultaschenteig auf der leicht bemehlten Arbeitsfläche dünn ausrollen, etwa 10 cm große Quadrate ausschneiden oder -rädeln. Etwas von der Hackfleischmasse auf jedes Teigquadrat geben. Die Teigränder mit verschlagenem Eiweiß bestrei-

Maultaschenauflauf

Kohlrabi-Schinken-Auflauf

chen. Die Teigquadrate zu Dreiecken übereinanderklappen. Die Teigränder andrücken.

**5.** Die Fleischbrühe in einem Topf erhitzen. Die Maultaschen darin evtl. portionsweise ohne Deckel bei schwacher bis mittlerer Hitze etwa 10 Minuten garen. Mit einem Schaumlöffel herausnehmen.

**6.** Den Backofen vorheizen.
*Ober-/Unterhitze:* etwa 200 °C
*Heißluft:* etwa 180 °C

**7.** Für die Sauce die Frühlingszwiebeln putzen, abspülen, abtropfen lassen und in Scheiben schneiden. Champignons putzen, evtl. kurz abspülen, trocken tupfen und in Scheiben schneiden.

**8.** Butter in einem Topf zerlassen. Champignonscheiben darin unter Rühren kurz andünsten, Frühlingszwiebelscheiben unterrühren. Mit Salz und Pfeffer würzen.

**9.** Tomaten kreuzweise einschneiden und mit kochendem Wasser übergießen. Nach 1–2 Minuten herausnehmen und mit kaltem Wasser abschrecken. Tomaten häuten, halbieren und die Stängelansätze herausschneiden. Tomaten in Stücke schneiden und zu den Champignonscheiben geben. Mit Salz, Pfeffer und Thymian würzen. Mehl unterrühren. Crème fraîche unterheben.

**10.** Schnittlauch abspülen, trocken tupfen und in Röllchen schneiden. Schnittlauchröllchen zusammen mit einem Drittel des Käses zur Tomaten-Champignon-Masse geben und gut unterrühren.

**11.** Die Hälfte der Maultaschen in eine flache Auflaufform (gefettet) geben. Etwas von der Tomaten-Champignon-Sauce darauf verteilen. Die restlichen Maultaschen und die restliche Tomaten-Champignon-Sauce daraufgeben. Den Auflauf mit restlichem Käse bestreuen. Butter in Flöckchen daraufsetzen. Die Form auf dem Rost in den vorgeheizten Backofen schieben. Den Maultaschenauflauf etwa 20 Minuten garen.

## Kohlrabi-Schinken-Auflauf

4 Portionen

pro Portion 1,60 Euro

*Zubereitungszeit:* 30 Minuten
*Garzeit:* 30–35 Minuten

etwa 1 kg Kohlrabi
40 g Butter
125 ml Gemüsebrühe
1 kleine Zwiebel
30 g Butter oder Margarine
30 g Weizenmehl
125 ml Milch (3,5 % Fett)
250 g Kochschinken
2 Eier (Größe M)
Salz, gem. Pfeffer
ger. Muskatnuss
40 g ger. Gouda
30 g Butter in Flöckchen

*Pro Portion:*
E: 26 g, F: 32 g, Kh: 14 g,
kJ: 1858, kcal: 444

**1.** Den Backofen vorheizen.
*Ober-/Unterhitze:* etwa 200 °C
*Heißluft:* etwa 180 °C

**2.** Kohlrabi putzen, schälen, abspülen, abtropfen lassen und in Stifte schneiden. Butter in einem Topf zerlassen. Die Kohlrabistifte darin andünsten. Brühe hinzugießen und zum Kochen bringen, Kohlrabistifte in etwa 5 Minuten bissfest garen. In einem Sieb abtropfen lassen, dabei das Kochwasser auffangen.

**3.** Zwiebel abziehen und klein würfeln. Butter oder Margarine in einem Topf zerlassen. Zwiebelwürfel darin andünsten. Mehl hinzugeben und unter Rühren so lange erhitzen, bis es hellgelb ist. Das Kohlrabi-Kochwasser mit der Milch nach und nach unter Rühren hinzugießen. Dabei darauf achten, dass keine Klümpchen entstehen. Die Sauce zum Kochen bringen und etwa 2 Minuten kochen, dabei gelegentlich umrühren. Sauce etwas abkühlen lassen.

**4.** In der Zwischenzeit den Schinken in feine Streifen schneiden. Schinkenstreifen mit den Kohlrabistiften in eine große Auflaufform (gefettet) oder in 4 kleine, flache Auflaufformen (gefettet) schichten.

**5.** Eier unter die leicht abgekühlte Sauce rühren. Die Sauce mit Salz, Pfeffer und Muskat würzen und auf der Kohlrabi-Schinken-Masse verteilen. Auflauf mit Käse bestreuen und Butter daraufsetzen. Die Form oder Formen auf dem Rost in den vorgeheizten Backofen schieben. Den Auflauf 30–35 Minuten garen.

Kichererbsen-Spinat-Gratin

Knoblauchtomaten

## Kichererbsen-Spinat-Gratin

4 Portionen

pro Portion 1,85 Euro

*Zubereitungszeit:* 20 Minuten, ohne Auftauzeit
*Garzeit:* 45–50 Minuten

450 g TK-Blattspinat
1 Zwiebel
1 Knoblauchzehe
500 g abgespülte, abgetropfte Kichererbsen (aus der Dose)
Salz, gem. Pfeffer
100 ml Milch (3,5 % Fett)
100 g Schlagsahne
1 Ei (Größe M)
3 EL Tomatenmark
2 schwach geh. TL Speisestärke
1/2–1 TL Harissa (afrikanische Gewürzpaste)
100 g ger. Emmentaler
100 g Frühstücksspeck in Scheiben (Bacon)

*Pro Portion:*
E: 27 g, F: 31 g, Kh: 29 g,
kJ: 2120, kcal: 509

**1.** Den gefrorenen Spinat in einem Sieb auftauen und abtropfen lassen, evtl. noch etwas ausdrücken. Zwiebel und Knoblauch abziehen, fein würfeln.
**2.** Den Backofen vorheizen.
*Ober-/Unterhitze:* etwa 200 °C
*Heißluft:* etwa 180 °C
**3.** Spinat mit Kichererbsen, Zwiebel- und Knoblauchwürfeln in eine große, flache Auflaufform (gefettet) geben und vermischen, mit Salz und Pfeffer würzen.
**4.** Milch mit Sahne, Ei, Tomatenmark, Speisestärke und Harissa verrühren. Käse unterrühren. Die Milchmischung unter die Spinatmasse rühren. Den Frühstücksspeck darauf verteilen.
**5.** Die Form auf dem Rost in den vorgeheizten Backofen (unteres Drittel) schieben. Das Kichererbsen-Spinat-Gratin 45–50 Minuten garen.

## Knoblauchtomaten
6 Portionen

pro Portion 1,30 Euro

*Zubereitungszeit:* 20 Minuten
*Garzeit:* etwa 25 Minuten

100 g Frühstücksspeck in Scheiben (Bacon)
6 Fleischtomaten
6 Knoblauchzehen
1 Bund Basilikum
1 Bund Petersilie
4 Salbeiblättchen
250 g Schafskäse
40 g Butter

*Pro Portion:*
E: 12 g, F: 19 g, Kh: 6 g,
kJ: 1029, kcal: 245

**1.** Eine flache Auflaufform (gefettet) mit den Speckscheiben auslegen.
**2.** Tomaten abspülen, abtrocknen und die Stängelansätze trichterförmig etwas großzügiger herausschneiden. Tomaten nebeneinander in die Form setzen.
**3.** Den Backofen vorheizen.
*Ober-/Unterhitze:* etwa 200 °C
*Heißluft:* etwa 180 °C
**4.** Knoblauch abziehen und klein würfeln. Basilikum und Petersilie abspülen und trocken tupfen. Die Blättchen von den Stängeln zupfen. Salbeiblättchen ebenfalls abspülen und trocken tupfen. Die Kräuterblättchen klein schneiden und zusammen mit den Knoblauchwürfeln auf den Tomaten verteilen.
**5.** Schafskäse zerbröseln. Schafskäsebrösel auf den Tomaten und um die Tomaten herum verteilen. Butter in Flöckchen daraufsetzen.
**6.** Die Form auf dem Rost in den vorgeheizten Backofen schieben. Knoblauchtomaten etwa 25 Minuten garen.

## Italienischer Brotauflauf

4 Portionen

pro Portion 1,10 Euro

*Zubereitungszeit:* 35 Minuten
*Garzeit:* etwa 50 Minuten

250 g Sechskornbrot
2 Knoblauchzehen
10 EL Olivenöl
250 ml Tomatensaft
2 Auberginen (je etwa 250 g)
1 gestr. EL Salz
10 abgetropfte, schwarze Oliven
4 Eigelb (Größe M)
50 g ger. Parmesan
4 Eiweiß (Größe M)

6 EL zerkrümeltes Vollkornbrot
(etwa 100 g)

*Pro Portion:*
E: 19 g, F: 43 g, Kh: 39 g,
kJ: 2582, kcal: 617

**1.** Das Sechskornbrot in kleine Würfel schneiden. Den Knoblauch abziehen und zerdrücken. 4 Esslöffel Olivenöl in einer Pfanne erhitzen. Knoblauch und Brotwürfel darin von allen Seiten etwa 3 Minuten rösten. Brotwürfel mit Tomatensaft übergießen und einweichen lassen.
**2.** Auberginen abspülen, abtrocknen und die Stängelansätze abschneiden. Auberginen in Würfel schneiden.
**3.** Vier Esslöffel des restlichen Olivenöls in einer Pfanne erhitzen. Die Auberginenwürfel darin etwa 5 Minuten braun braten, dabei gelegentlich umrühren. Oliven vierteln, entsteinen, mit den Auberginenwürfeln, den eingeweichten Brotwürfeln, Eigelb und Parmesan vermengen.
**4.** Den Backofen vorheizen.
*Ober-/Unterhitze:* etwa 200 °C
*Heißluft:* etwa 180 °C
**5.** Eiweiß steif schlagen und unter die Auberginen-Brot-Masse heben. Die Masse in eine Auflaufform (gefettet) füllen und mit Vollkornbrotbröseln bestreuen. Das restliche Olivenöl daraufträufeln.
**6.** Die Form auf dem Rost in den vorgeheizten Backofen schieben und den italienischen Brotauflauf etwa 50 Minuten garen.

## Hack-Tomaten-Auflauf

4 Portionen

*Zubereitungszeit:* 50 Minuten
*Garzeit:* etwa 35 Minuten

pro Portion 2,20 Euro

1 Zwiebel
1 Knoblauchzehe
4 EL Speiseöl
500 g Rindergehacktes
Salz, gem. Pfeffer
1 Bund Oregano
oder 2 TL gerebelter Oregano
200 g Langkornreis
1 l Salzwasser
1 Bund Petersilie
1 kg Fleischtomaten

2 Scheiben Toastbrot
1 Bund glatte Petersilie
40 g Butter (zimmerwarm)
100 g Schlagsahne
2 EL Olivenöl

*Pro Portion:*
E: 34 g, F: 50 g, Kh: 52 g,
kJ: 3332, kcal: 797

**1.** Zwiebel und Knoblauch abziehen, in kleine Würfel schneiden. Speiseöl in einer großen Pfanne erhitzen. Zwiebel- und Knoblauchwürfel darin glasig dünsten. Gehacktes hinzugeben und unter Rühren anbraten. Dabei die Fleischklümpchen mit einer Gabel zerdrücken. Mit Salz und Pfeffer würzen. Oregano abspülen und trocken tupfen. Die Blättchen von den Stängeln zupfen. Die Blättchen klein schneiden und unter die Hackfleischmasse rühren.
**2.** Reis in kochendem Salzwasser nach Packungsanleitung ausquellen und in einem Sieb abtropfen lassen. Petersilie abspülen und trocken tupfen. Die Blättchen von den Stängeln zupfen (einige Blättchen beiseitelegen), Blättchen klein schneiden. Reis mit Petersilie vermischen. Tomaten abspülen, abtrocknen, die Stängelansätze herausschneiden. Tomaten in Scheiben schneiden.
**3.** Den Backofen vorheizen.
*Ober-/Unterhitze:* etwa 180 °C
*Heißluft:* etwa 160 °C
**4.** Abwechselnd die Hackfleischmasse, den Reis und die Tomatenscheiben in eine große, flache Auflaufform (gefettet) schichten. Tomatenscheiben mit Salz und Pfeffer bestreuen. Die oberste Schicht sollte aus Tomatenscheiben bestehen.
**5.** Toastbrotscheiben entrinden und in kaltem Wasser einweichen. Petersilie abspülen und trocken tupfen. Die Blättchen von den Stängeln zupfen. Eingeweichte Toastbrotscheiben ausdrücken, mit Petersilienblättchen, Butter und Sahne pürieren. Mit Salz und Pfeffer würzen. Die Masse auf den Tomatenscheiben verteilen. Olivenöl daraufträufeln. Die Form auf dem Rost in den vorgeheizten Backofen schieben. Den Auflauf etwa 35 Minuten garen.
**6.** Den Auflauf mit den beiseitegelegten Petersilienblättchen garnieren und sofort servieren.

Italienischer Brotauflauf

Hack-Tomaten-Auflauf

## Bohnen-Kartoffel-Gratin

12 Portionen

pro Portion **1,05** Euro

*Zubereitungszeit:* 50 Minuten, ohne Auftauzeit
*Überbackzeit:* etwa 15 Minuten

1,2 kg TK-Brechbohnen
1,2 kg kleine Kartoffeln
Salz
4 Knoblauchzehen
1 Bund Thymian
100 g Butter oder Margarine
gem. Pfeffer
1 kg Schafskäse
3 EL Sesamsamen

*Pro Portion:*
E: 19 g, F: 22 g, Kh: 26 g,
kJ: 1602, kcal: 382

**1.** Brechbohnen nach Packungsanleitung auftauen lassen.
**2.** Kartoffeln gründlich waschen, knapp mit Salzwasser bedeckt, zugedeckt zum Kochen bringen und 15–20 Minuten garen. Kartoffeln abgießen, abdämpfen, warm pellen.
**3.** Den Backofen vorheizen.
*Ober-/Unterhitze:* etwa 180 °C
*Heißluft:* etwa 160 °C
**4.** Knoblauch abziehen und in kleine Würfel schneiden. Thymian abspülen und trocken tupfen. Die Blättchen von den Stängeln zupfen, Blättchen klein schneiden.
**5.** Jeweils etwas Butter oder Margarine in einer großen Pfanne zerlassen. Kartoffeln und Brechbohnen darin portionsweise andünsten, Knoblauch und Thymian hinzufügen. Mit Salz und Pfeffer würzen.
**6.** Schafskäse in Würfel schneiden, mit den Brechbohnen und Kartoffeln mischen, in eine Fettpfanne (gefettet) oder große Auflaufform (gefettet) füllen und mit Sesam bestreuen. Die Fettpfanne oder die Form auf dem Rost in den vorgeheizten Backofen schieben und das Gratin etwa 15 Minuten überbacken.

Bohnen-Kartoffel-Gratin

## Gemüseauflauf

4 Portionen (ohne Foto)

pro Portion **1,40** Euro

*Zubereitungszeit:* 45 Minuten
*Garzeit:* etwa 45 Minuten

1 kg mehligkochende Kartoffeln
1 gestr. TL Salz
250 g Porree (Lauch)
250 g Auberginen
250 g Zucchini
125 ml heiße Milch (3,5 % Fett)
150 g Schlagsahne
Salz, ger. Muskatnuss
30 g Butter oder Margarine
gem. Pfeffer
2 EL klein geschnittene, glatte Petersilie
150 g ger. mittelalter Gouda oder Emmentaler
etwa 3 EL Sonnenblumenkerne

*Pro Portion:*
E: 20 g, F: 38 g, Kh: 37 g,
kJ: 2449, kcal: 585

**1.** Die Kartoffeln schälen, abspülen, abtropfen lassen, in Stücke schneiden, in einem Topf knapp mit Wasser bedeckt, zugedeckt zum Kochen bringen. Salz hinzufügen. Kartoffelstücke 20–25 Minuten garen.
**2.** In der Zwischenzeit Porree putzen, die Stangen längs halbieren, gründlich waschen, abtropfen lassen und in Streifen schneiden.
**3.** Auberginen und Zucchini abspülen, abtrocknen und die Stängelansätze bzw. Enden abschneiden. Auberginen und Zucchini in Scheiben schneiden.
**4.** Den Backofen vorheizen.
*Ober-/Unterhitze:* etwa 200 °C
*Heißluft:* etwa 180 °C
**5.** Die gegarten Kartoffeln abgießen, abdämpfen und sofort durch eine Kartoffelpresse drücken oder mit einem Kartoffelstampfer zerdrücken. Die Kartoffelmasse mit Milch und Sahne gut verrühren, mit Salz und Muskat würzen.
**6.** Butter oder Margarine in einer Pfanne zerlassen. Das vorbereitete Gemüse darin 1–2 Minuten unter Rühren andünsten, mit Salz und Pfeffer würzen. Das Gemüse in eine flache Auflaufform (gefettet, etwa 2,5-Liter-Inhalt) geben und mit Petersilie bestreuen. Die Hälfte des Käses daraufstreuen. Die Kartoffelmasse darauf verteilen und mit dem restlichen Käse und den Sonnenblumenkernen bestreuen.
**7.** Die Form auf dem Rost in den vorgeheizten Backofen schieben. Den Gemüseauflauf etwa 45 Minuten garen.
**8.** Den Auflauf aus dem Backofen nehmen, etwas abkühlen lassen und servieren.

Blumenkohl-Grünkern-Auflauf

Apfelgratin mit Fenchel

## Blumenkohl-Grünkern-Auflauf

2–4 Portionen

pro Portion 1,25 Euro

*Zubereitungszeit:* 50 Minuten
*Garzeit:* etwa 20 Minuten

1 l Gemüsebrühe
180 g Grünkern
1 Kopf Blumenkohl (etwa 600 g)
Salz, Zitronensaft
100 ml Gemüsebrühe (von dem Blumenkohl)
1 Bund Schnittlauch
250 g Magerquark
2 Eier (Größe M)
6 EL Schlagsahne
gem. Pfeffer
ger. Muskatnuss

*Pro Portion:*
E: 26 g, F: 16 g, Kh: 45 g,
kJ: 1813, kcal: 433

**1.** Gemüsebrühe in einem Topf zum Kochen bringen. Grünkern hinzugeben, wieder zum Kochen bringen und zugedeckt etwa 40 Minuten garen.
**2.** Den Backofen vorheizen.
*Ober-/Unterhitze:* etwa 200 °C
*Heißluft:* etwa 180 °C
**3.** In der Zwischenzeit von dem Blumenkohl die Blätter und schlechten Stellen entfernen. Den Strunk abschneiden. Blumenkohl in Röschen teilen, abspülen und abtropfen lassen. Blumenkohlröschen in wenig Wasser zum Kochen bringen, Salz und Zitronensaft hinzugeben. Blumenkohlröschen in etwa 8 Minuten bissfest garen.
**4.** Grünkern und Blumenkohlröschen getrennt in einem Sieb abtropfen lassen, dabei die Blumenkohlbrühe auffangen und 100 ml abmessen. Grünkern und Blumenkohlröschen mit der Brühe in eine Auflaufform (gefettet) geben.
**5.** Schnittlauch abspülen, trocken tupfen und in Röllchen schneiden. Quark mit Eiern, Sahne, Salz, Pfeffer und Muskat verrühren, drei Viertel der Schnittlauchröllchen unterrühren. Die Quark-Eier-Masse auf der Grünkern-Blumenkohl-Mischung verteilen.
**6.** Die Form auf dem Rost in den vorgeheizten Backofen schieben. Den Auflauf etwa 20 Minuten garen.
**7.** Den Auflauf mit den restlichen Schnittlauchröllchen bestreuen.

## Apfelgratin mit Fenchel

4 Portionen

*Zubereitungszeit:* 60 Minuten
*Garzeit:* etwa 35 Minuten

pro Portion 1,90 Euro

300 g Kartoffeln
Salz
600 g Äpfel
Saft von 1 Zitrone
500 g Fenchelknollen
2 Zwiebeln
200 g Doppelrahm-Frischkäse
150 g Joghurt (3,5 % Fett)
100 ml Milch (3,5 % Fett)
gem. Pfeffer
ger. Muskatnuss
Zucker
40 g Rosinen
120 g ger. mittelalter Gouda
50 g ger. Parmesan
30 g Butter

*Pro Portion:*
E: 25 g, F: 27 g, Kh: 48 g,
kJ: 2347, kcal: 561

**1.** Die Kartoffeln schälen, abspülen, abtropfen lassen, knapp mit Salzwasser bedeckt, zugedeckt zum Kochen bringen und etwa 15 Minuten garen. Kartoffeln abgießen, in ein Sieb geben, mit kaltem Wasser abspülen und etwas abkühlen lassen. Die Kartoffeln in dünne Scheiben schneiden.
**2.** Äpfel schälen, vierteln und entkernen. Die Apfelviertel in Spalten schneiden und mit Zitronensaft beträufeln.
**3.** Den Backofen vorheizen.
*Ober-/Unterhitze:* etwa 200 °C
*Heißluft:* etwa 180 °C
**4.** Fenchel putzen, abspülen, abtropfen lassen, halbieren und in Streifen schneiden.
**5.** Abwechselnd Kartoffelscheiben, Apfelspalten und Fenchelstreifen in eine Gratinform (gefettet) schichten. Zwiebeln abziehen, in kleine Würfel schneiden, mit Frischkäse, Joghurt und Milch verrühren. Mit Salz, Pfeffer, Muskat und Zucker würzen.
**6.** Die Frischkäse-Joghurt-Masse auf dem Gratin verteilen. Rosinen daraufgeben, mit Gouda und Parmesan bestreuen. Butter in Flöckchen daraufsetzen. Die Form auf dem Rost in den vorgeheizten Backofen schieben. Das Gratin etwa 35 Minuten garen.

## Taco-Auflauf mit Schweinenackensteaks

4 Portionen (ohne Foto)

*Zubereitungszeit:* 20 Minuten
*Garzeit:* etwa 85 Minuten

pro Portion 2,25 Euro

400 g Zwiebeln
1 EL Butterschmalz
4 Schweinenackensteaks (je etwa 150 g)
Salz, gem. Pfeffer
225–250 ml scharfe Taco-Sauce oder Salsa-Sauce (aus dem Glas)
75 ml Gemüsebrühe
500 g Kartoffeln
140 g abgetropfter Gemüsemais (aus der Dose)
2 EL Speiseöl, z. B. Sonnenblumenöl
50 g Tortilla-Chili-Chips
100 g ger. Cheddar-Käse

*Pro Portion:*
E: 42 g, F: 43 g, Kh: 36 g,
kJ: 2904, kcal: 694

**1.** Den Backofen vorheizen.
*Ober-/Unterhitze:* etwa 200 °C
*Heißluft:* etwa 180 °C
**2.** Zwiebeln abziehen und in Spalten schneiden. Butterschmalz in einer Pfanne erhitzen, die Zwiebelspalten darin andünsten. Schweinenackensteaks mit Küchenpapier trocken tupfen, mit etwas Salz und Pfeffer würzen. Zwiebelspalten und Schweinenackensteaks (leicht überlappend oder nebeneinander) in eine große Auflaufform (gefettet) schichten.
**3.** Die Taco- oder Salsa-Sauce mit Brühe vermischen und darübergießen. Die Form auf dem Rost in den vorgeheizten Backofen schieben. Den Auflauf etwa 40 Minuten garen.
**4.** Kartoffeln schälen, abspülen, abtropfen lassen, in Würfel schneiden. Kartoffeln mit Mais mischen, mit Salz und Pfeffer würzen, Speiseöl untermengen.
**5.** Die Form aus dem Backofen nehmen. Kartoffel-Mais-Mischung auf den Nackensteaks verteilen, etwas untermischen. Die Form wieder auf dem Rost in den heißen Backofen schieben. Den Auflauf bei gleicher Backofentemperatur weitere etwa 35 Minuten garen.
**6.** Die Form erneut aus dem Backofen nehmen. Die Tortilla-Chips auf dem Auflauf verteilen und mit Käse bestreuen. Die Form wieder auf dem Rost in den heißen Backofen schieben. Den Auflauf bei gleicher Backofentemperatur in weiteren etwa 10 Minuten goldbraun überbacken.

Gratinierte Möhren mit Quinoa und Schafskäse

## Gratinierte Möhren mit Quinoa und Schafskäse

4 Portionen

*Zubereitungszeit:* 45 Minuten
*Überbackzeit:* etwa 15 Minuten

pro Portion 1,55 Euro

170 g Quinoa
2 Schalotten (etwa 70 g)
200 g Staudensellerie
20 g getrocknete Tomaten
5 EL Olivenöl
500 ml Gemüsebrühe
1 1/2 kg kleine Möhren
Salz, gem. Pfeffer
200 g Schafskäse

*Pro Portion:*
E: 19 g, F: 25 g, Kh: 41 g,
kJ: 1943, kcal: 464

**1.** Quinoa gründlich waschen und in einem Sieb abtropfen lassen. Die Schalotten abziehen, zuerst in Scheiben schneiden, dann in Ringe teilen.
**2.** Staudensellerie putzen und die harten Außenfäden abziehen. Stangen abspülen, abtropfen lassen und in schmale Scheiben schneiden. Selleriegrün beiseitelegen. Tomaten in schmale Streifen schneiden.
**3.** Zwei Esslöffel des Olivenöls in einem Topf erhitzen. Schalottenringe, Quinoa und Tomatenstreifen darin unter Rühren andünsten. 375 ml von der Brühe hinzugießen, zum Kochen bringen und zugedeckt etwa 12 Minuten bei mittlerer Hitze vorgaren. Selleriescheiben hinzugeben und weitere etwa 5 Minuten mitgaren lassen.
**4.** In der Zwischenzeit Möhren putzen, schälen, dabei etwa 1 cm von den Stängelansätzen stehen lassen. Möhren abspülen und abtropfen lassen. Dicke Möhren der Länge nach halbieren oder vierteln.
**5.** Zwei weitere Esslöffel Olivenöl in einem großen, flachen Topf erhitzen. Die Möhren darin portionsweise andünsten. Die restliche Brühe hinzugießen und zum Kochen bringen. Möhren zugedeckt etwa 12 Minuten bei mittlerer Hitze dünsten.
**6.** Den Backofen vorheizen.
*Ober-/Unterhitze:* etwa 200 °C
*Heißluft:* etwa 180 °C
**7.** Quinoa-Gemüse mit Salz und Pfeffer würzen und in eine flache Auflaufform (etwa 2,5-Liter-Inhalt, gefettet) geben. Möhren darauf verteilen.
**8.** Den Schafskäse trocken tupfen, in kleine Stücke teilen und auf die Möhren legen. Mit restlichem Olivenöl beträufeln. Die Form auf dem Rost in den vorgeheizten Backofen schieben. Die Möhren mit Quinoa etwa 15 Minuten goldbraun überbacken.
**9.** Beiseitegelegtes Selleriegrün klein zupfen. Die gratinierten Möhren mit dem Selleriegrün garnieren.

## Gemüse-Kartoffel-Fächer

4 Portionen

*Zubereitungszeit:* 35 Minuten
*Garzeit:* etwa 40 Minuten

1 Bund gemischte, italienische Kräuter, z. B. Thymian, Basilikum, Majoran, Rosmarin
3 Frühlingszwiebeln
600 g festkochende Kartoffeln
400 g Zucchini
6 mittelgroße Tomaten
400 g große, braune Champignons
Salz, gem. Pfeffer
Knoblauchpulver
5 EL Olivenöl

pro Portion 1,65 Euro

*Pro Portion:*
E: 10 g, F: 13 g, Kh: 27 g,
kJ: 1122, kcal: 267

**1.** Die Kräuter abspülen und trocken tupfen. Die Blättchen von den Stängeln zupfen, Blättchen grob zerschneiden. Die Frühlingszwiebeln putzen, abspülen, abtropfen lassen und in Stücke schneiden.
**2.** Kartoffeln schälen, abspülen und abtropfen lassen. Zucchini abspülen, abtrocknen und die Enden abschneiden. Tomaten abspülen, abtropfen lassen, halbieren und die Stängelansätze herausschneiden.
**3.** Champignons putzen, evtl. kurz abspülen und gut abtropfen lassen. Das vorbereitete Gemüse und die Kartoffeln in etwa 1/2 cm dicke Scheiben schneiden.
**4.** Den Backofen vorheizen.
*Ober-/Unterhitze:* etwa 180 °C
*Heißluft:* etwa 160 °C
**5.** Den Boden einer großen Auflaufform (mit Olivenöl bestrichen) mit einem Teil der gehackten Kräuter und den Frühlingszwiebelstücken bestreuen, darauf fächerförmig die Kartoffel- und Gemüsescheiben schichten.
**6.** Die restlichen gehackten Kräuter und Frühlingszwiebelstücke darauf verteilen, mit Salz, Pfeffer und Knoblauch würzen und mit Olivenöl beträufeln. Die Form auf dem Rost in den vorgeheizten Backofen schieben. Den Gemüse-Kartoffel-Fächer etwa 40 Minuten garen.

## Farfalle-Gratin mit Spinat

4 Portionen

pro Portion 1,35 Euro

*Zubereitungszeit:* 35 Minuten, ohne Auftauzeit
*Überbackzeit:* etwa 25 Minuten

300 g TK-Blattspinat
2 1/2 l Wasser
2 1/2 gestr. TL Salz
250 g Farfalle (Schmetterlingsnudeln)
200 g Kochschinken
2 Fleischtomaten
Salz, gem. Pfeffer
ger. Muskatnuss
250 g Schlagsahne
50 g ger. Käse, z. B. Gouda

*Pro Portion:*
E: 26 g, F: 27 g, Kh: 48 g,
kJ: 2325, kcal: 556

**1.** TK-Blattspinat nach Packungsanleitung auftauen.
**2.** Das Wasser in einem Topf zugedeckt zum Kochen bringen. Salz und Nudeln hinzugeben.
**3.** Die Nudeln im geöffneten Topf bei mittlerer Hitze nach Packungsanleitung kochen lassen, dabei gelegentlich umrühren.
**4.** Anschließend die Nudeln in ein Sieb geben, mit heißem Wasser abspülen und abtropfen lassen.
**5.** Den Backofen vorheizen.
*Ober-/Unterhitze:* etwa 200 °C
*Heißluft:* etwa 180 °C
**6.** Schinken in Streifen schneiden. Tomaten kreuzweise einschneiden und mit kochendem Wasser übergießen. Nach 1–2 Minuten herausnehmen und mit kaltem Wasser abschrecken.
**7.** Die Tomaten häuten, halbieren und die Stängelansätze herausschneiden. Tomatenhälften in Würfel schneiden.
**8.** Spinat mit Nudeln, Schinkenstreifen und Tomatenwürfeln vermengen und in eine große Gratinform (gefettet) oder in 4 kleine Gratinförmchen (gefettet) geben. Das Ganze mit Salz, Pfeffer und Muskat würzen. Sahne darauf verteilen und Käse daraufstreuen.
**9.** Die Form oder Förmchen auf dem Rost in den vorgeheizten Backofen schieben. Das Gratin etwa 25 Minuten überbacken.

Gemüse-Kartoffel-Fächer

Farfalle-Gratin mit Spinat

## Ananas-Hack-Kuchen
12 Portionen

*Zubereitungszeit:* 60 Minuten, ohne Ruhezeit
*Backzeit:* etwa 30 Minuten

pro Portion 0,75 Euro

**Für den Teig:**
350 g Weizenmehl
2 gestr. TL Dr. Oetker Backin
1 Prise Salz
3 EL Speiseöl
6 EL Milch (3,5 % Fett)
250 g Magerquark

**Für den Belag:**
50 g Butter oder Margarine
750 g Gehacktes (halb Rind-, halb Schweinefleisch)
4 Zwiebeln
Salz, gem. Pfeffer
480 g Ananasstücke (aus der Dose)
6 Tomaten

**Für die Sauce:**
480 g passierte Tomaten (aus der Dose)
Paprikapulver edelsüß
2 EL Ananassaft (aus der Dose)

200 g Gouda

*Pro Portion:*
E: 23 g, F: 23 g, Kh: 32 g,
kJ: 1804, kcal: 430

**1.** Für den Teig Mehl mit Backpulver mischen und in eine Rührschüssel geben. Salz, Speiseöl, Milch und Quark hinzufügen. Die Zutaten mit einem Mixer (Knethaken) zunächst kurz auf niedrigster, dann auf höchster Stufe zu einem geschmeidigen Teig verarbeiten. Teig etwa 30 Minuten ruhen lassen.
**2.** Für den Belag in der Zwischenzeit Butter oder Margarine in einer Pfanne zerlassen. Das Gehackte darin portionsweise unter Rühren anbraten. Dabei die Fleischklümpchen mit einer Gabel zerdrücken. Zwiebeln abziehen, in Würfel schneiden, hinzugeben und mitbraten lassen. Mit Salz und Pfeffer würzen. Hackfleischmasse etwas abkühlen lassen.
**3.** Den Backofen vorheizen.
*Ober-/Unterhitze:* etwa 200 °C
*Heißluft:* etwa 180 °C
**4.** Den Teig auf einem Backblech (30 x 40 cm, gefettet) ausrollen. Die Hackfleischmasse auf dem Teig verteilen.
**5.** Von den Ananasstücken den Saft auffangen und 2 Esslöffel Saft abmessen. Ananasstücke in Streifen schneiden und auf der Hackfleischmasse verteilen. Tomaten abspülen, trocken tupfen und die Stängelansätze herausschneiden. Die Tomaten in Scheiben schneiden und auf die Hackfleisch-Ananas-Masse legen. Mit Salz und Pfeffer würzen.
**6.** Für die Sauce die passierten Tomaten mit Salz, Paprika und dem Ananassaft verrühren. Die Sauce auf der Hackfleisch-Ananas-Masse verstreichen. Den Käse reiben und daraufstreuen.
**7.** Das Backblech in den vorgeheizten Backofen schieben. Ananas-Hack-Kuchen etwa 30 Minuten backen.

Ananas-Hack-Kuchen

## Crêpes-Auflauf mit Hack und Pilzen
4 Portionen

pro Portion 1,72 Euro

*Zubereitungszeit:* 40 Minuten, ohne Ruhezeit
*Backzeit:* 15–20 Minuten

**Für den Crêpes-Teig:**
25 g Butter oder Margarine
125 g Weizenmehl
1/2 TL Paprikapulver edelsüß
1/2 gestr. TL Salz
3 Eier (Größe M)
325 ml Milch (3,5 % Fett)
2 TL klein geschnittene Petersilie
gem. Pfeffer
ger. Muskatnuss

**Für die Füllung:**
etwa 250 g Champignons
2 Tomaten
2 Knoblauchzehen
2 kleine Zwiebeln
3 EL Rapsöl
400 g Gehacktes (halb Rind-, halb Schweinefleisch)
5 EL Tomatenmark mit Würzgemüse
Salz
4 EL Rapsöl

125 g Crème légère mit Kräutern

*Pro Portion:*
E: 34 g, F: 55 g, Kh: 36 g,
kJ: 3231, kcal: 772

**1.** Für den Teig Butter oder Margarine in einem Topf zerlassen und etwas abkühlen lassen. Mehl mit Paprika und Salz in einer Rührschüssel vermi-

Crêpes-Auflauf mit Hack und Pilzen

Couscous-Aauflauf

schen. Eier mit Milch, Petersilie und Butter oder Margarine verschlagen.

**2.** Die Eiermilch nach und nach unter Rühren zum Mehlgemisch geben. Dabei darauf achten, dass keine Klümpchen entstehen. Den Teig mit Pfeffer und Muskat würzen und 15–30 Minuten ruhen lassen.

**3.** Für die Füllung Champignons putzen, evtl. kurz abspülen und gut abtropfen lassen. Das Champignons in kleine Stücke schneiden. Tomaten abspülen, abtrocknen, halbieren und die Stängelansätze herausschneiden. Tomaten entkernen und in kleine Stücke schneiden.

**4.** Knoblauch und Zwiebeln abziehen, fein würfeln. Rapsöl in einer Pfanne erhitzen. Die Pilzstücke darin kräftig anbraten. Knoblauch- und Zwiebelwürfel mit anbraten. Das Gehackte hinzugeben und unter Rühren etwa 5 Minuten mitbraten, dabei die Fleischklümpchen mit einer Gabel zerdrücken.

**5.** Zwei Esslöffel Tomatenmark und die Tomatenstücke unterrühren. Die Hack-Tomaten-Masse mit Salz und Pfeffer abschmecken.

**6.** Den Backofen vorheizen.
*Ober-/Unterhitze:* etwa 200 °C
*Heißluft:* etwa 180 °C

**7.** Etwas Rapsöl in einer beschichteten Pfanne (Ø 22 cm) erhitzen. Den Teig gut durchrühren. Etwa ein Achtel des Teiges mit einer drehenden Bewegung gleichmäßig auf dem Boden der Pfanne verteilen.

**8.** Sobald die Crêpe-Ränder goldbraun sind, den Crêpe mit einem Pfannenwender umdrehen und die andere Seite fertig backen. Dafür evtl. noch etwas Rapsöl unter den Crêpe geben.

**9.** Aus dem restlichen Teig weitere 7 Crêpes auf die gleiche Weise backen. Den Teig vor jedem Backen durchrühren.

**10.** Die Crêpes gleichmäßig mit etwa drei Viertel der Füllung belegen und aufrollen. Die gefüllten Crêpes-Rollen nebeneinander in eine Fettpfanne (gefettet) oder 2 Auflaufformen (gefettet) legen. Die restliche Hack-Tomaten-Masse darauf verteilen. Crème légère mit dem restlichen Tomatenmark verrühren und ebenfalls daraufgeben.

**11.** Die Fettpfanne oder die Formen auf dem Rost (evtl. nacheinander, je nach Größe der Formen) in den vorgeheizten Backofen (unteres Drittel) schieben. Den Auflauf 15–20 Minuten überbacken.

## Couscous-Auflauf

4 Portionen

*Zubereitungszeit:* 45 Minuten
*Garzeit:* etwa 25 Minuten

250 g Couscous
500 ml kochende Hühnerbrühe
1 kg Blattspinat
120 g Butter
Salz
gem. Pfeffer
ger. Muskatnuss
400 g Hähnchenbrustfilet
1 EL Sojasauce
4 EL Tomatenmark
250 g Schlagsahne

pro Portion **2,10** Euro

*Pro Portion:*
E: 61 g, F: 60 g, Kh: 66 g,
kJ: 4539, kcal: 1085

**1.** Den Couscous in einen Topf geben, mit der Hälfte der kochenden Hühnerbrühe übergießen und etwa 10 Minuten quellen lassen.

**2.** Spinat verlesen, dicke Stiele entfernen. Spinat gründlich waschen, abtropfen lassen und trocken tupfen. 50 g der Butter in einem Topf zerlassen. Spinat hinzugeben und etwa 5 Minuten dünsten. Mit Salz, Pfeffer und Muskat würzen.

**3.** Hähnchenbrustfilet kurz unter fließendem kalten Wasser abspülen, trocken tupfen und würfeln.

**4.** Den Backofen vorheizen.
*Ober-/Unterhitze:* etwa 200 °C
*Heißluft:* etwa 180 °C

**5.** 20 g der restlichen Butter in einer Pfanne zerlassen, Fleischwürfel darin von allen Seiten anbraten. Sojasauce, Tomatenmark und Pfeffer unterrühren. Restliche Brühe und Sahne hinzugießen, unter Rühren zum Kochen bringen. Die Fleischwürfel etwa 6 Minuten garen, nochmals mit Salz abschmecken.

**6.** Die vorbereiteten Zutaten in eine Auflaufform (gefettet) in folgender Reihenfolge einschichten: Couscous, Spinat, Hähnchenfleischwürfel mit Sauce. So fortfahren, bis alle Zutaten aufgebraucht sind. Die oberste Schicht sollte aus Couscous bestehen. Restliche Butter in Flöckchen daraufsetzen. Die Form auf dem Rost in den vorgeheizten Backofen schieben. Den Auflauf etwa 25 Minuten garen.

Eier im Béchamel-Safran-Spinatbett

Forellenpäckchen mit Dill

## Eier im Béchamel-Safran-Spinatbett

4 Portionen

*Zubereitungszeit:* 30 Minuten, ohne Auftauzeit
*Garzeit:* etwa 20 Minuten

pro Portion 1,70 Euro

1 kg TK-Blattspinat
2 Schalotten
1–2 Knoblauchzehen
1 EL Butter
Salz, gem. Pfeffer
1 Msp. Safran
250 ml Béchamelsauce (Tetrapak)
100 g ger. Emmentaler
4 Eier (Größe M)
1 EL Butter

*Pro Portion:*
E: 21 g, F: 37 g, Kh: 4 g,
kJ: 1832, kcal: 440

**1.** TK-Spinat nach Packungsanleitung auftauen, anschließend in einem Sieb abtropfen lassen und evtl. noch etwas ausdrücken.
**2.** Schalotten und Knoblauch abziehen, in kleine Würfel schneiden. Die Butter in einem Topf zerlassen. Schalotten- und Knoblauchwürfel darin andünsten. Spinat hinzugeben und unter Rühren mitdünsten lassen. Den Spinat so lange dünsten, bis die Flüssigkeit fast verdampft ist. Spinat mit Salz und Pfeffer würzen.
**3.** Den Backofen vorheizen.
*Ober-/Unterhitze:* etwa 200 °C
*Heißluft:* etwa 180 °C
**4.** Den Safran unter die Béchamelsauce rühren. Den Spinat mit der Safran-Béchamel-Sauce und etwa der Hälfte des Käses in eine Auflaufform (gefettet) geben und vermischen.
**5.** Vier Mulden in die Spinat-Saucen-Mischung drücken und je 1 Ei in die Mulde geben. Den restlichen Käse darauf verteilen. Butter in Flöckchen daraufsetzen. Die Form auf dem Rost in den vorgeheizten Backofen schieben. Die Eier etwa 20 Minuten garen.
**6.** Eier im Béchamel-Safran-Spinatbett vor dem Servieren mit frisch gemahlenem Pfeffer bestreuen.

## Forellenpäckchen mit Dill

2 Portionen

pro Portion 2,45 Euro

*Zubereitungszeit:* 40 Minuten
*Garzeit:* etwa 33 Minuten

2 Forellenfilets
(ohne Haut, je etwa 150 g)
1/2 Salatgurke
1 kleine Zwiebel
12 Cocktailtomaten
300 g Kartoffeln
3 EL Olivenöl
3 EL Weißwein
3 EL Gemüsebrühe
Salz, gem. Pfeffer
2 TL grob körniger Senf
2–3 Stängel Dill

**Außerdem:**
6 Blätter Pergamentpapier
(etwa 28 x 38 cm)
3 EL Speiseöl
Küchengarn

*Pro Portion:*
E: 34 g, F: 20 g, Kh: 26 g,
kJ: 1852, kcal: 441

**1.** Je 3 Blätter Pergamentpapier übereinanderlegen. Dabei jeweils das 1. und 2. Blatt dünn mit Speiseöl bestreichen.
**2.** Von den Forellenfilets die Gräten mit einer Pinzette herausziehen. Die Forellenfilets kurz unter fließendem kalten Wasser abspülen und trocken tupfen. Gurkenhälfte schälen, längs halbieren, entkernen und in sehr kleine Würfel schneiden. Zwiebel abziehen und klein würfeln.
**3.** Tomaten abspülen, abtropfen lassen und halbieren. Kartoffeln schälen, abspülen, abtropfen lassen und in sehr kleine Würfel schneiden.
**4.** Olivenöl in einer Pfanne erhitzen. Kartoffelwürfel darin etwa 10 Minuten bei mittlerer Hitze unter mehrmaligem Wenden bissfest garen.
**5.** Den Backofen vorheizen.
*Ober-/Unterhitze:* etwa 200 °C
*Heißluft:* etwa 180 °C
**6.** Gurken- und Zwiebelwürfel unter die Kartoffelwürfel mischen, weitere etwa 3 Minuten garen. Wein und Brühe hinzugießen, aufkochen lassen. Mit Salz und Pfeffer würzen. Tomatenhälften unterheben.
**7.** Gemüse in die Mitte der übereinandergelegten Pergamentpapierblätter geben. Fischfilets mit Senf bestreichen, mit Salz würzen und auf das Gemüse legen. Dill abspülen und trocken tupfen. Die Spitzen von den Stängeln zupfen. Spitzen grob zerkleinern und auf den Fischfilets verteilen.

**8.** Das Papier wie ein „Bonbon" zu einem Päckchen verschließen, sodass die Nahtseite oben liegt. Das „Bonbon" mit Küchengarn fest zusammenbinden und auf ein Backblech legen.
**9.** Das Backblech in den vorgeheizten Backofen schieben. Forellenfilets mit dem Gemüse etwa 20 Minuten garen.

## Champignon-Brokkoli-Auflauf

4 Portionen (ohne Foto)

*Zubereitungszeit:* 25 Minuten
*Garzeit:* etwa 20 Minuten

pro Portion 1,75 Euro

500 g Brokkoli
Salz
250 g dunkle Champignons
100 g rote Zwiebeln
3 EL Speiseöl
gem. Pfeffer
gem. Kurkuma (Gelbwurz)
gem. Kreuzkümmel (Cumin)
2 EL geröstete Sesamsamen
150 g frisch ger. Emmentaler
250 g Schlagsahne
1 EL Crème fraîche
1 EL geröstete Sesamsamen

*Pro Portion:*
E: 20 g, F: 49 g, Kh: 7 g,
kJ: 2284, kcal: 546

**1.** Von dem Brokkoli die Blätter entfernen. Stängel am Strunk schälen und bis kurz vor den Röschen kreuzförmig einschneiden. Den Brokkoli abspülen, abtropfen lassen und zugedeckt in kochendem Salzwasser etwa 8 Minuten garen. Anschließend den Brokkoli in einem Sieb abtropfen lassen.
**2.** Den Backofen vorheizen.
*Ober-/Unterhitze:* etwa 200 °C
*Heißluft:* etwa 180 °C
**3.** Champignons putzen, evtl. kurz abspülen und trocken tupfen. Zwiebeln abziehen und in kleine Würfel schneiden. Speiseöl in einer Pfanne erhitzen. Die Zwiebelwürfel darin andünsten. Champignons hinzugeben und kurz mitdünsten lassen.
**4.** Brokkoli und die Champignon-Zwiebel-Masse in einer Auflaufform (gefettet) verteilen, mit Salz, Pfeffer, Kurkuma und Cumin würzen. Den Auflauf zuerst mit Sesam, dann mit Käse bestreuen.
**5.** Sahne mit Crème fraîche verschlagen, Sesam unterrühren. Mit Salz und Pfeffer würzen. Die Sauce auf dem Auflauf verteilen.
**6.** Die Form auf dem Rost in den vorgeheizten Backofen schieben. Den Auflauf etwa 20 Minuten garen.

## Fisch Caprese

4 Portionen

pro Portion 1,45 Euro

*Zubereitungszeit:* 30 Minuten, ohne Auftauzeit
*Garzeit:* 12–15 Minuten

4 Scheiben TK-Seelachsfilet (je etwa 150 g)
4 mittelgroße Tomaten
2 kleine Zucchini
250 g abgetropfter Mozzarella
Salz, gem. Pfeffer
1–2 TL getrocknete, italienische Kräuter
4 EL Olivenöl
einige Stängel Basilikum

*Pro Portion:*
E: 41 g, F: 25 g, Kh: 4 g,
kJ: 1719, kcal: 412

**1.** Seelachsfilets nach Packungsanleitung auftauen lassen.
**2.** Den Backofen vorheizen.
*Ober-/Unterhitze:* etwa 200 °C
*Heißluft:* etwa 180 °C
**3.** Tomaten abspülen, trocken tupfen, halbieren und die Stängelansätze herausschneiden. Die Tomaten in Scheiben schneiden.
**4.** Die Zucchini abspülen, abtrocknen und die Enden abschneiden. Die Zucchini in etwa 1/2 cm dicke Scheiben schneiden. Mozzarella in 12 Scheiben schneiden.
**5.** Die Hälfte der Tomaten-, Zucchini- und Mozzarellascheiben dachziegelartig in eine flache Auflaufform (gefettet) schichten. Mit Salz, Pfeffer und der Hälfte der Kräuter bestreuen. Mit 2 Esslöffeln Olivenöl beträufeln.
**6.** Fischfilets kurz unter fließendem kalten Wasser abspülen, trocken tupfen, mit Salz und Pfeffer würzen. Die Fischfilets auf der Gemüse-Käse-Mischung verteilen.
**7.** Die restlichen Tomaten-, Zucchini- und Mozzarellascheiben dachziegelartig darauflegen, mit Salz, Pfeffer und den restlichen Kräutern bestreuen und mit dem restlichen Olivenöl beträufeln.
**8.** Die Form auf dem Rost in den vorgeheizten Backofen schieben. Fisch Caprese 12–15 Minuten garen.
**9.** Basilikum abspülen und trocken tupfen. Die Blättchen von den Stängeln zupfen, Blättchen klein schneiden. Fisch Caprese mit Basilikum bestreut servieren.

Fisch Caprese

## Hack-Gemüse-Auflauf

4–6 Portionen

*Zubereitungszeit:* 55 Minuten
*Garzeit:* etwa 25 Minuten

pro Portion 1,20 Euro

500 g Kartoffeln
300 g Möhren
400 g Brokkoli
250 ml Gemüsebrühe
1 Zwiebel, 2 EL Speiseöl
400 g Gehacktes (halb Rind-, halb Schweinefleisch)
Salz, gem. Pfeffer
Paprikapulver edelsüß
2 EL Tomatenketchup

**Für die Sauce:**
50 g Butter
25 g Weizenmehl
250 ml Gemüsebrühe (von dem Gemüse)
250 g Schlagsahne
ger. Muskatnuss
50 g ger. Käse, z. B. Gouda

*Pro Portion:*
E: 24 g, F: 46 g, Kh: 27 g,
kJ: 2598, kcal: 620

**1.** Für das Gemüse Kartoffeln gründlich waschen, knapp mit Wasser bedeckt, zugedeckt zum Kochen bringen und 20–25 Minuten garen.

Hack-Gemüse-Auflauf

**2.** In der Zwischenzeit Möhren putzen, schälen, abspülen, abtropfen lassen und nach Belieben längs in Scheiben schneiden. Von dem Brokkoli die Blätter entfernen, Brokkoli in Röschen teilen, abspülen und abtropfen lassen.
**3.** Die Gemüsebrühe in einem Topf zum Kochen bringen. Zuerst Möhrenscheiben darin 3–4 Minuten garen. Dann Brokkoliröschen hinzufügen, mit den Möhrenscheiben weitere etwa 5 Minuten garen. Die Möhrenscheiben und Brokkoliröschen in einem Sieb abtropfen lassen, dabei die Brühe auffangen, evtl. mit Wasser auf 250 ml auffüllen.
**4.** Den Backofen vorheizen.
*Ober-/Unterhitze:* etwa 200 °C
*Heißluft:* etwa 180 °C
**5.** Zwiebel abziehen und in kleine Würfel schneiden. Speiseöl in einer Pfanne erhitzen. Zwiebelwürfel darin andünsten. Gehacktes hinzufügen und unter Rühren anbraten. Dabei die Fleischklümpchen mit einer Gabel zerdrücken. Mit Salz, Pfeffer und Paprika würzen, den Tomatenketchup unterrühren.
**6.** Die garen Kartoffeln abgießen, abdämpfen, heiß pellen, etwas abkühlen lassen und in Scheiben schneiden. Kartoffelscheiben dachziegelartig in eine Auflaufform (gefettet) schichten. Die Kartoffelscheiben mit Salz bestreuen.
**7.** Für die Sauce Butter in einem Topf zerlassen. Das Mehl darin unter Rühren so lange erhitzen, bis es hellgelb ist. Abgemessene Gemüsebrühe und Sahne hinzugießen und mit einem Schneebesen durchschlagen. Dabei darauf achten, dass keine Klümpchen entstehen. Die Sauce unter Rühren aufkochen lassen, mit Salz, Pfeffer und Muskat abschmecken, Käse unterrühren.
**8.** Hackfleischmasse auf den Kartoffelscheiben verteilen. Mit Möhrenscheiben und Brokkoliröschen belegen. Die Sauce daraufgeben. Die Form auf dem Rost in den vorgeheizten Backofen schieben. Den Auflauf etwa 25 Minuten garen.

## Gefüllte Rote Bete mit grünen Linsen und Schafskäse

2 Portionen

*Zubereitungszeit:* 25 Minuten
*Garzeit:* etwa 25 Minuten

pro Portion 2,15 Euro

**Zum Vorbereiten:**
100 g grüne Linsen

500 g gegarte Rote Bete (vakuumverpackt)
1 kleine Möhre (etwa 60 g)
60 g Staudensellerie
1 rote Zwiebel
1 Knoblauchzehe
1 rote Chilischote
1 EL Olivenöl
Salz, gem. Pfeffer
2 EL Crème fraîche
2 EL Schnittlauchröllchen
60 g Schafskäse
100 ml Gemüsebrühe

*Pro Portion:*
E: 22 g, F: 38 g, Kh: 51 g,
kJ: 2679, kcal: 640

**1.** Zum Vorbereiten Linsen nach Packungsanleitung zubereiten. Linsen in einem Sieb abtropfen und abkühlen lassen.
**2.** Von den Rote-Bete-Kugeln die Kappen abschneiden und die Böden evtl. gerade schneiden. Die Rote-Bete-Kugeln so mit einem Kugelausstecher aushöhlen, dass ein Rand stehen bleibt. Ausgehöhltes Fruchtfleisch grob hacken.
**3.** Möhre putzen, abspülen, abtropfen lassen und sehr klein würfeln. Staudensellerie putzen und die harten Außenfäden abziehen. Sellerie klein würfeln. Zwiebel und Knoblauch abziehen, ebenfalls in kleine Würfel schneiden. Chilischote abspülen, abtropfen lassen und entstielen. Chili in feine Ringe schneiden.
**4.** Den Backofen vorheizen.
*Ober-/Unterhitze:* etwa 200 °C
*Heißluft:* etwa 180 °C

Gefüllte Rote Bete mit grünen Linsen und Schafskäse

Griechischer Nudelauflauf

**5.** Olivenöl in einem Topf erhitzen. Möhren-, Sellerie-, Zwiebel-, Knoblauchwürfel und Chiliringe darin andünsten. Die vorbereiteten Linsen hinzugeben. Mit Salz und Pfeffer würzen. Crème fraîche, Rote-Bete-Fruchtfleisch und die Schnittlauchröllchen unterrühren.
**6.** Die Linsenmasse in den ausgehöhlten Rote-Bete-Kugeln verteilen und in eine feuerfeste Form (gefettet) setzen. Schafskäse zerbröseln und daraufstreuen. Die Gemüsebrühe hinzugießen. Die Form auf dem Rost in den vorgeheizten Backofen schieben. Die gefüllte Rote Bete etwa 25 Minuten garen.

## Griechischer Nudelauflauf

pro Portion 1,75 Euro

12 Portionen

*Zubereitungszeit:* 60 Minuten, ohne Ziehzeit
*Garzeit:* etwa 40 Minuten

4 mittelgroße Auberginen
3 mittelgroße Zucchini
Salz
etwa 100 ml Olivenöl
750 g Makkaroni
je 3 1/2 l Wasser
je 3 1/2 gestr. TL Salz
3 große Zwiebeln
6 Knoblauchzehen
150 ml Olivenöl
1,2 kg Lammgehacktes (evtl. beim Metzger vorbestellen)
1,2 kg stückige Tomaten (aus Dosen)
330 g Ajvar (Paprikapaste, aus dem Glas)
3 TL gerebelter Thymian
gem. Pfeffer
450 g Crème fraîche
300 g ger. Käse, z. B. Gratin-Käse gemischt mit Mozzarella
3 EL Semmelbrösel
einige halbierte, grüne und schwarze Oliven

*Pro Portion:*
E: 36 g, F: 59 g, Kh: 59 g,
kJ: 3796, kcal: 908

**1.** Auberginen und Zucchini abspülen, abtrocknen und die Stängelansätze bzw. Enden abschneiden. Auberginen und Zucchini in dicke Scheiben schneiden.
**2.** Die Auberginenscheiben auf einer Arbeitsfläche ausbreiten, mit Salz bestreuen und etwa 30 Minuten ziehen lassen. Anschließend Auberginenscheiben mit Küchenpapier trocken tupfen.
**3.** Jeweils etwas Olivenöl in einer großen Pfanne erhitzen. Die Auberginenscheiben darin portionsweise von beiden Seiten anbraten und herausnehmen.
**4.** Makkaroni in fingerlange Stücke brechen. Die Nudeln in 2 Portionen kochen. Dafür jeweils Wasser in einem großen Topf zugedeckt zum Kochen bringen. Dann Salz und Nudeln hinzugeben.
**5.** Die Nudeln im geöffneten Topf bei mittlerer Hitze nach Packungsanleitung bissfest kochen, dabei gelegentlich umrühren. Anschließend die Nudeln in ein Sieb geben, mit heißem Wasser abspülen und abtropfen lassen.
**6.** Den Backofen vorheizen.
*Ober-/Unterhitze:* etwa 180 °C
*Heißluft:* etwa 160 °C
**7.** Zwiebeln und Knoblauch abziehen, jeweils in kleine Würfel schneiden. Jeweils etwas von dem Olivenöl in einer großen Pfanne erhitzen. Lammgehacktes darin portionsweise unter Rühren anbraten. Dabei die Fleischklümpchen mit einer Gabel zerdrücken. Die Zwiebel- und Knoblauchwürfel hinzugeben und mit anbraten.
**8.** Stückige Tomaten mit Ajvar verrühren. Mit Thymian, Salz und Pfeffer kräftig würzen.
**9.** Etwa ein Drittel der Tomatensauce in eine große Auflaufform (gefettet) oder Fettpfanne (gefettet) geben. Die Hälfte der Nudeln daraufgeben. Die Lammhackmasse darauf verteilen.
**10.** Die Hälfte der Auberginen- und Zucchinischeiben darauflegen und mit Crème fraîche bestreichen. Restliche Nudeln darauf verteilen. Den Auflauf mit den restlichen Auberginen- und Zucchinischeiben belegen und anschließend mit der restlichen Tomatensauce bestreichen.
**11.** Käse mit Semmelbröseln und Olivenhälften mischen, auf dem Auflauf verteilen.
**12.** Die Form auf dem Rost oder die Fettpfanne in den vorgeheizten Backofen schieben. Den Auflauf etwa 40 Minuten garen.

Cannelloni mit Gemüsefüllung

Bohnenauflauf

## Cannelloni mit Gemüsefüllung

4 Portionen

*Zubereitungszeit:* 50 Minuten
*Garzeit:* etwa 70 Minuten

500 g Zucchini
1 rote Paprikaschote (etwa 200 g)
1 Bund Basilikum
50 g geröstete, gesalzene Cashewkerne
500 g Magerquark
Salz, gem. Pfeffer
250 g Cannelloni (ohne Vorkochen)
200 g Schlagsahne
3 Eier (Größe M)
50 g frisch ger. Greyerzer

pro Portion **2,30** Euro

*Pro Portion:*
E: 40 g, F: 32 g, Kh: 56 g,
kJ: 2990, kcal: 714

**1.** Zucchini abspülen, abtrocknen und die Enden abschneiden. Zucchini in sehr kleine Würfel schneiden. Die Paprikaschote halbieren, entstielen, entkernen und die weißen Scheidewände entfernen. Schote abspülen, abtropfen lassen und klein würfeln.
**2.** Basilikum abspülen und trocken tupfen. Die Blättchen von den Stängeln zupfen. Blättchen (einige Blättchen zum Garnieren beiseitelegen) klein schneiden. Cashewkerne klein hacken.
**3.** Zucchini-, Paprikawürfel, Cashewkerne, Quark und die Hälfte des gehackten Basilikums verrühren. Mit Salz und Pfeffer kräftig würzen. Die Gemüse-Quark-Masse in einen Gefrierbeutel füllen und eine Ecke des Beutels abschneiden. Die Gemüse-Quark-Masse in die Cannelloni spritzen und anschließend in einen gewässerten Römertopf® schichten.
**4.** Sahne und Eier verschlagen. Käse unterrühren. Restliches Basilikum unterrühren. Mit Salz und Pfeffer kräftig würzen. Den Guss auf den Cannelloni verteilen. Den Römertopf® mit dem Deckel verschließen und auf dem Rost in den kalten Backofen schieben.
*Ober-/Unterhitze:* etwa 200 °C
*Heißluft:* etwa 180 °C
**5.** Nach etwa 60 Minuten Garzeit den Deckel abnehmen und die Cannelloni in weiteren etwa 10 Minuten fertig garen. Die Cannelloni nach Belieben mit den beiseitegelegten Basilikumblättchen garniert servieren.

## Bohnenauflauf

4–6 Portionen

pro Portion **2,10** Euro

*Zubereitungszeit:* 25 Minuten
*Garzeit:* etwa 30 Minuten

1 kg TK-Bohnen (dicke Bohnen)
2 große Zwiebeln
100 g durchwachsener Speck
1/2 Bund Petersilie
125 g gewürfelter, roher Schinken
3 Eier (Größe M)
150 g saure Sahne
150 g Crème fraîche
100 g ger. Käse, z. B. Gratin-Käse
Salz, gem. Pfeffer
Paprikapulver edelsüß
50 g ger. Käse, z. B. Gratin-Käse
20 g Butter

*Pro Portion:*
E: 44 g, F: 36 g, Kh: 27 g,
kJ: 2574, kcal: 616

**1.** Bohnen in einem Topf nach Packungsanleitung bissfest kochen. Anschließend die Bohnen in einem Sieb abtropfen lassen.
**2.** Den Backofen vorheizen.
*Ober-/Unterhitze:* etwa 200 °C
*Heißluft:* etwa 180 °C
**3.** In der Zwischenzeit die Zwiebeln abziehen, halbieren und fein würfeln. Den Speck in Würfel schneiden und in einer Pfanne bei mittlerer Hitze auslassen. Zwiebelwürfel hinzugeben und darin andünsten. Die Petersilie abspülen und trocken tupfen. Die Blättchen von den Stängeln zupfen, Blättchen klein schneiden und unter die Speck-Zwiebel-Masse rühren. Die Bohnen mit der Speck-Zwiebel-Masse und den Schinkenwürfeln mischen und in eine Auflaufform (gefettet) geben.
**4.** Die Eier mit saurer Sahne, Crème fraîche und Käse verschlagen. Mit Salz, Pfeffer und Paprika würzen. Die Sauce auf der Bohnenmischung verteilen und mit Käse bestreuen. Butter in Flöckchen daraufsetzen. Die Form auf dem Rost in den vorgeheizten Backofen schieben. Den Auflauf etwa 30 Minuten garen.

## Buchweizen-Gemüse-Auflauf

4 Portionen

pro Portion 1,85 Euro

*Zubereitungszeit:* 45 Minuten
*Garzeit:* etwa 25 Minuten

2 Zwiebeln, 3 Knoblauchzehen
3 EL Speiseöl
750 ml Gemüsebrühe
220 g geschroteter Buchweizen
800 g Steckrüben
1 rote Paprikaschote
2 Stangen Porree (Lauch)
Salz, gem. Pfeffer
ger. Muskatnuss
5 EL Cornflakes
120 g ger. Greyerzer

*Pro Portion:*
E: 19 g, F: 19 g, Kh: 65 g,
kJ: 2153, kcal: 514

**1.** Zwiebeln und Knoblauch abziehen, in kleine Würfel schneiden. Speiseöl in einer feuerfesten, großen Pfanne erhitzen. Zwiebel- und Knoblauchwürfel darin andünsten. Mit Brühe ablöschen. Buchweizenschrot hinzugeben, zum Kochen bringen und etwa 10 Minuten bei mittlerer Hitze kochen lassen.
**2.** Steckrüben schälen, halbieren, abspülen, abtropfen lassen und in kleine Würfel schneiden. Paprikaschote halbieren, entstielen, entkernen und die weißen Scheidewände entfernen. Schote abspülen, abtropfen lassen und in Streifen schneiden.
**3.** Steckrübenwürfel und Paprikastreifen zu der Buchweizenmasse in die Pfanne geben, wieder zum Kochen bringen und weitere etwa 10 Minuten kochen lassen.
**4.** Den Backofengrill vorheizen.
**5.** Porree putzen, die Stangen längs halbieren, gründlich waschen, abtropfen lassen und in Streifen schneiden, ebenfalls in die Pfanne geben und kurz mitkochen lassen. Mit Salz, Pfeffer und Muskat abschmecken.
**6.** Cornflakes mit einem Löffel fein zerdrücken. Die Buchweizenpfanne damit bestreuen.
**7.** Den Käse daraufstreuen und unter dem vorgeheizten Grill kurz überbacken, sofort servieren.

## Champignon-Zucchini-Auflauf

4 Portionen

*Zubereitungszeit:* 50 Minuten
*Garzeit:* 40–50 Minuten

600 g Zucchini
250 g rote Paprikaschoten
Salz
300 g Champignons
40 g Butter oder Margarine
1 Topf Basilikum

pro Portion 1,80 Euro

**Für den Guss:**
4 Eier (Größe M)
4 EL Milch
150 g Crème fraîche
2 Knoblauchzehen
gem. Pfeffer, ger. Muskatnuss

100 g ger. mittelalter Gouda

*Pro Portion:*
E: 19 g, F: 35 g, Kh: 10 g,
kJ: 1802, kcal: 433

**1.** Die Zucchini abspülen, abtrocknen und die Enden abschneiden. Zucchini in Scheiben schneiden. Paprikaschoten halbieren, entstielen, entkernen und die weißen Scheidewände entfernen. Schoten abspülen, abtropfen lassen und in dünne Streifen schneiden. Paprikastreifen in kochendem Salzwasser 1–2 Minuten blanchieren, in ein Sieb geben, mit kaltem Wasser übergießen und abtropfen lassen.
**2.** Den Backofen vorheizen.
*Ober-/Unterhitze:* etwa 200 °C
*Heißluft:* etwa 180 °C
**3.** Champignons putzen, evtl. kurz abspülen, trocken tupfen und in dicke Scheiben schneiden.
**4.** Etwas Butter oder Margarine in einer Pfanne zerlassen. Die Champignon- und Zucchinischeiben darin portionsweise kurz andünsten.
**5.** Basilikum abspülen und trocken tupfen. Blättchen von den Stängeln zupfen, in feine Streifen schneiden.
**6.** Abwechselnd Champignon-, Zucchinischeiben, Paprika- und Basilikumstreifen in eine ovale Auflaufform (gefettet) schichten.
**7.** Für den Guss die Eier mit Milch und Crème fraîche verschlagen. Knoblauch abziehen, durch eine Knoblauchpresse drücken und unterrühren. Mit Salz, Pfeffer und Muskat würzen. Den Guss auf dem Auflauf verteilen. Mit Käse bestreuen. Die Form auf dem Rost in den vorgeheizten Backofen schieben. Den Auflauf 40–50 Minuten garen.

Buchweizen-Gemüse-Auflauf

Champignon-Zucchini-Auflauf

## Auberginen-Hackfleisch-Gratin

4 Portionen

pro Portion **1,45** Euro

*Zubereitungszeit:* 40 Minuten
*Garzeit:* etwa 25 Minuten

500 g Auberginen
6 EL Speiseöl
1 TL gerebelter Oregano
Paprikapulver edelsüß
Salz, gem. Pfeffer
2 Zwiebeln, 3 EL Speiseöl
250 g mageres Rindergehacktes
2 Knoblauchzehen
2 EL gehackte Petersilie
3 Fleischtomaten
125 g abgetropfter Mozzarella
einige Basilikumblättchen

*Pro Portion:*
E: 21 g, F: 38 g, Kh: 7 g,
kJ: 1888, kcal: 450

**1.** Auberginen abspülen, abtrocknen und die Stängelansätze abschneiden. Auberginen längs in etwa 1/2 cm dicke Scheiben schneiden. Speiseöl in einer Pfanne erhitzen. Die Auberginenscheiben darin von beiden Seiten anbraten. Mit Oregano, Paprika, Salz und Pfeffer würzen, nebeneinander (in 2–3 Lagen) in eine flache Gratinform (gefettet) legen.
**2.** Den Backofen vorheizen.
*Ober-/Unterhitze:* etwa 200 °C
*Heißluft:* etwa 180 °C
**3.** Zwiebeln abziehen und in kleine Würfel schneiden. Speiseöl in einer Pfanne erhitzen. Zwiebelwürfel darin glasig dünsten. Gehacktes hinzugeben und unter Rühren anbraten. Dabei die Fleischklümpchen mit einer Gabel zerdrücken. Mit Oregano, Paprika, Salz und Pfeffer würzen. Knoblauch abziehen, zerdrücken oder in feine Scheiben schneiden. Knoblauch und Petersilie unter die Hackfleischmasse rühren.
**4.** Tomaten kreuzweise einschneiden und mit kochendem Wasser übergießen. Nach 1–2 Minuten herausnehmen und mit kaltem Wasser abschrecken. Tomaten häuten, halbieren und die Stängelansätze herausschneiden. Die Tomaten klein würfeln und unter die Hackfleischmasse mischen. Mit Salz würzen.
**5.** Die Hackfleischmasse auf den Auberginenscheiben in der Form verteilen. Mozzarella in Scheiben schneiden und darauflegen. Form auf dem Rost in den vorgeheizten Backofen schieben. Auberginen-Hackfleisch-Gratin etwa 25 Minuten garen.
**6.** Basilikumblättchen abspülen und trocken tupfen. Auberginen-Hackfleisch-Gratin mit Basilikumblättchen garnieren und sofort servieren.

Auberginen-Hackfleisch-Gratin

## Asiatischer Auflauf mit Glasnudeln und Garnelen

4 Portionen

pro Portion **2,40** Euro

*Zubereitungszeit:* 25 Minuten
*Garzeit:* 10–15 Minuten

250 g Glasnudeln
2 Zwiebeln
2 Knoblauchzehen
1 rote Paprikaschote
100 g Mungobohnensprossen
200 g TK-Zuckerschoten
1 Stange Porree (Lauch)
5 EL Speiseöl, z. B. Sonnenblumenöl
300 g TK-Garnelen (ohne Schale und Darm, mit Schwanz, aufgetaut)
2 EL Sojasauce
1 TL Sambal Oelek
1 EL Currypulver
2 EL Sesamsamen

*Pro Portion:*
E: 21 g, F: 20 g, Kh: 67 g,
kJ: 2240, kcal: 535

**1.** Die Glasnudeln nach Packungsanleitung zubereiten. Glasnudeln in ein Sieb geben, mit kaltem Wasser abspülen und abtropfen lassen.
**2.** Zwiebeln und Knoblauch abziehen, beides in feine Würfel schneiden. Die Paprikaschote halbieren, entstielen, entkernen und die weißen Scheidewände entfernen. Die Schote abspülen, abtropfen lassen, klein würfeln.
**3.** Die Mungobohnensprossen in ein Sieb geben, unter fließendem kalten Wasser abspülen und evtl. auf einem Geschirrtuch gut abtropfen lassen.
**4.** Die gefrorenen Zuckerschoten nach Belieben halbieren. Den Porree putzen, die Stange längs halbieren, gründlich waschen und abtropfen lassen. Porreestange in etwa 2 cm lange Stücke schneiden.
**5.** Den Backofen vorheizen.
*Ober-/Unterhitze:* etwa 200 °C
*Heißluft:* etwa 180 °C
**6.** Von dem Speiseöl 3 Esslöffel in einer großen Pfanne erhitzen. Die Zwiebel- und Knoblauchwürfel darin

Asiatischer Auflauf mit Glasnudeln und Garnelen

Gratinierte Pfannkuchentürme

andünsten. Die Paprikawürfel und Porreestücke hinzugeben und etwa 8 Minuten mitdünsten lassen. Die Sprossen mit den Zuckerschoten ebenfalls in die Pfanne geben und kurz mit andünsten.

**7.** Garnelen kurz unter fließendem kalten Wasser abspülen, trocken tupfen und mit den Glasnudeln mischen, mit Sojasauce, Sambal Oelek und Curry würzen. Die Masse in eine große, flache Auflaufform (gefettet) geben. Das Gemüse unterheben.

**8.** Den Auflauf mit Sesam bestreuen und mit dem restlichen Speiseöl beträufeln. Die Form auf dem Rost in den vorgeheizten Backofen schieben. Den Auflauf 10–15 Minuten garen.

## Gratinierte Pfannkuchentürme

pro Portion 1,75 Euro

4 Portionen

*Zubereitungszeit:* 60 Minuten, ohne Ruhezeit
*Backzeit:* etwa 20 Minuten

**Für den Pfannkuchenteig:**
220 g Dinkel-Vollkornmehl
4 Eier (Größe M)
1 TL flüssiger Blütenhonig
350 ml Milch (3,5 % Fett)
100 ml Mineralwasser mit Kohlensäure
1/2 gestr. TL Salz

2 Schalotten (etwa 40 g)
500 g Fenchelknollen
600 g Zucchini
2 EL Olivenöl
Salz
gem. Pfeffer
etwa 4 EL Olivenöl
200 g abgetropfter Mozzarella
8 Tomaten (etwa 350 g)
40 g ger. Parmesan

*Pro Portion:*
E: 34 g, F: 40 g, Kh: 50 g,
kJ: 2936, kcal: 698

**1.** Für den Teig Mehl in eine Rührschüssel geben. Eier mit Honig, Milch, Mineralwasser und Salz verschlagen. Die Eiermilch nach und nach unter Rühren zum Mehl geben. Dabei darauf achten, dass keine Klümpchen entstehen. Den Teig zugedeckt etwa 30 Minuten ruhen lassen.

**2.** Für die Füllung die Schalotten abziehen, halbieren und in Streifen schneiden. Von den Fenchelknollen die Stiele dicht oberhalb der Knollen abschneiden. Die Knollen abspülen, abtropfen lassen, halbieren und quer in Streifen schneiden. Das Fenchelgrün in eine kleine Schüssel mit Wasser geben und beiseitestellen. Zucchini abspülen, abtrocknen und die Enden abschneiden. Die Zucchini in schmale Scheiben schneiden.

**3.** Olivenöl in einem Topf erhitzen. Schalottenstreifen darin etwa 2 Minuten andünsten. Die Fenchelstreifen hinzugeben und zugedeckt etwa 5 Minuten bei mittlerer Hitze dünsten. Zucchinischeiben hinzugeben und weitere etwa 3 Minuten dünsten. Mit Salz und Pfeffer würzen, Gemüsemasse etwas abkühlen lassen.

**4.** Den Pfannkuchenteig durchrühren. Für jeden Pfannkuchen etwa 1/2 Teelöffel Olivenöl in einer beschichteten Pfanne (Ø 16 cm) erhitzen. 3–4 Esslöffel des Teiges mit einer drehenden Bewegung auf dem Boden der Pfanne verteilen und goldbraun backen. Den Pfannkuchen wenden, wieder etwas Olivenöl hinzugeben und goldbraun fertig backen. Den Pfannkuchen herausnehmen und auf einen Kuchenrost legen. Auf diese Weise insgesamt 16 Pfannkuchen backen.

**5.** Den Backofen vorheizen.
*Ober-/Unterhitze:* etwa 200 °C
*Heißluft:* etwa 180 °C

**6.** Mozzarella in dünne Scheiben schneiden. Die Tomaten abspülen, trocken tupfen und die Stängelansätze herausschneiden. Die Tomaten in Scheiben schneiden.

**7.** Vier Pfannkuchen nebeneinander auf ein Backblech (mit Backpapier belegt) legen. Insgesamt ein Viertel der Gemüsemasse darauf verteilen und mit einem Viertel des Parmesans bestreuen. Nacheinander 2 weitere Lagen Pfannkuchen darauflegen, wie zuvor beschrieben mit der Gemüsemasse belegen und mit Parmesan bestreuen. Die letzten 4 Pfannkuchen darauflegen. Tomaten- und Mozzarellascheiben darauf verteilen.

**8.** Das Backblech in den vorgeheizten Backofen schieben. Pfannkuchentürme etwa 20 Minuten backen, bis der Mozzarella geschmolzen und goldbraun ist. Mit Pfeffer bestreuen. Beiseitegestelltes Fenchelgrün trocken tupfen. Die Pfannkuchentürme damit garnieren und servieren.

Chicorée im Schinkenmantel

Auberginen-Tomaten-Auflauf

## Chicorée im Schinkenmantel

4 Portionen

pro Portion **1,95** Euro

*Zubereitungszeit:* 30 Minuten
*Garzeit:* etwa 20 Minuten

4 große Chicorée
25 g Butter
1 EL Speiseöl, z. B. Sonnenblumenöl
4 Scheiben Kochschinken
150 g Crème légère
150 g Joghurt (3,5 % Fett)
200 g Schmelzkäse
Salz
gem. Pfeffer
50 g geraspelter Gratin-Käse

*Pro Portion:*
E: 25 g, F: 38 g, Kh: 7 g,
kJ: 1959, kcal: 467

**1.** Den Backofen vorheizen.
*Ober-/Unterhitze:* etwa 180 °C
*Heißluft:* etwa 160 °C
**2.** Vom Chicorée die äußeren, welken Blätter entfernen. Chicorée längs halbieren, abspülen und abtropfen lassen. Die bitteren Strünke keilförmig so herausschneiden, dass die Blätter noch zusammenhalten.
**3.** Butter in einer Pfanne zerlassen, Speiseöl miterhitzen. Chicorée darin mit der Schnittseite nach unten bei schwacher Hitze etwa 10 Minuten dünsten.
**4.** Die Schinkenscheiben längs halbieren. Je 1 Hälfte um 1 Chicoréehälfte legen und in eine flache Auflaufform (gefettet) geben.
**5.** Crème légère und Joghurt in der Pfanne unter Rühren erhitzen und zum Kochen bringen. Schmelzkäse darin unter Rühren schmelzen.
**6.** Sauce mit Salz und Pfeffer würzen, auf den Chicoréehälften verteilen. Den geraspelten Käse daraufstreuen. Die Form auf dem Rost in den vorgeheizten Backofen (unteres Drittel) schieben. Chicorée etwa 20 Minuten garen.

## Auberginen-Tomaten-Auflauf

2 Portionen

pro Portion **1,65** Euro

*Zubereitungszeit:* 30 Minuten
*Garzeit:* etwa 40 Minuten

1 kleine Aubergine
1–2 EL Sojasauce
2–3 Zwiebeln
1 1/2 EL Olivenöl
3–4 Tomaten
2 Scheiben Weizenmischbrot
oder 3 Scheiben Vollkorn-Toastbrot
100 g ger. Emmentaler
200 g saure Sahne
1 Knoblauchzehe
etwa 6 frische Salbeiblättchen
oder 1 Msp. gerebelter Salbei
2–3 Stängel Thymian
oder 1 Msp. gerebelter Thymian
gem. Pfeffer

*Pro Portion:*
E: 26 g, F: 34 g, Kh: 39 g,
kJ: 2377, kcal: 568

**1.** Die Aubergine abspülen, abtropfen lassen und den Stängelansatz entfernen. Die Aubergine in Scheiben schneiden, auf einen Teller legen und mit Sojasauce beträufeln. Die Auberginenscheiben etwa 20 Minuten marinieren, dabei gelegentlich wenden.
**2.** In der Zwischenzeit Zwiebeln abziehen, zuerst in Scheiben schneiden, dann in Ringe teilen. 1 Esslöffel Olivenöl in einer Pfanne erhitzen. Die Zwiebelringe darin andünsten.
**3.** Den Backofen vorheizen.
*Ober-/Unterhitze:* etwa 180 °C
*Heißluft:* etwa 160 °C
**4.** Die Tomaten abspülen, abtropfen lassen und die Stängelansätze herausschneiden. Tomaten in Scheiben schneiden.
**5.** Brotscheiben toasten und in eine kleine Auflaufform (mit restlichem Olivenöl bestrichen) legen. Evtl. die Brotscheiben in Größe der Form zurechtschneiden. Brotscheiben mit der Hälfte des Käses bestreuen.
**6.** Saure Sahne in eine Schüssel geben. Knoblauch abziehen, durch eine Knoblauchpresse drücken und unterrühren.
**7.** Salbeiblättchen abspülen, trocken tupfen und klein schneiden. Thymian abspülen und trocken tupfen. Blättchen von den Stängeln zupfen. Blättchen klein schneiden. Die Kräuter unter die saure Sahne rühren. Mit Pfeffer abschmecken.
**8.** Die Auberginenscheiben aus der Sojasauce nehmen, abtropfen lassen und in die Kräuter-Sahne-Masse tauchen. Auberginenscheiben abwechselnd dachziegelartig mit den

Zwiebelringen und Tomatenscheiben in die Auflaufform schichten. Restliche Kräuter-Sahne-Masse darauf verteilen und mit restlichem Käse bestreuen.
**9.** Die Form auf dem Rost in den vorgeheizten Backofen schieben. Den Auberginen-Tomaten-Auflauf etwa 40 Minuten garen.

## Birnen-Speck-Auflauf

4 Portionen

pro Portion **1,35** Euro

*Zubereitungszeit:* 35 Minuten
*Garzeit:* 20–25 Minuten

500 g abgetropfte, gedünstete Birnenhälften
100 g Schinkenspeck, in Scheiben
250 g Schlagsahne
3 Eigelb (Größe M)
Salz
1 schwach geh. TL Zucker
3 Eiweiß (Größe M)
3 Scheiben Weißbrot (etwa 60 g)

*Pro Portion:*
E: 12 g, F: 37 g, Kh: 49 g,
kJ: 2483, kcal: 593

**1.** Die Birnenhälften in einer flachen Auflaufform (gefettet) verteilen und mit Speckscheiben belegen.
**2.** Den Backofen vorheizen.
*Ober-/Unterhitze:* etwa 200 °C
*Heißluft:* etwa 180 °C
**3.** Sahne und Eigelb verschlagen, mit Salz und Zucker würzen. Eiweiß steif schlagen und vorsichtig unterheben.
**4.** Weißbrotscheiben halbieren und mit der Eigelbsahne bestreichen. Restliche Eigelbsahne auf den mit Speckscheiben belegten Birnenhälften verteilen und mit den Weißbrotscheiben belegen.
**5.** Die Form auf dem Rost in den vorgeheizten Backofen schieben. Den Auflauf 20–25 Minuten garen.

## Blumenkohlauflauf mit Käsehaube

4 Portionen

pro Portion **2,30** Euro

*Zubereitungszeit:* 40 Minuten
*Garzeit:* etwa 35 Minuten

1 Blumenkohl (etwa 1 1/2 kg)
500 ml kochendes Salzwasser
1 TL grüner Pfeffer, in Lake
200 g Schlagsahne
1 Ei (Größe M)
200 g Kochschinken
125 g roher Schinken, in dünnen Scheiben
50 g Butter
20 g Weizenmehl
125 ml Milch (3,5 % Fett)
3 Eigelb (Größe M)
50 g ger. Parmesan
3 Eiweiß (Größe M)

*Pro Portion:*
E: 38 g, F: 43 g, Kh: 12 g,
kJ: 2485, kcal: 594

**1.** Von dem Blumenkohl die Blätter entfernen, den Strunk abschneiden.
**2.** Blumenkohl abspülen, abtropfen lassen und in kochendem Salzwasser 10–12 Minuten garen. Den Blumenkohl mit einer Schaumkelle aus dem Topf nehmen, abtropfen und etwas abkühlen lassen, dann die Röschen vom Strunk lösen.
**3.** Pfeffer abspülen, abtropfen lassen und grob hacken. Sahne mit Ei und dem gehackten Pfeffer gut verrühren. Beide Schinkensorten sehr klein schneiden und unterrühren.
**4.** Die Hälfte der Schinken-Sahne-Masse in eine Auflaufform (etwa 1-Liter-Inhalt, gefettet) geben. Die Hälfte der Blumenkohlröschen darin verteilen, mit der restlichen Schinken-Sahne-Masse übergießen und die restlichen Blumenkohlröschen hineindrücken.
**5.** Butter in einem Topf zerlassen. Mehl darin unter Rühren erhitzen, bis es hellgelb ist. Milch unter Rühren hinzugießen, dabei darauf achten, dass keine Klümpchen entstehen. Die Sauce unter Rühren zum Kochen bringen und etwa 5 Minuten unter gelegentlichem Rühren kochen lassen, dann den Topf von der Kochstelle nehmen.
**6.** Den Backofen vorheizen.
*Ober-/Unterhitze:* etwa 200 °C
*Heißluft:* etwa 180 °C
**7.** Eigelb mit Parmesan verschlagen und unter die Sauce rühren. Eiweiß steif schlagen und unter die Käsesauce heben. Die Masse auf dem Blumenkohl verteilen. Die Form auf dem Rost in den vorgeheizten Backofen schieben und den Auflauf etwa 35 Minuten garen.

Birnen-Speck-Auflauf

Blumenkohlauflauf mit Käsehaube

## Chinakohl-Gratin
4 Portionen

pro Portion **0,75** Euro

*Zubereitungszeit:* 25 Minuten
*Garzeit:* etwa 15 Minuten

1 Chinakohl (etwa 1 kg)
1 l Gemüsebrühe
50 g Butter
1 kleine Zwiebel
150 g saure Sahne
1 EL klein geschnittene Petersilie
Salz, gem. Pfeffer
50 g ger. Käse, z. B. Emmentaler
einige Petersilienblättchen

*Pro Portion:*
E: 14 g, F: 20 g, Kh: 5 g,
kJ: 1114, kcal: 268

**1.** Chinakohl putzen, vierteln (er darf nicht auseinanderfallen), abspülen und abtropfen lassen.
**2.** Den Backofen vorheizen.
*Ober-/Unterhitze:* etwa 200 °C
*Heißluft:* etwa 180 °C
**3.** Brühe in einem weiten Topf zum Kochen bringen. Kohlviertel hineingeben, wieder zum Kochen bringen und in etwa 10 Minuten fast gar kochen, in einem Sieb abtropfen lassen.
**4.** Die Kohlviertel nebeneinander in eine flache Auflaufform (gefettet) legen. Butter zerlassen und die Kohlviertel damit beträufeln.
**5.** Zwiebel abziehen und fein würfeln. Zwiebelwürfel mit saurer Sahne, Petersilie, Salz und Pfeffer verrühren, über die Kohlviertel geben und mit Käse bestreuen.
**6.** Die Form auf dem Rost in den vorgeheizten Backofen schieben. Das Gratin etwa 15 Minuten garen.
**7.** Das Gratin mit abgespülten und trocken getupften Petersilienblättchen bestreut servieren.

## Hähnchengeschnetzeltes in Zwiebel-Sahne-Sauce
4–6 Portionen

pro Portion **1,25** Euro

*Zubereitungszeit:* 40 Minuten, ohne Durchziehzeit
*Garzeit:* etwa 30 Minuten

etwa 750 g Hähnchenbrustfilet
2 EL Speiseöl, z. B. Rapsöl
Salz, gem. Pfeffer
300 g rote Zwiebeln
1/2 TL Zucker
1 TL Balsamico- oder Himbeer-Essig
240 g abgetropfte Champignonscheiben (aus der Dose)
250 g Schlagsahne
Paprikapulver edelsüß
1–2 EL Tomatenketchup
125 g Frühstücksspeck in Scheiben (Bacon)

*Pro Portion:*
E: 42 g, F: 28 g, Kh: 7 g,
kJ: 1897, kcal: 454

**1.** Hähnchenbrustfilet kurz unter fließendem kalten Wasser abspülen, trocken tupfen und in etwa 1 1/2 cm dicke Streifen schneiden.
**2.** Jeweils etwas Speiseöl in einer großen Pfanne erhitzen. Die Hähnchenfleischstreifen darin portionsweise von allen Seiten anbraten, mit Salz und Pfeffer würzen. Hähnchenfleischstreifen aus der Pfanne nehmen und beiseitestellen.
**3.** Zwiebeln abziehen, halbieren und in dünne Scheiben schneiden. Zwiebelscheiben in dem verbliebenen Bratfett unter Rühren glasig dünsten, mit Zucker und Essig würzen.
**4.** Beiseitegestellte Hähnchenfleischstreifen in eine große Auflaufform (gefettet) geben. Die Zwiebelscheiben mit den Champignonscheiben mischen und auf den Hähnchenfleischstreifen verteilen.
**5.** Die Sahne mit Salz, Pfeffer, Paprika und Ketchup verrühren. Die Sahnesauce in die Auflaufform geben und mit den Zutaten gut vermischen. Die Form zugedeckt 3–4 Stunden in den Kühlschrank stellen und das Geschnetzelte durchziehen lassen.
**6.** Den Backofen vorheizen.
*Ober-/Unterhitze:* etwa 200 °C
*Heißluft:* etwa 180 °C
**7.** Hähnchengeschnetzeltes mit den Frühstücksspeckscheiben dicht belegen. Die Form auf dem Rost in den vorgeheizten Backofen schieben. Das Hähnchengeschnetzelte etwa 30 Minuten garen.

Chinakohl-Gratin

Hähnchengeschnetzeltes in Zwiebel-Sahne-Sauce

Bohnenauflauf nach Cowboy-Art

Cannelloni auf Blattspinat

## Bohnenauflauf nach Cowboy-Art

4 Portionen

pro Portion **1,45** Euro

*Zubereitungszeit:* 20 Minuten
*Garzeit:* etwa 60 Minuten

400 g Kartoffeln
420 g gebackene Bohnen (Baked Beans, aus der Dose)
100 ml Wasser
2 Zwiebeln
3 Knoblauchzehen
3 EL Speiseöl, z. B. Olivenöl
200 g Tomaten
140 g abgetropfter Gemüsemais (aus der Dose)
Salz, gem. Pfeffer
Chilipulver
125 g Frühstücksspeck in Scheiben (Bacon)

*Pro Portion:*
E: 18 g, F: 12 g, Kh: 41 g,
kJ: 1442, kcal: 342

**1.** Kartoffeln schälen, abspülen, abtropfen lassen und in dünne Scheiben schneiden. Kartoffelscheiben mit Bohnen und Wasser vermischen und in eine hohe Auflaufform (gefettet) geben.
**2.** Zwiebeln und Knoblauch abziehen, klein würfeln. Olivenöl in einer Pfanne erhitzen. Zwiebel- und Knoblauchwürfel darin andünsten.
**3.** Den Backofen vorheizen.
*Ober-/Unterhitze:* etwa 200 °C
*Heißluft:* etwa 180 °C
**4.** Die Tomaten abspülen, abtropfen lassen, halbieren und die Stängelansätze entfernen. Die Tomaten in größere Stücke schneiden.
**5.** Zwiebel-, Knoblauchwürfel und Tomatenstücke mit dem Mais unter die Kartoffel-Bohnen-Mischung rühren, mit Salz, Pfeffer und Chili würzen. Die Form auf dem Rost in den vorgeheizten Backofen (unteres Drittel) schieben. Den Auflauf etwa 60 Minuten garen.
**6.** Nach etwa 40 Minuten Garzeit die Speckscheiben halbieren, auf dem Auflauf verteilen und den Auflauf fertig garen.

## Cannelloni auf Blattspinat

4 Portionen

pro Portion **1,60** Euro

*Zubereitungszeit:* 30 Minuten
*Garzeit:* etwa 30 Minuten

1 Zwiebel
1 EL Speiseöl, z. B. Rapsöl
600 g TK-Blattspinat
Salz
gem. Pfeffer
ger. Muskatnuss

**Für die Sauce und die Füllung:**
50 g Butter oder Margarine
30 g Weizenmehl
250 ml Gemüsebrühe
300 ml Milch (3,5 % Fett)
75 g ger. Parmesan
2 Scheiben Toastbrot
2 Frühlingszwiebeln
250 g Speisequark (40 % Fett)
1 Eigelb (Größe M)

etwa 125 g Cannelloni (ohne Vorkochen)
50 g ger. Parmesan

*Pro Portion:*
E: 30 g, F: 39 g, Kh: 41 g,
kJ: 2690, kcal: 643

**1.** Die Zwiebel abziehen und fein würfeln. Speiseöl in einem Topf erhitzen. Zwiebelwürfel darin glasig dünsten. Den gefrorenen Spinat hinzufügen. Den Spinat zugedeckt etwa 10 Minuten dünsten, dabei gelegentlich umrühren, mit Salz, Pfeffer und Muskat würzen. Spinat in eine flache Auflaufform (gefettet) geben.
**2.** Den Backofen vorheizen.
*Ober-/Unterhitze:* etwa 200 °C
*Heißluft:* etwa 180 °C
**3.** Für die Sauce Fett in einem Topf zerlassen. Mehl darin unter Rühren so lange erhitzen, bis es hellgelb ist. Nach und nach Brühe und Milch hinzugießen und mit einem Schneebesen durchschlagen. Darauf achten, dass keine Klümpchen entstehen.
**4.** Die Sauce unter Rühren zum Kochen bringen und etwa 2 Minuten unter Rühren kochen lassen. 50 g Käse unterrühren. Die Sauce mit Salz und Pfeffer würzen.
**5.** Für die Füllung Toastbrotscheiben in feine Würfel schneiden. Frühlingszwiebeln putzen, abspülen, abtropfen lassen und in feine Scheiben schneiden. Die Zwiebelscheiben mit Toastbrotwürfeln, Quark, Eigelb und 6 Esslöffeln von der Sauce verrühren. Den restlichen Käse unterrühren.
**6.** Die Füllung in einen Spritzbeutel füllen und in die Cannelloni spritzen. Die gefüllten Cannelloni auf den Spinat legen, mit der restlichen Sauce übergießen und mit Käse bestreuen.
**7.** Die Form auf dem Rost in den vorgeheizten Backofen schieben. Cannelloni etwa 30 Minuten garen.

Italienischer Gemüseauflauf

Kartoffel-Gemüse-Auflauf

## Italienischer Gemüseauflauf

4 Portionen

pro Portion 1,95 Euro

*Zubereitungszeit:* 35 Minuten
*Garzeit:* 25–30 Minuten

je 2 rote und gelbe Paprikaschoten (etwa 900 g)
4 mittelgroße Zucchini (etwa 500 g)
1 Knoblauchzehe
1 Bund Basilikum
200 g abgetropfter Mozzarella
50 g abgetropfte, schwarze Oliven
Salz
gem. Pfeffer
6 EL Sojaöl

*Pro Portion:*
E: 13 g, F: 31 g, Kh: 12 g,
kJ: 1615, kcal: 386

**1.** Den Backofen vorheizen.
*Ober-/Unterhitze:* etwa 220 °C
*Heißluft:* etwa 200 °C
**2.** Paprikaschoten halbieren, entstielen, entkernen und die weißen Scheidewände entfernen. Schoten abspülen, trocken tupfen und nebeneinander mit der Wölbung nach oben auf ein Backblech (gefettet) legen. Das Backblech in den vorgeheizten Backofen schieben. Die Schoten so lange rösten, bis die Haut Blasen wirft (etwa 10 Minuten).
**3.** Das Backblech aus dem Backofen nehmen. Schotenhälften sofort mit einem feuchten Geschirrtuch zudecken und abkühlen lassen. Die Haut abziehen. Die Schotenhälften in grobe Streifen schneiden.
**4.** Zucchini abspülen, abtrocknen und die Enden abschneiden. Zucchini in Scheiben schneiden. Knoblauch abziehen und klein würfeln. Basilikum abspülen und trocken tupfen. Die Blättchen von den Stängeln zupfen. Blättchen in Streifen schneiden. Mozzarella in Scheiben schneiden.
**5.** Paprikastreifen, Mozzarella-, Zucchinischeiben und Oliven nach Belieben dachziegelartig in eine Auflaufform (gefettet) schichten. Mit Salz und Pfeffer würzen.
**6.** Sojaöl mit Knoblauchwürfeln und Basilikumstreifen verrühren, auf den Auflauf träufeln. Die Form auf dem Rost in den vorgeheizten Backofen schieben. Den Auflauf 25–30 Minuten garen.

## Kartoffel-Gemüse-Auflauf

4 Portionen

pro Portion 1,54 Euro

*Zubereitungszeit:* 30 Minuten
*Garzeit:* etwa 35 Minuten

1 kg gegarte Pellkartoffeln
2 große Möhren
250 ml Wasser
1/2 gestr. TL Salz
1 Zucchini (etwa 300 g)
2 Knoblauchzehen
2 EL Olivenöl
Salz, gem. Pfeffer
getrocknete Kräuter der Provence
200 g Kochschinken, in Scheiben
150 g ger. Gouda
200 g Schlagsahne

*Pro Portion:*
E: 28 g, F: 33 g, Kh: 38 g,
kJ: 2387, kcal: 571

**1.** Die Kartoffeln pellen und der Länge nach in Spalten schneiden. Die Möhren putzen, schälen, abspülen, abtropfen lassen und in Scheiben schneiden. Wasser in einem Topf zum Kochen bringen, Salz und Möhrenscheiben hinzugeben. Möhrenscheiben darin etwa 5 Minuten garen, in einem Sieb abtropfen lassen.
**2.** Die Zucchini abspülen, abtrocknen und die Enden abschneiden. Zucchini in dünne Scheiben schneiden. Knoblauch abziehen und fein würfeln.
**3.** Olivenöl in einer Pfanne erhitzen. Die Knoblauchwürfel darin andünsten. Zucchinischeiben hinzugeben und kurz mitdünsten lassen. Mit Salz, Pfeffer und Kräutern abschmecken. Das Zucchinigemüse mit den Kartoffeln und Möhren in eine flache Auflaufform (gefettet) geben.
**4.** Den Backofen vorheizen.
*Ober-/Unterhitze:* etwa 200 °C
*Heißluft:* etwa 180 °C
**5.** Schinken in etwas breitere Streifen schneiden und auf das Gemüse in die Auflaufform legen. Die Hälfte des Käses unter die Sahne rühren, mit Salz, Pfeffer und Kräutern würzen. Den Auflauf mit der Käse-Sahne-Sauce übergießen und mit dem rest-

lichen Käse bestreuen. Die Form auf dem Rost in den vorgeheizten Backofen schieben. Den Auflauf etwa 35 Minuten garen.

## Kartoffel-Porree-Auflauf

pro Portion 1,35 Euro

4 Portionen

*Zubereitungszeit:* 20 Minuten
*Garzeit:* 40–50 Minuten

600 g gegarte Pellkartoffeln
1 Stange Porree (Lauch)
180 g geräucherte Mettenden (Rauchenden)
4 Eier (Größe M)
200 ml Milch (3,5 % Fett)
1/2 Bund glatte Petersilie
1 EL Olivenöl
Salz, gem. Pfeffer
100 g ger. mittelalter Gouda

*Pro Portion:*
E: 24 g, F: 38 g, Kh: 24 g,
kJ: 2264, kcal: 543

**1.** Kartoffeln pellen und in Würfel schneiden. Porree putzen, die Stange längs halbieren, gründlich waschen, abtropfen lassen und in Streifen schneiden. Mettenden würfeln.
**2.** Eier mit Milch verschlagen. Petersilie abspülen, trocken tupfen, die Blättchen von den Stängeln zupfen, Blättchen klein schneiden und unter die Eiermilch rühren.
**3.** Den Backofen vorheizen.
*Ober-/Unterhitze:* etwa 200 °C
*Heißluft:* etwa 180 °C
**4.** Olivenöl in einer Pfanne erhitzen. Mettendenwürfel darin von allen Seiten anbraten, Porreestreifen unterrühren und kurz mit anbraten. Vorsichtig mit Salz und Pfeffer würzen.
**5.** Kartoffelwürfel, Mettwürfel und Porreestreifen in eine Auflaufform (gefettet) geben, mit der Eiermilch übergießen und mit Käse bestreuen.
**6.** Die Form auf dem Rost in den vorgeheizten Backofen schieben. Den Auflauf 40–50 Minuten garen.

## Kartoffel-Spinat-Gratin

4 Portionen

*Zubereitungszeit:* 30 Minuten
*Garzeit:* etwa 45 Minuten

pro Portion 1,15 Euro

600 g TK-Blattspinat
Salz
gem. Pfeffer
ger. Muskatnuss
1 kg kleine Kartoffeln
250 ml Milch (3,5 % Fett)
1/2 Bund Schnittlauch
125 g abgetropfter Mozzarella

*Pro Portion:*
E: 16 g, F: 11 g, Kh: 33 g,
kJ: 1308, kcal: 312

**1.** Blattspinat nach Packungsanleitung in einem Topf mit etwas Wasser garen. Spinat etwas abkühlen lassen, leicht ausdrücken und grob hacken. Spinat mit Salz, Pfeffer und Muskat würzen.
**2.** In der Zwischenzeit die Kartoffeln schälen, abspülen, abtropfen lassen und in feine Scheiben schneiden.
**3.** Den Backofen vorheizen.
*Ober-/Unterhitze:* etwa 200 °C
*Heißluft:* etwa 180 °C
**4.** Kartoffelscheiben dachziegelartig in eine flache Auflaufform (gefettet) schichten. Den Spinat auf und zwischen den Kartoffelscheiben verteilen.
**5.** Milch in einem Topf erwärmen, mit Salz, Pfeffer und Muskat würzen. Die Milch über die Kartoffelscheiben und den Spinat gießen. Die Form auf dem Rost in den vorgeheizten Backofen schieben. Das Gratin etwa 45 Minuten garen.
**6.** In der Zwischenzeit Schnittlauch abspülen, trocken tupfen und in feine Röllchen schneiden. Mozzarella in kleine Würfel schneiden. Schnittlauchröllchen mit den Mozzarellawürfeln vermengen, nach der Hälfte der Garzeit auf dem Gratin verteilen und das Kartoffel-Spinat-Gratin fertig garen.

Kartoffel-Porree-Auflauf

Kartoffel-Spinat-Gratin

## Zwiebeltarte

8 große Stücke

*Zubereitungszeit:* 70 Minuten, ohne Kühlzeit
*Backzeit:* 33–38 Minuten

pro Stück 1,00 Euro

**Für den Teig:**
100 g kalte Butter
250 g Weizenmehl
1 gestr. TL Salz
100 ml sehr kaltes Wasser
1 TL Weißweinessig

**Für den Belag:**
700 g Gemüsezwiebeln
2 Knoblauchzehen
5 EL Olivenöl
1 TL Fenchelsamen
Salz
gem. schwarzer Pfeffer
175 ml trockener Weißwein
75 g Crème fraîche
50 g Schlagsahne
1 Ei (Größe L)
1 Eigelb (Größe L)
je 3 Stängel Thymian und Oregano
50 g schwarze Oliven (mit Stein), z. B. Kalamata
75 g Parmesan (am Stück)

*Pro Stück:*
E: 9 g, F: 28 g, Kh: 29 g,
kJ: 1771, kcal: 424

**1.** Für den Teig kalte Butter in kleine Würfel schneiden. Mehl mit Salz in einer Rührschüssel mischen. Die Butterwürfel darauf verteilen. Kaltes Wasser mit Essig verrühren und in die Mitte des Mehls geben. Die Zutaten schnell mit den Händen zu einem Teig verkneten und zu einer Kugel formen. Die Teigkugel in Frischhaltefolie gewickelt etwa 30 Minuten in den Kühlschrank legen.

**2.** Für den Belag Zwiebeln und Knoblauch abziehen. Zwiebeln längs halbieren und in etwa 1/2 cm dicke Spalten schneiden. Knoblauch sehr klein schneiden. Olivenöl in einem weiten Topf erhitzen. Zwiebelspalten, Knoblauch und Fenchelsamen darin bei starker Hitze unter Rühren kräftig andünsten. Mit Salz und Pfeffer würzen. Mit Weißwein ablöschen und ganz einkochen lassen, bis fast keine Flüssigkeit mehr vorhanden ist. Dabei ab und zu umrühren.

**3.** Den Backofen vorheizen.
*Ober-/Unterhitze:* etwa 200 °C
*Heißluft:* etwa 180 °C

**4.** Den Teig auf der leicht bemehlten Arbeitsfläche zu einer runden Platte (Ø 31–32 cm) ausrollen, in eine Tarteform (Ø 28 cm, Boden gefettet) legen und leicht andrücken. Den Teigrand glatt abschneiden, den Teigboden mehrmals mit einer Gabel einstechen. Die Form auf dem Rost in den vorgeheizten Backofen (unteres Drittel) schieben. Boden 15–18 Minuten vorbacken.

**5.** Die Form auf einen Kuchenrost stellen. Die Backofentemperatur auf Ober-Unterhitze: etwa 180 °C, Heißluft: etwa 160 °C herunterschalten.

**6.** Crème fraîche mit Sahne, Ei und Eigelb verrühren, mit etwas Salz würzen. Thymian und Oregano abspülen und trocken tupfen. Die Blättchen von den Stängeln zupfen. Blättchen klein schneiden, unter die Eiersahne rühren. Die Oliven vom Stein schneiden. Die Zwiebelmasse mit den Oliven auf den vorgebackenen Boden geben. Die Eier-Kräuter-Sahne darauf verteilen. Den Käse grob raffeln und daraufstreuen. Die Form wieder auf dem Rost in den heißen Backofen (unteres Drittel) schieben. Die Zwiebeltarte 18–20 Minuten backen.

**7.** Die Form auf einen Kuchenrost stellen. Tarte lauwarm servieren.

Zwiebeltarte

## Steinpilz-Crespelle

4 Portionen

*Zubereitungszeit:* 45 Minuten, ohne Einweich- und Quellzeit
*Backzeit:* etwa 15 Minuten

pro Portion 1,75 Euro

15–20 g getrocknete Steinpilze
125 ml lauwarmes Wasser
150 g Weizenmehl
200 ml Milch (3,5 % Fett)
100 ml Pilz-Einweichwasser
1/2 gestr. TL Salz
3 Eier (Größe M)
300 g TK-Blattspinat
Salz, gem. Pfeffer
ger. Muskatnuss
150 g Cocktailtomaten
125 g Ricotta (ital. Frischkäse)
50 ml Mineralwasser mit Kohlensäure
4–5 TL Speiseöl
150 g Gorgonzola

*Pro Portion:*
E: 26 g, F: 30 g, Kh: 31 g,
kJ: 2097, kcal: 501

Steinpilz-Crespelle

**1.** Steinpilze in lauwarmem Wasser nach Packungsanleitung einweichen. Anschließend die Pilze in einem Sieb abtropfen lassen, dabei 100 ml Einweichwasser auffangen. Ein Drittel der Pilze fein hacken.
**2.** Das Mehl mit Milch, Pilz-Einweichwasser, Salz und Eiern in einer Rührschüssel mit einem Mixer (Rührstäbe) gut verrühren. Dann den Teig zugedeckt etwa 30 Minuten quellen lassen.
**3.** In der Zwischenzeit TK-Spinat nach Packungsanleitung auftauen lassen. Spinat tropfnass in einen Topf geben und zugedeckt bei mittlerer Hitze zusammenfallen lassen. Spinat dabei gelegentlich umrühren, mit Salz, Pfeffer und Muskat würzen. Spinat in einem Sieb gut abtropfen lassen.
**4.** Tomaten abspülen, abtrocknen und evtl. die Stängelansätze herausschneiden. Tomaten vierteln. Spinat ausdrücken, grob hacken und mit Ricotta verrühren. Tomatenviertel und die ungehackten Pilze untermischen, mit Salz und Pfeffer würzen.
**5.** Den Backofen vorheizen.
*Ober-/Unterhitze:* etwa 200 °C
*Heißluft:* etwa 180 °C
**6.** Mineralwasser und gehackte Pilze unter den Crespelle-Teig rühren. Aus dem Teig 8–10 Crespelle backen. Dafür jeweils etwa 1/2 Teelöffel Speiseöl in einer mittelgroßen Pfanne erhitzen. Eine dünne Teiglage mit einer drehenden Bewegung gleichmäßig auf dem Boden der Pfanne verteilen. Crespelle von beiden Seiten bei mittlerer Hitze goldbraun backen. Bevor der Pfannkuchen gewendet wird, wieder etwas Speiseöl in die Pfanne geben.
**7.** Die Spinat-Ricotta-Masse auf den Crespelle verteilen. Die Crespelle aufrollen und nebeneinander in eine Auflaufform (gefettet) legen. Gorgonzola zerbröseln und daraufstreuen.
**8.** Die Form auf dem Rost in den vorgeheizten Backofen schieben. Crespelle etwa 15 Minuten backen.

Zucchini, gefüllt mit Hackfleisch

## Zucchini, gefüllt mit Hackfleisch

4 Portionen

pro Portion **1,35** Euro

*Zubereitungszeit:* 45 Minuten
*Backzeit:* etwa 20 Minuten

1 EL Olivenöl
500 g Gehacktes (halb Rind-, halb Schweinefleisch)
1 Zwiebel
2 Knoblauchzehen
Salz, gem. Pfeffer
1–2 TL Paprikapulver edelsüß
2 Zucchini (etwa 600 g)
4 EL Olivenöl
2 Fleischtomaten
gerebelter Oregano
100 g ger. Gouda

*Pro Portion:*
E: 33 g, F: 36 g, Kh: 7 g,
kJ: 2013, kcal: 480

**1.** Das Olivenöl in einer Pfanne erhitzen. Das Gehackte darin unter Rühren anbraten, dabei die Fleischklümpchen mit einer Gabel zerdrücken. Zwiebel und Knoblauch abziehen, klein würfeln und mit anbraten. Mit Salz, Pfeffer und Paprika würzen.
**2.** Den Backofen vorheizen.
*Ober-/Unterhitze:* etwa 200 °C
*Heißluft:* etwa 180 °C
**3.** Zucchini abspülen, abtrocknen und die Enden abschneiden. Zucchini längs halbieren. Olivenöl in einer großen Pfanne erhitzen. Die Zucchinihälften mit der Schnittfläche nach unten darin anbraten.
**4.** Zucchinihälften aus der Pfanne nehmen und kurz abkühlen lassen. In der Zwischenzeit Tomaten abspülen, abtrocknen, halbieren und die Stängelansätze herausschneiden. Tomatenhälften in Scheiben schneiden.
**5.** Zucchinihälften mit einem Löffel aushöhlen, sodass ein etwa 1/2 cm breiter Rand stehen bleibt. Das ausgehöhlte Fruchtfleisch klein schneiden und mit der Hackfleischmasse vermengen, mit Salz, Pfeffer und Paprika würzen. Die Masse in die Zucchinihälften füllen.
**6.** Die gefüllten Zucchinihälften nebeneinander in eine flache Auflaufform (gefettet) setzen. Die Tomatenscheiben darauf verteilen, mit Salz, Pfeffer und Oregano bestreuen. Käse darauf verteilen.
**7.** Die Form auf dem Rost in den vorgeheizten Backofen schieben. Die Zucchini etwa 20 Minuten überbacken.

Kartoffelauflauf mit Speck

Schwarzwurzelauflauf

## Kartoffelauflauf mit Speck

pro Portion 1,15 Euro

4 Portionen

*Zubereitungszeit:* 40 Minuten
*Garzeit:* etwa 2 Stunden

1 1/2 kg vorwiegend festkochende Kartoffeln
2 große Zwiebeln
4 Eier (Größe M)
Salz, gem. Pfeffer
100 g durchwachsener Speck
50 g Frühstücksspeck in Scheiben (Bacon)

*Pro Portion:*
E: 20 g, F: 20 g, Kh: 46 g,
kJ: 1876, kcal: 447

**1.** Den Backofen vorheizen.
*Ober-/Unterhitze:* etwa 160 °C
*Heißluft:* etwa 140 °C
**2.** Kartoffeln schälen, abspülen, abtropfen lassen, grob reiben und in ein Sieb geben. Die Zwiebeln abziehen und in sehr feine Würfel schneiden.
**3.** Geriebene Kartoffeln mit Zwiebelwürfeln und Eiern in einer Schüssel vermengen, mit Salz und Pfeffer würzen.
**4.** Den Speck zuerst in Scheiben, dann in Streifen schneiden, zu der Kartoffelmasse geben und unterrühren.
**5.** Die Kartoffelmasse in eine Auflaufform (gefettet) geben und glatt streichen. Frühstücksspeckscheiben dekorativ auf dem Auflauf verteilen.
**6.** Die Form auf dem Rost in den vorgeheizten Backofen (unteres Drittel) schieben. Den Auflauf etwa 2 Stunden garen.

## Schwarzwurzelauflauf

4 Portionen

pro Portion 2,20 Euro

*Zubereitungszeit:* 50 Minuten
*Garzeit:* etwa 40 Minuten

1 3/8 l Wasser
4 EL Weißweinessig
1 kg Schwarzwurzeln
1 gestr. TL Salz
40 g frischer Ingwer
1 Stange Porree (Lauch)
400 g Eierspätzle oder Gnocchi (aus dem Kühlregal)
3 Eier (Größe M)
100 ml Schwarzwurzelkochwasser
150 g Crème fraîche
Salz, gem. Pfeffer
ger. Muskatnuss
150 g ger. Emmentaler
2 EL Sesamsamen

*Pro Portion:*
E: 24 g, F: 30 g, Kh: 40 g,
kJ: 2215, kcal: 526

**1.** Ein Liter Wasser mit der Hälfte des Essigs verrühren. Die Schwarzwurzeln unter fließendem kalten Wasser gründlich abbürsten, dünn schälen, abspülen und abtropfen lassen. Die Schwarzwurzeln einige Zeit in das Essigwasser legen, damit die Stangen weiß bleiben, abtropfen lassen und in Stücke schneiden.
**2.** Das restliche Wasser mit Salz und dem restlichen Essig in einem Topf zum Kochen bringen. Die Schwarzwurzeln hineingeben und in etwa 15 Minuten knapp gar kochen. Die Schwarzwurzeln in einem Sieb abtropfen lassen, dabei das Kochwasser auffangen und 100 ml abmessen.
**3.** Den Backofen vorheizen.
*Ober-/Unterhitze:* etwa 200 °C
*Heißluft:* etwa 180 °C
**4.** Ingwer schälen, abspülen, abtropfen lassen und in kleine Würfel schneiden. Porree putzen, die Stange längs halbieren, gründlich waschen, abtropfen lassen und in etwa 2 cm lange Stücke schneiden.
**5.** Schwarzwurzeln mit Spätzle oder Gnocchi, Porreestücken und Ingwerwürfeln vermischen und in eine hohe Auflaufform (gefettet) geben.
**6.** Die Eier mit dem Schwarzwurzelkochwasser und Crème fraîche verschlagen, mit Salz, Pfeffer und Muskat würzen. Die verschlagenen Eier auf dem Auflauf verteilen. Den Auflauf zuerst mit Käse und anschließend mit Sesam bestreuen.
**7.** Die Form auf dem Rost in den vorgeheizten Backofen (unteres Drittel) schieben. Den Auflauf etwa 40 Minuten garen.

## Steckrüben-Steinpilz-Auflauf

4 Portionen

pro Portion 0,98 Euro

*Zubereitungszeit:* 40 Minuten, ohne Quellzeit
*Garzeit:* etwa 40 Minuten

15 g getrocknete Steinpilze
150 ml kochendes Wasser
1 kg Steckrübe
einige Stängel frischer
oder 1 TL gerebelter Majoran
100 ml Steinpilz-Hefebrühe
(erhältlich im Reformhaus)
250 g Schlagsahne
Salz, gem. Pfeffer
100 g ger. Käse, z. B. mittelalter Gouda, Greyerzer oder Emmentaler

*Pro Portion:*
E: 11 g, F: 29 g, Kh: 14 g,
kJ: 1528, kcal: 365

**1.** Die Steinpilze kurz unter fließendem kalten Wasser abspülen, damit evtl. vorhandener Sand entfernt wird. Die Steinpilze in eine Schüssel geben, mit 150 ml kochendem Wasser übergießen und etwa 15 Minuten quellen lassen.
**2.** Den Backofen vorheizen.
*Ober-/Unterhitze:* etwa 200 °C
*Heißluft:* etwa 180 °C
**3.** Die Steckrübe vierteln, schälen, abspülen und abtropfen lassen. Die Viertel quer in sehr feine Scheiben schneiden oder auf einem stabilen Gemüsehobel fein hobeln. Frischen Majoran abspülen und trocken tupfen. Die Blättchen von den Stängeln zupfen.
**4.** Steckrübenscheiben und frischen oder getrockneten Majoran in eine große Auflaufform (gefettet) geben. Brühe, Steinpilze mit dem Einweichwasser und Sahne mischen, mit Salz und Pfeffer kräftig würzen. Die Mischung auf den Steckrübenscheiben verteilen. Die Form auf dem Rost in den vorgeheizten Backofen schieben. Den Auflauf etwa 30 Minuten garen.
**5.** Nach etwa 30 Minuten Garzeit die Form aus dem Backofen nehmen und den Käse auf den Auflauf streuen. Die Form wieder auf dem Rost in den heißen Backofen schieben. Den Auflauf bei gleicher Backofentemperatur in weiteren etwa 10 Minuten fertig garen.

## Texas-Auflauf

6 Portionen

pro Portion 1,50 Euro

*Zubereitungszeit:* 30 Minuten, ohne Antauzeit
*Garzeit:* etwa 40 Minuten

750 g TK-Kartoffel-Wedges
300 g TK-Brechbohnen
265 g Kidneybohnen (aus der Dose)
je 1 rote und grüne Paprikaschote
Salz
300 g Schlagsahne
300 ml Milch (3,5 % Fett)
4 Eier (Größe M)
gem. Pfeffer
1 gestr. TL Paprikapulver edelsüß
Cayennepfeffer
285 g abgetropfter Gemüsemais (aus der Dose)

*Pro Portion:*
E: 18 g, F: 30 g, Kh: 52 g,
kJ: 2336, kcal: 558

**1.** Kartoffel-Wedges und Brechbohnen nach Packungsanleitung antauen lassen. Kidneybohnen in ein Sieb geben, mit kaltem Wasser abspülen und gut abtropfen lassen.
**2.** Paprikaschoten halbieren, entstielen, entkernen und die weißen Scheidewände entfernen. Schoten abspülen, trocken tupfen, würfeln.
**3.** Wasser in einem Topf zum Kochen bringen. Paprikawürfel und Brechbohnen mit etwas Salz hinzufügen, zum Kochen bringen und 2–3 Minuten kochen lassen. Paprikawürfel und Brechbohnen in ein Sieb geben, mit kaltem Wasser abschrecken und gut abtropfen lassen.
**4.** Den Backofen vorheizen.
*Ober-/Unterhitze:* etwa 200 °C
*Heißluft:* etwa 180 °C
**5.** Die Sahne mit Milch und Eiern verschlagen. Mit Salz, Pfeffer, Paprika und Cayennepfeffer würzen.
**6.** Die Kartoffel-Wedges mit Kidneybohnen, Mais, Brechbohnen und Paprikawürfeln vermischen, in eine große Auflaufform (gefettet) geben. Den Guss darauf verteilen. Die Form auf dem Rost in den vorgeheizten Backofen schieben. Den Auflauf etwa 40 Minuten garen.

Steckrüben-Steinpilz-Auflauf

Texas-Auflauf

## Regenbogen-Lasagne

4 Portionen

*Zubereitungszeit:* 45 Minuten
*Garzeit:* etwa 60 Minuten

pro Portion 2,00 Euro

**Für die Béchamelsauce:**
1 mittelgroße Zwiebel
20 g Butter
2 EL Rapsöl
25 g Weizenmehl
250 ml Milch (3,5 % Fett)
250 ml Gemüsebrühe
1 EL mittelscharfer Senf
Salz
gem. Pfeffer

**Für die Tomatensauce:**
1 Zwiebel
1 Knoblauchzehe
2 EL Olivenöl
800 g geschälte Tomaten (aus der Dose)
2 TL Instant-Gemüsebrühe-Pulver
1 TL Paprikapulver edelsüß
1/2 TL Zucker

450 g TK-Blattspinat
4 rote Paprikaschoten

Regenbogen-Lasagne

250 g Lasagneplatten (ohne Vorkochen)
285 g abgetropfter Gemüsemais (aus der Dose)
75 g ger. Gouda

*Pro Portion:*
E: 26 g, F: 28 g, Kh: 79 g,
kJ: 2860, kcal: 683

**1.** Für die Béchamelsauce Zwiebel abziehen und in kleine Würfel schneiden. Butter in einer Pfanne zerlassen, Rapsöl miterhitzen. Zwiebelwürfel darin andünsten. Mehl hinzufügen und unter Rühren so lange erhitzen, bis es hellgelb ist. Milch und Brühe nach und nach hinzugießen und mit einem Schneebesen durchschlagen. Darauf achten, dass keine Klümpchen entstehen.
**2.** Die Sauce unter Rühren zum Kochen bringen und 2–3 Minuten unter Rühren kochen lassen. Senf unterrühren, mit Salz und Pfeffer würzen.
**3.** Für die Tomatensauce Zwiebel und Knoblauch abziehen, in kleine Würfel schneiden. Olivenöl in einer großen Pfanne erhitzen. Die Zwiebel- und Knoblauchwürfel darin andünsten.
**4.** Tomaten mit einer Gabel etwas zerdrücken und mit der Flüssigkeit hinzufügen. Mit Brühe-Pulver, Paprika, Zucker, Salz und Pfeffer würzen. Die Sauce unter Rühren etwas einkochen lassen.
**5.** Blattspinat nach Packungsanleitung zubereiten. Paprikaschoten vierteln, entstielen, entkernen und die weißen Scheidewände entfernen. Schoten abspülen und abtropfen lassen. Wasser in einem großen Topf zum Kochen bringen. Die Paprikaschoten darin 10–15 Minuten garen. Anschließend in ein Sieb geben, kurz mit kaltem Wasser übergießen und abtropfen lassen. Die Haut der Paprikaschoten abziehen.
**6.** Den Backofen vorheizen.
*Ober-/Unterhitze:* etwa 180 °C
*Heißluft:* etwa 160 °C
**7.** Eine flache Auflaufform (gefettet) mit einer Schicht Lasagneplatten auslegen.
**8.** Zuerst etwas von der Béchamelsauce, dann den Blattspinat darauf verteilen. Eine weitere Lage Lasagneplatten darauflegen.
**9.** Die Hälfte der Tomatensauce, die Paprikaviertel und den Mais darauf verteilen. Eine weitere Lage Lasagneplatten darauflegen. Diese zuerst mit der restlichen Béchamelsauce, dann mit der restlichen Tomatensauce übergießen.
**10.** Den Auflauf mit Käse bestreuen. Die Form auf dem Rost in den vorgeheizten Backofen schieben. Lasagne etwa 60 Minuten garen.

## Wirsingwickel mit Austernpilzen und Kümmel

4 Portionen

pro Portion 1,40 Euro

*Zubereitungszeit:* 30 Minuten
*Garzeit:* etwa 25 Minuten

Salz
1 Wirsing (etwa 1 1/2 kg)
100 g Austernpilze
1 Zwiebel
4 EL Butter
1/2 TL Kümmelsamen
200 ml Gemüsebrühe
2 EL Schnittlauchröllchen
1 EL klein geschnittene Petersilie
gem. Pfeffer

*Pro Portion:*
E: 9 g, F: 19 g, Kh: 10 g,
kJ: 1026, kcal: 245

**1.** In einem großen Topf reichlich Wasser zum Kochen bringen. Salz hinzufügen (auf 1 Liter Wasser 1 Teelöffel Salz).
**2.** In der Zwischenzeit von dem Wirsing die äußeren, welken Blätter entfernen. Den Wirsing abspülen, abtropfen lassen und den Strunk keilförmig herausschneiden. Den Wirsing so lange in das kochende Salzwasser legen, bis sich die äußeren Blätter lösen. Diesen Vorgang

Wirsingwickel mit Austernpilzen und Kümmel

Weißkohl-Mett-Lasagne

wiederholen, bis sich etwa 12 Blätter lösen lassen (nicht zu weich kochen!). Restlichen Wirsingkopf vierteln und in feine Streifen schneiden.
**3.** Austernpilze putzen, evtl. kurz abspülen, trocken tupfen und in kleine Stücke schneiden. Die Zwiebel abziehen und klein würfeln.
**4.** Die Hälfte der Butter in einem Topf zerlassen. Zwiebelwürfel, Pilzstücke und Kümmel darin andünsten. Die Kohlstreifen hinzugeben und kurz mitdünsten lassen. 100 ml der Gemüsebrühe hinzugießen und zum Kochen bringen. Das Gemüse zugedeckt etwa 10 Minuten garen. Die Schnittlauchröllchen und Petersilie unterrühren. Die Gemüsemasse mit Salz und Pfeffer würzen und in 12 Portionen teilen.
**5.** Den Backofen vorheizen.
*Ober-/Unterhitze:* etwa 200 °C
*Heißluft:* etwa 180 °C
**6.** Ein sauberes, angefeuchtetes Geschirrtuch in eine Suppentasse legen. Ein Wirsingblatt hineinlegen. Eine Gemüseportion in das Wirsingblatt legen. Das Wirsingblatt über der Füllung mithilfe des Geschirrtuches zu einem Wickel formen. Die Wirsingwickel mit der gefalteten Seite nach unten in eine Form (gefettet) setzen. Restliche Gemüsebrühe hinzugießen. Restliche Butter in kleinen Flöckchen daraufsetzen.
**7.** Die Form auf dem Rost in den vorgeheizten Backofen schieben. Die Wirsingwickel etwa 25 Minuten garen.

## Weißkohl-Mett-Lasagne

6 Portionen

pro Portion 1,50 Euro

*Zubereitungszeit:* 35 Minuten
*Garzeit:* 50–60 Minuten

1 Weißkohl (etwa 1,2 kg)
1–2 gestr. TL Salz
500 g Kartoffeln
2 Zwiebeln
1 rote Paprikaschote
150 g geräucherter Bauchspeck
500 g gewürztes Schweinemett
3 Eier (Größe M)
200 g Schlagsahne
Salz
gem. Pfeffer
Kümmelsamen
125 g abgetropfter Mozzarella

*Pro Portion:*
E: 31 g, F: 43 g, Kh: 20 g,
kJ: 2490, kcal: 595

**1.** Weißkohl putzen, vierteln und den Strunk herausschneiden. Den Kohl abspülen und abtropfen lassen. Wasser in einem großen Topf zum Kochen bringen. Salz hinzufügen.
**2.** Weißkohlviertel darin nacheinander blanchieren, bis die äußeren Blätter sich lösen. Dann in ein Sieb geben, mit kaltem Wasser abschrecken und abtropfen lassen. Einige Kohlblätter ablösen und beiseitelegen.
**3.** Den Backofen vorheizen.
*Ober-/Unterhitze:* etwa 200 °C
*Heißluft:* etwa 180 °C
**4.** Die Kartoffeln schälen, abspülen, abtropfen lassen und in dünne Scheiben schneiden. Zwiebeln abziehen und in kleine Würfel schneiden. Die Paprikaschote halbieren, entstielen, entkernen und die weißen Scheidewände entfernen. Schote abspülen, abtropfen lassen, würfeln.
**5.** Speck zuerst in dünne Scheiben, dann in Streifen schneiden. Speckstreifen mit den Kartoffelscheiben in eine große, flache Auflaufform (gefettet) geben. Kohlviertel darauflegen. Schweinemett und Zwiebelwürfel darauf verteilen, mit den beiseitegelegten Kohlblättern zudecken und fest andrücken. Die Paprikawürfel streifenförmig auf die Lasagne streuen.
**6.** Eier mit der Sahne verschlagen, mit Salz und Pfeffer würzen. Die Eiersahne auf der Lasagne verteilen und mit Kümmel bestreuen. Mozzarella in Scheiben schneiden und auf den Paprikawürfeln verteilen.
**7.** Die Form auf dem Rost in den vorgeheizten Backofen (unteres Drittel) schieben. Die Lasagne 50–60 Minuten garen.

***Tipps:*** Dieses Rezept können Sie auf die gleiche Weise mit Wirsing- oder Spitzkohl zubereiten. Bekömmlicher wird der Auflauf, wenn Sie zusätzlich etwas Fenchel- oder Anis zufügen.

Bandnudelauflauf mit Hack

## Bandnudelauflauf mit Hack

4 Portionen

pro Portion **1,45** Euro

*Zubereitungszeit:* 35 Minuten
*Garzeit:* etwa 25 Minuten

2 1/2 l Wasser
2 1/2 gestr. TL Salz
250 g Bandnudeln
2 mittelgroße Zwiebeln
1 Knoblauchzehe
3 EL Speiseöl
500 g Gehacktes (halb Rind-, halb Schweinefleisch)
Salz
gem. Pfeffer
1/2 TL Paprikapulver edelsüß
1/2 TL gerebelter Thymian
500 g Tomaten
100 g ger. Gouda
20 g Butter
2–3 kleine Stängel Thymian

*Pro Portion:*
E: 39 g, F: 42 g, Kh: 49 g,
kJ: 3066, kcal: 732

**1.** Wasser in einem großen Topf zugedeckt zum Kochen bringen. Dann Salz und Nudeln hinzugeben. Die Nudeln im geöffneten Topf bei mittlerer Hitze nach Packungsanleitung bissfest kochen, dabei gelegentlich umrühren.
**2.** Anschließend die Nudeln in ein Sieb geben, mit heißem Wasser abspülen und abtropfen lassen.
**3.** Den Backofen vorheizen.
*Ober-/Unterhitze:* etwa 180 °C
*Heißluft:* etwa 160 °C
**4.** Zwiebeln und Knoblauch abziehen, in kleine Würfel schneiden. Speiseöl in einer großen Pfanne erhitzen, Zwiebel- und Knoblauchwürfel darin glasig dünsten. Gehacktes hinzugeben und unter Rühren anbraten, dabei die Fleischklümpchen mit einer Gabel zerdrücken. Mit Salz, Pfeffer, Paprika und Thymian würzen.
**5.** Tomaten kreuzweise einschneiden und mit kochendem Wasser übergießen. Nach 1–2 Minuten herausnehmen und mit kaltem Wasser abschrecken. Tomaten häuten, halbieren und die Stängelansätze herausschneiden. Tomaten in Stücke schneiden, mit Salz, Pfeffer und Paprika würzen. Tomatenstücke (einige Stücke zum Garnieren beiseitelegen) unter die Hackfleischmasse rühren.
**6.** Die Nudeln in eine flache Auflaufform (gefettet) geben. Hackfleisch-Tomaten-Masse in die Mitte der Nudeln geben und mit Käse bestreuen. Butter in Flöckchen daraufsetzen. Die Form auf dem Rost in den vorgeheizten Backofen schieben. Den Auflauf etwa 25 Minuten garen.
**7.** Thymian abspülen und trocken tupfen. Einen kleinen Zweig beiseitelegen. Von den restlichen Stängeln die Blättchen abzupfen. Den Nudelauflauf mit Thymianblättchen bestreuen. Mit den beiseitegelegten Tomatenstückchen und dem Thymianzweig garnieren.

## French-Toast-Auflauf

4 Portionen

pro Portion **1,75** Euro

*Zubereitungszeit:* 45 Minuten, ohne Abkühlzeit
*Garzeit:* 30–35 Minuten

3 rote Paprikaschoten (je etwa 250 g)
275 g Zucchini
1 Knoblauchzehe
2 EL Olivenöl
Salz, gem. Pfeffer
12 Scheiben Toastbrot
50 g Pesto Rosso (aus getrockneten Tomaten)
200 g abgetropfter Mozzarella
2 Eier (Größe M)
200 ml Milch (3,5 % Fett)
75 g fein ger. Parmesan
1 Stängel Rosmarin

*Pro Portion:*
E: 29 g, F: 36 g, Kh: 51 g,
kJ: 2696, kcal: 646

**1.** Den Backofengrill vorheizen.
**2.** Paprikaschoten vierteln, entstielen, entkernen, weiße Scheidewände entfernen. Schotenviertel abspülen, trocken tupfen, mit der Hautseite nach oben auf ein Backblech (gefettet) legen. Das Backblech unter den vorgeheizten Backofengrill schieben. Paprikaviertel so lange rösten, bis die Haut dunkel wird und Blasen wirft (6–8 Minuten). Das Backblech auf einen Rost stellen. Paprika mit einem feuchten Geschirrtuch belegen, etwas abkühlen lassen. Paprika häuten.
**3.** Zucchini abspülen, abtrocknen und die Enden abschneiden. Zucchini in etwa 1 cm dicke Scheiben schneiden. Knoblauch abziehen, in

dünne Scheiben schneiden. Olivenöl in einer großen Pfanne erhitzen. Zucchini- und Knoblauchscheiben darin bei starker Hitze von beiden Seiten kurz anbraten. Mit Salz und Pfeffer würzen.

**4.** Die Toastbrotscheiben im Toaster goldbraun rösten oder unter dem vorgeheizten Backofengrill von beiden Seiten rösten.

**5.** Den Backofen vorheizen.
*Ober-/Unterhitze:* etwa 180 °C
*Heißluft:* etwa 160 °C

**6.** Die Toastbrotscheiben auf einer Seite mit Pesto bestreichen. Die Hälfte der Brotscheiben mit der bestrichenen Seite nach oben nebeneinander in eine rechteckige Auflaufform (gefettet) legen. Mit Paprikavierteln und Zucchinischeiben belegen. Mozzarella etwas auseinanderzupfen und auf den Brotscheiben verteilen. Die restlichen Brotscheiben mit der bestrichenen Seite nach unten darauflegen und etwas andrücken. Eier mit Milch und Parmesan verschlagen, mit Salz und Pfeffer würzen. Die Eier-Parmesan-Milch auf dem Auflauf verteilen.

**7.** Rosmarin abspülen und trocken tupfen. Die Nadeln von dem Stängel zupfen. Den Auflauf mit Rosmarinnadeln bestreuen. Die Form auf dem Rost in den vorgeheizten Backofen (unteres Drittel) schieben. Den Auflauf 30–35 Minuten garen. Die Form aus dem Backofen nehmen. Den Auflauf sofort servieren.

## Bunte Quiche mit Kräuter-Eier-Sahne

4 Portionen

*Zubereitungszeit:* 30 Minuten
*Backzeit:* etwa 45 Minuten

**Für den Belag:**
1 rote oder gelbe Paprikaschote (etwa 200 g)
2 mittelgroße Zucchini (etwa 250 g)
200 g Cocktailtomaten

**Für den Guss:**
4 Eier (Größe M)
200 g Schlagsahne
Salz, gem. Pfeffer
25 g TK-Kräuter-Mischung

pro Portion 1,25 Euro

**Für den Quark-Öl-Teig:**
200 g Weizenmehl
1/2 Pck. Dr. Oetker Backin
100 g Magerquark
1 Ei (Größe M)
3 EL Milch
4 EL Speiseöl

*Pro Portion:*
E: 21 g, F: 35 g, Kh: 46 g,
kJ: 2480, kcal: 592

**1.** Für den Belag Paprikaschote halbieren, entstielen, entkernen und die weißen Scheidewände entfernen. Schote abspülen, abtropfen lassen und in Stücke schneiden. Zucchini abspülen, abtrocknen und die Enden abschneiden. Zucchini in Scheiben schneiden. Die Tomaten abspülen, trocken tupfen, halbieren und die Stängelansätze herausschneiden.

**2.** Für den Guss Eier mit Sahne verschlagen. Mit Salz und Pfeffer würzen. Kräuter-Mischung unterrühren.

**3.** Für den Teig Mehl mit Backpulver mischen und in eine Rührschüssel geben. Quark, Ei, Milch und Speiseöl hinzufügen. Die Zutaten mit einem Mixer (Knethaken) zunächst kurz auf niedrigster, dann auf höchster Stufe zu einem glatten Teig verarbeiten (nicht zu lange, Teig klebt sonst). Den Teig auf der leicht bemehlten Arbeitsfläche zu einer Rolle formen.

**4.** Den Backofen vorheizen.
*Ober-/Unterhitze:* etwa 180 °C
*Heißluft:* etwa 160 °C

**5.** Die Teigrolle zu einer runden Platte (Ø etwa 30 cm) ausrollen und in eine Pieform (Ø 26–28 cm, gut gefettet oder mit Backpapier belegt) legen, dabei einen etwa 3 cm hohen Rand andrücken.

**6.** Die Paprikastücke und Zucchinischeiben auf dem Teigboden verteilen und mit der Kräuter-Eier-Sahne übergießen. Tomatenhälften auf dem Gemüse verteilen.

**7.** Die Form auf dem Rost in den vorgeheizten Backofen schieben. Die Quiche etwa 45 Minuten backen.

**8.** Die Form auf einen Kuchenrost stellen. Die Quiche kurz ruhen lassen, in Tortenstücke schneiden und servieren.

French-Toast-Auflauf

Bunte Quiche mit Kräuter-Eier-Sahne

## Überbackene griechische Pfannkuchenröllchen

4 Portionen

pro Portion **1,95** Euro

*Zubereitungszeit:* 60 Minuten, ohne Ruhe- und Antauzeit
*Garzeit:* etwa 20 Minuten

250 g Weizenmehl
3 Eier (Größe M)
250 ml Milch (3,5 % Fett)
1/2 Tasse Mineralwasser mit Kohlensäure
Salz
2 EL Speiseöl, z. B. Olivenöl

**Für die Füllung:**
300 g TK-Blattspinat
1 Knoblauchzehe
1 TL Butter oder Margarine
gem. Pfeffer
ger. Muskatnuss
200 g milder Schafskäse
450 g abgetropfte, geröstete Paprikahälften (aus dem Glas)

150 g Crème fraîche
2 Eigelb (Größe M)
1–2 EL geh. Kräuter, z. B. glatte Petersilie, Kerbel, Schnittlauch

*Pro Portion:*
E: 29 g, F: 38 g, Kh: 53 g,
kJ: 2823, kcal: 676

**1.** Für den Teig Mehl in eine Rührschüssel geben und in die Mitte eine Vertiefung drücken. Eier mit Milch, Mineralwasser und 1 Teelöffel Salz verschlagen. Etwas davon in die Vertiefung geben. Von der Mitte aus Eierflüssigkeit und Mehl verrühren. Nach und nach die restliche Eierflüssigkeit hinzugeben. Dabei darauf achten, dass keine Klümpchen entstehen. Den Teig etwa 10 Minuten ruhen lassen.
**2.** Etwas Speiseöl in einer Pfanne erhitzen. Den Teig gut umrühren. Eine dünne Teiglage mit einer drehenden Bewegung gleichmäßig auf dem Boden der Pfanne verteilen. Sobald die Ränder goldgelb sind, den Pfannkuchen vorsichtig mit einem Pfannenwender wenden. Die zweite Seite ebenfalls goldbraun backen. Bevor der Pfannkuchen gewendet wird, wieder etwas Speiseöl in die Pfanne geben. Aus dem Teig 6–8 sehr dünne Pfannkuchen backen, warm stellen.
**3.** Den Backofen vorheizen.
*Ober-/Unterhitze:* etwa 180 °C
*Umluft:* etwa 160 °C
**4.** Für die Füllung den Spinat antauen lassen. Knoblauch abziehen und klein würfeln. Butter oder Margarine zerlassen. Knoblauchwürfel mit dem Spinat darin unter Rühren andünsten, bis der Spinat zusammenfällt. Mit Salz, Pfeffer und Muskat würzen. Den Spinat gut abtropfen lassen, dabei die Flüssigkeit auffangen. Den Schafskäse zerbröseln, kräftig mit Pfeffer würzen.
**5.** Die Pfannkuchen ausbreiten. Die Hälfte der Pfannkuchen mit Spinat und der Hälfte der Schafskäsebrösel, die restlichen Pfannkuchen mit Paprikahälften belegen und mit restlichen Schafskäsebröseln bestreuen.
**6.** Die Pfannkuchen aufrollen und nebeneinander in eine große Auflaufform (gefettet) setzen.
**7.** Die aufgefangene Spinatflüssigkeit mit Crème fraîche und Eigelb verschlagen. Mit Salz und Pfeffer würzen, auf die Pfannkuchen träufeln. Die Form auf dem Rost in den vorgeheizten Backofen schieben. Pfannkuchenröllchen etwa 20 Minuten garen.
**8.** Die Pfannkuchenröllchen anrichten und mit gehackten Kräutern bestreut servieren.

Überbackene griechische Pfannkuchenröllchen

## Badischer Nudeltraum

4 Portionen

pro Portion **1,30** Euro

*Zubereitungszeit:* 60 Minuten
*Garzeit:* etwa 25 Minuten

2 EL Speiseöl
400 g Rindergehacktes
2 Zwiebeln
Salz, gem. Pfeffer
2 1/2 l Wasser
2–3 TL Salz
250 g Nudeln, z. B. Bandnudeln
250 g Brokkoli
250 ml Hühnerbrühe
3 Tomaten
2–3 EL ger. mittelalter Gouda
40 g Butter

*Pro Portion:*
E: 33 g, F: 33 g, Kh: 48 g,
kJ: 2595, kcal: 620

**1.** Speiseöl in einer großen Pfanne erhitzen. Das Rindergehackte hinzufügen und unter Rühren anbraten. Dabei die Fleischklümpchen mit einer Gabel zerdrücken.

Badischer Nudeltraum

Kartoffelauflauf mit Hack und Porree

**2.** Zwiebeln abziehen, in kleine Würfel schneiden, zum Gehackten geben und 2–3 Minuten mitbraten lassen. Mit Salz und Pfeffer würzen.
**3.** Wasser in einem großen Topf zugedeckt zum Kochen bringen. Dann Salz und Nudeln hinzugeben. Die Nudeln im geöffneten Topf bei mittlerer Hitze nach Packungsanleitung bissfest kochen, dabei gelegentlich umrühren. Nudeln in ein Sieb geben, mit heißem Wasser abspülen und abtropfen lassen.
**4.** Den Backofen vorheizen.
*Ober-/Unterhitze:* etwa 200 °C
*Heißluft:* etwa 180 °C
**5.** Vom Brokkoli die Blätter entfernen. Den Brokkoli in Röschen teilen. Die Stängel am Strunk schälen und bis kurz vor den Röschen kreuzweise einschneiden. Brokkoliröschen abspülen und abtropfen lassen.
**6.** Die Hühnerbrühe in einem Topf zum Kochen bringen. Brokkoliröschen darin etwa 5 Minuten garen, in einem Sieb abtropfen lassen, dabei die Brühe auffangen.
**7.** Tomaten kreuzweise einschneiden und mit kochendem Wasser übergießen. Nach 1–2 Minuten herausnehmen und mit kaltem Wasser abschrecken. Tomaten häuten, halbieren und die Stängelansätze herausschneiden. Tomaten in Scheiben schneiden.
**8.** Die Gehacktesmasse und zwei Drittel der Nudeln in einer Auflaufform (gefettet) verteilen. Brokkoliröschen und Tomatenscheiben daraufgeben und mit Salz und Pfeffer würzen. Die aufgefangene Brühe hinzugießen, restliche Nudeln darauf verteilen. Den Auflauf mit Käse bestreuen. Butter in Flöckchen daraufsetzen. Die Form auf dem Rost in den vorgeheizten Backofen schieben. Den Auflauf etwa 25 Minuten garen.

## Kartoffelauflauf mit Hack und Porree

4 Portionen

*Zubereitungszeit:* 60 Minuten, ohne Abkühlzeit
*Garzeit:* etwa 30 Minuten

750 g Kartoffeln, Salz
4 Stangen Porree (Lauch, etwa 500 g)
2 Zwiebeln
2 Knoblauchzehen
2 EL Olivenöl
500 g Gehacktes (halb Rind-, halb Schweinefleisch)
gem. Pfeffer
Cayennepfeffer
250 g saure Sahne
2 EL gehackte Petersilie
50 g ger. Emmentaler
2 EL Butter

pro Portion **1,65** Euro

*Pro Portion:*
E: 35 g, F: 41 g, Kh: 33 g,
kJ: 2708, kcal: 647

**1.** Kartoffeln gründlich waschen, knapp mit Wasser bedeckt, zugedeckt zum Kochen bringen, Salz hinzugeben. Kartoffeln in 20–25 Minuten gar kochen. Die garen Kartoffeln abgießen, mit kaltem Wasser abschrecken, heiß pellen und etwas abkühlen lassen. Kartoffeln in Scheiben schneiden.
**2.** Porree putzen, die Stangen längs halbieren, gründlich waschen, abtropfen lassen und in Streifen schneiden. Porreestreifen in kochendem Wasser 2–3 Minuten blanchieren, anschließend in einem Sieb abtropfen lassen.
**3.** Zwiebeln und Knoblauch abziehen, in kleine Würfel schneiden. Das Olivenöl in einer Pfanne erhitzen. Die Zwiebel- und Knoblauchwürfel darin glasig dünsten.
**4.** Gehacktes hinzugeben und unter Rühren anbraten. Dabei die Fleischklümpchen mit einer Gabel zerdrücken. Gehacktes mit Salz, Pfeffer und Cayennepfeffer würzen. Saure Sahne mit Petersilie verrühren, mit Salz und Pfeffer würzen.
**5.** Den Backofen vorheizen.
*Ober-/Unterhitze:* etwa 200 °C
*Heißluft:* etwa 180 °C
**6.** Die Hälfte der Kartoffelscheiben und die Hälfte der Porreestreifen in eine flache Auflauf- oder Gratinform (gefettet) geben, mit Salz bestreuen. Die Hälfte der Petersiliensahne darübergießen. Die Hackfleischmasse darauf verteilen. Die restlichen Kartoffelscheiben und Porreestreifen daraufgeben, mit Salz bestreuen. Die restliche Petersiliensahne darübergießen. Käse darauf verteilen. Die Butter in Flöckchen daraufsetzen.
**7.** Die Form auf dem Rost in den vorgeheizten Backofen schieben. Den Auflauf etwa 30 Minuten garen.

Tomaten „Berner Art"

Steckrübenauflauf mit geräucherter Putenbrust

## Tomaten „Berner Art"

4 Portionen

*Zubereitungszeit:* 30 Minuten
*Backzeit:* etwa 45 Minuten

600 g Kartoffeln
2–3 EL klein geschnittene Petersilie
2 Eier (Größe M)
250 g Schlagsahne
Salz, gem. Pfeffer
Paprikapulver rosenscharf
200 g ger. Greyerzer
8 Tomaten
2 EL Semmelbrösel
100 g Schmand (Sauerrahm)

pro Portion 2,35 Euro

*Pro Portion:*
E: 25 g, F: 48 g, Kh: 31 g,
kJ: 2757, kcal: 658

**1.** Den Backofen vorheizen.
*Ober-/Unterhitze:* etwa 180 °C
*Heißluft:* etwa 160 °C
**2.** Die Kartoffeln schälen, abspülen, abtropfen lassen und in dünne Scheiben schneiden. Kartoffelscheiben schuppenförmig in eine flache Auflaufform (gefettet) legen und mit etwas Petersilie bestreuen.
**3.** Die Eier mit Sahne verschlagen, mit Salz, Pfeffer und Paprika würzen, über die Kartoffelscheiben gießen. 50 g Käse daraufstreuen.
**4.** Die Form auf dem Rost in den vorgeheizten Backofen schieben. Die Kartoffeln etwa 25 Minuten vorgaren.
**5.** Tomaten abspülen, trocken tupfen und jeweils am Stängelansatz einen Deckel abschneiden. Etwas Tomatenfruchtfleisch mit einem Teelöffel herausheben. Restlichen Käse, Semmelbrösel, Schmand, etwas Pfeffer und restliche Petersilie verrühren, die Tomaten damit füllen. Tomaten auf die Kartoffeln setzen. Tomatendeckel wieder auflegen.
**6.** Die Form wieder auf dem Rost in den heißen Backofen schieben. Die Tomaten „Berner Art" bei gleicher Backofentemperatur weitere etwa 20 Minuten backen.

## Steckrübenauflauf mit geräucherter Putenbrust

4 Portionen

pro Portion 1,90 Euro

*Zubereitungszeit:* 30 Minuten
*Garzeit:* 25–30 Minuten

600 g Steckrübe
600 g festkochende Kartoffeln
2 EL Butter
Salz, gem. Pfeffer
1 TL gerebelter Majoran
200 g Schlagsahne
100 ml heiße Gemüsebrühe
150 g Porree (Lauch)
250 g geräucherter Putenbrustaufschnitt
70 g Frühstücksspeck (Bacon)
50 g ger. Parmesan

*Pro Portion:*
E: 27 g, F: 30 g, Kh: 27 g,
kJ: 2044, kcal: 488

**1.** Steckrübe und Kartoffeln schälen, abspülen, abtropfen lassen und in etwa 1/2 cm dicke Scheiben schneiden. Butter einem weiten Topf zerlassen. Steckrübenscheiben darin von beiden Seiten andünsten. Kartoffelscheiben in Stifte schneiden, zu den Steckrübenscheiben geben, untermischen und weitere etwa 2 Minuten dünsten. Kartoffel-Steckrüben-Mischung mit Salz, Pfeffer und Majoran würzen.
**2.** Die Sahne mit Brühe verrühren, zu der Steckrüben-Kartoffel-Mischung geben und unterrühren. Die Zutaten zum Kochen bringen und zugedeckt bei schwacher Hitze etwa 12 Minuten kochen lassen, dabei gelegentlich umrühren.
**3.** In der Zwischenzeit den Porree putzen. Die Stange längs halbieren, gründlich waschen, abtropfen lassen und in dünne Stücke schneiden. 2 Minuten vor Ende der Garzeit die Porreestücke zu dem Gemüse geben und unterrühren.
**4.** Den Backofen vorheizen.
*Ober-/Unterhitze:* etwa 200 °C
*Heißluft:* etwa 180 °C
**5.** Putenbrust in etwa 1 cm breite Streifen schneiden. Die Gemüse-Kartoffel-Mischung abwechselnd mit den Putenbruststreifen in eine große, flache Auflaufform (gefettet) schichten. Frühstücksspeck in feine Streifen schneiden und darauflegen. Parmesan darauf verteilen.
**6.** Die Form auf dem Rost in den vorgeheizten Backofen schieben. Den Auflauf 25–30 Minuten garen.

## Schweizer Kartoffelpfanne

4 Portionen

pro Portion **1,35** Euro

*Zubereitungszeit:* 50 Minuten
*Garzeit:* etwa 45 Minuten

1 kg Frühkartoffeln
Salz, gem. Pfeffer
100 g durchwachsener Speck
2 Zwiebeln, 1 Knoblauchzehe
150 g Schlagsahne
100 g ger. Käse, z. B. Emmentaler
4 Eier (Größe M)
2 EL Schnittlauchröllchen

*Pro Portion:*
E: 24 g, F: 35 g, Kh: 36 g,
kJ: 2360, kcal: 563

**1.** Die Kartoffeln gründlich waschen, in einem Topf knapp mit Wasser bedeckt, zugedeckt zum Kochen bringen. Die Kartoffeln in 20–25 Minuten gar kochen lassen, abgießen, abdämpfen und heiß pellen. Kartoffeln in Scheiben schneiden, mit Salz und Pfeffer würzen.
**2.** Den Backofen vorheizen.
*Ober-/Unterhitze:* etwa 180 °C
*Heißluft:* etwa 160 °C
**3.** Speck in Würfel schneiden. Speckwürfel in einer Pfanne ohne Fett auslassen. Die Zwiebeln abziehen und in feine Würfel schneiden. Zwiebelwürfel zu den Speckwürfeln geben und glasig dünsten.
**4.** Knoblauch abziehen und eine Auflaufform (gefettet) damit ausreiben. Die Kartoffelscheiben abwechselnd mit der Speck-Zwiebel-Mischung in die Form geben. Sahne mit Käse verschlagen und darauf verteilen. Die Eier aufschlagen und daraufsetzen.
**5.** Die Form auf dem Rost in den vorgeheizten Backofen schieben. Die Kartoffelpfanne etwa 45 Minuten garen.
**6.** Die Kartoffelpfanne mit Schnittlauchröllchen bestreut servieren.

## Überbackene Erbsen-Püree-Kartoffeln

4 Portionen

*Zubereitungszeit:* 50 Minuten, ohne Abkühlzeit
*Überbackzeit:* etwa 15 Minuten

8 große, festkochende Kartoffeln (je etwa 200 g)

pro Portion **1,20** Euro

**Für die Füllung:**
200 g TK-Erbsen
50 ml Gemüsebrühe
1 Pck. Kartoffelpüree (für 3 Portionen)
375 ml Wasser
1/2 gestr. TL Salz
125 ml Milch (3,5 % Fett)
2 EL TK-Gemischte Kräuter
125 g Magerquark
Salz, gem. Pfeffer
ger. Muskatnuss

30 g Butter
40 g ger. Parmesan

*Pro Portion:*
E: 22 g, F: 12 g, Kh: 81 g,
kJ: 2213, kcal: 530

**1.** Die Kartoffeln unter fließendem kalten Wasser abbürsten, abtropfen lassen und in einen großen Topf geben. So viel Wasser hinzufügen, dass die Kartoffeln knapp mit Wasser bedeckt sind. Kartoffeln zugedeckt zum Kochen bringen und in 25–35 Minuten, je nach Größe der Kartoffeln, gar kochen. Kartoffeln abgießen, mit kaltem Wasser abschrecken, abtropfen und etwas abkühlen lassen. Kartoffeln längs halbieren.
**2.** Den Backofen vorheizen.
*Ober-/Unterhitze:* etwa 200 °C
*Heißluft:* etwa 180 °C
**3.** Für die Füllung die Erbsen mit der Brühe in einem kleinen Topf zum Kochen bringen und etwa 5 Minuten kochen lassen. Erbsen mit der Brühe in einen hohen Rührbecher geben und pürieren.
**4.** Kartoffelpüreepulver mit Wasser, Salz und Milch nach Packungsanleitung zubereiten. Kräuter, Quark und Erbsenpüree unterrühren. Die Masse mit Salz, Pfeffer und Muskat kräftig würzen, auf den Kartoffelhälften verteilen und mit einem Teelöffel leicht verstreichen. Die Kartoffeln auf ein Backblech (mit Backpapier belegt) legen.
**5.** Butter zerlassen. Die Püreemasse damit bestreichen. Den Käse daraufstreuen.
**6.** Das Backblech in den vorgeheizten Backofen schieben. Die Kartoffeln etwa 15 Minuten überbacken.

Schweizer Kartoffelpfanne

Überbackene Erbsen-Püree-Kartoffeln

## Gefüllte Zucchini mit Amaranth, Mandeln und Mozzarella

4 Portionen

pro Portion 2,30 Euro

*Zubereitungszeit:* 50 Minuten
*Garzeit:* etwa 20 Minuten

1 l Gemüsebrühe
200 g Amaranth (hirseähnliches Produkt)
4 mittelgroße Zucchini (etwa 800 g)
1 rote Zwiebel
1 Knoblauchzehe
je 1 rote und gelbe Paprikaschote
2 große Tomaten
1 Topf Basilikum
250 g abgetropfter Mozzarella
3 EL Olivenöl
Salz, gem. Pfeffer
50 g gehobelte Mandeln
8 Stängel Zitronenthymian

*Pro Portion:*
E: 26 g, F: 40 g, Kh: 45 g,
kJ: 2700, kcal: 645

**1.** Brühe mit Amaranth in einem Topf zum Kochen bringen und zugedeckt etwa 30 Minuten bei schwacher Hitze garen.
**2.** In der Zwischenzeit Zucchini abspülen, abtrocknen und die Enden abschneiden. Zucchini der Länge nach halbieren. Zucchinihälften mit einem Löffel so aushöhlen, dass ein Rand stehen bleibt.
**3.** Zwiebel und Knoblauch abziehen, klein würfeln. Paprikaschoten halbieren, entstielen, entkernen und die weißen Scheidewände entfernen. Schoten abspülen, abtropfen lassen, klein würfeln.
**4.** Die Tomaten abspülen, trocken tupfen, vierteln und die Stängelansätze herausschneiden. Tomatenviertel entkernen und ebenfalls klein würfeln. Basilikum abspülen und trocken tupfen. Die Blättchen von den Stängeln zupfen. Blättchen grob zerschneiden. Mozzarella klein würfeln.
**5.** Den Backofen vorheizen.
*Ober-/Unterhitze:* etwa 180 °C
*Heißluft:* etwa 160 °C
**6.** Olivenöl in einem Topf erhitzen. Die Zwiebel- und Knoblauchwürfel darin andünsten. Paprika-, Tomatenwürfel und Basilikum hinzufügen. Den Topf von der Kochstelle nehmen. Gemüse mit Salz und Pfeffer würzen. Amaranth in ein feines Sieb geben, dabei die Brühe auffangen. Amaranth mit den Gemüsewürfeln, den Mandeln und den Mozzarellawürfeln vermischen.
**7.** Gemüse-Mozzarella-Masse in den Zucchinihälften verteilen und in eine Gratinform (gefettet) setzen. Aufgefangene Brühe in die Form gießen. Den Thymian abspülen und trocken tupfen. Die gefüllten Zucchini mit je 1 Stängel Zitronenthymian belegen. Die Form auf dem Rost in den vorgeheizten Backofen schieben. Die gefüllten Zucchini etwa 20 Minuten garen.

Gefüllte Zucchini mit Amaranth, Mandeln und Mozzarella

## Gefüllte Zwiebeln mit Bulgur, Haselnüssen und Portulak

4 Portionen

pro Portion 2,30 Euro

*Zubereitungszeit:* 60 Minuten, ohne Quellzeit
*Garzeit:* etwa 30 Minuten

6 milde, weiße Zwiebeln (je etwa 150 g)
Salz
50 g Bulgur
2 große Tomaten
1/2 Bund glatte Petersilie
2 EL Rosinen
2 EL gehobelte Haselnusskerne
gem. Pfeffer
etwas Zitronensaft
200 ml Gemüsebrühe

200 g Portulak
200 g Cocktailtomaten
1 EL Himbeeressig
flüssiger Honig
1 EL Walnussöl
2 EL Sonnenblumenöl

*Pro Portion:*
E: 7 g, F: 22 g, Kh: 28 g,
kJ: 1428, kcal: 341

**1.** Die Zwiebeln abziehen und in kochendem Salzwasser etwa 15 Minuten vorgaren. Zwiebeln vorsichtig mit einer Schaumkelle herausnehmen, in ein Sieb geben, mit kaltem Wasser abschrecken und abtropfen lassen. Zwiebeln waagerecht halbieren. Zwiebelhälften mit einem Ausstecher aushöhlen, dabei einen Rand stehen lassen. Das ausgehöhlte Zwiebelfleisch klein schneiden.

Gefüllte Zwiebeln mit Bulgur, Haselnüssen und Portulak

Geschichtetes Schnitzel-Sahne-Gratin

**2.** Bulgur mit kochendem Wasser übergießen und etwa 10 Minuten quellen lassen. Anschließend Bulgur in einem Sieb abtropfen lassen.
**3.** Den Backofen vorheizen.
*Ober-/Unterhitze:* etwa 180 °C
*Heißluft:* etwa 160 °C
**4.** Die Tomaten abspülen, abtropfen lassen, vierteln, klein würfeln. Petersilie abspülen und trocken tupfen. Die Blättchen von den Stängeln zupfen, Blättchen in Streifen schneiden. Bulgur mit dem klein geschnittenen Zwiebelfleisch, Tomatenwürfeln, Petersilienstreifen, Rosinen und Haselnusskernen vermischen. Mit Salz, Pfeffer und etwas Zitronensaft würzen. Die Bulgurmasse in den Zwiebelhälften verteilen.
**5.** Die gefüllten Zwiebeln in eine feuerfeste Form (gefettet) setzen, Brühe hinzugießen. Die Form auf dem Rost in den vorgeheizten Backofen schieben. Gefüllte Zwiebeln etwa 30 Minuten garen.
**6.** In der Zwischenzeit Portulak putzen, abspülen, trocken tupfen. Die Tomaten abspülen, trocken tupfen, halbieren, evtl. die Stängelansätze herausschneiden. Himbeeressig mit Honig verrühren. Beide Öle unterschlagen. Mit Salz und Pfeffer würzen. Portulak mit den Tomatenhälften und dem Dressing vermischen. Die gefüllten Zwiebeln mit dem Salat servieren.

## Geschichtetes Schnitzel-Sahne-Gratin

8 Portionen

*Zubereitungszeit:* 30 Minuten
*Garzeit:* etwa 45 Minuten

8 Schweineschnitzel (ausgelöste Kotelettscheiben, je etwa 125 g)
Salz, gem. Pfeffer
etwa 40 g Weizenmehl
3 EL Speiseöl, z. B. Olivenöl
30 g Butter
20 g Weizenmehl
250 g Schlagsahne
250 ml Fleischbrühe
1 TL mittelscharfer Senf
460 g gut abgetropfte, ganze Champignons (aus der Dose)
4 Scheiben Kochschinken (je etwa 50 g)
200 g Camembert
8 TL Preiselbeerdessert

pro Portion 2,05 Euro

*Pro Portion:*
E: 42 g, F: 26 g, Kh: 9 g,
kJ: 1842, kcal: 440

**1.** Schnitzel mit Küchenpapier trocken tupfen, mit Salz und Pfeffer würzen. Schnitzel in Mehl wenden, überschüssiges Mehl abklopfen.
**2.** Speiseöl in einer großen Pfanne erhitzen. Schnitzel darin in 2 Portionen von beiden Seiten anbraten. Die Schnitzel herausnehmen und in eine große, flache Auflaufform (gefettet) legen.
**3.** Den Backofen vorheizen.
*Ober-/Unterhitze:* etwa 180 °C
*Heißluft:* etwa 160 °C
**4.** Butter in einem Topf zerlassen. Mehl darin unter Rühren so lange erhitzen, bis es hellgelb ist. Sahne und Brühe nach und nach hinzugießen, mit einem Schneebesen durchschlagen. Darauf achten, dass keine Klümpchen entstehen. Die Sauce unter Rühren zum Kochen bringen und 2–3 Minuten unter gelegentlichem Rühren kochen lassen.
**5.** Den Senf unter die Sauce rühren. Sauce mit Salz und Pfeffer würzen. Champignons hinzufügen.
**6.** Die Sauce über die Schnitzel gießen. Die Form auf dem Rost in den vorgeheizten Backofen schieben. Die Schnitzel etwa 40 Minuten garen.
**7.** In der Zwischenzeit die Schinkenscheiben halbieren. Camembert in Scheiben schneiden.
**8.** Die Form aus dem Backofen nehmen und auf einen Rost stellen. Die Schnitzel aus der Sauce nehmen und jeweils mit Schinken und Käse belegen. Die Schnitzel wieder auf die Pilzsauce setzen. Die Form wieder auf dem Rost in den heißen Backofen schieben und die Schnitzel noch etwa 5 Minuten gratinieren. Das Gratin mit Preiselbeerdessert anrichten.

Schlemmertopf

Schupfnudeln mit Sauerkraut

## Schlemmertopf

4 Portionen

pro Portion **2,47** Euro

*Zubereitungszeit:* 40 Minuten
*Garzeit:* 20–25 Minuten

600 g gegarte Pellkartoffeln
4 EL Butterschmalz
Salz, gem. Pfeffer
1 mittelgroße Zwiebel
150 g Kochschinken
1 EL Butter oder Margarine
1 Stange Porree (Lauch)
150 g Crème fraîche
3 Eier (Größe M)
Kümmelsamen

*Pro Portion:*
E: 19 g, F: 30 g, Kh: 30 g,
kJ: 2036, kcal: 486

**1.** Kartoffeln pellen und in Scheiben schneiden. Butterschmalz in einer Pfanne erhitzen. Kartoffelscheiben hinzufügen und unter mehrmaligem Wenden goldbraun braten. Mit Salz und Pfeffer würzen. Zwiebel abziehen, in kleine Würfel schneiden, kurz vor Ende der Bratzeit zu den Kartoffelscheiben geben und mitbraten.
**2.** Den Backofen vorheizen.
*Ober-/Unterhitze:* etwa 200 °C
*Heißluft:* etwa 180 °C
**3.** Schinken in kleine Würfel schneiden. Butter oder Margarine in einer Pfanne zerlassen. Schinkenwürfel darin anbraten. Porree putzen, die Stange längs halbieren, gründlich waschen, abtropfen lassen, in kleine Stücke schneiden, zu den Schinkenwürfeln geben und kurz mit andünsten.
**4.** Die Bratkartoffeln in eine Auflaufform (gefettet) geben. Die Schinken-Porree-Masse gleichmäßig darauf verteilen. Mit Salz und Pfeffer würzen. Crème fraîche mit Eiern verschlagen, mit Salz, Pfeffer und Kümmel verrühren und auf dem Auflauf verteilen. Die Form auf dem Rost in den vorgeheizten Backofen schieben. Den Auflauf 20–25 Minuten garen.

## Schupfnudeln mit Sauerkraut

4 Portionen

pro Portion **1,60** Euro

*Zubereitungszeit:* 30 Minuten
*Garzeit:* etwa 35 Minuten

1 große Zwiebel
3 EL Sonnenblumenöl
2 TL Zucker
810 g Sauerkraut (aus der Dose)
1 Lorbeerblatt
4 Wacholderbeeren
1 TL Gemüsebrühe
Salz, gem. Pfeffer
4 Mettenden (etwa 300 g)
500 g Schupfnudeln
(aus dem Kühlregal)
25 g Semmelbrösel
40 g Butter

*Pro Portion:*
E: 19 g, F: 45 g, Kh: 56 g,
kJ: 2963, kcal: 711

**1.** Zwiebel abziehen und in kleine Würfel schneiden. Sonnenblumenöl in einer großen Pfanne erhitzen. Die Zwiebelwürfel darin andünsten. Zucker hinzugeben und karamellisieren lassen.
**2.** Sauerkraut, Lorbeerblatt, Wacholderbeeren und Gemüsebrühe ebenfalls in die Pfanne geben, mit Salz und Pfeffer würzen. Die Zutaten etwa 10 Minuten ohne Deckel garen.
**3.** Den Backofen vorheizen.
*Ober-/Unterhitze:* etwa 200 °C
*Heißluft:* etwa 180 °C
**4.** Die Mettenden in Scheiben schneiden, mit dem Sauerkraut vermischen. Schupfnudeln in eine große, flache Auflaufform (gefettet) geben. Sauerkraut-Mischung darauf verteilen.
**5.** Den Auflauf mit Semmelbröseln bestreuen. Butter in kleinen Flöckchen daraufsetzen. Die Form auf dem Rost in den vorgeheizten Backofen schieben. Den Auflauf etwa 25 Minuten garen.

## Riesentoast

6 Portionen

pro Portion **1,85** Euro

*Zubereitungszeit:* 60 Minuten
*Backzeit:* 10–12 Minuten

400 g Schweinenacken
(ohne Knochen)
Gyros-Gewürz
3 EL Olivenöl
200 g Tomaten
etwa 350 g Gurke
1 kleiner Eisbergsalat
1 großes Fladenbrot (etwa 600 g)
500 g Zaziki (aus dem Kühlregal)
50 g abgetropfte, schwarze Oliven
200 g Schafskäse

*Pro Portion:*
E: 30 g, F: 29 g, Kh: 58 g,
kJ: 2580, kcal: 616

**1.** Den Schweinenacken mit Küchenpapier trocken tupfen. Das Fleisch zuerst in dünne Scheiben, dann in dünne Streifen schneiden. Fleischstreifen mit Gyros-Gewürz würzen. Olivenöl in einer Pfanne erhitzen. Die Fleischstreifen darin unter gelegentlichem Rühren braten.
**2.** Den Backofen vorheizen.
*Ober-/Unterhitze:* etwa 200 °C
*Heißluft:* etwa 180 °C
**3.** Die Tomaten abspülen, abtrocknen, halbieren und die Stängelansätze herausschneiden. Die Tomaten in Scheiben schneiden. Gurke schälen und die Enden abschneiden. Die Gurke in etwa 1 cm große Würfel schneiden. Eisbergsalat putzen, halbieren, in dünne Streifen schneiden, abspülen und trocken tupfen.
**4.** Das Fladenbrot waagerecht halbieren und die beiden Hälften mit der Schnittfläche nach oben auf ein Backblech (mit Backpapier belegt) legen. Die Fladenbrote mit Zaziki bestreichen und mit Eisbergsalat, Gurkenwürfeln, Tomatenscheiben, Oliven und Fleischstreifen belegen.
**5.** Den Schafskäse in kleine Würfel schneiden und auf den belegten Fladenbrothälften verteilen, mit Gyros-Gewürz bestreuen. Das Backblech in den vorgeheizten Backofen schieben. Riesentoast 10–12 Minuten backen und anschließend heiß servieren.

## Gefüllte Kartoffeln mit Rahmkraut und Rote-Bete-Salat

4 Portionen

*Zubereitungszeit:* 40 Minuten
*Überbackzeit:* etwa 10 Minuten

12 mittelgroße, festkochende Kartoffeln (etwa 1,2 kg)
460 g Sauerkraut (fertig gekocht, aus der Dose)
2 Knoblauchzehen
1 EL Sonnenblumenöl
125 g Crème double
Salz, gem. Pfeffer
2 EL flüssiger Honig
2 EL Speisestärke
2 EL TK-Petersilie
60 g ger. Gouda

pro Portion **1,55** Euro

**Für den Rote-Bete-Salat:**
300 g abgetropfte Rote-Bete-Kugeln (aus dem Glas)
2 Frühlingszwiebeln
etwas flüssiger Honig
1 EL Olivenöl

*Pro Portion:*
E: 9 g, F: 25 g, Kh: 42 g,
kJ: 1846, kcal: 443

**1.** Kartoffeln gründlich unter fließendem kalten Wasser abbürsten, in einem Topf knapp mit Wasser bedeckt zum Kochen bringen und zugedeckt etwa 20 Minuten kochen.
**2.** In der Zwischenzeit von dem Sauerkraut den Saft auffangen. Knoblauch abziehen und durch eine Knoblauchpresse drücken. Sonnenblumenöl in einem Topf erhitzen. Den Knoblauch darin andünsten, Sauerkraut hinzugeben und mitdünsten lassen. Crème double unterrühren, zum Kochen bringen und etwa 10 Minuten kochen lassen. Rahmkraut mit Salz, Pfeffer und Honig würzen.
**3.** Den Backofen vorheizen.
*Ober-/Unterhitze:* etwa 220 °C
*Heißluft:* etwa 200 °C
**4.** Speisestärke mit etwas von dem aufgefangenen Sauerkrautsaft anrühren, unter das Rahmkraut rühren und unter Rühren kurz aufkochen lassen, sodass das Rahmkraut leicht gebunden ist. Petersilie unterrühren.
**5.** Die garen Kartoffeln abgießen. Von den Kartoffeln waagerecht einen Deckel abschneiden. Kartoffeln mit einem Ausstecher aushöhlen. Das Rahmkraut in den Kartoffeln verteilen und den Gouda daraufstreuen. Die gefüllten Kartoffeln in eine Auflaufform (gefettet) setzen. Die Kartoffeln etwa 10 Minuten überbacken.
**6.** Für den Rote-Bete-Salat die Rote-Bete-Kugeln halbieren. Frühlingszwiebeln putzen, abspülen, abtropfen lassen und in feine Scheiben schneiden. Rote Bete mit den Frühlingszwiebelscheiben mischen. Mit Salz, Pfeffer, etwas Honig und Olivenöl abschmecken.
**7.** Kartoffeln mit dem Rahmkraut und dem Rote-Bete-Salat anrichten.

Riesentoast

Gefüllte Kartoffeln mit Rahmkraut und Rote-Bete-Salat

## Lasagne, klassisch

5–6 Portionen

*Zubereitungszeit:* 30 Minuten
*Garzeit:* etwa 45 Minuten

**Für die Bolognesesauce:**
2 Zwiebeln
1 Knoblauchzehe
2 EL Olivenöl
300 g Rindergehacktes
740 g stückige Tomaten (Tetrapak)
125 ml Gemüse- oder Fleischbrühe
1 EL Tomatenmark
1 Lorbeerblatt
1/2 EL gehacktes Basilikum
Salz
gem. Pfeffer

pro Portion 1,45 Euro

**Für die Béchamelsauce:**
30 g Butter oder Margarine
25 g Weizenmehl
300 ml Milch (3,5 % Fett)
200 ml Gemüse- oder Fleischbrühe
175 g ger. mittelalter Gouda
ger. Muskatnuss

12 Lasagneplatten (ohne Vorkochen, knapp 250 g)

*Pro Portion:*
E: 28 g, F: 29 g, Kh: 45 g,
kJ: 2316, kcal: 553

**1.** Für die Bolognesesauce Zwiebeln und Knoblauch abziehen, in kleine Würfel schneiden. Olivenöl in einem Topf erhitzen. Gehacktes darin unter Rühren anbraten. Dabei die Fleischklümpchen mit einer Gabel zerdrücken. Die Zwiebel- und Knoblauchwürfel hinzugeben, mit andünsten.
**2.** Stückige Tomaten, Brühe, Tomatenmark, Lorbeerblatt und Basilikum zum angebratenen Gehackten in die Pfanne geben, zum Kochen bringen und etwa 5 Minuten kochen lassen. Mit Salz und Pfeffer abschmecken. Lorbeerblatt entfernen.
**3.** Den Backofen vorheizen.
*Ober-/Unterhitze:* etwa 200 °C
*Heißluft:* etwa 180 °C
**4.** Für die Béchamelsauce die Butter oder Margarine in einem Topf zerlassen. Das Mehl darin unter Rühren so lange erhitzen, bis es hellgelb ist. Nach und nach Milch und Brühe hinzugießen, mit einem Schneebesen durchschlagen. Dabei darauf achten, dass keine Klümpchen entstehen. Die Sauce unter Rühren aufkochen lassen. Ein Drittel des Käses unterrühren. Die Sauce mit Salz, Pfeffer und Muskat kräftig würzen.
**5.** Etwas von der Bolognesesauce auf dem Boden einer eckigen Auflaufform (gefettet) verteilen und mit Lasagneplatten belegen, dann wieder etwas von der Bolognesesauce daraufgeben, etwas Béchamelsauce darauf verteilen. Mit jeder Schicht so weiter verfahren, dass 3–4 Lasagneschichten entstehen. Etwas Béchamelsauce abnehmen, auf die oberste Lasagneschicht streichen. Mit restlichem Käse bestreuen.
**6.** Form zugedeckt auf dem Rost in den vorgeheizten Backofen schieben. Lasagne etwa 45 Minuten garen.
**7.** Nach etwa 30 Minuten Garzeit den Deckel abnehmen und die Lasagne fertig backen. Die Lasagne zum Servieren in Stücke teilen.

Lasagne, klassisch

## Kreolischer Lammhack-Kartoffel-Auflauf

4 Portionen

pro Portion 1,45 Euro

*Zubereitungszeit:* 35 Minuten
*Garzeit:* etwa 40 Minuten

2 Eier (Größe M)
1–2 EL rote Currypaste
1 TL gem. Gewürznelken
1 EL gem. Piment (Nelkenpfeffer)
1 EL gem. Ingwer
700 g Lammgehacktes
40 g Semmelbrösel
fein abgeriebene Schale von 1 Bio-Limette (unbehandelt, ungewachst)
Salz
450 g kleine Kartoffeln (je etwa 40 g)
75 g rote Zwiebeln
3 EL Olivenöl
175 g Cocktailtomaten
15 Minzeblättchen

*Pro Portion:*
E: 38 g, F: 44 g, Kh: 28 g,
kJ: 2773, kcal: 663

**1.** Eier mit Currypaste, Nelken, Piment und Ingwer verschlagen, bis sich die Currypaste aufgelöst hat.
**2.** Lammgehacktes in eine Schüssel geben. Die Eier-Würz-Masse, Semmelbrösel, Limettenschale und Salz hinzugeben. Die Zutaten gut verkneten.

Kreolischer Lammhack-Kartoffel-Auflauf

Kürbis mit Zartweizen, überbacken mit Frischkäse

**3.** Die Hackfleischmasse in einer Tarteform (Ø 22 cm, gefettet) verteilen und leicht andrücken.
**4.** Den Backofen vorheizen.
*Ober-/Unterhitze:* etwa 200 °C
*Heißluft:* etwa 180 °C
**5.** Die Kartoffeln unter fließendem kalten Wasser abbürsten, abtropfen lassen und in etwa 3 mm dicke Scheiben schneiden. Zwiebeln abziehen und ebenfalls in etwa 3 mm dicke Scheiben schneiden.
**6.** Kartoffel- und Zwiebelscheiben zusammen in kochendem Salzwasser etwa 1 Minute blanchieren, in einem Sieb gut abtropfen lassen.
**7.** Die Kartoffel- und Zwiebelscheiben mit 2 Esslöffeln des Olivenöls und etwas Salz mischen und auf der Hackfleischmasse in der Form verteilen.
**8.** Die Form auf dem Rost in den vorgeheizten Backofen schieben. Den Auflauf etwa 40 Minuten garen.
**9.** In der Zwischenzeit die Tomaten abspülen, trocken tupfen, vierteln und evtl. die Stängelansätze herausschneiden. Minzeblättchen abspülen, trocken tupfen und grob zerschneiden.
**10.** Tomatenspalten und Minze mit dem restlichen Olivenöl vermischen und mit etwas Salz würzen.
**11.** Die Tomaten-Minze-Mischung nach etwa 30 Minuten Backzeit auf dem Auflauf verteilen und den Auflauf fertig garen.

## Kürbis mit Zartweizen, überbacken mit Frischkäse

2 Portionen

pro Portion 1,45 Euro

*Zubereitungszeit:* 25 Minuten
*Überbackzeit:* etwa 20 Minuten

125 g Zartweizen
(vorgegarter Weizen)
1 l Gemüsebrühe
1 Zwiebel
etwa 650 g Kürbis, z. B. Hokkaido
1 EL Sonnenblumenöl
50–75 ml Gemüsebrühe
(von dem Zartweizen)
2 EL Schnittlauchröllchen
etwa 1/2 TL ger. Bio-Zitronenschale
(unbehandelt, ungewachst)
200 g körniger Frischkäse
Salz
gem. Pfeffer
ger. Muskatnuss
1–2 TL zerstoßene, rosa
Pfefferbeeren

*Pro Portion:*
E: 24 g, F: 14 g, Kh: 60 g,
kJ: 1937, kcal: 463

**1.** Zartweizen nach Packungsanleitung mit der Gemüsebrühe zubereiten. Dann den Zartweizen in ein Sieb geben, dabei die Gemüsebrühe auffangen und 50–75 ml abmessen und beiseitestellen.
**2.** In der Zwischenzeit Zwiebel abziehen und fein würfeln. Kürbis abspülen, abtropfen lassen, halbieren, entkernen und die Innenfasern entfernen. Kürbis in Spalten schneiden und nach Belieben schälen. Etwa 400 g Kürbisfruchtfleisch in etwa 1 1/2 cm große Würfel schneiden.
**3.** Den Backofen vorheizen.
*Ober-/Unterhitze:* etwa 200 °C
*Heißluft:* etwa 180 °C
**4.** Sonnenblumenöl in einem Topf erhitzen. Die Zwiebelwürfel darin andünsten. Kürbiswürfel hinzufügen und unter gelegentlichem Rühren etwa 2 Minuten mitdünsten. Die abgemessene Gemüsebrühe hinzugießen. Die Kürbiswürfel zugedeckt in etwa 8 Minuten bissfest dünsten, dabei sollte die Gemüsebrühe fast verdampft sein.
**5.** In der Zwischenzeit die Schnittlauchröllchen mit Zitronenschale und Frischkäse vermischen, mit Salz und Pfeffer würzen. Das Kürbisgemüse mit Salz und Muskat würzen. Den Zartweizen untermischen. Die Kürbis-Weizen-Mischung in einer Auflaufform (gefettet) verteilen.
**6.** Die Frischkäsemasse löffelweise daraufgeben und vorsichtig verstreichen. Rosa Pfefferbeeren daraufstreuen. Die Form auf dem Rost in den vorgeheizten Backofen (unteres Drittel) schieben. Das Kürbisgemüse etwa 20 Minuten überbacken und heiß servieren.

## Nudelauflauf mit Erbsen, Tomaten und Mozzarella

2 Portionen (ohne Foto)

*Zubereitungszeit:* 30 Minuten
*Garzeit:* etwa 20 Minuten

pro Portion 1,45 Euro

2 l Wasser
2 gestr. TL Salz
200 g Nudeln, z. B. Spirelli
125 abgetropfter Mozzarella
1/2 Bund Schnittlauch
100 g Schlagsahne
1 TL gekörnte Gemüsebrühe
200 g stückige Tomaten (aus der Dose)
150 g TK-Erbsen
Salz, gem. Pfeffer

*Pro Portion:*
E: 32 g, F: 33 g, Kh: 86 g,
kJ: 3238, kcal: 774

**1.** Wasser in einem großen Topf zugedeckt zum Kochen bringen. Dann Salz und Nudeln hinzugeben. Die Nudeln im geöffneten Topf bei mittlerer Hitze nach Packungsanleitung knapp bissfest kochen, dabei gelegentlich umrühren. Anschließend die Nudeln in ein Sieb geben, mit kaltem Wasser abspülen und abtropfen lassen.
**2.** Mozzarella in kleine Würfel schneiden. Schnittlauch abspülen, trocken tupfen und in Röllchen schneiden.
**3.** Den Backofen vorheizen.
*Ober-/Unterhitze:* etwa 200 °C
*Heißluft:* etwa 180 °C
**4.** Die Sahne in einem Topf erwärmen. Gemüsebrühe hinzugeben und unter Rühren auflösen. Die Nudeln in eine kleine Auflaufform (gefettet) geben. Stückige Tomaten mit der Sahne verrühren und auf den Nudeln verteilen.
**5.** Anschließend gefrorene Erbsen, zwei Drittel der Mozzarellawürfel und die Schnittlauchröllchen daraufgeben, gut mit den Nudeln vermengen. Mit Salz und Pfeffer würzen. Die restlichen Mozzarellawürfel darauf verteilen.
**6.** Die Form auf dem Rost in den vorgeheizten Backofen schieben. Den Nudelauflauf etwa 20 Minuten garen.

Gemüsezwiebeln, mit Pilzen gefüllt

## Gemüsezwiebeln, mit Pilzen gefüllt

4 Portionen

*Zubereitungszeit:* 40 Minuten, ohne Abkühlzeit
*Garzeit:* 40–45 Minuten

pro Portion 1,45 Euro

4 Gemüsezwiebeln (je 350–400 g)
Salz

**Für die Füllung:**
200 g rosa Champignons
80 g magerer, roher Schinken
1/2 Bund Thymian
2 EL Speiseöl, z. B. Rapsöl
185 g abgetropfte Pfifferlinge (aus dem Glas)
gem. Pfeffer
2 Eier (Größe M)
125 g Schlagsahne
80 g ger. Emmentaler

*Pro Portion:*
E: 20 g, F: 33 g, Kh: 19 g,
kJ: 1887, kcal: 452

**1.** Zwiebeln abziehen und die Wurzelenden gerade schneiden. Zwiebeln abspülen, trocken tupfen und quer halbieren. Salzwasser in einem Topf zum Kochen bringen, die Zwiebelhälften darin etwa 15 Minuten garen. Anschließend in ein Sieb geben, mit kaltem Wasser übergießen, gut abtropfen und abkühlen lassen. Zwiebelhälften bis auf 3 Schichten aushöhlen. Ausgehöhltes Zwiebelfleisch in kleine Würfel schneiden.
**2.** Für die Füllung Champignons putzen, evtl. kurz abspülen und trocken tupfen. Schinken in kleine Würfel schneiden. Thymian abspülen und trocken tupfen. Einige Stängel zum Garnieren beiseitelegen. Die Blättchen von den restlichen Stängeln zupfen.
**3.** Den Backofen vorheizen.
*Ober-/Unterhitze:* etwa 180 °C
*Heißluft:* etwa 160 °C
**4.** Speiseöl in einer großen Pfanne erhitzen. Die Schinken-, Zwiebelwürfel darin andünsten. Pilze hinzugeben (große Pilze in kleine Stücke schneiden) und mitdünsten lassen. Thymianblättchen unterrühren, die Masse mit Salz und Pfeffer würzen.
**5.** Die ausgehöhlten Zwiebelhälften in eine große, flache Auflaufform (gefettet) geben und mit der Pilz-Zwiebel-Masse füllen. Eier mit Sahne verschlagen und darauf verteilen. Die Form auf dem Rost in den vorgeheizten Backofen schieben. Gefüllte Zwiebeln etwa 30 Minuten garen.
**6.** Die Zwiebelhälften mit Käse bestreuen und weitere 10–15 Minuten bei gleicher Backofentemperatur überbacken.
**7.** Die gefüllten Zwiebeln mit den beiseitegelegten Thymianstängeln garniert servieren.

## Schneller Mexicana-Auflauf mit Cabanossi

4 Portionen

pro Portion 1,45 Euro

*Zubereitungszeit:* 25 Minuten
*Garzeit:* etwa 30 Minuten

4 TL Mexiko-Gewürzmischung
2 EL Olivenöl
375 g vorgegarter Langkornreis (Folienbeutel, z. B. Express-Reis)
250 g Cabanossi
150 g rosé Champignons
800 g Pizza-Tomaten (aus der Dose)
Salz, gem. Pfeffer
400 g Chilibohnen (aus der Dose)
285 g abgetropfte Gemüsemais-Paprika-Mischung (Mexiko-Mix, aus der Dose)
125 g Schafskäse
1–2 EL Schnittlauchröllchen

*Pro Portion:*
E: 28 g, F: 34 g, Kh: 52 g,
kJ: 2629, kcal: 625

**1.** Den Backofen vorheizen.
*Ober-/Unterhitze:* etwa 200 °C
*Heißluft:* etwa 180 °C
**2.** Die Gewürzmischung mit Olivenöl verrühren und mit dem vorgegarten Reis mischen. Cabanossi in Scheiben schneiden. Champignons putzen, evtl. kurz abspülen und gut abtropfen lassen. Große Pilze halbieren.
**3.** Pizza-Tomaten in eine große Auflaufform (gefettet) geben und mit etwas Salz und Pfeffer würzen. Die Chilibohnen mit der Sauce, die Gemüsemais-Paprika-Mischung, Pilze, Cabanossischeiben und den Reis unter die Pizza-Tomaten mischen, evtl. nochmals mit etwas Salz abschmecken.
**4.** Schafskäse fein zerbröseln und auf dem Auflauf verteilen. Die Form auf dem Rost in den vorgeheizten Backofen (unteres Drittel) schieben. Den Auflauf etwa 30 Minuten garen. Zum Servieren den Auflauf mit Petersilie bestreuen.

## Gratinierte Cannelloni mit Zucchini-Mett-Füllung

4 Portionen

pro Portion 1,45 Euro

*Zubereitungszeit:* 40 Minuten
*Überbackzeit:* etwa 40 Minuten

350 g Zucchini
1 Zwiebel, 1 Knoblauchzehe
25 g gemischte TK-Kräuter
400 g Thüringer Mett (gewürztes Schweinemett)
gem. Pfeffer
20–24 Cannelloni (ohne Vorgaren, etwa 250 g)

**Für die Sauce:**
400 g rosé Champignons
1 geh. EL Butter
150 ml Gemüsebrühe
250 ml Milch (3,5 % Fett)
1/2 EL Butter
1 leicht geh. EL Weizenmehl
150 g Schmelzkäse-Zubereitung
abgeriebene Schale und Saft von 1/2 Bio-Zitrone (unbehandelt, ungewachst)
evtl. Salz
50 g ger. Parmesan

*Pro Portion:*
E: 44 g, F: 46 g, Kh: 56 g,
kJ: 3414, kcal: 816

**1.** Den Backofen vorheizen.
*Ober-/Unterhitze:* etwa 200 °C
*Heißluft:* etwa 180 °C
**2.** Zucchini abspülen, abtrocknen und die Enden abschneiden. Zucchini auf einer Küchenreibe grob raspeln. Zwiebel und Knoblauch abziehen, in kleine Würfel schneiden. Zucchiniraspel mit Zwiebel-, Knoblauchwürfeln, Kräutern und Mett gut vermengen. Mit etwas Pfeffer würzen.
**3.** Die Mett-Zucchini-Masse mithilfe eines Teelöffels in die Cannelloni füllen und in eine Auflaufform (leicht gefettet) legen.
**4.** Für die Sauce Champignons putzen, evtl. kurz abspülen, trocken tupfen und klein schneiden. Butter in einer Pfanne zerlassen. Champignonstücke darin unter Wenden etwa 2 Minuten andünsten. Brühe und Milch hinzugießen.
**5.** Butter mit Mehl verkneten, in die Sauce rühren und zerlassen, etwa 1 Minute unter Rühren kochen lassen. Schmelzkäse unterrühren und schmelzen lassen. Die Sauce mit Zitronenschale, -saft, Pfeffer und evtl. etwas Salz abschmecken.
**6.** Die Champignonsauce auf den Cannelloni verteilen und mit Parmesan bestreuen. Die Form auf dem Rost in den vorgeheizten Backofen schieben. Cannelloni etwa 40 Minuten gratinieren.

Schneller Mexicana-Auflauf mit Cabanossi

Gratinierte Cannelloni mit Zucchini-Mett-Füllung

## Grün-weißer Kohlauflauf

pro Portion 2,45 Euro

3–4 Portionen

*Zubereitungszeit:* 40 Minuten
*Backzeit:* etwa 35 Minuten

1 kleiner Blumenkohl (etwa 500 g)
500 g Brokkoli
1 gestr. TL Salz
1 kleine Zucchini (etwa 200 g)

**Für die Sauce:**
25 g Butter
100 g Schinkenwürfel (aus dem Kühlregal)
20 g Weizenmehl
250 ml Gemüsebrühe
100 g Schlagsahne
80 g ger. mittelalter Gouda
Salz, gem. Pfeffer
ger. Muskatnuss

1 EL Sonnenblumenkerne

*Pro Portion:*
E: 20 g, F: 29 g, Kh: 12 g,
kJ: 1635, kcal: 390

**1.** Den Backofen vorheizen.
*Ober-/Unterhitze:* etwa 180 °C
*Heißluft:* etwa 160 °C
**2.** Vom Blumenkohl und Brokkoli die Blätter entfernen und jeweils den Strunk abschneiden. Blumenkohl und Brokkoli in Röschen teilen, abspülen und abtropfen lassen.
**3.** Wasser in einem großen Topf zum Kochen bringen, Salz hinzufügen. Blumenkohl- und Brokkoliröschen hineingeben, zugedeckt etwa 5 Minuten kochen lassen, mit einer Schaumkelle herausnehmen und in einem Sieb abtropfen lassen.
**4.** Zucchini abspülen, abtrocknen und die Enden abschneiden. Zucchini in Scheiben schneiden. Zucchinischeiben mit den Blumenkohl- und Brokkoliröschen in eine Auflaufform (gefettet) geben.
**5.** Für die Sauce Butter in einer Pfanne zerlassen, Schinkenwürfel darin andünsten. Mehl hinzufügen und unter Rühren so lange darin erhitzen, bis es hellgelb ist. Nach und nach Brühe und Sahne hinzugießen und mit einem Schneebesen durchschlagen, dabei darauf achten, dass keine Klümpchen entstehen. Die Sauce zum Kochen bringen und bei schwacher Hitze etwa 5 Minuten ohne Deckel kochen, dabei gelegentlich umrühren. 1 Esslöffel Gouda (etwa 20 g) unterrühren. Mit Salz, Pfeffer und Muskat würzen.
**6.** Das Gemüse mit der Sauce übergießen, mit restlichem Gouda und Sonnenblumenkernen bestreuen. Die Form auf dem Rost in den vorgeheizten Backofen schieben. Den Auflauf etwa 35 Minuten garen.

## Kartoffel-Zucchini-Gratin

pro Portion 0,80 Euro

2 Portionen

*Zubereitungszeit:* 25 Minuten
*Garzeit:* 20–25 Minuten

250 g gegarte Pellkartoffeln
250 g Zucchini
2 Knoblauchzehen
200 g Schlagsahne
Salz
gem. Pfeffer
50 g ger. Emmentaler
10 g Butter

*Pro Portion:*
E: 12 g, F: 46 g, Kh: 23 g,
kJ: 2357, kcal: 563

**1.** Pellkartoffeln pellen und in Scheiben schneiden. Die Zucchini abspülen, abtrocknen und die Enden abschneiden. Zucchini in dünne Scheiben schneiden. Kartoffel- und Zucchinischeiben schuppenartig in eine flache Auflaufform (gefettet) schichten.
**2.** Den Backofen vorheizen.
*Ober-/Unterhitze:* etwa 200 °C
*Heißluft:* etwa 180 °C
**3.** Knoblauch abziehen und durch eine Knoblauchpresse drücken. Die Sahne mit dem Knoblauch verrühren, mit Salz und Pfeffer würzen.

Grün-weißer Kohlauflauf

Kartoffel-Zucchini-Gratin

Emmentaler Käsekartoffeln

Kartoffel-Schinken-Tortilla mit Petersilie

**4.** Die gewürzte Sahne auf dem Gemüse in der Form verteilen. Den Käse daraufstreuen. Die Butter in Flöckchen daraufsetzen. Die Form auf dem Rost in den vorgeheizten Backofen schieben. Das Gratin 20–25 Minuten garen.

## Emmentaler Käsekartoffeln

4 Portionen

pro Portion 0,90 Euro

*Zubereitungszeit:* 25 Minuten
*Garzeit:* etwa 50 Minuten

1 kg festkochende Kartoffeln
50 g fetter Speck
2 Zwiebeln
Salz, gem. Pfeffer
¼ TL gerebelter Majoran
100 g ger. Emmentaler
250 ml Fleischbrühe
2 EL Schnittlauchröllchen

*Pro Portion:*
E: 12 g, F: 16 g, Kh: 31 g,
kJ: 1358, kcal: 324

**1.** Kartoffeln schälen, abspülen, abtropfen lassen und in dünne Scheiben schneiden. Speck fein würfeln und in einer großen Pfanne auslassen. Grieben aus der Pfanne nehmen.
**2.** Zwiebeln abziehen, in Scheiben schneiden und in dem Speckfett andünsten. Die Kartoffelscheiben hinzufügen und anbraten. Mit Salz, Pfeffer und Majoran würzen.
**3.** Den Backofen vorheizen.
*Ober-/Unterhitze:* etwa 180 °C
*Heißluft:* etwa 160 °C
**4.** Die Kartoffelmischung in eine flache Auflaufform (gefettet) geben. Käse daraufstreuen. Fleischbrühe hinzugießen.
**5.** Die Form auf dem Rost in den vorgeheizten Backofen schieben. Käsekartoffeln etwa 50 Minuten garen.
**6.** Käsekartoffeln mit Schnittlauchröllchen bestreut servieren.

## Kartoffel-Schinken-Tortilla mit Petersilie

8–10 Portionen (als Snack)

*Zubereitungszeit:* 30 Minuten, ohne Abkühlzeit
*Backzeit:* etwa 25 Minuten

1 kg festkochende Kartoffeln
200 g Kochschinken
200 g magerer, roher Schinken
8 Eier (Größe M)
Salz, gem. Pfeffer
1–2 Knoblauchzehen
1 Bund glatte Petersilie
4 EL Speiseöl, z. B. Olivenöl
40 g Butter

pro Portion 1,00 Euro

*Pro Portion:*
E: 17 g, F: 15 g, Kh: 16 g,
kJ: 1147, kcal: 274

**1.** Kartoffeln gründlich waschen, abtropfen lassen, in einem Topf knapp mit Wasser bedeckt, zugedeckt zum Kochen bringen und 20–25 Minuten kochen lassen. Die Kartoffeln abgießen, abdämpfen, etwas abkühlen lassen und warm pellen. Die Kartoffeln in Scheiben schneiden.
**2.** Den Kochschinken und rohen Schinken in Würfel schneiden. Eier verschlagen, mit Salz und Pfeffer würzen. Den Knoblauch abziehen, in sehr kleine Würfel schneiden und unter die Eiermasse rühren.
**3.** Petersilie abspülen und trocken tupfen. Die Blättchen von den Stängeln zupfen und grob zerkleinern.
**4.** Den Backofen vorheizen.
*Ober-/Unterhitze:* etwa 180 °C
*Heißluft:* etwa 160 °C
**5.** Speiseöl in einer großen Pfanne erhitzen. Butter hinzufügen und zerlassen. Die Kartoffelscheiben darin unter mehrmaligem Wenden braun braten. Schinkenwürfel hinzugeben und kurz mitbraten lassen. Mit Salz und Pfeffer würzen. Etwa die Hälfte der Petersilie unterrühren.
**6.** Die Kartoffel-Schinken-Masse in eine große Auflaufform (gefettet) oder in eine Fettpfanne (gefettet) geben. Die Eiermasse darauf verteilen. Die Form auf dem Rost oder die Fettpfanne in den vorgeheizten Backofen schieben. Die Tortilla etwa 25 Minuten stocken lassen.
**7.** Die Tortilla vor dem Servieren mit der restlichen Petersilie bestreuen und in Tortenstücke schneiden.

Kapitel 06

Rezepte 501–600

# Vegetarisch

Gnocchi in Salbeibutter

## Gnocchi in Salbeibutter

2–3 Portionen

*Zubereitungszeit:* 30 Minuten
*Garzeit:* etwa 20 Minuten

pro Portion 1,00 Euro

500 g Kartoffeln
100 g Weizenmehl
2 Eigelb (Größe M)
1 Ei (Größe M)
Salz
gem. Pfeffer
ger. Muskatnuss

60 g Butter
3 EL Tomatenwürfel (von enthäuteten, entkernten Tomaten)
2 EL in Streifen geschnittene Salbeiblättchen

*Pro Portion:*
E: 13 g, F: 28 g, Kh: 56 g,
kJ: 2251, kcal: 538

**1.** Kartoffeln schälen, abspülen, abtropfen lassen, in einem Topf knapp mit Wasser bedeckt, zugedeckt zum Kochen bringen und in etwa 20 Minuten gar kochen. Kartoffeln abgießen, abdämpfen und sofort durch eine Kartoffelpresse in eine Schüssel drücken. Mehl, Eigelb und Ei unterarbeiten. Mit Salz, Pfeffer und Muskat würzen.

**2.** Den Kartoffelteig auf einer leicht bemehlten Arbeitsfläche zu länglichen Rollen formen, anschließend in etwa 2 cm lange Stücke schneiden. Mit einer Gabel ein Muster eindrücken.

**3.** Gnocchi in kochendem Salzwasser etwa 5 Minuten kochen lassen, bis sie an der Oberfläche schwimmen. Gnocchi mit einem Schaumlöffel herausnehmen und abtropfen lassen.

**4.** Butter in einer Pfanne zerlassen. Tomatenwürfel und Salbeistreifen darin andünsten. Gnocchi hinzufügen und kurz durchschwenken.

## Halloumi in Fladenbrottaschen

4 Portionen

pro Portion 1,85 Euro

*Zubereitungszeit:* 20 Minuten
*Grillzeit:* etwa 5 Minuten

**Für den Tomatensalat:**
6 mittelgroße Tomaten
1 Zwiebel
1–2 EL Olivenöl
1 TL Balsamico-Essig
1 Prise Zucker
Salz, gem. Pfeffer
1–2 Stängel Basilikum

1 Pck. Halloumi-Käse (250 g, halbfester Schnittkäse aus Zypern)
4 kleinere, ovale Fladenbrote

**Außerdem:**
evtl. Alufolie

*Pro Portion:*
E: 19 g, F: 22 g, Kh: 38 g,
kJ: 1781, kcal: 425

**1.** Für den Salat Tomaten abspülen, abtrocknen, halbieren und die Stängelansätze herausschneiden. Tomaten in Würfel schneiden. Zwiebel abziehen und fein würfeln. Olivenöl mit Essig verrühren, Zwiebelwürfel unterrühren. Tomatenwürfel unterheben. Tomatensalat mit Zucker, Salz und Pfeffer abschmecken.
**2.** Basilikum abspülen und trocken tupfen. Die Blättchen von den Stängeln zupfen. Blättchen unter den Tomatensalat heben.
**3.** Halloumi in 8 Scheiben schneiden und auf dem heißen Grillrost (evtl. mit Alufolie belegt und dünn mit Olivenöl bestrichen) von jeder Seite etwa 2 Minuten grillen. Fladenbrote ebenfalls auf den Grill legen und von jeder Seite etwa 2 Minuten grillen.
**4.** Die Fladenbrote seitlich etwa zur Hälfte einschneiden, sodass eine Tasche entsteht. Fladenbrote mit den gegrillten Halloumischeiben und dem Tomatensalat füllen und sofort servieren.

***Tipp:*** Statt kleiner, ovaler Fladenbrote können Sie auch Weizenpitas verwenden, die Sie nach Packungsanleitung im Toaster toasten können.

## Griechische Reisnudeln mit Paprika und Tomate

2 Portionen

pro Portion 1,10 Euro

*Zubereitungszeit:* 30 Minuten
*Garzeit:* etwa 15 Minuten

1 Zwiebel
1 Knoblauchzehe
1 grüne Paprikaschote (etwa 200 g)
1 EL Olivenöl
200 g griechische Reisnudeln (Kritharaki)
200 ml Gemüsebrühe
400 g geschälte Tomaten mit Saft (aus der Dose)
1 gestr. TL Oregano
Salz, gem. Pfeffer
Cayennepfeffer

*Pro Portion:*
E: 6 g, F: 6 g, Kh: 91 g,
kJ: 1909, kcal: 456

**1.** Zwiebel und Knoblauch abziehen, beides in kleine Würfel schneiden.
**2.** Paprikaschote halbieren, entstielen, entkernen und die weißen Scheidewände entfernen. Schote abspülen, abtropfen lassen und in kleine Würfel schneiden.
**3.** Das Olivenöl in einem Topf erhitzen. Zwiebel,- Knoblauch- und Paprikawürfel darin bei mittlerer Hitze 2–3 Minuten unter gelegentlichem Rühren andünsten. Reisnudeln hinzufügen und kurz mit andünsten. Den Topf von der Kochstelle nehmen, die Brühe hinzugießen.
**4.** Die Tomaten in einem Sieb über dem Topf abtropfen lassen, sodass der Tomatensaft in den Topf tropft. Die Tomaten mit einem Löffelrücken durch das Sieb in den Topf streichen, damit die Kerne im Sieb bleiben.
**5.** Den Topf wieder auf die Kochstelle stellen. Die Zutaten zum Kochen bringen und zugedeckt bei schwacher Hitze etwa 12 Minuten kochen lassen. Dabei ab und zu umrühren.
**6.** Die Reisnudeln mit dem Gemüse mit Oregano, Salz, Pfeffer und etwas Cayennepfeffer würzen.

Halloumi in Fladenbrottaschen

Griechische Reisnudeln mit Paprika und Tomate

## Penne all'arrabbiata

1–2 Portionen

*Zubereitungszeit:* 30 Minuten

pro Portion **1,75** Euro

2 l Wasser
2 gestr. TL Salz
200 g Penne (Nudeln)
2 Schalotten oder Zwiebeln
1 Knoblauchzehe
1 rote Chilischote
2 EL Olivenöl
1 TL Tomatenmark
250 ml Tomatensaft
Salz
gem. Pfeffer
1–2 EL ger. Parmesan oder Pecorino
1 EL klein geschnittene Petersilienblättchen

*Pro Portion:*
E: 23 g, F: 20 g, Kh: 100 g,
kJ: 2907, kcal: 695

**1.** Wasser in einem großen Topf zugedeckt zum Kochen bringen. Salz und Nudeln hinzugeben. Die Nudeln im geöffneten Topf nach Packungsanleitung bei mittlerer Hitze bissfest (al dente) kochen, dabei gelegentlich umrühren. Anschließend die Nudeln in ein Sieb geben, mit heißem Wasser abspülen und gut abtropfen lassen.
**2.** Schalotten oder Zwiebeln und Knoblauch abziehen, klein würfeln. Chilischote abspülen, abtrocknen, längs aufschneiden, entkernen und die Schote in sehr feine Streifen schneiden.
**3.** Olivenöl in einem Topf erhitzen, Schalotten- oder Zwiebelwürfel mit Knoblauchwürfeln darin unter gelegentlichem Rühren glasig dünsten. Chilischotenstreifen mit Tomatenmark hinzufügen und 2–3 Minuten unter Rühren mitdünsten lassen. Tomatensaft hinzugießen, zum Kochen bringen und alles auf ein Drittel bei mittlerer bis starker Hitze einkochen lassen. Die Tomatensauce durch ein feines Sieb passieren, mit Salz und Pfeffer abschmecken.
**4.** Die Nudeln in die heiße Tomatensauce geben und verrühren. Auf Tellern anrichten, mit Parmesan- oder Pecorino und Petersilie bestreuen.

## Pikante Gemüsepfanne mit Sesam

4 Portionen

pro Portion **1,45** Euro

*Zubereitungszeit:* 40 Minuten

1 1/2 EL geschälter Sesamsamen
350 g Ananasstücke (aus der Dose)
190 g abgetropfte Mini-Maiskölbchen (aus der Dose)
150 g Zuckerschoten
etwa 700 g Chinakohl
1 rote Paprikaschote
2 EL Speiseöl, z. B. Sonnenblumenöl oder Erdnussöl
1 kleines Stück frischer Ingwer
1 TL Speisestärke
2 Msp. Fünf-Gewürze-Pulver
Salz, gem. Pfeffer

*Pro Portion:*
E: 6 g, F: 9 g, Kh: 38 g,
kJ: 1108, kcal: 265

**1.** Sesamsamen in einem Wok ohne Fett unter Rühren goldbraun rösten, herausnehmen und auf einem Teller abkühlen lassen.
**2.** Die Ananasstücke in einem Sieb abtropfen lassen, dabei den Saft auffangen. Die Maiskölbchen klein schneiden.
**3.** Von den Zuckerschoten die Enden abschneiden, evtl. abfädeln. Zuckerschoten abspülen und abtropfen lassen. Chinakohl putzen, halbieren und den Strunk herausschneiden. Chinakohl abspülen, abtropfen lassen und in Streifen schneiden.
**4.** Die Paprikaschote halbieren, entstielen, entkernen und die weißen Scheidewände entfernen. Schote abspülen, abtropfen lassen, würfeln.
**5.** Speiseöl in einem Wok erhitzen, Chinakohl, Zuckerschoten und Paprikawürfel darin unter Rühren bei starker Hitze etwa 5 Minuten braten.
**6.** Ingwer schälen, auf einer Küchenreibe fein reiben oder fein würfeln, mit dem aufgefangenen Ananassaft und der Speisestärke verrühren.
**7.** Ananasstücke und Maiskölbchen unter das Gemüse rühren. Gemüse mit Fünf-Gewürze-Pulver, Salz und Pfeffer würzen. Angerührten Ananassaft unterrühren und alles bei starker Hitze unter Rühren kurz aufkochen lassen. Gemüse nochmals mit den Gewürzen abschmecken, mit Sesam bestreuen und sofort servieren.

Penne all'arrabbiata

Pikante Gemüsepfanne mit Sesam

Andalusische Pilzpfanne

Auberginen mit eingelegten Limetten und Schnittlauch

## Andalusische Pilzpfanne

pro Portion 2,05 Euro

4 Portionen (Vorspeise)

*Zubereitungszeit:* 25 Minuten, ohne Marinierzeit
*Garzeit:* etwa 10 Minuten

je 250 g möglichst kleine Champignons, Austernpilze und Shiitakepilze
Saft von 1/2 Zitrone
2 Knoblauchzehen
1/2 Bund Petersilie
5 EL Olivenöl
Salz
gem. Pfeffer

Pro Portion:
E: 10 g, F: 25 g, Kh: 14 g,
kJ: 1280, kcal: 306

**1.** Die Pilze putzen, evtl. kurz abspülen und trocken tupfen. Austernpilze in Streifen schneiden. Von den Shiitakepilzen die Stängel abschneiden. Shiitakepilzköpfe halbieren oder vierteln.
**2.** Die vorbereiteten Pilze in eine Schüssel geben, mit Zitronensaft beträufeln und etwa 10 Minuten marinieren.
**3.** In der Zwischenzeit Knoblauch abziehen und klein schneiden. Petersilie abspülen und trocken tupfen. Die Blättchen von den Stängeln zupfen. Blättchen klein schneiden.
**4.** Olivenöl in einer großen Pfanne erhitzen. Den Knoblauch darin glasig dünsten.
**5.** Die marinierten Pilze hinzugeben und 5–6 Minuten bei mittlerer Hitze dünsten, dabei ab und zu umrühren. Anschließend die Pilze bei starker Hitze kurz anbraten.
**6.** Die Pilzpfanne mit Salz und Pfeffer kräftig würzen. Die Petersilie unterrühren. Die Pilzpfanne sofort heiß servieren.

## Auberginen mit eingelegten Limetten und Schnittlauch

8–10 Portionen

*Zubereitungszeit:* 50 Minuten, ohne Durchzieh- und Kühlzeit
*Grillzeit:* etwa 4 Minuten

**Für die eingelegten Limetten:**
5 Bio-Limetten (unbehandelt, ungewachst)
1 EL Meersalz
150 ml Olivenöl

pro Portion 1,35 Euro

5 Knoblauchzehen
150 ml Olivenöl
10 mittelgroße Auberginen (je etwa 300 g)
Salz
gem. grober, bunter Pfeffer

**Zum Bestreuen:**
2 Bund Schnittlauch

*Pro Portion:*
E: 4 g, F: 29 g, Kh: 8 g,
kJ: 1296, kcal: 309

**1.** Für die eingelegten Limetten die Limetten heiß abwaschen, abtrocknen und in dünne Scheiben schneiden. Die Limettenscheiben mit Salz bestreuen, in ein Glas schichten und mit Olivenöl übergießen, sodass die Limettenscheiben bedeckt sind. Limettenscheiben mit Frischhaltefolie zudecken, mindestens 24 Stunden in den Kühlschrank stellen und durchziehen lassen.
**2.** Knoblauch abziehen und durch eine Knoblauchpresse drücken. Olivenöl mit Knoblauch verrühren.
**3.** Auberginen abspülen, abtrocknen und die Stängelansätze entfernen. Auberginen in Scheiben schneiden. Mit Salz und Pfeffer bestreuen.
**4.** Auberginenscheiben in eine flache Schale legen und mit dem Knoblauchöl übergießen. Auberginenscheiben mit Frischhaltefolie zudecken und in den Kühlschrank stellen.
**5.** Den Backofengrill vorheizen.
**6.** Schnittlauch abspülen, trocken tupfen und in Röllchen schneiden.
**7.** Die Auberginenscheiben aus der Schale nehmen, gut trocken tupfen und auf einen mit Alufolie belegten Backofenrost legen. Den Backofenrost unter den vorgeheizten Backofengrill schieben. Die Auberginenscheiben etwa 2 Minuten von jeder Seite grillen.
**8.** Die Auberginenscheiben vom Backofenrost nehmen und etwas abkühlen lassen.
**9.** Auberginenscheiben mit den eingelegten Limettenscheiben auf einer großen Platte anrichten und mit Schnittlauchröllchen bestreuen.

Kürbisgulasch mit Polentaschnitten

## Kürbisgulasch mit Polentaschnitten

2 Portionen

pro Portion 1,70 Euro

*Zubereitungszeit:* 35 Minuten, ohne Kühlzeit

**Für die Polentaschnitten:**
500 ml Wasser
1/4–1/2 TL Salz
1/2 EL Speiseöl, z. B. Olivenöl
125 g Polenta (Maisgrieß)
2–3 Stängel Majoran

**Für das Kürbisgulasch:**
1 Zwiebel
1 Knoblauchzehe
1 grüne Paprikaschote
1 mittelgroßer Hokkaido-Kürbis
4 Stängel Majoran
2 EL Speiseöl, z. B. Olivenöl
100 ml Gemüsebrühe
Salz
1–1 1/2 EL weißer Balsamico-Essig

*Pro Portion:*
E: 11 g, F: 14 g, Kh: 67 g,
kJ: 1843, kcal: 441

**1.** Für die Polentaschnitten am Vortag Polenta nach Packungsanleitung zubereiten. Dafür Wasser mit Salz in einem kleinen, hohen Topf zugedeckt zum Kochen bringen. 1/2 Esslöffel Speiseöl mit der Polenta einrühren, zum Kochen bringen und zugedeckt bei schwacher Hitze etwa 2 Minuten kochen lassen. Den Topf von der Kochstelle nehmen. Die Polenta etwa 5 Minuten abkühlen lassen.
**2.** In der Zwischenzeit den Majoran abspülen und trocken tupfen. Die Blättchen von den Stängeln zupfen. Eine rechteckige Form oder Aufschnittplatte (etwa 3–5 cm hoch, mindestens 400 ml Fassungsvermögen) mit kaltem Wasser ausspülen.
**3.** Die Majoranblättchen unter die gegarte Polenta rühren und evtl. mit Salz abschmecken. Polenta in die Form füllen, glatt streichen und mit Frischhaltefolie zudecken. Polenta über Nacht erkalten lassen.
**4.** Am nächsten Tag für das Kürbisgulasch Zwiebel und Knoblauch abziehen, beides fein würfeln. Paprikaschote halbieren, entstielen, entkernen und die weißen Scheidewände entfernen. Schote abspülen, abtropfen lassen und in mundgerechte Stücke schneiden.
**5.** Kürbis abspülen und abtropfen lassen. Kürbis vierteln und inneres Fasernfleisch entfernen. Kürbisviertel zuerst in Spalten und dann in mundgerechte Stücke schneiden. Majoran abspülen und trocken tupfen. Von 2 Stängeln die Blättchen abzupfen und beiseitelegen.
**6.** Von dem Speiseöl 1 Esslöffel in einem möglichst breiten Topf erhitzen. Zwiebel- und Knoblauchwürfel darin andünsten. Paprika- und Kürbisstücke hinzufügen und 1–2 Minuten mitdünsten, dabei ab und zu umrühren.
**7.** Gemüsebrühe hinzugießen, Salz und Majoranstängel hinzugeben. Die Zutaten zum Kochen bringen und zugedeckt bei mittlerer Hitze etwa 10 Minuten garen, bis der Kürbis leicht weich ist, dabei gelegentlich umrühren.
**8.** In der Zwischenzeit Frischhaltefolie von der Polenta entfernen. Polenta auf ein Brett stürzen und in längliche Stücke schneiden. Das restliche Speiseöl in einer großen Pfanne erhitzen. Die Polentastücke darin von beiden Seiten etwa 6 Minuten knusprig braten.
**9.** Die Majoranstängel aus dem Gulasch entfernen. Beiseitegelegte Majoranblättchen und 1 Esslöffel Essig unter das Kürbisgulasch rühren. Kürbisgulasch mit etwas Salz und Essig abschmecken. Polentaschnitten dazu servieren.

## Maultaschen mit Spinatfüllung

4 Portionen

*Zubereitungszeit:* 75 Minuten, ohne Auftau- und Ruhezeit
*Garzeit:* etwa 15 Minuten

**Zum Vorbereiten:**
600 g TK-Blattspinat

pro Portion 1,15 Euro

**Für den Teig:**
300 g Weizenmehl
3 Eier (Größe M)
1 EL Speiseöl, z. B. Sonnenblumenöl
1/2 gestr. TL Salz

**Für die Spinatfüllung:**
2 Zwiebeln
2 Knoblauchzehen
2 EL Speiseöl, z. B. Sonnenblumen- oder Olivenöl
Salz
gem. Pfeffer
ger. Muskatnuss
1 Eigelb (Größe M)

1 Eiweiß (Größe M)
etwa 3 l Gemüsebrühe

*Pro Portion:*
E: 19 g, F: 15 g, Kh: 58 g,
kJ: 1892, kcal: 452

**1.** Zum Vorbereiten für die Spinatfüllung Blattspinat nach Packungsanleitung auftauen.
**2.** Für den Teig Mehl in eine Rührschüssel geben. Eier, Speiseöl und Salz hinzufügen. Die Zutaten mit einem Mixer (Knethaken) zunächst kurz auf niedrigster, dann auf höchster Stufe in etwa 3 Minuten zu einem glatten Teig verarbeiten, evtl. noch etwas Wasser hinzugeben. Den Teig zugedeckt etwa 40 Minuten ruhen lassen.
**3.** In der Zwischenzeit für die Spinatfüllung den aufgetauten Blattspinat gut ausdrücken und grob hacken. Zwiebeln und Knoblauch abziehen, klein würfeln.
**4.** Das Speiseöl in einem Topf erhitzen. Zwiebel- und Knoblauchwürfel darin unter Rühren andünsten. Spinat hinzugeben und zugedeckt bei schwacher Hitze etwa 3 Minuten dünsten. Mit Salz, Pfeffer und Muskat würzen, Spinat etwas abkühlen lassen, dann das Eigelb unterrühren.
**5.** Teig auf der bemehlten Arbeitsfläche dünn zu einem Rechteck (mindestens 40 x 60 cm) ausrollen. Aus dem Teigrechteck 10 x 10 cm große Quadrate ausrädeln. Etwas von der Füllung auf jedes Teigquadrat geben. Eiweiß mit einer Gabel verschlagen und die Teigränder damit bestreichen. Die Teigquadrate zu Dreiecken übereinanderklappen und die Ränder andrücken (ergibt 24 Maultaschen).
**6.** Gemüsebrühe in einem großen Topf erhitzen. Die Maultaschen portionsweise hineingeben und ohne Deckel bei schwacher bis mittlerer Hitze etwa 15 Minuten garen. Gegarte Maultaschen mit einer Schaumkelle aus der Brühe nehmen und warm stellen. Die übrigen Maultaschen ebenso verarbeiten.
**7.** Die Maultaschen mit etwas von der Brühe in Suppentellern servieren.

Maultaschen mit Spinatfüllung

## Mildes Kartoffel-Ei-Curry mit Erbsen

4 Portionen

pro Portion **0,80** Euro

*Zubereitungszeit:* 25 Minuten
*Garzeit:* etwa 30 Minuten

600 g kleine Kartoffeln
4–6 Eier (Größe M)
1 Zwiebel
25 g Butter oder Margarine
25 g Weizenmehl
mildes Currypulver nach Geschmack
300 ml Gemüsebrühe
250 ml Milch (3,5 % Fett)
300 g Möhren-Erbsen-Mischung (TK oder aus der Dose)
Salz, gem. Pfeffer

*Pro Portion:*
E: 18 g, F: 16 g, Kh: 36 g,
kJ: 1507, kcal: 359

**1.** Kartoffeln unter fließendem kalten Wasser gründlich abbürsten. Kartoffeln in einem Topf knapp mit Wasser bedeckt, zugedeckt zum Kochen bringen und 15–18 Minuten garen. Kartoffeln abgießen, abdämpfen, heiß pellen und leicht abkühlen lassen. Kartoffeln halbieren.
**2.** Eier in kochendem Wasser etwa 8 Minuten hart kochen. Eier abschrecken und pellen.
**3.** Zwiebel abziehen und in kleine Würfel schneiden. Butter oder Margarine in einem Topf zerlassen. Zwiebelwürfel darin glasig dünsten. Mehl hinzufügen und unter Rühren so lange erhitzen, bis es hellgelb ist, Curry unterrühren. Brühe und Milch hinzugießen, mit einem Schneebesen durchschlagen. Dabei darauf achten, dass keine Klümpchen entstehen.
**4.** Die gefrorene Möhren-Erbsen-Mischung hinzugeben, zum Kochen bringen und 5–8 Minuten bei schwacher Hitze kochen lassen, dabei gelegentlich umrühren (abgetropfte Möhren-Erbsen-Mischung aus der Dose nur mit den Kartoffelhälften in der Sauce erhitzen).
**5.** Die Sauce mit Salz, Pfeffer und evtl. noch etwas Curry abschmecken. Kartoffelhälften unter die Sauce rühren und etwa 4 Minuten miterhitzen.
**6.** Eier waagerecht halbieren. Kartoffel-Curry mit den Eierhälften anrichten.

Mildes Kartoffel-Ei-Curry mit Erbsen

## Pastasotto mit halb getrockneten Tomaten

4 Portionen

*Zubereitungszeit:* 40 Minuten, ohne Trockenzeit

pro Portion 2,45 Euro

600 g Cocktailtomaten
8 EL Olivenöl
Meersalz
gem. schwarzer Pfeffer
1 EL Puderzucker

100 g Zwiebeln
1–2 Knoblauchzehen
2 l heiße Gemüsebrühe
400 g Risone-Nudeln (Nudeln, wie große Reiskörner aussehend)
75 ml Weißwein
100 g Parmesan (am Stück)
75 g Rucola (Rauke)
evtl. etwas Olivenöl

*Pro Portion:*
E: 24 g, F: 30 g, Kh: 80 g,
kJ: 2928, kcal: 699

**1.** Den Backofen vorheizen.
*Ober-/Unterhitze:* etwa 130 °C
**2.** Tomaten abspülen, trocken tupfen, halbieren und evtl. die Stängelansätze herausschneiden. Tomatenhälften mit der Schnittfläche nach oben auf ein Backblech (mit Backpapier belegt) legen. Mit 4 Esslöffeln Olivenöl beträufeln, mit Salz und Pfeffer bestreuen, mit Puderzucker bestäuben.
**3.** Das Backblech in den vorgeheizten Backofen schieben. Tomatenhälften etwa 2 Stunden garen (trocknen), dabei die Backofentür einen kleinen Spalt breit offen lassen.
**4.** Zwiebeln und Knoblauch abziehen, in kleine Würfel schneiden. Brühe erhitzen. Restliches Olivenöl in einem Topf erhitzen. Zwiebel- und Knoblauchwürfel darin kräftig andünsten. Die Nudeln hinzugeben und ebenfalls kräftig mitdünsten lassen. Mit Wein ablöschen und ganz einkochen lassen. 250 ml der heißen Brühe hinzugießen und zum Kochen bringen. Mit Salz und Pfeffer würzen.
**5.** Den Pastasotto 17–20 Minuten bei schwacher bis mittlerer Hitze al dente garen. Während der Garzeit nach und nach die restliche Brühe hinzugießen und dabei den Pastasotto sehr häufig umrühren. Der Pastasotto sollte schön sämig sein.
**6.** Parmesan fein reiben. Rucola putzen und die harten Stiele abschneiden. Rucola abspülen, trocken tupfen oder -schleudern. Rucola grob zerschneiden. Den Parmesan unter den Pastasotto rühren.
**7.** Den Pastasotto auf Tellern anrichten. Die warmen Tomatenhälften vom Backblech nehmen und darauf verteilen. Mit Rucola bestreuen. Nach Belieben noch etwas Olivenöl daraufträufeln.

## Omelett mit Tomaten und Käse

2 Portionen

pro Portion 0,85 Euro

*Zubereitungszeit:* 20 Minuten

30 g Butter oder Margarine
4 Eigelb (Größe M)
1 Prise Salz
4 Eiweiß (Größe M)
1 EL Weizenmehl
2 Tomaten
3 EL Speiseöl
2 Scheiben Emmentaler

*Pro Portion:*
E: 21 g, F: 46 g, Kh: 8 g,
kJ: 2237, kcal: 534

**1.** Butter oder Margarine in einer Schüssel mit Eigelb und Salz schaumig rühren. Eiweiß steif schlagen, mit dem Mehl unter die Eigelbmasse ziehen. Tomaten abspülen, trocken tupfen und die Stängelansätze herausschneiden. Tomaten in Scheiben schneiden.
**2.** Speiseöl in einer Pfanne erhitzen. Die Hälfte der Eiermasse in die Pfanne geben und bei mittlerer Hitze goldgelb backen, dann mit einem Pfannenwender wenden.
**3.** Die Hälfte der Tomaten- und Käsescheiben auf die Hälfte des Omeletts legen, fertig backen. Die nicht belegte Omeletthälfte darüberklap-

Pastasotto mit halb getrockneten Tomaten

Omelett mit Tomaten und Käse

Pellkartoffeln mit Wasabiquark

Pfifferlingspfanne

pen. Omelett herausnehmen und warm stellen.

**4.** Anschließend ein zweites Omelett auf die gleiche Weise zubereiten.

## Pellkartoffeln mit Wasabiquark

2 Portionen

pro Portion 1,60 Euro

*Zubereitungszeit:* 40 Minuten, ohne Abtropfzeit

**Zum Vorbereiten:**
500 g Sojajoghurt

600 g festkochende Kartoffeln
2 gestr. TL Wasabipaste
1 EL Zitronensaft
Salz, gem. Pfeffer
evtl. etwas glatte Petersilie

**Außerdem:**
sauberes Geschirrtuch, z. B. aus Leinen

*Pro Portion:*
E: 15 g, F: 6 g, Kh: 48 g,
kJ: 1341, kcal: 320

**1.** Zum Vorbereiten am Abend zuvor ein großes Sieb mit einem sauberen Geschirrtuch auslegen. Das Sieb in eine Schüssel hängen. Den Sojajoghurt in das Sieb geben und zugedeckt über Nacht im Kühlschrank abtropfen lassen.

**2.** Am nächsten Tag die Kartoffeln unter fließendem kalten Wasser abbürsten, knapp mit Wasser bedeckt, zugedeckt zum Kochen bringen und in etwa 20 Minuten gar kochen.

**3.** In der Zwischenzeit das Tuch an den Ecken zusammenhalten und den Joghurt zu einer Kugel formen, dabei läuft evtl. weitere überschüssige Flüssigkeit ab. Den abgetropften Sojaquark aus dem Geschirrtuch nehmen und in eine Schüssel geben. Wasabipaste und Zitronensaft unterrühren, mit Salz und Pfeffer abschmecken.

**4.** Die garen Kartoffeln abgießen, mit kaltem Wasser abschrecken, abtropfen lassen und sofort pellen. Die Pellkartoffeln mit dem Wasabiquark auf Tellern anrichten, nach Belieben mit Salz und Pfeffer bestreuen, mit abgespülten, trocken getupften Petersilienblättchen garniert servieren.

## Pfifferlingspfanne

4 Portionen

*Zubereitungszeit:* 45 Minuten

pro Portion 2,20 Euro

350 g Pfifferlinge
2–3 Schalotten
700 g festkochende Kartoffeln
30 g Butter
250 ml Gemüsebrühe
2 EL Olivenöl
Paprikapulver edelsüß
1 TL Zitronensaft
Salz, gem. Pfeffer
20 g Weizenmehl
250 g Schlagsahne
1 TL gehackter Kerbel

*Pro Portion:*
E: 7 g, F: 32 g, Kh: 29 g,
kJ: 1792, kcal: 428

**1.** Die Pfifferlinge putzen, evtl. kurz abspülen und trocken tupfen. Die Schalotten abziehen und in kleine Würfel schneiden. Kartoffeln schälen, abspülen, abtropfen lassen und klein würfeln.

**2.** Butter in einer großen Pfanne zerlassen. Schalottenwürfel darin andünsten. Kartoffelwürfel hinzugeben. Brühe hinzugießen, zum Kochen bringen und zugedeckt etwa 15 Minuten kochen lassen. Kartoffelwürfel mit der Flüssigkeit herausnehmen und warm stellen.

**3.** Olivenöl in der Pfanne erhitzen. Pfifferlinge darin portionsweise kräftig anbraten, mit Paprika, Zitronensaft, Salz und Pfeffer würzen. Die Pfifferlinge herausnehmen.

**4.** Die Kartoffelwürfel mit der Flüssigkeit wieder in die Pfanne geben. Das Mehl mit etwas Sahne anrühren. Restliche Sahne zu den Kartoffelwürfeln in die Pfanne geben und zum Kochen bringen. Angerührte Sahne unterrühren und unter vorsichtigem Rühren aufkochen lassen.

**5.** Pfifferlinge und Kerbel unterheben. Pfifferlingspfanne nochmals mit den Gewürzen abschmecken.

Hirse mit Wintergemüse

Kokosmilch-Pilaw

## Hirse mit Wintergemüse
2 Portionen

*Zubereitungszeit:* 30 Minuten

pro Portion 1,00 Euro

1 kleine, rote Zwiebel
1 Knoblauchzehe
200 g Möhren
2 Stangen Staudensellerie
1 EL Speiseöl,
z. B. Sonnenblumen- oder Rapsöl
200 g Hirse
450 ml Gemüsebrühe
1–1 1/2 EL Zitronensaft
Salz
gem. Pfeffer
etwa 1/2 TL Garam Masala
(indische Gewürzmischung)

20 g frisch ger. Parmesan

*Pro Portion:*
E: 17 g, F: 13 g, Kh: 79 g,
kJ: 2098, kcal: 502

**1.** Zwiebel und Knoblauch abziehen. Beides fein würfeln. Möhren putzen, schälen, abspülen und abtropfen lassen. Möhren in Scheiben schneiden. Staudensellerie putzen und die harten Außenfäden abziehen. Sellerie abspülen und abtropfen lassen. Sellerie in Scheiben schneiden. Das Selleriegrün abspülen, trocken tupfen, fein hacken und zum Garnieren beiseitestellen.
**2.** Speiseöl in einem Topf erhitzen. Zwiebel- und Knoblauchwürfel darin bei mittlerer Hitze unter gelegentlichem Rühren etwa 2 Minuten andünsten. Möhren- und Selleriescheiben hinzufügen und in weiteren etwa 2 Minuten unter gelegentlichem Rühren mitdünsten lassen.
**3.** Hirse und Brühe hinzugeben. Die Zutaten umrühren und zum Kochen bringen. Hirse-Gemüse zugedeckt bei schwacher bis mittlerer Hitze etwa 10 Minuten kochen lassen. Anschließend die Hitze reduzieren und das Hirse-Gemüse in weiteren etwa 10 Minuten gar ziehen lassen, dabei ab und zu umrühren.
**4.** Das Hirse-Gemüse mit Zitronensaft, Salz, Pfeffer und Garam Masala abschmecken. Die Hirse mit Parmesan und Selleriegrün bestreuen und servieren.

## Kokosmilch-Pilaw
2 Portionen

*Zubereitungszeit:* 40 Minuten, ohne Abkühlzeit
*Garzeit:* etwa 15 Minuten

pro Portion 2,25 Euro

1 kleine Zwiebel
150 g Staudensellerie
1 gelbe Paprikaschote
1 EL Cashewkerne
1 Bio-Zitrone
(unbehandelt, ungewachst)
1 EL Butter
100 g Langkornreis
100 g TK-Erbsen
Salz, gem. Pfeffer
200 ml ungesüßte Kokosmilch
1 EL Kokosraspel
1 EL frisch gehackte Petersilie

*Pro Portion:*
E: 12 g, F: 34 g, Kh: 57 g,
kJ: 2465, kcal: 592

**1.** Zwiebel abziehen und klein würfeln. Staudensellerie putzen und die harten Außenfäden abziehen. Sellerieestangen abspülen, abtropfen lassen und in Scheiben schneiden. Paprikaschote halbieren, entstielen, entkernen und die weißen Scheidewände entfernen. Schotenhälften abspülen, abtropfen lassen und in Streifen schneiden.
**2.** Cashewkerne grob hacken. Die Zitrone heiß abwaschen, abtrocknen und von der Schale einen dünnen Streifen abschneiden. Die Zitrone halbieren, den Saft auspressen und beiseitestellen.
**3.** Butter in einem Topf zerlassen. Zwiebelwürfel und Langkornreis darin unter Rühren glasig dünsten. Die Selleriescheiben, Paprikastreifen, Cashewkerne und gefrorene Erbsen hinzufügen, kurz mitdünsten lassen. Mit Salz und Pfeffer würzen. Kokosmilch hinzugießen, Zitronenschale unterrühren. Die Zutaten zum Kochen bringen. Den Reis mit dem Gemüse zugedeckt etwa 15 Minuten bei schwacher Hitze gar ziehen lassen.

**4.** In der Zwischenzeit Kokosraspel in einer Pfanne ohne Fett unter Rühren goldbraun rösten, herausnehmen und auf einem Teller abkühlen lassen.

**5.** Die Zitronenschale aus dem Pilaw entfernen. Pilaw mit etwa 3 Esslöffeln von dem beiseitegestellten Zitronensaft und der Petersilie vermengen. Mit Salz und Pfeffer kräftig abschmecken. Kokosmilch-Pilaw mit den Kokosraspeln bestreuen.

## Kohlrabi-Schnitzel mit Kartoffelsalat

2 Portionen

pro Portion **1,60** Euro

*Zubereitungszeit:* 35 Minuten, ohne Durchziehzeit
*Garzeit:* etwa 20 Minuten

**Für den Kartoffelsalat:**

500 g festkochende Kartoffeln
2 rote Schalotten oder 1 Zwiebel
1 EL Speiseöl,
z. B. Sonnenblumenöl
50 ml Gemüsebrühe
1 1/2 EL Apfel- oder Weißwein-Essig
1 TL Senfpulver oder Senf
(aus Reformhaus oder Naturkostladen)
1 TL Apfel- oder Agavendicksaft
(aus Reformhaus oder Naturkostladen)
Salz, gem. Pfeffer

**Für die Kohlrabi-Schnitzel:**

1 Kohlrabi (etwa 330 g)
2–3 EL Weizenmehl (Type 1050)
3–4 EL Sojamilch
2–3 EL Vollkorn-Paniermehl
(aus Reformhaus oder Naturkostladen)
2–3 EL Zitronensaft
2 EL Sonnenblumenöl

2 EL Schnittlauchröllchen

*Pro Portion:*
E: 10 g, F: 16 g, Kh: 59 g,
kJ: 1816, kcal: 433

**1.** Für den Salat die Kartoffeln unter fließendem kalten Wasser abbürsten, knapp mit Wasser bedeckt, zugedeckt zum Kochen bringen und in etwa 20 Minuten gar kochen. Die garen Kartoffeln abgießen, mit kaltem Wasser abschrecken, abtropfen lassen. Kartoffeln noch warm pellen, in Scheiben schneiden und in eine Schüssel geben.

**2.** Schalotten oder Zwiebel abziehen und fein würfeln. Das Speiseöl in einem kleinen Topf erhitzen, die Schalotten- oder Zwiebelwürfel darin goldgelb andünsten und zu den Kartoffelscheiben geben.

**3.** Die Brühe in demselben Topf erwärmen. Den Topf von der Kochstelle nehmen, Essig, Senfpulver oder Senf und Dicksaft kräftig unterrühren. Alles mit Salz und Pfeffer würzen, heiß über die Kartoffelscheiben geben, vorsichtig mischen und zugedeckt etwa 60 Minuten durchziehen lassen.

**4.** Für die Schnitzel den Kohlrabi schälen. Kohlrabi abspülen, abtropfen lassen und in etwa 1 cm dicke Scheiben schneiden.

**5.** In einem Topf Salzwasser zum Kochen bringen. Kohlrabischeiben hinzufügen, wieder zum Kochen bringen und zugedeckt in etwa 6 Minuten bei schwacher bis mittlerer Hitze garen, bis der Kohlrabi bissfest ist. Kohlrabi abgießen, trocken tupfen.

**6.** Mehl, Milch und Paniermehl getrennt in 3 kleine, tiefe Teller geben. Die Kohlrabischeiben von beiden Seiten mit etwas Zitronensaft, Salz und Pfeffer würzen. Kohlrabi zunächst in Mehl, dann in Milch und zuletzt im Paniermehl wenden.

**7.** Das Sonnenblumenöl in einer großen Pfanne erhitzen. Die Kohlrabischeiben darin bei mittlerer Hitze in 5–6 Minuten goldbraun braten, dabei einmal wenden. Schnitzel anschließend auf Küchenpapier abtropfen lassen (Vorsicht: Die Schnitzel sind heiß!). Kurz vor dem Servieren Schnittlauchröllchen unter den Kartoffelsalat mischen und mit den Kohlrabi-Schnitzeln anrichten.

Kohlrabi-Schnitzel mit Kartoffelsalat

## Kräuterquark mit Pellkartoffeln

4 Portionen

*Zubereitungszeit:* 35 Minuten

pro Portion **1,15** Euro

1 kg Kartoffeln
Salz

**Für den Kräuterquark:**
500 g Speisequark (20 % Fett)
125 g Schlagsahne
1 Bund Schnittlauch
1 Bund Petersilie
gem. Pfeffer

*Pro Portion:*
E: 21 g, F: 17 g, Kh: 42 g,
kJ: 1727, kcal: 413

**1.** Kartoffeln unter fließendem kalten Wasser gründlich abbürsten, in einem Topf knapp mit Salzwasser bedeckt, zugedeckt zum Kochen bringen, in 20–25 Minuten gar kochen.
**2.** Für den Kräuterquark in der Zwischenzeit Quark mit Sahne in einer Schüssel verrühren.
**3.** Schnittlauch und Petersilie abspülen, trocken tupfen. Den Schnittlauch in feine Röllchen schneiden. Von der Petersilie die Blättchen von den Stängeln zupfen, klein schneiden.
**4.** Die Kräuter unter den Quark rühren. Mit Salz und Pfeffer würzen. Den Kräuterquark cremig aufschlagen.
**5.** Die garen Kartoffeln abgießen und abdämpfen. Kartoffeln mit 2 Gabeln aufbrechen. Je 1 Esslöffel Kräuterquark hineingeben und servieren.

## Bohnen-Schafskäse-Strudel mit würziger Tomatensauce

4 Portionen

pro Portion **2,10** Euro

*Zubereitungszeit:* 30 Minuten
*Backzeit:* etwa 30 Minuten

750 g junge Bohnen
1 kleines Bund Bohnenkraut
4 Tomaten (etwa 500 g)
1 Knoblauchzehe
Salz, gem. Pfeffer
7 EL Olivenöl
4 Blätter fertiger Strudelteig (etwa 125 g, aus dem Kühlregal)
150 g Crème fraîche
400 g Schafskäse
3–4 EL Olivenöl

*Pro Portion:*
E: 26 g, F: 59 g, Kh: 29 g,
kJ: 3123, kcal: 746

**1.** Von den Bohnen die Enden abschneiden, evtl. abfädeln. Bohnen abspülen, abtropfen lassen, halbieren und in kochendem Wasser 1–2 Minuten blanchieren.
**2.** Bohnen in kaltem Wasser abschrecken und in einem Sieb abtropfen lassen. Bohnenkraut abspülen und trocken tupfen. Die Blättchen von den Stängeln zupfen.
**3.** Tomaten abspülen, vierteln, entkernen und die Stängelansätze herausschneiden. Tomatenviertel in Würfel schneiden.
**4.** Knoblauch abziehen und zerdrücken. Mit Salz, Pfeffer und Olivenöl verrühren.
**5.** Den Backofen vorheizen.
*Ober-/Unterhitze:* etwa 180 °C
*Heißluft:* etwa 160 °C
**6.** Die Strudelblätter auf je ein zur Hälfte zusammengelegtes Geschirrtuch legen. Die Strudelblätter mit Crème fraîche bestreichen und mit Bohnenkrautblättchen bestreuen. Schafskäse zerbröseln, mit den Bohnen und Tomatenwürfel auf den Strudelblättern verteilen und das Ganze mit dem vorbereiteten Knoblauchöl beträufeln.
**7.** Die belegten Strudelblätter jeweils mithilfe des Geschirrtuchs aufrollen und nebeneinander auf Backbleche (mit Backpapier belegt) legen.
**8.** Strudel mit Olivenöl bestreichen.
**9.** Die Backbleche nacheinander (bei Heißluft zusammen) in den vorgeheizten Backofen schieben. Die Strudel etwa 30 Minuten backen.
**10.** Die Bohnen-Schafskäse-Strudel von den Backblechen nehmen, anrichten und sofort servieren.

Kräuterquark mit Pellkartoffeln

Bohnen-Schafskäse-Strudel mit würziger Tomatensauce

## Bulgur-Gemüse-Pfanne

2 Portionen

*Zubereitungszeit:* 30 Minuten

pro Portion 1,00 Euro

1 kleine Zwiebel
1 Knoblauchzehe
2 EL Olivenöl
125 g Bulgur
etwa 1 gestr. TL gem. Kreuzkümmel (Cumin)
300 ml Gemüsebrühe
3 Tomaten (etwa 300 g)
1/2 Bund Frühlingszwiebeln
1 mittelgroße Zucchini
Salz, gem. Pfeffer
1–2 TL Zitronensaft

*Pro Portion:*
E: 10 g, F: 12 g, Kh: 54 g,
kJ: 1543, kcal: 368

**1.** Zwiebel und Knoblauch abziehen, beides in kleine Würfel schneiden.
**2.** Einen Esslöffel Olivenöl in einem kleinen Topf erhitzen. Zwiebel- und Knoblauchwürfel darin unter gelegentlichem Rühren bei mittlerer Hitze etwa 2 Minuten andünsten. Bulgur und Kreuzkümmel hinzugeben und unter gelegentlichem Rühren 1–2 Minuten mit andünsten. Die Gemüsebrühe hinzugießen. Die Zutaten zum Kochen bringen und zugedeckt bei schwacher Hitze etwa 10 Minuten ausquellen lassen, dabei 2–3-mal umrühren.
**3.** In der Zwischenzeit die Tomaten kreuzweise einschneiden und mit kochendem Wasser übergießen. Nach 1–2 Minuten herausnehmen und mit kaltem Wasser abschrecken. Tomaten häuten, vierteln, entkernen und die Stängelansätze herausschneiden. Die Tomatenviertel halbieren.
**4.** Frühlingszwiebeln putzen, abspülen, abtropfen lassen und in feine Scheiben schneiden. Zucchini abspülen, abtrocknen und die Enden abschneiden. Zucchini längs halbieren, dann quer in Scheiben schneiden.
**5.** Das restliche Olivenöl in einer großen Pfanne erhitzen. Zucchini- und Frühlingszwiebelscheiben darin bei mittlerer bis starker Hitze in 3–4 Minuten leicht braun anbraten, dabei gelegentlich umrühren.
**6.** Den gegarten Bulgur mit den Tomaten unter das Gemüse mischen und etwa 2 Minuten bei schwacher Hitze darin erwärmen, dabei gelegentlich umrühren. Gemüse-Pfanne mit Salz, Pfeffer, etwas Kreuzkümmel und Zitronensaft abschmecken.

## Dolma (türkisch gefülltes Gemüse)

1–2 Portionen (im Foto unten)

*Zubereitungszeit:* 25 Minuten

pro Portion 1,10 Euro

2 kleine, feste Zucchini (je etwa 150 g)
Salz, gem. Pfeffer
1 kleine Zwiebel
1 Knoblauchzehe
2 1/2 EL Olivenöl
2 EL (60 g) stückige Tomaten (aus Dose oder Tetrapak)
1 EL klein geschnittene Petersilie
125 ml Gemüsebrühe
4 abgetropfte, eingelegte Peperoni (aus dem Glas)
einige schwarze Oliven

*Pro Portion:*
E: 4 g, F: 13 g, Kh: 8 g,
kJ: 679, kcal: 162

**1.** Zucchini abspülen, abtrocknen und die Enden abschneiden. Zucchini halbieren und anschließend mit einem Teelöffel aushöhlen, dabei einen etwa 1cm breiten Rand stehen lassen. Zucchinifruchtfleisch in feine Würfel schneiden. Zucchiniwürfel mit Salz und Pfeffer würzen. Zwiebel und Knoblauch abziehen, klein würfeln.
**2.** 1 1/2 Esslöffel Olivenöl in einer Pfanne erhitzen. Zwiebel- und Knoblauchwürfel darin andünsten. Zucchiniwürfel und stückige Tomaten hinzufügen, zum Kochen bringen und bei mittlerer Hitze 2–3 Minuten unter Rühren dünsten. Petersilie unterrühren, mit Salz und Pfeffer würzen. Die Gemüsemasse in die Zucchinihälften geben.
**3.** In einem breiten, flachen Topf Brühe mit restlichem Olivenöl aufkochen lassen. Den Topf von der Kochstelle nehmen und die gefüllten Zucchini vorsichtig hineinsetzen. Alles erneut aufkochen lassen und die Zucchini zugedeckt bei schwacher Hitze 5–8 Minuten bissfest garen. Zucchini mit einer Schaumkelle herausnehmen und auf einen Teller legen. Mit Peperoni und Oliven servieren.

Eier mit Senfsauce

Gebackene Käsewürfel auf Kohlrabiragout

## Eier mit Senfsauce

4 Portionen

*Zubereitungszeit:* 20 Minuten

8 Eier (Größe M)

pro Portion **0,65** Euro

**Für die Senfsauce:**
30 g Butter oder Margarine
20 g Weizenmehl
375 ml Gemüsebrühe
1 EL mittelscharfer Senf
1 EL körniger Senf
Salz, gem. Pfeffer
2 EL Crème fraîche

*Pro Portion:*
E: 16 g, F: 23 g, Kh: 6 g,
kJ: 1219, kcal: 291

**1.** Eier am dicken runden Ende mit einer Nadel oder einem Eierpick anstechen. Wasser in einem kleinen Topf zum Kochen bringen.
**2.** Eier auf einen Löffel oder eine Schaumkelle legen und vorsichtig in das kochende Wasser gleiten lassen (die Eier sollten mit Wasser bedeckt sein). Das Wasser wieder zum Kochen bringen. Die Eier im offenen Topf bei mittlerer Hitze etwa 10 Minuten kochen. Die gegarten Eier mit dem Löffel oder der Schaumkelle herausnehmen und unter kaltem Wasser abschrecken.
**3.** Für die Sauce Butter oder Margarine in einem Topf zerlassen. Mehl darin unter Rühren so lange erhitzen, bis es hellgelb ist.
**4.** Brühe unter Rühren nach und nach hinzugießen, mit einem Schneebesen durchschlagen und darauf achten, dass keine Klümpchen entstehen. Die Sauce zum Kochen bringen und etwa 10 Minuten kochen, gelegentlich umrühren.
**5.** Beide Senfsorten unterrühren. Die Sauce mit Salz und Pfeffer abschmecken. Crème fraîche unterrühren.
**6.** Eier pellen, nach Belieben halbieren und kurz vor dem Servieren in die Sauce geben.

## Gebackene Käsewürfel auf Kohlrabiragout

2 Portionen

*Zubereitungszeit:* 30 Minuten

etwa 400 g Kohlrabi
1 kleine Zwiebel
25 g Butter
1 Msp. gerebelter Majoran
Salz
gem. Pfeffer
50 ml Gemüsebrühe

pro Portion **1,80** Euro

**Für die gebackenen Käsewürfel:**
200 g Gouda oder Edamer (am Stück)
1 Ei (Größe M)
2 EL Semmelbrösel
etwa 80 g Butterschmalz
1/2 EL frisch gehackte Petersilie

*Pro Portion:*
E: 33 g, F: 51 g, Kh: 17 g,
kJ: 2761, kcal: 660

**1.** Von dem Kohlrabi die Blätter entfernen. Die zarten Blätter abspülen, trocken tupfen, in feine Streifen schneiden und zum Garnieren beiseitelegen.
**2.** Den Kohlrabi schälen, abspülen, abtropfen lassen und in etwa 1 cm große Würfel schneiden.
**3.** Zwiebel abziehen und klein würfeln. Butter in einem Topf zerlassen. Zwiebelwürfel darin glasig dünsten. Kohlrabiwürfel mit Majoran, Salz und Pfeffer hinzufügen, unter Rühren kurz mitdünsten lassen. Brühe hinzugießen und zum Kochen bringen. Das Kohlrabiragout zugedeckt etwa 10 Minuten unter gelegentlichem Rühren bei schwacher Hitze dünsten.
**4.** Für die Käsewürfel in der Zwischenzeit Käse in etwa 2 cm große Würfel schneiden. Ei in einem tiefen Teller verschlagen. Semmelbrösel ebenfalls in einen tiefen Teller geben.
**5.** Die Käsewürfel zunächst durch das verschlagene Ei ziehen, am Tellerrand abstreifen und dann in den Semmelbröseln wenden. Panade leicht andrücken.
**6.** Jeweils die Hälfte des Butterschmalzes in einer großen Pfanne erhitzen. Käsewürfel darin in 2 Portionen von allen Seiten bei mittlerer Hitze goldgelb braten. Käsewürfel herausnehmen und auf Küchenpapier abtropfen lassen.

**7.** Das Kohlrabiragout auf einer Platte anrichten. Mit Petersilie und beiseitegelegten Kohlrabiblattstreifen garnieren. Die gebackenen Käsewürfel auf dem Kohlrabiragout verteilen und servieren.

## Gebratene Möhren-Gurken-Pfanne

4 Portionen

*Zubereitungszeit:* 30 Minuten

pro Portion 1,10 Euro

1 kg Möhren
1 Salatgurke
2 Stangen Porree (Lauch)
20 g frischer Ingwer
1 Bund glatte Petersilie
50 g Sonnenblumenkerne
6 EL Sojaöl
200 ml Gemüsebrühe
1 TL Speisestärke
1 EL kaltes Wasser
1 EL brauner Zucker
Salz
2 EL helle Sojasauce

*Pro Portion:*
E: 9 g, F: 23 g, Kh: 20 g,
kJ: 1372, kcal: 328

**1.** Möhren putzen, schälen, abspülen, abtropfen lassen und in dünne Scheiben schneiden. Gurke abwaschen, abtrocknen und die Enden abschneiden. Die Gurke längs vierteln, entkernen und mit der Schale in kleine dreieckige Stücke schneiden.
**2.** Porree putzen, die Stangen längs halbieren, gründlich waschen und abtropfen lassen. Porree in etwa 1 cm breite Stücke schneiden. Ingwer schälen und fein würfeln. Petersilie abspülen und trocken tupfen. Die Blättchen von den Stängeln zupfen.
**3.** Die Sonnenblumenkerne in einem Wok ohne Fett unter Rühren goldbraun rösten, dann herausnehmen.
**4.** Das Sojaöl in dem Wok erhitzen. Die Möhrenscheiben darin etwa 2 Minuten unter Rühren anbraten. Gurkenstücke und Ingwerwürfel hinzugeben, weitere etwa 2 Minuten mitbraten lassen.
**5.** Porreestücke unterheben. Gemüsebrühe hinzugießen und das Ganze kurz aufkochen lassen.
**6.** Speisestärke mit kaltem Wasser anrühren, unter das Gemüse rühren und unter Rühren kurz aufkochen lassen. Die Möhren-Gurken-Pfanne mit Zucker, Salz und Sojasauce abschmecken, mit Sonnenblumenkernen und Petersilienblättchen bestreut servieren.

## Gebratener Chinakohl

4 Portionen

*Zubereitungszeit:* 30 Minuten

pro Portion 1,40 Euro

1 Chinakohl (etwa 1,3 kg)
1 Bund Frühlingszwiebeln (etwa 300 g)
2 Knoblauchzehen
2 rote Paprikaschoten (je etwa 200 g)
7–8 EL Sherry (etwa 80 ml)
2 EL Weißweinessig
6–7 EL Orangensaft (etwa 75 ml)
3 EL Sojasauce
1 TL Sambal Oelek
1 EL Speisestärke
3 EL Erdnussöl
1/2–1 EL dunkles Sesamöl
Salz

*Pro Portion:*
E: 6 g, F: 12 g, Kh: 18 g,
kJ: 956, kcal: 230

**1.** Chinakohl putzen, vierteln und den Strunk herausschneiden. Chinakohl abspülen, gut abtropfen lassen und in schmale Streifen schneiden.
**2.** Frühlingszwiebeln putzen, abspülen, abtropfen lassen und schräg in etwa 2 cm lange Stücke schneiden. Knoblauch abziehen, fein würfeln.
**3.** Paprikaschoten halbieren, entstielen, entkernen und die weißen Scheidewände entfernen. Schoten abspülen, abtropfen lassen und in Streifen schneiden.
**4.** Sherry mit Weinessig, Orangensaft, Sojasauce, Sambal Oelek und Speisestärke verrühren.
**5.** Erdnussöl oder einer großen Pfanne erhitzen. Zuerst die Chinakohlstreifen darin unter Rühren etwa 3 Minuten anbraten. Dann Frühlingszwiebelstücke, Knoblauchwürfel und Paprikastreifen unterrühren und etwa 2 Minuten mitbraten lassen.
**6.** Die Sherrymischung hinzugießen, das Gemüse kurz aufkochen lassen, mit Sesamöl und Salz abschmecken und servieren.

Gebratene Möhren-Gurken-Pfanne

Gebratener Chinakohl

## Gebratener Reis (Fried Rice)

pro Portion **2,05** Euro

4 Portionen

*Zubereitungszeit:* 45 Minuten

225 g Vollkorn-Basmatireis
Salz
3 Knoblauchzehen
40 g frischer Ingwer
1/2–1 rote Chilischote
2 rote Zwiebeln
250 g Möhren
250 g Paksoi
(erhältlich im Asialaden)
150 g Mungobohnensprossen
150 g Ananasfruchtfleisch
2 Eier (Größe M)
1 TL Currypulver, mild
7 EL Speiseöl
2 EL brauner Rohrzucker
3 EL asiatische Pilzsauce,
z. B. Mushroom-Sojasauce
3 EL Sojasauce
fein abgeriebene Schale
von 1 Bio-Limette
(unbehandelt, ungewachst)

**Zum Bestreuen:**
8 Stängel Koriander

*Pro Portion:*
E: 12 g, F: 23 g, Kh: 67 g,
kJ: 2197, kcal: 524

**1.** Reis in kochendem Salzwasser nach Packungsanleitung garen. Den Reis in einem Sieb abtropfen lassen, in eine Schüssel geben und erkalten lassen. Den Reis mit einer Gabel auflockern.
**2.** Knoblauch abziehen, Ingwer schälen, beides in kleine Würfel schneiden. Chilischote abspülen, trocken tupfen und entstielen. Chilischote mit den Kernen fein hacken.
**3.** Zwiebeln abziehen und in etwa 1 cm breite Spalten schneiden. Möhren putzen, schälen, abspülen, abtropfen lassen, in dünne Streifen schneiden.
**4.** Paksoi putzen, Stielenden abschneiden und entfernen. Paksoi gründlich abspülen, abtropfen lassen, die Blätter abschneiden und grob zerzupfen. Anschließend die Stiele einmal längs durchschneiden.
**5.** Sprossen abspülen und gut abtropfen lassen. Das Ananasfruchtfleisch in etwa 1 cm breite Stücke schneiden. Die Eier mit etwas Salz und Curry verschlagen.
**6.** Das Speiseöl in einem großen Wok erhitzen. Möhrenstreifen, Zwiebelspalten, Chili, Ingwer- und Knoblauchwürfel darin etwa 2 Minuten unter Rühren anbraten. Reis hinzugeben und kurz mitbraten lassen.
**7.** Die Paksoi-Stiele und Sprossen untermischen, etwa 1/2 Minute mit anbraten. Dann die Paksoi-Blätter und Ananasstücke mit Zucker, Pilzsauce, Sojasauce und Limettenschale unterrühren. Alle Zutaten an den Wokrand schieben.
**8.** Die verschlagenen Eier in die Mitte des Woks geben, stocken lassen und mit dem Pfannenwender grob zerteilen.
**9.** Zum Bestreuen Koriander abspülen und trocken tupfen. Die Blättchen von den Stängeln zupfen. Blättchen grob zerkleinern. Gebratenen Reis auf vorgewärmten Tellern anrichten und mit Koriander bestreuen.

Gebratener Reis (Fried Rice)

## Gefüllte Auberginen

2 Portionen

pro Portion **2,15** Euro

*Zubereitungszeit:* 30 Minuten
*Garzeit:* etwa 40 Minuten

2 Auberginen (je etwa 250 g)
1 Zwiebel
1 Knoblauchzehe
Salz
2 Fleischtomaten
(etwa 300 g)
einige Stängel Basilikum
2 EL Olivenöl
gem. Pfeffer
40 g ger. Parmesan

**Für die Sauce:**
1 EL Olivenöl
210 g stückige Tomaten
(aus der Dose)
1–2 EL gemischte, gehackte Kräuter,
z. B. Thymian, Rosmarin, Basilikum,
Oregano

*Pro Portion:*
E: 13 g, F: 26 g, Kh: 16 g,
kJ: 1441, kcal: 342

Gefüllte Auberginen

Kräuterpfannkuchen mit Quarkcreme

**1.** Auberginen abspülen, abtrocknen und die Stängelansätze entfernen. Von den Auberginen längs einen Deckel abschneiden. Fruchtfleisch mit einem Löffel herauslösen, dabei einen etwa 1/2 cm breiten Rand stehen lassen. Fruchtfleisch in Würfel schneiden. Zwiebel abziehen, klein würfeln. Knoblauch abziehen und mit Salz zu einer Paste zerdrücken.
**2.** Tomaten abspülen, abtrocknen, halbieren und die Stängelansätze herausschneiden. Tomatenhälften entkernen und in kleine Stücke schneiden. Basilikum abspülen und trocken tupfen. Die Blättchen von den Stängeln zupfen. Einige Blättchen zum Garnieren beiseitelegen. Restliche Blättchen klein schneiden.
**3.** Den Backofen vorheizen.
*Ober-/Unterhitze:* etwa 180 °C
*Heißluft:* etwa 160 °C
**4.** Auberginen in kochendem Salzwasser etwa 3 Minuten garen, in ein Sieb geben, mit kaltem Wasser abspülen und abtropfen lassen. Die Auberginenhälften nebeneinander in eine Auflaufform (gefettet) setzen.
**5.** Olivenöl in einem Topf erhitzen. Etwa die Hälfte der Zwiebelwürfel hinzugeben und glasig dünsten. Auberginenwürfel und Tomatenstücke hinzufügen und etwa 10 Minuten schmoren lassen. Knoblauchpaste und Basilikum unterrühren. Die Masse mit Salz und Pfeffer würzen.
**6.** Auberginen mit der Auberginen-Tomaten-Masse füllen und mit Käse bestreuen. Die Form auf dem Rost in den vorgeheizten Backofen schieben. Die Auberginen etwa 30 Minuten garen.
**7.** Für die Sauce Olivenöl in einem Topf erhitzen. Die restlichen Zwiebelwürfel darin glasig dünsten. Stückige Tomaten unterrühren, zum Kochen bringen und unter Rühren leicht kochen lassen. Die Sauce mit Kräutern, Salz und Pfeffer würzen.
**8.** Die gefüllten Auberginen mit den beiseitegelegten Basilikumblättchen garnieren und mit der Sauce servieren.

## Kräuterpfannkuchen mit Quarkcreme

4 Portionen

pro Portion 1,15 Euro

*Zubereitungszeit:* 50 Minuten, ohne Quellzeit

**Für die Quarkcreme:**
250 g Magerquark
4 EL Schlagsahne
1 TL ger. Meerrettich (aus dem Glas)
3 EL Instant-Haferflocken
1–2 EL Schnittlauchröllchen
Salz

**Für die Kräuterpfannkuchen:**
150 g Weizenmehl
2 EL kernige Haferflocken
3 Eier (Größe M)
250 ml Mineralwasser
50 g frisch ger. Käse
2 EL gemischte, klein geschnittene Kräuter, z. B. Estragon, Kerbel, Petersilie, Schnittlauch, Thymian
je 1 EL klein geschnittenes Basilikum und Dill
1 Zwiebel
8 EL Speiseöl
einige vorbereitete, glatte Petersilienblättchen, Schnittlauchhalme und -röllchen

*Pro Portion:*
E: 22 g, F: 34 g, Kh: 39 g,
kJ: 2317, kcal: 553

**1.** Für die Quarkcreme den Quark mit Sahne gut verrühren. Meerrettich, Haferflocken und Schnittlauchröllchen unterrühren, die Creme mit Salz abschmecken.
**2.** Für die Kräuterpfannkuchen Mehl in eine Rührschüssel geben, mit Haferflocken mischen und in die Mitte eine Vertiefung eindrücken.
**3.** Eier mit Mineralwasser verschlagen, etwas davon in die Vertiefung geben, von der Mitte aus die Eierflüssigkeit mit der Mehl-Haferflocken-Mischung verrühren. Nach und nach die restliche Eierflüssigkeit unterrühren. Darauf achten, dass keine Klümpchen entstehen. Den Teig etwa 20 Minuten quellen lassen.
**4.** Käse und Kräuter unter den gequollenen Teig rühren. Zwiebel abziehen, in kleine Würfel schneiden und hinzufügen. Den Teig mit Salz würzen.
**5.** Etwas Speiseöl in einer Pfanne erhitzen. Eine dünne Teiglage mit einer drehenden Bewegung gleichmäßig auf dem Boden der Pfanne verteilen. Den Pfannkuchen von beiden Seiten goldgelb backen.
**6.** Bevor der Pfannkuchen gewendet wird, wieder etwas Speiseöl in die Pfanne geben. Pfannkuchen herausnehmen, auf einen Teller legen und warm stellen.
**7.** Den restlichen Teig auf die gleiche Weise verarbeiten.
**8.** Die Pfannkuchen mit der Quarkcreme auf einer Platte anrichten. Mit Petersilienblättchen, Schnittlauchhalmen und -röllchen garnieren und servieren.

## Mangold-Hirse-Gemüse

4 Portionen

*Zubereitungszeit:* 40 Minuten
*Garzeit:* etwa 30 Minuten

70 g getrocknete Aprikosen
150 g Zwiebeln
2–3 Knoblauchzehen
1 Stange Zimt
30 g Butterschmalz
1–2 TL gem. Kreuzkümmel (Cumin)
150 g Hirse
70 g Rosinen
650 ml Gemüsebrühe
800 g Mangold
2 EL Zitronensaft
Salz, Cayennepfeffer

pro Portion 1,30 Euro

*Pro Portion:*
E: 9 g, F: 10 g, Kh: 63 g,
kJ: 1597, kcal: 381

**1.** Aprikosen in Streifen schneiden. Zwiebeln und Knoblauch abziehen. Zwiebeln halbieren und in Spalten schneiden. Knoblauch in Scheiben schneiden. Zimt in Stücke brechen.
**2.** Butterschmalz in einem Wok erhitzen. Zimtstücke und Kreuzkümmel darin unter Rühren kurz anrösten. Zwiebelspalten und Knoblauchscheiben hinzufügen, unter Rühren anbraten. Hirse, Rosinen und Aprikosenstreifen hinzufügen. Die Hälfte der Brühe hinzugießen und zum Kochen bringen. Den Deckel darauflegen und etwa 15 Minuten bei mittlerer Hitze garen. Die restliche Brühe nach und nach hinzugießen.
**3.** In der Zwischenzeit Mangold putzen, gründlich waschen und abtropfen lassen. Die Mangoldblätter von den Stielen schneiden. Die Stiele abziehen, in Streifen schneiden und sofort in Zitronensaft schwenken.
**4.** Mangoldstiele zur Hirse in den Wok geben und 8–10 Minuten mitgaren. Mangoldblätter in Streifen schneiden, ebenfalls zur Hirse geben und noch etwa 5 Minuten weitergaren. Das Mangold-Hirse-Gemüse mit Salz, Cayennepfeffer und Kreuzkümmel abschmecken.

Mangold-Hirse-Gemüse

## Kurkuma-Gemüse

4 Portionen (ohne Foto)

*Zubereitungszeit:* 35 Minuten

500 g Möhren
1 Fenchelknolle (etwa 300 g)
1 Bund Frühlingszwiebeln (etwa 250 g)
4 EL Sesamöl
1 EL Kurkuma (Gelbwurz)
125 ml Gemüsebrühe
1–2 TL Essig-Essenz
1–2 TL Zucker
Salz
gem. Pfeffer
1 TL Speisestärke
1 EL Reiswein

pro Portion 0,75 Euro

*Pro Portion:*
E: 4 g, F: 13 g, Kh: 17 g,
kJ: 878, kcal: 209

**1.** Möhren putzen, schälen, abspülen, abtropfen lassen und in schmale Streifen schneiden. Fenchel putzen, halbieren, abspülen, abtropfen lassen, zuerst in dünne Scheiben, dann in Streifen schneiden. Frühlingszwiebeln putzen, abspülen, abtropfen lassen. Stangen halbieren und in je 3 Stücke schneiden.
**2.** Einen heißen Wok zweimal mit Sesamöl ausschwenken, dann das Sesamöl darin gut erhitzen. Kurkuma einrühren, Möhren- und Fenchelstreifen hinzugeben und unter Rühren etwa 5 Minuten anbraten.
**3.** Die Hitze reduzieren, Gemüsebrühe hinzugießen und das Gemüse mit Essig-Essenz, Zucker, Salz und Pfeffer würzen.
**4.** Die Frühlingszwiebelstücke hinzugeben und alles noch weitere etwa 2 Minuten garen. Speisestärke mit Reiswein anrühren, unterrühren und unter Rühren kurz aufkochen lassen. Das Gemüse nochmals kräftig mit den Gewürzen abschmecken.

## Chinesische Nudeln mit Gemüse

4 Portionen

pro Portion 1,20 Euro

*Zubereitungszeit:* 45 Minuten

200 g chinesische Eiernudeln (Instant-Nudeln)

**Für die Sauce:**
2 EL helle Sojasauce
Saft von 1 Limette
2 EL Kokosmilch
1 TL Currypulver

**Für das Gemüse:**
2 Möhren
1 Zucchini
2 gelbe Paprikaschoten
2 Chilischoten
1 Knoblauchzehe
1 kleines Stück frischer Ingwer
1–2 Stängel Basilikum

4 EL Speiseöl, z. B. Soja- oder Erdnussöl
Salz, Zucker

*Pro Portion:*
E: 9 g, F: 13 g, Kh: 44 g,
kJ: 1418, kcal: 337

**1.** Die Eiernudeln nach Packungsanleitung zubereiten. Dann in ein Sieb geben und abtropfen lassen.
**2.** In der Zwischenzeit für die Sauce Sojasauce, Limettensaft, Kokosmilch und Curry in einer Schüssel verrühren.
**3.** Für das Gemüse Möhren putzen, schälen, abspülen, abtropfen lassen und schräg in dünne Scheiben schneiden. Zucchini abspülen, abtrocknen und die Enden abschneiden. Zucchini längs halbieren und evtl. entkernen. Zucchini in dünne Scheiben schneiden.
**4.** Die Paprikaschoten halbieren, entstielen, entkernen und die weißen Scheidewände entfernen. Schoten abspülen, abtropfen lassen und in Streifen schneiden. Chilischoten entstielen, vorsichtig entkernen, abspülen, abtropfen lassen und schräg in dünne Ringe schneiden.
**5.** Knoblauch und Ingwer abziehen bzw. schälen und fein hacken. Basilikum abspülen und trocken tupfen. Die Blättchen von den Stängeln zupfen. Blättchen in Streifen schneiden.
**6.** Das Speiseöl in einem Wok erhitzen. Knoblauch und Ingwer kurz darin anbraten. Möhrenscheiben, Paprikastreifen und Zucchinischeiben hinzufügen und unter ständigem Rühren etwa 3 Minuten braten. Chilischotenringe zum Gemüse geben und noch etwa 2 Minuten unter Rühren weiterbraten.
**7.** Die Würzsauce unterrühren, das Gemüse wieder zum Kochen bringen und bissfest garen. Das Gemüse mit Salz und Zucker abschmecken. Basilikumstreifen und Nudeln unterheben. Die Gemüsenudeln in Schälchen oder auf einer großen Platte servieren.

## Kürbiscurry

4 Portionen

pro Portion 1,20 Euro

*Zubereitungszeit:* 40 Minuten

1 kleiner Kürbis, z. B. Hokkaido (etwa 1 1/2 kg)
2 Zwiebeln
2 Knoblauchzehen
20 g frischer Ingwer
250 g festkochende Kartoffeln
1 rote Paprikaschote
2 EL Erdnussöl
2 EL Currypulver
400 ml Gemüsebrühe
200 ml Orangensaft
einige Korianderblättchen
1 Apfel
50 g Rosinen
Salz

*Pro Portion:*
E: 7 g, F: 7 g, Kh: 42 g,
kJ: 1117, kcal: 268

**1.** Den Kürbis halbieren, in Spalten schneiden und entkernen, dabei den faserigen Innenteil entfernen. Kürbisspalten schälen und in schmale Spalten schneiden. Zwiebeln und Knoblauch abziehen. Ingwer schälen. Zwiebeln, Knoblauch und Ingwer fein würfeln.
**2.** Kartoffeln schälen, abspülen, abtropfen lassen und in etwa 1 cm große Würfel schneiden. Paprikaschote halbieren, entstielen, entkernen und die weißen Scheidewände entfernen. Die Schotenhälften abspülen, abtropfen lassen und in Streifen schneiden.
**3.** Das Erdnussöl in einem Wok oder einer Pfanne erhitzen. Die Kartoffelwürfel darin etwa 5 Minuten unter Rühren anbraten. Dann die Kartoffelwürfel herausnehmen.
**4.** Die Kürbisspalten in den Wok oder die Pfanne geben und unter Rühren anbraten.
**5.** Zwiebel-, Knoblauch- und Ingwerwürfel sowie die Paprikastreifen hinzufügen und andünsten. Kartoffelwürfel wieder hinzufügen. Curry unterrühren. Gemüsebrühe und Orangensaft hinzugießen. Die Zutaten zum Kochen bringen und etwa 10 Minuten kochen lassen. Kräuterblättchen abspülen, trocken tupfen.
**6.** Apfel schälen, vierteln, entkernen, klein würfeln, zusammen mit den Rosinen in den Wok oder die Pfanne geben und unterrühren.
**7.** Das Kürbiscurry mit Salz abschmecken und mit Kräuterblättchen garniert servieren.

Chinesische Nudeln mit Gemüse

Kürbiscurry

## Olivenkartoffeln
2 Portionen

*Zubereitungszeit:* 30 Minuten

1 kg festkochende Kartoffeln
2 EL Olivenöl, Salz
85 g abgetropfte, grüne Oliven mit Paprikafüllung (aus dem Glas)
1–2 EL TK-Petersilie
gem. Pfeffer

pro Portion 1,50 Euro

*Pro Portion:*
E: 9 g, F: 15 g, Kh: 65 g,
kJ: 1852, kcal: 441

**1.** Kartoffeln schälen, abspülen, abtropfen lassen und in etwa 1 1/2 cm große Würfel schneiden.
**2.** Das Olivenöl in einer großen Pfanne erhitzen. Die Kartoffelwürfel darin bei starker Hitze unter gelegentlichem Rühren etwa 10 Minuten von allen Seiten braun anbraten.
**3.** Kartoffelwürfel mit etwas Salz bestreuen, dann zugedeckt bei schwacher Hitze etwa 10 Minuten weitergaren, dabei 3–4-mal umrühren.
**4.** In der Zwischenzeit die Oliven in Scheiben schneiden. Olivenscheiben mit der Petersilie unter die Kartoffelwürfel mischen und etwa 2 Minuten erwärmen. Die Olivenkartoffeln mit Salz und Pfeffer würzen.

## Nuss-Schnitzelchen mit Salat
2 Portionen

pro Portion 2,48 Euro

*Zubereitungszeit:* 40 Minuten

1/2 Kopf grüner Salat, z. B. Kopf- oder Eisbergsalat
1 gelbe Paprikaschote
1/2 Salatgurke
1/2 Bund Radieschen

**Für die Salatsauce:**
1 EL Kürbiskernöl
1 EL Speiseöl
1–1 1/2 EL Kräuter- oder Apfelessig
Salz, gem. Pfeffer
1 Prise Zucker

**Für die Nuss-Schnitzelchen:**
200 g Tofu
3 EL Weizenmehl (Type 1050)
3 EL Sojamilch
60 g gehackte Haselnusskerne oder Mandeln
2 EL Speiseöl

*Pro Portion:*
E: 25 g, F: 41 g, Kh: 20 g,
kJ: 2271, kcal: 542

**1.** Den Salat putzen, abspülen, gut abtropfen lassen oder trocken schleudern. Salat in mundgerechte Stücke zupfen.
**2.** Die Paprikaschote halbieren, entstielen, entkernen und die weißen Scheidewände entfernen. Schote abspülen, gut abtropfen lassen und in schmale Streifen schneiden.
**3.** Salatgurke abspülen, abtrocknen und das Ende abschneiden. Gurke längs halbieren und das Fruchtfleisch quer in möglichst dünne Scheiben schneiden. Von den Radieschen Blätter, Spitzen und schlechte Stellen abschneiden. Radieschen abspülen, trocken tupfen, halbieren und in schmale Spalten schneiden.
**4.** Für die Sauce Kürbiskern- und Speiseöl mit Essig verschlagen, mit Salz, Pfeffer und Zucker würzen.
**5.** Für die Schnitzelchen den Tofu in dünne, kleine Dreiecke schneiden. Mehl, Sojamilch und Nüsse oder Mandeln getrennt in 3 kleine, tiefe Teller geben. Die Dreiecke mit Salz und Pfeffer würzen. Anschließend zunächst in Mehl, dann in Milch und zuletzt in den Nüssen oder Mandeln wenden.
**6.** Speiseöl in einer großen Pfanne erhitzen. Die Schnitzelchen darin bei mittlerer Hitze in 5–6 Minuten goldbraun braten, dabei einmal wenden. Die Schnitzelchen auf Küchenpapier abtropfen lassen.

Olivenkartoffeln

Nuss-Schnitzelchen mit Salat

Paprika-Hoppel-Poppel

Mexikanische Rühreier

**7.** Salat, Paprika, Gurke und Radieschen mit der Sauce in eine Schüssel geben und vermengen. Den Salat auf 2 Tellern anrichten. Die Nuss-Schnitzelchen darauf anrichten.

## Paprika-Hoppel-Poppel

pro Portion 1,40 Euro

2 Portionen

*Zubereitungszeit:* 30 Minuten

2 kleine Paprikaschoten
2 Tomaten
2–3 gegarte Kartoffeln
40 g Butter oder Margarine
2 Eier (Größe M)
1 EL Weizenmehl
50 ml Milch (3,5 % Fett)
1 Prise Salz

*Pro Portion:*
E: 12 g, F: 23 g, Kh: 33 g,
kJ: 1656, kcal: 395

**1.** Paprikaschoten halbieren, entstielen, entkernen und die weißen Scheidewände entfernen. Die Schoten abspülen, trocken tupfen und in Streifen schneiden.
**2.** Tomaten kreuzweise einschneiden und mit kochendem Wasser übergießen. Nach 1–2 Minuten herausnehmen und mit kaltem Wasser abschrecken. Tomaten häuten, halbieren, entkernen und die Stängelansätze herausschneiden. Tomatenhälften in Scheiben schneiden. Kartoffeln ebenfalls in Scheiben schneiden.
**3.** Butter oder Margarine in einer Pfanne zerlassen. Kartoffelscheiben darin unter Wenden goldbraun anbraten. Paprikastreifen hinzugeben und zugedeckt etwa 5 Minuten mitdünsten lassen. Deckel abnehmen. Tomatenscheiben auf die Kartoffel-Paprika-Masse legen und zugedeckt weitere 2–3 Minuten dünsten.
**4.** Eier mit Mehl und Milch verschlagen, mit Salz würzen. Die Eiermilch auf der Kartoffel-Paprika-Tomaten-Masse verteilen und bei mittlerer Hitze stocken lassen.

## Mexikanische Rühreier

4 Portionen

*Zubereitungszeit:* 30 Minuten
*Garzeit:* 11–15 Minuten

pro Portion 1,30 Euro

3 Knoblauchzehen
1 Zwiebel
4 mittelgroße Tomaten
2 rote Paprikaschoten
2 rote Chilischoten
3 EL Olivenöl
8 Eier (Größe M)
Salz, gem. Pfeffer
1 Bund glatte Petersilie

*Pro Portion:*
E: 15 g, F: 18 g, Kh: 10 g,
kJ: 1118, kcal: 267

**1.** Knoblauch und Zwiebel abziehen, in kleine Würfel schneiden. Tomaten kreuzweise einschneiden und mit kochendem Wasser übergießen. Nach 1–2 Minuten herausnehmen und mit kaltem Wasser abschrecken. Tomaten häuten, halbieren, entkernen und die Stängelansätze herausschneiden. Tomatenhälften in Würfel schneiden.
**2.** Paprika- und Chilischoten halbieren, entstielen, entkernen und die weißen Scheidewände entfernen. Paprika- und Chilischoten abspülen, abtropfen lassen und in kleine Würfel schneiden.
**3.** Olivenöl in einer großen Pfanne erhitzen. Die Knoblauch- und Zwiebelwürfel darin andünsten. Die Chili- und Paprikawürfel hinzugeben, etwa 5 Minuten bei schwacher Hitze mitdünsten lassen.
**4.** Die Eier verschlagen, mit Salz und Pfeffer würzen. Die Tomatenwürfel hinzugeben. Die Eiermasse in die Pfanne geben, durchrühren und zugedeckt 6–10 Minuten stocken lassen.
**5.** Petersilie abspülen und trocken tupfen. Die Blättchen von den Stängeln zupfen und klein schneiden.
**6.** Mexikanische Rühreier mit Petersilie bestreut servieren.

Zwiebeltarte mit Feigen

## Zwiebeltarte mit Feigen

8 Stücke

*Zubereitungszeit:* 60 Minuten
*Backzeit:* etwa 30 Minuten

pro Stück 1,35 Euro

600 g rote Zwiebeln
3 Stängel Rosmarin
8 Stängel Thymian
2 EL Olivenöl
500 ml roter Traubensaft
Salz, gem. Pfeffer

**Für den Quark-Öl-Teig:**
150 g Dinkelmehl (Type 630)
1 gestr. TL Dr. Oetker Backin
80 g Magerquark
50 ml Milch (3,5 % Fett)
50 ml Speiseöl, z. B. Sonnenblumenöl

8 reife Feigen (etwa 500 g)
150 g Schafskäse
50 g Walnusskerne
2 EL Weizenmehl

*Pro Stück:*
E: 10 g, F: 18 g, Kh: 41 g,
kJ: 1530, kcal: 366

**1.** Zwiebeln abziehen und in Spalten schneiden. Rosmarin und Thymian abspülen, trocken tupfen. Die Blättchen bzw. Nadeln von den Stängeln zupfen. Einige Thymianblättchen und Rosmarinnadeln zum Garnieren beiseitelegen.
**2.** Das Olivenöl in einem breiten Topf erhitzen. Zwiebelspalten, Thymianblättchen und Rosmarinnadeln darin kurz andünsten. Die Hälfte des Traubensaftes hinzugießen und zum Kochen bringen. Die Zwiebelspalten darin zugedeckt etwa 20 Minuten bei mittlerer Hitze garen. Mit Salz und Pfeffer würzen. Zwiebelspalten in einem Sieb abtropfen lassen, dabei den Sud auffangen, Zwiebelspalten etwas abkühlen lassen.
**3.** Für den Teig Mehl mit Backpulver und 1/2 Teelöffel Salz in einer Rührschüssel mischen. Quark, Milch und Speiseöl hinzufügen.
**4.** Die Zutaten mit einem Mixer (Knethaken) zunächst kurz auf niedrigster, dann auf höchster Stufe zu einem glatten Teig verarbeiten (nicht zu lange, der Teig klebt sonst).
**5.** Den Backofen vorheizen.
*Ober-/Unterhitze:* etwa 200 °C
*Heißluft:* etwa 180 °C
**6.** Teig auf einer leicht bemehlten Arbeitsfläche zu einer runden Platte (Ø etwa 32 cm) ausrollen und in eine Tarteform (Ø 28 cm, gefettet, mit Semmelbröseln bestreut) legen. Den Rand dabei andrücken. Teigboden mehrmals mit einer Gabel einstechen.
**7.** Feigen abspülen, abtrocknen und evtl. die Haut abziehen. Feigen entstielen und halbieren. Schafskäse trocken tupfen. Walnusskerne grob hacken.
**8.** Mehl unter die lauwarmen Zwiebelspalten heben. Zwiebelspalten auf dem Teig verteilen. Die Feigen mit der Schnittfläche nach oben darauflegen. Walnusskerne in die Zwischenräume geben. Schafskäse grob zerbröseln und auf den Zwiebelspalten und Feigen verteilen.
**9.** Die Form auf dem Rost in den vorgeheizten Backofen (untere Schiene) schieben. Zwiebeltarte etwa 30 Minuten backen.
**10.** In der Zwischenzeit den restlichen Traubensaft und aufgefangenen Zwiebelsud in einen weiten Topf geben, zum Kochen bringen und so lange einkochen lassen, bis ein dickflüssiger Sirup entstanden ist (etwa 3 Esslöffel).
**11.** Sollte der Sirup zu fest geworden sein, etwas Wasser unter den Sirup geben und unter Rühren kurz erhitzen.
**12.** Die Form auf einen Rost stellen. Die Tarte in Stücke schneiden, mit beiseitegelegten Kräuterblättchen bzw. Nadeln garnieren und mit dem Sirup beträufeln.

## Weißkohleintopf mit Kartoffeltalern

2 Portionen

pro Portion 1,40 Euro

*Zubereitungszeit:* 45 Minuten

300 g mehligkochende Kartoffeln
400 g Weißkohl (geputzt etwa 300 g)
1 Stange Porree (Lauch)
1 rote Paprikaschote
3–4 EL Speiseöl, z. B. Sonnenblumenöl
Salz, gem. Pfeffer
500 ml Gemüsebrühe
1/2 TL Kümmelsamen
2 EL Weizenmehl (Type 1050)
2 EL Sojamehl (aus Reformhaus oder Naturkostladen)
3–4 Stängel Petersilie

*Pro Portion:*
E: 16 g, F: 22 g, Kh: 46 g,
kJ: 1880, kcal: 449

**1.** Die Kartoffeln unter fließendem Wasser abbürsten, knapp mit Wasser bedeckt, zugedeckt zum Kochen bringen und in etwa 20 Minuten gar kochen.
**2.** In der Zwischenzeit von dem Kohl die äußeren, schlechten Blätter entfernen. Den Kohl je nach Größe halbieren, vierteln oder achteln. Kohlstücke abspülen und gut abtropfen lassen. Den Strunk herausschneiden, Kohl in feine Streifen schneiden.
**3.** Porree putzen, die Stange längs halbieren, gründlich waschen und abtropfen lassen. Porree in etwa 2 cm breite Stücke schneiden oder

aufblättern und in dreieckige Stücke schneiden. Paprikaschote halbieren, entstielen, entkernen und die weißen Scheidewände entfernen. Schote abspülen, abtropfen lassen und in mundgerechte Stücke schneiden.

**4.** Von dem Speiseöl 1 Esslöffel in einem Topf erhitzen. Porree- und Paprikastücke darin unter gelegentlichem Rühren in etwa 5 Minuten bei mittlerer Hitze anbraten, mit Salz und Pfeffer würzen. Porree- und Paprikastücke aus dem Topf nehmen.

**5.** Einen weiteren Esslöffel Speiseöl in den Topf geben. Die Kohlstreifen darin bei mittlerer Hitze etwa 5 Minuten dünsten. Gemüsebrühe hinzugießen, mit Pfeffer und Kümmel würzen, alles aufkochen lassen und zugedeckt bei schwacher Hitze etwa 10 Minuten kochen lassen.

**6.** In der Zwischenzeit die garen Kartoffeln abgießen, mit kaltem Wasser abschrecken, abtropfen lassen und sofort pellen. Pellkartoffeln kurz abdampfen lassen, dann mit dem Kartoffelstampfer zerstampfen oder mit einer Gabel zermusen.

**7.** Nach den 10 Minuten Garzeit Porree- und Paprikastücke unter den Kohl-Eintopf rühren. Den Eintopf wieder zum Kochen bringen und in etwa 5 Minuten fertig garen.

**8.** Die Kartoffelmasse in der Zwischenzeit mit den beiden Mehlsorten und 1/2 Teelöffel Salz verkneten. Aus dem Kartoffelteig 14 Taler (Ø 3–4 cm) formen. Restliches Speiseöl in einer großen Pfanne erhitzen. Die Taler darin von beiden Seiten bei mittlerer bis starker Hitze in 5–6 Minuten hellbraun anbraten.

**9.** Petersilie abspülen und trocken tupfen. Die Blättchen von den Stängeln zupfen. Blättchen klein schneiden. Die Petersilie unter den Eintopf rühren.

**10.** Den Eintopf mit den Gewürzen abschmecken. Kartoffeltaler nach Belieben 1–2 Minuten im Eintopf erwärmen.

## Schnelles Pfannengemüse mit kaltem Orangen-Couscous

2 Portionen

*Zubereitungszeit:* 35 Minuten

pro Portion 2,40 Euro

175 ml Orangensaft
100 g Couscous

1 gelbe Paprikaschote (etwa 150 g)
100 g Staudensellerie
2 rote Zwiebeln (etwa 120 g)
3 EL Olivenöl
1 Msp. getrocknete Chiliflocken
300 g Zucchini
200 g Cocktailtomaten
4 Stängel Zitronenverbene oder 3 Stängel Zitronenthymian
Salz
gem. Pfeffer
evtl. einige Stängel Zitronenverbene
100 g griechischer oder Sahnejoghurt (10 % Fett)

*Pro Portion:*
E: 14 g, F: 22 g, Kh: 57 g, kJ: 2041, kcal: 487

**1.** Den Orangensaft leicht erhitzen (nicht kochen) und in eine Schüssel geben. Couscous unter Rühren einstreuen und zugedeckt etwa 30 Minuten quellen lassen.

**2.** In der Zwischenzeit die Paprikaschote vierteln, entstielen, entkernen und weiße Scheidewände entfernen. Schoten abspülen, trocken tupfen, längs in Streifen schneiden.

**3.** Staudensellerie putzen und die harten Außenfäden abziehen. Selleriestangen abspülen, abtropfen lassen und in feine Scheiben schneiden. Zwiebeln abziehen, halbieren und in feine Spalten schneiden.

**4.** Olivenöl in einer großen Pfanne oder einem Wok erhitzen. Zwiebelspalten, Selleriescheiben und Paprikastreifen darin unter Rühren andünsten, mit Chiliflocken würzen. Gemüse etwa 10 Minuten bei mittlerer Hitze unter Rühren dünsten.

**5.** Zucchini abspülen, abtrocknen und die Enden abschneiden. Zucchini in Scheiben schneiden. Tomaten abspülen, abtropfen lassen und halbieren. Zitronenverbene oder -thymian abspülen und trocken tupfen. Die Blättchen von den Stängeln zupfen. Verbeneblättchen kleiner schneiden.

**6.** Tomatenhälften, Zucchinischeiben und Kräuter zu dem Gemüse in die Pfanne oder in den Wok geben und etwa 3 Minuten mitdünsten lassen.

**7.** Orangen-Couscous mit Salz abschmecken. Das Gemüse mit Salz und Pfeffer abschmecken und anrichten. Nach Belieben mit abgespülten und trocken getupften Verbenestängeln garnieren. Orangen-Couscous und Joghurt zum Gemüse servieren.

Weißkohleintopf mit Kartoffeltalern

Schnelles Pfannengemüse mit kaltem Orangen-Couscous

## Pikanter Körnerschmarren

4 Portionen

*Zubereitungszeit:* 35 Minuten

pro Portion 2,40 Euro

1 Bund Frühlingszwiebeln
1 Fenchelknolle
250 g Weizenkeimlinge
250 g Hirsekeimlinge
350 g Magerquark
200 g Vollkorn-Weizenmehl
250 ml Wasser
1 gestr. TL Meersalz
gem. Pfeffer, ger. Muskatnuss
50 g Sonnenblumenkerne
50 g Butter, 100 g ger. Emmentaler

*Pro Portion:*
E: 33 g, F: 24 g, Kh: 60 g,
kJ: 2450, kcal: 586

**1.** Die Frühlingszwiebeln putzen, abspülen, abtropfen lassen und in Scheiben schneiden. Die Fenchelknolle putzen, halbieren, abspülen, abtropfen lassen und in kleine Würfel schneiden. Weizen- und Hirsekeimlinge in ein Sieb geben, unter fließendem kalten Wasser abspülen und abtropfen lassen.
**2.** Quark mit Mehl, Wasser, Meersalz, Pfeffer und Muskat verrühren, Sonnenblumenkerne untermengen. Die Frühlingszwiebelscheiben, Fenchelwürfel und Keimlinge unterrühren.
**3.** Die Hälfte der Butter in einer großen Pfanne zerlassen. Die Hälfte der Teigmasse hineingeben und etwa 5 Minuten bei mittlerer Hitze backen, bis sich auf der Unterseite eine Kruste gebildet hat. Dann den Schmarren wenden und von der anderen Seite ebenfalls knusprig backen.
**4.** Den Körnerschmarren mit 2 Gabeln in mehrere Stücke zerteilen, diese unter Wenden weitere etwa 2 Minuten bräunen lassen und mit der Hälfte des Emmentalers bestreuen. Aus der restlichen Teigmasse wie beschrieben einen zweiten Schmarren backen. Den Körnerschmarren heiß servieren.

## Lavendel-Melonentatar mit Ziegenkäsemousse

4 Portionen

*Zubereitungszeit:* 40 Minuten, ohne Abkühlzeit
*Backzeit:* 6–7 Minuten

pro Portion 1,45 Euro

**Für die Mousse:**
150 g Ziegenfrischkäse
1 TL weißer Balsamico-Essig
1 TL flüssiger Honig
Salz, gem. Pfeffer

**Für das Melonentatar:**
1 Charentais- oder Cantaloupe-Melone
100 ml weißer Balsamico-Essig
4 EL flüssiger Honig
1/2 gestr. TL Salz
1/2 TL Lavendelblüten
4 kleine Frühlingsrollenblätter (aus dem Kühlregal)
etwas Olivenöl
1/2 gestr. TL Meersalz
2 EL grob gehackte Pinienkerne, geröstet
4 Lavendelblütenzweige

*Pro Portion:*
E: 6 g, F: 15 g, Kh: 42 g,
kJ: 1386, kcal: 332

**1.** Für die Mousse Ziegenfrischkäse mit Essig verrühren. Honig in einem kleinen Topf vorsichtig erwärmen.
**2.** Ziegenfrischkäse unterrühren, mit Salz und Pfeffer abschmecken und leicht abkühlen lassen. Mousse in den Kühlschrank stellen.
**3.** Für das Tatar die Melone halbieren und entkernen. Melonenhälften schälen, in sehr kleine Würfel schneiden und in eine Schüssel geben. Essig mit Honig und Salz in einem kleinen Topf zum Kochen bringen und um die Hälfte einkochen lassen. Lavendelblüten hinzugeben. Den Topf von der Kochstelle nehmen. Den Sirup erkalten lassen.
**4.** Den Backofen vorheizen.
*Ober-/Unterhitze:* etwa 180 °C
*Heißluft:* etwa 160 °C
**5.** Den Sirup durch ein Sieb auf die Melonenwürfel passieren (streichen) und mit Pfeffer abschmecken.
**6.** Die Frühlingsrollenblätter diagonal durchschneiden, sodass 8 Dreiecke entstehen. Mit Olivenöl bestreichen und mit Meersalz bestreuen.

Pikanter Körnerschmarren

Lavendel-Melonentatar mit Ziegenkäsemousse

Kürbis-Gnocchi mit Pfifferlingen

Schwarzwurzeln in Sesam

**7.** Teigdreiecke auf einem Backblech (mit Backpapier belegt) verteilen. Das Backblech in den vorgeheizten Backofen schieben. Teigdreiecke in 6–7 Minuten knusprig backen.
**8.** Das Melonentatar auf 4 Tellern anrichten. Von der Mousse mit einem Löffel je 1 Nocke abstechen und an das Tatar legen. 2 Gebäckdreiecke anlegen. Mit Pinienkernen und mit je 1 abgespülten und trocken getupften Lavendelblütenzweig garnieren.

## Kürbis-Gnocchi mit Pfifferlingen

pro Portion 2,48 Euro

4 Portionen

*Zubereitungszeit:* 50 Minuten
*Garzeit:* etwa 25 Minuten

400 g Pfifferlinge
300 g mehligkochende Kartoffeln
700 g Hokkaido-Kürbis, Salz
125 ml Wasser, 1 Ei (Größe L)
175 g Weizenmehl
50 g Weichweizengrieß
ger. Muskatnuss
3 EL Olivenöl, 75 g Butter
gem. schwarzer Pfeffer
16 schöne Salbeiblättchen
1 EL Paprikapulver edelsüß

*Pro Portion:*
E: 13 g, F: 26 g, Kh: 61 g,
kJ: 2227, kcal: 532

**1.** Die Pfifferlinge putzen, evtl. kurz abspülen, gut abtropfen lassen und auf einem Geschirrtuch trocknen lassen. Größere Pfifferlinge halbieren oder vierteln. Kartoffeln unter fließendem Wasser abbürsten, knapp mit Wasser bedeckt, zugedeckt zum Kochen bringen und etwa 20 Minuten garen.
**2.** Den Backofen vorheizen.
*Ober-/Unterhitze:* etwa 200 °C
*Heißluft:* etwa 180 °C
**3.** In der Zwischenzeit Kürbis abspülen, abtropfen lassen, halbieren. Kerne mit einem Löffel herausschaben. Kürbis mit der Schale in etwa 4 cm große Würfel schneiden, mit Salz würzen. Kürbiswürfel auf einem Backblech (mit Backpapier belegt) verteilen. Wasser hinzugießen. Das Backblech in den vorgeheizten Backofen schieben. Kürbis etwa 25 Minuten garen, dabei einmal umdrehen.
**4.** Kartoffeln abgießen, abdämpfen, noch warm pellen. Kartoffeln mit den gegarten Kürbiswürfeln durch eine Kartoffelpresse in eine Rührschüssel drücken. Ei, Mehl und Grieß hinzugeben, noch warm unterkneten. Die Masse mit Salz und Muskat würzen. Den Kartoffel-Kürbis-Teig auf einer leicht bemehlten Arbeitsfläche zu 3 etwa 50 cm langen Rollen formen. Rollen in 2 1/2–3 cm breite Stücke schneiden. Gnocchi auf der Arbeitsfläche liegen lassen.
**5.** Olivenöl in einer sehr großen Pfanne erhitzen. Die Pfifferlinge darin 2–3 Minuten kräftig anbraten, dabei wenig rühren. Pfifferlinge mit Salz leicht würzen. Die Butter in einem kleinen Topf goldbraun zerlassen, mit Salz und Pfeffer würzen. Gnocchi wie auf Seite 286 (Punkt 4) beschrieben garen.
**6.** In der Zwischenzeit die braune Butter nochmals erhitzen. Die abgespülten und trocken getupften Salbeiblättchen darin leicht rösten.
**7.** Die abgetropften Gnocchi auf vorgewärmten Tellern anrichten, die Pfifferlinge darauf verteilen und mit der Salbeibutter beträufeln. Dann mit Paprika bestreuen und sofort servieren.

## Schwarzwurzeln in Sesam

pro Portion 1,05 Euro

4 Portionen

*Zubereitungszeit:* 40 Minuten

2 Bund Schwarzwurzeln (800–900 g)
1/2 Bund glatte Petersilie
2–3 EL Speiseöl
Salz, gem. Pfeffer
2 EL Sesamöl
2 EL geröstete Sesamsamen

*Pro Portion:*
E: 3 g, F: 16 g, Kh: 3 g,
kJ: 704, kcal: 169

**1.** Schwarzwurzeln schälen (dazu Einmalhandschuhe verwenden, da der Saft der Schwarzwurzeln sehr klebrig ist). Die geschälten Wurzeln schräg in etwa 2 mm dünne Scheiben schneiden.
**2.** Petersilie abspülen und trocken tupfen. Die Blättchen von den Stängeln zupfen, in Streifen schneiden.
**3.** Speiseöl in einem Wok erhitzen. Die Schwarzwurzeln darin nach und nach unter ständigem Rühren einige Minuten braten, bis sie hellbraun sind.
**4.** De Schwarzwurzeln mit Salz und Pfeffer würzen. Sesamöl, Sesamsamen und Petersilie unterrühren.

Falafel mit Radieschensalat

## Falafel mit Radieschensalat

2 Portionen

pro Portion 1,80 Euro

*Zubereitungszeit:* 60 Minuten
*Bratzeit:* etwa 10 Minuten

425 g abgetropfte Kichererbsen (aus der Dose)
1 kleine Zwiebel
1 Knoblauchzehe
1 EL Speiseöl, z. B. Sonnenblumenöl
Salz
1 TL gem. Kreuzkümmel (Cumin)
1 Ei (Größe S)
1 Msp. Cayennepfeffer
1/2 Bund Marokkanische Minze oder 1/2 Bund glatte Petersilie
2–3 EL Semmelbrösel
1 Bund Radieschen
1/2 gestr. TL Salz
2 EL Speiseöl, z. B. Sonnenblumenöl

**Für den Zitronen-Schmand-Dip:**
100 g Schmand (Sauerrahm)
1 Msp. gem. Kreuzkümmel (Cumin)
1 Msp. Cayennepfeffer
1/2 Bio-Zitrone (unbehandelt, ungewachst)
1 Prise Zucker

1 EL Speiseöl, z. B. Sonnenblumenöl

*Pro Portion:*
E: 24 g, F: 42 g, Kh: 55 g,
kJ: 2922, kcal: 699

**1.** Die Kichererbsen in ein Sieb geben, mit kaltem Wasser abspülen und gut abtropfen lassen. Die Zwiebel abziehen und fein würfeln. Knoblauch abziehen und durch eine Knoblauchpresse drücken.
**2.** Speiseöl in einer Pfanne erhitzen. Zwiebelwürfel und Knoblauch darin andünsten, mit Salz und Kreuzkümmel würzen.
**3.** Kichererbsen und Ei in einen Rührbecher geben, fein pürieren. Die Masse mit Salz und Cayennepfeffer würzen. Zwiebel-Knoblauch-Masse unterziehen.
**4.** Kräuter abspülen und trocken tupfen. Die Blättchen von den Stängeln zupfen. Die Hälfte der Blättchen fein schneiden und mit den Semmelbröseln unter die Kichererbsenmasse mischen (die Masse soll trocken und formbar sein). Die Masse nochmals mit den Gewürzen abschmecken.
**5.** Radieschen putzen, abspülen, gut abtropfen lassen und auf einem Gemüsehobel in feine Scheiben hobeln. Die Scheiben mit Salz bestreuen.
**6.** Speiseöl in einer Pfanne erhitzen. Aus der Falafelmasse mit angefeuchteten Händen 6–8 kleine, frikadellenartige Falafel formen. Diese in der Pfanne bei mittlerer Hitze in etwa 10 Minuten rundherum goldgelb braten.
**7.** Für den Zitronen-Schmand-Dip Schmand mit Salz, Kreuzkümmel und Cayennepfeffer würzen. Zitrone heiß abwaschen, abtrocknen und die Schale abreiben. Von der Zitronenhälfte den Saft auspressen. Schmand mit Zitronenschale, -saft und Zucker abschmecken.
**8.** Radieschenscheiben mit Speiseöl und den restlichen Kräuterblättchen vermengen, mit den Falafeln und dem Dip servieren.

## Bulgur-Küchlein mit Minze

4 Portionen (16 Stück)

*Zubereitungszeit:* 45 Minuten

**Für die Bulgur-Küchlein:**
75 g Bulgur
200 ml Wasser
2 Frühlingszwiebeln
2 Stängel Minze
1/2 Bund glatte Petersilie
100 g abgetropfter Fetakäse
25 g Rosinen
1 TL gem. Kreuzkümmel (Cumin)
Salz
2 Eier (Größe M)
75 g Weizenmehl
125 g Buttermilch
4 EL Speiseöl

pro Portion 1,40 Euro

**Für Green Bull:**
1 Salatgurke
4 Kiwis
8 Minzeblättchen
2 EL Limettensaft
1 EL Weizenkeimöl
4 EL flüssiger Honig
400 ml Mineralwasser ohne Kohlensäure
evtl. Eiswürfel

*Pro Portion:*
E: 14 g, F: 21 g, Kh: 55 g,
kJ: 2004, kcal: 478

**1.** Für die Küchlein Bulgur in ein Sieb geben, mit kaltem Wasser abspülen und abtropfen lassen. Bulgur in einen Topf geben. Wasser hinzugießen und zum Kochen bringen. Die Kochstelle

ausschalten. Bulgur zugedeckt etwa 7 Minuten ziehen lassen.
**2.** In der Zwischenzeit die Frühlingszwiebeln putzen, abspülen, abtropfen lassen und in sehr feine Scheiben schneiden. Minze und Petersilie abspülen, trocken tupfen. Die Blättchen jeweils von den Stängeln zupfen. Blättchen klein schneiden. Den Fetakäse fein zerbröseln.
**3.** Bulgur mit Frühlingszwiebelscheiben, Minze, Petersilie, Käsebröseln und Rosinen vermischen. Mit Kreuzkümmel und Salz würzen. Eier, Mehl und Buttermilch in einer Rührschüssel verschlagen. Bulgur-Mischung hinzugeben und gut unterrühren.
**4.** Die Küchlein in 2 Portionen braten. Dafür jeweils die Hälfte des Speiseöls in einer großen Pfanne erhitzen. Jeweils 1 gehäuften Esslöffel des Teiges in die Pfanne geben. Die Küchlein darin von beiden Seiten bei mittlerer Hitze goldbraun braten.
**5.** Für Green Bull die Gurke abspülen, abtrocknen und die Enden abschneiden. Gurke mit Schale und Kernen in grobe Würfel schneiden. Kiwis schälen und grob würfeln. Minzeblättchen abspülen und trocken tupfen. Die Gurken-, Kiwiwürfel und Minzeblättchen in einen Rührbecher geben. Limettensaft, Weizenkeimöl, Honig und Mineralwasser hinzugeben.
**6.** Die Zutaten fein pürieren und in 4 Gläsern verteilen. Green Bull nach Belieben mit Eiswürfeln servieren. Bulgur-Küchlein dazureichen.

## Arabische Gemüsepfanne mit Couscous

4 Portionen

*Zubereitungszeit:* 40 Minuten
*Garzeit:* etwa 15 Minuten

pro Portion 2,00 Euro

2 Knoblauchzehen
2 Zwiebeln
250 g Zucchini
300 g Auberginen
5 Fleischtomaten
200 g Möhren
250 g Kürbis
6 EL Olivenöl
Salz, gem. Pfeffer
1 Döschen Safran (0,1 g)
gem. Zimt
1 TL Paprikapulver edelsüß
1 EL Harissa
(afrikanische Gewürzpaste)
gem. Gewürznelken
gem. Kreuzkümmel (Cumin)

250 g Couscous
etwa 300 ml heiße Gemüsebrühe
einige Petersilienblättchen

*Pro Portion:*
E: 13 g, F: 18 g, Kh: 60 g,
kJ: 1935, kcal: 461

**1.** Knoblauch und Zwiebeln abziehen, in kleine Würfel schneiden.
**2.** Zucchini und Auberginen abspülen, abtrocknen und die Enden bzw. Stängelansätze abschneiden. Die Zucchini zuerst in etwa 1/2 cm dicke Scheiben schneiden, dann die Scheiben nochmals halbieren. Die Auberginen in etwa 1 1/2 cm große Würfel schneiden.
**3.** Tomaten abspülen, abtropfen lassen, halbieren und die Stängelansätze herausschneiden. Tomatenhälften in Würfel schneiden. Möhren putzen, schälen, abspülen, abtropfen lassen und würfeln. Kürbis schälen, abspülen, abtropfen lassen und ebenfalls klein würfeln.
**4.** Etwa die Hälfte des Olivenöls in einer großen Pfanne erhitzen. Die Zwiebel-, Knoblauch-, Auberginenwürfel und Zucchinischeiben unter Rühren darin anbraten. Das Gemüse herausnehmen und beiseitestellen.
**5.** Das restliche Olivenöl in der Pfanne erhitzen. Die Kürbis- und Möhrenwürfel darin anbraten. Tomatenwürfel unterrühren.
**6.** Beiseitegestelltes Gemüse wieder in die Pfanne geben. Das Gemüse mit Salz, Pfeffer, Safran, Zimt, Paprika, Harissa, Nelken und Kreuzkümmel würzen. Das Gemüse etwa 15 Minuten bei schwacher Hitze garen.
**7.** In der Zwischenzeit den Couscous mit heißer Gemüsebrühe übergießen und zugedeckt etwa 15 Minuten bei schwacher Hitze quellen lassen (dabei die Packungsanleitung beachten). Couscous in Schälchen verteilen, mit abgespülten, trocken getupften Petersilienblättchen garnieren und zu dem Gemüse reichen.

Bulgur-Küchlein mit Minze

Arabische Gemüsepfanne mit Couscous

## Gebackener Käse

2 Portionen

*Zubereitungszeit:* 10 Minuten
*Backzeit:* etwa 20 Minuten

2 kleine Tomaten
1 kleine, grüne Paprikaschote
250 g Hirten- oder Schafskäse
1–1 1/2 EL Olivenöl
40 g abgetropfte, schwarze, entsteinte Oliven (aus dem Glas)
1/2 TL gem. Kräuter der Provence
gem. Pfeffer
evtl. etwas Salz

**Außerdem:**
Alufolie

pro Portion 1,10 Euro

*Pro Portion:*
E: 28 g, F: 37 g, Kh: 6 g,
kJ: 1961, kcal: 469

**1.** Den Backofen vorheizen.
*Ober-/Unterhitze:* etwa 220 °C
*Heißluft:* etwa 200 °C
**2.** Tomaten abspülen, abtrocknen, in Scheiben schneiden und die Stängelansätze herausschneiden. Die Paprikaschote halbieren, entstielen, entkernen und die weißen Scheidewände entfernen. Schote abspülen, abtropfen lassen und in kleine Würfel schneiden. Den Käse quer halbieren.
**3.** Aus doppelt gefalteter Alufolie 2 rechteckige Formen (je etwa 30 x 40 cm) falten und dünn mit etwas Olivenöl auspinseln. Jeweils 1 Käsestück darauflegen, mit Tomatenscheiben, Paprikawürfeln und Oliven belegen. Alles kräftig mit Kräutern der Provence, Pfeffer und nach Belieben mit etwas Salz würzen. Das restliche Olivenöl darüberträufeln. Die Alufolie locker über dem Käse zusammenschlagen und die Enden fest verschließen.
**4.** Die Käsepäckchen auf einem Backblech verteilen und in den vorgeheizten Backofen schieben. Den Käse etwa 20 Minuten backen (der Käse soll nicht zerlaufen sein). Den Käse vorsichtig aus der Folie wickeln und servieren.

## Gemüse-Tofu-Pfanne

1 Portion

*Zubereitungszeit:* 30 Minuten, ohne Marinierzeit

**Für den marinierten Tofu:**
30 g frischer Ingwer
3–4 EL Sojasauce
150 g Tofu (natur oder geräuchert)

1 kleine Zucchini
1 rote oder gelbe Paprikaschote
1 Frühlingszwiebel (etwa 40 g)
1 Knoblauchzehe
2 EL Sojaöl
Salz, gem. Pfeffer

pro Portion 2,35 Euro

*Pro Portion:*
E: 30 g, F: 30 g, Kh: 23 g,
kJ: 203, kcal: 485

**1.** Für den Tofu Ingwer schälen und in feine Würfel schneiden. 3 Esslöffel Sojasauce mit der Hälfte der Ingwerwürfel in einem tiefen Teller gut verrühren. Tofu in mundgerechte Stücke schneiden, in die Ingwer-Sauce legen und etwa 30 Minuten marinieren. Den Tofu dabei ab und zu wenden.
**2.** Zucchini abspülen, abtrocknen und die Enden abschneiden. Zucchini längs halbieren, dann in dünne Scheiben schneiden. Paprikaschote halbieren, entstielen, entkernen und die weißen Scheidewände entfernen. Schoten abspülen, abtropfen lassen und in Stücke schneiden.
**3.** Frühlingszwiebel putzen, abspülen, abtropfen lassen und in Scheiben schneiden. Knoblauch abziehen und klein würfeln.
**4.** Das Sojaöl in einer großen Pfanne erhitzen. Zucchinischeiben, Paprikastücke und Frühlingszwiebelscheiben mit dem Knoblauch darin unter gelegentlichem Wenden in etwa 5 Minuten bissfest garen.
**5.** Die Tofuwürfel aus der Marinade nehmen und zu dem Gemüse in die Pfanne geben. Alles etwa 5 Minuten weitergaren, dabei ab und zu umrühren. Die Gemüsepfanne mit Salz, Pfeffer, restlichem Ingwer und Sojasauce abschmecken.

Gebackener Käse

Gemüse-Tofu-Pfanne

Gnocchi-Champignon-Pfanne

Gemüse-Piccata mit Tomatensauce

## Gnocchi-Champignon-Pfanne

pro Portion 1,90 Euro

4 Portionen

*Zubereitungszeit:* 30 Minuten

100 g Kräuter, z. B. Brunnenkresse oder Basilikum
800 g Gnocchi (aus dem Kühlregal)
Salz
300 g braune, kleine Champignons
4 Roma- oder Fleischtomaten (etwa 400 g)
2 Knoblauchzehen
40 g Butter
2 EL Olivenöl
bunter gem. Pfeffer

*Pro Portion:*
E: 12 g, F: 15 g, Kh: 78 g,
kJ: 2062, kcal: 492

**1.** Die Kräuter abspülen und trocken tupfen. Die Blättchen von den Stängeln abschneiden bzw. zupfen. Blättchen klein schneiden.
**2.** Gnocchi nach Packungsanleitung in kochendem Salzwasser etwa 2 Minuten garen, anschließend in einem Sieb abtropfen lassen.
**3.** Die Champignons putzen, evtl. kurz abspülen, trocken tupfen und in Scheiben schneiden. Tomaten abspülen, trocken tupfen, halbieren, entkernen und die Stängelansätze herausschneiden. Tomatenhälften in Würfel schneiden. Knoblauch abziehen und durch eine Knoblauchpresse drücken oder in kleine Würfel schneiden.
**4.** Die Butter in einer Pfanne zerlassen, Olivenöl miterhitzen. Zuerst Champignonscheiben, dann Kräuter und zuletzt Gnocchi darin unter Rühren leicht anbraten. Mit Salz, Pfeffer und Knoblauch würzen. Tomatenwürfel unterheben.

## Gemüse-Piccata mit Tomatensauce

pro Portion 1,55 Euro

4 Portionen

*Zubereitungszeit:* 50 Minuten
*Garzeit:* etwa 10 Minuten

**Für die Gemüse-Piccata:**
1 Knollensellerie (etwa 300 g)
1 Kohlrabi (etwa 250 g)
1 Rote Bete (etwa 250 g)
Salz
3 Eier (Größe M)
100 g ger. Parmesan
gem. Pfeffer
60 g Weizenmehl
4 EL Olivenöl

**Für die Tomatensauce:**
3 Fleischtomaten
1 kleine Zwiebel
1 Knoblauchzehe
3 EL Olivenöl
1 TL abgetropfte, grüne Pfefferkörner (in Lake)
gerebelter Thymian

*Pro Portion:*
E: 19 g, F: 33 g, Kh: 23 g,
kJ: 2046, kcal: 489

**1.** Den Sellerie und Kohlrabi putzen, schälen, abspülen, abtropfen lassen, in 1/2 cm dicke Scheiben schneiden. Rote Bete gründlich waschen, schälen, abspülen, abtropfen lassen und in dünne Scheiben schneiden.
**2.** Gemüsescheiben getrennt in kochendem Salzwasser 5–10 Minuten (je nach Gemüsesorte) blanchieren, in ein Sieb geben, mit kaltem Wasser abschrecken und abtropfen lassen.
**3.** Eier in einer Schüssel verschlagen, Parmesan unterrühren. Die Gemüsescheiben mit Salz und Pfeffer bestreuen. Gemüsescheiben zuerst in Mehl wenden, dann durch die Eier-Käse-Masse ziehen und am Schüsselrand abstreifen.
**4.** Olivenöl in einer großen Pfanne erhitzen. Die Gemüsescheiben evtl. darin in 2 Portionen etwa 10 Minuten bei schwacher Hitze von beiden Seiten goldbraun braten, herausnehmen und warm stellen.
**5.** In der Zwischenzeit für die Tomatensauce Tomaten kreuzweise einschneiden und mit kochendem Wasser übergießen. Nach 1–2 Minuten herausnehmen und mit kaltem Wasser abschrecken. Tomaten häuten, halbieren und die Stängelansätze herausschneiden. Tomatenhälften in kleine Würfel schneiden. Zwiebel und Knoblauch abziehen, klein würfeln.
**6.** Olivenöl in einem Topf erhitzen. Zwiebel- und Knoblauchwürfel darin andünsten, Tomatenwürfel hinzufügen. Mit Salz, Pfeffer, Pfefferkörnern und Thymian würzen. Die Sauce unter Rühren aufkochen lassen.
**7.** Gemüse-Piccata mit der Tomatensauce servieren.

## Gebackene Rote Bete mit Nuss-Schmand

4 Portionen

*Zubereitungszeit:* 50 Minuten, ohne Abkühlzeit
*Garzeit:* 60–90 Minuten

pro Portion 1,35 Euro

600 g Rote Bete
1 EL Kümmelsamen
3 Lorbeerblätter
Salz

**Für den Nuss-Schmand:**
80 g geröstete Nusskerne, z. B. Haselnuss-, Walnuss-, Erdnusskerne, Mandeln
200 g Schmand (Sauerrahm)
5 Stängel Thymian
1 Bio-Zitrone (unbehandelt, ungewachst)
2–3 EL Schlagsahne
gem. Pfeffer
ger. Muskatnuss

1 Mini-Roma-Salat
2 Eier (Größe M)
etwa 50 g Weizenmehl
etwa 60 g feine Semmelbrösel
4 EL Butterschmalz

*Pro Portion:*
E: 11 g, F: 38 g, Kh: 31 g, kJ: 2144, kcal: 512

**1.** Von der Roten Bete die Wurzeln und Blätter etwa 3 cm hoch über den Knollen abschneiden. Die Knollen mit der Bürste unter fließendem kalten Wasser gründlich säubern.
**2.** Knollen mit Kümmel und Lorbeerblättern in kochendes Salzwasser geben, zum Kochen bringen und je nach Größe in 60–90 Minuten weich kochen lassen.
**3.** Für den Nuss-Schmand Nusskerne fein mahlen, in eine Schüssel geben und mit dem Schmand verrühren.
**4.** Thymian abspülen und trocken tupfen. Von 2 Stängeln die Blättchen von den Stängeln zupfen. Blättchen klein schneiden. Restliche Stängel beiseitelegen.

Gebackene Rote Bete mit Nuss-Schmand

**5.** Die Zitrone heiß abwaschen, abtrocknen und die Hälfte der Schale abreiben.
**6.** Klein geschnittenen Thymian, Zitronenschale und etwas Sahne zum Nuss-Schmand geben und unterrühren. Mit Salz, Pfeffer und etwas Muskat abschmecken. Den Nussschmand in den Kühlschrank stellen.
**7.** Salat putzen, in einzelne Blätter teilen, abspülen und trocken tupfen oder -schleudern. Die Salatblätter zugedeckt in den Kühlschrank stellen.
**8.** Rote Bete mit einem Schaumlöffel aus dem Kochwasser nehmen, mit kaltem Wasser abschrecken, abkühlen lassen, schälen und in Scheiben schneiden.
**9.** Eier in einem Teller verschlagen. Rote-Bete-Scheiben zuerst in Mehl wenden, überflüssiges Mehl abklopfen. Dann die Scheiben durch die verschlagenen Eier ziehen, am Tellerrand abstreifen und zuletzt in Semmelbröseln wenden. Panade gut andrücken.
**10.** Jeweils etwas Butterschmalz in einer Pfanne erhitzen. Die Rote-Bete-Scheiben darin portionsweise von beiden Seiten braten, herausnehmen und auf Küchenpapier kurz abtropfen lassen.
**11.** Rote-Bete-Scheiben mit den Salatblättern und beiseitegelegten Thymianstängeln auf einer Platte anrichten. Evtl. die restliche Sahne unter den Nuss-Schmand rühren. Nuss-Schmand mit den Rote-Bete-Scheiben servieren.

***Beilage:*** Frischer Kopfsalat.

## Frühlingsbrötchen

8 Stück

*Zubereitungszeit:* 60 Minuten, ohne Teiggeh- und Abkühlzeit
*Backzeit:* etwa 15 Minuten

pro Stück 0,40 Euro

**Für den Hefeteig:**
375 g Weizenmehl
1 Pck. Dr. Oetker Trockenbackhefe
1–2 gestr. TL Salz
1 TL Zucker
150 g Joghurt (3,5 % Fett)
125 ml lauwarme Milch (3,5 % Fett)

etwas Kondensmilch

**Für den Frühlingsquark:**
500 g Magerquark
etwas Milch, 1 Zwiebel
2 EL fein gehackte Kräuter, z. B. Petersilie, Schnittlauch
Salz, gem. Pfeffer
Paprikapulver edelsüß

evtl. rote und gelbe Paprikawürfel

*Pro Stück:*
E: 15 g, F: 1 g, Kh: 39 g, kJ: 1027, kcal: 245

**1.** Für den Teig Mehl in eine Rührschüssel geben und mit der Hefe sorgfältig vermischen. Salz, Zucker, Joghurt und Milch hinzufügen.
**2.** Die Zutaten mit einem Mixer (Knethaken) zunächst kurz auf niedrigster, dann auf höchster Stufe in etwa 5 Minuten zu einem glatten Teig verarbeiten. Den Teig mit etwas Mehl bestäuben und zugedeckt so lange an einem warmen Ort gehen lassen,

bis er sich sichtbar vergrößert hat (etwa 20 Minuten).

**3.** Den gegangenen Teig leicht mit Mehl bestäuben, aus der Schüssel nehmen und auf einer bemehlten Arbeitsfläche nochmals kurz durchkneten. Aus dem Teig 4 längliche, flache Brötchen formen, auf ein Backblech (mit Backpapier belegt) legen und mehrmals schräg oder längs etwa 1 cm tief einschneiden. Die Brötchen nochmals zugedeckt an einem warmen Ort so lange gehen lassen, bis sie sich sichtbar vergrößert haben (etwa 20 Minuten).

**4.** In der Zwischenzeit den Backofen vorheizen.
*Ober-/Unterhitze:* etwa 200 °C
*Heißluft:* etwa 180 °C

**5.** Die Brötchen mit Kondensmilch bestreichen. Das Backblech in den vorgeheizten Backofen schieben. Die Brötchen etwa 15 Minuten backen.

**6.** Die Brötchen vom Backpapier nehmen und auf einem Kuchenrost erkalten lassen. Die erkalteten Brötchen senkrecht halbieren und jeweils an der Rundung gerade schneiden, damit sie eine Standfläche haben. Die Brötchenhälften innen etwas aushöhlen.

**7.** Für den Frühlingsquark Quark mit Milch glatt rühren. Zwiebel abziehen, fein würfeln und mit den Kräutern unter den Quark rühren. Mit Salz, Pfeffer und Paprika würzen.

**8.** Die Brötchenhälften mit dem Frühlingsquark füllen und auf einer Platte anrichten. Nach Belieben mit Paprikawürfeln bestreuen.

## Gefüllte Tomaten

2 Portionen (je 3 Stück)

*Zubereitungszeit:* 40 Minuten
*Garzeit:* etwa 20 Minuten

6 möglichst gleich große Tomaten (je etwa 100 g)

pro Portion 1,80 Euro

**Für die Reisfüllung:**
1 Knoblauchzehe
1/2 EL Speiseöl, z. B. Olivenöl
40 g Vollkorn- oder Naturreis
Salz
gem. Pfeffer

**Für die Olivenfüllung:**
50 g abgetropfte, schwarze Oliven (ohne Stein)
4–5 Stängel Petersilie

**Für die provenzalische Füllung:**
1–2 Frühlingszwiebeln (etwa 60 g)
1 EL Vollkorn-Semmelbrösel, z. B. mit Dinkel (aus Reformhaus oder Naturkostladen)
1 TL getrocknete Kräuter der Provence

125 ml Gemüsebrühe

*Pro Portion:*
E: 6 g, F: 8 g, Kh: 31 g,
kJ: 935, kcal: 221

**1.** Tomaten abspülen, abtrocknen und jeweils einen Deckel abschneiden. Tomaten vorsichtig mit einem Teelöffel aushöhlen. Das Tomatenfleisch beiseitelegen.

**2.** Für die Reisfüllung den Knoblauch abziehen und fein hacken. Speiseöl in einem kleinen Topf erhitzen, Knoblauch und Reis darin andünsten. Ein Drittel des beiseitegelegten Tomatenfleisches (etwa 70 g) mit Wasser auf 125 ml ergänzen, zum Reis geben und zum Kochen bringen. Den Reis zugedeckt bei schwacher Hitze etwa 30 Minuten nach Packungsanleitung kochen lassen, bis die Flüssigkeit aufgesogen und der Reis gar ist. Den Reis mit Salz und Pfeffer abschmecken.

**3.** In der Zwischenzeit für die Olivenfüllung die Oliven fein hacken. Petersilie abspülen und trocken tupfen. Die Blättchen von den Stängeln zupfen. Blättchen klein schneiden und unterrühren, mit Salz und Pfeffer kräftig abschmecken.

**4.** Den Backofen vorheizen.
*Ober-/Unterhitze:* etwa 200 °C
*Heißluft:* etwa 180 °C

**5.** Für die provenzalische Füllung die Frühlingszwiebeln putzen, abspülen, abtropfen lassen und in feine Scheiben schneiden. Frühlingszwiebeln mit Semmelbröseln, Kräutern der Provence, 2 Esslöffeln von der Tomatenflüssigkeit sowie Salz und Pfeffer abschmecken.

**6.** Jede Füllung in 2 Tomaten geben. Die Tomaten in eine Auflaufform (gefettet) setzen, dabei die Tomatendeckel auflegen und leicht andrücken. Die Brühe hinzugießen. Die Form auf dem Rost in den vorgeheizten Backofen schieben. Die Tomaten etwa 20 Minuten garen.

Frühlingsbrötchen

Gefüllte Tomaten

# Griechische Kartoffelpfanne

4 Portionen

pro Portion 2,35 Euro

*Zubereitungszeit:* 30 Minuten

1 rote Paprikaschote (etwa 150 g)
6 Stängel Oregano
4 Knoblauchzehen
800 g gegarte Pellkartoffeln
60 g Butterschmalz
Salz, gem. Pfeffer
400 g Fetakäse
je 100 g grüne und schwarze Oliven (ohne Stein)

*Pro Portion:*
E: 20 g, F: 45 g, Kh: 33 g,
kJ: 2609, kcal: 622

**1.** Die Paprikaschote halbieren, entstielen, entkernen und die weißen Scheidewände entfernen. Schote abspülen, abtropfen lassen und in Würfel schneiden. Oregano abspülen und trocken tupfen. Die Blättchen von den Stängeln zupfen. Knoblauch abziehen und sehr klein schneiden. Kartoffeln pellen und in Scheiben schneiden.
**2.** Etwa 40 g des Butterschmalzes in einer großen Pfanne erhitzen. Die Kartoffelscheiben darin unter mehrmaligem Wenden goldbraun braten. Mit Salz und Pfeffer würzen, aus der Pfanne nehmen. Fetakäse würfeln.
**3.** Das restliche Butterschmalz in dem verbliebenen Bratfett erhitzen. Knoblauch und Paprikawürfel darin etwa 5 Minuten unter Rühren andünsten, mit Salz und Pfeffer würzen.
**4.** Die gebratenen Kartoffelscheiben mit Fetakäsewürfeln, Oreganoblättchen und Oliven in die Pfanne geben, vermengen und nochmals erhitzen.

# Kartoffel-Feta-Puffer vom Grill

8–12 Stück

pro Stück 0,60 Euro

*Zubereitungszeit:* 40 Minuten, ohne Abkühlzeit
*Grillzeit:* etwa 8 Minuten

750 g mehligkochende Kartoffeln
Salz
2 mittelgroße Möhren
250 g Fetakäse
3 Frühlingszwiebeln
2 Stängel Dill
2 Eier (Größe M)
Saft und Schale von 1/2 Bio-Zitrone (unbehandelt, ungewachst)
gem. Pfeffer
2 EL Weizenmehl
6 EL Semmelbrösel

**Außerdem:**
extra starke Alufolie
Olivenöl

*Pro Portion:*
E: 20 g, F: 17 g, Kh: 43 g,
kJ: 1717, kcal: 410

**1.** Kartoffeln schälen, abspülen, abtropfen lassen. Kartoffeln in einem Topf knapp mit Wasser bedeckt, zugedeckt zum Kochen bringen, Salz hinzufügen. Kartoffeln in etwa 25 Minuten gar kochen. Kartoffeln abgießen, abdämpfen, sofort durch eine Kartoffelpresse drücken, in eine Schüssel geben, etwas abkühlen lassen.
**2.** Möhren putzen, schälen, abspülen und abtropfen lassen. Möhren grob raspeln. Fetakäse klein schneiden und mithilfe einer Gabel zerdrücken.
**3.** Frühlingszwiebeln putzen, abspülen, abtropfen lassen und in feine Scheiben schneiden. Dill abspülen und trocken tupfen. Spitzen von den Stängeln zupfen, klein schneiden.
**4.** Möhrenraspel, Fetakäse, Frühlingszwiebelscheiben, Dill, Eier, Zitronensaft und -schale zu der Kartoffelmasse geben und gut vermengen. Kartoffel-Gemüse-Masse mit Salz und Pfeffer abschmecken.
**5.** Mehl und Semmelbrösel in einer flachen Schale vermischen. Aus der Kartoffelmasse etwa 2 cm dicke Puffer formen und in der Mehl-Semmelbrösel-Mischung wenden, Panade gut andrücken.
**6.** Für den Grill ein etwa 20–30 cm großes Stück Alufolie bereitlegen. Die Ränder der Folie etwas hochfalten, sodass eine Schale entsteht. Die Folienschale gut mit Olivenöl ausstreichen und auf den heißen Grillrost legen. Die Puffer darin von jeder Seite 3–4 Minuten knusprig grillen. Kartoffel-Feta-Puffer heiß servieren.

Griechische Kartoffelpfanne

Kartoffel-Feta-Puffer vom Grill

Gnocchi mit Kapern, Oliven und Rucola

Griechischer Auberginensalat

## Gnocchi mit Kapern, Oliven und Rucola

4 Portionen

*Zubereitungszeit:* 25 Minuten
*Garzeit:* etwa 25 Minuten

pro Portion 1,65 Euro

600 g mehligkochende Kartoffeln
Salz, ger. Muskatnuss
1 Ei (Größe M)
2 Eigelb (Größe M)
etwa 180 g Weizenmehl
125 g Rucola (Rauke)
2 EL Butter
1 EL Olivenöl
2 EL abgetropfte, feine Kapern
100 g abgetropfte, rote Oliven

*Pro Portion:*
E: 12 g, F: 20 g, Kh: 57 g,
kJ: 1962, kcal: 468

**1.** Die Kartoffeln gründlich waschen, abtropfen lassen und in einem Topf knapp mit Wasser bedeckt, zugedeckt zum Kochen bringen. Salz hinzugeben. Die Kartoffeln etwa 25 Minuten kochen. Die garen Kartoffeln abgießen, abdämpfen und heiß pellen. Kartoffeln durch eine Kartoffelpresse direkt auf die Arbeitsfläche drücken. Salz und Muskat auf die Kartoffelmasse streuen.
**2.** Ei und Eigelb verschlagen. Das Mehl und die verschlagenen Eier auf der Kartoffelmasse verteilen und mit den Händen kurz zu einem glatten Teig verkneten.
**3.** Den Teig auf der bemehlten Arbeitsfläche zu gleichmäßigen Rollen formen. Die Teigrollen dann in etwa 3 cm lange Stücke schneiden.
**4.** In einem Topf so viel Salzwasser zum Kochen bringen, dass die Gnocchi schwimmen können. Die Gnocchi in das kochende Salzwasser geben, wieder zum Kochen bringen und ohne Deckel bei schwacher Hitze gar ziehen lassen (das Wasser muss sich leicht bewegen). Die Gnocchi sind gar, wenn sie an der Oberfläche schwimmen.
**5.** In der Zwischenzeit Rucola putzen und die harten Stiele abschneiden. Rucola abspülen und trocken tupfen. Butter mit dem Olivenöl in 2 großen Pfannen erhitzen. Die Kapern und Oliven darin andünsten. Die Gnocchi mit einem Schaumlöffel aus dem Topf nehmen, abtropfen lassen und in den Pfannen verteilen. Mit Salz und Pfeffer würzen, durchschwenken und auf eine vorgewärmte Platte geben. Mit Rucola bestreuen und sofort servieren.

## Griechischer Auberginensalat

2 Portionen

pro Portion 1,80 Euro

*Zubereitungszeit:* 40 Minuten

1 Aubergine (etwa 400 g)
Salz
1 Zwiebel, 1 Knoblauchzehe
3–4 Frühlingszwiebeln (etwa 100 g)
4 kleine Tomaten (etwa 200 g)
40 g abgetropfte, schwarze Oliven (ohne Stein)
8 EL Olivenöl
1 EL Weißweinessig
gem. Pfeffer

*Pro Portion:*
E: 4 g, F: 40 g, Kh: 13 g,
kJ: 1799, kcal: 430

**1.** Aubergine abspülen, abtrocknen, Stängelansatz abschneiden Aubergine quer in 1/2–1 cm dicke Scheiben schneiden, mit Salz bestreuen und etwa 15 Minuten stehen lassen.
**2.** In der Zwischenzeit Zwiebel und Knoblauch abziehen, beides fein würfeln. Frühlingszwiebeln putzen, abspülen, abtropfen lassen und in feine Scheiben schneiden. Tomaten abspülen, abtrocknen, halbieren und die Stängelansätze herausschneiden. Tomaten klein würfeln. Die Oliven in Stücke schneiden.
**3.** Die Zwiebel-, Knoblauchwürfel, Frühlingszwiebelscheiben, Tomatenwürfel und Oliven in einer Schüssel vermischen.
**4.** Etwa 2 Esslöffel von dem Olivenöl mit Essig, Salz und Pfeffer gut verrühren. Die Marinade über die Salatzutaten gießen und gut vermischen. Den Salat durchziehen lassen.
**5.** In der Zwischenzeit 3 Esslöffel des restlichen Olivenöls in einer großen Pfanne erhitzen. Die Hälfte der Auberginenscheiben mit Küchenpapier trocken tupfen und in dem erhitzten Olivenöl von jeder Seite in 3–4 Minuten bei mittlerer bis starker Hitze goldbraun anbraten. Anschließend auf Küchenpapier abtropfen lassen. Das restliche Olivenöl in der Pfanne erhitzen und die restlichen Auberginenscheiben ebenso anbraten.
**6.** Den Salat mit den Gewürzen abschmecken. Die Auberginenscheiben leicht überlappend auf 2 Tellern anrichten. Den Salat daraufgeben.

Kartoffel-Paprika-Pfanne

Pizza-Risotto mit Mozzarella- und Tomatenstückchen

## Kartoffel-Paprika-Pfanne

2 Portionen

*Zubereitungszeit:* 35 Minuten

800 g möglichst kleine,
festkochende Kartoffeln, Salz
300 g abgetropfte Tomatenpaprika (aus dem Glas), 2 EL Olivenöl
gem. Pfeffer, Knoblauchpulver
1 gestr. TL getrocknete italienische Kräuter

pro Portion 1,40 Euro

*Pro Portion:*
E: 8 g, F: 11 g, Kh: 59 g,
kJ: 1552, kcal: 369

**1.** Kartoffeln schälen, abspülen, abtropfen lassen und in dünne Scheiben schneiden. Kartoffelscheiben in einem Topf knapp mit Wasser bedeckt, zugedeckt zum Kochen bringen. Salz hinzufügen. Die Kartoffeln etwa 5 Minuten kochen lassen, dann abgießen und gut abtropfen lassen.
**2.** Inzwischen Tomatenpaprika quer in schmale Streifen schneiden.
**3.** Das Olivenöl in einer großen Pfanne erhitzen. Die Kartoffelscheiben darin bei mittlerer bis starker Hitze in etwa 6 Minuten anbraten, dabei 3–4-mal wenden.
**4.** Die Paprikastreifen hinzufügen und vorsichtig untermischen. Die Kartoffel-Paprika-Pfanne mit Salz, Pfeffer, Knoblauch sowie italienischen Kräutern würzen und weitere etwa 2 Minuten garen, dabei gelegentlich umrühren. Die Kartoffel-Paprika-Pfanne sofort servieren.

## Pizza-Risotto mit Mozzarella- und Tomatenstückchen

4 Portionen

*Zubereitungszeit:* 15 Minuten
*Garzeit:* etwa 25 Minuten

pro Portion 1,05 Euro

1 Knoblauchzehe
1 Zwiebel
2 EL Butter oder Margarine
1–2 TL Pizzagewürz (fertige Gewürzmischung aus dem Supermarkt)
300 g Risottoreis
etwa 1 l heiße Gemüsebrühe
125 g abgetropfter Mozzarella
2 mittelgroße Tomaten
50 g ger. Parmesan
Salz, gem. Pfeffer
evtl. etwas frisches Basilikum

*Pro Portion:*
E: 17 g, F: 20 g, Kh: 61 g,
kJ: 2072, kcal: 495

**1.** Knoblauch und Zwiebel abziehen, in sehr kleine Würfel schneiden. Butter oder Margarine in einem Topf zerlassen. Zwiebel- und Knoblauchwürfel darin glasig dünsten. Pizzagewürz hinzufügen und kurz mit andünsten.
**2.** Reis hinzugeben und unter Rühren glasig dünsten. Etwas von der heißen Brühe hinzugießen. Die Brühe unter Rühren von dem Reis aufnehmen lassen. Nach und nach die gesamte heiße Brühe hinzugießen, sodass der Reis stets gerade mit der Brühe bedeckt ist. Den Reis etwa 25 Minuten bei schwacher Hitze ausquellen lassen.
**3.** In der Zwischenzeit Mozzarella in kleine Würfel schneiden. Tomaten abspülen, trocken tupfen, halbieren und die Stängelansätze herausschneiden. Tomaten klein würfeln.
**4.** Zwei Esslöffel des Parmesan und die Tomaten- und Mozzarellawürfel unter den Reis heben. Reis mit Salz, Pfeffer, evtl. noch etwas Pizzagewürz abschmecken.
**5.** Nach Belieben Basilikum abspülen und trocken tupfen. Die Blättchen von den Stängeln zupfen. Pizza-Risotto mit dem restlichen Parmesan und Basilikumblättchen anrichten.

## Kartoffel-Tofu-Gulasch mit Zitrone und Knoblauch

4 Portionen

pro Portion 2,25 Euro

*Zubereitungszeit:* 45 Minuten
*Garzeit:* etwa 20 Minuten

2 rote Zwiebeln
1 große, gelbe Paprikaschote
800 g festkochende Kartoffeln
600 g Tofu
(natur, aus dem Kühlregal)
2 EL Olivenöl
2 EL Tomatenmark
1 EL Paprikapulver edelsüß
1 TL Kümmelsamen
1,2 l Gemüsebrühe
Salz, gem. Pfeffer
1 Bio-Zitrone
(unbehandelt, ungewachst)
2 Knoblauchzehen
1 kleines Bund Petersilie

*Pro Portion:*
E: 30 g, F: 14 g, Kh: 37 g,
kJ: 1679, kcal: 400

**1.** Zwiebeln abziehen und in kleine Würfel schneiden. Paprikaschote halbieren, entstielen, entkernen und die weißen Scheidewände entfernen. Schote abspülen, abtropfen lassen und würfeln. Die Kartoffeln schälen, abspülen, abtropfen lassen und in etwa 2 cm große Würfel schneiden. Den Tofu in ebenfalls in etwa 2 cm große Würfel schneiden.
**2.** Olivenöl in einem Topf erhitzen. Zwiebel-, Paprika- und Kartoffelwürfel darin portionsweise andünsten. Tomatenmark, Paprika und Kümmel unterrühren. Brühe hinzugießen. Mit Salz und Pfeffer würzen. Gulasch zugedeckt etwa 20 Minuten bei schwacher Hitze kochen lassen.
**3.** In der Zwischenzeit Zitrone heiß abwaschen, abtrocknen und die Schale abreiben. Knoblauch abziehen und fein hacken. Petersilie abspülen und trocken tupfen. Die Blättchen von den Stängeln zupfen, klein schneiden. Zitronenschale mit Knoblauch und Petersilie vermischen und zugedeckt beiseitestellen.
**4.** Nach etwa 20 Minuten Garzeit die Tofuwürfel zum Gulasch geben und miterhitzen. Mit Salz und Pfeffer abschmecken.
**5.** Das Kartoffel-Tofu-Gulasch mit der beiseitegestellten Kräutermischung bestreuen und servieren.

## Linsencurry mit Blattspinat

2 Portionen

pro Portion 1,80 Euro

*Zubereitungszeit:* 10 Minuten
*Garzeit:* etwa 35 Minuten

1 kleine Zwiebel
1 EL Speiseöl, z. B. Sonnenblumen- oder Rapsöl
150 g rote Linsen
1 EL Tomaten- oder Paprikamark
550 ml Gemüsebrühe
250 g TK-Blattspinat
1/2 TL Kurkuma (Gelbwurz)
1 Prise gem. Koriander
1 Prise Chilipulver
1 Msp. gem. Kreuzkümmel (Cumin)
1 Msp. gem. Piment (Nelkenpfeffer)
Salz, gem. Pfeffer
1–2 geh. Msp. Sambal Oelek
1/2–1 EL Weißweinessig
50 g saure Sahne (ersatzweise Joghurt oder Schmand)

*Pro Portion:*
E: 26 g, F: 12 g, Kh: 45 g,
kJ: 1716, kcal: 408

**1.** Zwiebel abziehen und in kleine Würfel schneiden. Das Speiseöl in einem Topf erhitzen. Zwiebelwürfel darin in etwa 2 Minuten bei mittlerer Hitze andünsten. 50 g Linsen und das Tomaten- oder Paprikamark hinzufügen und unter Rühren etwa 1 Minute mit andünsten. 300 ml Gemüsebrühe hinzugießen. Die Zutaten zum Kochen bringen und bei mittlerer Hitze etwa 15 Minuten kochen lassen, bis die Linsen weich sind und zerfallen.
**2.** Die Linsenmasse in einen hohen Rührbecher geben und mit einem Pürierstab vorsichtig pürieren (Achtung: Die Masse ist heiß!). Die pürierten Linsen zurück in den Topf geben, die restliche Gemüsebrühe unterrühren. Restliche Linsen mit gefrorenem Spinat ebenfalls hinzufügen. Die Zutaten wieder zum Kochen bringen und bei schwacher Hitze weitere 10–15 Minuten (Packungsanleitung beachten) kochen lassen, bis die Linsen noch Biss haben und der Spinat aufgetaut ist. Dabei das Linsencurry gelegentlich umrühren.
**3.** In der Zwischenzeit Kurkuma mit Koriander, Chili, Kreuzkümmel, Piment, etwas Salz und Pfeffer in einer kleinen Schüssel verrühren.
**4.** Sambal Oelek, Essig und etwas von der Gewürzmischung unter das Linsencurry rühren. Das Linsencurry abschmecken und auf Tellern anrichten. Die saure Sahne in kleinen Klecksen darauf verteilen und nach Belieben mit der restlichen Gewürzmischung bestreuen.

***Tipp:*** Statt der vielen einzelnen Gewürze 1/2 Esslöffel Currypulver (am besten indisches) mit etwas Salz und Pfeffer verwenden.

Kartoffel-Tofu-Gulasch mit Zitrone und Knoblauch

Linsencurry mit Blattspinat

# Reis mit gebratenem Gemüse

pro Portion **2,15** Euro

4 Portionen

*Zubereitungszeit:* 45 Minuten

500 ml Wasser
200 g Basmati- oder Duftreis
1/2 gestr. TL Salz

**Für die Gemüsepfanne:**
200 g Zuckerschoten
200 g Möhren
1 Stange Staudensellerie
2 kleine Zucchini (gelb und grün)
1 rote Paprikaschote
3–4 Cocktailtomaten
250 g Champignons
3 EL Olivenöl
200 ml Gemüsebrühe
2–3 EL helle Sojasauce
2–3 EL Sherry
100 g Sojabohnensprossen
1 TL Speisestärke
1 EL Wasser
Salz, gem. Pfeffer
gem. Koriander

*Pro Portion:*
E: 13 g, F: 9 g, Kh: 54 g,
kJ: 1502, kcal: 359

Reis mit gebratenem Gemüse

**1.** Wasser mit Reis und Salz in einem Topf zum Kochen bringen. Den Reis zugedeckt bei schwacher Hitze etwa 8 Minuten quellen lassen, dabei gelegentlich umrühren (Packungsanleitung beachten).
**2.** In der Zwischenzeit für die Gemüsepfanne Zuckerschoten putzen, evtl. abfädeln. Zuckerschoten abspülen, abtropfen lassen und schräg halbieren. Möhren putzen, schälen, abspülen, abtropfen lassen und in dünne Scheiben schneiden.
**3.** Staudensellerie putzen und die harten Außenfäden abziehen. Sellerie abspülen, abtropfen lassen, in dünne Scheiben schneiden. Zucchini abspülen, abtrocknen und die Enden abschneiden. Zucchini längs halbieren, in dünne Scheiben schneiden.
**4.** Paprikaschote halbieren, entstielen, entkernen und die weißen Scheidewände entfernen. Paprika abspülen, abtropfen lassen und in Stücke schneiden. Cocktailtomaten abspülen, abtrocknen, halbieren und die Stängelansätze herausschneiden.
**5.** Die Champignons putzen, evtl. kurz abspülen, gut abtropfen lassen und in Scheiben schneiden.
**6.** Olivenöl in einem Wok erhitzen. Champignonscheiben darin etwa 2 Minuten unter Rühren braten und herausnehmen. Nach und nach die Möhren-, Selleriescheiben, Zuckerschoten, Zucchinischeiben und Paprikastücke kurz unter Rühren darin anbraten. Brühe, Sojasauce und Sherry hinzugießen und unterrühren.
**7.** Das Gemüse zugedeckt 3–5 Minuten bei schwacher Hitze garen.
**8.** Inzwischen Sojabohnensprossen verlesen, in ein Sieb geben, mit kaltem Wasser abspülen und abtropfen lassen. Champignons wieder zum Gemüse geben und unterrühren.
**9.** Die Speisestärke mit Wasser anrühren, unter das Gemüse rühren und kurz unter Rühren aufkochen lassen.
**10.** Sojabohnensprossen und Tomatenhälften unterrühren, mit Salz, Pfeffer und Koriander abschmecken. Den Reis hinzugeben, unterrühren und kurz erwärmen.

# Weizen-Risotto mit Pastinaken und glasierten Zwiebeln

4 Portionen

*Zubereitungszeit:* 60 Minuten, ohne Einweichzeit

pro Portion **2,00** Euro

150 g Weizenkörner
300 g Zwiebeln
1 Knoblauchzehe
125 g Bergkäse
1 Bund Petersilie
500 g Pastinaken
2–2,2 l Gemüsebrühe
100 g Butter
300 g Risottoreis
200 ml trockener Weißwein
Salz
gem. Pfeffer
2 geh. EL Zucker
200 ml Birnensaft
2 EL Balsamico-Essig
4 EL Walnussöl

*Pro Portion:*
E: 22 g, F: 43 g, Kh: 112 g,
kJ: 4057, kcal: 968

**1.** Am Vortag die Weizenkörner in eine Schüssel geben, mit kaltem Wasser übergießen, sodass sie ganz bedeckt sind. Weizenkörner über Nacht einweichen.
**2.** Am nächsten Tag Weizenkörner abgießen, in einen Topf geben, so viel Wasser hinzugießen, dass sie ganz bedeckt sind, zum Kochen bringen. Weizenkörner zugedeckt 40–45 Minuten bei schwacher Hitze kochen lassen. Den Topf von der Kochstelle nehmen.
**3.** In der Zwischenzeit die Zwiebeln und Knoblauch abziehen. 100 g der Zwiebeln in kleine Würfel schneiden. Knoblauchzehe in dünne Scheiben schneiden. Restliche Zwiebeln zuerst in dünne Scheiben schneiden, dann in Ringe teilen. Bergkäse entrinden und fein reiben.
**4.** Petersilie abspülen und trocken tupfen. Die Blättchen von den Stängeln zupfen. Blättchen klein schnei-

Weizen-Risotto mit Pastinaken und glasierten Zwiebeln

Vegan-Burger

den. Pastinaken schälen, abspülen, abtropfen lassen und in dünne Scheiben schneiden, große Pastinaken evtl. zuvor durchschneiden.

**5.** Die Brühe aufkochen lassen. Die Hälfte der Butter in einem Topf zerlassen. Die Zwiebelwürfel und Knoblauchscheiben darin bei mittlerer Hitze andünsten. Den Reis hinzugeben und kurz glasig-weiß andünsten. Mit Wein ablöschen und fast vollständig einkochen lassen.

**6.** Die Weizenkörner hinzugeben. Ein Achtel der heißen Brühe hinzugießen und bei mittlerer Hitze kochen lassen, mit Salz und Pfeffer würzen.

**7.** Den Risotto etwa 20 Minuten unter häufigem Rühren leicht bissfest garen. Dabei nach und nach restliche, heiße Brühe hinzugießen. Pastinakenscheiben nach etwa 10 Minuten Garzeit unter den Reis rühren und mitgaren lassen.

**8.** In der Zwischenzeit restliche Butter in einer Pfanne zerlassen. Zwiebelringe mit Zucker, etwas Salz und Pfeffer kräftig andünsten. Nach und nach den Birnensaft mit dem Balsamico hinzugeben und immer wieder ganz einkochen lassen, bis die Zwiebelringe weich sind.

**9.** Den geriebenen Bergkäse und die Petersilie unter den Risotto rühren, evtl. nachwürzen. Weizen-Risotto anrichten. Glasierte Zwiebelringe darauf verteilen und mit Walnussöl beträufeln.

## Vegan-Burger

2 Stück

pro Stück 1,20 Euro

*Zubereitungszeit:* 45 Minuten
*Garzeit:* etwa 20 Minuten

200 g mehligkochende Kartoffeln
1 Möhre (etwa 100 g)
Salz
1–1 1/2 EL Sojamehl (aus Reformhaus oder Naturkostladen)
gem. Pfeffer
1 EL Speiseöl, z. B. Sonnenblumenöl
100 g Sojajoghurt
2 TL Schnittlauchröllchen
2 Roggenbrötchen (möglichst aus Vollkornmehl)
2 große Salatblätter, z. B. Kopfsalat oder Lollo rosso
1 große Tomate
einige Schnittlauchröllchen

*Pro Stück:*
E: 30 g, F: 19 g, Kh: 100 g,
kJ: 2929, kcal: 699

**1.** Die Kartoffeln unter fließendem kalten Wasser abbürsten, knapp mit Wasser bedeckt, zugedeckt zum Kochen bringen und in etwa 20 Minuten gar kochen. Kartoffeln abgießen, mit kaltem Wasser abschrecken, abtropfen lassen. Kartoffeln noch warm pellen, dann mit einer Gabel fein zermusen.

**2.** In der Zwischenzeit die Möhre putzen, schälen, abspülen, abtropfen lassen und klein würfeln. Möhrenwürfel in einem kleinen Topf in kochendem Salzwasser zugedeckt etwa 5 Minuten garen. Anschließend in einem Sieb abtropfen lassen.

**3.** Das Kartoffelmus mit Sojamehl, Salz und Pfeffer mit leicht angefeuchteten Händen verkneten. Die Möhrenwürfel zum Schluss vorsichtig unterkneten. Aus dem Kartoffelteig 2 gleich große Taler (Ø etwa 9 cm) formen. Das Speiseöl in einer großen Pfanne erhitzen. Die Frikadellen darin von jeder Seite etwa 2 Minuten braten. Frikadellen herausnehmen und beiseitestellen.

**4.** Joghurt mit Schnittlauchröllchen verrühren. Den Schnittlauchjoghurt mit Salz und Pfeffer kräftig würzen.

**5.** Die Brötchen jeweils waagerecht durchschneiden. Jede Hälfte mit etwa 1 Esslöffel von dem Schnittlauchjoghurt bestreichen. Salatblätter und Tomate abspülen und trocken tupfen. Tomate in Scheiben schneiden und den Stängelansatz herausschneiden.

**6.** Die unteren Brötchenhälften mit je 1 Salatblatt belegen, dann mit 1 Frikadelle und 2–3 Tomatenscheiben belegen, mit Schnittlauchröllchen bestreuen, mit Salz und Pfeffer würzen. Die oberen Brötchenhälften darauflegen und leicht andrücken. Die Burger sofort genießen, bis zum Verzehr einzeln in Frischhaltefolie einwickeln.

Vegetarische Paella

Knoblauchkartoffeln

## Vegetarische Paella

6 Portionen

*Zubereitungszeit:* 35 Minuten
*Garzeit:* etwa 25 Minuten

pro Portion 1,25 Euro

2 mittelgroße Zwiebeln
400 g Möhren
2 große, grüne Paprikaschoten
je 1 große, rote und gelbe Paprikaschote
2 Stangen Porree (Lauch)
75 ml Olivenöl
400 g Langkornreis
50 g Tomatenmark
3 gestr. TL Salz
1–2 TL gerebelter Oregano
1 1/2 l heiße Gemüsebrühe

*Pro Portion:*
E: 9 g, F: 14 g, Kh: 63 g,
kJ: 1738, kcal: 415

**1.** Zwiebeln abziehen und in grobe Würfel schneiden. Möhren putzen, schälen, abspülen, abtropfen lassen und ebenfalls grob würfeln.
**2.** Die Paprikaschoten halbieren, entstielen, entkernen und die weißen Scheidewände entfernen. Schoten abspülen, abtropfen lassen und in Streifen schneiden. Porree putzen, die Stangen längs halbieren, gründlich waschen, abtropfen lassen und ebenfalls in Streifen schneiden.
**3.** Olivenöl in einer großen Pfanne mit hohem Rand erhitzen. Zwiebelwürfel darin andünsten. Reis, das vorbereitete Gemüse und Tomatenmark hinzufügen und gut verrühren. Mit Salz und Oregano würzen.
**4.** Gemüsebrühe hinzugießen. Die Paella zugedeckt etwa 25 Minuten bei schwacher Hitze garen. Dabei zwischendurch immer wieder umrühren.

## Knoblauchkartoffeln

4 Portionen

*Zubereitungszeit:* 35 Minuten
*Backzeit:* 10–15 Minuten

pro Portion 1,00 Euro

8 große Kartoffeln
1 EL Kümmelsamen

**Für die Knoblauchbutter:**
3 Knoblauchzehen
125 g Butter (zimmerwarm)
5 EL ger. Parmesan
1 EL Crème fraîche
2 EL gehackte Petersilie
gem. Pfeffer

*Pro Portion:*
E: 8 g, F: 31 g, Kh: 17 g,
kJ: 1636, kcal: 391

**1.** Kartoffeln unter fließendem kalten Wasser abbürsten und in einem Topf knapp mit Wasser bedeckt, zugedeckt zum Kochen bringen. Den Kümmel hinzufügen, die Kartoffeln in 20–25 Minuten gar kochen, abgießen und abdämpfen.
**2.** Für die Knoblauchbutter Knoblauch abziehen und durch eine Knoblauchpresse drücken. Mit Butter, Parmesan, Crème fraîche und Petersilie verrühren, mit Pfeffer würzen.
**3.** Den Backofen vorheizen.
*Ober-/Unterhitze:* etwa 240 °C
*Heißluft:* etwa 220 °C
**4.** Die Kartoffeln längs halbieren, nebeneinander in eine flache Auflaufform (gefettet) setzen und die Schnittflächen mit Knoblauchbutter bestreichen. Die Form auf dem Rost in den vorgeheizten Backofen schieben. Die Kartoffeln 10–15 Minuten backen.

## Zucchini-Paprika-Pfanne

4 Portionen

pro Portion 1,25 Euro

*Zubereitungszeit:* 35 Minuten

2–3 Zucchini
2–3 rote Paprikaschoten
1 grüne Paprikaschote
6 EL Olivenöl
3 Knoblauchzehen
Salz, gem. Pfeffer
560 g gegarter Langkornreis (etwa 200 g Rohgewicht)
2–3 Stängel glatte Petersilie

*Pro Portion:*
E: 8 g, F: 16 g, Kh: 49 g,
kJ: 1577, kcal: 378

**1.** Zucchini abspülen, abtrocknen und die Enden abschneiden. Zucchini längs halbieren und in Scheiben schneiden.
**2.** Paprikaschoten halbieren, entstielen, entkernen und die weißen

Scheidewände entfernen. Die Schoten abspülen, trocken tupfen und in Stücke oder Streifen schneiden. Olivenöl in einem Wok erhitzen. Paprikastücke oder -streifen darin etwa 5 Minuten unter gelegentlichem Rühren andünsten.

**3.** Zucchinischeiben hinzufügen und mitdünsten lassen. Den Knoblauch abziehen, durch eine Knoblauchpresse drücken und mit andünsten. Mit Salz und Pfeffer würzen. Den gegarten Reis hinzugeben, etwa 5 Minuten miterwärmen.

**4.** Petersilie abspülen, trocken tupfen. Die Blättchen von den Stängeln zupfen. Blättchen grob zerschneiden. Die Zucchini-Paprika-Pfanne mit Petersilie bestreut servieren.

## Polentataler mit Auberginenragout

2 Portionen

pro Portion 1,35 Euro

*Zubereitungszeit:* 50 Minuten, ohne Abkühl- und Ziehzeit

**Für die Polentataler:**
500 ml Gemüsebrühe
Salz
1/2 EL Speiseöl, z. B. Olivenöl
125 g Polenta (Maisgrieß)
1–1 1/2 EL Speiseöl, z. B. Olivenöl

**Für das Auberginenragout:**
1 Aubergine (etwa 300 g)
1 Zwiebel
1 Knoblauchzehe
1 EL Speiseöl, z. B. Olivenöl
400 g stückige Tomaten (aus der Dose)
4–5 Stängel Petersilie
1 EL abgetropfte Kapern (aus dem Glas)
gem. Pfeffer

*Pro Portion:*
E: 10 g, F: 15 g, Kh: 48 g, kJ: 1545, kcal: 368

**1.** Für die Polentataler am Vortag die Polenta nach Packungsanleitung zubereiten. Dafür Gemüsebrühe mit 1–2 Prisen Salz in einem kleinen, hohen Topf aufkochen. Speiseöl mit der Polenta einrühren. Die Zutaten zum Kochen bringen und zugedeckt bei schwacher Hitze etwa 2 Minuten kochen lassen. Den Topf von der Kochstelle nehmen. Polenta etwa 5 Minuten abkühlen lassen.

**2.** In der Zwischenzeit eine runde Kuchen- oder Tortenplatte (Ø etwa 30 cm, ersatzweise 2 Essteller) mit kaltem Wasser ausspülen.

**3.** Die gegarte Polenta evtl. mit Salz abschmecken. Polenta auf die Platte (oder die beiden Essteller) geben. Anschließend mit einem feuchten Teigschaber etwa 1 cm dick verstreichen und mit Frischhaltefolie abdecken. Polenta über Nacht erkalten lassen.

**4.** Am nächsten Tag für das Ragout Aubergine abspülen, abtrocknen und den Stängelansatz abschneiden. Aubergine zuerst längs in etwa 1 cm dicke Scheiben, dann in Würfel schneiden. Auberginenwürfel mit 1/2–1 Teelöffel Salz bestreuen. Die Auberginenwürfel etwa 30 Minuten ziehen lassen.

**5.** Die Auberginenwürfel in ein großes Sieb geben und mit kaltem Wasser gut abspülen. Anschließend Auberginen mit der Hand leicht ausdrücken, damit das Wasser besser abläuft.

**6.** Zwiebel und Knoblauch abziehen, beides fein würfeln. Das Speiseöl in einem breiten Topf erhitzen, Zwiebel- und Knoblauchwürfel darin andünsten. Stückige Tomaten hinzugeben und etwa 2 Minuten bei mittlerer Hitze mitdünsten. Auberginenwürfel unterrühren und alles zugedeckt etwa 10 Minuten bei schwacher Hitze kochen lassen. Dann ohne Deckel etwa 5 Minuten bei starker Hitze einkochen lassen, bis die Flüssigkeit verdampft ist, dabei 2- bis 3-mal umrühren.

**7.** In der Zwischenzeit die Folie von der Polenta entfernen. Aus der Polentamasse mit einem kleinen Glas runde Taler (Ø 4–6 cm) ausstechen.

**8.** Speiseöl in einer großen Pfanne erhitzen. Die Polentataler von beiden Seiten bei mittlerer bis starker Hitze in 6–8 Minuten knusprig hellbraun braten. Polentaler herausnehmen und evtl. auf Küchenpapier kurz abtropfen lassen.

**9.** In der Zwischenzeit die Petersilie abspülen, trocken tupfen und die Blättchen von den Stängeln zupfen. Blättchen klein schneiden, mit den Kapern unter das Auberginenragout rühren. Auberginenragout mit Salz und Pfeffer abschmecken, mit den Polentatalern anrichten.

Zucchini-Paprika-Pfanne

Polentataler mit Auberginenragout

## Käsebrot aus dem Ofen

2 Portionen

*Zubereitungszeit:* 10 Minuten
*Überbackzeit:* etwa 7 Minuten

125 g Gruyère (am Stück)
1 Ei (Größe M)
1 EL trockener Weißwein oder Gemüsebrühe
1/2 Knoblauchzehe
ger. Muskatnuss
gem. Pfeffer
4 Scheiben Bauernbrot
evtl. Paprikapulver edelsüß oder rosenscharf
evtl. abgespülte, trocken getupfte Schnittlauchhalme

pro Portion 1,90 Euro

*Pro Portion:*
E: 25 g, F: 23 g, Kh: 42 g,
kJ: 2038, kcal: 487

**1.** Den Backofen vorheizen.
*Ober-/Unterhitze:* etwa 220 °C
*Heißluft:* etwa 200 °C
**2.** Den Käse fein in eine Schüssel reiben. Ei, Wein oder Gemüsebrühe hinzufügen. Die Zutaten gut verrühren. Den Knoblauch abziehen, durch eine Knoblauchpresse drücken oder fein hacken und unterrühren. Käsemasse mit Muskat und Pfeffer würzen.
**3.** Die Bauernbrotscheiben mit der Käsemasse dick bestreichen und auf einen Backofenrost (mit Backpapier belegt) legen. Den Rost in den vorgeheizten Backofen schieben. Die Brotscheiben etwa 7 Minuten überbacken.
**4.** Die Käsebrote nach Belieben mit etwas Paprika bestäuben, mit Schnittlauchhalmen garnieren und sofort servieren.

## Gemüsedreierlei mit pochiertem Ei

4 Portionen

*Zubereitungszeit:* 20 Minuten
*Garzeit:* etwa 20 Minuten

2 mittelgroße Kohlrabi
4 mittelgroße Kartoffeln
250 g Zuckerschoten
2 EL Butter oder Margarine
1 TL flüssiger Honig
1 EL Zitronensaft
Salz
gem. Pfeffer
ger. Muskatnuss
100 ml Wasser
200 g Schlagsahne
evtl. 1 Bund Kerbel
1 l Wasser
3 EL Weißweinessig
4 Eier (Größe M)

pro Portion 2,00 Euro

*Pro Portion:*
E: 14 g, F: 30 g, Kh: 27 g,
kJ: 1869, kcal: 446

**1.** Die Kohlrabi putzen, schälen, abspülen, abtropfen lassen und in kleine Würfel schneiden. Kartoffeln schälen, abspülen, abtropfen lassen und ebenfalls klein würfeln. Von den Zuckerschoten die Enden abschneiden, evtl. abfädeln. Zuckerschoten abspülen, trocken tupfen, halbieren.
**2.** Butter oder Margarine in einem weiten Topf zerlassen. Kohlrabi- und Kartoffelwürfel darin unter Rühren andünsten. Honig, Zitronensaft, Salz, Pfeffer und Muskat hinzugeben. Kohlrabi- und Kartoffelwürfel zugedeckt etwa 7 Minuten dünsten. Zuckerschotenhälften und Wasser hinzugeben, zum Kochen bringen und das Gemüse zugedeckt weitere etwa 5 Minuten garen.
**3.** Sahne unterrühren und etwas einkochen lassen. Nach Belieben Kerbel abspülen und trocken tupfen. Die Blättchen von den Stängeln zupfen. Blättchen klein schneiden und zum Gemüse geben. Gemüse nochmals mit den Gewürzen abschmecken.
**4.** Wasser mit Essig und 1 Esslöffel Salz in einem Topf aufkochen lassen. Die Temperatur reduzieren, sodass sich das Wasser nur leicht bewegt.
**5.** Die Eier einzeln in einer Tasse oder Suppenkelle aufschlagen und vorsichtig in das siedende Wasser gleiten lassen. Die Eier nach etwa 4 Minuten mit einer Schaumkelle aus dem Salzwasser heben und mit dem Gemüse servieren.

Käsebrot aus dem Ofen

Gemüsedreierlei mit pochiertem Ei

Getreidebratlinge mit Basilikumsauce

Kichererbsen-Schupfnudeln mit Minz-Dip

## Getreidebratlinge mit Basilikumsauce

4 Portionen (etwa 20 Stück)

*Zubereitungszeit:* 30 Minuten, ohne Einweichzeit

**Für die Getreidebratlinge:**
250 g 5-Korn-Mischung
250 ml kochende Gemüsebrühe
200 g Möhren
200 g Zucchini
2 Eier (Größe M)
100 g Magerquark
Kräutersalz
gem. Pfeffer
8 EL Speiseöl

pro Portion 1,05 Euro

**Für die Basilikumsauce:**
150 g Magerquark
150 g Crème fraîche
100 ml Milch (3,5 % Fett)
1 EL Basilikumstreifen
2 EL geraspelte Zucchini

*Pro Portion:*
E: 18 g, F: 22 g, Kh: 49 g,
kJ: 2071, kcal: 495

**1.** Für die Getreidebratlinge 5-Korn-Mischung mit kochender Gemüsebrühe übergießen und etwa 45 Minuten einweichen.
**2.** Möhren putzen, schälen, abspülen, abtropfen lassen. Zucchini abspülen, abtrocknen und die Enden abschneiden. Möhren und Zucchini auf einer Haushaltsreibe reiben, mit den Eiern unter die eingeweichten Körner geben. Quark unterrühren, mit Kräutersalz und Pfeffer würzen.
**3.** Jeweils etwas von dem Speiseöl in einer Pfanne erhitzen. Den Teig portionsweise mit einem Esslöffel hineingeben und sofort flach drücken. Die Bratlinge von beiden Seiten etwa 10 Minuten bei mittlerer Hitze goldbraun braten.
**4.** Für die Basilikumsauce Quark mit Crème fraîche und Milch gut verrühren. Basilikumstreifen und Zucchiniraspel unterrühren. Mit Kräutersalz und Pfeffer abschmecken.

## Kichererbsen-Schupfnudeln mit Minz-Dip

2 Portionen

*Zubereitungszeit:* 35 Minuten, ohne Ruhezeit

1 Bund glatte Petersilie
1 kleine Zwiebel
1 Knoblauchzehe
265 g abgetropfte Kichererbsen (aus der Dose)
2 EL Sojamehl (aus Reformhaus oder Naturkostladen)
Salz, gem. Pfeffer
Paprikapulver edelsüß
1 geh. Msp. gem. Koriander
1 geh. Msp. gem. Kreuzkümmel (Cumin)

pro Portion 1,95 Euro

**Für den Dip:**
1–2 Stängel Minze (8–9 Blätter)
1 Knoblauchzehe
200 g Sojajoghurt
etwa 1/2 TL ger. Bio-Zitronenschale (unbehandelt, ungewachst)
3 EL Speiseöl, z. B. Sojaöl

*Pro Portion:*
E: 21 g, F: 24 g, Kh: 29 g,
kJ: 1745, kcal: 418

**1.** Petersilie abspülen und trocken tupfen. Die Blättchen von den Stängeln zupfen. Zwiebel und Knoblauch abziehen, beides grob zerkleinern. Kichererbsen abspülen und gut abtropfen lassen. Dann mit Petersilienblättchen, Zwiebel- und Knoblauchstücken in eine Rührschüssel geben und fein pürieren.
**2.** Mehl mit Salz, Pfeffer, Paprika, Koriander und Kreuzkümmel mischen. Mischung zum Kichererbsenpüree geben und alles mit den Händen zu einer geschmeidigen Masse verkneten. Den Teig zugedeckt etwa 30 Minuten ruhen lassen.
**3.** Für den Dip in der Zwischenzeit Minze abspülen und trocken tupfen. Die Blättchen von den Stängeln zupfen. Die Blättchen in feine Streifen schneiden. Knoblauch abziehen und klein schneiden. Joghurt mit Knoblauch und Zitronenschale gut verrühren. Die Minzestreifen vorsichtig unterziehen. Den Dip mit Salz und Pfeffer würzen.
**4.** Aus dem Kichererbsenteig etwa 16 fingerdicke Schupfnudeln formen. Das Speiseöl in einer großen Pfanne erhitzen. Die Schupfnudeln darin von allen Seiten bei mittlerer bis starker Hitze unter vorsichtigem Wenden in 8–10 Minuten goldbraun braten.
**5.** Die Kichererbsen-Schupfnudeln mit dem Minz-Dip servieren.

Buntes Paprikagemüse mit Buchweizengrütze

6. Tomatenmark zum Paprikagemüse geben und unter Rühren aufkochen. Das Gemüse mit Salz, Pfeffer und Honig abschmecken.
7. Das Paprikagemüse mit der Buchweizengrütze anrichten und mit den beiseitegelegten Petersilienblättchen garnieren.

## Buntes Paprikagemüse mit Buchweizengrütze

2 Portionen

*Zubereitungszeit:* 40 Minuten

**Für das Paprikagemüse:**
500 g Paprikaschoten (rot, grün, gelb)
2 Stangen Staudensellerie (etwa 100 g)
1 Knoblauchzehe
1 Zwiebel (etwa 50 g)
2 Stängel Thymian
1 Stängel Rosmarin
3 EL Olivenöl
75 ml Gemüsebrühe
1 EL Tomatenmark
gem. Pfeffer
1 TL flüssiger Blütenhonig

pro Portion 2,25 Euro

**Für die Buchweizengrütze:**
370 ml Gemüsebrühe
1 EL Olivenöl
120 g Buchweizengrütze
5 Stängel glatte Petersilie
Salz

*Pro Portion:*
E: 9 g, F: 22 g, Kh: 58 g,
kJ: 1939, kcal: 463

1. Für das Gemüse die Paprikaschoten der Länge nach vierteln, entstielen, entkernen und die weißen Scheidewände entfernen. Schotenviertel abspülen, trocken tupfen und der Länge nach in Streifen schneiden.
2. Staudensellerie putzen und die harten Außenfäden abziehen. Stangen abspülen, abtropfen lassen, zuerst in etwa 5 cm lange Stücke, danach längs in dünne Streifen schneiden. Knoblauch und die Zwiebel abziehen. Zwiebel halbieren und längs in dünne Streifen schneiden, Knoblauch klein schneiden. Thymian und Rosmarin abspülen, trocken tupfen. Blättchen bzw. Nadeln von den Stängeln zupfen.
3. Olivenöl in einem Topf erhitzen. Zwiebelstreifen darin etwa 5 Minuten bei mittlerer Hitze andünsten. Knoblauch, Paprika-, Selleriestreifen, Thymian, Rosmarin und Brühe hinzugeben, zum Kochen bringen. Gemüse zugedeckt etwa 10 Minuten bei mittlerer Hitze dünsten.
4. Für die Grütze Brühe und Olivenöl in einem Topf zum Kochen bringen. Buchweizengrütze einstreuen und unter Rühren aufkochen. Grütze zugedeckt etwa 12 Minuten bei schwacher Hitze quellen lassen.
5. In der Zwischenzeit die Petersilie abspülen und trocken tupfen. Die Blättchen von den Stängeln zupfen (einige Blättchen zum Garnieren beiseitelegen). Die Blättchen grob zerschneiden und unter die Grütze rühren. Mit Salz abschmecken.

## Couscous-Linsen-Salat

2 Portionen

*Zubereitungszeit:* 30 Minuten, ohne Durchziehzeit

pro Portion 1,90 Euro

125 g Couscous
Gemüsebrühe
100 g rote Linsen
1 kleine Zwiebel
evtl. 1 Knoblauchzehe
1 gelbe Paprikaschote
1/2 Salatgurke (etwa 175 g)
3 Tomaten oder 1 Fleischtomate
Saft von 1/2 Zitrone
1–1 1/2 EL Olivenöl
Salz
gem. Pfeffer
1 kleine Msp. Chilipulver
Voll-Rohrzucker
1 kleines Bund Petersilie

*Pro Portion:*
E: 23 g, F: 10 g, Kh: 81 g,
kJ: 2177, kcal: 514

1. Couscous nach Packungsanleitung mit der Gemüsebrühe (die auf der Packung angegebene Flüssigkeitsmenge verwenden) zubereiten. Das Couscous erkalten lassen.
2. In der Zwischenzeit die Linsen nach Belieben in einem Sieb mit kaltem Wasser abspülen. Die Linsen nach Packungsanleitung in reichlich Wasser in 10–15 Minuten bissfest garen. Die garen Linsen in ein Sieb geben, mit kaltem Wasser abschrecken, abtropfen, abkühlen lassen und beiseitestellen.
3. In der Zwischenzeit Zwiebel und nach Belieben Knoblauch abziehen, beides fein würfeln. Paprikaschote

halbieren, entstielen, entkernen und die weißen Scheidewände entfernen. Schote abspülen, abtropfen lassen und in kleine Würfel schneiden. Salatgurke abwaschen, abtrocknen und das Ende abschneiden. Gurke längs halbieren. Die Kerne mit einem Teelöffel herausschaben. Das Fruchtfleisch mit der Schale in schmale Streifen schneiden.

**4.** Tomaten kreuzweise einschneiden und mit kochendem Wasser übergießen. Nach 1–2 Minuten herausnehmen und mit kaltem Wasser abschrecken. Tomaten häuten, halbieren und die Stängelansätze herausschneiden. Tomaten entkernen und das Tomatenfruchtfleisch in mundgerechte Stücke schneiden.

**5.** Den Couscous in eine Salatschüssel geben und mit 2 Gabeln etwas auflockern. Zwiebel-, Knoblauch- und Paprikawürfel sowie Gurkenstreifen und Tomatenstücke unter den Couscous heben.

**6.** Für die Sauce Zitronensaft mit Olivenöl verschlagen, mit Salz, Pfeffer, Chili und 1 Prise Zucker würzen. Die Sauce zu dem Salat geben. Die Salatzutaten vermengen. Zuletzt die Linsen vorsichtig unterrühren. Den Couscous-Linsen-Salat gut durchziehen lassen.

**7.** Vor dem Servieren Petersilie abspülen und trocken tupfen. Die Blättchen von den Stängeln zupfen. Blättchen klein schneiden und unter den Salat geben. Den Salat nochmals abschmecken und servieren.

## Kokosmilch-Gazpacho

2 Portionen

*Zubereitungszeit:* 30 Minuten, ohne Kühlzeit

pro Portion 2,35 Euro

50 g rote Linsen
100 g Zwiebeln
1–2 Knoblauchzehen
1 Salatgurke
2 gelbe Paprikaschoten
etwa 6 Stängel Thymian
300 ml Kokosmilch (aus der Dose)
100 ml Mineralwasser ohne Kohlensäure
1 1/2–2 EL Weißweinessig
1 EL Zitronensaft
Salz
gem. Pfeffer

**Außerdem:**
2–3 Eiswürfel

*Pro Portion:*
E: 12 g, F: 27 g, Kh: 30 g, kJ: 1744, kcal: 420

**1.** Linsen nach Packungsanleitung in reichlich Wasser bissfest garen. Anschließend Linsen in ein Sieb geben, mit kaltem Wasser abschrecken, abtropfen und abkühlen lassen.

**2.** In der Zwischenzeit Zwiebeln und Knoblauch abziehen, grob würfeln. Salatgurke abwaschen, abtrocknen und nach Belieben schälen, Gurkenenden abschneiden. Die Gurke längs halbieren und mit einem Teelöffel entkernen. Eine Gurkenhälfte in große Stücke schneiden. Die andere Hälfte fein würfeln und als Suppeneinlage beiseitestellen.

**3.** Paprikaschoten halbieren, entstielen, entkernen und die weißen Scheidewände entfernen. Die Schoten abspülen und abtropfen lassen. Zwei Paprikahälften in große Stücke schneiden. Die restlichen Paprikahälften fein würfeln und ebenso als Suppeneinlage beiseitestellen.

**4.** Die Hälfte des Thymians abspülen und trocken tupfen. Die Blättchen von den Stängeln zupfen. Die restlichen Thymianstängel zum Garnieren beiseitelegen.

**5.** Die Zwiebel-, Knoblauchwürfel, Gurken- und Paprikastücke in eine Rührschüssel geben. Kokosmilch, Mineralwasser, 1 1/2 Esslöffel Essig, Zitronensaft, 1 Prise Salz und Thymianblättchen hinzufügen. Die Zutaten mit dem Pürierstab fein pürieren, mit Pfeffer und evtl. etwas Salz abschmecken. Die Kokosmilchsuppe zugedeckt mindestens 60 Minuten in den Kühlschrank stellen.

**6.** Vor dem Servieren den beiseitegelegten Thymian abspülen und trocken tupfen. Die Blättchen von den Stängeln zupfen. Gazpacho gut umrühren, nochmals mit Salz, Pfeffer und evtl. etwas Essig abschmecken. Die Eiswürfel in die Suppe geben. Die beiseitegelegten gegarten Linsen, Gurken- und Paprikawürfelchen unter die Suppe rühren oder getrennt dazureichen. Die Thymianblättchen in die Suppe rühren.

Couscous-Linsen-Salat

Kokosmilch-Gazpacho

## Champignonpfanne mit Frischkäse

4 Portionen

pro Portion 2,00 Euro

*Zubereitungszeit:* 40 Minuten

500 g Champignons
200 g Zuckerschoten
2 mittelgroße Tomaten
125 g abgetropfte, getrocknete Tomaten in Öl
1 Zwiebel
1 Knoblauchzehe
4 EL Olivenöl
Salz, gem. Pfeffer
100 g Doppelrahm-Frischkäse
75 ml Gemüsebrühe

*Pro Portion:*
E: 13 g, F: 20 g, Kh: 16 g,
kJ: 1242, kcal: 297

**1.** Champignons putzen, evtl. kurz abspülen und trocken tupfen. Große Champignons evtl. vierteln. Von den Zuckerschoten die Enden abschneiden, evtl. abfädeln. Zuckerschoten halbieren, abspülen und abtropfen lassen.
**2.** Tomaten kreuzweise einschneiden und mit kochendem Wasser übergießen. Nach 1–2 Minuten herausnehmen und mit kaltem Wasser abschrecken. Tomaten häuten, halbieren, entkernen und die Stängelansätze herausschneiden. Tomatenhälften in Würfel schneiden. Getrocknete Tomaten in Streifen schneiden. Zwiebel und Knoblauch abziehen, in kleine Würfel schneiden.
**3.** Jeweils die Hälfte des Olivenöls in einer großen Pfanne erhitzen. Champignons darin in 2 Portionen unter Rühren anbraten, mit Salz und Pfeffer würzen. Champignons aus der Pfanne nehmen. Die Zwiebel- und Knoblauchwürfel mit den Zuckerschoten in dem verbliebenen Bratfett andünsten. Die Tomatenwürfel, Tomatenstreifen und angebratenen Champignons unterheben.
**4.** Frischkäse zunächst mit der Brühe verrühren, dann unter die Champignon-Tomaten-Masse rühren. Die Champignonpfanne bei schwacher Hitze unter Rühren langsam erhitzen (nicht mehr kochen lassen). Die Champignonpfanne mit Salz und Pfeffer abschmecken und servieren.

## Chinesische Gemüsepfanne

4 Portionen

pro Portion 2,25 Euro

*Zubereitungszeit:* 40 Minuten, ohne Einweichzeit

30–40 g getrocknete Mu-err-Pilze
1 kleine Salatgurke
200 g Möhren
285 g abgetropfter Gemüsemais (aus der Dose)
400 g abgetropfte Kidneybohnen (aus der Dose)
2 Zwiebeln
2 Knoblauchzehen
1 kleines Stück frischer Ingwer
50 ml Sesamöl
1 TL Fünf-Gewürze-Pulver
Salz, gem. Pfeffer
200 ml Gemüsebrühe
3–4 EL Tomatenketchup
3–4 EL süße Chilisauce
5–6 EL Ketjab Manis (indonesische Sojasauce)
1 TL Speisestärke
150 g Sojabohnensprossen
etwas Sambal Oelek

*Pro Portion:*
E: 17 g, F: 15 g, Kh: 57 g,
kJ: 1863, kcal: 445

**1.** Die Pilze in heißem Wasser nach Packungsanleitung einweichen. Salatgurke abwaschen, trocken tupfen und die Enden abschneiden. Gurke längs halbieren, vierteln und mit der Schale in Scheiben schneiden. Möhren putzen, schälen, abspülen, abtropfen lassen und fein würfeln.
**2.** Mais und Bohnen getrennt in je einem Sieb abspülen und abtropfen lassen. Zwiebeln und Knoblauch abziehen, in kleine Würfel schneiden. Eingeweichte Pilze abtropfen lassen und klein schneiden. Ingwer schälen und klein würfeln.
**3.** Sesamöl in einem Wok erhitzen. Gurkenscheiben, Möhrenwürfel, Mais, Bohnen, Pilze und Ingwerwürfel darin evtl. portionsweise etwa 3 Minuten unter Rühren anbraten.

Champignonpfanne mit Frischkäse

Chinesische Gemüsepfanne

Kartoffel-Quark-Taler

Kartoffelecken mit Cocktailtomaten

Mit Fünf-Gewürze-Pulver, Salz und Pfeffer würzen. Brühe hinzugießen und zum Kochen bringen. Die Zutaten zugedeckt etwa 5 Minuten garen, dabei gelegentlich umrühren.

**4.** Ketchup, Chili- und Sojasauce mit Speisestärke verrühren, unter das Gemüse rühren und unter Rühren gut aufkochen lassen. Sprossen abspülen, abtropfen lassen, hinzugeben und 1–2 Minuten mitgaren lassen, mit Sambal Oelek abschmecken.

## Kartoffel-Quark-Taler

4 Portionen

*Zubereitungszeit:* 25 Minuten
*Garzeit:* etwa 25 Minuten

1 1/2 kg mehligkochende Kartoffeln
1 kg Magerquark
3 Eier (Größe L)
Salz
ger. Muskatnuss
gerebelter Majoran
350 g Weizenmehl
abgezogene, gehackte und gehobelte Mandeln
Sesamsamen
Sonnenblumenkerne
150 g Butterschmalz

pro Portion 1,85 Euro

*Pro Portion:*
E: 19 g, F: 10 g, Kh: 43 g,
kJ: 1515, kcal: 361

**1.** Kartoffeln gründlich waschen, abtropfen lassen, in einem Topf knapp mit Wasser bedeckt, zugedeckt zum Kochen bringen und in etwa 25 Minuten gar kochen. Kartoffeln abgießen, abdämpfen, heiß pellen, durch die Kartoffelpresse drücken und abkühlen lassen.

**2.** Quark mit Eiern verrühren, mit Salz, Muskat und Majoran würzen, zur Kartoffelmasse geben und unterrühren, Mehl unterkneten.

**3.** Aus dem Teig mit bemehlten Händen Bällchen formen und in Mandeln, Sesam oder Sonnenblumenkernen wenden. Die Bällchen leicht flach drücken, sodass Taler entstehen.

**4.** Butterschmalz in einer großen Pfanne erhitzen, die Taler darin evtl. portionsweise von allen Seiten bei mittlerer Hitze etwa 8 Minuten goldbraun braten.

## Kartoffelecken mit Cocktailtomaten

2 Portionen

pro Portion 0,85 Euro

*Zubereitungszeit:* 15 Minuten
*Garzeit:* etwa 40 Minuten

700 g kleine, festkochende Kartoffeln
je 1 Stängel Rosmarin und Thymian
2 EL Olivenöl
1 TL grobes Meersalz
gem. Pfeffer
100 g Cocktailtomaten (etwa 4 Stück)
1 TL Olivenöl

Pro Portion:
E: 7 g, F: 12 g, Kh: 56 g,
kJ: 1558, kcal: 371

**1.** Den Backofen vorheizen.
*Ober-/Unterhitze:* etwa 200 °C
*Heißluft:* etwa 180 °C

**2.** Kartoffeln unter fließendem kalten Wasser gründlich abbürsten und trocken tupfen. Kartoffeln längs in Spalten schneiden.

**3.** Rosmarin und Thymian abspülen und trocken tupfen. Die Nadeln bzw. Blättchen von den Stängeln zupfen.

**4.** Kartoffelspalten mit Rosmarinnadeln, Thymianblättchen, Olivenöl, Salz und Pfeffer in einer Schüssel vermengen und auf einem Backblech (mit Backpapier belegt) verteilen. Das Backblech in den vorgeheizten Backofen schieben. Die Kartoffelspalten 15–20 Minuten garen.

**5.** Inzwischen Tomaten abspülen, abtrocknen, evtl. die Stängelansätze entfernen. Tomaten mit Olivenöl beträufeln, nach 15–20 Minuten Garzeit zu den Kartoffelecken auf das Backblech geben, weitere 15–20 Minuten garen, bis die Ecken goldbraun und knusprig sind. Kartoffelecken während der Garzeit mehrmals wenden.

Gemüseschnitzel

Kräuternudeln

## Gemüseschnitzel
1 Portion

*Zubereitungszeit:* 30 Minuten

200 g Gemüse, z. B. Knollensellerie, Zucchini, Steckrübe, Süßkartoffel, Rote Bete
Salz
gem. Pfeffer
2 EL Weizenmehl
4 EL Semmelbrösel
1 Ei (Größe S)
1 1/2 EL Speiseöl, z. B. Rapsöl
15 g Butter

pro Portion 0,75 Euro

*Pro Portion:*
E: 12 g, F: 21 g, Kh: 51 g,
kJ: 1851, kcal: 442

**1.** Gemüse putzen, schälen, abspülen und abtropfen lassen. Das Gemüse in etwa 1/2 cm dicke Scheiben schneiden und in kochendem Salzwasser 3–5 Minuten garen. Gemüsescheiben in einem Sieb gut abtropfen lassen. Mit Salz und Pfeffer würzen.
**2.** Mehl, Semmelbrösel und Ei in je einen tiefen Teller geben. Das Ei verschlagen. Die Gemüsescheiben zunächst in Mehl wenden, dann durch das verschlagene Ei ziehen, am Tellerrand abstreifen und zuletzt in Semmelbröseln wenden. Panade leicht andrücken.
**3.** Speiseöl in einer großen Pfanne erhitzen. Gemüsescheiben darin von jeder Seite etwa 2 Minuten goldgelb braten. Kurz vor Ende der Bratzeit die Butter zu den Gemüsescheiben in die Pfanne geben und zerlassen. Gemüsescheiben herausnehmen und auf einem Teller anrichten.

## Kräuternudeln
4 Portionen

*Zubereitungszeit:* 65 Minuten, ohne Ruhezeit

**Für den Nudelteig:**
400 g Weizenmehl
4 Eier (Größe M)
2 Eigelb (Größe M)
1 gestr. TL Salz

pro Portion 1,55 Euro

2 Bund oder 2 Töpfe junger Liebstöckel oder Salbei
4 Tomaten (etwa 450 g)
2 Knoblauchzehen
3 EL Olivenöl
100 ml trockener Weißwein
Salz
gem. Pfeffer
4 l Wasser
4 gestr. TL Salz
4 EL Olivenöl
vorbereitete frische Kräuter

*Pro Portion:*
E: 20 g, F: 28 g, Kh: 76 g,
kJ: 2749, kcal: 656

**1.** Für den Teig das Mehl in eine Rührschüssel geben und eine kleine Vertiefung eindrücken. Eier, Eigelb und Salz in die Vertiefung geben. Die Zutaten von der Mitte aus mit einem Mixer (Knethaken) zu einem glatten Teig verarbeiten. Teig zu einer Kugel formen und in Frischhaltefolie gewickelt etwa 1 Stunde ruhen lassen.
**2.** Liebstöckel oder Salbei abspülen und trocken tupfen. Die Blättchen von den Stängeln zupfen.
**3.** Den Nudelteig halbieren. Jeweils eine Teighälfte auf einer leicht bemehlten Arbeitsfläche zu einer dünnen, rechteckigen Platte ausrollen. Eine Teigplatte mit Wasser bestreichen und mit einem Teil der Kräuterblättchen belegen.
**4.** Die zweite Teigplatte ebenfalls mit Wasser bestreichen, darauflegen und mit einer Teigrolle darüberrollen, bis beide Nudelplatten aneinander haften. Nochmals etwa 5 Minuten ruhen lassen. Die Teigplatte in beliebige Formen schneiden oder ausstechen.
**5.** Die Tomaten abspülen, trocken tupfen, vierteln, entkernen und die Stängelansätze entfernen. Tomatenviertel in Würfel schneiden. Knoblauch abziehen und klein würfeln.

**6.** Olivenöl in einer Pfanne erhitzen. Knoblauch-, Tomatenwürfel und restliche Kräuterblättchen darin andünsten. Mit Wein ablöschen, mit Salz und Pfeffer würzen.
**7.** Wasser in einem großen Topf zum Kochen bringen. Salz und Nudeln hinzufügen. Die Nudeln im geöffneten Topf etwa 5 Minuten unter gelegentlichem Rühren garen.
**8.** Die Nudeln in ein Sieb geben, mit heißem Wasser abspülen und abtropfen lassen. Olivenöl in einer Pfanne erhitzen. Die Nudeln darin schwenken und in eine Schüssel geben. Tomatenwürfel darauf verteilen und mit frischen Kräutern garnieren.

## Kürbis-Orangen-Risotto mit gebratenem Rotkohl

4 Portionen

pro Portion 1,80 Euro

*Zubereitungszeit:* 40 Minuten
*Garzeit:* Risotto etwa 20 Minuten

**Für den Rotkohl:**
500 g Rotkohl
Salz

**Für den Risotto:**
1 Zwiebel (etwa 80 g)
2 Bio-Orangen (unbehandelt, ungewachst)
20 g Butterschmalz
350 g Risottoreis
750 ml Gemüsebrühe
500 g Hokkaido-Kürbis
150 ml Orangensaft (von den Orangen)
20 g Butterschmalz
100 g Schlagsahne
gem. Pfeffer
1 EL brauner Zucker
gem. Gewürznelken
gem. Zimt
grobes Meersalz

*Pro Portion:*
E: 11 g, F: 19 g, Kh: 95 g, kJ: 2529, kcal: 605

**1.** Für den Rotkohl von dem Rotkohl die welken, äußeren Blätter entfernen. Den Kohl vierteln und den Strunk herausschneiden.
**2.** Die Kohlviertel abspülen, abtropfen lassen und in lange, dünne Streifen schneiden. Kohlstreifen in eine Schüssel geben, mit etwa 1/2 gestrichenen Teelöffel Salz bestreuen und beiseitestellen.
**3.** Für den Risotto die Zwiebel abziehen und in kleine Würfel schneiden. Die Orangen heiß abwaschen und abtrocknen. Die Schale von 1 Orange fein abreiben. Die Schale der zweiten Orange mit einem Zestenreißer in feinen Streifen abziehen. Beide Orangen halbieren und den Saft auspressen (ergibt etwa 150 ml Saft).
**4.** Das Butterschmalz in einem breiten Topf erhitzen. Risottoreis und Zwiebelwürfel darin unter Rühren glasig dünsten. Geriebene Orangenschale unterheben.
**5.** Die Hälfte der Brühe unterrühren und zum Kochen bringen. Den Reis zugedeckt etwa 10 Minuten bei schwacher Hitze garen, dabei gelegentlich umrühren. Die restliche Brühe hinzugeben.
**6.** In der Zwischenzeit Kürbis gründlich abspülen, abtropfen lassen und ungeschält in Spalten schneiden. Die Kürbisspalten entkernen und in etwa 1 cm große Würfel schneiden.
**7.** Die Kürbiswürfel mit dem Orangensaft unter den Reis rühren und etwa 10 Minuten bei schwacher Hitze mitgaren lassen. Risotto dabei gelegentlich umrühren.
**8.** Rotkohlstreifen leicht ausdrücken. Butterschmalz in einer großen Pfanne erhitzen. Kohlstreifen darin unter Rühren anbraten.
**9.** Anschließend den Kohl etwa 5 Minuten bei mittlerer Hitze braten, dabei immer wieder umrühren. Kurz vor Ende der Garzeit die Orangenschalenstreifen unterrühren und mitgaren lassen.
**10.** Die Sahne unter den Risotto rühren. Risotto mit Salz und Pfeffer abschmecken. Den Topf von der Kochstelle nehmen.
**11.** Den Zucker auf die Kohlstreifen streuen und unter Rühren kurz karamellisieren lassen. 3 Esslöffel Wasser hinzugeben. Den gebratenen Rotkohl mit gemahlenen Nelken, Zimt und Pfeffer würzen.
**12.** Risotto und Kohlstreifen portionsweise anrichten und anschließend die Kohlstreifen mit grobem Meersalz bestreuen.

Kürbis-Orangen-Risotto mit gebratenem Rotkohl

## Rigatoni mit Erbsenpesto

4 Portionen

*Zubereitungszeit:* 35 Minuten

pro Portion 2,40 Euro

7 EL Olivenöl
75 g Pinienkerne
2 Knoblauchzehen
Salz
450 g TK-Erbsen
6 Stängel Basilikum
grob gem. schwarzer Pfeffer
50 g getrocknete Tomaten
100 ml Wasser
50 g Rucola (Rauke)
4 l Wasser
4 gestr. TL Salz
400 g Rigatoni (ital. Röhrennudeln)
60 g fein ger. Parmesan

*Pro Portion:*
E: 31 g, F: 34 g, Kh: 90 g,
kJ: 3297, kcal: 788

**1.** Einen Esslöffel Olivenöl in einer Pfanne erhitzen. Die Pinienkerne darin unter Rühren goldbraun rösten. Den Knoblauch abziehen, durch eine Knoblauchpresse drücken und unter die Pinienkerne rühren.
**2.** Salzwasser in einem Topf zum Kochen bringen. Die gefrorenen Erbsen hinzugeben, wieder zum Kochen bringen und etwa 3 Minuten bei starker Hitze kochen lassen. Anschließend die Erbsen kurz in Eiswasser abschrecken und in einem Sieb gut abtropfen lassen.
**3.** Basilikum abspülen und trocken tupfen. Von 4 Stängeln die Blättchen abzupfen. Restliche Basilikumstängel beiseitelegen.
**4.** Die Erbsen mit den Basilikumblättchen, Pinienkernen und dem restlichen Olivenöl in eine Küchenmaschine mit Schneidmesser geben und grob pürieren. Oder mit einem Pürierstab grob pürieren. Püree mit Salz und Pfeffer würzen.
**5.** Tomaten in kleine Stücke schneiden, mit 100 ml Wasser in einem kleinen Topf zum Kochen bringen und bei mittlerer Hitze einkochen lassen, bis fast keine Flüssigkeit mehr vorhanden ist.
**6.** Rucola putzen, und die groben Stiele abschneiden. Rucola abspülen, trocken tupfen.
**7.** Das Wasser in einem großen Topf zugedeckt zum Kochen bringen. Dann Salz und Nudeln hinzugeben. Die Nudeln im geöffneten Topf bei mittlerer Hitze nach Packungsanleitung kochen lassen, dabei gelegentlich umrühren. Anschließend die Nudeln in ein Sieb geben, mit heißem Wasser abspülen und abtropfen lassen.
**8.** Von den beiseitegelegten Basilikumstängeln die Blättchen abzupfen. Blättchen grob zerschneiden.
**9.** Die Nudeln mit dem Erbsenpesto mischen und sofort in vorgewärmten Tellern anrichten. Mit Basilikum, Rucola und Parmesan bestreut sofort servieren.

## Griechische Käsecreme

4 Portionen

*Zubereitungszeit:* 15 Minuten

100 g Schafskäse
200 g Sahne-Dickmilch
1 Knoblauchzehe
10 abgetropfte, schwarze Oliven
1 Frühlingszwiebel
Salz, gem. Pfeffer

pro Portion 0,75 Euro

*Pro Portion:*
E: 6 g, F: 14 g, Kh: 3 g,
kJ: 696, kcal: 166

**1.** Schafskäse mit einer Gabel zerdrücken, mit Dickmilch vermengen, in einem Rührbecher pürieren.
**2.** Knoblauch abziehen und zerdrücken. Oliven entkernen, fein hacken.
**3.** Frühlingszwiebel putzen, abspülen, abtropfen lassen und in Scheiben schneiden. Knoblauch, Oliven und Frühlingszwiebelscheiben unter die Püreemasse rühren. Mit Salz und Pfeffer würzen. Die Käsecreme zugedeckt in den Kühlschrank stellen.

Rigatoni mit Erbsenpesto

Griechische Käsecreme

Kartoffelfrikadellen

Rosmarin-Paprika-Pfanne

## Kartoffelfrikadellen

4 Portionen

*Zubereitungszeit:* 30 Minuten, ohne Durchziehzeit

1 kg mehligkochende Kartoffeln
Salz
50 g Kürbiskerne
2 kleine Zwiebeln
1 Knoblauchzehe
5–6 EL Speiseöl, z. B. Rapsöl
1 kleines Bund Petersilie
gem. Pfeffer
2 Eier (Größe M)
etwas Weizenmehl
Semmelbrösel

pro Portion 1,00 Euro

*Pro Portion:*
E: 14 g, F: 22 g, Kh: 57 g,
kJ: 2020, kcal: 482

**1.** Kartoffeln schälen, abspülen, abtropfen lassen, in einem Topf knapp mit Wasser bedeckt, zugedeckt zum Kochen bringen, Salz hinzugeben. Die Kartoffeln in etwa 20 Minuten gar kochen.
**2.** In der Zwischenzeit die Kürbiskerne in einer Pfanne ohne Fett unter Rühren rösten, herausnehmen, abkühlen lassen, dann die Kerne hacken. Zwiebeln und Knoblauch abziehen, in feine Würfel schneiden und in einer Pfanne mit 1 Esslöffel von dem Speiseöl andünsten. Petersilie abspülen und trocken tupfen. Die Blättchen von den Stängeln zupfen. Blättchen klein schneiden und mit den Kürbiskernen zu der Zwiebel-Knoblauch-Masse geben.
**3.** Die garen Kartoffeln abgießen, kurz abdämpfen und mit einem Kartoffelstampfer zerdrücken. Die Zwiebelmischung mit den Kartoffeln vermengen, mit Salz und Pfeffer kräftig würzen. Die Kartoffelmasse etwa 20 Minuten durchziehen lassen.
**4.** Eier verschlagen. Kartoffelmasse zu kleinen Bällchen formen und flach drücken. Die Bällchen zuerst in Mehl, dann in den Eiern und zuletzt in Semmelbröseln wenden. Restliches Speiseöl portionsweise in einer großen Pfanne erhitzen. Die Frikadellen darin bei mittlerer Hitze in etwa 5 Minuten goldbraun braten.

## Rosmarin-Paprika-Pfanne

4 Portionen

pro Portion 1,95 Euro

*Zubereitungszeit:* 40 Minuten

600 g kleine, festkochende Kartoffeln
250 g kleine Schalotten
2 EL Olivenöl
Salz, gem. Pfeffer
1 kg bunte Paprikaschoten (rot, grün, gelb)
4 Stängel Rosmarin
4 Knoblauchzehen
250 ml Gemüsebrühe
Saft von 1/2 Zitrone

*Pro Portion:*
E: 6 g, F: 6 g, Kh: 27 g,
kJ: 805, kcal: 192

**1.** Kartoffeln unter fließendem kalten Wasser gründlich abbürsten und gut abtropfen lassen. Kartoffeln mit der Schale längs halbieren.
**2.** Die Schalotten abziehen und evtl. halbieren.
**3.** Olivenöl in einer großen Pfanne erhitzen. Kartoffelhälften und Schalotten etwa 15 Minuten bei nicht zu starker Hitze unter mehrmaligem Wenden goldbraun braten, mit Salz und Pfeffer würzen.
**4.** In der Zwischenzeit Paprikaschoten halbieren, entstielen, entkernen und weiße Scheidewände entfernen. Schoten abspülen, abtropfen lassen und grob würfeln.
**5.** Rosmarin abspülen und trocken tupfen. Die Nadeln von den Stängeln zupfen. Den Knoblauch abziehen und längs halbieren.
**6.** Die Paprikawürfel zu den Kartoffelhälften in die Pfanne geben und kurz unter Rühren mitbraten. Knoblauch und Rosmarinnadeln hinzugeben und unterrühren. Etwas von der Brühe hinzugießen.
**7.** Die Zutaten weitere 10–15 Minuten unter gelegentlichem Rühren leicht braten.
**8.** Restliche Brühe hinzugießen, zum Kochen bringen und einkochen lassen. Die Rosmarin-Paprika-Pfanne mit Salz, Pfeffer und Zitronensaft abschmecken.

Rahmspinat mit gebackenem Ei

Mango-Kichererbsen-Frikadellen mit Paprikasauce

## Rahmspinat mit gebackenem Ei

pro Portion **1,80** Euro

4 Portionen

*Zubereitungszeit:* 40 Minuten

700 g Spinat
(vorbereitet gewogen etwa 400 g)
Salz
2 Schalotten
80 g Butter, 40 g Weizenmehl
400 ml Milch (3,5 % Fett)
1 EL ger. Gemüsemeerrettich
(aus dem Glas)
ger. Muskatnuss

10 Eier (Größe M)
120 g Semmelbrösel
1 EL ger. Parmesan
etwas Weizenmehl
200–400 g Pflanzenfett zum
Frittieren (je nach Topfgröße)

1 EL Crème fraîche

*Pro Portion:*
E: 26 g, F: 47 g, Kh: 30 g,
kJ: 2774, kcal: 662

**1.** Den Spinat verlesen, Wurzelenden und dicke Stängel entfernen. Spinat gründlich waschen, abtropfen lassen und in etwas kochendem Salzwasser kurz blanchieren, bis er zusammengefallen ist. Spinat in eiskaltes Wasser geben, in einem Sieb abtropfen lassen und klein schneiden.

**2.** Schalotten abziehen und in kleine Würfel schneiden. Butter in einem Topf zerlassen. Schalottenwürfel darin andünsten. Mehl hinzufügen und unter Rühren so lange darin erhitzen, bis es hellgelb ist. Nach und nach die Milch hinzugießen, mit einem Schneebesen durchschlagen. Darauf achten, dass keine Klümpchen entstehen. Die Sauce unter ständigem Rühren einmal aufkochen lassen. Meerrettich unterrühren. Mit Salz und Muskat abschmecken. Den Spinat unterrühren und warm stellen.

**3.** Acht Eier in kochendes Wasser legen und 3–4 Minuten kochen lassen (Eigelb sollte noch weich sein). Eier in kaltem Wasser abschrecken, abkühlen lassen und vorsichtig pellen.

**4.** Restliche Eier in einem Teller verschlagen. Semmelbrösel mit Parmesan mischen. Eier zuerst in Mehl wenden, dann durch die verschlagenen Eier ziehen und zuletzt in der Semmelbrösel-Käse-Mischung wenden. Eier nochmals wie zuvor beschrieben durch die verschlagenen Eier ziehen und in der Semmelbrösel-Käse-Mischung wenden. Panade andrücken.

**5.** Pflanzenfett in einem Topf oder in einer Fritteuse auf etwa 180 °C erhitzen. Die Eier darin in 2 Portionen goldbraun ausbacken und mit einer Schaumkelle herausnehmen.

**6.** Crème fraîche unter den Spinat rühren. Spinat auf Tellern anrichten. Die ausgebackenen Eier daraufsetzen und sofort servieren.

## Mango-Kichererbsen-Frikadellen mit Paprikasauce

2 Portionen

*Zubereitungszeit:* 40 Minuten

**Für die Mango-Kichererbsen-Frikadellen:**
125 g rote Linsen
1 Zwiebel
1 EL Olivenöl

pro Portion **1,60** Euro

**Für die Paprikasauce:**
1 rote Paprikaschote
(etwa 200 g)
100 ml Gemüsebrühe

75 g Mango-Fruchtfleisch
(vorbereitet gewogen)
150 g abgetropfte Kichererbsen
(aus der Dose)
2 EL Sojamehl (aus Reformhaus
oder Naturkostladen, möglichst
kein Vollfett-Mehl)
Salz
gem. Pfeffer
1 Msp. Cayennepfeffer

1 Knoblauchzehe
1 EL Apfel- oder weißer
Balsamico-Essig
2 EL Olivenöl

*Pro Portion:*
E: 29 g, F: 22 g, Kh: 56 g,
kJ: 2269, kcal: 543

**1.** Für die Frikadellen die Linsen nach Packungsanleitung in reichlich Wasser in 10–15 Minuten bissfest garen. Gegarte Linsen in ein Sieb geben, mit kaltem Wasser abspülen, abtropfen und abkühlen lassen.
**2.** In der Zwischenzeit die Zwiebel abziehen und fein würfeln. Olivenöl in einer kleinen Pfanne erhitzen. Die Zwiebelwürfel darin andünsten. Die Zwiebelmasse auf einen Teller geben und beiseitestellen.
**3.** Für die Sauce die Paprikaschote halbieren, entstielen, entkernen und die weißen Scheidewände entfernen. Schote abspülen, abtropfen lassen und in kleine Würfel schneiden. Die Paprikawürfel in einer Pfanne ohne Fett bei mittlerer bis starker Hitze in etwa 10 Minuten braun anbraten, dabei gelegentlich umrühren. Gemüsebrühe hinzugießen und zum Kochen bringen. Die Paprikawürfel zugedeckt bei schwacher Hitze etwa 10 Minuten gar dünsten.
**4.** In der Zwischenzeit Mango-Fruchtfleisch in kleine Würfel schneiden. Kichererbsen abspülen, gut abtropfen lassen und in einer Schüssel pürieren. Die Kichererbsenmasse mit Linsen, Zwiebelmasse, Mangowürfeln, Sojamehl sowie Salz, Pfeffer und etwas Cayennepfeffer gut verrühren und nach Belieben nochmals mit den Gewürzen abschmecken.
**5.** Die Pfanne mit den Paprikawürfeln von der Kochstelle nehmen. Knoblauch abziehen, grob hacken und mit den Paprikawürfeln in einen hohen Rührbecher geben. Essig und 1 Esslöffel von dem Olivenöl hinzufügen. Die Zutaten mit dem Pürierstab zu einer glatten, leicht dicklichen Sauce verrühren. Paprikasauce mit Salz und Pfeffer abschmecken.
**6.** Dann aus der Kichererbsenmasse mit leicht angefeuchteten Händen 6 flache Frikadellen formen. Das restliche Olivenöl in einer großen Pfanne erhitzen. Die Frikadellen darin bei mittlerer bis starker Hitze in 3–4 Minuten braun anbraten, dabei vorsichtig wenden. Die Frikadellen auf der Paprikasauce anrichten.

## Spiegelei-Crostini
4 Portionen

*Zubereitungszeit:* 50 Minuten, ohne Einweichzeit

pro Portion 1,65 Euro

15 g getrocknete Steinpilze
100 ml kochendes Wasser
750 g Strauchtomaten
2 kleine Zwiebeln
2 Knoblauchzehen
1 rote Chilischote
2 Stängel Thymian
7 EL Olivenöl
8 EL Einweichwasser (von den Steinpilzen)
Salz
etwas Zucker
einige Basilikumblättchen
8 große Scheiben Ciabatta (je etwa 30 g)
8 Eier (Größe M)

*Pro Portion:*
E: 21 g, F: 29 g, Kh: 37 g, kJ: 2075, kcal: 495

**1.** Steinpilze in einem Sieb abspülen und abtropfen lassen. Pilze in eine flache Schale legen, mit kochendem Wasser übergießen, sodass die Pilze ganz bedeckt sind. Pilze etwa 30 Minuten einweichen.
**2.** In der Zwischenzeit die Tomaten kreuzweise einschneiden und mit kochendem Wasser übergießen. Nach 1–2 Minuten herausnehmen, mit kaltem Wasser abschrecken. Tomaten häuten, halbieren, entkernen und die Stängelansätze herausschneiden. Tomatenhälften in grobe Würfel schneiden. Zwiebeln und Knoblauch abziehen, klein würfeln.
**3.** Die Chilischote halbieren, entstielen, entkernen, abspülen, abtropfen lassen und klein hacken. Thymian abspülen und trocken tupfen. Die Blättchen von den Stängeln zupfen. Blättchen klein schneiden. Die eingeweichten Steinpilze leicht ausdrücken, das Einweichwasser dabei auffangen. Steinpilze grob hacken.
**4.** Drei Esslöffel Olivenöl in einer Pfanne erhitzen. Steinpilze, Zwiebel-, Knoblauchwürfel, Chili und Thymian darin unter Rühren andünsten. Mit dem Steinpilzwasser ablöschen, mit Salz und Zucker würzen. Die Masse bei mittlerer Hitze unter gelegentlichem Rühren dickflüssig einkochen lassen.
**5.** Den Backofengrill vorheizen.
**6.** Die Basilikumblättchen abspülen, trocken tupfen, klein schneiden und mit 2 Esslöffeln Olivenöl vermischen.
**7.** Brotscheiben auf einem Backofenrost verteilen. Den Rost unter den vorgeheizten Backofengrill schieben. Die Brotscheiben kurz von beiden Seiten rösten.
**8.** Restliches Olivenöl in einer weiten Pfanne erhitzen. Die Eier vorsichtig aufschlagen, nebeneinander in das Fett gleiten lassen (evtl. in 2 Portionen). Eiweiß mit Salz bestreuen. Die Eier etwa 5 Minuten bei mittlerer Hitze braten, bis das Eiweiß fest ist.
**9.** Die heiße Steinpilz-Zwiebel-Masse auf den Brotscheiben verteilen und mit jeweils 1 Spiegelei belegen. Spiegelei-Crostini mit dem Basilikumöl beträufeln und servieren.

Spiegelei-Crostini

## Kichererbsen-Sambal mit Minze

2 Portionen

*Zubereitungszeit:* 40 Minuten

240 g abgetropfte Kichererbsen (aus der Dose)
5 getrocknete Aprikosen
1 rote Zwiebel
100 g Baby-Spinat
12 Cocktailtomaten
2 EL Speiseöl
1 EL Currypulver, mild
1 EL Sambal Oelek
2 EL brauner Zucker
250 ml Gemüsebrühe
Salz
1 TL Speisestärke
5–6 Minzeblättchen
1 EL Limettensaft

pro Portion **1,75** Euro

*Pro Portion:*
E: 14 g, F: 14 g, Kh: 60 g,
kJ: 1826, kcal: 436

**1.** Kichererbsen in ein Sieb geben, mit kaltem Wasser abspülen und abtropfen lassen. Aprikosen in kleine Stücke schneiden. Zwiebel abziehen, halbieren und in etwa 1/2 cm breite Streifen schneiden. Spinat putzen, gründlich abspülen und gut abtropfen lassen oder trocken schleudern. Tomaten abspülen, abtropfen lassen und halbieren. Evtl. Stängelansätze herausschneiden.
**2.** Speiseöl in einem Topf erhitzen. Zwiebelstreifen darin unter Rühren weich dünsten. Mit Curry, Sambal Oelek und Zucker würzen. Kichererbsen, Aprikosenstücke, Tomatenhälften und Spinat untermischen. Die Brühe hinzugießen, mit Salz würzen.
**3.** Die Zutaten zum Kochen bringen und 2–3 Minuten kochen lassen. Speisestärke mit etwas Wasser anrühren, unter das Gemüse rühren und kurz aufkochen lassen.
**4.** Die Minzeblättchen abspülen, trocken tupfen und grob zerschneiden. Minze und Limettensaft unter das Kichererbsen-Gemüse mischen.

## Spaghetti aglio olio

2–3 Portionen

*Zubereitungszeit:* 10 Minuten

5 l Wasser
5 gestr. TL Salz
500 g Spaghetti
3 Knoblauchzehen
1 kleines Bund Petersilie
60 ml Olivenöl
Salz
gem. Pfeffer
etwa 125 g frisch ger. Parmesan

pro Portion **1,35** Euro

*Pro Portion:*
E: 41 g, F: 47 g, Kh: 138 g,
kJ: 4779, kcal: 1141

**1.** Wasser in einem großen Topf zugedeckt zum Kochen bringen. Dann Salz und Spaghetti hinzugeben. Die Spaghetti im geöffneten Topf bei mittlerer Hitze nach Packungsanleitung kochen lassen, dabei gelegentlich umrühren.
**2.** Anschließend Spaghetti in ein Sieb geben, mit heißem Wasser abspülen und abtropfen lassen.
**3.** Knoblauch abziehen und in dünne Scheiben schneiden. Petersilie abspülen, trocken tupfen. Blättchen von den Stängeln zupfen, Blättchen klein schneiden.
**4.** Olivenöl in einer großen Pfanne erhitzen. Die Knoblauchscheiben darin glasig bis hellbraun dünsten. Spaghetti und Petersilie in das heiße Knoblauchöl geben und ordentlich untermischen. Mit Salz und Pfeffer würzen.
**5.** Spaghetti aglio olio am besten in einer vorgewärmten Schüssel oder in Tellern anrichten. Mit Parmesan bestreuen.

Kichererbsen-Sambal mit Minze

Spaghetti aglio olio

Spanische Eierpfanne

Shiitake-Gemüse-Pfanne

## Spanische Eierpfanne

2 Portionen

*Zubereitungszeit:* 15 Minuten
*Garzeit:* 8–10 Minuten

400 g geschälte Tomaten mit Saft (aus der Dose)
1 kleine Zwiebel
1–2 grüne Peperoni
1 EL Sonnenblumenöl
Salz, gem. Pfeffer
1 Prise Zucker
4 Eier (Größe M)

pro Portion **0,80** Euro

*Pro Portion:*
E: 15 g, F: 16 g, Kh: 8 g,
kJ: 971, kcal: 232

**1.** Von den Tomaten den Saft auffangen. Tomaten in mundgerechte Stücke schneiden, in einem Sieb abtropfen lassen und den Saft auffangen.
**2.** In der Zwischenzeit Zwiebel abziehen und fein würfeln. Peperoni längs aufschneiden, entkernen und die Scheidewände entfernen. Peperoni abspülen, trocken tupfen und in Streifen schneiden.
**3.** Das Sonnenblumenöl in einer großen Pfanne erhitzen. Zwiebelwürfel und Peperonistreifen darin bei mittlerer Hitze etwa 2 Minuten dünsten. Den aufgefangenen Tomatensaft hinzugießen, mit Salz, Pfeffer und Zucker kräftig würzen. Zutaten zum Kochen bringen und in 3–4 Minuten bei starker Hitze zu einer dickflüssigen Tomatensauce einkochen.
**4.** In der Zwischenzeit die Eier mit einer Gabel gut verschlagen.
**5.** Tomatenstücke gleichmäßig in der Tomatensauce in der Pfanne verteilen. Eier darübergießen, zugedeckt bei schwacher Hitze 8–10 Minuten garen – die Eier sollten vollständig gestockt sein. Die spanische Eierpfanne sofort servieren.

## Shiitake-Gemüse-Pfanne

2 Portionen

*Zubereitungszeit:* 40 Minuten, ohne Einweichzeit

pro Portion **2,45** Euro

**Zum Vorbereiten:**
60 g Weizenkörner
125 ml Gemüsebrühe
2 EL Sojasauce

200 g Möhren
1 Kohlrabi
1 kleine Zucchini
1 kleine Zwiebel
2 EL Butter
200 g Shiitakepilze
Salz
gem. Pfeffer
Zitronensaft
1 Knoblauchzehe
1/2 Kästchen Kresse

*Pro Portion:*
E: 10 g, F: 18 g, Kh: 41 g,
kJ: 1477, kcal: 353

**1.** Zum Vorbereiten die Weizenkörner über Nacht in kaltem Wasser einweichen. Dann die Körner in einem Sieb abtropfen lassen, mit der Brühe und Sojasauce in einen Topf geben, zum Kochen bringen und etwa 15 Minuten kochen lassen.
**2.** Möhren putzen, schälen, abspülen, abtropfen lassen. Den Kohlrabi schälen, abspülen und abtropfen lassen. Möhren und Kohlrabi in kleine Würfel schneiden. Zucchini abspülen, abtrocknen und die Enden abschneiden. Zucchini längs vierteln und in Stücke schneiden.
**3.** Zwiebel abziehen und in kleine Würfel schneiden. Butter in einem Wok zerlassen. Zwiebelwürfel darin glasig dünsten.
**4.** Shiitakepilze putzen und die dickeren Stängel abschneiden. Pilze evtl. kurz abspülen, trocken tupfen, zu den Zwiebelwürfeln in den Wok geben, kurz und kräftig andünsten.
**5.** Das vorbereitete Gemüse hinzugeben und untermischen. Mit Salz, Pfeffer und Zitronensaft würzen.
**6.** Knoblauch abziehen, durch eine Knoblauchpresse drücken und zum Gemüse geben. Gemüse etwa 5 Minuten schmoren. Weizenkörner mit der Hälfte der Kochbrühe hinzufügen, weitere etwa 5 Minuten schmoren, evtl. nochmals mit Salz, Pfeffer und Zitronensaft abschmecken.
**7.** Kresse abspülen, abtropfen lassen, abschneiden und auf dem Gemüse verteilen.
**8.** Shiitake-Gemüse-Pfanne sofort servieren.

Tofu-Gemüse-Ragout

Vollkornnudeln mit Kürbis-Oliven-Sauce

## Tofu-Gemüse-Ragout

2 Portionen

*Zubereitungszeit:* 35 Minuten

pro Portion **2,10** Euro

1 Knoblauchzehe
1 Zwiebel
je 1/2 grüne und rote Paprikaschote
125 g Zucchini
200 g Auberginen
200 g Tomaten
3 EL Olivenöl
Salz, gem. Pfeffer
je 1 Msp. gerebelter Rosmarin, Thymian und Oregano
200–250 g Tofu
75 g abgetropfte Oliven mit Kräutern (aus dem Glas)

*Pro Portion:*
E: 22 g, F: 27 g, Kh: 12 g,
kJ: 1631, kcal: 389

**1.** Knoblauch und Zwiebel abziehen, in kleine Würfel schneiden. Paprikaschotenhälften entstielen, entkernen und die weißen Scheidewände entfernen. Schotenhälften abspülen, abtropfen lassen und würfeln.
**2.** Zucchini und Auberginen abspülen, abtropfen lassen, die Enden bzw. Stängelansätze abschneiden. Zucchini und Auberginen grob würfeln.
**3.** Tomaten abspülen, abtropfen lassen, halbieren und die Stängelansätze herausschneiden. Tomatenhälften ebenfalls grob würfeln.
**4.** Zwei Esslöffel Olivenöl in einem Topf erhitzen. Knoblauch- und Zwiebelwürfel darin kurz andünsten. Zucchini- und Auberginenwürfel hinzugeben, mit Salz, Pfeffer und Kräutern würzen. Gemüse zugedeckt 5–8 Minuten bei schwacher Hitze unter gelegentlichem Rühren dünsten.
**5.** Paprikawürfel hinzugeben und zugedeckt weitere etwa 5 Minuten dünsten. Tomatenwürfel unterheben. Das Gemüse einmal aufkochen lassen.
**6.** In der Zwischenzeit den Tofu in Würfel schneiden. Restliches Olivenöl in einer Pfanne erhitzen. Tofuwürfel darin von allen Seiten bei mittlerer Hitze anbraten.
**7.** Die Tofuwürfel mit den Oliven zum Gemüse geben und vorsichtig untermischen. Ragout zugedeckt noch etwa 5 Minuten garen und mit den Gewürzen abschmecken.

## Vollkornnudeln mit Kürbis-Oliven-Sauce

4 Portionen

pro Portion **1,75** Euro

*Zubereitungszeit:* 40 Minuten
*Garzeit:* Sauce etwa 8 Minuten

1 Hokkaido-Kürbis (etwa 900 g)
250 g Porree (Lauch)
1–2 Knoblauchzehen
80 g abgetropfte, schwarze Oliven (ohne Stein)
30 g Kürbiskerne
4 l Wasser
4 gestr. TL Salz
400 g Vollkornnudeln, z. B. Dinkel-Penne
2 EL Speiseöl
250 ml Gemüsebrühe
Salz, gem. Pfeffer
Cayennepfeffer
gem. Koriander
1–2 TL Zitronensaft
2–3 EL Kürbiskernöl

*Pro Portion:*
E: 19 g, F: 24 g, Kh: 76 g,
kJ: 2514, kcal: 596

**1.** Kürbis abspülen, abtropfen lassen, halbieren und in Spalten schneiden. Kürbisspalten entkernen und mit der Schale quer in dünne Scheiben schneiden.
**2.** Den Porree putzen, die Stangen längs halbieren, gründlich waschen, abtropfen lassen und quer in etwa 1/2 cm breite Streifen schneiden. Knoblauch abziehen und in dünne Scheiben schneiden.
**3.** Oliven quer dritteln, sodass Ringe entstehen. Die Kürbiskerne in einer Pfanne ohne Fett unter Rühren goldbraun rösten, herausnehmen und auf einen Teller geben.
**4.** Wasser in einem großen Topf zugedeckt zum Kochen bringen. Dann Salz und Nudeln hinzugeben. Die Nudeln im geöffneten Topf bei mittlerer Hitze nach Packungsanleitung kochen lassen, dabei gelegentlich umrühren.
**5.** In der Zwischenzeit Speiseöl in einem Topf erhitzen. Porreestreifen und Knoblauchscheiben darin andünsten. Brühe und Kürbisscheiben hinzugeben, zum Kochen bringen und zugedeckt etwa 8 Minuten bei mittlerer Hitze dünsten.

**6.** Anschließend die garen Nudeln in ein Sieb geben, mit heißem Wasser abspülen und abtropfen lassen.
**7.** Olivenringe unter die Kürbissauce rühren und aufkochen. Mit Salz, Pfeffer, Cayennepfeffer, Koriander und Zitronensaft abschmecken.
**8.** Die Nudeln mit der Sauce anrichten, mit Kürbiskernen bestreuen und mit Kürbiskernöl beträufeln.

## Tortillas mit Bohnen-Gemüse

2 Portionen

pro Portion **1,60** Euro

*Zubereitungszeit:* 20 Minuten

1 Zwiebel
3 Frühlingszwiebeln (etwa 100 g)
250 g weiße Bohnen (aus der Dose)
2–2 1/2 EL Olivenöl
400 g Tomatenstücke (aus der Dose)
Salz
Chilipulver
gem. Pfeffer
2 Weizen-Tortilla-Fladen

*Pro Portion:*
E: 22 g, F: 17 g, Kh: 49 g,
kJ: 1824, kcal: 436

**1.** Zwiebel abziehen und in kleine Würfel schneiden. Frühlingszwiebeln putzen, abspülen, abtropfen lassen, in feine Scheiben schneiden. Nach Belieben etwa 1/2 Esslöffel Frühlingszwiebelscheiben zum Garnieren beiseitelegen. Die Bohnen evtl. in ein Sieb geben, mit kaltem Wasser abspülen und abtropfen lassen.
**2.** Von dem Olivenöl 1 Esslöffel in einem kleinen, hohen Topf erhitzen. Die Zwiebelwürfel darin andünsten. Frühlingszwiebelscheiben hinzugeben und unter Rühren kurz mitdünsten.
**3.** Bohnen, Tomatenstücke, Salz und etwas Chili hinzugeben. Das Bohnen-Gemüse zum Kochen bringen und zugedeckt bei schwacher Hitze etwa 5 Minuten kochen lassen, bis es etwas eingekocht ist. Das Bohnen-Gemüse mit Salz, Pfeffer und Chili abschmecken und warm halten.
**4.** Eine große Pfanne mit dem restlichen Olivenöl portionsweise ausstreichen. Die Tortillas darin von beiden Seiten 1–2 Minuten erwärmen. Tortillas auf Teller gleiten lassen, je zur Hälfte mit dem Bohnen-Gemüse belegen, die andere Hälfte darüberklappen, mit den Frühlingszwiebelscheiben garniert servieren.

## Tomaten-Mozzarella-Pfannkuchen

4 Stück

pro Stück **1,30** Euro

*Zubereitungszeit:* 30 Minuten, ohne Ruhezeit

**Für den Pfannkuchenteig:**
150 g Weizenmehl
4 Eier (Größe M)
250 ml Milch (3,5 % Fett)
1 gestr. TL Salz
1 Msp. ger. Muskatnuss

500 g kleine Tomaten
250 g abgetropfter Mozzarella
1/2 Bund Basilikum
6 EL Olivenöl
Salz, gem. Pfeffer

*Pro Stück:*
E: 26 g, F: 36 g, Kh: 33 g,
kJ: 2368, kcal: 565

**1.** Für den Pfannkuchenteig Mehl in eine Rührschüssel geben. Eier mit Milch verschlagen, Salz und Muskat unterrühren. Die Eiermilch nach und nach unter Rühren zum Mehl geben. Darauf achten, dass keine Klümpchen entstehen. Den Teig 20–30 Minuten ruhen lassen.
**2.** Tomaten abspülen, abtrocknen, halbieren und die Stängelansätze herausschneiden. Tomaten in Scheiben schneiden. Mozzarella in dünne Scheiben schneiden. Basilikum abspülen und trocken tupfen. Die Blättchen von den Stängeln zupfen.
**3.** Etwas von dem Olivenöl in einer beschichteten Pfanne (Ø 28 cm) erhitzen. Den Teig gut durchrühren und ein Viertel des Teiges mit einer drehenden Bewegung auf dem Boden der Pfanne verteilen. Pfannkuchen von einer Seite etwa 2 Minuten goldbraun backen, bis die Teigoberfläche nicht mehr feucht ist.
**4.** Den Pfannkuchen wenden, nochmals etwas Olivenöl in die Pfanne geben. 2–3 Scheiben Mozzarella und 5–6 Tomatenscheiben auf der gebackenen Pfannkuchenseite verteilen. Pfannkuchen in etwa 2 Minuten in der zugedeckten Pfanne fertig backen und warm stellen. Aus dem restlichen Teig weitere 3 Pfannkuchen backen.
**5.** Die gebackenen Pfannkuchen mit Salz und Pfeffer bestreuen, mit Basilikumblättchen garniert servieren.

Tortillas mit Bohnen-Gemüse

Tomaten-Mozzarella-Pfannkuchen

## Spinatnudeln mit Auberginen-Tomaten-Ragout

2 Portionen

pro Portion **1,40** Euro

*Zubereitungszeit:* 75 Minuten, ohne Ruhezeit

**Für die Spinatnudeln:**
200 g TK-Blattspinat
50 g Weizenmehl (Type 1050)
50 g Hartweizengrieß
Salz

**Für das Auberginen-Tomaten-Ragout:**
1 kleine Aubergine (etwa 300 g)
1 Zwiebel
1 Knoblauchzehe
300 g Tomaten
5–6 EL Olivenöl
gem. Pfeffer

*Pro Portion:*
E: 13 g, F: 17 g, Kh: 50 g,
kJ: 1708, kcal: 407

**1.** Für die Spinatnudeln Spinat nach Packungsanleitung mit Wasser zubereiten. Anschließend den Spinat in ein Sieb geben, mit kaltem Wasser abspülen, abtropfen lassen und gut ausdrücken. Spinat fein hacken.

**2.** Mehl mit Grieß und 1/4 Teelöffel Salz in einer Rührschüssel mischen. Gehackten Spinat hinzugeben und alles mit den Händen zu einem geschmeidigen Teig verkneten. Den Teig in 2 gleich große Portionen teilen.

**3.** Jede Teigportion auf einer leicht bemehlten Arbeitsfläche zu je einer Rolle (etwa 15 cm Länge) formen. Die Teigrollen in Frischhaltefolie wickeln und etwa 60 Minuten bei Zimmertemperatur ruhen lassen.

**4.** In der Zwischenzeit für das Ragout Aubergine abspülen, abtrocknen und den Stängelansatz entfernen. Aubergine quer in 1/2–1 cm dicke Scheiben schneiden, mit Salz bestreuen und etwa 20 Minuten stehen lassen.

**5.** Inzwischen Zwiebel abziehen, zuerst in feine Scheiben schneiden, dann in Ringe teilen. Knoblauch abziehen und fein hacken. Tomaten abspülen, abtropfen lassen, in Spalten schneiden und dabei die Stängelansätze entfernen.

**6.** Die Teigrollen in etwa 1/2 cm dünne Scheiben schneiden. Jede Scheibe zu einem haselnussgroßen Kügelchen formen. Teigkügelchen in die Handinnenfläche legen und mit dem Daumen so flach drücken, dass muschelähnliche Nudeln entstehen. Danach die Muschelnudeln auf einem Teller beiseitelegen.

Spinatnudeln mit Auberginen-Tomaten-Ragout

**7.** Wasser in einem großen Topf zugedeckt zum Kochen bringen. Dann Salz und Muschelnudeln hinzugeben. Die Nudeln im geöffneten Topf bei mittlerer Hitze in etwa 15 Minuten gar ziehen lassen, dabei gelegentlich umrühren. Anschließend die Nudeln in ein Sieb geben, mit heißem Wasser abspülen und abtropfen lassen.

**8.** In der Zwischenzeit 4–5 Esslöffel von dem Olivenöl in einer großen Pfanne erhitzen. Die Auberginenscheiben mit Küchenpapier trocken tupfen und in dem erhitzten Olivenöl bei mittlerer bis starker Hitze von jeder Seite 4–5 Minuten goldbraun anbraten. Anschließend auf Küchenpapier abtropfen lassen.

**9.** Zwiebelringe und den gehackten Knoblauch in dem restlichen Olivenöl anbraten. Tomatenspalten hinzugeben, mit Salz und Pfeffer würzen. Das Ragout zugedeckt etwa 5 Minuten bei schwacher Hitze dünsten. Auberginenscheiben hinzufügen und kurz darin erwärmen. Das Auberginen-Tomaten-Ragout mit den abgetropften Spinatnudeln anrichten.

## Tofu mit dicken Bohnen

2 Portionen

*Zubereitungszeit:* 30 Minuten, ohne Marinierzeit

pro Portion **2,45** Euro

**Für den Tofu:**
150 g Tofu
3 TL süßer Senf
1/2–1 TL scharfer Senf
1 EL Balsamico-Essig
Salz

**Für die dicken Bohnen:**
225 g TK-Dicke Bohnen
1 kleine Knoblauchzehe
1 EL Olivenöl
225 g TK-Blattspinat
20 g Korinthen oder Rosinen
1/2 Bund Frühlingszwiebeln

1/4 Bund Schnittlauch
1/2 EL Olivenöl

Tofu mit dicken Bohnen

Tortillahäppchen

gem. Pfeffer
ger. Muskatnuss

*Pro Portion:*
E: 29 g, F: 14 g, Kh: 27 g,
kJ: 1489, kcal: 356

**1.** Für den Tofu den Tofu trocken tupfen, in etwa 2 cm breite Streifen schneiden, in eine Schale legen. Beide Senfsorten mit Essig verrühren, mit Salz würzen. Die Marinade auf den Tofustreifen verteilen und den Tofu anschließend zugedeckt etwa 40 Minuten darin marinieren.
**2.** Für die dicken Bohnen die gefrorenen Bohnen in kochendem Salzwasser etwa 3 Minuten kochen. Die Bohnen in ein Sieb geben, mit kaltem Wasser abspülen und etwas abkühlen lassen. Die Kerne jeweils aus der Schale drücken.
**3.** Knoblauch abziehen und in kleine Stücke schneiden. Olivenöl in einem breiten Topf erhitzen. Gefrorenen Blattspinat, Knoblauch und Korinthen oder Rosinen darin kurz unter Rühren andünsten. Den Spinat zugedeckt etwa 5 Minuten bei mittlerer Hitze dünsten.
**4.** Die Frühlingszwiebeln putzen, abspülen, abtropfen lassen und in etwa 2 cm lange Stücke schneiden. Die Frühlingszwiebelstücke mit den Bohnenkernen zum Spinat geben und zugedeckt etwa 3 Minuten bei mittlerer Hitze dünsten.
**5.** In der Zwischenzeit Schnittlauch abspülen, trocken tupfen und in Röllchen schneiden.
**6.** Das Olivenöl in einer beschichteten Pfanne erhitzen. Tofustreifen mit der Marinade darin bei mittlerer Hitze heiß werden lassen.
**7.** Das Gemüse mit Salz, Pfeffer und Muskat würzen. Tofu mit dem Gemüse anrichten. Schnittlauchröllchen auf den Tofu streuen.

## Tortillahäppchen

2 Portionen

*Zubereitungszeit:* 35 Minuten

1 rote Paprikaschote (etwa 200 g)
1 kleines Bund Frühlingszwiebeln (etwa 125 g)
1 Knoblauchzehe
2 EL Olivenöl
Salz, gem. Pfeffer
4 Eier (Größe M)
3–4 Spritzer Tabasco

pro Portion 1,50 Euro

***Außerdem:***
8 kleine Holzspieße

*Pro Portion:*
E: 15 g, F: 21 g, Kh: 12 g,
kJ: 1229, kcal: 294

**1.** Paprikaschote halbieren, entstielen, entkernen und die weißen Scheidewände entfernen. Schote abspülen, abtropfen lassen und in feine Streifen schneiden. Frühlingszwiebeln putzen, abspülen, abtropfen lassen und in etwa 5 cm lange Stücke schneiden. 3–4 Stücke davon in feine Scheiben schneiden und beiseitelegen. Knoblauch abziehen, durch eine Knoblauchpresse drücken oder sehr fein hacken.
**2.** Von dem Olivenöl 1 Esslöffel in einer Pfanne (Ø 20 cm) erhitzen. Die Paprikastreifen, Frühlingszwiebelstücke und den Knoblauch darin bei mittlerer Hitze etwa 2 Minuten unter gelegentlichem Rühren andünsten. Das Gemüse mit Salz und Pfeffer würzen, aus der Pfanne nehmen und abkühlen lassen.
**3.** Die Eier mit Salz, Pfeffer und Tabasco verschlagen. Das restliche Olivenöl in der Pfanne erhitzen. Die Eiermasse hineingeben und zugedeckt bei schwacher Hitze in etwa 8 Minuten garen, das Ei sollte vollständig gestockt sein.
**4.** Das Omelett aus der Pfanne nehmen und in 8 Tortenstücke schneiden. Auf jedes Stück am breiteren Ende die Paprikastreifen und die Frühlingszwiebelstücke gleichmäßig verteilen. Die Omelettspitzen jeweils über das Gemüse nach oben klappen und mit einem kleinen Holzspieß feststecken. Die Tortilla-Stücke auf einem Teller anrichten und mit den Frühlingszwiebelscheiben bestreuen.

Kapitel 07

Rezepte 601–700

Partygerichte

Carmensalat

## Carmensalat

12 Portionen

*Zubereitungszeit:* 50 Minuten, ohne Abkühl- und Durchziehzeit

pro Portion 1,25 Euro

400 ml Wasser
Salz
200 g Langkornreis
250 g TK-Erbsen
1 kg Hähnchenbrustfilets
700 g rote Paprikaschoten
8 EL Speiseöl
gem. Pfeffer

**Für die Marinade:**
80–100 ml Estragonessig
2 EL mittelscharfer Senf
1 TL gehackter Estragon
125 ml Walnussöl

*Pro Portion:*
E: 23 g, F: 18 g, Kh: 19 g, kJ: 1395, kcal: 333

**1.** Das Wasser in einem Topf zum Kochen bringen, Salz hinzufügen. Den Reis hinzugeben, wieder zum Kochen bringen und zugedeckt bei schwacher Hitze etwa 15 Minuten bissfest garen. Die gefrorenen Erbsen unterheben. Reis-Erbsen-Mischung erkalten lassen.

**2.** In der Zwischenzeit Hähnchenbrustfilets kurz unter fließendem kalten Wasser abspülen, trocken tupfen und in etwa 2 cm große Würfel schneiden. Paprikaschoten halbieren, entstielen, entkernen und die weißen Scheidewände entfernen. Schoten abspülen, abtropfen lassen und in Würfel schneiden.

**3.** Speiseöl in einer großen Pfanne erhitzen. Die Hähnchenfleischwürfel darin von allen Seiten anbraten, die Paprikawürfel hinzugeben und 8–10 Minuten mitgaren lassen, mit Salz und Pfeffer würzen. Die Pfanne von der Kochstelle nehmen, die Mischung erkalten lassen.

**4.** Für die Marinade Essig mit Senf, Estragon, Salz und Pfeffer in einer großen Schüssel verrühren, Walnussöl unterschlagen. Die Reis-Erbsen-Mischung sowie die Hähnchenfleisch-Paprika-Mischung unter die Marinade heben. Den Salat mindestens 15 Minuten durchziehen lassen. Den Salat nochmals mit Essig, Salz und Pfeffer abschmecken.

***Beilage:*** Toast oder Baguette.

## Curry-Suppentopf
12 Portionen

*Zubereitungszeit:* 45 Minuten
*Garzeit:* etwa 30 Minuten

1,2 kg Putenschnitzel
300 g Zwiebeln
750 g Porree (Lauch)
8 EL Speiseöl, z. B. Sonnenblumenöl
3 EL Currypulver
50 g Weizenmehl
4 l Hühnerbrühe
250 g Crème fraîche
Salz, gem. Pfeffer
3 Äpfel (etwa 500 g)
3 EL Zitronensaft

pro Portion 1,75 Euro

*Pro Portion:*
E: 28 g, F: 15 g, Kh: 13 g,
kJ: 1242, kcal: 298

**1.** Putenschnitzel kurz unter fließendem kalten Wasser abspülen, trocken tupfen und in kleine Würfel schneiden. Zwiebeln abziehen, halbieren und ebenfalls klein würfeln. Porree putzen, die Stangen längs halbieren, gründlich waschen, abtropfen lassen und in schmale Streifen schneiden.

**2.** Zwei Esslöffel Speiseöl in einem großen Topf erhitzen. Ein Drittel der Fleischwürfel darin von allen Seiten leicht anbraten und wieder herausnehmen. Restliche Fleischwürfel auf die gleiche Weise in jeweils 2 Esslöffeln Speiseöl anbraten.
**3.** Restliches Speiseöl zum verbliebenen Bratfett in den Topf geben und erhitzen. Danach Zwiebelwürfel und Porreestreifen darin unter Rühren andünsten.
**4.** Die angebratenen Fleischwürfel wieder zurück in den Topf geben, mit Curry und Mehl bestäuben und gut unterrühren. Hühnerbrühe hinzugießen. Die Suppe unter Rühren zum Kochen bringen und zugedeckt etwa 30 Minuten unter gelegentlichem Rühren bei schwacher Hitze kochen lassen.
**5.** Anschließend Crème fraîche unterrühren. Die Suppe mit Salz und Pfeffer würzen.
**6.** Äpfel abwaschen, abtrocknen, vierteln, entkernen und mit der Schale in schmale Spalten schneiden. Die Apfelspalten mit Zitronensaft beträufeln, kurz vor dem Servieren in die Suppe geben und darin erwärmen.

## Fliegenpilze
12 Stück

*Zubereitungszeit:* 30 Minuten

12 hart gekochte Eier
12 kleine Tomaten
50 g Mayonnaise (aus der Tube)
etwas Kresse

pro Stück 0,40 Euro

*Pro Stück:*
E: 7 g, F: 9 g, Kh: 2 g,
kJ: 482, kcal: 115

**1.** Eier pellen und am breiten Ende eine Kuppe abschneiden, damit die Eier gut stehen können.
**2.** Tomaten abspülen, abtrocknen und je einen Deckel abschneiden. Die Deckel aushöhlen und je 1 Tomatendeckel auf 1 Ei setzen.
**3.** Die Tomatendeckel wie Fliegenpilze mit Mayonnaisetupfen garnieren oder die verbliebenen Eiweißkuppen in kleine Würfel schneiden und mit Mayonnaise auf die Tomatendeckel kleben.
**4.** Kresse abspülen, trocken tupfen und vom Beet abschneiden. Eine große Platte mit Kresse bestreuen. Fliegenpilze auf die Platte setzen.

Curry-Suppentopf

Fliegenpilze

## Gefülltes Pitabrot

12 Stück

*Zubereitungszeit:* 40 Minuten

6 große Blätter Eisbergsalat
1 Gemüsezwiebel
1 Salatgurke
6 Tomaten
400 g Schafskäse
Salz
gem. Pfeffer
gerebelter Oregano

pro Stück **1,35** Euro

**Für die Sauce:**
500 g Joghurt (3,5 % Fett)
4 EL Olivenöl
4 fein gehackte Knoblauchzehen
12 Pita-Brottaschen (frisch oder abgepackt)

*Pro Stück:*
E: 14 g, F: 12 g, Kh: 39 g,
kJ: 1348, kcal: 322

**1.** Die Salatblätter abspülen, trocken tupfen, halbieren und in schmale Streifen schneiden oder klein zupfen. Gemüsezwiebel abziehen, zuerst in dünne Scheiben schneiden, dann in Ringe teilen oder die Zwiebel in Streifen schneiden. Gurke abspülen, abtrocknen und die Enden abschneiden. Die Gurke nach Belieben schälen und in Scheiben schneiden.

**2.** Die Tomaten abspülen, abtrocknen und in dünne Scheiben schneiden, dabei die Stängelansätze herausschneiden. Den Käse in dünne Scheiben schneiden. Tomaten- und Käsescheiben mit Salz, Pfeffer und Oregano würzen.

**3.** Für die Sauce Joghurt mit Olivenöl und Knoblauch verrühren, mit Salz und Pfeffer würzen.

**4.** Abgepackte Pita-Brottaschen im Toaster nach Packungsanleitung nacheinander toasten. Frische oder getoastete Brottaschen mit vorbereitetem Salat, den Zwiebeln, Gurken-, Tomaten- und Käsescheiben füllen. Die gefüllten Brottaschen mit der Joghurtsauce sofort servieren.

## Heiße Partyscheiben

24 Stück

*Zubereitungszeit:* 25 Minuten
*Überbackzeit:* etwa 10 Minuten

4 abgetropfte Ananasscheiben (aus der Dose)
12 Scheiben Vollkorn-Toastbrot
50 g Butter
4 Scheiben mittelalter Gouda
4 abgetropfte Pfirsichhälften (aus der Dose)
4 Scheiben Kochschinken
150 g abgetropfter Tunfisch naturell (aus der Dose)
1 Zwiebel

pro Stück **0,35** Euro

*Pro Stück:*
E: 5 g, F: 5 g, Kh: 8 g,
kJ: 419, kcal: 100

**1.** Den Backofen vorheizen.
*Ober-/Unterhitze:* etwa 200 °C
*Heißluft:* etwa 180 °C

**2.** Die Ananasscheiben trocken tupfen. Die Brotscheiben toasten und dünn mit Butter bestreichen.

**3.** Vier Toastbrotscheiben zuerst mit je 1 Ananasscheibe und dann mit je 1 Käsescheibe belegen. Die Toastbrotscheiben auf ein Backblech (mit Backpapier belegt) legen. Das Backblech in den vorgeheizten Backofen schieben. Die Toastbrotscheiben etwa 10 Minuten überbacken.

**4.** Die Pfirsichhälften trocken tupfen. 4 weitere Toastbrotscheiben mit je 1 Scheibe Kochschinken und dann mit je 1 Pfirsichhälfte belegen.

**5.** Abgetropften Tunfisch auf den letzten 4 Toastbrotscheiben verteilen. Die Zwiebel abziehen, zuerst in Scheiben schneiden, dann in Ringe teilen. Zwiebelscheiben auf dem Tunfisch verteilen.

**6.** Die belegten Toastbrotscheiben einmal diagonal durchschneiden und auf einer Platte anrichten.

Gefülltes Pitabrot

Heiße Partyscheiben

Fladenbrot-Pizza

Grüne Suppe nach portugiesischer Art

## Fladenbrot-Pizza

12 Portionen

*Zubereitungszeit:* 30 Minuten
*Backzeit:* etwa 25 Minuten je Backblech

pro Portion 1,90 Euro

3 Fladenbrote
800 g Tomaten
3 Bund Frühlingszwiebeln
600 g abgetropfter Fetakäse oder Schafskäse
150 g trocken eingelegte, schwarze Oliven
800 g Thüringer Mett (gewürztes Schweinemett)
300 g Zaziki
etwas gerebelter Oregano
1/2 Bund Basilikum

*Pro Portion:*
E: 33 g, F: 32 g, Kh: 70 g,
kJ: 2961, kcal: 707

**1.** Fladenbrote auf 3 Backbleche (mit Backpapier belegt) legen.
**2.** Den Backofen vorheizen.
*Ober-/Unterhitze:* etwa 180 °C
*Heißluft:* etwa 160 °C
**3.** Tomaten abspülen, abtrocknen, halbieren und die Stängelansätze herausschneiden. Tomatenhälften in dünne Scheiben schneiden. Frühlingszwiebeln putzen, abspülen, abtropfen lassen und in Scheiben schneiden.
**4.** Feta- oder Schafskäse klein würfeln. Oliven entsteinen, grob zerteilen und mit den Käsewürfeln vermengen.
**5.** Mett gleichmäßig dünn auf den Fladenbroten verteilen. Zaziki in Klecksen daraufgeben. Tomaten- und Frühlingszwiebelscheiben darauflegen und mit Oregano bestreuen.
**6.** Die Oliven-Käse-Mischung darauf verteilen. Die Backbleche nacheinander (bei Heißluft zusammen) in den vorgeheizten Backofen schieben. Die Fladenbrot-Pizzen etwa 25 Minuten backen.
**7.** Basilikum abspülen und trocken tupfen. Die Blättchen von den Stängeln zupfen. Zum Servieren die Fladenbrot-Pizzen in Stücke schneiden, mit Basilikumblättchen garnieren.

## Grüne Suppe nach portugiesischer Art

12 Portionen

pro Portion 2,48 Euro

*Zubereitungszeit:* 50 Minuten
*Garzeit:* etwa 40 Minuten

2 kg Grünkohl (gestrippt, ohne dicke Blattrippen)
Salz
500 g Möhren
1,2 g mehligkochende Kartoffeln
500 g Gemüsezwiebeln
4 Knoblauchzehen
4 EL Olivenöl
370 g Chorizo (spanische Paprikawurst), in Scheiben
3 1/2–4 l Gemüse- oder Fleischbrühe
50 g Pinienkerne
1 Bund glatte Petersilie
2 Baguettebrote (etwa 500 g)
300 g Ziegenfrischkäse
gem. Pfeffer

*Pro Portion:*
E: 24 g, F: 27 g, Kh: 47 g,
kJ: 2219, kcal: 531

**1.** Den Grünkohl gründlich waschen, abtropfen lassen und in mehreren Portionen in kochendem Salzwasser etwa 2 Minuten blanchieren, abgießen, mit kaltem Wasser abschrecken, abtropfen lassen, leicht ausdrücken und klein schneiden.
**2.** In der Zwischenzeit die Möhren putzen. Möhren und Kartoffeln schälen, abspülen, abtropfen lassen und grob würfeln. Gemüsezwiebeln und Knoblauch abziehen, klein würfeln.
**3.** Olivenöl in einem großen Topf erhitzen. Die Chorizo evtl. in Stücke schneiden und in dem Olivenöl kurz anbraten, dann mit der Schaumkelle herausnehmen.
**4.** Die Zwiebel- und Knoblauchwürfel in dem verbliebenen Bratfett unter Rühren andünsten. Nacheinander Möhren-, Kartoffelwürfel und den Grünkohl hinzugeben. Die Brühe hinzugießen. Die Zutaten zum Kochen bringen und zugedeckt etwa 40 Minuten kochen lassen.
**5.** In der Zwischenzeit die Pinienkerne in einer Pfanne ohne Fett unter Rühren anrösten und auf einen Teller geben. Die Petersilie abspülen und trocken tupfen. Blättchen von den Stängeln zupfen, klein schneiden.
**6.** Baguettebrote in Scheiben schneiden, mit dem Ziegenfrischkäse bestreichen und mit den Pinienkernen bestreuen. Die angebratene Wurst und die Petersilie in die Suppe geben. Die Suppe aufkochen lassen, mit Salz und Pfeffer abschmecken.

Bayerischer Krautbraten

## Bayerischer Krautbraten

pro Portion 1,25 Euro

12 Portionen

*Zubereitungszeit:* 50 Minuten
*Garzeit:* etwa 60 Minuten

2 Köpfe Weißkohl (je etwa 1 kg)
Salz
3 Zwiebeln (etwa 180 g)
2–3 TL Kümmelsamen
100 g Schweineschmalz
gem. Pfeffer
1 Brötchen (Semmel) vom Vortag
1 kg Rindergehacktes
2 Eier (Größe M)
2 EL gehackte Petersilie
100 g magerer, durchwachsener Speck, in Scheiben

*Pro Portion:*
E: 22 g, F: 27 g, Kh: 10 g,
kJ: 1553, kcal: 370

**1.** Die äußeren, schlechten Blätter von dem Weißkohl entfernen. Jeweils den Strunk herausschneiden. Wasser mit Salz in einem großen Topf zum Kochen bringen. Die Kohlköpfe nacheinander 1–2 Minuten in das kochende Salzwasser legen, bis sich die äußeren Blätter lösen lassen. Dann 1–2 Blätter ablösen und diesen Vorgang wiederholen, bis etwa 20 große Blätter gelöst sind. Die Blattrippen flach schneiden.
**2.** Den restlichen Kohl in Streifen schneiden. Die Zwiebeln abziehen und klein würfeln. Kümmel im Mörser zerdrücken. Schweineschmalz in einem Topf zerlassen. Zwiebelwürfel, Kümmel und Kohlstreifen darin in etwa 15 Minuten fast gar schmoren, dabei gelegentlich umrühren, mit Salz und Pfeffer würzen, etwas abkühlen lassen.
**3.** Den Backofen vorheizen.
*Ober-/Unterhitze:* etwa 180 °C
*Heißluft:* etwa 160 °C
**4.** Das Brötchen in kaltem Wasser einweichen. Die Hälfte der Weißkohlblätter in einer längliche Auflaufform (gefettet) etwas übereinanderlappend auslegen.
**5.** Das Brötchen gut ausdrücken. Das Gehackte in eine große Schüssel geben. Eier, Brötchen, Petersilie und den geschmorten Kohl hinzugeben. Die Zutaten gut vermengen, mit Salz und Pfeffer würzen.
**6.** Die Hackfleisch-Kohl-Masse zu einem länglichen Laib formen und auf die Kohlblätter in die Form legen. Restliche Kohlblätter wieder etwas übereinanderlappend darauflegen, fest andrücken und mit den Speckscheiben belegen.
**7.** Die Form auf dem Rost in den vorgeheizten Backofen schieben. Den Krautbraten etwa 60 Minuten garen.
**8.** Den Krautbraten in Scheiben schneiden und mit den Speckscheiben servieren.

## Crespelle-Gratin mit Ricotta und Sauerampfer

pro Stück 1,30 Euro

12 Stücke

*Zubereitungszeit:* 80 Minuten, ohne Ruhe- und Abkühlzeit
*Backzeit:* etwa 20 Minuten je Backblech

**Für die Crespelle:**
120 g Weizenmehl
6 Eier (Größe M)
240 ml Milch (3,5 % Fett)
1/2 gestr. TL Salz

80 g Butter oder Margarine

**Für die Füllung:**
6 Bund Sauerampfer
500 g Ricotta (ital. Frischkäse)
500 g Magerquark
6 EL Milch
200 g gem. Haselnusskerne
gem. Pfeffer
4 säuerliche Äpfel
100 g frisch ger. Emmentaler
40 g Butter

**Zum Garnieren:**
evtl. Kräuterstängel
Tomatenspalten

*Pro Stück:*
E: 21 g, F: 30 g, Kh: 16 g,
kJ: 1734, kcal: 415

**1.** Für die Crespelle das Mehl in eine Rührschüssel geben. Eier mit Milch und Salz verschlagen. Die Eiermilch nach und nach unter Rühren zum Mehl geben. Darauf achten, dass keine Klümpchen entstehen. Den Teig etwa 15 Minuten ruhen lassen.

**2.** Aus dem Teig 12 Crespelle backen. Dafür jeweils etwas Butter oder Margarine in einer Pfanne (Ø 22 cm) zerlassen. Je eine dünne Teiglage mit einer drehenden Bewegung auf dem Boden der Pfanne verteilen. Crespelle kurz bei schwacher Hitze von beiden Seiten hellgelb backen und herausnehmen. Bevor der Pfannkuchen gewendet wird, wieder etwas Butter oder Margarine in die Pfanne geben. Crespelle erkalten lassen.
**3.** Für die Füllung Sauerampfer verlesen, abspülen und trocken tupfen. Ricotta mit Quark, Milch und Haselnusskernen verrühren, mit Pfeffer würzen.
**4.** Den Backofen vorheizen.
*Ober-/Unterhitze:* etwa 200 °C
*Heißluft:* etwa 180 °C
**5.** Äpfel schälen, halbieren, entkernen, fein raspeln und unter die Quarkmasse ziehen. Die Quarkmasse halbieren. Eine Hälfte zugedeckt in den Kühlschrank stellen. Restliche Quarkmasse, 6 Crespelle und die Hälfte der Sauerampferblätter für das erste Gratin verwenden.
**6.** Dafür eine Crespelle auf ein Backblech (mit Backpapier belegt) legen, mit einem Sechstel der bereitgestellten Quarkmasse bestreichen, mit einem Fünftel der bereitgelegten Sauerampferblätter belegen. So fortfahren, bis die letzte Crespelle mit Quarkcreme bestrichen ist.
**7.** Mit 50 g Emmentaler bestreuen und mit 20 g Butterflöckchen belegen. Das zweite Gratin auf die gleiche Weise mit den restlichen Zutaten zubereiten.
**8.** Die Backbleche nacheinander (bei Heißluft zusammen) in den vorgeheizten Backofen schieben. Crespelle-Gratin etwa 20 Minuten je Backblech garen.
**9.** Jedes Gratin in 6 Tortenstücke teilen. Evtl. mit abgespülten, trocken getupften Kräutern und Tomatenspalten anrichten.

## Bunte Paprikaspieße mit Couscous

pro Portion 1,45 Euro

12 Portionen

*Zubereitungszeit:* 60 Minuten
*Garzeit:* etwa 15 Minuten

12 Paprikaschoten (rot, gelb, grün gemischt, etwa 2,4 kg)
6 rote Zwiebeln
350 g Instant-Couscous
6 Tomaten
2 Bund Frühlingszwiebeln
1 Bund Minze
abgeriebene Schale und Saft von 2 Bio-Limetten (unbehandelt, ungewachst)
Salz
gem. Pfeffer
150 ml Olivenöl
1 Bund Koriander

**Außerdem:**
12 Holzspieße

*Pro Portion:*
E: 6 g, F: 10 g, Kh: 34 g,
kJ: 1077, kcal: 257

**1.** Die Paprikaschoten halbieren, entstielen, entkernen und die weißen Scheidewände entfernen. Schoten abspülen, abtropfen lassen und in gleich große Stücke schneiden. Zwiebeln abziehen, vierteln und in Größe der Paprikastücke schneiden. Die Paprika- und Zwiebelstücke abwechselnd auf 12 Holzspieße stecken.
**2.** Den Backofen vorheizen.
*Ober-/Unterhitze:* etwa 180 °C
*Heißluft:* etwa 160 °C
**3.** Couscous nach Packungsanleitung zubereiten. Tomaten abspülen, trocken tupfen, halbieren, die Stängelansätze herausschneiden. Tomaten klein würfeln. Frühlingszwiebeln putzen, abspülen, abtropfen lassen und in feine Scheiben schneiden. Die Minze abspülen, trocken tupfen. Die Blättchen von den Stängeln zupfen, in feine Streifen schneiden.
**4.** Das vorbereitete Gemüse mit Couscous vermischen. Couscous mit Limettenschale, -saft, Salz und Pfeffer würzen. 7 Esslöffel Olivenöl und die Minzestreifen unterheben.
**5.** Restliches Olivenöl in einer großen Pfanne erhitzen. Die Paprikaspieße darin in 2 Portionen von allen Seiten anbraten, mit Salz und Pfeffer würzen. Die Spieße in eine große, flache Auflaufaufform (gefettet) legen. Die Form auf dem Rost in den vorgeheizten Backofen schieben. Die Spieße etwa 15 Minuten garen.
**6.** Koriander abspülen und trocken tupfen. Die Blättchen von den Stängeln zupfen. Die Paprikaspieße mit dem Couscous anrichten und mit Korianderblättchen garnieren.

Crespelle-Gratin mit Ricotta und Sauerampfer

Bunte Paprikaspieße mit Couscous

## Curry-Reis-Salat mit Hähnchen

pro Portion 1,65 Euro

12 Portionen

*Zubereitungszeit:* 40 Minuten, ohne Abkühl- und Durchziehzeit
*Garzeit:* etwa 20 Minuten

350 g Langkornreis
Salz
250 g Zwiebeln
8 EL Speiseöl, z. B. Olivenöl
3–4 EL Currypulver
300 g Schlagsahne
2 gebratene, abgekühlte Hähnchen (vom Grill, je etwa 1 kg)
490 g abgetropfte Ananasstücke (aus der Dose)
250 g Salatmayonnaise

*Pro Portion:*
E: 29 g, F: 36 g, Kh: 33 g,
kJ: 2404, kcal: 574

**1.** Reis in reichlich kochendem Salzwasser nach Packungsanleitung in etwa 20 Minuten bissfest kochen. Anschließend in ein Sieb geben, kurz mit kaltem Wasser abspülen und gut abtropfen lassen.
**2.** Zwiebeln abziehen und in kleine Würfel schneiden. Speiseöl in einer großen Pfanne erhitzen. Zwiebelwürfel darin andünsten, Reis hinzufügen und Curry unterrühren. Sahne hinzugießen und gut unterrühren, Reismasse erkalten lassen.
**3.** Hähnchenfleisch von den Knochen lösen, evtl. auch die Haut entfernen. Das Fleisch in mundgerechte Stücke schneiden. Ananas in Stücke schneiden.
**4.** Die Reismasse mit den Fleischstücken und Ananasstücken in einer großen Schüssel mischen, Mayonnaise unterrühren. Den Salat gut durchziehen lassen.
**5.** Salat vor dem Anrichten nochmals mit Salz und Curry abschmecken.

Curry-Reis-Salat mit Hähnchen

## Holländische Brotkörbchen

pro Portion 1,10 Euro

12 Portionen (ohne Foto)

*Zubereitungszeit:* 40 Minuten
*Backzeit:* 16–20 Minuten

12 Scheiben Sandwich-Toastbrot (je etwa 40 g)
3 Zwiebeln
600 g kleine Champignons
600 g kleine Strauchtomaten
40 g Butter
Salz, gem. Pfeffer
gerebelter Oregano
400 g mittalter Gouda
1 Bund Schnittlauch, in Röllchen geschnitten
einige Stängel Oregano

*Pro Portion:*
E: 13 g, F: 14 g, Kh: 24 g,
kJ: 1217, kcal: 291

**1.** Den Backofen vorheizen.
*Ober-/Unterhitze:* etwa 200 °C
*Heißluft:* etwa 180 °C
**2.** Von den Brotscheiben die Rinde abschneiden, die Brotscheiben in feuerfeste Tassen oder Gratinförmchen (Ø 6 cm) drücken und auf dem Rost in den vorgeheizten Backofen schieben. Brotscheiben 6–8 Minuten backen.
**3.** Die Brotscheiben aus den Förmchen nehmen und abkühlen lassen. Die Backofentemperatur auf Ober-/Unterhitze: etwa 180 °C, Heißluft: etwa 160 °C reduzieren.
**4.** Zwiebeln abziehen und fein würfeln. Champignons putzen, evtl. kurz abspülen, trocken tupfen und in Scheiben schneiden. Tomaten abspülen, trocken tupfen, halbieren und die Stängelansätze herausschneiden. Tomatenhälften entkernen und würfeln.
**5.** Butter in einer Pfanne zerlassen, Zwiebelwürfel darin goldgelb dünsten, Champignonscheiben hinzugeben und unter Rühren mitdünsten lassen. Champignonscheiben in eine Schüssel geben, Tomatenwürfel untermischen, mit Salz, Pfeffer und Oregano würzen.
**6.** Käse in kleine Würfel schneiden, mit den Schnittlauchröllchen unter die Gemüsemischung geben und in die gebackenen Brotkörbchen füllen.
**7.** Die Brotkörbchen auf einem Backblech (mit Backpapier belegt) verteilen und in den vorgeheizten Backofen schieben. Die Brotkörbchen 10–12 Minuten überbacken.
**8.** Oregano abspülen und trocken tupfen. Die Brotkörbchen mit den Oreganostängeln garnieren und heiß servieren.

Eier-Sandwich-Streifen

Erbsen-Hummus mit Minze

## Eier-Sandwich-Streifen

pro Portion 0,65 Euro

12 Portionen

*Zubereitungszeit:* 20 Minuten

12 große Scheiben Bauernbrot (etwa 700 g)
90 g Butter (zimmerwarm)
1 Bund Schnittlauch
1 Kopf Eisbergsalat
6 EL Salatmayonnaise
Salz
gem. Pfeffer
6 mittelgroße Tomaten
1/2 Salatgurke
6 hart gekochte Eier

**Außerdem:**
evtl. 36 Holzstäbchen

*Pro Portion:*
E: 9 g, F: 16 g, Kh: 30 g,
kJ: 1252, kcal: 299

**1.** Die Brotscheiben mit Butter bestreichen. Schnittlauch abspülen, trocken tupfen und in feine Röllchen schneiden. Von dem Eisbergsalat die äußeren, welken Blätter entfernen. Salatblätter lösen, abspülen, gut abtropfen lassen oder trocken schleudern. Salatblätter in Streifen schneiden.
**2.** Salatstreifen mit Mayonnaise und Schnittlauchröllchen verrühren, mit Salz und Pfeffer würzen.
**3.** Die Tomaten abspülen, abtrocknen, halbieren und die Stängelansätze herausschneiden. Tomaten in Scheiben schneiden. Die Gurkenhälfte abwaschen, abtrocknen und das Ende abschneiden. Gurkenhälfte mit der Schale in Scheiben schneiden. Die Eier pellen und mit einem Eierschneider in Scheiben schneiden.
**4.** Vorbereiteten Salat auf 6 Brotscheiben verteilen. Zuerst die Eierscheiben, dann abwechselnd die Tomaten- und Gurkenscheiben darauf verteilen.
**5.** Die restlichen Brotscheiben mit der Butterseite nach unten darauflegen. Jedes Sandwich vorsichtig in etwa 2 cm breite Streifen schneiden. Die Sandwichstreifen evtl. mit Holzstäbchen fixieren.

## Erbsen-Hummus mit Minze

pro Portion 1,50 Euro

12 Portionen

*Zubereitungszeit:* 30 Minuten

700 g TK-Erbsen
Salz
750 g abgetropfte Kichererbsen (aus der Dose)
6 Stängel Minze
75 g Tahini (Sesampaste, erhältlich im Asialaden oder in türkischen Lebensmittelläden)
120 g griechischer Sahnejoghurt (10 % Fett)
2–3 TL gem. Kreuzkümmel (Cumin)
1–2 EL Limettensaft

**Zum Dippen:**
300 g Gemüsechips (aus der Tüte)

*Pro Portion:*
E: 12 g, F: 14 g, Kh: 31 g,
kJ: 1263, kcal: 303

**1.** Erbsen unaufgetaut in kochendem Salzwasser etwa 5 Minuten garen. Die Erbsen mit eiskaltem Wasser abschrecken und gut abtropfen lassen.
**2.** Kichererbsen in ein Sieb geben, mit kaltem Wasser abspülen und abtropfen lassen. Die Minze abspülen und trocken tupfen. Die Blättchen von den Stängeln zupfen.
**3.** Erbsen, Kichererbsen, Tahini, Joghurt, die Hälfte der Minzeblättchen, Kreuzkümmel, Salz und Limettensaft in einer Schüssel mischen. Ein Drittel der Mischung in einen hohen Rührbecher geben. Die Zutaten mit einem Pürierstab zu einer feinen Paste pürieren. Die restliche Mischung in 2 Portionen auf die gleiche Weise pürieren. Erbsen-Hummus mit den Gewürzen und Limettensaft abschmecken.
**4.** Erbsen-Hummus in Schälchen anrichten und mit den restlichen Minzeblättchen garnieren. Erbsen-Hummus mit den Gemüsechips zum Dippen servieren.

Fischfilet in der Hülle

Kartoffel-Wurzelgemüse-Kuchen mit Endiviensalat

## Fischfilet in der Hülle

12 Portionen

*Zubereitungszeit:* 60 Minuten, ohne Auftauzeit
*Garzeit:* 20–25 Minuten je Backblech

pro Portion 1,40 Euro

2 1/4 kg TK-Seelachsfilet
1,2 kg Porree (Lauch)
6 EL Speiseöl, z. B. Sonnenblumenöl
Salz, gem. Pfeffer
600 g Tomaten
1 Bund glatte Petersilie
etwa 100 g Röstzwiebeln

**Außerdem:**
12 Bögen Back- oder Butterbrotpapier (je etwa 30 x 30 cm)
etwas Küchengarn

*Pro Portion:*
E: 38 g, F: 14 g, Kh: 7 g,
kJ: 1281, kcal: 307

**1.** Das Seelachsfilet nach Packungsanleitung auftauen lassen.
**2.** Porree putzen. Die Stangen längs halbieren, gründlich waschen, abtropfen lassen und in feine Streifen schneiden. Speiseöl in einer Pfanne erhitzen, Porreestreifen hinzugeben und unter Rühren etwa 3 Minuten dünsten, mit Salz und Pfeffer würzen.
**3.** Den Backofen vorheizen.
*Ober-/Unterhitze:* etwa 200 °C
*Heißluft:* etwa 180 °C
**4.** Seelachsfilet kurz unter fließendem kalten Wasser abspülen, trocken tupfen und in 12 gleich große Stücke teilen. Fischstücke mit Salz und Pfeffer würzen. 12 Bögen Back- oder Butterbrotpapier auf der Arbeitsfläche ausbreiten. Die Porreestreifen gleichmäßig mittig darauf verteilen und je 1 Fischstück darauflegen.
**5.** Tomaten abspülen, abtrocknen, halbieren und die Stängelansätze herausschneiden. Tomaten in Stücke schneiden. Petersilie abspülen und trocken tupfen. Die Blättchen von den Stängeln zupfen. Blättchen grob zerschneiden, mit Tomatenstücken und Röstzwiebeln mischen, auf den Fischstücken verteilen.
**6.** Fischstücke mit dem Gemüse in dem Papier einpacken, dafür jeweils 2 gegenüberliegende Seiten der Papierbögen über dem Fisch zusammenführen, 1–2-mal nach unten falten. Die offenen Seiten der Päckchen wie bei einem Bonbon zusammendrehen und mit etwas Küchengarn zusammenbinden.
**7.** Die Päckchen auf 2–3 Backbleche legen. Die Backbleche nacheinander (bei Heißluft zusammen) in den vorgeheizten Backofen schieben. Seelachsfilet 20–25 Minuten je Backblech garen.
**8.** Jeweils 1 Seelachsfilet-Päckchen auf einen Teller legen. Die Päckchen öffnen, den Fisch sofort servieren.

## Kartoffel-Wurzelgemüse-Kuchen mit Endiviensalat

12 Portionen

*Zubereitungszeit:* 60 Minuten
*Backzeit:* etwa 60 Minuten je Backblech

pro Portion 1,45 Euro

500 g Möhren
500 g Steckrüben
250 g Petersilienwurzel
250 g Knollensellerie
2 kg festkochende Kartoffeln
etwa 100 g Kartoffelmehl (Kartoffelstärke)
6 Eier (Größe M)
Salz, gem. Pfeffer
ger. Muskatnuss
400 g Frühstücksspeck in Scheiben (Bacon)

**Für den Salat:**
2 Köpfe Endiviensalat
300 g Joghurt (3,5 % Fett)
1–2 TL Zucker
etwas Zitronensaft
2 EL Schnittlauchröllchen

*Pro Portion:*
E: 14 g, F: 15 g, Kh: 36 g,
kJ: 1425, kcal: 340

**1.** Möhren, Steckrüben, Petersilienwurzel und Sellerie putzen. Kartoffeln, Möhren, Steckrüben, Peter-

silienwurzel und Sellerie schälen, abspülen und abtropfen lassen.
**2.** Das Gemüse fein raspeln (das gelingt am besten mit einer Küchenmaschine, dazu das Gemüse vor dem Raspeln in grobe Stücke schneiden).
**3.** Den Backofen vorheizen.
*Ober-/Unterhitze:* etwa 160 °C
*Heißluft:* etwa 140 °C
**4.** Das geraspelte Gemüse halbieren. Nacheinander die Hälfte des Kartoffelmehls und 3 Eier mit der Hälfte der Gemüseraspel vermengen. Die Mischung mit Salz, Pfeffer und Muskat würzen.
**5.** Die Gemüsemischung gleichmäßig auf einem Backblech (30 x 40 cm, gefettet) verteilen. 200 g Frühstücksspeckscheiben halbieren oder dritteln und darauf verteilen. Restliche Zutaten auf die gleiche Weise zubereiten und auf ein zweites Backblech (gefettet) geben.
**6.** Die Backbleche nacheinander (bei Heißluft zusammen) in den vorgeheizten Backofen schieben. Die Kartoffel-Wurzelgemüse-Kuchen etwa 60 Minuten je Backblech backen.
**7.** Für den Salat Endiviensalat putzen, abspülen und abtropfen lassen oder trocken schleudern. Den Salat in Streifen schneiden.
**8.** Joghurt in einer Schüssel verrühren, mit Salz, Pfeffer, Zucker und Zitronensaft würzen.
**9.** Die Salatstreifen mit dem Joghurtdressing vermischen. Die Schnittlauchröllchen daraufstreuen.
**10.** Kartoffel-Wurzelgemüse-Kuchen mit dem Endiviensalat servieren.

## Hähnchenschenkel mit Parmaschinken-Pesto

12 Portionen

*Zubereitungszeit:* 50 Minuten
*Garzeit:* 35–40 Minuten

12 Hähnchenschenkel (etwa 2 kg)
Salz, gem. Pfeffer
etwa 3 EL Olivenöl

pro Portion 2,48 Euro

**Für das Pesto:**
3 dicke Scheiben Parmaschinken (etwa 200 g)
1 Bund glatte Petersilie
1 Topf Basilikum
2–3 Knoblauchzehen
100 g gehackte Mandeln
150 ml Olivenöl

**Für den Salat:**
750 g Cocktailtomaten
2 Lollo bionda (etwa 600 g)
2 Kästchen Kresse
etwa 100 ml Weißweinessig
Zucker, 125 ml Olivenöl

Hähnchenschenkel mit Parmaschinken-Pesto

*Pro Portion:*
E: 30 g, F: 45 g, Kh: 4 g,
kJ: 2270, kcal: 542

**1.** Den Backofen vorheizen.
*Ober-/Unterhitze:* etwa 180 °C
*Heißluft:* etwa 160 °C
**2.** Hähnchenschenkel kurz unter fließendem kalten Wasser abspülen und trocken tupfen, mit Salz und Pfeffer würzen, mit Olivenöl bestreichen.
**3.** Hähnchenschenkel auf ein Backblech (gefettet) legen. Das Backblech in den vorgeheizten Backofen schieben und die Hähnchenschenkel 35–45 Minuten garen.
**4.** Während der Garzeit die Hähnchenschenkel wenden und gelegentlich mit dem Bratensaft bestreichen.
**5.** In der Zwischenzeit für das Pesto Parmaschinken in sehr kleine Würfel schneiden. Petersilie und Basilikum abspülen und trocken tupfen. Die Blättchen von den Stängeln zupfen. Einige Basilikumblättchen beiseitelegen. Restliche Blättchen klein schneiden.
**6.** Knoblauch abziehen und durch eine Knoblauchpresse drücken, mit Schinkenwürfeln, klein geschnittenen Kräutern, Mandeln und Olivenöl zu einem Pesto verrühren. Die Hähnchenschenkel nach etwa 25 Minuten Garzeit mit dem Pesto bestreichen und fertig garen.
**7.** Für den Salat Tomaten abspülen, abtrocknen und die Stängelansätze herausschneiden. Von dem Salat die äußeren, welken Blätter entfernen. Den Salat abspülen, trocken tupfen oder trocken schleudern. Die Salatblätter in mundgerechte Stücke zupfen. Kresse abspülen, trocken tupfen und abschneiden. Den Salat mit den Tomaten und der Kresse vermischen.
**8.** Essig mit Salz, Pfeffer und Zucker verrühren und das Olivenöl sorgfältig unterschlagen.
**9.** Die garen Hähnchenschenkel mit Parmaschinken-Pesto und dem Salat auf Tellern anrichten. Die Salatsauce auf den Salat träufeln und mit den beiseitegelegten Basilikumblättchen garnieren.

## Pizzastreifen

12 Portionen

pro Portion 0,20 Euro

*Zubereitungszeit:* 45 Minuten, ohne Auftauzeit
*Backzeit:* etwa 15 Minuten je Backblech

**Für den Teig:**
450 g TK-Pizzateig (6 Scheiben)

**Für den Belag:**
125 g Knoblauchbutter
2 Bund Schnittlauch
18 hauchdünne Scheiben geräucherter Schinken (etwa 200 g)

*Pro Portion:*
E: 1 g, F: 2 g, Kh: 4 g,
kJ: 179, kcal: 43

**1.** Für den Teig TK-Pizzateig-Scheiben nach Packungsanleitung nebeneinander zugedeckt auftauen lassen.
**2.** Den Backofen vorheizen.
*Ober-/Unterhitze:* etwa 200 °C
*Heißluft:* etwa 180 °C
**3.** Jede Teigscheibe quer in 9 Streifen schneiden und mit einer Gabel mehrmals einstechen.
**4.** Für den Belag Knoblauchbutter in kleinen Stücken auf den Teigstreifen verteilen. Teigstreifen mit etwas Abstand auf 2 Backbleche (mit Backpapier belegt) legen. Die Backbleche nacheinander (bei Heißluft zusammen) in den vorgeheizten Backofen schieben und die Pizzastreifen etwa 15 Minuten je Backblech backen.
**5.** Die Pizzastreifen vom Backpapier lösen und auf einen Kuchenrost legen.
**6.** Schnittlauch abspülen und trocken tupfen. Die Schinkenscheiben jeweils in 3 Teile schneiden. Die Pizzastreifen mit einigen Schnittlauchhalmen belegen, mit je 1 Schinkenscheibenstück umwickeln.

Pizzastreifen

## Makkaroni-Spinat-Terrine mit Tomatensauce

12 Portionen (ohne Foto)

*Zubereitungszeit:* 90 Minuten
*Garzeit:* etwa 45 Minuten

pro Portion 1,25 Euro

**Für die Makkaroni-Spinat-Terrinen:**
5 l Wasser
5 gestr. TL Salz
500 g Makkaroni
3 Zwiebeln
3 Knoblauchzehen
8 EL Speiseöl
600 g TK-Blattspinat
Salz, gem. Pfeffer
ger. Muskatnuss
600 g Gehacktes (halb Rind-, halb Schweinefleisch)
3 EL Tomatenmark
300 g ger. mittelalter Gouda
8 Eier (Größe M)
500 g Schlagsahne
250 ml Milch (3,5 % Fett)
4 EL Semmelbrösel
60 g Butter

**Für die Tomaten-Oliven-Sauce:**
2 Zwiebeln
2 Knoblauchzehen
5 EL Olivenöl
1,6 kg geschälte Tomaten (aus Dosen)
gerebelter Oregano
1 Prise Zucker
200 g abgetropfte, grüne Oliven (ohne Stein)

*Pro Portion:*
E: 32 g, F: 59 g, Kh: 39 g,
kJ: 3569, kcal: 852

**1.** Wasser in einem großen Topf zugedeckt zum Kochen bringen. Dann Salz und Makkaroni hinzugeben. Die Makkaroni im geöffneten Topf bei mittlerer Hitze nach Packungsanleitung bissfest kochen, dabei gelegentlich umrühren. Anschließend die Makkaroni in ein Sieb geben, mit heißem Wasser abspülen und abtropfen lassen.
**2.** Zwiebeln und Knoblauch abziehen, klein würfeln. 2 Esslöffel Speiseöl in einem großen Topf erhitzen, die Hälfte der Zwiebel- und Knoblauchwürfel darin unter Rühren andünsten. Den gefrorenen Blattspinat hinzufügen und zugedeckt bei mittlerer Hitze etwa 15 Minuten auftauen lassen, mit Salz, Pfeffer und Muskat würzen. Spinat in ein Sieb geben.
**3.** Das restliche Speiseöl in einem großen Topf erhitzen, die restlichen Zwiebel- und Knoblauchwürfel darin andünsten. Das Gehackte darin unter Rühren andünsten, Tomatenmark

Igelei

Spareribs in Maplemarinade

kurz mitdünsten lassen, mit Salz und Pfeffer würzen.

**4.** Den Backofen vorheizen.
*Ober-/Unterhitze:* etwa 180 °C
*Heißluft:* etwa 160 °C

**5.** Danach in 2 dichte Kastenformen (30 x 11 cm, mit Backpapier ausgelegt) zuerst eine Lage Makkaroni der Länge nach in die Form schichten, etwas Käse darüberstreuen. Dann die Hälfte der Hackfleischmasse einschichten. Darauf Makkaroni und Käse geben, dann den Spinat daraufgeben. Darauf wieder Makkaroni und die restliche Hackfleischmasse daraufschichten. Zuletzt die restlichen Makkaroni daraufgeben.

**6.** Die Eier mit der Sahne und Milch verschlagen, mit Salz, Pfeffer und Muskat würzen und über die beiden Terrinen geben. Mit dem restlichen Käse und den Semmelbröseln bestreuen, Butter in Flöckchen daraufsetzen. Die Formen auf dem Rost in den vorgeheizten Backofen schieben. Die Terrinen etwa 45 Minuten garen.

**7.** Für die Tomaten-Oliven-Sauce in der Zwischenzeit Zwiebeln und Knoblauch abziehen, klein würfeln. Olivenöl in einem Topf erhitzen, die Zwiebel- und Knoblauchwürfel darin andünsten. Die Tomaten mit der Flüssigkeit hinzugeben, dabei die Tomaten zerdrücken, mit Salz, Pfeffer, Oregano und Zucker würzen. Die Tomatensauce zum Kochen bringen und etwas einkochen lassen.

**8.** Die garen Terrinen mit dem Backpapier aus den Formen nehmen und das Backpapier lösen, die Terrinen mit dem elektrischen Messer in Scheiben schneiden.

**9.** Die Tomatensauce kurz pürieren. Oliven in Scheiben schneiden und unterrühren. Die Sauce mit den Gewürzen abschmecken und zu den Makkaroni-Terrinen reichen.

## Igelei

24 Stück

pro Stück **0,35** Euro

*Zubereitungszeit:* 30 Minuten

12 hart gekochte Eier
24 Scheiben Salami (Ø 5–6 cm)
einige dünne Salzstangen
etwas Tomatenmark

*Pro Stück:*
E: 4 g, F: 3 g, Kh: 1 g,
kJ: 195, kcal: 47

**1.** Eier pellen, längs halbieren und jeweils mit der Schnittfläche nach unten auf eine große Platte legen.

**2.** Jede Salamischeibe zur Hälfte einschneiden, zu einer Spitztüte formen und um das spitze Ende der Eihälften legen.

**3.** Salzstangen in 23 cm lange Stifte brechen und in die gewölbte Eiseite stecken, dabei etwa ein Drittel der spitzen Eiseite für das Igelgesicht aussparen.

**4.** Mit Tomatenmark jeweils 2 Augen auftupfen.

## Spareribs in Maplemarinade

12 Portionen

*Zubereitungszeit:* 35 Minuten, ohne Marinierzeit
*Garzeit:* 15–20 Minuten

3 kg Schweinerippe
375 ml Maplesirup (Ahornsirup)
6 EL brauner Zucker
6 EL Tomatenketchup
4–5 EL Weißweinessig
3 EL Worcestersauce
1–2 gestr. TL Salz
gem. Pfeffer
1–2 TL Senfpulver

pro Portion **2,00** Euro

*Pro Portion:*
E: 48 g, F: 30 g, Kh: 42 g,
kJ: 2668, kcal: 637

**1.** Schweinerippe evtl. in Portionen schneiden, anschließend kurz unter fließendem kalten Wasser abspülen und trocken tupfen.

**2.** Sirup mit Zucker, Ketchup, Essig, Worcestersauce, Salz, Pfeffer und Senfpulver in einem kleinen Topf verrühren und zum Kochen bringen. Die Marinade auf den Rippchen verteilen und zugedeckt 2–3 Stunden im Kühlschrank marinieren.

**3.** Die Rippchen auf den heißen Grillrost legen und von beiden Seiten 15–20 Minuten grillen, dabei zwischendurch mit der Marinade bestreichen.

Spargeltarte

## Spargeltarte
12 Portionen

*Zubereitungszeit:* 60 Minuten, ohne Teiggehzeit
*Backzeit:* etwa 35 Minuten

**Für den Hefeteig:**
150 ml warmes Wasser
21 g frische Hefe
1 Prise Zucker
350 g Weizenmehl
20 g ger. Parmesan
1 gestr. TL Salz
50 ml Olivenöl

pro Portion 0,70 Euro

**Für den Belag:**
750 g grüner Spargel
Salz

**Für den Guss:**
2 Eier (Größe M)
200 g Schlagsahne
200 ml Milch (3,5 % Fett)
gem. Pfeffer
ger. Muskatnuss

50 g ger. Parmesan

*Pro Portion:*
E: 8 g, F: 14 g, Kh: 24 g,
kJ: 1081, kcal: 259

**1.** Für den Teig Wasser mit der zerbröckelten Hefe und dem Zucker in einer Rührschüssel verrühren. Die Hälfte des Mehls unterrühren. Restliches Mehl, Parmesan und Salz daraufstreuen. Olivenöl hinzugießen. Den Teig zugedeckt etwa 20 Minuten an einen warmen Ort gehen lassen.
**2.** Wenn das aufgestreute Mehl Risse zeigt, die Zutaten mit einem Mixer (Knethaken) zunächst kurz auf niedrigster, danach auf höchster Stufe zu einem glatten Teig verkneten. Hefeteig etwa 10 Minuten gehen lassen.
**3.** Gegangenen Teig leicht mit Mehl bestäuben, aus der Schüssel nehmen und auf der leicht bemehlten Arbeitsfläche zu einer runden Platte (Ø etwa 34 cm) ausrollen. Die Teigplatte in eine Springform (Ø 28 cm, Boden mit Backpapier belegt, den Rand mit Butter bestrichen) legen und einen etwa 3 cm hohen Rand andrücken.
**4.** Den Backofen vorheizen.
*Ober-/Unterhitze:* etwa 200 °C
*Heißluft:* etwa 180 °C
**5.** Für den Belag von dem Spargel das untere Drittel schälen und die Enden abschneiden. Salzwasser in einem Topf zum Kochen bringen. Den Spargel darin etwa 2 Minuten blanchieren, mit einer Schaumkelle herausnehmen, in ein Sieb geben, mit kaltem Wasser abspülen und abtropfen lassen. Den Spargel kreisförmig auf den Teig legen.
**6.** Für den Guss Eier mit Sahne und Milch in einer Rührschüssel verschlagen. Die Eiermilch mit Salz, Pfeffer und 1 Prise Muskat abschmecken. Den Guss auf dem Spargel verteilen und mit Parmesan bestreuen.
**7.** Die Form auf dem Rost in den vorgeheizten Backofen schieben. Die Spargeltarte etwa 35 Minuten goldbraun backen.
**8.** Die Spargeltarte aus der Form lösen, auf eine Tortenplatte setzen und erkalten lassen.

## Zucchini-Pie
12 Portionen

*Zubereitungszeit:* 50 Minuten
*Backzeit:* 35–40 Minuten je Pie

**Für die Pie-Böden:**
400 g Weizenmehl
200 g Butter
2 Eier (Größe M)
1 gestr. TL Salz

pro Portion 1,15 Euro

**Für die Füllung:**
80 g Pinienkerne
1 Bund Petersilie
400 g Zucchini
400 g Doppelrahm-Frischkäse
6 Eier (Größe M)
4 EL Olivenöl
200 g ger. Gouda
2 TL gerebelter Majoran
Salz, gem. Pfeffer
ger. Muskatnuss

2 EL Olivenöl

*Pro Portion:*
E: 18 g, F: 42 g, Kh: 27 g,
kJ: 2340, kcal: 559

**1.** Für die Pie-Böden Mehl, Butter, Eier und Salz mit einem Mixer (Knethaken) zunächst kurz auf niedriger, dann auf höchster Stufe gut durcharbeiten. Anschließend auf einer leicht bemehlten Arbeitsfläche zu einen glatten Teig verkneten.
**2.** Den Teig halbieren, je eine Hälfte in eine Tarteform (Ø 26 cm, Boden gefettet) geben und mit leicht bemehlten Händen zu einem Boden andrücken, dabei die Ränder hochziehen. Die ausgekleideten Formen in den Kühlschrank stellen.

**3.** Für die Füllung Pinienkerne in einer Pfanne ohne Fett goldbraun rösten und auf einen Teller geben.
**4.** Den Backofen vorheizen.
*Ober-/Unterhitze:* etwa 200 °C
*Heißluft:* etwa 180 °C
**5.** Petersilie abspülen und trocken tupfen. Die Blättchen von den Stängeln zupfen. Einige Blättchen zum Garnieren beiseitelegen. Die restlichen Blättchen klein schneiden.
**6.** Zucchini abspülen, abtrocknen und die Enden abschneiden. Etwa 200 g der Zucchini grob raspeln.
**7.** Für jede Pie die Hälfte des Frischkäses mit 3 Eiern und 2 Esslöffeln Olivenöl in einen Rührbecher geben und glatt rühren. Jeweils die Hälfte der Zucchiniraspel, des geriebenen Käses, etwa 20 g der Pinienkerne, die Hälfte der gehackten Petersilie und des Majorans unterrühren. Mit Salz, Pfeffer und Muskat würzen.
**8.** Die Füllung jeweils auf einem vorbereiteten Pie-Boden verteilen. Die Formen auf dem Rost nacheinander (bei Heißluft zusammen) in den vorgeheizten Backofen (unteres Drittel) schieben. Die Pies 35–40 Minuten backen je Form backen.
**9.** In der Zwischenzeit restliche Zucchini (etwa 150 g) in dünne Scheiben schneiden. Olivenöl in einer Pfanne erhitzen. Die Zucchinischeiben darin von beiden Seiten anbraten.
**10.** Die gebackenen Zucchini-Pies mit den gebratenen Zucchinischeiben, den restlichen Pinienkernen und den beiseitegelegten, klein geschnittenen Petersilienblättchen garniert servieren.

## Speckquiche

12 Stücke

*Zubereitungszeit:* 45 Minuten, ohne Abkühlzeit
*Backzeit:* etwa 40 Minuten

pro Stück 0,85 Euro

**Für den Knetteig:**
200 g Weizenmehl
1 gestr. TL Dr. Oetker Backin
1/2 gestr. TL Salz
3 EL kalte Milch
oder kaltes Wasser
100 g Butter
oder Margarine

**Für den Belag:**
3 Zwiebeln
250 g Schinkenspeck
2 Eier (Größe M)
150 g Crème fraîche
3 EL Milch
1 Msp. gem. Pfeffer
Kümmelsamen
25 g TK-Petersilie

*Pro Stück:*
E: 8 g, F: 14 g, Kh: 15 g,
kJ: 908, kcal: 217

**1.** Für den Teig das Mehl mit Backpulver in einer Rührschüssel mischen. Die restlichen Zutaten hinzufügen und mit einem Mixer (Knethaken) zunächst kurz auf niedrigster, dann auf höchster Stufe gut durcharbeiten.
**2.** Anschließend auf einer leicht bemehlten Arbeitsfläche kurz zu einem Teig verkneten. Sollte er kleben, ihn in Frischhaltefolie gewickelt eine Zeit lang in den Kühlschrank legen.
**3.** Den Backofen vorheizen.
*Ober-/Unterhitze:* etwa 180 °C
*Heißluft:* etwa 160 °C
**4.** Zwei Drittel des Teiges auf der leicht bemehlten Arbeitsfläche zu einer runden Platte (Ø etwa 30 cm) ausrollen. Die Teigplatte in eine Tarteform (Ø 28 cm, Boden gefettet) legen.
**5.** Den Teigboden mehrmals mit einer Gabel einstechen. Die Form auf dem Rost in den vorgeheizten Backofen schieben. Den Quicheboden etwa 10 Minuten vorbacken.
**6.** Die Form auf einen Kuchenrost stellen. Den Quicheboden etwas abkühlen lassen.
**7.** Restlichen Teig zu einer langen Rolle formen, auf den vorgebackenen Boden legen und so an die Form drücken, dass ein etwa 2 cm hoher Rand entsteht.
**8.** Für den Belag Zwiebeln abziehen und halbieren. Zwiebelhälften und Schinkenspeck in kleine Würfel schneiden. Eier mit Crème fraîche, Milch, Pfeffer und Kümmel gut verrühren. Die Petersilie, Zwiebel- und Schinkenwürfel hinzugeben und gut unterrühren.
**9.** Die Speck-Zwiebel-Masse auf den vorgebackenen Quicheboden geben und glatt streichen.
**10.** Die Form wieder auf dem Rost in den heißen Backofen schieben. Die Speckquiche bei gleicher Backofentemperatur in etwa 30 Minuten fertig backen.
**11.** Die Form auf einen Kuchenrost stellen. Die Speckquiche in der Form erkalten lassen.

Zucchini-Pie

Speckquiche

## Lammhackbraten mit Zaziki

pro Portion 1,45 Euro

12 Portionen

*Zubereitungszeit:* 55 Minuten
*Garzeit:* etwa 90 Minuten

6 Scheiben Toastbrot (etwa 120 g)
300 ml Milch (3,5 % Fett)
1 Gemüsezwiebel (etwa 250 g)
3 EL Speiseöl
1,8 kg Lammgehacktes
4 Eier (Größe M)
Salz
gem. Pfeffer
Gyros-Gewürz
300 g Schafskäse
2 EL Speiseöl

**Für das Zaziki:**
500 g Joghurt (3,5 % Fett)
1 kleine Salatgurke
3–4 Knoblauchzehen

*Pro Portion:*
E: 37 g, F: 32 g, Kh: 9 g,
kJ: 1990, kcal: 475

**1.** Toastbrotscheiben in eine flache Schale legen, mit der Milch übergießen und einweichen. Gemüsezwiebel abziehen, halbieren und in kleine Würfel schneiden.
**2.** Speiseöl in einer Pfanne erhitzen. Zwiebelwürfel darin unter Rühren glasig dünsten, etwas abkühlen lassen. Eingeweichte Brotscheiben ausdrücken.
**3.** Den Backofen vorheizen.
*Ober-/Unterhitze:* etwa 180 °C
*Heißluft:* etwa 160 °C
**4.** Das Gehackte in eine Schüssel geben. Toastbrotscheiben, Zwiebelwürfel und Eier hinzufügen. Die Zutaten zu einem Teig verkneten und mit Salz, Pfeffer und Gyros-Gewürz kräftig würzen.
**5.** Den Schafskäse in kleine Würfel schneiden. Den Fleischteig mit angefeuchteten Händen zu einem Laib formen, dabei eine längliche Vertiefung einarbeiten. Die Käsewürfel in die Vertiefung legen und mit der Hackfleischmasse umschließen. Der Hackbraten soll eine glatte Oberfläche haben, damit er während des Bratprozesses nicht aufplatzt.
**6.** Speiseöl in einem Bräter erhitzen. Den Hackbraten hineinlegen. Den Bräter auf dem Rost in den vorgeheizten Backofen schieben. Den Lammhackbraten etwa 90 Minuten garen.
**7.** Den Hackbraten während der Garzeit mit dem Bratensatz begießen, evtl. etwas Wasser hinzugießen.
**8.** Für das Zaziki Joghurt in ein mit Küchenpapier ausgelegtes Sieb geben und abtropfen lassen. Gurke waschen, trocken tupfen, längs halbieren und die Kerne mit einem kleinen Löffel herauskratzen. Gurke mit der Schale raspeln, leicht ausdrücken und unter den Joghurt rühren.
**9.** Knoblauch abziehen, durch eine Knoblauchpresse drücken und mit dem Joghurt verrühren. Zaziki mit Salz und Pfeffer abschmecken.

Lammhackbraten mit Zaziki

## Marinierter Schafskäse

12 Portionen (ohne Foto)

*Zubereitungszeit:* 35 Minuten, ohne Durchziehzeit

pro Portion 2,05 Euro

12 Knoblauchzehen
6 Zwiebeln
6 rote Chilischoten
1 1/2 kg Schafskäse
6 Stängel Thymian
6 Stängel Rosmarin
4 Lorbeerblätter
3 TL schwarze Pfefferkörner
etwa 1 1/2 l Olivenöl

*Pro Portion:*
E: 20 g, F: 155 g, Kh: 4 g,
kJ: 6182, kcal: 1476

**1.** Knoblauch und Zwiebeln abziehen, in Scheiben schneiden.
**2.** Chilischoten längs aufschneiden, entstielen, entkernen und die weißen Scheidewände entfernen. Schoten abspülen und trocken tupfen.
**3.** Schafskäse mit Küchenpapier trocken tupfen, würfeln. Thymian und Rosmarin abspülen, trocken tupfen.
**4.** Die vorbereiteten Zutaten mit Lorbeerblättern und Pfefferkörnern in ein hohes Glas schichten. Olivenöl darübergießen, sodass alle Zutaten mit dem Öl bedeckt sind. Den Schafskäse mindestens 3 Tage durchziehen lassen.

Zwiebelkuchen-Häppchen

Yufkaschalen mit Gyros

## Zwiebelkuchen-Häppchen

pro Stück 0,20 Euro

40 Stück

*Zubereitungszeit:* 20 Minuten
*Backzeit:* etwa 15 Minuten je Backblech

2 Pck. Pizzateig (aus dem Kühlregal, je 400 g)
2 Beutel Zwiebelsuppe (für jeweils 750 ml Flüssigkeit)
500 g Schmand (Sauerrahm)
200 g Schafskäse

*Pro Stück:*
E: 3 g, F: 7 g, Kh: 11 g,
kJ: 481, kcal: 115

**1.** Den Backofen vorheizen.
*Ober-/Unterhitze:* etwa 220 °C
*Heißluft:* etwa 200 °C
**2.** Die Pizzateige mit dem Backpapier auf die Arbeitsfläche legen. Jeden Teig in etwa 20 gleich große Rechtecke (etwa 5 x 9 cm) schneiden. Die Teigplatten vom Backpapier vorsichtig auf 2 Backbleche (mit Backpapier belegt) legen.
**3.** Das Zwiebelsuppenpulver mit Schmand verrühren und auf die Teigplatten streichen.
**4.** Schafskäse in Würfel schneiden oder mit einer Gabel zerdrücken und auf der Schmandmasse verteilen. Die Backbleche nacheinander (bei Heißluft zusammen) in den vorgeheizten Backofen schieben. Die Zwiebelkuchen-Häppchen etwa 15 Minuten je Backblech backen.
**5.** Die Zwiebelkuchen-Häppchen direkt aus dem Backofen oder kalt servieren.

## Yufkaschalen mit Gyros

12 Portionen

*Zubereitungszeit:* 40 Minuten
*Backzeit:* 12–15 Minuten

24 runde Yufkateigblätter (Ø 20–30 cm, hauchdünne Teigblätter, erhältlich in türkischen Läden)

**Für die Joghurtsauce:**
3 Knoblauchzehen
250 g Sahnejoghurt (10 % Fett, z. B. türkischer oder griechischer)
2 EL Olivenöl
Salz, gem. Pfeffer

pro Portion 0,76 Euro

**Für die Gyrosfüllung:**
1 EL Olivenöl
300 g Gyrosfleisch (fertig mariniert)
4 mittelgroße Tomaten
150 g Schafskäse
1/2 Bund glatte Petersilie
gerebelter Oregano

**Außerdem:**
12 kleine Stücke Alufolie

*Pro Portion:*
E: 10 g, F: 9 g, Kh: 17 g,
kJ: 803, kcal: 192

**1.** Den Backofen vorheizen.
*Ober-/Unterhitze:* etwa 180 °C
*Heißluft:* etwa 160 °C
**2.** Je 2 Yufkateigblätter aufeinanderlegen. Aus den Teigblättern 12 runde Platten (Ø etwa 12 cm) ausstechen und in eine Muffinform (für 12 Muffins, gefettet) legen. Alufolienstücke jeweils zusammendrücken (knüllen) und auf die Teigblätter in den Mulden der Muffinform geben, damit ein Hohlraum für die Schalen entsteht. Die Form auf dem Rost in den vorgeheizten Backofen schieben. Die Yufkaschalen 12–15 Minuten backen.
**3.** Für die Sauce in der Zwischenzeit Knoblauch abziehen und zerdrücken. Joghurt mit Knoblauch verrühren. Olivenöl unterschlagen. Mit Salz und Pfeffer würzen.
**4.** Für die Füllung jeweils etwas Olivenöl in einer Pfanne erhitzen. Gyros darin portionsweise etwa 5 Minuten unter Wenden anbraten.
**5.** Tomaten abspülen, abtropfen lassen, halbieren und die Stängelansätze herausschneiden, Tomaten würfeln. Schafskäse in Würfel schneiden. Petersilie abspülen und trocken tupfen. Die Blättchen von den Stängeln zupfen, in feine Streifen schneiden. Gyros mit Tomaten-, Käsewürfeln und Petersilienstreifen vermischen, mit Pfeffer und Oregano nachwürzen.
**6.** Die Yufkaschalen aus den Förmchen lösen, auf einem Kuchenrost erkalten lassen. Die Gyrosfüllung in den Yufkaschalen verteilen und mit der Joghurtsauce servieren.

Salat von Champignons, Zuckerschoten und Lachs

Rote-Linsen-Salat

## Salat von Champignons, Zuckerschoten und Lachs

12 Portionen

pro Portion 1,40 Euro

*Zubereitungszeit:* 40 Minuten

375 g Champignons
375 g Zuckerschoten
Salz
450 g Räucherlachs (im Stück)
225 g Crème fraîche
Saft von 1–2 Zitronen
gem. Pfeffer
einige Kerbelblättchen
1–2 TL rosa Pfefferbeeren

*Pro Portion:*
E: 11 g, F: 10 g, Kh: 4 g,
kJ: 635, kcal: 153

**1.** Champignons putzen, evtl. kurz abspülen und trocken tupfen. Die Champignons in Scheiben schneiden.
**2.** Von den Zuckerschoten die Enden abschneiden, evtl. abfädeln. Zuckerschoten abspülen, abtropfen lassen und halbieren. Zuckerschoten in kochendem Salzwasser etwa 1 Minute blanchieren. Zuckerschoten in ein Sieb geben, mit kaltem Wasser abschrecken und abtropfen lassen. Räucherlachs in Würfel schneiden.
**3.** Crème fraîche mit Zitronensaft, Salz und Pfeffer würzen und als Spiegel auf Tellern verteilen. Die vorbereiteten Salatzutaten darauf anrichten. Mit abgespülten, trocken getupften Kerbelblättchen und rosa Pfeffer garnieren.

## Rote-Linsen-Salat

12 Portionen

*Zubereitungszeit:* 40 Minuten

pro Portion 0,75 Euro

1,2 kg rote Linsen
1,8 l Gemüsebrühe
100 ml Olivenöl
etwa 170 ml Weißweinessig
3 rote Zwiebeln
3 rote Äpfel
3 gelbe Paprikaschoten
Salz, gem. Pfeffer
1 1/2 Bund glatte Petersilie

*Pro Portion:*
E: 27 g, F: 10 g, Kh: 57 g,
kJ: 1801, kcal: 430

**1.** Linsen mit der Gemüsebrühe in einem großen Topf unter mehrmaligem Rühren zum Kochen bringen. Die Linsen bei schwacher Hitze etwa 12 Minuten (Packungsanleitung beachten) garen, dabei häufig umrühren. Den Topf von der Kochstelle nehmen. Olivenöl und Essig unter die Linsen rühren.
**2.** In der Zwischenzeit Zwiebeln abziehen und in feine Würfel schneiden. Äpfel abwaschen, trocken tupfen, vierteln, entkernen und mit der Schale in kleine Würfel schneiden. Paprikaschoten halbieren, entstielen, entkernen und die weißen Scheidewände entfernen. Schoten abspülen, abtropfen lassen und in kleine Würfel schneiden.
**3.** Zwiebel-, Apfel- und Paprikawürfel zu den Linsen geben und unterrühren. Den Salat mit Salz und Pfeffer würzen. Petersilie abspülen und trocken tupfen. Blättchen von den Stängeln zupfen, fein schneiden und unter den Linsensalat heben.

## Taco-Torte mit Salat

12 Portionen

*Zubereitungszeit:* 55 Minuten
*Backzeit:* etwa 20 Minuten

pro Portion 1,75 Euro

**Für die Füllung I:**
2 EL Olivenöl
400 g Rindergehacktes
1 Knoblauchzehe
1 Zwiebel
1/2 rote Paprikaschote
1 EL Tomatenmark
Salz, gem. Pfeffer
Chilipulver
1 EL klein geschnittener Koriander

**Für die Füllung II:**
300 g Hähnchenbrustfilet
1 EL Olivenöl
Paprikapulver edelsüß
1 EL Weizenmehl
1 rote Pfefferschote
2 EL Olivenöl

300 g Soft-Tacos
(Ø 17–18 cm, 8 Stück)
200 ml milde Tacosauce
(aus dem Glas)
2 kleine Tomaten
14–16 Schnittlauchhalme
100 g frisch ger. Gouda

**Für den Salat:**
1 kleiner Kopf Eisbergsalat
2 1/2 rote Paprikaschoten
1 Bund Frühlingszwiebeln
3 Tomaten
2 reife Avocados

1–2 EL Weißweinessig
1 Prise Zucker
3 EL Olivenöl

250 g Kräuter-Crème-fraîche

*Pro Portion:*
E: 20 g, F: 30 g, Kh: 28 g,
kJ: 1799, kcal: 430

**1.** Für die Füllung I Olivenöl in einer Pfanne erhitzen. Gehacktes darin unter Rühren anbraten. Dabei die Fleischklümpchen mit einer Gabel zerdrücken. Knoblauch und Zwiebel abziehen. Paprikaschote halbieren, entstielen, entkernen und die weißen Scheidewände entfernen. Schotenhälfte abspülen und trocken tupfen.
**2.** Knoblauch, Zwiebel und Paprika klein würfeln, zu dem Gehackten in die Pfanne geben, etwa 5 Minuten unter Rühren mit anbraten. Tomatenmark unterrühren. Mit Salz, Pfeffer und Chili würzen. Koriander unterrühren. Die Hackfleischmasse auf einen Teller geben.
**3.** Für die Füllung II Hähnchenbrustfilet kurz unter fließendem kalten Wasser abspülen, trocken tupfen, in feine Streifen schneiden und in eine Schüssel geben. Olivenöl, Paprika, etwas Salz, Pfeffer und Mehl gut untermischen. Pfefferschote halbieren, entstielen, entkernen, abspülen, trocken tupfen, in feine Streifen schneiden. Jeweils 1 Esslöffel des Olivenöls in einer Pfanne erhitzen. Die Hähnchenfleischmischung darin in 2 Portionen unter Rühren kurz anbraten. Pfefferschotenstreifen unterrühren, kurz mit anbraten. Die Hähnchenfleischmasse auf einen Teller geben.
**4.** Tacos mit je 1 Esslöffel der Tacosauce bestreichen und halbieren. Tomaten abspülen, trocken tupfen und Stängelansätze herausschneiden. Tomaten in Scheiben schneiden. Schnittlauchhalme abspülen und trocken tupfen.
**5.** Etwa 2 Esslöffel der Hackfleischmasse auf 8 Tacohälften verteilen, mit je 1 Tomatenscheibe belegen. Die Tacohälften aufrollen und mit je 1 Schnittlauchhalm umwickeln.
**6.** Den Backofen vorheizen.
*Ober-/Unterhitze:* etwa 200 °C
*Heißluft:* etwa 180 °C
**7.** Die restlichen, bestrichenen Tacohälften mit etwa 2 Esslöffeln der Hähnchenfleischmasse belegen, aufrollen und mit Schnittlauchhalmen umwickeln. Je 7 gefüllte Hähnchenfleisch- und Hackfleischtacos im Wechsel mit der Nahtseite nach unten kreisförmig in eine Springform (Ø 28 cm, gefettet) legen. Die restlichen Hähnchenfleisch- und Hackfleischtacos halbieren und senkrecht in die Mitte der Springform setzen. Tacorollen mit Käse bestreuen.
**8.** Die Form auf dem Rost in den vorgeheizten Backofen schieben. Die Taco-Torte etwa 20 Minuten backen.
**9.** Für den Salat in der Zwischenzeit Eisbergsalat putzen, abspülen, abtropfen lassen, in schmale Streifen schneiden. Paprikaschoten halbieren, entstielen, entkernen, weiße Scheidewände entfernen. Schoten abspülen, trocken tupfen, in schmale Streifen schneiden. Frühlingszwiebeln putzen, abspülen, abtropfen lassen, in dünne Scheiben schneiden. Tomaten abspülen, trocken tupfen und die Stängelansätze herausschneiden. Tomaten in Scheiben schneiden. Avocados längs durchschneiden, jeweils den Stein herauslösen. Avocados schälen, in dünne Scheiben schneiden. Die vorbereiteten Salatzutaten in einer großen Schüssel mischen.
**10.** Essig mit Salz, Pfeffer und Zucker verrühren, Olivenöl unterschlagen. Die Salatzutaten mit dem Dressing vermischen. Warme Taco-Torte mit Salat und Crème fraîche servieren.

Taco-Torte mit Salat

## Orangen-Feigen-Salat

12 Portionen

*Zubereitungszeit:* 35 Minuten

12 Orangen
500 g Rosinen
100 g abgezogene Mandeln
15 reife Feigen
2 EL Zitronensaft
2–3 EL brauner Zucker
einige Minzeblättchen

pro Portion 1,50 Euro

*Pro Portion:*
E: 6 g, F: 5 g, Kh: 55 g,
kJ: 1283, kcal: 306

**1.** Orangen so schälen, dass die weiße Haut mitentfernt wird. Orangen in Scheiben schneiden, dabei den Orangensaft auffangen. Rosinen kurz unter heißem Wasser abspülen und in einem Sieb abtropfen lassen. Rosinen in dem aufgefangenen Orangensaft quellen lassen.
**2.** Die Mandeln halbieren. Feigen abspülen, trocken tupfen und die Stielenden abschneiden, Feigen vierteln.
**3.** Orangenscheiben auf Tellern anrichten, mit Zitronensaft beträufeln und mit Zucker bestreuen. Feigenviertel, Rosinen und Mandelhälften hinzugeben. Minzeblättchen abspülen und trocken tupfen. Den Salat mit den Minzeblättchen garnieren.

## Leberkäsehäppchen

12 Portionen

*Zubereitungszeit:* 30 Minuten

12 Scheiben Leberkäse
(je etwa 1 cm dick, etwa 50 g)
1/2 Bund Kerbel
1 Beet Kresse
12 Cocktailtomaten
285 g abgetropfte Mixed Pickles
(aus dem Glas)
einige abgetropfte, grüne Oliven,
mit Paprika gefüllt

**Außerdem:**
Holzstäbchen

pro Portion 0,95 Euro

*Pro Portion:*
E: 6 g, F: 14 g, Kh: 2 g,
kJ: 678, kcal: 162

**1.** Leberkäsescheiben in mundgerechte Stücke schneiden oder ausstechen. Kerbel abspülen und trocken tupfen. Die Blättchen von den Stängeln zupfen. Kresse abspülen, trocken tupfen und vom Beet abschneiden. Cocktailtomaten abspülen, abtrocknen, evtl. die Stängelansätze herausschneiden. Tomaten halbieren.
**2.** Das saure Gemüse (Mixed Pickles) in bunter Reihenfolge mit den Oliven und Tomatenhälften auf Holzstäbchen aufspießen und in je 1 Leberkäsestück stecken. Mit Kerbelblättchen und Kresse garnieren.

## Pizzarolle

12 Portionen (ohne Foto)

*Zubereitungszeit:* 80 Minuten,
ohne Teiggehzeit
*Backzeit:* 30–40 Minuten

**Für den Hefeteig:**
750 g Weizenmehl
2 Pck. Dr. Oetker Trockenbackhefe
2 TL Zucker
1 gestr. TL Salz
500 ml lauwarmes Wasser
7–8 EL Olivenöl

pro Portion 1,15 Euro

**Für die Füllung:**
2 Zwiebeln
2 Stangen Porree (Lauch)
200 g Kochschinken, in Scheiben
2 EL Speiseöl
285 g abgetropfter Gemüsemais
(aus der Dose)
175 g abgetropfte Mungobohnenkeime (aus dem Glas)
250 g Cocktailtomaten
Salz
gem. Pfeffer
Currypulver
Sojasauce

Orangen-Feigen-Salat

Leberkäsehäppchen

**Zum Bestreuen und Bestreichen:**
200 g Nussmischung, geröstet und gesalzen
250 g ger. Emmentaler
2 EL Milch (3,5 % Fett)

*Pro Portion:*
E: 22 g, F: 25 g, Kh: 55 g,
kJ: 2239, kcal: 535

**1.** Für den Teig das Mehl in eine Rührschüssel geben und mit der Trockenbackhefe sorgfältig vermischen. Zucker, Salz, Wasser und Olivenöl hinzufügen.
**2.** Die Zutaten in der Küchenmaschine mit Knethaken zunächst kurz auf niedrigster, dann auf höchster Stufe in etwa 5 Minuten zu einem Teig verarbeiten. (Wenn Sie einen Mixer mit Knethaken verwenden, den Teig in zwei Portionen zubereiten.)
**3.** Den Teig zugedeckt so lange an einem warmen Ort gehen lassen, bis er sich sichtbar vergrößert hat (etwa 40 Minuten).
**4.** Für die Füllung die Zwiebeln abziehen und fein würfeln. Den Porree putzen, die Stangen längs halbieren, gründlich waschen, abtropfen lassen und in Streifen schneiden. Den Schinken würfeln.
**5.** Das Speiseöl in einem Topf erhitzen. Zwiebelwürfel, Porreestreifen und Schinkenwürfel darin unter Rühren kurz andünsten und erkalten lassen. Den Mais und die Bohnenkeime in einem Sieb abspülen und abtropfen lassen. Die Cocktailtomaten abspülen, trocken tupfen und halbieren, evtl. die Stängelansätze entfernen.
**6.** Mais, Bohnenkeime und Tomatenhälften mit der erkalteten Gemüse-Schinken-Masse vermengen, mit Salz, Pfeffer, Curry und Sojasauce würzen.
**7.** Den Backofen vorheizen.
*Ober-/Unterhitze:* etwa 180 °C
*Heißluft:* etwa 160 °C
**8.** Den gegangenen Teig leicht mit Mehl bestäuben, aus der Schüssel nehmen und auf der bemehlten Arbeitsfläche nochmals kurz durchkneten. Den Teig halbieren. Die Teighälften jeweils zu einem Quadrat (etwa 30 x 30 cm) ausrollen.
**9.** Die Füllung auf den beiden Teigquadraten verteilen, dabei rundherum einen etwa 2 cm breiten Rand frei lassen.
**10.** Zum Bestreuen und Bestreichen die Hälfte der Nussmischung und 100 g des geriebenen Käses auf die Füllung streuen. Die Ränder nach innen einschlagen. Den Teig jeweils mit der Füllung aufrollen. Die Rollen auf ein Backblech (mit Backpapier belegt) legen.
**11.** Die Rollen mit der Milch bestreichen, mit den restlichen Nusskernen und mit restlichem Käse bestreuen. Das Backblech in den vorgeheizten Backofen schieben. Die Pizzarollen 30–40 Minuten backen.

## Mini-Crêpes mit Lachs und Spinat

pro Stück **0,40** Euro

12 Stück

*Zubereitungszeit:* 40 Minuten, ohne Ruhe- und Abkühlzeit

**Für den Teig:**
80 g Weizenmehl
2 Eier (Größe M)
1 Prise Salz
250 ml Milch (3,5 % Fett)

**Für die Füllung:**
300 g Blattspinat
Salz
1 Zwiebel
1 Knoblauchzehe
40 g Butter
gem. Pfeffer
200 g Räucherlachs, in Scheiben

**Außerdem:**
etwa 50 g Butter zum Ausbacken
12 Holzspießchen

*Pro Stück:*
E: 7 g, F: 9 g, Kh: 6 g,
kJ: 557, kcal: 133

Mini-Crêpes mit Lachs und Spinat

**1.** Für den Teig Mehl in eine Schüssel geben. Eier mit Salz und Milch verschlagen. Die Eiermilch nach und nach unter Rühren zu dem Mehl geben. Dabei darauf achten, dass keine Klümpchen entstehen. Den Teig etwa 30 Minuten ruhen lassen.
**2.** Für die Füllung in der Zwischenzeit Blattspinat putzen und die dicken Stiele abschneiden. Spinat gründlich waschen und abtropfen lassen. Spinat in kochendem Salzwasser etwa 1 Minute blanchieren, anschließend mit kaltem Wasser abschrecken und in einem Sieb abtropfen lassen.
**3.** Zwiebel und Knoblauch abziehen, in kleine Würfel schneiden.
**4.** Etwas von der Butter zum Ausbacken in einer kleinen Pfanne zerlassen. Den Teig gut durchrühren und eine sehr dünne Teiglage mit einer drehenden Bewegung gleichmäßig auf dem Boden der Pfanne verteilen. Den Crêpe von beiden Seiten goldgelb backen. Auf diese Weise insgesamt 12 Crêpes backen. Die Crêpes erkalten lassen.
**5.** Die Butter (40 g) in einer Pfanne zerlassen. Zwiebel-, Knoblauchwürfel und den Spinat darin andünsten. Die Spinat-Zwiebel-Mischung mit Salz und Pfeffer würzen.
**6.** Die Crêpes auf einer Arbeitsfläche ausbreiten, zunächst mit Blattspinat, dann mit Räucherlachs belegen und aufrollen. Die Crêpes nach Belieben halbieren oder in 3–4 cm dicke Scheiben schneiden und mit Holzspießen feststecken.

## Pizza auf Bauernart
12 Portionen

*Zubereitungszeit:* 70 Minuten, ohne Ruhe- und Abkühlzeit
*Backzeit:* etwa 60 Minuten je Form

pro Portion **1,65** Euro

**Für den Teig:**
500 g Weizenmehl
280 g Schweineschmalz
1–2 EL Zucker, 2 Eier (Größe M)
75–100 ml warmes Wasser
Salz

**Für den Belag:**
500 g Ricotta (ital. Frischkäse)
4 Eier (Größe M)
4 EL klein geschnittene Petersilie
200 g frisch ger. Parmesan
250 g abgetropfter Mozzarella
200 g Provolone-Käse (Käse mit sahnigem Geschmack)
400 g Kochschinken
gem. Pfeffer

1 Eigelb
1 EL Wasser

*Pro Portion:*
E: 32 g, F: 49 g, Kh: 34 g,
kJ: 2956, kcal: 706

**1.** Für den Teig Mehl in eine Rührschüssel geben. Schmalz, Zucker, Eier, Wasser und Salz hinzufügen. Die Zutaten mit einem Mixer (Knethaken) zunächst kurz auf niedrigster, dann auf höchster Stufe zu einem Teig verarbeiten. Der Teig soll fest, aber geschmeidig sein. Den Teig halbieren, zu zwei Kugeln formen, in Frischhaltefolie wickeln und etwa 30 Minuten ruhen lassen.
**2.** Für den Belag den Ricotta in eine Schüssel geben und zerdrücken, Eier unterrühren. Petersilie und Parmesan ebenfalls unterrühren.
**3.** Mozzarella mit Provolone und Schinken in kleine Würfel schneiden, zur Ricotta-Parmesan-Masse geben und untermischen. Mit Salz und Pfeffer würzen.
**4.** Den Backofen vorheizen.
*Ober-/Unterhitze:* etwa 200 °C
*Heißluft:* etwa 180 °C
**5.** Die Belagmasse halbieren. Eine Hälfte der Belagmasse zugedeckt in den Kühlschrank stellen. Die zweite Hälfte zusammen mit einer Teigkugel zu einer Pizza verarbeiten. Dafür die Teigkugel dritteln. Ein Teigdrittel auf dem Boden einer Springform (Ø 22–24 cm, gefettet) ausrollen, den Springformrand darumlegen. Die Form auf dem Rost in den vorgeheizten Backofen schieben. Den Pizzaboden etwa 10 Minuten vorbacken.
**6.** Aus einem weiteren Teigdrittel eine Rolle formen und an den leicht abgekühlten Formrand legen. Die nicht kalt gestellte Belagmasse auf den vorgebackenen Teigboden geben.
**7.** Restliches Teigdrittel auf der bemehlten Arbeitsfläche zu einer runden Platte (Ø etwa 24 cm) ausrollen und auf den Belag legen. Teigdeckel und Teigrand gut zusammendrücken und den Teigdeckel mehrfach mit einer Gabel einstechen.
**8.** Das Eigelb mit Wasser verschlagen. Die Teigdecke damit bestreichen. Die Form auf dem Rost in den heißen Backofen schieben. Die Pizza bei gleicher Backofentemperatur in etwa 50 Minuten fertig backen.
**9.** Die Pizza aus der Form lösen und auf einen Kuchenrost setzen. Warm oder kalt servieren.
**10.** Aus den restlichen Zutaten auf die gleiche Weise die zweite Pizza zubereiten.

## Pfannkuchensalat
12 Portionen

*Zubereitungszeit:* 70 Minuten

pro Portion **1,40** Euro

**Für die Pfannkuchen:**
250 g Weizenmehl
4 Eier (Größe M)
1 gestr. TL Salz
250 ml Milch (3,5 % Fett)
6 EL Wasser

700 g Ananasstücke (aus Dosen)
1 kg Hähnchenbrustfilets
8 EL Rapsöl
Salz
gem. Pfeffer
125 ml Ananassaft (aus den Dosen)
6 EL Sojasauce
5–6 EL Obstessig
Zucker
2 Salatgurken (etwa 1 kg)
1 Eisbergsalat
100 g geröstete, gesalzene Cashewkerne

*Pro Portion:*
E: 27 g, F: 19 g, Kh: 31 g,
kJ: 1688, kcal: 404

**1.** Für die Pfannkuchen Mehl in eine Schüssel geben, in die Mitte eine Vertiefung eindrücken. Eier mit Salz, Milch und Wasser verschlagen, etwas davon in die Vertiefung geben und von der Mitte aus die Eierflüssigkeit mit dem Mehl verrühren. Nach und nach die restliche Eierflüssigkeit hinzugeben, dabei darauf achten, dass keine Klümpchen entstehen. Den Teig etwa 20 Minuten ruhen lassen.
**2.** Von den Ananasstücken den Saft auffangen und 125 ml Ananassaft abmessen.
**3.** Hähnchenbrustfilets kurz unter fließendem kalten Wasser abspülen, trocken tupfen und in Streifen schneiden. 4 Esslöffel Rapsöl in einer großen Pfanne erhitzen. Die Fleischstreifen darin evtl. in 2 Portionen von beiden Seiten goldbraun braten, mit Salz und Pfeffer würzen, aus der Pfanne nehmen und abkühlen lassen.
**4.** Abgemessenen Ananassaft, Sojasauce und Essig in die Pfanne geben und den Bratensatz loskochen. Mit Salz, Pfeffer, Zucker und dem restlichen Rapsöl zu einer Salatsauce verrühren und abschmecken.
**5.** Etwas Rapsöl in einer beschichteten Pfanne (Ø 26–28 cm) erhitzen. Den Pfannkuchenteig gut durchrühren und eine dünne Teiglage mit einer drehenden Bewegung gleichmäßig auf dem Boden der Pfanne verteilen. Den Pfannkuchen von beiden Seiten goldgelb backen. Bevor der Pfannkuchen gewendet wird, wieder etwas Rapsöl in die Pfanne geben. Aus dem restlichen Teig weitere Pfannkuchen zubereiten.
**6.** Gurken abspülen, abtrocknen und die Enden abschneiden. Die Gurken der Länge nach halbieren. Die Kerne mit einem Löffel herauskratzen, die Gurkenhälften in Streifen schneiden. Eisbergsalat putzen, achteln, abspülen, gut abtropfen lassen und den Strunk herausschneiden. Salat in schmale Streifen schneiden.
**7.** Die Pfannkuchen in kurze Streifen schneiden. Cashewkerne hacken. Gurken-, Eisbergsalatstreifen, Ananasstücke und die Hähnchenstreifen unter die Salatsauce mischen. Cashewkerne und Pfannkuchenstreifen unterheben.

## Pasta-Salat mit Rucola und Mais

pro Portion 1,80 Euro

12 Portionen

*Zubereitungszeit:* 50 Minuten, ohne Durchziehzeit

je 3 1/2 l Wasser
je 3 1/2 gestr. TL Salz
750 g Nudeln, z. B. Penne
450 g TK-Erbsen
200 g Rucola (Rauke)
100 ml Orangensaft
3–4 EL Balsamico-Essig
6 EL Olivenöl
2–3 Knoblauchzehen
Salz, gem. Pfeffer
570 g abgetropfter Gemüsemais (aus der Dose)
100 g Parmesan

*Pro Portion:*
E: 15 g, F: 9 g, Kh: 57 g,
kJ: 1562, kcal: 374

**1.** Die Nudeln in 2 Portionen kochen. Dafür jeweils Wasser in einem großen Topf zugedeckt zum Kochen bringen. Dann Salz und Nudeln hinzugeben. Die Nudeln im geöffneten Topf bei mittlerer Hitze nach Packungsanleitung bissfest kochen, dabei gelegentlich umrühren. Etwa 3 Minuten vor Ende der Garzeit die gefrorenen Erbsen hinzufügen und mitgaren lassen. Anschließend die Nudeln und Erbsen in ein Sieb geben, mit kaltem Wasser abspülen und abtropfen lassen.
**2.** In der Zwischenzeit Rucola verlesen und die dicken Stiele abschneiden. Rucola abspülen, gut abtropfen lassen oder trocken schleudern und evtl. etwas kleiner zupfen.
**3.** Orangensaft mit Essig verrühren, Olivenöl unterschlagen. Knoblauch abziehen und fein hacken oder durch die Knoblauchpresse drücken und hinzufügen. Die Sauce mit Salz und Pfeffer würzen.
**4.** Die lauwarmen Nudeln und Erbsen mit Rucola, Mais und der Sauce in einer großen Schüssel vermischen. Den Pasta-Salat etwa 20 Minuten durchziehen lassen.
**5.** Vor dem Servieren Parmesan in grobe Streifen hobeln und unter den Salat heben.
**6.** Den Salat mit Salz und Pfeffer abschmecken.

Pasta-Salat mit Rucola und Mais

## Hot-Chicken-Pizza
12 Portionen

*Zubereitungszeit:* 35 Minuten
*Backzeit:* 10–12 Minuten je Backblech

pro Portion 2,35 Euro

1 1/2 kg Hähnchenbrustfilets
5 EL Speiseöl, z. B. Olivenöl
Salz, gem. Pfeffer
3 Pck. Pizzateig (aus dem Kühlregal, je 400 g) mit Tomatensauce (je 200 g)
750 ml Hot Chili Sauce
855 g abgetropfter Gemüsemais (aus Dosen)
135 g abgetropfte Peperoni (aus dem Glas)
etwa 500 g ger. Pizza-Käse

*Pro Portion:*
E: 53 g, F: 18 g, Kh: 71 g,
kJ: 2817, kcal: 670

**1.** Hähnchenbrustfilets kurz unter fließendem kalten Wasser abspülen, trocken tupfen und in Würfel schneiden. Jeweils etwas Speiseöl in einer großen Pfanne erhitzen. Die Hähnchenfleischwürfel darin portionsweise unter Wenden bei mittlerer bis starker Hitze kräftig anbraten, mit Salz und Pfeffer würzen und herausnehmen.
**2.** Den Backofen vorheizen.
*Ober-/Unterhitze:* etwa 220 °C
*Heißluft:* etwa 200 °C
**3.** Die Pizzateige auf 3 Backblechen (je 30 x 40 cm, gefettet, mit Backpapier belegt) ausrollen.
**4.** Die Tomatensaucen (aus den Packungen) mit der Chilisauce in einer Schüssel mischen. Jeweils ein Drittel der Sauce auf einen Pizzateig streichen. Hähnchenfleischwürfel, Mais und Peperoni darauf verteilen und mit dem Käse bestreuen. Die Backbleche nacheinander (bei Heißluft zusammen) in den vorgeheizten Backofen schieben. Die Pizza nach Packungsanleitung 10–12 Minuten je Backblech backen.

## Fenchelviertel, mit Kräutern mariniert

12 Portionen

*Zubereitungszeit:* 45 Minuten, ohne Durchziehzeit

pro Portion 1,35 Euro

12 Fenchelknollen (je etwa 300 g)
Salz
80 ml Olivenöl

**Für die Marinade:**
3 Orangen (etwa 200 g)
1 Bund Oregano
2 Bund glatte Petersilie
6 EL Balsamico-Essig
5–6 EL Fenchelflüssigkeit
Salz
gem. Pfeffer
150 ml Olivenöl

*Pro Portion:*
E: 4 g, F: 17 g, Kh: 13 g,
kJ: 919, kcal: 218

**1.** Fenchelknollen putzen, abspülen, abtropfen lassen und vierteln. Fenchelviertel in kochendem Salzwasser etwa 5 Minuten blanchieren. Anschließend in ein Sieb geben und die Flüssigkeit dabei auffangen. Fenchelviertel mit kaltem Wasser abspülen und abtropfen lassen.
**2.** Olivenöl in einer großen Pfanne erhitzen. Fenchelviertel darin portionsweise von allen Seiten leicht anbraten, bis sie etwas Farbe angenommen haben. Fenchelviertel in eine flache Schale legen.
**3.** Für die Marinade die Orangen so schälen, dass die weiße Haut mitentfernt wird. Orangenfilets herausschneiden, dabei die Orangen über eine Schüssel halten und den Saft auffangen. Große Fruchtfilets durchschneiden.
**4.** Oregano und Petersilie abspülen und trocken tupfen. Die Blättchen von den Stängeln zupfen. Blättchen grob zerschneiden.
**5.** Essig mit 5–6 Esslöffeln der aufgefangenen Fenchelflüssigkeit, dem aufgefangenen Orangensaft, Salz und Pfeffer verrühren, Olivenöl un-

Hot-Chicken-Pizza

Fenchelviertel, mit Kräutern mariniert

Konfetti-Salat

Kartoffel-Gurken-Salat

terschlagen. Orangenfilets, Oregano und Petersilie unterrühren. Die Fenchelviertel mit der Marinade übergießen, zugedeckt 1–2 Stunden in den Kühlschrank stellen und durchziehen lassen, dabei gelegentlich in der Marinade wenden.

## Konfetti-Salat

12 Portionen

pro Portion **1,40** Euro

*Zubereitungszeit:* 70 Minuten

**Für den Salat:**
3 kg gemischte Paprikaschoten (grün, gelb, rot)
5 große Zwiebeln
4–5 Knoblauchzehen

**Für das Dressing:**
etwa 150 ml Rotweinessig
Salz, gem. Pfeffer
Zucker, Paprikapulver edelsüß
250 ml Olivenöl

evtl. 2 Bund glatte Petersilie

*Pro Portion:*
E: 3 g, F: 22 g, Kh: 11 g,
kJ: 1049, kcal: 251

**1.** Für den Salat Paprikaschoten halbieren, entstielen, entkernen und die weißen Scheidewände entfernen. Schoten abspülen, abtropfen lassen und in feine Würfel schneiden.
**2.** Zwiebeln und Knoblauch abziehen. Zwiebeln in feine Würfel schneiden, Knoblauch fein hacken.
**3.** Für das Dressing Essig mit Salz, Pfeffer, Zucker und Paprika gut verrühren, das Olivenöl unterschlagen. Zwiebelwürfel und Knoblauch unterrühren. Das Dressing mit den Salatzutaten vermischen.
**4.** Nach Belieben Petersilie abspülen und trocken tupfen. Die Blättchen von den Stängeln zupfen, Blättchen klein schneiden. Den Salat auf einer Platte anrichten und mit Petersilie bestreuen.

## Kartoffel-Gurken-Salat

12 Portionen

pro Portion **0,75** Euro

*Zubereitungszeit:* 30 Minuten, ohne Abkühlzeit
*Garzeit:* 20–25 Minuten

2 1/2 kg festkochende Kartoffeln
Salz
2 EL Kümmelsamen
720 g Gewürzgurken (aus dem Glas)

**Für die Marinade:**
1–2 Knoblauchzehen
1 Bund Dill
90 ml Weißweinessig
1–2 EL mittelscharfer Senf
1–2 EL flüssiger Honig
60 ml Zitronensaft
200 ml Gurkensud (aus dem Glas)
70 ml Olivenöl
gem. Pfeffer, Zucker

2 1/2 Salatgurken

*Pro Portion:*
E: 5 g, F: 6 g, Kh: 35 g,
kJ: 957, kcal: 228

**1.** Kartoffeln gründlich waschen, in zwei Töpfen knapp mit Wasser bedeckt, zugedeckt zum Kochen bringen. Salz und Kümmel hinzugeben. Die Kartoffeln in 20–25 Minuten gar kochen.
**2.** Die Kartoffeln abgießen, mit kaltem Wasser abspülen und abtropfen lassen. Kartoffeln heiß pellen, abkühlen lassen und in Scheiben schneiden. Die Kartoffelscheiben in eine große Schüssel geben.
**3.** Von den Gurken den Sud auffangen. Die Gurken in feine Scheiben schneiden, zu den Kartoffel geben.
**4.** Für die Marinade Knoblauch abziehen und in kleine Würfel schneiden. Dill abspülen und trocken tupfen. Die Spitzen von den Stängeln zupfen. Spitzen grob zerkleinern. Essig mit Senf, Honig, Zitronensaft und Gurkensud verrühren. Olivenöl unterschlagen. Mit Salz, Pfeffer und Zucker würzen. Knoblauchwürfel und Dill unterrühren.
**5.** Die Marinade vorsichtig unter die Kartoffel- und Gurkenscheiben heben. Den Kartoffel-Gurken-Salat kräftig mit Salz abschmecken.
**6.** Kurz vor dem Servieren die Salatgurken schälen und die Enden abschneiden. Gurken längs halbieren und entkernen. Gurkenhälften in Scheiben schneiden und unter den Salat mischen. Den Kartoffel-Gurken-Salat nochmals mit Salz und Pfeffer abschmecken.

Körnerbrötchen

## Körnerbrötchen
16 Stück

*Zubereitungszeit:* 50 Minuten, ohne Koch-, Abkühl- und Teiggehzeit
*Backzeit:* 20–25 Minuten je Backblech

pro Stück 0,23 Euro

**Zum Vorbereiten:**
200 g Dinkelkörner

**Für den Teig:**
300 ml lauwarmes Wasser
15 g frische Hefe
2 EL flüssiger Honig
200 g Weizenmehl (Type 550)
200 g Vollkorn-Weizenmehl
100 g Hartweizengrieß
50 g Sonnenblumenkerne
50 g Kürbiskerne
2 gestr. TL Salz
2 EL Sonnenblumenöl

**Zum Bestreuen:**
2 EL Sonnenblumenkerne

*Pro Stück:*
E: 8 g, F: 5 g, Kh: 32 g,
kJ: 865, kcal: 207

**1.** Zum Vorbereiten Dinkelkörner in einen Topf geben, knapp mit Wasser bedeckt, zugedeckt zum Kochen bringen. Dinkelkörner etwa 60 Minuten bei schwacher Hitze kochen lassen (evtl. etwas Wasser nachgießen). Topf von der Kochstelle nehmen und die Dinkelkörner abkühlen lassen (etwa 30 Minuten).
**2.** In der Zwischenzeit für den Teig Wasser in eine Rührschüssel geben. Hefe und Honig hinzugeben und unter Rühren darin auflösen. Mehl (Type 550) hinzugeben und mit einem Mixer (Knethaken) zu einem sehr weichen Vorteig verkneten.
**3.** Vollkorn-Weizenmehl, Hartweizengrieß, Sonnenblumen- und Kürbiskerne, Salz und Sonnenblumenöl locker daraufgeben (nicht unterkneten). Mit Frischhaltefolie zudecken und so lange an einem warmen Ort gehen lassen, bis sich Risse in den aufgeschütteten Zutaten zeigen (etwa 60 Minuten).
**4.** In der Zwischenzeit die eingeweichten Körner in ein Sieb geben und gut abtropfen lassen.
**5.** Dinkelkörner auf die Zutaten in der Rührschüssel geben und alle Zutaten mit einem Mixer (Knethaken) zu einem glatten Teig verkneten. Den Teig mit Frischhaltefolie zudecken und so lange an einem warmen Ort gehen lassen, bis er sich sichtbar vergrößert hat (etwa 60 Minuten).
**6.** Den gegangenen Teig leicht mit Mehl bestäuben, aus der Schüssel nehmen und auf einer leicht mit Mehl bestäubten Arbeitsfläche mit den Händen zu einem glatten Teig verkneten. Den Teig in 16 gleich große Portionen teilen. Jede Portion zunächst zu einer Kugel, dann zu einem Laib von etwa 10 cm Länge formen.
**7.** Die 16 Teiglaibe auf 2 Backblechen (gefettet, mit Backpapier belegt) verteilen und mit einem sehr scharfen Messer je zweimal einschneiden. Anschließend mit kaltem Wasser bestreichen und mit den Sonnenblumenkernen bestreuen. Die Teiglaibe mit Frischhaltefolie zudecken, an einem warmen Ort so lange gehen lassen, bis sie sich sichtbar vergrößert haben (etwa 60 Minuten). Folie entfernen.
**8.** Den Backofen vorheizen.
*Ober-/Unterhitze:* etwa 200 °C
*Heißluft:* etwa 180 °C
**9.** Die Backbleche nacheinander (bei Heißluft zusammen) in den vorgeheizten Backofen schieben. Die Brötchen 20–25 Minuten je Backblech backen.
**10.** Körnerbrötchen aus dem Backofen nehmen und sofort mit Wasser besprühen. Dann auf einen Kuchenrost legen und erkalten lassen.

## Käseplatte
12 Portionen

pro Portion 2,15 Euro

*Zubereitungszeit:* 60 Minuten, ohne Kühlzeit

**Für die Schwarzbrotecken:**
200 g Butter (zimmerwarm)
200 g Doppelrahm-Frischkäse
2 EL gehackte Petersilie
Salz
Paprikapulver edelsüß
12 Scheiben Schwarzbrot

**Für die Emmentaler-Rollen:**
200 g Emmentaler (am Stück)
5 EL Kondensmilch
1–2 TL Sardellenpaste
12 Scheiben Bratenaufschnitt (nicht zu dünn geschnitten)

**Für die Almschnitten:**
100 g Butter (zimmerwarm)
250 g Sahne-Schmelzkäse

2 EL Salatmayonnaise
2 EL Joghurt (3,5 % Fett)
16 Scheiben Pumpernickel (je etwa 50 g)
etwa 150 g kernlose, grüne Weintrauben
einige Petersilienblättchen

*Pro Portion:*
E: 18 g, F: 44 g, Kh: 51 g,
kJ: 2806, kcal: 675

**1.** Für die Schwarzbrotecken Butter geschmeidig rühren. Frischkäse und Petersilie unterrühren. Die Creme mit Salz und Paprika abschmecken.
**2.** Von den Schwarzbrotscheiben 9 Scheiben jeweils mit der Creme bestreichen. Je 3 bestrichene Cremescheiben aufeinanderlegen und mit je 1 Schwarzbrotscheibe bedecken.
**3.** Die geschichteten Schwarzbrotschnitten in Frischhaltefolie wickeln und gut beschweren (z. B. mit einem Schneidbrett und Konservendosen), mindestens 4 Stunden in den Kühlschrank stellen.
**4.** Für die Emmentaler-Rollen Käse auf einer Haushaltsreibe fein reiben, in eine Schüssel geben und mit der Kondensmilch verrühren. Die Sardellenpaste unterrühren. Die Käsecreme auf den Bratenscheiben verteilen und jeweils aufrollen.
**5.** Für die Almschnitten Butter geschmeidig rühren. Schmelzkäse mit Mayonnaise und Joghurt verrühren, mit Salz würzen. Käsecreme in einen Spritzbeutel mit Sterntülle füllen.
**6.** Die Pumpernickelscheiben in etwa 3 x 3 cm große Stücke schneiden. Die Hälfte der Pumpernickelstücke mit der Käsecreme bespritzen. Die restlichen Pumpernickelstücke darauflegen, leicht andrücken und mit kleinen Käsecremetupfen verzieren. Weintrauben abspülen, trocken tupfen, halbieren, auf die Tupfen legen.
**7.** Die Schwarzbrotschnitten aus der Frischhaltefolie wickeln und mit einem scharfen Messer in Dreiecke schneiden. Die Schwarzbrotecken, Emmentaler-Rollen und Almschnitten auf einer Platte anrichten, mit abgespülten, trocken getupften Petersilienblättchen garnieren.

## Chicken Wings

12 Portionen

*Zubereitungszeit:* 20 Minuten
*Garzeit:* 25–30 Minuten je Backblech

2 1/2 kg Chicken Wings (Hähnchenflügel)
4 EL Speiseöl
Salz, gem. Pfeffer

pro Portion 1,80 Euro

**Für den Knoblauchdip:**
100 g Sonnenblumenkerne
2 Knoblauchzehen
2 Bund Dill, 300 g saure Sahne
300 g Joghurt (3,5 % Fett)
300 g Crème fraîche
Zucker

*Pro Portion:*
E: 28 g, F: 35 g, Kh: 7 g,
kJ: 1885, kcal: 453

**1.** Den Backofen vorheizen.
*Ober-/Unterhitze:* etwa 200 °C
*Heißluft:* etwa 180 °C
**2.** Hähnchenflügel kurz unter fließendem kalten Wasser abspülen, trocken tupfen und in eine große Schüssel geben, Speiseöl hinzufügen und darin wenden, mit Salz und Pfeffer würzen.
**3.** Die Hähnchenflügel auf 2–3 Backblechen (mit Backpapier belegt) verteilen.
**4.** Die Backbleche nacheinander (bei Heißluft zusammen) in den vorgeheizten Backofen schieben. Die Hähnchenflügel 25–30 Minuten je Backblech backen. Die Hähnchenflügel nach etwa 15 Minuten wenden und fertig garen.
**5.** Für den Knoblauchdip die Sonnenblumenkerne in einer Pfanne ohne Fett unter Rühren goldbraun rösten, herausnehmen und auf einem Teller erkalten lassen.
**6.** Knoblauch abziehen und sehr fein schneiden. Dill abspülen und trocken tupfen. Die Spitzen von den Stängeln zupfen, Spitzen klein schneiden.
**7.** Sonnenblumenkerne, Knoblauch und Dill mit saurer Sahne, Joghurt und Crème fraîche verrühren und mit Salz, Pfeffer und Zucker abschmecken.
**8.** Den Dip zu den Chicken Wings servieren.

## Blechkartoffeln mit Kräuterquark

12 Portionen

*Zubereitungszeit:* 30 Minuten, ohne Durchziehzeit
*Garzeit:* etwa 40 Minuten je Backblech

pro Portion 0,90 Euro

2 1/2 kg mittelgroße, festkochende Kartoffeln
6–8 Knoblauchzehen
150 ml Olivenöl
2–3 EL gerebelter Thymian
2–3 EL gerebelter Rosmarin
Salz, gem. Pfeffer

**Für den Kräuterquark:**
1 1/2 kg Magerquark
600 g Schmand (Sauerrahm)
50 g gehackte, gemischte TK-Kräuter

*Pro Portion:*
E: 22 g, F: 25 g, Kh: 39 g,
kJ: 2001, kcal: 477

**1.** Kartoffeln gründlich unter fließendem kalten Wasser abbürsten und abtropfen lassen. Knoblauch abziehen, in kleine Würfel schneiden.
**2.** Olivenöl mit Knoblauchwürfeln, Thymian, Rosmarin, Salz und Pfeffer verrühren. Kartoffeln mit Schale der Länge nach halbieren, in eine Schüssel geben und mit der Öl-Kräuter-Mischung vermengen und mindestens 30 Minuten durchziehen lassen.
**3.** Den Backofen vorheizen.
*Ober-/Unterhitze:* etwa 200 °C
*Heißluft:* etwa 180 °C
**4.** Kartoffelhälften mit der Schnittfläche nach oben auf 2 Backbleche (mit Backpapier belegt) legen und mit der restlichen Öl-Kräuter-Mischung beträufeln. Die Backbleche nacheinander (bei Heißluft zusammen) in den vorgeheizten Backofen schieben. Die Kartoffeln etwa 40 Minuten garen.
**5.** In der Zwischenzeit für den Kräuterquark Quark mit Schmand und Kräutern verrühren. Kräuterquark mit Salz und Pfeffer abschmecken.

***Tipps:*** Für Schafskäsedips mit Paprika und Möhren 300 g Schafskäse mit 500 g Magerquark und 100 ml Milch in einer Schüssel pürieren. **Für einen Paprikadip** (im Foto vorne) 1 rote Paprikaschote (etwa 200 g) halbieren, entstielen, entkernen und die weißen Scheidewände entfernen. Schote abspülen, abtropfen lassen und fein würfeln. 1 Knoblauchzehe abziehen und durch die Knoblauchpresse drücken. Paprikawürfel und Knoblauch mit 1 gehäuften Esslöffel Paprikamark unter die Hälfte der Schafskäse-Quark-Masse rühren. Paprikadip mit Salz, Pfeffer und Paprikapulver edelsüß abschmecken.

**Für einen Möhrendip** (im Foto links) 2 Möhren (etwa 200 g) putzen, schälen, abspülen und abtropfen lassen. Möhren grob raspeln und unter die restlich Schafskäse-Quark-Masse rühren. Möhrendip mit Salz, Pfeffer und 1 1/2–2 Teelöffeln Zitronensaft abschmecken.

Blechkartoffeln mit Kräuterquark

## Beerenkruska

12 Portionen

*Zubereitungszeit:* 40 Minuten, ohne Abkühlzeit

pro Portion 1,65 Euro

1 1/2 l Milch (3,5 % Fett)
1 1/2 Stangen Zimt
1/2 gestr. TL Salz
abgeriebene Schale von 1 Bio-Zitrone (unbehandelt, ungewachst)
150 g gehobelte Haselnusskerne
175 g blütenzarte Haferflocken
4 EL flüssiger Honig
750 g Joghurt (3,5 % Fett)
900 g gemischte Beeren, z. B. Himbeeren, Heidelbeeren, Brombeeren, Johannisbeeren
evtl. Zimt-Zucker

*Pro Portion:*
E: 12 g, F: 16 g, Kh: 27 g,
kJ: 1281, kcal: 306

**1.** Milch mit Zimtstangen, Salz, Zitronenschale, Haselnusskernen und Haferflocken in einen Topf geben, zum Kochen bringen und etwa 3 Minuten kochen lassen, dabei zwischendurch umrühren.
**2.** Honig unter die Masse rühren und zugedeckt etwas abkühlen lassen. Zimtstangen entfernen. Dann den Joghurt unterrühren, evtl. nochmals abschmecken.
**3.** Gemischte Beeren putzen, abspülen und gut abtropfen lassen. Johannisbeeren von den Rispen streifen. Einige schöne Beerenripsen zum Garnieren beiseitelegen. Die restlichen Beeren vorsichtig mit der Kruska vermengen.

Beerenkruska

Buttermilchbrötchen

**4.** Beerenkruska mit den beiseitegelegten Beerenrispen garnieren. Nach Belieben mit Zimt-Zucker bestreuen.

## Buttermilchbrötchen

12 Stück

*Zubereitungszeit:* 10 Minuten
*Backzeit:* etwa 30 Minuten

pro Stück 0,15 Euro

**Für den Teig:**
600 g Weizenmehl
1 Pck. Dr. Oetker Backin
1 gestr. TL Salz
2 TL Zucker
80 g Butter (zimmerwarm)
2 Eier (Größe M)
250 g Buttermilch

**Zum Bestreichen:**
50 g Buttermilch
1 Eigelb

*Pro Stück:*
E: 7 g, F: 8 g, Kh: 38 g,
kJ: 1054, kcal: 252

**1.** Den Backofen vorheizen.
*Ober-/Unterhitze:* etwa 200 °C
*Heißluft:* etwa 180 °C

**2.** Für den Teig Mehl mit Backpulver, Salz und Zucker in einer Rührschüssel vermischen. Butter, Eier und Buttermilch hinzugeben. Zutaten mit einem Mixer (Knethaken) zu einem glatten Teig verarbeiten (2–3 Minuten).

**3.** Den Teig aus der Schüssel nehmen, auf einer leicht mit Mehl bestäubten Arbeitsfläche weitere 2–3 Minuten zu einem sehr glatten Teig verkneten. Den Teig zu einer 8–10 cm dicken Rolle formen und mit einem sehr scharfen Messer in 12 gleich große Scheiben schneiden (nicht drücken!).

**4.** Die Teigstücke mit der Schnittfläche nach oben mit Abstand auf ein Backblech (mit Backpapier belegt) legen.

**5.** Zum Bestreichen Buttermilch mit Eigelb verschlagen. Die Teigstücke damit bestreichen.

**6.** Das Backblech in den vorgeheizten Backofen schieben. Die Buttermilchbrötchen etwa 30 Minuten backen.

**7.** Die Brötchen mit dem Backpapier vom Backblech auf einen Kuchenrost ziehen. Brötchen erkalten lassen.

## Ratatouille-Gemüse, eingelegt

12 Portionen (ohne Foto)

*Zubereitungszeit:* 65 Minuten, ohne Durchziehzeit

pro Portion 1,05 Euro

1 Aubergine (etwa 250 g)
2 Zucchini (etwa 500 g)
je 2 rote, grüne und gelbe Paprikaschoten
6 EL Olivenöl
6 Knoblauchzehen
1/2 Bund Thymian
1 EL Rosmarinnadeln
Salz, gem. Pfeffer

**Für den Sud:**
250 ml Weißwein
125 ml Weißweinessig
250 ml Olivenöl
250 g Cocktailtomaten
2 Msp. Einmachhilfe

*Pro Portion:*
E: 2 g, F: 27 g, Kh: 5 g,
kJ: 1238, kcal: 296

**1.** Aubergine abspülen, abtrocknen und den Stängelansatz entfernen. Aubergine in Stücke schneiden.

**2.** Zucchini abspülen, abtrocknen und die Enden abschneiden. Zucchini in etwa 1/2 cm dicke Scheiben schneiden.

**3.** Paprikaschoten halbieren, entstielen, entkernen und die weißen Scheidewände entfernen. Schoten abspülen, abtropfen lassen und in Streifen schneiden.

**4.** Das Olivenöl in einem weiten Topf erhitzen, das vorbereitete Gemüse darin andünsten.

**5.** Knoblauch abziehen und halbieren. Thymian abspülen und trocken tupfen.

**6.** Knoblauch und Kräuter zu dem Gemüse geben und alles mit Salz und Pfeffer würzen.

**7.** Für den Sud Weißwein und Essig in einem Topf zum Kochen bringen, Olivenöl unterrühren.

**8.** Die Tomaten abspülen, abtropfen lassen und evtl. die Stängelansätze herausschneiden.

**9.** Tomaten zusammen mit dem gedünsteten Gemüse in den Sud geben, einmal aufkochen.

**10.** Den Topf von der Kochstelle nehmen, Einmachhilfe unterrühren und sofort mit dem Sud in gründlich gereinigte und gespülte Gläser schichten, Gläser sofort verschließen.

Couscous-Paprika-Salat

## Couscous-Paprika-Salat

12 Portionen

pro Portion **1,40** Euro

*Zubereitungszeit:* 40 Minuten, ohne Durchziehzeit

600 g Couscous
etwa 2 1/4 l Gemüsebrühe
3–4 Knoblauchzehen
3 Zwiebeln (etwa 180 g)
1,4 kg kleine, grüne und gelbe Paprikaschoten
2 Salatgurken (etwa 500 g)
1,2 kg Fleischtomaten
Saft von 2–3 Zitronen
100 ml Olivenöl
Salz, gem. Pfeffer
1/2 TL Chilipulver

2 Bund glatte Petersilie
1 Bund Koriander

*Pro Portion:*
E: 9 g, F: 10 g, Kh: 42 g,
kJ: 1252, kcal: 299

**1.** Couscous mit der Gemüsebrühe nach Packungsanleitung in einem Topf zubereiten. Den Topf mit dem Couscous beiseitestellen, Couscous erkalten lassen.
**2.** In der Zwischenzeit Knoblauch und Zwiebeln abziehen, beides fein würfeln. Paprikaschoten halbieren, entstielen, entkernen und die weißen Scheidewände entfernen. Schoten abspülen, abtropfen lassen und in kleine Würfel schneiden.
**3.** Salatgurken abwaschen, abtrocknen und die Enden abschneiden. Die Gurken längs halbieren und entkernen. Gurkenhälften mit der Schale in Streifen schneiden.
**4.** Tomaten kreuzweise einschneiden und mit kochendem Wasser übergießen. Nach 1–2 Minuten herausnehmen und mit kaltem Wasser abschrecken. Tomaten häuten, halbieren und die Stängelansätze herausschneiden. Tomatenhälften entkernen und in kleine Stücke schneiden.
**5.** Den beiseitegestellten Couscous in eine Salatschüssel geben und mit 2 Gabeln etwas auflockern. Knoblauch-, Zwiebel- und Paprikawürfel, Gurkenstreifen und Tomatenstücke unterheben.
**6.** Zitronensaft mit dem Olivenöl verschlagen, mit Salz, Pfeffer und Chili würzen. Die Sauce mit den Salatzutaten vermengen. Den Salat zugedeckt im Kühlschrank etwas durchziehen lassen.
**7.** Zum Servieren Petersilie und Koriander abspülen und trocken tupfen (evtl. einige Kräuterspitzen beiseitelegen). Die Blättchen von den Stängeln zupfen, Blättchen klein schneiden. Kräuter unter den Salat mischen. Den Salat nochmals abschmecken, nach Belieben mit den Kräuterspitzen garniert servieren.

## Gemüsesuppe

12 Portionen

*Zubereitungszeit:* 50 Minuten

pro Portion **1,05** Euro

2 Bund Suppengrün (Sellerie, Möhren, Porree)
6 Zwiebeln
4 Knoblauchzehen
2 Chilischoten
3 Stangen Porree (Lauch)
5 EL Speiseöl, z. B. Sonnenblumenöl
4–5 gestr. EL Tomatenmark
Salz, gem. Pfeffer
300 g grüne TK-Bohnen
2 1/2 l Gemüsebrühe
1,6 kg stückige Tomaten (aus Dosen)
1 Bund Petersilie
500 g abgetropfte Kidneybohnen (aus der Dose)
1–2 TL Paprikapulver rosenscharf

*Pro Portion:*
E: 9 g, F: 5 g, Kh: 17 g,
kJ: 637, kcal: 152

**1.** Vom Suppengrün Sellerie und Möhren putzen, schälen, abspülen und abtropfen lassen. Das Gemüse in kleine Würfel schneiden. Porree putzen, die Stangen längs halbieren, gründlich waschen, abtropfen lassen und in kleine Stücke schneiden.
**2.** Zwiebeln und Knoblauch abziehen, fein würfeln. Von den Chilischoten die Stängelansätze abschneiden, Schoten längs aufschneiden und die

Kerne mit einem spitzen Messer herauskratzen. Die Schoten abspülen, trocken tupfen, in Ringe schneiden.
**3.** Porree putzen, die Stangen längs halbieren, gründlich waschen und abtropfen lassen. Den Porree in Streifen schneiden.
**4.** Das Speiseöl in einem großen Topf erhitzen. Vorbereitetes Suppengrün, Zwiebel- und Knoblauchwürfel darin portionsweise andünsten. Tomatenmark unterrühren und kurz mitdünsten, mit Salz und Pfeffer würzen. Porreestreifen, grüne Bohnen und Chilischotenringe unterrühren. Die Gemüsebrühe hinzugießen und alle Zutaten zum Kochen bringen. Die Suppe zugedeckt etwa 5 Minuten bei mittlerer Hitze kochen lassen.
**5.** Die stückigen Tomaten unterrühren und wieder zum Kochen bringen. Die Suppe zugedeckt weitere etwa 8 Minuten bei mittlerer Hitze kochen lassen, bis das Gemüse gar ist. Dabei gelegentlich umrühren.
**6.** In der Zwischenzeit die Petersilie abspülen und trocken tupfen. Die Blättchen von den Stängeln zupfen, Blättchen klein schneiden. Die Kidneybohnen in ein Sieb geben, mit kaltem Wasser abspülen und abtropfen lassen.
**7.** Kidneybohnen in die Suppe geben und kurz darin erwärmen. Die Suppe mit Salz, Pfeffer und Paprika abschmecken und mit Petersilie bestreuen.

## Gemüse-Obst-Platte

12 Portionen

*Zubereitungszeit:* 70 Minuten, ohne Ziehzeit

3 Auberginen (je etwa 400 g)
Salz
1 kg abgetropfte, geschälte und gegarte Rote Bete (vakuumverpackt)
3 Fenchelknollen (je etwa 300 g)
100 ml Olivenöl

pro Portion 1,10 Euro

**Für die Sauce:**
1 Bund Petersilie
500 g Joghurt (3,5 % Fett)
2 EL Sonnenblumenöl
6 EL Orangensaft
gem. Pfeffer
Zucker

5 kleine, säuerliche Äpfel, z. B. Elstar (etwa 850 g)
evtl. etwas Zitronensaft

*Pro Portion:*
E: 5 g, F: 9 g, Kh: 23 g, kJ: 825, kcal: 196

**1.** Auberginen abspülen, trocken tupfen und die Enden abschneiden. Die Auberginen in 1/2–1 cm dicke Scheiben schneiden, nebeneinander legen und mit Salz bestreuen. Die Auberginenscheiben etwa 15 Minuten Wasser ziehen lassen.
**2.** Die Rote Bete in dünne Scheiben schneiden. Fenchel putzen. Das zarte helle Fenchelgrün evtl. zum Garnieren beiseitelegen. Die Knollen abspülen, abtropfen lassen, halbieren und in dünne Streifen schneiden.
**3.** Etwas von dem Olivenöl in einer großen Pfanne erhitzen. Die Auberginenscheiben mit Küchenpapier trocken tupfen, portionsweise in dem Olivenöl von beiden Seiten bei mittlerer bis starker Hitze braun anbraten, herausnehmen und auf Küchenpapier abtropfen lassen.
**4.** Für die Sauce die Petersilie abspülen, trocken tupfen, die Blättchen von den Stängeln zupfen, Blättchen klein schneiden. Joghurt mit Sonnenblumenöl und Orangensaft verrühren, mit Salz, Pfeffer und Zucker würzen. Die Petersilie unterrühren.
**5.** Die Äpfel abwaschen, trocken tupfen, vierteln, entkernen, mit der Schale in dünne Spalten schneiden und evtl. mit etwas Zitronensaft beträufeln. Auberginen- und Rote-Bete-Scheiben mit Fenchelstreifen und Apfelspalten sofort nebeneinander auf einer großen Platte anrichten.
**6.** Die Joghurtsauce mit den Gewürzen abschmecken und dazu servieren. Nach Belieben beiseitegelegtes Fenchelgrün abspülen, trocken tupfen und klein schneiden. Die Fenchelstreifen damit bestreuen.

Gemüsesuppe

Gemüse-Obst-Platte

## Kalte Minischnitzel mit Salaten

12 Portionen

*Zubereitungszeit:* 45 Minuten, ohne Durchziehzeit

24 kleine Schweineschnitzel (je etwa 70 g)
Salz
gem. Pfeffer
6 Eier (Größe M)
5–6 EL Weizenmehl
etwa 250 g Semmelbrösel
100 ml Speiseöl, z. B. Sonnenblumenöl
120 g Butter

pro Portion 1,90 Euro

**Für die Salate:**
2 Salatgurken (etwa 800 g)
6 EL Schlagsahne
5–6 EL Weißweinessig
750 g Möhren
3 EL Zitronensaft
1–2 EL Zucker
6 gelbe Paprikaschoten
2 Bund Radieschen
5–6 EL Weißweinessig
150 ml Olivenöl

2 Kästchen Kresse

*Pro Portion:*
E: 38 g, F: 32 g, Kh: 26 g, kJ: 2278, kcal: 544

**1.** Schnitzel mit Küchenpapier trocken tupfen und jeweils zwischen zwei Lagen Frischhaltefolie flach klopfen. Schnitzel aus der Folie nehmen, mit Salz und Pfeffer würzen. Eier in einer flachen Schüssel verschlagen.
**2.** Die Schnitzel zuerst in Mehl (überschüssiges Mehl abklopfen), dann in den verschlagenen Eiern und zuletzt in Semmelbröseln wenden, Panade fest andrücken.
**3.** Schnitzel in mehreren Portionen braten. Dafür jeweils etwas Speiseöl und Butter in einer großen Pfanne erhitzen. Die Schnitzel darin von beiden Seiten etwa 8 Minuten braten, herausnehmen und auf einem Kuchenrost erkalten lassen.
**4.** Für die Salate Gurken abwaschen, abtrocknen und die Enden abschneiden. Gurken mit der Schale mithilfe eines Gemüsehobels in dünne Scheiben hobeln, in eine Schüssel geben, mit Salz und Pfeffer würzen. Sahne mit Essig verrühren und unter die Gurkenscheiben mischen.
**5.** Möhren putzen, schälen, abspülen, abtropfen lassen und grob raspeln. Mit Salz, Pfeffer, Zitronensaft und Zucker abschmecken.
**6.** Paprikaschoten halbieren, entstielen, entkernen und die weißen Scheidewände entfernen. Schoten abspülen, trocken tupfen und in dünne Streifen schneiden. Radieschen putzen, abspülen, abtropfen lassen, in dünne Scheiben schneiden. Paprikastreifen und Radieschenscheiben getrennt voneinander mit Salz, Pfeffer, Essig und Olivenöl abschmecken.
**7.** Die vorbereiteten Salate etwa 1 Stunde mit Frischhaltefolie zugedeckt in den Kühlschrank stellen und durchziehen lassen.
**8.** Kresse abspülen, trocken tupfen und abschneiden. Die Schnitzel mit den Salaten anrichten und mit Kressesträußchen garniert servieren.

Kalte Minischnitzel mit Salaten

## Lammhack-Kuchen

12 Portionen

*Zubereitungszeit:* 55 Minuten, ohne Ruhezeit
*Garzeit:* etwa 90 Minuten

**Für den Knetteig:**
750 g Weizenmehl
275 g Butter
20 g Salz
250 ml lauwarmes Wasser
1 Ei (Größe M)
1 TL Weißweinessig

pro Portion 0,95 Euro

10 g Semmelbrösel

**Für die Füllung:**
1 kg Lammgehacktes
1 eingeweichtes, ausgedrücktes Brötchen (Semmel)
2 Eier (Größe M)
Salz
gem. Pfeffer
gerebelter Oregano
1 kleine Gemüsezwiebel
3 Knoblauchzehen
1 Bund glatte Petersilie
200 g Feta- oder Schafskäse

**Zum Bestreichen:**
1 Eigelb
1 EL Milch

*Pro Portion:*
E: 27 g, F: 36 g, Kh: 52 g, kJ: 2709, kcal: 647

*Pro Stück:*
E: 6 g, F: 2 g, Kh: 33 g,
kJ: 758, kcal: 181

**1.** Für den Teig das Mehl in eine Rührschüssel geben. Butter, Salz, Wasser, Ei und Essig hinzufügen. Die Zutaten mit einem Mixer (Knethaken) zunächst kurz auf niedrigster, dann auf höchster Stufe gut durcharbeiten.
**2.** Dann auf einer bemehlten Arbeitsfläche zu einem glatten Teig verkneten. Teig in Frischhaltefolie gewickelt etwa 30 Minuten ruhen lassen.
**3.** Den Knetteig auf der bemehlten Arbeitsfläche zu einem Rechteck (etwa 30 x 45 cm) ausrollen, eine Brotback- oder große Kastenform (35 x 15 cm, gefettet) damit auslegen. Die überstehenden Teigränder überlappen lassen. Den Teigboden mit Semmelbröseln bestreuen.
**4.** Den Backofen vorheizen.
*Ober-/Unterhitze:* etwa 200 °C
*Heißluft:* etwa 180 °C
**5.** Für die Füllung Gehacktes in eine Schüssel geben. Brötchen und Eier gut unterkneten. Mit Salz, Pfeffer und Oregano würzen. Gemüsezwiebel und Knoblauch abziehen, klein würfeln und unter die Hackfleischmasse arbeiten.
**6.** Petersilie abspülen und trocken tupfen. Die Blättchen von den Stängeln zupfen. Blättchen klein schneiden. Käse in Würfel schneiden. Petersilie und Käsewürfel unter die Hackfleischmasse heben. Mit den Gewürzen nochmals abschmecken.
**7.** Die Hackfleischmasse in die Form geben. Den überstehenden Teig gerade schneiden und die Fleischmasse damit bedecken.
**8.** Zum Bestreichen Eigelb und Milch verschlagen. Die Teigoberfläche damit bestreichen. Die Form auf dem Rost in den vorgeheizten Backofen schieben. Den Lammhack-Kuchen etwa 90 Minuten garen.
**9.** Die Form auf einen Kuchenrost stellen. Den Lammhack-Kuchen etwa 10 Minuten in der Form stehen lassen. Die Flüssigkeit mit Küchenpapier abtupfen. Den Kuchen auf eine Platte stürzen.

## Kürbisbrötchen

12 Stück (ohne Foto)

*Zubereitungszeit:* 40 Minuten, ohne Abkühl- und Teiggehzeit
*Backzeit:* etwa 20 Minuten

**Zum Vorbereiten:**
450 g Kürbisfruchtfleisch
100 ml Wasser

pro Stück 0,20 Euro

**Für den Hefeteig:**
500 g Weizenmehl (Type 550)
42 g frische Hefe
1 TL Zucker
3–4 EL Kürbisflüssigkeit (von der Kürbismasse)
1 gestr. TL Salz
3 EL geröstete, geschälte Kürbiskerne

**1.** Zum Vorbereiten Kürbisfleisch in Würfel schneiden und in einen Topf geben. Das Wasser hinzugießen, zum Kochen bringen. Die Kürbiswürfel etwa 5 Minuten garen. Anschließend abtropfen lassen, dabei die Kochflüssigkeit auffangen und 3–4 Esslöffel davon abmessen. Die Kürbiswürfel erkalten lassen und pürieren.
**2.** Für den Teig Mehl in eine Rührschüssel geben. In die Mitte eine Vertiefung drücken, Hefe hineinbröckeln. Zucker und Kürbisflüssigkeit zufügen, alles mit einer Gabel verrühren, zugedeckt an einem warmen Ort gehen lassen (10–15 Minuten).
**3.** Kürbispüree und Salz hinzufügen. Die Zutaten mit einem Mixer (Knethaken) auf höchster Stufe zu einem glatten Teig verkneten (etwa 5 Minuten). Sollte er kleben, noch etwas Mehl hinzugeben. Den Teig mit Mehl bestäuben und zugedeckt so lange an einem warmen Ort gehen lassen, bis er sich sichtbar vergrößert hat (etwa 20 Minuten).
**4.** Den gegangenen Teig leicht mit Mehl bestäuben, aus der Schüssel nehmen, auf der bemehlten Arbeitsfläche nochmals gut durchkneten. Die Kürbiskerne unterkneten. Den Teig in 12 gleich große Portionen teilen, jeweils zu einer Kugel formen und mit etwas Abstand auf ein Backblech (mit Backpapier belegt) legen. Die Oberfläche der Teigbrötchen kreuzweise mit einem sehr scharfen Messer einschneiden (nicht drücken). Teigbrötchen nochmals zugedeckt an einem warmen Ort gehen lassen (etwa 15 Minuten).
**5.** Den Backofen vorheizen.
*Ober-/Unterhitze:* etwa 200 °C
*Heißluft:* etwa 180 °C
**6.** Die Teigbrötchen mit Wasser bestreichen. Das Backblech in den vorgeheizten Backofen schieben. Die Brötchen etwa 20 Minuten backen.
**7.** Die Brötchen vom Backpapier nehmen und warm oder kalt servieren.

Liptauer Brotaufstrich

Makkaroni-Würfel

## Liptauer Brotaufstrich

12 Portionen

*Zubereitungszeit:* 40 Minuten, ohne Kühlzeit

pro Portion **1,00** Euro

250 g Schalotten
1/2 Salatgurke
4 abgetropfte Gewürzgurken (aus dem Glas)
4 Sardellenfilets
30 g abgetropfte Kapern (aus dem Glas)
150 g Butter (zimmerwarm)
1 kg Magerquark
300 g Crème fraîche
2 EL klein geschnittene Petersilie
4 EL Schnittlauchröllchen
2 EL mittelscharfer Senf
2–3 EL Paprikapulver edelsüß
gem. Kümmelsamen
Salz
gem. Pfeffer

*Pro Portion:*
E: 13 g, F: 19 g, Kh: 6 g,
kJ: 1038, kcal: 249

**1.** Schalotten abziehen und fein würfeln. Die Salatgurke abspülen, schälen, längs halbieren, entkernen und in kleine Würfel schneiden. Gewürzgurken ebenfalls fein würfeln. Sardellenfilets trocken tupfen und zusammen mit den Kapern fein hacken. Die vorbereiteten Zutaten in einer Schüssel mischen.
**2.** Die Butter mit einem Mixer (Rührstäbe) cremig rühren. Quark und Crème fraîche unterrühren. Die Quarkmasse zu den vorbereiteten Zutaten in die Schüssel geben und unterrühren. Petersilie, 1 Esslöffel Schnittlauchröllchen und den Senf unterrühren. Den Brotaufstrich mit Paprika, Kümmel, Salz und Pfeffer würzen. Den Brotaufstrich zugedeckt mindestens 30 Minuten in den Kühlschrank stellen.
**3.** Den Brotaufstrich nochmals mit den Gewürzen abschmecken und mit den restlichen Schnittlauchröllchen bestreut anrichten.

## Süßsaure Soleier

12 Stück (ohne Foto)

*Zubereitungszeit:* 15 Minuten, ohne Durchziehzeit

pro Stück **0,35** Euro

12 Eier (Größe M)
kochendes Salzwasser
600 ml Wasser
3 gestr. EL Salz
3 EL Senfkörner
150 ml Obstessig
3 EL brauner Rohrzucker
15 weiße Pfefferkörner

*Pro Stück:*
E: 9 g, F: 7 g, Kh: 6 g,
kJ: 558, kcal: 133

**1.** Eier in kochendem Salzwasser etwa 7 Minuten kochen und anschließend in kaltem Wasser abschrecken.
**2.** Wasser (600 ml) mit Salz, Senfkörnern, Essig, Zucker und Pfefferkörnern in einem Topf zum Kochen bringen.
**3.** Die Schalen der Eier rundherum eindrücken und in den Würzsud legen. Die Soleier mindestens 24 Stunden durchziehen lassen.

## Makkaroni-Würfel

24 Stück

*Zubereitungszeit:* 30 Minuten, ohne Abkühlzeit
*Garzeit:* etwa 60 Minuten

pro Stück **0,20** Euro

120 g Sonnenblumenkerne
2 1/2 l Wasser
2 1/2 gestr. TL Salz
250 g Makkaroni
1 Bund Suppengrün (Möhren, Sellerie, Porree)
20 g Butter
2 EL Wasser
Salz, gem. Pfeffer

4 Eier (Größe M)
500 ml Milch (3,5 % Fett)
ger. Muskatnuss

*Pro Stück:*
E: 5 g, F: 5 g, Kh: 9 g,
kJ: 439, kcal: 105

**1.** Zum Vorbereiten die Sonnenblumenkerne in einer Pfanne ohne Fett unter Wenden goldbraun rösten und auf einen Teller geben.
**2.** Das Wasser in einem großen Topf zugedeckt zum Kochen bringen. Dann Salz und Makkaroni hinzugeben. Die Makkaroni im geöffneten Topf bei mittlerer Hitze nach Packungsanleitung bissfest kochen, dabei gelegentlich umrühren. Anschließend die Makkaroni in ein Sieb geben, mit heißem Wasser abspülen und abtropfen lassen.
**3.** Suppengrün putzen, abspülen, abtropfen lassen und in kleine Würfel schneiden. Butter in einem Topf zerlassen. Die Gemüsewürfel darin kurz andünsten, Wasser hinzugeben. Die Zutaten zugedeckt etwa 10 Minuten dünsten. Die Gemüsemischung mit Salz und Pfeffer würzen.
**4.** Den Backofen vorheizen.
*Ober-/Unterhitze:* etwa 180 °C
*Heißluft:* etwa 160 °C
**5.** Die Makkaroni auf etwa 24 cm Länge schneiden. Nacheinander jeweils ein Drittel der Makkaroni, des Gemüses und der Sonnenblumenkerne in eine rechteckige Auflaufform (etwa 24 x 16 cm, gefettet) schichten. Den Vorgang noch zweimal wiederholen.
**6.** Eier mit Milch verschlagen, mit Salz, Pfeffer und Muskat würzen. Die Eiermilch über die Auflaufzutaten gießen. Die Form auf dem Rost in den vorgeheizten Backofen schieben. Den Makkaroniauflauf etwa 60 Minuten garen, bis die Eiermilch gestockt ist.
**7.** Die Form auf einen Kuchenrost stellen. Auflauf in der Form erkalten lassen. Den Auflauf aus der Form stürzen und in 24 Würfel schneiden. Die Makkaroniwürfel auf einer Servierplatte anrichten.

## Pudding mit Kirschen und Pumpernickel

12 Portionen

pro Portion **0,85** Euro

*Zubereitungszeit:* 45 Minuten, ohne Ruhe- und Kühlzeit

750 g Sauerkirschen
150 g Zucker
etwa 300 g Pumpernickel
6 EL Saft von den Kirschen
3 Pck. Dr. Oetker Pudding-Pulver Vanille- oder Mandel-Geschmack
100 g Zucker
3 Eigelb (Größe M)
1 1/2 l Milch (3,5 % Fett)
3 Eiweiß (Größe M)
einige Zitronenmelisseblättchen

*Pro Portion:*
E: 8 g, F: 7 g, Kh: 50 g,
kJ: 1239, kcal: 296

**1.** Sauerkirschen abspülen, abtropfen lassen, entstielen, entsteinen, in einen Topf geben und mit Zucker bestreuen. Sauerkirschen kurz zum Saftziehen stehen lassen. Sobald die Kirschen Saft gezogen haben, 3–4 Minuten andünsten, bis sie etwas weicher sind. Sauerkirschen abkühlen lassen und in den Kühlschrank stellen. Pumpernickel zerbröseln, etwa 4 Esslöffel der Brösel zum Garnieren beiseitelegen.
**2.** Die Kirschen in einem Sieb gut abtropfen lassen, dabei den Saft auffangen und 6 Esslöffel Saft abmessen. Einige Kirschen zum Garnieren beiseitelegen. Restliche Kirschen mit 6 Esslöffeln des aufgefangenen Kirschsaftes und den Pumpernickelbröseln vermengen. Die Kirschmasse knapp 1/3 hoch in eine Glasschale oder in Portionsschälchen füllen.
**3.** Pudding-Pulver mit Zucker, Eigelb und 300 ml von der Milch anrühren. Restliche Milch (1,2 Liter) in einem Topf zum Kochen bringen. Angerührtes Pudding-Pulver in die von der Kochstelle genommene Milch rühren und etwa 1 Minute unter Rühren kochen lassen. Eiweiß steif schlagen und unter den kochend heißen Pudding ziehen.
**4.** Den Pudding auf die Kirschmasse geben. Pudding mit Frischhaltefolie zudecken, abkühlen lassen und mindestens 1 Stunde in den Kühlschrank stellen.
**5.** Den Pudding mit den beiseitegelegten Kirschen, Pumpernickelbröseln und abgespülten und trocken getupften Zitronenmelisseblättchen garnieren.

Pudding mit Kirschen und Pumpernickel

## Putenrouladen mit Schafskäse und Paprikareis

12 Portionen

pro Portion **2,48** Euro

*Zubereitungszeit:* 65 Minuten
*Garzeit:* etwa 25 Minuten

**Für die Putenrouladen:**
12 dünne Putenschnitzel (je etwa 120 g)
400 g Schafskäse
1 Ei (Größe M)
3 Eigelb (Größe M)
3 gestr. TL klein geschnittener Estragon
40 g TK-Basilikum
Salz
gem. Pfeffer
3–4 EL Weizenmehl
6 EL Speiseöl
375 ml heiße Gemüsebrühe
600 g Schlagsahne

**Für den Paprikareis:**
1 1/2 l Wasser
750 g Langkornreis
2 grüne und 3 rote Paprikaschoten
5 EL Olivenöl

**Außerdem:**
Küchengarn oder Rouladennadeln

*Pro Portion:*
E: 43 g, F: 37 g, Kh: 56 g, kJ: 3058, kcal: 731

**1.** Für die Putenrouladen Putenschnitzel kurz unter fließendem kalten Wasser abspülen, trocken tupfen und evtl. etwas flach klopfen. Schafskäse zerbröseln und in eine Schüssel geben. Ei, Eigelb, Estragon und Basilikum hinzufügen. Die Zutaten mit einem Mixer (Rührstäbe) verrühren. Mit Salz und Pfeffer würzen.
**2.** Die Schafskäse-Kräuter-Masse auf den Schnitzelscheiben verteilen und von der schmalen Seite her aufrollen. Mit Küchengarn oder Rouladennadeln zusammenhalten.
**3.** Den Backofen vorheizen.
*Ober-/Unterhitze:* etwa 200 °C
*Heißluft:* etwa 180 °C
**4.** Die Putenrouladen mit etwas Mehl bestäuben. Jeweils etwas Speiseöl in einer großen Pfanne erhitzen, die Rouladen darin in mehreren Portionen von allen Seiten anbraten, herausnehmen und in eine große, flache Auflaufform (gefettet) legen.
**5.** Brühe in die Pfanne gießen, den Bratensatz unter Rühren lösen und aufkochen. Sahne unterrühren. Die Sauce in die Auflaufform geben. Die Form auf dem Rost in den vorgeheizten Backofen schieben. Die Putenrouladen etwa 25 Minuten garen.
**6.** Für den Paprikareis in der Zwischenzeit Wasser in einem großen Topf zum Kochen bringen, Salz und Langkornreis hinzufügen. Den Reis zugedeckt 15–20 Minuten quellen lassen.
**7.** Paprikaschoten halbieren, entstielen, entkernen und die weißen Scheidewände entfernen. Die Schoten abspülen, trocken tupfen und in kleine Würfel schneiden. Olivenöl in einem großen Topf erhitzen. Paprikawürfel darin zugedeckt 10–15 Minuten dünsten. Den garen Reis in ein Sieb geben, mit kaltem Wasser übergießen und abtropfen lassen. Den Reis zu den Paprikawürfeln geben und untermischen. Mit Salz und Pfeffer abschmecken.
**8.** Die garen Putenrouladen aus der Form nehmen. Küchengarn oder Rouladennadeln entfernen. Die Sauce mit Salz und Pfeffer abschmecken. Putenrouladen mit dem Paprikareis und der Sauce auf Tellern anrichten. Restliche Sauce dazureichen.

## Reis-Schafskäse-Salat

12 Portionen

*Zubereitungszeit:* 40 Minuten

4 l Gemüsebrühe
500 g Langkorn-Wildreis-Mischung (im Kochbeutel)
2 rote Paprikaschoten
4 Frühlingszwiebeln (etwa 100 g)
285 g abgetropfter Gemüsemais (aus der Dose)
280 g abgetropfte Erbsen (aus der Dose)

Putenrouladen mit Schafskäse und Paprikareis

Reis-Schafskäse-Salat

Vichyssoise (Kalte Kartoffelsuppe)

**Für die Sauce:**
2 gestr. TL Sambal Oelek
2 gestr. TL Salz
2 gestr. TL Paprikapulver edelsüß
4 EL Weißweinessig
6 EL Olivenöl
100 g Tomatenmark
125 g Schlagsahne

pro Portion 1,05 Euro

250 g Schafskäse

*Pro Portion:*
E: 10 g, F: 13 g, Kh: 42 g,
kJ: 1382, kcal: 330

**1.** Gemüsebrühe in einem großen Topf zugedeckt zum Kochen bringen. Die Reismischung darin nach Packungsanleitung ausquellen lassen. Den Reis in ein Sieb geben, mit kaltem Wasser abspülen und gut abtropfen lassen. Anschließend den Reis in eine große Schüssel geben und abkühlen lassen, dabei gelegentlich umrühren.
**2.** In der Zwischenzeit Paprikaschoten halbieren, entstielen, entkernen und die weißen Scheidewände entfernen. Schoten abspülen, abtropfen lassen und in dünne Streifen schneiden. Frühlingszwiebeln putzen, abspülen, abtropfen lassen und schräg in kurze Stücke schneiden.
**3.** Mais und Erbsen zum Reis in die Schüssel geben. Paprikastreifen und Frühlingszwiebelstücke ebenfalls zum Reis geben und das Ganze gut vermischen.
**4.** Für die Sauce Sambal Oelek mit Salz, Paprika und Essig verrühren. Das Olivenöl unterschlagen, Tomatenmark und Sahne unterrühren.
**5.** Vor dem Servieren den Schafskäse in Würfel schneiden oder in kleine Stücke zerbröseln. Gut zwei Drittel davon unter den Salat heben. Den Salat in Gläsern anrichten, die Sauce daraufgeben und die restlichen Schafskäsewürfel oder -stücke auf dem Salat verteilen.

## Vichyssoise (Kalte Kartoffelsuppe)

12 Portionen

*Zubereitungszeit:* 60 Minuten, ohne Kühlzeit
*Garzeit:* etwa 30 Minuten

1,2 kg Kartoffeln
900 g Porree (Lauch)
3 kleine Zwiebeln
7 EL Speiseöl
2 Lorbeerblätter
3 l Gemüsebrühe
Salz, gem. Pfeffer
ger. Muskatnuss
400 g Schlagsahne

pro Portion 0,85 Euro

6 Scheiben Toastbrot
120 g Butter
2 Bund Schnittlauch
200 g Crème fraîche

*Pro Portion:*
E: 6 g, F: 31 g, Kh: 22 g,
kJ: 1631, kcal: 391

**1.** Für die Vichyssoise Kartoffeln schälen, abspülen, abtropfen lassen und in grobe Würfel schneiden. Porree putzen, die Stangen längs halbieren, gründlich waschen und abtropfen lassen. Porree in Streifen schneiden. Zwiebeln abziehen und ebenfalls in Streifen schneiden.
**2.** Speiseöl in einem Topf erhitzen. Die Kartoffelwürfel und das vorbereitete Gemüse darin farblos andünsten. Die Lorbeerblätter hinzugeben, Gemüsebrühe hinzugießen, mit Salz, Pfeffer und Muskat würzen. Die Zutaten etwa 30 Minuten bei schwacher Hitze gar kochen.
**3.** Sahne hinzufügen und aufkochen lassen. Die Suppe etwas abkühlen lassen, Lorbeerblätter entfernen. Die Suppe im Mixer oder mit einem Pürierstab fein pürieren. Anschließend durch ein feines Sieb passieren. Die Suppe erkalten lassen und zugedeckt mindestens 4 Stunden in den Kühlschrank stellen.
**4.** Die Toastbrotscheiben entrinden und in kleine Würfel schneiden. Butter in einer großen Pfanne zerlassen. Die Brotwürfel darin von allen Seiten goldgelb rösten.
**5.** Schnittlauch abspülen, trocken tupfen, in feine Röllchen schneiden. Die Vichyssoise aus dem Kühlschrank nehmen und mit dem Pürierstab die Crème fraîche unterschlagen. Die Suppe evtl. nochmals mit den Gewürzen abschmecken.
**6.** Die Suppe in vorgekühlte Suppentassen füllen. Croûtons und Schnittlauchröllchen darauf verteilen.

Waldorfsalat

Zwölfer-Fleischwurst-Salat

## Waldorfsalat

12 Portionen

*Zubereitungszeit:* 40 Minuten, ohne Durchziehzeit

pro Portion **0,85** Euro

1,2 kg Äpfel
500 g Knollensellerie
200 g Walnusskerne

**Für die Mayonnaise:**
2 frische Eigelb (Größe M)
2–3 EL Weißweinessig
1–2 EL mittelscharfer Senf
Salz, gem. Pfeffer
1–2 TL Zucker
250 ml Speiseöl,
z. B. Sonnenblumenöl

*Pro Portion:*
E: 4 g, F: 34 g, Kh: 12 g,
kJ: 1537, kcal: 367

**1.** Äpfel schälen, vierteln und entkernen. Sellerie schälen, abspülen und abtropfen lassen.
**2.** Apfelviertel und Sellerie auf einer Haushaltsreibe grob raspeln. Walnusskerne fein hacken.
**3.** Für die Mayonnaise das Eigelb mit Essig, Senf, Salz, Pfeffer und Zucker in einem Rührbecher mit einem Mixer (Rührstäbe) zu einer dicklichen Masse aufschlagen. Das Speiseöl in einem dünnen Strahl nach und nach unterschlagen.
**4.** Die Salatzutaten mit der Mayonnaise vermengen. Den Salat zugedeckt mindestens 30 Minuten im Kühlschrank durchziehen lassen.

***Hinweis:*** Für die Mayonnaise nur ganz frisches Eigelb verwenden, das nicht älter als 5 Tage ist (Legedatum beachten!). Den fertigen Salat im Kühlschrank aufbewahren und innerhalb von 24 Stunden verzehren.

## Zwölfer-Fleischwurst-Salat

12 Portionen

pro Portion **1,20** Euro

*Zubereitungszeit:* 30 Minuten, ohne Durchziehzeit

12 gegarte Pellkartoffeln
(1, 2 kg)
12 kleine Äpfel (1 1/2 kg)
12 hart gekochte Eier
12 abgetropfte Gewürzgurken
(aus dem Glas, 300 g)
12 Zwiebeln (600 g)
Salz
12 Scheiben Fleischwurst
(600 g)

**Für die Sauce:**
300 g Salatmayonnaise
(50 % Fett)
300 g Naturjoghurt (3,5 % Fett)
2 EL mittelscharfer Senf
gem. Pfeffer
1 Prise Zucker

*Pro Portion:*
E: 17 g, F: 34 g, Kh: 31 g,
kJ: 2092, kcal: 501

**1.** Die Kartoffeln pellen und in Scheiben schneiden. Die Äpfel waschen, abtrocknen, vierteln, entkernen und in Stücke schneiden. Eier pellen. Eier und Gurken in Scheiben schneiden.
**2.** Zwiebeln abziehen, halbieren und in Streifen schneiden. Zwiebelstreifen in kochendem Salzwasser kurz blanchieren, in ein Sieb geben, mit kaltem Wasser abschrecken und abtropfen lassen. Fleischwurst in Streifen schneiden.

**3.** Die vorbereiteten Salatzutaten in eine große Schüssel geben und vermischen.
**4.** Für die Sauce die Mayonnaise mit Joghurt und Senf verrühren und mit Salz, Pfeffer und Zucker abschmecken. Die Sauce zu den Salatzutaten geben und untermengen. Den Salat gut durchziehen lassen.

***Beilage:*** Bauernbrot.

## Zwölfer-Salat

12 Portionen (ohne Foto)

*Zubereitungszeit:* 50 Minuten

12 Eier (Größe M)
12 Zwiebeln (etwa 500 g)
12 Äpfel (etwa 1,7 kg)
12 abgetropfte, große Gewürzgurken (aus dem Glas, etwa 800 g)
330 g gut abgetropfte Tomaten-Paprika (aus dem Glas)
1 Bund glatte Petersilie
500 g leichte Joghurt-Salatcreme (26 % Fett)
Salz
gem. Pfeffer
evtl. etwas Gurkensud (aus dem Glas)

pro Portion 1,25 Euro

*Pro Portion:*
E: 9 g, F: 16 g, Kh: 24 g, kJ: 1173, kcal: 280

**1.** Eier in kochendem Wasser hart kochen, anschließend unter kaltem Wasser kurz abschrecken und erkalten lassen. Zwiebeln abziehen, zuerst in feine Scheiben schneiden, dann in Ringe teilen. Äpfel schälen, vierteln und entkernen. Apfelviertel und Gewürzgurken in Würfel schneiden.
**2.** Eier pellen und in Würfel schneiden. Zwiebelringe, Apfel-, Gurkenwürfel und Tomaten-Paprika in eine große Schüssel geben.
**3.** Petersilie abspülen und trocken tupfen. Die Blättchen von den Stängeln zupfen, Blättchen klein schneiden. Petersilie und Salatcreme mit Salatzutaten in der Schüssel vermengen und die Eierwürfel vorsichtig unterheben. Den Salat mit Salz, Pfeffer und evtl. etwas Gurkensud würzen und bis zum Servieren zugedeckt in den Kühlschrank stellen.

## Wurstkörbchen mit bunten Bohnen

12 Portionen (24 Stück)

*Zubereitungszeit:* 40 Minuten, ohne Abkühlzeit

250 g abgetropfte Kidneybohnen (aus der Dose)
250 g abgetropfte, weiße Riesenbohnen (aus der Dose)
255 g abgetropfte, grüne Bohnenkerne (Flageolets, aus der Dose)
4 EL Speiseöl
2–3 EL Weißweinessig
Salz, gem. Pfeffer
24 Scheiben Katenwurst mit Pelle
1 Bund Petersilie
evtl. einige Salatblätter

*Pro Stück:*
E: 11 g, F: 5 g, Kh: 9 g, kJ: 556, kcal: 133

pro Portion 1,40 Euro

**1.** Von den Bohnensorten die Flüssigkeit auffangen, insgesamt 6–8 Esslöffel davon abmessen. Die abgemessene Flüssigkeit mit Speiseöl und Essig verrühren, mit Salz und Pfeffer pikant würzen. Kidneybohnen, Riesenbohnen und Bohnenkerne untermischen.
**2.** Eine große Pfanne ohne Fett erhitzen. Wurstscheiben darin portionsweise ganz kurz braten. Durch die Hitze zieht sich die Pelle zusammen und es entstehen kleine Körbchen. Die Wurstkörbchen aus der Pfanne nehmen und erkalten lassen.
**3.** Petersilie abspülen und trocken tupfen. Die Blättchen von den Stängeln zupfen, Blättchen klein schneiden. Nach Belieben Salatblätter abspülen und gut abtropfen lassen oder trocken schleudern.
**4.** Die Bohnenmischung in die erkalteten Wurstkörbchen füllen und auf den Salatblättern anrichten. Mit Petersilie bestreuen und servieren.

Wurstkörbchen mit bunten Bohnen

## Sesam-Falafel mit Salat und Joghurt-Dip

12 Portionen (24 Stück)

*Zubereitungszeit:* 60 Minuten, ohne Einweich- und Abkühlzeit

200 g getrocknete Kichererbsen
4 Frühlingszwiebeln
je 1/2 Bund Minze, Dill,
glatte Petersilie und Koriander
200 g abgetropfte, weiße Bohnen
(aus der Dose)
Salz
gem. Pfeffer
1 EL gem. Kreuzkümmel (Cumin)
1 gestr. EL Dr. Oetker Backin
2 EL Wasser
40 g ungeschälte Sesamsamen
etwa 1 l Speiseöl,
z. B. Sonnenblumenöl

Sesam-Falafel mit Salat und Joghurt-Dip

**Für den Joghurt-Dip und den Salat:**
500 g Sahnejoghurt (10 % Fett)
1 EL gem. Kreuzkümmel (Cumin)
450 g Cocktailtomaten
450 g Radieschen
5 EL Zitronensaft
6 EL Olivenöl

pro Portion **1,20** Euro

*Pro Portion:*
E: 3 g, F: 8 g, Kh: 7 g,
kJ: 482, kcal: 115

**1.** Kichererbsen etwa 12 Stunden in kaltem Wasser einweichen, danach in einem Sieb gut abtropfen lassen.
**2.** Frühlingszwiebeln putzen, abspülen und abtropfen lassen. Die Hälfte der Frühlingszwiebeln in feine Scheiben schneiden. Restliche Frühlingszwiebeln beiseitelegen.
**3.** Minze, Dill, Petersilie und Koriander abspülen und trocken tupfen. Von jeder Kräutersorte ein Drittel abnehmen, jeweils die Blättchen von den Stängeln zupfen und grob zerschneiden. Die restlichen Kräuter beiseitelegen.
**4.** Bohnen in einem Sieb mit kaltem Wasser abspülen und sehr gut abtropfen lassen. Bohnen, Kichererbsen, Frühlingszwiebelscheiben, klein geschnittene Kräuter, Salz, reichlich Pfeffer und Kreuzkümmel sehr fein pürieren.
**5.** Das Backpulver in dem Wasser auflösen, zum Bohnenpüree geben und mit den Händen gleichmäßig unter die Masse mischen. Aus der Bohnenpüree-Masse 24 glatte Kugeln formen. Jeweils eine Kugelseite fest in den Sesam drücken.
**6.** Speiseöl in einem Topf oder in einer Fritteuse auf etwa 175 °C erhitzen. Die Falafel darin in 2–3 Portionen jeweils 4–5 Minuten goldbraun backen. Die fertigen Falafel auf Küchenpapier abtropfen und erkalten lassen.
**7.** Für den Joghurt-Dip und den Salat Joghurt mit Kreuzkümmel und Salz verrühren.
**8.** Beiseitegelegte Frühlingszwiebeln in sehr feine Scheiben schneiden. Tomaten abspülen, abtrocknen und evtl. die Stängelansätze herausschneiden. Radieschen putzen, abspülen und abtropfen lassen. Radieschen und Tomaten in kleine Stücke schneiden.
**9.** Von den restlichen Kräutern die Blättchen von den Stängeln zupfen und evtl. etwas kleiner schneiden. Tomaten-, Radieschenstücke, Frühlingszwiebelscheiben und Kräuter in eine Schüssel geben, mit Zitronensaft und Olivenöl mischen, mit etwas Salz und Pfeffer würzen.
**10.** Die Sesam-Falafel portionsweise mit dem Salat und dem Joghurt anrichten.

## Sommer-Kaltschale mit Pfannkuchenstreifen

12 Portionen

*Zubereitungszeit:* 65 Minuten, ohne Kühlzeit
*Backzeit:* etwa 10 Minuten

**Für die Pfannkuchenstreifen:**
200 g Weizenmehl
3 Eier (Größe M)
2 EL Zucker
1 Prise Salz
400 ml Milch (3,5 % Fett)
125 ml Mineralwasser
mit Kohlensäure

pro Portion **0,75** Euro

90 g Butter oder Margarine

**Für die Kaltschale:**
1 Pck. Dr. Oetker Pudding–Pulver
Sahne-Geschmack
220 g Zucker
1 l Wasser
1 Prise Salz
1 Pck. Dr. Oetker Finesse
Geriebene Zitronenschale
2 Pck. Dr. Oetker Vanillin-Zucker
1,2 l Orangensaft

750 g Erdbeeren
etwa 1 l Vanille-Eis
(etwa 24 Kugeln)
einige Zitronenmelisseblättchen

Sommer-Kaltschale mit Pfannkuchenstreifen

Tunfischtarte

*Pro Portion:*
E: 7 g, F: 13 g, Kh: 60 g,
kJ: 1633, kcal: 390

**1.** Für die Pfannkuchenstreifen Mehl in eine Rührschüssel geben, in die Mitte eine Vertiefung drücken. Eier, Zucker und Salz mit Milch und Mineralwasser verschlagen, etwas davon in die Vertiefung geben. Von der Mitte aus Eierflüssigkeit und Mehl verrühren, nach und nach die restliche Eierflüssigkeit hinzugeben. Darauf achten, dass keine Klümpchen entstehen.
**2.** Den Backofen vorheizen.
*Ober-/Unterhitze:* etwa 180 °C
*Heißluft:* etwa 160 °C
**3.** Aus dem Teig insgesamt 12 Pfannkuchen backen. Dafür jeweils etwas Butter oder Margarine in einer kleinen Pfanne zerlassen. Eine Teiglage mit einer drehenden Bewegung gleichmäßig auf dem Boden der Pfanne verteilen. Den Pfannkuchen von beiden Seiten goldbraun backen. Bevor der Pfannkuchen gewendet wird, wieder etwas Butter oder Margarine in die Pfanne geben. Die restlichen Pfannkuchen auf die gleiche Weise backen.
**4.** Die Pfannkuchen in feine Streifen schneiden und auf einem Backblech verteilen. Das Backblech in den vorgeheizten Backofen schieben. Die Pfannkuchenstreifen etwa 10 Minuten überbacken.
**5.** Für die Kaltschale in der Zwischenzeit Pudding-Pulver mit Zucker und 6 Esslöffeln Wasser anrühren. Restliches Wasser mit Salz, Zitronenschale und Vanillin-Zucker in einem Topf zum Kochen bringen. Angerührtes Pudding-Pulver in das von der Kochstelle genommene Wasser rühren und unter Rühren aufkochen lassen. Den Orangensaft unterrühren. Die Kaltschale zugedeckt in den Kühlschrank stellen.
**6.** Die überbackenen Pfannkuchenstreifen vom Backblech nehmen.
**7.** Die Erdbeeren putzen, abspülen, trocken tupfen und halbieren. Die Kaltschale in Suppentellern verteilen. Die Pfannkuchenstreifen und je 2 Eiskugeln hinzufügen. Die Kaltschale mit Erdbeerhälften und abgespülten, trocken getupften Zitronenmelisseblättchen garnieren.

## Tunfischtarte

12 Stücke

pro Stück 0,45 Euro

*Zubereitungszeit:* 45 Minuten
*Backzeit:* etwa 35 Minuten

**Zum Vorbereiten:**
50 g abgetropfte, schwarze Oliven (ohne Stein)
280 g abgetropfter Tunfisch in Öl (aus der Dose)

**Für den Teig:**
100 g Weizenmehl (Type 550)
50 g Maisgrieß (Polenta)
2 gestr. TL Dr. Oetker Backin
1 gestr. TL Salz
1/2 TL Paprikapulver edelsüß
50 g Buttermilch
2 Eier (Größe M)
100 ml Olivenöl
30 g abgetropfte Kapern (aus dem Glas)

*Pro Stück:*
E: 8 g, F: 15 g, Kh: 11 g,
kJ: 861, kcal: 205

**1.** Zum Vorbereiten Oliven in dünne Scheiben schneiden. Den Tunfisch mit einer Gabel in Stücke zupfen.
**2.** Den Backofen vorheizen.
*Ober-/Unterhitze:* etwa 180 °C
*Heißluft:* etwa 160 °C
**3.** Für den Teig Mehl mit Maisgrieß, Backpulver, Salz und Paprika in einer Rührschüssel mischen. Buttermilch, Eier und das Olivenöl hinzugeben. Die Zutaten mit einem Mixer (Rührstäbe) unterrühren. Die Kapern, zwei Drittel der Tunfischstücke und zwei Drittel der Olivenscheiben mit einem Löffel kurz unter den Teig rühren.
**4.** Teig in eine Tarteform (Ø 26–28 cm, gefettet, mit Semmelbröseln ausgestreut) geben und glatt streichen. Die restlichen Olivenscheiben darauf verteilen. Die Form auf dem Rost in den vorgeheizten Backofen schieben und die Tarte etwa 35 Minuten backen.
**5.** Die Form auf einen Kuchenrost stellen. Den restlichen Tunfisch auf der Tarte verteilen. Die Tunfischtarte in der Form erkalten lassen.

Schinkenmuffins mit Suppengrün

Spanischer Tunfischreis

## Schinkenmuffins mit Suppengrün

12 Stück

pro Stück 0,45 Euro

*Zubereitungszeit:* 30 Minuten, ohne Antauzeit
*Backzeit:* 30–35 Minuten

100 g TK-Suppengrün
70 g Bacon (Frühstücksspeck in Scheiben)

**Für den Teig:**
150 g Vollkorn-Weizenmehl
3 gestr. TL Dr. Oetker Backin
1/2 gestr. TL Salz
125 g Buttermilch
2 Eier (Größe M)
70 ml Olivenöl
125 g gewürfelter Katenschinken

*Pro Stück:*
E: 6 g, F: 9 g, Kh: 9 g,
kJ: 589, kcal: 141

**1.** Suppengrün antauen lassen und sehr fein hacken. Bacon quer in dünne Streifen schneiden.
**2.** Den Backofen vorheizen.
*Ober-/Unterhitze:* etwa 180 °C
*Heißluft:* etwa 160 °C
**3.** Für den Teig Mehl, Backpulver und Salz in eine Rührschüssel geben und mit einem Schneebesen verrühren. Buttermilch, Eier und Olivenöl hinzufügen und mit einem Mixer (Rührstäbe) unterrühren. Schinkenwürfel und Suppengrün kurz unterrühren.
**4.** Den Teig in eine Muffinform (für 12 Muffins, gefettet, mit Semmelbröseln ausgestreut) füllen und mit Baconstreifen bestreuen. Die Form auf dem Rost in den vorgeheizten Backofen schieben. Die Schinkenmuffins 30–35 Minuten backen.
**5.** Die Form auf einen Kuchenrost stellen. Muffins etwa 10 Minuten in der Form stehen lassen, dann aus der Form lösen und auf einen mit Backpapier belegten Kuchenrost setzen. Muffins erkalten lassen.

## Spanischer Tunfischreis

12 Portionen

*Zubereitungszeit:* 70 Minuten

pro Portion 1,60 Euro

250 g Zwiebeln
3–4 Knoblauchzehen
5–6 EL Weißweinessig
3 EL Olivenöl, Salz, gem. Pfeffer
900 g abgetropfter Tunfisch naturell (aus Dosen)
1,2 kg rote Paprikaschoten
6 EL Speiseöl, z. B. Sonnenblumenöl
750 g Langkornreis
1 1/2 l Gemüsebrühe
750 g TK- Erbsen
2–3 EL Kurkuma (Gelbwurz)
1–2 Bio-Zitronen (unbehandelt, ungewachst)
etwas Cayennepfeffer

*Pro Portion:*
E: 28 g, F: 9 g, Kh: 65 g,
kJ: 1939, kcal: 464

**1.** Zwiebeln und Knoblauch abziehen, die Zwiebeln in kleine Würfel schneiden, Knoblauch fein hacken.
**2.** Essig mit Olivenöl in einer Schüssel verschlagen. Die Hälfte des fein gehackten Knoblauchs mit etwas Salz und Pfeffer hinzufügen. Tunfisch in Stücke zerteilen, vorsichtig mit der Marinade vermischen und beiseitestellen.
**3.** Die Paprikaschoten halbieren, entstielen, entkernen und die weißen Scheidewände entfernen. Schoten abspülen, abtropfen lassen und in feine Streifen schneiden.
**4.** Das Speiseöl in einem Topf erhitzen. Die Zwiebelwürfel und den restlichen Knoblauch darin etwa 2 Minuten unter gelegentlichem Rühren bei mittlerer Hitze andünsten. Den Reis hinzufügen und 2–3 Minuten mitdünsten lassen, dabei gelegentlich umrühren.
**5.** Gemüsebrühe hinzugießen, zum Kochen bringen und den Reis zugedeckt bei schwacher Hitze garen. Nach etwa 5 Minuten Garzeit die gefrorenen Erbsen mit dem Kurkuma unterrühren und bei schwacher bis mittlerer Hitze weitergaren.
**6.** Die Paprikastreifen mit dem marinierten Tunfisch nach weiteren 5 Minuten hinzugeben und unterrühren. Den Tunfischreis anschließend weitere 10 Minuten garen.
**7.** In der Zwischenzeit die Zitronen heiß abwaschen und abtrocknen. Die Schale von 1 1/2 Zitronen fein abreiben, die Zitronen halbieren und den Saft auspressen.

8. Zitronenschale und 3–4 Esslöffel Zitronensaft unter den Tunfischreis rühren, mit Salz und Cayennepfeffer abschmecken.

## Sommerliches Butterbrot

pro Portion 1,80 Euro

12 Portionen

*Zubereitungszeit:* 55 Minuten

6 Kopfsalatherzen
1 Lollo rosso
250 g Rucola (Rauke)
3 Bund Radieschen
2 Bund glatte Petersilie oder Kerbel
1 Bund Schnittlauch
1–2 EL mittelscharfer Senf
5–6 EL Essig, z. B. Sherry-Essig
Salz, gem. Pfeffer
100 ml Olivenöl
200 g Butter
12 dickere Scheiben Mischbrot (je etwa 40 g)
220 g gehobelter Parmesan

*Pro Portion:*
E: 10 g, F: 29 g, Kh: 21 g,
kJ: 1606, kcal: 384

1. Von den Kopfsalatherzen und dem Lollo rosso die äußeren, welken Blätter entfernen. Rucola verlesen und die dicken Stiele abschneiden. Salatblätter abspülen, trocken tupfen und in mundgerechte Stücke zupfen.
2. Radieschen putzen, die Wurzelenden und das Grün entfernen. Radieschen abspülen, abtropfen lassen, in dünne Scheiben schneiden.
3. Petersilie oder Kerbel und Schnittlauch abspülen und trocken tupfen. Von der Petersilie und dem Kerbel die Blättchen abzupfen. Den Schnittlauch in kleine Röllchen schneiden.
4. Senf mit Essig, Salz und Pfeffer verrühren, Olivenöl unterschlagen. Vorbereitete Salatblätter und Radieschenscheiben mit der Vinaigrette vermischen.
5. Butter in einer großen, flachen Pfanne zerlassen. Die Brotscheiben darin von beiden Seiten rösten.
6. Den Salat auf den Brotscheiben verteilen. Gehobelten Käse und Petersilien- oder Kerbelblättchen und Schnittlauchröllchen daraufstreuen, sofort servieren.

## Putenchili

pro Portion 2,25 Euro

12 Portionen

*Zubereitungszeit:* 35 Minuten
*Garzeit:* etwa 30 Minuten

1,2 kg Putenbrust
je 3 rote, grüne und gelbe Paprikaschoten
1,2 kg vorwiegend festkochende Kartoffeln
7–8 EL Speiseöl
1,2 kg stückige Tomaten (aus Dosen)
600 ml Geflügelbrühe
750 ml süße Chilisauce
6 Chilischoten
Sambal Oelek
Salz, gem. Pfeffer

*Pro Portion:*
E: 29 g, F: 8 g, Kh: 38 g,
kJ: 1694, kcal: 404

1. Putenbrust kurz unter fließendem kalten Wasser abspülen, trocken tupfen und in kleine Würfel schneiden. Paprikaschoten halbieren, entstielen, entkernen und die weißen Scheidewände entfernen. Schoten abspülen, abtropfen lassen und in Würfel schneiden. Die Kartoffeln schälen, abspülen, abtropfen lassen und ebenfalls in Würfel schneiden.
2. Jeweils 2–2 1/2 Esslöffel Speiseöl in einem großen Topf erhitzen. Fleisch-, Kartoffel- und Paprikawürfel darin portionsweise oder nacheinander unter Rühren scharf anbraten und herausnehmen.
3. Alle angebratenen Fleisch-, Kartoffel- und Paprikawürfel zusammen zurück in den Topf geben. Stückige Tomaten, Geflügelbrühe und Chilisauce hinzufügen. Die Zutaten unter gelegentlichem Rühren zum Kochen bringen und zugedeckt etwa 30 Minuten bei schwacher bis mittlerer Hitze kochen lassen. Dabei ab und zu umrühren.
4. In der Zwischenzeit Chilischoten entstielen, längs aufschneiden, entkernen und die Scheidewände entfernen. Die Schoten abspülen, trocken tupfen und in kleine Würfel schneiden.
5. Etwa 5 Minuten vor Ende der Garzeit Chiliwürfel hinzufügen, unterrühren und weitergaren.
6. Das Putenchili mit Sambal Oelek, Salz und Pfeffer feurig abschmecken.

Sommerliches Butterbrot

Putenchili

## Käsesalat mit Putenbrust

12 Portionen

pro Portion **1,75** Euro

*Zubereitungszeit:* 50 Minuten

1,2 kg Emmentaler, in Scheiben
750 g Putenbrustaufschnitt
3 Bund Radieschen
3 gelbe Paprikaschoten
3 Stangen Porree (Lauch)
125 ml Rotweinessig
Salz, gem. Pfeffer
Zucker
170 ml Sonnenblumenöl
100 g Sonnenblumenkerne

*Pro Portion:*
E: 46 g, F: 47 g, Kh: 8 g,
kJ: 2681, kcal: 641

**1.** Käse in schmale Streifen schneiden und in eine Schüssel geben. Putenbrustaufschnitt ebenfalls in feine Streifen schneiden.
**2.** Radieschen putzen, abspülen, abtropfen lassen und vierteln. Paprikaschoten halbieren, entstielen, entkernen und die weißen Scheidewände entfernen. Schoten abspülen, abtropfen lassen und in Streifen schneiden. Porree putzen, die Stangen längs halbieren, gründlich waschen, gut abtropfen lassen und in sehr feine Streifen schneiden.
**3.** Essig mit Salz, Pfeffer und Zucker würzen. Sonnenblumenöl unterschlagen. Die Putenbruststreifen, Radieschenviertel, Paprikastreifen und Porreestreifen zu den Käsestreifen in die Schüssel geben und gut vermischen. Den Käsesalat mit Sonnenblumenkernen bestreuen und die Vinaigrette zum Salat reichen.

## Scharfe Gemüse-Frittata

12 Stücke

pro Stück **1,00** Euro

*Zubereitungszeit:* 35 Minuten
*Garzeit:* etwa 35 Minuten je Frittata

je 2 rote und gelbe Paprikaschoten
2 rote Zwiebeln
24 Cocktailtomaten (500 g)
1–2 rote Chilischoten
16 Eier (Größe M)
Salz, gem. Pfeffer
4 EL Olivenöl
1 Topf Basilikum

*Pro Stück:*
E: 10 g, F: 10 g, Kh: 6 g,
kJ: 661, kcal: 158

**1.** Paprikaschoten halbieren, entstielen, entkernen und die weißen Scheidewände entfernen. Schoten abspülen, trocken tupfen und grob würfeln. Zwiebeln abziehen und klein würfeln.
**2.** Den Backofen vorheizen.
*Ober-/Unterhitze:* etwa 160 °C
*Heißluft:* etwa 140 °C
**3.** Tomaten abspülen, trocken tupfen, halbieren und evtl. die Stängelansätze entfernen. Die Chilischoten abspülen, trocken tupfen, entstielen und in feine Ringe schneiden.
**4.** Die Hälfte der Eier verschlagen und durch ein feines Sieb passieren. Mit Salz und Pfeffer würzen.
**5.** Olivenöl in einer großen feuerfesten Pfanne erhitzen. Die Paprikawürfel darin unter mehrmaligem Wenden leicht anbraten. Tomatenhälften hinzufügen und kurz erhitzen. Die Hälfte des Gemüses aus der Pfanne nehmen und beiseitestellen.
**6.** Verschlagene Eier in die Pfanne, über das Gemüse gießen. Die Pfanne auf dem Rost in den vorgeheizten Backofen schieben. Die Frittata etwa 35 Minuten stocken lassen.
**7.** In der Zwischenzeit die restlichen Eier verschlagen, durch ein feines Sieb passieren, mit Salz und Pfeffer würzen. Basilikum abspülen und trocken tupfen. Die Blättchen von den Stängeln zupfen.
**8.** Die fertige Frittata aus der Pfanne lösen, auf ein Küchenbrett stürzen und in 6 Portionen teilen. Frittata heiß oder kalt mit der Hälfte der

Käsesalat mit Putenbrust

Scharfe Gemüse-Frittata

Krautsalat

Puteneintopf

Basilikumblättchen bestreuen und servieren.

**9.** Für die zweite Frittata das beiseitegestellte Gemüse in die Pfanne geben, die verschlagenen Eier darübergießen und wie beschrieben stocken lassen. Mit den restlichen Basilikumblättchen garnieren.

## Krautsalat

12 Portionen

pro Portion **0,50** Euro

*Zubereitungszeit:* 30 Minuten, ohne Durchziehzeit

1,7 kg Weißkohl
400 g Gemüsezwiebeln
1–2 TL Kümmelsamen
5 EL Speiseöl, z. B. Sonnenblumenöl
150 g Schinkenspeckwürfel (aus dem Kühlregal)
6–8 EL Weißweinessig
Salz, gem. Pfeffer
2–3 EL Zucker
2–3 EL ger. Meerrettich (aus dem Glas)

*Pro Portion:*
E: 5 g, F: 6 g, Kh: 10 g, kJ: 481, kcal: 115

**1.** Von dem Weißkohl die äußeren, schlechten Blätter entfernen. Den Kohl abspülen, trocken tupfen, vierteln und den Strunk herausschneiden. Den Kohl in feine Streifen schneiden oder hobeln.

**2.** Zwiebeln abziehen, halbieren und in feine Streifen schneiden. Die Kohl- und Zwiebelstreifen in eine große Schüssel geben. Kümmel mit einigen Tropfen Speiseöl auf einem Brett grob hacken (Hinweis: Das Öl dient dazu, dass der Kümmel beim Hacken nicht wegspringt).

**3.** Einen Esslöffel des restlichen Speiseöls in einer Pfanne erhitzen. Speckwürfel darin knusprig braten, herausnehmen, auf Küchenpapier abtropfen lassen.

**4.** Restliches Speiseöl, Essig, Salz, Pfeffer, Zucker und Meerrettich in einen Topf geben. Die Zutaten einmal aufkochen.

**5.** Dann die heiße Marinade über den Weißkohlsalat geben und gut vermengen. Den Salat etwa 60 Minuten durchziehen lassen.

**6.** Den Salat vor dem Servieren mit Salz, Pfeffer, Meerrettich und Zucker abschmecken, mit den Speckwürfeln bestreut servieren.

## Puteneintopf

12 Portionen

pro Portion **2,20** Euro

*Zubereitungszeit:* 70 Minuten, ohne Abkühlzeit
*Garzeit:* etwa 80 Minuten

etwa 2 1/2 l Salzwasser
4 Putenunterkeulen (etwa 3 kg)
800 g Kartoffeln
800 g Möhren
1 kleiner Blumenkohl (etwa 800 g)
1 kleiner Kopf Wirsing (etwa 800 g)
Salz, gem. Pfeffer
gekörnte Instant-Hühnerbrühe
1 Bund glatte Petersilie

*Pro Portion:*
E: 52 g, F: 25 g, Kh: 15 g, kJ: 2077, kcal: 497

**1.** Salzwasser in einem großen Topf zum Kochen bringen. Putenunterkeulen kurz unter fließendem kalten Wasser abspülen, abtropfen lassen, in das kochende Salzwasser geben, wieder zum Kochen bringen und etwa 60 Minuten bei schwacher Hitze garen.

**2.** In der Zwischenzeit Kartoffeln und Möhren schälen, abspülen, abtropfen lassen und in Würfel schneiden.

**3.** Vom Blumenkohl die Blätter und schlechten Stellen entfernen, den Strunk abschneiden. Blumenkohl in Röschen teilen, abspülen und abtropfen lassen. Vom Wirsing die groben, äußeren Blätter entfernen. Den Wirsing halbieren und den Strunk herausschneiden. Wirsinghälften in Streifen schneiden, abspülen und abtropfen lassen.

**4.** Die Putenunterkeulen aus der Brühe nehmen und etwas abkühlen lassen. Kartoffel-, Möhrenwürfel, Blumenkohlröschen und Wirsingstreifen in die Brühe geben, zum Kochen bringen und zugedeckt etwa 20 Minuten garen.

**5.** Das Fleisch von den Knochen lösen und in Stücke schneiden. Die Putenfleischstücke nach Ende der Garzeit in den Eintopf geben und miterhitzen. Mit Salz, Pfeffer und Instant-Hühnerbrühe würzen.

**6.** Petersilie abspülen und trocken tupfen. Blättchen von den Stängeln zupfen, Blättchen in feine Streifen schneiden und in den Eintopf geben.

Tomaten-Buchteln

7. Sahne und Brühe verschlagen und gleichmäßig über die Buchteln gießen. Die Form auf dem Rost in den vorgeheizten Backofen schieben. Die Buchten 30–35 Minuten backen.
8. Die Tomaten-Buchteln heiß oder kalt mit Aioli servieren.

## Tomaten-Buchteln
12 Portionen

*Zubereitungszeit:* 40 Minuten, ohne Teiggehzeit
*Backzeit:* 30–35 Minuten

21 g frische Hefe
170 ml lauwarmes Wasser
350 g Weizenmehl (Type 550)
1 TL Zucker
36 Cocktailtomaten (etwa 750 g)
2 Knoblauchzehen
50 g getrocknete Tomaten in Öl
1 TL getrocknete Kräuter der Provence
2 EL Öl (von den Tomaten)
4 EL Olivenöl
1 gestr. TL Salz
125 g Schlagsahne
125 ml Gemüsebrühe
500 g Aioli (Knoblauchmayonnaise)

pro Portion 1,10 Euro

*Pro Stück:*
E: 5 g, F: 39 g, Kh: 27 g,
kJ: 2008, kcal: 480

1. Hefe in einer Schüssel zerbröseln, mit Wasser, 1 Esslöffel des Mehls und Zucker verrühren und zugedeckt an einem warmen Ort etwa 10 Minuten gehen lassen.
2. In der Zwischenzeit Cocktailtomaten abspülen, abtropfen lassen und evtl. die Stängelansätze herausschneiden. Die Tomatenhaut mehrmals mit einem spitzen Messer einritzen. Knoblauch abziehen und fein hacken. Von den getrocknete Tomaten das Öl auffangen und 2 Esslöffel abmessen. Tomaten fein würfeln. Cocktailtomaten, Knoblauch und Kräuter der Provence in eine kleine Schüssel geben. Mit 2 Esslöffeln von dem Tomatenöl vermischen und bis zur weiteren Verwendung durchziehen lassen.
3. Das restliche Mehl in eine Rührschüssel geben. Olivenöl, Salz und den Teigansatz hinzufügen. Die Zutaten mit einem Mixer (Knethaken) zunächst kurz auf niedrigster, dann auf höchster Stufe in etwa 5 Minuten zu einem glatten Teig verarbeiten. Den Teig zugedeckt so lange an einem warmen Ort gehen lassen, bis er sich sichtbar vergrößert hat (etwa 40 Minuten).
4. Den gegangenen Teig leicht mit Mehl bestäuben, auf der bemehlten Arbeitsfläche nochmals kurz durchkneten, zu einer Rolle formen und in 36 Stücke teilen. Jedes Teigstück zu einer Kugel formen, flach drücken, 1 abgetropfte Cocktailtomate und einige getrocknete Tomatenwürfel daraufgeben, mit dem Teig umschließen, wieder zu einer Kugel formen.
5. Die Kugeln nebeneinander in eine flache Auflaufform (gefettet, etwa 2 1/2-Liter-Inhalt) setzen und zugedeckt nochmals etwa 30 Minuten gehen lassen.
6. Den Backofen vorheizen.
*Ober-/Unterhitze:* etwa 200 °C
*Heißluft:* etwa 180 °C

## Veggie-Moussaka
12 Portionen

*Zubereitungszeit:* 70 Minuten
*Backzeit:* 20–25 Minuten je Form

4 Zwiebeln
1,8 kg Zucchini
2 kg große Auberginen
Salz
750 g Tomaten
6 Stängel Thymian
4 Stängel Rosmarin
etwa 250 ml Olivenöl
6–8 EL Weizenmehl
frisch gem. bunter Pfeffer
5 Knoblauchzehen
180 g ger. Parmesan

pro Portion 1,35 Euro

*Pro Portion:*
E: 10 g, F: 28 g, Kh: 13 g,
kJ: 1431, kcal: 342

1. Zwiebeln abziehen und in feine Würfel schneiden. Zucchini abspülen, abtrocknen und die Enden abschneiden. Zucchini in Würfel schneiden.
2. Auberginen abspülen, abtrocknen und die Stängelansätze abschneiden. Auberginen in 1/2–1 cm dicke Scheiben schneiden, mit Salz bestreuen und etwa 15 Minuten Saft ziehen lassen.
3. In der Zwischenzeit Tomaten abspülen, abtrocknen, halbieren und die Stängelansätze herausschneiden. Tomatenhälften entkernen, das Fruchtfleisch in Würfel schneiden.
4. Thymian- und Rosmarinstängel abspülen und trocken tupfen. Die Blättchen bzw. Nadeln von den Stängeln zupfen, klein schneiden.
5. Jeweils etwas Olivenöl in einer Pfanne erhitzen. Die Auberginen-

scheiben mit Küchenpapier trocken tupfen. Auberginenscheiben in Mehl wenden und portionsweise in dem erhitzten Olivenöl von beiden Seiten anbraten. Die gebratenen Auberginenscheiben in 2 große Auflaufformen (gefettet) fächerförmig einschichten und warm stellen.

**6.** Den Backofen vorheizen.
*Ober-/Unterhitze:* etwa 200 °C
*Heißluft:* etwa 180 °C

**7.** Das restliche Olivenöl in der Pfanne erhitzen. Die Zwiebelwürfel darin andünsten. Zucchini- und Tomatenwürfel mit den klein geschnittenen Kräutern hinzugeben. Mit Salz und Pfeffer würzen. Knoblauch abziehen, durch eine Knoblauchpresse drücken und unterrühren. Die Gemüsemischung 3–4 Minuten bei schwacher Hitze kochen lassen. Mit Salz und Pfeffer abschmecken.

**8.** Gemüsemischung zwischen den Auberginenscheiben in beiden Auflaufformen verteilen und mit jeweils der Hälfte des Parmesans bestreuen. Die Formen nacheinander (bei Heißluft zusammen) auf dem Rost in den vorgeheizten Backofen schieben. Die Moussaka etwa 20 Minuten je Form backen. (Bei Heißluft eine Auflaufform auf ein Backblech stellen, die andere auf den Rost stellen. Die Formen nach etwa 10 Minuten Backzeit umsetzen.)

## Grünkern-Trifle-Salat

12 Portionen

*Zubereitungszeit:* 45 Minuten, ohne Einweich- und Durchziehzeit
*Garzeit:* etwa 30 Minuten

600 g Grünkern, ganz

**Für die Vinaigrette:**
900 ml Orangensaft
120 g süßer Senf
etwa 150 ml Rotweinessig
Salz, gem. Pfeffer
270 ml Walnussöl
2 Bund Schnittlauch

pro Portion 2,00 Euro

300 g Römersalat
100 g Walnusskerne
1 kg Möhren
1 kg Knollensellerie
700 g Äpfel

*Pro Portion:*
E: 10 g, F: 31 g, Kh: 51 g, kJ: 2206, kcal: 527

**1.** Am Vortag den Grünkern in eine Schüssel geben, mit kaltem Wasser übergießen, sodass der Grünkern ganz bedeckt ist. Grünkern über Nacht einweichen.

**2.** Am nächsten Tag den Grünkern abgießen und in einen Topf geben. So viel Wasser hinzugießen, dass der Grünkern ganz bedeckt ist, zum Kochen bringen und etwa 30 Minuten bei schwacher Hitze kochen lassen.

**3.** Den Topf von der Kochstelle nehmen. Grünkern in dem Kochwasser erkalten lassen. Anschließend in einem Sieb abtropfen lassen.

**4.** Für die Vinaigrette Orangensaft, Senf und Essig verrühren. Mit Salz und Pfeffer würzen. Walnussöl unterschlagen. Schnittlauch abspülen, trocken tupfen und in Röllchen schneiden. Schnittlauchröllchen unter die Vinaigrette rühren.

**5.** Römersalat putzen, abspülen, trocken tupfen und in etwa 1 cm breite Streifen schneiden. Walnusskerne grob hacken. Möhren und Sellerie putzen, schälen, abspülen und abtropfen lassen. Äpfel schälen, halbieren und entkernen. Möhren, Sellerie und Apfelhälften getrennt auf einer Haushaltsreibe grob raffeln. Vorbereitete Zutaten abwechselnd in Gläser schichten, dabei jede Schicht mit etwas von der Vinaigrette beträufeln. Etwas von der Vinaigrette für die Salatstreifen zurücklassen und beiseitestellen. Den Salat mindestens 15 Minuten gut durchziehen lassen.

**6.** Zum Servieren den eingeschichteten Salat mit Salatstreifen belegen und mit der restlichen, beiseitegestellten Vinaigrette beträufeln.

Veggie-Moussaka

Grünkern-Trifle-Salat

## Kartoffel-Matjes-Salat

12 Portionen

*Zubereitungszeit:* 80 Minuten, ohne Abkühl- und Durchziehzeit

2 1/4 kg festkochende Kartoffeln
10 Matjesfilets (etwa 600 g)
2 Bund Frühlingszwiebeln
5 säuerliche Äpfel

pro Portion 1,45 Euro

**Für das Dressing:**
200 ml Gemüsebrühe
125 ml Weißweinessig
1 EL mittelscharfer Senf
Zucker
Salz, gem. Pfeffer
8 EL Rapsöl

100 g grob gehackte Walnusskerne
3 EL Schnittlauchröllchen

*Pro Portion:*
E: 14 g, F: 22 g, Kh: 35 g,
kJ: 1678, kcal: 400

**1.** Kartoffeln gründlich waschen, knapp mit Wasser bedeckt, zugedeckt zum Kochen bringen und in 20–25 Minuten gar kochen. Kartoffeln abgießen, mit kaltem Wasser abspülen, abtropfen lassen und heiß pellen. Kartoffeln abkühlen lassen, in Scheiben schneiden und in eine Schüssel geben.
**2.** Matjesfilets kurz unter fließendem kalten Wasser abspülen, trocken tupfen und in kleine Stücke schneiden, dabei evtl. Gräten entfernen. Frühlingszwiebeln putzen, abspülen, abtropfen lassen, in feine Scheiben schneiden. Äpfel schälen, vierteln, entkernen und in Stifte schneiden.
**3.** Für das Dressing Brühe mit Essig und Senf verrühren, mit Zucker, Salz und Pfeffer würzen. Rapsöl unterschlagen.
**4.** Matjesstücke, Frühlingszwiebelscheiben und Apfelstifte in einer großen Schüssel mit dem Dressing vermischen, die Kartoffelscheiben unterheben. Den Salat 1–2 Stunden zugedeckt in den Kühlschrank stellen und durchziehen lassen.
**5.** Den Salat vor dem Servieren nochmals mit den Gewürzen abschmecken und mit Walnusskernen und Schnittlauch bestreut servieren.

## Holländischer Tomatentoast

12 Stück

pro Stück 1,50 Euro

*Zubereitungszeit:* 40 Minuten
*Backzeit:* 8–10 Minuten je Backblech

2 Bund Frühlingszwiebeln
Salz
6 mittelgroße Tomaten
12 Scheiben Toastbrot
150 g Kräuterbutter (zimmerwarm)
12 Scheiben Kochschinken
gem. Pfeffer
12 Scheiben junger Gouda
evtl. Zitronenmelisseblättchen

*Pro Stück:*
E: 21 g, F: 20 g, Kh: 16 g,
kJ: 1377, kcal: 331

**1.** Frühlingszwiebeln putzen, abspülen und abtropfen lassen. Frühlingszwiebeln längs halbieren und in große Stücke schneiden. Frühlingszwiebelstücke in kochendem Salzwasser etwa 1 Minute blanchieren. Anschließend in ein Sieb geben, mit kaltem Wasser abschrecken und abtropfen lassen.
**2.** Tomaten abspülen, trocken tupfen, halbieren und die Stängelansätze herausschneiden. Tomatenhälften in Scheiben schneiden.
**3.** Den Backofen vorheizen.
*Ober-/Unterhitze:* etwa 220 °C
*Heißluft:* etwa 200 °C
**4.** Die Toastbrotscheiben toasten, mit Kräuterbutter bestreichen und auf 2 Backbleche (mit Backpapier belegt) legen. Je 1 zusammengeklappte Scheibe Schinken auf 1 Brotscheibe legen. Die Frühlingszwiebelstücke und Tomatenscheiben darauf verteilen. Mit Salz und Pfeffer würzen. Käsescheiben halbieren und die vorbereiteten Toastbrotscheiben mit je 2 Käsescheibenhälften belegen.

Feine Gulaschsuppe

Kartoffel-Gemüse-Salat mit Senfmarinade

Die Backbleche nacheinander (bei Heißluft zusammen) in den vorgeheizten Backofen schieben. Toasts 8–10 Minuten je Backblech backen.
**5.** Nach Belieben die Tomatentoasts mit abgespülten und trocken getupften Zitronenmelisseblättchen garnieren und sofort servieren.

## Feine Gulaschsuppe

12 Portionen

*Zubereitungszeit:* 50 Minuten

pro Portion 2,30 Euro

2 1/2 kg Rinderschulter (ohne Knochen)
1,4 kg Zwiebeln
60 g Butterschmalz
Salz, gem. Pfeffer
gem. Kreuzkümmel (Cumin)
50 g Tomatenmark
1,7 l Fleischbrühe
750 ml Rotwein
300 g Crème fraîche

*Pro Portion:*
E: 45 g, F: 24 g, Kh: 8 g,
kJ: 1944, kcal: 466

**1.** Rinderschulter mit Küchenpapier trocken tupfen und würfeln.
**2.** Zwiebeln abziehen, halbieren und in Streifen schneiden. Jeweils etwas Schmalz in einem großen Topf zerlassen. Die Fleischwürfel darin portionsweise von allen Seiten anbraten, herausnehmen und beiseitestellen.
**3.** Restliches Schmalz zum verbliebenen Bratfett in den Topf geben und erhitzen. Die Zwiebelstreifen darin unter Rühren andünsten (sie dürfen nicht schwarz werden, dann wird die Suppe bitter). Die beiseitegestellten Fleichwürfel hinzugeben, mit Salz, Pfeffer und Kreuzkümmel würzen.
**4.** Tomatenmark unterrühren. Nach und nach Fleischbrühe und Rotwein hinzugießen, zum Kochen bringen und zugedeckt etwa 80 Minuten garen. Die Suppe muss sämig werden.
**5.** Die Suppe mit den Gewürzen abschmecken. Vor dem Servieren in jede Portion Suppe 1 Esslöffel Crème fraîche rühren.

## Kartoffel-Gemüse-Salat mit Senfmarinade

12 Portionen

*Zubereitungszeit:* 50 Minuten, ohne Abkühlzeit

pro Portion 0,70 Euro

2 kg Kartoffeln
300 g Staudensellerie
350 g Möhren
250 g Radieschen
1 Bund Frühlingszwiebeln
300 g Cocktailtomaten

**Für die Senfmarinade:**
3 EL grobkörniger Senf
6–8 EL weißer Balsamico-Essig
Saft von 1 Zitrone
5 EL Olivenöl
Salz
Zucker
gem. Pfeffer

*Pro Portion:*
E: 4 g, F: 5 g, Kh: 30 g,
kJ: 767, kcal: 183

**1.** Die Kartoffeln gründlich waschen, in einem Topf knapp mit Wasser bedeckt, zugedeckt zum Kochen bringen und in etwa 25 Minuten gar kochen. Die Kartoffeln abgießen, mit kaltem Wasser abspülen, abtropfen und etwas abkühlen lassen. Die heißen Kartoffeln pellen, abkühlen lassen und in Scheiben schneiden.
**2.** In der Zwischenzeit Staudensellerie putzen und die harten Außenfäden abziehen. Selleriestangen abspülen, abtropfen lassen und in dünne Scheiben schneiden. Die Möhren putzen, schälen, abspülen, abtropfen lassen und auf einem Gemüsehobel in feine Scheiben hobeln.
**3.** Radieschen putzen, abspülen, abtropfen lassen und ebenfalls in feine Scheiben schneiden. Frühlingszwiebeln putzen, abspülen, abtropfen lassen und in dünne Scheiben schneiden. Die Cocktailtomaten abspülen, trocken tupfen, halbieren und evtl. die Stängelansätze herausschneiden.
**4.** Die vorbereiteten Gemüsezutaten in eine große Salatschüssel geben und mit den Kartoffelscheiben vermischen.
**5.** Für die Marinade Senf mit Essig und Zitronensaft verrühren. Öl unterschlagen. Mit Salz und Zucker würzen.
**6.** Die Marinade kurz vor dem Servieren unter die Salatzutaten mischen. Den Salat nochmals mit Salz und Pfeffer abschmecken.

Froschquark

Sahnequark mit Beilagen

## Froschquark
12 Portionen

*Zubereitungszeit:* 25 Minuten, ohne Kühlzeit

pro Portion 0,65 Euro

3 Blatt weiße Gelatine
750 g Magerquark
375 ml Orangensaft
270 g Puderzucker
180 ml Waldmeistersirup
Saft von 1–2 Zitronen
375 g Schlagsahne (mind. 30 % Fett)
300 g Fruchtgummi-Frösche

*Pro Portion:*
E: 11 g, F: 10 g, Kh: 58 g,
kJ: 1565, kcal: 374

**1.** Die Gelatine in kaltem Wasser nach Packungsanleitung einweichen. Den Quark mit Orangensaft, Puderzucker und Waldmeistersirup in einer Schüssel glatt rühren.
**2.** Den Zitronensaft in einem kleinen Topf erhitzen, Gelatine ausdrücken und in dem Zitronensaft unter Rühren auflösen. Zuerst 4 Esslöffel der Quarkmasse unter die Gelatine rühren, dann mit der restlichen Quarkmasse verrühren.
**3.** Sahne steif schlagen und unterheben. Die Quarkcreme in Dessertschalen füllen und 1–2 Stunden in den Kühlschrank stellen. Die Quarkspeise mit Weingummi-Fröschen belegen und servieren.

## Sahnequark mit Beilagen

pro Portion 1,40 Euro

12 Portionen

*Zubereitungszeit:* 40 Minuten

**Für den Sahnequark:**
1 1/2 g Magerquark
500 g Schlagsahne (mind. 30 % Fett)

**Für die Beilagen:**
50 g Walnusskerne
50 g Haselnusskerne
50 g Paranusskerne
50 g Pinienkerne
50 g gehackte Mandeln
4 EL flüssiger Honig
2 EL Orangenmarmelade oder Aprikosenkonfitüre
2 EL Kirschkonfitüre
2 EL Kümmelsamen
2 große Zwiebeln
4 abgetropfte Gewürzgurken (aus dem Glas)
2 kleine, grüne Paprikaschoten
1/2 Bio-Salatgurke
2 Bund Schnittlauch
2 TL abgetropfte Kapern (aus dem Glas)

3–4 schöne, große Salatblätter, z. B. Kopf- oder Eisbergsalat

*Pro Portion:*
E: 22 g, F: 26 g, Kh: 21 g,
kJ: 1719, kcal: 411

**1.** Den Quark in einer Schüssel glatt rühren. Sahne steif schlagen und unter den Quark heben. Danach den Sahnequark zugedeckt in den Kühlschrank stellen.
**2.** Walnuss-, Haselnuss-, Paranuss- und Pinienkerne grob hacken, mit den Mandeln vermengen und in ein Schälchen geben.
**3.** Honig, Orangenmarmelade oder Aprikosenkonfitüre, Kirschkonfitüre und Kümmelsamen jeweils in kleine Schälchen füllen.
**4.** Zwiebeln abziehen, halbieren und in feine Würfel schneiden. Gewürzgurken ebenfalls fein würfeln.
**5.** Paprikaschoten halbieren, entstielen, entkernen und die weißen Scheidewände entfernen. Schoten abspülen, abtropfen lassen und in feine Würfel schneiden. Die Salatgurke waschen, trocken tupfen, halbieren, entkernen und mit der Schale fein würfeln.
**6.** Schnittlauch abspülen, trocken tupfen und in Röllchen schneiden.
**7.** Die Zwiebel-, Gewürzgurken-, Paprika- und Salatgurkenwürfel sowie die Schnittlauchröllchen und Kapern jeweils in kleine Schälchen füllen.
**8.** Zum Anrichten die Salatblätter abspülen und trocken tupfen. Die Salatblätter in die Mitte einer großen Servierplatte legen, den Sahnequark dekorativ daraufgeben. Die Schälchen mit den verschieden Zutaten darumstellen.

## Eier-Häckerle mit Kresse

12 Portionen

pro Portion 0,60 Euro

*Zubereitungszeit:* 20 Minuten

10 hart gekochte Eier
200 g Salatmayonnaise
250 g Joghurt (1,5 % Fett)
1–2 EL mittelscharfer Senf
Salz
gem. Pfeffer
2 kleine Schalotten
285 g abgetropfter Gemüsemais (aus der Dose)
1 Kästchen Kresse
2 Bund Schnittlauch

*Pro Portion:*
E: 7 g, F: 14 g, Kh: 6 g,
kJ: 736, kcal: 176

**1.** Eier pellen und fein hacken. Die Mayonnaise mit Joghurt und Senf in einer Schüssel verrühren, mit Salz und Pfeffer würzen. Die Schalotten abziehen und dann in kleine Würfel schneiden.
**2.** Die Schalottenwürfel, Mais und die gehackten Eiern unter die Mayonnaise rühren.
**3.** Kresse abspülen, trocken tupfen und abschneiden. Schnittlauch ebenfalls abspülen, trocken tupfen und in sehr feine Röllchen schneiden. Den Aufstrich nochmals mit Salz und Pfeffer abschmecken. Kresse und Schnittlauchröllchen unterrühren, in ein verschließbares Gefäß füllen und in den Kühlschrank stellen.

***Tipp:*** Der Aufstrich hält sich im Kühlschrank 3–4 Tage.

## Kräuterbrötchen

12 Stück

*Zubereitungszeit:* 35 Minuten, ohne Teiggehzeit
*Backzeit:* etwa 25 Minuten

**Für den Hefeteig:**
250 g Weizenmehl (Type 550)
250 g Weizenmehl (Type 1050)
1 Pck. Dr. Oetker Trockenbackhefe
1 TL Zucker
knapp 2 gestr. TL Salz
gem. Pfeffer
3 EL Speiseöl
250 ml lauwarmes Wasser
2 EL klein geschnittene Petersilie
2 EL Schnittlauchröllchen
1 EL klein geschnittene Dillspitzen

pro Stück 0,30 Euro

**Zum Bestreichen:**
1 Eigelb
1 EL Wasser

*Pro Stück:*
E: 5 g, F: 4 g, Kh: 30 g,
kJ: 734, kcal: 175

**1.** Für den Teig Mehl in eine Rührschüssel geben, mit der Trockenbackhefe sorgfältig vermischen. Zucker, Salz, Pfeffer, Speiseöl und Wasser hinzufügen.
**2.** Die Zutaten mit einem Mixer (Knethaken) zunächst kurz auf niedrigster, dann auf höchster Stufe in etwa 5 Minuten zu einem glatten Teig verkneten. Gegen Ende der Teigknetzeit Petersilie, Schnittlauchröllchen und Dill unterarbeiten.
**3.** Den Teig zugedeckt so lange an einem warmen Ort gehen lassen, bis er sich sichtbar vergrößert hat (etwa 30 Minuten).
**4.** Den gegangenen Teig leicht mit Mehl bestäuben, aus der Schüssel nehmen und auf der bemehlten Arbeitsfläche nochmals kurz durchkneten. Aus dem Teig etwa 12 runde Brötchen formen und auf ein Backblech (gefettet, mit Backpapier belegt) legen. Die Brötchen zugedeckt so lange an einem warmen Ort gehen lassen, bis sie sich sichtbar vergrößert haben (etwa 20 Minuten).
**5.** Inzwischen Backofen vorheizen.
*Ober-/Unterhitze:* etwa 180 °C
*Heißluft:* etwa 160 °C
**6.** Die obere Seite der Brötchen kreuzweise etwa 1 cm tief einschneiden (nicht drücken).
**7.** Zum Bestreichen Eigelb mit Wasser verschlagen, die Brötchen damit bestreichen. Das Backblech in den vorgeheizten Backofen schieben. Die Brötchen etwa 25 Minuten backen.

Eier-Häckerle mit Kresse

Kräuterbrötchen

## Blätterteigschnecken
32 Stück (ohne Foto)

*Zubereitungszeit:* 30 Minuten, ohne Auftauzeit
*Backzeit:* etwa 13 Minuten je Backblech

pro Stück **0,20** Euro

450 g TK-Blätterteig (6 rechteckige Platten)
300 g Schafs- oder Hirtenkäse
40 g TK-Petersilie
gem. Pfeffer, evtl. Salz

*Pro Stück:*
E: 3 g, F: 5 g, Kh: 5 g,
kJ: 331, kcal: 79

**1.** Blätterteig nach Packungsanleitung auftauen lassen.
**2.** Den Backofen vorheizen.
*Ober-/Unterhitze:* etwa 220 °C
*Heißluft:* etwa 200 °C
**3.** Den Käse in eine Schüssel geben, mit einer Gabel zerdrücken. Petersilie unterrühren und alles mit Pfeffer und evtl. etwas Salz abschmecken.
**4.** Jeweils 3 Blätterteigplatten aufeinanderlegen, je zu einem Rechteck (etwa 20 x 40 cm) ausrollen. Beide Teigrechtecke mit der Käsemasse bestreichen, dabei rundherum einen etwa 1 cm breiten Rand frei lassen. Die Teigrechtecke vorsichtig von der breiten Seite her aufrollen. Jede Rolle in etwa 16 Scheiben (je etwa 2 cm breit) schneiden.
**5.** Die Blätterteigscheiben mit etwas Abstand nebeneinander auf 2 Backbleche (mit Backpapier belegt) legen und leicht flach drücken. Backbleche nacheinander (bei Heißluft zusammen) in den vorgeheizten Backofen schieben. Gebäck etwa 13 Minuten je Backblech backen.
**6.** Die Blätterteigschnecken mit dem Backpapier von den Backblechen auf Kuchenroste ziehen. Blätterteigschnecken warm oder kalt genießen.

***Tipp:*** Probieren Sie die Blätterteigschnecken zur Abwechslung doch einmal mit Ziegenfrischkäse und einer mediterranen Gewürzmischung.

## Zwiebel-Tomaten-Toast
12 Stück

*Zubereitungszeit:* 35 Minuten
*Backzeit:* etwa 10 Minuten je Backblech

pro Stück **0,95** Euro

12 mittelgroße Zwiebeln
6 EL Speiseöl
Salz, gem. Pfeffer
Kümmelsamen
12 Scheiben Vollkornbrot
6 mittelgroße Tomaten
450 g ger. Emmentaler

*Pro Stück:*
E: 15 g, F: 17 g, Kh: 23 g,
kJ: 1289, kcal: 308

**1.** Die Zwiebeln abziehen, zuerst in Scheiben schneiden, dann in Ringe teilen. Speiseöl in einer großen Pfanne erhitzen. Zwiebelringe darin portionsweise unter Wenden anbraten. Mit Salz, Pfeffer und Kümmel würzen.
**2.** Den Backofen vorheizen.
*Ober-/Unterhitze:* etwa 220 °C
*Heißluft:* etwa 200 °C
**3.** Die Brotscheiben auf 2 Backbleche (mit Backpapier belegt) legen. Zwiebelringe gleichmäßig auf den Brotscheiben verteilen.
**4.** Tomaten abspülen, trocken tupfen, halbieren und die Stängelansätze herausschneiden. Tomatenhälften in Scheiben schneiden und auf die Zwiebelringe legen. Mit Käse und Kümmel bestreuen.
**5.** Die Backbleche nacheinander (bei Heißluft zusammen) in den vorgeheizten Backofen schieben. Die Toasts etwa 10 Minuten je Backblech backen.

## Hackpizza
12 Portionen

pro Portion **1,85** Euro

*Zubereitungszeit:* 50 Minuten
*Garzeit:* 45–55 Minuten

2 Brötchen (Semmeln) vom Vortag
3 Zwiebeln
2 Knoblauchzehen
300 g Schafskäse
1 große Zucchini
2 mittelgroße Möhren
1 1/2 kg Gehacktes (halb Rind-, halb Schweinefleisch)
2 Eier (Größe M)
Salz, gem. Pfeffer
1 EL gerebelter Oregano
500 g Zigeunersauce (aus dem Glas)
400 g abgetropfte Champignonscheiben (aus dem Glas)
3 Fleischtomaten
2 rote Paprikaschoten

Zwiebel-Tomaten-Toast

Hackpizza

Gyros im Pita-Brot

250 g abgetropfter Mozzarella
1 EL gerebelter Oregano
100 g ger. Pizza-Käse

*Pro Portion:*
E: 40 g, F: 35 g, Kh: 19 g,
kJ: 2322, kcal: 554

**1.** Den Backofen vorheizen.
*Ober-/Unterhitze:* etwa 200 °C
*Heißluft:* etwa 180 °C
**2.** Brötchen in kaltem Wasser einweichen und gut ausdrücken. Zwiebeln und Knoblauch abziehen, klein würfeln. Schafskäse in Würfel schneiden oder zerbröseln. Zucchini abspülen, abtrocknen und die Enden abschneiden. Möhren putzen, schälen, abspülen und abtropfen lassen. Zucchini und Möhren grob raspeln.
**3.** Gehacktes in eine große Schüssel geben. Brötchen, Zwiebel-, Knoblauch-, Schafskäsewürfel oder -brösel, Eier, Zucchini- und Möhrenraspel zum Gehackten in die Schüssel geben und gut unterkneten. Mit Salz, Pfeffer und Oregano würzen.
**4.** Die Hackfleischmasse in eine Fettpfanne (gefettet) geben und glatt verstreichen. Zigeunersauce daraufstreichen. Champignonscheiben darauf verteilen. Die Fettpfanne in den vorgeheizten Backofen schieben. Die Pizza etwa 25 Minuten backen.
**5.** Die Tomaten abspülen, abtropfen lassen, halbieren und die Stängelansätze herausschneiden. Tomaten in Scheiben schneiden. Von den Paprikaschoten die Stielansätze keilförmig herausschneiden. Kerne und weiße Scheidewände herausschaben. Schoten abspülen, abtropfen lassen und in Ringe schneiden. Mozzarella in Scheiben schneiden.
**6.** Tomatenscheiben und Paprikaringe auf der Pizza verteilen. Mit Salz, Pfeffer und Oregano bestreuen. Mozzarellascheiben in die Paprikaringe legen, Pizza-Käse in die Zwischenräume streuen. Die Fettpfanne wieder in den heißen Backofen schieben. Die Pizza bei gleicher Backofentemperatur weitere 20–30 Minuten garen.

## Gyros im Pita-Brot

12 Stück

*Zubereitungszeit:* 40 Minuten, ohne Marinierzeit

pro Stück **1,50** Euro

800 g dünne, magere Schweineschnitzel
4 EL Olivenöl
2–3 EL Gyros-Gewürz
200 g Zwiebeln
600 g kleine Tomaten
500 g Weißkohl

**Für die Knoblauchsauce:**
500 g Magerquark
500 g Joghurt (3,5 % Fett)
3–4 Knoblauchzehen
Salz
gem. Pfeffer

12 Pita-Brottaschen (Fertigprodukt)

*Pro Stück:*
E: 29 g, F: 7 g, Kh: 42 g,
kJ: 1478, kcal: 353

**1.** Schweineschnitzel mit Küchenpapier trocken tupfen. Schnitzel in dünne Streifen schneiden.
**2.** Das Olivenöl mit der Gyros-Gewürzmischung verrühren. Die Fleischstreifen darin etwa 20 Minuten marinieren, dabei die Fleischstreifen zwischendurch 2–3-mal wenden.
**3.** In der Zwischenzeit die Zwiebeln abziehen, zuerst in dünne Scheiben schneiden, dann in Ringe teilen. Tomaten abspülen, abtrocknen und in dünne Scheiben schneiden.
**4.** Dann vom Weißkohl die äußeren, schlechten Blätter entfernen und den Strunk herausschneiden. Den Kohl vierteln und in feine Streifen schneiden. Die Kohlstreifen abspülen und gut abtropfen lassen. Kohlstreifen mit Zwiebelringen und Tomatenscheiben mischen.
**5.** Eine große Pfanne erhitzen. Ein Drittel des marinierten Gyrosfleisches mit dem Würzöl in die Pfanne geben und unter gelegentlichem Wenden bei mittlerer bis starker Hitze in 8–10 Minuten braun anbraten. Restliches Gyrosfleisch mit dem Würzöl auf die gleiche Weise braten.
**6.** Für die Knoblauchsauce in der Zwischenzeit Quark mit Joghurt in einer Schüssel glatt rühren. Knoblauch abziehen und durch eine Knoblauchpresse drücken. Den Knoblauch unter den Joghurtquark rühren. Die Knoblauchsauce mit Salz und Pfeffer abschmecken.
**7.** Die Pita-Brottaschen im Toaster nach Packungsanleitung toasten und dann die Brottaschen mit dem Gyrosfleisch, dem vorbereiteten Gemüse und der Knoblauchsauce füllen.

Gefüllte Baguettebrötchen

Berliner Buletten-Auflauf

## Gefüllte Baguettebrötchen

pro Stück 1,30 Euro

12 Stück

*Zubereitungszeit:* 30 Minuten

6 Tomaten
1 Salatgurke
300 g Kochschinken, in Scheiben
600 g Camembert
einige Salatblätter
einige Kräuterblättchen, z. B. Basilikum, Petersilie
12 Baguettebrötchen (je etwa 80 g)
120 g Butter

*Pro Stück:*
E: 25 g, F: 22 g, Kh: 47 g,
kJ: 2047, kcal: 489

**1.** Tomaten abspülen, abtrocknen, halbieren und die Stängelansätze herausschneiden. Gurke abwaschen, abtrocknen und die Enden abschneiden. Anschließend Tomatenhälften und Gurke mit der Schale in Scheiben schneiden.
**2.** Schinken in Streifen, Camembert in Scheiben schneiden. Salatblätter und Kräuterblättchen abspülen und trocken tupfen.
**3.** Die Baguettebrötchen waagerecht halbieren und mit Butter bestreichen.
**4.** Untere Brötchenhälften zuerst mit Salatblättern, dann mit Tomaten-, Gurken-, Camembertscheiben, Schinkenstreifen und Kräuterblättchen belegen und mit den oberen Brötchenhälften bedecken.

## Berliner Buletten-Auflauf

pro Portion 2,00 Euro

12 Portionen

*Zubereitungszeit:* 50 Minuten
*Garzeit:* etwa 35 Minuten

2 mittelgroße Zwiebeln
1,8 kg Gehacktes (halb Rind-, halb Schweinefleisch)
3 Eier (Größe M)
150 g Semmelbrösel
Salz, gem. Pfeffer
5 EL Speiseöl
1 1/2 kg kleine, gekochte Pellkartoffeln
250 g Cocktailtomaten
2 Bund Schnittlauch
600 g Crème fraîche
400 g Schlagsahne
8 Eier (Größe M)
Paprikapulver edelsüß
250 g frisch ger. Gouda

*Pro Portion:*
E: 46 g, F: 66 g, Kh: 35 g,
kJ: 3856, kcal: 923

**1.** Zwiebeln abziehen und in kleine Würfel schneiden. Gehacktes in eine Schüssel geben. Zwiebelwürfel, Eier und Semmelbrösel hinzugeben. Die Zutaten gut vermengen. Mit Salz und Pfeffer würzen.
**2.** Aus der Hackfleischmasse mit angefeuchteten Händen 24 Bällchen (Buletten) formen. Jeweils etwas Speiseöl in einer großen Pfanne erhitzen. Die Fleischbällchen darin portionsweise von allen Seiten etwa 6 Minuten anbraten.
**3.** Den Backofen vorheizen.
*Ober-/Unterhitze:* etwa 180 °C
*Heißluft:* etwa 160 °C
**4.** Die Kartoffeln pellen und je nach Größe halbieren oder vierteln. Tomaten abspülen, abtrocknen und evtl. die Stängelansätze entfernen.
**5.** Fleischbällchen (Buletten) mit den Kartoffeln und Tomaten in einer großen Auflaufform (gefettet) oder Fettfangschale (gefettet) verteilen.
**6.** Schnittlauch abspülen, trocken tupfen und in Röllchen schneiden. Crème fraîche mit Sahne und Eiern verschlagen. Mit Salz, Pfeffer und Paprika würzen. Schnittlauchröllchen unterrühren. Die Eiersahne auf dem Auflauf verteilen. Mit Käse bestreuen.
**7.** Die Form auf dem Rost oder die Fettfangschale in den vorgeheizten Backofen schieben. Den Auflauf etwa 35 Minuten garen.

## Hackröllchen auf Zitronengrasspießen

pro Stück 0,80 Euro

12 Stück

*Zubereitungszeit:* 25 Minuten, ohne Abkühlzeit
*Garzeit:* 16–24 Minuten

1 Schalotte
1 Knoblauchzehe
1 rote Chilischote
4 EL Speiseöl, z. B. Olivenöl
1 feine Bratwurst, ungebrüht
500 g Gehacktes (halb Rind-, halb Schweinefleisch)

1 Eigelb (Größe M)
2–3 EL Semmelbrösel
Salz, gem. Pfeffer
1 TL Paprikapulver rosenscharf
1/2 Bund Koriander

**Außerdem:**
12 Stiele Zitronengras
evtl. 1 Chilischote

*Pro Stück:*
E: 10 g, F: 12 g, Kh: 3 g,
kJ: 680, kcal: 162

**1.** Schalotte und Knoblauch abziehen, in kleine Würfel schneiden. Die Chilischote abspülen, trocken tupfen, entstielen, halbieren, entkernen. Schote ebenfalls klein würfeln.
**2.** Einen Esslöffel des Speiseöls in einer kleinen Pfanne erhitzen. Schalotten-, Knoblauch- und Chiliwürfel darin andünsten. Die Pfanne von der Kochstelle nehmen. Die Schalotten-Chili-Masse abkühlen lassen.
**3.** Bratwurstbrät aus der Pelle drücken. Gehacktes mit dem Bratwurstbrät in eine Schüssel geben. Eigelb, Schalotten-Chili-Masse und Semmelbrösel hinzugeben. Die Zutaten gut verkneten. Die Hackfleischmasse mit Salz, Pfeffer und Paprika würzen.
**4.** Koriander abspülen und trocken tupfen. Die Blättchen von den Stängeln zupfen. Blättchen klein schneiden (etwas Koriander zum Bestreuen beiseitelegen) und unter den Hackfleischteig arbeiten.
**5.** Die Zitronengrasstiele abspülen, abtrocknen und die unteren Enden schräg anschneiden.
**6.** Aus dem Hackfleischteig mit angefeuchteten Händen 12 längliche Röllchen formen und auf die Zitronengrasstiele spießen.
**7.** Hackfleischröllchen in 2–3 Portionen je etwa 8 Minuten von allen Seiten braun braten. Dafür jeweils etwas von dem restlichen Speiseöl in einer großen Pfanne erhitzen.
**8.** Nach Belieben die Chilischote abspülen, trocken tupfen, entstielen und in Ringe schneiden. Die Hackröllchen mit Chiliringen und beiseitegelegtem Koriander bestreuen.

Hackröllchen auf Zitronengrasspießen

pro Portion **0,80** Euro

## Kartoffeln im Glitzerkleid

12 Portionen (ohne Foto)

*Zubereitungszeit:* 40 Minuten
*Garzeit:* etwa 45 Minuten
je Backblech

2 1/2 kg mehligkochende Kartoffeln
(24 mittelgroße Kartoffeln)
2 EL Speiseöl

**Für die Quarkremoulade:**
500 g Speisequark (20 % Fett)
500 g saure Sahne
2 EL Speiseöl
2–3 EL Kräuteressig
1–2 EL mittelscharfer Senf
Salz, gem. weißer Pfeffer
2–3 TL Zucker
4 EL Schnittlauchröllchen
4 hart gekochte Eier
4 mittelgroße Zwiebeln
4 mittelgroße Gewürzgurken

**Außerdem:**
12 große Quadrate Alufolie

*Pro Portion:*
E: 13 g, F: 12 g, Kh: 38 g,
kJ: 1329, kcal: 317

**1.** Den Backofen vorheizen.
*Ober-/Unterhitze:* etwa 180 °C
*Heißluft:* etwa 160 °C
**2.** Die Kartoffeln gründlich unter fließendem kalten Wasser abbürsten, mit Küchenpapier trocken tupfen und auf der breiten Fläche mit einem Messer kreuzweise einritzen.
**3.** Zwölf Alufolienstücke mit Speiseöl bestreichen. Die Kartoffeln einzeln darauflegen und die Folie verschließen, sodass Päckchen entstehen.
**4.** Die Folienpäckchen auf 2 Backbleche legen. Die Backbleche nacheinander (bei Heißluft zusammen) in den vorgeheizten Backofen schieben. Die Kartoffeln etwa 45 Minuten garen.
**5.** Für die Quarkremoulade in der Zwischenzeit Quark, saure Sahne, Speiseöl, Essig, Senf, Salz, Pfeffer und Zucker in eine Schüssel geben und zu einer dicklichen Sauce verrühren. Schnittlauchröllchen unterrühren.
**6.** Eier pellen und in grobe Stücke hacken. Zwiebeln abziehen und in sehr kleine Würfel schneiden. Gurken ebenfalls sehr klein würfeln. Eierstücke, Zwiebel- und Gurkenwürfel vorsichtig unter die Sauce heben.
**7.** Folienpäckchen von den Backblechen nehmen. Die Päckchen leicht andrücken, damit die eingeschnittenen Stellen auf den Kartoffeln aufplatzen.
**8.** Die Folie oben aufschneiden und die Quarkremoulade auf den Kartoffeln in der Folie verteilen.

## Bunte Rohkostplatte mit Schmand-Kräuter-Sauce

pro Portion 1,30 Euro

12 Portionen

*Zubereitungszeit:* 60 Minuten

**Für die Sauce:**
600 g Schmand (Sauerrahm)
5 EL Olivenöl
etwa 125 ml Milch (3,5 % Fett)
75 g TK-Kräutermischung
2–3 EL Kräuteressig
Salz, gem. Pfeffer
Zucker

700 g Staudensellerie
3 Kohlrabi (je etwa 250 g)
600 g Cocktailtomaten
370 g braune Champignons
2 Bund Radieschen

*Pro Portion:*
E: 5 g, F: 17 g, Kh: 7 g,
kJ: 852, kcal: 204

**1.** Für die Sauce Schmand mit Olivenöl, Milch und den gefrorenen Kräutern verrühren, mit Essig, Salz, Pfeffer und Zucker würzen. Die Schmand-Kräuter-Sauce beiseitestellen und durchziehen lassen.
**2.** In der Zwischenzeit Sellerie putzen und die harten Außenfäden abziehen. Selleriestangen abspülen, abtropfen lassen und in mundgerechte Stücke schneiden, dabei dicke Stangen evtl. längs halbieren. Kohlrabi putzen, schälen, abspülen, abtropfen lassen. Kohlrabi zuerst in Scheiben, dann in Stifte schneiden.
**3.** Die Tomaten abspülen, abtrocknen, halbieren und evtl. die Stängelansätze herausschneiden. Champignons putzen, evtl. kurz abspülen und gut trocken tupfen. Champignons in Scheiben schneiden. Die Radieschen putzen und die Wurzelenden abschneiden. Anschließend die Radieschen abspülen, abtrocknen und in Scheiben schneiden.
**4.** Die vorbereiteten Salatzutaten auf einer großen Platte anrichten. Die Schmand-Kräuter-Sauce nochmals mit den Gewürzen abschmecken. Die Sauce auf der bunten Rohkostplatte verteilen.

## Hummus mit Tortilla-Sticks

pro Portion 0,65 Euro

12 Portionen

*Zubereitungszeit:* 25 Minuten, ohne Abkühlzeit

480 g abgetropfte Kichererbsen (aus der Dose)
80 g Tahini (Sesampaste)
6–8 EL Olivenöl, Salz
1–2 TL Paprikapulver rosenscharf
1–2 TL gem. Kreuzkümmel (Cumin)
2–3 EL Zitronensaft
etwa 6 EL kaltes Wasser

**Für die Tortilla-Sticks:**
1 Eigelb (Größe M)
2 EL Milch
2 EL ungeschälte Sesamsamen
3–4 TL Paprikapulver rosenscharf
1–2 TL gem. Kreuzkümmel (Cumin)
6 Tortilla-Weizenmehl-Fladen (Ø je etwa 20 cm)

7 EL Olivenöl
einige Minzeblättchen

*Pro Portion:*
E: 7 g, F: 18 g, Kh: 20 g,
kJ: 1161, kcal: 277

**1.** Die Kichererbsen in ein Sieb geben, mit kaltem Wasser abspülen, gut abtropfen lassen und in einen hohen Rührbecher geben. Tahinipaste, Olivenöl, Salz, Paprika, Kreuzkümmel und Zitronensaft hinzugeben.
**2.** Die Zutaten mit einem Pürierstab fein pürieren. Dabei so viel Wasser unterrühren, bis eine sehr glatte, cremige Masse entstanden ist. Hummus zugedeckt in den Kühlschrank stellen.
**3.** Den Backofengrill vorheizen.
**4.** Für die Tortilla-Sticks das Eigelb mit der Milch verschlagen. Sesam, 2 Teelöffel Paprika und Kreuzkümmel unterrühren.

Bunte Rohkostplatte mit Schmand-Kräuter-Sauce

Hummus mit Tortilla-Sticks

Eisbergsalat mit fruchtigem Dressing

Herzhaft überbackene Rösti

**5.** Die Tortillafladen nebeneinander auf eine Arbeitsplatte legen. Die Fladen auf einer Seite dünn mit der Eiermilch bestreichen. Jeden Fladen in etwa 2 cm breite Streifen schneiden und mit der bestrichenen Seite nach oben auf ein Backblech (mit Backpapier belegt) legen.
**6.** Das Backblech unter den vorgeheizten Backofengrill schieben. Die Sticks kurz goldbraun überbacken.
**7.** Das Backblech auf einen Kuchenrost stellen und die Tortilla-Sticks erkalten lassen.
**8.** Hummus in Portionsschälchen füllen, dabei in der Mitte eine Kuhle bilden und diese mit dem Olivenöl füllen. Den Rand mit dem restlichen Paprika bestreuen und mit abgespülten, trocken getupften Minzeblättchen garnieren. Hummus mit den Tortilla-Sticks anrichten.

## Eisbergsalat mit fruchtigem Dressing

12 Portionen

pro Portion 0,80 Euro

*Zubereitungszeit:* 30 Minuten

500 g Vanilla-Joghurt (3,5 % Fett, aus dem Kühlregal)
250 g Joghurt (3,5 % Fett)
4–5 EL Zitronensaft
3 mittelgroße Eisbergsalate
525 g abgetropfte Mandarinen ohne Zuckerzusatz (aus Dosen)

*Pro Portion:*
E: 3 g, F: 3 g, Kh: 14 g,
kJ: 414, kcal: 99

**1.** Beide Joghurtsorten mit Zitronensaft in eine Salatschüssel geben und mit einem Schneebesen schaumig aufschlagen.
**2.** Von dem Eisbergsalat die äußeren, welken Blätter entfernen. Salatblätter lösen, abspülen, gut abtropfen lassen oder trocken schleudern.
**3.** Salatblätter in mundgerechte Stücke zupfen und zu dem Dressing in die Salatschüssel geben. Mandarinen hinzufügen. Salat und Mandarinen unter das Dressing mischen.

***Tipp:*** Probieren Sie den Salat im Herbst mit Weintrauben.

## Herzhaft überbackene Rösti

12 Portionen

pro Portion 1,25 Euro

*Zubereitungszeit:* 60 Minuten
*Überbackzeit:* etwa 5 Minuten je Backblech

600 g Tomaten
600 g kleine Champignons
300 g Zwiebeln
2 Bund Petersilie
125 ml Speiseöl, z. B. Sonnenblumenöl
36 TK-Kartoffelrösti-Ecken (etwa 2 1/4 kg)
Salz, gem. Pfeffer
12 Scheiben junger Gouda (etwa 360 g)

*Pro Portion:*
E: 13 g, F: 36 g, Kh: 50 g,
kJ: 2437, kcal: 583

**1.** Den Backofen vorheizen.
*Ober-/Unterhitze:* etwa 180 °C
*Heißluft:* etwa 160 °C
**2.** Die Tomaten abspülen, abtropfen lassen, halbieren und die Stängelansätze herausschneiden. Tomaten in Scheiben schneiden. Champignons putzen, evtl. kurz abspülen, gut trocken tupfen und in Scheiben schneiden. Zwiebeln abziehen und würfeln.
**3.** Petersilie abspülen und trocken tupfen. 4 Petersilienstängel zum Garnieren beiseitelegen. Von den restlichen Stängeln die Blättchen abzupfen, Blättchen klein schneiden.
**4.** Jeweils etwas Speiseöl in einer großen Pfanne erhitzen. Die Rösti portionsweise nach Packungsanleitung, jeweils etwa 4 Minuten bei mittlerer Hitze braten. Gebratene Rösti in Dreiergruppen auf 2–3 Backbleche (mit Backpapier belegt) legen, mit Salz und Pfeffer würzen.
**5.** Je eine Dreiergruppe Rösti zuerst mit Tomatenscheiben, dann mit Käsescheiben belegen und nach Belieben nochmals mit etwas Pfeffer bestreuen. Die Backbleche nacheinander (bei Heißluft zusammen) in den vorgeheizten Backofen schieben. Die Rösti etwa 5 Minuten je Backblech überbacken.
**6.** In der Zwischenzeit das restliche Speiseöl in einer Pfanne erhitzen. Die Zwiebelwürfel darin andünsten. Champignonscheiben hinzufügen, unter Rühren bei mittlerer Hitze mitbraten lassen. Champignons mit Salz und Pfeffer würzen.
**7.** Rösti mit den Champignons anrichten, mit der Petersilie bestreuen und den beiseitegelegten Petersilienstängeln garnieren.

Kapitel 08

Rezepte 701–800

# Mehlspeisen

Erdbeer-Crêpes

## Erdbeer-Crêpes

7–8 Stück

*Zubereitungszeit:* 65 Minuten, ohne Ruhezeit

pro Stück 0,60 Euro

**Für die Crêpes:**
100 g Weizenmehl
2 Eier (Größe M)
250 ml Milch (3,5 % Fett)
1 EL Zucker
1 Prise Salz
1 Pck. Dr. Oetker Finesse Geriebene Zitronenschale

**Für die Füllung:**
500 g Erdbeeren
1 Pck. Dr. Oetker Vanillin-Zucker
4 EL Weinbrand
2–3 EL Johannisbeergelee

60 g Butter
30 g gehobelte, geröstete Mandeln
etwas Puderzucker
einige Minzeblättchen

*Pro Stück:*
E: 6 g, F: 12 g, Kh: 26 g,
kJ: 1008, kcal: 241

**1.** Mehl in eine Rührschüssel geben. Eier mit Milch, Zucker, Salz und Zitronenschale verschlagen. Die Eiermilch nach und nach unter Rühren zum Mehl geben. Darauf achten, dass keine Klümpchen entstehen. Den Teig etwa 20 Minuten ruhen lassen.

**2.** Für die Füllung Erdbeeren abspülen, gut abtropfen lassen, entstielen, halbieren und mit Vanillin-Zucker bestreuen.

**3.** Etwas von der Butter in einer Pfanne zerlassen. Den Teig gut durchrühren und eine dünne Teiglage gleichmäßig auf dem Boden der Pfanne verteilen. Crêpe von beiden Seiten goldgelb backen. Bevor der Crêpe gewendet wird, wieder etwas Butter in die Pfanne geben. Crêpe aus der Pfanne nehmen und warm stellen. Aus dem restlichen Teig weitere 6–7 Crêpes auf die gleiche Weise backen.

**4.** Weinbrand mit Gelee in einem Topf unter Rühren erwärmen und vorsichtig unter die Erdbeeren heben.

**5.** Crêpes zur Hälfte mit der Erdbeerfüllung belegen, die nicht belegte Hälfte darüberlegen und nochmals zusammenklappen. Die Erdbeercrêpes mit Mandeln bestreuen, mit Puderzucker bestäuben und mit abgespülten, trocken getupften Minzeblättchen garnieren.

## Früchte-Clafoutis
6 Portionen

*Zubereitungszeit:* 20 Minuten
*Backzeit:* etwa 30 Minuten

pro Portion **0,69** Euro

100 g Weizenmehl
40 g Puderzucker
200 ml Milch (3,5 % Fett)
4 Eier (Größe M)
1 Pck. Dr. Oetker Vanillin-Zucker
175 g abgetropfte Mandarinen (aus der Dose)
300 g TK-Beerenobst
1–2 geh. EL Puderzucker

*Pro Portion:*
E: 8 g, F: 7 g, Kh: 33 g,
kJ: 950, kcal: 227

**1.** Den Backofen vorheizen.
*Ober-/Unterhitze:* etwa 200 °C
*Heißluft:* etwa 180 °C
**2.** Mehl und Puderzucker in einer Rührschüssel vermischen. Milch hinzufügen und mit einem Mixer (Rührstäbe) glatt rühren. Eier und Vanillin-Zucker unterrühren.
**3.** Einen Backrahmen in der Größe von etwa 15 x 20 cm in eine Fettpfanne (gefettet) stellen.
**4.** Die Mandarinen mit dem gefrorenen Beerenobst in dem Backrahmen verteilen. Den Teig daraufgeben. Die Fettpfanne in den vorgeheizten Backofen schieben. Den Clafoutis etwa 30 Minuten goldbraun backen.
**5.** Den Früchte-Clafoutis mit Puderzucker bestäubt lauwarm servieren.

***Tipps:*** Ein Clafoutis ist ein Auflauf aus mit einer Eiermasse überbackenen Früchten. Ursprünglich wurde er mit nicht entsteinten Süßkirschen zubereitet. Der Früchte-Clafoutis schmeckt auch kalt ausgesprochen lecker.

## Hafer-Quark-Keulchen
4 Portionen

*Zubereitungszeit:* 20 Minuten, ohne Ruhezeit

pro Portion **0,40** Euro

2 Eigelb (Größe M)
50 g Zucker
200 g Magerquark
50 g kernige Haferflocken
2 geh. EL Weizenmehl (Type 550)
1 Bio-Zitrone (unbehandelt, ungewachst)
Salz
2 Eiweiß (Größe M)

3 EL Speiseöl, z. B. Sonnenblumenöl

1 EL Puderzucker

*Pro Portion:*
E: 14 g, F: 12 g, Kh: 55 g,
kJ: 1648, kcal: 393

**1.** Eigelb, Zucker, Quark, Haferflocken und Mehl in eine Rührschüssel geben und mit einem Schneebesen oder einem Mixer (Rührstäbe) zu einer cremigen Masse verrühren. Zitrone heiß abwaschen, abtrocknen und die Schale abreiben. Von der Zitronenschale 1 Teelöffel abmessen. Die Zitrone halbieren.
**2.** Von einer Zitronenhälfte den Saft auspressen. Zitronenschale, -saft und 1 Prise Salz unter die Quarkmasse rühren. Eiweiß steif schlagen und unterheben. Den Quarkteig etwa 10 Minuten ruhen lassen.
**3.** Jeweils etwas Speiseöl in einer großen Pfanne erhitzen. Von dem Quarkteig mit einem Esslöffel Teighäufchen abnehmen und in die Pfanne setzen. Die Keulchen portionsweise bei mittlerer Hitze leicht bräunen lassen, danach vorsichtig wenden. Die Quarkkeulchen insgesamt etwa 3 Minuten backen.
**4.** Keulchen auf einer vorgewärmten Platte mit Puderzucker bestäuben und anrichten.

***Tipp:*** Servieren Sie zu den Quark-Keulchen ein Kompott, z. B. Erdbeer-Rhabarber-Kompott.

Früchte-Clafoutis

Hafer-Quark-Keulchen

## Brombeerpfannkuchen mit weißer Schokoladensauce

pro Portion 1,31 Euro

4 Portionen

*Zubereitungszeit:* 25 Minuten
*Backzeit:* etwa 15 Minuten

**Für die Schokoladensauce:**
50 g weiße Kuvertüre
100 g Schlagsahne

**Für den Pfannkuchen:**
125 g Brombeeren
125 ml Milch (3,5 % Fett)
2 Eigelb (Größe M)
30 g zerlassene, abgekühlte Butter
80 g Weizenmehl
1/2 Vanilleschote
2 Eiweiß (Größe M)
1 Prise Salz
1 EL Zucker

1 geh. EL Butter

**Zum Bestäuben:**
etwas Puderzucker

**Zum Garnieren:**
einige Zitronenverbene- oder Minzeblättchen

*Pro Portion:*
E: 8 g, F: 26 g, Kh: 30 g,
kJ: 1651, kcal: 394

**1.** Für die Sauce Kuvertüre in grobe Stücke hacken. Die Sahne in einem kleinen Topf bei mittlerer Hitze erwärmen (nicht kochen). Den Topf von der Kochstelle nehmen. Die Kuvertürestücke in der Sahne unter Rühren schmelzen.
**2.** Den Backofen vorheizen.
*Ober-/Unterhitze:* etwa 180 °C
*Heißluft:* etwa 160 °C
**3.** Für den Pfannkuchen Brombeeren abspülen, trocken tupfen und evtl. entstielen. Milch mit Eigelb und Butter verrühren. Mehl nach und nach mit einem Schneebesen unter die Eigelbmilch rühren. Die Vanilleschote aufschneiden, das Mark herauskratzen und unter den Teig rühren.
**4.** Eiweiß mit Salz steif schlagen. Zucker nach und nach unter den Eischnee schlagen und so lange schlagen, bis der Eischnee stark glänzt. Den Eischnee vorsichtig unter den Teig heben.
**5.** Butter in einer feuerfesten Pfanne (Ø 28 cm) zerlassen. Den Teig hineingeben und Brombeeren (einige Brombeeren zum Garnieren beiseitelegen) darauf verteilen. Die Pfanne auf dem Rost in den vorgeheizten Backofen schieben und den Pfannkuchen etwa 15 Minuten backen.
**6.** Die Pfanne aus dem Backofen nehmen. Den Pfannkuchen vorsichtig auf einen großen Teller stürzen, sofort in gleich große Tortenstücke schneiden und auf Desserttellern anrichten. Die Pfannkuchenstücke mit Puderzucker bestäuben.
**7.** Die warme oder kalte Schokoladensauce an oder auf den Pfannkuchen gießen. Den Pfannkuchen mit den beiseitegelegten Brombeeren und mit abgespülten, trocken getupften Zitronenverbene- oder Minzeblättchen garnieren.

## Biskuit-Omeletts mit Traubenfüllung

9 Stück

*Zubereitungszeit:* 35 Minuten, ohne Kühlzeit
*Backzeit:* etwa 12 Minuten je Backblech

pro Stück 0,34 Euro

**Für den Biskuitteig:**
3 Eier (Größe M)
1 Eigelb (Größe M)
50 g Zucker
1 Pck. Dr. Oetker Vanillin-Zucker
60 g Weizenmehl
1 gestr. TL Dr. Oetker Backin

**Für die Füllung:**
4 Blatt weiße Gelatine
200 g körniger Frischkäse (3,9 % Fett)
250 g Magerquark

Brombeerpfannkuchen mit weißer Schokoladensauce

Biskuit-Omeletts mit Traubenfüllung

4 EL Ahornsirup oder flüssiger Honig
je 50 g kernlose, grüne und blaue Weintrauben

2 EL Puderzucker (10–15 g)

*Pro Stück:*
E: 11 g, F: 4 g, Kh: 22 g,
kJ: 686, kcal: 164

**1.** Den Backofen vorheizen.
*Ober-/Unterhitze:* etwa 200 °C
*Heißluft:* etwa 180 °C
**2.** Für den Teig Eier und Eigelb mit einem Mixer (Rührstäbe) auf höchster Stufe in etwa 1 Minute schaumig schlagen. Den Zucker und Vanillin-Zucker mischen, in etwa 1 Minute einstreuen, dann noch etwa 2 Minuten schlagen. Mehl mit Backpulver mischen, auf die Eiercreme geben und kurz auf niedrigster Stufe unterrühren.
**3.** Aus dem Teig 9 runde Platten (Ø etwa 10 cm) auf Backbleche (mit Backpapier belegt) streichen. Die Backbleche nacheinander (bei Heißluft zusammen) in den vorgeheizten Backofen schieben. Die kleinen Biskuitplatten etwa 12 Minuten je Backblech backen.
**4.** Die Biskuitplatten sofort auf Backpapier stürzen. 3–5 Minuten nach dem Backen das mitgebackene Backpapier abziehen. Die einzelnen Biskuitplatten jeweils zur Hälfte überklappen.
**5.** Für die Füllung Gelatine nach Packungsanleitung einweichen, leicht ausdrücken. Die ausgedrückte Gelatine in einem kleinen Topf bei schwacher Hitze unter Rühren auflösen. Körnigen Frischkäse, Quark und Ahornsirup oder Honig verrühren. Die Gelatine mit etwa 4 Esslöffeln von der Käsecreme verrühren, dann mit der restlichen Käsecreme verrühren. Die Creme zugedeckt etwa 30 Minuten in den Kühlschrank stellen.
**6.** Weintrauben abspülen, abtropfen lassen, entstielen und trocken tupfen. Weintrauben je nach Größe längs halbieren oder vierteln. Weintrauben unter die Käsecreme heben.
**7.** Die Creme nochmals zugedeckt etwa 30 Minuten in den Kühlschrank stellen, Creme fest werden lassen.
**8.** Die Omeletts mit der Käse-Weintrauben-Creme füllen. Die Oberfläche mit Puderzucker bestäuben. Die Biskuit-Omeletts sofort servieren, oder bis zum Servieren zugedeckt in den Kühlschrank stellen.

Blaubeer-Ricotta-Pancakes

## Blaubeer-Ricotta-Pancakes

6 Stück

pro Stück 0,48 Euro

*Zubereitungszeit:* 30 Minuten
*Garzeit:* etwa 15 Minuten

50 g Blaubeeren (Heidelbeeren)
50 g griechischer Joghurt (10 % Fett)
1/2 Pck. Dr. Oetker Bourbon-Vanille-Zucker

**Für den Pancakes-Teig:**
1/4 TL fein abgeriebene Schale von 1 Bio-Zitrone (unbehandelt, ungewachst)
65 g Ricotta (ital. Frischkäse)
15 g Zucker
1 Eigelb (Größe S)
1 Prise Salz
30 g Weizenmehl
1/2 gestr. TL Weinstein Backpulver
40 ml Milch
1 Eiweiß (Größe S)
etwa 1 EL Butter
etwas Puderzucker
75 ml Ahornsirup

*Pro Stück:*
E: 3 g, F: 7 g, Kh: 17 g,
kJ: 595, kcal: 141

**1.** Blaubeeren verlesen, abspülen und abtropfen lassen. Joghurt mit Vanille-Zucker verrühren.
**2.** Für den Teig Zitronenschale, Ricotta, die Hälfte des Zuckers, Eigelb und Salz in einer Rührschüssel glatt rühren. Das Mehl mit Backpulver mischen, mit der Milch kurz und sorgfältig unter die Ricottamasse rühren. Eiweiß mit restlichem Zucker steif schlagen und unter den Teig heben.
**3.** Einen halben Teelöffel Butter in einer beschichteten Pfanne zerlassen. 3 Pancakes darin backen. Dazu je Pancake 3–4 Esslöffel Teig in die Pfanne geben und etwa 4 Minuten bei schwacher bis mittlerer Hitze backen, bis der Teig etwas fest geworden ist. Die Hälfte der Blaubeeren darauf verteilen.
**4.** Die Pancakes am besten mit einer Palette wenden. Einen weiteren halben Teelöffel Butter hinzugeben. Die Pancakes noch 3–4 Minuten backen. Aus dem Teig 6 Pancakes backen.
**5.** Die Pancakes erst kurz vor dem Servieren mit Puderzucker bestäuben. Ahornsirup und Joghurt dazureichen.

Apfelpfannkuchen

Auflauf vom Kaiserschmarren

## Apfelpfannkuchen
4 Portionen

*Zubereitungszeit:* 50 Minuten, ohne Ruhezeit

pro Portion 1,00 Euro

250 g Weizenmehl
4 Eier (Größe M)
500 ml Milch (3,5 % Fett)
1 EL Zucker
Salz
3 EL zerlassene Butter
4 säuerliche Äpfel, z. B. Boskop
4 EL Butterschmalz

**Zum Bestreuen:**
40 g Zucker oder Zucker und Zimt gemischt

*Pro Portion:*
E: 17 g, F: 43 g, Kh: 75 g,
kJ: 3234, kcal: 773

**1.** Mehl in eine Rührschüssel geben. Eier mit Milch, Zucker und Salz verschlagen. Die Eiermilch nach und nach unter Rühren zum Mehl geben. Darauf achten, dass keine Klümpchen entstehen. Zuletzt die zerlassene Butter unterrühren. Den Teig zugedeckt etwa 20 Minuten ruhen lassen.
**2.** In der Zwischenzeit die Äpfel schälen und das Kerngehäuse jeweils mit einem Apfelausstecher ausstechen. Äpfel in dünne Scheiben schneiden.
**3.** Einen halben Esslöffel Butterschmalz in einer großen Pfanne erhitzen. $1/8$ der Apfelscheiben darin fast weich dünsten, $1/8$ Teig darübergießen, stocken lassen, dabei immer wieder den Teig vom Boden lösen. Den Pfannkuchen wenden und fertig backen. Auf diese Weise insgesamt 8 Pfannkuchen zubereiten und warm halten.
**4.** Die Pfannkuchen nach Belieben mit Zucker oder Zimt-Zucker bestreuen.

## Auflauf vom Kaiserschmarren

6 Portionen

*Zubereitungszeit:* 30 Minuten
*Backzeit:* etwa 35 Minuten

**Für den Kaiserschmarren:**
150 ml Milch (3,5 % Fett)
2 Eier (Größe M)
1 Pck. Kaiserschmarren nach klassischer Art (Süße Mahlzeit)
25 g Margarine
185 g entsteinte Pflaumen (aus dem Glas)

pro Portion 0,83 Euro

**Für den Belag:**
125 g Magerquark
40 g Zucker
25 ml Milch
1 Eigelb (Größe M)
1 Eiweiß (Größe M)
25 g gehobelte Mandeln

**Für die Sauce:**
125 ml Pflaumensaft (aus dem Glas)
125 ml Apfelsaft
1 geh. TL Speisestärke
etwas gem. Zimt

1 EL Puderzucker

*Pro Portion:*
E: 11 g, F: 12 g, Kh: 42 g,
kJ: 1332, kcal: 317

**1.** Für den Kaiserschmarren Milch mit den Eiern und dem Kaiserschmarrenpulver nach Packungsanleitung verrühren. Margarine in einer Pfanne zerlassen, den Kaiserschmarren nach Packungsanleitung zubereiten.
**2.** Den Backofen vorheizen.
*Ober-/Unterhitze:* etwa 200 °C
*Heißluft:* etwa 180 °C
**3.** Von den Pflaumen den Saft auffangen und 125 ml davon abmessen.
**4.** Den fertigen Kaiserschmarren mit den Pflaumen in eine flache Auflaufform (gefettet) geben.
**5.** Für den Belag Quark mit Zucker, Milch und Eigelb verrühren. Eiweiß steif schlagen und vorsichtig unter die Quarkmasse ziehen, auf dem Kaiserschmarren verteilen. Den Auflauf mit Mandeln bestreuen. Die Form auf dem Rost in den vorgeheizten Backofen schieben. Den Auflauf etwa 35 Minuten backen.
**6.** Für die Sauce Pflaumen- und Apfelsaft in einem Topf mit der Speisestärke anrühren und unter ständigem Rühren kurz aufkochen lassen. Die Sauce mit Zimt abschmecken.
**7.** Den Auflauf nach dem Backen mit Puderzucker bestäuben und mit der Sauce sofort servieren.

## Maronenpuffer mit Weintrauben

4 Portionen

*Zubereitungszeit:* 40 Minuten, ohne Quellzeit

pro Portion 2,49 Euro

285 g abgetropfte, ganze Esskastanien (Maronen, aus der Dose)
250 g Schlagsahne
3 Eier (Größe M)
1 Pck. Dr. Oetker Bourbon-Vanille-Zucker
20 g Zucker
100 g Weizenmehl
500 g grüne und blaue Weintrauben
40 g Butterschmalz
70 g gehobelte Mandeln
etwas Puderzucker

*Pro Portion:*
E: 16 g, F: 46 g, Kh: 81 g,
kJ: 3528, kcal: 842

**1.** Maronen, Sahne, Eier, Vanille-Zucker, Zucker und Mehl in eine hohe Rührschüssel geben und mit einem Pürierstab pürieren. Den Teig etwa 10 Minuten ausquellen lassen.
**2.** Weintrauben abspülen, trocken tupfen, halbieren und entkernen.
**3.** Etwas Butterschmalz in einer Pfanne erhitzen. Einige Mandeln in der Pfanne verteilen, 2 Esslöffel Maronenteig daraufgeben und mit einigen Mandeln bestreuen. Den Puffer bei mittlerer Hitze etwa 2 Minuten backen, bis der Teig zu stocken beginnt. Die Maronenpuffer wenden und von der anderen Seite goldbraun backen.
**4.** Aus dem restlichen Teig weitere 11 Puffer auf die gleiche Weise backen.
**5.** Die Puffer mit den Trauben anrichten und mit Puderzucker bestäuben.

## Apfelküchle

20 Stück

*Zubereitungszeit:* 60 Minuten, ohne Ruhezeit

pro Stück 0,21 Euro

4 mittelgroße Äpfel
2 EL Zitronensaft
1 TL Zucker
1 Prise gem. Zimt

**Für den Teig:**
125 g Weizenmehl
1 Prise Salz
25 g Zucker
2 Eigelb (Größe M)
125 ml helles Bier
1 EL Speiseöl, z. B. Sonnenblumenöl
2 Eiweiß (Größe M)

etwa 1 1/2 l Speiseöl, z. B. Sonnenblumenöl
etwa 75 g Zucker
1 gestr. TL gem. Zimt

*Pro Stück:*
E: 1 g, F: 4 g, Kh: 11 g,
kJ: 356, kcal: 85

**1.** Äpfel schälen und mit einem Apfelausstecher das Kerngehäuse entfernen. Äpfel in etwa 1 cm dicke Scheiben schneiden und nebeneinander auf einen großen Teller legen. Zitronensaft mit Zucker und Zimt verrühren. Die Apfelscheiben damit bestreichen und etwa 15 Minuten ziehen lassen.
**2.** Für den Teig in der Zwischenzeit Mehl in eine Rührschüssel geben. Salz, Zucker und Eigelb hinzufügen. Die Zutaten mit einem Mixer (Rührstäbe) verrühren. Nach und nach Bier und Speiseöl unterrühren. Den Teig etwa 15 Minuten ruhen lassen. Das Eiweiß steif schlagen und unter den Teig heben.
**3.** Speiseöl in einem hohen Topf oder in einer Fritteuse auf etwa 180 °C erhitzen. Die Apfelscheiben mithilfe einer Gabel durch den Teig ziehen, am Schüsselrand abstreifen und schwimmend in dem siedenden Speiseöl von jeder Seite 2–3 Minuten goldgelb ausbacken.
**4.** Apfelküchle mit einem Schaumlöffel herausnehmen und auf einem mit Küchenpapier belegten Kuchenrost abtropfen lassen.
**5.** Zucker und Zimt in einem tiefen Teller mischen. Die heißen Apfelküchle darin wälzen und noch warm servieren.

Maronenpuffer mit Weintrauben

Apfelküchle

## Reiscreme mit Schokolade

4 Portionen

*Zubereitungszeit:* 30 Minuten, ohne Quell- und Kühlzeit

250 ml Milch (3,5 % Fett)
1 EL Butter
1 EL Zucker
Salz
1 Pck. Dr. Oetker Vanillin-Zucker
75 g Milchreis (Rundkornreis)
2 Blatt weiße Gelatine
50 g Zartbitter-Schokolade
145 g abgetropfter Fruchtcocktail (aus der Dose)
1–2 EL brauner Rum
100 g Schlagsahne

pro Portion 0,62 Euro

*Pro Portion:*
E: 5 g, F: 18 g, Kh: 33 g,
kJ: 1402, kcal: 335

**1.** Milch mit Butter, Zucker, Salz und Vanillin-Zucker in einem Topf zum Kochen bringen. Reis hinzugeben und unter Rühren aufkochen lassen. Den Reis zugedeckt bei schwacher Hitze etwa 30 Minuten ausquellen lassen, dabei gelegentlich umrühren.
**2.** Gelatine nach Packungsanleitung einweichen. Schokolade raspeln. Gelatine leicht ausdrücken und unter Rühren in dem heißen Reis auflösen.
**3.** Fruchtcocktail mit der geraspelten Schokolade unter den Reis heben.
**4.** Reiscreme mit Rum abschmecken, abkühlen lassen und zugedeckt in den Kühlschrank stellen.
**5.** Die Sahne steif schlagen und unter den erkalteten Reis heben. Den Reis in Dessertschälchen servieren.

## Schichtkäsestrudel

8 Portionen

*Zubereitungszeit:* 45 Minuten, ohne Ruhe- und Kühlzeit
*Backzeit:* 45–55 Minuten

**Für den Teig:**
250 g Weizenmehl
1 Prise Salz
125 ml lauwarmes Wasser
5 EL neutrales Speiseöl

pro Portion 0,73 Euro

**Für die Füllung:**
130 g Butter
1 Pck. Dr. Oetker Vanillin-Zucker
120 g brauner Zucker (Kandisfarin)
1/2 TL gem. Zimt
30 g Hartweizengrieß
100 g Semmelbrösel
100 g gestiftelte Mandeln
800 g Schichtkäse oder Speisequark (20 % Fett)

20 g Butter (zimmerwarm)

*Pro Portion:*
E: 19 g, F: 34 g, Kh: 54 g,
kJ: 2511, kcal: 600

**1.** Für den Teig Mehl in eine Rührschüssel geben, Salz, Wasser und Speiseöl hinzufügen. Zutaten mit einem Mixer (Knethaken) zunächst kurz auf niedrigster, dann auf höchster Stufe gut durcharbeiten. Anschließend auf einer bemehlten Arbeitsfläche zu einem glatten Teig verkneten. Den Teig auf Backpapier in einen heißen, trockenen Kochtopf (vorher Wasser darin kochen) legen, mit einem Deckel verschließen. Den Teig etwa 30 Minuten ruhen lassen.
**2.** Für die Füllung 70 g Butter zerlassen und etwas abkühlen lassen. Vanillin-Zucker, Zucker, Zimt, Grieß, Semmelbrösel und Mandeln mischen, lauwarme Butter untermischen.
**3.** Den Backofen vorheizen.
*Ober-/Unterhitze:* etwa 200 °C
*Heißluft:* etwa 180 °C
**4.** Den Teig auf einem bemehlten großen Tuch (Geschirrtuch) ausrollen und dünn mit etwas von der restlichen Butter bestreichen. Den Teig anheben und über den Handrücken zu einem Rechteck (etwa 50 x 70 cm) ausziehen. Teig muss durchsichtig sein. Restliche Butter zerlassen und lauwarm auf den Teig streichen. Die Semmelbrösel-Zucker-Mischung auf das untere Teigdrittel streuen, dabei

Reiscreme mit Schokolade

Schichtkäsestrudel

Pancakes

Mäuschen mit Aprikosenmark

an den Kanten einen etwa 2 cm breiten Rand frei lassen. Schichtkäse oder Quark mit einem Teelöffel abstechen und darauf verteilen.

**5.** Den Strudel mithilfe des Tuches von der gefüllten, kurzen Seite her aufrollen. Strudel auf ein Backblech (mit Backpapier belegt) legen. Teigenden unter den Strudel legen. Butter zerlassen und auf den Strudel streichen. Das Backblech in den vorgeheizten Backofen schieben. Den Strudel 45–55 Minuten backen.

## Pancakes

pro Portion 0,34 Euro

2 Portionen (8 Stück)

*Zubereitungszeit:* 20 Minuten

**Für den Teig:**
100 g Weizenmehl
1 gestr. TL Dr. Oetker Backin
1 EL Zucker
1 Prise Salz
1 Ei (Größe M)
75 g Joghurt (3,5 % Fett)

2 EL Speiseöl, z. B. Sonnenblumenöl
1–2 EL Ahornsirup

*Pro Portion:*
E: 10 g, F: 15 g, Kh: 53 g,
kJ: 1636, kcal: 390

**1.** Für den Teig Mehl und Backpulver in einer Rührschüssel mischen. Zucker, Salz, Ei und Joghurt hinzufügen. Die Zutaten mit einem Mixer (Rührstäbe) auf höchster Stufe in etwa 2 Minuten zu einem glatten Teig verarbeiten.

**2.** Aus dem Teig nacheinander 8 Pancakes backen. Dafür die Hälfte des Speiseöls in einer beschichteten Pfanne erhitzen. Zunächst 4 Pancakes backen, dafür pro Pancake 1 Esslöffel Teig in die Pfanne geben und etwas verstreichen. Pancakes bei mittlerer Hitze von beiden Seiten etwa 3 Minuten goldbraun backen. Pancakes herausnehmen. Restliches Speiseöl in die Pfanne geben und die restlichen Pancakes ebenso backen.

**3.** Ahornsirup auf einem Teller verteilen. Die Pancakes darauf anrichten.

## Mäuschen mit Aprikosenmark

4 Portionen

*Zubereitungszeit:* 45 Minuten, ohne Ruhezeit

etwa 50 frische Salbeiblätter

**Für das Aprikosenmark:**
480 g Aprikosenhälften (aus der Dose)
3 EL Aprikosensaft (aus der Dose)

**Für den Teig:**
150 g Weizenmehl
1 Prise Salz
2 Eigelb (Größe M)
250 ml Sekt
2 Eiweiß (Größe M)

500–750 g Butterschmalz
3–4 EL Puderzucker

pro Portion 1,91 Euro

*Pro Portion:*
E: 6 g, F: 8 g, Kh: 48 g,
kJ: 1344, kcal: 322

**1.** Salbeiblätter abspülen, trocken tupfen und auf Geschirrtüchern ausbreiten.

**2.** Für das Aprikosenmark von den Aprikosenhälften den Saft auffangen und 3 Esslöffel Saft abmessen. Aprikosenhälften mit dem Saft pürieren und in den Kühlschrank stellen.

**3.** Für den Teig Mehl in eine Rührschüssel geben, mit Salz, Eigelb und Sekt verrühren. Den Teig etwa 30 Minuten ruhen lassen. Dann Eiweiß steif schlagen und unter den Teig ziehen.

**4.** Butterschmalz in einem kleinen Topf oder in der Fritteuse auf etwa 180 °C erhitzen. Die Salbeiblätter in den Teig tauchen, am Schüsselrand abstreifen und dann in dem heißen Ausbackfett etwa 2 Minuten goldbraun frittieren, dabei einmal wenden.

**5.** Die Mäuschen mit einem Schaumlöffel herausnehmen und auf Küchenpapier abtropfen lassen.

**6.** Die Mäuschen mit Puderzucker bestäuben und heiß mit dem kalten Aprikosenmark servieren.

Zwetschenknödel

Scheiterhaufen mit Glühwein

## Zwetschenknödel

10 Portionen

*Zubereitungszeit:* 50 Minuten, ohne Abkühlzeit
*Garzeit:* etwa 35 Minuten

**Für die Knödel:**
700 g mehligkochende Kartoffeln
Salz
40 g Butter
160 g Weizenmehl
60 g Hartweizengrieß
1 Eigelb (Größe M)
20 Zwetschen
20 Stück Würfelzucker

pro Portion 0,38 Euro

**Für die Bröselmasse:**
80 g Butter
100 g Semmelbrösel
abgeriebene Schale von 1/2 Bio-Orange (unbehandelt, ungewachst)
abgeriebene Schale von 1/2 Bio-Zitrone (unbehandelt, ungewachst)
50 g Zucker
1 TL Dr. Oetker Vanillin-Zucker

*Pro Portion:*
E: 5 g, F: 11 g, Kh: 48 g,
kJ: 1349, kcal: 322

**1.** Für die Knödel Kartoffeln gründlich waschen, knapp mit Wasser bedeckt zum Kochen bringen, Salz hinzugeben. Die Kartoffeln zugedeckt in 20–25 Minuten gar kochen.

**2.** Den Backofen vorheizen.
*Ober-/Unterhitze:* etwa 200 °C
*Heißluft:* etwa 180 °C

**3.** Anschließend die Kartoffeln abgießen, auf einem Backblech verteilen und im vorgeheizten Backofen etwa 10 Minuten abdampfen lassen.

**4.** Das Backblech aus dem Backofen nehmen. Kartoffeln etwas abkühlen lassen, pellen und sofort durch eine Kartoffelpresse in eine Schüssel drücken. Butter, Mehl, Hartweizengrieß, Eigelb und 1 Prise Salz hinzugeben. Die Zutaten zu einem Teig verkneten und beiseitestellen.

**5.** Zwetschen abspülen, abtropfen lassen, längs aufschneiden und die Steine entfernen. In jede Zwetsche ein Stück Würfelzucker drücken.

**6.** Den beiseitegestellten Teig zu einer Rolle formen und in 20 Scheiben schneiden. Die Teigscheiben flach drücken, mit je 1 Zwetsche belegen, zu einem Knödel formen.

**7.** Dann die Knödel in kochendem Salzwasser etwa 10 Minuten gar ziehen lassen. Das Wasser sollte nicht sprudelnd kochen.

**8.** Für die Bröselmasse Butter in einer Pfanne zerlassen, Semmelbrösel darin unter Rühren leicht anrösten. Die Orangen- und Zitronenschale hinzugeben, Zucker und Vanillin-Zucker untermischen.

**9.** Die Knödel mit einer Schaumkelle aus dem Salzwasser nehmen, gut abtropfen lassen und in den Bröseln wälzen.

## Scheiterhaufen mit Glühwein

6 Portionen

*Zubereitungszeit:* 35 Minuten
*Backzeit:* etwa 10 Minuten

2 EL Butterschmalz
6 Scheiben Weißbrot
100 g Preiselbeerkonfitüre (aus dem Glas)
250 ml heißer Glühwein
4 Eier (Größe M)
50 g Puderzucker
1 EL Weizenmehl
1 EL Puderzucker

pro Portion 0,61 Euro

*Pro Portion:*
E: 8 g, F: 10 g, Kh: 39 g,
kJ: 1318, kcal: 315

**1.** Schmalz in einer Pfanne erhitzen. Die Brotscheiben darin von beiden Seiten goldgelb backen.

**2.** Drei Brotscheiben in eine Auflaufform (gefettet) legen, Preiselbeerkonfitüre auf den Brotscheiben verteilen, dann die restlichen Brotscheiben darauflegen.

**3.** Glühwein darübergießen, bis die Brotscheiben vollgesogen sind.

**4.** Den Backofen vorheizen.
*Ober-/Unterhitze:* etwa 180 °C
*Heißluft:* etwa 160 °C

**5.** Eier trennen, Eiweiß und Puderzucker mit einem Mixer (Rührstäbe) steif schlagen. Eigelb in einer Rührschüssel mit dem Mixer (Rührstäbe) aufschlagen. Den Eischnee vorsichtig unter die Eigelbmasse rühren. Mehl unterheben.

**6.** Mit einem Teigschaber kleine Häufchen auf die Brotscheiben geben, sodass sie ganz bedeckt sind. Die Form auf dem Rost in den vorgeheizten Backofen schieben. Den Auflauf etwa 10 Minuten backen.

**7.** Den Scheiterhaufen mit Puderzucker bestäuben und servieren.

## Spekulatiuswaffeln

7 Stück

*Zubereitungszeit:* 30 Minuten

200 g Gewürz-Spekulatius
75 g Weizenmehl
1/2 TL Dr. Oetker Backin
50 g gem. Mandeln
75 g Butter oder Margarine (zimmerwarm)
75 g flüssiger Honig
4 Eier (Größe M)
100 ml Milch (3,5 % Fett)
75 g gehobelte Mandeln

pro Stück 0,63 Euro

*Pro Stück:*
E: 11 g, F: 30 g, Kh: 34 g,
kJ: 1877, kcal: 448

**1.** Spekulatius evtl. portionsweise in einen Gefrierbeutel geben, den Beutel fest verschließen. Spekulatius mit einer Teigrolle fein zerbröseln.

**2.** Mehl mit Backpulver in einer Rührschüssel mischen. Mandeln, Butter oder Margarine, Honig, Eier, Milch und die Spekulatiusbrösel hinzufügen und mit einem Mixer (Rührstäbe) zunächst kurz auf niedrigster, dann auf höchster Stufe in etwa 2 Minuten zu einem glatten Teig verarbeiten.

**3.** Jeweils 1 Esslöffel Mandeln in ein gut erhitztes, gefettetes Waffeleisen füllen, 2 Esslöffel Teig daraufgeben und verstreichen. Die Waffeln goldbraun backen, mit einer Gabel oder einem Pfannenwender herausnehmen und einzeln auf einem Kuchenrost erkalten lassen.

## Schoko-Kirsch-Crumble

4 Portionen

*Zubereitungszeit:* 30 Minuten, ohne Kühlzeit
*Backzeit:* 35–40 Minuten

**Für die Streusel:**
100 g Butter
20 g gem. Mandeln
125 g Weizenmehl
75 g brauner Zucker
1/4 gestr. TL Salz

pro Portion 0,66 Euro

500 g Sauerkirschen
30 g Zartbitter-Schokolade
125 ml Kirschsaft
1 TL gem. Piment (Nelkenpfeffer)
1 gestr. EL Speisestärke
1 TL Puderzucker

*Pro Portion:*
E: 6 g, F: 28 g, Kh: 62 g,
kJ: 2229, kcal: 533

**1.** Für die Streusel Butter zerlassen. Mandeln, Mehl, 25 g des Zuckers, Salz und die zerlassene Butter in eine Rührschüssel geben. Die Zutaten mit einem Mixer (Rührstäbe) zu Streuseln von gewünschter Größe verarbeiten. Die Streusel etwa 30 Minuten in den Kühlschrank stellen.

**2.** Die Kirschen abspülen, abtropfen lassen, entstielen und entsteinen. Schokolade fein hacken.

**3.** Den Backofen vorheizen.
*Ober-/Unterhitze:* etwa 180 °C
*Heißluft:* etwa 160 °C

**4.** Kirschsaft mit Piment und restlichem Zucker in einem Topf zum Kochen bringen. Speisestärke mit etwas Wasser anrühren, in den von der Kochstelle genommenen Kirschsaft rühren und unter Rühren aufkochen lassen. Dann den Topf von der Kochstelle nehmen. Schokolade hinzugeben und unter Rühren schmelzen. Die Kirschen unterrühren.

**5.** Kirschkompott in 4 feuerfeste Förmchen (je etwa 250 ml Inhalt, gefettet) bis etwa 2 cm unter dem Rand füllen. Anschließend die Streusel darauf verteilen.

**6.** Die Förmchen auf dem Rost in den vorgeheizten Backofen schieben. Crumbles 35–40 Minuten goldbraun backen.

**7.** Crumbles mit Puderzucker bestäuben und servieren.

Spekulatiuswaffeln

Schoko-Kirsch-Crumble

## Wiener Apfelstrudel

12 Stücke

*Zubereitungszeit:* 50 Minuten, ohne Ruhezeit
*Backzeit:* etwa 50 Minuten

pro Stück 0,52 Euro

**Für den Strudelteig:**
200 g Weizenmehl
1 Prise Salz
75 ml lauwarmes Wasser
50 g zerlassene Butter oder Margarine oder 3 EL Speiseöl, z. B. Sonnenblumenöl

50 g Semmelbrösel

**Für die Füllung:**
1–1 1/2 kg Äpfel, z. B. Cox Orange, Elstar
3 Tropfen Zitronen-Aroma
75 g Butter oder Margarine
50 g Rosinen
100 g Zucker
1 Pck. Dr. Oetker Vanillin-Zucker
50 g gem. oder gehackte Mandeln

*Pro Stück:*
E: 4 g, F: 12 g, Kh: 38 g,
kJ: 1150, kcal: 274

**1.** Für den Teig das Mehl in eine Rührschüssel geben. Restliche Teigzutaten hinzufügen und mit einem Mixer (Knethaken) zunächst kurz auf niedrigster, dann auf höchster Stufe zu einem glatten Teig verarbeiten. In einem kleinen Topf Wasser kochen, das Wasser ausgießen und den Topf abtrocknen.

**2.** Den Teig auf Backpapier in den heißen Topf legen. Den Topf mit dem Deckel verschließen und den Teig 30 Minuten ruhen lassen. Die Semmelbrösel in einer Pfanne ohne Fett unter Rühren goldbraun rösten und auf einen Teller geben.

**3.** Den Backofen vorheizen.
*Ober-/Unterhitze:* etwa 180 °C
*Heißluft:* etwa 160 °C

**4.** Für die Füllung Äpfel schälen, vierteln, entkernen und in feine Stifte schneiden. Das Aroma untermischen. Butter oder Margarine zerlassen. Den Teig halbieren und jede Teighälfte auf einem großen bemehlten Geschirrtuch ausrollen.

**5.** Die beiden Teige dünn mit etwas von dem Fett bestreichen, dann mit den Händen zu jeweils einem Rechteck (etwa 35 x 25 cm) ausziehen. Die Ränder, wenn sie dicker sind, abschneiden. Zwei Drittel des Fettes auf den Teigplatten verstreichen, Semmelbrösel daraufstreuen (an den Seiten etwa 2 cm Rand frei lassen).

**6.** Nacheinander Apfelstifte, Rosinen, Zucker, Vanillin-Zucker und Mandeln darauf verteilen. Die frei gelassenen Teigränder der kurzen Seiten auf die Füllung klappen. Die Teigplatten mithilfe des Tuches von der längeren Seite her aufrollen und an den Enden gut zusammendrücken.

**7.** Die Strudel mit der Naht nach unten auf ein Backblech (gefettet) legen, mit etwas Fett bestreichen. Das Backblech in den vorgeheizten Backofen (unteres Drittel) schieben. Die Strudel etwa 50 Minuten backen.

**8.** Nach etwa 30 Minuten Backzeit die Strudel mit dem restlichen Fett bestreichen.

**9.** Das Backblech auf einen Kuchenrost stellen. Die Strudel darauf erkalten lassen oder warm servieren.

## Türkische Eierpfannkuchen

2 große Portionen

*Zubereitungszeit:* 30 Minuten, ohne Durchziehzeit

pro Portion 1,05 Euro

**Für den Teig:**
85 g Weizenmehl
125 ml Milch (3,5 % Fett)
1 Eigelb (Größe M)
1 Prise Salz
1 Prise gem. Ingwer
1 TL Zucker
1 Eiweiß (Größe M)

**Für den Erdbeerjoghurt:**
125 g Erdbeeren
1/2–1 EL Zucker
1 EL Weinbrand
2 EL (70 g) Joghurt (3,5 % Fett)
1 EL gestiftelte Mandeln
1 EL gehackte Haselnusskerne
1–2 TL gehackte Pistazienkerne
evtl. etwas Zucker

1–2 EL Sonnenblumenöl

*Pro Portion:*
E: 14 g, F: 25 g, Kh: 48 g,
kJ: 2075, kcal: 496

**1.** Für den Teig das Mehl in eine Rührschüssel geben, mit Milch, Eigelb,

Türkische Eierpfannkuchen

Süßer Kartoffelstrudel

Salz, Ingwer und Zucker zu einem glatten Teig verrühren. Dabei darauf achten, dass keine Klümpchen entstehen. Den Teig etwa 20 Minuten ruhen lassen.

**2.** Für den Erdbeerjoghurt inzwischen Erdbeeren putzen, abspülen, abtropfen lassen, entstielen. Erdbeeren halbieren oder in Scheiben schneiden.

**3.** Erdbeeren mit Zucker bestreuen und mit Weinbrand beträufeln. Zugedeckt im Kühlschrank etwa 10 Minuten durchziehen lassen.

**4.** Das Eiweiß für den Teig kurz vor dem Backen steif schlagen und unter den Teig heben. Etwas Sonnenblumenöl in einer beschichteten Pfanne (Ø 24–28 cm) erhitzen und die Hälfte des Teiges mit einer Kelle hineingeben. Die Pfanne leicht schwenken, damit sich der Teig gleichmäßig auf dem Boden der Pfanne verteilen kann. Sobald die Ränder goldgelb sind, den Pfannkuchen vorsichtig mit einem Pfannenwender wenden und auf der anderen Seite goldgelb backen. Den fertig gebackenen Pfannkuchen auf einen Teller gleiten lassen und warm stellen.

**5.** Den zweiten Pfannkuchen auf die gleiche Weise backen, dabei vor dem Backen den Teig umrühren und restliches Sonnenblumenöl in der Pfanne erhitzen.

**6.** Die marinierten Erdbeeren mit Joghurt, Mandeln, Haselnusskernen und Pistazienkernen vermengen. Die Erdbeeren nach Geschmack mit Zucker süßen.

**7.** Die Pfannkuchen mit Erdbeerjoghurt anrichten und sofort servieren.

## Süßer Kartoffelstrudel

8–10 Stücke

*Zubereitungszeit:* 50 Minuten, ohne Abkühlzeit
*Backzeit:* etwa 50 Minuten

pro Stück 0,44 Euro

**Für den Strudelteig:**
300 g Weizenmehl
1 Ei (Größe M), Salz
1 EL Speiseöl, z. B. Sonnenblumenöl
100 ml warmes Wasser
1/2 EL Weißweinessig

**Für die Füllung:**
250 g gekochte Pellkartoffeln
60 g Butter, 60 g Zucker
2 Eigelb (Größe M)
abgeriebene Schale und Saft von
1 Bio-Zitrone
(unbehandelt, ungewachst)
50 g gem. Mandeln
125 g Schlagsahne
30 g Rosinen
2 Eiweiß (Größe M)
2–3 EL Semmelbrösel

20 g Butter
etwas Puderzucker

*Pro Stück:*
E: 8 g, F: 18 g, Kh: 39 g,
kJ: 1540, kcal: 368

**1.** Für den Teig das Mehl in eine Rührschüssel geben. Die restlichen Zutaten für den Teig hinzufügen und mit einem Mixer (Knethaken) zunächst kurz auf niedrigster, dann auf höchster Stufe zu einem glatten Teig verarbeiten. In einem kleinen Topf Wasser kochen, den Topf ausgießen und abtrocknen. Den Teig auf Backpapier in den heißen Topf legen. Den Topf mit einem Deckel verschließen. Teig etwa 30 Minuten ruhen lassen.

**2.** Für die Füllung in der Zwischenzeit Pellkartoffeln heiß pellen, sofort durch die Kartoffelpresse drücken und abkühlen lassen. Butter geschmeidig rühren. Nach und nach Zucker und Eigelb unterrühren. So lange rühren, bis eine cremige Masse entstanden ist. Zitronenschale, -saft, Mandeln und Sahne unterrühren.

**3.** Den Backofen vorheizen.
*Ober-/Unterhitze:* etwa 180 °C
*Heißluft:* etwa 160 °C

**4.** Die Kartoffelmasse und Rosinen vorsichtig unter die Butter-Eigelb-Creme rühren. Eiweiß steif schlagen und vorsichtig unterheben.

**5.** Den Strudelteig auf einem bemehlten großen Geschirrtuch ausrollen und mit den Händen zu einem Rechteck (etwa 50 x 70 cm) dünn ausziehen. Die Teigplatte, bis auf einen Rand von etwa 3 cm, dünn mit Semmelbröseln bestreuen. Die Füllung auf die Semmelbrösel geben und glatt streichen. Den Teig von der längeren Seite her aufrollen. Die Enden gut zusammendrücken. Den Strudel auf ein Backblech (mit Backpapier belegt) legen.

**6.** Die Butter zerlassen, den Strudel damit bestreichen. Das Backblech in den vorgeheizten Backofen schieben. Den Strudel etwa 50 Minuten backen.

**7.** Den Strudel mit Puderzucker bestäuben und warm servieren.

Süße Eierpfannkuchen

Powidl-Tascherl

## Süße Eierpfannkuchen
1–2 Portionen
(etwa 4 große Pfannkuchen)

*Zubereitungszeit:* 35 Minuten, ohne Ruhezeit

pro Portion 0,93 Euro

125 g Weizenmehl
2 Eier (Größe M)
175 ml Milch (3,5 % Fett)
75 ml (6–7 EL) Mineralwasser mit Kohlensäure
1 Prise Salz
1/2–1 EL Zucker
etwa 40 g Butter oder Speiseöl

*Pro Portion:*
E: 21 g, F: 35 g, Kh: 72 g,
kJ: 2927, kcal: 700

**1.** Mehl in eine Schüssel geben und in die Mitte eine Vertiefung eindrücken. In einer zweiten Schüssel Eier, Milch, Mineralwasser, Salz und Zucker mit einem Schneebesen verschlagen. Die Eiermasse zum Mehl geben und mit dem Schneebesen von außen nach innen verrühren. Dabei darauf achten, dass keine Klümpchen entstehen. Dann den glatt gerührten Teig 20–30 Minuten ruhen lassen.
**2.** Etwas Fett in einer beschichteten Pfanne (Ø 24–28 cm) erhitzen und eine Kelle Teig (etwa 125 g) in die Pfanne geben. Die Pfanne leicht schwenken, damit sich der Teig gleichmäßig auf dem Boden der Pfanne verteilen kann. Sobald die Ränder goldgelb sind und sich der gebackene Teig in der Pfanne leicht hin- und herschieben lässt, den Pfannkuchen vorsichtig mit einem Pfannenwender wenden und auf der anderen Seite goldgelb backen.
**3.** Den restlichen Teig auf die gleiche Weise backen, dabei vor jedem Backen den Teig umrühren und etwas Fett in die Pfanne geben.

***Tipp:*** Die Pfannkuchen mit Zuckerrübensirup, Ahornsirup, Erdbeerkonfitüre oder Apfelkraut bestreichen.

## Powidl-Tascherl
6 Portionen

*Zubereitungszeit:* 70 Minuten, ohne Kühlzeit

pro Portion 0,72 Euro

**Für den Teig:**
1 kg Kartoffeln
250 g Weizenmehl
2 Eier (Größe M)
1 Prise Salz

**Für die Füllung:**
200 g Pflaumenmus (aus dem Glas)
1 TL brauner Rum
1 Ei (Größe M)
1 TL Wasser
4 l Salzwasser

50 g Butter
50 g Semmelbrösel
50 g Zucker
1 TL gem. Zimt

*Pro Portion:*
E: 13 g, F: 11 g, Kh: 87 g,
kJ: 2185, kcal: 522

**1.** Für den Teig Kartoffeln gründlich waschen, in einem Topf knapp mit Wasser bedeckt, zugedeckt zum Kochen bringen. Die Kartoffeln in 20–25 Minuten gar kochen lassen. Danach die Kartoffeln abgießen, mit kaltem Wasser abschrecken und heiß pellen. Die heißen Kartoffeln sofort durch eine Kartoffelpresse drücken, in eine Schüssel geben und zugedeckt über Nacht an einem kühlen Ort stehen lassen.
**2.** Die Kartoffelmasse mit Mehl, Eiern und Salz zu einem glatten Teig verarbeiten. Den Teig auf einer mit Mehl bestäubten Arbeitsfläche etwa 3 mm dick ausrollen. Mit einer runden Form (Ø etwa 8 cm) Plätzchen ausstechen.
**3.** Für die Füllung Pflaumenmus mit Rum verrühren, jeweils 1/2 Teelöffel davon auf die Teigplätzchen geben. Ei mit Wasser verschlagen, die Teigränder damit bestreichen, die Plätzchen zusammenklappen und fest andrücken.
**4.** Salzwasser in einem breiten Topf zum Kochen bringen, die Halbmonde evtl. portionsweise in das kochende Salzwasser geben, wieder zum Kochen bringen und in etwa 8 Minuten bei schwacher Hitze gar ziehen lassen.
**5.** Die Tascherl mit einem Schaumlöffel herausnehmen, gut abtropfen lassen, in einer vorgewärmten Schüssel anrichten und warm stellen.

**6.** Butter in einer kleinen Pfanne zerlassen, Semmelbrösel darin unter Rühren bräunen. Gebräunte Semmelbrösel auf den Powidl-Tascherln verteilen. Zucker und Zimt mischen, zu den Tascherln reichen.

## Nusswaffeln

8–10 Stück

pro Stück 0,57 Euro

*Zubereitungszeit:* 30 Minuten

**Für den All-in-Teig:**
125 g Weizen-Vollkornmehl
1 gestr. TL Dr. Oetker Backin
125 g gem. Haselnusskerne
75 g Apfeldicksaft
1 Prise Salz
3 Eier (Größe M)
150 g saure Sahne
75 g zerlassene, abgekühlte Butter oder Margarine

1 säuerlicher Apfel, z. B. Boskop

*Pro Stück:*
E: 6 g, F: 21 g, Kh: 17 g,
kJ: 1173, kcal: 280

**1.** Für den Teig Mehl mit Backpulver in einer Rührschüssel mischen. Nusskerne, Apfeldicksaft, Salz, Eier, saure Sahne und Butter oder Margarine hinzufügen. Die Zutaten mit einem Mixer (Rührstäbe) zunächst kurz auf niedrigster, dann auf höchster Stufe in etwa 2 Minuten zu einem glatten Teig verarbeiten.
**2.** Den Apfel schälen, vierteln, entkernen und grob raspeln. Die Apfelraspel unterheben.
**3.** Jeweils 2 Esslöffel Teig in ein gut erhitztes, gefettetes Waffeleisen füllen und verstreichen. Die Waffeln goldbraun backen, mit einer Gabel oder einem Pfannenwender herausnehmen und einzeln auf einem Kuchenrost erkalten lassen.

## Schmarrenauflauf

4 Portionen

*Zubereitungszeit:* 25 Minuten
*Backzeit:* etwa 30 Minuten

**Für den Schmarren:**
2 Pck. Kaiserschmarren nach Klassischer Art (Süße Mahlzeit)
400 ml Milch (3,5 % Fett)
20 g Butter
50 g gehobelte Mandeln
385 g abgetropfte Pflaumenhälften (aus dem Glas)

pro Portion 2,01 Euro

3 Eier (Größe M)
200 g Schlagsahne
100 ml Milch (3,5 % Fett)
1–2 EL Zucker

*Pro Portion:*
E: 14 g, F: 36 g, Kh: 34 g,
kJ: 2269, kcal: 542

**1.** Den Backofen vorheizen.
*Ober-/Unterhitze:* etwa 200 °C
*Heißluft:* etwa 180 °C
**2.** Kaiserschmarren nach Packungsanleitung mit Milch und Butter zubereiten. Zwei Drittel davon in 4 flache, kleine Auflaufformen (gefettet) füllen. Nacheinander die Hälfte der Mandeln und die Pflaumenhälften darauf verteilen. Mit dem restlichen Kaiserschmarren und den restlichen Mandeln bestreuen.
**3.** Für den Guss Eier, Sahne, Milch und Zucker verrühren und in die Formen gießen. Die Formen auf dem Rost in den vorgeheizten Backofen schieben. Den Schmarrenauflauf etwa 30 Minuten backen.

**Tipp:** Wer kein Päckchen Kaiserschmarren zur Hand hat, kann das Gericht auch folgendermaßen zubereiten: 6 Eigelb (Größe M) mit etwas Salz und 150 g Zucker cremig schlagen. 6 Eiweiß (Größe M) steif schlagen, mit 40 g Speisestärke unter die Eigelbcreme heben und wie oben angegeben backen.

Nusswaffeln

Schmarrenauflauf

# Mohnnudeln

4 Portionen

pro Portion **0,51** Euro

*Zubereitungszeit:* 60 Minuten, ohne Ruhezeit

200 g Weizenmehl
50 g Hartweizengrieß
2 Eier (Größe M)
1 Prise Salz
1 EL Speiseöl
1 EL Wasser oder Weißweinessig
Salz
80 g Butter
2 EL frisch gem. Mohn
1 EL Puderzucker
einige Minzeblättchen

*Pro Portion:*
E: 12 g, F: 26 g, Kh: 49 g,
kJ: 2073, kcal: 495

**1.** Für den Teig das Mehl in eine Rührschüssel geben. Grieß, Eier, Salz, Speiseöl und Wasser oder Essig hinzugeben. Zutaten mit einem Mixer (Knethaken) zu einem geschmeidigen, glatten Teig verkneten. Den Teig in Frischhaltefolie wickeln und etwa 30 Minuten ruhen lassen.
**2.** Den Teig portionsweise auf einer bemehlten Arbeitsfläche sehr dünn ausrollen, in sehr schmale Streifen schneiden, leicht antrocknen lassen.
**3.** Reichlich Salzwasser in einem Topf zugedeckt zum Kochen bringen. Die Nudeln hinzugeben und ohne Deckel etwa 2 Minuten garen. Anschließend die Nudeln in ein Sieb geben und abtropfen lassen.
**4.** Die Butter in einer großen Pfanne zerlassen, Nudeln darin schwenken. Den Mohn hinzufügen, vermischen und anrichten.
**5.** Die Mohnnudeln mit Puderzucker bestäuben und mit abgespülten, trocken getupften Minzeblättchen garnieren.

# Milchreiswaffeln mit Roter Grütze

9 Stück

pro Stück **0,70** Euro

*Zubereitungszeit:* 35 Minuten

**Für den Schüttelteig:**
150 g Weizenmehl
1/2 gestr. TL Dr. Oetker Backin
75 g Zucker
abgeriebene Schale
von 1/2 Bio-Zitrone
(unbehandelt, ungewachst)
3 Eier (Größe M)
125 g zerlassene, abgekühlte Butter
500 g Milchreis (aus dem Kühlregal)

75 g gehackte Mandeln

**Für die Füllung:**
500 g Rote Grütze
(aus dem Kühlregal)

*Pro Stück:*
E: 8 g, F: 20 g, Kh: 46 g,
kJ: 1663, kcal: 395

**1.** Für den Teig das Mehl mit Backpulver mischen, in eine verschließbare Schüssel (3-Liter-Inhalt) geben, mit Zucker und Zitronenschale mischen. Eier, Butter und den Milchreis hinzufügen. Die Schüssel mit dem Deckel fest verschließen. Schüssel mehrmals (insgesamt 15–30 Sekunden) kräftig schütteln, sodass alle Zutaten gut vermischt sind.
**2.** Alles mit einem Schneebesen oder Rührlöffel nochmals sorgfältig durchrühren, damit vor allem trockene Zutaten vom Rand und Deckel mit untergerührt werden.
**3.** Jeweils 1 Esslöffel Mandeln in ein gut erhitztes, gefettetes Waffeleisen streuen, etwa 3 Esslöffel Teig daraufgeben und vorsichtig verstreichen. Die Waffeln goldbraun backen, mit einer Gabel herausnehmen, auf einem Kuchenrost erkalten lassen.
**4.** Für die Füllung die Waffeln einzeln auf Teller legen. Auf eine Waffelhälfte 1–2 Esslöffel Grütze geben und die andere Waffelhälfte darüberklappen.

***Tipp:*** Die Waffeln nach Belieben mit abgespülten, trocken getupften Himbeeren oder Johannisbeeren und Minzeblättchen garnieren, mit Puderzucker bestäuben (Foto).

Mohnnudeln

Milchreiswaffeln mit Roter Grütze

## Mandelwaffeln mit Roter Grütze

8 Stück

*Zubereitungszeit:* 45 Minuten, ohne Abkühlzeit

**Für den Rührteig:**
100 g gehobelte Mandeln
175 g Butter oder Margarine (zimmerwarm)
175 g Zucker
1 Prise Salz
4 Eier (Größe M)
200 g Weizenmehl
1 Pck. Dr. Oetker Pudding-Pulver Vanille-Geschmack
1 gestr. TL Dr. Oetker Backin

pro Stück 0,80 Euro

500 g Rote Grütze (aus dem Kühlregal)

*Pro Stück:*
E: 13 g, F: 28 g, Kh: 59 g,
kJ: 2223, kcal: 530

**1.** Für den Teig die Mandeln in einer Pfanne ohne Fett bei schwacher Hitze unter Rühren leicht rösten, herausnehmen und auf einem Teller erkalten lassen.
**2.** Butter oder Margarine mit einem Mixer (Rührstäbe) auf höchster Stufe geschmeidig rühren. Nach und nach Zucker und Salz unterrühren. So lange rühren, bis eine gebundene Masse entstanden ist.
**3.** Eier nach und nach unterrühren (jedes Ei etwa 1/2 Minute). Mehl mit Pudding-Pulver und Backpulver mischen, in 2 Portionen kurz auf mittlerer Stufe unterrühren. Drei Viertel der Mandeln kurz unterrühren.
**4.** Jeweils 2 Esslöffel Teig in ein gut erhitztes, gefettetes Waffeleisen füllen und verstreichen. Die Waffeln goldgelb backen, mit einer Gabel oder einem Pfannenwender herausnehmen und einzeln auf einem Kuchenrost abkühlen lassen.
**5.** Die Waffeln mit Roter Grütze und den restlichen Mandeln anrichten.

***Tipp:*** Zu den Waffeln zusätzlich Vanille-Eis servieren.

## Palatschinken mit Mousse au Chocolat

2 große Portionen

*Zubereitungszeit:* 30 Minuten

**Für den Palatschinkenteig:**
60 g Weizenmehl
1 Ei (Größe M)
70 ml Milch (3,5 % Fett)
35 ml Mineralwasser mit Kohlensäure
1/2 TL Zucker
1 Prise Salz

pro Portion 1,05 Euro

130 g Aprikosenhälften (aus der Dose)
1–2 EL Speiseöl, z. B. Sonnenblumenöl
75 g Mousse auch Chocolat (aus dem Kühlregal)
einige vorbereitete Melisseblättchen

*Pro Portion:*
E: 10 g, F: 15 g, Kh: 54 g,
kJ: 1659, kcal: 396

**1.** Für den Teig das Mehl in eine Rührschüssel geben. Ei mit Milch, Mineralwasser, Zucker und Salz verschlagen und unter Rühren zu dem Mehl geben. Dabei darauf achten, dass keine Klümpchen entstehen. Den Teig etwa 20 Minuten ruhen lassen.
**2.** In der Zwischenzeit die Aprikosenhälften mit dem Saft in einen hohen Rührbecher geben und fein pürieren.
**3.** Etwas Speiseöl in einer Pfanne (Ø 28 cm) erhitzen. Den Teig gut durchrühren und eine dünne Teiglage mit einer drehenden Bewegung auf dem Boden der Pfanne verteilen. Palatschinken von beiden Seiten etwa 2 Minuten goldbraun backen, herausnehmen und warm stellen. Bevor der Palatschinken gewendet wird, etwas Speiseöl in die Pfanne geben. Aus dem restlichen Teig noch einen Palatschinken zubereiten.
**4.** Beide Palatschinken jeweils zur Hälfte mit Mousse au Chocolat bestreichen, die unbelegte Seite darüberschlagen. Die gefüllten Palatschinken mit der Aprikosensauce und Melisseblättchen servieren.

***Tipp:*** Sehr schön sieht es aus, wenn Sie jeweils einen Becher mit einem Palatschinken auslegen. Die Mousse au Chocolat in einen Spritzbeutel mit Sterntülle füllen und daraufspritzen. Die Mousse mit vorbereiteten Himbeeren garnieren und mit Puderzucker bestäuben (Foto).

Knusper-Päckchen

## Knusper-Päckchen

6 Stück

*Zubereitungszeit:* 20 Minuten
*Backzeit:* 25–30 Minuten

540 g abgetropfte Aprikosenhälften (aus der Dose)
Saft und abgeriebene Schale von 1/2 Bio-Zitrone (unbehandelt, ungewachst)
1 Prise gem. Zimt
1 Pck. Dr. Oetker Vanillin-Zucker
evtl. 3–4 EL flüssiger Honig
12 kleine, runde Blätter Filoteig (Fertigprodukt aus dem Kühlregal, erhältlich in türkischen Lebensmittelläden)
3–4 EL zerlassene Butter

pro Stück 1,35 Euro

250 g Magerquark
1 Ei (Größe M)
2 gestr. EL Dr. Oetker Pudding-Pulver Vanille-Geschmack
2 EL gehackte Pistazienkerne

*Pro Stück:*
E: 10 g, F: 14 g, Kh: 30 g,
kJ: 1222, kcal: 291

**1.** Von den Aprikosenhälften 8 Hälften in kleine Würfel schneiden und in eine Schüssel geben.

**2.** Zwei Esslöffel Zitronensaft und Zimt zu den Aprikosenwürfeln in die Schüssel geben und untermischen. Restliche Aprikosenhälften mit Vanillin-Zucker und restlichem Zitronensaft in einem hohen Rührbecher fein pürieren, evtl. mit Honig abschmecken.

**3.** Den Backofen vorheizen.
*Ober-/Unterhitze:* etwa 180 °C
*Heißluft:* etwa 160 °C

**4.** Sechs Filoteigblätter auf der leicht bemehlten Arbeitsfläche ausbreiten. Filoteigblätter dünn mit etwas von der Butter bestreichen und jeweils mit einem zweiten Filoblatt belegen. Ebenfalls dünn mit Butter bestreichen.

**5.** Sechs Vertiefungen einer Muffinform mit Butter ausstreichen. Die doppelt aufeinanderliegenden Filoteigblätter in die Vertiefungen legen, dabei jeweils den Rand und Boden leicht andrücken. Überstehenden Teig am oberen Rand abschneiden.

**6.** Aprikosenwürfel in einem Sieb abtropfen lassen und den Saft dabei auffangen. Aprikosensaft mit Zitronenschale, Quark, restlichem Honig, Ei, Pudding-Pulver und 1 Esslöffel Pistazienkerne glatt rühren. Aprikosenwürfel unterheben. Die Quark-Aprikosen-Masse in die mit Filoteigblättern ausgelegten Förmchen geben. Mit den restlichen Pistazienkernen bestreuen.

**7.** Die Muffinform auf dem Rost in den vorgeheizten Backofen schieben. Die Knusper-Päckchen 25–30 Minuten backen. Die Päckchen evtl. kurz vor Ende der Backzeit mit Backpapier zudecken, damit der Teig nicht zu stark bräunt.

**8.** Die Form aus dem Backofen nehmen. Die Knusper-Päckchen kurz in der Form ruhen lassen. Dann vorsichtig aus den Förmchen lösen.

**9.** Die Knusper-Päckchen mit dem Aprikosenpüree anrichten und sofort servieren.

## Hefe-Quark-Klöße mit Kirschen

pro Portion 1,47 Euro

4 Portionen

*Zubereitungszeit:* 30 Minuten, ohne Teiggehzeit
*Garzeit:* etwa 20 Minuten

**Für die Klöße:**
375 g Weizenmehl
1 Pck. Dr. Oetker Trockenbackhefe
100 g Zucker, Salz
100 g zerlassene, abgekühlte Butter
2 Eier (Größe M)
250 g Magerquark
1/2 Pck. Dr. Oetker Finesse Geriebene Zitronenschale

**Für das Kirschkompott:**
350 g Sauerkirschen (aus dem Glas)
1/4 Stange Zimt
1/2 Pck. Dr. Oetker Finesse Geriebene Zitronenschale
3 TL Speisestärke
2 EL kaltes Wasser
Zucker
100 g Butter

*Pro Portion:*
E: 24 g, F: 45 g, Kh: 121 g,
kJ: 4346, kcal: 1038

**1.** Für die Klöße Mehl in eine Rührschüssel geben und mit der Trockenbackhefe sorgfältig vermischen. Zucker, Salz, Butter, Eier, Quark und Zitronenschale hinzufügen. Die Zutaten mit einem Mixer (Knethaken) zunächst kurz auf niedrigster, dann auf höchster Stufe in etwa 5 Minuten zu einem glatten Teig verarbeiten. Sollte er kleben, noch etwas Mehl hinzufügen.
**2.** Den Teig zugedeckt so lange an einem warmen Ort gehen lassen, bis er sich sichtbar vergrößert hat (etwa 40 Minuten).
**3.** Den gegangenen Teig leicht mit Mehl bestäuben und auf einer bemehlten Arbeitsfläche gut durchkneten. Dann den Teig in 10 Portionen teilen und mit bemehlten Händen zu Klößen formen.
**4.** Die Klöße auf ein bemehltes Backbrett legen und zugedeckt so lange an einem warmen Ort gehen lassen, bis sie sich sichtbar vergrößert haben (etwa 20 Minuten).
**5.** Einen breiten, flachen Topf knapp zur Hälfte mit Wasser füllen. Ein Geschirrtuch über den Topf spannen, an den Topfgriffen festbinden, das Tuch mit Mehl bestäuben. Die Klöße auf das Tuch legen, eine Schüssel daraufsetzen und die Klöße etwa 20 Minuten gar ziehen lassen.
**6.** Für das Kompott in der Zwischenzeit von den Sauerkirschen den Saft auffangen und in einen Topf geben, mit Zimtstange und Zitronenschale zum Kochen bringen.
**7.** Speisestärke mit Wasser anrühren, in den von der Kochstelle genommenen Saft rühren und unter Rühren aufkochen lassen, mit Zucker abschmecken. Zimtstange entfernen und die Kirschen unter den Saft rühren.
**8.** Butter in einer kleinen Pfanne zerlassen und bräunen lassen. Klöße und Kompott auf Tellern verteilen. Etwas Butter auf die Klöße träufeln. Restliches Kompott und Butter dazu servieren.

## Grießauflauf mit Mirabellen

pro Portion 0,97 Euro

4–6 Portionen

*Zubereitungszeit:* 50 Minuten
*Backzeit:* etwa 35 Minuten

500 ml Milch (3,5 % Fett)
Salz
125 g Hartweizengrieß
1 Pck. Dr. Oetker Pudding-Pulver Vanille-Geschmack
75 g Butter
60 g Zucker
1 Pck. Dr. Oetker Vanillin-Zucker
3 Eier (Größe M)
1 gestr. TL Dr. Oetker Backin
370 g abgetropfte Mirabellen (aus dem Glas)

*Pro Portion:*
E: 10 g, F: 21 g, Kh: 58 g,
kJ: 1958, kcal: 468

**1.** Milch (3 Esslöffel abnehmen) mit Salz in einem Topf zum Kochen bringen.
**2.** Den Backofen vorheizen.
*Ober-/Unterhitze:* etwa 180 °C
*Heißluft:* etwa 160 °C
**3.** Den Topf mit der Milch von der Kochstelle nehmen. Grieß einrühren und zum Quellen stehen lassen. Pudding-Pulver mit der abgenommenen kalten Milch anrühren.
**4.** Butter schaumig schlagen, nach und nach Zucker, Vanillin-Zucker, Eier, Backpulver und den noch warmen Grießbrei mit dem angerührten Pudding-Pulver unterrühren. Mirabellen unterheben.
**5.** Die Grieß-Mirabellen-Masse in eine Auflaufform (gefettet) füllen. Die Form auf dem Rost in den vorgeheizten Backofen schieben. Den Auflauf etwa 35 Minuten garen.

Hefe-Quark-Klöße mit Kirschen

Grießauflauf mit Mirabellen

## Gerollte Hefe-Buchteln

16 Stück

*Zubereitungszeit:* 30 Minuten, ohne Teiggehzeit
*Backzeit:* etwa 30 Minuten

**Für den Hefeteig:**
200 ml Milch (3,5 % Fett)
100 g Butter oder Margarine
400 g Weizenmehl
1 Pck. Dr. Oetker Trockenbackhefe
50 g Zucker
1 Pck. Dr. Oetker Vanillin-Zucker
Salz
abgeriebene Schale von
1 Bio-Orange oder -Zitrone (unbehandelt, ungewachst)
3 Eigelb (Größe M)

175 g Pflaumenmus (aus dem Glas) oder Aprikosenkonfitüre
100 g zerlassene Butter
etwas Puderzucker

pro Stück 0,22 Euro

*Pro Stück:*
E: 4 g, F: 11 g, Kh: 30 g,
kJ: 985, kcal: 235

**1.** Für den Teig Milch in einem kleinen Topf erwärmen und die Butter oder Margarine darin zerlassen. Mehl in eine Rührschüssel geben und mit der Trockenbackhefe sorgfältig vermischen. Zucker, Vanillin-Zucker, Salz, Orangen- oder Zitronenschale, Eigelb und die Milch-Fett-Mischung hinzufügen. Die Zutaten mit einem Mixer (Knethaken) zunächst kurz auf niedrigster, dann auf höchster Stufe in etwa 5 Minuten zu einem glatten Teig verarbeiten. Den Teig zugedeckt so lange an einem warmen Ort gehen lassen, bis er sich sichtbar vergrößert hat (etwa 30 Minuten).
**2.** Den gegangenen Teig leicht mit Mehl bestäuben, aus der Schüssel nehmen, auf der leicht bemehlten Arbeitsfläche nochmals kurz durchkneten und knapp 1 cm dick ausrollen. Aus dem Teigstück etwa 6 x 8 cm große Rechtecke schneiden und mit je 1 Teelöffel Pflaumenmus oder Konfitüre bestreichen.
**3.** Die Teigrechtecke von der längeren Seite her aufrollen, in zerlassener Butter wenden und in 2 Auflaufformen (gefettet) setzen, dabei zwischen den einzelnen Teigrollen kleine Abstände lassen. Die Teigrollen nochmals zugedeckt so lange an einem warmen Ort gehen lassen, bis sie sich sichtbar vergrößert haben (etwa 30 Minuten).
**4.** Inzwischen Backofen vorheizen.
*Ober-/Unterhitze:* etwa 160 °C
*Heißluft:* etwa 140 °C
**5.** Die Formen auf dem Rost in den vorgeheizten Backofen schieben. Die Buchteln etwa 30 Minuten backen.
**6.** Die Formen auf einen Kuchenrost stellen. Die Buchteln warm oder kalt servieren. Vor dem Servieren mit Puderzucker bestäuben.

## Eierpfannkuchentürmchen

4 Portionen

pro Portion 0,96 Euro

*Zubereitungszeit:* 40 Minuten, ohne Ruhezeit

**Für den Pfannkuchenteig:**
75 g Weizenmehl
8 Eier (Größe M)
100 ml Milch (3,5 % Fett)
40 g Puderzucker
1 Prise Salz

**Für die Füllung:**
4 EL Nuss-Nougat-Creme
3 EL Milch

5 EL Speiseöl, z. B. Sonnenblumenöl
120 g Knusper-Honeys-Müsli

*Pro Portion:*
E: 21 g, F: 41 g, Kh: 63 g,
kJ: 2925, kcal: 698

**1.** Für den Pfannkuchenteig Mehl in eine Rührschüssel geben. Die Eier mit Milch, Puderzucker und Salz verschlagen, nach und nach unter Rühren zum Mehl geben. Darauf achten, dass keine Klümpchen entstehen. Teig 20–30 Minuten ruhen lassen.
**2.** Für die Füllung Nuss-Nougat-Creme mit Milch glatt rühren.
**3.** Etwas Speiseöl in einer beschichteten Pfanne (Ø 20 cm) erhitzen.

Gerollte Hefe-Buchteln

Eierpfannkuchentürmchen

Den Teig gut durchrühren und eine Teiglage mit einer drehenden Bewegung gleichmäßig auf dem Boden der Pfanne verteilen. Den Pfannkuchen bei mittlerer Hitze von beiden Seiten goldbraun backen. Bevor der Pfannkuchen gewendet wird, etwas Speiseöl in die Pfanne geben. Aus dem Teig insgesamt 8 Pfannkuchen backen und warm stellen.

**4.** Jeden Pfannkuchen auf einer Seite mit der Nuss-Nougat-Creme bestreichen, die Pfannkuchen zu einem Türmchen aufeinanderlegen. Das Türmchen mit Knusper-Honeys bestreuen und sofort servieren.

Eierpfannkuchen mit Erdbeerjoghurt

## Eierlikörwaffeln

10 Stück (ohne Foto)

*Zubereitungszeit:* 20 Minuten, ohne Abkühlzeit

pro Stück **0,41** Euro

3 Eier (Größe M)
150 g Puderzucker
1 Pck. Dr. Oetker Vanillin-Zucker
150 ml Speiseöl
150 ml Eierlikör
75 g Weizenmehl
75 g Speisestärke
2 gestr. TL Dr. Oetker Backin
etwas Puderzucker

*Pro Stück:*
E: 4 g, F: 18 g, Kh: 34 g,
kJ: 1357, kcal: 323

**1.** Eier mit Puderzucker und Vanillin-Zucker mit einem Mixer (Rührstäbe) auf höchster Stufe in etwa 1 Minute schaumig rühren. Speiseöl und Eierlikör kurz unterrühren. Mehl mit Speisestärke und Backpulver mischen, ebenfalls kurz unterrühren.

**2.** Jeweils 2 Esslöffel Teig in ein gut erhitztes, gefettetes Waffeleisen füllen und verstreichen. Die Waffeln goldgelb backen, mit einer Gabel herausnehmen und einzeln auf einem Kuchenrost erkalten lassen.

**3.** Zum Servieren die Waffeln mit Puderzucker bestäuben.

## Eierpfannkuchen mit Erdbeerjoghurt

4–6 Portionen

*Zubereitungszeit:* 50 Minuten, ohne Ruhe- und Durchziehzeit

pro Portion **1,54** Euro

**Für den Pfannkuchenteig:**
250 g Weizenmehl
4 Eigelb (Größe M)
500 ml Milch (3,5 % Fett)
1 Prise Salz
1 Prise gem. Ingwer
1 EL Zucker
4 Eiweiß (Größe M)
60–80 g Butterschmalz oder Speiseöl

**Für den Erdbeerjoghurt:**
500 g Erdbeeren
2 EL Zucker
1 Pck. Dr. Oetker Vanillin-Zucker
250 g Joghurt (3,5 % Fett)
2 EL gehackte Haselnusskerne
2 EL gehackte Pistazienkerne
evtl. etwas Zucker

*Pro Portion:*
E: 18 g, F: 31 g, Kh: 59 g,
kJ: 2552, kcal: 610

**1.** Für den Pfannkuchenteig das Mehl in eine Rührschüssel geben. Eigelb mit Milch, Salz, Ingwer und Zucker verschlagen. Die Eigelbmilch nach und nach unter Rühren zum Mehl geben. Darauf achten, dass keine Klümpchen entstehen. Den Teig etwa 30 Minuten ruhen lassen.

**2.** Eiweiß steif schlagen und unter den Teig heben. Aus dem Teig insgesamt 12 Pfannkuchen backen.

**3.** Dafür jeweils etwas Butterschmalz oder Speiseöl in einer beschichteten Pfanne (Ø 24 cm) erhitzen. Teig gut durchrühren und 1 Portion Teig mit einer drehenden Bewegung gleichmäßig auf dem Boden der Pfanne verteilen. Den Pfannkuchen von beiden Seiten goldbraun backen, herausnehmen und warm stellen. Die restlichen Pfannkuchen auf die gleiche Weise zubereiten.

**4.** Für den Erdbeerjoghurt die Erdbeeren putzen, abspülen, gut abtropfen lassen, entstielen und halbieren oder in Scheiben schneiden. Die Erdbeeren mit Zucker und Vanillin-Zucker bestreuen, zugedeckt im Kühlschrank mindestens 10–15 Minuten durchziehen lassen.

**5.** Anschließend die Erdbeeren mit dem Joghurt, den Haselnusskernen und den Pistazienkernen vermischen. Die Erdbeeren je nach Geschmack mit Zucker abschmecken.

**6.** Die Pfannkuchen mit dem Erdbeerjoghurt anrichten und servieren.

## Apfelklöße

4 Portionen

*Zubereitungszeit:* 35 Minuten
*Garzeit:* etwa 15 Minuten

**Für den Teig:**
2 Brötchen (Semmeln) vom Vortag
50 g Butter
2 Eier (Größe M)
Salz
250 g Weizenmehl
3 EL Milch
500 g Äpfel

pro Portion 0,94 Euro

**Zum Garnieren:**
1 Apfel
1 EL Zitronensaft
40 g Zimt-Zucker
einige Zitronenmelisseblättchen

*Pro Portion:*
E: 13 g, F: 15 g, Kh: 85 g,
kJ: 2237, kcal: 535

**1.** Für den Teig die Brötchen in kaltem Wasser einweichen. Die Butter geschmeidig rühren. Die Brötchen gut ausdrücken und nach und nach mit Eiern und 1 Prise Salz unter die Butter rühren. Das Mehl in mehreren Portionen abwechselnd mit der Milch unterrühren.
**2.** Die Äpfel schälen, vierteln, entkernen, in ganz kleine Stücke schneiden und unter den Teig rühren. Mit 2 in heißes Wasser getauchten Esslöffeln Klöße abstechen und in kochendes Salzwasser geben. Das Wasser wieder zum Kochen bringen. Klöße in etwa 15 Minuten gar ziehen lassen (das Wasser muss sich leicht bewegen, es darf nicht sprudelnd kochen).
**3.** Zum Garnieren den Apfel heiß abwaschen, trocken tupfen, vierteln, entkernen, mit der Schale in dünne Spalten schneiden und mit Zitronensaft beträufeln. Die Klöße mit Apfelspalten anrichten, mit Zimt-Zucker bestreuen und mit den abgespülten, trocken getupften Zitronenmelisseblättchen garnieren.

## Apfel-Minis

8–10 Stück

pro Stück 0,31 Euro

*Zubereitungszeit:* 25 Minuten
*Backzeit:* 30–40 Minuten

2 Äpfel
2 EL Zitronensaft

**Für den Teig:**
250 g Weizenmehl
3 gestr. TL Dr. Oetker Backin
125 g Zucker
1 Pck. Dr. Oetker Vanillin-Zucker
2 Eier (Größe M)
75 ml Speiseöl, z. B. Sonnenblumenöl
125 g Buttermilch

**Außerdem:**
10 Sturz-Form-Gläser (je 160 ml Inhalt) oder 8 Sturz-Form-Gläser (je 250 ml Inhalt)

*Pro Stück:*
E: 5 g, F: 13 g, Kh: 40 g,
kJ: 1241, kcal: 297

**1.** Die Äpfel schälen, vierteln, entkernen, grob reiben und mit Zitronensaft beträufeln.
**2.** Den Backofen vorheizen.
*Ober-/Unterhitze:* etwa 180 °C
*Heißluft:* etwa 160 °C
**3.** Für den Teig das Mehl mit Backpulver in einer Rührschüssel mischen. Zucker, Vanillin-Zucker, Eier, Speiseöl und Buttermilch hinzufügen.
**4.** Nun die Zutaten mit einem Mixer (Knethaken) zunächst kurz auf niedrigster, dann auf höchster Stufe zu einem glatten Teig verarbeiten. Die Apfelraspel unter den Teig heben. Den Teig in 10 bzw. 8 Gläser (gefettet, mit Semmelbröseln ausgestreut) füllen. Dabei darauf achten, dass die Gläser maximal bis zu zwei Dritteln mit Teig gefüllt sind.
**5.** Die Ränder der Gläser säubern. Den Rost auf mittlerer Schiene in den vorgeheizten Backofen einschieben. Die Gläser auf den Rost stellen. Die Apfel-Minis 30–40 Minuten backen.
**6.** Nach dem Backen ein Glas mit Topflappen aus dem Backofen nehmen und verschließen. Dazu den vorbereiteten feuchten Gummiring auf die Innenseite eines Glasdeckels legen. Das Glas sofort mit dem Deckel und 4 Klammern verschließen. Die restlichen Gläser auf die gleiche Weise verschließen. Nach jedem Glas, das aus dem Backofen ge-

nommen wird, den Backofen wieder schließen.

**7.** Die Gläser auf einen Kuchenrost stellen und vollständig erkalten lassen (am besten über Nacht). Dann die Klammern lösen und die Gläser kalt gestellt aufbewahren.

***Tipp:*** In den Gläsern halten sich die Apfel-Minis etwa 1 Monat.

## Quarkschmarren

4 Portionen

*Zubereitungszeit:* 20 Minuten

pro Portion **0,43** Euro

3 Eiweiß (Größe M)
400 g Speisequark
3 Eigelb (Größe M)
4 EL Weizenmehl
1/2 gestr. TL Salz
2 EL Butter
etwas Puderzucker

*Pro Portion:*
E: 19 g, F: 18 g, Kh: 16 g,
kJ: 1299, kcal: 310

**1.** Eiweiß steif schlagen. In einer zweiten Schüssel den Quark mit Eigelb, Mehl und Salz gut verrühren. Den Eischnee unterheben. Aus dem Teig 2 Schmarren backen.

**2.** Dafür 1 Esslöffel Butter in einer Pfanne zerlassen. Die Quarkmasse jeweils 1 cm dick hineingeben und von beiden Seiten goldgelb backen. Den Eierkuchen mit einem Pfannenwender oder 2 Gabeln in kleine Stücke zerreißen und diese unter Wenden gut bräunen, dabei evtl. noch etwas Butter hinzufügen.

**3.** Den Quarkschmarren mit Puderzucker bestäuben und sofort servieren.

## Apfelküchlein mit Quark-Öl-Teig

12 Stück

pro Stück **0,19** Euro

*Zubereitungszeit:* 20 Minuten
*Backzeit:* etwa 30 Minuten

500 g säuerliche Äpfel, z. B. Boskop
1–2 TL Zitronensaft

**Für den Quark-Öl-Teig:**
75 g Weizenmehl
2 gestr. TL Dr. Oetker Backin
1 Ei (Größe M)
2 EL Speiseöl, z. B. Sonnenblumenöl
25 g Zucker
1 Pck. Dr. Oetker Vanillin-Zucker
50 g Magerquark

*Pro Stück:*
E: 2 g, F: 2 g, Kh: 11 g,
kJ: 311, kcal: 74

**1.** Den Backofen vorheizen.
*Ober-/Unterhitze:* etwa 180 °C
*Heißluft:* etwa 160 °C

**2.** Die Äpfel schälen, vierteln, entkernen und in kleine Stifte schneiden, Zitronensaft unterrühren.

**3.** Für den Teig Mehl mit Backpulver in einer Rührschüssel mischen. Ei, Sonnenblumenöl, Zucker, Vanillin-Zucker und Quark hinzufügen. Die Zutaten mit einem Mixer (Knethaken) zunächst kurz auf niedrigster, dann auf höchster Stufe in etwa 1 Minute zu einem Teig verarbeiten (Achtung: Der Teig ist sehr weich!). Die Apfelstifte kurz unter den Teig kneten.

**4.** Mit 2 Esslöffeln kleine Häufchen abstechen und auf ein Backblech (gefettet, mit Backpapier belegt) setzen. Das Backblech in den vorgeheizten Backofen schieben. Die Apfelküchlein etwa 30 Minuten backen.

Quarkschmarren

Apfelküchlein mit Quark-Öl-Teig

## Reispudding
4 Portionen

pro Portion 0,51 Euro

*Zubereitungszeit:* 25 Minuten, ohne Quell- und Abkühlzeit
*Garzeit:* etwa 45 Minuten

500 ml Milch (3,5 % Fett), Salz
1 Pck. Dr. Oetker Vanillin-Zucker
50 g Butter
100 g Milchreis (Rundkornreis)
2 Eigelb (Größe M)
50 g Zucker
4 Tropfen Zitronen-Aroma
30 g gem. Mandeln
25 g Korinthen
2 Eiweiß (Größe M)

*Pro Portion:*
E: 11 g, F: 26 g, Kh: 46 g,
kJ: 2001, kcal: 478

**1.** Die Milch mit Salz, Vanillin-Zucker und Butter in einem Topf zum Kochen bringen. Den Reis hinzugeben und die Milch unter Rühren wieder zum Kochen bringen. Den Reis zugedeckt bei schwacher Hitze etwa 30 Minuten ausquellen lassen, dabei gelegentlich umrühren, den Milchreis erkalten lassen.
**2.** Eigelb schaumig schlagen. Nach und nach Zucker und Zitronen-Aroma hinzufügen. So lange schlagen, bis eine cremeartige Masse entstanden ist. Reis, Mandeln und Korinthen unterrühren.
**3.** Eiweiß steif schlagen, unter die Reismasse heben und in eine Wasserbadform (gut gefettet, mit Semmelbröseln ausgestreut) füllen. Die Form mit dem Deckel oder mit Alufolie verschließen und in einen großen Topf setzen. So viel heißes Wasser in den Topf gießen, dass die Form zu mindestens einem Drittel im Wasser steht. Den Reispudding zugedeckt bei mittlerer Hitze etwa 45 Minuten garen.
**4.** Den Pudding aus der Form stürzen und heiß oder kalt servieren.

***Tipp:*** Dazu schmeckt Kompott oder frisches Obst.

## Salzburger Nockerln
3–4 Portionen

pro Portion 0,32 Euro

*Zubereitungszeit:* 20 Minuten
*Backzeit:* etwa 10 Minuten

4 Eigelb (Größe M)
2 EL Weizenmehl
1 Msp. Speisestärke
1 Prise Salz
3 Tropfen Butter-Vanille-Aroma
4 Eiweiß (Größe M)
2 EL feiner Zucker
2 EL Puderzucker

*Pro Portion:*
E: 9 g, F: 10 g, Kh: 21 g,
kJ: 873, kcal: 208

**1.** Den Backofen vorheizen.
*Ober-/Unterhitze:* etwa 200 °C
*Heißluft:* etwa 180 °C
**2.** Eigelb mit Mehl, Speisestärke, Salz und Aroma verrühren. Eiweiß mit einem Mixer (Rührstäbe) auf höchster Stufe nur so steif schlagen, dass der Schnee noch cremig ist. Nach und nach den feinen Zucker unterschlagen.
**3.** Einen Esslöffel Eischnee mit der Eigelbmasse verrühren, dann die Eigelbmasse unter den restlichen Eischnee ziehen.
**4.** Die Masse in 3 Hügeln in eine flache Auflaufform (gefettet) geben. Form auf dem Rost in den vorgeheizten Backofen (mittlere Schiene) schieben. Die Nockerln etwa 10 Minuten backen, die Spitzen sollten leicht gebräunt sein.
**5.** Die Salzburger Nockerln mit Puderzucker bestäubt servieren.

***Hinweis:*** Nur ganz frische Eier verwenden, die nicht älter als 5 Tage sind (Legedatum beachten!).

***Beilage:*** **Selbst gemachte Himbeersauce:** 300 g Himbeeren mit 30–50 g Zucker und etwas Zitronensaft pürieren, evtl. durch ein Sieb streichen.

***Tipp:*** Die Salzburger Nockerln fallen schnell zusammen, da sie nur außen gebräunt sind, innen aber noch feucht und weich sein sollen.

Reispudding

Salzburger Nockerln

Sauerkirsch-Crumble

Reismehl-Crêpes

## Sauerkirsch-Crumble
4 Portionen

*Zubereitungszeit:* 20 Minuten
*Backzeit:* etwa 40 Minuten

1 EL weiche Butter
2 EL Zucker
350 g abgetropfte Sauerkirschen (aus dem Glas)

**Für den Streuselteig:**
100 g Weizenmehl
100 g gem. Mandeln
100 g Zucker
1 Prise Salz
1/2 TL gem. Zimt
90 g kalte Butter

pro Portion 1,30 Euro

*Pro Portion:*
E: 8 g, F: 37 g, Kh: 68 g,
kJ: 2683, kcal: 640

**1.** Den Backofen vorheizen.
*Ober-/Unterhitze:* etwa 180 °C
*Heißluft:* etwa 160 °C
**2.** Vier Portionsförmchen oder eine Auflaufform mit Butter ausstreichen und mit Zucker ausstreuen. Die Kirschen in den vorbereiteten Förmchen oder in der Form verteilen.
**3.** Für den Streuselteig das Mehl in eine Rührschüssel geben. Mandeln, Zucker, Salz, Zimt und Butter hinzufügen. Die Zutaten mit einem Mixer (Rührstäbe) zunächst kurz auf niedrigster, dann auf höchster Stufe zu Streuseln von gewünschter Größe verarbeiten.
**4.** Die Streusel auf den Sauerkirschen verteilen. Die Förmchen auf einem Backblech oder die Form auf dem Rost in den vorgeheizten Backofen schieben. Sauerkirsch-Crumble etwa 40 Minuten backen.

## Reismehl-Crêpes
4 Portionen

*Zubereitungszeit:* 30 Minuten, ohne Quellzeit

pro Portion 0,93 Euro

100 g Reismehl (aus dem Reformhaus)
125 ml Milch (3,5 % Fett)
2 Eier (Größe M)
1 EL Zucker

30 g Butterschmalz

250 g Schmand (Sauerrahm)
5 EL Waldmeistersirup
4 Bananen
4 EL Zartbitter-Raspelschokolade

*Pro Portion:*
E: 10 g, F: 27 g, Kh: 70 g,
kJ: 2459, kcal: 588

**1.** Reismehl, Milch, Eier und Zucker in einer Rührschüssel zu einem glatten Teig verrühren und etwa 10 Minuten ausquellen lassen.
**2.** Etwas Butterschmalz in einer Pfanne erhitzen. Den Teig gut durchrühren und eine dünne Teiglage mit einer drehenden Bewegung gleichmäßig auf dem Boden der Pfanne verteilen. Den Crêpe von beiden Seiten goldbraun backen. Bevor der Crêpe gewendet wird, wieder etwas Butterschmalz in die Pfanne geben. Aus dem restlichen Reismehlteig weitere 7 Crêpes auf die gleiche Weise backen.
**3.** Schmand mit 3 Esslöffeln Waldmeistersirup verrühren. Bananen schälen und dann in dicke Scheiben schneiden.
**4.** Auf jeden Crêpe 1 Esslöffel Waldmeister-Schmand geben, darauf einige Bananenscheiben legen, mit Raspelschokolade bestreuen und mit dem restlichen Waldmeistersirup beträufeln. Zusammenklappen und je 2 Crêpes auf einem Teller servieren.

***Abwandlung:*** Statt Reismehl kann auch Weizenmehl verwendet werden, dann die Milchmenge verdoppeln und zum Schluss 30 g zerlassene Butter unterrühren. Den Teig etwa 15 Minuten quellen lassen.

# Schokoladen-Crêpes mit Vanillecreme

4 Portionen

pro Portion **0,82** Euro

*Zubereitungszeit:* 60 Minuten, ohne Abkühl- und Ruhezeit

**Für den Crêpes-Teig:**
40 g Butter
150 g Weizenmehl
30 g gesiebtes Kakaopulver
3 Eier (Größe M)
150 ml Milch (3,5 % Fett)
150 ml Mineralwasser (medium)
2 EL Zucker

**Für die Vanillecreme:**
1 Pck. Gala Bourbon-Vanille-Pudding-Pulver
400 ml Milch (3,5 % Fett)
2–3 EL Zucker
100 g Schlagsahne (mind. 30 % Fett)

40 g Butterschmalz
etwas Kakaopulver

*Pro Portion:*
E: 16 g, F: 37 g, Kh: 62 g,
kJ: 2713, kcal: 648

**1.** Für den Teig Butter in einer kleinen Pfanne zerlassen und etwas abkühlen lassen. Mehl mit Kakao in einer Rührschüssel mischen. Eier mit Milch und Mineralwasser verschlagen. Zucker unterrühren. Die Eiermilch und flüssige Butter nach und nach unter die Mehl-Kakao-Mischung rühren. Darauf achten, dass keine Klümpchen entstehen. Den Teig mindestens 30 Minuten ruhen lassen.
**2.** Für die Vanillecreme einen Pudding nach Packungsanleitung, aber mit 400 ml Milch und 2–3 Esslöffeln Zucker, zubereiten. Den Pudding unter gelegentlichem Rühren erkalten lassen. Sahne steif schlagen. Den erkalteten Pudding mit einem Mixer (Rührstäbe) cremig rühren, dann die Sahne vorsichtig unterheben.
**3.** Etwas Butterschmalz in einer kleinen Pfanne (Ø 16–18 cm) erhitzen. Den Teig gut durchrühren und eine dünne Teiglage mit einer drehenden Bewegung auf dem Boden der Pfanne verteilen. Den Crêpe von beiden Seiten goldbraun backen und warm halten. Bevor der Crêpe gewendet wird, wieder etwas Butterschmalz in die Pfanne geben.
**4.** Aus dem restlichen Teig weitere 12–14 Crêpes auf die gleiche Weise backen und warm halten.
**5.** Auf jeden Crêpe mehrere Kleckse Vanillecreme geben. Die Crêpes zu Vierteln zusammenlegen, mit Kakao bestäuben und anrichten.

Schokoladen-Crêpes mit Vanillecreme

# Süße Lasagne

4 Portionen

pro Portion **2,19** Euro

*Zubereitungszeit:* 40 Minuten
*Backzeit:* etwa 35 Minuten

1 Pck. Saucenpulver Vanille-Geschmack zum Kochen
375 ml Milch (3,5 % Fett)
125 g Schlagsahne
3 EL Zucker
2 Eier (Größe M)
6 Lasagneplatten (ohne Vorkochen)
500 g abgetropfte Tortenpfirsiche (aus der Dose)
390 g abgetropfte Stachelbeeren (aus dem Glas)
50 g gehobelte Mandeln

**Für die Kirschsauce:**
1 Pck. Saucenpulver Vanille-Geschmack zum Kochen
500 ml Kirschsaft
1 Stange Zimt
1 TL Dr. Oetker Finesse Geriebene Zitronenschale

**Zum Bestäuben:**
1 EL Puderzucker

*Pro Portion:*
E: 16 g, F: 25 g, Kh: 106 g,
kJ: 3042, kcal: 726

**1.** Saucenpulver mit 4 Esslöffeln Milch anrühren. Restliche Milch mit Sahne und Zucker in einem Topf zum Kochen bringen. Angerührtes Saucenpulver in die von der Kochstelle genommene Sahnemilch rühren und unter Rühren nochmals kurz aufkochen lassen. Den Topf von der Kochstelle nehmen.
**2.** Den Backofen vorheizen.
*Ober-/Unterhitze:* etwa 200 °C
*Heißluft:* etwa 180 °C
**3.** Eier verschlagen, mit etwas von der heißen Sauce verrühren, dann unter die restliche heiße Sauce rühren (nicht mehr kochen lassen).
**4.** Etwas Sauce auf den Boden einer rechteckigen Auflaufform (gefettet) streichen. 3 Lasagneplatten nebeneinander darauflegen. Pfirsichspal-

ten darauf verteilen und mit etwas Sauce knapp bedecken.

**5.** Restliche Lasagneplatten darauflegen. Dann Stachelbeeren daraufgeben. Restliche Sauce darauf verteilen und mit Mandeln bestreuen. Die Form auf dem Rost in den vorgeheizten Backofen schieben. Die Lasagne etwa 35 Minuten backen.

**6.** In der Zwischenzeit für die Kirschsauce Saucenpulver mit 4 Esslöffeln von dem Kirschsaft anrühren. Restlichen Kirschsaft mit Zimtstange und Zitronenschale in einem Topf zum Kochen bringen.

**7.** Zimtstange entfernen. Das angerührte Saucenpulver in den von der Kochstelle genommenen Kirschsaft rühren und unter Rühren nochmals kurz aufkochen lassen. Den Topf von der Kochstelle nehmen. Die Sauce etwas abkühlen lassen.

**8.** Die Lasagne mit Puderzucker bestäuben und mit der Kirschsauce servieren.

***Tipps:*** Die süße Lasagne ist hier ein Hauptgericht für 4 Personen, reicht als Dessert aber für bis zu 8 Personen. Statt der Konservenfrüchte können Sie die Lasagne auch mit frischen Früchten zubereiten. Verwenden Sie dazu z. B. Pflaumen, Äpfel oder Stachelbeeren. Das Obst muss nicht vorgekocht, aber leicht mit Zucker gesüßt werden.

## Soja-Schoko-Crêpes mit Mandarinenquark

8 Stück

*Zubereitungszeit:* 35 Minuten, ohne Ruhezeit

pro Stück 0,59 Euro

**Für den Crêpes-Teig:**
180 g Weizenmehl
3 Eier (Größe M)
300 ml Soja-Schoko-Drink
100 ml Mineralwasser mit Kohlensäure
2 TL Zucker

**Für den Mandarinenquark:**
175 g Mandarinen (aus der Dose)
250 g Speisequark (20 % Fett)
5 EL Mandarinensaft (aus der Dose)
1 Pck. Dr. Oetker Vanillin-Zucker
1 EL flüssiger Honig
1 EL Zitronensaft

2 Stängel Zitronenmelisse
8 EL Speiseöl, z. B. Rapsöl
30 g gehobelte Mandeln

*Pro Stück:*
E: 11 g, F: 17 g, Kh: 30 g,
kJ: 1322, kcal: 316

**1.** Für den Crêpes-Teig Mehl in eine Rührschüssel geben. Eier mit dem Soja-Schoko-Drink, Mineralwasser und Zucker verschlagen, nach und nach unter Rühren zum Mehl geben. Darauf achten, dass keine Klümpchen entstehen. Den Teig etwa 30 Minuten ruhen lassen.

**2.** Für den Mandarinenquark von den Mandarinen den Saft auffangen und 5 Esslöffel Saft abmessen.

**3.** Quark mit dem abgemessenen Mandarinensaft, Vanillin-Zucker, Honig und Zitronensaft verrühren. Mandarinen vorsichtig unter die Quarkmasse heben.

**4.** Zitronenmelisse abspülen, trocken tupfen. Die Blättchen von den Stängeln zupfen, Blättchen beiseitelegen.

**5.** Etwas von dem Speiseöl in einer beschichteten Pfanne (Ø 28 cm) erhitzen. Den Teig gut durchrühren und eine dünne Teiglage mit einer drehenden Bewegung auf dem Boden der Pfanne verteilen. Einige gehobelte Mandeln auf den noch flüssigen Teig streuen. Crêpe von beiden Seiten etwa 2 Minuten goldbraun backen. Bevor der Crêpe gewendet wird, wieder etwas Speiseöl in die Pfanne geben. Crêpe herausnehmen und warm stellen. Aus dem restlichen Teig weitere 7 Crêpes auf die gleiche Weise zubereiten.

**6.** Mandarinenquark gleichmäßig auf den Crêpes verteilen und die Crêpes zu einer Spitztüte zusammenlegen. Die Soja-Schoko-Crêpes mit den beiseitegelegten Zitronenmelisseblättchen garnieren.

Süße Lasagne

Soja-Schoko-Crêpes mit Mandarinenquark

## Wäschermädel
8–10 Stück

*Zubereitungszeit:* 40 Minuten
*Ausbackzeit:* 4–5 Minuten

500 g Aprikosen
60 g Marzipan-Rohmasse

**Für den Teig:**

pro Stück 0,41 Euro

2 Eiweiß (Größe M)
1 Prise Salz
2 Eigelb (Größe M)
1 TL Zucker, 100 ml Weißwein
125 g Weizenmehl
etwa 1 1/2 l Speiseöl,
z. B. Sonnenblumenöl

etwa 30 g Zucker
1 Pck. Dr. Oetker Bourbon-Vanille-Zucker

*Pro Stück:*
E: 3 g, F: 9 g, Kh: 18 g,
kJ: 701, kcal: 168

**1.** Die Aprikosen kreuzweise einschneiden, mit kochendem Wasser übergießen und kurz darin liegen lassen. Aprikosen mit kaltem Wasser abschrecken, häuten, aufschneiden (nicht durchschneiden) und jeweils den Kern herausnehmen.
**2.** Marzipan verkneten, in so viele Stücke schneiden, wie Aprikosen vorhanden sind und zu Kugeln formen. Die Kugeln in die Mitte der Aprikosen geben, Aprikosen zusammendrücken.
**3.** Für den Teig Eiweiß mit Salz steif schlagen und beiseitestellen. Eigelb mit Zucker und Wein in einer Rührschüssel mit einem Mixer (Rührstäbe) auf höchster Stufe in etwa 1 Minute schaumig schlagen. Eischnee auf die Eigelbcreme geben, Mehl daraufgeben und beides vorsichtig auf niedrigster Stufe unterrühren.
**4.** Speiseöl in einem großen Topf oder in einer Fritteuse auf etwa 180 °C erhitzen. Die gefüllten Aprikosen mithilfe einer Gabel durch den Ausbackteig ziehen, am Schüsselrand abstreifen und in dem siedenden Speiseöl von beiden Seiten 4–5 Minuten goldgelb ausbacken. Die Aprikosen mit einem Schaumlöffel herausnehmen und auf einem mit Küchenpapier belegten Kuchenrost abtropfen lassen.
**5.** Dann Zucker und Vanille-Zucker in einem tiefen Teller mischen. Die noch heißen Aprikosen darin wälzen und sofort servieren.

***Tipp:*** Vanillesauce (aus dem Kühlregal) auf Tellern verteilen. Jeweils 1 Teelöffel Kirschsirup daraufträufeln, mit einem Löffelstiel verzieren. Die Wäschermädel darauf anrichten (Foto).

## Vanille-Heidelbeer-Eclairs

6 Stück

*Zubereitungszeit:* 30 Minuten
*Backzeit:* etwa 20 Minuten

**Für den Brandteig:**
125 ml Wasser
25 g Butter oder Margarine
75 g Weizenmehl
1 Prise Salz

pro Stück 0,76 Euro

15 g Speisestärke
2–3 Eier (Größe M)
1 Msp. Dr. Oetker Backin

**Für die Füllung:**
2 Blatt weiße Gelatine
200 g Vanillejoghurt (1,5 % Fett)
150 g Schlagsahne (mind. 30 % Fett)
125 g Heidelbeeren

1 TL Puderzucker

*Pro Stück:*
E: 7 g, F: 15 g, Kh: 20 g,
kJ: 1022, kcal: 244

**1.** Den Backofen vorheizen.
*Ober-/Unterhitze:* etwa 220 °C
*Heißluft:* etwa 200 °C
**2.** Für den Teig Wasser mit Butter oder Margarine am besten in einem Stieltopf zum Kochen bringen. Mehl

Wäschermädel

Vanille-Heidelbeer-Eclairs

Topfenpalatschinken

mit Salz und Speisestärke mischen, auf einmal in die von der Kochstelle genommene Flüssigkeit schütten, zu einem glatten Kloß rühren und unter Rühren etwa 1 Minute erhitzen. Den Kloß sofort in eine Schüssel geben.

**3.** Nach und nach 2 Eier mit einem Mixer (Rührstäbe) auf höchster Stufe unterarbeiten. Das dritte Ei verschlagen und nur so viel davon unter den Teig arbeiten, bis er stark glänzt und in langen Spitzen an einem Löffel hängen bleibt. Backpulver unter den erkalteten Teig rühren.

**4.** Den Teig in einen Spritzbeutel mit großer Sterntülle füllen und 6 Teigstreifen (je etwa 10 cm lang) auf ein Backblech (gefettet, mit Backpapier belegt) spritzen. Das Backblech in den vorgeheizten Backofen schieben. Die Eclairs etwa 20 Minuten backen. Während der ersten 15 Minuten der Backzeit die Ofentür nicht öffnen.

**5.** Sofort nach dem Backen von jedem Eclair einen Deckel abschneiden. Das Gebäck auf einem Kuchenrost erkalten lassen.

**6.** Für die Füllung Gelatine nach Packungsanleitung einweichen. Gelatine leicht ausdrücken und in einem kleinen Topf bei schwacher Hitze unter Rühren auflösen. Gelatine zuerst mit etwa 2 Esslöffeln von dem Joghurt verrühren, dann unter den restlichen Joghurt rühren. Die Joghurt-Gelatine-Masse in den Kühlschrank stellen.

**7.** Sahne steif schlagen. Wenn die Masse anfängt zu gelieren, die Sahne unterheben.

**8.** Die Vanillecreme in einen Spritzbeutel mit großer Sterntülle füllen und auf die Eclairs-Unterhälften spritzen. Heidelbeeren abspülen, trocken tupfen und auf der Vanillecreme verteilen. Eclairs-Deckel daraufsetzen, mit Puderzucker bestäuben und servieren.

## Topfenpalatschinken

4 Portionen

*Zubereitungszeit:* 40 Minuten, *ohne* Ruhezeit
*Backzeit:* 15–20 Minuten

**Für den Palatschinkenteig:**
100 g Weizenmehl
3 Eier (Größe M)
125 ml Milch (3,5 % Fett)
1 Prise Salz
etwa 1 EL Mineralwasser mit Kohlensäure
50 g Butter

pro Portion 1,14 Euro

**Für die Füllung:**
300 g Magerquark (Topfen)
30 g flüssiger Honig
40 g Sultaninen
200 g Aprikosenkonfitüre

150 g saure Sahne
100 g Schlagsahne
etwas Puderzucker

*Pro Portion:*
E: 20 g, F: 36 g, Kh: 69 g, kJ: 2982, kcal: 712

**1.** Für den Palatschinkenteig Mehl in eine Rührschüssel geben. Eier mit Milch und Salz verschlagen. Die Eiermilch nach und nach unter Rühren zum Mehl geben. Darauf achten, dass keine Klümpchen entstehen.

**2.** So viel Mineralwasser hinzugießen, dass ein dünnflüssiger Teig entsteht. Palatschinkenteig etwa 20 Minuten ruhen lassen.

**3.** Etwas Butter in einer Pfanne zerlassen. Den Teig gut durchrühren und eine dünne Teiglage mit einer drehenden Bewegung auf dem Boden der Pfanne verteilen. Den Palatschinken von beiden Seiten goldbraun backen. Bevor der Palatschinken gewendet wird, wieder etwas Butter in die Pfanne geben. Aus dem restlichen Teig weitere 7 dünne Palatschinken auf die gleiche Weise backen.

**4.** Den Backofen vorheizen.
*Ober-/Unterhitze:* etwa 220 °C
*Heißluft:* etwa 200 °C

**5.** Für die Füllung Quark mit Honig und Sultaninen verrühren. Palatschinken mit Konfitüre bestreichen, die Quarkmasse darauf verteilen. Palatschinken aufrollen und in eine flache Auflaufform (gefettet) dicht nebeneinander einschichten.

**6.** Die saure Sahne und Schlagsahne verrühren. Die Palatschinken damit übergießen. Die Form auf dem Rost in den vorgeheizten Backofen schieben. Palatschinken 15–20 Minuten backen.

**7.** Die Topfenpalatschinken mit Puderzucker bestäuben und sofort servieren.

## Rohrnudeln mit Mohnfüllung

pro Stück **0,27** Euro

30 Stück

*Zubereitungszeit:* 40 Minuten, ohne Teiggeh- und Abkühlzeit
*Backzeit:* etwa 40 Minuten

**Für den Hefeteig:**
200 ml Milch (3,5 % Fett)
50 g Schlagsahne
550 g Weizenmehl
1/2 Pck. (21 g) frische Hefe
60 g Zucker
3 Eier (Größe S)
75 g Butter (zimmerwarm)

**Für die Füllung:**
175 ml Mich (3,5 % Fett)
100 g Zucker
150 g gem. Grau- oder Blaumohn
25 g Butter
60 g Rosinen

10 g Butter (zimmerwarm)
1 1/2 EL Zucker
1/2 TL gem. Zimt
75 g Schlagsahne

**Für die Aprikosensauce:**
480 g abgetropfte Aprikosenhälften (aus der Dose)

*Pro Stück:*
E: 4 g, F: 8 g, Kh: 25 g,
kJ: 792, kcal: 190

**1.** Für den Teig Milch mit der Sahne erwärmen. 200 g des Mehls in eine Rührschüssel geben. In die Mitte eine Vertiefung drücken und die Hefe hineinbröckeln. Zucker und Sahnemilch hinzufügen. Die Zutaten gut verrühren. Den Vorteig zugedeckt an einem warmen Ort etwa 30 Minuten gehen lassen.
**2.** Eier, Butter und restliches Mehl hinzugeben. Die Zutaten mit einem Mixer (Knethaken) zunächst kurz auf niedrigster, dann auf höchster Stufe in etwa 5 Minuten zu einem glatten Teig verarbeiten. Den Teig zugedeckt etwa 1 Stunde an einem warmen Ort gehen lassen.
**3.** Für die Füllung Milch und Zucker in einem Topf zum Kochen bringen. Den Mohn hinzugeben und etwa 2 Minuten unter Rühren kochen lassen. Butter und Rosinen unterrühren. Die Mohnmasse erkalten lassen.
**4.** Den gegangenen Teig leicht mit Mehl bestäuben, aus der Schüssel nehmen und auf einer bemehlten Arbeitsfläche nochmals kurz durchkneten. Den Teig zu einer etwa 80 cm langen Rolle formen. Aus der Teigrolle etwa 30 gleich große Scheiben schneiden. Die Teigscheiben auf der bemehlten Arbeitsfläche zu etwa 12 cm großen Scheiben flach drücken und nebeneinanderlegen.
**5.** Mohnmasse auf den Teigscheiben verteilen, dabei einen Rand frei lassen. Den Teig um die Füllung schlagen und mit der Naht nach unten mit etwas Abstand auf ein Backblech (mit Backpapier belegt, mit Butter bestrichen) setzen. Die Teiglinge nochmals zugedeckt etwa 1 Stunde gehen lassen.
**6.** Inzwischen Backofen vorheizen.
*Ober-/Unterhitze:* etwa 180 °C
*Heißluft:* etwa 160 °C
**7.** Zucker mit Zimt mischen. Die Teiglinge mit Sahne bestreichen und mit Zimt-Zucker bestreuen. Das Backblech in den vorgeheizten Backofen schieben. Rohrnudeln etwa 40 Minuten backen.
**8.** Für die Aprikosensauce Aprikosenhälften mit einem Pürierstab pürieren. Die Rohrnudeln mit der Aprikosensauce servieren.

Rohrnudeln mit Mohnfüllung

## Rhabarberstrudel

10 Portionen

*Zubereitungszeit:* 40 Minuten, ohne Ruhezeit
*Backzeit:* 45–55 Minuten

pro Portion **0,32** Euro

**Für den Strudelteig:**
100 g Weizenmehl
1 Prise Salz, 3 EL lauwarmes Wasser
2 EL Speiseöl

**Für die Füllung:**
60 g Butter, 90 g Semmelbrösel
400 g Rhabarber, 60 g Zucker
1 Pck. Dr. Oetker Vanillin-Zucker
etwas gem. Zimt
60 g gehobelte Mandeln

60 g zerlassene, abgekühlte Butter

*Pro Portion:*
E: 4 g, F: 16 g, Kh: 22 g,
kJ: 1075, kcal: 257

Rhabarberstrudel

Vanille-Reis-Ring mit Aprikosen

**1.** Für den Teig Mehl in eine Rührschüssel geben, Salz, Wasser und Speiseöl hinzufügen. Die Zutaten mit einem Mixer (Knethaken) zunächst kurz auf niedrigster, dann auf höchster Stufe gut durcharbeiten. Anschließend auf einer bemehlten Arbeitsfläche zu einem glatten Teig verkneten.
**2.** Den Teig auf Backpapier in einen heißen, trockenen Kochtopf legen (vorher Wasser darin kochen), mit einem Deckel verschließen, etwa 30 Minuten ruhen lassen.
**3.** Für die Füllung in der Zwischenzeit Butter in einer Pfanne zerlassen, Semmelbrösel darin unter Rühren goldgelb rösten.
**4.** Rhabarber abspülen, abtropfen lassen, Stielenden und Blattansätze entfernen. Stangen in etwa 2 cm lange Stücke schneiden. Rhabarberstücke mit Zucker, Vanillin-Zucker, Zimt und Mandeln vermischen.
**5.** Den Teig auf einem bemehlten großen Tuch (Geschirrtuch) dünn ausrollen, ihn dann mit den Händen zu einem Rechteck (etwa 25 x 35 cm) ausziehen (er muss durchsichtig sein). Die Ränder, wenn sie etwas dicker sind, abschneiden.
**6.** Den Backofen vorheizen.
*Ober-/Unterhitze:* etwa 180 °C
*Heißluft:* etwa 160 °C
**7.** Den Teig mit der Hälfte der Butter bestreichen, zunächst die Semmelbrösel, dann die Rhabarbermasse auf zwei Dritteln des Teiges verteilen (an den kürzeren Seiten etwa 3 cm am Rand frei lassen). Die frei gebliebenen Teigränder über die Füllung schlagen.
**8.** Den Teig mithilfe des Tuches von der längeren Seite her, bei der Füllung beginnend, aufrollen, an den Enden gut zusammendrücken. Teigrolle auf ein Backblech (gefettet, mit Backpapier belegt) legen und mit einem Teil der restlichen Butter bestreichen. Das Backblech in den vorgeheizten Backofen schieben. Den Strudel 45–55 Minuten backen.
**9.** Strudel während des Backens mit der restlichen Butter bestreichen.
**10.** Den gebackenen Strudel mit dem Backpapier vom Backblech auf einen Kuchenrost ziehen, erkalten lassen.

## Vanille-Reis-Ring mit Aprikosen

6 Portionen

pro Portion 1,41 Euro

*Zubereitungszeit:* 25 Minuten, ohne Quell- und Kühlzeit

750 ml Milch (3,5 % Fett)
75 g Zucker
Mark von 1 Vanilleschote
150 g Milchreis (Rundkornreis)
1 Pck. gem. Gelatine, weiß
250 g Schlagsahne (mind. 30 % Fett)

**Für das Aprikosenkompott:**
750 g Aprikosen
80 g Zucker
125 ml Weißwein
1 Stange Zimt

**Zum Garnieren:**
einige Zitronenmelisseblättchen

*Pro Portion:*
E: 14 g, F: 18 g, Kh: 49 g,
kJ: 1901, kcal: 454

**1.** Die Milch mit Zucker und Vanillemark in einem Topf zum Kochen bringen. Reis hineingeben und nach Packungsanleitung quellen lassen, dabei ab und zu umrühren (der Reis muss noch körnig sein).
**2.** Gelatine nach Packungsanleitung in einem kleinen Topf anrühren und quellen lassen.
**3.** Gequollene Gelatine unter den heißen Reisbrei rühren. So lange rühren, bis sie völlig aufgelöst ist. Reisbrei erkalten lassen.
**4.** Sahne steif schlagen und unterheben. Die Reis-Sahne-Masse in eine Ringform (mit kaltem Wasser ausgespült) geben und glatt streichen. Die Form zugedeckt in den Kühlschrank stellen. Die Reis-Sahne-Masse fest werden lassen.
**5.** Für das Aprikosenkompott Aprikosen abspülen, abtropfen lassen, halbieren und entsteinen. Die Aprikosenhälften mit Zucker, Wein und Zimtstange in einem kleinen Topf etwa 10 Minuten dünsten. Kompott erkalten lassen. Zimtstange entfernen.
**6.** Den Reisring auf eine Platte stürzen, mit dem Aprikosenkompott anrichten und mit abgespülten, trocken getupften Zitronenmelisseblättchen garnieren.

Palatschinken mit Nussfüllung

## Bananen-Schoko-Pfannkuchen

4 Stück (ohne Foto)

pro Stück 0,41 Euro

*Zubereitungszeit:* 40 Minuten, *ohne* Ruhezeit

2 Eier (Größe M)
150 ml Milch (3,5 % Fett)
1 EL Zucker
1 Prise Salz
100 g Weizenmehl
25 g blütenzarte Haferflocken

**Für die Füllung:**
1 Banane
4 TL Nuss-Nougat-Creme

50 ml Mineralwasser
mit Kohlensäure
2 EL Margarine

Pro Stück:
E: 9 g, F: 15 g, Kh: 36 g,
kJ: 1318, kcal: 315

**1.** Eier, Milch, Zucker und Salz in einen hohen Rührbecher geben und mit einem Mixer (Rührstäbe) verschlagen. Mehl und Haferflocken hinzugeben, zunächst kurz auf niedrigster, dann auf höchster Stufe gut unterrühren. Den Teig etwa 10 Minuten ruhen lassen.
**2.** In der Zwischenzeit für die Füllung die Banane schälen und in Scheiben schneiden.
**3.** Den Pfannkuchenteig nochmals durchrühren, das Mineralwasser hinzugießen und kurz unterrühren.
**4.** Etwa 1/2 Teelöffel Margarine in einer beschichteten Pfanne (Ø 24 cm) zerlassen. Ein Viertel des Teiges in die Pfanne gießen. Den Teig mit einer drehenden Bewegung gleichmäßig auf dem Boden der Pfanne verteilen. Den Pfannkuchen bei mittlerer Hitze etwa 2 Minuten goldbraun backen, bis die Teigoberfläche nicht mehr feucht ist. Pfannkuchen mit einem Pfannenwender wenden, etwas Margarine in die Pfanne geben und den Pfannkuchen fertig backen.

## Palatschinken mit Nussfüllung

4 Portionen

*Zubereitungszeit:* 50 Minuten, ohne Ruhezeit

pro Portion 1,24 Euro

150 g Weizenmehl
3 Eier (Größe M)
250 ml Milch (3,5 % Fett)
125 ml Mineralwasser
mit Kohlensäure
1 TL Zucker
1 Pck. Dr. Oetker Vanillin-Zucker
1 Prise Salz
50 g Butter

**Für die Nussfüllung:**
150 g gem. Haselnusskerne
1 EL flüssiger Honig
1–2 EL Zucker
2 EL Rum oder Apfelsaft
4 EL Schlagsahne
1 Eiweiß (Größe M)

1 EL Butter
gehobelte oder gehackte Mandeln

*Pro Portion:*
E: 19 g, F: 52 g, Kh: 47 g,
kJ: 3070, kcal: 734

**1.** Das Weizenmehl in eine Rührschüssel geben. Eier mit Milch, Mineralwasser, Zucker, Vanillin-Zucker und Salz verschlagen. Die Eiermilch nach und nach unter Rühren zum Mehl geben. Darauf achten, dass keine Klümpchen entstehen. Teig etwa 20 Minuten ruhen lassen.
**2.** Etwas Butter in einer Pfanne zerlassen. Den Teig gut durchrühren und eine dünne Teiglage mit einer drehenden Bewegung auf dem Boden der Pfanne verteilen. Palatschinken von beiden Seiten goldgelb backen. Bevor der Palatschinken gewendet wird, wieder etwas Butter in die Pfanne geben. Aus dem restlichen Teig weitere Palatschinken auf die gleiche Weise backen.
**3.** Für die Nussfüllung Haselnüsse mit Honig, Zucker, Rum oder Apfelsaft, Sahne und Eiweiß zu einer streichfähigen Masse verrühren, auf die Palatschinken streichen und aufrollen.
**4.** Butter in einer Pfanne zerlassen. Die gefüllten Palatschinken darin portionsweise von beiden Seiten backen und mit Mandeln bestreuen.

***Tipp:*** Ein intensives Nussaroma erhält die Füllung mit gerösteten Haselnusskernen.

**5.** Den Pfannkuchen mit je 1 Teelöffel Nuss-Nougat-Creme bestreichen, mit einem Viertel der in Scheiben geschnittenen Banane belegen und vorsichtig aufrollen. Den Pfannkuchen warm stellen oder sofort servieren. Aus dem restlichen Teig weitere 3 Pfannkuchen auf die gleiche Weise backen und füllen.

## Haferbrei

pro Portion 0,34 Euro

4 Portionen

*Zubereitungszeit:* 15 Minuten

1 l Milch (0,3 % oder 1,5 % Fett)
1 Stück Schale von 1 Bio-Zitrone (unbehandelt, ungewachst, etwa 8 cm lang)
100 g blütenzarte Haferflocken
1 Prise Salz, 30 g Zucker
1 Pck. Dr. Oetker Vanillin-Zucker

*Pro Portion:*
E: 13 g, F: 2 g, Kh: 37 g,
kJ: 947, kcal: 226

**1.** Die Milch mit dem heiß abgewaschenen und trocken getupften Stück Zitronenschale in einem Topf zum Kochen bringen. Haferflocken und Salz unterrühren.

**2.** Die Zutaten zum Kochen bringen und ohne Deckel etwa 10 Minuten bei schwacher Hitze quellen lassen, dabei gelegentlich umrühren.

**3.** Die Zitronenschale entfernen. Zucker und Vanillin-Zucker unter den Haferbrei rühren.

***Tipp:*** Etwas nahrhafter ist der Brei, wenn Sie Milch mit einem Fettgehalt von mindestens 3,5 % nehmen.

## Rhabarber-Crumble

6–8 Portionen

*Zubereitungszeit:* 25 Minuten
*Backzeit:* etwa 30 Minuten

etwa 1 kg Rhabarber
80 g brauner Zucker (Rohrzucker)
3 EL Orangensaft

pro Portion 0,43 Euro

**Für die Streusel:**
150 g Weizenmehl
25 g kernige Haferflocken
80 g brauner Zucker (Rohrzucker)
100 g Butter (zimmerwarm)

*Pro Portion:*
E: 4 g, F: 12 g, Kh: 43 g,
kJ: 1285, kcal: 307

**1.** Rhabarber abziehen, abspülen, abtropfen lassen, Stielenden und Blattansätze entfernen. Die dickeren Stangen längs halbieren. Die Stangen in etwa 4 cm lange Stücke schneiden.

**2.** Rhabarberstücke in eine große Gratinform (Ø 32 cm) oder 6–8 kleine Gratinförmchen (jeweils gefettet) geben und mit Zucker bestreuen. Anschließend den Orangensaft gleichmäßig darauf verteilen.

**3.** Den Backofen vorheizen.
*Ober-/Unterhitze:* etwa 200 °C
*Heißluft:* etwa 180 °C

**4.** Für die Streusel Mehl in eine Rührschüssel geben, mit Haferflocken und Zucker mischen, Butter hinzufügen. Die Zutaten mit einem Mixer (Rührstäbe) oder mit den Händen zu Streuseln von gewünschter Größe verarbeiten.

**5.** Die Streusel auf den Rhabarberstücken verteilen. Die Form oder Förmchen auf dem Rost in den vorgeheizten Backofen schieben. Rhabarber-Crumble etwa 30 Minuten backen.

***Abwandlung:*** Der Crumble schmeckt auch lecker, wenn Sie anstelle des Rhabarbers etwa 750 g Johannisbeeren oder 740 g abgetropfte Stachelbeeren (aus Gläsern) verwenden.

Haferbrei

Rhabarber-Crumble

## Apfelauflauf

4 Portionen

*Zubereitungszeit:* 20 Minuten
*Garzeit:* etwa 30 Minuten

pro Portion **0,52** Euro

500 g Äpfel
2 Eier (Größe M)
125 g Zucker
1 Pck. Dr. Oetker Vanillin-Zucker
125 g Weizenmehl
2 gestr. TL Dr. Oetker Backin

*Pro Portion:*
E: 7 g, F: 4 g, Kh: 71 g,
kJ: 1485, kcal: 355

**1.** Äpfel schälen, vierteln, entkernen und in Scheiben schneiden.
**2.** Den Backofen vorheizen.
*Ober-/Unterhitze:* etwa 180 °C
*Heißluft:* etwa 160 °C
**3.** Eier mit Zucker und Vanillin-Zucker in einer Rührschüssel mit einem Mixer (Rührstäbe) schaumig schlagen. Mehl mit Backpulver mischen und kurz auf mittlerer Stufe unterrühren.
**4.** Den Teig lagenweise mit den Apfelscheiben in eine Auflaufform (gefettet) geben. Die oberste Schicht sollte aus Teig bestehen.
**5.** Die Form auf dem Rost in den vorgeheizten Backofen schieben. Den Auflauf etwa 30 Minuten backen.

## Apfel-Sojamilch-Pfannkuchen

pro Stück **1,09** Euro

2 Stück

*Zubereitungszeit:* 20 Minuten, ohne Ruhezeit

**Für den Teig:**
150 g Weizenmehl (Type 1050)
1/2 TL Natron
150 ml naturtrüber Apfelsaft
150 ml Sojamilch
1 EL Zitronensaft
1 EL Zucker
1 Msp. gem. Zimt
1 Prise Salz

2 mittelgroße säuerliche Äpfel, z. B. Boskop
2–3 EL Speiseöl, z. B. Sonnenblumenöl
evtl. 1 EL selbst gemachte Konfitüre

*Pro Stück:*
E: 12 g, F: 13 g, Kh: 86 g,
kJ: 2151, kcal: 514

**1.** Für den Teig Mehl mit Natron in einer Rührschüssel mischen. Apfelsaft und Sojamilch mit Zitronensaft, Zucker, Zimt und Salz hinzufügen. Die Zutaten mit einem Mixer (Rührstäbe) zunächst kurz auf niedrigster, dann auf höchster Stufe in etwa 2 Minuten zu einem glatten Teig verarbeiten. Den Teig 20–30 Minuten ruhen lassen.
**2.** Vor dem Backen Äpfel schälen, vierteln, entkernen und in dünne Spalten schneiden.
**3.** Die Hälfte des Speiseöls in einer großen Pfanne erhitzen. Den Teig gut durchrühren. Die Hälfte des Teiges mit einer Suppenkelle in die Pfanne geben und etwas verstreichen. Die Hälfte der Apfelspalten sofort dekorativ darauflegen. Den Pfannkuchen bei mittlerer bis starker Hitze goldbraun backen, dann vorsichtig wenden und den Pfannkuchen fertig backen.
**4.** Aus dem restlichen Teig in dem restlichen Speiseöl einen weiteren Pfannkuchen backen.
**5.** Die Pfannkuchen nach Belieben mit selbst gemachter Konfitüre bestreichen und servieren.

***Tipps:*** Der Pfannkuchenteig lässt sich problemlos für mehrere Portionen verdoppeln. Wichtig: Den Teig vor jedem Backen etwas umrühren. Bereits gebackene Pfannkuchen können im vorgeheizten Backofen bei Ober-/Unterhitze: etwa 80 °C oder Heißluft: etwa 60 °C warm gehalten werden. Die einzelnen Pfannkuchen mit wenig Zucker bestreuen, damit sie nicht zusammenkleben.

Apfelauflauf

Apfel-Sojamilch-Pfannkuchen

Brüsseler Waffeln

Beergötzen (Sächsische Pfannkuchen)

***Abwandlung:*** Für **pikante Pfannkuchen** 150 g Weizenmehl (Type 1050) mit 3/4 Teelöffel Natron mischen. 300 ml Sojamilch, 1 1/2 Esslöffel Zitronensaft und 1 Prise Salz hinzufügen. Alle Zutaten verrühren, quellen lassen und in 2 Portionen wie beschrieben backen.

## Brüsseler Waffeln

7 Doppelwaffeln

*Zubereitungszeit:* 35 Minuten

250 g Butter (zimmerwarm)
6 Eier (Größe M)
250 g Weizenmehl
125 g lauwarme Crème fraîche
1/2 gestr. TL Salz

pro Stück 0,51 Euro

**Zum Bestäuben:**
100 g Puderzucker
1 Pck. Dr. Oetker Vanillin-Zucker

*Pro Stück:*
E: 10 g, F: 41 g, Kh: 41 g,
kJ: 2430, kcal: 581

**1.** Butter in einer Rührschüssel mit einem Mixer (Rührstäbe) geschmeidig rühren.
**2.** Eier in einer Schüssel im heißen Wasserbad schaumig schlagen. Abwechselnd die Eierschaummasse und das Mehl unter die Butter rühren. Crème fraîche und Salz unterheben.
**3.** Jeweils 2–3 Esslöffel Teig in ein gut erhitztes, gefettetes Waffeleisen füllen und verstreichen. Die Waffeln goldbraun backen und mit einer Gabel oder einem Pfannenwender herausnehmen. Waffeln einzeln auf einen Kuchenrost legen.
**4.** Zum Bestäuben Puderzucker mit Vanillin-Zucker mischen. Die Waffeln dick damit bestäuben und heiß oder kalt servieren.

***Tipp:*** Erdbeer-, Orangen- oder Kirschsauce und Schlagsahne zu den Waffeln reichen.

## Beergötzen (Sächsische Pfannkuchen)

pro Portion 1,42 Euro

4 Portionen

*Zubereitungszeit:* 20 Minuten, ohne Abkühl- und Ruhezeit
*Garzeit:* 20–25 Minuten

200 g Kartoffeln
250 g Weizenmehl
3 Eier (Größe M)
500 ml Milch (3,5 % Fett)
1 Prise Salz

125 ml Speiseöl
etwa 500 g abgetropfte Heidelbeeren (aus Gläsern)
60 g Zucker

*Pro Portion:*
E: 18 g, F: 28 g, Kh: 93 g,
kJ: 2954, kcal: 706

**1.** Die Kartoffeln unter fließendem kalten Wasser gründlich waschen, knapp mit Wasser bedeckt in einem Topf, zugedeckt zum Kochen bringen und in 20–25 Minuten gar kochen.
**2.** Kartoffeln abgießen, mit kaltem Wasser abspülen, abtropfen und etwas abkühlen lassen. Kartoffeln pellen und auf einer Haushaltsreibe fein reiben.
**3.** Mehl in eine Rührschüssel geben, in die Mitte eine Vertiefung drücken. Eier, etwas von der Milch und Salz von der Mitte ausgehend mit dem Mehl verrühren. Kartoffeln unter den Pfannkuchenteig rühren. Die restliche Milch hinzugießen und gut unterrühren. Den Teig etwa 30 Minuten ruhen lassen.
**4.** Etwas von dem Speiseöl in einer Pfanne erhitzen. Den Teig gut durchrühren und eine dünne Teiglage mit einer drehenden Bewegung auf dem Boden der Pfanne verteilen. Einen Teil der Heidelbeeren daraufgeben. Wenn die Ränder etwas gebräunt sind, den Pfannkuchen wenden und fertig backen. Vor dem Wenden etwas Speiseöl in die Pfanne geben.
**5.** Den Pfannkuchen herausnehmen und etwas Zucker auf die Heidelbeeren geben. Aus dem restlichen Teig weitere Pfannkuchen auf die gleiche Weise zubereiten.

Birnenmus-Trifle

## Birnenmus-Trifle

4 Portionen

*Zubereitungszeit:* 40 Minuten, ohne Abkühlzeit

pro Portion **0,66** Euro

125 g Quinoa
etwa 250 ml Wasser

**Für das Birnenmus:**
2 Birnen (etwa 400 g)
2 EL Wasser
evtl. 1/2–1 TL Zucker
etwas gem. Zimt

etwa 100 g Sojajoghurt
evtl. 1 TL Frucht-Dicksaft,
z. B. Birnen- oder Agaven-Dicksaft
evtl. etwas gem. Zimt

*Pro Portion:*
E: 6 g, F: 2 g, Kh: 30 g,
kJ: 696, kcal: 165

**1.** Quinoa nach Packungsanleitung in dem Wasser gar kochen. Dafür Quinoa mit der doppelten Menge an Wasser aufkochen und zugedeckt bei schwacher Hitze etwa 25 Minuten kochen lassen. Den Topf von der Kochstelle nehmen. Quinoa etwa 5 Minuten weiter ausquellen, dann abkühlen lassen.

**2.** Für das Birnenmus in der Zwischenzeit Birnen schälen, vierteln, entkernen und in kleine Stücke schneiden. Die Birnenstücke mit dem Wasser in einem Topf zum Kochen bringen und dann zugedeckt bei schwacher Hitze 10–15 Minuten kochen, bis sie weich sind. Dabei ab und zu umrühren, damit nichts anbrennt.

**3.** Die Birnenmasse pürieren (Vorsicht: Die Masse ist heiß!), mit Zucker und Zimt abschmecken, dann abkühlen lassen.

**4.** Den gegarten, abgekühlten Quinoa mit dem Joghurt verrühren. Die Quinoa-Joghurt-Masse nach Belieben mit etwas Frucht-Dicksaft nachsüßen.

**5.** Die Quinoa-Joghurt-Masse in 4 gleich große Portionen teilen. Von jeder Portion die Hälfte in ein Glas einfüllen. Das Birnenmus in 4 gleich große Portionen teilen und je eine Portion daraufgeben. Die restliche Quinoa-Joghurt-Masse darauf verteilen und nach Belieben mit Zimt bestreuen.

***Tipps:*** Birnenmus-Trifle mit Nüssen, Sonnenblumenkernen oder Kokosraspeln bestreut servieren. Nicht vergessen: Alles kurz in einer Pfanne ohne Fett unter Wenden anrösten, so kommt das Eigenaroma intensiver hervor. Garnieren Sie das Birnenmus-Trifle mit einigen abgespülten, trocken getupften Zitronenmelisse- oder Minzeblättchen.

***Rezeptvariante*** Für **geschichtetes Birnenkompott mit Quinoa** (im Foto links) die stückigen Birnen (mit der Flüssigkeit) nicht pürieren. Birnenkompott ebenso mit Zucker und Zimt abschmecken. Abwechselnd in Gläser etwas abgekühlten Quinoa, etwas Joghurt und etwas Birnenkompott einschichten. So lange wiederholen, bis alle Zutaten verbraucht sind. Statt Quinoa kann man auch Amaranth nehmen (Packungsanleitung beachten).

***Abwandlung:*** Statt Birnenmus die gleiche Menge Apfelmus für ein Apfelmus-Trifle einplanen (entweder selbst gemacht oder gekauft). Für die Geschmacksharmonie am besten mit Apfel-Dicksaft süßen.

## Berg und Tal

6 Portionen

pro Portion **0,76** Euro

*Zubereitungszeit:* 30 Minuten, ohne Abkühlzeit
*Backzeit:* etwa 15 Minuten

500 g TK-Gemischte Beeren
3 EL Zucker
125 ml Apfelsaft
1 Stange Zimt
1/2 Pck. Dr. Oetker Pudding-Pulver Vanille-Geschmack

**Für den Teig:**
50 g Butter
oder Margarine
250 g Weizenmehl
25 g Zucker
1 Prise Salz
500 ml Milch (3,5 % Fett)
4 Eier (Größe M)

**Zum Bestäuben:**
etwas Puderzucker

*Pro Portion:*
E: 12 g, F: 16 g, Kh: 55 g,
kJ: 1752, kcal: 418

**1.** Die gefrorenen Beeren mit Zucker, 100 ml Apfelsaft und der Zimtstange in einem Topf verrühren und zum Kochen bringen. Pudding-Pulver mit restlichem Apfelsaft anrühren.
**2.** Angerührtes Pudding-Pulver in die Beerenmasse rühren und unter vorsichtigem Rühren kurz aufkochen lassen. Das Beerenkompott in eine Schüssel geben und erkalten lassen. Die Zimtstange entfernen.
**3.** Den Backofen vorheizen.
*Ober-/Unterhitze:* etwa 240 °C
*Heißluft:* etwa 220 °C
**4.** Für den Teig Butter oder Margarine zerlassen und etwas abkühlen lassen. Mehl, Zucker und Salz in einer großen Rührschüssel mischen. Zerlassene Butter oder Margarine, Milch und Eier hinzugeben. Die Zutaten mit einem Mixer (Rührstäbe) kurz zu einem glatten Teig verrühren. Den Teig in einer Fettpfanne (30 x 40 cm, gefettet) verteilen. Die Fettpfanne in den vorgeheizten Backofen schieben. Das Gebäck in etwa 15 Minuten goldbraun backen. Während der Backzeit die Backofentür nicht öffnen!
**5.** Die Fettpfanne aus dem Backofen nehmen. Das Gebäck leicht abkühlen lassen, in Portionsstücke schneiden und auf einer Platte anrichten. Gebäckstücke mit Puderzucker bestäuben und sofort mit dem Beerenkompott servieren.

## Backobstkompott mit Klößen

4 Portionen

*Zubereitungszeit:* 50 Minuten, ohne Einweich- und Abkühlzeit

pro Portion 2,34 Euro

**Für das Kompott:**
500 g gemischtes Backobst
250 ml Wasser
250 ml Rotwein
1 Stange Zimt
40 g Zucker
20 g Speisestärke
2 EL Wasser

**Für die Klöße:**
125 g Weizenmehl
375 ml Milch (3,5 % Fett)
100 g Butter
2 Brötchen (Semmeln)
4 Eigelb (Größe M)
40 g Hartweizengrieß
4 Eiweiß (Größe M)
Salz

60 g Zucker
1 TL gem. Zimt
einige Zitronenmelisseblättchen

*Pro Portion:*
E: 17 g, F: 30 g, Kh: 100 g,
kJ: 3388, kcal: 808

**1.** Für das Kompott Backobst in eine Schale geben, mit kaltem Wasser übergießen und etwa 1 Stunde einweichen.
**2.** Backobst mit Rotwein, Zimtstange und Zucker in einem Topf zum Kochen bringen. Das Backobst zugedeckt bei schwacher Hitze in etwa 15 Minuten weich kochen. Speisestärke mit Wasser anrühren, in das Kompott rühren und unter Rühren nochmals kurz aufkochen lassen. Kompott abkühlen lassen. Zimtstange entfernen.
**3.** In der Zwischenzeit für die Klöße das Mehl mit Milch und 20 g der Butter in einem kleinen Topf verrühren, bei schwacher Hitze unter ständigem Rühren zu einem Kloß abbrennen und etwas ausdampfen lassen.
**4.** Brötchen klein würfeln. Die restliche Butter in einer Pfanne zerlassen, Brötchenwürfel darin von allen Seiten goldgelb rösten. Eigelb mit einem Mixer (Knethaken) nach und nach unter den Mehlkloß rühren, Brötchenwürfel und Grieß untermischen.
**5.** Eiweiß steif schlagen und unter den Kloßteig heben. In einem Topf reichlich Wasser zum Kochen bringen, Salz hinzugeben. Mit einem kalt abgespülten Esslöffel etwa 16 Klößchen abstechen. Die Klöße 5–8 Minuten in dem Salzwasser gar ziehen lassen. (Das Wasser darf nicht sprudelnd kochen!) Die Klöße zwischendurch wenden, mit einem Schaumlöffel herausnehmen und abtropfen lassen.
**6.** Zucker mit Zimt vermischen. Die Klöße portionsweise auf dem Kompott anrichten und mit Zimt-Zucker bestreuen. Mit abgespülten und trocken getupften Melisseblättchen garnieren.

Berg und Tal

Backobstkompott mit Klößen

## Cranberry-Waffeln
9–10 Stück

*Zubereitungszeit:* 25 Minuten

pro Stück **0,45** Euro

225 g Weizenmehl
50 g Speisestärke
75 g Zucker
1 Pck. Dr. Oetker Vanillin Zucker
3 Eier (Größe M)
100 g Butter (zimmerwarm)
300 g Vanillejoghurt
75 ml Milch (3,5 % Fett)
125 g getrocknete Cranberrys
etwa 40 g Hagelzucker

*Pro Stück:*
E: 6 g, F: 13 g, Kh: 50 g,
kJ: 1442, kcal: 344

**1.** Das Weizenmehl mit Speisestärke in einer Rührschüssel mischen. Zucker, Vanillin-Zucker, Eier, Butter, Joghurt und Milch hinzufügen. Die Zutaten mit einem Mixer (Rührstäbe) zunächst kurz auf niedrigster, dann auf höchster Stufe in etwa 2 Minuten zu einem glatten Teig verarbeiten. Die Cranberrys unterheben.
**2.** Jeweils 2–3 Esslöffel Teig in ein gut erhitztes, gefettetes Waffeleisen füllen, verstreichen und mit je 1 Teelöffel Hagelzucker bestreuen. Waffeln goldbraun backen, mit einer Gabel oder einem Pfannenwender herausnehmen und einzeln auf einem Kuchenrost erkalten lassen.

## Buchteln
12 Stück

pro Stück **0,20** Euro

*Zubereitungszeit:* 25 Minuten, ohne Teiggehzeit
*Backzeit:* etwa 25 Minuten

**Für den Hefeteig:**
250 ml Milch (3,5 % Fett)
75 g Butter oder Margarine
500 g Weizenmehl
1 Pck. Dr. Oetker Trockenbackhefe
50 g Zucker
1 Pck. Dr. Oetker Vanillin-Zucker
4 Tropfen Zitronen-Aroma
1 Prise Salz
1 Ei (Größe M)

**Zum Bestreichen:**
50 g Butter

**Zum Bestäuben:**
evtl. etwas Puderzucker

*Pro Stück:*
E: 6 g, F: 11 g, Kh: 39 g,
kJ: 1178, kcal: 282

**1.** Für den Teig die Milch in einem kleinen Topf erwärmen. Die Butter oder Margarine darin zerlassen.
**2.** Mehl in eine Rührschüssel geben und mit Trockenbackhefe sorgfältig vermischen. Zucker, Vanillin-Zucker, Aroma, Salz, Ei und die warme Milch-Fett-Mischung hinzufügen. Die Zutaten mit einem Mixer (Knethaken) zunächst kurz auf niedrigster, dann auf höchster Stufe in etwa 5 Minuten zu einem glatten Teig verarbeiten. Den Teig zugedeckt so lange an einem warmen Ort gehen lassen, bis er sich sichtbar vergrößert hat (etwa 30 Minuten).
**3.** Den Backofen vorheizen.
*Ober-/Unterhitze:* etwa 200 °C
Heißluft: etwa 180 °C
**4.** Den Teig leicht mit Mehl bestäuben, aus der Schüssel nehmen, auf der leicht bemehlten Arbeitsfläche nochmals kurz durchkneten und zu einer Rolle formen. Die Teigrolle in 12 gleich große Stücke schneiden.
**5.** Die Teigstücke zu Bällchen formen und nicht zu dicht nebeneinander in eine Auflaufform (gefettet) setzen.
**6.** Zum Bestreichen die Butter zerlassen. Die Teigbällchen damit bestreichen und nochmals so lange an einem warmen Ort gehen lassen, bis sie sich sichtbar vergrößert haben (etwa 20 Minuten).
**7.** Die Form auf dem Rost in den vorgeheizten Backofen (mittlere Schiene) schieben. Die Buchteln etwa 25 Minuten backen.
**8.** Die Buchteln nach Belieben mit Puderzucker bestäuben und warm servieren.

***Tipps:*** Dazu Kompott und warme Vanillesauce servieren. Das schmeckt auch gut zu aufgeschnittenen, in Butter gebratenen Buchteln.

Cranberry-Waffeln

Buchteln

Dinkelwaffeln mit Datteln

Buttermilchpudding

## Dinkelwaffeln mit Datteln

pro Stück 0,52 Euro

8 Stück

*Zubereitungszeit:* 30 Minuten, ohne Abkühlzeit

125 g Butter oder Margarine (zimmerwarm)
100 g brauner Zucker
1 Pck. Dr. Oetker Bourbon-Vanille-Zucker
4 Eier (Größe M)
250 g Dinkelmehl (Type 630)
1 gestr. TL Dr. Oetker Backin
150 ml Mineralwasser (medium)
125 g getrocknete Datteln, in kleine Würfel geschnitten

*Pro Stück:*
E: 8 g, F: 17 g, Kh: 44 g,
kJ: 1522, kcal: 364

**1.** Butter oder Margarine mit einem Mixer (Rührstäbe) auf höchster Stufe geschmeidig rühren. Nach und nach Zucker und Vanille-Zucker unterrühren. So lange rühren, bis eine gebundene Masse entstanden ist.
**2.** Eier nach und nach unterrühren (jedes Ei etwa 1/2 Minute). Mehl mit Backpulver mischen, abwechselnd mit dem Mineralwasser in 2 Portionen kurz auf mittlerer Stufe unterrühren. Zuletzt die Dattelwürfel unterheben.
**3.** Jeweils 2–3 Esslöffel Teig in ein gut erhitztes, gefettetes Waffeleisen füllen und verstreichen. Die Waffeln goldbraun backen und mit einer Gabel oder einem Pfannenwender herausnehmen. Waffeln einzeln auf einen Kuchenrost legen und erkalten lassen.

***Tipp:*** Dazu schmeckt ein Klecks Hagebuttenkonfitüre.

## Buttermilchpudding

4 Portionen

*Zubereitungszeit:* 30 Minuten, ohne Abkühlzeit
*Garzeit:* etwa 50 Minuten

**Für den Buttermilchpudding:**
100 g entsteinte Backpflaumen
200 g Butterkekse
1 gestr. TL Dr. Oetker Finesse Geriebene Zitronenschale
50 g Weizenmehl
1 gestr. TL Dr. Oetker Backin
3 Eier (Größe M)
1–2 TL Zitronensaft
50 g Zucker
300 g Buttermilch

pro Portion 0,94 Euro

*Pro Portion:*
E: 14 g, F: 12 g, Kh: 79 g,
kJ: 2053, kcal: 490

**1.** Für den Pudding die Pflaumen in Streifen schneiden. Butterkekse in einen Gefrierbeutel geben, Beutel verschließen. Kekse mit einer Teigrolle zerbröseln und in eine Rührschüssel geben. Pflaumenstreifen, Zitronenschale, Mehl und Backpulver untermischen.
**2.** Eier trennen. Eiweiß steif schlagen. Eigelb, Zitronensaft und Zucker zu einer dicklichen Creme aufschlagen, Buttermilch unterrühren, zur Bröselmasse geben und unterrühren. Eischnee unterheben. Den Teig in eine Wasserbadform (Ø 16 cm, etwa 1,5-Liter-Inhalt, gefettet, mit Semmelbröseln ausgestreut) füllen und die Form verschließen.
**3.** Die Form in einen hohen Topf setzen, so viel heißes Wasser hinzugießen, dass die Form bis etwa 3 cm unter dem Rand im Wasser steht. Den Topfdeckel auflegen. Wasser zum Kochen bringen. Den Pudding in schwach kochendem Wasser etwa 50 Minuten garen.
**4.** Die Form aus dem Wasserbad nehmen und auf einem Kuchenrost etwa 5 Minuten stehen lassen. Pudding aus der Form auf eine Platte stürzen.

## Hefewaffeln

6 Stück

*Zubereitungszeit:* 45 Minuten

**Für den Hefeteig:**
200 g Weizenmehl (Type 550)
1 Pck. Hefeteig Garant
250 ml fettarme Milch (1,5 % Fett)
20 g Zucker
1 Prise Salz
1 Ei (Größe M)
15 g Butter oder Margarine (zimmerwarm)

**Zum Bestäuben:**
20 g Puderzucker

pro Stück 0,20 Euro

*Pro Stück:*
E: 6 g, F: 5 g, Kh: 35 g,
kJ: 914, kcal: 218

**1.** Für den Teig das Mehl in eine Rührschüssel geben und mit Hefeteig Garant mischen. Milch, Zucker, Salz, Ei und Butter oder Margarine hinzufügen. Die Zutaten mit einem Mixer (Knethaken) zunächst kurz auf niedrigster, dann auf höchster Stufe in etwa 2 Minuten zu einem glatten Teig verarbeiten.
**2.** Für jede Waffel etwa 2 Esslöffel Teig in ein gut erhitztes, gefettetes Waffeleisen geben, mit einem Esslöffel verstreichen und die Waffeln goldbraun backen. Das Waffeleisen evtl. nach jedem Backvorgang wieder dünn einfetten.
**3.** Die Waffeln nebeneinander auf einen Kuchenrost legen und warm oder kalt mit Puderzucker bestäubt servieren.

***Tipp:*** Servieren Sie die Waffeln mit Roter Grütze aus dem Kühlregal.

## Kirschmichel

4 Portionen

pro Portion 1,61 Euro

*Zubereitungszeit:* 15 Minuten
*Backzeit:* etwa 40 Minuten

2 Brötchen (Milchbrötchen oder Croissants) vom Vortag
125 ml Milch (3,5 % Fett)
370 g abgetropfte Sauerkirschen (aus dem Glas)
125 g Zucker
3 Eigelb (Größe M)
2 EL Butter
1 Pck. Dr. Oetker Vanillin-Zucker
abgeriebene Schale von 1/2 Bio-Zitrone (unbehandelt, ungewachst) oder 1/3 Pck. Dr. Oetker Finesse Geriebene Zitronenschale
3 Eiweiß (Größe M)
1 Prise Salz
50 g gehobelte Mandeln

**Zum Bestäuben:**
etwas Puderzucker oder Zucker

*Pro Portion:*
E: 13 g, F: 24 g, Kh: 74 g,
kJ: 2381, kcal: 569

**1.** Die Brötchen in dünne Scheiben schneiden, in eine Schüssel legen, mit der Milch übergießen. Kirschen mit der Hälfte des Zuckers mischen.
**2.** Den Backofen vorheizen.
*Ober-/Unterhitze:* etwa 200 °C
*Heißluft:* etwa 180 °C
**3.** Eigelb mit 1 Esslöffel Butter, restlichem Zucker und Vanillin-Zucker schaumig schlagen. Die eingeweichten Brötchenscheiben mit der Milch und der Zitronenschale unterrühren, bis die eingeweichten Brötchenscheiben zerfallen sind.
**4.** Eiweiß mit Salz steif schlagen und vorsichtig mit den Kirschen unter die Brötchen-Eier-Masse heben. Die Masse in eine Auflaufform (gefettet) geben. Die restliche Butter in kleinen Flöckchen darauf verteilen und mit Mandeln bestreuen.
**5.** Die Form auf dem Rost in den vorgeheizten Backofen schieben und den Kirschmichel etwa 40 Minuten backen.
**6.** Den Kirschmichel noch warm mit Puderzucker bestäuben oder mit Zucker bestreuen und sofort servieren.

## Heidelbeerpfannkuchen

pro Portion 2,49 Euro

4 Portionen

*Zubereitungszeit:* 30 Minuten, ohne Ruhezeit

250 g Weizenmehl
4 Eier (Größe M)
500 ml Milch (3,5 % Fett)
4 EL Zucker
400 g Heidelbeeren
80 g Butter
1 EL Puderzucker

evtl. gem. Pistazienkerne
evtl. vorbereitete Erdbeeren
evtl. einige Minzeblättchen

*Pro Portion:*
E: 16 g, F: 26 g, Kh: 106 g,
kJ: 3179, kcal: 759

**1.** Mehl in eine Rührschüssel geben. Eier mit Milch und Zucker verschlagen. Die Eiermilch nach und nach unter Rühren zum Mehl geben. Darauf achten, dass keine Klümpchen entstehen. Den Teig etwa 30 Minuten ruhen lassen.
**2.** Heidelbeeren verlesen, abspülen und gut abtropfen lassen.
**3.** Etwas Butter in einer Pfanne zerlassen. Den Teig gut durchrühren. Eine dünne Teiglage mit einer drehenden Bewegung gleichmäßig auf dem Boden der Pfanne verteilen. Den Pfannkuchen von beiden Seiten goldgelb backen, herausnehmen und warm stellen. Bevor der Pfannkuchen gewendet wird, wieder etwas Butter in die Pfanne geben. Restlichen Teig auf die gleiche Weise in der restlichen Butter backen.
**4.** Die fertigen Pfannkuchen mit den Heidelbeeren füllen, aufrollen und mit Puderzucker bestäuben. Nach Belieben mit gemahlenen Pistazienkernen, Erdbeeren und abgespülten, trocken getupften Minzeblättchen garnieren.

## Kaffeewaffeln

pro Stück 0,30 Euro

9 Stück

*Zubereitungszeit:* 20 Minuten, ohne Abkühlzeit

**Für den Schüttelteig:**
250 g Weizenmehl
1 gestr. TL Dr. Oetker Backin
125 g Zucker
je 1 Msp. gem. Nelken und gem. Zimt
3 Eier (Größe M)
150 g zerlassene, abgekühlte Butter
100 ml kalter Instant-Kaffee

evtl. 200 g Schlagsahne (mind. 30 % Fett)
evtl. 1 Pck. Sahnesteif
evtl. 1 TL Zucker
evtl. 1 gestr. TL gesiebtes Kakaopulver oder 1–2 EL Rum

*Pro Stück:*
E: 5 g, F: 17 g, Kh: 34 g,
kJ: 1290, kcal: 308

**1.** Für den Teig Mehl mit Backpulver mischen, in eine verschließbare Schüssel (3-Liter-Inhalt) geben, mit Zucker, Nelken und Zimt mischen. Eier, Butter und Kaffee hinzufügen. Die Schüssel mit dem Deckel fest verschließen. Schüssel mehrmals (insgesamt 15–30 Sekunden) kräftig schütteln, sodass alle Zutaten gut vermischt sind.
**2.** Alles mit einem Schneebesen oder Rührlöffel nochmals sorgfältig durchrühren, damit vor allem trockene Zutaten vom Rand und Deckel mit untergerührt werden.
**3.** Jeweils 2–3 Esslöffel Teig in ein gut erhitztes, gefettetes Waffeleisen füllen und verstreichen. Die Waffeln goldbraun backen, mit einer Gabel oder einem Pfannenwender herausnehmen und einzeln auf einem Kuchenrost erkalten lassen.
**4.** Nach Belieben die Sahne mit Sahnesteif und Zucker steif schlagen, Kakaopulver oder Rum unterrühren. Die Kakao- oder Rumsahne zu den Waffeln reichen.

Heidelbeerpfannkuchen

Kaffeewaffeln

## Knödel mit Pflaumenmus, Butterkeksbröseln und Vanillesauce

4 Portionen

*Zubereitungszeit:* 30 Minuten, ohne Ruhezeit
*Garzeit:* etwa 20 Minuten

pro Portion 0,78 Euro

**Für die Knödel:**
120 g Weizenmehl
2 TL Dr. Oetker Backin
2 EL feinster Zucker
1 Prise Salz
40 ml Milch (3,5 % Fett)
30 ml Wasser
2 EL Sonnenblumenöl

**Für die Brösel:**
100 g Butterkekse
125 g Butter

8 TL Pflaumenmus (aus dem Glas)
250 ml Vanillesauce
(aus dem Kühlregal)

**Außerdem:**
8 Stücke Pergamentpapier

*Pro Portion:*
E: 8 g, F: 41 g, Kh: 67 g,
kJ: 2802, kcal: 669

**1.** Für die Knödel Mehl mit Backpulver in einer Rührschüssel mischen. Zucker und Salz unterrühren. Milch, Wasser und Sonnenblumenöl hinzufügen.
**2.** Die Zutaten mit einem Mixer (Knethaken) verrühren, anschließend auf einer bemehlten Arbeitsfläche in etwa 5 Minuten zu einem Teig verkneten.
**3.** Den Teig wieder in die Rührschüssel geben und mit einem feuchten Geschirrtuch zudecken. Den Teig etwa 1 Stunde ruhen lassen.
**4.** Für die Brösel die Butterkekse in einen Gefrierbeutel geben, den Beutel verschließen. Die Kekse mit der Teigrolle zerbröseln.
**5.** Butter in einer Pfanne zerlassen und die Brösel darin unter Rühren leicht bräunen, beiseitestellen.
**6.** Den Teig in 8 gleich große Portionen teilen. Die Portionen mit bemehlten Händen zuerst zu Kugeln, dann zu Scheiben (Ø etwa 6 cm) formen.
**7.** In die Mitte jeder Teigscheibe 1 Teelöffel Pflaumenmus geben. Die Teigscheiben in Form von kleinen Beuteln über der Füllung fest zusammendrücken. 4 Beutel mit dem Verschluss nach oben und etwas Abstand voneinander auf Pergamentpapier in einen passenden Dämpfeinsatz setzen.
**8.** In einer großen Pfanne oder einem Wok etwa 3 cm hoch Wasser einfüllen und zum Kochen bringen. Dämpfeinsatz hineinstellen und mit dem Deckel verschließen. Knödel etwa 20 Minuten dämpfen und zugedeckt warm halten. Die übrigen Beutel auf die gleiche Weise dämpfen.
**9.** Die beiseitegestellten Brösel in der Butter kurz erwärmen. Dann die Vanillesauce auf 4 tiefe Teller verteilen. Jeweils 2 Knödel darauflegen und mit den Bröseln bestreut servieren.

Knödel mit Pflaumenmus, Butterkeksbröseln und Vanillesauce

## Mango-Kiwi-Kokos-Pfannkuchen

7–8 Stück

pro Stück 1,03 Euro

*Zubereitungszeit:* 40 Minuten, ohne Ruhezeit

**Für den Pfannkuchenteig:**
180 g Weizenmehl
400 ml ungesüßte Kokosmilch
3 Eier (Größe M)
100 g Schlagsahne
60 g brauner Zucker (Rohrzucker)

**Für die Füllung:**
1 Mango
3 Kiwis
1 EL flüssiger Honig,
z. B. Sommerblütenhonig
Saft von 1 Limette

4 EL Kokosraspel
6 EL Speiseöl,
z. B. Rapsöl

*Pro Stück:*
E: 7 g, F: 21 g, Kh: 38 g,
kJ: 1532, kcal: 366

Mango-Kiwi-Kokos-Pfannkuchen

Mohnstrudel

**1.** Für den Teig Mehl in eine Rührschüssel geben. Kokosmilch mit Eiern, Sahne und Zucker verschlagen. Die Eier-Kokosmilch nach und nach unter Rühren zum Mehl geben. Darauf achten, dass keine Klümpchen entstehen. Den Teig 20–30 Minuten ruhen lassen.
**2.** Für die Füllung Mango halbieren, das Fruchtfleisch vom Stein schneiden und schälen. Mangofruchtfleisch in Würfel schneiden. Kiwis schälen, vierteln und in Scheiben schneiden. Honig mit Limettensaft verschlagen und vorsichtig unter die Kiwischeiben und Mangowürfel rühren.
**3.** Zum Bestreuen Kokosraspel in einer Pfanne ohne Fett unter Rühren hellbraun rösten.
**4.** Etwas Speiseöl in einer beschichteten Pfanne (Ø 28 oder 26 cm) erhitzen.
**5.** Eine dünne Teiglage mit einer drehenden Bewegung gleichmäßig auf dem Boden der Pfanne verteilen. Pfannkuchen von beiden Seiten goldbraun backen und warm stellen. Bevor der Pfannkuchen gewendet wird, wieder etwas Speiseöl in die Pfanne geben. Aus dem restlichen Teig weitere 6–7 Pfannkuchen auf die gleiche Weise backen.
**6.** Jeden Pfannkuchen gleichmäßig mit dem vorbereiteten Obst belegen, aufrollen und mit gerösteten Kokosraspeln bestreut servieren.

***Tipp:*** Nach Belieben die Mango-Kiwi-Kokos-Pfannkuchen mit abgespülten, trocken getupften Minzeblättchen garnieren.

## Mohnstrudel

12 Stücke

*Zubereitungszeit:* 35 Minuten, ohne Ruhe- und Abkühlzeit
*Backzeit:* 35–40 Minuten

pro Stück **1,04** Euro

**Für den Strudelteig:**
250 g Weizenmehl
1 Prise Salz
100 ml lauwarmes Wasser
1 Ei (Größe M)
1 EL Speiseöl, z. B. Sonnenblumenöl

**Für die Füllung:**
400 g gem. Mohn
400 ml kochendes Wasser
75 g Zucker
3 EL flüssiger Honig
1 Ei (Größe M)
abgeriebene Schale
von 1 Bio-Zitrone
(unbehandelt, ungewachst)
100 g Rosinen
250 g geraspelte, säuerliche Äpfel

50 g zerlassene Butter
etwas Puderzucker

*Pro Stück:*
E: 10 g, F: 20 g, Kh: 35 g,
kJ: 1514, kcal: 362

**1.** Für den Teig Mehl in eine Rührschüssel geben. Restliche Zutaten hinzufügen und mit einem Mixer (Knethaken) zunächst kurz auf niedrigster, dann auf höchster Stufe zu einem glatten Teig verarbeiten. In einem kleinen Topf Wasser kochen, den Topf ausgießen und abtrocknen. Den Teig auf Backpapier in den heißen Topf legen. Topf mit einem Deckel verschließen. Den Teig etwa 30 Minuten ruhen lassen.
**2.** Den Backofen vorheizen.
*Ober-/Unterhitze:* etwa 200 °C
*Heißluft:* etwa 180 °C
**3.** Für die Füllung Mohn in einer Rührschüssel mit kochendem Wasser übergießen und verrühren, bis eine geschmeidige Masse entstanden ist. Zucker, Honig, Ei, Zitronenschale und Rosinen unterrühren. Geraspelte Äpfel ebenfalls unterrühren.
**4.** Den Teig halbieren und jeweils auf einem bemehlten Geschirrtuch ausrollen, ihn dann mit den Händen zu je einem Rechteck (etwa 25 x 30 cm) ausziehen. Die Ränder, wenn sie dicker sind, abschneiden.
**5.** Jeweils zwei Drittel der Teigrechtecke mit der Mohnmasse bestreichen. An den kürzeren Seiten einen Rand von etwa 3 cm frei lassen. Die kürzeren Seiten auf die Füllung klappen. Die Teigrechtecke mithilfe des Tuches, mit der Füllung beginnend, von der langen Seite her aufrollen und an den Enden gut andrücken.
**6.** Die Strudel nebeneinander auf ein Backblech (mit Backpapier belegt) legen und mit etwas Butter bestreichen. Das Backblech in den vorgeheizten Backofen schieben. Die Strudel 35–40 Minuten backen. Die Strudel während des Backens mit der restlichen Butter bestreichen.
**7.** Die Strudel mit dem Backpapier vom Backblech auf einen Kuchenrost ziehen, erkalten lassen und mit Puderzucker bestäuben.

Pfannkuchentörtchen mit Früchtefüllung

Russisch-Brot-Waffeln

## Pfannkuchentörtchen mit Früchtefüllung

4 Portionen

*Zubereitungszeit:* 40 Minuten, ohne Ruhe- und Durchziehzeit

pro Portion 1,15 Euro

**Für den Teig:**
125 g Weizenmehl
2 Eier (Größe M)
200 ml Milch (3,5 % Fett)
50 ml Mineralwasser mit Kohlensäure
1 Prise Salz

60 g Butterschmalz oder Speiseöl

**Für die Füllung:**
600 g Erdbeeren
1–2 EL Zucker
1 Pck. Dr. Oetker Vanillin-Zucker
250 g Speisequark (20 % Fett)
5 EL Orangensaft
40 g Zucker
1 Pck. Dr. Oetker Vanillin-Zucker

30 g Puderzucker

*Pro Portion:*
E: 17 g, F: 16 g, Kh: 63 g,
kJ: 1999, kcal: 477

**1.** Für den Teig Mehl in eine Rührschüssel geben. Eier mit Milch, Mineralwasser und Salz verschlagen. Die Eiermilch nach und nach unter Rühren zum Mehl geben. Darauf achten, dass keine Klümpchen entstehen. Den Teig etwa 15 Minuten ruhen lassen.
**2.** Butterschmalz oder Speiseöl in einer kleinen Pfanne erhitzen. Den Teig gut umrühren und eine dünne Teiglage mit einer drehenden Bewegung gleichmäßig auf dem Boden der Pfanne verteilen. Den Pfannkuchen von beiden Seiten goldbraun backen. Bevor der Pfannkuchen gewendet wird, wieder etwas Butterschmalz oder Speiseöl in die Pfanne geben. Aus dem restlichen Teig weitere 11 kleine Pfannkuchen backen.
**3.** Für die Füllung Erdbeeren abspülen, gut abtropfen lassen (einige Erdbeeren zum Garnieren beiseitelegen), entstielen, halbieren, mit Zucker und Vanillin-Zucker bestreuen, kurz durchziehen lassen.
**4.** Quark mit Orangensaft, Zucker und Vanillin-Zucker verrühren. Die Hälfte des Quarks auf 4 Pfannkuchen streichen.
**5.** Einen Teil der Erdbeeren darauf verteilen, wieder je 1 Pfannkuchen darauflegen. Den restlichen Quark und die Erdbeeren daraufschichten.
**6.** Die letzten 4 Pfannkuchen als Abschluss auf die Törtchen legen und mit den beiseitegelegten Erdbeeren garnieren. Die Pfannkuchentörtchen mit Puderzucker bestreut servieren.

## Russisch-Brot-Waffeln

7 Stück

*Zubereitungszeit:* 30 Minuten, ohne Abkühlzeit

pro Stück 0,76 Euro

**Für den All-in-Teig:**
200 g Russisch-Brot-Kekse
100 g Weizenmehl
50 g Zucker
4 Eier (Größe M)
125 g Butter oder Margarine (zimmerwarm)
125 g Schlagsahne

**Für den Guss:**
50 g Vollmilch-Schokolade

*Pro Stück:*
E: 9 g, F: 27 g, Kh: 46 g,
kJ: 1953, kcal: 467

**1.** Für den Teig von den Keksen 7 Stück beiseitelegen. Restliche Kekse in einen Gefrierbeutel geben, den Beutel fest verschließen. Die Kekse mit einer Teigrolle zerbröseln.
**2.** Mehl in eine Rührschüssel geben. Zucker, Eier, Butter oder Margarine, Sahne und die Keksbrösel hinzufügen.
**3.** Die Zutaten mit einem Mixer (Rührstäbe) zunächst kurz auf niedrigster, anschließend auf höchster Stufe in etwa 2 Minuten zu einem glatten Teig verarbeiten.

**4.** Jeweils 2–3 Esslöffel Teig in ein gut erhitztes, leicht gefettetes Waffeleisen füllen und verstreichen. Die Waffeln goldbraun backen, mit einer Gabel oder einem Pfannenwender herausnehmen und einzeln auf einem Kuchenrost erkalten lassen.
**5.** Für den Guss die Schokolade in kleine Stücke brechen. Zwei Drittel davon in einem Topf im Wasserbad bei schwacher Hitze unter Rühren schmelzen. Topf aus dem Wasserbad nehmen und restliche Schokolade darin unter Rühren schmelzen.
**6.** Je 1 Teelöffel der Schokoladenmasse auf die Waffeln geben. Die beiseitegelegten Buchstaben jeweils auf den Guss legen und leicht andrücken. Guss fest werden lassen.

## Maracuja-Quark-Strudel

pro Portion 0,60 Euro

4–6 Portionen

*Zubereitungszeit:* 20 Minuten
*Backzeit:* etwa 25 Minuten

1/2 Bio-Zitrone (unbehandelt, ungewachst)
50 g Butter oder Margarine (zimmerwarm)
40 g Zucker
1 Ei (Größe M)
1 Eigelb (Größe M)
250 g Magerquark
50 ml Maracujanektar
2 Stück Vollkorn- oder Kokos-Zwieback
100 g fertiger Strudelteig (Kühlregal oder TK)
2 EL gehobelte Mandeln

*Pro Portion:*
E: 12 g, F: 15 g, Kh: 26 g, kJ: 1240, kcal: 296

**1.** Zitrone heiß abwaschen, abtrocknen, halbieren und von einer Hälfte die Schale abreiben. Von der Zitronenhälfte den Saft auspressen.
**2.** Den Backofen vorheizen.
*Ober-/Unterhitze:* etwa 180 °C
*Heißluft:* etwa 160 °C
**3.** 40 g der Butter oder Margarine, Zucker und Zitronenschale in einer Rührschüssel mit einem Schneebesen sehr cremig rühren. Ei und Eigelb gut unterrühren.
**4.** Quark, Zitronensaft und Maracujanektar hinzugeben und unterrühren. Zwiebäcke fein zerbröseln und unterheben.
**5.** Ein Backblech (30 x 40 cm, mit Backpapier belegt) mit dem Strudelteig (TK-Strudelteig vorher auftauen lassen) belegen. Die Maracuja-Quark-Masse darauf verteilen, dabei rundherum einen etwa 3 cm breiten Rand frei lassen. Die Teigränder über die Quarkmasse schlagen. Den Teig von der längeren Seite her aufrollen.
**6.** Restliche Butter oder Margarine zerlassen. Den Maracuja-Quark-Strudel damit bestreichen und mit Mandeln bestreuen.
**7.** Das Backblech in den vorgeheizten Backofen schieben. Den Strudel etwa 25 Minuten backen.
**8.** Den Strudel mit dem Backpapier vom Backblech auf einen Kuchenrost ziehen. Den Strudel leicht abkühlen lassen, in 4–6 Stücke schneiden und servieren.

**Tipps:** Den Strudelteig können Sie selbst nach folgendem Rezept zubereiten: 125 g Weizenmehl, 1 Teelöffel Speiseöl, etwa 60 ml lauwarme Molke oder Wasser, 1 Eigelb (Größe M) und 1 Prise Salz mit der Küchenmaschine oder mit einem Mixer (Knethaken) zunächst kurz auf niedrigster Stufe, dann auf höchster Stufe so lange durcharbeiten, bis ein geschmeidiger, leicht glänzender Teig entsteht. Den Teig in Frischhaltefolie gewickelt etwa 30 Minuten ruhen lassen. Den Strudelteig auf einem bemehlten großen Geschirrtuch hauchdünn ausrollen und wie im Rezept beschrieben weiter verarbeiten. Der Strudelteig kann man gut einfrieren, deshalb evtl. gleich die doppelte Portion zubereiten und einfrieren. Auch mit herzhaft gewürztem Quark oder gedünstetem Gemüse gefüllt, schmeckt der Strudel prima.

Maracuja-Quark-Strudel

## Kaiserschmarren mit Pinienkernen und Rosinen

pro Portion 1,50 Euro

2 Portionen

*Zubereitungszeit:* 25 Minuten
*Backzeit:* etwa 10 Minuten

80 g Weizenmehl
125 ml Milch (3,5 % Fett)
2 Eigelb (Größe L)
Salz
2 Eiweiß (Größe L)
1 EL Dr. Oetker Bourbon-Vanille-Zucker
30 g Rosinen
30 g Pinienkerne
2 EL Butter
25 g Puderzucker

*Pro Portion:*
E: 17 g, F: 33 g, Kh: 62 g,
kJ: 2607, kcal: 623

**1.** Den Backofen vorheizen.
*Ober-/Unterhitze:* etwa 180 °C
*Heißluft:* etwa 160 °C
**2.** Mehl in eine Rührschüssel geben. Milch, Eigelb und 1 Prise Salz hinzugeben. Die Zutaten zu einem glatten Teig verrühren. Eiweiß mit Vanille-Zucker steif schlagen.
**3.** Eischnee mit den Rosinen und Pinienkernen unter den Teig heben.
**4.** Butter in einer großen, feuerfesten Pfanne zerlassen. Den Teig hineingeben und kurz auf der Unterseite backen lassen.
**5.** Dann die Pfanne auf dem Rost in den vorgeheizten Backofen schieben. Den Kaiserschmarren etwa 10 Minuten backen.
**6.** Den Kaiserschmarren anschließend mit 2 Gabeln in Stücke zupfen und dick mit Puderzucker bestäuben.

## Kokosmilchnudeln mit Früchten

4 Portionen als Hauptgericht,
8 Portionen als Dessert

*Zubereitungszeit:* 15 Minuten
*Garzeit:* etwa 20 Minuten

400 ml Kokosmilch
600 ml fettarme Milch (1,5 % Fett)
2 EL flüssiger Honig
1 EL Zucker
300 g kleine Suppennudeln, z. B. Hörnchen

**Für das Pflaumenkompott:**
600 g Pflaumen
30 g Zucker
1/2 Stange Zimt
125 ml klarer Apfelsaft

pro Portion 1,43 Euro

*Pro Portion (4 Portionen):*
E: 17 g, F: 22 g, Kh: 97 g,
kJ: 2750, kcal: 659

**1.** Kokosmilch mit Milch, Honig und Zucker in einem Topf verrühren und zum Kochen bringen. Nudeln hinzugeben. Die Nudeln bei schwacher bis mittlerer Hitze bissfest garen, dabei gelegentlich umrühren.
**2.** In der Zwischenzeit für das Pflaumenkompott Pflaumen gründlich abspülen, trocken tupfen, entstielen, halbieren und entsteinen. Pflaumenhälften grob zerkleinern. Pflaumenstücke, Zucker, Zimtstange und Apfelsaft in einem Topf zum Kochen bringen und etwa 2 Minuten bei schwacher bis mittlerer Hitze kochen lassen. Pflaumenkompott abkühlen lassen, Zimtstange entfernen.
**3.** Sobald die Nudeln bissfest sind, die Temperatur erhöhen. Die verbliebene Flüssigkeit unter vorsichtigem Rühren kräftig einkochen lassen, bis die Nudelmasse leicht sämig ist.
**4.** Die Kokosmilchnudeln mit dem Pflaumenkompott in tiefen Tellern anrichten oder das Pflaumenkompott getrennt zu den Kokosmilchnudeln reichen.

***Tipp:*** Noch würziger schmeckt das Kompott, wenn Sie es mit 10 g frisch geriebenem Ingwer zubereiten.

Kaiserschmarren mit Pinienkernen und Rosinen

Kokosmilchnudeln mit Früchten

Kokoswaffeln

Mandel- oder Haselnusspudding

## Kokoswaffeln

8 Stück

pro Stück 0,48 Euro

*Zubereitungszeit:* 30 Minuten

30 g Kokosraspel

**Für den Rührteig:**
175 g Butter oder Margarine (zimmerwarm)
100 g brauner Zucker
3 Eigelb (Größe M)
125 g Weizenmehl
50 g Speisestärke
160 ml Kokosmilch
3 Eiweiß (Größe M)
1 Prise Salz

**Für die Kokossahne:**
200 g Schlagsahne (mind. 30 % Fett)
2 EL Kokosraspel

*Pro Stück:*
E: 6 g, F: 37 g, Kh: 31 g,
kJ: 2000, kcal: 479

**1.** Die Kokosraspel in einer Pfanne ohne Fett goldbraun rösten, herausnehmen und auf einem Teller erkalten lassen.
**2.** Für den Teig in der Zwischenzeit die Butter oder Margarine mit einem Mixer (Rührstäbe) auf höchster Stufe geschmeidig rühren. Nach und nach Zucker unterrühren. So lange rühren, bis eine gebundene Masse entstanden ist.
**3.** Eigelb nach und nach unterrühren (jedes Eigelb knapp 1/2 Minute). Mehl mit Speisestärke mischen und mit der Kokosmilch kurz auf mittlerer Stufe unterrühren.
**4.** Das Eiweiß mit Salz steif schlagen. Eischnee unter den Teig heben.
**5.** Jeweils 2–3 Esslöffel Teig in ein gut erhitztes, gefettetes Waffeleisen füllen und verstreichen. Die Waffeln goldgelb backen, mit einer Gabel oder einem Pfannenwender herausnehmen und anschließend einzeln auf einem Kuchenrost erkalten lassen.
**6.** Für die Kokossahne Sahne steif schlagen, Kokosraspel unterrühren. Die Kokossahne mit den gerösteten Kokosraspeln bestreuen und zu den Waffeln reichen.

## Mandel- oder Haselnusspudding

4 Portionen

pro Portion 0,66 Euro

*Zubereitungszeit:* 20 Minuten
*Garzeit:* etwa 60 Minuten

100 g Butter oder Margarine
100 g Zucker
1 Pck. Dr. Oetker Vanillin-Zucker
Salz
3 Eier (Größe M)
2 Tropfen Bittermandel-Aroma
50 g gem. Mandeln oder gem. Haselnusskerne
150 g Weizenmehl
50 g Speisestärke
2 gestr. TL Dr. Oetker Backin
3 EL Milch

*Pro Portion:*
E: 12 g, F: 36 g, Kh: 70 g,
kJ: 2716, kcal: 649

**1.** Butter oder Margarine in einer Rührschüssel geschmeidig rühren. Nach und nach Zucker, Vanillin-Zucker und Salz unterrühren. So lange rühren, bis eine gebundene Masse entstanden ist.
**2.** Die Eier nach und nach unterrühren (jedes Ei etwa 1/2 Minute).
**3.** Aroma und gemahlene Mandeln oder Nusskerne unterrühren. Mehl mit Speisestärke und Backpulver mischen, in 3 Portionen abwechselnd mit der Milch unter die Butter-Eier-Masse rühren.
**4.** Den Teig in eine Wasserbadform (gefettet, mit Semmelbröseln ausgestreut) füllen und die Form verschließen. Die Form in einen Topf mit kochendem Wasser setzen. Den Deckel darauflegen. Den Pudding bei schwacher Hitze etwa 1 Stunde garen.

***Tipp:*** Den Pudding auf einen Teller stürzen und mit Weinschaum- oder Schokoladensauce anrichten.

Clafoutis (Französischer Kirschauflauf)

Hefeklöße

## Clafoutis (Französischer Kirschauflauf)

4 Portionen

*Zubereitungszeit:* 55 Minuten
*Backzeit:* etwa 35 Minuten

3 EL Weizenmehl
2 EL Puderzucker
200 ml Milch (3,5 % Fett)
4 Eier (Größe M)
1 Pck. Dr. Oetker Vanillin-Zucker
400 g Süßkirschen

**Zum Bestäuben:**
2 EL Puderzucker

pro Portion **0,57** Euro

*Pro Portion:*
E: 11 g, F: 8 g, Kh: 96 g,
kJ: 2207, kcal: 525

**1.** Mehl und Puderzucker in einer Rührschüssel mischen. Milch hinzugießen, gut unterrühren, sodass eine glatte Masse entsteht. Eier und Vanillin-Zucker ebenfalls unterrühren.
**2.** Den Backofen vorheizen.
*Ober-/Unterhitze:* etwa 180 °C
*Heißluft:* etwa 160 °C
**3.** Kirschen abspülen, abtropfen lassen, entsteinen und in einer großen, flachen Auflaufform (Ø 28 cm, gefettet) verteilen. Den Teig daraufgeben. Die Form auf dem Rost in den vorgeheizten Backofen schieben. Den Kirschauflauf in etwa 35 Minuten goldbraun backen.
**4.** Die Form auf dem Backofen nehmen. Den Auflauf mit Puderzucker bestäuben und lauwarm servieren.

***Tipp:*** In Frankreich werden die Kirschen meist nicht entsteint, dadurch bekommt der Auflauf noch mehr Aroma.

## Hefeklöße

8 Stück

pro Stück **0,14** Euro

*Zubereitungszeit:* 20 Minuten, ohne Teiggehzeit
*Garzeit:* 20–25 Minuten

125 ml Milch (3,5 % Fett)
50 g Butter oder Margarine
300 g Weizenmehl
1 Pck. Dr. Oetker Trockenbackhefe
50 g Zucker
1 Pck. Dr. Oetker Vanillin-Zucker
1 gestr. TL Salz
1 Ei (Größe M)

*Pro Stück:*
E: 6 g, F: 7 g, Kh: 39 g,
kJ: 1022, kcal: 244

**1.** Milch in einem Topf erwärmen und Butter oder Margarine darin zerlassen. Mehl in eine Rührschüssel geben und mit Trockenbackhefe sorgfältig vermischen. Zucker, Vanillin-Zucker, Salz, Ei und die Milch-Fett-Mischung hinzufügen. Die Zutaten mit einem Mixer (Knethaken) zunächst kurz auf niedrigster, dann auf höchster Stufe in etwa 5 Minuten zu einem glatten Teig verarbeiten. Den Teig zugedeckt so lange an einem warmen Ort gehen lassen, bis er sich sichtbar vergrößert hat (etwa 40 Minuten).
**2.** Den gegangenen Teig leicht mit Mehl bestäuben, aus der Schüssel nehmen, auf der leicht bemehlten Arbeitsfläche nochmals kurz durchkneten und dann zu einer Rolle formen. Die Teigrolle in 8 gleich große Stücke schneiden. Die Teigstücke mit bemehlten Händen zu Klößen formen und auf ein bemehltes Brett legen. Die Klöße nochmals zugedeckt so lange an einem warmen Ort gehen lassen, bis sie sich sichtbar vergrößert haben (etwa 15 Minuten).
**3.** Ein Geschirrtuch straff über einen breiten Topf mit kochendem Wasser spannen. Das Tuch mit einem Band (Paketband) festbinden und mit Mehl bestäuben. Die Klöße darauflegen und eine hitzebeständige Schüssel als Deckel daraufsetzen. (Achtung: Sie kann sehr heiß werden!) Die Klöße bei mittlerer Hitze 20–25 Minuten garen (zur Garprobe mit einem Holzstäbchen in die Klöße stechen, es darf kein Teig mehr daran kleben).

## Dinkelpfannkuchen mit Äpfeln

pro Portion 1,39 Euro

4 Portionen

*Zubereitungszeit:* 45 Minuten, ohne Ruhezeit

200 g Dinkel-Vollkornmehl
4 Eigelb (Größe M)
375 ml Milch (3,5 % Fett)
1 Prise Salz
500 g säuerliche Äpfel
1–2 EL Zitronensaft
50 g Zucker
80 g Apfelkraut
(fruchtiger Brotaufstrich)
1 EL Wasser
4 Eiweiß (Größe M)
50 g Butterschmalz
250 g Schmand (Sauerrahm)

*Pro Portion:*
E: 19 g, F: 43 g, Kh: 73 g,
kJ: 3295, kcal: 786

**1.** Mehl in eine Rührschüssel geben. Eigelb mit Milch und Salz verschlagen. Die Eiermilch nach und nach unter Rühren zum Mehl geben. Darauf achten, dass keine Klümpchen entstehen. Den Teig etwa 15 Minuten ruhen lassen.
**2.** Äpfel waschen , abtrocknen, vierteln und entkernen. Apfelviertel mit der Schale auf dem Gemüsehobel der Länge nach in dünne Scheiben hobeln. Zitronensaft und 30 g des Zuckers untermischen. Apfelkraut mit Wasser verrühren.
**3.** Eiweiß steif schlagen. Restlichen Zucker unter Rühren einstreuen und unterschlagen. Eischnee unter den Dinkelteig heben.
**4.** Etwas Butterschmalz in einer Pfanne (Ø 18 cm) erhitzen. Teig gut durchrühren. Ein Achtel des Teiges mit einer drehenden Bewegung gleichmäßig auf dem Boden der Pfanne verteilen. Pfannkuchen von beiden Seiten etwa 4 Minuten goldbraun backen. Aus dem restlichen Teig weitere 7 Pfannkuchen backen.
**5.** Jeden Pfannkuchen mit Schmand bestreichen, die Apfelscheiben daraufgeben und mit Apfelkraut beträufeln.

## Holunderblüten-Pfannkuchen

pro Stück 0,69 Euro

8 Stück

*Zubereitungszeit:* 40 Minuten, ohne Ruhezeit

250 g Weizenmehl
100 g Instant-Haferflocken
4 Eier (Größe M)
500 ml Milch (3,5 % Fett)
1/2 gestr. TL Salz
8 Holunderblütendolden
60–80 g Butter
Zucker

*Pro Stück:*
E: 11 g, F: 8 g, Kh: 35 g,
kJ: 1127, kcal: 269

**1.** Das Mehl mit den Haferflocken in einer Rührschüssel vermischen. Eier mit Milch und Salz verschlagen. Die Eiermilch nach und nach unter Rühren zum Mehl geben. Darauf achten, dass keine Klümpchen entstehen. Den Teig etwa 15 Minuten ruhen lassen.
**2.** Die Holunderdolden vorsichtig abspülen, trocken tupfen und die Stängel dicht an den Blüten abschneiden.
**3.** Etwas Butter in einer Pfanne zerlassen. Den Teig gut durchrühren. Ein Achtel des Teiges mit einer drehenden Bewegung auf dem Boden der Pfanne verteilen. Die Blüten einer Holunderdolde daraufstreuen und etwas eindrücken.
**4.** Sobald die Teigränder goldgelb sind, den Pfannkuchen mit einem Pfannenwender umdrehen und fertig backen, herausnehmen und warm stellen. Bevor der Pfannkuchen gewendet wird, wieder etwas Butter in die Pfanne geben.
**5.** Aus dem restlichen Teig weitere 7 Pfannkuchen auf die gleiche Weise backen.
**6.** Die Pfannkuchen mit Zucker bestreut servieren.

Dinkelpfannkuchen mit Äpfeln

Holunderblüten-Pfannkuchen

## Crêpes Suzette
4 Portionen

*Zubereitungszeit:* 45 Minuten, ohne Ruhezeit

pro Portion 0,57 Euro

**Für den Teig:**
100 g Weizenmehl
2 Eier (Größe M)
200 ml Milch (3,5 % Fett)
1 Prise Salz
1 TL Zucker

20 g Butter
1 Bio-Orange (unbehandelt, ungewachst)
40 g Butter
2 EL Zucker
40 ml Orangenlikör

*Pro Portion:*
E: 8 g, F: 17 g, Kh: 35 g,
kJ: 1454, kcal: 348

**1.** Für den Teig Mehl in eine Rührschüssel geben. Eier mit Milch, Salz und Zucker zu einem Teig verschlagen. Die Eiermilch nach und nach unter Rühren zum Mehl geben. Darauf achten, dass keine Klümpchen entstehen. Den Teig etwa 30 Minuten ruhen lassen.
**2.** Etwas Butter in einer beschichteten Pfanne (Ø 28 cm) zerlassen. Den Teig gut durchrühren und eine dünne Teiglage mit einer drehenden Bewegung gleichmäßig auf dem Boden der Pfanne verteilen. Crêpe von beiden Seiten goldbraun backen, herausnehmen, zu einem Dreieck zusammenschlagen und warm stellen. Bevor der Crêpe gewendet wird, etwas Butter in die Pfanne geben. Aus dem restlichen Teig weitere 7 Crêpes backen und jeweils zu einem Dreieck zusammenschlagen.
**3.** Die Orange heiß abwaschen und trocken tupfen. Die Schale mit einem Zestenreißer in dünnen Streifen abziehen. Orange halbieren und den Saft auspressen. Butter mit Zucker und 1 Esslöffel Orangensaft in einer Pfanne zerlassen. Orangenschale hinzugeben.
**4.** Zusammengelegte Crêpes darin wenden. Orangenlikör erhitzen, über die Crêpes gießen und anzünden.

## Crêpes mit Quark-Bananen-Füllung
6 Stück

pro Stück 0,54 Euro

*Zubereitungszeit:* 40 Minuten, ohne Ruhezeit

**Für den Teig:**
40 g Butter, 130 g Weizenmehl
2 Eier (Größe M)
150 ml Milch (3,5 % Fett)
100 g Schlagsahne
2 EL Zucker

**Für die Füllung:**
250 g Magerquark
2 EL Schlagsahne
2 EL brauner Zucker (Rohrzucker)
1 Pck. Dr. Oetker Vanillin-Zucker
1 EL Zitronensaft
2 Bananen, 60 g Rosinen

60 g Butter
3 EL Zartbitter-Raspelschokolade

*Pro Stück:*
E: 12 g, F: 24 g, Kh: 46 g,
kJ: 1911, kcal: 456

**1.** Für den Teig die Butter in einer kleinen Pfanne zerlassen und etwas abkühlen lassen. Mehl in eine Rührschüssel geben. Eier mit Milch, Sahne und Zucker verschlagen. Eiermilch nach und nach unter Rühren zum Mehl geben. Darauf achten, dass keine Klümpchen entstehen. Flüssige Butter unter den Teig rühren. Den Teig etwa 30 Minuten ruhen lassen.
**2.** Für die Füllung Quark mit Sahne, Zucker, Vanillin-Zucker und Zitronensaft verrühren. Bananen schälen, in dünne Scheiben schneiden und mit den Rosinen unter die Quarkmasse heben.
**3.** Etwas Butter in einer Pfanne (Ø 28 cm) zerlassen. Den Teig gut durchrühren und eine dünne Teiglage mit einer drehenden Bewegung gleichmäßig auf dem Boden der Pfanne verteilen. Crêpe von beiden

Crêpes Suzette

Crêpes mit Quark-Bananen-Füllung

Seiten goldgelb backen, herausnehmen und warm stellen. Bevor der Crêpe gewendet wird, etwas Butter in die Pfanne geben. Aus dem restlichen Teig weitere 5 Crêpes backen.
**4.** Jeden Crêpe zur Hälfte mit der Quark-Bananen-Füllung belegen. Die unbelegte Hälfte auf die Füllung klappen und dann zu einem Dreieck zusammenklappen, sodass eine Tasche entsteht.
**5.** Crêpes mit Raspelschokolade bestreut servieren.

## Kaiserschmarren mit Nuss-Nougat

2 Portionen (ohne Foto)

*Zubereitungszeit:* 30 Minuten

pro Portion 2,28 Euro

4 Eiweiß (Größe M)
100 g Nuss-Nougat
4 Eigelb (Größe M)
100 g Weizenmehl
1 Prise Salz
1 Pck. Dr. Oetker Vanillin-Zucker
200 g Schlagsahne
oder 200 ml Milch(3,5 % Fett)
50 g gehackte Mandeln
etwa 50 g Butterschmalz oder
4 EL Speiseöl, z. B. Sonnenblumenöl
etwas Puderzucker

*Pro Portion:*
E: 32 g, F: 77 g, Kh: 83 g,
kJ: 4822, kcal: 1151

**1.** Das Eiweiß steif schlagen. Nuss-Nougat in Würfel schneiden.
**2.** In einer zweiten Schüssel Eigelb mit Mehl, Salz, Vanillin-Zucker und Sahne oder Milch mit einem Mixer (Rührstäbe) zu einem glatten Teig verrühren. Eischnee, Nuss-Nougat-Würfel und gehackte Mandeln unter den Teig heben.
**3.** Etwas Butterschmalz oder Speiseöl in einer Pfanne (Ø 28 cm) erhitzen. Die Hälfte des Teiges hineingeben, bei mittlerer Hitze auf der Unterseite hellgelb backen.
**4.** Den an der Oberfläche noch etwas „flüssigen" Teig mit 2 Pfannenwendern zuerst vierteln, dann wenden und goldgelb backen, dabei evtl. noch etwas Fett mit in die Pfanne geben.
**5.** Anschließend den Kaiserschmarren mit 2 Pfannenwendern in kleine Stücke reißen, auf einem Teller anrichten und warm stellen.
**6.** Den restlichen Teig auf die gleiche Weise zubereiten.
**7.** Den Kaiserschmarren mit Puderzucker bestäuben.

***Tipp:*** Die Menge ist als Hauptgericht gedacht. Als Dessert reicht der Schmarren für 4 Personen.

## Crêpes-Auflauf mit Sauerkirschen

4 Portionen

*Zubereitungszeit:* 40 Minuten, ohne Ruhezeit
*Backzeit:* etwa 40 Minuten

pro Portion 1,05 Euro

50 g Weizenmehl
1 Ei (Größe M)
125 ml Milch (3,5 % Fett)
1 Prise Salz
20 g Butter
50 g Butter (zimmerwarm)
40 g Zucker
4 Eier (Größe M)
125 ml Milch (3,5 % Fett)
125 g Schlagsahne
350 g abgetropfte Sauerkirschen (aus dem Glas)
1 EL Puderzucker

*Pro Portion:*
E: 13 g, F: 35 g, Kh: 43 g,
kJ: 2279, kcal: 546

**1.** Mehl in eine Rührschüssel geben. Ei mit Milch und Salz verschlagen, nach und nach unter Rühren zum Mehl geben. Darauf achten, dass keine Klümpchen entstehen. Den Teig etwa 1 Stunde ruhen lassen.

Crêpes-Auflauf mit Sauerkirschen

**2.** Etwas Butter in einer Pfanne zerlassen. Den Teig gut durchrühren und eine dünne Teiglage mit einer drehenden Bewegung gleichmäßig auf dem Boden der Pfanne verteilen. Crêpe von beiden Seiten goldgelb backen. Aus dem restlichen Teig auf die gleiche Weise 3 weitere Crêpes backen.
**3.** Butter mit Zucker in einer Schüssel verrühren, Eier nach und nach unterrühren. Milch und Sahne hinzugießen und unterrühren.
**4.** Die Crêpes in Streifen schneiden.
**5.** Den Backofen vorheizen.
*Ober-/Unterhitze:* etwa 180 °C
*Heißluft:* etwa 160 °C
**6.** Die Kirschen (nach Belieben einige zum Garnieren beiseitelegen) und die Crêpesstreifen in eine Auflaufform (gefettet) geben, die Milch-Sahne-Masse darauf verteilen.
**7.** Anschließend die Form auf dem Rost in den vorgeheizten Backofen schieben und dann den Auflauf etwa 40 Minuten backen.
**8.** Evtl. Auflauf nach etwa 30 Minuten Backzeit mit Backpapier belegen, damit er nicht zu dunkel wird.
**9.** Den Crêpes-Auflauf mit den beiseitegelegten Kirschen garnieren, mit Puderzucker bestäuben und servieren.

Kaiserschmarren

## Kaiserschmarren

2 Portionen

*Zubereitungszeit:* 30 Minuten

pro Portion **1,07** Euro

4 Eiweiß (Größe M)
4 Eigelb (Größe M)
100 g Weizenmehl
1 Prise Salz
1 Pck. Dr. Oetker Vanillin-Zucker
200 g Schlagsahne
oder 200 ml Milch (3,5 % Fett)
50 g Rosinen

etwa 50 g Butterschmalz oder
4 EL Speiseöl, z. B. Sonnenblumenöl

etwas Puderzucker

*Pro Portion:*
E: 22 g, F: 52 g, Kh: 70 g,
kJ: 3574, kcal: 854

**1.** Das Eiweiß steif schlagen.
**2.** In einer zweiten Schüssel Eigelb mit Mehl, Salz, Vanillin-Zucker und Sahne oder Milch mit einem Mixer (Rührstäbe) zu einem glatten Teig verrühren. Eischnee und Rosinen unterheben.
**3.** Etwas Butterschmalz oder Speiseöl in einer Pfanne (Ø 28 cm) erhitzen. Die Hälfte des Teiges hineingeben, bei mittlerer Hitze auf der Unterseite hellgelb backen.
**4.** Den an der Oberfläche noch etwas „flüssigen" Teig mit 2 Pfannenwendern zuerst vierteln, dann wenden und goldgelb backen, dabei evtl. noch etwas Fett mit in die Pfanne geben.
**5.** Anschließend den Kaiserschmarren mit 2 Pfannenwendern in kleine Stücke reißen, auf einem Teller anrichten und warm stellen.
**6.** Den restlichen Teig auf die gleiche Weise zubereiten. Den Kaiserschmarren mit Puderzucker bestäuben.

***Beilage:*** Etwa 370 g Pflaumenkompott (aus dem Glas) – das kostet zusätzlich pro Portion etwa 0,50 Euro.

***Tipps:*** Die Menge ist als Hauptgericht gedacht. Als Dessert reicht der Schmarren für 4 Personen. Den Kaiserschmarren im vorgeheizten Backofen bei Ober-/Unterhitze: etwa 200 °C etwa 8 Minuten backen – dann geht er schön auf.

## Hefepfannkuchen

6 Stück

*Zubereitungszeit:* 60 Minuten, ohne Teiggehzeit

pro Stück **0,54** Euro

**Für den Teig:**
250 ml Milch (3,5 % Fett)
40 g Butter oder Margarine
250 g Weizenmehl
1 Pck. Dr. Oetker Trockenbackhefe
4 Eier (Größe M)
1 Pck. Dr. Oetker Vanillin-Zucker
2 EL Zucker
1 Prise Salz

6 Pflaumen
2 säuerliche Äpfel, z. B. Boskop
60 g Margarine
2 EL Zimt-Zucker

*Pro Stück:*
E: 11 g, F: 19 g, Kh: 53 g,
kJ: 1797, kcal: 429

**1.** Für den Teig Milch in einem Topf erwärmen und Butter oder Margarine darin zerlassen. Mehl in einer Rührschüssel geben und mit der Trockenbackhefe sorgfältig vermischen. Eier, Vanillin-Zucker, Zucker, Salz und die Milch-Fett-Mischung hinzufügen und unter die Mehlmischung rühren. Darauf achten, dass keine Klümpchen entstehen. Den Teig zugedeckt an einem warmen Ort etwa 30 Minuten gehen lassen.
**2.** In der Zwischenzeit Pflaumen und Äpfel abwaschen und abtrocknen. Die Pflaumen halbieren, entsteinen und anschließend in Scheiben schneiden. Das Kerngehäuse der Äpfel mit einem Apfelausstecher ausstechen. Äpfel mit der Schale in dünne Scheiben schneiden.
**3.** Etwas Margarine in einer beschichteten Pfanne (Ø 28 cm) zerlassen. Den gegangenen Pfannkuchenteig durchrühren und eine dicke Teiglage mit einer drehenden Bewegung auf dem Boden der Pfanne verteilen. Einige Pflaumen- bzw. Apfelscheiben auf den noch flüssigen Teig legen und leicht andrücken.

**4.** Den Pfannkuchen von einer Seite backen, bis die Oberfläche trocken ist, dann vorsichtig mithilfe eines flachen, großen Deckels bzw. Tellers wenden.
**5.** Den Pfannkuchen von der anderen Seite 2–3 Minuten backen. Bevor der Pfannkuchen gewendet wird, wieder etwas Margarine in die Pfanne geben. Den gebackenen Pfannkuchen zurückwenden und warm stellen. Aus dem restlichen Teig weitere 5 Pfannkuchen backen.
**6.** Die warmen Hefepfannkuchen mit Zimt-Zucker bestreuen und sofort servieren.

## Palatschinken-Auflauf

4 Portionen

*Zubereitungszeit:* 50 Minuten, ohne Ruhezeit
*Backzeit:* etwa 40 Minuten

pro Portion 1,08 Euro

**Für den Teig:**
200 g Weizenmehl
3 Eigelb (Größe M)
1 Prise Salz
375 ml Milch (3,5 % Fett)
3 Eiweiß (Größe M)

100 g Butter

**Für die Füllung:**
50 g Butter (zimmerwarm)
75 g Zucker
1 Pck. Dr. Oetker Vanillin-Zucker
2 Eigelb (Größe M)
1 Bio-Zitrone (unbehandelt, ungewachst)
250 g Magerquark
50 g Rosinen
2 Eiweiß (Größe M)
1 Pck. Dr. Oetker Vanillin-Zucker
125 g Schlagsahne (mind. 30 % Fett)
2 Eigelb (Größe M)

etwas Puderzucker

*Pro Portion:*
E: 26 g, F: 61 g, Kh: 77 g, kJ: 4173, kcal: 996

**1.** Für den Teig Mehl in eine Rührschüssel geben, mit Eigelb und Salz gut verrühren. Milch unterrühren. Darauf achten, dass keine Klümpchen entstehen. Teig etwa 20 Minuten ruhen lassen. Eiweiß steif schlagen und unterheben.
**2.** Etwas Butter in einer Pfanne zerlassen. Jeweils eine dünne Teiglage mit einer drehenden Bewegung auf dem Boden der Pfanne verteilen. Palatschinken von beiden Seiten etwa 2 Minuten goldbraun backen und herausnehmen. Bevor der Palatschinken gewendet wird, wieder etwas Butter in die Pfanne geben. Aus dem restlichen Teig 6–8 Palatschinken auf die gleiche Weise backen.
**3.** Den Backofen vorheizen.
*Ober-/Unterhitze:* etwa 200 °C
*Heißluft:* etwa 180 °C
**4.** Für die Füllung Butter mit einem Mixer (Rührstäbe) geschmeidig rühren. Nach und nach Zucker, Vanillin-Zucker und Eigelb unterrühren. Zitrone heiß abwaschen, abtrocknen und die Schale abreiben. Die Zitrone halbieren und den Saft auspressen. Zitronenschale, -saft, Quark und Rosinen zur Butter-Eigelb-Masse geben und gut unterrühren.
**5.** Die Palatschinken gleichmäßig mit der Quark-Rosinen-Masse bestreichen, aufrollen und mit der Nahtseite nach unten in eine ovale Auflaufform (gefettet) legen.
**6.** Eiweiß steif schlagen, Vanillin-Zucker kurz unterschlagen. Sahne steif schlagen und mit dem verschlagenen Eigelb unter den Eischnee heben. Die Masse auf den Palatschinkenrollen verteilen.
**7.** Die Form auf dem Rost in den vorgeheizten Backofen schieben. Den Auflauf etwa 40 Minuten backen.
**8.** Den Palatschinken-Auflauf mit Puderzucker bestäubt servieren.

Hefepfannkuchen

Palatschinken-Auflauf

## Quarkkeulchen mit Kompott

pro Portion 1,57 Euro

4 Portionen

*Zubereitungszeit:* 35 Minuten, ohne Abkühlzeit
*Garzeit:* etwa 25 Minuten

500 g mehligkochende Kartoffeln
375 g Magerquark
150 g Weizenmehl
50 g Zucker
1 Pck. Dr. Oetker Vanillin-Zucker
2 Eier (Größe M)
abgeriebene Schale von
1/2 Bio-Zitrone
(unbehandelt, ungewachst)
abgeriebene Schale von
1/2 Bio-Orange
(unbehandelt, ungewachst)
1 Msp. gem. Zimt
Salz
50 g Rum-Rosinen

**Für das Erdbeer-Rhabarber-Kompott:**
250 g Erdbeeren
500 g Rhabarber
250 ml Wasser
3–4 EL Zucker
1 Pck. Dr. Oetker Pudding-Pulver
Vanille-Geschmack
4 EL Wasser

3–4 EL Butterschmalz oder Speiseöl,
z. B. Sonnenblumenöl
1 EL Puderzucker

*Pro Portion:*
E: 24 g, F: 24 g, Kh: 103 g,
kJ: 3078, kcal: 734

**1.** Die Kartoffeln unter fließendem Wasser abbürsten, knapp mit Wasser bedeckt, zugedeckt zum Kochen bringen und in etwa 20 Minuten gar kochen. Kartoffeln abgießen, mit kaltem Wasser abschrecken, abtropfen lassen. Kartoffeln noch warm pellen, sofort durch eine Kartoffelpresse geben oder mit einem Kartoffelstampfer zerdrücken. Die Kartoffelmasse abkühlen lassen.
**2.** Die Kartoffelmasse mit Quark, Mehl, Zucker, Vanillin-Zucker, Eiern, Zitronen- und Orangenschale, Zimt und 1 Prise Salz mit einem Mixer (Rührstäbe) zu einem glatten Teig verarbeiten. Zuletzt die Rum-Rosinen vorsichtig unterrühren.
**3.** Den Teig auf einer leicht bemehlten Arbeitsfläche zu einer 6–8 cm langen Rolle formen. Die Teigrolle in 1 1/2–2 cm dicke Scheiben schneiden. Die Teigscheiben in etwas Mehl wenden, überschüssiges Mehl abklopfen.
**4.** Für das Kompott Erdbeeren abspülen, abtropfen lassen, entstielen und halbieren. Den Rhabarber putzen, Stielenden und Blattansätze entfernen. Stangen abspülen, abtropfen lassen und in fingerdicke Stücke schneiden.
**5.** Erdbeerhälften und Rhabarberstücke in einem Topf vermischen. Wasser hinzugießen, zum Kochen bringen und etwa 4 Minuten bei schwacher Hitze kochen lassen. Zucker unterrühren und abschmecken. Pudding-Pulver mit 4 Esslöffeln Wasser anrühren, unter das Kompott rühren und unter Rühren kurz aufkochen lassen. Das Kompott in eine Schüssel füllen und erkalten lassen.
**6.** Jeweils etwas Butterschmalz oder Speiseöl in einer großen Pfanne erhitzen. Die Teigscheiben darin portionsweise bei mittlerer Hitze von beiden Seiten goldbraun backen.
**7.** Die Keulchen auf einer vorgewärmten Platte anrichten und mit Puderzucker bestäuben. Erdbeer-Rhabarber-Kompott dazureichen.

Quarkkeulchen mit Kompott

## Pfannkuchen mit Apfel-Quark-Füllung

4 Stück

*Zubereitungszeit:* 40 Minuten, ohne Ruhezeit

pro Stück 0,55 Euro

2 Eier (Größe M)
150 ml Milch (3,5 % Fett)
1 EL Zucker
1 Prise Salz
100 g Weizenmehl
25 g blütenzarte Haferflocken

**Für die Füllung:**
250 g Magerquark
1 Pck. Dr. Oetker Vanillin-Zucker
1 EL Zitronensaft
1 großer Apfel
1–2 EL Zucker
1 Prise gem. Zimt

50 ml Mineralwasser
mit Kohlensäure
2 EL Margarine

Pfannkuchen mit Apfel-Quark-Füllung

Marillenknödel

*Pro Stück:*
E: 16 g, F: 13 g, Kh: 41 g,
kJ: 1482, kcal: 354

**1.** Eier, Milch, Zucker und Salz in einen hohen Rührbecher geben und mit einem Mixer (Rührstäbe) verschlagen. Mehl und Haferflocken hinzugeben, zunächst kurz auf niedrigster, dann auf höchster Stufe gut unterrühren. Den Teig etwa 10 Minuten ruhen lassen.
**2.** In der Zwischenzeit für die Füllung Quark, Vanillin-Zucker und Zitronensaft in einer Schüssel verrühren. Den Apfel abwaschen, abtrocknen, halbieren und das Kerngehäuse herausschneiden. Apfel auf einer groben Haushaltsreibe direkt in den Quark raspeln und unterrühren. Apfelquark mit Zucker und Zimt abschmecken.
**3.** Den Pfannkuchenteig nochmals durchrühren, das Mineralwasser hinzugießen und kurz unterrühren.
**4.** Etwa 1/2 Teelöffel Margarine in einer beschichteten Pfanne (Ø 24 cm) zerlassen. Ein Viertel des Teiges in die Pfanne gießen. Den Teig mit einer drehenden Bewegung gleichmäßig auf dem Boden der Pfanne verteilen. Den Pfannkuchen bei mittlerer Hitze etwa 2 Minuten goldbraun backen, bis die Teigoberfläche nicht mehr feucht ist. Pfannkuchen mit einem Pfannenwender wenden, etwas Margarine in die Pfanne geben und den Pfannkuchen fertig backen.
**5.** Den Pfannkuchen sofort mit dem Apfelquark füllen und aufrollen. Den Pfannkuchen warm stellen oder sofort servieren.
**6.** Aus dem restlichen Teig weitere 3 Pfannkuchen auf die gleiche Weise backen und füllen.

***Tipp:*** Zum Servieren noch einen Apfel abwaschen, abtrocknen und in dünne Spalten schneiden (pro Portion: etwa 0,65 Euro).

## Marillenknödel

4 Portionen

*Zubereitungszeit:* 25 Minuten, ohne Kühlzeit
*Garzeit:* etwa 15 Minuten

**Für den Teig:**
60 g Butter (zimmerwarm)
250 g Magerquark
125 g Weizenmehl

pro Portion 0,54 Euro

**Für die Füllung:**
8 kleine Aprikosen
8 Stück Würfelzucker
Salz

**Zum Bestreuen:**
50 g Butter
50 g Semmelbrösel
25 g Zucker
1/2 Pck. Dr. Oetker Vanillin-Zucker

*Pro Portion:*
E: 26 g, F: 34 g, Kh: 119 g,
kJ: 3941, kcal: 942

**1.** Für den Teig die Butter in einer Rührschüssel mit einem Mixer (Rührstäbe) geschmeidig rühren. Nach und nach Quark und Mehl unterrühren, den Teig zugedeckt etwa 1 Stunde in den Kühlschrank stellen.
**2.** Für die Füllung die Aprikosen abspülen, abtrocknen, entstielen und jeweils den Stein vorsichtig herauslösen. In jede Aprikose 1 Stück Würfelzucker geben.
**3.** Aus dem Teig eine Rolle von etwa 16 cm Länge formen und anschließend in 8 Stücke teilen. Jedes Teigstück mit bemehlten Händen etwas flach drücken, jeweils 1 Aprikose darauflegen und das Teigstück darüber zusammendrücken. Die gefüllten Teigstücke zu Knödeln formen, in kochendes Salzwasser geben, wieder zum Kochen bringen und in etwa 15 Minuten bei schwacher Hitze gar ziehen lassen (das Wasser muss sich leicht bewegen). Die Knödel mit einer Schaumkelle herausnehmen und evtl. in einem Sieb abtropfen lassen.
**4.** Zum Bestreuen die Butter zerlassen. Semmelbrösel, Zucker und Vanillin-Zucker darin unter Rühren leicht rösten. Die Knödel darin wälzen oder mit den Bröseln bestreuen und sofort servieren.

## Buttermilchplinsen
6 Stück

*Zubereitungszeit:* 40 Minuten, ohne Ruhezeit

**Für den Plinsenteig:**
250 g Weizenmehl
5 Eier (Größe M)
500 g Buttermilch
125 ml Wasser
1 TL Zucker
1 Prise Salz

pro Stück 0,59 Euro

5 EL Sonnenblumenöl
1/2 TL gem. Zimt
2 TL Zucker
365 g stückiges Apfelmus (aus dem Glas)

*Pro Stück:*
E: 13 g, F: 14 g, Kh: 46 g,
kJ: 1547, kcal: 370

**1.** Für den Teig das Mehl in eine Rührschüssel geben. Eier mit Buttermilch, Wasser, Zucker und Salz verschlagen, nach und nach unter Rühren zum Mehl geben. Darauf achten, dass keine Klümpchen entstehen. Den Teig 20–30 Minuten ruhen lassen.
**2.** Etwas von dem Sonnenblumenöl in einer beschichteten Pfanne (Ø 28 cm) erhitzen.
**3.** Den Teig gut durchrühren und eine dünne Teiglage mit einer drehenden Bewegung gleichmäßig auf dem Boden der Pfanne verteilen.
**4.** Die Plinse bei mittlerer Hitze etwa 2 Minuten goldbraun backen, bis die Teigoberfläche nicht mehr feucht ist.
**5.** Die Plinse wenden, wieder etwas Sonnenblumenöl in die Pfanne geben und die Plinse fertig backen. Aus dem restlichen Teig weitere 5 Plinsen backen. In der Zwischenzeit die gebackenen Plinsen warm stellen.
**6.** Zimt und Zucker mischen, die Plinsen damit bestreuen und das Apfelkompott darauf verteilen.
**7.** Plinsen zu Taschen zusammenklappen und sofort servieren.

***Tipp:*** Dazu schmeckt Vanillesauce (für etwa 500 ml etwa 0,60 Euro).

## Grießsuppe
4 Portionen

pro Portion 0,21 Euro

*Zubereitungszeit:* 15 Minuten

1 l Milch (1,5 % Fett)
1/2 Pck. Dr. Oetker Finesse Geriebene Zitronenschale
60 g Weichweizengrieß
60 g Zucker

*Pro Portion:*
E: 10 g, F: 4 g, Kh: 38 g,
kJ: 967, kcal: 231

**1.** Die Milch mit der Zitronenschale in einen Topf geben und zum Kochen bringen.
**2.** Grieß mit dem Zucker vermischen und unter Rühren in die kochende Milch einstreuen. Grieß etwa 5 Minuten ohne Deckel bei schwacher Hitze ausquellen lassen, dabei gelegentlich umrühren.
**3.** Die Suppe anrichten und warm servieren.

***Tipp:*** Wer die Suppe schaumig mag, schlägt sie am Ende mit einem Mixer (Rührstäbe) 1–2 Minuten auf.

## Milchnudeln
4 Portionen (ohne Foto)

*Zubereitungszeit:* 15 Minuten

1 l Milch (3,5 % Fett)
1 Prise Salz
1 Stange Zimt
10 g Butter
250 g Bandnudeln
50 g Zucker
60 g Rosinen

pro Portion 0,48 Euro

Buttermilchplinsen

Grießsuppe

*Pro Portion:*
E: 16 g, F: 12 g, Kh: 78 g,
kJ: 2067, kcal: 495

**1.** Die Milch mit Salz, der Zimtstange und Butter in einem Topf zum Kochen bringen. Die Nudeln hinzugeben, zum Kochen bringen und in 8–10 Minuten ausquellen lassen, dabei ab und zu umrühren.
**2.** Die Zimtstange entfernen. Die Milchnudeln mit Zucker und Rosinen mischen und servieren.

***Tipp:*** Die Rosinen schmecken besser, wenn Sie sie etwa 30 Minuten in kaltem Wasser einweichen.

Topfenstrudel mit Erdbeersauce

## Topfenstrudel mit Erdbeersauce

16 Stücke

*Zubereitungszeit:* 50 Minuten, ohne Ruhezeit
*Backzeit:* etwa 50 Minuten, je Backblech

**Für den Strudelteig:**
300 g Weizenmehl (Type 550)
1 Prise Salz
100 ml warmes Wasser
1 Ei (Größe L)
50 ml Speiseöl
1 EL Speiseöl zum Bestreichen

pro Stück **0,50** Euro

**Für die Topfenfüllung:**
750 g Magerquark (Topfen)
100 g Zucker
1 Pck. Dr. Oetker Vanillin-Zucker
Saft und Schale von 1 Bio-Zitrone (unbehandelt, ungewachst)
1 Pck. Saucenpulver Vanille-Geschmack zum Kochen
3 Eigelb (Größe M)
3 Eiweiß (Größe M)
50 g Zucker
250 g Schlagsahne (mind. 30 % Fett)

**Zum Bestreichen und Bestreuen:**
100 g Butter
100 g Puderzucker

**Für die Erdbeersauce:**
500 g Erdbeeren
150 g Puderzucker

Pro Stück:
E: 11 g, F: 16 g, Kh: 45 g,
kJ: 1552, kcal: 371

**1.** Für den Teig Mehl in eine Rührschüssel geben. Salz, Wasser, Ei und Speiseöl hinzufügen. Die Zutaten mit einem Mixer (Knethaken) zu einem weichen, elastischen Teig verarbeiten. Den Teig zu einer Kugel formen und dünn mit Speiseöl bestreichen. Die Teigkugel in Frischhaltefolie gewickelt etwa 30 Minuten bei Zimmertemperatur ruhen lassen.
**2.** Den Backofen vorheizen.
*Ober-/Unterhitze:* etwa 200 °C
*Heißluft:* etwa 180 °C
**3.** Für die Topfenfüllung Quark (Topfen) mit Zucker, Vanillin-Zucker, Zitronensaft und -schale, Saucenpulver und Eigelb verrühren. Eiweiß mit Zucker steif schlagen und unter die Quarkmasse rühren. Sahne ebenfalls steif schlagen und unterheben. Die Füllung halbieren.
**4.** Den Teig ebenfalls halbieren. Butter zum Bestreichen zerlassen. Jede Teighälfte auf einem großen, bemehlten Geschirrtuch ausrollen und jeweils zu einem Rechteck (etwa 70 x 60 cm) ausziehen. Jeweils ein Viertel der zerlassenen Butter mit einem Pinsel auf den Teigplatten verstreichen. Die Ränder, wenn sie dicker sind, abschneiden.
**5.** Jeweils die Hälfte der Quarkmasse auf eine Teighälfte streichen, dabei rundherum einen etwa 10 cm breiten Rand frei lassen. Die Ränder einschlagen. Die Teigplatten einzeln, mithilfe des Geschirrtuches, von der schmalen Seite aus aufrollen und die Enden gut zusammendrücken. Dabei darauf achten, dass die Quarkmasse mindestens 2-mal mit dem Teig umwickelt ist. Die Strudel mit der Nahtseite nach unten auf je ein Backblech (gefettet, mit Backpapier belegt) legen.
**6.** Die Backbleche nacheinander (bei Heißluft zusammen) in den vorgeheizten Backofen schieben und die Strudel etwa 50 Minuten backen.
**7.** Die Backbleche auf einen Kuchenrost stellen. Die Strudel mit der restlichen zerlassenen Butter bestreichen und dick mit Puderzucker bestäuben.
**8.** Für die Erdbeersauce Erdbeeren putzen, abspülen, abtropfen lassen und pürieren. Puderzucker unterrühren. Die Strudel mit der Erdbeersauce servieren.

Kapitel 09

Rezepte 801–900

# Desserts

Kerniger Beeren-Quark

## Kerniger Beeren-Quark

2 Portionen

*Zubereitungszeit:* 15 Minuten

4 EL Vollkorn-Haferflocken (40 g)
1 TL Kürbiskerne
1 TL Zucker
1 EL grob geschroteter Leinsamen
150 g frische oder aufgetaute TK-Beeren, z. B. Himbeeren, Erdbeeren oder Heidelbeeren
125 g Magerquark
150 g Joghurt (3,5 % Fett)
1 TL Zucker

pro Portion 1,60 Euro

*Pro Portion:*
E: 16 g, F: 7 g, Kh: 27 g,
kJ: 1022, kcal: 243

**1.** Haferflocken und Kürbiskerne in einer Pfanne ohne Fett unter Rühren goldbraun rösten.
**2.** Zucker daraufstreuen und unter gelegentlichem Rühren kurz karamellisieren lassen. Die Haferflocken-Kürbiskern-Mischung herausnehmen, auf einen Teller geben und abkühlen lassen. Dann Leinsamen unterrühren.
**3.** Frische Beeren abspülen, abtropfen lassen und entstielen. Große Früchte in kleine Stücke schneiden.
**4.** Den Quark mit Joghurt und Zucker in einer Schüssel glatt rühren und in 2 Schälchen mit den Früchten anrichten. Beeren-Quark mit Knusperflocken bestreut servieren.

## Fruchtiges Tiramisu

6 Portionen

*Zubereitungszeit.* 50 Minuten, ohne Durchziehzeit

pro Portion 1,15 Euro

250 g Cantuccini (ital. Mandelgebäck)
75 ml starker Kaffee (Espresso oder Mocca)
350 g gut abgetropfte Mandarinen (aus Dosen)
75 ml Cointreau (Orangenlikör)
20 g Puderzucker
250 g Joghurt (3,5 % Fett)
250 g Vanillejoghurt
250 g Schlagsahne (mind. 30 % Fett)
etwas Kakaopulver

*Pro Portion:*
E: 9 g, F: 22 g, Kh: 58 g,
kJ: 2099, kcal: 500

**1.** Die Cantuccini in eine flache Auflaufform legen und mit dem kalten Kaffee tränken.
**2.** Die Mandarinen auf den Cantuccini verteilen, mit Cointreau beträufeln und mit Puderzucker bestäuben. Die Form in den Kühlschrank stellen. Die Mandarinen 1–2 Stunden durchziehen lassen.
**3.** Die beiden Joghurtsorten in einer Schüssel verrühren. Die Sahne steif schlagen und unterheben. Joghurt-Sahne auf den Mandarinen verteilen. Das Tiramisu zugedeckt in den Kühlschrank stellen und 3–4 Stunden durchziehen lassen.
**4.** Vor dem Servieren das fruchtige Tiramisu mit etwas Kakao bestäuben.

***Tipps:*** Steht das Tiramisu länger auf einem Buffet, zusätzlich 1 Päckchen Sahnesteif unter die Sahne rühren. Statt Cantuccini eignen sich Löffelbiskuits oder Amarettini (ital. Mandelmakronen). Statt Mandarinen aus der Dose 4–5 frische Orangen verwenden. Diese so schälen, dass die weiße Haut mitentfernt wird. Dann die Filets mit einem scharfen Messer herausschneiden.

***Rezeptvariante:*** **Tiramisu klassisch** (6 Portionen): 500 g Mascarpone (ital. Frischkäse) mit 150 ml Milch (3,5 % Fett), 75 g Zucker, 1 Päckchen Dr. Oetker Bourbon-Vanille-Zucker und 20 ml Amaretto (Mandellikör) in einer Schüssel glatt rühren. Weitere 20 ml Amaretto mit 250 ml kaltem Espresso verrühren. Von etwa 200 g Löffelbiskuits die Hälfte in eine flache Auflaufform legen, mit der Hälfte der Espresso-Amaretto-Mischung beträufeln und mit der Hälfte der Mascarponemasse bedecken. Die restlichen Zutaten in gleicher Reihenfolge daraufschichten. Tiramisu zugedeckt in den Kühlschrank stellen. Vor dem Servieren dick mit 1 1/2–2 Esslöffeln Kakaopulver bestäuben.

## Mango-Kokos-Reis

5 Portionen

*Zubereitungszeit:* 35 Minuten, ohne Quell- und Kühlzeit
*Garzeit:* etwa 30 Minuten

500 ml Kokosmilch
100 ml Orangensaft
125 g Milchreis
75 g Zucker
1/2 Prise Salz
1 reife Mango
Saft von 1 Zitrone

pro Portion **0,85** Euro

*Pro Portion:*
E: 4 g, F: 17 g, Kh: 45 g,
kJ: 1483, kcal: 357

**1.** Kokosmilch und Orangensaft in einen Topf gießen. Milchreis, Zucker und Salz unterrühren. Den Milchreis etwa 1 Stunde quellen lassen.
**2.** Den Reis in ein Sieb geben und abtropfen lassen. Die Kokos-Orangen-Milch dabei auffangen, wieder zurück in den Topf gießen und zum Kochen bringen. Den Reis wieder hinzugeben, zum Kochen bringen, unter Rühren etwa 5 Minuten bei mittlerer Hitze kochen lassen. Den Reis bei schwacher Hitze weitere etwa 25 Minuten unter gelegentlichem Rühren garen. Reis auf der ausgeschalteten Kochstelle nachquellen lassen. Kokosreis abkühlen lassen und anschließend in den Kühlschrank stellen.
**3.** Mango halbieren und den Stein herauslösen. Mangohälften schälen, in mundgerechte Würfel schneiden und in eine Schüssel geben. Zitronensaft hinzugeben. Mangostücke mit dem Zitronensaft vermischen.
**4.** Den Kokosreis vor dem Servieren in kleine Portionsschälchen oder Gläser füllen. Die Mangostücke auf dem Kokosreis verteilen. Den Mango-Kokos-Reis bis zum Servieren in den Kühlschrank stellen.

Fruchtiges Tiramisu

Mango-Kokos-Reis

## Mandarinen-Quark-Speise

pro Portion 0,70 Euro

4 Portionen

*Zubereitungszeit:* 20 Minuten, ohne Kühlzeit

3 Blatt weiße Gelatine
175 g Mandarinen (aus der Dose)
750 g Magerquark

*Pro Portion:*
E: 26 g, F: 1 g, Kh: 20 g,
kJ: 839, kcal: 200

**1.** Die Gelatine nach Packungsanleitung einweichen. Von den Mandarinen den Saft auffangen und in einen kleinen Topf geben. Den Quark in einer Schüssel glatt rühren.
**2.** Den Mandarinensaft erwärmen. Die eingeweichte Gelatine leicht ausdrücken und in dem erwärmten Mandarinensaft unter Rühren auflösen. Zunächst 2 Esslöffel Quark unterrühren. Dann die Saft-Gelatine-Mischung unter den restlichen Quark rühren. Mandarinen unterheben.
**3.** Die Mandarinen-Quark-Speise zugedeckt mindestens 30 Minuten in den Kühlschrank stellen.

***Tipps:*** Die Quarkspeise lässt sich gut vorbereiten. Zum Mitnehmen die Speise in 4 verschließbare Gefäße füllen, in den Kühlschrank stellen.

***Abwandlung:*** Die Quarkspeise lässt sich auch mit 240 g Aprikosenhälften (aus der Dose) zubereiten.

## Ricotta-Törtchen mit Himbeersauce

pro Portion 1,20 Euro

4 Portionen

*Zubereitungszeit:* 25 Minuten, ohne Kühlzeit

2 Blatt weiße Gelatine
2 EL Milch
250 g Ricotta (ital. Frischkäse)
50–75 g Zucker
1 EL roter Fruchtsaft

**Für die Himbeersauce:**
200 g Himbeeren
1–2 EL Zucker
2–3 EL roter Fruchtsaft

evtl. einige Himbeeren
evtl. einige Minzeblättchen

*Pro Portion:*
E: 8 g, F: 10 g, Kh: 25 g,
kJ: 924, kcal: 221

**1.** Gelatine nach Packungsanleitung einweichen. Die Gelatine leicht ausdrücken und in einem kleinen Topf in der Milch bei schwacher Hitze unter Rühren auflösen.
**2.** Ricotta mit Zucker und Fruchtsaft cremig rühren. Aufgelöste Gelatine zuerst mit etwa 4 Esslöffeln von der Ricottamasse verrühren, dann unter die restliche Ricottamasse rühren.
**3.** Die Ricottamasse in 4 Förmchen (z. B. für Crème Caramel) füllen. Die Förmchen zugedeckt etwa 2 Stunden in den Kühlschrank stellen.
**4.** Für die Sauce die Himbeeren verlesen, evtl. kurz abspülen und gut abtropfen lassen. Die Himbeeren mit Zucker und Fruchtsaft fein pürieren, dann durch ein Sieb streichen.
**5.** Die Törtchen auf je 1 Teller stürzen und etwas Sauce (Zimmertemperatur) darüber- und danebengießen. Nach Belieben mit verlesenen Himbeeren und abgespülten, trocken getupften Minzeblättchen garnieren.

***Tipp:*** Wer keinen Ricotta bekommt, kann ihn durch Sahnequark ersetzen.

Mandarinen-Quark-Speise

Ricotta-Törtchen mit Himbeersauce

Schokokuss-Schichtspeise

Schokoladenpudding mit Sauerkirschen

## Schokokuss-Schichtspeise

6 Portionen

pro Portion **0,90** Euro

*Zubereitungszeit:* 20 Minuten

50 g Kokosraspel
8 Schokoküsse
1 1/2–2 EL Kirschwasser
125 g Magerquark
250 g Schlagsahne (mind. 30 % Fett)
1 Pck. Sahnesteif
1–1 1/2 EL Puderzucker
500 g Rote Grütze
(aus dem Kühlregal)

*Pro Portion:*
E: 5 g, F: 21 g, Kh: 48 g,
kJ: 1782, kcal: 423

**1.** Die Kokosraspel in einer Pfanne ohne Fett unter Wenden goldbraun rösten, herausnehmen und auf einen Teller geben. Waffelböden von den Schokoküssen ablösen, hacken und mit dem Kirschwasser vermischen.
**2.** Schaummasse der Schokoküsse in eine Schüssel geben, grob zerkleinern und mit dem Quark glatt verrühren. Die Sahne mit Sahnesteif und Puderzucker steif schlagen. Die Sahne unter den Schaumquark heben.
**3.** Die Kokosraspel mit der Waffelmasse vermengen und abwechselnd mit der Roten Grütze und der Quark-Sahne-Mischung portionsweise in eine Glasschüssel schichten. Schokokuss-Schichtspeise bis zum Servieren zugedeckt in den Kühlschrank stellen.

## Schokoladenpudding mit Sauerkirschen

5 Portionen

pro Portion **0,80** Euro

*Zubereitungszeit:* 30 Minuten, ohne Abkühlzeit

**Für den Schokoladenpudding:**
60 g Zucker
1 1/2 EL gesiebtes Kakaopulver
1 1/2 Pck. Dr. Oetker Pudding-Pulver Schokoladen-Geschmack
800 ml Milch (3,5 % Fett)
100 g Schlagsahne (mind. 30 % Fett)
75 g Zartbitter-Kuvertüre
(etwa 50 % Kakaoanteil)

**Für die Fruchtmasse:**
350 g Sauerkirschen (aus Gläsern)
150 ml Sauerkirschsaft
(aus dem Glas)
10 g Speisestärke
30 g Zucker
1/2 TL gem. Zimt

*Pro Portion:*
E: 9 g, F: 18 g, Kh: 62 g,
kJ: 1913, kcal: 457

**1.** Für den Pudding Zucker, Kakao und Pudding-Pulver mit etwa 150 ml Milch anrühren. Restliche Milch und Sahne in einem Topf zum Kochen bringen. Die Kuvertüre grob hacken und unter Rühren in der heißen Sahnemilch schmelzen. Angerührtes Pudding-Pulver einrühren und unter Rühren aufkochen lassen. Den Pudding in eine Schüssel geben. Die Puddingoberfläche mit Frischhaltefolie belegen, Pudding erkalten lassen.
**2.** Für die Fruchtmasse von den Sauerkirschen den Saft auffangen und 150 ml Saft abmessen. Den Saft mit der Speisestärke in einem Topf gut verrühren. Zucker und Zimt unterrühren, unter Rühren zum Kochen bringen. Die Sauerkirschen hinzugeben und unterrühren. Die Fruchtmasse erkalten lassen.
**3.** Den Schokoladenpudding mit einem Schneebesen glatt rühren und in Gläsern oder Schalen verteilen. Die Fruchtmasse daraufgeben.

Zitronencreme mit Joghurt

Welfenspeise

## Zitronencreme mit Joghurt

pro Portion 0,80 Euro

4 Portionen

*Zubereitungszeit: 30 Minuten, ohne Kühlzeit*

4 Blatt weiße Gelatine
150 ml Zitronensaft (von etwa 3 Zitronen)
125 g Zucker
150 g Joghurt (3,5 % Fett)
300 g Schlagsahne (mind. 30 % Fett)

*Pro Portion:*
E: 4 g, F: 24 g, Kh: 35 g,
kJ: 1662, kcal: 398

**1.** Gelatine nach Packungsanleitung einweichen. Zitronensaft in einem kleinen Topf erhitzen (nicht kochen).
**2.** Eingeweichte Gelatine ausdrücken und in dem heißen Zitronensaft unter Rühren auflösen. Anschließend den Zucker unterrühren. Die Gelatine-Flüssigkeit etwas abkühlen lassen, dann mit dem Joghurt gut verrühren. Joghurtmasse in den Kühlschrank stellen, dabei zwischendurch umrühren.
**3.** Sahne steif schlagen. Wenn die Joghurtmasse anfängt zu gelieren, Sahne unterheben.
**4.** Die Zitronencreme in 4 Portionsgläser füllen und mindestens 3 Stunden in den Kühlschrank stellen.

***Tipp:*** Waffelgebäck dazu servieren.

## Welfenspeise

pro Portion 1,15 Euro

4 Portionen

*Zubereitungszeit: 35 Minuten, ohne Kühlzeit*

**Für den Flammeri:**
2 Eiweiß (Größe M)
35 g Speisestärke
40 g Zucker
1 Pck. Dr. Oetker Vanillin-Zucker
500 ml Milch (3,5 % Fett)

**Für den Weinschaum:**
3 Eigelb (Größe M)
80 g Zucker
10 g Speisestärke
250 ml Weißwein

*Pro Portion:*
E: 8 g, F: 9 g, Kh: 48 g,
kJ: 1490, kcal: 355

**1.** Für den Flammeri das Eiweiß steif schlagen. Speisestärke, Zucker und Vanillin-Zucker mit 6 Esslöffeln von der Milch anrühren.
**2.** Restliche Milch in einem Topf zum Kochen bringen. Angerührte Speisestärke in die von der Kochstelle genommene Milch rühren und unter Rühren kurz aufkochen lassen.
**3.** Den Eischnee unter den kochend heißen Flammeri rühren und alles nochmals kurz aufkochen lassen. Flammeri in eine Glasschale oder in Dessertgläser füllen (nur zur Hälfte füllen!), abkühlen lassen und dann in den Kühlschrank stellen.
**4.** Für den Weinschaum Eigelb mit Zucker, Speisestärke und Weißwein in eine Edelstahlschüssel geben und im heißen Wasserbad bei mittlerer Hitze mit einem Schneebesen aufschlagen, bis eine cremige Masse entsteht (etwa 5 Minuten). Der Weinschaum ist fertig, wenn sich das Volumen der Masse verdoppelt hat und alle Zutaten gebunden sind. Den Weinschaum erkalten lassen.
**5.** Den Weinschaum vorsichtig auf die Creme (Flammeri) geben.

***Hinweis:*** Nur ganz frische Eier verwenden, die nicht älter als 5 Tage sind (Legedatum beachten!). Die fertige Speise im Kühlschrank aufbewahren und innerhalb von 24 Stunden verzehren.

***Tipp:*** Die Welfenspeise mit Sahnetuffs und Schokostreuseln garnieren.

## Tuttifrutti mit Schokosauce

4 Portionen

*Zubereitungszeit:* 20 Minuten, ohne Durchziehzeit

pro Portion 0,80 Euro

**Für die Früchte:**
150 g Löffelbiskuits
500 g Fruchtcocktail (aus der Dose)
etwa 4 EL Fruchtsaft (aus der Dose)

**Für die Schokosauce:**
200 ml Milch (3,5 % Fett)
50 g Zartbitter-Schokolade
10 g Speisestärke

*Pro Portion:*
E: 8 g, F: 8 g, Kh: 52 g,
kJ: 1327, kcal: 317

**1.** Löffelbiskuits nach Bedarf ein- oder zweimal durchschneiden, damit sie in 4 Glasschälchen passen. Von dem Fruchtcocktail den Saft auffangen.
**2.** Löffelbiskuits abwechselnd mit den gemischten Früchten und etwa 4 Esslöffeln von dem aufgefangenen Saft in die Schälchen schichten und einige Zeit durchziehen lassen.
**3.** Für die Schokosauce von der Milch 3 Esslöffel abnehmen. Die restliche Milch in einem Topf erwärmen, Schokolade grob zerkleinern und in der Milch unter Rühren schmelzen.
**4.** Speisestärke mit der abgenommenen Milch anrühren, in die Schokoladenmilch rühren und unter Rühren aufkochen lassen. Die Schokosauce heiß oder kalt zu der Löffelbiskuit-Früchte-Mischung servieren.

## Vanillepudding und Schokoladenpudding

8 Portionen

*Zubereitungszeit:* 35 Minuten, ohne Kühlzeit

**Für den Vanillepudding:**
1 Pck. Gala Bourbon-Vanille-Pudding-Pulver
40 g Zucker
500 ml Milch (3,5 % Fett)

**Für den Schokoladenpudding:**
100 g Zartbitter-Schokolade (mindestens 50 % Kakaoanteil)
300 ml Milch (3,5 % Fett)
200 g Schlagsahne
1 Pck. Gala Schokoladen-Pudding-Pulver
50 g Zucker

pro Portion 1,05 Euro

**Zum Garnieren:**
500 g gemischte Beeren, z. B. Himbeeren und Heidelbeeren
einige Zitronenmelisseblättchen

*Pro Portion:*
E: 5 g, F: 16 g, Kh: 33 g,
kJ: 1303, kcal: 311

**1.** Für den Vanillepudding Pudding-Pulver mit Zucker und 6 Esslöffeln von der Milch anrühren. Restliche Milch in einem Topf zum Kochen bringen. Angerührtes Pudding-Pulver in die von der Kochstelle genommene Milch rühren und unter Rühren mindestens 1 Minute kochen lassen.
**2.** Den Pudding in eine Schüssel füllen und die Oberfläche mit Frischhaltefolie belegen, damit sich keine Haut bildet. Den Pudding abkühlen lassen, dann etwa 3 Stunden in den Kühlschrank stellen.
**3.** Für den Schokoladenpudding die Schokolade in kleine Stücke brechen. Milch und Sahne in einem Topf verrühren. Pudding-Pulver wie unter Punkt 1 beschrieben mit Sahnemilch anrühren und aufkochen. Topf von der Kochstelle nehmen, die Schokoladenstückchen unter den heißen Pudding rühren, schmelzen lassen.
**4.** In eine Schüssel füllen, wie unter Punkt 2 beschrieben kalt stellen.
**5.** Zum Garnieren Himbeeren verlesen. Heidelbeeren und Melisseblättchen abspülen und trocken tupfen.
**6.** Von dem Pudding mit kalt abgespülten Esslöffeln Nocken abstechen und in Puddingschälchen füllen. Die Beeren mit dem Pudding anrichten und mit Melisseblättchen garnieren.

Tuttifrutti mit Schokosauce

Vanillepudding und Schokoladenpudding

## Vanille-Kirsch-Quark
4 Portionen

*Zubereitungszeit:* 25 Minuten, ohne Abkühlzeit

370 g Sauerkirschen (aus dem Glas)
250 ml Kirschsaft (aus dem Glas, evtl. mit Wasser aufgefüllt)
2 TL Speisestärke
1–2 EL Zucker
500 g Magerquark
4 EL fettarme Milch (1,5 % Fett)
4 EL Zitronensaft
2 EL Puderzucker
1 Pck. Dr. Oetker Bourbon-Vanille-Zucker

pro Portion 1,00 Euro

*Pro Portion:*
E: 18 g, F: 1 g, Kh: 38 g,
kJ: 1042, kcal: 250

**1.** Von den Sauerkirschen den Saft auffangen und 250 ml Saft abmessen, evtl. mit Wasser auffüllen.
**2.** Vier Esslöffel von dem abgemessenen Saft abnehmen und mit der Speisestärke anrühren. Restlichen Saft bzw. die Saft-Wasser-Mischung mit Zucker in einem Topf zum Kochen bringen.
**3.** Angerührte Speisestärke in den von der Kochstelle genommenen Saft rühren und unter Rühren aufkochen lassen. Sauerkirschen hinzugeben, wieder zum Kochen bringen und etwa 1/2 Minute kochen lassen. Das Sauerkirschkompott in eine Schüssel füllen und erkalten lassen.
**4.** Quark, Milch, Zitronensaft, Puderzucker und Vanille-Zucker verrühren. Quarkcreme und Kirschkompott im Wechsel in 4 Dessertgläser schichten und sofort servieren.

## Diplomatencreme
6 Portionen

*Zubereitungszeit:* 50 Minuten, ohne Abkühlzeit

1 Pck. Dr. Oetker Pudding-Pulver Vanille-Geschmack
50 g Zucker
500 ml Milch (3,5 % Fett)
40 g gewürfeltes Zitronat (Sukkade)
125 g Rosinen
1 TL Zucker
4 EL Wasser
250 g Schlagsahne (mind. 30 % Fett)
1 Pck. Dr. Oetker Vanillin-Zucker
100–125 g Löffelbiskuits
2–3 EL brauner Rum
50 g Zartbitter-Raspelschokolade

pro Portion 1,00 Euro

*Pro Portion:*
E: 7 g, F: 20 g, Kh: 54 g,
kJ: 1881, kcal: 449

**1.** Aus Pudding-Pulver, Zucker und Milch einen Pudding nach Packungsanleitung zubereiten. Pudding in eine Schüssel füllen, Frischhaltefolie auf die Puddingoberfläche legen, damit sich keine Haut bildet. Pudding erkalten lassen.
**2.** Zitronat mit Rosinen, Zucker und Wasser in einem Topf bei schwacher Hitze so lange kochen lassen, bis das Wasser aufgesogen ist.
**3.** Sahne mit Vanillin-Zucker steif schlagen. Den Pudding durchrühren und die Sahne portionsweise unter den erkalteten, noch weichen Pudding heben.
**4.** Löffelbiskuits auf der ungezuckerten Seite mit Rum beträufeln. Abwechselnd jeweils ein Drittel der Creme, der Löffelbiskuits, der Zitronat-Rosinen-Mischung (1 Esslöffel zum Garnieren abnehmen) und der Raspelschokolade in eine Glasschale schichten. Die Creme mit der abgenommenen Zitronat-Rosinen-Mischung garnieren.

***Tipp:*** Für ein weihnachtliches Dessert geben Sie zusätzlich etwas gemahlenen Zimt und Ingwer in die Creme.

Vanille-Kirsch-Quark

Diplomatencreme

Vanille-Kirsch-Speise

Erdbeer-Sahne-Creme

## Vanille-Kirsch-Speise

6 Portionen

*Zubereitungszeit:* 30 Minuten, ohne Abkühlzeit

**Für den Pudding:**
1 Pck. Dr. Oetker Pudding-Pulver Vanille-Geschmack
40 g Zucker
500 ml Milch (3,5 % Fett)

**Außerdem:**
375 g Magerquark
30 g Zucker
65 ml Orangensaft
370 g abgetropfte Sauerkirschen (aus dem Glas)
175 ml Eierlikör
25 g Raspelschokolade

pro Portion 0,70 Euro

*Pro Portion:*
E: 13 g, F: 6 g, Kh: 45 g,
kJ: 1366, kcal: 327

**1.** Für den Pudding aus Pudding-Pulver, Zucker und Milch einen Pudding nach Packungsanleitung kochen. Damit sich keine Haut bildet, Frischhaltefolie direkt auf die Pudding oberfläche legen. Pudding erkalten lassen.
**2.** In der Zwischenzeit den Quark mit Zucker und Orangensaft verrühren.
**3.** Die Sauerkirschen gleichmäßig in 6 Gläsern verteilen. Zuerst den Pudding darauf verteilen und glatt streichen, dann den Quark gleichmäßig daraufgeben.
**4.** Eierlikör vorsichtig auf die obere Quarkschicht gießen und mit Raspelschokolade bestreuen. Die Vanille-Kirsch-Speise bis zum Servieren zugedeckt in den Kühlschrank stellen.

## Erdbeer-Sahne-Creme

4 Portionen

*Zubereitungszeit:* 30 Minuten, ohne Kühlzeit

5 Blatt weiße Gelatine
75 ml Orangensaft
500 g Erdbeeren
1 EL Zitronensaft
30 g Zucker
200 g Schlagsahne (mind. 30 % Fett)

pro Portion 1,05 Euro

**Zum Garnieren:**
einige Erdbeeren
etwas Hagelzucker

*Pro Portion:*
E: 3 g, F: 16 g, Kh: 31 g,
kJ: 1297, kcal: 310

**1.** Gelatine nach Packungsanleitung einweichen. Orangensaft in einem kleinen Topf erwärmen (nicht kochen). Die Gelatine leicht ausdrücken und in dem heißen Orangensaft unter Rühren auflösen.
**2.** Erdbeeren abspülen, gut abtropfen lassen, entstielen und in Stücke schneiden. Mit Zitronensaft und Zucker pürieren.
**3.** Die aufgelöste Gelatine zuerst mit etwa 3 Esslöffeln von dem Erdbeerpüree verrühren, dann unter das restliche Erdbeerpüree rühren.
**4.** Die Sahne steif schlagen. Wenn die Püreemasse anfängt zu gelieren, Sahne unterheben. Erdbeer-Sahne-Creme in Gläser, Portionsförmchen oder in eine Glasschale füllen und etwa 3 Stunden in den Kühlschrank stellen.
**5.** Zum Garnieren Erdbeeren abspülen und trocken tupfen. Die Erdbeer-Sahne-Creme mit Erdbeeren und Hagelzucker garnieren.

**Tipp:** Die Erdbeeren nach Belieben mit Puderzucker bestäuben.

Birnen-Carpaccio mit Mousse à la Vanille

Dickmilch-Himbeer-Speise

## Birnen-Carpaccio mit Mousse à la Vanille

4 Portionen

*Zubereitungszeit:* 20 Minuten, ohne Kühlzeit

1 Pck. Mousse à la Vanille (Dessertpulver)
250 ml Milch (3,5 % Fett)
4 reife Birnen (je etwa 200 g)
6 EL roter Portwein

pro Portion 1,15 Euro

*Pro Portion:*
E: 5 g, F: 4 g, Kh: 41 g,
kJ: 1061, kcal: 252

**1.** Die Mousse à la Vanille mit Milch nach Packungsanleitung zubereiten und mindestens 2 Stunden in den Kühlschrank stellen.
**2.** Die Birnen abwaschen, abtrocknen und längs halbieren. Kerngehäuse herausschneiden, Blütenansätze und Stiele entfernen. Die Birnenhälften der Länge nach in sehr dünne Spalten schneiden, auf 4 Tellern oder Schälchen verteilen und mit je 1 Esslöffel Portwein beträufeln.
**3.** Von der Mousse mit einem kalt abgespülten Löffel insgesamt 8 Nocken abstechen und jeweils 2 Nocken auf die Birnenscheiben geben, mit dem restlichen Portwein beträufeln.

***Tipp:*** Birnenspalten etwa 3 Minuten in Weißwein oder Portwein dünsten, in der Flüssigkeit abkühlen lassen, erst dann auf den Tellern verteilen.

***Abwandlung:*** Das Birnen-Carpaccio anstelle mit Mousse à la Vanille mit Mousse au Chocolat servieren, das Sie wie unter Punkt 1 beschrieben zubereiten können.

## Dickmilch-Himbeer-Speise

pro Portion 1,20 Euro

4–6 Portionen

*Zubereitungszeit:* 25 Minuten, ohne Antau- und Kühlzeit

450 g TK-Himbeeren
6 Blatt weiße Gelatine
500 g Dickmilch
75 g gesiebter Puderzucker
2 EL Zitronensaft

**Zum Garnieren:**
abgeriebene Schale von 1 Bio-Zitrone (unbehandelt, ungewachst)

*Pro Portion:*
E: 6 g, F: 4 g, Kh: 29 g,
kJ: 741, kcal: 178

**1.** Himbeeren etwas antauen lassen. Gelatine nach Packungsanleitung einweichen. Dickmilch mit 50 g Puderzucker und Zitronensaft verrühren.
**2.** Die Gelatine leicht ausdrücken, in einem kleinen Topf bei schwacher Hitze unter Rühren auflösen und etwas abkühlen lassen. Aufgelöste Gelatine zunächst mit 2–3 Esslöffeln von der Dickmilchmasse verrühren, dann unter die restliche Dickmilchmasse rühren.
**3.** Die Hälfte der Himbeeren mit dem restlichen Puderzucker pürieren, nach Belieben durch ein Sieb streichen und als Sauce beiseitestellen.
**4.** Sobald die Dickmilchmasse anfängt zu gelieren, die restlichen Himbeeren unterrühren und die Masse in 4–6 Förmchen oder Tassen geben. Die Förmchen oder Tassen etwa 2 Stunden in den Kühlschrank stellen, bis die Masse fest geworden ist.
**5.** Die Förmchen oder Tassen kurz in heißes Wasser tauchen. Die Creme am Rand evtl. mit einem schmalen Messer vorsichtig lösen und die Dickmilch-Himbeer-Speise auf Dessertteller stürzen.
**6.** Die Zitroneschale auf die Dickmilch-Himbeer-Speise streuen. Mit der beiseitegestellten Himbeersauce garnieren oder die Sauce dazureichen.

## Cappuccino-Schichtcreme

6 Portionen

pro Portion 0,55 Euro

*Zubereitungszeit:* 20 Minuten, ohne Kühlzeit

4 Blatt weiße Gelatine
375 ml Milch (3,5 % Fett)
50 g Zucker
1 Pck. Dr. Oetker Vanillin-Zucker
200 g Schlagsahne (mind. 30 % Fett)
2 EL Milch
1–2 EL Instant-Espressopulver
1 EL Karamellsirup

**Zum Beträufeln und Garnieren:**
1–2 EL Karamellsirup
2 TL Schokostückchen
etwas Puderzucker

*Pro Portion:*
E: 4 g, F: 13 g, Kh: 24 g,
kJ: 975, kcal: 233

**1.** Gelatine nach Packungsanleitung einweichen. Milch, Zucker und Vanillin-Zucker in einem Topf zum Kochen bringen. Den Topf von der Kochstelle nehmen. Die Gelatine ausdrücken und in der heißen Milch unter Rühren auflösen, abkühlen lassen und in den Kühlschrank stellen.
**2.** Sahne steif schlagen. Sobald die Milch anfängt zu gelieren, die Sahne unterheben. Die Creme halbieren. Milch und Espressopulver erhitzen, mit einem Schneebesen aufschlagen und unter eine Hälfte der Creme rühren. Mit Sirup abschmecken.
**3.** Die helle und dunkle Creme abwechselnd, in jeweils 2 Schichten, in 6 Grappa-Gläser füllen. Die Creme in den Kühlschrank stellen.
**4.** Cappuccino-Schichtcreme vor dem Servieren mit Sirup beträufeln, mit Schokostückchen garnieren und mit Puderzucker bestäuben.

***Tipp:*** Anstelle von Karamellsirup können Sie auch Amaretto oder Kaffeelikör verwenden.

## Crème au Caramel

6–8 Portionen

*Zubereitungszeit:* 20 Minuten, ohne Kühlzeit
*Garzeit:* etwa 50 Minuten

pro Portion 0,45 Euro

**Für den Karamell:**
100 g Zucker
1 EL Wasser
1/2 TL Zitronensaft

**Für die Creme:**
250 ml warme Milch (3,5 % Fett)
250 g warme Schlagsahne
100 g Zucker
1/2 Pck. Dr. Oetker Bourbon-Vanille-Zucker
3 Eier (Größe M)
3 Eigelb (Größe M)

*Pro Portion:*
E: 6 g, F: 18 g, Kh: 32 g,
kJ: 1321, kcal: 316

**1.** Für den Karamell Zucker, Wasser und Zitronensaft in einem Topf verrühren und unter Rühren erhitzen, bis sich der Zucker gelöst hat und gebräunt ist. Den noch heißen Karamell in eine warme, glattwandige Form geben und ausschwenken, bis die gesamte Form mit Karamell benetzt ist.
**2.** Den Backofen vorheizen.
*Ober-/Unterhitze:* etwa 140 °C
*Heißluft:* etwa 120 °C
**3.** Für die Creme Milch, Sahne, Zucker und Vanille-Zucker aufkochen, umrühren und etwas abkühlen lassen. Eier und Eigelb verrühren, nach und nach die heiße Sahne-Milch unterrühren, lauwarm abkühlen lassen und in die Form gießen.
**4.** Die Form in eine Fettpfanne stellen. Die Fettpfanne in den vorgeheizten Backofen schieben. So viel heißes Wasser in die Fettpfanne oder den Bräter gießen, dass die Form zu 1/3 oder zur Hälfte im Wasser steht. Die Creme etwa 50 Minuten im Wasserbad garen (das Wasser darf nicht kochen!).
**5.** Die Form auf einen Rost stellen. Die Creme abkühlen lassen, dann mindestens 4 Stunden in den Kühlschrank stellen. Die Creme mit einem Messer vorsichtig am Formrand lösen und auf eine Platte stürzen.

Cappuccino-Schichtcreme

Crème au Caramel

## Beeren-Minz-Creme

4 Portionen

*Zubereitungszeit:* 40 Minuten, ohne Kühlzeit

pro Portion 1,00 Euro

3 EL Wasser
4 kleine Minzeblättchen
3 Blatt weiße Gelatine
50 g Zucker
200 g Magerquark
2 EL Orangenlikör
250 g gemischte Beeren, z. B. Johannisbeeren, Heidelbeeren, Himbeeren
10–12 kleine Minzeblättchen
200 g Schlagsahne (mind. 30 % Fett)

**Zum Garnieren:**
einige Himbeeren, Johannisbeerrispen, Heidelbeeren
einige Minzeblättchen

*Pro Portion:*
E: 9 g, F: 16 g, Kh: 22 g,
kJ: 1200, kcal: 287

**1.** Wasser und abgespülte Minzeblättchen in einem Topf aufkochen und etwas ziehen lassen. Minzeblättchen entfernen.

**2.** Die Gelatine nach Packungsanleitung einweichen. Das heiße Minzewasser und Zucker aufschlagen. Die Gelatine leicht ausdrücken und unter Rühren in dem Minzwasser auflösen. Quark und Orangenlikör nach und nach unterrühren. Die Creme in den Kühlschrank stellen.

**3.** Die Johannis- und Heidelbeeren abspülen und abtropfen lassen. Die Johannisbeeren entstielen. Himbeeren verlesen, evtl. kurz abspülen und trocken tupfen. Minzeblättchen abspülen und trocken tupfen. Wenn die Minz-Creme anfängt zu gelieren, die Beeren und Minzeblättchen unterheben.

**4.** Sahne steif schlagen und ebenfalls unterheben. Die Minz-Creme in 4 Dessertgläser füllen.

**5.** Zum Garnieren Himbeeren verlesen, Johannisbeerrispen und Heidelbeeren abspülen und trocken tupfen. Minzeblättchen ebenfalls abspülen und trocken tupfen. Beeren-Minz-Creme mit den Himbeeren, Johannisbeerrispen, Heidelbeeren und Minzeblättchen garnieren.

***Tipp:*** Einige Löffelbiskuits in Stücke brechen, mit Orangenlikör tränken und mit der Creme einschichten.

## Beerengrütze mit Vanille-Joghurt-Sauce

4 Portionen

*Zubereitungszeit:* 30 Minuten, ohne Abkühlzeit

pro Portion 1,75 Euro

**Für die Grütze:**
1 Bio-Orange (unbehandelt, ungewachst)
1 geh. EL Speisestärke
375 ml roter Traubensaft
750 g TK-Beerenfrüchte

**Für die Vanille-Joghurt-Sauce:**
1 Vanilleschote, 1–2 EL Zucker
300 g fettarmer Joghurt (1,5 % Fett)

*Pro Portion:*
E: 5 g, F: 2 g, Kh: 42 g,
kJ: 955, kcal: 228

**1.** Für die Grütze die Orange heiß abwaschen, abtrocknen und die Schale dünn abschälen. Orange halbieren und den Saft auspressen.

**2.** Speisestärke mit dem ausgepressten Orangensaft und 2–3 Esslöffeln Traubensaft anrühren. Restlichen Traubensaft und Orangenschale in

Beeren-Minz-Creme

Beerengrütze mit Vanille-Joghurt-Sauce

Amaretti-Pfirsiche

Arme Ritter

einem Topf zum Kochen bringen. Angerührte Speisestärke in den von der Kochstelle genommenen Saft rühren und unter Rühren aufkochen lassen. Gefrorene Beerenfrüchte unterrühren und alles nochmals unter vorsichtigem Rühren kurz aufkochen lassen.
**3.** Die Beerengrütze in eine Glasschale füllen und abkühlen lassen.
**4.** Für die Sauce die Vanilleschote längs aufschneiden und das Mark mit einem Messerrücken herausschaben. Vanillemark, Zucker und Joghurt mit einem Schneebesen gut verrühren, bis sich der Zucker gelöst hat.
**5.** Die Grütze mit der Vanille-Joghurt-Sauce anrichten.

## Amaretti-Pfirsiche
4 Portionen

*Zubereitungszeit:* 20 Minuten, ohne Abkühlzeit

4 reife Pfirsiche (je etwa 125 g)
1 Bio-Zitrone
(unbehandelt, ungewachst)
1 Vanilleschote
200 ml halbtrockener Weißwein
oder Traubensaft
75 ml Wasser
1 EL Zucker
einige frische Minzeblättchen
200 g frische Himbeeren
4 leicht geh. TL Crème fraîche
etwa 8 Amarettini
(ital. Mandelmakronen)

pro Portion 2,15 Euro

*Pro Portion:*
E: 2 g, F: 4 g, Kh: 14,5 g,
kJ: 440, kcal: 106

**1.** Pfirsiche mit kochendem Wasser übergießen und kurz ziehen lassen. Dann die Pfirsiche mit kaltem Wasser abschrecken und enthäuten. Pfirsiche halbieren und entsteinen. Zitrone heiß abwaschen, abtrocknen und in dünne Scheiben schneiden. Die Vanilleschote längs aufschneiden.
**2.** Wein oder Traubensaft mit Wasser, Zucker, Vanilleschote und Zitronenscheiben in einem weiten Topf zum Kochen bringen. Pfirsichhälften hinzugeben und kurz aufkochen lassen. Den Topf von der Kochstelle nehmen. Minzeblättchen abspülen, trocken tupfen, in Streifen schneiden und in den Weinsud geben. Pfirsichhälften im Weinsud erkalten lassen.
**3.** Die Himbeeren verlesen, kurz abspülen und gut abtropfen lassen. Die Pfirsichhälften aus dem Weinsud nehmen, abtropfen lassen und mit den Himbeeren auf Tellern anrichten. Jeweils 1 Teelöffel Crème fraîche daraufgeben.
**4.** Amarettini in einen Gefrierbeutel geben. Beutel fest verschließen, die Amarettini mit einer Teigrolle fein zerbröseln. Die Pfirsichhälften mit den Amarettini-Bröseln bestreuen und sofort servieren.

***Tipp:*** Die Pfirsichhälften können schon einen Tag vorher zubereitet werden.

## Arme Ritter
6 Stück

pro Stück 0,20 Euro

*Zubereitungszeit:* 20 Minuten

300 ml Milch (3,5 % Fett)
2 Eier (Größe M)
50 g Zucker
6 etwa 1 1/2 cm dicke Scheiben
Kastenweißbrot (2–5 Tage alt)
5 EL Speiseöl,
z. B. Sonnenblumenöl

*Pro Stück:*
E: 6 g, F: 11 g, Kh: 25 g,
kJ: 953, kcal: 228

**1.** Milch mit Eiern und Zucker verschlagen. Weißbrotscheiben in eine Schale legen, mit der Eiermilch übergießen und einweichen lassen (dabei 1–2-mal vorsichtig wenden), bis die Milch von den Brotscheiben aufgesogen ist (die Scheiben dürfen nicht zu weich werden).
**2.** Etwas Speiseöl in einer beschichteten Pfanne zerlassen.
**3.** Die Brotscheiben darin portionsweise bei mittlerer Hitze von beiden Seiten etwa 8 Minuten knusprig braun braten.
**4.** Anschließend die armen Ritter heiß servieren.

***Tipp:*** Arme Ritter z. B. mit Apfelmus (1 Glas 720 ml, etwa 0,50 Euro), mit Zimt-Zucker (40 g, etwa 0,15 Euro) oder mit etwas Puderzucker (30 g, etwa 0,15 Euro) bestäubt servieren.

Apfel-Milchreis

Apfelmusgrieß mit Mandelsplittern

## Apfel-Milchreis

1 Portion

*Zubereitungszeit:* 40 Minuten

pro Portion **1,65** Euro

500 ml Apfelsaft
1 TL flüssiger Honig
125 g Milchreis (Rundkornreis)
1 Apfel (etwa 200 g)
1 EL Zucker
etwa 1/4 TL gem. Zimt
1–2 EL Rosinen

*Pro Portion:*
E: 10 g, F: 1 g, Kh: 219 g,
kJ: 3973, kcal: 948

**1.** Den Apfelsaft mit dem Honig in einem kleinen Topf verrühren und aufkochen lassen.
**2.** Milchreis hinzugeben, umrühren und zum Kochen bringen. Den Milchreis bei schwacher Hitze mit halb aufgelegtem Deckel etwa 30 Minuten quellen lassen, dabei gelegentlich umrühren.
**3.** In der Zwischenzeit Apfel abwaschen, abtrocknen, vierteln und das Kerngehäuse entfernen.
**4.** Apfelviertel zuerst in dünne Spalten schneiden, 3 Apfelspalten zum Garnieren beiseitelegen. Restliche Apfelspalten in kleine, mundgerechte Stücke schneiden. Zucker mit Zimt vermischen.
**5.** Die Apfelstücke unter den Milchreis rühren. Den Milchreis mit den beiseitegelegten Apfelstücken, dem Zimt-Zucker und den Rosinen kalt oder warm genießen.

***Tipps:*** Der Milchreis schmeckt auch mit anderem Obst (frisch oder abgetropft aus der Dose) oder mit Kompott. Statt Honig die gleiche Menge Zucker verwenden.
Wie wäre eine fein-säuerliche Note? Dann noch 1 Stück Bio-Zitronenschale (unbehandelt, ungewachst) mit dem Apfelsaft zum Kochen bringen. Die Zitronenschale vor dem Servieren entfernen.
Kein Rosinen-Fan? Dann statt Rosinen Nüsse oder Kerne (Mandelstifte, Sonnenblumenkerne usw.) nehmen. Diese für ein intensives Aroma am besten zuvor noch in einer Pfanne ohne Fett unter Wenden anrösten.
Mehr Cremigkeit gewünscht? Dafür zusätzlich 150 g Joghurt (3,5 % Fett) unter den Apfel-Reis rühren (etwa 0,20 Euro).
Lieber klassisch? Statt Apfelsaft und Honig die gleiche Menge Milch und Zucker verwenden und den Milchreis wie beschrieben zubereiten.
Schmeckt auch: Für Orangen-Reis den Apfelsaft durch die gleiche Menge Orangensaft ersetzen. Statt des Apfels 1 Orange schälen, in Spalten teilen und in Stücke schneiden.

## Apfelmusgrieß mit Mandelsplittern

4 Portionen

pro Portion **0,30** Euro

*Zubereitungszeit:* 20 Minuten

500 ml fettarme Milch (1,5 % Fett)
1 Prise Salz
1 EL Zucker
1 Prise gem. Zimt
50 g Hartweizengrieß
1 frisches Eiweiß (Größe M)
360 g Apfelmus (aus dem Glas)
1 geh. EL gestiftelte Mandeln

*Pro Portion:*
E: 7 g, F: 4 g, Kh: 35 g,
kJ: 866, kcal: 207

**1.** Milch mit Salz, Zucker und Zimt in einem Topf unter Rühren zum Kochen bringen. Den Topf von der Kochstelle nehmen. Den Grieß einstreuen und anschließend unter Rühren bei

schwacher Hitze nach Packungsanleitung in 5–10 Minuten ausquellen lassen.
**2.** Den Topf wieder von der Kochstelle nehmen. Eiweiß steif schlagen und unter den heißen Grießbrei heben. Dann Apfelmus unterziehen.
**3.** Apfelmusgrieß in 4 tiefen Desserttellern anrichten. Mandeln in einer Pfanne ohne Fett leicht bräunen, auf den Apfelmusgrieß streuen und sofort servieren.

***Hinweis:*** Für den Apfelmusgrieß nur ganz frische Eier verwenden, die nicht älter als 5 Tage sind (Legedatum beachten!). Das Dessert im Kühlschrank aufbewahren und innerhalb von 24 Stunden verzehren.

## Avocado-Limetten-Sorbet

4 Portionen

pro Portion 0,80 Euro

*Zubereitungszeit:* 20 Minuten, ohne Abkühlzeit
*Gefrierzeit:* etwa 4 Stunden (Eismaschine etwa 40 Minuten)

1 Bio-Limette (unbehandelt, ungewachst)
1 Limette
100 g Zucker
200 ml Orangensaft
2 reife Avocados (je etwa 200 g)

*Pro Portion:*
E: 2 g, F: 18 g, Kh: 30 g,
kJ: 1202, kcal: 288

**1.** Die Bio-Limette heiß abwaschen und abtrocknen. Die Limettenschale mit einem Sparschäler möglichst dünn abschälen. Beide Limetten halbieren, den Saft auspressen und 50 ml abmessen.
**2.** Limettenschale, -saft, Zucker und Orangensaft in einem Topf verrühren, zum Kochen bringen und etwa 5 Minuten bei schwacher Hitze kochen lassen. Den Zitrussirup durch ein Sieb in ein Gefäß gießen und abkühlen lassen. Ergibt 250 ml Zitrussirup.
**3.** Avocados halbieren und die Steine herauslösen. Das Fruchtfleisch mit einem Löffel aus den Schalen lösen und klein schneiden.
**4.** Die Avocadostücke und den abgekühlten Zitrussirup in einen Rührbecher geben und mit einem Pürierstab zu einer glatten, glänzenden Masse pürieren.
**5.** Die Sorbetmasse in eine gefrierfeste Schüssel füllen und zugedeckt in den Gefrierschrank stellen. Sorbet etwa 4 Stunden gefrieren lassen. Dabei das Sorbet alle 30 Minuten umrühren.

***Tipps:*** Dieses Sorbet eignet sich für alle, die auf Milchprodukte oder Eier verzichten müssen. Cremig wird es durch reife Avocados. Frisch zubereitet schmeckt es am besten.

## Beeren-Ananas-Salat

2 Portionen

*Zubereitungszeit:* 10 Minuten, ohne Durchziehzeit

pro Portion 1,45 Euro

Saft von 1 Zitrone
1 gestr. EL flüssiger Honig
1 Msp. gem. Zimt
2 Bananen (je etwa 150 g)
200 g frisches Ananasfruchtfleisch (aus dem Kühlregal)
150 g TK-Beerencocktail
2 Vollkorn-Reiswaffeln (je 12 g)

*Pro Portion:*
E: 3 g, F: 1 g, Kh: 63 g,
kJ: 1208, kcal: 289

**1.** Zitronensaft mit Honig und Zimt in einer Schüssel glatt rühren. Bananen schälen, in dünne Scheiben schneiden und mit der Zitronensaft-Honig-Mischung verrühren.
**2.** Das Ananasfruchtfleisch in kleine Stücke schneiden und mit den gefrorenen Beeren unterheben. Den Salat mindestens 30 Minuten durchziehen lassen. Den Obstsalat durchrühren und mit den Reiswaffeln servieren.

***Ernährungstipp:*** Bananen und Beeren versorgen uns mit Magnesium. Außerdem sind Bananen gute Vitamin-B6-Lieferanten. Vitamin C bringt die Ananas mit. So ist dieser Salat eine gute Möglichkeit, unsere Immunabwehr zu stärken.

Avocado-Limetten-Sorbet

Beeren-Ananas-Salat

## Apfelreis
4 Portionen

pro Portion **0,60** Euro

*Zubereitungszeit:* 50 Minuten

1 l Wasser
1 Prise Salz
50 g Zucker
2 Tropfen Zitronen-Aroma
200 g Milchreis (Rundkornreis)
500 g Äpfel, z. B. Elstar

**Zum Bestreuen und Garnieren:**
etwas Zucker
etwas gem. Zimt
evtl. einige Apfelspalten
evtl. einige Minzeblättchen

*Pro Portion:*
E: 1 g, F: 1 g, Kh: 30 g,
kJ: 603, kcal: 144

**1.** Das Wasser mit Salz, Zucker und Zitronen-Aroma in einem Topf zum Kochen bringen.
**2.** Den Reis hinzugeben, wieder zum Kochen bringen, umrühren und zugedeckt bei schwacher Hitze etwa 10 Minuten quellen lassen.
**3.** In der Zwischenzeit die Äpfel schälen, vierteln, entkernen und in kleine Stücke schneiden. Apfelstücke unter den Reis rühren. Den Milchreis weitere 10–15 Minuten garen, dabei gelegentlich umrühren. Den Apfelreis mit Zucker abschmecken.
**4.** Zum Bestreuen und Garnieren den Apfelreis in 4 Schälchen anrichten, mit Zucker und Zimt bestreuen. Nach Belieben mit Apfelspalten und abgespülten, trocken getupften Minzeblättchen garnieren.

## Bayerische Creme
5 Portionen

*Zubereitungszeit:* 30 Minuten, ohne Zieh- und Kühlzeit

pro Portion **1,70** Euro

1/2 Vanilleschote
350 ml Milch (3,5 % Fett)
4 Blatt weiße Gelatine, 80 g Zucker
1 Pck. Dr. Oetker Bourbon-Vanille-Zucker
350 g Schlagsahne (mind. 30 % Fett)

**Für das Himbeerpüree:**
400 g Himbeeren
75 g Puderzucker

*Pro Portion:*
E: 6 g, F: 25 g, Kh: 42 g,
kJ: 1765, kcal: 422

**1.** Vanilleschote längs aufschneiden und das Mark mit einem Messerrücken herauskratzen. Die Vanilleschote mit dem Vanillemark und Milch in einem Topf aufkochen lassen. Die Vanillemilch etwa 15 Minuten bei schwacher Hitze ziehen lassen.
**2.** Gelatine nach Packungsanleitung einweichen. Die heiße Vanillemilch in eine Rührschüssel geben. Gelatine ausdrücken und in der Vanillemilch unter Rühren auflösen. Vanilleschote entfernen. Zucker und Vanille-Zucker unterrühren. Die Schüssel in kaltes Wasser stellen und die Vanillemilch unter gelegentlichem Rühren gelieren lassen.
**3.** Die Sahne steif schlagen. Wenn die Vanillemilch anfängt zu gelieren, glatt rühren und ein Viertel der Sahne mit einem Schneebesen unterrühren. Restliche Sahne mit einem Teigschaber unterheben.
**4.** Die Creme in eine Schüssel geben und bis zum Servieren zugedeckt in den Kühlschrank stellen.
**5.** Für das Himbeerpüree Himbeeren verlesen, evtl. kurz abspülen und trocken tupfen. Einige Himbeeren zum Garnieren auf Küchenpapier abtropfen lassen. Restliche Himbeeren mit Puderzucker pürieren. Himbeerpüree durch ein Sieb streichen.
**6.** Beiseitegelegte Himbeeren auf der Creme verteilen. Bayerische Creme mit dem Himbeerpüree servieren.

Apfelreis

Bayerische Creme

Eisbergtorte „Titanic"

Erdbeer-Pfirsich-Kaltschale

## Eisbergtorte „Titanic"

4–6 Portionen

*Zubereitungszeit: 20 Minuten, ohne Kühl-, Antau- und Gefrierzeit*

4 Baiserschalen (je 25 g)
100 g Zartbitter-Schokolade
500 ml Schokoladen-Eiscreme
300 ml Vanille-Eiscreme mit Schokoladensplittern

pro Portion 0,90 Euro

*Pro Portion:*
E: 6 g, F: 18 g, Kh: 45 g,
kJ: 1544, kcal: 369

**1.** Baiserschalen grob zerbröseln. Gut die Hälfte der Brösel auf dem Boden einer Springform (Ø 24 cm, gefettet, mit Backpapier belegt) verteilen.
**2.** Die Schokolade in kleine Stücke brechen, in einem kleinen Topf im Wasserbad bei schwacher Hitze unter Rühren schmelzen. Die Baiserbrösel auf dem Springformboden mit einem Teil der Schokolade besprenkeln und etwa 20 Minuten in den Kühlschrank stellen.
**3.** Die Hälfte der Schokoladen-Eiscreme antauen lassen, etwas geschmeidig rühren und auf den Bröselboden streichen. Die restliche Schokoladen-Eiscreme und Vanille-Eiscreme in Scheiben schneiden. Die Eisscheiben vermischen und bergartig auf den mit Schokoladen-Eiscreme bestrichenen Boden schichten.
**4.** Restliche Baiserbrösel darauf streuen und mit der restlichen geschmolzenen Schokolade besprenkeln. Die Eisbergtorte mehrere Stunden in den Gefrierschrank stellen und gefrieren lassen.

***Tipp:*** Aufgetaute und wieder eingefrorene Eiscreme können Sie nicht noch einmal einfrieren und sollten Sie möglichst innerhalb eines Tages verwenden.

## Erdbeer-Pfirsich-Kaltschale

pro Portion 1,00 Euro

4 Portionen

*Zubereitungszeit: 20 Minuten, ohne Kühlzeit*

500 ml Orangensaft
200 ml Weißwein
50 g (3 EL) Perlsago (gekörnte Stärke)
3 Pfirsiche
500 g Erdbeeren
etwas Zucker
1 Prise gem. Zimt

*Pro Portion:*
E: 2 g, F: 1 g, Kh: 39 g,
kJ: 911, kcal: 218

**1.** Orangensaft mit Weißwein in einem Topf zum Kochen bringen, Sago einrühren, wieder zum Kochen bringen und zugedeckt 15–20 Minuten bei schwacher Hitze kochen lassen, dabei gelegentlich umrühren.
**2.** Pfirsiche abspülen, kurz in kochendes Wasser tauchen, anschließend in kaltem Wasser abschrecken. Von den Pfirsichen die Haut abziehen. Pfirsiche halbieren und entsteinen. Das Fruchtfleisch in Würfel schneiden.
**3.** Erdbeeren abspülen, abtropfen lassen und entstielen. Die großen Erdbeeren halbieren. Die Pfirsichwürfel etwa 5 Minuten, Erdbeeren etwa 2 Minuten vor Ende der Kochzeit in die Orangen-Wein-Flüssigkeit geben und mitgaren lassen. Mit Zucker und etwas Zimt abschmecken.
**4.** Die Erdbeer-Pfirsich-Kaltschale abkühlen lassen und anschließend in den Kühlschrank stellen.

***Tipps:*** Für Kinder den Weißwein durch Apfelsaft ersetzen. Anstelle der frischen Pfirsiche können auch 240 g abgetropfte Pfirsichhälften (aus der Dose) verwendet werden.

Gegrillte Bananen mit Crème-fraîche-Sauce

Giraffencreme

## Gegrillte Bananen mit Crème-fraîche-Sauce

2 Portionen

*Zubereitungszeit:* 15 Minuten, ohne Kühlzeit

pro Portion **1,50** Euro

2 Bananen
2 EL Zitronensaft
2 EL Zucker
1/2 TL gem. Zimt
30 g Butter
150 g Crème fraîche
1 TL Dr. Oetker Vanillin-Zucker
2 EL Schlagsahne
2 TL Wild-Preiselbeeren (aus dem Glas)
einige Minzeblättchen

*Pro Portion:*
E: 3 g, F: 38 g, Kh: 46 g,
kJ: 2286, kcal: 549

**1.** Bananen schälen und längs halbieren. Bananenhälften mit dem Zitronensaft beträufeln.
**2.** Den Backofengrill vorheizen.
**3.** Zucker und Zimt mischen. Bananen im Zimt-Zucker-Gemisch wenden und auf ein Backblech (mit Backpapier belegt) legen. Das Backblech unter den vorgeheizten Grill schieben. Die Bananen von beiden Seiten 3–5 Minuten grillen.
**4.** Crème fraîche mit Vanillin-Zucker und Sahne verrühren.
**5.** Die Bananen auf 2 Tellern mit der Sauce, den Preiselbeeren und abgespülten, trocken getupften Minzeblättchen anrichten.

## Giraffencreme

5 Portionen

*Zubereitungszeit:* 40 Minuten

250 g Pfirsichhälften (aus der Dose)
250 g Mascarpone (ital. Frischkäse)
40 g Zucker
2 EL Pfirsichsaft (aus der Dose)
200 g Schlagsahne (mind. 30 % Fett)
1 Pck. Sahnesteif
75 g Schoko-Cookies
einige Minzeblättchen

pro Portion **1,05** Euro

*Pro Portion:*
E: 4 g, F: 37 g, Kh: 29 g,
kJ: 1935, kcal: 462

**1.** Von den Pfirsichhälften den Saft auffangen und 2 Esslöffel Saft abmessen. 2 Pfirsichhälften zum Garnieren beiseitelegen. Die restlichen Pfirsichhälften mit einem Pürierstab fein pürieren.
**2.** Mascarpone mit Zucker und dem abgemessenen Pfirsichsaft glatt rühren. Sahne mit Sahnesteif steif schlagen und unterheben. Die Creme in 3 Portionen teilen.
**3.** Schoko-Cookies in einen Gefrierbeutel geben, den Beutel verschließen und die Cookies mit einer Teigrolle zerbröseln. Die Cookies-Brösel ebenfalls in 3 Portionen teilen.
**4.** Eine Portion Creme in 5 Dessertschälchen oder kleinen Gläsern verteilen und 1 Portion Cookies-Brösel daraufgeben. So fortfahren, bis alle Zutaten aufgebraucht sind. Die Creme zugedeckt in den Kühlschrank stellen.
**5.** Kurz vor dem Servieren die beiseitegelegten Pfirsichhälften in Spalten schneiden. Die Creme mit Pfirsichspalten und abgespülten, trocken getupften Minzeblättchen garnieren und die Giraffencreme gut gekühlt servieren.

## Erdbeer-Sorbet

4 Portionen

*Zubereitungszeit:* 15 Minuten, ohne Abkühlzeit
*Gefrierzeit:* etwa 3 Stunden

pro Portion **0,60** Euro

100 ml Wasser
100 g Zucker
500 g Erdbeeren
1–2 TL Zitronensaft

*Pro Portion:*
E: 1 g, F: 1 g, Kh: 31 g,
kJ: 570, kcal: 136

**1.** Wasser und Zucker in einem Topf zum Kochen bringen. Den Topf von der Kochstelle nehmen. Den Zuckersirup abkühlen lassen.
**2.** Die Erdbeeren putzen, abspülen, abtropfen lassen, entstielen und in Stücke schneiden (ergibt 450 g). Erdbeerstücke und den abgekühlten Zuckersirup in einen hohen Rührbecher geben und mit dem Pürierstab pürieren. Erdbeerpüree mit Zitronensaft abschmecken.
**3.** Das Erdbeerpüree in eine flache, gefrierfeste Schale füllen und zugedeckt in den Gefrierschrank stellen. Erdbeerpüree etwa 3 Stunden gefrieren lassen. Die Masse alle 30 Minuten umrühren.
**4.** Die gefrorene Sorbet-Masse evtl. mit dem Pürierstab pürieren oder mit dem Mixer (Rührstäbe) kurz durchrühren.

***Tipp:*** Sie können das Erdbeerpüree auch in einer vorbereiteten Eismaschine etwa 40 Minuten gefrieren lassen.

***Rezeptvariante:*** Für ein **Himbeer-Sorbet** (im Foto Mitte und hinten, etwa 4 Portionen) 100 ml Wasser und 100 g Zucker in einem Topf zum Kochen bringen. Den Topf von der Kochstelle nehmen. Den Zuckersirup abkühlen lassen. 450 g TK-Himbeeren antauen lassen. Himbeeren mit dem Zuckersirup pürieren. Himbeerpüree durch ein Sieb streichen. Himbeerpüree in eine gefrierfeste Schale füllen und zugedeckt in den Gefrierschrank stellen. Das Himbeerpüree etwa 2 1/2 Stunden gefrieren lassen. Dabei die Masse alle 30 Minuten umrühren. Dann die gefrorene Sorbet-Masse evtl. mit dem Pürierstab pürieren oder mit dem Mixer (Rührstäbe) kurz durchrühren. Oder das Himbeerpüree in einer vorbereiteten Eismaschine etwa 30 Minuten gefrieren lassen.

## Erdbeer-Trifle

pro Portion **1,80** Euro

4–6 Portionen

*Zubereitungszeit:* 25 Minuten, ohne Kühlzeit

150 ml Wasser
70 g Zucker, 1 Vanilleschote
200 g große, weiche Amarettini (ital. Mandelmakronen) oder Kuchenreste aus Biskuitteig
4 EL Sherry medium
500 g Erdbeeren

**Für die Mascarponecreme:**
250 g Mascarpone (ital. Frischkäse)
200 g Schlagsahne (mind. 30 % Fett)
60 g Zucker

*Pro Portion:*
E: 6 g, F: 35 g, Kh: 70 g,
kJ: 2691, kcal: 641

**1.** Wasser und den Zucker in einem Topf zum Kochen bringen. Vanilleschote längs aufschneiden, das Mark mit einem Messerrücken herausschaben und beiseitelegen. Die Vanilleschote in den Topf geben und mit dem Zuckerwasser etwa 3 Minuten kochen lassen. Die Vanilleschote entfernen, den Vanillesirup abkühlen lassen und anschließend in den Kühlschrank stellen.
**2.** Die Amarettini oder Kuchenreste grob zerbröseln und in Gläsern verteilen. Jeweils 1 Esslöffel von dem Vanillesirup sowie den Sherry darauf träufeln.
**3.** Erdbeeren abspülen, gut abtropfen lassen und entstielen. Erdbeeren vierteln, in eine Schüssel geben und mit dem restlichen Vanillesirup vermischen. Die Vanille-Erdbeeren in die Gläser auf die getränkten Amarettini bzw. Kuchenreste geben.
**4.** Für die Mascarponecreme Mascarpone mit Sahne, beiseitegelegtem Vanillemark und Zucker in einer Rührschüssel glatt rühren. Die Mascarponecreme auf die Erdbeeren schichten.

***Tipp:*** Werfen Sie die ausgekratzte Vanilleschote nicht weg, sondern geben Sie sie in ein verschließbares Glas mit etwa 150 g Zucker. Das Glas gut verschließen und nach etwa 1 Woche den selbst gemachten Vanille-Zucker genießen.

Erdbeer-Sorbet

Erdbeer-Trifle

## Holunder-Apfel-Smoothie

pro Portion 1,30 Euro

4 Portionen

*Zubereitungszeit:* 10 Minuten
*Gefrierzeit:* etwa 2 Stunden
(Eismaschine etwa 35 Minuten)

700 g Apfelmus (aus dem Glas)
50 ml Holunderblüten-Sirup (erhältlich im Bioladen)
300 ml Apfelsaft

*Pro Portion:*
E: 0 g, F: 0 g, Kh: 47 g,
kJ: 838, kcal: 200

**1.** Apfelmus mit Sirup und Apfelsaft verrühren, in eine flache, gefrierfeste Form geben und zugedeckt in den Gefrierschrank stellen. Die Masse etwa 2 Stunden gefrieren lassen. Dabei die Masse alle 30 Minuten umrühren. Oder die Apfelmusmasse in einer vorbereiteten Eismaschine in etwa 35 Minuten gefrieren lassen.
**2.** Die Apfelmusmasse mit einem Pürierstab pürieren.
**3.** Smoothie in 4 Longdrinkgläser füllen und genießen.

***Tipps:*** Allein zu Haus? Die Apfelmusmasse kann auch in kleinen Portionen aus dem Gefrierschrank genommen und püriert werden. Der Rest bleibt dann einfach bis zur nächsten „Lust auf Eis" eingefroren. Smoothie nach Belieben mit Holunderblüten garnieren.

## Himbeer-Kokos-Trifle

4 Portionen

*Zubereitungszeit:* 35 Minuten, ohne Kühlzeit

pro Portion 2,48 Euro

500 g frische Himbeeren
3–4 kleine Stängel Minze
1–2 TL Puderzucker
1–2 EL frisch gepresster Limetten- oder Zitronensaft
12 Kokos-Zwiebäcke (etwa 120 g)
500 g Quarkzubereitung Vanille-Geschmack (aus dem Kühlregal)
evtl. 2–3 Prisen Dr. Oetker Finesse Orangenschalen-Aroma

*Pro Portion:*
E: 11 g, F: 10 g, Kh: 46 g,
kJ: 1396, kcal: 333

**1.** Himbeeren verlesen, evtl. kurz abspülen und gut abtropfen lassen. Die Minze abspülen und trocken tupfen. Die Blättchen von den Stängeln zupfen. Einige Minzeblättchen zum Garnieren beiseitelegen. Restliche Minzeblättchen in feine Streifen schneiden. Die Himbeeren mit Minzestreifen, Puderzucker und Limetten- oder Zitronensaft mischen.
**2.** Die Kokos-Zwiebäcke mit den Händen grob zerbröseln. Die Quarkzubereitung nach Belieben mit Orangenschalen-Aroma glatt rühren.
**3.** Himbeeren, Zwiebackbrösel und Quarkzubereitung abwechselnd in 4 Dessertgläser einschichten. Die Dessertgläser zugedeckt etwa 1 Stunde in den Kühlschrank stellen.
**4.** Himbeer-Kokos-Trifle vor dem Servieren mit den beiseitegelegten Minzeblättchen garnieren.

***Abwandlung:*** Für ein **Himbeer-Trifle mit Amarettini** statt des Kokos-Zwiebacks etwa 120 g Amarettini (ital. Mandelmakronen) verwenden. Die Amarettini ebenso zerbröseln und wie im Rezept beschrieben mit den restlichen Zutaten in Dessertgläser einschichten.

Holunder-Apfel-Smoothie

Himbeer-Kokos-Trifle

Grießpudding

Gefüllter Bratapfel

## Grießpudding

4 Portionen

pro Portion **0,70** Euro

*Zubereitungszeit:* 20 Minuten, ohne Kühlzeit

1/2 Vanilleschote
500 ml Milch (1,5 % Fett)
75 g Zucker
abgeriebene Schale
von 1/2 Bio-Zitrone
(unbehandelt, ungewachst)
50 g Weichweizengrieß
1 Eigelb (Größe M)
1 Eiweiß (Größe M)

*Pro Portion:*
E: 7 g, F: 4 g, Kh: 34 g,
kJ: 838, kcal: 200

**1.** Vanilleschote längs aufschneiden und das Mark herausschaben. Die Milch mit Zucker, Zitronenschale, Vanilleschote und -mark in einem Topf zum Kochen bringen. Den Grieß unter Rühren einstreuen, wieder zum Kochen bringen und etwa 1 Minute unter Rühren kochen lassen.
**2.** Den Topf von der Kochstelle nehmen und die Vanilleschote entfernen. Das Eigelb zügig unterrühren.
**3.** Das Eiweiß steif schlagen und unter den heißen Pudding rühren.
**4.** Grießpudding in eine mit kaltem Wasser ausgespülte Puddingform füllen, abkühlen lassen und etwa 3 Stunden in den Kühlschrank stellen.
**5.** Vor dem Servieren den Pudding mit einem Messer vorsichtig vom Rand lösen und auf einen Teller stürzen.

***Hinweis:*** Nur ganz frische Eier verwenden, die nicht älter als 5 Tage sind (Legedatum beachten!). Die fertige Speise im Kühlschrank aufbewahren und innerhalb von 24 Stunden verzehren.

## Gefüllter Bratapfel

4 Stück

*Zubereitungszeit:* 10 Minuten
*Backzeit:* 40–45 Minuten

pro Stück **1,45** Euro

4 Äpfel, z. B. Boskop
12 Dominosteine
40–50 g Butter
etwas Puderzucker
250 ml Bourbon-Vanille-Sauce
(aus dem Kühlregal)

*Pro Stück:*
E: 4 g, F: 17 g, Kh: 48 g,
kJ: 1522, kcal: 363

**1.** Den Backofen vorheizen.
*Ober-/Unterhitze:* etwa 140 °C
*Heißluft:* etwa 120 °C
**2.** Äpfel unter fließendem kalten Wasser abwaschen und abtrocknen. Kerngehäuse mit einem Apfelausstecher entfernen. Die Äpfel einmal rundherum mit einem spitzen Messer einritzen, damit sie beim Backen nicht aufplatzen.
**3.** Dominosteine in die Äpfel drücken (evtl. die Dominosteine 1-mal durchschneiden). Die Äpfel in eine Auflaufform (gefettet) setzen. Auf jeden Apfel ein kleines Stück Butter setzen.
**4.** Form auf dem Rost in den vorgeheizten Backofen schieben. Die gefüllten Äpfel 40–45 Minuten backen.
**5.** Die gefüllten Bratäpfel mit etwas Puderzucker bestäuben und mit der Vanille-Sauce servieren.

***Tipp:*** Die Bratäpfel zusätzlich mit Preiselbeerkonfitüre und Krokant oder gerösteten, gehobelten Mandeln verfeinern.

Joghurtcreme mit Heidelbeersauce

zunächst mit etwa 3 Esslöffeln von der Joghurtmasse verrühren, dann unter die restliche Joghurtmasse rühren.

**4.** Die Sahne mit einem Mixer (Rührstäbe) steif schlagen. Sobald die Joghurtmasse anfängt zu gelieren, die Sahne unterheben. Die Joghurtcreme in 2 Schalen füllen und zugedeckt etwa 3 Stunden in den Kühlschrank stellen.

**5.** Für die Sauce frische Heidelbeeren verlesen, vorsichtig abspülen und gut abtropfen lassen.

**6.** Den Traubensaft in einem kleinen Topf zum Kochen bringen. Zimt und die beiseitegelegte Zitronenschale hinzufügen, den Johannisbeergelee unterrühren.

**7.** Heidelbeeren (frische oder leicht angetaute TK-Beeren) hinzugeben und alles bei schwacher Hitze etwa 5 Minuten unter gelegentlichem Rühren kochen lassen.

**8.** Den Topf von der Kochstelle nehmen. Die Heidelbeersauce abkühlen lassen.

**9.** Die Zitronenschale aus der Beerensauce entfernen. Die Joghurtcreme mit der Heidelbeersauce anrichten.

## Joghurtcreme mit Heidelbeersauce

2 Portionen

pro Portion 1,70 Euro

*Zubereitungszeit: 20 Minuten, ohne Kühlzeit*

500 g Joghurt (1,5 % Fett)
1 Bio-Zitrone (unbehandelt, ungewachst)
2 TL flüssiger Honig
2 Blatt weiße Gelatine
100 g Schlagsahne (mind. 30 % Fett)

**Für die Heidelbeersauce:**
100 g frische Heidelbeeren (ersatzweise leicht angetaute TK-Heidelbeeren)
50 ml roter Traubensaft
1/4 TL gem. Zimt
1 EL (30 g) Johannisbeergelee

*Pro Portion:*
E: 12 g, F: 20 g, Kh: 38 g,
kJ: 1648, kcal: 394

**1.** Den Joghurt in eine Schüssel geben. Zitrone heiß abwaschen und abtrocknen. Ein Stück Zitronenschale dünn abschneiden und für die Sauce beiseitelegen. Von der restlichen Zitrone etwa 1/2 Teelöffel Zitronenschale fein abreiben. Die Zitrone halbieren, den Saft auspressen und 2 Esslöffel abmessen.

**2.** Die abgeriebene Zitronenschale, -saft und Honig zu dem Joghurt in die Schüssel geben. Die Zutaten mit einem Schneebesen glatt rühren.

**3.** Gelatine nach Packungsanleitung einweichen. Die Gelatine leicht ausdrücken und in einem kleinen Topf bei schwacher Hitze unter Rühren auflösen. Die aufgelöste Gelatine

***Tipp:*** Leichtigkeit gewünscht? Dann die Sahne einfach weglassen und auch beim Preis sparen – insgesamt etwa 0,20 Euro.

***Rezeptvariante:*** Für eine **Orangen-Zimt-Joghurtcreme** 500 g Joghurt (1,5 % Fett) mit je 2 Teelöffeln flüssigem Honig und Dr. Oetker Finesse Orangenschalen-Aroma sowie etwa 1/2 Teelöffel gemahlenem Zimt glatt rühren. 2 Blatt Gelatine wie im Rezept beschrieben einweichen, auflösen und darunterziehen. 100 g steif geschlagene Sahne unterheben. Die Orangen-Zimt-Joghurtcreme wie beschrieben in Schalen oder Tassen füllen und in den Kühlschrank stellen. Nach Belieben die Joghurtcreme mit ausgelösten, halbierten Orangenfilets garnieren (pro Portion etwa 0,90 Euro).

## Grießpudding mit Brombeerkompott

5 Portionen

pro Portion **1,65** Euro

*Zubereitungszeit:* 35 Minuten, ohne Abkühlzeit

**Für den Grießpudding**
500 ml Milch, 80 g Zucker
1/2 Vanilleschote
45 g Weichweizengrieß
1 Eiweiß (Größe M)
1 Eigelb (Größe M)

**Für das Brombeerkompott:**
75 g Zucker
250 ml schwarzer Johannisbeernektar
1 EL flüssiger Honig
1/2 EL weißer Balsamico-Essig
2–3 grüne Kardamomkapseln
375 g Brombeeren

*Pro Portion:*
E: 7 g, F: 6 g, Kh: 56 g,
kJ: 1284, kcal: 307

**1.** Für den Pudding Milch und Zucker in einem Topf zum Kochen bringen. Vanilleschote längs aufschneiden und das Mark mit einem Messerrücken herauskratzen. Vanilleschote und -mark in die Milch geben. Den Weichweizengrieß mit einem Schneebesen unter Rühren in die kochende Milch geben. Milch einmal stark aufkochen lassen, anschließend etwa 15 Minuten unter gelegentlichem Rühren bei schwacher Hitze kochen lassen. Vanilleschote entfernen.
**2.** Eiweiß mit einem Mixer (Rührstäbe) auf höchster Stufe steif schlagen. Eigelb unter den Grießpudding rühren. Den Topf von der Kochstelle nehmen. Eischnee unterheben. Den Grießpudding in eine Puddingschüssel geben und erkalten lassen.
**3.** Für das Kompott Zucker in einem Topf karamellisieren lassen. Johannisbeernektar, Honig, Essig und Kardamomkapseln hinzugeben und erhitzen.
**4.** Brombeeren verlesen, abspülen, abtropfen lassen und evtl. entstielen. Die Brombeeren in den Johannisbeersud geben. Den Topf von der Kochstelle nehmen. Das Kompott erkalten lassen.
**5.** Das Brombeerkompott vor dem Servieren dekorativ auf dem Grießpudding anrichten oder das Kompott getrennt dazureichen.

***Hinweis:*** Für den Pudding nur ganz frische Eier verwenden, die nicht älter als 5 Tage sind (Legedatum beachten!).

## Himbeer-Kirsch-Gelee

4 Portionen

*Zubereitungszeit:* 40 Minuten, ohne Kühlzeit

375 g Kaiserkirschen (aus dem Glas)
1 Beutel aus 1 Pck. Götterspeise Himbeer-Geschmack
1 geh. EL Zucker
500 ml Kirschsaft (aus dem Glas, mit Wasser aufgefüllt)
100 g Himbeeren
500 g Vanillejoghurt

pro Portion **1,05** Euro

*Pro Portion:*
E: 8 g, F: 6 g, Kh: 54 g,
kJ: 1269, kcal: 302

**1.** Von den Kirschen den Saft auffangen, mit Wasser auf 500 ml auffüllen.
**2.** Aus Götterspeise, Zucker und der abgemessenen Flüssigkeit nach Packungsanleitung eine Götterspeise zubereiten, in eine Schüssel füllen und in den Kühlschrank stellen.
**3.** Unter die dickliche, noch nicht erstarrte Speise die Kirschen heben. Gelee in Portionsgläser füllen und wieder in den Kühlschrank stellen.
**4.** Die Himbeeren verlesen. Das Himbeer-Kirsch-Gelee mit den Himbeeren garnieren und mit dem Vanillejoghurt servieren.

Grießpudding mit Brombeerkompott

Himbeer-Kirsch-Gelee

## Zimtjoghurt mit Bananensalat

4 Portionen

pro Portion **0,95** Euro

*Zubereitungszeit:* 20 Minuten

**Für den Bananensalat:**
2 Bananen (etwa 300 g)
1 Orange (etwa 150 g)
3 EL Orangensaft
1 TL flüssiger Honig

**Für den Zimtjoghurt:**
600 g Joghurt (1,5 % Fett)
1–2 EL Dr. Oetker Vanillin-Zucker
1–2 TL gem. Zimt

4 TL gehackte Pistazienkerne (etwa 20 g)

*Pro Portion:*
E: 7 g, F: 5 g, Kh: 26 g,
kJ: 780, kcal: 186

**1.** Für den Salat die Bananen schälen und in Scheiben oder Stücke schneiden. Die Orange so schälen, dass die weiße Haut mitentfernt wird. Die Orange zunächst in Scheiben schneiden, die Scheiben dann in Viertel schneiden.

**2.** Bananen- und Orangenstücke in einer Schüssel mischen.

**3.** Den Orangensaft mit dem Honig verrühren und über die Bananen-Orangen-Mischung gießen. Die Zutaten vorsichtig vermengen.

**4.** Für den Zimtjoghurt den Joghurt mit Vanillin-Zucker und Zimt mit einem Schneebesen glatt rühren. Den Joghurt in 4 Dessertschälchen verteilen.

**5.** Den Bananensalat auf dem Joghurt verteilen und mit Pistazienkernen bestreuen.

## Götter-Schichtspeise

4 Portionen

*Zubereitungszeit:* 20 Minuten, ohne Kühlzeit

pro Portion **1,10** Euro

200 g Himbeeren
1 Pck. Götterspeise Himbeer-Geschmack (2 Beutel)
4–5 EL Zucker
500 ml Wasser
125 g Schlagsahne (mind. 30 % Fett)

**Zum Bestreuen:**
etwas Hagelzucker

*Pro Portion:*
E: 21 g, F: 10 g, Kh: 26 g,
kJ: 1227, kcal: 293

**1.** Himbeeren verlesen (nicht abspülen). Einige schöne Himbeeren zum Garnieren beiseitelegen, die restlichen Himbeeren in eine Glasschale (Ø 20 cm) geben.

**2.** Die Götterspeise mit Zucker und Wasser nach Packungsanleitung, aber mit den hier angegebenen Zutaten, zubereiten. Die Hälfte der Flüssigkeit auf die Himbeeren in die Glasschale gießen, die Schale schräg in den Kühlschrank stellen und die Götterspeise fest werden lassen.

**3.** Ein Drittel der restlichen Flüssigkeit in eine kleine, flache Schale gießen, die restliche Flüssigkeit in eine Rührschüssel gießen. Beide Flüssigkeiten anziehen lassen.

**4.** Sobald die Götterspeise in der Rührschüssel anfängt zu gelieren, Sahne steif schlagen. Die Götterspeise mit einem Mixer (Rührstäbe) schaumig schlagen und die Sahne unterheben.

**5.** Die Sahnemasse auf die fest gewordene Götterspeise (Glasschale) füllen, glatt streichen und wieder in den Kühlschrank stellen.

Zimtjoghurt mit Bananensalat

Götter-Schichtspeise

Westfälische Erdbeeren

Vanilleberg mit Erdbeeren

**6.** Die fest gewordene Götterspeise aus der kleinen Schale in kleine Würfel schneiden und mit den beiseitegelegten Himbeeren auf der Schichtspeise anrichten. Mit Hagelzucker bestreuen.

***Tipp:*** Das Dessert kann natürlich auch in Portionsschälchen angerichtet werden. Dann nach Belieben die Speise zusätzlich mit 50–100 g verlesenen Himbeeren garnieren.

## Westfälische Erdbeeren

4 Portionen

*Zubereitungszeit:* 25 Minuten, ohne Abkühlzeit

500 g Erdbeeren
2 Scheiben Pumpernickel
300 g Crème fraîche
1 1/2 EL Milch
2 EL flüssiger Honig
etwas Zitronensaft

pro Portion **1,15** Euro

*Pro Portion:*
E: 5 g, F: 23 g, Kh: 27 g,
kJ: 1415, kcal: 341

**1.** Erdbeeren abspülen, gut abtropfen lassen, entstielen und in eine Schüssel geben. Die Erdbeeren zugedeckt in den Kühlschrank stellen.

**2.** Pumpernickelscheiben fein reiben oder mit den Händen fein zerbröseln. Pumpernickelbrösel in einer Pfanne ohne Fett unter Wenden rösten, herausnehmen und auf einem Teller erkalten lassen.

**3.** Die Crème fraîche mit der Milch und dem Honig in einer Rührschüssel verrühren und mit dem Zitronensaft abschmecken. Die Erdbeeren in 4 Portionsschälchen oder in 4 kleine Gläser füllen und jeweils mit etwas von der Crème-fraîche-Sauce beträufeln.

**4.** Das Dessert kurz vor dem Servieren mit Pumpernickelbröseln bestreuen.

## Vanilleberg mit Erdbeeren

6 Portionen

pro Portion **0,95** Euro

*Zubereitungszeit:* 30 Minuten

500 g Erdbeeren
4 EL Zucker
2–3 EL Zitronensaft
100 g Butterkekse oder
70 g Spritzgebäck
2 Pck. Dr. Oetker Pudding-Pulver Vanille-Geschmack
100 g Zucker
500 ml Milch (3,5 % Fett)
500 g Schlagsahne

*Pro Portion:*
E: 7 g, F: 32 g, Kh: 58 g,
kJ: 2401, kcal: 573

**1.** Erdbeeren abspülen und abtropfen lassen. 6 schöne Erdbeeren mit Grün zum Garnieren beiseitelegen. Die restlichen Erdbeeren entstielen, vierteln, mit Zucker mischen und mit Zitronensaft beträufeln. Erdbeeren 10–15 Minuten marinieren.

**2.** In der Zwischenzeit 6 Dessertschälchen oder eine Glasschüssel mit Keksen oder Spritzgebäck auslegen.

**3.** Pudding-Pulver mit Zucker und etwa 125 ml von der Milch anrühren. Restliche Milch und Sahne in einem Topf zum Kochen bringen. Angerührtes Pudding-Pulver in die von der Kochstelle genommene Sahnemilch rühren und unter Rühren aufkochen lassen.

**4.** Zuerst die marinierten Erdbeeren, dann den noch warmen Pudding auf den Keksen oder dem Spritzgebäck verteilen.

**5.** Den Vanilleberg mit den beiseitegelegten Erdbeeren garnieren. Das Dessert zugedeckt in den Kühlschrank stellen.

***Tipps:*** Die Erdbeeren zusätzlich mit 2 Esslöffeln Orangenlikör marinieren. Wenn es schnell gehen soll, 1 kg Vanillepudding aus dem Kühlregal verwenden.

Vanillepudding mit Erdbeeren

Süßer Couscous

## Vanillepudding mit Erdbeeren

5 Portionen

pro Portion 0,85 Euro

*Zubereitungszeit:* 20 Minuten, ohne Zieh- und Abkühlzeit

**Für den Vanillepudding:**
500 ml Milch (3,5 % Fett)
1 Pck. Dr. Oetker Pudding-Pulver Vanille-Geschmack
50 g Zucker
1/2 Vanilleschote

500 g frische Erdbeeren
40 g Zucker

*Pro Portion:*
E: 4 g, F: 4 g, Kh: 34 g,
kJ: 809, kcal: 194

**1.** Für den Pudding etwa 100 ml Milch mit Pudding-Pulver und Zucker anrühren. Die restliche Milch in einem Topf erhitzen. Vanilleschote längs aufschneiden und das Mark mit einem Messerrücken herauskratzen. Vanilleschote und -mark zu der heißen Milch geben und auf der ausgeschalteten Kochstelle etwa 20 Minuten ziehen lassen.
**2.** Die Vanillemilch zum Kochen bringen. Angerührtes Pudding-Pulver in die von der Kochstelle genommene Vanillemilch rühren und unter Rühren aufkochen lassen. Vanilleschote entfernen.
**3.** Den Pudding in 5 Portionsgläsern verteilen. Die Puddingoberfläche jeweils mit Frischhaltefolie belegen. Pudding erkalten lassen.
**4.** Erdbeeren putzen, abspülen, abtropfen lassen und entstielen. Erdbeeren halbieren, in eine Schüssel geben und mit Zucker bestreuen. Die Erdbeerhälften vor dem Servieren auf dem Vanillepudding verteilen.

## Süßer Couscous

8 Portionen

pro Portion 1,05 Euro

*Zubereitungszeit:* 20 Minuten, ohne Abkühlzeit
*Garzeit:* etwa 8 Minuten

750 g Sauerkirschen
750 ml Apfelsaft
1/2 Pck. Dr. Oetker Pudding-Pulver Vanille-Geschmack
2–4 EL Zucker
1/4 Stange Zimt
175 ml Wasser
1 Pck. Dr. Oetker Vanillin-Zucker
200 g Couscous (Instant)
2–3 EL Butter oder Margarine
evtl. 1–2 EL Mandelsirup
einige frische Minzeblättchen

*Pro Portion:*
E: 3 g, F: 6 g, Kh: 496 g,
kJ: 1070, kcal: 256

**1.** Die Kirschen abspülen, abtropfen lassen, entstielen und entsteinen. 375 ml Apfelsaft abmessen. Pudding-Pulver mit etwa 4 Esslöffeln des abgemessenen Saftes anrühren. 1–2 Esslöffel Zucker in einem kleinen Topf bei schwacher bis mittlerer Hitze goldgelb karamellisieren. Den restlichen, abgemessenen Apfelsaft hinzugießen und den Karamell loskochen. Angerührtes Pudding-Pulver einrühren und unter Rühren kurz aufkochen lassen.
**2.** Kirschen und Zimtstange zu der Puddingmasse geben und kurz aufkochen lassen. Karamellkirschen erkalten lassen. Zimtstange entfernen.
**3.** Den restlichen Apfelsaft, Wasser und Vanillin-Zucker in einem Topf zum Kochen bringen. Couscous unter Rühren einstreuen und auf der ausgeschalteten Kochstelle unter gelegentlichem Rühren 8–10 Minuten ausquellen lassen. Den Topf von der Kochstelle nehmen. Couscous abkühlen lassen.
**4.** Die Butter oder Margarine in einer Pfanne zerlassen. Den restlichen Zucker und Couscous hinzugeben, etwa 3 Minuten unter Rühren knusprig braten.

**5.** Couscous mit Karamellkirschen nach Belieben in Gläsern anrichten, evtl. mit Mandelsirup beträufeln und mit abgespülten, trocken getupften Minzeblättchen garnieren.

*Tipp:* Als Hauptgericht reicht die Rezeptmenge für 4–5 Portionen.

## Schokoladenquark mit Bananen

4 Portionen

pro Portion 0,70 Euro

*Zubereitungszeit:* 20 Minuten, ohne Kühlzeit

1–2 EL gehobelte Mandeln
100 g Zartbitter-Schokolade
500 g Magerquark
4–5 EL Milch
1 Pck. Dr. Oetker Vanillin-Zucker
1 EL Zucker
2 Bananen (etwa 200 g)

*Pro Portion:*
E: 20 g, F: 12 g, Kh: 32 g,
kJ: 1358, kcal: 324

**1.** Die Mandeln in einer Pfanne ohne Fett unter Rühren goldbraun rösten, herausnehmen und auf einen Teller geben. Die Schokolade in Stücke brechen und in einem kleinen Topf im Wasserbad bei schwacher Hitze unter Rühren schmelzen.
**2.** Den Quark mit Milch geschmeidig rühren. Vanillin-Zucker, Zucker und Schokolade unterrühren.
**3.** Die Bananen schälen, längs halbieren und jeweils 1 Hälfte auf einen Dessertteller legen. Schokoladenquark in einen Spritzbeutel mit großer Sterntülle füllen und große Tuffs auf die Dessertteller spritzen. Die Tuffs mit den Mandeln bestreuen.

*Tipp:* Den Schokoladenquark mit abgespülten, trocken getupften Minzeblättchen garniert servieren.

## Schwarzwälder Kirschcreme

4 Portionen

pro Portion 0,85 Euro

*Zubereitungszeit:* 35 Minuten, ohne Kühlzeit

1 schwach geh. TL gem. weiße Gelatine
2 EL kaltes Wasser
500 ml Milch (3,5 % Fett)
1 Pck. Dr. Oetker Pudding-Pulver Vanille-Geschmack
75 g Zucker
65 ml Milch (3,5 % Fett)
etwa 1 1/2 EL Kirschwasser
175 g Schlagsahne (mind. 30 % Fett)
1/2 Pck. Dr. Oetker Vanillin-Zucker
175 g gut abgetropfte Sauerkirschen (aus dem Glas)

*Pro Portion:*
E: 7 g, F: 18 g, Kh: 43 g,
kJ: 1635, kcal: 390

**1.** Gelatine mit Wasser nach Packungsanleitung in einem kleinen Topf anrühren und quellen lassen.
**2.** Milch in einem Topf zum Kochen bringen. Pudding-Pulver und Zucker mischen und mit der Milch anrühren. Das angerührte Pudding-Pulver in die von der Kochstelle genommene Milch rühren und unter Rühren kurz aufkochen lassen.
**3.** Die gequollene Gelatine unter den Pudding rühren. So lange rühren, bis sie vollständig aufgelöst ist. Danach den Pudding abkühlen lassen und in den Kühlschrank stellen. Den Pudding ab und zu durchrühren.
**4.** Das Kirschwasser unter den erkalteten, aber noch nicht fest gewordenen Pudding rühren. Sahne mit Vanillin-Zucker steif schlagen (etwa ein Drittel der Sahne beiseitestellen) und unter den Pudding heben.
**5.** Die Sahnecreme mit den Sauerkirschen (einige zum Garnieren abnehmen) abwechselnd in 4 Dessertschalen schichten. Die oberste Schicht sollte aus Sahnecreme bestehen.
**6.** Die beiseitegestellte Sahne in einen Spritzbeutel mit Sterntülle (Ø 10 mm) füllen, die Tuffs auf die Kirschcreme spritzen.
**7.** Die Schwarzwälder Kirschcreme anschließend mit den abgenommenen Kirschen garnieren.

Schokoladenquark mit Bananen

Schwarzwälder Kirschcreme

## Schokoladencreme mit Rum

pro Portion 0,80 Euro

4 Portionen

*Zubereitungszeit:* 35 Minuten, ohne Abkühlzeit

2 Blatt weiße Gelatine
100 g Zartbitter-Schokolade
500 ml Milch (3,5 % Fett)
1 Pck. Dr. Oetker Pudding-Pulver Schokoladen-Geschmack
75 g Zucker
250 g Schlagsahne (mind. 30 % Fett)
4 EL brauner Rum
30 g gehobelte Vollmilch- oder Zartbitter-Schokolade

*Pro Portion:*
E: 9 g, F: 34 g, Kh: 49 g,
kJ: 2427, kcal: 580

**1.** Gelatine nach Packungsanleitung einweichen. Schokolade in kleine Stücke brechen. 6 Esslöffel von der Milch mit Pudding-Pulver und Zucker anrühren. Die restliche Milch in einem Topf zum Kochen bringen. Angerührtes Pudding-Pulver in die von der Kochstelle genommene Milch rühren und unter Rühren etwa 1 Minute kochen lassen.
**2.** Den Topf von der Kochstelle nehmen. Die Schokoladenstücke unter den heißen Pudding rühren und schmelzen lassen. Eingeweichte Gelatine ausdrücken und unter Rühren in dem heißen Pudding auflösen. Den Pudding unter gelegentlichem Rühren erkalten lassen.
**3.** Sahne steif schlagen und mit dem Rum vorsichtig unter den erkalteten Pudding rühren. Die Schokoladencreme in 4 Schälchen füllen, in den Kühlschrank stellen und die Creme fest werden lassen.
**4.** Schokoladencreme mit gehobelter Schokolade bestreuen.

## Rhabarberschaum

4 Portionen

*Zubereitungszeit:* 35 Minuten, ohne Kühlzeit

pro Portion 1,10 Euro

750 kg roter Rhabarber (ohne Blätter gewogen)
100 ml Wasser
100 g Zucker
3 Blatt weiße Gelatine
250 ml Saft vom Rhabarber
250 g Magerquark
2 Eiweiß (Größe M)
1 Pck. Dr. Oetker Vanillin-Zucker
einige vorbereitete Zitronenmelisseblättchen

*Pro Portion:*
E: 19 g, F: 0 g, Kh: 7 g,
kJ: 494, kcal: 117

**1.** Rhabarber putzen (nicht abziehen), Stiel- und Blütenansätze entfernen. Stangen abspülen, abtropfen lassen und in kleine Stücke schneiden. Rhabarberstücke mit Wasser und Zucker in einen Topf geben und etwa 15 Minuten dünsten.
**2.** Die Rhabarberstücke in einem Sieb abtropfen lassen, den Saft dabei auffangen und 250 ml Saft abmessen. Abgetropfte Rhabarberstücke mit einem Pürierstab pürieren.
**3.** Die Gelatine nach Packungsanleitung einweichen. Die Gelatine leicht ausdrücken und in dem warmen Rhabarbersaft unter Rühren auflösen. Den Rhabarbersaft in 4 Gläser gießen und zugedeckt im Kühlschrank fest werden lassen.
**4.** Den Quark mit dem Rhabarberpüree cremig rühren und zugedeckt in den Kühlschrank stellen.
**5.** Eiweiß steif schlagen. Unter weiterem Schlagen löffelweise den kalten Rhabarberquark unterrühren. Den Rhabarberschaum mit Vanillin-Zucker abschmecken und auf das Rhabarbergelee geben. Den Rhabarberschaum mit Zitronenmelisseblättchen garnieren.

***Hinweis:*** Nur ganz frische Eier verwenden, die nicht älter als 5 Tage sind (Legedatum beachten!). Die fertige Speise im Kühlschrank aufbewahren und innerhalb von 24 Stunden verzehren.

Schokoladencreme mit Rum

Rhabarberschaum

Pfirsiche mit Schokopudding

Quarkcreme, gekochte

## Pfirsiche mit Schokopudding

8 Stück

pro Stück 0,30 Euro

*Zubereitungszeit:* 20 Minuten, ohne Abkühlzeit

1 Pck. Dr. Oetker Pudding-Pulver Schokoladen-Geschmack
2 EL Zucker
400 ml Milch (3,5 % Fett)
8 abgetropfte Pfirsichhälften (aus der Dose)
150 g Crème fraîche

*Pro Stück:*
E: 3 g, F: 8 g, Kh: 22 g,
kJ: 706, kcal: 169

**1.** Aus Pudding-Pulver, Zucker und Milch einen Pudding nach Packungsanleitung, aber mit der hier angegebenen Milchmenge, zubereiten. Den Pudding erkalten lassen, dabei den Pudding ab und zu umrühren oder Frischhaltefolie direkt auf die Puddingoberfläche legen, damit sich keine Haut bildet.
**2.** Die Pfirsichhälften mit der Wölbung nach unten auf einen großen Teller oder eine Platte legen.
**3.** Von der Crème fraîche 8 Teelöffel abnehmen. Die restliche Crème fraîche unter den Pudding rühren und die Pfirsichhälften damit füllen.
**4.** Je 1 Teelöffel der abgenommenen Crème fraîche in die Mitte des Schokoladenpuddings geben. Ein Holzstäbchen vorsichtig so durch die Creme ziehen, dass ein Muster entsteht. Das Dessert bis zum Servieren in den Kühlschrank stellen.

## Quarkcreme, gekochte

4–6 Portionen

*Zubereitungszeit:* 20 Minuten, ohne Kühlzeit

pro Portion 0,65 Euro

1 Pck. Saucenpulver Vanille-Geschmack zum Kochen
20 g Speisestärke
375 ml kalte Milch (3,5 % Fett)
2 Eigelb (Größe M)
25 g Butter
Salz
2 Eiweiß (Größe M)
250 g Magerquark
75 g Zucker
einige Tropfen Rum-Aroma
weiße und dunkle, geschabte Schokolade

*Pro Portion:*
E: 13 g, F: 12 g, Kh: 31 g,
kJ: 1195, kcal: 285

**1.** Saucenpulver und Speisestärke mit 6 Esslöffeln von der Milch und dem Eigelb verrühren.
**2.** Die restliche Milch mit Butter und Salz in einem Topf zum Kochen bringen. Angerührtes Saucenpulver in die von der Kochstelle genommene Milch rühren und unter Rühren kurz aufkochen lassen.
**3.** Eiweiß steif schlagen und unter den noch heißen Pudding heben. Den Pudding abkühlen lassen und anschließend in den Kühlschrank stellen, dabei ab und zu durchrühren.
**4.** Quark mit Zucker geschmeidig rühren. Die erkaltete Creme esslöffelweise unterrühren. Quarkcreme mit Rum-Aroma abschmecken.
**5.** Creme in Schälchen füllen und mit geschabter Schokolade bestreuen.

**Tipp:** Eine fruchtige Alternative zum Rum-Aroma ist die fein abgeriebene Schale 1 Bio-Limette (unbehandelt, ungewachst).

## Quark-Creme-Auflauf mit Sauerkirschen

4 Portionen

pro Portion 1,25 Euro

*Zubereitungszeit:* 35 Minuten
*Garzeit:* etwa 30 Minuten

700 g Sauerkirschen (aus Gläsern)
2 Pck. Dr. Oetker Pudding-Pulver Vanille-Geschmack
120 g Zucker
300 ml Milch (3,5 % Fett)
2 Eigelb (Größe M)
500 g Magerquark
2 Eiweiß (Größe M)

**Für die Sauce:**
500 ml Kirschsaft (aus den Gläsern, evtl. mit Wasser aufgefüllt)
2–3 TL Zucker

*Pro Portion:*
E: 25 g, F: 9 g, Kh: 104 g,
kJ: 2617, kcal: 624

**1.** Von den Sauerkirschen den Kirschsaft auffangen und für die Sauce beiseitestellen.
**2.** Den Backofen vorheizen.
*Ober-/Unterhitze:* etwa 200 °C
*Heißluft:* etwa 180 °C
**3.** Von dem Pudding-Pulver 20 g (2 Esslöffel) für die Sauce abnehmen und beiseitestellen. Das restliche Pudding-Pulver mit 80 g des Zuckers, 8 Esslöffeln von der Milch und Eigelb anrühren.
**4.** Die restliche Milch in einem Topf zum Kochen bringen. Das angerührte Pudding-Pulver in die von der Kochstelle genommene Milch rühren und unter ständigem Rühren aufkochen lassen. Den Topf von der Kochstelle nehmen.
**5.** Quark unterrühren. Eiweiß steif schlagen, dabei nach und nach den restlichen Zucker unterschlagen. Den Eischnee unter die Pudding-Quark-Masse heben.
**6.** Die Sauerkirschen in eine große Auflaufform (gefettet) geben. Die Pudding-Quark-Masse darauf verteilen und glatt streichen. Die Auflaufform mit Alufolie zudecken.
**7.** Die Form auf dem Rost in den vorgeheizten Backofen schieben. Den Auflauf etwa 30 Minuten garen.
**8.** Für die Sauce den beiseitegestellten Kirschsaft evtl. mit Wasser auf 500 ml auffüllen. Das beiseitegestellte Pudding-Pulver mit Zucker und 4 Esslöffeln von dem Kirschsaft anrühren. Den restlichen Kirschsaft in einem Topf zum Kochen bringen. Angerührtes Pudding-Pulver in den von der Kochstelle genommenen Saft rühren und unter ständigem Rühren aufkochen lassen. Kirschsauce heiß zum Quark-Creme-Auflauf reichen.

## Limetten-Quark-Creme

4 Portionen

*Zubereitungszeit:* 10 Minuten

pro Portion 0,95 Euro

500 g Magerquark
125 ml Milch (3,5 % Fett)
3–4 EL Ahornsirup
Saft von 1–2 Limetten

4 Orangenkekse mit Schokolade
Bio-Limettenscheiben (unbehandelt, ungewachst)
etwas in dünne Streifen geschnittene Schale von 1 Bio-Zitrone (unbehandelt, ungewachst)

*Pro Portion:*
E: 16 g, F: 7 g, Kh: 21 g,
kJ: 951, kcal: 227

**1.** Quark mit Milch, Ahornsirup und Limettensaft gut verrühren.
**2.** Nach Belieben mit Orangenkeksen, Limettenscheiben und Zitronenschalenstreifen garnieren.

***Tipps:*** Sie können die Limetten auch sehr gut durch Blutorangen ersetzen. Dann sollten Sie 1–2 Esslöffel Zitronensaft hinzufügen. Wenn Sie keinen Ahornsirup bekommen, können Sie den Quark auch mit Apfeldicksaft zubereiten. Dann sollten Sie aber etwas weniger Limettensaft nehmen.

## Mangocreme

4 Portionen

pro Portion **1,30** Euro

*Zubereitungszeit:* 25 Minuten, ohne Kühlzeit

1 Pck. gem. weiße Gelatine
5 EL kaltes Wasser
1 Mango (etwa 400 g)
250 ml Sekt
2 TL Zitronensaft
75 g Zucker
250 g Schlagsahne (mind. 30 % Fett)

*Pro Portion:*
E: 8 g, F: 20 g, Kh: 32 g,
kJ: 1619, kcal: 387

**1.** Für die Creme die Gelatine nach Packungsanleitung in einem kleinen Topf mit dem Wasser anrühren und quellen lassen.
**2.** Die Mango halbieren und den Stein herauslösen. Mangohälften schälen und das Fruchtfleisch im Mixer oder mit einem Pürierstab pürieren. Das Püree mit Sekt, Zitronensaft und Zucker verrühren.
**3.** Die gequollene Gelatine in dem Topf unter Rühren bei schwacher Hitze auflösen. Zunächst 3 Esslöffel von der Mangomasse mit der Gelatine verrühren, dann unter die restliche Mangomasse rühren. Die Mangomasse in den Kühlschrank stellen.
**4.** Die Sahne steif schlagen. Wenn die Masse anfängt zu gelieren, die Sahne unterheben. Die Mangocreme in eine Glasschale oder in Portionsgläser füllen und in den Kühlschrank stellen.

**Tipps:** 50 g Zartbitter-Schokolade im Wasserbad bei schwacher Hitze unter Rühren schmelzen. Schokolade in einen kleinen Gefrierbeutel füllen, eine kleine Spitze abschneiden. Dessertgläser innen mit der Schokolade dekorativ verzieren. Gläser in den Kühlschrank stellen, bis die Schokolade fest geworden ist. Dann die Creme einfüllen. Restliche Schokolade als Ornamente auf Backpapier spritzen. Bis zum Servieren im Kühlschrank aufbewahren. Nach Belieben Physalis aus der Hülle lösen, die Hüllblätter aber daran lassen. Die Physalis zur Hälfte in geschmolzene Schokolade tauchen und in den Kühlschrank legen. Die Creme vor dem Servieren mit den Schokoladenornamenten und Physalis garnieren.

## Milchreis

4 Portionen

pro Portion **0,25** Euro

*Zubereitungszeit:* 10 Minuten
*Garzeit:* etwa 35 Minuten

1 l Milch (3,5 % Fett)
1 Prise Salz
20 g Zucker
175 g Milchreis (Rundkornreis)

*Pro Portion:*
E: 11 g, F: 9 g, Kh: 51 g,
kJ: 1395, kcal: 333

**1.** Die Milch mit Salz und Zucker in einem Topf zum Kochen bringen. Milchreis unterrühren, zum Kochen bringen und bei schwacher Hitze etwa 35 Minuten mit halb aufgelegtem Deckel quellen lassen, dabei gelegentlich umrühren.
**2.** Den Milchreis heiß oder kalt servieren.

**Tipps:** Den Milchreis als süßes Hauptgericht mit 75 g zerlassener, gebräunter Butter und etwas Zimt-Zucker (pro Portion etwa 0,40 Euro) servieren. Als Dessert reicht der Milchreis auch für 6 Portionen.

Mangoreme

Milchreis

## Pfirsich-Kirsch-Gratin

5–6 Portionen

*Zubereitungszeit:* 15 Minuten
*Überbackzeit:* etwa 10 Minuten

370 g abgetropfte Sauerkirschen (aus dem Glas)
175 g Zucker
100 g abgezogene, gem. Mandeln
500 g abgetropfte Pfirsichspalten (aus der Dose)
3 Eiweiß (Größe M)

pro Portion 1,05 Euro

*Pro Portion:*
E: 7 g, F: 11 g, Kh: 67 g,
kJ: 1687, kcal: 403

**1.** Den Backofen vorheizen.
*Ober-/Unterhitze:* etwa 250 °C
*Heißluft:* etwa 230 °C
**2.** Die Kirschen mit 75 g des Zuckers und 75 g der Mandeln verrühren. Die Kirschmasse in eine flache Auflaufform (gefettet) geben. Die Pfirsichspalten darauf verteilen.
**3.** Eiweiß mit einem Mixer (Rührstäbe) auf höchster Stufe steif schlagen. Der Schnee muss so fest sein, dass ein Messerschnitt sichtbar bleibt. Nach und nach den restlichen Zucker (100 g) unterschlagen. Die restlichen Mandeln (25 g) mit einem Teigschaber vorsichtig unterheben.
**4.** Die Eiweiß-Mandel-Masse auf den Pfirsichspalten verteilen. Die Form auf dem Rost in den vorgeheizten Backofen schieben. Das Gratin etwa 10 Minuten überbacken.

## Pfirsich-Quark-Speise

4 Portionen (ohne Foto)

*Zubereitungszeit:* 10 Minuten

500 g abgetropfte Pfirsichhälften (aus der Dose)
500 g Magerquark
150 g Joghurt (3,5 % Fett)
2–3 EL Zucker
1 EL Zitronensaft

pro Portion 0,75 Euro

*Pro Portion:*
E: 18 g, F: 2 g, Kh: 37 g,
kJ: 1034, kcal: 247

**1.** Pfirsichhälften in kleine Stücke schneiden. Quark mit Joghurt und Zucker verrühren, mit Zitronensaft abschmecken.
**2.** Die Hälfte der Quarkmasse in Dessertschälchen geben. Die Pfirsichstücke daraufschichten. Die restliche Quarkmasse darauf verteilen. Die Quarkspeise bis zum Servieren in den Kühlschrank stellen.

***Tipp:*** Die Quarkspeise statt mit Pfirsichhälften mit Aprikosenhälften zubereiten.

## Preiselbeer-Schichtdessert

pro Portion 0,95 Euro

4 Portionen

*Zubereitungszeit:* 25 Minuten, ohne Kühlzeit

75 g Schwarzbrot
50 g ger. Zartbitter-Schokolade (etwa 50 % Kakaoanteil)
25 g brauner Zucker
25 ml brauner Rum
250 g Schlagsahne (mind. 30 % Fett)
1 Pck. Dr. Oetker Vanillin-Zucker
1 Pck. Sahnesteif
etwa 125 g Preiselbeerkompott (aus dem Glas)

*Pro Portion:*
E: 4 g, F: 24 g, Kh: 40 g,
kJ: 1728, kcal: 413

**1.** Schwarzbrot fein zerbröseln und in eine Schüssel geben. Schokolade, Zucker und Rum gut untermischen. Sahne mit Vanillin-Zucker und Sahnesteif steif schlagen.

Pfirsich-Kirsch-Gratin

Preiselbeer-Schichtdessert

Orangen-Panna-Cotta

**2.** Den Boden einer Glasschüssel mit etwa der Hälfte der Schwarzbrotmischung bedecken. Zuerst die Hälfte der Preiselbeeren, dann die Hälfte der Sahne einschichten. Diesen Vorgang wiederholen. Das Dessert zugedeckt einige Stunden in den Kühlschrank stellen.

***Tipp:*** Wenn Kinder mitessen, den Rum durch Apfelsaft ersetzen.

## Orangen-Panna-Cotta

6 Portionen

*Zubereitungszeit:* 40 Minuten, ohne Kühlzeit

600 g Schlagsahne (mind. 30 % Fett)
1 Pck. Dr. Oetker Vanillin-Zucker
1 Prise Salz
1 Pck. Dr. Oetker Finesse Geriebene Zitronenschale
4–5 EL Zucker (etwa 70 g)
1 Bio-Orange (unbehandelt, ungewachst)
4 Blatt weiße Gelatine
1 Bio-Orange (unbehandelt, ungewachst)
200 ml Saft von den Orangen
1–2 EL Zucker
einige Zitronenmelisseblättchen

pro Portion 0,80 Euro

*Pro Portion:*
E: 4 g, F: 32 g, Kh: 25 g,
kJ: 1692, kcal: 405

**1.** Einen Topf kalt ausspülen. Sahne mit Vanillin-Zucker, Salz, Zitronenschale und Zucker in den Topf geben, zum Kochen bringen und etwa 10 Minuten ohne Deckel bei schwacher Hitze kochen lassen.
**2.** Orange heiß abwaschen, abtrocknen und die Schale abreiben. Orange halbieren, den Saft auspressen und beiseitestellen. 3–4 Minuten vor Ende der Kochzeit die abgeriebene Orangenschale in die Sahne geben und kurz mitkochen lassen.
**3.** Gelatine nach Packungsanleitung einweichen. Den Topf mit der Sahne von der Kochstelle nehmen. Gelatine ausdrücken und unter Rühren in der heißen Sahne auflösen.
**4.** Die Sahnemasse in 6 Förmchen oder Tassen (je etwa 150 ml Inhalt) gießen. Etwa 30 Minuten abkühlen lassen. Die Förmchen dann zugedeckt mindestens 3 Stunden oder besser über Nacht in den Kühlschrank stellen.
**5.** Die Orange so schälen, dass die weiße Haut mitentfernt wird. Orange filetieren und dabei den Saft auffangen. Aus den Orangenresten ebenfalls den Saft ausdrücken.
**6.** Für die Sauce von dem beiseitegestellten Orangensaft und dem aufgefangenen Saft 200 ml abmessen und in einen Topf geben. Zucker unterrühren. Den Orangensaft zum Kochen bringen und zu einem leicht dicklichen Sirup einkochen lassen. Sirup abkühlen lassen und in den Kühlschrank stellen.
**7.** Die Förmchen oder Tassen einige Sekunden in heißes Wasser stellen. Panna Cotta mit einem Messer vom Rand lösen, dann auf Dessertteller stürzen.
**8.** Zitronenmelisseblättchen abspülen und trocken tupfen. Panna-Cotta mit Orangenfilets und Zitronenmelisseblättchen garnieren. Restliche Orangenfilets in die Orangensauce geben und dazu servieren.

***Tipps:*** Statt der Orangenfilets abgetropfte Mandarinen aus der Dose verwenden. Von der Orange dann den Saft auspressen und für die Sauce verwenden. Auch mit Beerensauce schmeckt die Panna-Cotta sehr gut. Dann die abgeriebene Orangenschale weglassen. Für die Beerensauce 300 g vorbereitete Erdbeeren, verlesene Himbeeren oder TK-Beerencocktail pürieren und 1 Päckchen Dr. Oetker Bourbon-Vanille-Zucker unterrühren.

Reis Trauttmannsdorff

Quarkauflauf mit Äpfeln

## Reis Trauttmannsdorff

6 Portionen

*Zubereitungszeit:* 50 Minuten, ohne Quell- und Abkühlzeit

500 ml Milch (3,5 % Fett)
250 g Schlagsahne
1/2 Vanilleschote
1 Prise Salz
75 g Zucker
160 g Milchreis (Rundkornreis)
250 g Schlagsahne (mind. 30 % Fett)
370 g abgetropfte Sauerkirschen (aus dem Glas)
2 EL Kirschwasser
evtl. einige frische Sauerkirschen
evtl. einige Minzeblättchen

pro Portion 1,25 Euro

*Pro Portion:*
E: 5 g, F: 15 g, Kh: 47 g,
kJ: 1479, kcal: 353

**1.** Milch mit Sahne, aufgeschlitzter Vanilleschote, Salz und Zucker in einem Topf zum Kochen bringen. Den Milchreis hinzufügen, bei schwacher Hitze ohne Deckel ausquellen lassen, dabei ab und zu umrühren.
**2.** Vanilleschote entfernen. Den Milchreis etwas abkühlen lassen. Sahne steif schlagen und unter den Milchreis heben.
**3.** Sauerkirschen mit Kirschwasser beträufeln, abwechselnd mit dem Milchreis in 6 Gläser schichten.
**4.** Den Reis nach Belieben mit Sauerkirschen und abgespülten, trocken getupften Minzeblättchen garnieren. Den Reis bis zum Servieren in den Kühlschrank stellen.

***Tipps:*** Wenn Kinder mitessen, dann Kirschwasser durch Kirschsaft ersetzen. Sie können den Reis auch mit einem Erdbeer- oder Himbeerpüree anrichten.

## Quarkauflauf mit Äpfeln

4 Portionen

pro Portion 1,05 Euro

*Zubereitungszeit:* 25 Minuten
*Garzeit:* 25–35 Minuten

75 g Butter oder Margarine (zimmerwarm)
125 g Zucker
1 Pck. Dr. Oetker Vanillin-Zucker
3 Eier (Größe M), 1 Prise Salz
500 g Magerquark
1 Pck. Dr. Oetker Pudding-Pulver Vanille-Geschmack
500 g säuerliche Äpfel

*Pro Portion:*
E: 22 g, F: 22 g, Kh: 57 g,
kJ: 2178, kcal: 520

**1.** Den Backofen vorheizen.
*Ober-/Unterhitze:* etwa 200 °C
*Heißluft:* etwa 180 °C
**2.** Butter oder Margarine mit einem Mixer (Rührstäbe) auf höchster Stufe geschmeidig rühren. Nach und nach Zucker, Vanillin-Zucker, Eier, Salz und Quark unterrühren. Pudding-Pulver nach und nach auf mittlerer Stufe unterrühren.
**3.** Äpfel schälen, vierteln und entkernen. Die Hälfte der Äpfel in kleine Würfel, die andere Hälfte in Spalten schneiden. Apfelwürfel unter die Quarkmasse heben.
**4.** Die Apfel-Quark-Masse in eine große, flache Auflaufform (gefettet, etwa 1,5 Liter Inhalt) oder 4 kleine Portions-Auflaufformen (gefettet, je etwa 400 ml Inhalt) füllen und glatt streichen.
**5.** Die Apfelspalten auf der Apfel-Quark-Masse verteilen, evtl. etwas eindrücken.
**6.** Die Form auf dem Rost in den vorgeheizten Backofen schieben. Den Quarkauflauf 25–35 Minuten garen (in kleinen Formen braucht der Auflauf etwas weniger Zeit, in einer großen Form etwas länger).

***Tipps:*** Wer Rosinen mag, kann noch Rosinen (50 g, etwa 0,10 Euro) mit den Apfelwürfeln unterheben. Der Quarkauflauf schmeckt auch gut mit frischen Stachelbeeren. Bestäuben Sie den Auflauf vor dem Servieren noch mit etwas Puderzucker.

## Rotweincreme

4 Portionen

pro Portion **0,70** Euro

*Zubereitungszeit: 20 Minuten, ohne Kühlzeit*

250 ml Wasser
1 Pck. Rote Grütze Himbeer-Geschmack (Dessertpulver)
100 g Zucker
250 ml Rotwein
250 g Schlagsahne (mind. 30 % Fett)

*Pro Portion:*
E: 2 g, F: 19 g, Kh: 28 g,
kJ: 1388, kcal: 332

**1.** Das Wasser in einem Topf zum Kochen bringen. Rote-Grütze-Pulver mit Zucker mischen und mit Wein anrühren. Den Topf von der Kochstelle nehmen. Die angerührte Rote Grütze in das von der Kochstelle genommene Wasser rühren und unter Rühren kurz aufkochen lassen. Rote Grütze abkühlen lassen und in den Kühlschrank stellen, dabei ab und zu durchrühren.
**2.** Die Sahne steif schlagen. Die Hälfte davon unter die abgekühlte Rotweincreme heben. Die restliche Sahne in einen Spritzbeutel mit kleiner Lochtülle füllen. Die Sahne spiralförmig in 4 Portionsgläser spritzen. Die Rotweincreme in die Gläser füllen und bis zum Servieren zugedeckt in den Kühlschrank stellen.

***Tipp:*** Soll die Creme mehrere Stunden kalt stehen, die Sahne mit 1/2 Päckchen Sahnesteif steif schlagen.

## Rhabarbercreme im Erdbeerbett

4 Portionen

pro Portion **1,05** Euro

*Zubereitungszeit: 20 Minuten, ohne Kühl- und Marinierzeit*

300 g Rhabarber
150 g Zucker
3 Blatt weiße Gelatine
250 g Schlagsahne (mind. 30 % Fett)
250 g Erdbeeren
2 TL Limettensaft
1 TL Wasser
2 TL gehackte Pistazienkerne

*Pro Portion:*
E: 4 g, F: 21 g, Kh: 44 g,
kJ: 1627, kcal: 389

**1.** Den Rhabarber putzen, Stiel- und Blütenansätze entfernen. Stangen abspülen (nicht abziehen) und abtropfen lassen. Den Rhabarber in kleine Stücke schneiden und mit dem Zucker bei schwacher Hitze in etwa 10 Minuten zu einem Mus kochen.
**2.** Gelatine nach Packungsanleitung einweichen. Die Gelatine ausdrücken und in dem heißen Rhabarbermus unter Rühren auflösen. Das Mus unter mehrmaligem Rühren erkalten lassen.
**3.** Die Sahne steif schlagen. Sobald das Rhabarbermus anfängt zu gelieren, die Sahne unterheben.
**4.** Die Rhabarbercreme in 4 kleine Förmchen füllen und zugedeckt mindestens 2 Stunden in den Kühlschrank stellen.
**5.** Die Erdbeeren vor dem Anrichten abspülen, trocken tupfen, entstielen und halbieren.
**6.** Limettensaft mit Wasser verrühren, die Erdbeeren darin etwa 30 Minuten marinieren.
**7.** Die Förmchen kurz in heißes Wasser tauchen und die Creme auf Teller stürzen. Die marinierten Erdbeeren um die Creme herum anrichten, mit gehackten Pistazien garnieren.

Rotweincreme

Rhabarbercreme im Erdbeerbett

## Sahne-Eis

5 Portionen

pro Portion 0,50 Euro

*Zubereitungszeit:* 25 Minuten, ohne Abkühlzeit
*Gefrierzeit:* etwa 4 Stunden (Eismaschine etwa 35 Minuten)

200 ml Milch (3,5 % Fett)
50 g Zucker
1 Prise Salz
3 Eigelb (Größe M)
20 g Traubenzucker
2 Messlöffel pflanzliches Bindemittel (4 g, z. B. Bindobin, erhältlich im Bioladen oder Reformhaus)
400 g Schlagsahne (mind. 30 % Fett)

*Pro Portion:*
E: 5 g, F: 31 g, Kh: 19 g,
kJ: 1547, kcal: 370

**1.** Milch mit Zucker, Salz und Eigelb in einem Topf verrühren, bei mittlerer Hitze zu einer dicken Creme aufschlagen. Die Masse darf nicht kochen, da die Eigelb-Milch-Masse sonst gerinnt.
**2.** Den Topf von der Kochstelle nehmen und sofort in ein kaltes Wasserbad stellen. Die Masse unter ständigem Schlagen abkühlen lassen.
**3.** Traubenzucker und Bindemittel in einer hohen Rührschüssel mischen. Sahne hinzugeben, mit einem Mixer (Rührstäbe) steif schlagen. Die Sahne unter die Eigelb-Milch-Masse heben. Die Eismasse in eine gefrierfeste Form füllen, zudecken und in den Gefrierschrank stellen. Die Eismasse etwa 4 Stunden gefrieren lassen. Dabei die Masse alle 30 Minuten umrühren.
**4.** Das Eis portionieren und in Schälchen anrichten.

***Tipp:*** Das Eis schmeckt gut zu Muffins, Brownies oder mit geschmolzener Schokolade.

## Waffel-Eis-Burger

4 Portionen

*Zubereitungszeit:* 20 Minuten, ohne Auftauzeit

pro Portion 0,65 Euro

150 g TK-Himbeeren
30 g Puderzucker
4 doppelte Toastwaffeln (Fertigprodukt, je etwa 35 g)
150 ml Schokoladen-Eiscreme
4 abgetropfte Ananasscheiben (aus der Dose)
etwas Puderzucker

*Pro Portion:*
E: 4 g, F: 12 g, Kh: 49 g,
kJ: 1381, kcal: 330

**1.** Himbeeren nach Packungsanleitung auftauen lassen. Die Himbeeren durch ein Sieb streichen und mit Puderzucker verrühren. Die Toastwaffeln im Toaster aufbacken und anschließend quer halbieren.
**2.** Aus dem Eis mit einem Eisportionierer 4 Kugeln formen.
**3.** Von den Waffelhälften 4 Stück auf je einen Dessertteller legen, mit je 1 Ananasscheibe und 1 Kugel Eis belegen. Etwas Himbeerpüree darauftäufeln und mit den restlichen Waffelhälften bedecken.
**4.** Die Burger sowie die Teller mit Puderzucker bestäuben und mit dem restlichen Himbeerpüree servieren.

## Rotweincreme mit schwarzen Johannisbeeren

4 Portionen

pro Portion 1,10 Euro

*Zubereitungszeit:* 30 Minuten

200 g schwarze Johannisbeeren
2 EL Puderzucker
1 Pck. Rotweincreme
75 ml Wasser
200 g Schlagsahne (mind. 30 % Fett)
100 g Doppelrahm-Frischkäse
1 EL Zucker
1 TL Dr. Oetker Bourbon-Vanille-Zucker

*Pro Portion:*
E: 6 g, F: 23 g, Kh: 39 g,
kJ: 1794, kcal: 428

Sahne-Eis

Waffel-Eis-Burger

Rotweincreme mit schwarzen Johannisbeeren

Erdbeer-Zwieback-Trifle

**1.** Johannisbeeren abspülen, abtropfen lassen, Beeren von den Rispen streifen. Die Beeren mit Puderzucker mischen und Saft ziehen lassen.
**2.** Rotwein (aus der Packung) und Wasser (beides Zimmertemperatur) in eine fettfreie Rührschüssel füllen. Das Dessertpulver hinzugeben. Die Zutaten mit einem Mixer (Rührstäbe) kurz auf niedrigster Stufe verrühren. Anschließend etwa 2 Minuten auf höchster Stufe aufschlagen, bis die Masse schaumig und dicklich wird.
**3.** Die Sahne steif schlagen. Frischkäse mit Zucker, Vanille-Zucker und 6 Esslöffeln der Sahne verrühren, die restliche Sahne unterheben. Die Hälfte der Frischkäse-Sahne unter die Rotweincreme heben.
**4.** Rotweincreme und vorbereitete Beeren schichtweise in Dessertgläser füllen, mit der restlichen Frischkäse-Sahne garniert servieren.

## Sauerkirschjoghurt mit Schokolade und Müslicrunch

pro Portion **0,70** Euro

5 Portionen (ohne Foto)

*Zubereitungszeit:* 20 Minuten, ohne Abkühlzeit

500 g Joghurt (3,5 % Fett)
50 g Zucker
1 Pck. Dr. Oetker Vanillin-Zucker
175 g Sauerkirschen (aus dem Glas)
25 ml Sauerkirschsaft (aus dem Glas)
25 g Vollmilch-Raspelschokolade

**Für den Müslicrunch:**
25 g Haselnusskerne
35 g kernige Haferflocken
40 g Zucker

*Pro Portion:*
E: 6 g, F: 9 g, Kh: 38 g,
kJ: 1089, kcal: 260

**1.** Joghurt mit Zucker und Vanillin-Zucker in einer Schüssel verrühren. Von den Sauerkirschen den Saft auffangen und 25 ml abmessen.
**2.** Sauerkirschen und den abgemessenen Sauerkirschsaft unter die Joghurtmasse rühren. Die Raspelschokolade unterheben.
**3.** Für den Müslicrunch die Haselnusskerne grob hacken. Die Haselnussstücke mit den Haferflocken in einer kleinen Pfanne ohne Fett unter Wenden goldbraun rösten. Den Zucker darauf verteilen und karamellisieren lassen.
**4.** Die Müslimasse herausnehmen, auf Backpapier verteilen und erkalten lassen.
**5.** Den Sauerkirschjoghurt vorsichtig in Gläser füllen und bis zum Servieren zugedeckt in den Kühlschrank stellen.
**6.** Müslicrunch in Stücke brechen. Den Sauerkirschjoghurt mit dem Müslicrunch garnieren.

***Tipps:*** Für einen kunterbunten Crunch können Sie zu gleichen Teilen gehackte Kürbiskerne und abgezogene, gehackte Mandeln verwenden. Ebenso geeignet, aber preiswerter sind Sonnenblumenkerne.

## Erdbeer-Zwieback-Trifle

pro Portion **1,25** Euro

4 Portionen

*Zubereitungszeit:* 20 Minuten, ohne Durchziehzeit

500 g Erdbeeren
2 Stängel Minze
1 TL Puderzucker
2 EL Limettensaft
500 g fettarme Vanilla-Quark-Zubereitung (0,2 % Fett)
125 g Zwieback

*Pro Portion:*
E: 12 g, F: 2 g, Kh: 49 g,
kJ: 1124, kcal: 269

**1.** Erdbeeren abspülen und gut abtropfen lassen. Die Früchte entstielen und evtl. etwas klein schneiden. Minze abspülen und trocken tupfen. Die Blättchen von den Stängeln zupfen. Einige Blättchen zum Garnieren beiseitelegen. Restliche Blättchen in feine Streifen schneiden. Erdbeeren mit Minzestreifen, Puderzucker und Limettensaft mischen.
**2.** Quark-Zubereitung glatt rühren. Zwiebäcke grob zerbröseln.
**3.** Erdbeeren, Zwiebackbrösel und Quark-Zubereitung abwechselnd in 4 Dessertgläser schichten. Das Trifle zugedeckt etwa 1 Stunde in den Kühlschrank stellen und durchziehen lassen.
**4.** Zum Servieren das Trifle mit den beiseitegelegten Minzeblättchen garnieren.

## Götterspeisen-Mix

*12 Portionen*

*Zubereitungszeit:* 30 Minuten, ohne Gelier- und Abkühlzeit

1 Beutel aus je 1 Pck. Götterspeise Himbeer-, Zitrone- und Waldmeister-Geschmack
240 g Zucker
1,2 l Wasser

pro Portion 0,40 Euro

**Für die Vanillesauce:**
500 ml Milch
50 g Zucker
Mark von 1 Vanilleschote
35 g Speisestärke

*Pro Portion:*
Ɛ: 3 g, F: 1 g, Kh: 29 g,
kJ: 599, kcal: 143

**1.** Die Götterspeise nach Farben getrennt nach Packungsanleitung mit je 80 g Zucker, aber mit jeweils nur 400 ml Wasser, zubereiten. Die Götterspeise auch nach Farben getrennt jeweils in eine flache Schüssel füllen und fest werden lassen.
**2.** Die Götterspeise aus den Schüsseln lösen, in Würfel schneiden und in Dessertgläser schichten.
**3.** Für die Vanillesauce 400 ml von der Milch mit Zucker und Vanillemark in einem Topf zum Kochen bringen. Speisestärke mit der restlichen Milch anrühren, in die kochende Milch einrühren und einmal aufkochen lassen. Die Sauce erkalten lassen.
**4.** Die Vanillesauce entweder über die Speise geben oder getrennt dazu reichen.

## Sojamilchreis

2 Portionen

pro Portion 1,75 Euro

*Zubereitungszeit:* 40 Minuten

500 ml Sojamilch
1 TL Voll-Rohrzucker
125 g Milchreis (Rundkornreis)
130 g abgetropfte Aprikosenhälften (aus der Dose)
2 Kiwis
7–8 EL Orangensaft (von etwa 1/2 großen Orange)
1–2 TL Ahornsirup oder Agavendicksaft

*Pro Portion:*
Ɛ: 13 g, F: 5 g, Kh: 80 g,
kJ: 1796, kcal: 430

**1.** Sojamilch mit Zucker in einem kleinen Topf verrühren und zugedeckt zum Kochen bringen. Den Reis einstreuen, umrühren und zum Kochen bringen. Den Reis bei schwacher Hitze mit halb aufgelegtem Deckel etwa 30 Minuten quellen lassen, dabei gelegentlich umrühren.
**2.** In der Zwischenzeit Aprikosenhälften in schmale Spalten schneiden. Kiwis schälen, längs vierteln und in kleine Stücke schneiden.
**3.** Orangensaft mit Ahornsirup oder Dicksaft in einer Schüssel verrühren. Aprikosenspalten und Kiwistücke unterrühren und so lange ziehen lassen, bis der Reis gar ist. Die Obstmischung gelegentlich umrühren.
**4.** Den Sojamilchreis in Müslischalen oder tiefen Tellern verteilen und mit dem marinierten Obst dekorativ anrichten.

***Tipps:*** So wird's wunderbar kernig: 1–2 Esslöffel Sonnenblumenkerne oder gestiftelte Mandeln in einer Pfanne ohne Fett unter Wenden goldbraun rösten, kurz abkühlen lassen und auf den Reis streuen. Und so wird's wunderbar cremig: Den Rundkornreis in 50–100 ml mehr Sojamilch zubereiten.

## Aprikosen mit Honig und Hirse

pro Portion **1,15** Euro

4 Portionen

*Zubereitungszeit:* 30 Minuten

120 g Hirse
350 ml Wasser
12 reife Aprikosen (etwa 600 g)
4–5 EL flüssiger Honig
500 g Joghurt (3,5 % Fett)
etwas Zitronensaft
1 Msp. gem. Zimt
1 TL Dr. Oetker Bourbon-Vanille-Zucker

*Pro Portion:*
E: 9 g, F: 6 g, Kh: 53 g,
kJ: 1308, kcal: 313

**1.** Die Hirse mit Wasser in einem Topf zum Kochen bringen und etwa 5 Minuten kochen lassen. Anschließend die Hirse auf der ausgeschalteten Kochstelle etwa 15 Minuten quellen lassen. Hirse in ein Sieb geben und abtropfen lassen.
**2.** In der Zwischenzeit die Aprikosen kurz in kochendem Wasser überbrühen, mit kaltem Wasser abschrecken und die Haut abziehen. Die Aprikosen halbieren und entsteinen. Die Aprikosenhälften mit dem Honig überziehen.
**3.** Den Joghurt mit etwas Zitronensaft, Zimt und Vanille-Zucker glatt rühren. Die Hirse unterrühren. Die Aprikosen mit der Hirse servieren.

## Zebracreme

pro Portion **0,60** Euro

4 Portionen

*Zubereitungszeit:* 20 Minuten

**Für die helle Creme:**
250 ml Milch (3,5 % Fett)
125 g Schlagsahne (mind. 30 % Fett)
1/2 Pck. Galetta Vanille-Geschmack (Pudding-Pulver ohne Kochen)
75 g Joghurt (3,5 % Fett)

**Für die dunkle Creme:**
250 ml Milch (3,5 % Fett)
125 g Schlagsahne (mind. 30 % Fett)
1/2 Pck. Galetta Vanille-Geschmack (Pudding-Pulver ohne Kochen)
75 g Joghurt (3,5 % Fett)
15 g gesiebtes Kakaopulver

**Zum Bestreuen:**
2 EL Zartbitter-Raspelschokolade

*Pro Portion:*
E: 7 g, F: 27 g, Kh: 32 g,
kJ: 1777, kcal: 424

**1.** Für die helle Creme die Milch und Sahne in eine Rührschüssel geben. Pudding-Pulver hinzufügen und die Zutaten mit einem Mixer (Rührstäbe) etwa 1 Minute aufschlagen. Joghurt unterrühren.
**2.** Auf die gleiche Weise die dunkle Creme zubereiten, zuletzt das Kakaopulver unterrühren.
**3.** Zunächst 1 Teelöffel der hellen Creme in die Mitte eines Portionsschälchens geben und etwas flach drücken. Darauf (nicht daneben!) abwechselnd je 1/2–1 Teelöffel von der dunklen und der hellen Creme geben und etwas flach drücken.
**4.** Die Masse nicht glatt streichen. Die restliche Creme auf die gleiche Weise in 3 weitere Portionsschälchen geben.
**5.** Die Zebracreme mit Raspelschokolade bestreuen und bis zum Servieren zugedeckt in den Kühlschrank stellen.

Aprikosen mit Honig und Hirse

Zebracreme

## Limettencreme

5–6 Portionen

*Zubereitungszeit: 35 Minuten, ohne Kühlzeit*

pro Portion 0,55 Euro

4 Blatt weiße Gelatine
1 Bio-Limette (unbehandelt, ungewachst)
75 g brauner Zucker
500 g griechischer Joghurt (10 % Fett)
250 g Schlagsahne (mind. 30 % Fett)
20 g Puderzucker
1 Pck. Dr. Oetker Vanillin-Zucker
evtl. 1 EL weißer Rum
50 g Kokosraspel
einige Zitronenmelisseblättchen

*Pro Portion:*
E: 6 g, F: 29 g, Kh: 25 g,
kJ: 1623, kcal: 387

**1.** Für die Creme Gelatine nach Packungsanleitung einweichen. Limette heiß abwaschen, abtrocknen und die Schale fein abreiben. Limettenschale in eine Rührschüssel geben. Limette halbieren, den Saft auspressen und etwa 40 ml Saft abmessen. Den Limettensaft mit dem Zucker in einem Topf verrühren. Den Zucker bei mittlerer Hitze auflösen. Den Topf von der Kochstelle nehmen.

**2.** Die eingeweichte Gelatine ausdrücken, zu der Zuckerlösung geben und unter Rühren auflösen. Die Gelatine-Zucker-Lösung zu der Limettenschale in die Rührschüssel geben. Den Joghurt unterrühren. Sahne mit Puderzucker und Vanillin-Zucker steif schlagen. Die Sahne unter die Joghurtmasse heben. Nach Belieben Rum unterrühren.

**3.** Limettencreme in eine Glasschüssel geben. Die Schüssel zugedeckt in den Kühlschrank stellen. Die Limettencreme 2–3 Stunden fest werden lassen.

**4.** Zum Servieren von der Limettencreme mit einem Löffel Nocken abstechen, auf Tellern anrichten und mit Kokosraspeln bestreuen. Mit abgespülten, trocken getupften Melisseblättchen garnieren.

## Kirschgelee-Speise

4 Portionen

*Zubereitungszeit: 35 Minuten, ohne Kühlzeit*

pro Portion 0,60 Euro

375 g Sauerkirschen
250 ml Wasser
125 g Zucker
1 Pck. Dr. Oetker Vanillin-Zucker
1 Pck. Instant-Götterspeise Kirsch-Geschmack
500 ml Saft von den Kirschen, mit Wasser aufgefüllt

*Pro Portion:*
E: 1 g, F: 0 g, Kh: 64 g,
kJ: 1138, kcal: 271

**1.** Die Kirschen abspülen, abtropfen lassen, entstielen, entsteinen, mit Wasser, Zucker und Vanillin-Zucker in einem Topf zum Kochen bringen. Kirschen etwa 10 Minuten kochen.

**2.** Anschließend Kirschen in einem Sieb abtropfen lassen und den Saft dabei auffangen. Den Saft mit Wasser auf 500 ml auffüllen. Kirschen abkühlen lassen und zugedeckt in den Kühlschrank stellen.

**3.** Aus Götterspeise und der abgemessenen Kirschflüssigkeit nach Packungsanleitung eine Götterspeise zubereiten und ebenfalls zugedeckt in den Kühlschrank stellen.

**4.** Unter die dickliche, noch nicht erstarrte Götterspeise die Kirschen heben. Kirschgelee-Speise in 4 Gläser füllen und zugedeckt in den Kühlschrank stellen.

***Tipp:*** Garnieren Sie die Kirschspeise zusätzlich mit abgespülten, gut abgetropften Johannisbeerrispen.

Limettencreme

Kirschgelee-Speise

Knusper-Obst-Salat

Fruchtiger Wackelpeter

## Knusper-Obst-Salat
4 Portionen

*Zubereitungszeit:* 15 Minuten

200 g blaue Weintrauben
2 Äpfel
2 Bananen
Saft von 2 Orangen
2 EL flüssiger Honig
8 EL Vollkorn-Haferflocken
(etwa 80 g)

pro Portion **0,90** Euro

*Pro Portion:*
E: 4 g, F: 2 g, Kh: 48 g,
kJ: 972, kcal: 232

**1.** Die Weintrauben abspülen, gut abtropfen lassen, entstielen, halbieren und evtl. entkernen. Äpfel abwaschen, abtrocknen, vierteln, entkernen und mit der Schale in Stücke schneiden. Bananen schälen und in dünne Scheiben schneiden.
**2.** Orangensaft mit 1 Esslöffel Honig verrühren und sofort mit dem vorbereiteten Obst vermischen.
**3.** Haferflocken in einer Pfanne ohne Fett unter Rühren goldgelb rösten. Den Obstsalat mit Haferflocken bestreuen, mit dem restlichen Honig beträufeln und sofort servieren.

## Fruchtiger Wackelpeter
4 Portionen

*Zubereitungszeit:* 20 Minuten, ohne Kühlzeit

1 Beutel aus 1 Pck. Götterspeise Himbeer-Geschmack
4 EL Zucker
250 ml Wasser
250 ml Apfelsaft
1 mittelgroßer Pfirsich
1 mittelgroßer Apfel
1 große Banane

pro Portion **0,80** Euro

**Für den Vanilleschaum:**
100 g Schlagsahne
(mind. 30 % Fett)
250 ml kalte Milch (3,5 % Fett)
1 Pck. Saucenpulver Vanille-Geschmack ohne Kochen

*Pro Portion:*
E: 5 g, F: 10 g, Kh: 46 g,
kJ: 1279, kcal: 305

**1.** Götterspeise mit Zucker, Wasser und Saft in einem Topf verrühren. Die Götterspeise bei schwacher Hitze erwärmen (nicht kochen), bis sie vollständig aufgelöst ist. Dann die Götterspeise lauwarm abkühlen lassen.
**2.** Pfirsich und Apfel abspülen, abtrocknen, vierteln, entsteinen bzw. entkernen und in kleine Stücke schneiden. Banane schälen und in Scheiben schneiden.
**3.** Die vorbereiteten Fruchtstücke in 4 Gläsern verteilen und die Götterspeise vorsichtig daraufgießen. Die Gläser zugedeckt über Nacht in den Kühlschrank stellen.
**4.** Für den Vanilleschaum die Sahne steif schlagen. Milch in einen Rührbecher geben.
**5.** Das Saucenpulver unter ständigem Rühren mit einem Mixer (Rührstäbe) hinzufügen, etwa 1 Minute weiterschlagen.
**6.** Die steif geschlagene Sahne unterheben, den Vanilleschaum auf der Götterspeise verteilen.

***Tipps:*** Statt die Vanillesauce selbst herzustellen, können Sie auch fertige Vanillesauce aus dem Kühlregal verwenden. Der Wackelpeter eignet sich ohne den Vanilleschaum sehr gut für ein Picknick oder zum Mitnehmen. Dann Früchte und Götterspeise in kleine verschließbare Behälter füllen und im Kühlschrank fest werden lassen. Den Wackelpeter in einer Kühltasche transportieren.

Fruchtsülze

Karamellcreme

## Fruchtsülze

6 Portionen

pro Portion 0,60 Euro

*Zubereitungszeit:* 20 Minuten, ohne Kühlzeit

1 Apfel (etwa 150 g)
1 Orange (etwa 150 g)
1 Banane (etwa 150 g)
10 g Zucker
1 EL Kirschwasser
1 Beutel aus 1 Pck. Götterspeise Zitronen-Geschmack
250 ml Wasser
100 g Zucker
250 ml Weißwein

*Pro Portion:*
E: 2 g, F: 0 g, Kh: 25,5 g,
kJ: 617, kcal: 147

**1.** Apfel schälen, halbieren, entkernen und in dünne Scheiben schneiden. Die Orange so schälen, dass die weiße Haut mitentfernt wird. Orange filetieren und in Stücke schneiden. Banane schälen und in Scheiben schneiden. Das vorbereitete Obst mit Zucker und Kirschwasser mischen und in 6 Schälchen verteilen.
**2.** Die Götterspeise mit 250 ml Wasser und Zucker nach Packungsanleitung zubereiten. Die Götterspeise abkühlen lassen, dann den Wein unterrühren. Die Obstschälchen mit der Götterspeise füllen, sodass das Obst bedeckt ist.
**3.** Die Fruchtsülze mehrere Stunden (am besten über Nacht) zugedeckt in den Kühlschrank stellen, bis die Götterspeise fest geworden ist.

***Tipps:*** Zum Servieren 250 ml Bourbon-Vanille-Sauce (aus dem Kühlregal, 0,1 % Fett) in 6 Portionen teilen und diese auf den 6 Fruchtsülzen verteilen. Die Fruchtsülzen mit abgespülten, trocken getupften Zitronenmelisseblättchen garnieren. Wer auf Alkohol verzichten möchte, ersetzt den Weißwein durch Apfelsaft.

## Karamellcreme

4 Portionen

pro Portion 1,00 Euro

*Zubereitungszeit:* 25 Minuten, ohne Abkühlzeit

100 g Zucker, 1 EL Butter
500 ml Milch (3,5 % Fett)
40 g Speisestärke
20 g Zucker
100 g Mini-Florentiner-Gebäck
125 g Schlagsahne (mind. 30 % Fett)

*Pro Portion:*
E: 7 g, F: 27 g, Kh: 56 g,
kJ: 2132, kcal: 511

**1.** Zucker in einem Edelstahltopf goldgelb karamellisieren lassen. Den Topf von der Kochstelle nehmen, die Butter unterrühren. 375 ml Milch vorsichtig in den Topf geben (Achtung: Es spritzt!) und unter gelegentlichem Rühren zum Kochen bringen.
**2.** Speisestärke mit Zucker und der restlichen Milch anrühren und unter Rühren zu der Karamellmilch geben. Masse aufkochen lassen und von der Kochstelle nehmen. Während des Erkaltens ab und zu durchrühren.
**3.** Die Florentiner (2 Stück zum Garnieren beiseitelegen) in kleine Stücke brechen oder hacken. Die Sahne steif schlagen und unter die kalte Karamellmasse heben. Die Karamellcreme mit den Florentiner-Stücken in eine Glasschüssel oder Portionsschälchen schichten und zugedeckt in den Kühlschrank stellen. Die beiseitegelegten Florentiner halbieren, die Karamellcreme damit garnieren.

***Tipp:*** Beim Rühren in heißer Karamellmasse am besten einen Holzlöffel verwenden. Kunststofflöffel könnten an den Rändern schmelzen.

## Fruchtige Vanille-Quark-Creme

pro Portion 1,00 Euro

4 Portionen

*Zubereitungszeit:* 20 Minuten

400 g Magerquark
100 g saure Sahne
1 Pck. Dr. Oetker Bourbon-Vanille-Zucker
50 g Zucker
1–2 EL Zitronensaft
200 g Erdbeeren
100 g gemischte Beeren (Himbeeren, Brombeeren, Heidelbeeren)
einige Zitronenmelisseblättchen

*Pro Portion:*
E: 14 g, F: 3 g, Kh: 25 g,
kJ: 858, kcal: 205

**1.** Den Quark mit saurer Sahne cremig rühren, Vanille-Zucker, Zucker und Zitronensaft unterrühren.
**2.** Die Erdbeeren abspülen, abtropfen lassen und entstielen. Erdbeeren vierteln. Gemischte Beeren verlesen, evtl. kurz abspülen und trocken tupfen.
**3.** Drei Viertel der Erdbeeren mit der Hälfte der gemischten Beeren unter die Quarkcreme heben.
**4.** Die Creme in 4 Dessertschalen verteilen, mit den restlichen Früchten und abgespülten, trocken getupften Zitronenmelisseblättchen garnieren.

***Tipp:*** Noch etwas fruchtiger wird das Dessert, wenn Sie den Quark mit pürierten Beeren anstelle von saurer Sahne verrühren. Dafür einfach 150 g Beeren verlesen, pürieren, durch ein Sieb streichen, mit Vanille-Zucker und Zucker verrühren. Zitronensaft evtl. weglassen.

## Erdbeerpüree mit Saurer-Sahne-Creme

4 Portionen

*Zubereitungszeit:* 45 Minuten, ohne Kühlzeit

pro Portion 1,00 Euro

**Für die Creme:**
4 Blatt weiße Gelatine
150 ml Milch (3,5 % Fett)
2–3 EL Puderzucker
150 g saure Sahne (10 % Fett)
1 Pck. Dr. Oetker Bourbon-Vanille-Zucker
100 g Schlagsahne (mind. 30 % Fett)

**Für das Püree:**
500 g Erdbeeren
2–3 EL Puderzucker
Saft von 1 Zitrone
1/2 Tasse Mineralwasser mit Kohlensäure (80 ml)

etwas Puderzucker

*Pro Portion:*
E: 5 g, F: 13 g, Kh: 26 g,
kJ: 1098, kcal: 262

**1.** Für die Creme die Gelatine nach Packungsanleitung einweichen. Milch, Puderzucker, saure Sahne und Vanille-Zucker mit dem Pürierstab aufschlagen. Gelatine ausdrücken und in einem kleinen Topf bei schwacher Hitze unter Rühren auflösen. Die Gelatine zuerst mit etwa 2 Esslöffeln der aufgeschlagenen Sahnemilch verrühren, dann unter die restliche Sahnemilch rühren. Zugedeckt in den Kühlschrank stellen.
**2.** Sahne steif schlagen. Wenn die Sahnemilch anfängt zu gelieren, Sahne unterheben.
**3.** Für das Püree die Erdbeeren abspülen und abtropfen lassen. Die Hälfte der Erdbeeren entstielen und mit Puderzucker und Zitronensaft pürieren. Das Püree durch ein Sieb streichen. Mineralwasser unterrühren. Die restlichen Erdbeeren zum Garnieren beiseitelegen.
**4.** Den Rand von 4 Tellern mit Puderzucker bestäuben. Auf jeden Teller etwas von dem Erdbeerpüree geben. Mit einem in kaltes Wasser eingetauchten Esslöffel spitze Creme-Nocken abstechen und auf das Erdbeerpüree setzen.
**5.** Beiseitegelegte Erdbeeren mit dem Grün halbieren. Das Dessert mit den Erdbeerhälften garnieren.

Fruchtige Vanille-Quark-Creme

Erdbeerpüree mit Saurer-Sahne-Creme

## Florentiner-Türmchen
4 Portionen

*Zubereitungszeit:* 20 Minuten

200 g Himbeeren
3–4 EL Zucker
150 g Mascarpone (ital. Frischkäse)
3 EL Maracujanektar
24 Mini-Florentiner (etwa 120 g)
etwas Puderzucker

pro Portion 1,70 Euro

*Pro Portion:*
E: 6 g, F: 28 g, Kh: 29 g,
kJ: 1743, kcal: 416

**1.** Himbeeren verlesen (nicht abspülen). Die Hälfte der Himbeeren durch ein Sieb streichen und mit 1–2 Esslöffeln Zucker verrühren.
**2.** Mascarpone kurz aufschlagen. Maracujanektar und den restlichen Zucker hinzugeben, unterschlagen.
**3.** Die Mascarponecreme auf 12 Mini-Florentinern verteilen und die restlichen Mini-Florentiner jeweils daraufsetzen, sodass ein Türmchen entsteht.
**4.** Jeweils 3 Florentiner-Türmchen auf einen Teller setzen. Himbeerpüree und restliche Himbeeren auf den Tellern verteilen und mit Puderzucker bestäuben.

***Tipp:*** Anstelle von Mascarpone kann ersatzweise auch Crème double verwendet werden.

## Fruchtgrütze
4 Portionen

pro Portion 1,85 Euro

*Zubereitungszeit:* 30 Minuten, ohne Abkühlzeit

300 g Pfirsiche
250 g Himbeeren
15 g Speisestärke
400 ml schwarzer Johannisbeersaft
1/2 Stange Zimt
1 Gewürznelke

*Pro Portion:*
E: 2,5 g, F: 0 g, Kh: 19 g,
kJ: 440, kcal: 104

**1.** Die Pfirsiche gut abspülen, halbieren, entsteinen und in kleine Stücke schneiden.
**2.** Frische Himbeeren verlesen, evtl. kurz abspülen und gut abtropfen lassen oder trocken tupfen.
**3.** Die Speisestärke mit 2–3 Esslöffeln von dem Johannisbeersaft glatt rühren. Restlichen Saft mit den Gewürzen in einen Topf geben und zum Kochen bringen. Angerührte Speisestärke in den von der Kochstelle genommenen Saft rühren und unter Rühren nochmals aufkochen lassen.
**4.** Den Topf von der Kochstelle nehmen, Zimtstange und Nelke entfernen. Die vorbereiteten Früchte unter den angedickten Saft rühren. Die Fruchtgrütze abkühlen lassen und bis zum Verzehr zugedeckt in den Kühlschrank stellen.

***Tipps:*** Wenn Sie Pfirsiche ohne Schale verarbeiten möchten, schneiden Sie diese kreuzweise ein und übergießen Sie sie mit kochendem Wasser. Nach 1–2 Minuten mit kaltem Wasser abschrecken. Die Pfirsiche enthäuten und wie unter Punkt 1 beschrieben weiterverarbeiten. Verwenden Sie möglichst reife Früchte, sodass Sie keinen zusätzlichen Zucker benötigen. Falls Ihnen die Grütze nicht süß genug ist, schmecken Sie sie zusätzlich mit 1–2 Teelöffeln Zucker ab. Je nach Geschmack und Jahreszeit können die Obstsorten nach Belieben variiert werden.

Florentiner-Türmchen

Fruchtgrütze

French Toast

Apfel-Zwetschen-Schichtspeise

## French Toast

2 Portionen

pro Portion 1,40 Euro

*Zubereitungszeit:* 20 Minuten

2 Äpfel, z. B. Gala
1 EL Zitronensaft
1 TL gem. Zimt
1 Pck. Dr. Oetker Bourbon-Vanille-Zucker
1 Ei (Größe M)
50 ml Milch (3,5 % Fett)
1 Prise Salz
2 Scheiben Rosinenbrot (Rosinenstuten)
40 g Butter
2 EL flüssiger Honig
etwas Puderzucker

*Pro Portion:*
E: 6 g, F: 24 g, Kh: 56 g,
kJ: 1942, kcal: 163

**1.** Die Äpfel schälen, vierteln, entkernen und in Spalten schneiden. Apfelspalten mit Zitronensaft, Zimt und Vanille-Zucker vermischen.
**2.** Das Ei mit der Milch in einem weiten Gefäß verschlagen, mit Salz würzen. Die Brotscheiben darin von jeder Seite gut eintauchen.
**3.** Von der Butter etwa 20 g in einer großen Pfanne zerlassen. Die Apfelspalten darin bei starker Hitze rundherum goldbraun braten. Die restliche Butter in einer zweiten Pfanne bei mittlerer Hitze zerlassen. Die Brotscheiben darin von jeder Seite etwa 2 Minuten goldbraun braten und herausnehmen.
**4.** French Toast mit den gebratenen Apfelspalten belegen, mit Honig beträufeln und dick mit Puderzucker bestäuben.

## Apfel-Zwetschen-Schichtspeise

pro Portion 2,10 Euro

6 Portionen

*Zubereitungszeit:* 30 Minuten, ohne Abkühl- und Durchziehzeit

750 g säuerliche Äpfel, z. B. Boskop
1/2 Bio-Zitrone (unbehandelt, ungewachst)
50 ml Wasser
1 kleine Stange Zimt
1 EL Zucker
1 Pck. Dr. Oetker Vanillin-Zucker
225 g Pflaumenmus (aus dem Glas)
2 1/2 EL Mandellikör
oder 2–3 EL Wasser
500 g Vanille-Quarkcreme (aus dem Kühlregal)
120 g Zwiebäcke, z. B. Vanille-Zwiebäcke

*Pro Portion:*
E: 7 g, F: 6 g, Kh: 62 g,
kJ: 1401, kcal: 334

**1.** Die Äpfel schälen, halbieren und entkernen. Apfelhälften in Stücke schneiden. Zitrone heiß abwaschen, abtrocknen und die Schale dünn spiralförmig abschneiden. Von der Zitronenhälfte den Saft auspressen und 2 Esslöffel abmessen.
**2.** Apfelstücke mit Wasser, Zitronenschale, -saft, Zimtstange, Zucker und Vanillin-Zucker in einem Topf mischen, bei mittlerer Hitze zum Kochen bringen. Die Apfelstücke etwa 5 Minuten kochen lassen, bis sie leicht zerfallen. Den Topf von der Kochstelle nehmen. Apfelkompott abkühlen lassen. Zimtstange und Zitronenschale entfernen.
**3.** Pflaumenmus mit Likör oder Wasser glatt rühren. Das Apfelkompott, Pflaumenmus, die Vanille-Quarkcreme und die Zwiebäcke abwechselnd in eine Glasschüssel schichten. Die letzte Schicht sollte aus Vanille-Quarkcreme bestehen. Apfel-Zwetschen-Schichtspeise zugedeckt mindestens 2 Stunden im Kühlschrank durchziehen lassen.

***Tipp:*** Das Dessert mit abgespülten und trocken getupften Zitronenmelisseblättchen garnieren.

Dornröschencreme

Apfeldessert mit Zimtsahne

## Dornröschencreme

4 Portionen

*Zubereitungszeit:* 20 Minuten, ohne Kühlzeit

pro Portion **1,05** Euro

5 Blatt weiße Gelatine
1 Vanilleschote
500 g Buttermilch
150 g Himbeeren (frisch oder TK)
abgeriebene Schale
von etwa 1/2 Bio-Zitrone
(unbehandelt, ungewachst)
40 g feiner Zucker
100 g Schlagsahne (mind. 30 % Fett)

*Pro Portion:*
E: 7 g, F: 9 g, Kh: 18 g,
kJ: 772, kcal: 185

**1.** Die Gelatine nach Packungsanleitung einweichen. Die Vanilleschote längs aufschneiden und das Mark mit einem Messerrücken herausschaben.
**2.** Buttermilch und Himbeeren (frische Himbeeren verlesen, TK-Himbeeren auftauen lassen) in einer Schüssel mischen und mit Zitronenschale, Zucker und Vanillemark abschmecken.
**3.** Eingeweichte Gelatine leicht ausdrücken, in einem kleinen Topf bei schwacher Hitze unter Rühren auflösen, etwas abkühlen lassen. Die Gelatine unter die Himbeermilch rühren und die Schüssel in den Kühlschrank stellen.
**4.** Die Sahne steif schlagen. Sobald die Himbeermilch anfängt zu gelieren, die Sahne mit einem Schneebesen unterheben.
**5.** Die Dornröschencreme in hohen Gläsern anrichten.

***Tipp:*** Die Dornröschencreme mit Himbeeren, Puderzucker und Keksröllchen garnieren.

## Apfeldessert mit Zimtsahne

pro Portion **0,95** Euro

4 Portionen

*Zubereitungszeit:* 40 Minuten, ohne Abkühlzeit

**Für das Apfelkompott:**
1 kg säuerliche Äpfel, z. B. Boskop oder Elstar
250 ml Wasser
1–2 EL flüssiger Honig
3 EL Zitronensaft

**Für die Knuspermischung:**
15 g Butter
25 g kernige Haferflocken
25 g Sonnenblumenkerne
25 g gehobelte Haselnusskerne
25 g brauner Zucker
20 g Rosinen

**Für die Zimtsahne:**
200 g Schlagsahne (mind. 30 % Fett)
1 EL Zucker
1/4 TL gem. Zimt

**Zum Bestreuen:**
etwas gem. Zimt

*Pro Portion:*
E: 5 g, F: 28 g, Kh: 52 g,
kJ: 2028, kcal: 485

**1.** Für das Apfelkompott Äpfel schälen, vierteln und entkernen. Apfelviertel grob zerkleinern.
**2.** Die Apfelstücke mit Wasser, Honig und Zitronensaft in einem Topf zum Kochen bringen und zugedeckt bei schwacher Hitze etwa 10 Minuten garen (bis die Apfelstücke gar sind, aber nicht zerfallen), dabei gelegentlich umrühren.
**3.** Den Topf von der Kochstelle nehmen. Das Apfelkompott mit einem Schneebesen durchschlagen (das Kompott soll noch stückig bleiben). Das Apfelkompott erkalten lassen.
**4.** Für die Knuspermischung in der Zwischenzeit die Butter in einer Pfanne zerlassen. Haferflocken, Sonnenblumen-, Haselnusskerne und Zucker darin unter Rühren leicht

rösten, herausnehmen und in eine Schüssel geben. Die Rosinen unter die gesamte Knuspermischung rühren und abkühlen lassen.

**5.** Für die Zimtsahne die Sahne mit Zucker und Zimt steif schlagen. Das Kompott mit der Knuspermischung und der Zimtsahne abwechselnd in 4 Gläser oder eine große Glasschüssel schichten. Das Dessert mit Zimt bestreuen.

## Apfel-Zwieback-Traum

4–6 Portionen

*Zubereitungszeit:* 20 Minuten

6 Zwiebäcke mit Schokoladenüberzug
250 g Mascarpone (ital. Frischkäse)
250 g Speisequark (20 % Fett)
100 g Zucker
125 ml Milch (3,5 % Fett)
250 g Schlagsahne (mind. 30 % Fett)
4 EL Calvados

pro Portion 1,40 Euro

360 g stückiges Apfelkompott (aus dem Glas)

etwa 30 g Kakaopulver

*Pro Portion:*
E: 13 g, F: 45 g, Kh: 53 g,
kJ: 3002, kcal: 717

**1.** Die Zwiebäcke in kleine Stücke brechen. Mascarpone mit Quark, Zucker und Milch verrühren. Sahne steif schlagen und unterheben.

**2.** Einige Zwiebackstücke in eine hohe Glasschüssel geben und mit etwas Calvados beträufeln. Zuerst etwas Apfelkompott, dann etwas von der Mascarpone-Quark-Mischung daraufschichten.

**3.** In dieser Reihenfolge fortfahren, bis alle Zutaten verbraucht sind. Die letzte Schicht sollte Mascarpone-Quark-Mischung sein. Die Oberfläche mit Kakao bestäuben.

**Tipp:** Für eine Variante ohne Alkohol können Sie anstelle von Calvados Apfelsaft zum Beträufeln verwenden.

## Bananen-Quark-Creme

4 Portionen

*Zubereitungszeit:* 10 Minuten

2 Bananen (etwa 400 g)
1 EL Zitronensaft
1–2 EL Zucker
1 Pck. Dr. Oetker Vanillin-Zucker
500 g Magerquark
1 EL Zitronensaft

pro Portion 0,50 Euro

*Pro Portion:*
E: 17 g, F: 0,5 g, Kh: 24 g,
kJ: 743, kcal: 178

**1.** Bananen schälen. 1/2 Banane beiseitelegen, die restlichen Bananen in Stücke schneiden. Bananenstücke mit Zitronensaft, Zucker und Vanillin-Zucker pürieren. Das Püree unter den Quark rühren.

**2.** Beiseitegelegte Bananenhälfte in Scheiben schneiden und mit Zitronensaft beträufeln.

**3.** Die Bananen-Quark-Creme in Portionsgläser füllen und mit Bananenscheiben garnieren.

Apfel-Zwieback-Traum

Bananen-Quark-Creme

## Apfel-Karamell-Creme
4 Portionen

*Zubereitungszeit:* 15 Minuten, ohne Abkühlzeit

1 Pck. Dr. Oetker Pudding-Pulver Mandel-Geschmack
40 g Zucker
500 ml Milch (3,5 % Fett)
1 kleiner Apfel
etwas Butter
30 g Sonnenblumenkerne
50 g Zucker
5 EL Schlagsahne

pro Portion 0,55 Euro

*Pro Portion:*
E: 4 g, F: 10 g, Kh: 38 g,
kJ: 1144, kcal: 273

**1.** Aus Pudding-Pulver, Zucker und Milch einen Pudding nach Packungsanleitung zubereiten. Frischhaltefolie direkt auf die Puddingoberfläche legen, damit sich während des Erkaltens keine Haut bildet. Pudding erkalten lassen.
**2.** Den Apfel schälen, vierteln und entkernen. Die Apfelviertel in Spalten schneiden. Butter in einer Pfanne zerlassen, Apfelspalten darin bräunen, herausnehmen und abkühlen lassen. Einige Apfelspalten zum Garnieren beiseitelegen. Restliche Apfelspalten in 4 Dessertgläsern verteilen.
**3.** Den erkalteten Pudding mit einem Schneebesen durchschlagen und anschließend auf die Apfelspalten in die Dessertgläser füllen.
**4.** Die Sonnenblumenkerne in einer Pfanne ohne Fett goldbraun rösten, herausnehmen, auf einen Teller geben und erkalten lassen.
**5.** Zucker in einem Topf hellbraun karamellisieren. Den Topf von der Kochstelle nehmen. Die Sahne in den Topf geben, die Zucker-Sahne-Masse unter Rühren so lange erhitzen, bis sich eine cremige Karamellmasse gebildet hat.
**6.** Sonnenblumenkerne in die Karamellmasse geben. Den Topf von der Kochstelle nehmen.
**7.** Beiseitegelegte Apfelspalten kurz in der Karamellmasse wenden und mit der restlichen Karamellmasse auf dem Pudding anrichten.

## Eiswichtel
6 Portionen

pro Portion 1,20 Euro

*Zubereitungszeit:* 15 Minuten, ohne Antau- und Gefrierzeit

500 ml Eiscreme, z. B. Cappuccino-Eiscreme, Schokoladen-Eiscreme
6 Schokoladenschälchen
70 g Vollmilch-Schokolade
6 Baiserschalen (Ø etwa 6 cm)

*Pro Portion:*
E: 7 g, F: 17 g, Kh: 51 g,
kJ: 1621, kcal: 387

**1.** Die Eiscreme cremig antauen lassen und dann kuppelartig in die Schokoladenschälchen streichen. Die Eisschalen in den Gefrierschrank stellen und gefrieren lassen.
**2.** Vor dem Servieren die Schokolade in Stücke brechen, in einem kleinen Topf im Wasserbad bei schwacher Hitze unter Rühren schmelzen.
**3.** Die Eisschalen aus dem Gefrierschrank nehmen. Die Schokolade auf dem Eis verteilen und die Baiserschalen daraufsetzen.

Apfel-Karamell-Creme

Eiswichtel

Erdbeer-Quark-Speise

Äpfel mit Karamell

*Tipp:* Für Kinder statt der Cappuccino- Vanille-Eiscreme verwenden.

*Abwandlung:* Für einen **Eisgugelhupf** 4 Baiserschalen grob zerhacken. Die angetaute Eiscreme damit vermengen, die Masse in eine gefriergeeignete Napfkuchenform (Ø 16 cm) füllen und gefrieren lassen (am besten über Nacht). Die Form etwa 10 Minuten vor dem Servieren herausnehmen und bei Zimmertemperatur stehen lassen. Den Eisgugelhupf auf einen Teller stürzen und nach Belieben mit frischen, vorbereiteten Früchten oder auch mit geschlagener Sahne servieren.

## Erdbeer-Quark-Speise

4 Portionen

*Zubereitungszeit:* 15 Minuten

250 g frische Erdbeeren
500 g Magerquark
100 ml Milch (1,5 % Fett)
10 g Zucker

pro Portion **0,50** Euro

*Pro Portion:*
E: 18 g, F: 1 g, Kh: 11 g,
kJ: 547, kcal: 131

1. Die Erdbeeren abspülen, gut abtropfen lassen, entstielen und in Viertel schneiden.
2. Den Quark mit der Milch und dem Zucker in einer Schüssel geschmeidig rühren. Den Quark in 4 Dessertschälchen verteilen. Die Erdbeeren dekorativ daraufgeben.
3. Die Erdbeer-Quark-Speise zugedeckt in den Kühlschrank stellen.

## Äpfel mit Karamell

4 Stück

*Zubereitungszeit:* 30 Minuten
*Backzeit:* etwa 35 Minuten

**Für den Karamell:**
6 EL Zucker
2 EL Wasser
100 ml heißes Wasser

pro Stück **0,75** Euro

**Für die Äpfel:**
4 Äpfel, z. B. Boskop
150 ml Wasser
2 TL Zucker
30 g Butter

**Für die Füllung:**
150 g Schlagsahne (mind. 30 % Fett)
1/2 Pck. Dr. Oetker Vanillin-Zucker

*Pro Stück:*
E: 1 g, F: 19 g, Kh: 41 g,
kJ: 1418, kcal: 339

1. Den Backofen vorheizen.
*Ober-/Unterhitze:* etwa 200 °C
*Heißluft:* etwa 180 °C
2. Für den Karamell Zucker und Wasser in einem Edelstahltopf so lange ohne umzurühren erhitzen, bis der Zucker honiggelb ist. Das heiße Wasser vorsichtig (Achtung: Es spritzt!) hinzugießen. Alles bei schwacher Hitze etwa 5 Minuten leicht dicklich einkochen.
3. Für die Äpfel die Äpfel abwaschen, abtrocknen und das Kerngehäuse mit einem Apfelausstecher ausstechen. Wasser in eine Auflaufform gießen und die Äpfel hineinsetzen.
4. Zucker und Butter gleichmäßig auf den Äpfeln verteilen. Die Form auf dem Rost in den vorgeheizten Backofen schieben. Die Äpfel etwa 35 Minuten backen, dabei evtl. während der letzten Minuten die Äpfel mit Alufolie zudecken. Die Äpfel etwas abkühlen lassen.
5. Für die Füllung Sahne mit Vanillin-Zucker steif schlagen. Die Äpfel mit der Sahne füllen, die Karamellsauce darübergießen und die Äpfel sofort servieren.

Apfelmus

Erdbeer-Sekt-Dessert

## Apfelmus

4 Portionen

pro Portion 0,50 Euro

*Zubereitungszeit:* 25 Minuten

750 g säuerliche Äpfel
5 EL Wasser
etwa 50 g Zucker

*Pro Portion:*
E: 1 g, F: 1 g, Kh: 30 g,
kJ: 553, kcal: 131

**1.** Äpfel waschen, abtropfen lassen, vierteln, entkernen und in Stücke schneiden.
**2.** Die Apfelstücke mit dem Wasser in einem Topf zugedeckt zum Kochen bringen. Apfelstücke bei schwacher Hitze weich dünsten lassen, dabei gelegentlich umrühren.
**3.** Anschließend die Apfelmasse durch ein Sieb streichen oder mit einem Pürierstab pürieren. Apfelmus mit Zucker abschmecken.

***Tipps:*** Für einen feinen Zimtgeschmack noch 1 Stange Zimt mitkochen lassen und nach dem Kochen wieder entfernen. Bei süßen Äpfeln die Hälfte des Wassers durch Zitronensaft ersetzen. Apfelmus kann sehr gut in größeren Mengen vorbereitet und eingefroren werden.

## Erdbeer-Sekt-Dessert

6 Portionen

*Zubereitungszeit:* 50 Minuten, ohne Kühlzeit

pro Portion 1,00 Euro

1 Pck. Gala Sahne-Pudding-Pulver
350 ml halbtrockener Sekt
3 EL Zucker
375 g Erdbeeren
1 EL Zucker
250 g Mascarpone (ital. Frischkäse)
evtl. 6 Schoko-Gebäckstäbchen

*Pro Portion:*
E: 2 g, F: 18 g, Kh: 22 g,
kJ: 1291, kcal: 308

**1.** Pudding-Pulver mit 50 ml von dem Sekt und Zucker anrühren. Restlichen Sekt in einem Topf zum Kochen bringen. Angerührtes Pudding-Pulver in den von der Kochstelle genommenen Sekt rühren und unter Rühren aufkochen lassen.
**2.** Den Sektpudding sofort in eine Schüssel geben. Die Frischhaltefolie direkt auf die Puddingoberfläche legen, damit sich keine Haut bildet. Den Pudding erkalten lassen.
**3.** Erdbeeren abspülen, gut abtropfen lassen und entstielen. Ein Drittel der Erdbeeren mit Zucker pürieren. Restliche Erdbeeren vierteln.
**4.** Den Pudding und Mascarpone mit einem Mixer (Rührstäbe) zu einer glatten Creme verrühren. Erdbeerpüree in 6 Sektgläsern verteilen. Gut die Hälfte der Sektcreme in einen Spritzbeutel mit großer Lochtülle füllen und vorsichtig auf das Erdbeerpüree spritzen.
**5.** Erdbeerviertel (6 Erdbeerstücke zum Garnieren beiseitelegen) auf die gespritzte Creme legen. Restliche Sektcreme mit dem Spritzbeutel darauf verteilen. Die Gläser bis zum Servieren in den Kühlschrank stellen.
**6.** Die Gläser vor dem Servieren mit den beiseitegelegten Erdbeerstücken und nach Belieben mit Schoko-Gebäckstäbchen garnieren.

## Erdbeer-Bananen-Teller mit Cornflakes

4 Portionen (ohne Foto)

*Zubereitungszeit:* 10 Minuten

pro Portion 0,90 Euro

500 g Erdbeeren
1–2 EL Zucker
1 Banane (etwa 200 g)
1 kg Dickmilch oder Joghurt
(3,5 % Fett)
8 EL Cornflakes

*Pro Portion:*
E: 11 g, F: 10 g, Kh: 32 g,
kJ: 1131, kcal: 271

**1.** Erdbeeren abspülen, gut abtropfen lassen, entstielen, vierteln und mit Zucker vermischen.
**2.** Die Banane schälen und in dünne Scheiben schneiden.
**3.** Dickmilch oder Joghurt verrühren und auf 4 Tellern anrichten.
**4.** Erdbeeren und Bananenscheiben darauf verteilen und mit Cornflakes bestreuen.

## Erdbeeren mit Keksen und Sahnepudding

4 Portionen

*Zubereitungszeit:* 25 Minuten, ohne Abkühlzeit

pro Portion 1,40 Euro

750 g Erdbeeren
100 g Mini-Butterkekse
20 g Puderzucker
125 ml Orangensaft
1 Pck. Dr. Oetker Pudding-Pulver Vanille-Geschmack
40 g Zucker
400 ml Milch (3,5 % Fett)
100 ml Orangensaft
250 g Schlagsahne (mind. 30 % Fett)
1–2 EL Haselnuss-Krokant

*Pro Portion:*
E: 10 g, F: 30 g, Kh: 73 g,
kJ: 2746, kcal: 657

**1.** Erdbeeren abspülen, gut abtropfen lassen, entstielen, halbieren oder vierteln.
**2.** Erdbeeren mit Mini-Keksen, Puderzucker und Orangensaft mischen und in einer flachen Schüssel verteilen.
**3.** Aus Pudding-Pulver, Zucker und Milch einen Pudding nach Packungsanleitung, aber mit den hier angegebenen Zutatenmengen, zubereiten. Den Pudding in eine Schüssel füllen. Frischhaltefolie direkt auf die Puddingoberfläche legen, damit sich keine Haut bildet. Pudding erkalten lassen.
**4.** Orangensaft unter den erkalteten Pudding rühren. Sahne steif schlagen und unterheben. Den Sahnepudding auf den Erdbeeren verteilen.
**5.** Das Dessert mit Haselnuss-Krokant garniert servieren.

***Tipp:*** Wenn der Pudding zu fest geworden ist, ihn evtl. durch ein Sieb streichen.

## Erdbeer-Tiramisu

4 Portionen

*Zubereitungszeit:* 20 Minuten, ohne Kühlzeit

pro Portion 1,90 Euro

150 g Cantuccini (ital. Mandelgebäck)
50 ml frisch gepresster Orangensaft
50 ml Orangenlikör
250 g Erdbeeren
25 g Puderzucker
400 g Schlagsahne (mind. 30 % Fett)
150 g Joghurt (3,5 % Fett)
125 g Crème double

*Pro Portion:*
E: 8 g, F: 51 g, Kh: 47 g,
kJ: 2980, kcal: 713

**1.** Cantuccini in einer großen Auflaufform verteilen. Orangensaft mit -likör mischen und die Cantuccini damit beträufeln.
**2.** Erdbeeren abspülen, gut abtropfen lassen und entstielen. Erdbeeren halbieren und mit der Schnittfläche nach unten auf die Cantuccini legen. Mit Puderzucker bestäuben.
**3.** Sahne steif schlagen, Joghurt und Crème double unterrühren. Joghurt-Sahne-Masse auf den Erdbeeren verteilen und zugedeckt etwa 3 Stunden in den Kühlschrank stellen.

Erdbeeren mit Keksen und Sahnepudding

Erdbeer-Tiramisu

Kapitel 10

Rezepte 901–1000

# Gebäck

Kalter Hund

## Kalter Hund

etwa 20 Stücke

pro Stück 0,18 Euro

*Zubereitungszeit:* 45 Minuten, ohne Kühlzeit

**Für die Schokoladencreme:**
200 g Zartbitter-Kuvertüre
400 g Vollmilch-Kuvertüre
150 g Kokosfett
200 g Schlagsahne
2 Pck. Dr. Oetker Vanillin-Zucker

etwa 250 g Butterkekse

*Pro Stück:*
E: 3 g, F: 24 g, Kh: 25 g,
kJ: 1360, kcal: 326

**1.** Eine Kastenform (25 x 11 cm) mit einem großen aufgeschnittenen Gefrierbeutel auslegen.
**2.** Für die Schokoladencreme beide Kuvertüren grob hacken. Kokosfett in Stücke schneiden. Die Sahne in einem Topf erwärmen, die Kuvertüren und das Kokosfett darin unter Rühren schmelzen. Die Schokoladenmasse gut verrühren und Vanillin-Zucker unterrühren.
**3.** Die Kastenform mit einer Schicht Butterkekse auslegen, die Kekse mit einem Sägemesser evtl. zurechtschneiden oder zerbrechen. Nun so viel Schokoladencreme auf der Keksschicht verteilen, dass diese bedeckt ist. Abwechselnd Schokoladencreme und Butterkekse in die Kastenform einschichten (7–8 Schichten).
**4.** Die Kastenform zugedeckt etwa 5 Stunden in den Kühlschrank stellen (am besten über Nacht), damit die Creme fest wird.
**5.** Den Kuchen auf eine Platte stürzen. Gefrierbeutel vorsichtig abziehen und den kalten Hund bis zum Servieren in den Kühlschrank stellen.

## Durstige Liese

etwa 20 Stücke

*Zubereitungszeit:* 15 Minuten, ohne Abkühlzeit
*Backzeit:* etwa 45 Minuten

**Für den Rührteig:**
200 g Butter oder Margarine (zimmerwarm)
200 g Zucker
1 Pck. Dr. Oetker Vanillin-Zucker
4 Eier (Größe M)
200 g Weizenmehl
50 g Speisestärke
2 TL Dr. Oetker Backin
1 Pck. Dr. Oetker Finesse Geriebene Zitronenschale

**Zum Beträufeln:**
150 ml Orangensaft
50 ml Zitronensaft
evtl. 1 EL Zucker

pro Stück **0,15** Euro

*Pro Stück:*
E: 2 g, F: 10 g, Kh: 21 g,
kJ: 765, kcal: 183

**1.** Den Backofen vorheizen.
*Ober-/Unterhitze:* etwa 180 °C
*Heißluft:* etwa 160 °C
**2.** Für den Teig die Butter oder Margarine mit einem Mixer (Rührstäbe) auf höchster Stufe geschmeidig rühren. Nach und nach Zucker und Vanillin-Zucker unterrühren. So lange rühren, bis eine gebundene Masse entstanden ist.
**3.** Eier nach und nach unterrühren (jedes Ei etwa 1/2 Minute). Mehl mit Speisestärke, Backpulver und Zitronenschale mischen und kurz auf mittlerer Stufe unterrühren.
**4.** Den Teig in eine Gugelhupfform (Ø 22–24 cm, gefettet) füllen. Die Form auf dem Rost in den vorgeheizten Backofen (unteres Drittel) schieben. Den Kuchen etwa 45 Minuten backen.
**5.** Den Kuchen etwa 10 Minuten in der Form stehen lassen, dann auf einen mit Backpapier belegten Kuchenrost stürzen.
**6.** Zum Beträufeln den Kuchen mit einem Holzstäbchen mehrmals einstechen und mit Orangen- und Zitronensaft (evtl. mit Zucker verrührt) beträufeln.

## Apfelkuchen, aprikotiert

etwa 20 Stücke

pro Stück **0,41** Euro

*Zubereitungszeit:* 30 Minuten, ohne Ruhezeit
*Backzeit:* etwa 30 Minuten

**Für den Hefeteig:**
375 g Weizenmehl
1 Pck. Hefeteig Garant
125 ml Milch (3,5 % Fett)
50 g Butter oder Margarine (zimmerwarm)
50 g Zucker
1 Pck. Dr. Oetker Vanillin-Zucker
1 Prise Salz
1 Ei (Größe M)

**Für den Belag:**
1 1/2 kg Äpfel, z. B. Elstar
3 EL Zitronensaft
100 g gestiftelte Mandeln
100 g Rosinen

**Zum Aprikotieren:**
4 EL Aprikosenkonfitüre
1 EL Wasser

*Pro Stück:*
E: 4 g, F: 6 g, Kh: 32 g,
kJ: 855, kcal: 204

**1.** Für den Teig das Mehl mit Hefeteig Garant in einer Rührschüssel mischen. Restliche Zutaten hinzufügen und mit einem Mixer (Knethaken) zunächst kurz auf niedrigster, dann auf höchster Stufe in etwa 2 Minuten zu einem glatten Teig verarbeiten. Den Teig nochmals kurz durchkneten, auf einem Backblech (30 x 40 cm, gefettet, gemehlt) ausrollen.
**2.** Für den Belag Äpfel schälen, vierteln und entkernen. Apfelviertel in dicke Spalten schneiden, mit dem Zitronensaft mischen.
**3.** Apfelspalten dachziegelartig auf den Teig legen. Mandeln und Rosinen daraufstreuen. Teig etwa 10 Minuten ruhen lassen.
**4.** In der Zwischenzeit den Backofen vorheizen.
*Ober-/Unterhitze:* etwa 200 °C
*Heißluft:* etwa 180 °C
**5.** Das Backblech in den vorgeheizten Backofen schieben. Den Kuchen etwa 30 Minuten backen.
**6.** Das Backblech auf einen Kuchenrost stellen.
**7.** Zum Aprikotieren Konfitüre und Wasser in einem Topf unter Rühren aufkochen. Den heißen Apfelkuchen damit bestreichen, erkalten lassen.

Durstige Liese

Apfelkuchen, aprikotiert

## Kirschbutter-Kuchen

etwa 20 Stücke

*Zubereitungszeit:* 40 Minuten
*Backzeit:* etwa 30 Minuten

**Für den Quark-Öl-Teig:**

pro Stück 0,20 Euro

300 g Weizenmehl
1 Pck. Dr. Oetker Backin
150 g Magerquark
100 ml Milch (3,5 % Fett)
100 ml Sonnenblumenöl
80 g Zucker
1 Pck. Dr. Oetker Vanillin-Zucker
1 Prise Salz

740 g gut abgetropfte Sauerkirschen (aus Gläsern)

**Für die Kirschbutter:**
4 EL Kirschkonfitüre
125 g Butter (zimmerwarm)
3 Eigelb (Größe M)
3 Eiweiß (Größe M)
75 g Zucker

*Pro Stück:*
E: 4 g, F: 12 g, Kh: 31 g,
kJ: 1051, kcal: 251

**1.** Den Backofen vorheizen.
*Ober-/Unterhitze:* etwa 180 °C
*Heißluft:* etwa 160 °C

**2.** Für den Teig Mehl mit Backpulver in einer Rührschüssel mischen. Restliche Zutaten hinzufügen und mit einem Mixer (Knethaken) zunächst kurz auf niedrigster, dann auf höchster Stufe in etwa 1 Minute zu einem Teig verarbeiten (nicht zu lange, Teig klebt sonst). Den Teig auf der leicht bemehlten Arbeitsfläche zu einer Rolle formen.

**3.** Den Teig auf einem Backblech (30 x 40 cm, gefettet) ausrollen. Die Sauerkirschen darauf verteilen.

**4.** Für die Kirschbutter Konfitüre mit Butter und Eigelb gut verrühren. Eiweiß steif schlagen, Zucker unterschlagen. Die Eischneemasse unter die Kirschbutter heben und auf den belegten Teig streichen.

**5.** Das Backblech in den vorgeheizten Backofen schieben. Den Kuchen etwa 30 Minuten backen.

**6.** Backblech auf einen Kuchenrost stellen, den Kuchen erkalten lassen.

## Kokosmilchkuchen

etwa 25 Stücke

*Zubereitungszeit:* 15 Minuten, ohne Abkühlzeit
*Backzeit:* etwa 20 Minuten

**Für den All-in-Teig:**

pro Stück 0,14 Euro

400 g Weizenmehl
3 gestr. TL Dr. Oetker Backin
225 g Zucker
4 Eier (Größe M)
150 g Butter oder Margarine (zimmerwarm)
150 ml ungesüßte Kokosmilch

**Für den Guss:**
250 g Puderzucker
etwa 100 ml ungesüßte Kokosmilch
gelbe und rote Speisefarbe

*Pro Stück:*
E: 3 g, F: 7 g, Kh: 32 g,
kJ: 825, kcal: 197

**1.** Den Backofen vorheizen.
*Ober-/Unterhitze:* etwa 180 °C
*Heißluft:* etwa 160 °C

**2.** Für den Teig Mehl mit Backpulver in einer Rührschüssel mischen. Restliche Zutaten hinzufügen. Die Zutaten mit einem Mixer (Rührstäbe) zunächst kurz auf niedrigster, dann auf höchster Stufe in etwa 2 Minuten zu einem glatten Teig verarbeiten.

**3.** Den All-in-Teig auf einem Backblech (30 x 40 cm, gefettet, gemehlt) verteilen und glatt streichen. Das Backblech in den vorgeheizten Backofen (unteres Drittel) schieben. Den Kuchen etwa 20 Minuten backen.

**4.** Backblech auf einen Kuchenrost stellen. Den Kuchen erkalten lassen.

**5.** Für den Guss den Puderzucker mit Kokosmilch zu einer dickflüssigen Masse verrühren. Den Kuchen mit etwa zwei Dritteln des Gusses überziehen. Den restlichen Guss in 3 Por-

Kirschbutter-Kuchen

Kokosmilchkuchen

Kirsch-Mandel-Muffins

Nusskuchen mit Kaffeeguss

tionen teilen und mit Speisefarbe rot, gelb und orange einfärben.
**6.** Den Guss getrennt in 3 kleine Gefrierbeutel füllen, je eine kleine Spitze abschneiden und abwechselnd Linien auf den noch feuchten Guss spritzen. Mit einem Holzstäbchen abwechselnd von oben nach unten und von unten nach oben durch den Guss ziehen, sodass geschwungene Linien entstehen.

## Kirsch-Mandel-Muffins

12 Stück

*Zubereitungszeit:* 20 Minuten, ohne Abkühlzeit
*Backzeit:* etwa 25 Minuten

pro Stück 0,46 Euro

170 g Weizenmehl
100 g gem. Mandeln
3 gestr. TL Dr. Oetker Backin
1 Prise Salz
120 g brauner Zucker
150 ml Milch (3,5 % Fett)
1 Ei (Größe M)
80 ml Speiseöl, z. B. Maiskeimöl
350 g abgetropfte Sauerkirschen (aus dem Glas)
80 g weiße Schokolade

*Pro Stück:*
E: 5 g, F: 15 g, Kh: 31 g,
kJ: 1175, kcal: 281

**1.** Den Backofen vorheizen.
*Ober-/Unterhitze:* etwa 180 °C
*Heißluft:* etwa 160 °C
**2.** Mehl, Mandeln, Backpulver, Salz und Zucker in einer Rührschüssel mit einem Schneebesen verrühren.
**3.** Milch, Ei und Speiseöl in einem Rührbecher mit dem Schneebesen verrühren. Die flüssigen Zutaten zu der Mehl-Mandel-Mischung in die Rührschüssel geben und zu einem glatten Teig verrühren.
**4.** Die Hälfte des Teiges in eine Muffinform (für 12 Muffins, gefettet, gemehlt) geben. Die Hälfte der Sauerkirschen darauflegen. Restlichen Teig darauf verteilen und die restlichen Kirschen daraufgeben. Die Form auf dem Rost in den vorgeheizten Backofen schieben. Die Muffins etwa 25 Minuten backen.
**5.** Die Form auf einen Kuchenrost stellen. Muffins etwa 5 Minuten in der Form abkühlen lassen. Dann die Schokolade in kleine Stücke schneiden. Die Muffins aus der Form lösen, auf den Kuchenrost setzen und mit den Schokoladenstückchen belegen. Muffins auf dem Kuchenrost erkalten lassen.

## Nusskuchen mit Kaffeeguss

etwa 20 Stücke

pro Stück 0,47 Euro

*Zubereitungszeit:* 30 Minuten
*Backzeit:* etwa 25 Minuten

**Für den Schüttelteig:**
200 g Weizenmehl
4 gestr. TL Dr. Oetker Backin
225 g Zucker
1 Pck. Dr. Oetker Vanillin-Zucker
3 Eier (Größe M), 2–3 EL Rum
gut 200 ml Speiseöl
300 g gem. Haselnusskerne

**Für den Guss:**
20 g Butter, 200 g Puderzucker
1 geh. TL Instant-Kaffeepulver
150 g saure Sahne
2–3 EL heißes Wasser

*Pro Stück:*
E: 4 g, F: 22 g, Kh: 31 g,
kJ: 1412, kcal: 337

**1.** Den Backofen vorheizen.
*Ober-/Unterhitze:* etwa 180 °C
*Heißluft:* etwa 160 °C
**2.** Für den Teig das Mehl mit Backpulver mischen, in eine verschließbare Schüssel (etwa 3-Liter-Inhalt) geben, mit Zucker und Vanillin-Zucker mischen. Eier, Rum und Speiseöl hinzufügen. Die Schüssel mit dem Deckel fest verschließen.
**3.** Schüssel mehrmals (insgesamt 15–30 Sekunden) kräftig schütteln, sodass alle Zutaten gut vermischt sind. Die Haselnusskerne hinzufügen. Alles mit einem Schneebesen nochmals sorgfältig durchrühren, damit trockene Zutaten vom Rand und Deckel mit untergerührt werden.
**4.** Den Schüttelteig auf ein Backblech (30 x 40 cm, gefettet) geben, glatt streichen. Das Backblech in den vorgeheizten Backofen schieben. Den Kuchen etwa 25 Minuten backen.
**5.** Das Backblech auf einen Kuchenrost stellen.
**6.** Für den Guss die Butter zerlassen. Den Puderzucker mit dem Kaffeepulver in einer Schüssel mischen. Saure Sahne, Wasser und die zerlassene Butter hinzufügen. Die Zutaten zu einer dickflüssigen Masse verrühren. Den heißen Kuchen damit bestreichen. Den Guss fest werden lassen.

Orangen-Butterkeks-Kuchen

10 mm) füllen. Sahnetupfen auf die Kuchenoberfläche spritzen.

**7.** Von der Schokolade mit einem Sparschäler Schokolocken abschaben. Den Kuchen mit den Schokolocken bestreuen und mit den beiseitegelegten Orangenfilets garnieren.

## Orangen-Butterkeks-Kuchen

etwa 15 Stücke

pro Stück 0,33 Euro

*Zubereitungszeit:* 25 Minuten, ohne Kühlzeit

**Für die Füllung:**
8 Blatt weiße Gelatine
500 g Orangenjoghurt
30 g Zucker
250 g Schlagsahne (mind. 30 % Fett)
3 mittelgroße Orangen

**Außerdem:**
200 g Butterkekse

**Zum Verzieren und Garnieren:**
200 g Schlagsahne (mind. 30 % Fett)
30 g Zartbitter-Schokolade

*Pro Stück:*
E: 4 g, F: 14 g, Kh: 19 g,
kJ: 933, kcal: 223

**1.** Für die Füllung die Gelatine in kaltem Wasser nach Packungsanleitung einweichen. Joghurt und Zucker in einer Schüssel verrühren. Die eingeweichte Gelatine leicht ausdrücken und in einem kleinen Topf unter Rühren bei schwacher Hitze auflösen. Zunächst etwa 4 Esslöffel der Joghurtmasse mit der Gelatine verrühren, dann unter die restliche Joghurtmasse rühren. Die Masse in den Kühlschrank stellen.

**2.** Sahne steif schlagen. Sobald die Joghurtmasse anfängt zu gelieren, Sahne unterheben.

**3.** Die Orangen so schälen, dass die weiße Haut mitentfernt wird. Die Orangenfilets herausschneiden. Einige Filets zum Garnieren beiseitelegen. Restliche Filets evtl. halbieren und unter die Joghurtcreme heben.

**4.** Eine Lage Butterkekse in eine Kastenform (25 x 11 cm, mit Backpapier ausgelegt) legen, mit einem Drittel der Joghurtcreme bestreichen und mit Butterkeksen belegen. Restliche Joghurtcreme und Butterkekse auf die gleiche Weise einschichten. Die oberste Schicht sollte aus Butterkeksen bestehen. Den Kuchen mindestens 2 Stunden in den Kühlschrank stellen.

**5.** Den Butterkeks-Kuchen auf eine Platte stürzen und das Backpapier entfernen.

**6.** Zum Verzieren und Garnieren die Sahne steif schlagen. Den Kuchen mit etwa 4 Esslöffeln Sahne einstreichen. Die restliche Sahne in einen Spritzbeutel mit Lochtülle (Ø etwa

## Sägespänekuchen

etwa 25 Stücke

*Zubereitungszeit:* 45 Minuten, ohne Abkühlzeit
*Backzeit:* etwa 20 Minuten

pro Stück 0,24 Euro

**Für den All-in-Teig:**
150 g Weizenmehl
50 g Speisestärke
15 g gesiebtes Kakaopulver
4 gestr. TL Dr. Oetker Backin
200 g Zucker
1 Pck. Dr. Oetker Vanillin-Zucker
1 Prise Salz
4 Eier (Größe M)
200 g Butter oder Margarine (zimmerwarm)
2–3 EL Milch

**Für die Buttercreme:**
1 Pck. Dr. Oetker Pudding-Pulver Vanille-Geschmack
500 ml Milch (3,5 % Fett)
75 g Zucker
200 g Butter (zimmerwarm)

**Für den Belag:**
75 g Butter
100 g Zucker
200 g Kokosraspel

*Pro Stück:*
E: 3 g, F: 23 g, Kh: 24 g,
kJ: 1329, kcal: 318

**1.** Den Backofen vorheizen.
*Ober-/Unterhitze:* etwa 180 °C
*Heißluft:* etwa 160 °C

**2.** Für den Teig Mehl mit Speisestärke, Kakao und Backpulver in einer Rührschüssel mischen. Restliche Zutaten hinzufügen und mit einem Mixer (Rührstäbe) zunächst kurz auf niedrigster, dann auf höchster Stufe in etwa 2 Minuten zu einem glatten Teig verarbeiten.

**3.** Den All-in-Teig auf ein Backblech (30 x 40 cm, gefettet) geben und glatt streichen. Das Backblech in den vorgeheizten Backofen schieben. Den Gebäckboden etwa 20 Minuten backen.

**4.** Das Backblech auf einen Kuchenrost stellen. Den Gebäckboden erkalten lassen.

**5.** Für die Buttercreme einen Pudding nach Packungsanleitung aus Pudding-Pulver und Milch, aber nur mit 75 g Zucker zubereiten. Den Pudding sofort in eine Schüssel geben. Frischhaltefolie direkt auf die Puddingoberfläche legen, damit sich keine Haut bildet. Den Pudding bei Zimmertemperatur erkalten lassen.

**6.** Die Butter mit einem Mixer (Rührstäbe) geschmeidig rühren, dann den Pudding esslöffelweise unterrühren. Dabei darauf achten, dass Pudding und Butter Zimmertemperatur haben, da die Creme sonst gerinnt. Die Buttercreme auf den Gebäckboden geben und glatt streichen. Die Creme fest werden lassen.

**7.** Für den Belag die „Sägespäne" zubereiten. Dazu Butter in einem Topf zerlassen. Zucker und Kokosraspel hinzufügen und unter Rühren leicht bräunen. „Sägespäne" etwas abkühlen lassen und gleichmäßig auf die Buttercreme streuen, evtl. leicht andrücken.

## Pink Raspberry

12 Stück

*Zubereitungszeit:* 35 Minuten, ohne Abkühlzeit
*Backzeit:* etwa 30 Minuten

pro Stück 0,66 Euro

**Für den Teig:**
3 Eiweiß (Größe M)
1 Prise Salz
170 g Zucker
3 Eigelb (Größe M)
125 g Butter oder Margarine (zimmerwarm)
140 g Weizenmehl
1 Pck. Dr. Oetker Rote Grütze Himbeer-Geschmack (Dessertpulver ohne Sago)
1 Msp. Natron
50 ml (4 EL) Mineralwasser mit Kohlensäure

**Für das Topping:**
40 g Puderzucker
1 Pck. Sahnesteif
300 g Schlagsahne (mind. 30 % Fett)
250 g Himbeeren

**Außerdem:**
12 Muffin-Papierbackförmchen

*Pro Stück:*
E: 4 g, F: 18 g, Kh: 31 g,
kJ: 1284, kcal: 307

**1.** Den Backofen vorheizen.
*Ober-/Unterhitze:* etwa 180 °C
*Heißluft:* etwa 160 °C

**2.** Für den Teig Eiweiß mit Salz in eine Rührschüssel geben und mit einem Mixer (Rührstäbe) auf höchster Stufe steif schlagen. Eischnee etwa 3 Minuten weiterschlagen, dabei nach und nach den Zucker unterschlagen.

**3.** In einer zweiten Rührschüssel Eigelb mit Butter oder Margarine mit dem Mixer (Rührstäbe) auf höchster Stufe schaumig rühren. Mehl mit Rote-Grütze-Pulver und Natron mischen, abwechselnd mit Mineralwasser auf niedrigster Stufe kurz unterrühren. Eischnee in 2 Portionen auf niedrigster Stufe kurz unterrühren.

**4.** Den Teig in einer Muffinform (für 12 Muffins, mit Papierbackförmchen ausgelegt) verteilen. Die Form auf dem Rost in den vorgeheizten Backofen schieben. Die Cupcakes etwa 30 Minuten backen.

**5.** Die Form auf einen Kuchenrost stellen. Cupcakes nach etwa 5 Minuten aus der Form heben und auf dem Kuchenrost erkalten lassen.

**6.** Für das Topping Puderzucker und Sahnesteif mischen. Die Sahne 1/2 Minute aufschlagen, dann unter Schlagen das Puderzucker-Sahnesteif-Gemisch einrieseln lassen und die Sahne vollständig steif schlagen.

**7.** Die Himbeeren verlesen. 12 Himbeeren beiseitelegen, restliche Himbeeren kurz unter die Sahne rühren, sodass einige Beeren zerdrückt werden. Die Himbeersahne auf den Cupcakes verstreichen. Die Cupcakes mit je 1 Himbeere garnieren.

Sägespänekuchen

Pink Raspberry

## Zuckerkuchen

etwa 20 Stücke

*Zubereitungszeit:* 20 Minuten, ohne Ruhe- und Abkühlzeit
*Backzeit:* etwa 20 Minuten

pro Stück 0,11 Euro

**Für den Hefeteig:**
50 g Butter
375 g Weizenmehl
1 Pck. Hefeteig Garant
75 g Zucker
1 Pck. Dr. Oetker Vanillin-Zucker
1 Prise Salz, 1 Ei (Größe M)
150 ml Milch (3,5 % Fett)

**Für den Belag:**
75 g kalte Butter
120 g Zucker, 150 g saure Sahne

*Pro Stück:*
E: 3 g, F: 7 g, Kh: 25 g,
kJ: 744, kcal: 178

**1.** Für den Teig Butter zerlassen und abkühlen lassen. Das Mehl in einer Rührschüssel sorgfältig mit Hefeteig Garant vermischen. Zucker, Vanillin-Zucker, Salz, Ei, Milch und die zerlassene Butter hinzufügen. Die Zutaten mit einem Mixer (Knethaken) zunächst kurz auf niedrigster, dann auf höchster Stufe in etwa 2 Minuten zu einem glatten Teig verarbeiten.
**2.** Den Teig auf der leicht bemehlten Arbeitsfläche zu einer Rolle formen, auf einem Backblech (30 x 40 cm, gefettet) ausrollen.
**3.** Für den Belag die Butter in Flöckchen gleichmäßig auf den Teig setzen. Den Zucker daraufstreuen. Den Teig etwa 15 Minuten ruhen lassen.
**4.** Den Backofen vorheizen.
*Ober-/Unterhitze:* etwa 200 °C
*Heißluft:* etwa 180 °C
**5.** Das Backblech in den vorgeheizten Backofen schieben. Den Kuchen etwa 20 Minuten backen.
**6.** Etwa 5 Minuten vor Ende der Backzeit den Kuchen gleichmäßig mit saurer Sahne bestreichen und den Kuchen fertig backen.
**7.** Backblech auf einen Kuchenrost stellen, den Kuchen erkalten lassen.

## Schmandkuchen

etwa 20 Stücke

*Zubereitungszeit:* 25 Minuten
*Backzeit:* etwa 30 Minuten

pro Stück 0,22 Euro

150 g Rosinen

**Für den Quark-Öl-Teig:**
300 g Weizenmehl
3 gestr. TL Dr. Oetker Backin
150 g Magerquark
100 ml Milch (3,5 % Fett)
75 ml Speiseöl, z. B. Sonnenblumenöl
75 g Zucker, 1 Prise Salz

**Für den Belag:**
1 Pck. Dr. Oetker Pudding-Pulver Vanille-Geschmack
75 g Zucker
375 ml Milch (3,5 % Fett)
500 g Schmand (Sauerrahm)

*Pro Stück:*
E: 4 g, F: 11 g, Kh: 27 g,
kJ: 959, kcal: 229

**1.** Rosinen mit kochendem Wasser übergießen und kurz ziehen lassen.
**2.** Für den Teig in der Zwischenzeit Mehl mit Backpulver in einer Rührschüssel mischen. Die restlichen Zutaten hinzufügen und mit einem Mixer (Knethaken) zunächst kurz auf niedrigster, dann auf höchster Stufe in etwa 1 Minute zu einem Teig verarbeiten (nicht zu lange, Teig klebt sonst).
**3.** Den Teig auf einem Backblech (30 x 40 cm, gefettet) ausrollen. Die Rosinen abtropfen lassen, trocken tupfen und auf den Teig streuen.
**4.** Den Backofen vorheizen.
*Ober-/Unterhitze:* etwa 200 °C
*Heißluft:* etwa 180 °C
**5.** Für den Belag aus Pudding-Pulver, Zucker und Milch nach Packungsanleitung, aber mit den hier angegebenen Zutaten, einen Pudding zubereiten. Den Schmand unterrühren. Die Puddingcreme auf dem Teig verstreichen. Das Backblech in den vorgeheizten Backofen schieben. Den Kuchen etwa 30 Minuten backen.
**6.** Das Backblech auf einen Kuchenrost stellen. Den Kuchen nach Belieben in Dreiecke schneiden.

Zuckerkuchen

Schmandkuchen

Zimtrollen

Schokoladen-Aprikosen-Kuchen

## Zimtrollen

etwa 10 Stück

pro Stück 0,26 Euro

*Zubereitungszeit:* 20 Minuten, ohne Ruhezeit
*Backzeit:* 25–30 Minuten

**Für den Hefeteig:**
375 g Weizenmehl
1 Pck. Hefeteig Garant
75 g Zucker
150 ml Milch (3,5 % Fett)
75 g Butter (zimmerwarm)
1 gestr. TL gem. Kardamom

50 g Butter (zimmerwarm)
50 g Zucker
1 gestr. TL gem. Zimt
60 g Rosinen
etwas Kondensmilch

*Pro Stück:*
E: 5 g, F: 12 g, Kh: 49 g,
kJ: 1386, kcal: 331

**1.** Für den Teig Mehl mit Hefeteig Garant in einer Rührschüssel sorgfältig vermischen. Zucker, Milch, Butter und Kardamom hinzufügen. Die Zutaten mit einem Mixer (Knethaken) zunächst kurz auf niedrigster, dann auf höchster Stufe in etwa 5 Minuten zu einem glatten Teig verarbeiten.
**2.** Den Teig auf einer mit Mehl bestäubten Arbeitsfläche zu einem Rechteck (etwa 25 x 30 cm) ausrollen. Die Teigplatte mit der sehr weichen Butter bestreichen. Zucker mit Zimt mischen und gleichmäßig auf den Hefeteig streuen. Die Rosinen darauf verteilen.
**3.** Den Teig von der längeren Seite her locker aufrollen (der Teig muss noch aufgehen können). Die Teigrolle in etwa 3 cm dicke Scheiben schneiden. Die Zimtrollen mit viel Abstand auf ein Backblech (mit Backpapier belegt) legen und mit den Händen flach drücken. Zimtrollen zugedeckt etwa 15 Minuten ruhen lassen.
**4.** In der Zwischenzeit den Backofen vorheizen.
*Ober-/Unterhitze:* etwa 180 °C
*Heißluft:* etwa 160 °C
**5.** Zimtrollen mit Kondensmilch bestreichen. Das Backblech in den vorgeheizten Backofen schieben. Zimtrollen 25–30 Minuten backen.
**6.** Das Backblech auf einen Kuchenrost stellen. Die Zimtrollen erkalten lassen.

## Schokoladen-Aprikosen-Kuchen

etwa 20 Stücke

pro Stück 0,24 Euro

*Zubereitungszeit:* 20 Minuten, ohne Abkühlzeit
*Backzeit:* etwa 30 Minuten

**Für den Teig:**
200 g Weizenmehl
2 1/2 gestr. TL Dr. Oetker Backin
3 EL gesiebtes Kakaopulver
5 Eier (Größe M)
125 g Zucker
200 g Butter (zimmerwarm)
150 g Schokoladenpudding (aus dem Kühlregal)
960 g abgetropfte Aprikosenhälften (aus Dosen)

**Zum Bestreichen:**
2 EL Fruchtaufstrich Aprikose (ohne Fruchtstücke) oder Aprikosenkonfitüre

*Pro Stück:*
E: 4 g, F: 11 g, Kh: 24 g,
kJ: 911, kcal: 218

**1.** Den Backofen vorheizen.
*Ober-/Unterhitze:* etwa 180 °C
*Heißluft:* etwa 160 °C
**2.** Für den Teig Mehl mit Backpulver und Kakao in einer Rührschüssel mischen. Eier, Zucker, Butter und Schokoladenpudding hinzufügen. Die Zutaten mit einem Mixer (Rührstäbe) auf höchster Stufe in etwa 2 Minuten zu einem glatten Teig verarbeiten.
**3.** Einen Backrahmen in der Größe des Backbleches auf ein Backblech (30 x 40 cm, gefettet) stellen. Den Teig hineingeben und glatt streichen. Die Aprikosenhälften mit der Wölbung nach oben auf dem Teig verteilen.
**4.** Das Backblech in den vorgeheizten Backofen (unteres Drittel) schieben. Den Kuchen etwa 30 Minuten backen.
**5.** Das Backblech auf einen Kuchenrost stellen. Den Kuchen erkalten lassen.
**6.** Zum Bestreichen den Fruchtaufstrich oder die Konfitüre in einem kleinen Topf zum Kochen bringen. Die Aprikosenhälften damit bestreichen.
**7.** Den Backrahmen lösen und entfernen. Kuchen in Stücke schneiden.

Zitronen-Preiselbeer-Schnecken

Orangen-Schoko-Sterne

## Zitronen-Preiselbeer-Schnecken

pro Stück 0,34 Euro

etwa 20 Stück

*Zubereitungszeit:* 30 Minuten, ohne Ruhezeit
*Backzeit:* 15–20 Minuten je Backblech

**Für den Hefeteig:**
500 g Weizenmehl
1 Pck. Hefeteig Garant
50 g Zucker
1 Pck. Dr. Oetker Vanillin-Zucker
1 Prise Salz
2 Pck. Dr. Oetker Finesse Geriebene Zitronenschale
2 Eier (Größe M)
150 ml fettarme Milch (1,5 % Fett)
100 g Halbfett-Butter (39 % Fett, zimmerwarm)

**Für die Füllung:**
1 Pck. Backfeste Pudding-Creme
250 ml fettarme Milch (1,5 % Fett)
300 g Wild-Preiselbeeren (aus dem Glas)

**Zum Aprikotieren:**
4 EL Aprikosenkonfitüre (etwa 120 g)
2 EL Wasser

*Pro Stück:*
E: 4 g, F: 3 g, Kh: 36 g,
kJ: 1097, kcal: 193

**1.** Für den Teig das Mehl in eine Rührschüssel geben und mit Hefeteig Garant sorgfältig vermischen. Restliche Zutaten hinzufügen und mit einem Mixer (Knethaken) zunächst kurz auf niedrigster, dann auf höchster Stufe in etwa 2 Minuten zu einem glatten Teig verarbeiten.
**2.** Teig leicht mit Mehl bestäuben, auf der leicht bemehlten Arbeitsfläche nochmals kurz durchkneten und zu einem Rechteck (etwa 30 x 40 cm) ausrollen.
**3.** Für die Füllung Pudding-Creme mit Milch nach Packungsanleitung zubereiten, Preiselbeeren unterrühren. Die Creme auf dem Teig verteilen, dabei einen etwa 1 cm breiten Rand frei lassen.
**4.** Den Teig von der längeren Seite her aufrollen und in etwa 20 etwa 2 cm dicke Scheiben schneiden (am besten mit einem Sägemesser). Die Teigscheiben auf Backbleche (gefettet, mit Backpapier belegt) legen und etwa 15 Minuten ruhen lassen.
**5.** Den Backofen vorheizen.
*Ober-/Unterhitze:* etwa 180 °C
*Heißluft:* etwa 160 °C
**6.** Die Backbleche nacheinander im unteren Drittel (bei Heißluft zusammen) in den vorgeheizten Backofen schieben. Die Schnecken 15–20 Minuten je Backblech backen.
**7.** Die Backbleche auf je einen Kuchenrost stellen. Zum Aprikotieren Konfitüre durch ein Sieb streichen und mit Wasser in einem Topf unter Rühren etwas einkochen lassen. Die Schnecken sofort damit bestreichen.
**8.** Zitronen-Preiselbeer-Schnecken auf dem Backpapier auf Kuchenrosten erkalten lassen.

## Orangen-Schoko-Sterne

pro Stück 0,58 Euro

8 Stück

*Zubereitungszeit:* 30 Minuten, ohne Abkühlzeit
*Backzeit:* etwa 25 Minuten

**Für den Rührteig:**
100 g geschmolzene, abgekühlte Zartbitter-Kuvertüre
5 EL Sonnenblumenöl
75 g Zucker
1 Pck. Dr. Oetker Vanillin-Zucker
1 Pck. Dr. Oetker Finesse Orangenschalen-Aroma
3 Eier (Größe M)
200 g Weizenmehl
2 gestr. TL Dr. Oetker Backin

einige gehobelte Mandeln für die Förmchen

**Für die Füllung:**
Orangenfilets von 3 Orangen oder 175 g gut abgetropfte Mandarinen (aus der Dose)

**Zum Bestreuen und Bestäuben:**
25 g gehobelte Mandeln
etwas Puderzucker

**Außerdem:**
8 Sternbackförmchen (Ø etwa 10 cm)

*Pro Stück:*
E: 7 g, F: 17 g, Kh: 41 g,
kJ: 1464, kcal: 350

**1.** Den Backofen vorheizen.
*Ober-/Unterhitze:* etwa 180 °C
*Heißluft:* etwa 160 °C
**2.** Für den Rührteig Kuvertüre und Sonnenblumenöl in einer Rührschüssel mit einem Mixer (Rührstäbe) auf höchster Stufe zu einer geschmeidigen Masse verrühren. Nach und nach Zucker, Vanillin-Zucker und Aroma unterrühren, bis eine gebundene Masse entstanden ist.
**3.** Die Eier nach und nach unterrühren (jedes Ei etwa 1/2 Minute). Mehl mit Backpulver mischen, in 2 Portionen kurz auf mittlerer Stufe unterrühren. Die Hälfte des Teiges in 8 Sternbackförmchen (gefettet, mit Mandeln ausgestreut) verteilen.
**4.** Für die Füllung Orangenfilets halbieren. Orangenfilets oder die Mandarinen auf den Teig in die Förmchen legen. Restlichen Teig darauf verteilen und mit den Mandeln bestreuen.
**5.** Die Förmchen auf dem Rost in den vorgeheizten Backofen schieben und die Sterne etwa 25 Minuten backen.
**6.** Die Förmchen auf einen Kuchenrost stellen. Die Gebäcksterne in den Förmchen etwas abkühlen lassen, dann vorsichtig vom Rand lösen. Die Gebäcksterne auf den Kuchenrost stürzen und erkalten lassen.
**7.** Die Schoko-Sterne vor dem Servieren mit Puderzucker bestäuben.

## Zitronen-Götterspeise-Kuchen

pro Stück 0,25 Euro

etwa 20 Stücke

*Zubereitungszeit:* 30 Minuten, ohne Abkühl- und Gelierzeit
*Backzeit:* etwa 25 Minuten

**Für den Rührteig:**
120 g Butter oder Margarine (zimmerwarm)
120 g Zucker
1 Prise Salz
1 Pck. Dr. Oetker Finesse Geriebene Zitronenschale
3 Eier (Größe M)
250 g Weizenmehl
50 g Speisestärke
3 gestr. TL Dr. Oetker Backin
150 g Joghurt (1,5 % Fett)

**Für den Belag:**
2 Beutel aus 1 Pck. Götterspeise Zitronen-Geschmack
450 ml Wasser
180 g Zucker
450 g Joghurt (1,5 % Fett)
100 g Schlagsahne (30 % Fett)

*Pro Stück:*
E: 4 g, F: 8 g, Kh: 28 g,
kJ: 864, kcal: 206

**1.** Den Backofen vorheizen.
*Ober-/Unterhitze:* etwa 200 °C
*Heißluft:* etwa 180 °C
**2.** Für den Teig Butter oder Margarine in einer Rührschüssel mit einem Mixer (Rührstäbe) auf höchster Stufe geschmeidig rühren. Nach und nach Zucker, Salz und Zitronenschale unterrühren. So lange rühren, bis eine gebundene Masse entstanden ist.
**3.** Die Eier nach und nach unterrühren (jedes Ei etwa 1/2 Minute). Mehl mit Speisestärke und Backpulver mischen, abwechselnd in 2 Portionen mit dem Joghurt kurz auf mittlerer Stufe unterrühren.
**4.** Den Rührteig auf ein Backblech (30 x 40 cm, gefettet) geben, glatt streichen. Das Backblech in den vorgeheizten Backofen schieben. Den Teig etwa 25 Minuten backen.
**5.** Das Backblech auf einen Kuchenrost stellen. Die Gebäckplatte erkalten lassen.
**6.** Für den Belag beide Beutel Götterspeise nach Packungsanleitung, aber mit nur 150 ml Wasser, zum Quellen anrühren. Den Zucker zu der gequollenen Götterspeise geben. Götterspeise nach Packungsanleitung auflösen.
**7.** 300 ml kaltes Wasser vorsichtig unter die aufgelöste Götterspeise rühren. 150 ml der Götterspeisenflüssigkeit in ein flaches Gefäß gießen und zugedeckt zum Gelieren in den Kühlschrank stellen.
**8.** Die restliche Flüssigkeit in eine Rührschüssel geben. Den Joghurt unterrühren. Sahne steif schlagen und unterheben. Die Zitronencreme kurz in den Kühlschrank stellen, bis sie anfängt zu gelieren.
**9.** Zitronencreme auf der Gebäckplatte gleichmäßig verstreichen. Die fest gewordene Götterspeise mit einem Messer in kleine Stücke teilen, auf der Creme verteilen. Den Kuchen kurz in den Kühlschrank stellen.

Zitronen-Götterspeise-Kuchen

## Mandarinen-Vanille-Muffins

12 Stück

pro Stück 0,22 Euro

*Zubereitungszeit:* 25 Minuten
*Backzeit:* etwa 25 Minuten

**Für den Teig:**
170 g Weizenmehl
1 Pck. Gala Bourbon-Vanille-Pudding-Pulver
3 gestr. TL Dr. Oetker Backin
1 Prise Salz
120 g Zucker
150 ml Milch (1,5 % Fett)
80 ml neutrales Speiseöl, z. B. Sonnenblumenöl
1 Ei (Größe M)
350 g abgetropfte Mandarinen (aus der Dose)

**Außerdem:**
12 Muffin-Papierbackförmchen

*Pro Stück:*
E: 3 g, F: 8 g, Kh: 29 g,
kJ: 818, kcal: 195

**1.** Den Backofen vorheizen.
*Ober-/Unterhitze:* etwa 180 °C
*Heißluft:* etwa 160 °C
**2.** Für den Teig Mehl, Pudding-Pulver, Backpulver, Salz und Zucker in einer Rührschüssel mit einem Schneebesen verrühren.
**3.** Milch, Speiseöl und Ei in einem Rührbecher mit dem Schneebesen verrühren.
**4.** Die flüssigen Zutaten zu der Mehl-Pudding-Pulver-Mischung in die Rührschüssel geben und zu einem glatten Teig verrühren. Die Hälfte der Mandarinen unterheben.
**5.** Den Teig in eine Muffinform (für 12 Muffins, mit Papierbackförmchen ausgelegt) geben und mit den restlichen Mandarinen belegen.
**6.** Die Form auf dem Rost in den vorgeheizten Backofen schieben. Mandarinen-Vanille-Muffins etwa 25 Minuten backen.
**7.** Die Form auf einen Kuchenrost stellen. Die Mandarinen-Vanille-Muffins etwa 5 Minuten in der Form abkühlen lassen, dann mit den Papierbackförmchen aus der Form heben und auf dem Kuchenrost erkalten lassen.

## Marmorkuchen

etwa 20 Stücke

*Zubereitungszeit:* 30 Minuten, ohne Abkühlzeit
*Backzeit:* etwa 55 Minuten

**Für den Rührteig:**
225 g Butter oder Margarine (zimmerwarm)
200 g Zucker
1 Pck. Dr. Oetker Vanillin-Zucker
1 Prise Salz
4 Eier (Größe M)
275 g Weizenmehl
3 gestr. TL Dr. Oetker Backin
etwa 2 EL Milch
15 g gesiebtes Kakaopulver
15 g Zucker
etwa 2 EL Milch

pro Stück 0,12 Euro

**Zum Bestäuben:**
1 EL Puderzucker

*Pro Stück:*
E: 3 g, F: 11 g, Kh: 422 g,
kJ: 849, kcal: 203

**1.** Den Backofen vorheizen.
*Ober-/Unterhitze:* etwa 180 °C
*Heißluft:* etwa 160 °C
**2.** Für den Teig Butter oder Margarine mit einem Mixer (Rührstäbe) auf höchster Stufe geschmeidig rühren. Nach und nach Zucker, Vanillin-Zucker und Salz unterrühren. So lange rühren, bis eine gebundene Masse entstanden ist. Die Eier nach und nach unterrühren (jedes Ei etwa 1/2 Minute).
**3.** Mehl mit Backpulver mischen und abwechselnd mit der Milch in 2 Portionen kurz auf mittlerer Stufe unterrühren.
**4.** Zwei Drittel des Teiges in eine Gugelhupfform (Ø 22 cm, gefettet) füllen. Kakao mit Zucker und Milch zum restlichen Teig geben und unterrühren. Den dunklen Teig auf dem hellen Teig verteilen und eine Gabel spiralförmig leicht durch die Teigschichten ziehen, sodass ein Marmormuster entsteht.
**5.** Die Form auf dem Rost in den vorgeheizten Backofen (unteres Drittel) schieben. Den Kuchen etwa 55 Minuten backen.
**6.** Den Kuchen etwa 10 Minuten in der Form stehen lassen, dann aus der Form lösen, auf einen Kuchenrost stürzen und erkalten lassen.
**7.** Den Marmorkuchen mit Puderzucker bestäuben.

Mandarinen-Vanille-Muffins

Marmorkuchen

## Orangen-Selters-Kuchen

pro Stück **0,26** Euro

etwa 20 Stücke

*Zubereitungszeit:* 20 Minuten, ohne Abkühlzeit
*Backzeit:* etwa 20 Minuten

**Für den All-in-Teig:**
300 g Weizenmehl
3 gestr. TL Dr. Oetker Backin
225 g Zucker
1 Prise Salz
1/2 Pck. Dr. Oetker Finesse Orangenschalen-Aroma
4 Eier (Größe M)
150 ml Speiseöl, z. B. Sonnenblumenöl
150 ml Selters oder Mineralwasser mit Kohlensäure

**Für den Guss:**
200 g Zartbitter-Schokolade
75 g Schlagsahne
1 EL Butter
1 Bio-Orange (unbehandelt, ungewachst)

*Pro Stück:*
E: 4 g, F: 15 g, Kh: 27 g,
kJ: 1063, kcal: 254

**1.** Den Backofen vorheizen.
*Ober-/Unterhitze:* etwa 180 °C
*Heißluft:* etwa 160 °C
**2.** Für den Teig Mehl mit Backpulver in einer Rührschüssel mischen. Zucker, Salz, Orangenschalen-Aroma, Eier, Speiseöl und Selters oder Mineralwasser hinzufügen. Die Zutaten mit einem Mixer (Rührstäbe) zunächst kurz auf niedrigster, dann auf höchster Stufe in etwa 2 Minuten zu einem glatten Teig verarbeiten.
**3.** Den All-in-Teig auf einem Backblech (30 x 40 cm, gefettet) glatt streichen. Das Backblech in den vorgeheizten Backofen schieben. Den Kuchen etwa 20 Minuten backen.
**4.** Das Backblech auf einen Kuchenrost stellen. Kuchen erkalten lassen.
**5.** Für den Guss die Schokolade in kleine Stücke brechen. Die Sahne in einem Topf kurz aufkochen lassen. Den Topf von der Kochstelle nehmen. Schokoladenstücke und Butter in den Topf geben und etwa 5 Minuten stehen lassen. Schokoladensahne glatt rühren und wellenartig auf den Kuchen streichen.
**6.** Die Orange heiß abwaschen, abtrocknen und die Schale mit einem Zestenreißer in feinen Streifen abziehen. Die Orangenstreifen auf den Kuchen streuen. Den Guss fest werden lassen.

Orangen-Selters-Kuchen

## Marmor-Becherkuchen

etwa 15 Stücke (ohne Foto)

*Zubereitungszeit:* 25 Minuten, ohne Abkühlzeit
*Backzeit:* etwa 50 Minuten

**Für den All-in-Teig:**
1 Becher saure Sahne (150 g)
2 Becher Weizenmehl (200 g)
3 gestr. TL Dr. Oetker Backin
1 Becher Zucker (150 g)
1 Pck. Dr. Oetker Vanillin-Zucker
2 Eier (Größe M)
1/2 Pck. Butter (125 g, zimmerwarm)
1 leicht geh. EL Kakaopulver

**Zum Verzieren:**
50 g Zartbitter-Schokolade
1 TL Speiseöl, z. B. Sonnenblumenöl

pro Stück **0,20** Euro

*Pro Stück:*
E: 3 g, F: 10 g, Kh: 23 g,
kJ: 831, kcal: 199

**1.** Den Backofen vorheizen.
*Ober-/Unterhitze:* etwa 180 °C
*Heißluft:* etwa 160 °C
**2.** Für den Teig saure Sahne in ein Schälchen geben, den Becher abwaschen, abtrocknen und zum Abmessen der Zutaten verwenden. Das Mehl mit Backpulver in einer Rührschüssel vermischen. Zucker, Vanillin-Zucker, Eier, Butter und die saure Sahne hinzufügen. Die Zutaten mit einem Mixer (Rührstäbe) zunächst kurz auf niedrigster, dann auf höchster Stufe in etwa 2 Minuten zu einem glatten Teig verarbeiten.
**3.** Die Hälfte des Teiges in eine Kastenform (25 x 11 cm, gefettet, gemehlt) füllen. Den Kakao auf den restlichen Teig sieben und unterrühren. Den dunklen Teig auf dem hellen Teig verteilen. Eine Gabel spiralförmig durch die Teigschichten ziehen, sodass ein Marmormuster entsteht. Die Form auf dem Rost in den vorgeheizten Backofen (unteres Drittel) schieben. Den Kuchen etwa 50 Minuten backen.
**4.** Die Form auf einen Kuchenrost stellen. Den Kuchen etwa 10 Minuten in der Form stehen lassen, dann aus der Form lösen und auf dem mit Backpapier belegten Kuchenrost erkalten lassen.
**5.** Zum Verzieren die Schokolade in kleine Stücke brechen, mit Speiseöl in einem kleinen Topf im Wasserbad bei schwacher Hitze unter Rühren schmelzen. Die Schokolade mit einem kleinen Löffel auf den Kuchen sprenkeln und fest werden lassen.

Apfelkranz

## Apfelkranz

etwa 20 Stücke

*Zubereitungszeit:* 35 Minuten, ohne Ruhezeit
*Backzeit:* etwa 40 Minuten

pro Stück 0,28 Euro

**Für die Füllung:**
500 g Magerquark
100 g Zucker
1 Pck. Dr. Oetker Vanillin-Zucker
1/2 Pck. Dr. Oetker Finesse Geriebene Zitronenschale
1 Ei (Größe M)
3 Äpfel (etwa 600 g), z. B. Cox Orange
1 EL Zitronensaft

**Für den Hefeteig:**
500 g Weizenmehl
1 Pck. Hefeteig Garant
50 g Zucker
1 Pck. Dr. Oetker Vanillin-Zucker
300 ml fettarme Milch (1,5 % Fett)
50 g Butter oder Margarine (zimmerwarm)

**Zum Bestreichen und Bestreuen:**
1 Eigelb
1 EL Milch
20 g Pinienkerne

*Pro Stück:*
E: 7 g, F: 4 g, Kh: 31 g,
kJ: 814, kcal: 195

**1.** Für die Füllung Quark, Zucker, Vanillin-Zucker, Zitronenschale und Ei in einer Schüssel gut verrühren. Äpfel schälen, vierteln, entkernen und in kleine Würfel schneiden. Apfelwürfel mit Zitronensaft vermischen.
**2.** Für den Teig Mehl mit Hefeteig Garant in einer Rührschüssel sorgfältig mischen. Zucker, Vanillin-Zucker, Milch und Butter oder Margarine hinzufügen. Die Zutaten mit einem Mixer (Knethaken) zunächst kurz auf niedrigster, dann auf höchster Stufe in etwa 2 Minuten zu einem glatten Teig verarbeiten.
**3.** Den Teig leicht mit Mehl bestäuben, aus der Schüssel nehmen, auf einer leicht bemehlten Arbeitsfläche kurz durchkneten und zu einem Rechteck (etwa 30 x 60 cm) ausrollen.
**4.** Die Quarkmasse auf den Teig streichen und mit Apfelwürfeln bestreuen, dabei einen etwa 1 cm breiten Rand frei lassen. Den Teig von der langen Seite her aufrollen. Die Teigenden mit etwas verschlagenem Eigelb bestreichen.
**5.** Die Teigrolle auf einem Backblech (mit Backpapier belegt) zu einem Kranz zusammenlegen (dazu die Teigrolle evtl. halbieren). Den Kranz etwa 15 Minuten ruhen lassen.
**6.** Den Backofen vorheizen.
*Ober-/Unterhitze:* etwa 180 °C
*Heißluft:* etwa 160 °C
**7.** Restliches Eigelb mit Milch verschlagen. Den Teigkranz damit bestreichen. In die Teigoberfläche mit einem scharfen Messer etwa 4 cm lange Kerben im Abstand von etwa 3 cm einritzen. Den Teigkranz mit Pinienkernen bestreuen.
**8.** Das Backblech in den vorgeheizten Backofen (unteres Drittel) schieben. Den Apfelkranz etwa 40 Minuten backen.
**9.** Das Backblech auf einen Kuchenrost stellen. Den Apfelkranz erkalten lassen und in Stücke schneiden.

## Apfel- oder Pflaumenkuchen

pro Stück 0,33 Euro

je etwa 20 Stücke

*Zubereitungszeit:* je 40 Minuten, ohne Ruhezeit
*Backzeit:* etwa 25 Minuten je Kuchen

**Für den Hefeteig:**
375 g Weizenmehl
1 Pck. Hefeteig Garant
50 g Zucker
1 Pck. Dr. Oetker Vanillin-Zucker
1 Prise Salz
1 Ei (Größe M)
200 ml Milch (3,5 % Fett)
50 g Butter oder Margarine (zimmerwarm)

**Für den Apfelkuchen:**
etwa 1 1/2 kg säuerliche Äpfel, z. B. Boskop
20 g gestiftelte Mandeln
20 g Rosinen

**Zum Aprikotieren:**
gut 3 EL Aprikosenkonfitüre (etwa 90 g)
1 EL Wasser

**Für den Pflaumenkuchen:**
2 1/2 kg Pflaumen
1 EL Zucker

*Pro Stück Apfelkuchen:*
E: 3 g, F: 4 g, Kh: 27 g,
kJ: 685, kcal: 164
*Pro Stück Pflaumenkuchen:*
E: 3 g, F: 4 g, Kh: 30 g,
kJ: 716, kcal: 171

**1.** Für den Teig Mehl in eine Rührschüssel geben und mit Hefeteig Garant sorgfältig vermischen. Restliche Zutaten hinzufügen und mit einem Mixer (Knethaken) zunächst kurz auf niedrigster, dann auf höchster Stufe in etwa 5 Minuten zu einem glatten Teig verarbeiten.
**2.** Den Teig leicht mit Mehl bestäuben, aus der Schüssel nehmen, auf einer leicht bemehlten Arbeitsfläche nochmals kurz durchkneten und zu einer Rolle formen. Den Teig auf einem Backblech (30 x 40 cm, gefettet) ausrollen und zu Apfel- oder Pflaumenkuchen weiterverarbeiten.
**3.** Für den Apfelkuchen Äpfel schälen, vierteln, entkernen und in dicke Spalten schneiden. Die Apfelspalten auf dem Teig verteilen, mit Mandeln und Rosinen bestreuen. Den Teig etwa 15 Minuten ruhen lassen.
**4.** Den Backofen vorheizen.
*Ober-/Unterhitze:* etwa 200 °C
*Heißluft:* etwa 180 °C
**5.** Das Backblech in den vorgeheizten Backofen schieben. Den Apfelkuchen etwa 25 Minuten backen.
**6.** Zum Aprikotieren Konfitüre durch ein Sieb streichen, in einem kleinen Topf mit Wasser unter Rühren aufkochen. Den Kuchen sofort nach dem Backen damit bestreichen und auf dem Backblech auf einem Kuchenrost erkalten lassen.
**7.** Oder für den Pflaumenkuchen Pflaumen abspülen, abtrocknen, entstielen, entsteinen, evtl. die Spitzen einschneiden und dachziegelartig mit der Innenseite nach oben auf den Teig legen. Den Teig etwa 15 Minuten ruhen lassen. Das Backblech in den vorgeheizten Backofen schieben. Den Kuchen bei gleicher Backofentemperatur etwa 25 Minuten backen.
**8.** Den Kuchen auf dem Backblech auf einem Kuchenrost erkalten lassen. Den leicht abgekühlten Kuchen mit etwas Zucker bestreuen.

## Birnen-Schoko-Kuchen
etwa 20 Stücke

*Zubereitungszeit:* 30 Minuten, ohne Abkühlzeit
*Backzeit:* etwa 30 Minuten

**Zum Vorbereiten:**
460 g gut abgetropfte Birnenhälften (aus der Dose)
120 g Zartbitter-Schokolade

pro Stück 0,48 Euro

**Für den All-in-Teig:**
250 g Weizenmehl
4 gestr. TL Dr. Oetker Backin
200 g Zucker
1 Pck. Dr. Oetker Vanillin-Zucker
4 Eier (Größe M)
125 g Butter oder Margarine (zimmerwarm)
125 g Schlagsahne

**Zum Besprenkeln:**
80 g Zartbitter-Schokolade

*Pro Stück:*
E: 4 g, F: 12 g, Kh: 29 g,
kJ: 1004, kcal: 240

**1.** Zum Vorbereiten die Birnenhälften mit Küchenpapier trocken tupfen. Schokolade in Stücke brechen, in einem kleinen Topf im Wasserbad bei schwacher Hitze unter Rühren schmelzen, etwas abkühlen lassen.
**2.** Den Backofen vorheizen.
*Ober-/Unterhitze:* etwa 180 °C
*Heißluft:* etwa 160 °C
**3.** Für den Teig Mehl mit Backpulver in einer Rührschüssel mischen. Zucker, Vanillin-Zucker, Eier, Butter oder Margarine, geschmolzene Schokolade und Sahne hinzufügen. Die Zutaten mit einem Mixer (Rührstäbe) zunächst kurz auf niedrigster, dann auf höchster Stufe in etwa 2 Minuten zu einem glatten Teig verarbeiten.
**4.** Den All-in-Teig auf ein Backblech (30 x 40 cm, gefettet) geben, glatt streichen. Birnenhälften in dünne Spalten schneiden und gleichmäßig auf dem Teig verteilen. Das Backblech in den vorgeheizten Backofen (unteres Drittel) schieben. Den Kuchen etwa 30 Minuten backen.
**5.** Das Backblech auf einen Kuchenrost stellen. Den Kuchen erkalten lassen.
**6.** Zum Besprenkeln Schokolade wie unter Punkt 1 angegeben schmelzen. Den Kuchen mithilfe eines Teelöffels mit der Schokolade besprenkeln. Die Schokolade fest werden lassen.

Apfel- oder Pflaumenkuchen

Birnen-Schoko-Kuchen

## Aprikosen-Buttermilch-Kuchen

etwa 15 Stücke

*Zubereitungszeit:* 30 Minuten, ohne Abkühlzeit
*Backzeit:* etwa 55 Minuten

**Zum Vorbereiten:**
240 g gut abgetropfte Aprikosenhälften (aus der Dose)
1/2 Bund Minze
2 Eier (Größe M)
125 g Buttermilch
1 Pck. Dr. Oetker Finesse Geriebene Zitronenschale
75 g Zucker

pro Stück 0,26 Euro

**Für den All-in-Teig:**
250 g Weizenmehl
1 Pck. Dr. Oetker Pudding-Pulver Vanille-Geschmack
25 g Speisestärke
1 Prise Salz
2 gestr. TL Dr. Oetker Backin

**Für den Guss:**
50 g Puderzucker
1/2–1 EL Zitronensaft

*Pro Stück:*
E: 3 g, F: 1 g, Kh: 28 g,
kJ: 573, kcal: 137

**1.** Zum Vorbereiten die Aprikosenhälften in kleine Stücke schneiden. Minze abspülen und trocken tupfen. Die Blättchen von den Stängeln zupfen und die Minzeblättchen in Streifen schneiden.
**2.** Eier mit Buttermilch, Zitronenschale und Zucker verrühren. Minzestreifen hinzugeben.
**3.** Den Backofen vorheizen.
*Ober-/Unterhitze:* etwa 180 °C
*Heißluft:* etwa 160 °C
**4.** Für den Teig Mehl mit Pudding-Pulver, Speisestärke, Salz und Backpulver in einer Rührschüssel mischen. Die Buttermilch-Eier-Mischung hinzufügen. Die Zutaten mit einem Mixer (Rührstäbe) zunächst kurz auf niedrigster, dann auf höchster Stufe in etwa 2 Minuten zu einem glatten Teig verarbeiten. Aprikosenstücke vorsichtig unterheben.
**5.** Den All-in-Teig in eine Kastenform (25 x 11 cm, gefettet, mit Semmelbröseln ausgestreut) geben und glatt streichen.
**6.** Die Form auf dem Rost in den vorgeheizten Backofen (unteres Drittel) schieben. Den Kuchen etwa 55 Minuten backen. Nach etwa 15 Minuten Backzeit den Teig mit einem scharfen Messer der Länge nach etwa 1 cm tief einschneiden, damit er gleichmäßig aufgeht.
**7.** Die Form auf einen Kuchenrost stellen. Den Kuchen etwas abkühlen lassen, dann aus der Form lösen und auf einen Kuchenrost stürzen. Kuchen wieder umdrehen und etwas abkühlen lassen.
**8.** Für den Guss Puderzucker und Zitronensaft zu einer geschmeidigen Masse verrühren. Den warmen Kuchen mit dem Guss überziehen und den Aprikosen-Buttermilch-Kuchen erkalten lassen.

Aprikosen-Buttermilch-Kuchen

## Berliner

14–16 Stück

pro Stück 0,28 Euro

*Zubereitungszeit:* 30 Minuten, ohne Teiggehzeit

**Für den Hefeteig:**
125 ml Milch (3,5 % Fett)
100 g Butter oder Margarine
500 g Weizenmehl
1 Pck. Dr. Oetker Trockenbackhefe
30 g Zucker
1 Pck. Dr. Oetker Vanillin-Zucker
3 Tropfen Rum-Aroma
1 gestr. TL Salz
2 Eier (Größe M)
1 Eigelb (Größe M)

**Zum Ausbacken:**
etwa 1 1/2 l Speiseöl

**Für die Füllung:**
300 g Konfitüre nach Belieben oder
250 g Pflaumenmus oder Gelee

**Zum Wenden:**
etwas Zucker

*Pro Stück:*
E: 5 g, F: 11 g, Kh: 45 g,
kJ: 1287, kcal: 308

Berliner

Beerentörtchen

**1.** Für den Teig Milch in einem kleinen Topf erwärmen. Die Butter oder Margarine darin zerlassen.
**2.** Mehl in eine Rührschüssel geben und mit der Trockenbackhefe sorgfältig vermischen. Zucker, Vanillin-Zucker, Aroma, Salz, Eier, Eigelb und die warme Milch-Fett-Mischung hinzufügen. Die Zutaten mit einem Mixer (Knethaken) zunächst kurz auf niedrigster, dann auf höchster Stufe in etwa 5 Minuten zu einem glatten Teig verarbeiten. Den Teig zugedeckt so lange an einem warmen Ort gehen lassen, bis er sich sichtbar vergrößert hat (etwa 30 Minuten).
**3.** Den gegangenen Teig leicht mit Mehl bestäuben, aus der Schüssel nehmen und auf der leicht bemehlten Arbeitsfläche nochmals kurz durchkneten, dann gut 1 cm dick ausrollen und 14–16 Kreise (Ø etwa 7 cm) ausstechen. Die Teigkreise zwischen 2 mit Mehl bestäubten Geschirrtüchern nochmals so lange gehen lassen, bis sie sich sichtbar vergrößert haben (etwa 20 Minuten).
**4.** Zum Ausbacken in der Zwischenzeit Speiseöl in einem Topf oder in einer Fritteuse auf etwa 175 °C erhitzen.
**5.** Die Teigkreise portionsweise in das siedende Ausbackfett geben, von beiden Seiten goldbraun backen, mit einem Schaumlöffel herausnehmen, auf Küchenpapier abtropfen lassen.
**6.** Für die Füllung Konfitüre durch ein Sieb streichen oder Pflaumenmus oder Gelee glatt rühren, in einen Spritzbeutel mit kleiner, langer Lochtülle füllen. In jeden Berliner damit seitlich durch den hellen Rand etwas Füllung spritzen.
**7.** Die Berliner noch warm in Zucker wenden und auf einem Kuchenrost erkalten lassen.

## Beerentörtchen
12 Stück

*Zubereitungszeit:* 30 Minuten, ohne Kühlzeit
*Backzeit:* 10–15 Minuten

pro Stück **0,66** Euro

**Für den Knetteig:**
200 g Weizenmehl
1 gestr. TL Dr. Oetker Backin
75 g Zucker
1 Pck. Dr. Oetker Vanillin-Zucker
1 Prise Salz
1 Pck. Dr. Oetker Finesse Geriebene Zitronenschale
2 EL Wasser
100 g Butter oder Margarine

1–2 TL Sahnesteif

**Für den Belag und den Guss:**
500 g Erdbeeren
1 Pck. Tortenguss fix mit Erdbeer-Geschmack
250 ml Wasser

**Außerdem:**
12 Tortelett-Förmchen mit glatten Rand

*Pro Stück:*
E: 2 g, F: 8 g, Kh: 27 g, kJ: 792, kcal: 189

**1.** Für den Teig Mehl mit Backpulver in einer Rührschüssel mischen. Restliche Zutaten hinzufügen und mit einem Mixer (Knethaken) zunächst kurz auf niedrigster, dann auf höchster Stufe gut durcharbeiten.
**2.** Anschließend auf einer leicht bemehlten Arbeitsfläche zu einem Teig verkneten. Sollte er kleben, ihn in Frischhaltefolie gewickelt eine Zeit lang in den Kühlschrank legen.
**3.** Den Backofen vorheizen.
*Ober-/Unterhitze:* etwa 180 °C
*Heißluft:* etwa 160 °C
**4.** Teig auf der leicht bemehlten Arbeitsfläche etwa 3 mm dick ausrollen und runde Platten (Ø 10–12 cm) ausstechen. Die Teigplatten in Tortelett-Förmchen mit glattem Rand (gefettet) legen. Die Teigböden mehrmals mit einer Gabel einstechen. Die Förmchen auf einem Backblech in den vorgeheizten Backofen schieben. Die Törtchen 10–15 Minuten backen.
**5.** Die Törtchen auf einen mit Backpapier belegten Kuchenrost stürzen und erkalten lassen. Anschließend die Törtchen gleichmäßig mit Sahnesteif bestreuen.
**6.** Für den Belag und den Guss die Erdbeeren putzen, abspülen, gut abtropfen lassen und entstielen. Erdbeeren je nach Größe evtl. etwas kleiner schneiden. Erdbeeren gleichmäßig auf den Törtchen verteilen. Aus Tortengusspulver und Wasser einen Guss nach Packungsanleitung zubereiten und auf den Erdbeeren verteilen. Den Guss fest werden lassen.

Streuselkuchen aus Thüringen

Lebkuchen-Muffins

## Streuselkuchen aus Thüringen

etwa 20 Stücke

pro Stück 0,12 Euro

*Zubereitungszeit:* 35 Minuten, ohne Teiggeh- und Abkühlzeit
*Backzeit:* etwa 20 Minuten

**Für den Hefeteig:**
200 ml Milch (3,5 % Fett)
50 g Butter oder Margarine
375 g Weizenmehl
1 Pck. Dr. Oetker Trockenbackhefe
50 g Zucker
1 Pck. Dr. Oetker Vanillin-Zucker
1 Ei (Größe M)
20 g Butter

**Für die Streusel:**
300 g Weizenmehl
150 g Zucker
1 Pck. Dr. Oetker Vanillin-Zucker
200 g Butter oder Margarine (zimmerwarm)
10 g gesiebtes Kakaopulver

**Zum Beträufeln:**
125 ml Milch (3,5 % Fett)
60 g Butter

100 g Butter
50 g Puderzucker

*Pro Stück:*
E: 5 g, F: 20 g, Kh: 39 g,
kJ: 1477, kcal: 353

**1.** Für den Teig Milch in einem kleinen Topf erwärmen. Butter oder Margarine darin zerlassen.
**2.** Mehl in einer Rührschüssel mit Trockenbackhefe sorgfältig vermischen. Zucker, Vanillin-Zucker, Ei und die warme Milch-Fett-Mischung hinzufügen. Die Zutaten mit einem Mixer (Knethaken) zunächst kurz auf niedrigster, dann auf höchster Stufe in etwa 5 Minuten zu einem glatten Teig verarbeiten. Den Teig zugedeckt so lange an einem warmen Ort gehen lassen, bis er sich sichtbar vergrößert hat (etwa 30 Minuten).
**3.** Den Backofen vorheizen.
*Ober-/Unterhitze:* etwa 200 °C
*Heißluft:* etwa 180 °C
**4.** Den gegangenen Teig leicht mit Mehl bestäuben, aus der Schüssel nehmen, auf der leicht bemehlten Arbeitsfläche kurz durchkneten und zu einer Rolle formen. Die Teigrolle auf einem Backblech (30 x 40 cm, gefettet) ausrollen. Butter zerlassen. Den Teig damit bestreichen.
**5.** Für die Streusel Mehl mit Zucker, Vanillin-Zucker und Butter oder Margarine in einer Rührschüssel mit einem Mixer (Rührstäbe) zu Streuseln von gewünschter Größe verarbeiten. Die Hälfte der Streusel großzügig auf dem Teig verteilen. Unter die restlichen Streusel Kakao arbeiten und die Lücken damit füllen, sodass ein schwarz-weißes Muster entsteht.
**6.** Den Teig nochmals so lange an einem warmen Ort gehen lassen, bis er sich sichtbar vergrößert hat (etwa 20 Minuten). Das Backblech in den vorgeheizten Backofen schieben. Den Kuchen etwa 20 Minuten backen.
**7.** Zum Beträufeln die Milch erwärmen und die Butter darin zerlassen. Den noch heißen Kuchen damit beträufeln und den Kuchen auf dem Backblech auf einem Kuchenrost erkalten lassen.
**8.** Butter zerlassen, den Kuchen damit bestreichen und mit Puderzucker bestäuben.

## Lebkuchen-Muffins

12 Stück

*Zubereitungszeit:* 30 Minuten, ohne Abkühlzeit
*Backzeit:* etwa 25 Minuten

**Zum Vorbereiten:**
100 g Zartbitter-Kuvertüre

**Für den Rührteig:**
100 g Butter oder Margarine (zimmerwarm)
2 1/2 EL flüssiger Honig
75 g Puderzucker
3 Eier (Größe M)
150 g Weizenmehl
1/2 Pck. Lebkuchengewürz (7,5 g)
1 1/2 gestr. TL Dr. Oetker Backin

pro Stück 0,47 Euro

**Für den Guss und zum Garnieren:**
50 g Zartbitter-Kuvertüre
einige Belegkirschen
etwas Zucker
einige abgezogene, halbierte Mandeln

*Pro Stück:*
E: 4 g, F: 10 g, Kh: 24 g,
kJ: 860, kcal: 205

**1.** Zum Vorbereiten die Kuvertüre in Stücke hacken und in einem kleinen Topf im heißen Wasserbad bei schwacher Hitze unter Rühren schmelzen, abkühlen lassen.
**2.** Den Backofen vorheizen.
*Ober-/Unterhitze:* etwa 180 °C
*Heißluft:* etwa 160 °C
**3.** Für den Teig Butter oder Margarine mit einem Mixer (Rührstäbe) auf höchster Stufe geschmeidig rühren. Nach und nach Honig und Puderzucker unterrühren. So lange rühren, bis eine gebundene Masse entstanden ist.
**4.** Die Eier nach und nach unterrühren (jedes Ei etwa 1/2 Minute). Das Mehl mit dem Lebkuchengewürz und Backpulver mischen und anschließend in 2 Portionen mit der geschmolzenen Kuvertüre kurz auf mittlerer Stufe unterrühren.
**5.** Den Teig in eine Muffinform (für 12 Muffins, gefettet) füllen und glatt streichen.
**6.** Die Form auf dem Rost in den vorgeheizten Backofen schieben. Die Lebkuchen-Muffins etwa 25 Minuten backen.
**7.** Die Form auf einen Kuchenrost stellen. Die Muffins etwa 10 Minuten in der Form abkühlen lassen, dann aus der Form lösen und auf einen Kuchenrost setzen. Die Muffins erkalten lassen.
**8.** Für den Guss und zum Garnieren Kuvertüre wie unter Punkt 1 beschrieben schmelzen.
**9.** Die Muffinoberfläche jeweils mit der Kuvertüre bestreichen, mit Mandelhälften und in Zucker gewälzten Belegkirschen garnieren. Guss fest werden lassen.

## Sandschnitten

etwa 20 Stücke

*Zubereitungszeit:* 25 Minuten, ohne Abkühlzeit
*Backzeit:* etwa 20 Minuten

**Für den Rührteig:**
125 g Butterschmalz
125 g Butter (zimmerwarm)
200 g feiner Zucker
1 Pck. Dr. Oetker Vanillin-Zucker
4 Eier (Größe M), 1 Prise Salz
125 g Weizenmehl
125 g Speisestärke
1 gestr. TL Dr. Oetker Backin

50 g gehobelte Mandeln

**Für den Guss:**
150 g Puderzucker
5 EL Orangensaft
3 EL Zitronensaft

pro Stück 0,25 Euro

**Zum Verzieren:**
100 g Puderzucker
etwas gelbe Speisefarbe

*Pro Stück:*
E: 3 g, F: 14 g, Kh: 34 g,
kJ: 1147, kcal: 274

**1.** Den Backofen vorheizen.
*Ober-/Unterhitze:* etwa 180 °C
*Heißluft:* etwa 160 °C
**2.** Für den Rührteig Butterschmalz und Butter, Zucker und Vanillin-Zucker in eine Rührschüssel geben und mit einem Mixer (Rührstäbe) so lange rühren, bis Butter und Zucker weiß-schaumig geworden sind. Nach und nach Eier (jedes Ei etwa 1/2 Minute) und Salz unterrühren.
**3.** Mehl mit Speisestärke und Backpulver mischen, in 2 Portionen kurz auf mittlerer Stufe unterrühren. Den Teig auf ein Backblech (30 x 40 cm, gefettet, gemehlt) geben, glatt streichen und mit gehobelten Mandeln bestreuen.
**4.** Das Backblech in den vorgeheizten Backofen schieben. Den Kuchen etwa 20 Minuten backen.
**5.** Für den Guss den Puderzucker mit Orangen- und Zitronensaft verrühren. Ein Drittel davon abnehmen und zum Verzieren beiseitestellen. Mit dem restlichen Guss den noch warmen Kuchen bestreichen, Guss einziehen lassen.
**6.** Zum Verzieren den beiseitegestellten Guss nach und nach mit Puderzucker zu einer dickflüssigen Masse verrühren. Die Hälfte davon mit Speisefarbe etwas einfärben. Den weißen und gelben Guss getrennt in Pergamentpapiertütchen füllen und eine kleine Ecke abschneiden. Den Kuchen mit dem Guss beliebig verzieren. Guss fest werden lassen.

Sandschnitten

## Limettenmuffins
12 Stück

*Zubereitungszeit:* 20 Minuten, ohne Abkühlzeit
*Backzeit:* etwa 25 Minuten

**Für den Teig:**
1 Bio-Limette (unbehandelt, ungewachst)
250 g Weizenmehl
3 gestr. TL Dr. Oetker Backin
1 Prise Salz
130 g Zucker
200 g Buttermilch
1 Ei (Größe M)
125 ml Speiseöl, z. B. Sonnenblumenöl

pro Stück 0,24 Euro

2 Limetten
70 g Puderzucker

*Pro Stück:*
E: 3 g, F: 12 g, Kh: 33 g, kJ: 1066, kcal: 255

**1.** Den Backofen vorheizen.
*Ober-/Unterhitze:* etwa 180 °C
*Heißluft:* etwa 160 °C
**2.** Für den Teig Limette heiß abwaschen, abtrocknen und die Schale fein abreiben.
**3.** Mehl, Backpulver, Salz und Zucker in einer Rührschüssel mit einem Schneebesen verrühren.
**4.** Buttermilch, Ei, Speiseöl und Limettenschale in einem Rührbecher mit dem Schneebesen glatt rühren. Die flüssigen Zutaten zu der Mehlmischung in die Rührschüssel geben und zu einem glatten Teig verrühren.
**5.** Den Teig in eine Muffinform (für 12 Muffins, gefettet, gemehlt) geben. Die Form auf dem Rost in den vorgeheizten Backofen schieben. Die Muffins etwa 25 Minuten backen.
**6.** In der Zwischenzeit die Limetten (auch die Bio-Limette) halbieren und den Saft auspressen. Von dem Saft 100 ml abmessen, in eine kleine Schüssel geben und mit Puderzucker glatt rühren.
**7.** Die Form auf einen Kuchenrost stellen. Sofort nach dem Backen die Muffins mit einem Holzstäbchen mehrmals einstechen und mit dem Limettensaft beträufeln. Wenn der Saft aufgesogen ist, die Muffins aus der Form lösen und auf dem Kuchenrost erkalten lassen.

## Makronenkuchen
etwa 20 Stücke

*Zubereitungszeit:* 15 Minuten
*Backzeit:* etwa 35 Minuten

pro Stück 0,14 Euro

**Für den All-in-Teig:**
300 g Weizenmehl
2 gestr. TL Dr. Oetker Backin
125 g Zucker
1 Pck. Dr. Oetker Vanillin-Zucker
1 Prise Salz, 4 Eigelb (Größe M)
200 g Butter oder Margarine (zimmerwarm)
200 ml Milch (3,5 % Fett)

**Für den Belag:**
4 Eiweiß (Größe M)
200 g Zucker
200 g Kokosraspel

*Pro Stück:*
E: 4 g, F: 17 g, Kh: 28 g, kJ: 1176, kcal: 281

**1.** Den Backofen vorheizen.
*Ober-/Unterhitze:* etwa 180 °C
*Heißluft:* etwa 160 °C
**2.** Für den Teig Mehl mit Backpulver in einer Rührschüssel mischen. Restliche Zutaten hinzufügen und mit einem Mixer (Rührstäbe) zunächst kurz auf niedrigster, dann auf höchster Stufe in etwa 2 Minuten zu einem glatten Teig verarbeiten.
**3.** Den All-in-Teig auf ein Backblech (30 x 40 cm, gefettet) geben, glatt streichen. Das Backblech in den vorgeheizten Backofen schieben. Den Boden etwa 20 Minuten vorbacken.
**4.** Für den Belag Eiweiß steif schlagen, Zucker nach und nach kurz unterschlagen. Kokosraspel vorsichtig unterheben. Die Masse auf dem vorgebackenen Boden verteilen. Die Oberfläche mit einem Tortengarnierkamm wellenförmig verzieren.
**5.** Die Backofentemperatur auf Ober-/Unterhitze: etwa 160 °C, Heißluft: etwa 140 °C herunterschalten. Das Backblech wieder in den heißen Backofen schieben, Kuchen weitere etwa 15 Minuten backen.
**6.** Das Backblech auf einen Kuchenrost stellen. Kuchen erkalten lassen.

## Kokostaler

etwa 100 Stück

pro Stück 0,03 Euro

*Zubereitungszeit:* 20 Minuten, ohne Kühlzeit
*Backzeit:* 12–15 Minuten je Backblech

275 g Weizenmehl
1/2 TL Dr. Oetker Backin
250 g Zucker
1 Pck. Dr. Oetker Vanillin-Zucker
5 Tropfen Bittermandel-Aroma
1 Ei (Größe M), 250 g Butter
200 g Kokosraspel
2–3 EL Milch

*Pro Stück:*
E: 0,5 g, F: 3 g, Kh: 5 g,
kJ: 214, kcal: 51

**1.** Mehl mit Backpulver in einer Rührschüssel mischen. Zucker, Vanillin-Zucker, Aroma, Ei und Butter in Stückchen hinzufügen. Die Zutaten mit einem Mixer (Knethaken) zunächst kurz auf niedrigster, dann auf höchster Stufe gut durcharbeiten. Kokosraspel zuletzt unterarbeiten.
**2.** Den Teig auf der leicht bemehlten Arbeitsfläche zu einem glatten Teig verkneten. Den Teig zu 3 etwa 25 cm langen Rollen formen. Die Teigrollen in Frischhaltefolie gewickelt mindestens 2 Stunden oder über Nacht in den Kühlschrank legen.
**3.** Den Backofen vorheizen.
*Ober-/Unterhitze:* etwa 180 °C
*Heißluft:* etwa 160 °C
**4.** Die Teigrollen in knapp 1/2 cm dicke Scheiben schneiden und auf Backbleche (mit Backpapier belegt) legen. Dabei die Rollen immer wieder drehen, damit die Scheiben gleichmäßig rund werden.
**5.** Die Teigplätzchen mit Milch bestreichen. Die Backbleche nacheinander (bei Heißluft zusammen) in den vorgeheizten Backofen schieben. und die Kokostaler 12–15 Minuten je Backblech backen.
**6.** Die Kokostaler mit dem Backpapier von den Backblechen auf Kuchenroste ziehen, erkalten lassen.

## Mandarinen-Mandel-Kuchen

etwa 20 Stücke

pro Stück 0,19 Euro

*Zubereitungszeit:* 25 Minuten, ohne Abkühlzeit
*Backzeit:* etwa 25 Minuten

**Für den Belag:**
350 g Mandarinen (aus Dosen)
125 g Butter, 75 g Zucker
4 EL Mandarinensaft (aus den Dosen)
150 g gehobelte Mandeln

**Für den Rührteig:**
250 g Butter oder Margarine (zimmerwarm)
150 g Zucker, 1 Prise Salz
1 Pck. Dr. Oetker Vanillin-Zucker
3 Eier (Größe M)
250 g Weizenmehl
2 gestr. TL Dr. Oetker Backin
75 ml Milch (3,5 % Fett)

*Pro Stück:*
E: 4 g, F: 21 g, Kh: 25 g,
kJ: 1286, kcal: 307

**1.** Für den Belag von den Mandarinen den Saft auffangen und 4 Esslöffel abmessen. Butter mit Zucker und abgemessenem Mandarinensaft in einem Topf unter Rühren erhitzen. Mandeln unterrühren.
**2.** Die Mandelmasse aufkochen, dann den Topf von der Kochstelle nehmen und Mandelmasse etwas abkühlen lassen.
**3.** Den Backofen vorheizen.
*Ober-/Unterhitze:* etwa 180 °C
*Heißluft:* etwa 160 °C
**4.** Für den Teig Butter oder Margarine mit einem Mixer (Rührstäbe) auf höchster Stufe geschmeidig rühren. Nach und nach Zucker, Salz und Vanillin-Zucker unterrühren. So lange rühren, bis eine gebundene Masse entstanden ist.
**5.** Die Eier nach und nach unterrühren (jedes Ei etwa 1/2 Minute). Das Mehl mit dem Backpulver mischen, abwechselnd mit der Milch in 2 Portionen kurz auf mittlerer Stufe unterrühren.
**6.** Teig auf ein Backblech (30 x 40 cm, gefettet) geben und glatt streichen. Die Mandarinen darauf verteilen. Mandelmasse mit einem Esslöffel daraufgeben und verstreichen.
**7.** Das Backblech in den vorgeheizten Backofen schieben. Den Kuchen etwa 25 Minuten backen.
**8.** Das Backblech auf einen Kuchenrost stellen. Den Kuchen erkalten lassen und in Stücke schneiden.

Kokostaler

Mandarinen-Mandel-Kuchen

## Zitronen-Sahne-Rolle
etwa 15 Stücke

*Zubereitungszeit:* 45 Minuten, ohne Kühlzeit
*Backzeit:* etwa 10 Minuten

**Für den Biskuitteig:**

pro Stück 0,21 Euro

4 Eier (Größe M)
1 Eigelb (Größe M)
80 g Zucker
1 Pck. Dr. Oetker Vanillin-Zucker
80 g Weizenmehl
1/2 gestr. TL Dr. Oetker Backin

**Für die Füllung:**
4 Blatt weiße Gelatine
400 g gekühlte Schlagsahne (mind. 30 % Fett)
4 EL Zitronensaft
70 g Puderzucker
1 Pck. Dr. Oetker Finesse Geriebene Zitronenschale

**Zum Bestäuben:**
1–2 TL Puderzucker

*Pro Stück:*
E: 3 g, F: 11 g, Kh: 18 g,
kJ: 768, kcal: 183

**1.** Den Backofen vorheizen.
*Ober-/Unterhitze:* etwa 200 °C

**2.** Für den Teig Eier und Eigelb in einer Rührschüssel mit einem Mixer (Rührstäbe) auf höchster Stufe in 1 Minute schaumig schlagen. Zucker mit Vanillin-Zucker mischen, unter Rühren in etwa 1 Minute einstreuen, dann noch etwa 2 Minuten schlagen.
**3.** Mehl mit Backpulver mischen und kurz auf niedrigster Stufe unterrühren. Biskuitteig auf ein Backblech (30 x 40 cm, gefettet, mit Backpapier belegt) geben, glatt streichen. Das Backblech in den vorgeheizten Backofen schieben. Die Biskuitplatte etwa 10 Minuten backen.
**4.** Die Biskuitplatte sofort nach dem Backen vom Rand lösen, auf mit Zucker bestreutes Backpapier stürzen und mit dem mitgebackenen Backpapier erkalten lassen.
**5.** Für die Füllung die Gelatine in kaltem Wasser nach Packungsanleitung einweichen. Sahne fast steif schlagen. Gelatine leicht ausdrücken und in einem kleinen Topf bei schwacher Hitze unter Rühren auflösen. Zitronensaft, Puderzucker und Zitronenschale unter die Gelatine rühren.
**6.** Zuerst etwa 2 Esslöffel der Sahne mit einem Schneebesen unter die Gelatinemischung rühren, dann die Gelatinemasse sofort unter die restliche Sahne schlagen und die Sahne vollständig steif schlagen.
**7.** Mitgebackenes Backpapier vorsichtig von der Biskuitplatte abziehen. Biskuitplatte mit der Zitronensahne bestreichen, von der längeren Seite her aufrollen und mindestens 2 Stunden in den Kühlschrank stellen.
**8.** Die Zitronen-Sahne-Rolle vor dem Servieren mit Puderzucker bestäuben.

Zitronen-Sahne-Rolle

## Süßes Streuselbrot
etwa 15 Scheiben

*Zubereitungszeit:* 35 Minuten, ohne Teiggehzeit
*Backzeit:* etwa 35 Minuten

pro Stück 0,13 Euro

**Für den Hefeteig:**
125 ml Milch (3,5 % Fett)
30 g Butter oder Margarine
300 g Weizenmehl
1 Pck. Dr. Oetker Trockenbackhefe
30 g Zucker
1 Pck. Dr. Oetker Vanillin-Zucker
1 Prise Salz
1 Ei (Größe M)

**Für die Streusel:**
150 g Weizenmehl
70 g Zucker
100 g Butter (zimmerwarm)

**Zum Bestreichen:**
150 g rote Konfitüre, z. B. Erdbeerkonfitüre
2 EL Milch

*Pro Scheibe:*
E: 4 g, F: 9 g, Kh: 37 g,
kJ: 1018, kcal: 243

**1.** Für den Teig Milch in einem kleinen Topf erwärmen. Butter oder Margarine darin zerlassen.
**2.** Das Mehl in einer Rührschüssel mit der Trockenbackhefe sorgfältig vermischen. Zucker, Vanillin-Zucker, Salz, Ei und die warme Milch-Fett-Mischung hinzufügen. Die Zutaten mit einem Mixer (Knethaken) zunächst kurz auf niedrigster, dann auf höchster Stufe in etwa 5 Minuten zu einem glatten Teig verarbeiten. Den

Süßes Streuselbrot

Wattekuchen mit Mandarinen

Teig zugedeckt an einem warmen Ort gehen lassen, bis er sich sichtbar vergrößert hat (etwa 20 Minuten).

**3.** Für die Streusel Mehl, Zucker und Butter in eine Rührschüssel geben. Die Zutaten mit einem Mixer (Rührstäbe) zunächst kurz auf niedrigster, dann auf höchster Stufe zu feinen Streuseln verarbeiten.

**4.** Den gegangenen Teig leicht mit Mehl bestäuben, aus der Schüssel nehmen, auf der leicht bemehlten Arbeitsfläche nochmals kurz durchkneten und zu einem Rechteck (etwa 25 x 40 cm) ausrollen. Die Konfitüre glatt rühren, auf den Teig streichen, dabei rundherum einen etwa 2 cm breiten Rand frei lassen. Die Hälfte der Streusel auf dem bestrichenen Teig verteilen.

**5.** Den Teig von der langen Seite her aufrollen und mit der Naht nach unten in eine Kastenform (25 x 11 cm, gefettet) legen. Den Teiglaib mit Milch bestreichen, mit den restlichen Streuseln bestreuen und nochmals zugedeckt so lange an einem warmen Ort gehen lassen, bis er sich sichtbar vergrößert hat (etwa 30 Minuten).

**6.** In der Zwischenzeit den Backofen vorheizen.
*Ober-/Unterhitze:* etwa 180 °C
*Heißluft:* etwa 160 °C

**7.** Die Form auf dem Rost in den vorgeheizten Backofen (unteres Drittel) schieben und das Streuselbrot etwa 35 Minuten backen.

**8.** Die Form auf einen Kuchenrost stellen. Das Streuselbrot etwa 5 Minuten in der Form stehen lassen, dann aus der Form lösen und auf den Kuchenrost stürzen, Streuselbrot wieder umdrehen, erkalten lassen.

## Wattekuchen mit Mandarinen

etwa 20 Stücke

pro Stück 0,22 Euro

*Zubereitungszeit:* 25 Minuten, ohne Abkühlzeit
*Backzeit:* etwa 20 Minuten

**Für den All-in-Teig:**
300 g Weizenmehl
3 gestr. TL Dr. Oetker Backin
300 g Zucker
1/2 Pck. Dr. Oetker Finesse Orangenschalen-Aroma
1 EL Orangensaft
4 Eier (Größe M)
150 ml Sonnenblumenöl
50 ml Zitronenlimonade

**Für den Belag und den Guss:**
340 g Aprikosenkonfitüre
350 g gut abgetropfte Mandarinen (aus Dosen)
1/2 Pck. Dr. Oetker Finesse Orangenschalen-Aroma
100 g Puderzucker
2–3 TL Orangensaft

*Pro Stück:*
E: 3 g, F: 9 g, Kh: 47 g,
kJ: 1198, kcal: 286

**1.** Den Backofen vorheizen.
*Ober-/Unterhitze:* etwa 180 °C
*Heißluft:* etwa 160 °C

**2.** Für den Teig Mehl mit Backpulver in einer Rührschüssel mischen. Zucker, Orangenschalen-Aroma, Orangensaft, Eier, Sonnenblumenöl und Limonade hinzufügen. Die Zutaten mit einem Mixer (Rührstäbe) auf höchster Stufe in etwa 2 Minuten zu einem glatten Teig verarbeiten.

**3.** Den All-in-Teig auf ein Backblech (30 x 40 cm, gefettet, gemehlt) geben und glatt streichen. Das Backblech in den vorgeheizten Backofen schieben. Den Gebäckboden etwa 20 Minuten backen.

**4.** Das Backblech auf einen Kuchenrost stellen, Boden erkalten lassen.

**5.** Für den Belag Aprikosenkonfitüre in einem Topf unter Rühren kurz aufkochen. Mandarinen und Orangenschalen-Aroma vorsichtig unterrühren. Fruchtmasse auf dem Boden verteilen, erkalten lassen.

**6.** Für den Guss den Puderzucker mit Orangensaft zu einem dickflüssigen Guss verrühren und mit einem Teelöffel auf den Kuchen sprenkeln.

**Tipp:** Ersetzen Sie die Mandarinen durch 1 Dose abgetropfte, in Spalten geschnittene Aprikosen.

Getränkter Erdbeerkuchen

## Getränkter Erdbeerkuchen

etwa 20 Stücke

pro Stück 0,28 Euro

*Zubereitungszeit:* 25 Minuten, ohne Auftau- und Abkühlzeit
*Backzeit:* etwa 15 Minuten

300 g TK-Erdbeeren

**Für den Biskuitteig:**
5 Eier (Größe M)
1 Eigelb (Größe M)
2 EL heißes Wasser
150 g Zucker
1 Prise Salz
120 g Weizenmehl
1 gestr. TL Dr. Oetker Backin
70 g gem. Mandeln

**Für den Guss und die Creme:**
40 g Zucker
100 g Doppelrahm-Frischkäse
75 g Erdbeerkonfitüre
125 g Speisequark (20 % Fett)

**Zum Garnieren:**
etwa 75 g Erdbeeren

*Pro Stück:*
E: 5 g, F: 6 g, Kh: 18 g,
kJ: 623, kcal: 149

**1.** Die Erdbeeren nach Packungsanleitung auftauen lassen.
**2.** Den Backofen vorheizen.
*Ober-/Unterhitze:* etwa 200 °C
*Heißluft:* etwa 180 °C
**3.** Für den Teig Eier, Eigelb und Wasser mit einem Mixer (Rührstäbe) auf höchster Stufe in etwa 1 Minute schaumig schlagen. Zucker und Salz in etwa 1 Minute einstreuen, dann noch etwa 2 Minuten schlagen. Mehl mit Backpulver mischen, auf die Eiercreme geben und kurz auf niedrigster Stufe unterrühren. Mandeln unterheben.
**4.** Den Teig auf ein Backblech mit hohem Rand oder in eine Fettpfanne (30 x 40 cm, gefettet, gemehlt) geben und glatt streichen. Das Backblech oder die Fettpfanne in den vorgeheizten Backofen schieben und die Biskuitplatte etwa 15 Minuten backen.
**5.** In der Zwischenzeit für den Guss aufgetaute Erdbeeren mit Zucker pürieren.
**6.** Das Backblech oder die Fettpfanne auf einen Kuchenrost stellen. Die heiße Biskuitplatte sofort mit einer Gabel dicht an dicht einstechen. Das Püree auf der Biskuitplatte verteilen und vorsichtig glatt streichen. Erdbeerkuchen erkalten lassen.
**7.** Für die Creme Frischkäse mit Erdbeerkonfitüre und Quark cremig aufschlagen. Den Erdbeerkuchen in etwa 20 Stücke schneiden. Je 1 Löffel der Creme auf die Kuchenstücke geben.
**8.** Zum Garnieren Erdbeeren putzen, abspülen, trocken tupfen und vierteln. Erdbeeren auf die Creme legen.

## Himbeer-Zitrus-Tarteletts

6 Stück

pro Stück 0,80 Euro

*Zubereitungszeit:* 30 Minuten, ohne Abkühlzeit
*Backzeit:* etwa 20 Minuten

**Für den Knetteig:**
100 g Weizenmehl
1/2 gestr. TL Dr. Oetker Backin
40 g Zucker
1 Pck. Dr. Oetker Vanillin-Zucker
1/2 TL Dr. Oetker Finesse Geriebene Zitronenschale
40 g zerlassene, etwas abgekühlte Halbfett-Butter (39 % Fett)
1 1/2 EL kaltes Wasser

einige Hülsenfrüchte zum Blindbacken

**Für die Füllung:**
25 ml Zitronensaft
175 ml Apfelsaft
20 g Zucker
1 Pck. ungezuckerter Tortenguss, klar
100 g saure Sahne

**Zum Garnieren:**
150 g frische Himbeeren
einige Zitronenmelisseblättchen
1 TL Puderzucker

**Außerdem:**
6 Tartelettförmchen (Ø 8–10 cm)
Backpapier

*Pro Stück:*
E: 3 g, F: 5 g, Kh: 33 g,
kJ: 830, kcal: 198

**1.** Für den Teig Mehl mit Backpulver in einer Rührschüssel mischen. Restliche Zutaten hinzufügen und mit einem Mixer (Knethaken) zunächst kurz auf niedrigster, dann auf höchster Stufe gut durcharbeiten. Danach auf der leicht bemehlten Arbeitsfläche kurz zu einem Teig verkneten.
**2.** Den Backofen vorheizen.
*Ober-/Unterhitze:* etwa 200 °C
*Heißluft:* etwa 180 °C
**3.** Den Teig in 6 gleich große Portionen teilen, zu 6 runden Platten (Ø etwa 14 cm) ausrollen. Die Teigplatten in 6 Tartelettförmchen (gefettet, gemehlt) legen, dabei den Rand fest andrücken. Die Teigböden mehrmals mit einer Gabel einstechen. Je ein Stück Backpapier auf den Teig legen, mit Hülsenfrüchten füllen. Die Förmchen auf dem Rost in den vorgeheizten Backofen schieben. Die Tarteletts etwa 15 Minuten vorbacken.
**4.** Die Hülsenfrüchte mit dem Backpapier entfernen und die Förmchen wieder auf dem Rost in den heißen Backofen schieben. Die Tarteletts bei gleicher Backofentemperatur in etwa 5 Minuten fertig backen.
**5.** Die Tarteletts kurz auf einem Kuchenrost abkühlen lassen, vorsichtig aus den Förmchen lösen, auf den Kuchenrost stürzen, erkalten lassen.
**6.** Für die Füllung Zitronensaft mit Apfelsaft, Zucker und Tortengusspulver in einem kleinen Topf verrühren, unter Rühren zum Kochen bringen und etwa 1/2 Minute unter Rühren kochen lassen. Die Creme etwa 1 Minute abkühlen lassen, dann die saure Sahne unterrühren. Die Creme in die Tarteletts geben und erkalten lassen.
**7.** Zum Garnieren Himbeeren verlesen, evtl. kurz abspülen und gut trocken tupfen. Die Himbeeren auf die Creme legen. Tarteletts nach Belieben mit abgespülten und trocken getupften Zitronenmelisseblättchen garnieren und mit Puderzucker bestäubt servieren.

## Zebrakuchen

etwa 16 Stücke

pro Stück 0,15 Euro

*Zubereitungszeit:* 25 Minuten, ohne Abkühlzeit
*Backzeit:* 50–60 Minuten

**Für den Teig:**
5 Eigelb (Größe M), 250 g Zucker
1 Pck. Dr. Oetker Vanillin-Zucker
125 ml lauwarmes Wasser
250 ml Speiseöl
375 g Weizenmehl
1 Pck. Dr. Oetker Backin
5 Eiweiß (Größe M)
2 EL gesiebtes Kakaopulver

**Für den Guss:**
150 g Puderzucker
2 EL Zitronensaft
3–4 EL Wasser

*Pro Stück:*
E: 5 g, F: 25 g, Kh: 43 g,
kJ: 1490, kcal: 356

**1.** Den Backofen vorheizen.
*Ober-/Unterhitze:* etwa 180 °C
*Heißluft:* etwa 160 °C
**2.** Für den Teig Eigelb, Zucker und Vanillin-Zucker mit einem Mixer (Rührstäbe) schaumig rühren. Wasser und Speiseöl unterrühren.
**3.** Mehl mit Backpulver mischen und in 2 Portionen kurz unterrühren. Eiweiß steif schlagen und unterheben. Den Teig halbieren und unter eine Hälfte des Teiges das Kakaopulver rühren.
**4.** Für das Zebramuster zunächst 2 Esslöffel des hellen Teiges in die Mitte einer Springform (Ø 26 cm, Boden gefettet, mit Semmelbröseln bestreut) geben (nicht verteilen!). Auf den hellen Teig 2 Esslöffel von dem dunklen Teig geben (nicht daneben).
**5.** Den Vorgang wiederholen, bis der Teig aufgebraucht ist. Den Teig nicht glatt streichen.
**6.** Die Form auf dem Rost in den vorgeheizten Backofen (unteres Drittel) schieben. Den Kuchen 50–60 Minuten backen.
**7.** Die Form auf einen Kuchenrost stellen. Zebrakuchen etwa 10 Minuten abkühlen lassen, dann aus der Form lösen und auf einem Kuchenrost erkalten lassen.
**8.** Für den Guss Puderzucker mit Zitronensaft und so viel Wasser verrühren, dass ein dünnflüssiger Guss entsteht. Den erkalteten Kuchen damit überziehen, Guss fest werden lassen.

Himbeer-Zitrus-Tarteletts

Zebrakuchen

## Fruchtig gefüllte Blätterteigtaschen

5 Stück

pro Stück 0,84 Euro

*Zubereitungszeit:* 15 Minuten
*Backzeit:* etwa 20 Minuten

275 g frischer Blätterteig (rechteckig, etwa 40 x 25 cm, aus dem Kühlregal)

**Für die Füllung:**
125 g Marzipan-Rohmasse
100 g Fruchtaufstrich Kirsche oder Kirschkonfitüre

**Zum Bestreichen und Bestreuen:**
1 verschlagenes Eiweiß
1 Eigelb
1 EL Milch (3,5 % Fett)
25 g gehobelte Mandeln

*Pro Stück:*
E: 10 g, F: 26 g, Kh: 39 g,
kJ: 1772, kcal: 423

**1.** Den Backofen vorheizen.
*Ober-/Unterhitze:* etwa 200 °C
*Heißluft:* etwa 180 °C
**2.** Die Blätterteigplatte mit dem Backpapier auf der Arbeitsfläche entrollen. Den Teig in 10 gleich große Rechtecke (je etwa 8 x 12 cm) schneiden.
**3.** Für die Füllung das Marzipan grob raspeln, mit dem Fruchtaufstrich oder der Konfitüre gut vermischen. Die Marzipan-Fruchtmasse mit einem Teelöffel jeweils in die Mitte von 5 Blätterteigrechtecken setzen.
**4.** Die Teigränder der belegten Blätterteigrechtecke mit dem Eiweiß bestreichen. Restliche Teigrechtecke jeweils über die Füllungen legen, die Seiten rundherum gut andrücken. Die Teigtaschen auf einem Backblech (mit Backpapier belegt) verteilen. Eigelb und Milch verschlagen. Die Teigtaschen damit bestreichen und mit Mandeln bestreuen. Backblech in den vorgeheizten Backofen schieben. Die Blätterteigtaschen etwa 20 Minuten backen.
**5.** Die Blätterteigtaschen mit dem Backpapier vom Backblech auf einen Kuchenrost ziehen, erkalten lassen.

## Feiner Gugelhupf

etwa 16 Stücke

*Zubereitungszeit:* 35 Minuten, ohne Teiggehzeit
*Backzeit:* etwa 50 Minuten

pro Stück 0,31 Euro

**Für den Hefeteig:**
200 g Schlagsahne
100 g Butter oder Margarine
400 g Weizenmehl
1 Pck. Dr. Oetker Trockenbackhefe
125 g Zucker
1 Pck. Dr. Oetker Vanillin-Zucker
6 Tropfen Zitronen-Aroma
1 Prise Salz, 3 Eier (Größe M)
150 g Rosinen
100 g Korinthen
100 g gehackte Mandeln

etwas Puderzucker

*Pro Stück:*
E: 6 g, F: 14 g, Kh: 39 g,
kJ: 1296, kcal: 310

**1.** Für den Teig Sahne in einem kleinen Topf erwärmen. Die Butter oder Margarine darin zerlassen.
**2.** Mehl in eine Rührschüssel geben und mit der Trockenbackhefe sorgfältig vermischen. Zucker, Vanillin-Zucker, Aroma, Salz, Eier und die warme Sahne-Fett-Mischung hinzufügen. Die Zutaten mit einem Mixer (Knethaken) zunächst kurz auf niedrigster, dann auf höchster Stufe in etwa 5 Minuten zu einem glatten Teig verarbeiten.
**3.** Rosinen, Korinthen und Mandeln kurz unterarbeiten. Den Teig zugedeckt so lange an einem warmen Ort gehen lassen, bis er sich sichtbar vergrößert hat (etwa 30 Minuten).
**4.** Den Backofen vorheizen.
*Ober-/Unterhitze:* etwa 180 °C
*Heißluft:* etwa 160 °C
**5.** Teig mit dem Mixer (Knethaken) auf höchster Stufe kurz durchkneten, in eine Gugelhupfform (Ø 22 cm, gefettet) füllen und nochmals so lange an einem warmen Ort gehen lassen, bis er sich sichtbar vergrößert hat (etwa 30 Minuten).
**6.** Die Form auf dem Rost in den vorgeheizten Backofen (unteres Drittel) schieben. Den Gugelhupf etwa 50 Minuten backen.
**7.** Die Form auf einen Kuchenrost stellen. Den Gugelhupf etwas abkühlen lassen. Dann auf den mit Backpapier belegten Kuchenrost stürzen und erkalten lassen. Den Gugelhupf mit Puderzucker bestäuben.

Crumble-Cookies

Cola Gugelhupf

## Crumble-Cookies
etwa 25 Stück

*Zubereitungszeit:* 20 Minuten
*Backzeit:* etwa 20 Minuten je Backblech

pro Stück 0,21 Euro

**Für den Teig:**
300 g Weizenmehl
1 gestr. TL Dr. Oetker Backin
250 g kalte, klein gewürfelte Butter
200 g brauner Zucker
100 g weißer Zucker
1 Pck. Dr. Oetker Bourbon-Vanille-Zucker
1 Prise Salz
2 Eigelb (Größe M)
100 g gehackte Walnusskerne
100 g kernige Haferflocken
2 gestr. TL gem. Kardamom

*Pro Stück:*
E: 3 g, F: 12 g, Kh: 23 g,
kJ: 881, kcal: 210

**1.** Den Backofen vorheizen.
*Ober-/Unterhitze:* etwa 180 °C
*Heißluft:* etwa 160 °C
**2.** Für den Teig das Mehl mit Backpulver in einer Rührschüssel mischen. Die restlichen Zutaten hinzufügen und mit einem Mixer (Knethaken) zunächst kurz auf niedrigster, dann auf höchster Stufe zu groben Streuseln verarbeiten.
**3.** Eine runde Ausstechform (Ø 7 cm) auf ein Backblech (gefettet, mit Backpapier belegt) stellen. 1–2 gehäufte Esslöffel Streuselteig hineingeben und nur leicht festdrücken. Die Ausstechform abheben. Aus dem restlichen Streuselteig auf die gleiche Weise Streuseltaler formen, dafür evtl. noch ein zweites Backblech verwenden.
**4.** Die Backbleche nacheinander (bei Heißluft zusammen) in den vorgeheizten Backofen schieben. Die Cookies etwa 20 Minuten je Backblech backen.
**5.** Die Cookies mit dem Backpapier von den Backblechen auf Kuchenroste ziehen und erkalten lassen.

## Cola Gugelhupf
etwa 16 Stücke

*Zubereitungszeit:* 20 Minuten, ohne Abkühlzeit
*Backzeit:* etwa 35 Minuten

pro Stück 0,26 Euro

**Für den Teig:**
200 g Weizenmehl
2 gestr. TL Dr. Oetker Backin
100 g Puderzucker
1 Pck. Dr. Oetker Bourbon-Vanille-Zucker
50 g gesiebtes Kakaopulver
3 Eier (Größe M)
100 ml frisch gepresster Orangensaft
100 ml Cola
125 ml Speiseöl

**Für den Guss:**
10 g Butter
100 g Puderzucker
2 TL gesiebtes Kakaopulver
1–2 EL Cola

*Pro Stück:*
E: 3 g, F: 10 g, Kh: 25 g,
kJ: 859, kcal: 205

**1.** Den Backofen vorheizen.
*Ober-/Unterhitze:* etwa 180 °C
*Heißluft:* etwa 160 °C
**2.** Für den Teig das Mehl mit Backpulver mischen, in eine verschließbare Schüssel (etwa 3-Liter-Inhalt) geben, mit Puderzucker, Vanille-Zucker und Kakao mischen. Eier, Orangensaft, Cola und Speiseöl hinzufügen. Die Schüssel mit dem Deckel fest verschließen. Schüssel mehrmals kräftig schütteln (insgesamt 15–30 Sekunden), sodass alle Zutaten gut vermischt sind.
**3.** Alles mit einem Schneebesen oder Rührlöffel nochmals sorgfältig durchrühren, damit trockene Zutaten vom Deckel und Rand mit untergerührt werden.
**4.** Den Teig in eine Napfkuchenform (Ø 20 cm, gefettet, gemehlt) geben und glatt streichen. Die Form auf dem Rost in den vorgeheizten Backofen schieben und den Kuchen etwa 35 Minuten backen.
**5.** Die Form auf einen Kuchenrost stellen. Den Kuchen etwa 10 Minuten in der Form stehen lassen. Dann aus der Form lösen und auf einen mit Backpapier belegten Kuchenrost stürzen. Den Kuchen erkalten lassen.
**6.** Für den Guss Butter zerlassen, mit Puderzucker und Kakao verrühren. So viel Cola unterrühren, dass ein streichfähiger Guss entsteht. Den Kuchen mit dem Guss überziehen.

## Eierschecke

etwa 20 Stücke

pro Stück 0,21 Euro

*Zubereitungszeit:* 40 Minuten, ohne Teiggeh- und Abkühlzeit
*Backzeit:* etwa 30 Minuten

**Für den Hefeteig:**
125 ml Milch (3,5 % Fett)
100 g Butter oder Margarine
300 g Weizenmehl
1 Pck. Dr. Oetker Trockenbackhefe
50 g Zucker
1 Pck. Dr. Oetker Vanillin-Zucker
4 Tropfen Zitronen-Aroma
1 Prise Salz, 1 Ei (Größe M)

**Für den Quarkbelag:**
1 Pck. Dr. Oetker Pudding-Pulver Vanille-Geschmack
40 g Zucker
500 ml Milch (3,5 % Fett)
500 g Magerquark
50 g Rosinen

**Für die Eiercreme:**
4 Eiweiß (Größe M)
125 g Butter (zimmerwarm)
125 g Zucker
4 Eigelb (Größe M)
15 g Speisestärke

*Pro Stück:*
E: 8 g, F: 13 g, Kh: 27 g,
kJ: 1076, kcal: 257

**1.** Für den Teig Milch in einem kleinen Topf erwärmen. Die Butter oder Margarine darin zerlassen.
**2.** Mehl in eine Rührschüssel geben und mit der Trockenbackhefe sorgfältig vermischen. Zucker, Vanillin-Zucker, Aroma, Salz, Ei und die warme Milch-Fett-Mischung hinzufügen. Die Zutaten mit einem Mixer (Knethaken) zunächst kurz auf niedrigster, dann auf höchster Stufe in etwa 5 Minuten zu einem glatten Teig verarbeiten. Den Teig zugedeckt so lange an einem warmen Ort gehen lassen, bis er sich sichtbar vergrößert hat (etwa 30 Minuten).
**3.** Für den Quarkbelag aus Pudding-Pulver, Zucker und Milch einen Pudding nach Packungsanleitung zubereiten. Den Pudding in eine Schüssel geben, Frischhaltefolie direkt auf die Puddingoberfläche legen, den Pudding erkalten lassen.
**4.** Den Backofen vorheizen.
*Ober-/Unterhitze:* etwa 180 °C
*Heißluft:* etwa 160 °C
**5.** Quark und Rosinen unter den erkalteten Pudding rühren. Teig auf der leicht bemehlten Arbeitsfläche nochmals kurz durchkneten, zu einer Rolle formen und auf einem Backblech mit hohem Rand (30 x 40 cm, gefettet) ausrollen. Den Quarkbelag auf dem Teig verstreichen.
**6.** Für die Eiercreme das Eiweiß steif schlagen. Die Butter mit dem Mixer (Rührstäbe) geschmeidig rühren. Nach und nach Zucker unterrühren. So lange rühren, bis eine gebundene Masse entstanden ist. Eigelb nach und nach unterrühren.
**7.** Den Eischnee auf die Eigelbmasse geben, Speisestärke daraufsieben und beides vorsichtig unterheben. Die Eiercreme auf dem Quarkbelag verteilen und glatt streichen.
**8.** Das Backblech in den vorgeheizten Backofen (unteres Drittel) schieben. Den Kuchen etwa 30 Minuten backen.
**9.** Das Backblech auf einen Kuchenrost stellen, Kuchen erkalten lassen.

Eierschecke

Cupcakes for Girls

## Cupcakes for Girls

12 Stück

pro Stück 0,59 Euro

*Zubereitungszeit:* 40 Minuten, ohne Kühlzeit
*Backzeit:* 25–30 Minuten

**Zum Vorbereiten:**
250 g frische Rote Bete

**Für den Teig:**
3 Eiweiß (Größe M)
1 Prise Salz
140 g Zucker
150 g Butter oder Margarine (zimmerwarm)
3 Eigelb (Größe M)
160 g Weizenmehl
1 gestr. TL Dr. Oetker Backin

**Für das Topping:**
300 g Doppelrahm-Frischkäse
60 g Puderzucker
1–2 TL Rote-Bete-Saft
50 g rosa Zuckerkristalle
1 EL Zuckerherzen

**Außerdem:**
12 Muffin-Papierbackförmchen

*Pro Stück:*
E: 5 g, F: 19 g, Kh: 34 g,
kJ: 1368, kcal: 328

**1.** Zum Vorbereiten die Rote Bete mit Handschuhen schälen und fein reiben. Aus den Rote-Bete-Raspeln 1–2 Teelöffel Saft auspressen und beiseitestellen. Von den Rote-Bete-Raspeln 160 g abwiegen und für den Teig beiseitestellen.
**2.** Den Backofen vorheizen.
*Ober-/Unterhitze:* etwa 180 °C
*Heißluft:* etwa 160 °C
**3.** Für den Teig Eiweiß mit Salz mit einem Mixer (Rührstäbe) auf höchster Stufe steif schlagen. Eischnee etwa 3 Minuten weiterschlagen, dabei nach und nach 100 g von dem Zucker unterschlagen.
**4.** In einer zweiten Schüssel Butter oder Margarine mit Eigelb und restlichem Zucker mit dem Mixer (Rührstäbe) zunächst kurz auf niedrigster, dann auf höchster Stufe etwa 4 Minuten schaumig schlagen. Anschließend die beiseitegestellten Rote-Bete-Raspeln unterheben.
**5.** Mehl mit Backpulver gut vermischen. Die Mehlmischung in 2 Portionen abwechselnd mit dem Eischnee unter die Eigelb-Fett-Masse rühren.
**6.** Den Teig in einer Muffinform (für 12 Muffins, mit Papierbackförmchen ausgelegt) verteilen. Die Form auf dem Rost in den vorgeheizten Backofen schieben und die Cupcakes 25–30 Minuten backen.
**7.** Die Form auf einen Kuchenrost stellen. Cupcakes nach etwa 5 Minuten aus der Form nehmen und auf dem Kuchenrost erkalten lassen.
**8.** Für das Topping Frischkäse mit Puderzucker und dem beiseitegestellten Rote-Bete-Saft glatt rühren. Die Frischkäsecreme mit einem Messer kuppelförmig auf die Cupcakes streichen. Die Cupcakes zugedeckt, sodass das Topping nicht zerdrückt wird, etwa 1 Stunde in den Kühlschrank stellen.
**9.** Vor dem Servieren die Cupcakes mit Zuckerkristallen und -herzen bestreuen.

***Tipp:*** Sie können die Cupcakes auch mit Dekorblüten, Dekor-Konfetti oder kleinen Kerzen verzieren.

## Erdbeerschnecken

16 Stück

*Zubereitungszeit:* 40 Minuten, ohne Abkühl- und Trockenzeit
*Backzeit:* etwa 8 Minuten

pro Stück 0,28 Euro

**Für den Biskuitteig:**
1 Ei (Größe M)
1 Eigelb (Größe M)
30 g Zucker
1 Pck. Dr. Oetker Bourbon-Vanille-Zucker
1 Prise Salz
50 g Weizenmehl
1 Msp. Dr. Oetker Backin

**Zum Bestreuen und Bestreichen:**
1 EL Zucker
100 g Erdbeerkonfitüre

**Zum Verzieren:**
80 g Vollmilch-Schokolade (etwa 30 % Kakaoanteil)
16 runde, dünne Butterwaffeln oder Kekse (Ø etwa 6 cm)

**Außerdem:**
16 Holzspatel

*Pro Stück:*
E: 2 g, F: 5 g, Kh: 20 g,
kJ: 576, kcal: 137

**1.** Den Backofen vorheizen.
*Ober-/Unterhitze:* etwa 200 °C
*Heißluft:* etwa 180 °C
**2.** Für den Teig das Ei und Eigelb mit einem Mixer (Rührstäbe) auf höchster Stufe in 1 Minute schaumig schlagen. Zucker mit Vanille-Zucker und Salz mischen, in etwa 1 Minute einstreuen und dann noch etwa 2 Minuten schlagen.
**3.** Mehl mit Backpulver mischen, auf die Eiercreme geben und kurz auf niedrigster Stufe unterrühren. Einen Backrahmen (etwa 25 x 25 cm) auf ein Backblech (gefettet, mit Backpapier belegt) stellen. Den Teig hineingeben und glatt streichen. Das Backblech in den vorgeheizten Backofen schieben. Die Biskuitplatte etwa 8 Minuten backen.
**4.** Das Backblech auf einen Kuchenrost stellen. Den Backrahmen sofort vorsichtig lösen und entfernen. Dann die Biskuitplatte auf ein mit etwas Zucker bestreutes Backpapier stürzen. Das mitgebackene Backpapier abziehen. Die noch heiße Biskuitplatte mit Erdbeerkonfitüre bestreichen und mithilfe des Backpapiers aufrollen, erkalten lassen.
**5.** Zum Verzieren die Schokolade in kleine Stücke brechen. Zwei Drittel davon in einem Topf im Wasserbad bei schwacher Hitze unter Rühren schmelzen. Den Topf aus dem Wasserbad nehmen und die restliche Schokolade darin unter Rühren schmelzen. Sollte sich die zuletzt untergerührte Schokolade nicht vollständig auflösen, den Topf nochmals kurz ins Wasserbad halten, wieder herausnehmen und die Schokolade so lange rühren, bis sie vollständig geschmolzen ist.
**6.** Die Gebäckrolle in 16 gleich große Scheiben schneiden. Die Waffeln oder Kekse auf einer Seite mit der Schokolade bestreichen. Auf jede Waffel oder jeden Keks 1 Gebäckscheibe legen, andrücken. 1 Holzspatel bis zur Mitte in jede Gebäckscheibe stecken (evtl. die erste Gebäckschicht mit einem Messer vorsichtig einschneiden).
**7.** Die restliche Schokoladenmasse in einen kleinen Gefrierbeutel füllen, eine kleine Ecke abschneiden und die Erdbeerschnecken damit verzieren. Schokolade fest werden lassen.

Erdbeerschnecken

Apfel-Zimt-Gugelhupf

Cappuccino-Creamcheese

## Apfel-Zimt-Gugelhupf

etwa 20 Stücke

*Zubereitungszeit:* 20 Minuten, ohne Ruhezeit
*Backzeit:* etwa 55 Minuten

pro Stück 0,27 Euro

**Zum Vorbereiten:**
2 säuerliche Äpfel (etwa 400 g), z. B. Cox Orange

**Für den Hefeteig:**
375 g Weizenmehl
1 Pck. Hefeteig Garant
125 g Zucker
1 Pck. Dr. Oetker Vanillin-Zucker
1 Prise Salz, 2 gestr. TL gem. Zimt
2 Eier (Größe M)
200 ml fettarme Milch (1,5 % Fett)
100 g Halbfett-Butter (39 % Fett, zimmerwarm)

**Zum Bestreichen und Bestreuen:**
2 EL Aprikosenkonfitüre (etwa 60 g)
50 g Haselnusskrokant

*Pro Stück:*
E: 3 g, F: 4 g, Kh: 27 g,
kJ: 654, kcal: 156

**1.** Zum Vorbereiten Äpfel schälen, vierteln, entkernen und in kleine Stücke schneiden.
**2.** Für den Teig Mehl in einer Rührschüssel mit Hefeteig Garant sorgfältig vermischen. Restliche Zutaten hinzufügen und mit einem Mixer (Knethaken) zunächst kurz auf niedrigster, dann auf höchster Stufe in etwa 2 Minuten zu einem glatten Teig verarbeiten. Die Apfelstücke mithilfe eines Teigschabers unterheben.
**3.** Den Teig in eine Gugelhupf- oder Napfkuchenform (Ø 22 cm, gefettet) geben und glatt streichen. Den Teig etwa 15 Minuten ruhen lassen.
**4.** Den Backofen vorheizen.
*Ober-/Unterhitze:* etwa 180 °C
*Heißluft:* etwa 160 °C
**5.** Die Form auf dem Rost in den vorgeheizten Backofen (unteres Drittel) schieben. Den Gugelhupf etwa 55 Minuten backen.
**6.** Die Form auf einen Kuchenrost stellen. Den Gugelhupf etwa 10 Minuten in der Form stehen lassen, dann aus der Form lösen und auf einen Kuchenrost stürzen.
**7.** Zum Bestreichen und Bestreuen Konfitüre durch ein Sieb streichen, mit einem Backpinsel auf den noch heißen Kuchen streichen und sofort mit Krokant bestreuen. Gugelhupf erkalten lassen.

## Cappuccino-Creamcheese

12 Stück

pro Stück 0,38 Euro

*Zubereitungszeit:* 25 Minuten
*Backzeit:* etwa 25 Minuten

**Für den Teig:**
125 g Butter (zimmerwarm)
125 g Zucker, 1 Prise Salz
3–4 TL Instant-Espressopulver
3 Eier (Größe M)
100 g Weizenmehl
50 g Speisestärke
2 gestr. TL Dr. Oetker Backin
125 ml Milch (3,5 % Fett)

**Für das Topping:**
200 g Doppelrahm-Frischkäse
1 EL Crème fraîche
1 TL Speisestärke
1 Pck. Dr. Oetker Vanillin-Zucker
40 g Puderzucker

etwas Kakaopulver

**Außerdem:**
12 Muffin-Papierbackförmchen

*Pro Stück:*
E: 5 g, F: 17 g, Kh: 26 g,
kJ: 1147, kcal: 274

**1.** Den Backofen vorheizen.
*Ober-/Unterhitze:* etwa 200 °C
*Heißluft:* etwa 180 °C
**2.** Für den Teig Butter in einer Rührschüssel mit einem Mixer (Rührstäbe) geschmeidig rühren. Zucker mit Salz und Espressopulver mischen. Die Mischung nach und nach unterrühren. So lange rühren, bis eine gebundene Masse entstanden ist. Eier nach und nach unterrühren (jedes Ei etwa 1/2 Minute). Mehl mit Speisestärke und Backpulver mischen, abwechselnd mit der Milch kurz auf mittlerer Stufe unterrühren.
**3.** Den Teig in einer Muffinform (für 12 Muffins, mit Papierbackförmchen ausgelegt) verteilen. Die Form auf dem Rost in den vorgeheizten Backofen schieben. Die Cakes etwa 15 Minuten backen.
**4.** Für das Topping in der Zwischenzeit Frischkäse mit Crème fraîche, Speisestärke, Vanillin-Zucker und Puderzucker in eine Rührschüssel geben und gut verrühren.

**5.** Die heiße Muffinform aus dem Backofen nehmen und auf einen Kuchenrost stellen. Die Käsemasse zügig auf den heißen Cakes verteilen. Die Muffinform wieder auf dem Rost in den heißen Backofen schieben. Die Cupcakes bei gleicher Backtemperatur weitere etwa 10 Minuten backen.
**6.** Die Cakes etwa 5 Minuten in der Form stehen lassen, dann herausnehmen und auf einem Kuchenrost erkalten lassen. Die Cakes vor dem Servieren mit Kakao bestäuben.

## Buttermilchbiskuits

etwa 16 Stück

*Zubereitungszeit:* 20 Minuten
*Backzeit:* 10–12 Minuten

**Für den Teig:**
300 g Weizenmehl
2 gestr. TL Dr. Oetker Backin
50 g feiner Zucker
¼ gestr. TL Salz
125 g Butterschmalz (zimmerwarm)
175 g Buttermilch
60 g Sultaninen

pro Stück 0,10 Euro

*Pro Stück:*
E: 2 g, F: 8 g, Kh: 20 g,
kJ: 685, kcal: 163

**1.** Den Backofen vorheizen.
*Ober-/Unterhitze:* etwa 220 °C
*Heißluft:* etwa 200 °C
**2.** Für den Teig Mehl mit Backpulver in einer Rührschüssel mischen. Zucker und Salz untermischen. Schmalz hinzufügen und mit einem Mixer (Knethaken) verrühren.
**3.** Buttermilch nach und nach hinzufügen, mit dem Mixer (Knethaken) kurz zu einem glatten Teig verkneten. Sultaninen unterkneten.
**4.** Den Teig auf der leicht bemehlten Arbeitsfläche etwa 1 1/2 cm dick ausrollen. Mit einer runden Ausstechform (Ø etwa 5 1/2 cm) etwa 16 runde Platten ausstechen, auf ein Backblech (mit Backpapier belegt) legen.
**5.** Das Backblech in den vorgeheizten Backofen schieben und die Biskuits 10–12 Minuten backen.
**6.** Die Biskuits mit dem Backpapier auf einen Kuchenrost ziehen und lauwarm abkühlen lassen.

## Hafer-Schoko-Plätzchen

pro Stück 0,07 Euro

etwa 60 Stück

*Zubereitungszeit:* 45 Minuten
*Backzeit:* etwa 15 Minuten je Backblech

**Für den Rührteig:**
200 g Butter oder Margarine (zimmerwarm)
200 g Zucker
2 Pck. Dr. Oetker Vanillin-Zucker
1 EL Wasser
2 Eier (Größe M)
125 g Weizenmehl
1/2 TL Dr. Oetker Backin
2 EL gesiebtes Kakaopulver
250 g kernige Haferflocken
50 g gehackte Mandeln
2–3 EL Rum

*Pro Stück:*
E: 1 g, F: 4 g, Kh: 8 g,
kJ: 298, kcal: 71

**1.** Für den Teig die Butter oder Margarine in einer Rührschüssel mit einem Mixer (Rührstäbe) auf höchster Stufe geschmeidig rühren. Nach und nach Zucker, Vanillin-Zucker und Wasser unterrühren, bis eine gebundene Masse entstanden ist.
**2.** Die Eier nach und nach unterrühren (jedes Ei etwa 1/2 Minute). Mehl mit Backpulver und Kakao mischen, kurz auf mittlerer Stufe unterrühren. Die Haferflocken und Mandeln esslöffelweise auf mittlerer Stufe kurz unterrühren. Rum hinzufügen.
**3.** Den Backofen vorheizen.
*Ober-/Unterhitze:* etwa 180 °C
*Heißluft:* etwa 160 °C
**4.** Den Teig mit 2 Teelöffeln in Häufchen mit etwas Abstand auf Backbleche (gefettet, mit Backpapier belegt) setzen. Die Teighäufchen mit dem Löffel etwas flach drücken. Die Backbleche nacheinander (bei Heißluft zusammen) in den vorgeheizten Backofen schieben. Hafer-Schoko-Plätzchen etwa 15 Minuten je Backblech backen.
**5.** Die Plätzchen mit dem Backpapier von den Backblechen auf Kuchenroste ziehen, Plätzchen erkalten lassen.

Buttermilchbiskuits

Hafer-Schoko-Plätzchen

## Apfel-Whoopies

10 Stück

*Zubereitungszeit:* 40 Minuten, ohne Abkühlzeit
*Backzeit:* etwa 10 Minuten je Backblech

pro Stück 0,64 Euro

**Zum Vorbereiten:**
1–2 Äpfel (etwa 300 g)
80 g Extra Gelierzucker (2:1)
3 TL Zitronensaft

**Für den Teig:**
120 g Butter (zimmerwarm)
80 g Zucker
1 Prise Salz
2 Eier (Größe M)
120 g Weizenmehl
3 gestr. TL Dr. Oetker Backin
1 Pck. Gala Bourbon-Vanille-Pudding-Pulver
80 g Haselnuss-Krokant
3 EL Milch

**Für die Füllung:**
200 g Mascarpone (ital. Frischkäse)

Apfel-Whoopies

*Pro Stück:*
E: 4 g, F: 20 g, Kh: 38 g,
kJ: 1479, kcal: 353

**1.** Zum Vorbereiten Äpfel schälen, vierteln und entkernen. Apfelviertel in etwa 7 mm große Würfel schneiden. Die Äpfelwürfel mit dem Gelierzucker und dem Zitronensaft in einem Topf gut vermischen. Die Zutaten zum Kochen bringen und unter Rühren etwa 5 Minuten kochen lassen. Die Apfelmasse in eine Schüssel geben und erkalten lassen.
**2.** Inzwischen Backofen vorheizen.
*Ober-/Unterhitze:* etwa 200 °C
*Heißluft:* etwa 180 °C
**3.** Für den Teig sehr weiche Butter, Zucker und Salz in einer Rührschüssel mit einem Mixer (Rührstäbe) auf höchster Stufe etwa 4 Minuten schaumig schlagen. Die Eier nach und nach unterrühren (jedes Ei etwa 1/2 Minute).
**4.** Mehl mit Backpulver und Pudding-Pulver sowie 60 g Krokant gut vermischen und unter die Buttermasse heben. Den Teig in einen Spritzbeutel mit großer Lochtülle (Ø 1 1/2 cm) geben. 20 Teighäufchen (Ø je etwa 5 cm) nicht zu dicht nebeneinander auf Backbleche (mit Backpapier belegt) spritzen. Die Teighäufchen mit dem restlichen Krokant bestreuen.
**5.** Die Backbleche nacheinander (bei Heißluft zusammen) in den vorgeheizten Backofen schieben. Die Whoopies etwa 10 Minuten je Backblech backen.
**6.** Die Whoopies mit dem Backpapier auf Kuchenroste ziehen. Whoopies erkalten lassen.
**7.** Für die Füllung den Mascarpone kurz glatt rühren. Die vorbereitete Apfelmasse unterheben. Die Apfel-Mascarpone-Creme mit einem Teigschaber so lange rühren, bis sie anfängt dicklich zu werden. Die Füllung mit einem Löffel auf der Rückseite von 10 Whoopies verteilen. Die restlichen Whoopies daraufsetzen und leicht andrücken. Die Whoopies zugedeckt etwa 30 Minuten in den Kühlschrank stellen.

## Donauwellen

etwa 20 Stücke

pro Stück 0,56 Euro

*Zubereitungszeit:* 45 Minuten, ohne Kühlzeit
*Backzeit:* etwa 40 Minuten

**Für den Rührteig:**
250 g Butter oder Margarine (zimmerwarm)
200 g Zucker
1 Pck. Dr. Oetker Vanillin-Zucker
1 Prise Salz
5 Eier (Größe M)
375 g Weizenmehl
3 gestr. TL Dr. Oetker Backin
20 g gesiebtes Kakaopulver
1 EL Milch

700 g abgetropfte Sauerkirschen (aus Gläsern)

**Für die Buttercreme:**
1 Pck. Dr. Oetker Pudding-Pulver Vanille-Geschmack
100 g Zucker
500 ml Milch (3,5 % Fett)
250 g Butter (zimmerwarm)

**Für den Guss:**
200 g Zartbitter-Schokolade (etwa 50 % Kakaoanteil)
2 EL Speiseöl, z. B. Sonnenblumenöl

*Pro Stück:*
E: 6 g, F: 29 g, Kh: 42 g,
kJ: 1913, kcal: 457

**1.** Den Backofen vorheizen.
*Ober-/Unterhitze:* etwa 180 °C
*Heißluft:* etwa 160 °C
**2.** Für den Teig Butter oder Margarine mit einem Mixer (Rührstäbe) auf höchster Stufe geschmeidig rühren. Nach und nach Zucker, Vanillin-Zucker und Salz unterrühren. So lange rühren, bis eine gebundene Masse entstanden ist.
**3.** Eier nach und nach unterrühren (jedes Ei etwa 1/2 Minute). Mehl mit Backpulver mischen und in 2 Portionen kurz auf mittlerer Stufe unterrühren. Knapp zwei Drittel des Teiges auf ein Backblech mit hohem Rand

Donauwellen

Apfel-Zimt-Schnecken

(30 x 40 cm, gefettet) streichen. Kakao mit der Milch unter den restlichen Teig rühren. Den dunklen Teig gleichmäßig auf dem hellen Teig verteilen.

**4.** Die Sauerkirschen kurz auf Küchenpapier legen, dann gleichmäßig auf dem dunklen Teig verteilen und mit einem Löffel etwas in den Teig drücken. Das Backblech in den vorgeheizten Backofen (unteres Drittel) schieben. Den Gebäckboden etwa 40 Minuten backen.

**5.** Das Backblech auf einen Kuchenrost stellen. Den Gebäckboden erkalten lassen.

**6.** Für die Buttercreme aus Pudding-Pulver, 100 g Zucker und Milch einen Pudding nach Packungsanleitung zubereiten. Den Pudding erkalten lassen (nicht kalt stellen), dabei gelegentlich durchrühren.

**7.** Die Butter mit dem Mixer (Rührstäbe) geschmeidig rühren. Den erkalteten Pudding esslöffelweise unterrühren, dabei darauf achten, dass Butter und Pudding Zimmertemperatur haben, da die Buttercreme sonst gerinnt. Den erkalteten Gebäckboden gleichmäßig mit der Buttercreme bestreichen. Den Kuchen zugedeckt etwa 1 Stunde in den Kühlschrank stellen.

**8.** Für den Guss Schokolade in Stücke brechen, mit dem Speiseöl in einem Topf im Wasserbad bei schwacher Hitze unter Rühren schmelzen. Den Guss auf die fest gewordene Buttercreme streichen und mit einem Tortengarnierkamm verzieren.

## Apfel-Zimt-Schnecken

16 Stück

*Zubereitungszeit:* 20 Minuten, ohne Ruhezeit
*Backzeit:* 20–25 Minuten je Backblech

pro Stück 0,29 Euro

**Für die Füllung:**
3 Äpfel (je etwa 150 g)
60 g Zucker
2 Prisen gem. Zimt

**Für den Hefeteig:**
500 g Weizenmehl
1 Pck. Hefeteig Garant
60 g Zucker
1 Pck. Dr. Oetker Finesse Geriebene Zitronenschale
2 Eier (Größe M)
200 ml fettarme Milch (1,5 % Fett)
100 g Butter oder Margarine (zimmerwarm)

20 g Butter oder Margarine

**Zum Bestreichen und Bestreuen:**
1–2 EL fettarme Milch (1,5 % Fett)
1 EL Zucker
1/2 TL gem. Zimt

*Pro Stück:*
E: 5 g, F: 8 g, Kh: 38 g,
kJ: 1027, kcal: 254

**1.** Für die Füllung die Äpfel schälen, vierteln, entkernen, in kleine Würfel schneiden, mit Zucker und Zimt verrühren.

**2.** Für den Teig das Mehl mit Hefeteig Garant in einer Rührschüssel sorgfältig vermischen. Die restlichen Zutaten hinzufügen und mit einem Mixer (Knethaken) zunächst kurz auf niedrigster, dann auf höchster Stufe in etwa 2 Minuten zu einem glatten Teig verarbeiten.

**3.** Den Teig leicht mit Mehl bestäuben, aus der Schüssel nehmen und auf der leicht bemehlten Arbeitsfläche nochmals kurz durchkneten. Den Teig halbieren und je zu einem Rechteck (etwa 20 x 15 cm) ausrollen. Die Butter oder Margarine zerlassen und die Teigrechtecke damit bestreichen.

**4.** Die Apfelwürfel darauf verteilen. Den Teig jeweils von der längeren Seite her aufrollen. Jede Teigrolle in 8 gleich dicke Scheiben schneiden und mit etwas Abstand auf 2 Backbleche (mit Backpapier belegt) legen. Die Teigscheiben etwa 15 Minuten ruhen lassen.

**5.** Den Backofen vorheizen.
*Ober-/Unterhitze:* etwa 200 °C
*Heißluft:* etwa 180 °C

**6.** Die Teigscheiben mit Milch bestreichen. Zucker und Zimt vermischen, die Apfelschnecken damit bestreuen.

**7.** Die Backbleche nacheinander (bei Heißluft zusammen) in den vorgeheizten Backofen schieben. Schnecken 20–25 Minuten je Backblech backen.

**8.** Die Apfelschnecken vom Backpapier lösen und auf einem Kuchenrost erkalten lassen.

Haselnusskuchen

Kokos-Kastenkuchen

## Haselnusskuchen
etwa 20 Stücke

*Zubereitungszeit:* 20 Minuten
*Backzeit:* 20–25 Minuten

**Für den Belag:**
150 g Zucker
125 g Butter
200 g gehobelte Haselnusskerne

pro Stück 0,24 Euro

**Für den Knetteig:**
375 g Weizenmehl
2 gestr. TL Dr. Oetker Backin
150 g Zucker
1 Pck. Dr. Oetker Vanillin-Zucker
2 Eier (Größe M)
200 g Butter

**Zum Bestreichen:**
3–4 EL Aprikosenkonfitüre

*Pro Stück:*
E: 4 g, F: 21 g, Kh: 34 g,
kJ: 1417, kcal: 339

**1.** Für den Belag Zucker mit Butter in einen Topf geben und unter Rühren aufkochen. Die Haselnusskerne unterrühren. Den Topf von der Kochstelle nehmen.
**2.** Den Backofen vorheizen.
*Ober-/Unterhitze:* etwa 200 °C
*Heißluft:* etwa 180 °C
**3.** Für den Teig Mehl mit Backpulver in einer Rührschüssel mischen. Die restlichen Teigzutaten hinzugeben und mit einem Mixer (Knethaken) zunächst kurz auf niedrigster, dann auf höchster Stufe gut durcharbeiten.
**4.** Anschließend auf der leicht bemehlten Arbeitsfläche zu einem glatten Teig verkneten. Den Teig auf einem Backblech (30 x 40 cm, gefettet) ausrollen. Das Backblech in den vorgeheizten Backofen schieben. Den Boden etwa 10 Minuten vorbacken.
**5.** Den vorgebackenen Boden zunächst mit der Aprikosenkonfitüre und dann mit der Haselnussmasse bestreichen.
**6.** Das Backblech wieder in den heißen Backofen schieben. Den Kuchen bei gleicher Backofentemperatur weitere 10–15 Minuten backen.
**7.** Das Backblech auf einen Kuchenrost stellen. Den Kuchen erkalten lassen.

## Kokos-Kastenkuchen
etwa 15 Stücke

*Zubereitungszeit:* 30 Minuten, ohne Abkühlzeit
*Backzeit:* etwa 55 Minuten

**Für den Schüttelteig:**
100 g Weizenmehl
3 gestr. TL Dr. Oetker Backin
100 g Speisestärke
200 g Puderzucker
2 Pck. Dr. Oetker Vanillin-Zucker
4 Eier (Größe M)
200 ml Speiseöl
200 g Schlagsahne
100 g Kokosraspel

pro Stück 0,24 Euro

Kokosraspel für die Form

**Zum Bestäuben:**
etwas Puderzucker

*Pro Stück:*
E: 3 g, F: 24 g, Kh: 27 g,
kJ: 1401, kcal: 335

**1.** Den Backofen vorheizen.
*Ober-/Unterhitze:* etwa 180 °C
*Heißluft:* etwa 160 °C
**2.** Für den Teig Mehl mit Backpulver und Speisestärke mischen, in eine verschließbare Schüssel (etwa 3-Liter-Inhalt) geben, mit Puderzucker und Vanillin-Zucker mischen. Eier, Speiseöl und Sahne hinzufügen. Die Schüssel mit dem Deckel fest verschließen. Schüssel mehrmals (insgesamt 15–30 Sekunden) kräftig schütteln, sodass alle Zutaten gut vermischt sind. Kokosraspel hinzugeben.
**3.** Alles mit einem Schneebesen oder Rührlöffel nochmals sorgfältig durchrühren, damit trockene Zutaten vom Deckel und Rand mit untergerührt werden.
**4.** Schüttelteig in eine Kastenform (25 x 11 cm, gefettet, mit Kokosraspeln ausgestreut) geben und glatt streichen. Die Form auf dem Rost in den vorgeheizten Backofen schieben. Den Kuchen etwa 55 Minuten backen.
**5.** Die Form auf einen Kuchenrost stellen. Den Kuchen etwa 10 Minuten in der Form stehen lassen, dann aus der Form lösen und auf einem mit Backpapier belegten Kuchenrost erkalten lassen. Den Kuchen mit Puderzucker bestäuben.

## Preußischer Zimtkuchen

etwa 20 Stücke

pro Stück 0,32 Euro

*Zubereitungszeit:* 10 Minuten, ohne Abkühlzeit
*Backzeit:* etwa 25 Minuten

275 g frischer Blätterteig (rechteckig, etwa 40 x 25 cm, aus dem Kühlregal)

**Für den Belag:**
250 g gem. Mandeln
1 EL Mandellikör oder -sirup
250 g Zucker, 1 Ei (Größe M)
100 g Schmand (Sauerrahm)
1 gestr. TL gem. Zimt
1/2 Pck. Dr. Oetker Finesse Geriebene Zitronenschale

*Pro Stück:*
E: 4 g, F: 11 g, Kh: 19 g, kJ: 810, kcal: 194

**1.** Den Backofen vorheizen.
*Ober-/Unterhitze:* etwa 200 °C
*Heißluft:* etwa 180 °C
**2.** Die Teigplatte mit dem Backpapier auf ein Backblech (30 x 40 cm) legen. Den Teig mit einer Gabel dicht an dicht einstechen.
**3.** Für den Belag die Mandeln mit Likör oder Sirup, Zucker, Ei, Schmand, Zimt und Zitronenschale zu einer streichfähigen Masse verrühren.
**4.** Die Mandelmasse auf den Teig streichen, dabei rundherum einen etwa 1 cm breiten Rand frei lassen.
**5.** Das Backblech in den vorgeheizten Backofen schieben. Den Kuchen etwa 25 Minuten backen.
**6.** Das Backblech auf einen Kuchenrost stellen. Kuchen etwa 4 Minuten abkühlen lassen, dann mit einem scharfen Messer in etwa 5 x 10 cm breite Streifen schneiden. Kuchenstreifen erkalten lassen.

## Apfel-Zimt-Muffins

12 Stück

*Zubereitungszeit:* 20 Minuten
*Backzeit:* etwa 25 Minuten

pro Stück 0,22 Euro

Saft von 1 Zitrone
1 gestr. TL gem. Zimt
20 g brauner Zucker
2 Äpfel (etwa 300 g)

**Für den All-in-Teig:**
200 g Weizenmehl
2 gestr. TL Dr. Oetker Backin
80 g brauner Zucker
1 Pck. Dr. Oetker Vanillin-Zucker
1 Prise Salz
2 Eier (Größe M)
100 g Buttermilch
4 EL Sonnenblumenöl

12 Muffin-Papierbackförmchen

*Pro Stück:*
E: 3 g, F: 5 g, Kh: 22 g, kJ: 600, kcal: 143

**1.** Den Zitronensaft mit Zimt und Zucker verrühren. Die Äpfel schälen, vierteln, entkernen und in sehr kleine Würfel schneiden. Die Apfelwürfel mit der Zitronenmischung verrühren.
**2.** Den Backofen vorheizen.
*Ober-/Unterhitze:* etwa 180 °C
*Heißluft:* etwa 160 °C
**3.** Für den Teig Mehl mit Backpulver in einer Rührschüssel vermischen. Zucker, Vanillin-Zucker, Salz, Eier, Buttermilch und Sonnenblumenöl hinzufügen.
**4.** Die Zutaten mit einem Mixer (Rührstäbe) zunächst kurz auf niedrigster, dann auf höchster Stufe in etwa 2 Minuten zu einem glatten Teig verarbeiten.
**5.** Marinierte Apfelwürfel kurz in einem Sieb abtropfen lassen und unter den Teig rühren. Den Teig in eine Muffinform (für 12 Muffins, mit Papierbackförmchen ausgelegt) geben. Dabei darauf achten, dass die Förmchen nur zu zwei Dritteln mit dem Teig gefüllt sind.
**6.** Die Form auf dem Rost in den vorgeheizten Backofen schieben. Die Muffins etwa 25 Minuten backen.
**7.** Die Muffins etwa 10 Minuten in der Form stehen lassen, dann aus der Form heben und auf einem Kuchenrost erkalten lassen.

Preußischer Zimtkuchen

Apfel-Zimt-Muffins

## Spiegeleiernester
10 Stück

*Zubereitungszeit:* 35 Minuten, ohne Auftau- und Abkühlzeit
*Backzeit:* etwa 15 Minuten je Backblech

pro Stück 0,39 Euro

450 g TK-Blätterteig (10 quadratische Scheiben)

**Für den Belag:**
240 g abgetropfte Aprikosenhälften (aus der Dose)
2 EL Milch
1 Pck. Backfeste Puddingcreme
250 ml Milch (3,5 % Fett)
50 g gestiftelte Mandeln

**Zum Bestreichen:**
2 EL Aprikosenkonfitüre
1 EL Wasser

*Pro Stück:*
E: 5 g, F: 14 g, Kh: 31 g,
kJ: 1137, kcal: 271

**1.** Die Blätterteigplatten nebeneinander auf die Arbeitsfläche legen und nach Packungsanleitung auftauen lassen.
**2.** Den Backofen vorheizen.
*Ober-/Unterhitze:* etwa 220 °C
*Heißluft:* etwa 200 °C
**3.** Von den Aprikosenhälften 10 Hälften beiseitelegen. Restliche Aprikosenhälften klein würfeln.
**4.** Die Hälfte der Blätterteigquadrate auf ein Backblech (30 x 40 cm, mit Backpapier belegt) legen und die Ränder mit Milch bestreichen.
**5.** Die Puddingcreme mit Milch nach Packungsanleitung zubereiten, die Aprikosenwürfel unterheben.
**6.** In die Mitte jedes Teigquadrates 2 Teelöffel von der Pudding-Aprikosen-Creme geben. Je 1 Aprikosenhälfte mit der Schnittfläche nach unten darauflegen und die Teigränder mit einigen Mandeln bestreuen.
**7.** Das Backblech in den vorgeheizten Backofen schieben. Die Spiegeleiernester etwa 15 Minuten backen. Die restlichen Nester ebenso auf Backpapier vorbereiten.
**8.** Die gebackenen Spiegeleiernester mit dem Backpapier vom Backblech auf einen Kuchenrost ziehen.
**9.** Die vorbereiteten Nester mit dem Backpapier auf das Backblech ziehen und backen.
**10.** Die Spiegeleiernester auf dem Kuchenrost erkalten lassen.
**11.** Zum Bestreichen Konfitüre mit Wasser in einem kleinen Topf unter Rühren aufkochen. Die Spiegeleiernester damit bestreichen und trocknen lassen.

## Rennschnecken
etwa 10 Stück

*Zubereitungszeit:* 25 Minuten
*Backzeit:* 20–25 Minuten

**Für den Quark-Öl-Teig:**
150 g Weizenmehl
2 gestr. TL Dr. Oetker Backin
75 g Magerquark
30 ml Milch (3,5 % Fett)
30 ml Sonnenblumenöl
40 g Zucker
1 Pck. Dr. Oetker Vanillin-Zucker
1 Prise Salz

**Für die Füllung:**

pro Stück 0,41 Euro

100 g Pflaumenmus (aus dem Glas)
30 g Sultaninen
20 g Korinthen
25 g gehackte Haselnusskerne

**Für den Guss:**
75 g Puderzucker
1–2 EL Zitronensaft oder Wasser

**Zum Garnieren:**
20 Pinienkerne oder gestiftelte Mandeln

*Pro Stück:*
E: 4 g, F: 6 g, Kh: 34 g,
kJ: 857, kcal: 205

Spiegeleiernester

Rennschnecken

**1.** Den Backofen vorheizen.
*Ober-/Unterhitze:* etwa 180 °C
*Heißluft:* etwa 160 °C
**2.** Für den Teig Mehl mit Backpulver in einer Rührschüssel mischen. Die restlichen Teigzutaten hinzufügen und mit einem Mixer (Knethaken) zunächst kurz auf niedrigster, dann auf höchster Stufe in etwa 1 Minute zu einem Teig verarbeiten (nicht zu lange, Teig klebt sonst).
**3.** Anschließend den Teig auf der leicht bemehlten Arbeitsfläche zu einer Rolle formen. Die Teigrolle zu einem Rechteck (etwa 25 x 18 cm) ausrollen.
**4.** Für die Füllung den Teig mit Pflaumenmus bestreichen, mit Sultaninen, Korinthen und Haselnusskernen bestreuen.
**5.** Den Teig von der langen Seite her fest aufrollen und in etwa 2 1/2 cm breite Rollen schneiden. Die Rollen auf ein Backblech (30 x 40 cm, mit Backpapier belegt) legen und etwas flach drücken. Das Ende jeder Rolle wieder 2–3 cm entrollen und zu einem Schneckenkopf formen.
**6.** Das Backblech in den vorgeheizten Backofen schieben. Die Schnecken 20–25 Minuten backen.
**7.** Für den Guss Puderzucker mit Zitronensaft oder Wasser zu einer dickflüssigen Masse verrühren. Die noch heißen Schnecken damit bestreichen und mit den Pinienkernen oder den Mandel garnieren. Rennschnecken erkalten lassen.

Schoko-Bananen-Kuchen

## Schoko-Bananen-Kuchen

etwa 12 Stücke

pro Stück 0,31 Euro

*Zubereitungszeit:* 30 Minuten, ohne Abkühlzeit
*Backzeit:* etwa 50 Minuten

**Zum Vorbereiten:**
100 g Zartbitter-Schokolade (etwa 50 % Kakaoanteil)
150 g Butter oder Margarine

**Für den Teig:**
250 g Weizenmehl
2 gestr. TL Dr. Oetker Backin
100 g Zucker
1 Pck. Dr. Oetker Vanillin-Zucker
3 Eier (Größe M)
1 EL Zitronensaft
125 ml Bananen-Fruchtnektar
2 große Bananen (etwa 250 g Bananenfruchtfleisch)

**Zum Bestreuen:**
etwa 30 g Zartbitter-Schokolade (etwa 50 % Kakaoanteil)

*Pro Stück:*
E: 5 g, F: 16 g, Kh: 35 g,
kJ: 1286, kcal: 308

**1.** Zum Vorbereiten Schokolade in Stücke brechen, mit der Butter oder Margarine in einem kleinen Topf im Wasserbad bei schwacher Hitze unter Rühren schmelzen. Den Topf aus dem Wasserbad nehmen, Schokoladenmasse erkalten lassen (nicht in den Kühlschrank stellen).
**2.** Den Backofen vorheizen.
*Ober-/Unterhitze:* etwa 180 °C
*Heißluft:* etwa 160 °C
**3.** Für den Teig Mehl mit Backpulver mischen, in eine verschließbare Schüssel (etwa 3-Liter-Inhalt) geben, mit Zucker und Vanillin-Zucker mischen. Eier, Zitronensaft, Fruchtnektar und die flüssige Schokoladenmasse hinzufügen. Schüssel mit dem Deckel fest verschließen. Schüssel mehrmals kräftig schütteln (insgesamt 15–30 Sekunden), sodass alle Zutaten gut vermischt sind.
**4.** Alles mit einem Schneebesen oder Rührlöffel nochmals sorgfältig durchrühren, damit trockene Zutaten vom Deckel und Rand mit untergerührt werden.
**5.** Bananen schälen, in kleine Würfel schneiden und unter den Teig heben. Teig in eine Kastenform (25 x 11 cm, gefettet, gemehlt) geben und glatt streichen. Die Form auf dem Rost in den vorgeheizten Backofen schieben und den Kuchen etwa 50 Minuten backen.
**6.** In der Zwischenzeit zum Bestreuen Schokolade in sehr kleine Würfel schneiden.
**7.** Die Form auf einen Kuchenrost stellen. Den Kuchen etwa 10 Minuten in der Form stehen lassen, dann aus der Form lösen und auf einen mit Backpapier belegten Kuchenrost stürzen. Schoko-Bananen-Kuchen sofort wieder umdrehen.
**8.** Die Schokoladenwürfel vorsichtig auf die Kuchenoberfläche streuen, dabei die Würfel etwas andrücken. Den Kuchen erkalten lassen.

Apfelmus-Rosinen-Muffins

Mohnschnecken

## Apfelmus-Rosinen-Muffins

pro Stück 0,23 Euro

12 Stück

*Zubereitungszeit:* 25 Minuten, ohne Abkühlzeit
*Backzeit:* etwa 30 Minuten

**Für den Teig:**
170 g Weizenmehl
30 g Weichweizengrieß
3 gestr. TL Dr. Oetker Backin
1 Prise Salz
120 g Zucker
1 Pck. Dr. Oetker Vanillin-Zucker
250 g Apfelmus (aus dem Glas)
50 g Buttermilch
100 ml Speiseöl, z. B. Sonnenblumenöl
1 Ei (Größe M)
70 g Rosinen

**Für den Belag:**
150 g Schmand (Sauerrahm)
20 g Apfelchips (erhältlich in Bioläden)
1 EL Puderzucker

*Pro Stück:*
E: 3 g, F: 13 g, Kh: 33 g, kJ: 1093, kcal: 261

**1.** Den Backofen vorheizen.
*Ober-/Unterhitze:* etwa 180 °C
*Heißluft:* etwa 160 °C
**2.** Für den Teig Mehl, Grieß, Backpulver, Salz, Zucker und Vanillin-Zucker in einer Rührschüssel mit einem Schneebesen verrühren.
**3.** Apfelmus mit Buttermilch, Speiseöl und Ei in einem Rührbecher mit dem Schneebesen gut verrühren. Die flüssigen Zutaten zu der Mehl-Grieß-Mischung in die Rührschüssel geben und zu einem glatten Teig verrühren. Rosinen unterrühren.
**4.** Den Teig in eine Muffinform (für 12 Muffins, gefettet, gemehlt) geben. Die Form auf dem Rost in den vorgeheizten Backofen schieben. Die Muffins etwa 30 Minuten backen.
**5.** Die Form auf einen Kuchenrost stellen. Muffins etwa 5 Minuten in der Form abkühlen lassen, dann aus der Form lösen und auf dem Kuchenrost erkalten lassen.
**6.** Für den Belag Schmand verrühren und mit einem Teelöffel einen breiten Klecks auf die erkalteten Muffins geben. Apfelchips in grobe Stücke brechen und in den Schmand stecken. Muffins mit Puderzucker bestäuben und sofort servieren.

## Mohnschnecken

12–14 Stück

*Zubereitungszeit:* 20 Minuten, ohne Ruhezeit
*Backzeit:* etwa 15 Minuten

pro Stück 0,49 Euro

**Für den Hefeteig:**
375 g Weizenmehl
1 Pck. Hefeteig Garant
1 Prise Salz, 50 g Zucker
125 ml Milch (3,5 % Fett)
70 g Butter (zimmerwarm)

**Für die Füllung:**
1 Eigelb (Größe M)
1 EL Weichweizengrieß
50 g zerlassene, abgekühlte Butter
250 g backfertige Mohnfüllung
125 g Rum-Rosinen
1 Eiweiß (Größe M)

*Pro Stück:*
E: 6 g, F: 11 g, Kh: 39 g, kJ: 1211, kcal: 289

**1.** Für den Teig das Mehl mit Hefeteig Garant in einer Rührschüssel sorgfältig vermischen. Die restlichen Zutaten hinzufügen und mit einem Mixer (Knethaken) zunächst kurz auf niedrigster, dann auf höchster Stufe in etwa 2 Minuten zu einem glatten Teig verarbeiten. Den Teig auf der leicht bemehlten Arbeitsfläche nochmals kurz durchkneten und zu einem Rechteck (etwa 40 x 25 cm) ausrollen.
**2.** Für die Füllung Eigelb mit Grieß und flüssiger Butter glatt verrühren. Mohnfüllung und Rosinen unterrühren. Eiweiß sehr steif schlagen und sorgfältig unterziehen.
**3.** Die Mohnfüllung auf den Hefeteig streichen, dabei an der langen Seite einen etwa 2 cm breiten Rand frei lassen. Den Teigrand mit Wasser bestreichen.
**4.** Den Teig von der kurzen Seite her aufrollen. Die Rolle in 12–14 gleich große Stücke schneiden. Die Stücke mit etwas Abstand auf ein Backblech (mit Backpapier belegt) legen. Die Teigschnecken etwa 5 Minuten ruhen lassen.
**5.** In der Zwischenzeit den Backofen vorheizen.
*Ober-/Unterhitze:* etwa 200 °C
*Heißluft:* etwa 180 °C
**6.** Das Backblech in den vorgeheizten Backofen schieben. Die Schnecken etwa 15 Minuten backen.
**7.** Die Schnecken mit dem Backpapier vom Backblech auf einen Kuchenrost ziehen. Die Mohnschnecken erkalten lassen.

## Kokoskuchen
etwa 20 Stücke

pro Stück 0,15 Euro

*Zubereitungszeit:* 20 Minuten
*Backzeit:* etwa 20 Minuten

**Für den All-in-Teig:**
300 g Weizenmehl
3 gestr. TL Dr. Oetker Backin
225 g Zucker
2 Eier (Größe M)
225 g Buttermilch Zitronen-Geschmack

**Für den Belag:**
100 g Kokosraspel
75 g Zucker
400 g Schlagsahne

*Pro Stück:*
E: 3 g, F: 10 g, Kh: 28 g,
kJ: 919, kcal: 220

**1.** Den Backofen vorheizen.
*Ober-/Unterhitze:* etwa 200 °C
*Heißluft:* etwa 180 °C
**2.** Für den Teig Mehl mit Backpulver in einer Rührschüssel mischen. Zucker, Eier und Buttemilch hinzufügen. Die Zutaten mit einem Mixer (Rührstäbe) zunächst kurz auf niedrigster, dann auf höchster Stufe in etwa 2 Minuten zu einem glatten Teig verarbeiten.
**3.** Den Teig auf ein Backblech (30 x 40 cm, gefettet, mit Backpapier belegt) geben und glatt streichen.
**4.** Für den Belag die Kokosraspel mit Zucker mischen. Die Kokos-Zucker-Mischung gleichmäßig auf den Teig streuen. Das Backblech in den vorgeheizten Backofen schieben. Kokoskuchen etwa 20 Minuten backen.
**5.** Das Backblech auf einen Kuchenrost stellen.
**6.** Die Sahne esslöffelweise auf den heißen Kuchen träufeln. Den Kokoskuchen erkalten lassen und in Stücke schneiden.

## Apfelkuchen vom Blech
etwa 20 Stücke

*Zubereitungszeit:* 50 Minuten
*Backzeit:* etwa 30 Minuten

**Für den Belag:**
1 1/2 kg säuerliche, mürbe Äpfel, z. B. Boskop
4 EL Zitronensaft
1 Pck. Dr. Oetker Bourbon-Vanille-Zucker

**Für den Quark-Öl-Teig:**
400 g Weizenmehl
1 Pck. Dr. Oetker Backin
75 g Zucker
1 Pck. Dr. Oetker Vanillin-Zucker
1 Prise Salz
200 g Magerquark
100 ml Milch (3,5 % Fett)
100 ml Speiseöl, z. B. Sonnenblumenöl

pro Stück 0,42 Euro

100 g Butter

**Zum Bestreuen:**
1–1 1/2 TL gem. Zimt
75 g Zucker
100 g gehobelte Mandeln

*Pro Stück:*
E: 5 g, F: 13 g, Kh: 31 g,
kJ: 1099, kcal: 262

**1.** Für den Belag die Äpfel schälen, vierteln, entkernen und in kleine Stücke schneiden. Apfelstücke mit Zitronensaft und Vanille-Zucker mischen.
**2.** Den Backofen vorheizen.
*Ober-/Unterhitze:* etwa 200 °C
*Heißluft:* etwa 180 °C
**3.** Für den Teig Mehl mit Backpulver in einer Rührschüssel mischen. Restliche Zutaten hinzufügen und mit einem Mixer (Knethaken) zunächst kurz auf niedrigster, dann auf höchster Stufe zu einem glatten Teig verarbeiten (nicht zu lange kneten, der Teig klebt sonst). Den Teig auf einem Backblech (30 x 40 cm, gefettet, gemehlt) ausrollen.
**4.** In den Teig mit bemehlten Fingern Vertiefungen drücken. Butter in kleinen Stücken in den Vertiefungen verteilen. Apfelstückchen auf den Teig geben. Zimt mit Zucker mischen und mit den gehobelten Mandeln auf die Apfelstücke streuen.
**5.** Das Backblech in den vorgeheizten Backofen schieben. Den Kuchen etwa 30 Minuten backen.
**6.** Das Backblech auf einen Kuchenrost stellen. Kuchen erkalten lassen.

Kokoskuchen

Apfelkuchen vom Blech

## Rosmarin-Apfelkuchen
etwa 20 Stücke

*Zubereitungszeit:* 40 Minuten, ohne Durchzieh- und Abkühlzeit
*Backzeit:* etwa 35 Minuten

pro Stück 0,26 Euro

**Zum Vorbereiten:**
2–3 Stängel Rosmarin
40 g Zucker

**Für den All-in-Teig:**
275 g Weizenmehl
2 gestr. TL Dr. Oetker Backin
125 g Zucker
abgeriebene Schale von 1/2 Bio-Zitrone (unbehandelt, ungewachst)
4 Eier (Größe M)
175 g Butter oder Margarine (zimmerwarm)
2 EL Zitronensaft

**Für den Belag:**
etwa 800 g rotschalige Äpfel, z. B. Gala, Elstar, Pink Lady

**Zum Bestreichen:**
2 EL Zitronensaft

*Pro Stück:*
E: 3 g, F: 9 g, Kh: 24 g,
kJ: 773, kcal: 185

**1.** Zum Vorbereiten Rosmarin abspülen und trocken tupfen. Die Nadeln von den Stängeln zupfen, 2 Esslöffel davon abnehmen, fein hacken und in eine kleine Schüssel geben. Zucker hinzugeben, unterrühren und etwa 20 Minuten durchziehen lassen.
**2.** Den Backofen vorheizen.
*Ober-/Unterhitze:* etwa 180 °C
*Heißluft:* etwa 160 °C
**3.** Für den Teig Mehl mit Backpulver in einer Rührschüssel mischen. Restliche Zutaten hinzufügen und mit einem Mixer (Rührstäbe) zunächst kurz auf niedrigster, dann auf höchster Stufe in etwa 2 Minuten zu einem glatten Teig verarbeiten.
**4.** Den Teig auf ein Backblech (30 x 40 cm, gefettet, mit Backpapier belegt) geben und glatt streichen. Vor den Teig einen mehrfach geknickten Streifen Alufolie legen.
**5.** Für den Belag die Äpfel heiß abwaschen, gut abtrocknen und mit einem Apfelausstecher je das Kerngehäuse ausstechen. Die Äpfel in etwa 2 cm dicke Scheiben schneiden und mit etwas Zitronensaft bestreichen. Die Apfelscheiben auf den Teig legen.
**6.** Von dem vorbereiteten Rosmarinzucker 1 Teelöffel abnehmen und beiseitestellen. Den restlichen Rosmarinzucker auf die Apfelscheiben streuen.
**7.** Das Backblech in den vorgeheizten Backofen schieben. Den Kuchen etwa 35 Minuten backen.
**8.** Das Backblech auf einen Kuchenrost stellen.
**9.** Beiseitegestellten Rosmarinzucker und restlichen Zitronensaft in einem kleinen Topf unter Rühren zum Kochen bringen. Dann die noch heißen Apfelscheiben mit der Flüssigkeit bestreichen. Den Kuchen erkalten lassen. Den Alustreifen entfernen und den Kuchen in Stücke schneiden.

Rosmarin-Apfelkuchen

## Schnecken-Muffins mit Aprikosen-Quark-Füllung
10 Stück

pro Stück 0,54 Euro

*Zubereitungszeit:* 40 Minuten
*Backzeit:* etwa 20 Minuten

**Zum Vorbereiten:**
200 g getrocknete Aprikosen
50 ml Wasser oder Fruchtsaft, z. B. Apfelsaft
1 Eigelb (Größe M)
250 g Magerquark
1 Eiweiß (Größe M)

**Für den Quark-Öl-Teig:**
300 g Weizenmehl
3 gestr. TL Dr. Oetker Backin
125 g Magerquark
100 ml fettarme Milch (1,5 % Fett)
5 EL Sonnenblumenöl (50 g)
75 g Zucker
1 Pck. Dr. Oetker Finesse Geriebene Zitronenschale

**Zum Bestreuen:**
1 Pck. Dr. Oetker Vanillin-Zucker
1/2 TL gem. Zimt
1 EL gehobelte Mandeln

**Außerdem:**
20 Muffin-Papierbackförmchen

*Pro Stück:*
E: 10 g, F: 7 g, Kh: 43 g,
kJ: 1190, kcal: 284

**1.** Zum Vorbereiten Aprikosen klein schneiden und mit Wasser oder Saft vermischen. Eigelb mit Quark verrühren. Eiweiß sehr steif schlagen und

Schnecken-Muffins mit Aprikosen-Quark-Füllung

Schoko-Gewürzkuchen, getränkt

unter die Quarkmasse ziehen. Die klein geschnittenen Aprikosen mit der Flüssigkeit unterheben.

**2.** Den Backofen vorheizen.
*Ober-/Unterhitze:* etwa 180 °C
*Heißluft:* etwa 160 °C

**3.** Für den Teig Mehl mit Backpulver in einer Rührschüssel mischen. Quark, Milch, Sonnenblumenöl, Zucker und Zitronenschale hinzufügen. Die Zutaten mit einem Mixer (Knethaken) auf höchster Stufe in etwa 1 Minute zu einem Teig verarbeiten (nicht zu lange, Teig klebt sonst).

**4.** Den Teig auf der leicht bemehlten Arbeitsfläche zu einer Rolle formen und anschließend zu einem Rechteck (etwa 25 x 48 cm) ausrollen. Die vorbereitete Aprikosen-Quark-Masse darauf verteilen, dabei einen etwa 2 cm breiten Rand frei lassen. Den Teig von der längeren Seite her aufrollen.

**5.** Jeweils 2 ineinandergestellte Papierbackförmchen auf ein Backblech setzen. Die Teigrolle in 10 etwa 4 cm dicke Scheiben schneiden. Die Teigscheiben waagerecht in die Papierbackförmchen legen.

**6.** Zum Bestreuen Vanillin-Zucker mit Zimt mischen. Zimt-Zucker auf die Teigröllchen streuen. Mandeln darauf verteilen. Das Backblech in den vorgeheizten Backofen schieben. Die Muffins etwa 20 Minuten backen.

**7.** Die Schnecken in den Papierbackförmchen vom Backblech nehmen und auf einem Kuchenrost erkalten lassen.

## Schoko-Gewürzkuchen, getränkt

etwa 18 Stücke

pro Stück 0,27 Euro

*Zubereitungszeit:* 15 Minuten, ohne Abkühlzeit
*Backzeit:* 50–55 Minuten

**Für den Schüttelteig:**
125 g Butter
300 g Weizenmehl
4 gestr. EL gesiebtes Kakaopulver
3 gestr. TL Dr. Oetker Backin
200 g Zucker
1 Pck. Dr. Oetker Vanillin-Zucker
2 gestr. TL Lebkuchengewürz
4 Eier (Größe M)
300 g Schlagsahne

**Für den Sirup:**
200 ml Wasser, 100 g Zucker
1 Pck. Dr. Oetker Finesse
Orangenschalen-Aroma

**Zum Bestäuben:**
etwas Puderzucker

*Pro Stück:*
E: 4 g, F: 13 g, Kh: 31 g,
kJ: 1076, kcal: 257

**1.** Für den Teig Butter zerlassen und abkühlen lassen.

**2.** Den Backofen vorheizen.
*Ober-/Unterhitze:* etwa 180 °C
*Heißluft:* etwa 160 °C

**3.** Mehl mit Kakao und Backpulver mischen, in eine verschließbare Schüssel (etwa 3-Liter-Inhalt) geben, mit Zucker, Vanillin-Zucker und Lebkuchengewürz mischen. Eier, Sahne und die flüssige Butter hinzufügen. Die Schüssel mit dem Deckel fest verschließen.

**4.** Schüssel mehrmals kräftig schütteln (insgesamt 15–30 Sekunden), sodass alle Zutaten gut vermischt sind. Alles mit einem Schneebesen oder Rührlöffel nochmals sorgfältig durchrühren, damit trockene Zutaten vom Rand und Deckel mit untergerührt werden.

**5.** Den Teig in eine Napfkuchenform (Ø 22 cm, gefettet, gemehlt) füllen und glatt streichen. Die Form auf dem Rost in den vorgeheizten Backofen schieben und den Kuchen 50–55 Minuten backen.

**6.** Die Form auf einen Kuchenrost stellen. Den Kuchen etwa 10 Minuten in der Form stehen lassen.

**7.** In der Zwischenzeit für den Sirup Wasser, Zucker und Orangenschalen-Aroma in einem Topf zum Kochen bringen und unter gelegentlichem Rühren etwa 5 Minuten sprudelnd kochen lassen.

**8.** Den heißen Kuchen in der Form dicht an dicht mit einem Holzstäbchen einstechen und mit dem Sirup beträufeln. Wenn die gesamte Flüssigkeit aufgesogen ist, den Kuchen vorsichtig aus der Form lösen und auf eine Platte stürzen. Gewürzkuchen erkalten lassen.

**9.** Den Gewürzkuchen vor dem Servieren mit Puderzucker bestäuben.

## Apfeltörtchen
4 Stück

*Zubereitungszeit:* 35 Minuten, ohne Abkühlzeit
*Backzeit:* etwa 12 Minuten

2 TK-Blätterteigplatten (je etwa 75 g)
400 g Äpfel, z. B. Boskop
1/2 Vanilleschote
50 ml Weißwein
50 g Zucker
1 kleiner Apfel, z. B. Boskop
20 g Butter
1 EL Puderzucker

pro Stück **0,84** Euro

*Pro Stück:*
E: 2 g, F: 12 g, Kh: 40 g,
kJ: 1183, kcal: 283

**1.** Die Blätterteigplatten nebeneinander auf einer Arbeitsfläche nach Packungsanleitung auftauen lassen.
**2.** In der Zwischenzeit Äpfel schälen, vierteln, entkernen. Die Apfelviertel in Stücke schneiden. Vanilleschote längs aufschneiden und das Mark mit einem Messerrücken herausschaben.
**3.** Wein mit Zucker, Vanilleschote und -mark in einem Topf zum Kochen bringen. Die Apfelstücke hinzugeben und bei mittlerer Hitze weich kochen. Das Apfelkompott etwas abkühlen lassen.
**4.** Inzwischen Backofen vorheizen.
*Ober-/Unterhitze:* etwa 200 °C
*Heißluft:* etwa 180 °C
**5.** Jede Blätterteigplatte auf einer leicht bemehlten Arbeitsfläche zu einem Rechteck (etwa 11 x 22 cm) ausrollen. Aus jedem Teigrechteck 2 runde Platten (Ø etwa 11 cm) ausschneiden. Teigplatten auf ein Backblech (mit Backpapier belegt) legen.
**6.** Das Apfelkompott bergartig in die Mitte der einzelnen Teigplatten geben, dabei einen etwa 2 cm breiten Rand frei lassen.
**7.** Den Apfel schälen, vierteln und entkernen. Die Apfelviertel in dünne Spalten schneiden und dachziegelartig auf das Apfelkompott legen, sodass eine Kuppel entsteht.
**8.** Die Butter zerlassen. Die Apfelspalten damit beträufeln und mit etwas Puderzucker bestäuben. Das Backblech in den vorgeheizten Backofen schieben. Die Apfeltörtchen etwa 12 Minuten backen.
**9.** Die Apfeltörtchen mit dem Backpapier vom Backblech auf einen Kuchenrost ziehen und erkalten lassen. Apfeltörtchen mit dem restlichen Puderzucker bestäubt servieren.

## Butterkuchen
etwa 20 Stücke

pro Stück **0,19** Euro

*Zubereitungszeit:* 25 Minuten, ohne Ruhezeit
*Backzeit:* etwa 20 Minuten

**Für den Hefeteig:**
375 g Weizenmehl
1 Pck. Hefeteig Garant
50 g Zucker
1 Pck. Dr. Oetker Vanillin-Zucker
1 Prise Salz, 1 Ei (Größe M)
150 ml Milch (3,5 % Fett)
50 g Butter (zimmerwarm)

100 g Butter
75 g Zucker
1 Pck. Dr. Oetker Vanillin-Zucker
100 g gehobelte Mandeln

*Pro Stück:*
E: 4 g, F: 10 g, Kh: 22 g,
kJ: 829, kcal: 198

**1.** Für den Teig Mehl mit Hefeteig Garant in einer Rührschüssel mischen. Die restlichen Zutaten hinzufügen und mit einem Mixer (Knethaken) zunächst kurz auf niedrigster, dann auf höchster Stufe in etwa 2 Minuten zu einem glatten Teig verarbeiten.
**2.** Den Teig auf der leicht bemehlten Arbeitsfläche nochmals kurz durchkneten, dann auf einem Backblech (30 x 40 cm, gefettet) ausrollen.
**3.** Den Backofen vorheizen.
*Ober-/Unterhitze:* etwa 200 °C
*Heißluft:* etwa 180 °C
**4.** In den Teig mit bemehlten Fingern oder einem Kochlöffelstiel Vertiefungen drücken. Butter in kleinen Stücken in die Vertiefungen geben. Zucker mit Vanillin-Zucker mischen. Zuerst das Zuckergemisch, dann die Mandeln auf den Teig streuen. Den Teig etwa 15 Minuten ruhen lassen.
**5.** Das Backblech in den vorgeheizten Backofen schieben. Den Kuchen etwa 20 Minuten backen.
**6.** Das Backblech auf einen Kuchenrost stellen. Kuchen erkalten lassen.

## Heidelbeer-Vanille-Muffins

pro Stück **0,31** Euro

12 Stück

*Zubereitungszeit:* 30 Minuten
*Backzeit:* etwa 30 Minuten

250 g frische oder
200 g TK-Heidelbeeren

**Für den All-in-Teig:**
250 g Weizenmehl
2 gestr. TL Dr. Oetker Backin
150 g Zucker
1 Pck. Dr. Oetker Bourbon-Vanille-Zucker
1 Prise Salz
2 Eier (Größe M)
250 g Bourbon-Vanille-Sauce (aus dem Kühlregal)
100 ml Speiseöl, z. B. Rapsöl

*Pro Stück:*
E: 4 g, F: 11 g, Kh: 34 g,
kJ: 1059, kcal: 253

**1.** Frische Heidelbeeren verlesen, vorsichtig abspülen, sehr gut abtropfen lassen und mit Küchenpapier trocken tupfen.
**2.** Den Backofen vorheizen.
*Ober-/Unterhitze:* etwa 180 °C
*Heißluft:* etwa 160 °C
**3.** Für den Teig Mehl mit Backpulver in einer Rührschüssel mischen. Zucker, Vanille-Zucker, Salz, Eier, Vanille-Sauce und Speiseöl hinzufügen. Die Zutaten mit einem Mixer (Rührstäbe) zunächst kurz auf niedrigster, dann auf höchster Stufe in etwa 2 Minuten zu einem glatten Teig verarbeiten.
**4.** Heidelbeeren (TK-Heidelbeeren unaufgetaut) vorsichtig mit einem Teigschaber unterheben (nicht zu stark rühren, die Früchte färben sonst den Teig lila).
**5.** Den Teig in eine Muffinform (für 12 Muffins, gefettet, gemehlt) geben und glatt streichen. Die Form auf dem Rost in den vorgeheizten Backofen schieben und die Muffins etwa 30 Minuten backen.
**6.** Die Muffins etwa 10 Minuten in der Form stehen lassen, dann vorsichtig aus der Form lösen und auf einem Kuchenrost erkalten lassen.

## Hefekuchen mit Amarettini

pro Stück **0,32** Euro

etwa 20 Stücke

*Zubereitungszeit:* 30 Minuten, ohne Ruhezeit
*Backzeit:* etwa 30 Minuten

**Für den Hefeteig:**
300 g Weizenmehl
1 Pck. Hefeteig Garant
50 g Zucker, 1 Prise Salz
1 Ei (Größe M)
200 ml Milch (3,5 % Fett)
50 ml Speiseöl, z. B. Sonnenblumenöl

**Für den Belag:**
120 g Amarettini (ital. Mandelmakronen)
340 g Sauerkirschkonfitüre
250 g Magerquark
1 Ei (Größe M)
50 ml kaltes Wasser
20 g Zucker
2 EL Zitronensaft

*Pro Stück:*
E: 5 g, F: 4 g, Kh: 32 g,
kJ: 792, kcal: 189

**1.** Für den Teig Mehl mit Hefeteig Garant in einer Rührschüssel sorgfältig vermischen. Zucker, Salz, Ei, Milch und Speiseöl hinzufügen. Die Zutaten mit einem Mixer (Rührstäbe) zunächst kurz auf niedrigster, dann auf höchster Stufe in etwa 2 Minuten zu einem glatten Teig verarbeiten.
**2.** Den dickflüssigen Teig auf einem Backblech (30 x 40 cm, gefettet) verteilen und glatt streichen. Den Teig mit einem zweiten Backblech zudecken und etwa 15 Minuten ruhen lassen.
**3.** Den Backofen vorheizen.
*Ober-/Unterhitze:* etwa 200 °C
*Heißluft:* etwa 180 °C
**4.** In der Zwischenzeit für den Belag Amarettini in einen Gefrierbeutel füllen. Den Beutel fest verschließen. Die Amarettini mit einer Teigrolle grob zerbröseln.
**5.** Konfitüre glatt rühren. Quark mit Ei, Wasser, Zucker und Zitronensaft mit dem Mixer (Rührstäbe) verrühren. Konfitüre in Klecksen auf den Teig geben. Die Quarkmasse esslöffelweise in den Zwischenräumen verteilen und vorsichtig glatt streichen.
**6.** Den Belag mit den Amarettini-Bröseln bestreuen.
**7.** Das Backblech in den vorgeheizten Backofen schieben. Den Kuchen etwa 30 Minuten backen.
**8.** Das Backblech auf einen Kuchenrost stellen. Den Kuchen erkalten lassen.

Heidelbeer-Vanille-Muffins

Hefekuchen mit Amarettini

## Apfelkuchen aus dem Glas

8–10 Stück

pro Stück 0,29 Euro

*Zubereitungszeit:* 25 Minuten
*Backzeit:* 30–40 Minuten

**Zum Vorbereiten:**
2 Äpfel
2 EL Zitronensaft

**Für den Teig:**
250 g Weizenmehl
3 gestr. TL Dr. Oetker Backin
125 g Zucker
1 Pck. Dr. Oetker Vanillin-Zucker
2 Eier (Größe M)
75 ml Speiseöl,
z. B. Sonnenblumenöl
125 g Buttermilch

**Außerdem:**
10 Sturz-Form-Gläser (je 160 ml Inhalt) oder 8 Sturz-Form-Gläser (je 250 ml Inhalt) mit passenden Gummiringen und Klammern

*Pro Glas:*
E: 5 g, F: 13 g, Kh: 40 g,
kJ: 1241, kcal: 297

**1.** Zum Vorbereiten die Äpfel schälen, vierteln und entkernen. Apfelviertel grob raspeln und mit Zitronensaft vermischen.

**2.** Den Backofen vorheizen.
*Ober-/Unterhitze:* etwa 180 °C
*Heißluft:* etwa 160 °C

**3.** Für den Teig Mehl mit Backpulver in einer Rührschüssel mischen. Restliche Zutaten hinzufügen und mit einem Mixer (Knethaken) zunächst kurz auf niedrigster, dann auf höchster Stufe zu einem glatten Teig verarbeiten. Die Apfelraspel unter den Teig heben.

**4.** Den Teig in 10 bzw. 8 Gläser (gefettet, mit Semmelbröseln ausgestreut) füllen. Dabei darauf achten, dass die Gläser maximal bis zu zwei Dritteln mit Teig gefüllt sind. Die Ränder der Gläser säubern. Den Rost in den vorgeheizten Backofen (Mitte) schieben. Gläser auf den Rost stellen. Kuchen 30–40 Minuten backen.

**5.** Nach dem Backen ein Glas mit Topflappen aus dem Backofen nehmen und verschließen. Dazu den vorbereiteten feuchten Gummiring auf die Innenseite eines Glasdeckels legen. Das Glas sofort mit dem Deckel und 4 Klammern verschließen. Restliche Gläser auf die gleiche Weise verschließen. Nach jedem Glas, das aus dem Backofen genommen wird, den Backofen wieder schließen.

**6.** Die Gläser auf einen Kuchenrost stellen und vollständig erkalten lassen (am besten über Nacht). Dann die Klammern lösen und die Gläser kühl gestellt aufbewahren.

Apfelkuchen aus dem Glas

## Apfelschnitten

etwa 20 Stücke

*Zubereitungszeit:* 40 Minuten, ohne Abkühlzeit
*Backzeit:* etwa 30 Minuten

**Für den Belag:**
7–8 säuerliche Äpfel (etwa 1,2 kg),
z. B. Boskop
Saft von 1 Zitrone
1 Pck. Dr. Oetker Pudding-Pulver Vanille-Geschmack
150 ml Apfelsaft
200 ml trockener Weißwein
25 g Zucker
1/2 Pck. Dr. Oetker Finesse Geriebene Zitronenschale

pro Stück 0,31 Euro

**Für den Streuselteig:**
200 g Weizenmehl
80 g Speisestärke
1 schwach geh. TL Dr. Oetker Backin
1/2 Pck. Dr. Oetker Finesse Geriebene Zitronenschale
80 g Zucker
1 Prise Salz
1 Ei (Größe M)
80 g Halbfett-Butter (39 % Fett, zimmerwarm)

**Zum Bestreuen:**
3–4 EL Hagelzucker (etwa 50 g)

*Pro Stück:*
E: 2 g, F: 3 g, Kh: 27 g,
kJ: 608, kcal: 146

**1.** Für den Belag Äpfel schälen, vierteln, entkernen und grob raspeln. Apfelraspel mit Zitronensaft beträufeln und in einem Sieb gut abtropfen lassen.

**2.** Pudding-Pulver mit 6 Esslöffeln des Apfelsaftes anrühren. Restlichen Apfelsaft und Wein mit Zucker in einem Topf zum Kochen bringen. Den Topf von der Kochstelle nehmen und angerührtes Pudding-Pulver einrühren. Apfelsaft-Wein-Flüssigkeit unter Rühren gut aufkochen lassen. Sofort Apelraspel und Zitronenschale unterheben. Pudding-Apfel-Masse beiseitestellen.

Apfelschnitten

Apple-Pie-Cookies

**3.** Den Backofen vorheizen.
*Ober-/Unterhitze:* etwa 180 °C
*Heißluft:* etwa 160 °C

**4.** Für den Teig Mehl in einer Rührschüssel mit Speisestärke und Backpulver sorgfältig vermischen. Restliche Zutaten hinzufügen und mit einem Mixer (Rührstäbe) zunächst kurz auf niedrigster, dann auf höchster Stufe zu Streuseln verarbeiten.

**5.** Die Streusel auf einem Backblech (30 x 40 cm, gefettet) verteilen und zu einem Boden andrücken. Die beiseitegestellte Pudding-Apfel-Masse auf dem Teig verteilen.

**6.** Das Backblech in den vorgeheizten Backofen schieben. Den Kuchen etwa 30 Minuten backen.

**7.** Das Backblech auf einen Kuchenrost stellen. Den Kuchen erkalten lassen. Den Kuchen vor dem Servieren mit Hagelzucker bestreuen und in etwa 20 Schnitten schneiden.

## Apple-Pie-Cookies

etwa 12 Stück

*Zubereitungszeit:* 40 Minuten, ohne Kühlzeit
*Backzeit:* 18–20 Minuten je Backblech

pro Stück 0,31 Euro

**Für den Knetteig:**
300 g Weizenmehl
200 g Butter oder Margarine (zimmerwarm)
100 g Zucker, 1 Prise Salz
1 Eigelb (Größe M)

**Für die Füllung:**
4 EL geschälte Sesamsamen
1 Apfel (etwa 180 g)
150 g Möhren
2 EL flüssiger Honig
2 EL Zitronensaft
5–10 g frischer Ingwer
1–2 Msp. gem. Kardamom

1 Eiweiß (Größe M)
2 EL Wasser, 3 EL Milch

*Pro Stück:*
E: 5 g, F: 17 g, Kh: 31 g,
kJ: 1262, kcal: 301

**1.** Für den Teig das Mehl in eine Rührschüssel geben. Die restlichen Zutaten hinzufügen und mit einem Mixer (Knethaken) zunächst kurz auf niedrigster, dann auf höchster Stufe gut durcharbeiten. Danach auf der leicht bemehlten Arbeitsfläche kurz zu einem Teig verkneten. Teig in Frischhaltefolie gewickelt etwa 60 Minuten in den Kühlschrank legen.

**2.** Für die Füllung in der Zwischenzeit 2 Esslöffel Sesamsamen in einer Pfanne ohne Fett unter Wenden goldbraun rösten und auf einen Teller geben. Den Apfel schälen, achteln, entkernen und in etwa 3 mm dicke Stücke schneiden. Die Möhren putzen, schälen, abspülen, abtropfen lassen und grob raspeln.

**3.** Apfelstücke mit Möhrenraspeln, Honig und Zitronensaft in einen Topf geben, zum Kochen bringen und etwa 4 Minuten kochen lassen. Anschließend die Apfel-Möhren-Füllung in ein Sieb geben, gut abtropfen lassen und in eine Schüssel umfüllen.

**4.** Den Ingwer schälen und fein hacken. Die Füllung mit Ingwer und Kardamom würzen. Den gerösteten Sesam unterrühren.

**5.** Den Backofen vorheizen.
*Ober-/Unterhitze:* etwa 180 °C
*Heißluft:* etwa 160 °C

**6.** Den Teig kurz durchkneten und auf der leicht bemehlten Arbeitsfläche 3–4 mm dick ausrollen. Aus dem Teig Kreise (Ø etwa 8 1/2 cm) ausstechen. Die Teigreste wieder zusammenkneten, erneut ausrollen und weitere Kreise ausstechen. Den Vorgang so oft wiederholen, bis der Teig verbraucht ist.

**7.** Das Eiweiß mit dem Wasser verschlagen. Die Hälfte der Teigkreise auf Backbleche (mit Backpapier belegt) legen, dabei genügend Abstand zwischen den Teigkreisen lassen. Die Kreise mit Eiweiß bestreichen. In die Mitte der Kreise ein Häufchen Füllung (je etwa 1 Esslöffel – 15 g) setzen. Die Füllung mit einem weiteren Teigkreis belegen, den Rand vorsichtig festdrücken und mit einer Gabel dekorativ eindrücken. Die Cookies mit Milch bestreichen und mit dem restlichen Sesam bestreuen.

**8.** Die Backbleche nacheinander (bei Heißluft zusammen) in den vorgeheizten Backofen schieben. Die Cookies in 18–20 Minuten je Backblech goldbraun backen.

**9.** Die Backbleche auf Kuchenroste stellen. Die Apple-Pie-Cookies erkalten lassen.

Möhren-Kirsch-Kuchen

Raspelkuchen mit Sauerkirschen

## Möhren-Kirsch-Kuchen
etwa 20 Stücke

*Zubereitungszeit:* 25 Minuten
*Backzeit:* etwa 30 Minuten

740 g Sauerkirschen (aus Gläsern)

**Für den All-in-Teig:**
3 Möhren (etwa 250 g)
1 Pck. Dr. Oetker Finesse
Geriebene Zitronenschale
120 g Zucker
180 g Weizenmehl
3 gestr. TL Dr. Oetker Backin
70 g Hartweizengrieß
1 gestr. TL gem. Zimt
100 g gem. Mandeln
3 Eier (Größe M)
200 g Butter oder Margarine (zimmerwarm)

pro Stück 0,45 Euro

**Für den Guss:**
100 g Puderzucker
1–2 EL Kirschsaft (aus dem Glas)

*Pro Stück:*
E: 4 g, F: 13 g, Kh: 28 g,
kJ: 1017, kcal: 243

**1.** Von den Sauerkirschen den Saft auffangen, 1–2 Esslöffel davon abnehmen und für den Guss beiseitestellen.
**2.** Für den Teig Möhren putzen, schälen, abspülen, abtropfen lassen und auf der feinen Seite der Haushaltsreibe reiben. Geriebene Möhren mit Zitronenschale und Zucker mischen.
**3.** Den Backofen vorheizen.
*Ober-/Unterhitze:* etwa 180 °C
*Heißluft:* etwa 160 °C
**4.** Das Mehl und Backpulver in einer Rührschüssel mischen. Möhrenmasse mit Grieß, Zimt, Mandeln, Eiern und Butter oder Margarine hinzufügen. Die Zutaten mit einem Mixer (Rührstäbe) zunächst kurz auf niedrigster, dann auf höchster Stufe in etwa 2 Minuten zu einem glatten Teig verarbeiten. Sauerkirschen unterheben.
**5.** Den All-in-Teig auf ein Backblech (30 x 40 cm, gefettet) geben und glatt streichen. Das Backblech in den vorgeheizten Backofen schieben. Den Kuchen etwa 30 Minuten backen.
**6.** Für den Guss Puderzucker nach und nach mit 1–2 Esslöffeln Kirschsaft verrühren, sodass ein dickflüssiger Guss entsteht. Den Guss in einen kleinen Gefrierbeutel füllen und eine kleine Ecke abschneiden.
**7.** Das Backblech auf einen Kuchenrost stellen. Den Guss auf den heißen Kuchen sprenkeln. Den Kuchen erkalten lassen.

## Raspelkuchen mit Sauerkirschen

etwa 24 Stücke

*Zubereitungszeit:* 25 Minuten
*Backzeit:* etwa 40 Minuten

**Für den Rührteig:**
250 g Butter oder Margarine (zimmerwarm), 200 g Zucker
1 Pck. Dr. Oetker Vanillin-Zucker
1 Prise Salz
5 Eier (Größe M)
375 g Weizenmehl
3 gestr. TL Dr. Oetker Backin
2 EL Milch

740 g abgetropfte Sauerkirschen (aus Gläsern)

pro Stück 0,37 Euro

**Für den Belag:**
150 g Butter
200 g Zucker
1 Pck. Dr. Oetker Vanillin-Zucker
200 g Kokosraspel
2–3 EL Milch

*Pro Stück:*
E: 4 g, F: 21 g, Kh: 35 g,
kJ: 1454, kcal: 347

**1.** Den Backofen vorheizen.
*Ober-/Unterhitze:* etwa 180 °C
*Heißluft:* etwa 160 °C
**2.** Für den Teig Butter oder Margarine mit einem Mixer (Rührstäbe) auf höchster Stufe geschmeidig rühren. Nach und nach Zucker, Vanillin-Zucker und Salz unterrühren. So lange rühren, bis eine gebundene Masse entstanden ist.
**3.** Die Eier nach und nach unterrühren (jedes Ei etwa 1/2 Minute). Mehl mit Backpulver mischen, in 2 Portionen abwechselnd mit der Milch kurz auf mittlerer Stufe unterrühren. Den Teig auf ein Backblech (30 x 40 cm, gefettet) geben und glatt streichen. Die Kirschen darauf verteilen.
**4.** Für den Belag die Butter in einem Topf zerlassen. Nach und nach Zucker und Vanillin-Zucker hinzufügen, unter Rühren schmelzen lassen. Den Topf von der Kochstelle nehmen. Kokosraspel und Milch unterrühren. Die Kokosmasse auf den Sauerkirschen

verteilen. Das Backblech in den vorgeheizten Backofen schieben. Den Kuchen etwa 40 Minuten backen.
**5.** Das Backblech auf einen Kuchenrost stellen. Den Kuchen erkalten lassen, dann zuerst in Quadrate (je 10 x 10 cm), dann diagonal in Dreiecke schneiden.

## Teilchen mit Marzipanfüllung

10 Stück (ohne Foto)

pro Stück 0,45 Euro

*Zubereitungszeit:* 25 Minuten
*Backzeit:* etwa 15 Minuten

450 g TK-Blätterteig
(10 quadratische Platten)

**Für die Marzipanfüllung:**
200 g Marzipan-Rohmasse
50 g Puderzucker
1 Pck. Dr. Oetker Finesse Orangenschalen-Aroma
1 Ei (Größe M)

**Zum Bestreichen und Bestreuen:**
1 Ei
einige gehobelte Mandeln

*Pro Stück:*
E: 7 g, F: 20 g, Kh: 30 g,
kJ: 1360, kcal: 325

**1.** Blätterteigplatten nebeneinander auf die Arbeitsfläche legen und nach Packungsanleitung auftauen lassen.
**2.** Inzwischen Backofen vorheizen.
*Ober-/Unterhitze:* etwa 200 °C
*Heißluft:* etwa 180 °C
**3.** Für die Füllung inzwischen Marzipan klein schneiden und in eine Rührschüssel geben. Puderzucker und Aroma hinzugeben. Die Zutaten mit einem Mixer (Rührstäbe) auf niedrigster Stufe kurz verrühren. Das Ei verschlagen und auf höchster Stufe nach und nach unterrühren, bis eine geschmeidige Masse entsteht.
**4.** Marzipanmasse mit 2 Teelöffeln auf jeweils eine Seite der 10 Teigquadrate verteilen. Die Teigränder mit etwas verschlagenem Ei bestreichen und eine Teighälfte so überschlagen, dass ein Rechteck entsteht. Die Teigränder gut andrücken.
**5.** Die lange Teigkante mehrmals mit einem Messer einschneiden (etwa 1 cm lange Schnitte) und die Teilchen auf ein Backblech (mit Backpapier belegt) legen. Die Teilchen mit etwas von dem restlichen Ei bestreichen und die Mandeln daraufstreuen.
**6.** Das Backblech in den vorgeheizten Backofen schieben. Die Teilchen etwa 15 Minuten backen.
**7.** Die Teilchen mit dem Backpapier vom Backblech auf einen Kuchenrost ziehen. Die Teilchen erkalten lassen.

## Kokos-Limo-Cakes

12 Stück

*Zubereitungszeit:* 35 Minuten, ohne Abkühlzeit
*Backzeit:* etwa 25 Minuten

pro Stück 0,22 Euro

**Für den Teig:**
200 g Weizenmehl
3 gestr. TL Dr. Oetker Backin
125 g Puderzucker
50 g Kokosraspel
1 Pck. Dr. Oetker Finesse Orangenschalen-Aroma
3 Eier (Größe M)
125 ml Speiseöl
200 ml Orangenlimonade

**Für das Topping:**
250 g Schlagsahne (mind. 30 % Fett)
1 Pck. Dr. Oetker Vanillin-Zucker
1 Pck. Sahnesteif

**Für den Guss:**
1 Pck. Dessertsauce Vanille-Geschmack ohne Kochen
200 ml Orangenlimonade

25 g Kokosraspel

*Pro Stück:*
E: 4 g, F: 23 g, Kh: 30 g,
kJ: 1449, kcal: 346

**1.** Den Backofen vorheizen.
*Ober-/Unterhitze:* etwa 180 °C
*Heißluft:* etwa 160 °C
**2.** Für den Teig Mehl mit Backpulver, Puderzucker, Kokosraspeln und Aroma in einer Rührschüssel mischen. Eier, Speiseöl und Limonade hinzufügen. Die Zutaten mit einem Mixer (Rührstäbe) zunächst kurz auf niedrigster, dann auf höchster Stufe in etwa 1 Minute zu einem flüssigen Teig verarbeiten.
**3.** Den flüssigen Teig am besten mit einer Saucenkelle in einer Muffinform (für 12 Muffins, gefettet, gemehlt) verteilen. Die Form auf dem Rost in den vorgeheizten Backofen schieben. Die Cakes etwa 25 Minuten backen.
**4.** Die Cakes etwa 5 Minuten in der Form stehen lassen, dann aus der Form lösen und auf einem Kuchenrost erkalten lassen. Erkaltete Cakes einmal waagerecht durchschneiden.
**5.** Für das Topping die Sahne mit Vanillin-Zucker und Sahnesteif steif schlagen, auf den unteren Gebäckhälften verteilen, glatt streichen, die oberen Gebäckhälften darauflegen.
**6.** Für den Guss Saucenpulver nach Packungsanleitung, aber mit der hier angegebenen Menge Limonade, zubereiten und mithilfe eines Backpinsels auf den Cakes verstreichen. Die Kokosraspel daraufstreuen und die Cakes etwa 30 Minuten in den Kühlschrank stellen.

Kokos-Limo-Cakes

## Black-Forest-Cakes

12 Stück

*Zubereitungszeit:* 40 Minuten, ohne Abkühlzeit
*Backzeit:* etwa 30 Minuten

pro Stück 0,53 Euro

**Für den Teig:**
3 Eiweiß (Größe M)
1 Prise Salz
180 g Zucker
1 Pck. Dr. Oetker Vanillin-Zucker
3 Eigelb (Größe M)
150 g Butter oder Margarine (zimmerwarm)
3 EL Speiseöl, z. B. Keimöl
180 g Weizenmehl
1 gestr. TL Dr. Oetker Backin
1 Msp. Natron
100 ml Milch (3,5 % Fett)
20 g gesiebtes Kakaopulver
2 EL Zartbitter-Raspelschokolade

175 g Sauerkirschen (aus dem Glas)

**Für das Topping:**
Kirschsaft (aus dem Glas)
30 g Zucker
100 g Mascarpone (ital. Frischkäse)
400 g Schlagsahne (mind. 30 % Fett)
30 g Puderzucker
2–3 EL Kirschwasser

**Außerdem:**
12 Muffin-Papierbackförmchen

*Pro Stück:*
E: 5 g, F: 30 g, Kh: 39 g,
kJ: 1916, kcal: 458

**1.** Den Backofen vorheizen.
*Ober-/Unterhitze:* etwa 180 °C
*Heißluft:* etwa 160 °C
**2.** Für den Teig Eiweiß mit Salz in eine Rührschüssel geben und mit einem Mixer (Rührstäbe) auf höchster Stufe steif schlagen. Eischnee etwa 3 Minuten weiterschlagen, dabei nach und nach beide Zucker unterschlagen.
**3.** In einer zweiten Schüssel Eigelb mit Butter oder Margarine und Speiseöl mit einem Mixer (Rührstäbe) schaumig rühren. Mehl mit Backpulver und Natron mischen, abwechselnd mit der Milch kurz auf niedrigster Stufe unterrühren. Eischnee ebenfalls in 2 Portionen kurz auf niedrigster Stufe unterrühren.
**4.** Ein Drittel des Teiges abnehmen und beiseitestellen. Kakao auf den restlichen Teig geben und kurz unterrühren. Den dunklen Teig in einer Muffinform (für 12 Muffins, mit Papierbackförmchen ausgelegt) verteilen und mit Raspelschokolade bestreuen.
**5.** Von den Sauerkirschen den Saft auffangen und 12 abgetropfte Sauerkirschen beiseitelegen. Restliche Kirschen auf der Raspelschokolade verteilen. Hellen Teig auf den Kirschen verteilen.
**6.** Die Form auf dem Rost in den vorgeheizten Backofen schieben. Die Cakes etwa 30 Minuten backen.
**7.** Die Form auf einen Kuchenrost stellen. Cakes nach etwa 5 Minuten aus der Form nehmen und auf dem Kuchenrost erkalten lassen.
**8.** Für das Topping in der Zwischenzeit den aufgefangenen Kirschsaft mit Zucker in einen kleinen Topf geben, sprudelnd aufkochen und in 12–15 Minuten zu 50–75 ml dickflüssigem Sirup einkochen. Den Sirup abkühlen lassen.
**9.** Den Mascarpone mit Sahne und Puderzucker steif schlagen und mit Kirschwasser abschmecken. Die Hälfte des erkalteten Sirups mit einem Teigschaber unterheben, sodass ein Marmormuster entsteht. Die Sahnemasse in einen Spritzbeutel mit Sterntülle (Ø etwa 15 mm) füllen.
**10.** Auf jeden Cake einen dicken Tupfen Sahnemasse spritzen. Die Cakes in den Kühlschrank stellen.
**11.** Kurz vor dem Servieren die Cakes mit je 1 Kirsche garnieren und mit dem restlichem Sirup verzieren.

Black-Forest-Cakes

## Aprikosen-Quark-Fladen

pro Stück 0,35 Euro

5 Stück

*Zubereitungszeit:* 25 Minuten
*Backzeit:* 15–20 Minuten

**Zum Vorbereiten:**
240 g Aprikosenhälften (aus der Dose)
20 g Rosinen
2 EL Aprikosensaft (aus der Dose)

**Für den Quark-Öl-Teig:**
125 g Weizenmehl
1 gestr. TL Dr. Oetker Backin
75 g Magerquark
2 EL fettarme Milch (1,5 % Fett)
1 1/2 EL Speiseöl
20 g Zucker
1/2 TL Dr. Oetker Finesse Geriebene Zitronenschale

Aprikosen-Quark-Fladen

**Für den Belag:**
1 Ei (Größe M)
1 EL Zucker
75 g Magerquark
1 EL Hartweizengrieß (15 g)
1 EL Aprikosensaft (aus der Dose)

*Pro Stück:*
E: 9 g, F: 5 g, Kh: 41 g,
kJ: 1029, kcal: 246

**1.** Zum Vorbereiten von den Aprikosenhälften den Saft auffangen und insgesamt 3 Esslöffel Saft abmessen. Die Rosinen mit 2 Esslöffeln von dem Saft verrühren und etwas durchziehen lassen.
**2.** Den Backofen vorheizen.
*Ober-/Unterhitze:* etwa 180 °C
*Heißluft:* etwa 160 °C
**3.** Für den Teig Mehl mit Backpulver in einer Rührschüssel mischen. Quark, Milch, Speiseöl, Zucker und Zitronenschale hinzufügen. Die Zutaten mit einem Mixer (Knethaken) auf höchster Stufe in etwa 1 Minute zu einem Teig verarbeiten (nicht zu lange, Teig klebt sonst).
**4.** Den Teig in 5 gleich große Portionen teilen, auf der leicht bemehlten Arbeitsfläche zu je einem etwa 1 cm dicken länglichen Fladen ausrollen. Dabei bei jedem Fladen einen kleinen Rand andrücken. Die Teigfladen mit etwas Abstand nebeneinander auf ein Backblech (mit Backpapier belegt) legen.
**5.** Für den Belag Ei mit Zucker schaumig schlagen. Quark mit Grieß, den vorbereiteten Rosinen und dem restlichen Aprikosensaft verrühren und unter die Eimasse rühren. Die Quarkcreme gleichmäßig auf den Teigfladen verteilen. Die Aprikosenhälften darauf verteilen. Das Backblech in den vorgeheizten Backofen schieben. Die Fladen 15–20 Minuten backen.
**6.** Die Fladen mit dem Backpapier vom Backblech auf einen Kuchenrost ziehen und erkalten lassen.

## Aprikosen-Quark-Gugelhupf

pro Stück 0,18 Euro

etwa 20 Stücke

*Zubereitungszeit:* 30 Minuten, ohne Abkühlzeit
*Backzeit:* etwa 50 Minuten

**Zum Vorbereiten:**
240 gut abgetropfte Aprikosenhälften (aus der Dose)

**Für den Rührteig:**
100 g Butter oder Margarine (zimmerwarm), 150 g Zucker
1 Pck. Dr. Oetker Vanillin-Zucker
1 Prise Salz
4 Tropfen Bittermandel-Aroma (aus dem klassischen Röhrchen)
3 Eier (Größe M)
125 g Magerquark
1 EL Zitronensaft
300 g Weizenmehl
1 Pck. Dr. Oetker Backin

15 ganze, abgezogene Mandeln

**Zum Bestreichen:**
2 EL Aprikosenkonfitüre
2 EL Wasser

Aprikosen-Quark-Gugelhupf

*Pro Stück:*
E: 4 g, F: 6 g, Kh: 23 g,
kJ: 685, kcal: 164

**1.** Zum Vorbereiten Aprikosenhälften in kleine Würfel schneiden.
**2.** Den Backofen vorheizen.
*Ober-/Unterhitze:* etwa 180 °C
*Heißluft:* etwa 160 °C
**3.** Für den Teig Butter oder Margarine mit einem Mixer (Rührstäbe) auf höchster Stufe geschmeidig rühren. Nach und nach Zucker, Vanillin-Zucker, Salz und Aroma unterrühren. So lange rühren, bis eine gebundene Masse entstanden ist.
**4.** Die Eier nach und nach unterrühren (jedes Ei etwa 1/2 Minute). Quark und Zitronensaft unterrühren. Mehl mit Backpulver mischen und in 2 Portionen kurz auf mittlerer Stufe unterrühren. Aprikosenwürfel unterheben.
**5.** Die Mandeln auf dem Boden einer Gugelhupfform (Ø 22 cm, gefettet) verteilen. Den Teig daraufgeben und glatt streichen.
**6.** Die Form auf dem Rost in den vorgeheizten Backofen (unteres Drittel) schieben. Den Kuchen etwa 50 Minuten backen.
**7.** Die Form auf einen Kuchenrost stellen. Den Gugelhupf etwa 10 Minuten in der Form stehen lassen, dann aus der Form lösen und auf den Kuchenrost stürzen.
**8.** Zum Bestreichen Konfitüre durch ein Sieb streichen, mit Wasser in einem kleinen Topf unter Rühren kurz aufkochen lassen. Die Kuchenoberfläche damit bestreichen. Gugelhupf erkalten lassen.

Eclairs (Liebesknochen)

Espresso-Mohn-Kranz

## Eclairs (Liebesknochen)

12 Stück

pro Stück 0,16 Euro

*Zubereitungszeit:* 30 Minuten, ohne Abkühlzeit
*Backzeit:* etwa 20 Minuten

**Für den Brandteig:**
125 ml Wasser
25 g Butter oder Margarine
75 g Weizenmehl
15 g Speisestärke
2–3 Eier (Größe M)
1 Msp. Dr. Oetker Backin

**Zum Aprikotieren:**
1–2 EL Aprikosenkonfitüre

**Für die Füllung:**
200 g gekühlte Schlagsahne (mind. 30 % Fett)
1 Pck. Sahnesteif
50 g Nuss-Nougat-Creme (zimmerwarm)

*Pro Stück:*
E: 3 g, F: 10 g, Kh: 12 g,
kJ: 606, kcal: 145

**1.** Den Backofen vorheizen.
*Ober-/Unterhitze:* etwa 200 °C
*Heißluft:* etwa 180 °C

**2.** Für den Teig Wasser mit Butter oder Margarine in einem kleinen Topf aufkochen. Den Topf von der Kochstelle nehmen. Mehl mit Speisestärke mischen und auf einmal in die heiße Flüssigkeit geben. Alles mit einem Kochlöffel zu einem glatten Teigkloß verrühren, dann etwa 1 Minute unter ständigem Rühren erhitzen (abbrennen) und in eine Rührschüssel geben.

**3.** Zwei Eier nacheinander mit einem Mixer (Knethaken) auf höchster Stufe unter den Teig arbeiten. Das letzte Ei verschlagen und nur so viel davon unter den Teig arbeiten, bis er stark glänzt und in langen Spitzen an einem Löffel hängen bleibt. Backpulver erst unter den erkalteten Teig rühren.

**4.** Den Teig portionsweise in einen Spritzbeutel mit großer Sterntülle füllen und 12 etwa 8 cm lange Streifen auf ein Backblech (30 x 40 cm, mit Backpapier belegt) spritzen. Das Backblech in den vorgeheizten Backofen schieben und die Eclairs etwa 20 Minuten backen. Während der ersten 15 Minuten der Backzeit die Backofentür nicht öffnen, da das Gebäck sonst zusammenfällt.

**5.** Sofort nach dem Backen von jedem Eclair einen Deckel abschneiden. Eclairs auf einem Kuchenrost erkalten lassen.

**6.** Zum Aprikotieren Konfitüre durch ein Sieb streichen, unter Rühren erhitzen und die Eclairdeckel dünn damit bestreichen.

**7.** Für die Füllung Sahne mit Sahnesteif steif schlagen und die Nuss-Nougat-Creme esslöffelweise vorsichtig unterrühren. Die Nougat-Sahne in einen Spritzbeutel mit Sterntülle geben, in die Eclairs spritzen und die Deckel darauflegen.

## Espresso-Mohn-Kranz

etwa 20 Stücke

pro Stück 0,25 Euro

*Zubereitungszeit:* 25 Minuten, ohne Abkühlzeit
*Backzeit:* etwa 45 Minuten

**Für den Rührteig:**
100 g Butter oder Margarine (zimmerwarm)
150 g Zucker
1 Prise Salz
3 Eier (Größe M)
250 g Magerquark
250 g backfertige Mohnfüllung
2 TL lösliches Espresso- oder Kaffeepulver (in 1 EL heißem Wasser aufgelöst)
275 g Weizenmehl
1 Pck. Dr. Oetker Backin

**Für den Guss:**
200 g Puderzucker
3–4 TL lösliches Espresso- oder Kaffeepulver (in 2–3 EL heißem Wasser aufgelöst)

**Zum Bestreuen:**
etwa 15 Espressobohnen

*Pro Stück:*
E: 5 g, F: 7 g, Kh: 33 g,
kJ: 912, kcal: 218

**1.** Den Backofen vorheizen.
*Ober-/Unterhitze:* etwa 180 °C
*Heißluft:* etwa 160 °C
**2.** Für den Teig Butter oder Margarine mit einem Mixer (Rührstäbe) auf höchster Stufe geschmeidig rühren. Nach und nach Zucker und Salz unterrühren. So lange rühren, bis eine gebundene Masse entstanden ist.
**3.** Eier nach und nach unterrühren (jedes Ei etwa 1/2 Minute). Quark, Mohnfüllung und die Espresso- oder Kaffeeflüssigkeit hinzugeben. Das Mehl mit Backpulver mischen und in 2 Portionen kurz auf mittlerer Stufe unterrühren.
**4.** Den Teig in eine Napfkuchen- oder Gugelhupfform (Ø 22 cm, gefettet, gemehlt) geben und glatt streichen. Die Form auf dem Rost in den vorgeheizten Backofen (unteres Drittel) schieben. Den Kranz etwa 45 Minuten backen.
**5.** Die Form auf einen Kuchenrost stellen. Den Kranz etwa 10 Minuten in der Form stehen lassen, dann aus der Form lösen und auf den Kuchenrost stürzen. Den Kranz erkalten lassen.
**6.** Für den Guss Puderzucker mit dem aufgelösten Espressopulver zu einem dickflüssigen Guss verrühren. Den Kranz mit dem Guss überziehen.
**7.** Zum Bestreuen Espressobohnen hacken und sofort auf den feuchten Guss streuen. Guss fest werden lassen.

## Gugelhupf mit Aprikosen

pro Stück 0,18 Euro

etwa 20 Stücke

*Zubereitungszeit:* 20 Minuten, ohne Durchzieh- und Abkühlzeit
*Backzeit:* etwa 50 Minuten

**Zum Vorbereiten:**
100 g getrocknete Aprikosen
5 EL Apfelsaft (etwa 60 ml)

**Für den Rührteig:**
80 g Joghurt-Butter
(65 % Fett, zimmerwarm)
100 g brauner Zucker
1 Prise Salz
2 Eier (Größe M)
300 g Weizenmehl
1 geh. TL Dr. Oetker Backin
50 g fettarmer Joghurt
(1,5 % Fett)
2 EL gem. Haselnusskerne
100 ml Apfelsaft

**Zum Bestäuben:**
1 EL Puderzucker

*Pro Stück:*
E: 3 g, F: 5 g, Kh: 20 g,
kJ: 564, kcal: 135

**1.** Zum Vorbereiten die Aprikosen fein würfeln und mit dem Apfelsaft verrühren, etwa 30 Minuten durchziehen lassen.
**2.** Den Backofen vorheizen.
*Ober-/Unterhitze:* etwa 180 °C
*Heißluft:* etwa 160 °C
**3.** Für den Teig Butter mit einem Mixer (Rührstäbe) auf höchster Stufe geschmeidig rühren. Nach und nach Zucker und Salz unterrühren. So lange rühren, bis eine gebundene Masse entstanden ist. Die Eier nach und nach unterrühren (jedes Ei etwa 1/2 Minute).
**4.** Mehl mit Backpulver mischen, abwechselnd in 2 Portionen mit dem Joghurt und den Haselnusskernen kurz auf mittlerer Stufe unterrühren. Aprikosenwürfel mit der Flüssigkeit und den Apfelsaft unterrühren.
**5.** Den Teig in eine Gugelhupfform (Ø 22 cm, gefettet, mit Semmelbröseln ausgestreut) füllen und sorgfältig glatt streichen.
**6.** Die Form auf dem Rost in den vorgeheizten Backofen (unteres Drittel) schieben. Den Gugelhupf etwa 50 Minuten backen.
**7.** Die Form auf einen Kuchenrost stellen. Den Gugelhupf mit Aprikosen etwa 10 Minuten in der Form stehen lassen, dann aus der Form stürzen und auf einem Kuchenrost erkalten lassen.
**8.** Den Gugelhupf mit Puderzucker bestäuben und in etwa 20 Stücke schneiden.

Gugelhupf mit Aprikosen

Erfrischungskuchen

## Erfrischungskuchen

etwa 20 Stücke

*Zubereitungszeit:* 20 Minuten, ohne Abkühlzeit
*Backzeit:* etwa 40 Minuten

**Für den Rührteig:**
150 g Butter oder Margarine (zimmerwarm)
150 g Zucker
1 Pck. Dr. Oetker Vanillin-Zucker
1 Prise Salz
abgeriebene Schale von 1/2 Bio-Orange (unbehandelt, ungewachst)
3 Eier (Größe M)
150 g Weizenmehl
1 gestr. TL Dr. Oetker Backin

125 ml frisch gepresster Orangensaft
je etwas abgeriebene Schale von 1 Bio-Orange und Bio-Zitrone (unbehandelt, ungewachst)
75 g Zucker
etwas Puderzucker

pro Stück 0,14 Euro

*Pro Stück:*
E: 2 g, F: 7 g, Kh: 18 g,
kJ: 627, kcal: 150

**1.** Den Backofen vorheizen.
*Ober-/Unterhitze:* etwa 180 °C
*Heißluft:* etwa 160 °C
**2.** Für den Teig Butter oder Margarine mit einem Mixer (Rührstäbe) auf höchster Stufe geschmeidig rühren. Nach und nach Zucker, Vanillin-Zucker, Salz und Orangenschale unterrühren. So lange rühren, bis eine gebundene Masse entstanden ist. Die Eier nach und nach unterrühren (jedes Ei etwa 1/2 Minute).
**3.** Das Mehl mit Backpulver mischen, kurz auf mittlerer Stufe unterrühren. Den Rührteig in eine Rehrückenform (30 x 11 cm, gefettet) geben, glatt streichen. Die Form auf dem Rost in den vorgeheizten Backofen schieben. Den Kuchen etwa 40 Minuten backen.
**4.** Den Orangensaft mit Orangen-, Zitronenschale und Zucker verrühren.
**5.** Den Kuchen nach dem Backen aus der Form lösen und auf einen Kuchenrost stürzen. Den Kuchen wieder in die Form geben und die flache Kuchenseite mit einem Holzstäbchen mehrmals einstechen. Den Kuchen mit etwas Orangensaft beträufeln (am besten mit einem Pinsel bestreichen), kurz einziehen lassen.
**6.** Den Kuchen wieder zurück auf einen Kuchenrost stürzen. Die gewölbte Kuchenseite ebenfalls mit einem Holzstäbchen einstechen und mit dem restlichen Orangensaft bestreichen. Den Kuchen erkalten lassen und mit Puderzucker bestäuben.

## Schoko-Chili-Muffins

12 Stück (ohne Foto)

*Zubereitungszeit:* 30 Minuten, ohne Abkühlzeit
*Backzeit:* etwa 25 Minuten

pro Stück 0,35 Euro

**Zum Vorbereiten:**
2 rote Chilischoten

**Für den Rührteig:**
125 g Butter oder Margarine (zimmerwarm)
125 g Zucker
3 Eier (Größe M)
150 g Weizenmehl
1 1/2 gestr. TL Dr. Oetker Backin
15 g gesiebtes Kakaopulver
2 Tropfen Tabasco
100 g Zartbitter-Raspelschokolade

**Für den Guss:**
50 g Zartbitter-Schokolade
1 TL Speiseöl

**Außerdem:**
12 Muffin-Papierbackförmchen

*Pro Stück:*
E: 4 g, F: 14 g, Kh: 26 g,
kJ: 1050, kcal: 251

**1.** Zum Vorbereiten Chilischoten halbieren, entstielen, entkernen und die weißen Scheidewände entfernen. Schoten abspülen, trocken tupfen und sehr fein würfeln. 1/2 Teelöffel Chiliwürfel beiseitelegen.
**2.** Den Backofen vorheizen.
*Ober-/Unterhitze:* etwa 180 °C
*Heißluft:* etwa 160 °C
**3.** Für den Teig Butter oder Margarine mit einem Mixer (Rührstäbe) auf höchster Stufe geschmeidig rühren. Zucker nach und nach unterrühren. So lange rühren, bis eine gebundene Masse entstanden ist. Die Eier nach und nach unterrühren (jedes Ei etwa 1/2 Minute).
**4.** Das Mehl mit Backpulver und Kakao mischen, in 2 Portionen kurz auf mittlerer Stufe unterrühren. Tabasco und Chiliwürfel hinzufügen. Raspelschokolade unterheben.
**5.** Den Teig in eine Muffinform (für 12 Muffins, mit Papierbackförmchen ausgelegt) geben und glatt streichen. Die Form auf dem Rost in den vorgeheizten Backofen schieben. Die Muffins etwa 25 Minuten backen.
**6.** Die Muffins etwa 10 Minuten in der Form stehen lassen, dann vorsichtig aus der Form heben und auf einem Kuchenrost erkalten lassen.
**7.** Für den Guss Schokolade in kleine Stücke brechen, mit Speiseöl in einem kleinen Topf im Wasserbad bei schwacher Hitze unter Rühren schmelzen. Die Muffins damit verzieren und mit den beiseitegelegten Chiliwürfeln bestreuen. Guss fest werden lassen.

***Tipp:*** Wenn Sie es weniger scharf mögen, lassen Sie den Tabasco weg.

## Kirsch-Reis-Kuchen

etwa 16 Stücke

*Zubereitungszeit:* 35 Minuten
*Backzeit:* etwa 30 Minuten

**Zum Vorbereiten:**
400 ml frisch gepresster Orangensaft
1 Pck. Milchreis nach klassischer Art (Süße Mahlzeit)
1 Msp. gem. Zimt
150 g Butter oder Margarine

pro Stück 0,43 Euro

**Für den Teig:**
150 g Weizenmehl
3 gestr. TL Dr. Oetker Backin
100 g Zucker
1/2 Pck. Dr. Oetker Finesse Orangenschalen-Aroma
4 Eier (Größe M)

370 g abgetropfte Sauerkirschen (aus dem Glas)
etwa 2 EL gehobelte Mandeln
etwas Puderzucker

*Pro Stück:*
E: 4 g, F: 11 g, Kh: 28 g,
kJ: 948, kcal: 226

**1.** Zum Vorbereiten aus Orangensaft und Milchreis einen Reis nach Packungsanleitung zubereiten. Orangenreis erkalten lassen und Zimt unterrühren. Butter oder Margarine zerlassen und abkühlen lassen.
**2.** Den Backofen vorheizen.
*Ober-/Unterhitze:* etwa 180 °C
*Heißluft:* etwa 160 °C
**3.** Für den Teig das Mehl mit Backpulver mischen, in eine verschließbare Schüssel (etwa 3-Liter-Inhalt) geben, mit Zucker mischen. Orangenschalen-Aroma und Eier hinzufügen. Die Schüssel mit dem Deckel fest verschließen. Schüssel mehrmals (insgesamt 15–30 Sekunden) kräftig schütteln, sodass alle Zutaten gut vermischt sind.
**4.** Alles mit einem Schneebesen oder Rührlöffel nochmals sorgfältig durchrühren, damit trockene Zutaten vom Deckel und Rand mit untergerührt werden. Zuletzt den Orangenreis unterrühren.
**5.** Den Reisteig auf ein Backblech (30 x 40 cm, gefettet, bemehlt) geben und glatt streichen. Die Sauerkirschen in kleinen Häufchen darauf verteilen und die Zwischenräume mit Mandeln bestreuen.
**6.** Das Backblech in den vorgeheizten Backofen schieben. Den Kirsch-Reis-Kuchen etwa 30 Minuten backen.
**7.** Das Backblech auf einen Kuchenrost stellen. Die Sauerkirschen sofort mit etwas Puderzucker bestäuben. Den Kuchen erkalten lassen.

## Waldmeistertörtchen

12 Stück

*Zubereitungszeit:* 15 Minuten, ohne Abkühlzeit
*Backzeit:* etwa 15 Minuten

**Für den All-in-Teig:**
65 g Weizenmehl
1 gestr. TL Dr. Oetker Backin
60 g Zucker
1 Pck. Dr. Oetker Vanillin-Zucker
2 Eier (Größe M)
1 1/2 EL Speiseöl, z. B. Sonnenblumenöl
knapp 1 EL Obstessig

pro Stück 0,23 Euro

20 g Haselnuss-Krokant

**Für die Creme:**
200 g Schlagsahne (mind. 30 % Fett)
1 Pck. Sahnesteif
1/2 TL Zucker
1/2 Pck. Dr. Oetker Vanillin-Zucker
125 g Götterspeise Waldmeister-Geschmack (aus dem Kühlregal)

**Außerdem:**
12 Muffin-Papierbackförmchen

*Pro Stück:*
E: 2 g, F: 8 g, Kh: 14 g,
kJ: 568, kcal: 136

**1.** Den Backofen vorheizen.
*Ober-/Unterhitze:* etwa 180 °C
*Heißluft:* etwa 160 °C
**2.** Für den Teig Mehl mit Backpulver in einer Rührschüssel mischen. Zucker, Vanillin-Zucker, Eier, Speiseöl und Obstessig hinzufügen. Die Zutaten mit einem Mixer (Rührstäbe) zunächst kurz auf niedrigster, dann auf höchster Stufe in etwa 2 Minuten zu einem glatten Teig verarbeiten.
**3.** Den Teig in einer Muffinform (für 12 Muffins, mit Papierbackförmchen ausgelegt) verteilen, etwas glatt streichen, mit Krokant bestreuen.
**4.** Die Form auf dem Rost in den vorgeheizten Backofen schieben. Die Törtchen etwa 15 Minuten backen.
**5.** Die Form auf einen Kuchenrost stellen. Die Törtchen etwas abkühlen lassen. Dann die Törtchen mit den Papierbackförmchen aus der Form nehmen und auf einem Kuchenrost erkalten lassen.
**6.** Für die Creme Sahne mit Sahnesteif, Zucker und Vanillin-Zucker steif schlagen. Die Götterspeise mit einem Löffel in dem Becher zerkleinern und unter die Sahne heben. Die Creme auf den Törtchen verteilen.

Kirsch-Reis-Kuchen

Waldmeistertörtchen

## Streuselecken

etwa 24 Stücke

*Zubereitungszeit:* 25 Minuten
*Backzeit:* etwa 30 Minuten

pro Stück 0,14 Euro

**Für den Teig:**
250 g Weizenmehl
2 Pck. Dr. Oetker Vanillin-Zucker
1 Prise Salz
175 g kalte Butter
150 g Crème fraîche

**Für die Streusel:**
300 g Weizenmehl
100 g Puderzucker
1 Pck. Dr. Oetker Vanillin-Zucker
175 g Butter (zimmerwarm)

**Zum Bestreichen:**
2 EL Milch (3,5 % Fett)

**Zum Bestäuben:**
1–2 TL Puderzucker

*Pro Stück:*
E: 3 g, F: 14 g, Kh: 22 g,
kJ: 977, kcal: 234

**1.** Für den Teig Mehl mit Vanillin-Zucker und Salz in einer Rührschüssel mischen. Butter in Stücke schneiden und daraufgeben.
**2.** Von der Crème fraîche 1 Esslöffel zum Bestreichen abnehmen. Restliche Crème hinzufügen. Die Zutaten mit einem Mixer (Knethaken) zunächst kurz auf niedrigster, dann auf höchster Stufe gut durcharbeiten.
**3.** Anschließend auf der leicht bemehlten Arbeitsfläche kurz zu einem Teig verkneten. Sollte er kleben, ihn in Frischhaltefolie gewickelt eine Zeit lang in den Kühlschrank legen.
**4.** Den Backofen vorheizen.
*Ober-/Unterhitze:* etwa 200 °C
*Heißluft:* etwa 180 °C
**5.** Für die Streusel Mehl mit Puderzucker und Vanillin-Zucker mischen. Butter in Flöckchen hinzugeben. Die Zutaten mit einem Mixer (Rührstäbe) zunächst kurz auf niedrigster, dann auf höchster Stufe zu Streuseln von gewünschter Größe verarbeiten.
**6.** Teig auf einem Backblech (30 x 40 cm, gefettet) ausrollen. Abgenommene Crème fraîche mit Milch verrühren.
**7.** Den Teig damit bestreichen, anschließend mehrmals mit einer Gabel einstechen. Streusel auf dem Teig verteilen.
**8.** Das Backblech in den vorgeheizten Backofen schieben. Den Kuchen etwa 30 Minuten backen.
**9.** Das Backblech auf einen Kuchenrost stellen. Den Kuchen sofort nach dem Backen in 12 etwa 10 x 10 cm große Quadrate schneiden, diese diagonal halbieren. Die Streuselecken mit Puderzucker bestäuben und erkalten lassen.

## Schokoladen-Gugelhupf

pro Stück 0,14 Euro

etwa 20 Stücke

*Zubereitungszeit:* 30 Minuten, ohne Abkühlzeit
*Backzeit:* etwa 45 Minuten

**Für den Rührteig:**
150 g Zartbitter-Schokolade
4 Eiweiß (Größe M)
75 g Zucker
150 g Butter oder Margarine (zimmerwarm)
75 g Zucker
1 Pck. Dr. Oetker Vanillin-Zucker
1 Prise Salz

Streuselecken

Schokoladen-Gugelhupf

Rollmuffins

2 Eier (Größe M)
4 Eigelb (Größe M)
150 g Weizenmehl
1 gestr. TL Dr. Oetker Backin
10 g gesiebtes Kakaopulver

**Zum Bestäuben:**
1 EL Puderzucker

*Pro Stück:*
E: 4 g, F: 11 g, Kh: 17 g,
kJ: 777, kcal: 186

**1.** Für den Teig Schokolade in Stücke brechen und in einem kleinen Topf im Wasserbad bei schwacher Hitze unter Rühren schmelzen. Schokolade abkühlen lassen. Eiweiß mit Zucker so steif schlagen, dass ein Messerschnitt sichtbar bleibt.
**2.** Den Backofen vorheizen.
*Ober-/Unterhitze:* etwa 180 °C
*Heißluft:* etwa 160 °C
**3.** Die Butter oder Margarine mit einem Mixer (Rührstäbe) auf höchster Stufe geschmeidig rühren. Nach und nach Zucker, Vanillin-Zucker, Salz und die geschmolzene Schokolade unterrühren. So lange rühren, bis eine gebundene Masse entstanden ist.
**4.** Eier und Eigelb nach und nach unterrühren (jedes Ei etwa 1/2 Minute). Mehl mit Backpulver und Kakao mischen, in 2 Portionen kurz auf mittlerer Stufe unterrühren. Eischnee mit einem Teigschaber unterheben.
**5.** Den Teig in eine Gugelhupfform (Ø 22–24 cm, gefettet, mit Semmelbröseln ausgestreut) füllen und glatt streichen. Die Form auf dem Rost in den vorgeheizten Backofen (unteres Drittel) schieben. Den Gugelhupf etwa 45 Minuten backen.
**6.** Die Form auf einen Kuchenrost stellen. Den Gugelhupf nach etwa 10 Minuten aus der Form lösen, auf einen mit Backpapier belegten Kuchenrost stürzen und erkalten lassen. Den Gugelhupf vor dem Servieren mit Puderzucker bestäuben.

## Rollmuffins

12 Stück

pro Stück 0,27 Euro

*Zubereitungszeit:* 25 Minuten
*Backzeit:* etwa 30 Minuten

**Für den Quark-Öl-Teig:**
400 g Weizenmehl
1 Pck. Dr. Oetker Backin
200 g Magerquark
75 ml Milch (3,5 % Fett)
75 ml Sonnenblumenöl
75 g Zucker
1 Pck. Dr. Oetker Vanillin-Zucker
1 Prise Salz

200 g Pflaumenmus
(aus dem Glas)
50 g Rosinen
50 g gem. Mandeln

*Pro Stück:*
E: 7 g, F: 10 g, Kh: 44 g,
kJ: 1228, kcal: 293

**1.** Für den Teig Mehl mit Backpulver in einer Rührschüssel mischen. Quark, Milch, Sonnenblumenöl, Zucker, Vanillin-Zucker und Salz hinzufügen. Die Zutaten mit einem Mixer (Knethaken) zunächst kurz auf niedrigster, dann auf höchster Stufe in etwa 1 Minute zu einem Teig verarbeiten (nicht zu lange, Teig klebt sonst).
**2.** Den Backofen vorheizen.
*Ober-/Unterhitze:* etwa 180 °C
*Heißluft:* etwa 160 °C
**3.** Den Teig auf der leicht bemehlten Arbeitsfläche zu einer Rolle formen. Die Teigrolle zu einem Rechteck (etwa 36 x 45 cm) ausrollen, mit Pflaumenmus bestreichen, mit Rosinen bestreuen und von der kurzen Seite her aufrollen.
**4.** Die Rolle in 12 etwa 3 cm breite Röllchen schneiden. Die Röllchen aufrecht in die Mulden einer Muffinform (für 12 Muffins, gefettet, mit Mandeln bestreut) stellen.
**5.** Die Form auf dem Rost in den vorgeheizten Backofen schieben. Die Muffins etwa 30 Minuten backen.
**6.** Die Muffins etwa 10 Minuten in der Form auf einem Kuchenrost abkühlen lassen. Die Muffins aus der Form lösen und auf dem Kuchenrost erkalten lassen.

## Himbeer-Vanille-Windbeutel

10 Stück

pro Stück 0,24 Euro

*Zubereitungszeit:* 30 Minuten, ohne Abkühlzeit
*Backzeit:* etwa 20 Minuten

**Für den Brandteig:**
125 ml Wasser
30 g Butter
1 Prise Salz
100 g Weizenmehl
2 Eier (Größe M)

**Für die Füllung:**
125 g frische oder TK-Himbeeren
250 g Magerquark
300 g Vanillejoghurt (3,5 % Fett)

2 TL Puderzucker

*Pro Stück:*
E: 7 g, F: 6 g, Kh: 16 g,
kJ: 618, kcal: 148

**1.** Den Backofen vorheizen.
*Ober-/Unterhitze:* etwa 220 °C
*Heißluft:* etwa 200 °C
**2.** Für den Teig Wasser mit Butter und Salz am besten in einem Stieltopf zum Kochen bringen. Mehl auf einmal in die von der Kochstelle genommene Flüssigkeit geben, zu einem glatten Kloß rühren, unter Rühren etwa 1 Minute erhitzen (abbrennen). Den heißen Kloß sofort in eine Rührschüssel geben.
**3.** Ein Ei mit einem Mixer (Knethaken) auf höchster Stufe unterarbeiten. Das zweite Ei verschlagen und nur so viel davon unter den Teig arbeiten, bis er stark glänzt und in langen Spitzen an einem Löffel hängen bleibt.
**4.** Mit 2 Teelöffeln 10 kleine Teighäufchen auf ein Backblech (gefettet, gemehlt) setzen. Das Backblech in den vorgeheizten Backofen schieben und die Windbeutel etwa 20 Minuten backen. Während der ersten 15 Minuten der Backzeit die Backofentür nicht öffnen, da die Windbeutel sonst zusammenfällt.
**5.** Sofort nach dem Backen von jedem Windbeutel einen Deckel abschneiden und das Gebäck auf einem Kuchenrost erkalten lassen.
**6.** Für die Füllung frische Himbeeren verlesen, evtl. vorsichtig abspülen und gut trocken tupfen, TK-Himbeeren auftauen und auf Küchenpapier abtropfen lassen. Quark mit Joghurt verrühren, Himbeeren vorsichtig unterheben. Die Windbeutel mit der Quarkcreme füllen und mit Puderzucker bestäubt sofort servieren.

Himbeer-Vanille-Windbeutel

## Kirsch-Honig-Kuchen

etwa 10 Stücke (ohne Foto)

*Zubereitungszeit:* 40 Minuten, ohne Abkühlzeit
*Backzeit:* 25–30 Minuten

pro Stück 0,63 Euro

**Für den Teig:**
200 g flüssiger Honig
80 g Zucker
70 g Butter oder Margarine
1 Ei (Größe M)
270 g Weizenmehl
1 gestr. TL Dr. Oetker Backin
2 gestr. TL gem. Zimt
1 gestr. TL gem. Anis
3 EL Milch (1,5 % Fett)
350 g Sauerkirschen (aus dem Glas)
1 gestr. TL Dr. Oetker Finesse Geriebene Zitronenschale

**Für den Guss:**
50 g Puderzucker
1/2–1 EL Kirschsaft (aus dem Glas)

*Pro Stück:*
E: 4 g, F: 7 g, Kh: 55 g,
kJ: 1263, kcal: 302

**1.** Für den Teig Honig, Zucker und Butter oder Margarine in einem Topf unter Rühren erwärmen, bis der Zucker gelöst ist. Die Masse in eine Rührschüssel geben und abkühlen lassen.
**2.** Inzwischen Backofen vorheizen.
*Ober-/Unterhitze:* etwa 180 °C
*Heißluft:* etwa 160 °C
**3.** Das Ei unter die fast erkaltete Honig-Fett-Masse rühren.
**4.** Mehl mit Backpulver, Zimt und Anis mischen, auf die Honig-Fett-Masse geben und unterrühren. Dann die Milch kurz unterrühren. Den Teig etwa 5 Minuten stehen lassen.
**5.** In der Zwischenzeit von den Kirschen 1 Esslöffel Saft für den Guss auffangen und beiseitestellen.
**6.** Die Kirschen und die Zitronenschale unter den Honigteig heben.
**7.** Einen Backrahmen (20 x 25 cm) auf ein Backblech (gefettet, mit Backpapier belegt) stellen. Den Teig hineingeben und glatt streichen. Das Backblech in den vorgeheizten Backofen schieben. Kirsch-Honig-Kuchen 25–30 Minuten backen.
**8.** Das Backblech auf einen Kuchenrost stellen. Kuchen erkalten lassen.
**9.** Den Backrahmen vorsichtig lösen und entfernen. Den Kuchen mit einem Sägemesser in 10 Stücke (etwa 5 x 10 cm) schneiden.
**10.** Für den Guss Puderzucker mit so viel Kirschsaft verrühren, dass eine dickflüssige Masse entsteht. Den Guss in einen kleinen Gefrierbeutel füllen, eine kleine Ecke abschneiden.
**11.** Die Kuchen mit dem Guss verzieren. Guss trocknen lassen.

## Knusperkissen

8 Stück

*Zubereitungszeit:* 40 Minuten, ohne Auftau- und Abkühlzeit
*Backzeit:* etwa 20 Minuten

225 g TK-Blätterteig (5 quadratische Scheiben)
1 Eigelb
1 EL Milch

pro Stück 0,35 Euro

**Für die Streusel:**
175 g Weizenmehl
75 g Zucker
100 g Butter

**Für die Füllung:**
250 g Schlagsahne (mind. 30 % Fett)
25 g Puderzucker
1 Pck. Sahnesteif
150 g Sahne-Pudding Bourbon-Vanille (aus dem Kühlregal)

etwas Puderzucker

*Pro Stück:*
E: 6 g, F: 29 g, Kh: 46 g, kJ: 1987, kcal: 475

**1.** Die Blätterteigplatten nebeneinander nach Packungsanleitung auftauen lassen.
**2.** Den Backofen vorheizen.
*Ober-/Unterhitze:* etwa 200 °C
*Heißluft:* etwa 180 °C
**3.** Die Blätterteigplatten aufeinanderlegen, auf der leicht bemehlten Arbeitsfläche zu einer Platte (etwa 40 x 20 cm) ausrollen. Daraus mit einem scharfen Messer 8 Quadrate (etwa 10 x 10 cm) schneiden und auf ein Backblech (mit Backpapier belegt) legen. Eigelb mit Milch verschlagen, die Blätterteigquadrate damit bestreichen.
**4.** Für die Streusel Mehl, Zucker und Butter in eine Rührschüssel geben und mit einem Mixer (Rührstäbe) zu Streuseln von gewünschter Größe verarbeiten. Die Streusel gleichmäßig auf den Blätterteigquadraten verteilen. Das Backblech in den vorgeheizten Backofen schieben. Das Gebäck etwa 20 Minuten backen.
**5.** Die Knusperkissen auf einem Kuchenrost erkalten lassen und von jedem Gebäck vorsichtig mit einem Sägemesser waagerecht einen Deckel abschneiden.
**6.** Für die Füllung Sahne mit Puderzucker und Sahnesteif steif schlagen und unter den Vanille-Pudding heben. Die Creme mit einem Esslöffel oder einem Spritzbeutel auf den Gebäckböden verteilen, die Deckel auflegen und die Knusperkissen mit Puderzucker bestäuben.

## Rührteig-Kastenkuchen

pro Stück 0,14 Euro

etwa 15 Stücke

*Zubereitungszeit:* 20 Minuten
*Backzeit:* etwa 60 Minuten

**Für den Rührteig:**
250 g Butter oder Margarine (zimmerwarm)
150 g Zucker
1 Pck. Dr. Oetker Vanillin-Zucker
1 Prise Salz
4 Eier (Größe M)
300 g Weizenmehl
4 gestr. TL Dr. Oetker Backin
2 EL Milch

*Pro Stück:*
E: 4 g, F: 16 g, Kh: 25 g, kJ: 1104, kcal: 264

**1.** Den Backofen vorheizen.
*Ober-/Unterhitze:* etwa 180 °C
*Heißluft:* etwa 160 °C
**2.** Für den Teig Butter oder Margarine mit einem Mixer (Rührstäbe) auf höchster Stufe geschmeidig rühren. Nach und nach Zucker, Vanillin-Zucker und Salz unterrühren, bis eine gebundene Masse entstanden ist. Die Eier nach und nach unterrühren (jedes Ei etwa 1/2 Minute).
**3.** Das Mehl mit Backpulver mischen, abwechselnd in 2 Portionen mit der Milch kurz auf mittlerer Stufe unterrühren.
**4.** Den Teig in eine Kastenform (25 x 11 cm, gefettet, gemehlt) geben und glatt streichen. Die Form auf dem Rost in den vorgeheizten Backofen (unteres Drittel) schieben. Den Kastenkuchen etwa 60 Minuten backen.
**5.** Nach etwa 15 Minuten Backzeit den Kuchen mit einem spitzen Messer der Länge nach in der Mitte etwa 1 cm tief einschneiden und den Kuchen fertig backen.
**6.** Die Form auf einen Kuchenrost stellen. Den Kuchen etwa 10 Minuten in der Form stehen lassen, dann aus der Form lösen, auf einen Kuchenrost stürzen und sofort wieder umdrehen. Kuchen erkalten lassen.

# Leichte Muffins mit Quark

12 Stück

pro Stück 0,24 Euro

*Zubereitungszeit:* 25 Minuten
*Backzeit:* 25–30 Minuten

75 g getrocknete Aprikosen
2 EL Wasser

**Für den Rührteig:**
65 g Butter oder Margarine (zimmerwarm)
3 EL Speiseöl, z. B. Sonnenblumenöl
70 g Zucker
1 Pck. Dr. Oetker Vanillin-Zucker
1 Prise Salz, 1 Ei (Größe M)
125 g Magerquark
175 g Weizenmehl
3 gestr. TL Dr. Oetker Backin
5 EL Milch (1,5 % Fett)
50 g Rosinen

**Außerdem:**
12 Muffin-Papierbackförmchen

*Pro Stück:*
E: 4 g, F: 8 g, Kh: 24 g,
kJ: 766, kcal: 183

**1.** Aprikosen in kleine Stücke schneiden, in einer Schüssel mit 2 Esslöffeln Wasser vermischen. Aprikosenstücke etwa 10 Minuten einweichen.
**2.** In der Zwischenzeit den Backofen vorheizen.
*Ober-/Unterhitze:* etwa 180 °C
*Heißluft:* etwa 160 °C
**3.** Für den Teig Butter oder Margarine mit einem Mixer (Rührstäbe) auf höchster Stufe geschmeidig rühren. Nach und nach Speiseöl, Zucker, Vanillin-Zucker und Salz unterrühren. So lange rühren, bis eine gebundene Masse entstanden ist.
**4.** Das Ei etwa 1/2 Minute unterrühren. Den Quark kurz unterrühren.
**5.** Mehl mit Backpulver mischen und abwechselnd mit der Milch kurz auf mittlerer Stufe unterrühren. Rosinen und vorbereitete Aprikosenstücke vorsichtig auf niedrigster Stufe unter den Teig rühren.

Leichte Muffins mit Quark

**6.** Den Teig in einer Muffinform (für 12 Muffins, mit Papierbackförmchen ausgelegt) verteilen und glatt streichen. Die Form auf dem Rost in den vorgeheizten Backofen schieben. Die Muffins 25–30 Minuten backen.
**7.** Die Form auf einen Kuchenrost stellen. Die Muffins nach etwa 5 Minuten mit den Papierbackförmchen aus der Form heben und auf dem Kuchenrost erkalten lassen.

# Möhrenkuchen

etwa 15 Stücke

*Zubereitungszeit:* 30 Minuten, ohne Abkühlzeit
*Backzeit:* etwa 60 Minuten

200–250 g Möhren

pro Stück 0,20 Euro

**Für den Teig:**
4 Eiweiß (Größe M)
4 Eigelb (Größe M), 160 g Zucker
1 Pck. Dr. Oetker Vanillin-Zucker
1 Prise Salz
2–3 EL Rum oder Orangensaft
50 g Weizenmehl
2 1/2 gestr. TL Dr. Oetker Backin
300 g nicht abgezogene, gem. Mandeln

**Für den Guss:**
100 g Puderzucker
1–2 EL Zitronensaft

*Pro Stück:*
E: 5 g, F: 10 g, Kh: 17 g,
kJ: 731, kcal: 175

Möhrenkuchen

**1.** Die Möhren putzen, schälen, abspülen, gut abtropfen lassen und auf einer Küchenreibe fein raspeln.
**2.** Den Backofen vorheizen.
*Ober-/Unterhitze:* etwa 180 °C
*Heißluft:* etwa 160 °C
**3.** Für den Teig Eiweiß in einer Rührschüssel so steif schlagen, dass ein Messerschnitt sichtbar bleibt, und beiseitestellen.
**4.** Eigelb mit Zucker, Vanillin-Zucker und Salz in einer zweiten Rührschüssel mit einem Mixer (Rührstäbe) auf höchster Stufe etwa 5 Minuten schaumig schlagen.
**5.** Den Rum oder Orangensaft kurz unterrühren. Das Mehl mit Backpulver mischen und mit der Hälfte der Mandeln kurz auf niedrigster Stufe unterrühren.
**6.** Eischnee unterheben. Restliche Mandeln und die Möhrenraspel ebenfalls kurz auf niedrigster Stufe unterrühren. Den Teig in eine Kastenform (25 x 11 cm, gefettet, gemehlt) füllen und glatt streichen. Die Form auf dem Rost in den vorgeheizten Backofen (unteres Drittel) schieben. Den Kuchen etwa 60 Minuten backen.
**7.** Die Form auf einen Kuchenrost stellen. Den Kuchen etwa 10 Minuten in der Form stehen lassen. Dann den Kuchen aus der Form lösen, auf einen Kuchenrost stürzen und sofort wieder umdrehen. Den Möhrenkuchen erkalten lassen.
**8.** Für den Guss den Puderzucker und Zitronensaft zu einer dickflüssigen Masse verrühren. Den Kuchen mit dem Guss überziehen und fest werden lassen.

## Nussbrezeln

14 Stück (ohne Foto)

pro Stück 0,23 Euro

*Zubereitungszeit:* 20 Minuten
*Backzeit:* 15–20 Minuten

50 g gem. Haselnusskerne

**Für die Füllung:**
50 g Marzipan-Rohmasse
1 Eigelb (Größe M)
1 EL Rum oder Orangensaft
1 Prise Salz
1 Msp. gem. Zimt

275 g frischer Blätterteig (rechteckig, etwa 40 x 25 cm, aus dem Kühlregal)

**Zum Bestreichen und Bestäuben:**
1 Eigelb
1 EL Milch (3,5 % Fett)
etwas Puderzucker

*Pro Stück:*
E: 3 g, F: 9 g, Kh: 10 g,
kJ: 557, kcal: 133

**1.** Die Haselnusskerne in einer Pfanne ohne Fett unter Wenden goldbraun rösten, auf einen Teller geben.
**2.** Für die Füllung Marzipan in Stücke schneiden und in eine Rührschüssel geben. Restliche Zutaten mit den gerösteten Haselnusskernen hinzufügen und mit einem Mixer (Rührstäbe) zu einer streichfähigen Masse verrühren.
**3.** Die Blätterteigplatte mit dem Backpapier auf einer Arbeitsfläche abrollen. Die Marzipan-Nuss-Masse auf einer Hälfte der Teigplatte verstreichen. Die andere Teighälfte darauflegen, sodass ein Rechteck (etwa 20 x 25 cm) entsteht. Den Teig leicht andrücken und etwa 5 Minuten in den Kühlschrank stellen.
**4.** In der Zwischenzeit den Backofen vorheizen.
*Ober-/Unterhitze:* etwa 220 °C
*Heißluft:* etwa 200 °C
**5.** Das Blätterteigrechteck mit einem scharfen Messer in 14 (etwa 1 1/2 cm x 25 cm) lange Streifen schneiden. Aus den Blätterteigstreifen zuerst je eine Spirale drehen, diese jeweils zur Brezel zusammenlegen und nebeneinander auf ein Backblech (mit Backpapier belegt) legen.
**6.** Zum Bestreichen und Bestäuben Eigelb mit Milch verschlagen und die Brezeln damit bestreichen. Das Backblech in den vorgeheizten Backofen schieben. Die Brezeln 15–20 Minuten backen.
**7.** Die Brezeln mit dem Backpapier vom Backblech auf einen Kuchenrost ziehen und noch warm mit Puderzucker bestäuben. Die Brezeln auf dem Kuchenrost erkalten lassen.

## Nussecken, schnelle

etwa 24 Stück

*Zubereitungszeit:* 25 Minuten
*Backzeit:* 22–25 Minuten

pro Stück 0,17 Euro

**Für den All-in-Teig:**
200 g Weizenmehl
1 gestr. TL Dr. Oetker Backin
50 g gem. Haselnusskerne
100 g Zucker
1 Prise Salz
1 Ei (Größe M)
150 g Butter oder Margarine (zimmerwarm)
4 EL kaltes Wasser

**Für den Belag:**
200 g Aprikosenkonfitüre
1 Pck. Dr. Oetker Vanillin-Zucker
2 EL Schlagsahne
200 g gehobelte Haselnusskerne

*Pro Stück:*
E: 2 g, F: 12 g, Kh: 17 g,
kJ: 788, kcal: 188

**1.** Den Backofen vorheizen.
*Ober-/Unterhitze:* etwa 200 °C
*Heißluft:* etwa 180 °C
**2.** Für den Teig Mehl mit Backpulver in einer Rührschüssel mischen. Haselnusskerne, Zucker, Salz, Ei, Butter oder Margarine und Wasser hinzufügen. Die Zutaten mit einem Mixer (Rührstäbe) zunächst kurz auf niedrigster, dann auf höchster Stufe in etwa 2 Minuten zu einem glatten Teig verarbeiten.
**3.** Den All-in-Teig auf einem Backblech (30 x 40 cm, gefettet, gemehlt) geben und verstreichen.
**4.** Das Backblech in den vorgeheizten Backofen schieben. Den Gebäckboden etwa 10 Minuten vorbacken.
**5.** In der Zwischenzeit für den Belag Konfitüre in einem Topf unter Rühren aufkochen lassen. Den Topf von der Kochstelle nehmen. Vanillin-Zucker, Sahne und Haselnusskerne unter die Konfitüre rühren.
**6.** Das Backblech auf einen Kuchenrost stellen. Die Nuss-Konfitüren-Masse sofort auf dem vorgebackenen Teig verteilen und mit einer Teigkarte oder einem Esslöffel verstreichen. Das Backblech wieder in den heißen Backofen schieben. Das Gebäck bei gleicher Backofentemperatur weitere 12–15 Minuten backen.
**7.** Das Backblech auf einen Kuchenrost stellen. Das Gebäck erkalten lassen. Dann in 12 Quadrate (etwa 10 x 10 cm) schneiden und die Quadrate diagonal halbieren.

Nussecken, schnelle

# Kapitelregister

### Aus Wok und Pfanne



### Hackfleisch

### Aufläufe und Gratins

**Vegetarisch**

**Partygerichte**



**Mehlspeisen**

**Desserts**



**Gebäck**

**Beilagen, Saucen und Dips**



**A**



**B**

## C



## D



## E



## F

## S

## Bildnachweis

Bei mehreren Bildern auf einer Seite geben die Abkürzungen hinter der Seitenzahl die Position des Bildes an: l. = links, m. = mittig, r. = rechts.

### Titelfoto

Thomas Diercks, Hamburg

### Innenfotos

**Walter Cimbal, Hamburg** (S. 35 r., 64, 65 r., 66, 73, 79 r., 86, 101 r., 113 r., 191 l., 201 r., 286, 354, 365 r., 366, 389 r., 408, 416 l., 421 l., 424 l., 426, 439 r., 451 l., 453, 455, 457 r., 460 l., 468 r., 471 r., 475 r., 476 l., 477 l., 493 r., 501 l., 511 l., 529 l., 544 l.)

**Fotostudio Diercks (Thomas Diercks, Kai Boxhammer, Christiane Krüger), Hamburg** (S. 8, 9, 12, 13 l., 14 r., 16 l., 17 r., 20, 21, 25 l., 26 l., 29, 34, 35 l., 36, 37 r., 38, 39 r., 40, 41 l., 44 r., 45, 48 r., 49 r., 50, 51 r., 52 l., 53 l., 54, 55 l., 56 r., 58 l., 61 l., 62 l. m., 65 l., 67 l., 68 r., 70, 71, 72, 74, 80 r., 81, 83, 85, 87 r., 88, 90, 91 l., 92, 95, 96, 97 r., 98 r., 101 l., 102 r., 103, 104 l., 105, 107 l., 108, 109, 110, 111, 112, 115, 117 l., 119 r., 120 l., 121 l., 122 r., 123, 124, 125 r., 126, 127 l., 128, 129 l., 131 r., 132 r., 134 l., 135 r., 136, 138 l., 139, 140, 144, 145 r., 147 r., 149, 150 l., 152, 153, 155 l., 157, 159, 160, 161, 162, 164, 167 l., 168 l., 169, 172, 173 l., 176, 179 l., 180 r., 187 l., 188 r., 192 l., 195 r., 197 r., 199 r., 204 l., 205 l., 207, 210 l., 212 r., 215 l., 219 r., 221 r., 223 l., 225 l., 227 l., 230, 231 l., 234 l., 237, 238 l., 239 r., 242, 249 l., 250 l., 253, 254 r., 255 l., 258 l., 259 l., 260 r., 262 r., 263 r., 269 l., 271 r., 272, 274, 275 l., 276, 277 l., 278 l., 279 r., 287 l., 288, 289 r., 291, 296 r., 301 l., 308, 309 r., 310, 313 l., 314, 315 l., 316, 317 l., 318 r., 319 l., 323 l., 324 r., 325 r., 328 r., 329 l., 330 r., 333 r., 334 l., 336 l., 337 r., 342, 342 l. o., 342 l. u., 343 r., 344 r., 345, 346, 347, 349, 350, 352, 353 l., 355 l., 357 r., 358 l., 359, 360 r., 362 l., 369 l., 371 l., 374 l., 375, 376, 377, 378, 379, 380, 381, 382 l., 383 r., 384 r., 385 l., 388 l., 389 l., 390, 391, 393, 394 l., 395, 396 r., 397 l., 398, 399, 400 l., 401, 405 r., 406 r., 409 r., 411 l., 412 l., 414, 415 l., 416 r., 417, 418, 420, 427 r., 429 l., 431 l., 433, 434, 435 l., 436, 437, 438, 439 l., 440, 441, 442, 443 l., 444 r., 445 r., 446, 448, 449 l., 450, 452 r., 454 l. u., 458, 459 l., 460, 461 r., 463, 464 r., 465, 466 r., 467 l., 468 l., 469 l., 470 l., 471 l., 472 l., 473 l., 478 r., 480 l., 482 l., 483 r., 487 r., 488 l., 489 r., 490 l., 491 l., 492 l., 496 r., 497 r., 498 r., 503, 504, 505 l., 506 r., 507, 508, 512 l., 513, 514, 515, 516, 517 l., 518, 519 l., 521, 522 l., 523, 524, 526, 527, 528, 529 r., 530 l., 531, 532, 533, 535 l., 536 r., 538, 539, 540 l., 541 l., 542, 543 l., 545 r., 546, 547 l., 548, 551, 552, 555 l., 556, 557, 559, 560 l.)

**Ulli Hartmann, Halle/Westf.** (S. 19 r., 24, 49 l., 117 r., 130 r., 131 l., 133, 141 l., 156 r., 165, 167 r., 175 l., 179 r., 181 l., 182 l., 183 r., 192 r., 204 r., 208, 211, 213 r., 215 r., 227 r., 229 l., 231 r., 233 r., 234 r., 235 l., 236 r., 238 r., 243 r., 244, 248, 252, 256, 266 l., 267 l., 270, 273 r., 277 r., 281 l., 282, 292 r., 293 r., 305 l., 328 l., 351, 356, 358 r., 362 r., 367 l., 372, 373, 383 l., 385 r., 394 r., 397 r., 404 l., 423 l., 429 r., 457 l., 462 r., 470 r., 475 r., 479 l., 480 r., 481, 482 r., 483 l., 485 l., 487 l., 489 l., 491 r., 492 r., 494, 495, 498 l., 499, 500 l., 502 r., 511 r., 522 r., 545 l., 555 r.)

**Bela Hoche, Hamburg** (S. 143, 217 l., 364 r., 472 r.)

**Ulrich Kopp, Sindelfingen** (S. 129 r., 209 l., 210 r., 260 l., 355 r., 364 r.)
**Bernd Lippert** (S. 22 l., 209 r., 223 r., 374 r., 386, 400 r., 419 r., 467 r., 535 r.)
**Herbert Maass** (S. 239 l., 249 r., 284 r., 322 r., 410 r., 419 l.)
**Janne Peters, Hamburg** (S. 18, 32, 41 r., 42, 46 l., 47, 61 r., 62, 63, 69, 76, 78, 80 l., 82 r., 93 r., 94, 97 l., 100, 104 r., 154, 177 l., 183 l., 184, 185 l., 186, 189, 190, 191 r., 196 l., 200 r., 203 r., 206, 213 l., 214, 220, 221 l., 225 r., 228, 246, 250 r., 257 r., 264, 271 l., 285 r., 292 l., 300, 306, 307, 309 l., 311 l., 321 l., 326, 331, 332 l., 335, 336 r., 338 r., 341 l., 369 r., 387 r., 407 r., 473 r., 497 l.)
**Antje Plewinski, Berlin** (S. 19 l., 23 l., 30 r., 33 r., 51 l., 52 r., 59 l., 60, 62 l. o., 62 l. u., 68 l., 75, 77 l., 82 l., 87 l., 99, 102 l., 107 r., 114, 116, 118, 121 r., 125 l., 127 r., 130 l., 141 r., 142, 147 l., 148 l., 150 r., 151, 158 l., 163 l., 166, 168 r., 170, 171, 174, 174 l. o., 177 r., 178 r., 187 r., 188 l., 194, 219 l., 235 r., 240, 247 r., 251, 258 r., 267 r., 275 r., 278 r., 280, 281 r., 287 r., 289 l., 290, 293 l., 294, 295, 297, 298, 299, 303, 304, 312, 315 r., 317 r., 318 l., 319 r., 320, 321 r., 323 r., 324 l., 327, 329 r., 333 l., 334 r., 337 l., 338 l., 339 l., 340, 341 r., 342 m., 343 l., 344 l., 350 l., 357 l., 363, 364 l., 368, 370, 371 r., 377, 382 r., 387 l., 396 l., 405 l., 409 l., 410 l., 413, 424 r., 432, 454, 454 l. o., 455, 456 l., 459 r., 461 l., 466 l., 474, 477 r., 478 l., 484, 485 r., 486 r., 490 r., 493 l., 505 r., 506 l., 509 l., 510 l., 517 r., 520 l., 525, 536 l., 537 r., 541 r., 544 r., 553, 558, 560 r., 561)
**Anke Politt, Hamburg** (S. 509 r., 530 r., 534, 547 r., 550)
**Christiane Pries** (S. 201 l., 259 r., 261 r., 406 l., 430 l., 443)
**Hans-Joachim Schmidt, Hamburg** (S. 10 r., 11, 14 l., 15, 16 r., 23 r., 25 r., 26 r., 27 l., 28, 30 l., 31, 37 l., 43, 53 r., 55 r., 56 l., 57, 58 r., 77 r., 89, 93 l., 106, 113 l., 118 l. u., 120 r., 122 l., 148 r., 155 r., 163 r., 165, 174 l. m., 175 r., 180 l., 197 l., 199 l., 203 l., 218, 224, 229 r., 233 l., 241 r., 254 l., 257 l., 261 l., 263 l., 265 l., 266 r., 268, 283, 284 l., 302, 361, 403, 404 r., 411 r., 421 r., 435 r., 445 l., 454 l. m., 462 l., 476 r., 488 r., 496 l.)
**Axel Struwe, Bielefeld** (S. 146, 174 l. u., 182 r., 195 l., 222, 269 r., 279 l., 388 r., 392)
**Norbert Toelle, Bielefeld** (S. 13 r., 27 r., 44 l., 48 l., 98 l., 132 l., 134 r., 138 r., 185 r., 193 l., 200 l., 202 r., 205 r., 226, 232, 245 l., 247 l., 255 r., 265 r., 296 l., 322 l., 332 r., 348, 402 l., 415 r., 425, 430 r., 431 r., 451 r., 456 r., 479 r., 486 l., 502 l., 537 l., 554)
**Brigitte Wegner, Bielefeld** (S. 10 l., 17 l., 22 r., 33 l., 39 l., 46 r., 59 r., 91 r., 119 l., 135 l., 137 r., 145 l., 156 l., 158 r., 173 r., 181 r., 193 r., 196 r., 198, 202 l., 212 l., 236 l., 241 l., 245 r., 285 l., 301, 305 r., 311 r., 313 r., 325 l., 330 l., 339 r., 353 r., 360 l., 365 l., 367 r., 384 l., 402 r., 407 l., 412 r., 422, 423 r., 427 l., 428, 444 l., 447, 452 l., 464 l., 469 r., 501 r., 510 r., 519 r., 520 r., 543 r., 549)
**Winkler Studios, Bremen** (S. 79 l., 84, 178 l., 512 r.)
**Bernd Wohlgemuth, Hamburg** (S. 67 r., 216, 217 r., 243 l., 262 l., 273 l., 449 r., 500 r., 540 r.)

# Abkürzungen/Allgemeine Hinweise

## Abkürzungen

| | | |
|---|---|---|
| EL | = | Esslöffel |
| TL | = | Teelöffel |
| Msp. | = | Messerspitze |
| Pck. | = | Packung/Päckchen |
| g | = | Gramm |
| kg | = | Kilogramm |
| ml | = | Milliliter |
| l | = | Liter |
| evtl. | = | eventuell |
| geh. | = | gehäuft |
| gem. | = | gemahlen |
| ger. | = | gerieben |
| gestr. | = | gestrichen |
| TK | = | Tiefkühlprodukt |
| °C | = | Grad Celsius |
| Ø | = | Durchmesser |

## Kalorien-/Nährwertangaben

| | | |
|---|---|---|
| E | = | Eiweiß |
| F | = | Fett |
| Kh | = | Kohlenhydrate |
| kJ | = | Kilojoule |
| kcal | = | Kilokalorien |

Bei den Nährwertangaben in den Rezepten handelt es sich um auf- bzw. abgerundete ganze Werte. Aufgrund von ständigen Rohstoffschwankungen und/oder Rezepturveränderungen bei Lebensmitteln, kann es zu Abweichungen kommen. Die Nährwertangaben dienen daher lediglich Ihrer Orientierung und eignen sich nur bedingt für die Berechnung eines Diätplans, zum Beispiel bei Krankheiten wie Diabetes.
Bei krankheitsbedingten Diäten richten Sie sich daher bitte nach den Anweisungen Ihres Diätassistenten bzw. Ihres Arztes.

## Allgemeine Hinweise

Lesen Sie bitte vor der Zubereitung – besser noch vor dem Einkauf – das Rezept einmal vollständig durch. Oft werden Arbeitsabläufe oder -zusammenhänge dann klarer.

## Zutatenliste

Die Zutaten sind in der Reihenfolge ihrer Verarbeitung aufgeführt.

## Arbeitsschritte

Die Arbeitsschritte sind einzeln hervorgehoben, in der Reihenfolge, in der sie von uns ausprobiert wurden.

## Zubereitungszeit

Die Zubereitungszeit dient Ihrer Orientierung. Sie ist ein Richtwert und abhängig von Ihrer Koch- und Backerfahrung. Die Zubereitungszeit beinhaltet die Zeit der tatsächlichen Zubereitung. Längere Wartezeiten, wie Kühl- oder Abkühlzeiten, Auftau- und Durchziehzeiten sind, sofern parallel keine weitere Tätigkeit erfolgt, nicht in der Zubereitungszeit enthalten. Die Garzeit ist gesondert ausgewiesen.

## Backofeneinstellung und Backzeiten

Die in den Rezepten angegebenen Backtemperaturen und Backzeiten sind Richtwerte, die je nach individueller Hitzeleistung Ihres Backofens über- oder unterschritten werden können. Gegen Ende der angegebenen Backzeit sollten die Gebäcke genau beobachtet werden. Machen Sie nach Beendigung der angegebenen Backzeit eine Garprobe.
Die Temperaturangaben in diesem Buch beziehen sich auf Elektrobacköfen. Die Temperatureinstellmöglichkeiten für Gasbacköfen variieren je nach Hersteller sehr stark, sodass wir keine allgemeingültigen Angaben machen können. Bitte beachten Sie deshalb bei der Einstellung des Backofens die Gebrauchsanleitung des Herstellers. Ein Backofenthermometer eignet sich dabei gut, um die Backofentemperatur im Blick zu haben.

## Einschubhöhe bei Backrezepten

Hohe und halbhohe Formen werden im Allgemeinen auf dem Rost im unteren Drittel des Backofens eingeschoben, flache Formen auf dem Rost in die mittlere Einschubleiste. Blechkuchen, Klein- und Eiweißgebäck gelingen am besten in der Mitte des Backofens. Abweichungen sind möglich und von der Ausführung Ihres Backofens abhängig (Herstellerangaben beachten).

## Nur frische Eier verwenden

Bei der Zubereitung von Speisen, Torten oder Tortenfüllungen mit frischen Eiern, die später nicht gegart bzw. gebacken werden, nur Eier verwenden, die nicht älter als 5 Tage sind (Legedatum beachten!). Ei bzw. Eier in eine Rühr- oder Edelstahlschüssel geben und im heißen Wasserbad mit einem Mixer (Rührstäbe) bei mittlerer Hitze aufschlagen, bis eine Temperatur von etwa 70 °C entstanden ist. Die Speisen und Torten im Kühlschrank aufbewahren und innerhalb von 24 Stunden verzehren.

Für Fragen, Vorschläge oder Anregungen stehen Ihnen der Verbraucherservice der Dr. Oetker Versuchsküche
Telefon: 00800 71 72 73 74 Mo.–Fr. 8:00–18:00 Uhr,
Sa. 9:00–15:00 Uhr (gebührenfrei in Deutschland)
oder die Mitarbeiter des Dr. Oetker Verlages
Telefon: +49 (0) 521 52 06 50 Mo.–Fr. 9:00–15:00 Uhr
zur Verfügung.

Dr. Oetker Verlag KG, Am Bach 11, 33602 Bielefeld.
Oder besuchen Sie uns online unter www.oetker-verlag.de, www.facebook.com/Dr.OetkerVerlag oder www.oetker.de.

**Umwelthinweis** Dieses Buch und der Einband wurden auf chlorfrei gebleichtem Papier gedruckt. Die Einschrumpffolie – zum Schutz vor Verschmutzung – ist aus umweltfreundlichem und recyclingfähigem PE-Material.



**Redaktion** Carola Reich, Annette Riesenberg, Anke Rabeler

**Rezeptberatung** Anke Rabeler, Berlin
Eike Upmeier-Lorenz, Hamburg

**Lektorat** no:vum, Susanne Noll, Leinfelden-Echterdingen

**Nährwertberechnungen** Nutri Service, Hennef

**Grafisches Konzept und Gestaltung** MDH Haselhorst
**Titelgestaltung** kontur:design, Bielefeld
**Satz und Layout** MDH Haselhorst

**Druck und Bindung** Firmengruppe APPL, aprinta Druck, Wemding



ISBN: 978–3–7670–1017–8